県史誌内容総覧

資料編
①近世—関東

日外アソシエーツ

Complete List of Local History Books

Historical Documents
1: Early Modern Ages - Kantô

Compiled by
Nichigai Associates, Inc.

©2009 by Nichigai Associates, Inc.
Printed in Japan

本書はディジタルデータでご利用いただくことができます。詳細はお問い合わせください。

●編集担当● 星野 裕／山本 幸子
装 丁：赤田 麻衣子

刊行にあたって

　県史誌は自治体や財団などによって、膨大な時間と予算をかけて編纂・刊行される、地方史研究における第一級の基礎資料である。中でも「資料編」は、通常「通史編」作成のために収集された歴史的価値の高い資料をまとめたものとして発刊されることが多い。収録される資料は、それまで未刊で初めて翻刻掲載されるもの、あるいは散逸の恐れのあるものなど、貴重なものが多く含まれる。

　ところが県史誌は非売品であったり、一般の流通ルートに乗らなかったりするものも多く、貴重な情報を収めているにも関わらず、なかなか活用しにくいというのが現状である。各種MARCデータにおいても、各巻書名すら記載されていないことが多く、基礎的調査を行うのにも困難が伴う。

　本書は県史誌の内容を、原本の目次以上に詳しく掲載する内容細目集である。編集にあたっては原本の1ページ1ページをすべて調査し、通常の本文目次項目以外に「口絵タイトル・典拠・所蔵先」「目次には記載されていない本文中の小項目・小見出し」「図・表・写真番号とキャプション」「本文収録資料等の所蔵先」「資料名には現れないキーワード」なども記載している。

　「資料編」だけでも膨大な量となるため、時代および地域ブロックごとに分け、本書では関東6県(茨城県、栃木県、群馬県、埼玉県、千葉県、神奈川県)の近世について記述されている資料編のみ47冊を収録した。

　本書により同じ地域・同じ時代の複数県の県史誌を横断的に一覧することができ、効率的な調査が可能になる。

なお弊社では県史誌の内容細目を全文検索することが可能な「CD-県史誌　1　関東―近世(通史/資料編)」を発売している。そちらを使えば内容を思いついた言葉で検索することができ、本書の索引としてもお使いいただける。
　制作に際しては遺漏のないよう努めたが、不十分な点やお気づきの点などご教示いただければ幸いである。本書が、郷土史研究や地域研究などの場で、広く活用されることを願っている。

2009年6月

　　　　　　　　　　　　　　　　　　　　　　日外アソシエーツ

凡　例

1．本書の内容

　本書は関東6県(茨城県、栃木県、群馬県、埼玉県、千葉県、神奈川県)の「県史誌」のうち、近世を扱った「資料編」47冊を収録した内容細目集である。

2．収録の対象

（1）収録範囲は茨城県、栃木県、群馬県、埼玉県、千葉県、神奈川県の6県とした。収録した県史誌の詳細については「収録県史誌一覧」を参照されたい。該当する資料編が刊行されていないため、東京都は収録していない。

（2）目次はもちろん、原本の目次に記載されていない小見出し、口絵・図・表・写真のキャプション、見出しを補うキーワード、編纂委員名など、詳細な内容情報を収録した。

（3）一部の県史誌については、内容のうち「近世」に関わる部分のみ収録した。

3．排列

（1）関東6県を全国地方公共団体コード順(茨城→栃木→群馬→埼玉→千葉→神奈川)に排列した。

（2）各県の下は「資料編」の巻次順に排列した。同じ県でも異なるシリーズや異なる年代に発行されたものは、刊行年の古い順に排列した。

（3）本文項目は掲載ページ順に排列した。(本文そのものは収録していない)

4．記載内容

　記載内容は以下の通りである。

県史誌情報(書名、巻次、各巻書名、著者表示、刊行年月日)
収録範囲・内容
見出し
口絵・図・表・写真のキャプション
キーワード
編纂委員名など

<口絵>
　主に各県史誌の巻頭(まれに途中)に掲載されている口絵。カラー写真には[カラー]と補記。

<表>
　本文中に掲載されている図・表。

<写>
　本文中に掲載されている写真。

[*キーワード]
　主に見出しを補うために本文から採録した言葉。人名や事項名などが含まれる。

収録県史誌一覧

茨城県史料 近世地誌編 …………………… 1
茨城県史料 近世政治編Ⅰ …………………… 11
茨城県史料 近世政治編Ⅱ …………………… 12
茨城県史料 近世政治編Ⅲ …………………… 13
茨城県史料 近世社会経済編Ⅰ ……………… 15
茨城県史料 近世社会経済編Ⅱ ……………… 18
茨城県史料 近世社会経済編Ⅲ ……………… 26
茨城県史料 近世社会経済編Ⅳ ……………… 31
茨城県史料 近世思想編 大日本史編纂記録 … 36
栃木県史 史料編・近世一 …………………… 38
栃木県史 史料編・近世二 …………………… 49
栃木県史 史料編・近世三 …………………… 59
栃木県史 史料編・近世四 …………………… 71
栃木県史 史料編・近世五 …………………… 85
栃木県史 史料編・近世六 …………………… 95
栃木県史 史料編・近世七 …………………… 105
栃木県史 史料編・近世八 …………………… 111
群馬県史 資料編9 近世1 西毛地域1 ……… 114
群馬県史 資料編10 近世2 西毛地域2 …… 135
群馬県史 資料編11 近世3 北毛地域1 …… 152
群馬県史 資料編12 近世4 北毛地域2 …… 173
群馬県史 資料編13 近世5 中毛地域1 …… 192
群馬県史 資料編14 近世6 中毛地域2 …… 209
群馬県史 資料編15 近世7 東毛地域1 …… 227
群馬県史 資料編16 近世8 東毛地域2 …… 242
新編埼玉県史 資料編10 近世1 地誌 ……… 258
新編埼玉県史 資料編11 近世2 騒擾 ……… 260
新編埼玉県史 資料編12 近世3 文化 ……… 266
新編埼玉県史 資料編13 近世4 治水 ……… 271
新編埼玉県史 資料編14 近世5 村落・都市 … 280
新編埼玉県史 資料編15 近世6 交通 ……… 289
新編埼玉県史 資料編16 近世7 産業 ……… 301
新編埼玉県史 資料編17 近世8 領主 ……… 311
新編埼玉県史 資料編18 中世・近世 宗教 … 329
千葉県の歴史 資料編 近世2（安房）……… 360
千葉県の歴史 資料編 近世3（上総1）…… 373
千葉県の歴史 資料編 近世4（上総2）…… 386
千葉県の歴史 資料編 近世5（下総1）…… 403

千葉県の歴史 資料編 近世6（下総2）…… 415
神奈川県史 資料編4 近世（1）…………… 434
神奈川県史 資料編5 近世（2）…………… 446
神奈川県史 資料編6 近世（3）幕領1 …… 455
神奈川県史 資料編7 近世（4）幕領2 …… 471
神奈川県史 資料編8 近世（5上）旗本領・寺社領1 ……………………………………… 488
神奈川県史 資料編8 近世（5下）旗本領・寺社領2 ……………………………………… 508
神奈川県史 資料編9 近世（6）交通・産業 … 532
神奈川県史 資料編10 近世（7）海防・開国 … 551

(7)

```
茨城県史料 近世地誌編
茨城県史編さん近世史第1部
会編
昭和43年3月31日発行
```

<近世の地誌類を精選し収録>
序(茨城県知事 岩上二郎)
凡例
解説 近世地誌概観 ……………………… 7
 1　総説 ………………………………… 9
 2　前期 ………………………………… 11
 3　後期 ………………………………… 14
 4　末期 ………………………………… 18
 5　常総地方の地誌 …………………… 19
  <表>茨城県関係近世地誌目録……… 27〜29
水府地理温故録　高倉胤明 …………… 31
 解題 …………………………………… 32
  <写>「水府地理温故録」の内容の一部(内閣
  文庫所蔵) ……………………………… 32
 演述 …………………………………… 35
  凡例 ………………………………… 36
  引用書目 …………………………… 36
  天正巳來年數考 …………………… 38
 水府地理温故録　草稿巻之一　高倉宇一衛
 門胤明著 ……………………………… 39
  水戸大城之事 ……………………… 39
  御本城の事 ………………………… 52
  下タの丸之事 ……………………… 54
  二の丸之事 ………………………… 55
 水府地理温故録　草稿巻之二　上街諸侍小
 路之部 ………………………………… 62
  三之丸 ……………………………… 62
  北三之丸 …………………………… 63
  中三の丸 …………………………… 67
  南三の丸 …………………………… 68
  銀杏坂 ……………………………… 68
  西柵町 ……………………………… 69
  銀杏町并柵町横町 ………………… 71
  柳堤之事 …………………………… 72
  元白銀町 …………………………… 77
  田見小路 …………………………… 77
  大町 ………………………………… 80
  中町 ………………………………… 82
  南町 ………………………………… 82
  藤澤小路 …………………………… 83

  上ハ梅香 …………………………… 84
  下タ梅香 …………………………… 86
  黒ばね町 …………………………… 87
  大坂町 ……………………………… 87
  神應町 ……………………………… 89
  西町 ………………………………… 89
  幸イ町 ……………………………… 90
  備前町 ……………………………… 90
  竈神町 ……………………………… 90
  天王町并天王横町 ………………… 92
  神先町 ……………………………… 94
  鳥見町 ……………………………… 94
  裏鳥見町 …………………………… 95
  五軒町 ……………………………… 95
  泉町うら …………………………… 95
  八王寺町 …………………………… 95
  荒ラ木町 …………………………… 96
  富士山町 …………………………… 97
  四木のつじ ………………………… 97
  信願寺町 …………………………… 97
  うら信願寺町 ……………………… 97
  並ミ松町 …………………………… 97
  櫻町 ………………………………… 98
  本寺町 ……………………………… 100
  本寺町後町 ………………………… 100
 水府地理温故録　草稿巻之三　上街町家之
 部 ……………………………………… 101
  御宮下 ……………………………… 101
  なら屋町 …………………………… 102
  奈良屋町かた側町 ………………… 104
  和正院(ワセン)町 ………………… 104
  上金町 ……………………………… 104
  下金町 ……………………………… 109
  八幡町 ……………………………… 110
  馬口労町并馬口労町片町 ………… 112
  谷中 ………………………………… 112
  袴塚村 ……………………………… 114
  臺渡村 ……………………………… 114
  馬口労町向井町の中間なる中山侯中屋敷の
  事 …………………………………… 118
  泉町并かた町、肴町、鐵炮町 …… 119
  即席料理見世ふへたる事 ………… 123
  本大工町 …………………………… 124
  向井町 ……………………………… 125
  向井町かた町 ……………………… 126
  北横町 ……………………………… 126
  窪町 ………………………………… 126
  川和田横町 ………………………… 126
  原 …………………………………… 126
  附録千とせ山集の内安藤家の集 … 127
  新大工町 …………………………… 130

茨城県史料 近世地誌編

千蔵院横町 …………………… 130	本三町目并檜物町 …………………… 178
神應寺前 …………………… 130	本四町目 …………………… 179
元山町神崎町 …………………… 130	紙町 …………………… 180
緑岡之事 …………………… 131	本五町目 …………………… 181
水府地理温故録 草稿巻之四 下街諸侍小路之部 …………………… 136	本六町目并蘆町 …………………… 181
	本七町目并くだ物横町 …………………… 182
東柵町并中御殿之事 …………………… 137	曲尺手町 …………………… 182
不開（アカズ）御門下タ之赴 …………………… 138	通八町目 …………………… 183
浄光寺口并猪山御蔵之事 …………………… 139	通九町目 …………………… 183
鍵堀前并御評定所之事 …………………… 140	通十町目 …………………… 183
三軒屋敷 …………………… 142	下モ新町 …………………… 184
宇木新道 …………………… 142	裏町之部 …………………… 184
杉山口 …………………… 143	紺屋町 …………………… 184
浮町 …………………… 145	裏壹町目 …………………… 185
寶鏡院門前屋敷并島河岸之事 …………………… 145	裏貳町目 …………………… 185
新河岸 …………………… 146	裏三町目 …………………… 186
鐵炮場 …………………… 148	肴町 …………………… 186
立波町 …………………… 148	裏四町目 …………………… 186
いせき町 …………………… 149	田中町 …………………… 187
御花畑辻 …………………… 149	裏五町目付多葉粉町、鹽町之事 …………………… 188
細谷町 …………………… 149	裏六町目付り濱田内錢屋之事 …………………… 188
裏新町新蔵前 …………………… 149	裏七町目 …………………… 188
南〈ノ〉筋 …………………… 151	材木町 …………………… 189
北ノ筋 …………………… 151	赤沼町 …………………… 190
御中間町 …………………… 151	鍛冶町 …………………… 190
細谷通り町 …………………… 151	白銀町 …………………… 191
蓮池町 …………………… 154	藤柄並松の事 …………………… 192
中之町 …………………… 154	藤柄町 …………………… 193
赤沼町 …………………… 154	臺町并吉田大工町の事 …………………… 194
赤沼 …………………… 155	吉田村内同心町 …………………… 199
荒神町 …………………… 155	吉田村枝郷古宿村 …………………… 203
壹ノ町 …………………… 156	米澤村 …………………… 207
貳之町 …………………… 156	狐澤村 …………………… 208
三之町 …………………… 157	木澤新田 …………………… 209
南袋町 …………………… 159	茂澤新田 …………………… 209
代官町 …………………… 160	東野新田 …………………… 209
馬乗馬場 …………………… 161	笠原新田 …………………… 210
新寺町 …………………… 161	水府志料 小宮山楓軒 …………………… 213
北袋町 …………………… 163	解説 …………………… 214
浮新町 …………………… 163	＜写＞「水府志料」（国会図書館所蔵） …………………… 214
柳堤 …………………… 163	水府志料 茨城郡 一 …………………… 223
石垣町又石垣脇町 …………………… 163	茨城郡 …………………… 223
鼠町 …………………… 164	常葉組 常葉村 …………………… 223
水門町 …………………… 165	常葉組 袴塚村 …………………… 224
水府地理温古録 草稿巻之五 下街町家之部 …………………… 173	常葉組 圦渡村 …………………… 224
	常葉組 豪渡村 …………………… 224
下街町家之部 …………………… 173	常葉組 飯富村 …………………… 226
七軒町 …………………… 174	常葉組 見和村 …………………… 227
本壹町目 …………………… 175	常葉組 赤塚村 …………………… 227
本貳町目并江戸町 …………………… 178	常葉組 田野村 …………………… 227

常葉組 開江村	227
常葉組 中丸村	227
増井組 増井村	228
増井組 金伊野村	228
増井組 成澤村	229
増井組 又熊村	229
増井組 谷津村	230
増井組 三ヶ野村	230
増井組 木葉下村	230
増井組 大橋村	231
増井組 礒野村	231
増井組 上小坂村	232
増井組 下小坂村	232
増井組 上青山村	232
増井組 下青山村	233
増井組 野田村	233
増井組 孫根村	233
増井組 岩舟村	234
増井組 觀世音村	234
増井組 下古内村	234
増井組 同村内安渡	235
増井組 小勝村	235
増井組 高野村	235
増井組 檜山村	236

水府志料 茨城郡 二 … 237

増井組 赤澤村	237
増井組 下穴澤村	237
増井組 大山村	237
増井組 高根村	238
増井組 高久村	239
増井組 北方村	239
増井組 宗田村	240
増井組 石塚村	240
増井組 上圷村	240
増井組 下圷村	241
増井組 上泉村	241
増井組 上中河西村	241
増井組 下中河西村	242
増井組 岩根村	242
増井組 藤井村	243
鷲子組 上伊勢畑村	244
鷲子組 下伊勢畑村	244
濱田組 鯉淵村	245
濱田組 下野新田	245
濱田組 河和田村	245
濱田組 萱場新田	245
濱田組 見川村	246
濱田組 千波村	246
濱田組 富澤村	246
濱田組 吉田村	246
濱田組 福澤村	247
濱田組 米澤村	247
濱田組 木澤新田	247
濱田組 茂澤新田	248
濱田組 東野新田	248
濱田組 笠原新田	248
濱田組 小吹村	248
濱田組 平須村	248
濱田組 大戸村	248
濱田組 前田村	249
濱田組 長岡村	249

水府志料 茨城郡 三 … 250

濱田組 上石崎村	250
濱田組 中石崎村	250
濱田組 下石崎村	250
濱田組 若宮村	250
濱田組 坂戸村	250
濱田組 古宿村	251
濱田組 濱田村	251
濱田組 坂戸村附谷田町附	251
濱田組 谷田村	251
濱田組 細谷村	252
濱田組 吉沼村	252
濱田組 上大野村東	252
濱田組 上大野村西	252
濱田組 圷大野村	252
濱田組 中大野村	252
濱田組 下大野村	252
濱田組 六反田村	253
濱田組 栗崎村	253
小貫十郎墓誌	253
濱田組 下入野村	254
濱田組 大場村	254
濱田組 東前村	254
濱田組 大串村	255
濱田組 鹽崎村	255
濱田組 飯島村	255
濱田組 小泉村	255
濱田組 川又村	255
濱田組 平戸村	255
濱田組 島田村	255
紅葉組 倉數村	255
紅葉組 與澤村	256
紅葉組 外之内村	256
紅葉組 小川三町	256
紅葉組 野田村	258
紅葉組 小塙村	258
紅葉組 幡谷村	259
紅葉組 川戸村	259
紅葉組 山野村	259

茨城県史料 近世地誌編

紅葉組 世樂村 …………………259	常葉組 菅谷村 …………………271
紅葉組 佐才新田 ………………259	水府志料 那珂郡 二 ……………272
紅葉組 飯岡村 …………………259	常葉組 田彦村 …………………272
紅葉組 前原村 …………………259	常葉組 市毛村 …………………272
紅葉組 上合村 …………………260	常葉組 堀口村 …………………273
紅葉組 上吉彰村 ………………260	石神組 大島村 …………………273
紅葉組 下吉彰村 ………………260	石神組 外野村 …………………273
紅葉組 生井澤村 ………………260	石神組 上高場村 ………………273
紅葉組 島羽田村 ………………261	石神組 下高場村 ………………273
紅葉組 秋葉村足黒村 …………261	石神組 高野村 …………………273
紅葉組 小幡村 …………………261	石神組 足崎村 …………………274
紅葉組 奥谷村 …………………262	石神組 照沼村 …………………274
紅葉組 小鶴村 …………………262	石神組 長砂村 …………………274
涸沼湖 …………………………262	石神組 村松村 …………………274
水府志料 那珂郡 一 ……………263	石神組 須和間村 ………………274
那珂郡 …………………………263	石神組 船石川村 ………………274
濱田組 勝倉村 …………………263	石神組 船場村 …………………275
濱田組 武田村 …………………263	石神組 堤村 ……………………275
濱田組 外石川村 ………………263	石神組 澤村 ……………………275
濱田組 中根村 …………………263	石神組 稲田村 …………………275
濱田組 金上村 …………………264	石神組 杉村 ……………………275
濱田組 三反田村 ………………264	石神組 横堀村 …………………275
濱田組 部田野村 ………………264	石神組 向山村 …………………275
濱田組 柳澤村 …………………264	石神組 額田村 …………………275
濱田組 湊村 ……………………264	石神組 本米崎村 ………………276
濱田組 平磯村 …………………265	石神組 石神内宿村 ……………276
濱田組 馬渡村 …………………265	石神組 石神外宿村 ……………276
濱田組 前濱村 …………………265	石神組 石神豊岡村 ……………277
常葉組 枝川村 …………………266	石神組 石神白方村 ……………277
常葉組 青柳村 …………………266	石神組 龜下村 …………………277
常葉組 西連寺村 ………………266	大里組 中岡村 …………………277
常葉組 中河内村 ………………266	大里組 瓜連村 …………………277
常葉組 上河内村 ………………267	大里組 門部村 …………………278
常葉組 田谷村 …………………267	大里組 北酒出村 ………………278
常葉組 下國井村 ………………267	大里組 南酒出村 ………………278
常葉組 上國井村 ………………267	八田組 八田村 …………………279
常葉組 戸村 ……………………268	八田組 福島村 …………………279
常葉組 田崎村 …………………268	八田組 小野村 …………………279
常葉組 大内村 …………………269	八田組 引田村 …………………279
常葉組 津田村 …………………269	八田組 菅又村 …………………279
常葉組 中臺村 …………………269	八田組 石澤村 …………………280
常葉組 東木倉村 ………………269	八田組 上村田村 ………………280
常葉組 西木倉村 ………………269	八田組 高野村 …………………280
常葉組 豊喰村 …………………270	八田組 菩提村 …………………280
常葉組 飯田村 …………………270	八田組 福山村 …………………280
常葉組 戸崎村 …………………270	八田組 小場村 …………………280
常葉組 中里村 …………………270	八田組 向山村 …………………281
常葉組 鴻巣村 …………………270	八田組 下江戸村 ………………281
常葉組 福田村 …………………270	八田組 靜村 ……………………281
常葉組 後臺村 …………………271	八田組 古徳村 …………………281

八田組 下大賀村	281
八田組 下村田村	282
八田組 下岩瀬村	282
八田組 上岩瀬村	282
八田組 前小屋村	282
八田組 下根本村	282
八田組 宇留野村	282
八田組 部垂村	283
八田組 横瀬村	283
八田組 上根本村	283
八田組 小祝村	283
八田組 富谷村	284
八田組 久慈岡村	284
八田組 岩崎村	284
八田組 上大賀村	284
八田組 野上村	284

水府志料 那珂郡 三 286

八田組 山方村	286
八田組 舟生村	286
八田組 長澤村	287
八田組 上寺田村	287
八田組 下寺田村	287
八田組 東野村	287
八田組 北鹽子村	287
八田組 西鹽子村	287
鷲子組 鷲子村	287
鷲子組 小田野村	288
鷲子組 高部村	288
鷲子組 上檜澤村	289
鷲子組 下檜澤村	289
鷲子組 入檜澤村	289
鷲子組 氷之澤村	289
鷲子組 上小瀬村	289
鷲子組 下小瀬村	290
鷲子組 那賀村	290
鷲子組 門井村	290
鷲子組 野口平村	290
鷲子組 野口村	291
鷲子組 大畑村	291
鷲子組 金井村	291
鷲子組 國長村	291
鷲子組 福岡村	291
鷲子組 長倉村	291
鷲子組 秋田村	292
鷲子組 千田村	292
鷲子組 入本郷村	292
鷲子組 中居村	292
鷲子組 吉丸村	292
鷲子組 小玉村	292
鷲子組 小瀬澤村	292

鷲子組 松野阜村	292
鷲子組 油河内村	293
鷲子組 大岩村	293
鷲子組 小船村	293
那珂川	293

水府志料 久慈郡 一 294

久慈郡	294
石神組 竹瓦村	294
石神組 留村	294
石神組 兒島村	294
石神組 小目村	294
石神組 小澤村	295
石神組 岡田村	295
石神組 幡村	295
石神組 澤目村	295
石神組 内田村	295
石神組 落合村	295
石神組 堅磐村	296
石神組 釋迦堂村	296
石神組 上土木内村	296
石神組 下土木内村	296
石神組 田中中村	296
石神組 大橋村	296
石神組 茂宮村	296
石神組 石名坂村	297
石神組 南高野村	297
石神組 久慈村	297
石神組 瀬谷村	297
石神組 大森村	297
石神組 赤須村	298
石神組 茅根村	298
石神組 白羽村	298
石神組 田渡村	298
石神組 長谷村	298
石神組 高貫村	298
石神組 龜作村	299
石神組 眞弓村	299
小菅組 町屋村	299
小菅組 良子村	299
小菅組 平山村	299
小菅組 東河内上村	299
小菅組 水瀬村	300
小菅組 西河内下村	300
小菅組 西河内中村	300
小菅組 西河内上村	300
小菅組 西上淵村	300
小菅組 東上淵村	300
小菅組 岡町村	300
小菅組 坂野上村	300
小菅組 岩折村	301

茨城県史料 近世地誌編

小菅組 油ヶ崎村	301
小菅組 呉坪村	301
小菅組 深荻村	301
小菅組 赤根村	301
小菅組 入四間村	301
小菅組 笹目村	302
小菅組 菅村	302
小菅組 下幡村	302
小菅組 細田村	302
小菅組 川原野村	302
小菅組 東染村	302
小菅組 中染村	302
小菅組 西染村	302
小菅組 天下野村	303
小菅組 高倉村	303
小菅組 小生瀬村	304
小菅組 高柴村	304

水府志料 久慈郡 二 ………305

大里組 押沼村	305
大里組 生井澤村	305
大里組 東谷村	305
大里組 田野村	305
大里組 諸澤村	306
大里組 上宮河内村	306
大里組 下宮河内村	307
大里組 上利員村	307
大里組 中利員村	308
大里組 下利員村	308
大里組 箕村	308
大里組 竹合村	308
大里組 大方村	308
大里組 薬谷村	308
大里組 中野村	309
大里組 町田村	309
大里組 和久村	309
大里組 國安村	309
大里組 松平村	309
大里組 東連寺村	310
大里組 和田村	310
大里組 芦間村	310
大里組 岩手村	310
大里組 玉造村	310
大里組 久米村	311
大里組 高柿村	311
大里組 大里村	311
大里組 藤田村	312

水府志料 久慈郡 三 ………312

大里組 上川合村	312
大里組 花房村	312
大里組 上新地村	313
大里組 下新地村	313
大里組 川島村	313
大里組 小島村	313
大里組 島村	313
大里組 粟原村	314
大里組 下川合村	314
大里組 春友村	314
大里組 常福寺村	314
大里組 里野宮村	314
大里組 西宮村	315
大里組 三才村	315
大里組 磯部村	315
大里組 谷河原村	316
大里組 大門村	316
大里組 大平村	316
大里組 増井村	317
大里組 瑞龍村	317
大里組 澤山村	318
大里組 小野村	318
大里組 馬場村	318
大里組 太田村	319
大里組 新宿村	319
大里組 稲木村	319
大里組 天神林村	319
大里組 赤土村	320
大里組 棚谷村	320
大里組 千手村	320

水府志料 久慈郡 四 ………321

八田組 梶畑村	321
八田組 長貫村	321
八田組 西野内村	321
八田組 小貫村	321
八田組 釜額村	321
八田組 辰野口村	321
八田組 鹽原村	321
八田組 小倉村	321
八田組 富岡村	322
大子組 大子村	322
大子組 槐澤新田村	324
大子組 上澤村	324
大子組 高岡村	324
大子組 山田村	324
大子組 塙村	324
大子組 芦野倉村	325
大子組 開田村	325
大子組 相川村	325
大子組 相川村内古新田村	325
大子組 左貫村	325
大子組 初原村	326
大子組 槇野地村	326

大子組 淺川村 … 326	石神組 伊師町村 … 342
大子組 冥賀村 … 326	石神組 伊師本郷村 … 342
大子組 川山村 … 326	石神組 友部村 … 342
大子組 中谷田村 … 326	石神組 山部村 … 343
大子組 下谷田村 … 327	石神組 福平村 … 343
大子組 三ヶ草村 … 327	石神組 高原村 … 344
大子組 池田村 … 327	小菅組 黒坂村 … 344
大子組 北田氣村 … 327	小菅組 大菅村 … 344
大子組 南田氣村 … 327	小菅組 小菅村 … 344
大子組 下津原村 … 327	小菅組 折橋村 … 345
大子組 久野瀬村 … 328	小菅組 大中村 … 345
大子組 袋田村 … 328	小菅組 小中村 … 345
大子組 大生瀬村 … 329	小菅組 小麦村 … 345
大子組 大野村 … 329	小菅組 笠石新田 … 345
大子組 下野宮村 … 329	小菅組 上田代新田 … 346
大子組 田野草村 … 329	小菅組 徳田村 … 346
大子組 澤又村 … 330	小菅組 根小屋新田 … 346
大子組 町附村 … 330	小菅組 里川新田 … 346
大子組 中郷村 … 331	小菅組 岡見新田 … 346
大子組 上郷村 … 331	水府志料 行方郡 一 … 347
大子組 上野宮村 … 331	行方郡 … 347
大子組 西金(村) … 332	紅葉組 富田村 … 347
大子組 富根村 … 333	紅葉組 清水村 … 347
大子組 下小川村 … 333	紅葉組 牛堀村 … 347
大子組 大澤村 … 333	紅葉組 永山村 … 348
大子組 栃原村 … 333	紅葉組 上戸村 … 348
八溝山 … 334	紅葉組 島崎村 … 348
水府志料 多賀郡 一 … 335	紅葉組 赤須村 … 349
多賀郡 … 335	紅葉組 矢幡村 … 349
石神組 森山村 … 336	紅葉組 築地村 … 349
石神組 水木村 … 336	紅葉組 潮來村 … 349
石神組 大沼村 … 336	紅葉組 辻村 … 349
石神組 金澤村 … 336	紅葉組 大洲新田 … 349
石神組 大久保村 … 336	紅葉組 古高村 … 350
石神組 河原子村 … 337	紅葉組 堀之内村 … 350
石神組 下孫村 … 337	紅葉組 茂木村 … 350
石神組 諏訪村 … 338	紅葉組 玉造村 … 350
水府志料 多賀郡 二 … 339	紅葉組 谷島村 … 352
石神組 瀧平新田 … 339	紅葉組 玉造濱村 … 352
石神組 成澤村 … 339	水府志料 行方郡 二 … 354
石神組 會瀬村 … 339	紅葉組 羽生村 … 354
石神組 助川村 … 340	紅葉組 捻木村 … 354
石神組 宮田村 … 340	紅葉組 若海村 … 354
石神組 滑川村 … 340	紅葉組 芹澤村 … 355
石神組 田尻村 … 341	紅葉組 蕨村 … 355
石神組 小木津村 … 341	紅葉組 青柳村 … 356
石神組 砂澤村 … 341	香澄浦 波逆海 高天浦 … 356
石神組 折笠村 … 341	水府志料 新治郡 … 358
石神組 川尻村 … 341	新治郡 … 358
石神組 伊師濱村 … 342	

茨城県史料 近世地誌編

紅葉組 上玉里村 …………………… 358
紅葉組 下玉里村 …………………… 358
紅葉組 川中子村 …………………… 359
紅葉組 高崎村 ……………………… 360
紅葉組 田木谷村 …………………… 360
紅葉組 宍倉村 ……………………… 360
紅葉組 上輕部村 …………………… 361
紅葉組 三ッ木村 …………………… 361
紅葉組 安食村 ……………………… 361
紅葉組 石川村 ……………………… 361
紅葉組 井關村 ……………………… 362
紅葉組 田伏村 ……………………… 362
水府志料 鹿島郡 …………………… 363
　鹿島郡 ……………………………… 363
　　紅葉組 紅葉村 ………………… 363
　　紅葉組 紅葉古新田 …………… 363
　　紅葉組 駒場村 ………………… 363
　　紅葉組 小堤村 ………………… 363
　　紅葉組 海老澤村 ……………… 364
　　濱田組 大貫村 ………………… 364
　　濱田組 磯濱村 ………………… 364
水府志料 下野國那須郡 …………… 365
　那須郡 ……………………………… 365
　　鷲子組 大那地村 ……………… 365
　　鷲子組 太内村 ………………… 365
　　鷲子組 岡組村 ………………… 366
　　鷲子組 多部田村 ……………… 366
　　鷲子組 谷川村 ………………… 366
　　鷲子組 大山田村 ……………… 366
　　鷲子組 大山田上郷 …………… 366
　　鷲子組 小砂村 ………………… 366
　　鷲子組 小口村 ………………… 367
　　鷲子組 三河又新田 …………… 367
　　鷲子組 向田村 ………………… 367
　　鷲子組 武部村 ………………… 367
　　鷲子組 馬頭村 ………………… 367
　　鷲子組 和見村 ………………… 368
　　鷲子組 矢又村 ………………… 368
　　鷲子組 久那瀬村 ……………… 368
　　鷲子組 松野村 ………………… 368
　　鷲子組 富山村 ………………… 369
水府志料 物産 ……………………… 369
　草の類 ……………………………… 369
　菜蔬類 ……………………………… 374
　穀の類 ……………………………… 375
　木の類 ……………………………… 375
　竹の類 ……………………………… 377
　鳥の類 ……………………………… 377
　獣の類 ……………………………… 378

蟲の類 ………………………………… 378
鱗介類 ………………………………… 379
金石類并雑産 ………………………… 380
水府志料 松岡 ……………………… 382
　松岡 ………………………………… 382
　　手綱郷十一村 …………………… 382
　　　上手綱村 ……………………… 382
　　　下手綱村 ……………………… 382
　　　秋山村 ………………………… 386
　　　島名村 ………………………… 386
　　　安良川村 ……………………… 387
　　　高萩村 ………………………… 388
　　　高戸村 ………………………… 388
　　　赤濱村 ………………………… 389
　　　小野矢指村 …………………… 389
　　　粟野村 ………………………… 390
　　　日棚村 ………………………… 390
　　中ノ郷十四ヶ村 ………………… 391
　　　松井村 ………………………… 391
　　　福島村 ………………………… 391
　　　足洗村 ………………………… 391
　　　上櫻井村 ……………………… 392
　　　下櫻井村 ……………………… 392
　　　臼庭村 ………………………… 392
　　　磯原村 ………………………… 393
　　　大津村 ………………………… 393
　　　豊田村 ………………………… 394
　　　木皿村 ………………………… 394
　　　上相田村 ……………………… 395
　　　内野村 ………………………… 395
　　　大塚村 ………………………… 395
　　　石岡村 ………………………… 396
　　山中郷十一ヶ村 ………………… 396
　　　横川村 ………………………… 396
　　　大荷田新田 …………………… 397
　　　柳澤新田 ……………………… 397
　　　若栗新田 ……………………… 397
　　　上君田村 ……………………… 398
　　　下君田村 ……………………… 398
　　　大能村 ………………………… 398
　　　中戸川村 ……………………… 399
　　　米平新田 ……………………… 399
　　　鳥會根村 ……………………… 399
　　　南田代新田 …………………… 399
常陸紀行 黒崎貞孝 ………………… 401
　解題 ………………………………… 402
　　＜写＞板本「常陸紀行」の表紙 … 402
　　＜表＞「常陸紀行」挿図 ……… 402
常陸紀行 乾 ………………………… 405
　題言 ………………………………… 405

8　県史誌内容総覧・資料編 1: 近世—関東

常陸紀行 乾 洗心山人 黒崎貞孝至純
　撰 ··· 406
常陸紀行 坤 洗心山人 黒崎貞孝至純父
　撰 ··· 417
利根川圖志 赤松宗旦 ····························· 431
　解題 ·· 432
　　<写>板本「利根川図志」の表紙 ············ 432
　利根川圖志 ······································· 435
　　はしふみ ······································· 435
　　自序 ··· 435
　　凡例 ··· 436
　利根川圖志 巻一 下總布川 赤松宗旦義知
　著 ··· 440
　　總論 ··· 440
　　運輸（うんしゆ） ···························· 440
　　天候 ··· 441
　　物産 ··· 442
　利根川圖志 巻二 ································ 447
　　利根川上中連合 ······························ 447
　　　鳥喰 ·· 447
　　　茶屋新田 ···································· 447
　　　中田 ·· 448
　　　靜女舞衣 ···································· 448
　　　大櫻 ·· 449
　　　熊澤蕃山墓 ································· 449
　　　三島大明神社 ······························ 449
　　　五ヶ村島 ···································· 450
　　　川妻 ·· 450
　　　古河城舊址 ································· 450
　　　沙山 ·· 452
　　　富士見ノ渡 ································· 452
　　　六國山東昌寺 ······························ 452
　　　關宿城 ······································· 453
　　　古河晴氏朝臣墓 ··························· 453
　　　大柳 ·· 453
　　　堀割 ·· 454
　　　布施辨才天社 ······························ 454
　　　日天子社 ···································· 455
　　　御寮法性墓 ································· 455
　　　下利根川 ···································· 455
　　　堺町 ·· 455
　　　女夫松 ······································· 456
　　　鵠戸沼（がうどぬま） ··················· 456
　　　保地（ぼち）沼 ··························· 456
　　　衣（きぬ）川落口 ························ 456
　　　普門山禪福寺 ······························ 456
　　　平將門舊址 ································· 456
　　　眞王山延命寺 ······························ 458
　　　大鹿城址 ···································· 459
　　　大鹿山弘經寺 ······························ 459

大鹿山長禪寺 ······································· 459
取手宿 ·· 460
本多氏城址 ·· 460
小堀河岸 ··· 461
第六天山 ··· 461
御墓松 ·· 461
一色氏城址 ·· 461
戸田井ノ渡 ·· 462
書卷（ふみまき）川 ······························ 462
水神社 ·· 462
利根川圖志 巻三 ································· 463
　新利根川 ·· 463
　奥山（おくやま） ······························ 463
　文間明神ノ社 ···································· 464
　布川 ··· 464
　海珠山德滿寺 ···································· 465
　金毘羅社 ·· 465
　瑞龍山來見寺 ···································· 465
　布川大明神 ······································· 467
　布佐 ··· 467
　六軒堀 ··· 468
　手賀沼 ··· 469
　大森 ··· 472
　雲冷山長樂寺 ···································· 472
　鹿黒橋（かぐろばし） ························ 473
　竹袋城山 ·· 473
　水神社 ··· 474
　木下河岸（きおろしかし） ··················· 474
　貉池（むじないけ）并貉坂 ·················· 474
　稻荷山神宮寺 ···································· 475
　石神社 ··· 475
　雲林山瀧水寺（りうすゐじ） ················ 475
　鳴澤（なるさは） ······························ 475
　天龍山龍腹寺（りうふくじ） ················ 475
　印西合戰（いんざいかつせん） ············· 476
　埜原（やはら）新田 ··························· 478
　吉次沼（きちじぬま） ························ 478
利根川圖志 巻四 ································· 479
　印幡沼（いんばぬま） ························ 479
　佐久知穴（さくぢあな） ····················· 480
　鳥見（とみ）ヶ岳（をか） ·················· 480
　松蟲皇女廟（まつむしくわうちよのべ
　う） ·· 481
　松蟲の陣場 ······································· 481
　吉高（よしたか）代介城跡 ·················· 482
　吉高鮒 ··· 482
　カハボタル ······································· 482
　花島（はなじま）山 ··························· 483
　雨祈（あまいのり） ··························· 484
　瀬戸渡 ··· 484

印西産物	484
師戸(もろどの)渡	485
巌戸壘(いはどじやう)	485
吉田渡	485
源ノ頼政塚	485
頼政石塔(よりまさせきとう)	485
神崎橋(かんざきばし)	486
平戸橋(ひらどばし)	486
米本城跡(よなもとしろあと)	486
村上綱清墓	486
臼井城跡	486
大楠樹(おほくすのき)	488
大田圖書墓(づしよがはか)	488
おたつ様	488
臼井八景(うすゐはつけい)	488
鹿島橋	490
物井川	490
佐倉	490
本佐倉(もとさくら)	490
將門大明神	491
稻荷藤兵衛(たうかとうべい)	491
酒々井町	492
中川	492
大佛頂寺	492
野馬取	492
三度栗(さんどぐり)	493
成田山新勝寺	493

利根川圖志 巻五 ………498

麻賀多(まかた)大明神	498
神津八十墓(かうつやそのはか)	498
超林寺(てうりんじ)	498
平貞胤墓	498
公津宗吾墓	498
鷺山壘(さぎやまじやう)	499
薬師寺	499
船形神社	499
根山神社	499
谷原(ヤハラ)イボ	499
ポンポン鳥	499
天竺山龍角寺	499
駒形明神	500
鷲宮(わしのみや)	500
布鎌(ふかま)新田	500
藤藏河岸(とうぞうかし)	500
龍ヶ崎(りうがさき)	500
稻敷郷(いなしきのさと)	502
栗林義長傳	502
慈雲山逢善寺	503
高田權現	503
大杉大明神	503

信田(しだ)の浮島	504
霞ヶ浦船軍	504
新妻川	506
飯岡川	506
水掛川	506
長沼ノ城跡	506
源太河岸(げんだがし)	506
滑川觀世音	506
朝日淵(けさがふち)	506
菊水山城跡	507
耀窟(えうくつ)大明神	507
八幡大明神	507
東三井寺(ひがしみゐでら)	507
西大須賀城	508
兒塚(ちごづか)	508
助崎城(すけさきじやう)	509
公家塚(くげつか)	509
迎接寺(げいせうじ)	509
名木古城(なきのこじやう)	509
神宮寺	509
神崎(かうざき)明神	509
押砂河岸(おしずながし)	510
大戸神社	511
佐原川	511
津宮河岸(つのみやがし)	511
香取大神宮	512

利根川圖志 巻六 ………514

香取浦	514
十六島	514
牛堀	515
潮來	516
海雲山長勝禪寺	516
小里姫(こざとひめ)の塚(つか)	517
園邊川	518
なまづ川	518
浪逆海(なさかのうみ)	518
大船津	518
鹿島の故城	518
鹿島大神宮	519
名所	519
經石(きやうせき)	520
息洲神社(いきすのじんじや)	521
神(がう)の池(いけ)	522
苅野橋(かるのゝはし)	522
童子女松原(をとめまつばら)	522
手子崎(てごさき)明神	522
羽崎(はざき)	522
側高明神	523
粟飯原氏城跡(あいばらうぢしろあと)	523

木内大明神	523
小見川	523
黒部川	523
七本木（しちほんぎ）	523
清水觀音（きよみづくわんおん）	523
夕顔觀世音	523
四季咲の櫻	524
千丈が谷（やつ）	524
椿の海	524
石出（いしで）	524
岩井不動	524
猿田大權現	525
高田川對陣	525
海上八幡宮（うなかみはちまんぐう）	526
銚子	526
飯沼觀世音	527
名物	527
清水の井	527
和田不動堂	527
川口明神	527
千人塚	528
川口	528
目戸（めど）が鼻	528
葦鹿島（あしかじま）	528
カン石	530
犬吠が崎	530
長崎が鼻	530
外川の濱	530
仙（せん）が岩屋（いわや）	531
名洗浦（なあらいうら）	531

地名索引 .... 554〜532

```
茨城県史料 近世政治編 I
茨城県史編さん近世史第1部
会編
昭和45年12月25日発行
```

＜県北地方すなわち水戸藩領を中心とする地域の政治関係史料を収録＞

序（茨城県知事 岩上二郎）
凡例

解説 9
　概観 9
　家譜 11
　分限帳 13
　掟書・令達 16
　村高帳 22
　勘定方記録 22
　編年史 27
　　1　人物の処罰 29
　　2　学者の没年・没年次 29
　　3　米価 29

家譜 33
　常陸水戸徳川家譜（東京大学史料編纂所所蔵） .. 33
　常陸松岡中山家譜（東京大学史料編纂所所蔵） .. 44

分限帳 57
　寛文規式帳（『水城金鑑』所収／彰考館文庫所蔵） .. 57
　水戸藩御規式帳（東京大学史料編纂所所蔵） 90
　松岡分限帳（高萩市 江尻光昭所蔵） 114

掟書・令達 121
　御郡方新撰御掟書 一（茨城大学附属図書館本を底本） 121
　袴塚氏藏郡廳令達 自文政十二年至天保四年但天保（二年三年）五年欠ク 一 161
　　［＊袴塚正義（通称周蔵）］
　郡廳令達 自天保六年至弘化三年（天保十二年十三年）弘化四年ヨリ嘉永六年迄欠ク 二 .. 188
　郡廳令達 自安政元年至文久元年 三 212
　郡廳令達 自文久二年至元治元年 四 238
　郡廳令達 自慶應元年至明治三年 五（原本「聿修史料」／水戸藩産業史研究会筆写本彰考館文庫所蔵本を底本） 264

村高帳 293
　寛永十貮年水戸領郷高帳先高（茨城高等学校図書館蔵） 293

```
  寛永廿一年申正月日御知行割郷帳（彰考館文庫
    所蔵）……………………………………… 302
勘定方記録 ………………………………………… 368
  青社志料 ………………………………………… 368
    享保文政出納考 ……………………………… 368
    文政丁亥會計 ………………………………… 371
    量爲祕書 ……………………………………… 379
    ［＊財政改革史料］
  天明六午ヨリ同八申迄御収納元拂御入用指引
    目録 …………………………………………… 388
編年史 ……………………………………………… 432
  水戸紀年 ………………………………………… 432
    水戸紀年序 …………………………………… 432
    水戸紀年題言 ………………………………… 432
    水戸紀年引用書目 …………………………… 433
    水戸紀年 一 威公 …………………………… 436
    水戸紀年 二 義公 …………………………… 462
    水戸紀年 三 肅公 …………………………… 480
    水戸紀年 四 成公 …………………………… 509
    水戸紀年 五 良公 …………………………… 524
    水戸紀年 六 文公上 ………………………… 556
    水戸紀年 七 文公下 ………………………… 584
    水戸紀年 八 武公（彰考館文庫所蔵）……… 607
  續水戸紀年 ……………………………………… 624
    哀公上 ………………………………………… 624
    哀公下（彰考館文庫所蔵）…………………… 640
あとがき（県史編さん室）………………………… 657
```

```
┌─────────────────────────────┐
│ 茨城県史料 近世政治編 II        │
│ 茨城県立歴史館編修              │
│ 茨城県史編集会監修              │
│ 平成4年3月25日発行              │
└─────────────────────────────┘

＜笠間藩の藩政関係史料を収録＞
凡例
解説 ………………………………………………… 8
概観 ………………………………………………… 9
  1 藩主 …………………………………………… 11
  2 家臣団 ………………………………………… 13
  3 藩政 …………………………………………… 15
  4 藩領 …………………………………………… 18
  5 財政 …………………………………………… 19
  6 藩政改革 ……………………………………… 20
1 藩主 ……………………………………………… 25
  1 笠間牧野家譜 ………………………………… 27
    （1）家譜 牧野備後守（笠間稲荷神社）…… 27
    （2）家譜書継 牧野兵部（笠間稲荷神社）… 38
    （3）家譜書継 牧野越中守（笠間稲荷神
        社）………………………………………… 47
  2 御家譜 ………………………………………… 54
    （1）御家譜一（笠間稲荷神社）……………… 54
    （2）御家譜二（笠間稲荷神社）……………… 61
    （3）御家譜三（笠間稲荷神社）……………… 69
    （4）御家譜四（笠間稲荷神社）……………… 106
    （5）御家譜五（笠間稲荷神社）……………… 140
2 家臣団 …………………………………………… 147
  3 弘化三年名順帳（四倉史学館）……………… 149
    ［＊武藤家文書］
  4 明治初年役高定並家中分限帳（笠間稲荷神
    社）……………………………………………… 165
3 藩政 ……………………………………………… 201
  5 宝暦年間家中勤向大概（笠間稲荷神社）…… 203
  6 宝暦年間用人番頭大目付勤向書上帳（笠間
    稲荷神社）……………………………………… 210
    ［＊牧野家文書］
  7 表方勤向書上帳（笠間稲荷神社）…………… 212
  8 役人勤向書上帳（笠間稲荷神社）…………… 214
    ［＊牧野家文書］
  9 文化一四年定書（笠間稲荷神社）…………… 224
    ［＊家中対策］
4 藩領 ……………………………………………… 237
  10 貞享元年牧野成貞宛領知朱印状写・目録
     写（笠間稲荷神社）………………………… 239
```

11 元禄一二年牧野成春宛領知朱印状写・目録写(笠間稲荷神社)‥‥‥‥‥240
12 宝永二年牧野成春宛領知朱印状写・目録写(笠間稲荷神社)‥‥‥‥‥242
13 正徳二年牧野成央宛領知朱印状写・目録写(笠間稲荷神社)‥‥‥‥‥244
14 享保二年牧野成央宛領知朱印状写・目録写(笠間稲荷神社)‥‥‥‥‥246
15 延享三年牧野貞通宛領知判物写・目録写(笠間稲荷神社)‥‥‥‥‥248
16 寛延四年牧野貞長宛領知朱印状写・目録写(笠間稲荷神社)‥‥‥‥‥250
17 天明八年牧野貞長宛領知判物写・目録写(笠間稲荷神社)‥‥‥‥‥252
18 天保一〇年牧野貞一宛領知朱印状写・目録写(笠間稲荷神社)‥‥‥‥‥254
19 嘉永七年常陸国陸奥国之内領知郷村高辻帳(笠間稲荷神社)‥‥‥‥‥255

5 財政‥‥‥‥‥‥‥‥‥‥‥‥263
20 享和元年～文化三年三井家笠間牧野家貸金覚書(三井文庫)‥‥‥‥‥265
  [＊大名貸]
21 文政七年勘定目録(笠間稲荷神社)‥‥‥‥‥353
22 天保九年勘定目録(笠間稲荷神社)‥‥‥‥‥359

6 藩政改革‥‥‥‥‥‥‥‥‥‥365
23 十五年来眼目集‥‥‥‥‥‥367
  (1) 十五年来眼目集 一(茨城県立歴史館)‥‥‥‥‥367
  (2) 十五年来眼目集 二(茨城県立歴史館)‥‥‥‥‥418
  (3) 十五年来眼目集 三(茨城県立歴史館)‥‥‥‥‥497

あとがき(茨城県立歴史館史料部県史編さん室 所理喜夫 久信田喜一)‥‥‥‥‥555

茨城県史料 近世政治編 III
茨城県立歴史館編集
茨城県史編集会監修
平成7年3月27日

＜土浦藩の藩政関係史料を収録＞
凡例‥‥‥‥‥‥‥‥‥‥‥‥‥‥1
解説‥‥‥‥‥‥‥‥‥‥‥‥‥‥7
 概観‥‥‥‥‥‥‥‥‥‥‥‥‥9
 1 藩主‥‥‥‥‥‥‥‥‥‥‥10
 2 家臣団‥‥‥‥‥‥‥‥‥‥12
 3 藩政‥‥‥‥‥‥‥‥‥‥‥13
 4 藩領‥‥‥‥‥‥‥‥‥‥‥16
 5 財政‥‥‥‥‥‥‥‥‥‥‥19
 6 藩主日記‥‥‥‥‥‥‥‥‥20

1 藩主‥‥‥‥‥‥‥‥‥‥‥‥21
 1 土浦土屋家系譜一(国文学研究資料館史料館所蔵常陸国土浦土屋家文書)‥‥‥‥‥23
 2 土浦土屋家系譜二(国文学研究資料館史料館所蔵常陸国土浦土屋家文書)‥‥‥‥‥24
 3 土浦土屋家系譜三(国文学研究資料館史料館所蔵常陸国土浦土屋家文書)‥‥‥‥‥31
 4 土浦土屋家系譜四(土浦市立博物館)‥‥‥‥‥34

2 家臣団‥‥‥‥‥‥‥‥‥‥‥65
 5 天保一四年土浦分限秘録(国立公文書館内閣文庫)‥‥‥‥‥67
  [＊国許]
 6 天保一四年江戸分限帳(茨城県立歴史館所蔵長島家文書)‥‥‥‥‥78
  [＊江戸詰;大阪詰]
 7 嘉永三年土浦住居家中席順並禄高調(国文学研究資料館史料館所蔵常陸国土浦土屋家文書)‥‥‥‥‥93
  [＊国許]
 8 嘉永三年江戸住居家中席順並禄高調(国文学研究資料館史料館所蔵常陸国土浦土屋家文書)‥‥‥‥‥105
  [＊江戸詰;大阪詰]

3 藩政‥‥‥‥‥‥‥‥‥‥‥115
 9 文化一三年～天保一三年定法留(国文学研究資料館史料館所蔵常陸国土浦土屋家文書)‥‥‥117
  [＊定法并御内証共;御改正;藩政改革]
 10 天保六年～一〇年諸願書留(国文学研究資料館史料館所蔵土屋家家中大久保家文書)‥‥‥176

11　天保七年改正ニ付諸役所取計方伺之留
　　　（国文学研究資料館史料館所蔵土屋家家中大久
　　　保家文書）……………………………………182
　　　［＊藩政改革;伺書］
　12　天保八年家中席順並心得留（土浦市立博物
　　　館）……………………………………………185
　　　［＊御札廻;御礼状］
　13　天保一〇年規定覚（国文学研究資料館史料
　　　館所蔵土屋家中大久保家文書）……………193
　　　［＊衣服取締規定;倹約策］
　14　家中諸事雑書（国文学研究資料館史料館所蔵
　　　常陸国土浦土屋家文書）……………………196
　　　［＊御口達］
　15　馬廻勤向心得（土浦市立博物館）…………248
　16　土浦代官定書略抄（国立公文書館内閣文
　　　庫）……………………………………………262
　　　［＊達類;郡制改革の推移］

4　藩領……………………………………………277
　17　寛文四年土屋数直宛領知朱印状写（国文学
　　　研究資料館史料館所蔵常陸国土浦土屋家文
　　　書）……………………………………………279
　18　寛文九年土屋数直宛領知朱印状写（国文学
　　　研究資料館史料館所蔵常陸国土浦土屋家文
　　　書）……………………………………………279
　19　貞享元年土屋政直宛領知朱印状写（国文学
　　　研究資料館史料館所蔵常陸国土浦土屋家文
　　　書）……………………………………………279
　20　元禄七年土屋政直宛領知朱印状写（国文学
　　　研究資料館史料館所蔵常陸国土浦土屋家文
　　　書）……………………………………………279
　21　元禄一二年土屋政直宛領知朱印状写（国
　　　文学研究資料館史料館所蔵常陸国土浦土屋家文
　　　書）……………………………………………280
　22　正徳二年土屋政直宛領知判物写（国文学研
　　　究資料館史料館所蔵常陸国土浦土屋家文書）‥280
　23　享保二年土屋政直宛領知判物写（国文学研
　　　究資料館史料館所蔵常陸国土浦土屋家文書）‥280
　24　享保五年土屋陳直宛領知朱印状写（国文学
　　　研究資料館史料館所蔵常陸国土浦土屋家文
　　　書）……………………………………………280
　25　寛延四年土屋篤直宛領知朱印状写（国文学
　　　研究資料館史料館所蔵常陸国土浦土屋家文
　　　書）……………………………………………281
　26　天保一〇年土屋寅直宛領知朱印状写（国
　　　文学研究資料館史料館所蔵常陸国土浦土屋家文
　　　書）……………………………………………281
　27　天明八年土屋泰直宛領知目録写（国文学研
　　　究資料館史料館所蔵常陸国土浦土屋家文書）‥281
　28　代々知行割領知目録写（国文学研究資料館
　　　史料館所蔵常陸国土浦土屋家文書）………283
　29　寛延元年領知郷村高辻帳（国文学研究資料
　　　館史料館所蔵常陸国土浦土屋家文書）……305

　30　宝暦一二年領知郷村高帳（国文学研究資料
　　　館史料館所蔵常陸国土浦土屋家文書）………313
　31　天保四年領知郷村高帳（国文学研究資料館
　　　史料館所蔵常陸国土浦土屋家文書）…………345
　32　天保九年領知郷村高辻帳（国文学研究資料
　　　館史料館所蔵常陸国土浦土屋家文書）………372

5　財政……………………………………………381
　33　財府定法帳（土浦市立博物館）……………383
　34　天保一三年土浦暮方積帳（国文学研究資料
　　　館史料館所蔵土屋家家中大久保家文書）……417
　35　天保一三年借用金取調帳（国文学研究資料
　　　館史料館所蔵土屋家家中大久保家文書）……422
　36　安政三年一ケ年入用凡積（国文学研究資料
　　　館史料館所蔵常陸国土浦土屋家文書）………424
　　　［＊経費削減策］

6　藩主日記………………………………………431
　37　寛政元年土屋泰直日記（国文学研究資料
　　　館史料館所蔵常陸国土浦土屋家文書）………433
　　　［＊奏者番］
　38　文化一二年土屋彦直日記（国文学研究資料
　　　館史料館所蔵常陸国土浦土屋家文書）………539

あとがき（茨城県立歴史館史料部県史編さ
　　ん室）…………………………………………553
　　　所理喜夫・茨城県史編集会顧問
　　　久信田喜一・主任研究員

> 茨城県史料 近世社会経済編 I
> 茨城県史編さん近世史第2部会編
> 昭和46年3月15日発行

＜県西地域の社会、経済に関する近世地方文書を収録＞

序（茨城県知事 岩上二郎）
凡例
解説 ……………………………………………… 13
　概観 …………………………………………… 15
　　＜表＞第1表　明治初年県西部の領主支配（『各村旧高簿』による） …………… 16
　　＜表＞第2表　県西部の入組み支配例（『各村旧高簿』による） ………………… 16
　　＜表＞第3表　郡別田位比較表（明治9年）… 16
　　＜表＞第4表　郡別畑位比較表（明治9年）… 16
　　＜表＞第5表　特有農産物地域別生産高（全国農産表明治9～11年合計）…………… 17
　1　土地・戸口 ……………………………… 18
　2　年貢・課役 ……………………………… 24
　3　町方・在方 ……………………………… 27
　4　産業・経営 ……………………………… 30
　5　商業・市場 ……………………………… 34
　6　交通・運輸 ……………………………… 37
　7　一揆・騒動 ……………………………… 41
1　土地・戸口 ………………………………… 47
　1　慶長三年茂呂村田畑改め一札（猿島・三和・中村澈夫）………………………… 49
　2　慶長一四年桜井村検地帳（真壁・真壁・谷口弥太郎）…………………………… 49
　3　寛永一八年仁連村田畑名寄帳（猿島・三和・鈴木篤三）………………………… 71
　4　正保三年塙世村無主地惣作覚（真壁・真壁・榎戸淳一）………………………… 76
　5　万治四年伊佐々村清八言上書（真壁・真壁・榎戸淳一）………………………… 77
　6　寛文年間塙世村質地手形畑地永代売証文（真壁・真壁・榎戸克弥）…………… 77
　7　慶長一〇年磯部村分村につき一札（西茨城・岩瀬・磯部祐親）………………… 77
　8　延宝五年磯部村新開内改めにつき連判証文（西茨城・岩瀬・磯部祐親）……… 78
　9　元禄七年筑波町沼田村と白井村神郡村用水出入裁許状（土浦・飯村吉彦）…… 78
　10　慶応三年亀岡村築立堰堀につき磯部村差出用水議定（西茨城・岩瀬・磯部祐親）… 79

　11　宝永三年飯沼開発につき沼廻リ村々連判証文（結城・石下・秋葉光夫）………… 80
　12　享保七年飯沼開発につき沼廻リ村々取替証文（結城・石下・秋葉光夫）………… 80
　13　享保九年飯沼新田開発起請文（結城・八千代・秋葉五郎兵衛）………………… 81
　14　享保一〇年飯沼水抜新堀晋請負証文（結城・石下・秋葉光夫）………………… 82
　15　享保一四年飯沼新田水内買請証文（結城・石下・秋葉光夫）…………………… 83
　16　享保一五年飯沼新田出百姓証文（結城・石下・秋葉光夫）……………………… 83
　17　享保一七年飯沼新田出百姓家作料夫食米代拝借証文（結城・石下・秋葉光夫）… 85
　18　元文五年飯沼新田逆水留普請願書（結城・石下・秋葉光夫）…………………… 85
　19　安永八年飯沼新田普請仕来書（結城・石下・秋葉光夫）………………………… 86
　20　享保一五年飯沼新田千鰯代金拝借証文（結城・石下・秋葉光夫）……………… 87
　21　享保一五年飯沼新田村々千鰯代拝借金割合請取帳（結城・石下・秋葉光夫）…… 87
　22　享保一五年飯沼新田小前百姓千鰯代拝借覚帳（結城・石下・秋葉光夫）……… 88
　23　享保一五年飯沼新田千鰯代拝借金利息下付覚（結城・石下・秋葉光夫）……… 90
　24　享保一七年飯沼新田馬建村千鰯代金拝借証文（結城・石下・秋葉光夫）……… 90
　25　元文五年飯沼新田平塚村千鰯拝借証文（結城・石下・秋葉光夫）……………… 91
　26　寛保三年山川新田離散百姓村返し願書（猿島・三和・鈴木篤三）……………… 91
　27　延宝四年下谷貝村人別帳（真壁・真壁・市村浩）………………………………… 92
　28　明和九年本木村五人組改帳（真壁・大和・勝田忠雄）…………………………… 95
　［＊年季奉行人］

2　年貢・課役 ………………………………… 109
　29　慶長一〇、一一、一三、一四、一五、元和二、五、六、七、八、九、寛永元、二、三、五、六、七、八、九、一〇、一一、一六、一七、二〇、二一、各年仁連村割付免状（猿島・三和・鈴木篤三）……………… 111
　30　元和九年仁連村新田割付免状（猿島・三和・鈴木篤三）………………………… 122
　31　慶長一三年仁連村畑方皆済目録（猿島・三和・鈴木篤三）……………………… 122
　32　寛政元年本木村年貢割合帳（真壁・本木・勝田忠雄）…………………………… 123
　33　宝暦一四年日光法会加助郷増高につき結城郡猿島郡村方訴願（猿島・三和・中村澈夫）……………………………………… 127

県史誌内容総覧・資料編 1: 近世―関東　15

34　明和二年日光法会下山につき真壁郡村々人馬半減並に拝借金訴願(真壁・真壁・飯泉源次郎)･･････129
35　明和二年日光法会課役につき真壁町役人よりの訴願(真壁・真壁・大関孫三郎)･･････130

3　町方・在方･･････131
36　宝永二年笠間町町方軒別改帳(笠間・笠間稲荷神社)･･････133
37　宝永五年結城町明細帳(下館・田宮佐兵衛)･･････173
38　寛延元年真壁町役人由緒書上帳(真壁・真壁・中村脩一)･･････180
39　安永五年下館城下町困窮につき願書(下館・中村兵左衛門)･･････182
40　安永五年下館下町へ申渡(下館・田宮佐兵衛)･･････183
41　正徳二年仁連町明細書(猿島・三和・鈴木篤三)･･････184
42　元禄九年本木村明細帳(真壁・大和・勝田敬一郎)･･････188
43　正徳三年東当郷村明細帳(下妻・早川与吉)･･････195
44　天明三年～寛政三年富谷村野村家永代年代帳(西茨城・岩瀬・野村幸男)･･････198
45　天保九年猿島郡結城郡岡田郡五二か村農間渡世書上帳(結城・石下・秋葉光夫)･･････209

4　産業・経営･･････229
46　明和九年笠間領山外郷農事暦(西茨城・岩瀬・大関博)･･････231
47　万治二年仁連村茶園改帳(猿島・三和・鈴木篤三)･･････239
　　〔＊茶栽培〕
48　寛政二年下館周辺木綿仕入方並に仕立方書上帳(下館・中村兵左衛門)･･････241
49　天保四年下館町質屋晒不法預りにつき詫証文(下館・中村兵左衛門)･･････244
50　天保一三年稲野辺村賃晒屋晒賃銀割合帳(下館・中村兵左衛門)･･････244
51　嘉永五年石塔村沢吉賃晒請負証文(下館・中村兵左衛門)･･････245
52　嘉永五年下谷貝村賃晒屋侘証文(下館・中村兵左衛門)･･････246
53　安政七年綿打渡世巳之吉につき覚書(結城・石下・新井清)･･････246
　　〔＊流動的な労働力の一例〕
54　天明八年酒造高減醸につき下館酒仲間願書(下館・中村兵左衛門)･･････247
55　寛政二年下館酒仲間酒造元値段売値段書上帳(下館・中村兵左衛門)･･････248
56　文化元年下館酒造仲間酒造米高書上帳(下館・中村兵左衛門)･･････250
57　天保一五年岡田郡猿島郡結城郡五四か村酒造業並に升売人名前帳(結城・石下・秋葉光夫)･･････251
58　慶応元年常陸国真壁郡筑波郡絞り油屋改帳(真壁・真壁・木村侘三)･･････255
59　天保九年真壁町絞り油屋菜種引当前賃証文(真壁・真壁・木村侘三)･･････258
60　天保九年下館町中村家勘定帳(下館・中村兵左衛門)･･････259

5　商業・市場･･････275
61　元禄三年結城町久下田町真壁町商人と大和繰綿問屋出入一件(真壁・真壁・中村脩一)･･････277
62　元禄宝永期大和繰綿問屋より下妻他商人宛書状(真壁・真壁・中村脩一)･･････278
63　明和五年下館町晒木綿買送り商売引請証文(下館・中村兵左衛門)･･････279
64　寛政二年下館町晒木綿問屋差出し勘定帳(下館・中村兵左衛門)･･････279
65　文化二年～安政四年江戸表木綿問屋証文伺書書状等写(下館・中村兵左衛門)･･････283
66　嘉永五年下館町木綿買次問屋廻文(下館・中村兵左衛門)･･････300
67　嘉永六年～文久元年下館町繰綿買次仲間議定控(下館・中野七)･･････303
68　慶応元年下館町繰綿仲買と問屋出入済口証文(下館・中村兵左衛門)･･････316
69　寛政三年結城町紬商人買送りにつき一札(下館・中村兵左衛門)･･････319
70　寛政三年結城町紬商人買次取立につき願書(下館・中村兵左衛門)･･････319
71　安政四年～慶応二年結城町糸仲間諸用留(結城・鈴木新平)･･････320
72　安政四年結城町糸仲買連印一札(結城・鈴木新平)･･････324
73　万延元年結城町糸仲買勝手売願書(結城・鈴木新平)･･････325
74　元禄七年野木崎河岸干鰯問屋取立につき願書(北相馬・守谷・椎名半之助)･･････325
75　享保元年干鰯問屋屋敷名代質物証文(猿島・境・小松原康之助)･･････326
76　寛延三年笠間新町田中屋干鰯代金売掛等につき出入一件(県史編さん室)･･････326
77　文化二年境干鰯問屋仲買蝦夷地産鱒〆粕前貸につき趣意書(猿島・境・小松原康之助)･･････334
78　文化七年境河岸問屋蝦夷地産〆粕売り広め請負につき願書(猿島・境・小松原康之助)･･････335
79　文化七年境河岸問屋蝦夷地産鱒〆粕売り広め定式請負につき願書(猿島・境・小松原康之助)･･････336

茨城県史料 近世社会経済編 I

80 元禄一六年土浦送り藍荷物破船取揚につき出入済口証文(北相馬・守谷・椎名半之助)⋯336	103 貞享四年荷物河岸村につき大宝村船問屋訴答書並に裁許状(猿島・境・小松原康之助)⋯413
81 嘉永六年関宿藩産物会所茶荷物諸掛り調書上帳(猿島・岩井・中山全寿)⋯337	104 正徳二年境河岸惣船持衆抜荷骸につき願書(猿島・境・小松原康之助)⋯415
82 文化一一年野木崎村安兵衛等鶏卵抜荷一件訴状(北相馬・守谷・椎名半之助)⋯339	105 享保十三年茶荷物付越につき出入裁許請状(猿島・三和・鈴木篤三)⋯417
83 文政一二年細野村と板戸井村の生魚商人組掛合一件(水海道・秋場八郎)⋯340	106 宝暦一〇年繰綿荷物新道付越につき詫証文(猿島・三和・鈴木篤三)⋯418
84 享保七年水海道村市場穀物取引出入につき覚(水海道・秋場八郎)⋯342	107 寛政三年、宝暦三年宗democ河岸問屋江戸廻米請負証文(真壁・真壁・飯泉源次郎)⋯419
85 享保一五年真壁町大市見世場につき願書(真壁・真壁・中村脩一)⋯342	108 享保九年猿島郡二二か村江戸廻米につき境河岸問屋との規定一札(猿島・境・小松原康之助)⋯420
86 元文四年水海道村市場不法出入覚(水海道・秋場八郎)⋯343	109 天保一〇年境町船持議定帳(猿島・境・小松原康之助)⋯421
87 明和期水海道村市見世場覚(水海道・秋場八郎)⋯343	110 安政四年江戸艀渡世人運賃駄賃立替につき境河岸問屋へ詫証文(猿島・境・小松原康之助)⋯423
88 天保一四年本石下村市場商人渡世向調帳(結城・石下・新井清)⋯345	111 安政六年高瀬船売渡証文(結城・千代川・井坂清)⋯424
89 天保一四年本石下村市場議定(結城・石下・新井清)⋯349	112 天保四年境町惣百姓並に茶屋旅籠屋惣代町方復興につき口上書(猿島・境・小松原康之助)⋯424
90 安政四年真壁町商取引議定(真壁・真壁・中村脩一)⋯351	113 慶応三年境町馬持百姓困窮につき願書(猿島・境・小松原康之助)⋯425
91 文久二年富谷村商人名前取調帳(西茨城・岩瀬・野村幸男)⋯353	
6 交通・運輸⋯357	**7 一揆・騒動**⋯427
92 天保年間日光道中古河宿大概帳(通信総合博物館)⋯359	114 寛延二年笠間領山外郷三〇か村徒党一件(県史編さん室)⋯429 [＊笠間領一揆]
93 天保十三年関宿通り諸川宿本陣問屋御用手控帳(猿島・三和・中村激夫)⋯360	115 寛延四年笠間領山外郷徒党発頭人跡式再興願(西茨城・岩瀬・磯部祐親)⋯449
94 延享三年境河岸諸荷物駄賃船賃定帳(猿島・境・小松原康之助)⋯366	116 宝暦八年沼田村田畑旱損引方門訴一件(土浦・飯村吉彦)⋯449
95 明和八年境河岸問屋五右衛門煙草荷物引請覚帳(猿島・境・小松原康之助)⋯370	117 天保四年谷田部領二二か村凶作につき訴願一件(筑波・谷田部・今川せつ)⋯450
96 安永四、五、六、七、八、嘉永五、安政二、四、万延元年境河岸諸荷物請払駄数調帳(猿島・境・小松原康之助)⋯376	118 元禄一五年沼田村名主更迭要求惣百姓傘形連判状(土浦・飯村吉彦)⋯452
97 天明五年付越吟味につき境河岸年々乗合人数荷高及び町明細等取調書(猿島・境・小松原康之助)⋯377	119 寛延三年常州茨城郡山外松田村名主久左衛門と百姓共出入につき吟味一件(県史編さん室)⋯453
98 文久四年～慶応三年境河岸乗合人数荷物俵数取調帳(猿島・境・小松原康之助)⋯388	120 文政元年本木村名主と小前百姓出入一件(真壁・大和・勝田敬一郎)⋯465
99 寛政四、五年境河岸船持百姓と船問屋との出入訴答controversial並に済口証文(猿島・境・小松原康之助)⋯395	121 嘉永五年大島村名主用水不法につき小前百姓との出入一件(筑波・筑波・石井定文)⋯466
100 天和二年境通り馬継七か所問屋木野崎新道荷物付越につき訴状(猿島・境・小松原康之助)⋯410	122 嘉永七年大島村名主不正につき小前百姓との出入一件(筑波・筑波・石井定文)⋯467
101 貞享三年木野崎新河岸新街道出入一件(猿島・三和・鈴木篤三)⋯412	123 安政六年大島村村役人不法取扱につき百姓代と出入一件(筑波・筑波・石井定文)⋯469
102 貞享三年奥筋荷物取扱につき吉田河岸差出し手形(猿島・境・小松原康之助)⋯413	124 安政四年塙世村名主不法につき百姓願出一件返答書(真壁・真壁・榎戸淳一)⋯470

125 文久元年大島村国松村一同より村役人
　　選任方につき願(筑波・筑波・石井定文)‥‥472
126 文久元年大曾根村名主不正につき混雑
　　一件(真壁・大和・勝田忠雄)‥‥‥‥‥‥474
127 明治二年～四年諸川町名主不帰依一
　　件‥‥‥‥‥‥‥‥‥‥‥‥‥‥‥‥‥‥475
128 明治三年新石下村村役人不正出入一件
　　(結城・石下・新井清)‥‥‥‥‥‥‥‥‥483
129 元禄四年塙世村家来百姓不服従一件(真
　　壁・真壁・榎戸竹四郎)‥‥‥‥‥‥‥‥487
130 安政四年塙世村家来百姓不服従一件(真
　　壁・真壁・榎戸竹四郎)‥‥‥‥‥‥‥‥487
131 明治二年塙世村名主選出につき前名主
　　よりの異論一件(真壁・真壁・榎戸竹四郎)‥489
132 明治二年、三年水口新田一人持名主庄
　　右衛門と新田百姓出入一件‥‥‥‥‥‥491
133 嘉永六年神郡村質地受戻し出入一件(筑
　　波・筑波・石井定文)‥‥‥‥‥‥‥‥‥495
134 文久二年上茅丸村潰百姓治右衛門質地
　　出入一件(筑波・谷田部・今川せつ)‥‥‥495
135 文久二年大島村百姓清兵衛畑地受戻し
　　一件(筑波・筑波・石井定文)‥‥‥‥‥‥496
136 元治元年神郡村百姓清兵衛質地受戻し
　　願(筑波・筑波・石井定文)‥‥‥‥‥‥‥498
137 慶応二年神郡村百姓善兵衛より質地用
　　立金返済方願(筑波・筑波・石井定文)‥‥499

あとがき‥‥‥‥‥‥‥‥‥‥‥‥‥‥‥‥‥500
　　＜表＞常陸國高郡分(真壁郡真壁町 飯泉家蔵)
　　＜表＞下總國輿地全圖(猿島郡境町 小松原
　　　　　家蔵)

茨城県史料 近世社会経済編 II
茨城県史編さん近世史第2部
会編
昭和51年3月31日発行

＜鹿島、行方両郡と東茨城郡の一部地域の社
会、経済に関する地方文書を収録＞

凡例
解説‥‥‥‥‥‥‥‥‥‥‥‥‥‥‥‥‥‥‥21
概観‥‥‥‥‥‥‥‥‥‥‥‥‥‥‥‥‥‥‥23
　　＜表＞第1表　領主の種類別領有高割合(植
　　　田敏雄編『茨城百姓一揆』より)‥‥‥23
　　＜表＞第2表　村方の支配領主数(木村礎校
　　　訂『旧高旧領取調帳』より)‥‥‥‥‥24
　1　土地‥‥‥‥‥‥‥‥‥‥‥‥‥‥‥‥29
　2　戸口‥‥‥‥‥‥‥‥‥‥‥‥‥‥‥‥33
　3　林業‥‥‥‥‥‥‥‥‥‥‥‥‥‥‥‥36
　4　醸造業‥‥‥‥‥‥‥‥‥‥‥‥‥‥‥38
　5　商業‥‥‥‥‥‥‥‥‥‥‥‥‥‥‥‥40
　6　交通・運輸‥‥‥‥‥‥‥‥‥‥‥‥‥42
　7　鹿島灘‥‥‥‥‥‥‥‥‥‥‥‥‥‥‥46
　8　霞ヶ浦・北浦‥‥‥‥‥‥‥‥‥‥‥‥71
　9　利根川・涸沼‥‥‥‥‥‥‥‥‥‥‥‥74

1　土地‥‥‥‥‥‥‥‥‥‥‥‥‥‥‥‥‥80
　1　寛永八年沖洲村検地帳(行方・玉造・沖洲区
　　有文書)‥‥‥‥‥‥‥‥‥‥‥‥‥‥‥81
　2　正保四年荒地村反目高帳(鹿島・旭・石崎
　　弘)‥‥‥‥‥‥‥‥‥‥‥‥‥‥‥‥108
　3　延享四年太田新田へ引寺につき請証文(鹿
　　島・波崎・太田宗助)‥‥‥‥‥‥‥‥114
　4　宝暦三年太田新田へ出百姓証文(鹿島・波
　　崎・太田宗助)‥‥‥‥‥‥‥‥‥‥‥114
　5　宝暦四年太田新田へ出百姓証文(鹿島・波
　　崎・太田宗助)‥‥‥‥‥‥‥‥‥‥‥114
　6　宝暦一三年太田新田検地請状(鹿島・波崎・
　　太田宗助)‥‥‥‥‥‥‥‥‥‥‥‥‥115
　7　宝暦一三年太田新田検地総寄帳(鹿島・波
　　崎・太田宗助)‥‥‥‥‥‥‥‥‥‥‥116
　8　文政三年太田新田地内開発につき議定書
　　(鹿島・波崎・太田宗助)‥‥‥‥‥‥‥117
　9　安政三年太田新田人別増減御改帳(鹿島・
　　波崎・太田宗助)‥‥‥‥‥‥‥‥‥‥118
　10　寛文四年谷原開発につき下川部六か村と
　　小幡村出入一件(行方・麻生・新治春治)‥118
　11　文政十二年太田新田地内新開地地境出入
　　一件内済証文(鹿島・波崎・太田宗助)‥‥119

茨城県史料 近世社会経済編 II

12　文政一二年太田新田地内新開引受人議定
　　書(鹿島・波崎・太田宗助)・・・・・・・・・・・・・120
13　安政七年須田新田、太田新田両村肥揚場
　　一件済口証文(鹿島・波崎・太田宗助)・・・121
14　宝永七年溝口村と日川村外五か村水論裁
　　許状(鹿島・神栖・山本文男)・・・・・・・・・・・122
15　享保二〇年八木蒔村定井代水江代池代帳
　　(行方・玉造・八木蒔区有文書)・・・・・・・・・123
16　寛政七年玉田村田畑荒所書上帳(鹿島・
　　旭・酒井英一)・・・・・・・・・・・・・・・・・・・・・・・127
17　弘化三年台濁沢村開発取調帳(日本大学
　　史学研究室蔵・大洋・小堤家文書)・・・・・131
18　弘化三年柏熊新田開発取調帳(日本大学
　　史学研究室蔵・大洋・小堤家文書)・・・・・133
19　弘化三年台濁沢村潰前百姓請地弁納延期
　　願書(日本大学史学研究室蔵・大洋・小堤家文
　　書)・・・・・・・・・・・・・・・・・・・・・・・・・・・・・・・・135

2　戸口・・・・・・・・・・・・・・・・・・・・・・・・・・・・・・・・137
20　元禄十四年大竹村宗門人別改帳(鹿島・鉾
　　田・遠峰三郎)・・・・・・・・・・・・・・・・・・・・・・・139
21　延宝五年荒地村宗門人別改帳(鹿島・旭・
　　石崎弘)・・・・・・・・・・・・・・・・・・・・・・・・・・・・166
22　明和八年荒地村宗門人別改帳(鹿島・旭・
　　石崎弘)・・・・・・・・・・・・・・・・・・・・・・・・・・・・169
23　天保九年荒地村宗門人別改帳(鹿島・旭・
　　石崎弘)・・・・・・・・・・・・・・・・・・・・・・・・・・・・179
24　天保九年荒地村奉公人引き戻し書上帳
　　(鹿島・旭・石崎弘)・・・・・・・・・・・・・・・・・・185
25　天和三年牛堀村須田源之丞宛奉公人請状
　　案文(国立史料館蔵・牛堀・須田家文書)・・・・・188
26　元文三年牛堀村須田源之丞宛奉公人請状
　　(国立史料館蔵・牛堀・須田家文書)・・・・・・・188
27　天明二年青柳村新右衛門宛奉公人請状
　　(鹿島・鉾田・小島端national)・・・・・・・・・・・・・189
28　天保一三年鉾田村惣七宛奉公人請状(鹿
　　島・旭・酒井作之丞)・・・・・・・・・・・・・・・・・189
29　天保一二年不奉行過料容赦につき汲上村
　　名主願書(日本大学史学研究室蔵・大洋・小堤
　　家文書)・・・・・・・・・・・・・・・・・・・・・・・・・・・・190
30　貞享二年牛堀村種貸米拝借証文(国立史料
　　館蔵・牛堀・須田家文書)・・・・・・・・・・・・・・・・190
31　貞享三年牛堀村種貸米拝借証文(国立史料
　　館蔵・牛堀・須田家文書)・・・・・・・・・・・・・・・・190
32　元禄十五年牛堀村種貸米拝借証文(国立史
　　料館蔵・牛堀・須田家文書)・・・・・・・・・・・・・191
33　文化元年〜明治三年牛堀村溜穀元帳(国
　　立史料館蔵・牛堀・須田家文書)・・・・・・・・・191
　　[*溜穀制度]
34　文化一五年青柳村困窮状況申上書(鹿島・
　　鉾田・郡司俊国)・・・・・・・・・・・・・・・・・・・・197
　　[*御救]

35　寛保四年坂戸村名主拝借米願書(鹿島・鉾
　　田・菅井達也)・・・・・・・・・・・・・・・・・・・・・・200
36　安永四年勝下村夫食拝借証文(鹿島・旭・
　　酒井作之丞)・・・・・・・・・・・・・・・・・・・・・・・201
37　文政八年麻生村籾蔵金拝借証文(行方・麻
　　生・羽生市郎右衛門)・・・・・・・・・・・・・・・・・202
38　天保二年麻生村籾蔵金拝借証文(行方・麻
　　生・羽生市郎右衛門)・・・・・・・・・・・・・・・・・202
39　弘化二年大賀村夫食米拝借願書(行方・潮
　　来・箕輪作右衛門)・・・・・・・・・・・・・・・・・・203
40　慶応三年井上村救籾取調書(行方・玉造・
　　高野助右衛門)・・・・・・・・・・・・・・・・・・・・・204
41　寛政一一年石岡藩領内窮民御救のため馬
　　飼育目論見書(鹿島・鉾田・鬼沢長平)・・・205
42　文政五年帆津倉村御用金請取証文(水産
　　資料館蔵・北浦・河野家文書)・・・・・・・・・・・207
43　文政一三年帆津倉村御用金請取証文(水
　　産資料館蔵・北浦・河野家文書)・・・・・・・・・208
44　天保四年宮ヶ崎村御用貸付金年賦証文
　　(東茨城・茨城・海老沢稔之助)・・・・・・・・・208
45　弘化四年宮ヶ崎村御用貸付金書替証文
　　(東茨城・茨城・海老沢稔之助)・・・・・・・・・209
46　天保五年角折村夫食拝借証文(鹿島・鹿
　　島・明石与兵衛)・・・・・・・・・・・・・・・・・・・210
47　嘉永三年志崎村窮民夫食米拝借願書(日
　　本大学史学研究室蔵・大洋・小堤家文書)・・・211

3　林業・・・・・・・・・・・・・・・・・・・・・・・・・・・・・・・213
48　正徳元年借宿村御林改帳(鹿島・鉾田・二
　　重作圭計)・・・・・・・・・・・・・・・・・・・・・・・・215
49　天保七年借宿村御林書上書(鹿島・鉾田・
　　武井喜久意)・・・・・・・・・・・・・・・・・・・・・・215
50　明治三年八木蒔村外六か村御山書上帳
　　(行方・麻生・藤崎源衛)・・・・・・・・・・・・・216
51　元禄一四年青柳村札場新田藪添分附山帳
　　(鹿島・鉾田・江幡彦衛)・・・・・・・・・・・・・217
52　宝永七年借宿村分附山改帳(鹿島・鉾田・
　　二重作圭計)・・・・・・・・・・・・・・・・・・・・・・218
53　寛政七年矢田部村安藤家山控帳(鹿島・波
　　崎・安藤寧秋)・・・・・・・・・・・・・・・・・・・・・221
54　文久元年借宿村百姓分附山帳(鹿島・鉾
　　田・二重作圭計)・・・・・・・・・・・・・・・・・・・222
55　寛政一〇年白浜、繁昌両村御林松苗植仕
　　立帳(行方・北浦・平山泰)・・・・・・・・・・・226
56　寛政一一年下吉影村御立山松苗仕入、苗
　　植立人足日雇銭并無許可薪伐採取調書(東茨
　　城・小川・香取孝明)・・・・・・・・・・・・・・・・230
57　文政六年高岡ひぢり塚村御林松苗植立書上
　　帳(行方・北浦・平山泰)・・・・・・・・・・・・・233
58　文久三年水戸藩潮来領御立山植立苗木伐
　　出し手入賃渡方帳(国立史料館蔵・牛堀・須田
　　家文書)・・・・・・・・・・・・・・・・・・・・・・・・・234

県史誌内容総覧・資料編 1: 近世—関東　19

59	文化元年板戸村御林下渡状(鹿島・鉾田・菅井達也)……………………234
60	元禄一二年内宿村杉材送状(行方・北浦・塙正光)……………………235
61	文化六年吉川村薪仕切帳(行方・北浦・平山泰)……………………235
62	寛文一二年鹿島神領山拝借願書(茨城県歴史館受託・水戸・鹿島家文書)……………………237
63	元文五年板戸村武右衛門山売買証文(鹿島・鉾田・菅井達也)……………………237
64	文政五年太田新田山売買証文(鹿島・波崎・太田宗助)……………………237
65	嘉永四年大戸村御林植立請書(日本大学史学研究室蔵・大洋・小堤家文書)……………………239
4 醸造業……………………241
66	元禄一四年矢田部、荒野両村酒造米高書上書(鹿島・波崎・安藤寧秋)……………………243
67	正徳五年矢田部村酒造米高書上書(鹿島・波崎・安藤寧秋)……………………244
68	天保八年汲上、二重作両村酒造米高帳(日本大学史学研究室蔵・大洋・小堤家文書)……………………244
69	慶応四年牛堀、永山両村酒醤油酒濁酒株高調帳(国立史料館蔵・牛堀・須田家文書)……………………245
70	慶応三年酒蔵醬油蔵等封印取り除きにつき栗崎村外八か村村役人願書(鹿島・旭・酒井英一)……………………249
71	正徳六年潮来村弥兵衛酒株売渡証文(国立史料館蔵・牛堀・須田家文書)……………………250
72	明和六年牛堀村政衛門酒蔵道具売渡証文(国立史料館蔵・牛堀・須田家文書)……………………251
73	文政元年牛掘、永山両村酒造人出入改書上帳(国立史料館蔵・牛堀・須田家文書)……………………251
74	嘉永五年田谷村忠左衛門借金山売証文并安政三年麻生村寅五郎買入証文(鹿島・明石与兵衛)……………………252
75	慶応元年奥野谷村藤兵衛養子入につき酒造株持参願書(鹿島・神栖・山本文男)……………………253
76	享和二年清水村弥三郎酒造株譲渡証文(鹿島・鹿島・明石与兵衛)……………………254
5 商業……………………255
77	天保一一年〜弘化四年明石村明石家より同家出店大船津明石屋への金銭出方書抜帳(鹿島・鹿島・明石与兵衛)……………………257
78	嘉永六年〜安政二年汲上村小堤家判取帳(日本大学史学研究室蔵・大洋・小堤家文書)……277 [＊網主兼浜方干鰯問屋]
79	文化一二年吉川村平山家諸品入勘定帳(行方・北浦・平山泰)……………………284 [＊河岸付干鰯問屋兼在方商人]
80	文化一二年吉川村平山家干鰯売捌帳(行方・北浦・平山泰)……………………290
81	文化一〇年吉川村平山家斎田塩売買帳(行方・北浦・平山泰)……………………294
82	文化一五年吉川村平山家斎田塩売買帳(行方・北浦・平山泰)……………………296
83	文政二年吉川村平山家斎田塩売買帳(行方・北浦・平山泰)……………………298
84	慶応三年宮ヶ崎村絞り油屋菜種引当前貸証文(東茨城・茨城・海老沢稔之助)……301
85	慶応四年住吉村外一〇か村行絞り油屋請書(東茨城・茨城・海老沢稔之助)……301
6 交通・運輸……………………305
86	嘉永七年片倉宿助郷人馬差出議定書案文(東茨城・茨城・萩谷操)……307
87	享保一三年行方村外一九か村日光御用人馬割付付帳(行方・玉造・高野助右衛門)……307 [＊日光社参]
88	安永五年竹原、成田、内宿三宿助郷課役免除願書(行方・北浦・塙正光)……309 [＊日光社参]
89	元禄三年加賀国下折村百姓往来手形(鹿島・鉾田・江幡彦衛)……………………310
90	天保七年青柳村百姓往来手形(鹿島・鉾田・江幡彦衛)……………………310
91	享保一七年青柳村舟稼継続願書(鹿島・鉾田・小野瀬寿次)……………………311
92	天保五年北浦船積問屋株運上請書并天保一一年同仲間議定連印帳(鹿島・鹿島・明石与兵衛)……………………312
93	安永四年梶山村河岸場役永取極書(鹿島・大洋・田山一)……319
94	天保五年坂戸村菅井家に対する河岸場経営許可書(鹿島・鉾田・菅井達也)……319
95	安永五年鹿島神宮敷物札紛争一件(鹿島神宮蔵・鹿島・塙家文書)……………………320
96	貞享三年潮来村城米積出手形(国立史料館蔵・牛堀・須田家文書)……………………321
97	寛政三年吉川村平山家判取帳(行方・北浦・平山泰)……………………321
98	文久二年汲上村小堤家駄荷物帳(日本大学史学研究室蔵・大洋・小堤家文書)……331
99	安政六年田谷村忠左衛門炭送状(鹿島・鹿島・明石与兵衛)……………………360
100	丑年宮ヶ崎村榾炭送状(東茨城・茨城・海老沢稔之助)……………………360
101	慶応三年〜明治四年新宮村外二三か村運賃書上帳(行方・麻生・藤崎源衛)……361
102	安永八年太田新田山買入証文(国立史料館蔵・牛堀・須田家文書)……………………364
103	文政八年牛堀村御用掛札預り書(国立史料館蔵・牛堀・須田家文書)……………………364
7 鹿島灘……………………365
網方議定……………………367

104　宝暦一一年矢田部浦地引網方議定書
　　（鹿島・波崎・安藤寧秋）………………367
105　宝暦一二年矢田部浦地引網方議定書
　　（鹿島・波崎・安藤寧秋）………………368
106　文政七年矢田部、舎利、波崎三か浦地
　　引網方議定書（鹿島・波崎・安藤寧秋）……369
107　天保一四年矢田部、舎利、須田新田、
　　太田新田四か浦地引網方議定書（鹿島・波
　　崎・安藤寧秋）………………………370
108　安政四年矢田部、舎利、高野、波崎
　　四か浦地引網方議定書（鹿島・波崎・安藤
　　寧秋）………………………………371
109　明治四年日川、須田新田、奥野谷、
　　溝口四か浦地引網方議定書（鹿島・神栖・
　　山本文男）…………………………373

網株………………………………………374
110　正徳五年大竹村魚猟舟舟主水主書上
　　帳（鹿島・鉾田・遠峰三郎）………………374
111　天保一一年地引網諸道具流失廻状（鹿
　　島・鹿島・明石与兵衛）…………………378
112　天保一一年地引網諸道具品触状（鹿
　　島・鹿島・明石与兵衛）…………………378
113　明和七年高戸村与右衛門舟代金請取
　　書（鹿島・鹿島・有田勝）………………379
114　元禄七年矢田部村地引宿借用証文（鹿
　　島・波崎・安藤寧秋）……………………379
115　元禄七年東下村海老台地引宿借用証
　　文（鹿島・波崎・安藤寧秋）………………379
116　延享二年東下村舎利又兵衛地引網仕
　　継金借用証文（国立史料館蔵・祭魚洞文
　　庫）…………………………………380
117　嘉永六年賀村平吉網代金借用証文（鹿
　　島・鹿島・明石与兵衛）…………………380
118　弘化四年小山村兵右衛門外一人地引
　　網舟道具代金借用証文（鹿島・鹿島・明石
　　与兵衛）………………………………381
119　安政六年平井村小野清右衛門地引網
　　仕継金借用証文（鹿島・鹿島・明石与兵
　　衛）…………………………………381
120　文化三年清水村太郎左衛門外二人沖
　　合給金差詰借用証文（鹿島・鹿島・明石与
　　兵衛）………………………………382
121　文化三年清水村多郎左衛門地引網仕
　　継金借用証文（鹿島・鹿島・明石与兵衛）……382
122　文化五年清水村五右衛門沖合貸金差
　　詰借用証文（鹿島・鹿島・明石与兵衛）……382
123　天保六年清水村治右衛門外九人地引
　　網片手取立金借用証文（鹿島・鹿島・明石
　　与兵衛）………………………………383
124　天保七年清水村治右衛門地引網舟永
　　等借用証文（鹿島・鹿島・明石与兵衛）……383

125　天保三年小山村前舟水主惣代甚之助
　　新造金等借用証文（鹿島・鹿島・明石与兵
　　衛）…………………………………384
126　嘉永六年荒野村儀兵衛外四人地引網
　　舟永等借用証文（鹿島・鹿島・明石与兵
　　衛）…………………………………384
127　安政四年角折村又兵衛地引網仕継金
　　等借用証文（鹿島・鹿島・明石与兵衛）……384
128　元治元年角折村惣兵衛地引網仕継金
　　等借用証文（鹿島・鹿島・明石与兵衛）……385
129　天保十五年汲上村町山五郎左衛門地
　　引網仕継金借用証文（日本大学史学研究室
　　蔵・大洋・小堤家文書）…………………385
130　文久元年台濁沢村善左衛門地引網株
　　仕立金借用証文（日本大学史学研究室蔵・大
　　洋・小堤家文書）………………………386
131　慶応三年台濁沢村台浜善左衛門地引
　　網質請出金借用証文（日本大学史学研究室
　　蔵・大洋・小堤家文書）…………………386
132　天保十五年台濁沢村台浜七郎兵衛地
　　引網仕継金借用証文（日本大学史学研究室
　　蔵・大洋・小堤家文書）…………………386
133　安政二年柏熊新田伊助地引網渡世要
　　用金借用証文（日本大学史学研究室蔵・大
　　洋・小堤家文書）………………………387
134　安政四年勝下村冷水左平次地引網渡
　　世要用金借用証文（日本大学史学研究室蔵・
　　大洋・小堤家文書）……………………387
135　万延元年勝下村冷水次郎兵衛他二人
　　地引網仕継金借用証文（日本大学史学研究
　　室蔵・大洋・小堤家文書）………………387
136　文久元年勝下村四郎兵衛地引網渡世
　　要用金借用証文（日本大学史学研究室蔵・大
　　洋・小堤家文書）………………………388
137　文久元年勝下村七兵衛他二人地引網
　　舟代金借用証文（日本大学史学研究室蔵・大
　　洋・小堤家文書）………………………388
138　天保一一年荒地村藤右衛門地引網取
　　立金借用証文（日本大学史学研究室蔵・大
　　洋・小堤家文書）………………………389
139　天保一五年荒地村藤右衛門地引網渡
　　世元手金借用証文（日本大学史学研究室蔵・
　　大洋・小堤家文書）……………………389
140　弘化二年上沢村与市地引網修理金借
　　用証文（日本大学史学研究室蔵・大洋・小堤
　　家文書）………………………………389
141　嘉永二年上沢村与一右衛門水主越年
　　仕度金借用証文（日本大学史学研究室蔵・大
　　洋・小堤家文書）………………………390
142　安政四年大志崎村喜兵衛外三人地引
　　網仕継金等借用金年賦証文（鹿島・鹿島・明
　　石与兵衛）……………………………390

143　寛政二年清水村有田太七外三人地引網仕入借用証文(鹿島・鹿島・明石与兵衛)……391
144　寛政二年清水村五左右衛門外一人地引網仕入借用証文(鹿島・鹿島・明石与兵衛)……391
145　寛政一〇年荒野村茂平次外一人地引網仕入借用証文(鹿島・鹿島・明石与兵衛)……391
146　寛政一〇年荒野村義左衛門外一人地引網仕入借用証文(鹿島・鹿島・明石与兵衛)……392
147　安政九年高田村宮内清右衛門仕入田部村地網本金勘定改帳(鹿島・鹿島・明石与兵衛)……393
148　天明七年矢田部村安藤五左衛門仕入地網本金勘定改帳(鹿島・波崎・安藤寧秋)……394
149　安永九年矢田部村安藤五左衛門仕入地網仕継金返済減免につき取替証文(鹿島・波崎・安藤寧秋)……407
150　享保五年矢田部村久左衛門名目村地引網滞金につき地引網諸道具引渡預引証文(鹿島・波崎・安藤寧秋)……407
151　享保五年清水村多郎左衛門滞金につき地引網舟分株引渡証文(鹿島・鹿島・有田勝)……408
152　天明六年矢田部村佐右衛門滞金につき地引職網引渡証文(鹿島・波崎・安藤寧秋)……409
153　天保一一年平井村地引網売渡議定証文(鹿島・鹿島・明石与兵衛)……410
154　安政六年角折村又兵衛滞金につき地引網舟分株引渡証文(鹿島・鹿島・明石与兵衛)……411
155　天明八年荒地村兵三郎外一人地引網売渡証文(鹿島・旭・石崎弘)……411
156　天明八年荒地村多郎右衛門外二人地引網仕継金借用証文(鹿島・旭・石崎弘)……412
157　慶応四年子生村彦右衛門地引網仕継金差詰につき地引網売渡証文(鹿島・旭・石崎弘)……412
158　文政一〇年平井村新右衛門外二人地引網舟永等差詰につき地引網売渡証文(鹿島・鹿島・明石与兵衛)……413
159　天保三年飯島村京知釜庄太夫外二人地引網舟分株借用証文(日本大学史学研究室蔵・大洋・小堤家文書)……413
160　天保五年飯島村京知釜森右衛門地引網舟分株売渡証文(日本大学史学研究室蔵・大洋・小堤家文書)……414

161　嘉永元年飯島村京知釜庄太夫地引網舟分株買取残金借用証文(日本大学史学研究室蔵・大洋・小堤家文書)……414
162　天保一一年明石村明石理得郎継金借用証文(鹿島・鹿島・明石与兵衛)……415
163　明和四年清水村利兵衛外一人地引網借用証文(鹿島・鹿島・有田勝)……415
164　安政三年泉川村太郎右衛門外四人地引網舟分株借用証文(鹿島・鹿島・明石与兵衛)……415
165　寛政三年清水村五左衛門地引網渡世困難につき地引網寄株証文(鹿島・鹿島・有田勝)……416
166　文化三年明石村内野良助地引網片手取立寄株証文(鹿島・鹿島・明石与兵衛)……416
167　宝永二年白塚村長八絶舟につき口上書(鹿島・鉾田・遠峰三郎)……416
168　享保二年勝下村冷水弱舟役株立連印証文(鹿島・旭・酒井作之丞)……417
169　安政二年勝下村休舟取立筆渋につき名主舟へ乗組願許可達書(鹿島・旭・酒井作之丞)……417

水主……417
170　文политическ明石村内野利右衛門宛永々水主借増敷金証文(鹿島・鹿島・明石与兵衛)……417
171　天保五年明石村内野利右衛門宛きより敷金証文(鹿島・鹿島・明石与兵衛)……418
172　天保六年明石村内野理得宛惣水主連印敷金証文(鹿島・鹿島・明石与兵衛)……418
173　天保六年居切村平左衛門等宛惣水主敷金証文(鹿島・鹿島・明石与兵衛)……419
174　嘉永二年明石村内野作右衛門等宛永々水主敷金証文(鹿島・鹿島・明石与兵衛)……420
175　安永一〇年清水村有田多七等宛代引水主敷金証文(鹿島・鹿島・有田勝)……420
176　安永一〇年清水村有田太七郎等宛代引水主敷金証文(鹿島・鹿島・有田勝)……420
177　安永一〇年清水村有田太七郎等宛代引水主敷金証文(鹿島・鹿島・有田勝)……421
178　天明三年清水村有田太郎等宛代引水主敷金証文(鹿島・鹿島・有田勝)……421
179　天明三年清水村有田太七郎等宛代引水主敷金証文(鹿島・鹿島・有田勝)……421
180　天明五年清水村有田太七郎等宛代引水主敷金証文(鹿島・鹿島・有田勝)……422
181　天明五年清水村有田太七郎等宛代引水主敷金証文(鹿島・鹿島・有田勝)……422
182　天明七年清水村有田太七宛代引水主敷金証文(鹿島・鹿島・有田勝)……422
183　天明七年清水村有田太七郎宛代引水主敷金証文(鹿島・鹿島・有田勝)……423

184　天明七年清水村有田太七宛代引水主
　　敷金証文(鹿島・鹿島・有田勝)……423
185　寛政二年清水村弥三郎等宛代引水主
　　敷金証文(鹿島・鹿島・有田勝)……423
186　寛政七年清水村常助等宛代引水主敷
　　金証文(鹿島・鹿島・明石与兵衛)……424
187　天保六年明石村内野良右衛門等宛永々
　　水主敷金証文(鹿島・鹿島・有田勝)……424
188　天保一〇年明石村内野良右衛門等宛
　　乗足水主敷金証文(鹿島・鹿島・有田勝)……424
189　弘化三年明石村内野良右衛門等宛永々
　　水主敷金証文(鹿島・鹿島・有田勝)……425
190　嘉永二年明石村内野良右衛門等宛永々
　　水主敷金証文(鹿島・鹿島・有田勝)……425
191　嘉永三年明石村内野良右衛門等宛永々
　　水主敷金証文(鹿島・鹿島・有田勝)……426
192　嘉永三年明石村内野良右衛門等宛乗
　　足水主敷金証文(鹿島・鹿島・有田勝)……426
193　嘉永五年明石村内野良右衛門等宛永々
　　水主敷金証文(鹿島・鹿島・有田勝)……426
194　文久元年明石村内野良右衛門等宛永々
　　水主敷金証文(鹿島・鹿島・有田勝)……427
195　文久二年明石村内野良右衛門等宛永々
　　水主敷金証文(鹿島・鹿島・有田勝)……427
196　慶応元年明石村内野良右衛門等宛永々
　　水主敷金証文(鹿島・鹿島・有田勝)……428
197　明和四年清水村治郎兵衛等宛引水
　　主敷金証文(鹿島・鹿島・有田勝)……428
198　明和四年清水村伊衛門等宛代引水主
　　敷金証文(鹿島・鹿島・有田勝)……429
199　天明七年清水村与五左衛門等宛代引水
　　主敷金証文(鹿島・鹿島・有田勝)……429
200　天保一四年汲上村小堤源之丞宛代引
　　水主敷金証文(日本大学史学研究室蔵・大
　　洋・小堤家文書)……429
201　文久三年汲上村小堤源之丞宛代引水
　　主敷金証文(日本大学史学研究室蔵・大洋・
　　小堤家文書)……430
202　明治三年汲上村照山孫右衛門宛代引
　　水主敷金証文(日本大学史学研究室蔵・大
　　洋・小堤家文書)……430
203　寛政五年大竹村直喜彦市郎宛代引水
　　主敷金証文(鹿島・鉾田・遠峰三郎)……431
204　寛政六年大竹村直喜彦市郎宛代引水
　　主敷金証文(鹿島・鉾田・遠峰三郎)……431
205　天保一〇年大竹村直喜官七等宛代引
　　水主敷金証文(日本大学史学研究室蔵・大
　　洋・小堤家文書)……431
206　文政八年白塚村治兵衛宛代引水主敷
　　金証文(鹿島・鉾田・遠峰三郎)……432
207　文政元年柏熊村新右衛門宛代引水主
　　敷金証文(鹿島・鉾田・遠峰三郎)……432

208　文化七年明石村内野利右衛門宛永々
　　水主敷金貸付方議定につき惣仲間連印書
　　(鹿島・鹿島・明石与兵衛)……432
209　万延元年汲上村小堤源之丞宛代方鰯
　　引当借用証文(日本大学史学研究室蔵・大
　　洋・小堤家文書)……433
210　天保一一年明石村明石理得郎地引網
　　水主敷金借増元利勘定帳(鹿島・鹿島・明
　　石与兵衛)……433
211　嘉永元年玉田村武治右衛門等宛差替
　　水主敷金証文(鹿島・旭・酒井英一)……437
212　安永五年清水村次郎兵衛等宛水主敷
　　金滞納につき質地証文(鹿島・鹿島・有田
　　勝)……437
213　文化一〇年明石村内野与兵衛宛永々水
　　主人代差出書(鹿島・鹿島・明石与兵衛)……438

網方勘定……438
214　天保一二年汲上村小堤家所持京知釜
　　地引網舟諸勘定帳(日本大学史学研究室蔵・
　　大洋・小堤家文書)……438
215　嘉永五年汲上村小堤家所持武与釜、
　　町山両地引網舟諸勘定帳(日本大学史学研
　　究室蔵・大洋・小堤家文書)……466
216　弘化四年明石村明石家所持地引網舟
　　水揚帳(鹿島・鹿島・明石与兵衛)……484

浜方出入……492
217　安政八年清水村治郎兵衛地引網仕継
　　金返済滞金につき内済証文(鹿島・鹿島・
　　有田勝)……492
218　安政五年明石村小左衛門外二人地引
　　網仕継金返済滞出入につき内済証文(鹿
　　島・鹿島・明石与兵衛)……492
219　安政五年明石村小左衛門外二人地引
　　網仕継金返済滞出入につき済口証文(鹿
　　島・鹿島・明石与兵衛)……493
220　文化四年明石村明石利右衛門仕継先
　　不勘定出入につき吟味下願書(鹿島・鹿
　　島・明石与兵衛)……495
221　文化四年清水村多郎左衛門仕入引当
　　不勘定につき詫証文(鹿島・鹿島・有田
　　勝)……495
222　弘化三年柏熊村所右衛門買取地引網
　　不勘定につき訴状(日本大学史学研究室蔵・
　　大洋・小堤家文書)……496
223　天保三年平井村新右衛門外四人売却
　　地引網不勘定につき詫添書証文(鹿島・鹿
　　島・明石与兵衛)……496
224　慶応元年那珂郡湊村照沼権十郎地引
　　網支配人不法につき訴状(鹿島・神栖・山
　　本文男)……497
225　享和三年明石村内野作右衛門地引網
　　舟株出入訴状(鹿島・鹿島・明石与兵衛)……498

226　享和三年明石村内野作右衛門地引網舟株出入内済証文(鹿島・鹿島・明石与兵衛)……499
227　天保一〇年明石村六右衛門外一人地引網舟株乱立出入につき詫証文(鹿島・鹿島・明石与兵衛)……499
228　嘉永三年明石村小左衛門名目組合地引網相続方につき詫状(鹿島・鹿島・明石与兵衛)……500
229　文久二年清水村太郎左衛門地引網取立願書不備につき詫証文(鹿島・鹿島・明石与兵衛)……500
230　文久二年清水村太郎左衛門地引網取立願書差出方につき詫証文(鹿島・鹿島・明石与兵衛)……501
231　嘉永元年明石、清水両村舟主地引網操業不届につき詫証文(鹿島・鹿島・明石与兵衛)……501
232　文化五年清水村五兵衛浦歩不納届出日延につき詫証文(鹿島・鹿島・明石与兵衛)……502
233　安永八年矢田部村高田新出来両地引職網舟方不参詫証文(鹿島・波崎・安藤寧秋)……502
234　嘉永三年本須賀村藤次郎出奔水主引立勘弁につき言上書(鹿島・鹿島・明石与兵衛)……503
235　嘉永四年台濁沢村清三郎水主外舟稼出入につき済口証文(日本大学史学研究室蔵・大洋・小堤家文書)……503

網方運上……504
236　天保九年明石村地引網身永納方につき達書(鹿島・鹿島・明石与兵衛)……504
237　明和六年玉田、荒地、沢尻、上釜四か村鰯漁運上直請につき小手形改書上帳(鹿島・旭・石崎弘)……504
238　天明六年玉田、荒地、沢尻、上釜四か村鰯漁減免定納請状(鹿島・旭・石崎弘)……505
239　嘉永七年角折村又兵衛運上金の請取覚書(鹿島・鹿島・明石与兵衛)……506
240　文久二年清水村太郎左衛門地引網新規取立冥加金の請取覚書(鹿島・鹿島・明石与兵衛)……506

浜方流通……506
241　文久二年汲上村小堤源之丞〆粕干鰯魚油買入帳(日本大学史学研究室蔵・大洋・小堤家文書)……507
 [＊浜方干鰯問屋]
242　文久二年汲上村小堤源之丞干鰯〆粕魚油買仕切帳(日本大学史学研究室蔵・大洋・小堤家文書)……517

 [＊浜方干鰯問屋]
243　天保一二年山中屋庄右衛門干鰯引当借用証文(日本大学史学研究室蔵・大洋・小堤家文書)……529
244　安政三年石津河岸菅谷伝右衛門干鰯預り覚書(日本大学史学研究室蔵・大洋・小堤家文書)……529
245　巳年二重作村中根源右衛門干鰯積渡状(日本大学史学研究室蔵・大洋・小堤家文書)……529
246　戊年下総銚子越後屋治左衛門より札河岸要吉宛干鰯〆粕請取覚書(日本大学史学研究室蔵・大洋・小堤家文書)……530
247　安政五年〜万延元年札村五左衛門干鰯積立帳(水産資料館蔵・大洋・飯島家文書)……530

 [＊河岸問屋]
248　弘化四年江戸本所柳原遠州屋伊兵衛金子手形(日本大学史学研究室蔵・大洋・小堤家文書)……557
249　安政三年江戸和泉屋忠次郎より汲上村小堤源之丞宛為替手形(日本大学史学研究室蔵・大洋・小堤家文書)……557
250　文久二年汲上村小堤源之丞干鰯売仕切帳(日本大学史学研究室蔵・大洋・小堤家文書)……558
251　文久三年汲上村小堤源之丞干鰯売仕切帳(日本大学史学研究室蔵・大洋・小堤家文書)……562
252　慶応二年汲上村小堤源之丞〆粕干鰯売仕切帳(日本大学史学研究室蔵・大洋・小堤家文書)……566
253　文久二年汲上村小堤源之丞干鰯売仕切状(日本大学史学研究室蔵・大洋・小堤家文書)……571
254　午年汲上村小堤源之丞干鰯売仕切状(日本大学史学研究室蔵・大洋・小堤家文書)……572
255　亥年汲上村小堤源之丞干鰯売仕切状(日本大学史学研究室蔵・大洋・小堤家文書)……573
256　弘化二年樫山村忠吉外三人〆粕助代金借用証文(日本大学史学研究室蔵・大洋・小堤家文書)……573
257　嘉永三年柏熊村新田茂右衛門干鰯〆粕引当借用証文(日本大学史学研究室蔵・大洋・小堤家文書)……574
258　弘化四年烟田村六郎左衛門預り干鰯売代金勘定滞りにつき申入書(日本大学史学研究室蔵・大洋・小堤家文書)……574
259　文政八年幸手宿遠野屋吉右衛門干鰯運賃返納につき明石村内野利右衛門宛申入書(鹿島・鹿島・明石与兵衛)……574

260　文政一一年関宿向河岸染谷禄左衛門より明石村内野利右衛門宛干鰯仕切金預り状(鹿島・鹿島・明石与兵衛)…………575
261　文政一二年関宿向河岸染谷禄左衛門外一人干鰯代金引残分返済につき明石村内野利右衛門宛年賦証文(鹿島・鹿島・明石与兵衛)…………575
262　天保六年居切村人見嘉右衛門干鰯積込覚書(鹿島・鹿島・明石与兵衛)…………575
263　天保六年居切村人見嘉右衛門干鰯積付覚書(鹿島・鹿島・明石与兵衛)…………576
264　天保一三年明石村明石与兵衛金銀出入帳(鹿島・鹿島・明石与兵衛)…………576
265　嘉永二年大船津村明石屋干鰯仕切勘定調帳(鹿島・鹿島・明石与兵衛)…………585
266　安政四年大船津村明石屋〆粕干鰯魚油諸方仕切状目録書手形請取調帳(鹿島・鹿島・明石与兵衛)…………589
267　天保三年小宮作村四五右衛門干鰯扱代金返済約定証文(鹿島・鹿島・明石与兵衛)…………591
268　嘉永三年塙村三左衛門干鰯入懸延代金借用証文(鹿島・鹿島・明石与兵衛)…………591
269　明治四年汲上村小堤源之丞麻買請通帳(日本大学史学研究室蔵・大洋・小堤家文書)…………592

雑漁…………592
270　安政六年須田新田、矢田部、東下三か村地引網仲間蛤掻舟入漁禁止につき議定書(鹿島・波崎・安藤寧秋)…………592
271　安政六年波崎浦地引網司蛤掻舟入漁禁止議定調印断り書(鹿島・波崎・安藤寧秋)…………593
272　安政六年銚子四か村蛤掻舟入漁禁止出入和解証文(鹿島・波崎・安藤寧秋)…………593
273　天保二年江戸弥兵衛沖網漁業相始につき太田新田名主宛申入書(鹿島・波崎・太田宗助)…………594
274　文久元年汲上村太平治姥貝舟諸道具引当借用証文(日本大学史学研究室蔵・大洋・小堤家文書)…………595

製塩…………595
275　延享元年矢田部、日川両村塩場等開発につき村役人差上書(鹿島・波崎・安藤寧秋)…………595
276　延享元年矢田部村塩場等割渡につき村役人差上書(鹿島・波崎・安藤寧秋)…………596
277　嘉永七年勝下村塩場塩釜帳(鹿島・旭・酒井作之丞)…………597

牡蠣灰…………601

278　嘉永三年牛堀村孫重郎牡蠣売灰焼立渡世起立につき願書(国立史料館蔵・牛堀・須田家文書)…………601
279　嘉永四年牛堀村孫重郎牡蠣売灰焼立渡世起立につき再願書(国立史料館蔵・牛堀・須田家文書)…………602
280　嘉永五年牛堀村孫重郎牡蠣売灰焼立渡世許可成につき願書(国立史料館蔵・牛堀・須田家文書)…………603

8　霞ヶ浦・北浦…………605

281　元禄五年霞ヶ浦浦方役人与助川漁上請負につき反対願書(行方・玉造・舟串圭一)…………607
282　元禄一六年霞ヶ浦浦方作法覚書(行方・玉造・舟串圭一)…………608
283　延享二年与助川漁場争論内済証文(行方・玉造・舟串圭一)…………610
284　享保一一年霞ヶ浦浦方議定書(行方・玉造・舟串圭一)…………611
285　延享三年網引場につき麻生、島並両村と玉造村取替証文(行方・玉造・舟串圭一)…………613
286　文政五年麻生村村役人運上場網引方につき反対願書(国立史料館蔵・祭魚洞文庫)…613
287　天保二年永山村役人湖水付漁場につき申上書(国立史料館蔵・牛堀・須田家文書)…615
288　天保一二年潮来、永山、上戸、西大須賀四か村村役人村方漁業不取締につき詫状(国立史料館蔵・牛堀・須田家文書)…………616
289　嘉永六年永山村権之丞外三人村漁場請負書(国立史料館蔵・牛堀・須田家文書)…617
290　嘉永七年永山村清左衛門村網代場請負書(国立史料館蔵・牛堀・須田家文書)…………617
291　嘉永七年永山村清左衛門外六人村漁場請負書(国立史料館蔵・牛堀・須田家文書)…617
292　安政四年永山村治郎衛門外二人村漁場請負書(国立史料館蔵・牛堀・須田家文書)…618
293　万延元年永山村治郎衛門外一人村漁場請負書(国立史料館蔵・牛堀・須田家文書)…618
294　元禄六年北浦漁業定書(鹿島・太洋・田山一)…………618
295　享保七年北浦漁業定書(鹿島・太洋・田山一)…………619
296　明和九年山田村源左衛門桙運上場乗入一件(鹿島・太洋・田山一)…………619
297　文政五年水原村新規筒筌漁相始出入につき延方、釜谷両村返答書(行方・北浦・平山泰)…………620
298　万延元年中、帆津倉両村村犯漁一件書控(国立史料館蔵・祭魚洞文庫)…………621
299　慶応三年安塚村庄屋蝦筌粉一五箇預り状(鹿島・鉾田・池田信義)…………624
300　文政四年吉川村鰻水場并入用帳(行方・北浦・平山泰)…………624

9 利根川・涸沼..............................627
  301 宝永元年網代長右衛門出資の拝借証文焼失につき返り証文(鹿島・波崎・安藤寧秋)..............................629
  302 文政一〇年下利根川境につき下総常陸村々熟談取替証文(鹿島・波崎・太田宗助)..629
  303 寛文二年利根川猟境につき牛堀、上戸両村訴答書(国立史料館蔵・牛堀・須田家文書)..............................631
  304 安永三年利根川網代并藻草鳥猟岸猟につき息栖村外五か村議定証文(鹿島・波崎・太田宗助)..............................632
  305 文政一二年伝兵衛外一二人簀活魚業禁止につき請書(国立史料館蔵・祭魚洞文庫)..633
  306 文政一一年宮ヶ崎村村役人地先涸沼川漁場入札出入一件(東茨城・茨城・海老沢稔之助)..............................633
  307 嘉永四年宮ヶ崎村村役人海老沢村地先涸沼川漁場出入につき添書下付願書(東茨城・茨城・海老沢稔之助)..............................634
あとがき(県史編さん室)..............................636

茨城県史料 近世社会経済編 III
茨城県立歴史館編集
茨城県史編集会監修
昭和63年3月18日発行

<石岡、土浦、牛久、龍ヶ崎、取手、つくば各市と新治、稲敷両郡及び東茨城、西茨城、筑波、北相馬各群の一部地域の社会、経済に関する近世地方文書を収録>

凡例
解説..............................15
1 土地・戸口..............................17
2 貢租 廻米..............................19
3 在方・町方..............................21
4 醸造業..............................23
   <表>第1表 関口家各年醤油造石高(江戸崎町関口正江氏所蔵各年「造醤油元金諸買物帳」より)..............................27
5 商業..............................28
   <表>第2表 西郷地村外39か村農間渡世一覧表(「史料80 天保9年西郷地村外村々農間渡世書上帳」より)..............................29
6 交通・運輸..............................30
7 治水..............................36
8 一揆・騒動..............................39

1 土地・戸口..............................47
  1 文禄三年大村検地帳(つくば・酒井治也)...49
  2 延享元年羽根野村流作場新田検地帳(北相馬・利根・平野紀子)..............................73
  3 元和二年上青柳村田畑名寄帳(新治・八郷・羽生元茂)..............................76
  4 元禄八年半田村と川俣村秣場会い出入一件(新治・八郷・原田伝左衛門)..............................80
   [*秣場争論]
  5 文化一一年上青柳村入会地立木伐採一件済口証文(新治・八郷・木崎真)..............................81
  6 寛文一〇年坂田新田村宗門人別改帳(新治・新治・栗原純一)..............................82
   [*真言宗]
  7 元禄八年下岩崎村宗門并五人組改帳(稲敷・茎崎・岡野康夫)..............................86
  8 元禄八年上青柳村人別帳(新治・八郷・羽生元茂)..............................90
  9 明和四、安永六、寛政九、文化六各年府中平村矢口家人別改め下書(石岡・矢口芳正)..............................100

茨城県史料 近世社会経済編 III

10　寛文二年太田村太左衛門家、家風役一件（新治・八郷・友部太左衛門）··········105
　　［＊小農自立］
11　寛文一〇年太田村太左衛門家、譜代の者百姓取立てにつき一札（新治・八郷・友部太左衛門）··········106
　　［＊小農自立］
12　貞享五年太田村和兵衛家、門之者身分につき願書（新治・八郷・友部太左衛門）··········106
　　［＊小農自立］
13　天明七年川崎村飢人書上帳　天明の飢饉（筑波・谷和原・川口喜美）··········107
14　天明八年下雫村退転潰書上帳　天明の飢饉（茨城県立歴史館保管・新治・千代田・中島家文書）··········114
15　寛政一一年太田村困窮状況書上帳（新治・八郷・友部太左衛門）··········115
　　荒田畑御見分并村柄書上帳··········115
16　文政三年半田村助左衛門跡式につき草分け百姓連印一札（新治・八郷・原田伝左衛門）··········118
17　天保八年吉生村夫喰拝借請書（新治・八郷・本図亭）··········119
　　［＊天明の飢饉］夫食救米］
　　夫喰御救御請書··········119
18　天保八年江戸崎村飢民施帳（稲敷・江戸崎・中條利巳）··········122
　　［＊天明の飢饉］

2　貢租··········125
19　寛文六年当間村年貢納入につき目安差上（鹿島・鉾田・菅井達也）··········127
20　寛文七年当間村新左衛門方へ越石一件（鹿島・鉾田・菅井達也）··········128
21　延宝四年坂戸村越石一件（鹿島・鉾田・菅井達也）··········129
22　寛政四年坂戸村出作高年貢不納一件（鹿島・鉾田・菅井達也）··········129
23　宝永元年行方村長百姓より音物につき証文（行方・麻生・新治春治）··········130
24　享保一〇年山田村年貢米在地払願（行方・麻生・新治春治）··········131
25　享保一七年行方村、山田村、於下村年貢米納入方につき願（行方・麻生・新治春治）··········131
　　［＊廻米；詰替置籾］
26　延享五年行方村年貢減免願（行方・麻生・新治春治）··········132
27　明和三年梶山村年貢割付につき願書（水産資料館所蔵・鹿島・大洋・田山家文書）··········132
28　文化一五年梶山村年貢不納人拝借米一札（水産資料館所蔵・鹿島・大洋・田山家文書）··········134

29　天保一四年勝下村外一〇か村年貢引方一札（日本大学史料研究室所蔵・鹿島・大洋・小堤家文書）··········135
　　［＊村請制］
30　嘉永四年駒木根村直治外一人年貢不納一件（日本大学史料研究室所蔵・鹿島・大洋・小堤家文書）··········135
31　寛永一八、二〇、二一、正保二、三、四、慶安元、承応三、寛文元各年大賀村割付免状（行方・潮来町教育委員会）··········136
32　元禄一五、元文元、文化一二、天保一三、弘化三、嘉永三各年井上村割付免状（茨城県立歴史館保管・行方・玉造・高野家文書）··········138
33　明暦元、三各年越安村割付免状（東茨城・茨城・萩谷操）··········146
34　貞享元年内宿村割付免状（行方・北浦・塙正光）··········147
35　延宝二、五、天和二、元禄二、一四、享保八、九、一七、元文二各年坂戸村割付免状（鹿島・鉾田・菅井達也）··········148
36　正保二、万治元、延宝四、元禄七、九各年荒地村割付免状（鹿島・旭・石塚四郎）··········151
37　明和二、享和二、天保二、弘化四、嘉永二各年太田新田割付免状（鹿島・波崎・太田宗一）··········153
38　明和三、享和三、天保三、弘化四、嘉永二各年太田新田皆済目録（鹿島・波崎・太田宗一）··········158
39　明治三年八木蒔村割付免調帳（行方・玉造・八木蒔区有文書）··········163
　　［＊起返し］
40　万治三、延宝三、貞享二、元禄八、宝永四、享保一〇、二〇、延享二、宝暦三、四、明和二各年花野井村割付免状（東茨城・美野里・島田助左衛門）··········167
41　元禄五、一五、享保三、元文元各年東崎街割付免状（土浦市教育委員会所蔵・土浦・内田家文書）··········176

3　在方・町方··········183
42　明和八年矢田部村村明細帳（鹿島・波崎・安藤寧秋）··········185
43　慶応三年玉田村村明細帳（鹿島・旭・酒井英一）··········187
44　明和七年分太田新田村村入用帳（鹿島・波崎・太田宗一）··········189
45　安永元年分明石村村入用帳（鹿島・鹿島・明石与兵衛）··········192
46　天明三年梶山村村議定一札之事（水産庁資料館所蔵・鹿島・大洋・田山家文書）··········194
47　文政二年三五か村諸色取極之事（水産庁資料館所蔵・鹿島・大洋・田山家文書）··········195
48　文政一一年田畑村外一六か村議定之事（鹿島・波崎・太田宗一）··········196

県史誌内容総覧・資料編 1: 近世―関東　**27**

茨城県史料 近世社会経済編 III

49　享和二年当ヶ崎村村定之事（鹿島・鉾田・菅井達也）……………………………197
50　慶応四年天懸村外四か村議定書（行方・麻生・藤崎浩）………………………200
51　享保二〇年東崎町町年寄日記（土浦市教育委員会所蔵・土浦・内田家文書）……200
　　［＊町年寄；御用日記］

4　醸造業………………………………………291
　（1）　酒造…………………………………293
52　正徳二年下雫村酒屋主水酒林買収証文（茨城県立歴史館保管・新治・千代田・中島家文書）…………………………………293
　　［＊酒林］
53　正徳二年下稲吉村木村利兵衛酒林酒道具売渡証文（茨城県立歴史館保管・新治・千代田・中島家文書）………………………293
54　明和三年府中平村酒林書上帳（石岡・矢口芳正）……………………………………293
55　天明八年玉取村茂兵衛酒株売渡証文（茨城県立歴史館）……………………………294
56　天明八年中郷村貞衛門酒蔵諸道具売渡証文（石岡・石崎俊夫）…………………294
57　寛政二年大橋村治兵衛酒株借用証文（石岡・石崎俊夫）…………………………294
58　寛政三年小井戸村惣重頼所につき酒蔵穀蔵酒道具売渡証文（石岡・石崎俊夫）……295
59　寛政三年高浜村新太郎酒蔵穀蔵酒道具売渡証文（石岡・石崎俊夫）……………295
60　寛政三年高浜村八郎兵衛酒株諸道具売渡につき願書（石岡・石崎俊夫）………295
61　寛政四年大橋村治兵衛酒造一式書上帳（石岡・石崎俊夫）………………………296
62　享和三年府中平村源兵衛外八人酒造冥加米減免願（石岡・矢口芳正）…………297
　　［＊酒造統制］
63　享和三年小茎村嘉右衛門外一人酒造方につき申上書（茨城県立歴史館）…………297
64　享和三、文政一三、天保五各年大橋村次兵衛酒造高書上（石岡・石崎俊夫）……299
65　天保七年小茎村嘉右衛門外四人地酒江戸廻しにつき申上書（茨城県立歴史館）…301
66　天保一四年小茎村嘉右衛門酒造鑑札請書（茨城県立歴史館）……………………302
　　［＊酒造稼］
67　元治元年大房村五郎右衛門酒株持参の上横須賀村人別入につき請書（北相馬・利根・大野英二）…………………………302
　（2）　醤油造………………………………303
68　文政九年造醤油家九組鹿島講連印帳（銚子・ヤマサ本社）……………………303
69　天保七年改め鳩崎村関口家造醤油元金諸買物帳（稲敷・江戸崎・関口正江）……310

70　天保七年鳩崎村関口家店卸付立帳（稲敷・江戸崎・関口正江）…………………312
71　天保七年鳩崎村関口家店卸勘定下帳（稲敷・江戸崎・関口正江）………………315
72　天保七年改め鳩崎村関口家店卸差引勘定帳（稲敷・江戸崎・関口正江）…………325
73　天保七年改め鳩崎村関口家店卸利潤勘定帳（稲敷・江戸崎・関口正江）…………327
74　安政五年布川村醤油造人名前、造高書上帳（北相馬・利根・香取茂男）…………330

5　商業…………………………………………331
75　明和五、寛政元、文化四各年高岡村開山町書上帳（新治・新治・川又一郎）……333
76　文化一〇年府中平馬市開催一件（石岡・矢口芳正）…………………………………334
77　文化一一年府中村馬市諸入用控帳（石岡・矢口芳正）……………………………336
78　文化一一年江戸崎村大市取締方につき一札（水産資料館所蔵・稲敷・桜川・村山家文書）…………………………………338
79　天保九年小幡村農間渡世書上帳（新治・八郷・桜井太郎平）……………………339
80　天保九年西郷地村外々々農間渡世書上帳（東茨城・美野里・木村文彦）…………340
81　安政五年～慶応二年古来村内商人証文（つくば・藤沢光）…………………………358
82　安政六年～万延元年田宿村利兵衛魚問屋仲間議定違背一件（土浦市教育委員会所蔵・土浦・内田家文書）……………360
83　万延元年土浦魚問屋仲間議定書（土浦市教育委員会所蔵・土浦・内田家文書）…361
84　文久元年水戸浪士押借につき府中宿諸人差出金高書上帳（石岡・森敏夫）………362

6　交通・運輸…………………………………365
　（1）　宿場・助郷…………………………367
　竹原宿……………………………………367
85　慶応元年竹原宿と小曾納村外二一か村助郷人馬不参につき出入一件（茨城県立歴史館保管・西茨城・岩間・塙家文書）……………………………………367
86　慶応四年竹原宿助郷出入一件留書（茨城県立歴史館保管・西茨城・岩間・塙家文書）…………………………………372
　府中宿……………………………………375
87　享保一四年府中村町役人一同府中宿問屋加役につき願書（石岡・矢口芳正）……375
88　天明三年府中平村馬代金拝借証文（石岡・矢口芳正）……………………………375
89　安政三年太田村外九か村府中宿助人馬買上賃銭割合帳（新治・八郷・友部太左衛門）…………………………………376

稲吉宿 ································· 377
 90　明和二年稲吉宿問屋弥市加助郷差村願（茨城県立歴史館保管・新治・千代田・木村家文書）··················· 377
 91　明和三年稲吉宿水戸家通行につき助郷人馬賃銭村々へ払帳（茨城県立歴史館保管・新治・千代田・木村家文書）······ 377
 92　安永四年～六年稲吉宿加助郷差村一件 ································· 381
 93　文政三年稲吉宿稲荷屋仁助無法一件訴状（新治・八郷・木崎真）········· 384
中貫、土浦、中村宿 ··················· 386
 94　天明三年中貫、土浦、中村三宿と永井村外五ニか村助郷人馬勤方につき済口証文（筑波・谷和原・川口喜美）······· 386
 95　文化六年田中外四八か村中貫、土浦、中村三宿助郷負担減免につき願書（つくば・藤沢光）··················· 389
牛久、荒川沖宿 ······················· 392
 96　文化二年荒川沖宿助郷人馬触出帳（茨城県立歴史館所蔵・稲敷・阿見・野口家文書）······················· 392
 97　文化二年牛久、荒川沖宿加助郷村々石高書上帳（牛久・飯島久美子）····· 400
 98　文化六年牛久宿と吉原村外五二か村牛久宿助郷人馬勤方につき済口証文（稲敷・美浦・茂呂量平）··············· 405
 99　文化一三年上岩崎、下岩崎両村牛久宿往還助郷差村免除につき願書（稲敷・茎崎・岡野康夫）··················· 407
藤代・宮和田宿 ······················· 408
 100　明和元、三年藤代宿加助郷村々石高、人馬遣高覚（国立史料館所蔵・北相馬・藤代・飯田家文書）··············· 408
 101　寛政一二年藤代宿助郷人馬継立世話方につき議定一札（国立史料館所蔵・北相馬・藤代・飯田家文書）········ 411
 102　享和元年藤代宿助郷人馬継立につき議定一札（国立史料館所蔵・北相馬・藤代・飯田家文書）··············· 411
日光社参 ···························· 414
 103　享保一三年稲吉宿外二か村日光社参御用人馬免除につき訴訟一件書留（茨城県立歴史館保管・新治・千代田・木村家文書）··················· 414
 104　享保一三年太田村日光社参御用につき鉢石宿詰め人馬改帳（新治・八郷・友部太左衛門）··················· 416
 105　安永五年日光社参用大橋村外一〇か村人馬組合村高書上書（石岡・石崎俊夫）··························· 416
 106　安永五年鉢石詰人馬扶持米割渡し帳（石岡・石崎俊夫）················· 418

（2）　渡船場 ······························· 420
 107　享保九年川崎村渡船造替え代金割合帳（筑波・谷和原・川口喜美）······· 420
 108　安永三年古渡村渡船船役永上納につき一札（水産資料館所蔵・稲敷・桜川・村山家文書）··················· 420
 109　安永三年川崎村渡船年貢上納免除願（筑波・谷和原・川口喜美）········· 421
 110　明治二年信太郡古渡村と河内郡古渡村境渡船場につき出入一件（水産資料館所蔵・稲敷・江戸崎・山口家文書）······ 422
（3）　河岸 ································· 423
 111　元禄元年高浜河岸笹目八郎兵衛御城米積預証文（新治・八郷・原田伝左衛門）··· 423
 112　元禄五年高浜河岸今泉伝右衛門御城米積預証文（新治・八郷・原田伝左衛門）·· 423
 113　安永三年東崎町外四一か村河岸問屋株運上金上納につき請書控（水産資料館所蔵・稲敷・桜川・村山家文書）······ 424
 114　安永七年細代村河岸問屋株一件済口証文（筑波・谷和原・川口喜美）····· 429
 115　天明二、文政八、文久二各年高浜、石川、高崎三河岸問屋仲間議定帳（石岡・小吹正中）····················· 430
 116　文政元年古渡村与右衛門船問屋株下請証文（水産資料館所蔵・稲敷・桜川・村山家文書）··················· 434
 117　天保一二年深川三好町八十治郎蔵河岸問屋株譲渡証文（稲敷・河内・大野正夫）··························· 435
 118　文久三年高浜河岸外九河岸、河岸問屋仲間議定帳（石岡・小吹正中）····· 436

7　治水 ································· 439
（1）　堤川除普請組合 ······················· 441
 119　元文二年下利根川通り堤川除普請組合川除役高帳（北相馬・利根・斎藤英一）·· 441
 120　明和七年小貝川通り堤川除普請組合川除役高帳（国立史料館所蔵・北相馬・藤代・飯田家文書）··············· 456
 121　天保一一年小貝川通り堤川除普請組合普請所書上帳（茨城県立歴史館）····· 469
（2）　福岡堰 ······························· 480
 122　安永一〇年福岡伊丹堰普請人足帳（筑波・谷和原・川口喜美）··········· 480
 123　寛政二年福岡伊丹堰内郷百姓役諸色高割帳（筑波・谷和原・川口喜美）····· 490
 124　文化元年谷原領七〇か村福岡伊丹堰普請組合議定書（筑波・谷和原・川口喜美）··························· 495
（3）　豊田堰、岡堰 ························· 497

125　宝暦八年豊田羽子野堰普請組合村高改帳(北相馬・利根・坂本正)……………497
126　文政七、一三、天保七、九、一〇各年岡村外三一か村岡堰普請組合議定書(国立史料館所蔵・北相馬・藤代・飯田家文書)……498
127　文久二年岡堰普請組合運営方出入済口証文(北相馬・利根・平野紀子)………502

(4)　牛久沼用水 ……………………………506
128　万治二年谷田部村外三か村牛久沼悪水払い新川水門築造につき訴状(稲敷・茎崎・岡野康夫)……………………………506
129　元禄一三年上ဇ場村外八か村牛久沼新八間普請につき一札(国立史料館所蔵・龍ヶ崎・木村家文書)……………507
130　元禄一六年足高村外八か村二千間堤切崩一件につき一札(国立史料館所蔵・龍ヶ崎・木村家文書)…………………508
131　明和四年上岩崎村外一二か村牛久沼九か村用水洗堰床下げ普請につき一札(稲敷・茎崎・岡野康夫)………………509
132　寛政六年河原代村外八か村新八間堀洗堰改築につき一札(稲敷・茎崎・岡野康夫)…………………………………510
133　慶応四年佐貫村外八か村と上岩崎、下岩崎両村新八間堀堰枠普請につき出入一件(稲敷・茎崎・岡野康夫)…………511

(5)　霞ヶ浦水行直し ……………………514
134　文政三年田村外一四か村霞ヶ浦落口洲浚いにつき願書(新治・出島・服部俊彦)…………………………………………514
135　天保二年下馬渡村霞ヶ浦水行直し御用留(水産資料館所蔵・稲敷・桜川・坂本家文書)……………………………………522
　　[＊水行直し普請]
136　天保二年霞ヶ浦水行直し組合議定書(稲敷・東・坂元茂)……………………528
137　安政五年～六年清水村善兵衛外一人水行路取締り方につき願書(稲敷・東・坂元茂)……………………………………531

8　一揆・騒動 ……………………………………535
138　元禄一三年坂戸村百姓無筋訴訟一件詫状(鹿島・鉾田・菅井達也)………………537
139　宝暦九年坂戸村名主更迭要求一件……538
140　天明六年坂戸村利兵衛外一人年貢減免につき駆込み訴訟一件(鹿島・鉾田・菅井達也)………………………………………539
141　文政元年坂戸村庄右衛門不正取調一件(鹿島・鉾田・菅井達也)………………540
142　享保七年麻生藩上郷村々困窮につき年貢減免越訴一件関係(行方・麻生・三好貞良)………………………………………540
143　寛政年中夏海成田村茂右衛門断罪処分及び無宿人取り触書(東茨城・茨城・木野内頴)……………………………………543
144　文政七年帆津倉村三人法外の儀につき村中連判詫状(水産資料館所蔵・行方・北浦・河野家文書)………………………544
145　享和二年～三年高浜村、息栖村、石神村出入負担をめぐる村内騒動一件控(東京大学法学部法制史資料室)……………545
146　元禄五年～六年筑波町と小幡村村境出入一件 ……………………………………557
147　文政八年高岡村忠左衛門外二人駕籠訴一件済口証文(新治・新治・川又一郎)……560
148　嘉永四年常名村名主外二人上坂田村伊佐衛門訴一件につき願書(新治・新治・栗原純一)…………………………………562
149　嘉永六年越安村年貢割付につき騒動一件(東茨城・茨城・萩谷操)………………563
150　安政四年勝下新田古潰百姓名跡につき名主不帰依一件(日本大学文理学部史学研究室所蔵・鹿島・太洋・小堤家文書)……563
151　文久元年太田新田組頭跡役任命につき取縺れ一件済口証文(鹿島・波崎・太田宗一)……………………………………564
152　元治元年潮来新田より太田新田へ寄談につき献金届(鹿島・波崎・太田宗一)………566
153　元治元年玉田村へ浪士共入込みにつき難渋御救願(鹿島・旭・酒井英一)………567
154　慶応元年宮ヶ崎村名主茂右衛門宅打ちこわし一件始末書(東茨城・茨城・海老沢稔之助)…………………………………567
155　慶応三年宮ヶ崎村清兵衛外二四人村役人拝斥願(東茨城・茨城・海老沢稔之助)……570
156　慶応三年五町田村平助外四三人支配名主自己勝手につき退役要求連判書(水産資料館所蔵・行方・麻生・大輪家文書)……571
157　慶応元年新宮村名主不埒につき差縺れ一件(行方・麻生・藤崎浩)………………572
158　慶応四年新宮村張札につき出入一件(行方・麻生・藤崎浩)………………………574
159　慶応四年子生村久兵衛外一三人名主拝斥願書(鹿島・旭・酒井英一)……………575
160　慶応期新宮村名主宅打ちこわし一件(行方・麻生・藤崎浩)………………………577
161　慶応四年周辺村々騒動につき東下村波崎名主石橋彦兵衛願書(鹿島・波崎・安藤寧秋)…………………………………………578
162　安永七年本堂氏領二五か村惣百姓強訴一件(茨城県立歴史館保管・東京・本堂家文書)……………………………………582
　　[＊助六一揆]

```
163  寛政二年本堂氏領二五か村惣代老中へ
     駕籠訴一件（茨城県立歴史館保管・新治・千代
     田・中島家文書） ························ 588
164  享和二年中牢村百姓割元不正につき願
     書（茨城県立歴史館保管・新治・千代田・中島家
     文書） ·································· 589
     [*中牢騒動]
165  女化騒動治定記（茨城県立歴史館所蔵・稲
     敷・阿見・野口家文書） ·················· 590
     [*牛久助郷一揆]
あとがき（茨城県立歴史館史料部県史編さ
   ん室 所理喜夫 久信田喜一） ··········· 603
     所理喜夫・茨城県史編集会顧問
     久保田喜一・主任研究員
```

```
┌─────────────────────────────┐
│ 茨城県史料 近世社会経済編 Ⅳ  │
│ 茨城県立歴史館編集          │
│ 茨城県史編集会監修          │
│ 平成5年3月26日発行          │
└─────────────────────────────┘
```

<水戸、日立、那珂湊、常陸太田、勝田、高
萩、北茨城各市と多賀、久慈、那珂各郡及び
東茨城郡の一部地域の社会、経済に関する近
世地方文書を収録>

凡例	1
解説	13
概観	15
＜表＞第1表　水戸領外売出し産物集計（寛政2年＝1790）（『近世史料Ⅱ＝国用秘録　下』より作成）	16
1　土地・戸口	16
[*寛永検地帳・天保検地帳の集計]	
＜表＞第2表　土地所持高別農民階層表（多賀郡田尻村、砂沢村は『日立市史』、久慈郡東染村、国安村は『水府村史』、久慈郡小目村は『常陸太田市史 上巻』、久慈郡坂野上村は『里美村史』、那珂郡上大賀村は『大宮町史 史料集』、茨城郡木葉下村は『水戸市史 中巻（一）』、茨城郡入野村は『水戸市史 中巻（三）』より引用）	18
2　貢租	19
＜表＞第3表　水戸藩の年貢率の推移（「税務要覧」(「水城金鑑」四十八水戸市彰考館所蔵）より作成）	20
3　諸産業	21
（1）農林業	21
（2）漁業	21
（3）商業	22
（4）鉱業	24
4　港・河岸	24
5　一揆・騒動	26
6　農村事情	28
1　土地・戸口	31
1　文禄三年那珂郡上河内村検地帳（茨城大学附属図書館所蔵鶴田家文書）	33
2　慶長三年茨城郡木葉下村検地帳（写）（水戸・大高憲晃）	38
3　寛永一八年水戸藩検地条目（茨城県立図書館所蔵松蘿館文庫）	45
[*備前検地]	
寛永文書	45

茨城県史料 近世社会経済編 IV

　4　天保経界正記(久慈・里美・椎名智彦)……49
　　　[＊天保検地]
　5　寛永二〇、貞享四各年田畑売買につき達
　　　(「与聞小識草稿」・茨城県立歴史館)………93
　6　享保二〇年久慈郡常福寺村隠田露見一件
　　　(「聞覚故事記」・栃木・那須・馬頭・大金重晴)‥94
　　　[＊隠田摘発]
　7　延宝九年那珂郡下檜沢村宗旨改帳(那珂・
　　　美和・小室彬)…………………………96
　　　[＊宗門人別改帳;家風]
　8　享和二年久慈郡高柿村百姓分限名寄帳(久
　　　慈・金砂郷、荒井敏男)……………126
　　　[＊農村疲弊]
2　貢租……………………………………167
　9　慶長一五、一七、一九、元和三、六、九、
　　　寛永一九、二一各年那珂郡鳥子村年貢割付
　　　状(美和村役場)……………………169
　　　[＊年貢免状;田制考証]
　10　正保四、慶安元、二、宝永元、二、三、
　　　四、五、六各年那珂郡上檜沢村年貢割付状
　　　(那珂・美和・大森忠雄)……………172
　11　天保四、五、七、八、九、一〇、一一、
　　　一五、弘化二各年多賀郡田尻村年貢割付状
　　　(日立・茅根堅)………………………181
　12　寛永八、一〇、一四、一五、一六、一七、
　　　万治元、二各年那珂郡鳥子村年貢皆済状
　　　(美和村役場)…………………………191
　　　[＊三雑穀制]
　13　宝永二、三、七各年那珂郡上檜沢村年貢
　　　皆済状(那珂・美和・大森忠雄)……194
　14　弘化二、三、四、嘉永元各年多賀郡田尻
　　　村年貢皆済状(日立・茅根堅)………195
　15　寛永七、八、九、一〇各年那珂郡鳥子村
　　　夫銭納手形(美和村役場)……………197
　16　寛永八、九各年那珂郡鳥子村紙舟役納手
　　　形(美和村役場)………………………197
　17　明暦四、万治二、寛文八各年那珂郡鳥子
　　　村納浮役皆済状(美和村役場)………198
　18　明暦四年那珂郡鳥子村荷口銭納手形(美
　　　和村役場)………………………………199
　19　安永七年水戸藩魚荷等荷口銭定(「御達之
　　　廉々手控村法私用之留」・那珂湊・大内義邦)‥199
　20　万治一、二各年那珂郡鳥子村縄藁納手形
　　　(美和村役場)…………………………200
　21　正保三年起三雑穀切返し直段御益十か年
　　　平均書上(「御用留摘要」・里美・菊池祀広)…201
　22　宝永五年改革につき口上達(栃木・那須・
　　　馬頭・大金重晴)………………………202
　　　[＊宝永の新法]
　23　宝永五年新田高夫銭賦課の件達(栃木・那
　　　須・馬頭・大金重晴)…………………204

3　諸産業…………………………………205
　(1)　農林業……………………………207
　24　明和二、四、六各年那珂郡下江戸村那
　　　珂家畑仕付覚(那珂・那珂・那珂通律)…207
　25　文政七年那珂郡下江戸村那珂家下男女
　　　帳(那珂・那珂・那珂通律)…………214
　26　天保一一年那珂郡下江戸村田畑作物取
　　　入并人足数書上(那珂・那珂・那珂通律)‥223
　　　[＊紅花]
　27　安永三年起紅花一件留(久慈・里美・菊
　　　池祀広)…………………………………224
　28　文政二年久慈郡小妻村刈敷初山村定
　　　(久慈・里美・高倉信篤)……………229
　　　[＊刈敷七日]
　29　元禄十四年多賀郡花園神領散野掛り合
　　　い裁許状(茨城県立歴史館所蔵高橋家文
　　　書)………………………………………230
　30　宝永七年陸奥国菊多郡窪田村と多賀郡
　　　上野村他二か村国境山論裁許状(茨城県立
　　　歴史館所蔵瓦吹家文書)………………230
　31　享保五年多賀郡車村と上臼場村他二か
　　　村秣場山論裁許状(茨城県立歴史館所蔵高
　　　橋家文書)………………………………231
　32　天明五、寛政四各年久慈郡釈迦堂村と
　　　大橋、田中々両村水論(日立・鈴木文
　　　子)………………………………………232
　33　文政四年多賀郡下桜井村農民三〇人余
　　　水引きをめぐる騒動一件(「御用留類聚」・
　　　茨城県立歴史館所蔵高橋家文書)……233
　34　明治初年旧水戸藩山林慣例取調書(水
　　　戸・三田寺弘)…………………………234
　(2)　漁業………………………………242
　35　安政四年那珂郡磯浜村鰯網発端由来書
　　　上…………………………………………242
　　　[＊大あぐり網]
　　(1)　久家書上写シ(那珂湊市史編さん室
　　　　所蔵桜井家文書)………………………242
　　(2)　(「磯浜村歴代記録」・国立史料館所蔵
　　　　祭魚洞文庫)……………………………242
　36　寛政五年那珂郡湊村鮭引川頭ら鮭引網
　　　新規願(「御用向手控覚」・那珂湊・大内義
　　　邦)………………………………………243
　37　文政九年那珂郡湊村兵三郎他四人地引
　　　網新規願(「御達之廉々手控村法私用之留」・
　　　那珂湊・大内義邦)……………………245
　38　文政一二年那珂郡湊村四郎兵衛他二人
　　　地引網新規願及び許可達(「御達之廉々手控
　　　村法私用之留」・那珂湊・大内義邦)…245
　39　文政一二年那珂郡湊村兵三郎他一人三
　　　艘張網新規願及び不許可達(「御達之廉々
　　　手控村法私用之留」・那珂湊・大内義邦)…246

茨城県史料 近世社会経済編 Ⅳ

40 文化五年那珂郡湊村小舌網経営資金拝借願(「御用向手控覚」・那珂湊・大内義邦) ……247
41 文化九年那珂郡湊村岡山与次衛門藻打網売渡し証文(「御用向手控覚」・那珂湊・大内義邦) ……247
42 文化八年那珂郡湊村干鰯干場地代取立て一件 ……248
　(1)　(「御用向手控覚」・那珂湊・大内義邦) ……248
　(2)　(「御達之廉々手控村法私用之留」・那珂湊・大内義邦) ……249
　(3)　礒湊両村干鰯場論所御裁許書(「御達之廉々手控村法私用之留」・那珂湊・大内義邦) ……249
43 文政一二年水主引抜き禁止の達(「御達之廉々手控村法私用之留」・那珂湊・大内義邦) ……250
44 安政二年那珂湊、磯浜両村鰯網漁民と平磯村流網漁民との漁業争論(那珂湊市史編さん室所蔵桜井家文書) ……251
45 天明二年多賀郡川尻村五十集面附帳(日立・蛭田行弥) ……252
46 享和四年那珂湊村と鹿島郡子生村、江戸出生荷中継約定書(茨城県立歴史館保管皆藤家文書) ……259
47 文化四年那珂平磯村と鹿島郡子生村、江戸出生荷中継約定書(茨城県立歴史館保管皆藤家文書) ……260
48 文化五年鹿島郡子生村、那珂郡平磯村江戸出生荷の件につき故障申立(茨城県立歴史館保管皆藤家文書) ……260
49 文化六年那珂郡湊村馬持共野州筋出生荷水戸城下問屋経由の約定書(「御達之廉々手控并村法私用内控留」・那珂湊・大内義邦) ……261
50 天保一二年多賀郡大津村と新治郡安食村、江戸出生荷中継約定書(茨城県立歴史館保管皆藤家文書) ……262
51 天保一三年多賀郡大津村と鹿島郡子生村、江戸出生荷中継約定書(茨城県立歴史館保管皆藤家文書) ……262
52 文政六年水戸藩荷口改方の件につき達(那珂湊市史編さん室所蔵桜井家文書) ……263
53 文政八年多賀郡大津浜出し魚荷口銭徴収一件(「御用留類聚」・茨城県立歴史館所蔵高橋家文書) ……264
54 弘化四年多賀郡河原子浜小又七重郎生荷送留覚帳(日立・小又敬道) ……267
　[*五十集商人]
　入附控送留覚帳 ……267
55 安政四年網職人那珂郡渋井村平吉国役賦課願(那珂湊市史編さん室所蔵桜井家文書) ……279

(3) 商業 ……281
56 元禄五年那珂郡野口村市掟連判帳(茨城県立歴史館保管関沢家文書) ……281
　[*郷町整備]
57 宝暦二年那珂郡野口村町並惣百姓市加役免除願(茨城県立歴史館保管関沢家文書) ……282
58 明和元年那珂郡野口村宿並惣百姓市役廃止願(茨城県立歴史館保管関沢家文書) ……283
59 天明八年水戸下町衰微次第書上 ……284
　「御府内衰微御尋ニ付下御町専一相衰候次第書」(茨城県立図書館所蔵松蘿館文庫) ……284
60 天保四年水戸城下繁栄仕法書上(茨城県立歴史館保管関沢家文書) ……289
61 明和七年水戸城下商人ら、多賀郡助川村藤次郎繰綿一手売買禁止め願(「太田村御用留」・常陸太田市役所) ……296
62 文化四年久慈郡太田村魚問屋仁兵衛、那珂郡額田村他二か村魚問屋新建に対する故障申立て(「太田村御用留」・常陸太田市役所) ……298
63 天保一三年久慈郡太田村商人ら他所よりの直仕入指留に関する陳情書(茨城県史編さん室) ……299
64 弘化三年水戸藩江戸石場会所設置の件達(「太田村御用留」・常陸太田市役所) ……301
　[*口銭収入]
65 弘化三、四各年久慈郡太田村惣役人等江戸石場会所設置の件につき意見書 ……303
　(1)　(「太田村御用留」・常陸太田市役所) ……303
　(2)　(茨城県立歴史館保管関沢家文書) ……303
66 文化九年水戸領綿仲間定書 ……304
　「御町綿中広定書」(西茨城・七会・阿久津藤男) ……304
67 天保一二年紙煙草問屋仲間帳(たばこと塩の博物館) ……309
68 元禄元年水戸藩紙専売達(「探旧考証」・茨城県立歴史館) ……322
69 明和四年江戸商人有田吉次郎紙一手扱い廃止の件達(「太田村御用留」・常陸太田市役所) ……323
70 寛政三年那珂郡野口村紙問屋源次衛門紙売買取扱い方書上(茨城県立歴史館保管関沢家文書) ……324
71 嘉永七年諸国紙日記(紙の博物館) ……326
72 文化一〇年那珂郡諸沢村中嶋藤衛門粉蒟蒻売口銭免除願(那珂・山方・中島竹松) ……333

(4) 鉱業 ……333

73　東茨城郡岩船村錫高野錫鉱業由来伝聞略記（明治期書上）（茨城県立歴史館）……333
　［＊高野銀山］
74　文政三年多賀郡横川村和光銀山沿革（高萩・斎田邦雄）……337
75　文政四、天保四各年多賀郡下君田村砂鉄吹願書（高萩・宇野栄）……341
76　明治四〇年多賀郡宮田村赤沢銅山沿革誌（抄）（日鉱記念館）……344
77　慶応元年〜四年多賀郡村々よりの石炭積仕切等（茨城県立歴史館所蔵高橋家文書）……347
78　文化一五年多賀郡介川村三衛門、同郡横川村他三か村において石灰焼立願（「太田村御用留」・常陸太田市役所）……358
79　文政元年久慈郡太田村那波屋忠兵衛へ石灰焼立冥加灰上納の件達（「太田村御用留」・常陸太田市役所）……359
80　天保六年多賀郡横川村石灰焼立資金出入一件……359
　（1）（高萩・宇野栄）……359
　（2）（「太田村御用留」・常陸太田市役所）……360
81　天明五年久慈郡田野諸沢産燧石運上入札達（「太田村御用留」・常陸太田市役所）……361
82　嘉永三年燧石蔵入出入一件（「太田村御用留」・常陸太田市役所）……362
83　文化三年多賀郡大久保村砥石山入札達（「太田村御用留」・常陸太田市役所）……363

（5）　酒造・鍬鍛冶・その他……363
84　寛文七年水戸領酒造高書上（「寛永文書」・茨城県立図書館所蔵松蘿館文庫）……363
85　享和元年水戸領酒造人改書上（「御用酒留」・那珂湊・大内義邦）……364
86　享和三年鍬貸出し達（「太田村御用留」・常陸太田市役所）……378
87　文化二年鍬売出し達（「太田村御用留」・常陸太田市役所）……378
88　文政九年〜一一年久慈郡小妻村高倉源左衛門鍬仕出し控帳南向鍬附出控帳（久慈・里美・高倉信篤）……379
89　文政八年久慈郡太田村織屋惣七願救い願（「太田村御用留」・常陸太田市役所）……392
90　天保六年那珂郡湊村切昆布製造の件……393
　（1）（那珂湊・大内義邦）……393
　（2）（「永代記録帳」・那珂湊市史編さん室所蔵桜井家文書）……393
　（3）（「浜田御郡方御用留」・那珂湊・大内義邦）……394

91　寛政六年那珂郡前浜照沼長砂三か浜産塩売買の件達（「太田村御用留」・常陸太田市役所）……394
92　文化一四年多賀郡小野矢指村塩組合二一人御立山立木払下願（「御用留類聚」・茨城県立歴史館所蔵高橋家文書）……394
93　文化一五年江戸本所福田屋三衛門他一人多賀郡足洗村にての塩焼願（「御用留類聚」・茨城県立歴史館所蔵高橋家文書）……394
94　文久二年多賀郡小野矢指村塩釜用石炭採掘願（「御用留類聚」・茨城県立歴史館所蔵高橋家文書）……394
95　文化一〇年水戸上町大黒屋治衛門多賀郡大塚村瀬戸焼御手産願（「御用留類聚」・茨城県立歴史館所蔵高橋家文書）……395
96　文政四年多賀郡大塚村彦九郎瀬戸焼冥加金上納達（「御用留類聚」・茨城県立歴史館所蔵高橋家文書）……396
97　文政五年多賀郡大塚村彦九郎瀬戸焼土取りにつき達（「御用留類聚」・茨城県立歴史館所蔵高橋家文書）……397

4　港・河岸……399
98　明和七、寛政八各年那珂郡湊村那珂河口普請願書（那珂湊・大内義邦）……401
99　安永五年那珂郡那珂湊入津諸物荷物高書上帳（那珂湊・大内義邦）……405
100　文政六年那珂郡湊村桜井家諸国御客面附帳（那珂湊市史編さん室所蔵桜井家文書）……406
101　寛政五、八各年多賀郡平潟湊鉏鉄問屋小松甚十郎、南部鉄山工藤東蔵並びに中村理助宛仕切書（岩手大学附属図書館）……410
102　文政一一年南部鉄山師中村半兵衛棚倉藩への銑鉄売り約定書（岩手大学附属図書館）……414
103　天保一五、弘化二各年相馬原野町星庄左衛門、相州浦賀湊大黒屋儀兵衛ら宛米送状（北茨城・菊池半）……415
104　文久元年相州浦賀湊大黒屋儀兵衛、多賀郡平潟湊安満屋半兵衛宛売仕切書（北茨城・菊池半）……417
105　貞享五、元禄一五各年那珂郡下江戸河岸権兵衛新河岸願差止め嘆願書（那珂・那珂通律）……419
106　元禄一一年那珂郡下江戸河岸権兵衛ら五人河岸扱い荷物の件につき嘆願書（那珂・那珂通律）……420
107　宝永六、享保九各年那珂郡下江戸河岸権兵衛ら五人新河岸願止め嘆願書（那珂・那珂通律）……421
108　元文五年茨城郡野口河岸与左衛門新河岸願差止め嘆願書（茨城県立歴史館保管関沢家文書）……423

109　宝暦一四年茨城郡下圷河岸忠兵衛他一〇人新河岸願差止め嘆願書(那珂・大宮・四倉士朗)……………………………425
110　明和元年茨城郡上伊勢畠村新河岸願一件(那珂・大宮・四倉士朗)…………427
111　明和七年那珂郡下江戸河岸権兵衛新河岸願差止め嘆願書(那珂・那珂・那珂通律)…428
112　寛政五年茨城郡野田村河岸株出入一件(茨城県立歴史館保管関沢家文書)…………429
113　享和元年那珂郡門部村河岸株出入一件(茨城大学図書館所蔵中崎家文書)…………430
114　文化六年那珂郡小野村善次河岸株売渡し証文(那珂・大宮・四倉士朗)……………432
115　文化七年那珂郡小野村金左衛門河岸株売渡し証文(那珂・大宮・四倉士朗)………432
116　文化一五年茨城郡細谷村河岸善左衛門欠所につき河岸株等入札達(「太田村御用留」・常陸太田市役所)…………………………433
117　文政七年那珂郡下江戸河岸八次郎河岸株売買につき故障申立て(那珂・那珂・那珂通律)……………………………………434
118　享保一一年那珂郡下江戸河岸権兵衛諸荷物運送次第書上(那珂・那珂・那珂通律)…435
119　享保一二年那珂郡小野河岸他五河岸と水戸河岸出入一件………………………435
　　（一）(那珂・大宮・四倉士朗)……………435
　　（二）(那珂・那珂・那珂通律)……………436
120　宝暦四年那珂郡小野河岸他三河岸と水戸城下細谷並びに枝川河岸出入一件(那珂・大宮・四倉士朗)…………………………437
121　宝暦一三年那珂郡下江戸河岸権兵衛河岸役銭減免願(那珂・那珂・那珂通律)…439
122　宝暦一三年那珂郡小野河岸善衛門ら三人手舟運送の件につき嘆願書(那珂・大宮・四倉士朗)…………………………………440
123　寛政九年茨城郡野田村河岸問屋兵三郎為替貸し取扱い願(茨城県立歴史館保管関沢家文書)……………………………………442
124　文化四年茨城郡海老沢津役所発起の次第書上(「採旧考証」・茨城県立歴史館)………443
　　［＊内川廻り］廻漕路
125　文化五年茨城郡海老沢津役所揚荷改役亀衛門勤筋書上留(「御用留摘要」・美里・菊池祀広)………………………………………445
　　［＊内川廻り］廻漕路
126　文化五年鹿島郡大貫村河岸問屋次郎兵衛と茨城郡島田村五衛門懸り合い一件(「御用留摘要」・美里・菊池祀広)……………447
127　文政五年那珂川筋河岸風儀改革達(茨城県立歴史館保管大森家文書)………………449

128　文政一一、嘉永三、安政二、文久三各年那珂川筋河岸問屋仲間議定書(那珂・大宮・四倉士朗)…………………………………451
129　嘉永七年那珂川筋河岸問屋仲間荷積運賃議定書(那珂・大宮・四倉士朗)…………453
130　宝暦一二年那珂郡下江戸河岸那珂家干鰯帳(那珂・那珂・那珂通律)………………456
　　［＊荷物廻漕］
131　寛政一〇年那珂郡下江戸河岸那珂家岡附帳……………………………………………467
　　［＊荷物廻漕］
　　万岡附帳(那珂・那珂・那珂通律)…………467

5　一揆・騒動……………………………………481
132　宝永五年～六年水戸藩宝永一揆関係記事(栃木・那須・馬頭・大金重晴)…………483
133　宝永六年水戸藩宝永新法批判の封事…491
　　宝永密策(静嘉堂文庫)………………………491
134　文化一三年旗本秋山氏知行所多賀郡上臼場村等八か村惣百姓逃散一件(「御用留類聚」・茨城県立歴史館所蔵高橋家文書)……500
135　天保四年大悪年控帳(北茨城市役所)……502
　　［＊天保飢饉］
136　天保四年多賀郡大津村民夫食要求強訴一件(「楓軒年録」・国立国会図書館)…………507
　　［＊天保飢饉］
137　慶応二年那珂郡湊村打ちこわし一件(「斎藤通明筆記」・那珂・那珂・那珂通律)…508
138　元文五年多賀郡宮田村小前農民小割付指銭帳押印拒否一件(日立市郷土博物館所蔵根本家文書)…………………………………510
　　［＊村方騒動］
139　明和七年久慈郡赤根村指銭扱い議定書(日立・生田目博司)………………………512
140　文政一二年那珂郡上岩瀬村惣百姓、庄屋不正訴願書……………………………513
　　［＊村方騒動］
　　「上岩瀬村ケ條書」(那珂・瓜連・寺門正文)……………………………………………513
141　寛延三年稲にない城下押し出し厳禁達(那珂湊・大内義邦)……………………515
　　［＊稲かつぎ］

6　農村事情……………………………………517
142　長久保赤水著「芻蕘談」(高萩・長久保源五兵衛)……………………………………519
　　［＊農村荒廃］
143　長久保赤水著「農民疾苦」(日立・瀬谷義彦)……………………………………………525
　　［＊農村荒廃］
144　高野世竜著「芻蕘録」(日立・瀬谷義彦)……………………………………………528
　　［＊農政論］「三雑穀切返し」法

県史誌内容総覧・資料編1：近世―関東　35

茨城県史料 近世思想編

145 寛延三年水戸藩郡奉行手代農村振興策書上(「御用留摘要」・久慈・里美・菊池祀広)‥537
　[＊農村荒廃]
146 寛政一〇年那珂郡野口村関沢徳平農村振興策書上 ‥‥‥‥‥‥‥‥‥‥‥‥‥543
　[＊豪農の農政論]
　万代不朽評論密書(茨城県立歴史館保管・東茨城・御前山・関沢家文書)‥‥‥‥‥543
147 明和六年那珂郡湊村村方困窮につき拝借金願(「諸願書」・那珂湊・大内義邦)‥‥‥‥547
148 安永六年久慈郡太田村羽部庄左衛門貧窮者救助金寄付願(「太田村御用留」・常陸太田市役所)‥‥‥‥‥‥‥‥‥‥‥‥‥549
149 天明三年那珂郡野口村倹約村定連判帳 ‥‥‥‥‥‥‥‥‥‥‥‥‥‥‥‥‥550
　[＊天明飢饉]
　水損并凶作ニ付倹約村定連判帳(茨城県立歴史館保管・東茨城・御前山・関沢家文書)‥550
150 天明飢饉集草稿(那珂・美和・栗田勤)‥555
151 享和二年久慈郡高柿村五左衛門農家経営私家(「御用留摘要」・茨城県立歴史館)‥‥561
152 文化三年久慈郡太田村村役人ら懐胎届け失念につき処罰一件(「太田村御用留」・常陸太田市役所)‥‥‥‥‥‥‥‥‥‥‥564

あとがき(茨城県立歴史館史料部県史編さん室)‥‥‥‥‥‥‥‥‥‥‥‥‥‥‥‥565
　瀬谷義彦・茨城県史編集会顧問
　久保田喜一・主任研究員
　小松徳年・史料室長

茨城県史料 近世思想編 大日本史編纂記録
茨城県立歴史館編集
茨城県史編集会監修
平成元年3月18日発行

＜『大日本史』編纂の記録である「往復書案」「往復書案抄」「江戸史館雑事記」「水戸史館雑事記」「史館日次記書抜」「続編議」及び「樸斎正議」を収録＞

凡例 ‥‥‥‥‥‥‥‥‥‥‥‥‥‥‥‥1
解説 ‥‥‥‥‥‥‥‥‥‥‥‥‥‥‥‥5
　はじめに ‥‥‥‥‥‥‥‥‥‥‥‥‥7
　1 『大日本史』編纂の経過 ‥‥‥‥‥7
　　＜表＞表 明治時代の志、表の刊行状況(吉田一徳著『大日本史紀伝志表撰者考』より作成) ‥‥‥‥‥‥‥‥‥‥‥16
　2 『大日本史』編纂過程における宝永・正徳・享保期の意義 ‥‥‥‥‥‥‥‥16
　3 「往復書案」について ‥‥‥‥‥‥24
往復書案 ‥‥‥‥‥‥‥‥‥‥‥‥‥35
　1 往復書案 天和三年、元禄一三年、同一五年、宝永五年～正徳元年 ‥‥‥37
　　修史元禄十三至十五宝永五 一(京都大学文学部所蔵) ‥‥‥‥‥‥‥‥‥37
　2 往復書案 宝永元年～享保元年 ‥‥53
　　脩史 二(京都大学文学部所蔵) ‥‥53
　3 往復書案 正徳三年、同五年、享保三年、元文六年 ‥‥‥‥‥‥‥‥‥‥67
　　脩史 三(京都大学文学部所蔵) ‥‥67
　4 往復書案 享保四年、同一六年、同一九年 ‥‥‥‥‥‥‥‥‥‥‥‥‥79
　　修史 享保 四(京都大学文学部所蔵) ‥79
　5 往復書案 元文元年～同三年、同五年、同六年 ‥‥‥‥‥‥‥‥‥‥‥93
　　修史 享保元文 五(京都大学文学部所蔵)‥93
　6 往復書案 正徳三年(茨城県立歴史館所蔵) ‥‥‥‥‥‥‥‥‥‥‥‥‥107
　7 往復書案 正徳四年(茨城県立歴史館所蔵) ‥‥‥‥‥‥‥‥‥‥‥‥‥123
　8 往復書案 正徳四年(茨城県立歴史館所蔵) ‥‥‥‥‥‥‥‥‥‥‥‥‥135
　9 往復書案 正徳五年 ‥‥‥‥‥‥145
　　京都御用書案(茨城県立歴史館所蔵)‥145

10　往復書案 正徳五年（茨城県立歴史館所蔵）……………………………………151
　11　往復書案 正徳五年（茨城県立歴史館所蔵）……………………………………159
　　　［＊北朝五主］
　12　往復書案 正徳五年（茨城県立歴史館所蔵）……………………………………177
　13　往復書案 正徳五年（茨城県立歴史館所蔵）……………………………………187
　14　往復書案 享保元年………………203
　　　京都御用書案（茨城県立歴史館所蔵）…………203
　　　［＊廃志論］
　15　往復書案 享保七年（茨城県立歴史館所蔵）……………………………………209
往復書案抄 ……………………………… 221
　1　往復書案抄一 貞享二年、元禄五年、同九年～同一六年（東京大学史料編纂所筆写本所蔵）………………………………………223
　2　往復書案抄二 宝永元年～同三年、同五年（東京大学史料編纂所筆写本所蔵）…241
　3　往復書案抄四 宝永六年～同八年（東京大学史料編纂所所蔵）………………257
　4　往復書案抄五 正徳元年～同四年（東京大学史料編纂所所蔵）………………273
　5　往復書案抄六 正徳元年、同三年、同五年（東京大学史料編纂所所蔵）………287
　　　［＊幽谷の批判］
　6　往復書案抄七 享保元年、同二年、同四年（東京大学史料編纂所所蔵）………313
　7　往復書案抄八 享保五年（東京大学史料編纂所所蔵）……………………………339
史館雑事記 …………………………… 377
　1　江戸史館雑事記 天和三年～元禄一一年…379
　2　水戸史館雑事記 元禄一一年～宝永五年‥411
史館日次記書抜（京都大学文学部所蔵）……443
続編議及び樸斎正議 ………………………449
　続編議 樸斎正議（茨城県立歴史館所蔵）………451
　　＜表＞表　京都大学文学部及茨城県立歴史館所蔵「往復書案」目録………459～481
あとがき（茨城県立歴史館史料部県史編さん室）……………………………………482
　瀬谷義彦・茨城県史編集会顧問
　小松徳年・主任研究員

県史誌内容総覧・資料編1: 近世―関東　37

栃木県史 史料編・近世一
栃木県史編さん委員会編集
昭和49年3月30日発行

＜宇都宮・壬生藩などの譜代藩領を中心に、河内・都賀・寒川地域における近世前半期の史料を収録＞

＜口絵＞第1図　宇都宮藩領知朱印状写 栃木県立図書館蔵
＜口絵＞第2図　富田郷玉正寺領寄進状 栃木県立図書館蔵
＜口絵＞第3図　榎本領24ヵ村村高書上 小山市下初田　大出善作家文書
＜口絵＞第4図　宇都宮町地子免許状　宇都宮市鶴田町　植木秀三家文書
＜口絵＞第5図　上横田村年貢割付状　宇都宮市上横田町　稲見忠之家文書
＜口絵＞第6図　上石川村検地帳　鹿沼市上石川　石川幸雄家文書
＜口絵＞第7図　高松村宗門改帳　宇都宮市松原　古橋忠義家文書
＜口絵＞第8図　間々田宿市場定書　小山市間々田　上原雅輔家文書
＜口絵＞第9図　例幣使街道奈佐原宿助郷帳　鹿沼市奈佐原町　黒川佐平家文書
＜口絵＞第10図　壬生河岸船数改　石橋町石橋　伊沢新右衛門家文書
＜口絵＞第11図　小室村村長吉質物奉公請状　河内郡上河内村　松田甚四郎家文書

序（栃木県知事　横川信夫）
凡例
解説 ··· 1
第1章　領知と支配 ··· 2
　第1節　領主と領知 ·· 2
　　1　城主歴代と家中由緒 ······································ 3
　　2　領知目録 ··· 6
　　3　寺領目録 ··· 8
　第2節　法制と支配 ·· 8
　　1　家中条目 ··· 9
　　2　藩制一斑 ··· 9
　　3　御用番日記 ··· 10
第2章　年貢と諸役 ··· 11
　第1節　年貢収取の態様 ···································· 11
　　1　年貢割付と年貢取立勘定帳 ························· 12
　　2　年貢請取手形と年貢払米勘定帳 ·················· 14
　　3　定免、先納金、石代納 ······························ 16
　第2節　諸役賦課の規定と形態 ······················· 17
　　1　諸役賦課の領主規定 ··································· 18
　　2　諸役賦課の村規定 ····································· 19
　　3　諸役の村請形態 ··· 20
　　4　四石役と夫役金納 ····································· 20
　第3節　年貢諸役一件 ······································ 21
　　1　年貢算用不正ならびに未進一件 ·················· 22
　　2　年貢引下げ要求一件 ··································· 22
　　3　名主諸役引高一件 ····································· 23
　　4　小百姓の高役要求一件 ······························ 23
第3章　村落と百姓身分 ····································· 23
　第1節　村落の身分構成 ···································· 23
　第2節　村落構造 ··· 26
　　1　検地帳 ·· 26
　　2　五人組帳・宗門改帳 ··································· 27
　　3　村明細帳 ··· 27
　　4　土地移動 ··· 28
　第3節　農業生産 ··· 29
　　1　入会秣場と新開 ··· 30
　　2　用水 ·· 31
　　3　農業経営 ··· 32
　第4節　村落統制と村役人 ································ 33
　　1　触書と議定 ··· 33
　　2　村役人 ·· 35
第4章　都市と宿駅 ··· 37
　第1節　都市の成立 ·· 37
　　1　町明細帳 ··· 38
　　2　町屋敷 ·· 42
　　3　市場 ·· 44
　　　＜表＞河内都賀地方の六斎市 ························ 44
　第2節　宿の成立 ··· 48
　　1　地子諸役免許 ··· 49
　　2　宿拝借金・拝領金 ····································· 52
　　　＜表＞白沢宿寛文～元禄期の拝借金（史料29『拝借物書上申覚』による）····· 53
第5章　交通と運輸 ··· 53
　第1節　助郷制の成立 ······································ 54
　　1　定助郷 ·· 55
　　2　助郷帳 ·· 56
　　3　助郷免除と増助郷 ····································· 56
　　　＜表＞日光街道等の「助郷帳」 ······················ 57
　　4　宿内掃除丁場 ··· 58
　第2節　社参と通行 ·· 58
　　1　日光社参 ··· 60
　　2　助郷人馬勤 ··· 61
　　3　社参通行宿方人用 ····································· 62
　　4　年貢輸送 ··· 62
　　5　駄賃定 ·· 62
　第3節　街道争論 ··· 63

	第4節　河岸と水運 ……………………… 65
	＜表＞元禄3年4月 河岸改（『徳川禁令考』前集6による） ……………………… 66

第6章　社会と文化 ……………………… 68
 1　家 ……………………………………… 69
 2　生活 …………………………………… 70
 3　災異 …………………………………… 72
 4　寺社 …………………………………… 72
 5　祭礼 …………………………………… 73
 6　奥平家家譜（抄） …………………… 74

第1章　領地と支配
＜写＞宇都宮藩主奥平家の旧菩提寺興禅寺（宇都宮市今泉町）

第1節　領主と領知 ……………………… 1
1　城主歴代と家中由緒 ………………… 1
 1　享保年間　宇都宮城主歴代書上（河内町白沢　宇加地太美雄家文書） ……… 1
  ［＊得替城主］
 2　年不詳　壬生城主歴代書上（壬生町壬生　大島忠介家文書） ……………… 2
 3　寛永十九年　奥平家系図（大分県中津市　中津市立小幡記念図書館蔵／奥平家文書） ……… 4
 4　享保七年　奥平家中系図（大分県中津市　中津市立小幡記念図書館蔵／奥平家文書） ……… 7

2　領知目録 ……………………………… 15
 5　寛文四年　奥平美作守領知目録（宇都宮）（『寛文印知集』『続々群書類従第九』所収） ……… 15
 6　寛文四年　三浦志摩守領知目録（壬生） ……………………………………… 16
 7　寛文四年　内田出羽守領知目録（鹿沼） ……………………………………… 17
 8　寛文四年　松平伝次郎領知目録（皆川） ……………………………………… 18
 9　寛文四年　飛地分領知目録（『寛文印知集』『続々群書類従第九』所収） ……… 19
 10　享保二年八月　宇都宮藩（戸田山城守）領知朱印状（宇都宮市　栃木県立図書館蔵／戸田家文書） ……… 27
 11　享保二年八月　壬生藩（鳥居丹波守）領知朱印状（壬生町壬生　大島忠介家文書） ……… 27
 12　文禄四年二月　榎本領二十四ヶ村村高書上（小山市下初田　大出善作家文書） ……… 28
 13　元禄年間　宇都宮藩（奥平）領知々書上（上河内村高松　佐藤正重家文書） ……… 29
  ［＊表高］
 14　元禄十年五月　宇都宮藩新田改め高（大分県中津市　中津市立小幡記念図書館蔵／奥平家文書） ……… 36

3　寺領目録 ……………………………… 37

 15　天正十九年～寛文五年　富田郷玉正寺寺領寄進状（宇都宮市　栃木県立図書館蔵／旧栃木県庁文書） ……… 37
 16　慶長六年十月　宇都宮清巌寺伊奈備前守寄進状（宇都宮市清水町　清巌寺文書） ……… 37
 17　慶長十六年　稲葉郷天翁院寺領門前屋敷等寄進状（東京大学史料編纂所蔵『栃木県庁採集文書』） ……… 37

第2節　法制と支配 ……………………… 39
1　家中条目 ……………………………… 39
 18　寛永九年～元禄八年　宇都宮藩（奥平）条目（大分県中津市　中津市立小幡記念図書館蔵／奥平家文書） ……… 39

2　藩制一斑 ……………………………… 61
 19　寛文九年六月　上下築村知行割（宇都宮藩）（上三川町梁　伊沢吉則家文書） ……… 61
 20　宝永六年十月　宇都宮藩（阿部）家中屋敷割ならびに役職（宇都宮市上金井　柿沼渉家文書） ……… 61
 21　寛永十年二月　幕府老中より宇都宮城米仰渡書（大分県中津市　中津市立小幡記念図書館蔵／奥平家文書） ……… 73
 22　寛文六年四月　宇都宮御城米払勘定目録（大分県中津市　中津市立小幡記念図書館蔵／奥平家文書） ……… 73
 23　卯（貞享四年カ）四月　所替につき本多下野守家中への返金帳（大分県中津市　中津市立小幡記念図書館蔵／奥平家文書） ……… 76

3　御用番日記 …………………………… 78
 24　元禄六年正月～六月　宇都宮藩（奥平）御用番日記（大分県中津市　中津市立小幡記念図書館蔵／奥平家文書） ……… 78
  ［＊年寄衆四人；奥平昌章］

第2章　年貢と諸役
＜写＞寛文7年12月　宇都宮藩百姓諸役賦課規定（宇都宮市上金井町　柿沼渉家文書）

第1節　年貢収取の態様 ……………… 115
1　年貢割付と年貢取立勘定帳 ……… 115
 1　元和七年～寛文八年　上横田村（本郷、枝郷、新田）年貢割付状（宇都宮市上横田　稲見忠之家文書） ……… 115
  ［＊本多正純；松平忠引；奥平忠昌］
 2　慶長十八年～寛文九年　下石塚村年貢割付状（小山市下石塚　殿塚和家文書） ……… 150
  ［＊反別免］
 3　承応三年～享保十八年　上石橋村年貢割付状（石橋町石橋　伊沢新右衛門家文書） ……… 154
  ［＊御縄出目］
 4　慶安二年十一月　上横田村田畑御年貢勘定帳（宇都宮市上横田　稲見忠之家文書） ……… 160

2　年貢請取手形と年貢払米勘定帳………173
         5　寛永十二年〜正保二年 下石塚村年貢請取小手形(小山市下石塚 殿塚和家文書)……………………………………173
         6　寛文八年十二月 上横田村年貢米払覚帳(宇都宮市上横田 稲見忠之家文書)……………………………………178
         7　寛文十年十一月 上横田村年貢納払方帳(宇都宮市上横田 稲見忠之家文書)……180
       3　定免、先納金、石代納…………184
         8　元禄十六年六月 下国府塚村定免願書(小山氏下国府塚 岸ワタ家文書)………184
           [＊請負免]
         9　宝永四年七月 下国府塚村定免請書(小山氏下国府塚 岸ワタ家文書)………185
         10　宝永八年正月 上石川村定免請書(鹿沼市上石川 石川幸雄家文書)…………185
         11　享保七年三月 下石塚村定免請書(小山市下石塚 殿塚和家文書)…………186
         12　享保二年三月 簗・大山両村物成前受による領主借用証文(上三川町栄 伊沢吉則家文書)………………………………187
         13　享保十一年〜享保十二年 下石塚村百姓田方先納金借用につき置証文(小山市下石塚 殿塚和家文書)……………187
         14　延享四年正月〜三月 下石塚村百姓先納金借用証文(小山市下石塚 殿塚和家文書)……………………………………189
         15　享保十八年十一月 下石塚村田畑定免年貢米金差引目録(小山市下石塚 殿塚和家文書)…………………………190
     第2節　諸役賦課の規定と形態……………192
       1　諸役賦課の領主規定………………192
         16　申年(寛永年間) 宇都宮藩百姓諸役賦課規定(河内町下岡本 五月女久五家文書)……………………………………192
         17　万治三年三月 宇都宮藩百姓諸役賦課基準条目(大分県中津市 中津市立小幡記念図書館蔵／奥平家文書)…………192
         18　寛文五年六月 宇都宮藩百姓諸役賦課規定(宇都宮市上横田 稲見忠之家文書)……………………………………193
         19　寛文七年十二月 宇都宮藩百姓諸役賦課規定(宇都宮市上金井 柿沼渉家文書)……………………………………193
         20　延宝六年十一月 宇都宮藩百姓諸役賦課規定(河内町下岡本 五月女久五家文書)……………………………………194
         21　年不詳 宇都宮藩百姓諸役覚書(鹿沼市上石川 石川幸雄家文書)…………194
           [＊松平忠弘]
       2　諸役賦課の村規定…………………196
         22　寛文五年十一月 上横田、屋板村組頭引役規定(宇都宮市上横田 稲見忠之家文書)……………………………………196
         23　寛文十二年閏六月 下岡本村組頭引役規定(河内町下岡本 五月女久五家文書)……………………………………197
         24　元禄五年六月 下岡本村舟持諸役勤方規定(河内町下岡本 五月女久五家文書)……………………………………197
         25　享保十三年十一月 上石川村高割面割規定(鹿沼市上石川 石川幸雄家文書)……198
         26　享保十九年四月 上横田村質地取地主の役負担規定(宇都宮市上横田 稲見忠之家文書)…………………………200
         27　享保二十年三月 上横田村高役、頭役、家並役賦課規定(宇都宮市上横田 稲見忠之家文書)…………………201
       3　諸役の村請形態……………………203
         28　寛文八年十月 下岡本村百姓諸役明細書上(河内町下岡本 五月女久五家文書)……………………………………203
         29　延宝九年十月 下岡本村百姓諸役明細書上(河内町下岡本 五月女久五家文書)……………………………………206
         30　貞享二年九月 下岡本村百姓諸役明細書上(河内町下岡本 五月女久五家文書)……………………………………211
       4　四石役と夫役金納…………………214
         31　元和八年十月 初田村給人方百姓の諸役負担につき願書(小山市下初田 大出善作家文書)………………………………214
         32　天和三年二月 岩曽村百姓より四石役につき願書(宇都宮市岩曽 半田耕平家文書)……………………………………214
         33　貞享三年四月 深津村惣百姓により四石役につき願書(石橋町石橋 伊沢新右衛門家文書)………………………………214
         34　貞享三年四月 欠下村惣百姓により四石役につき願書(石橋町石橋 伊沢新右衛門家文書)………………………………215
         35　貞享三年四月 深津村と成田村惣百姓より夫役金納赦免願書(石橋町石橋 伊沢新右衛門家文書)………………………216
     第3節　年貢諸役一件………………………218
       1　年貢算用不正ならびに未進一件……218
         36　寛永五年〜六年 上横田村肝煎年貢算用不正につき一件(宇都宮市上横田 稲見忠之家文書)…………………………218
         37　寛永二十年〜二十一年 上横田村年貢未進一件(宇都宮市上横田 稲見忠之家文書)……………………………………220
       2　年貢引下げ要求一件………………227

38 承応二年九月 屋板村惣百姓石盛引下げ願書(宇都宮市上横田 稲見忠之家文書)……227
39 寛文九年八月 簗村惣百姓違作検見願(上三川町梁 伊沢吉則家文書)………227
40 元禄四年正月 上石川村明暦検地位違い縄詰り修正願書(鹿沼市上石川 石川幸雄家文書)………227
41 元禄十一年九月～十一月 簗村免引下げ願書(上三川町梁 伊沢吉則家文書)……228
42 享保六年八月 下国府塚村反取高免付につき願書(小山氏下国府塚 岸ワタ家文書)………231

3 名主諸役引高一件……………232
43 寛永十四年～寛文十二年 下岡本村肝煎役引高一件(河内町下岡本 五女久五家文書)…………232
44 寛文七年九月 延嶋村名主役引高一件(小山市延島 添野一夫家文書)……240

4 小百姓の高役要求一件……………242
45 延宝六年三月 下岡本村小百姓より頭役迷惑につき訴願(河内町下岡本 五女久五家文書)………242
46 宝永五年～正徳四年 茂呂村役負担をめぐり大高百姓と小高百姓の対立一件(鹿沼市茂呂 市田武雄家文書)………243
47 正徳四年二月 上石川村小百姓より高役札下付要求願書(鹿沼市上石川 石川幸雄家文書)………250
48 年不詳 下田原村小百姓による高役要求願書(河内町下田原 渡辺康之家文書)………251

第3章 村落と百姓身分
<写>正保4年 下初田村五人組帳(部分)(小山市下初田 大出善作家文書)

第1節 村落の身分構成
1 寛永二年 上籠谷村大塚家由緒書(宇都宮市上籠谷 大塚整吾家文書)………253
 [＊前地]
2 元和年間 西汀村家来譜代より百姓取立書上(上三川町西汀 石浜秀夫家文書)……253
3 延宝八年二月 田中村田畠山屋敷前地名子譲渡証文(宇都宮市徳次郎 城野正一家文書)………254
4 貞享三年十二月 田中村前地解放証文(宇都宮市徳次郎 城野正一家文書)……255
5 元禄四年三月 上欠下村前地子供茂右衛門わがまま吟味につき百姓訴状(石橋町石橋 伊沢新右衛門家文書)………256
6 元禄七年 西汀村前地わがまま出入書上(上三川町西汀 石浜秀夫家文書)……256

7 享保九年十一月 高松村久右衛門半軒役百姓相勤一札(上河内村高松 佐藤正重家文書)………257
8 享保十年十二月 上金井村紋右衛門壱軒役百姓願書(宇都宮市上金井 柿沼渉家文書)………257

第2節 村落構造……………258
1 検地帳……………258
9 文禄四年 下岡本村検地帳(河内町下岡本 五女久五家文書)………258
10 明暦二年 上石川村検地帳(鹿沼市上石川 石川幸雄家文書)………325
 [＊総検地]

2 五人組帳・宗門改帳……………375
11 正保四年 下初田村五人組帳(小山市下初田 大出善作家文書)………375
12 承応四年 下初田村五人組帳(小山市下初田 大出善作家文書)………378
13 寛文三年 上横田村屋板村五人組帳(宇都宮市上横田 稲見忠之家文書)……379
14 延宝七年 高松村宗門改帳(宇都宮市松原 古橋忠義家文書)………381

3 村明細帳……………393
15 宝永八年 岩原村差出帳(宇都宮市清住 高橋正周家文書)………393
 [＊戸田忠真]
16 正徳三年 下国府塚村差出帳(小山市下国府塚 岸ウタ家文書)………397

4 土地移動……………401
17 慶長八年二月 下国府塚村佐竹ほか九人田地預り証文(小山市下国府塚 岸ウタ家文書)………401
18 寛永二十一年十二月 下初田村大出助右衛門田地屋敷永代売証文(小山市下初田 大出善作家文書)………401
19 元禄元年 岩曽村七兵衛門畑買集帳(宇都宮市岩曽 半田耕平家文書)………402
 [＊永代売]
20 享保十五年 上横田村屋板村質地証文帳(宇都宮市上横田 稲見忠之家文書)………408
21 享保二年十二月 岩曽村権七請作証文(宇都宮市岩曽 半田耕平家文書)………420
22 享保十九年二月 茂呂村名寄帳新調一札(鹿沼市茂呂 市田武雄家文書)……421

第3節 農業生産……………422
1 入会秣場と新開……………422
23 承応元年十二月 上下石川村十一か所潰地証文(鹿沼市上石川 石川幸雄家文書)………422
 [＊野論]

24　寛文五年十月　三町ノ谷境論につき池森村名主口上書(鹿沼市上石川　石川幸雄家文書) …… 423
25　貞享四年十月　秣場出入につき奈良部村名主訴状(鹿沼市上石川　石川幸雄家文書) …… 423
26　貞享五年九月　秣場出入につき石川村名主訴状(鹿沼市上石川　石川幸雄家文書) …… 424
27　元禄四年閏八月　大野原秣場につき上石川村百姓連印訴状(鹿沼市上石川　石川順四郎家文書) …… 425
28　元禄八年二月　大野原秣場につき上石川村百姓連印訴状(鹿沼市上石川　石川順四郎家文書) …… 426
29　元禄八年三月　大野原秣場出入につき上石川村名主訴状(鹿沼市上石川　石川順四郎家文書) …… 427
30　元禄八年四月　大野原囲場出入につき上石川村名主返答書(鹿沼市上石川　石川順四郎家文書) …… 428
31　元禄九年八月　上石川村囲場出入につき名主口上書(鹿沼市上石川　石川幸雄家文書) …… 429
32　元禄十年七月　上石川村大野原秣場出入裁許状(鹿沼市上石川　石川幸雄家文書) …… 430
33　元禄十年九月　大山新開出入につき恵林寺取扱証文(鹿沼市上石川　石川順四郎家文書) …… 430
34　元禄十二年三月　上石川村大野原新開出入につき名主訴状(鹿沼市上石川　石川順四郎家文書) …… 431
35　宝永五年八月　囲場出入につき上石川村名主返答書(鹿沼市上石川　石川幸雄家文書) …… 431
36　宝永五年八月　上石川村入会出入につき百姓連判訴状(鹿沼市上石川　石川順四郎家文書) …… 432
37　宝永五年十月　上石川村秣場境塚構築につき名主願書(鹿沼市上石川　石川順四郎家文書) …… 432
38　天和三年十二月　鹿沼町と茂呂村野境出入裁許状(鹿沼市茂呂　佐藤光家文書) …… 433
39　貞享五年九月　延嶋村と高橋・絹板・山田三か村野論裁許状(小山市延島　添野一夫家文書) …… 433
40　延宝六年八月　竹林・今泉新田村野場預り証文(宇都宮市平出　平出英夫家文書) …… 435

41　延宝九年八月　上平出村野場入会停止につき庄屋訴状(宇都宮市平出　平出英夫家文書) …… 435
42　宝永三年四月　上平出村新田開き、縄入れの覚(宇都宮市平出　平出英夫家文書) …… 436
43　元禄八年　上金井村田畑新開書上(宇都宮市上金井　柿沼渉家文書) …… 436
44　寛文十年九月　西鹿沼村武兵衛新田入植手形(宇都宮市宝木本町　山川渉家文書) …… 440
45　寛文十年十月　西鹿沼村喜左衛門等新田入植手形(宇都宮市宝木本町　山川渉家文書) …… 440
46　申(延宝八年)八月　なつほ通新開につき上平出村百姓願書(宇都宮市平出　平出英夫家文書) …… 441
47　寛文十年十一月　西原新田開発請状(宇都宮市宝木本町　山川渉家文書) …… 441
48　寛文十一年　西原新田(西岡分)毛付地の覚(宇都宮市宝木本町　山川渉家文書) …… 442
49　寛文四年〜正徳六年　岡本村御立山割渡し一件覚書(河内町下岡本　五月女久五家文書) …… 444
50　享保十四年　秣場割渡帳(鹿沼市茂呂市田武雄家文書) …… 449

2　用水 …… 452
51　天和元年十一月　白岩・五十畑村と溜池出入につき立花村名主訴状(大平町西山田　杉田みどり家文書) …… 452
52　貞享二年五月　白岩・五十畑村と溜池出入につき立花村返答書(大平町西山田　杉田みどり家文書) …… 453
53　貞享二年六月　白岩・五十畑村と立花村溜池出入裁許状(大平町西山田　杉田みどり家文書) …… 455
54　貞享二年七月　舟戸・篠原村と上下坪山村水論裁許状(小山市田川　神戸庄三郎家文書) …… 456
55　宝永五年八月　片柳村と岩手村水論につき泉川村等三か村申上書(栃木市箱森日向徳久家文書) …… 456

3　農業経営 …… 457
56　寛文十二年〜元禄十年　上横田村長重郎田方手作覚(抄)(宇都宮市上横田　稲見忠之家文書) …… 457
[＊農事日記]
57　享保十六年〜二十一年　東根村谷田貝吉右衛門農事覚書(南河内町仁良川　坂本重通家文書) …… 490

58　享保十九年七月　農事等お尋ねにつき町田村名主長百姓答書指上帳（南河内町　町田　後藤清二家文書）……494
　　［＊金肥使用］
59　元禄十五年十二月　上金井村たばこ畑書上帳（宇都宮市上金井　柿沼渉家文書）……502

第4節　村落統制と村役人 ……504
1　触書と議定 ……504
60　寛文九年二月　宇都宮藩郷村触書（壬生町友野　大久保和家文書）……504
　　［＊松平忠弘］
61　貞享三年五月　宇都宮藩郷村触書（大分県中津市　中津市立小幡記念図書館蔵／奥平家文書）……504
62　延宝六年八月　久保田藩郷村触書（南河内町仁良川　坂本重通家文書）……506
63　元禄三年八月　古河藩郷村触書（小山市下初田　大出善作家文書）……507
64　享保三年九月　幕府鷹場法度証文（小山市生良　秋葉誠一家文書）……508
65　寛永十六年二月　在方鉄砲停止条目（宇都宮藩）（大分県中津市　中津市立小幡記念図書館蔵／奥平家文書）……509
66　万治四年三月　夜盗横行につき条目（宇都宮藩）（大分県中津市　中津市立小幡記念図書館蔵／奥平家文書）……509
67　寛文元年十月　夜盗徘徊などにつき条目（宇都宮藩）（大分県中津市　中津市立小幡記念図書館蔵／奥平家文書）……510
68　寛文二年九月　在々盗賊多く候につき条目（宇都宮藩）（大分県中津市　中津市立小幡記念図書館蔵／奥平家文書）……510
69　享保八年六月　三笠附禁止につき下府塚村惣百姓請書（小山市下国府塚　岸ウタ家文書）……511
70　寛文五年七月　諸宗法式遵守の条目（宇都宮藩）（大分県中津市　中津市立小幡記念図書館蔵／奥平家文書）……513
71　元禄十年七月　古金銀引かえにつき条目（宇都宮藩）（大分県中津市　中津市立小幡記念図書館蔵／奥平家文書）……513
72　元禄八年四月　代官交替につき下石塚村小前請書（小山市横倉新田　下畑光彦家文書）……514
73　享保四年五月　旗本領五人組法度下国府塚村惣百姓請書（小山市下国府塚　岸ウタ家文書）……514
74　元禄五年　都賀郡橋本村五人組帳（上三川町梁　伊沢吉則家文書）……515
75　明暦二年二月　下国府塚村組分けにつき百姓手形（小山市下国府塚　岸ウタ家文書）……520

76　宝永五年八月　他領稼ぎにつき下石塚村小前請書（小山市横倉新田　下畑光彦家文書）……520
77　万治二年九月　追放・欠落の者隠匿禁止条目（宇都宮藩）（大分県中津市　中津市立小幡記念図書館蔵／奥平家文書）……521
78　万治三年十二月　不審なるもの取締の条目（宇都宮藩）（大分県中津市　中津市立小幡記念図書館蔵／奥平家文書）……521
79　万治三年正月　奉公人取締りの条目（宇都宮藩）（大分県中津市　中津市立小幡記念図書館蔵／奥平家文書）……522
80　万治四年正月　奉公人出替の節寺請取り召抱うべきの条目（宇都宮藩）（大分県中津市　中津市立小幡記念図書館蔵／奥平家文書）……522
81　享保四年十一月　流地等規制につき下国府塚村惣百姓請書（小山市下国府塚　岸ウタ家文書）……523
82　享保二十一年正月　下沢村村役等につき惣百姓証文（鹿沼市立図書館蔵　星野幹雄家文書）……524
83　享保四年九月　高松村山林利用につき百姓証文（上河内村高松　佐藤正重家文書）……524
84　宝永三年四月　下石塚村年貢勘定手続きにつき惣百姓証文（小山市横倉新田　下畑光彦家文書）……525
85　元禄十一年六月　上梁村助郷勤方につき惣百姓証文（上三川町梁　伊沢吉則家文書）……525

2　村役人 ……526
86　享保四年十月　下国府塚村名主取立につき惣百姓願書（小山市下国府塚　岸ウタ家文書）……526
87　寛保三年八月　上石川村名主役拝命惣百姓願書（鹿沼市上石川　石川順四郎家文書）……527
88　天和二年七月　諸役等につき古河藩法度（小山市下初田　大出善作家文書）……528
89　元禄十一年六月　下石塚村名主役分につき申渡書（小山市横倉新田　下畑光彦家文書）……528
90　寛文五年十一月　上横田村組頭役目につき組頭誓紙（宇都宮市上横田　稲見忠之家文書）……529
91　寛文五年十一月　上横田村組頭役目につき惣百姓連印一札（宇都宮市上横田　稲見忠之家文書）……529
92　寛文六年十月　上横田村組頭役出入につき肝煎返答書（宇都宮市上横田　稲見忠之家文書）……531

栃木県史 史料編・近世一

93 寛文七年正月 上横田村肝煎不正につき組頭願書(宇都宮市上横田 稲見忠之家文書)‥‥‥‥‥‥‥‥‥‥‥531
94 子三月 下初田村寄役儀につき名主伺書(小山市下初田 大出善作家文書)‥‥533
95 延宝八年八月 高松村訴訟につき惣百姓請書(宇都宮市松原 古橋忠義家文書)‥‥‥‥‥‥‥‥‥‥‥‥‥‥‥534
96 正徳三年十二月 下初田村訴訟につき惣百姓誓紙(小山市下初田 大出善作家文書)‥‥‥‥‥‥‥‥‥‥‥‥‥‥‥534
97 寛文十一年八月 高松村太郎左衛門不正につき百姓願書(宇都宮市松原 古橋忠義家文書)‥‥‥‥‥‥‥‥‥‥‥‥535
98 戌九月 上粱村年貢勘定につき惣百姓願書(上三川町梁 伊沢吉則家文書)‥‥536

第4章 都市と宿駅
＜写＞「宇都宮志」とその部分(宇都宮市上河原町 高橋保三郎家蔵)
第1節 都市の成立‥‥‥‥‥‥‥‥‥539
1 町明細帳‥‥‥‥‥‥‥‥‥‥539
 1 元文年間 宇都宮町方書上帳(宇都宮市上河原町 高橋保三郎家文書)‥‥539
 2 寛延二年八月 宇都宮町方取扱諸事覚帳(栃木県立図書館蔵)‥‥‥‥‥‥571
  ［*松平忠紙］
  〔参考史料1〕『宇都宮志料』(抄)(宇都宮市上河原 高橋保三郎家蔵『宇都宮志料』)‥‥‥‥‥‥‥‥‥‥‥‥‥‥‥582
 3 正徳二年七月 壬生表町・通町明細帳(壬生町壬生 大島忠介家文書)‥‥‥‥‥‥‥‥‥‥‥‥‥‥‥‥‥‥‥586
 4 慶安年間以降 鹿沼東西両町支配覚(東京 国立公文書館内閣文庫蔵『寓巌斎叢書』巻二十)‥‥‥‥‥‥‥‥‥‥620
2 町屋敷‥‥‥‥‥‥‥‥‥‥‥622
 5 享保二年十二月 宇都宮伝馬町上野新右衛門家無役屋敷証文(宇都宮市泉 上野虎四郎家文書)‥‥‥‥‥‥‥‥622
 6 元禄五年六月 宇都宮伝馬町・小伝馬町屋敷間数改帳(宇都宮市泉 上野虎四郎家文書)‥‥‥‥‥‥‥‥‥‥‥624
 7 宝永五年二月 菊地与兵衛上河原町屋敷買得証文(宇都宮市上河原町 高橋保三郎家文書)‥‥‥‥‥‥‥‥‥‥‥626
 8 宝永五年二月 上河原町倉田庄左衛門金子請取状(宇都宮市上河原町 高橋保三郎家文書)‥‥‥‥‥‥‥‥‥‥‥626
 9 宝永五年～七年 摂津国普請入用帳(宇都宮市上河原町 高橋保三郎家文書)‥627
 10 宝永四年～正徳二年 菊地与兵衛金子預り高覚(宇都宮市上河原町 高橋保三郎家文書)‥‥‥‥‥‥‥‥‥‥‥‥‥631

 11 正徳元年六月 高橋善左衛門金子預り高覚(宇都宮市上河原町 高橋保三郎家文書)‥‥‥‥‥‥‥‥‥‥‥‥‥‥‥632
 12 享保十七年 津国屋善次郎酒帋譲受覚書(宇都宮市上河原町 高橋保三郎家文書)‥‥‥‥‥‥‥‥‥‥‥‥‥‥‥633
 13 享保二年五月 与兵衛新宿町屋敷買得証文(宇都宮市上河原町 高橋保三郎家文書)‥‥‥‥‥‥‥‥‥‥‥‥‥‥‥634
 14 享保七年十二月 清巌寺屋敷質入証文(宇都宮市上河原町 高橋保三郎家文書)‥‥‥‥‥‥‥‥‥‥‥‥‥‥‥‥634
 15 享保十八年三月 高橋善次郎上河原町屋敷買得証文(宇都宮市上河原町 高橋保三郎家文書)‥‥‥‥‥‥‥‥‥‥‥635
3 市場‥‥‥‥‥‥‥‥‥‥‥‥636
 16 元禄六年～寛延二年 鹿沼内町・田町市場争論裁許状写(鹿沼市中田町 金子栄一家文書)‥‥‥‥‥‥‥‥‥‥‥636
 17 延享三年 内町・田町市場出入覚書(鹿沼市立図書館蔵/森田家文書)‥‥‥643
 18 延享四年九月 市場争論につき田町役人(市場惣代)願書(二通)(鹿沼市中田町 金子栄一家文書)‥‥‥‥‥‥‥‥648
  〔参考史料2〕『鹿沼古記録』(抄)(鹿沼市石橋町 橋田貞司家蔵『鹿沼古記録』)‥649
 19 享保十五年～十六年 鹿沼田町穀商い争論(鹿沼市中田町 金子栄一家文書)‥‥650
 20 享保十五年七月 穀問屋株年季貸借につき証文(鹿沼市仲田町 金子栄一家文書)‥‥‥‥‥‥‥‥‥‥‥‥‥‥‥654
 21 延享三年九月 田町穀問屋仲間取替証文(鹿沼市中田町 金子栄一家文書)‥‥655
 22 享保元年十一月 間々田宿市場定書(小山市間々田 上原雅輔家文書)‥‥656
  〔参考史料3〕『宇都宮志料』(抄)(宇都宮市上河原町 高橋保三郎家蔵『宇都宮志料』)‥‥‥‥‥‥‥‥‥‥‥‥‥‥‥657

第2節 宿の成立‥‥‥‥‥‥‥‥‥660
1 地子諸役免許‥‥‥‥‥‥‥‥660
 23 慶長七年正月 宇都宮地子免許状(宇都宮市鶴田 植木秀三家文書)‥‥‥660
  〔参考史料4〕『宇都宮志料』(抄)(宇都宮市上河原町 高橋保三郎家蔵『宇都宮志料』)‥‥‥‥‥‥‥‥‥‥‥‥‥‥‥660
 24 寛文八年九月 日光街道雀宮・石橋両宿諸役免許状(石橋町石橋 伊沢新右衛門家文書)‥‥‥‥‥‥‥‥‥‥‥‥‥667
 25 元禄八年六月 日光街道石橋宿諸役免許状(石橋町石橋 伊沢新右衛門家文書)‥‥‥‥‥‥‥‥‥‥‥‥‥‥‥‥‥667

44 県史誌内容総覧・資料編 1: 近世―関東

26 元禄九年六月 諸役勤めにつき石橋宿役人返答書（石橋町石橋 伊沢新右衛門家文書）……668
27 元禄五年六月 例幣使街道奈佐原町差出帳（鹿沼市奈佐原 黒川佐平家文書）……669
28 貞享二年正月 例幣使街道奈佐原町屋敷地子帳（鹿沼市奈佐原 黒川佐平家文書）……671
2 宿拝借金・拝領金……672
29 寛文九年以降 奥州街道白沢宿拝借金等書上（河内町白沢 宇賀地太美雄家文書）……672
30 天和二年二月以前 白沢・上岡本両村拝借金等書上（河内町白沢 宇加地太美雄家文書）……672
31 天和三年十二月 例幣使街道奈佐原町拝領銭割渡し帳（鹿沼市奈佐原 黒川佐平家文書）……673
32 寛文三年十二月 拝領金割渡につき石橋宿惣町中差出一札（石橋町石橋 伊沢新右衛門家文書）……675
33 宝永六年六月 拝借金返納につき宿内争論、石橋宿役人訴状（石橋町石橋 伊沢新右衛門家文書）……675

第5章 交通と運輸
＜写＞壬生河岸図（明治23年「日本博覧図」所収）
第1節 助郷制の成立……677
1 定助郷……677
1 寛文三年三月 例幣使街道富田宿寄人馬帳（大平町富田 福島茂家文書）……677
2 元禄四年十月 石橋宿助郷人馬役につき某村願書（石橋町石橋 伊沢新右衛門家文書）……677
3 元禄八年十月 助郷村定めにつき石橋宿役人口上書（石橋町石橋 伊沢新右衛門家文書）……678
4 元禄八年四月 人馬勤役等につき下初田村役人口上書（小山市下初田 大出善作家文書）……679
5 寛延三年三月 助郷村定めにつき白沢・氏家両宿願書（河内町白沢 宇加地多美雄家文書）……680
2 助郷帳……681
6 享保八年正月 日光街道野木宿助郷帳（南河内町仁良川 坂本重通家文書）……681
7 寛保元年十月 日光街道間々田宿助郷帳（小山市間々田 上原幸一家文書）……682
8 元禄九年五月 日光街道小山宿助郷村々書上（小山市下初田 大出善作家文書）……684

9 元禄十四年四月 日光街道小山宿助郷帳（南河内町仁良川 坂本重通家文書）……685
10 元禄九年五月 日光街道新田宿助郷帳（小山市延島 添野一夫家文書）……686
11 元禄十年四月 日光街道小金井宿助郷帳（南河内町仁良川 坂本重通家文書）……687
12 元禄九年五月 日光街道石橋宿助郷帳（上三川町梁 伊沢吉則家文書）……688
13 享保元年十一月 日光街道雀宮宿助郷帳（栃木県立図書館蔵／芦谷家文書）……690
14 元禄九年五月 日光街道宇都宮宿助郷帳（宇都宮市上河原 高橋保三郎家蔵／『宇都宮志料』巻之四）……691
15 享保九年正月 宇都宮宿助郷帳（宇都宮市上河原 高橋保三郎家蔵／『宇都宮志料』巻之五）……692
16 元禄九年五月 日光街道徳次郎宿助郷帳（宇都宮市上金井 柿沼渉家文書）……694
17 享保四年十一月 日光御成道壬生宿助郷帳（壬生町壬生 鈴木貞一家文書）……695
18 元禄九年五月 例幣使街道奈佐原宿助郷帳（鹿沼市奈佐原 黒川佐平家文書）……696
19 宝永七年九月 例幣使街道鹿沼宿助郷帳（鹿沼市立図書館蔵／森田家文書）……698
3 助郷免除と増助郷……700
20 元禄十三年正月 川中子村名主四名石橋宿助郷免除願（上三川町川中子 稲見喜正家文書）……700
21 正徳五年二月 日光法会につき小山宿増助郷定（小山市延島 添野一夫家文書）……701
22 正徳五年二月 石橋宿及び助郷村々宛日光法会増助郷の達（上三川町川中子 稲見喜正家文書）……703
23 正徳五年三月 日光法会につき鹿沼宿増助郷定（鹿沼市立図書館蔵／森田家文書）……704
4 宿内掃除丁場……706
24 元禄十三年六月 小山宿掃除村々定につき塩沢村外願書（小山市下国府塚 岸ウタ家文書）……706
〔参考資料1〕 『宇都宮志料』（抄）（宇都宮市上河原 高橋保三郎家蔵／『宇都宮志料』巻之五）……707
第2節 社参と通行……709
1 日光社参……709
25 享保十二年～十三年 奥州街道白沢宿日光社参関係御用留（河内町白沢 宇加地多美雄家文書）……709
26 申（享保十三年）三月 日光社参通行につき宿々宛触書（石橋町石橋 伊沢新右衛門家文書）……718

27 享保十三年 秋元但馬止宿につき川越町人徳次郎宿役人請取覚（宇都宮市上金井 柿沼渉家文書）…………718
28 享保十三年二月 例幣使街道富田宿助郷村々請証文（大平町冨田 福島茂家文書）…………………………719
29 享保十三年～十九年 例幣使街道富田宿通行覚帳（大平町富田 福島茂家文書）…………………………721
30 承応二年～天和三年 例幣使街道栃木宿通行覚帳（大平町富田 福島茂家文書）…………………………729

2 助郷人馬勤 ………………………738
31 元禄七年 例幣使街道奈佐原宿通行人馬寄帳（鹿沼市奈佐原 黒川佐平家文書）…………………………738
〔*通行記録〕
32 元禄十六年 下国府塚村小山宿助郷人馬通帳（小山市下国府塚 岸ウタ家書）……………………………748
33 享保十三年二月～四月 下国府塚村小山宿助郷人馬勤帳（小山市下国府塚 岸ウタ家文書）……………752
34 享保十九年～延享元年 町田村助郷人馬勤覚書帳（南河内町町田 後藤清二家文書）…………………760

3 社参通行宿方入用 …………763
35 享保十三年四月 富田宿日光社参通行諸色入用割帳（大平町冨田 福島茂家文書）………………………763
36 享保十三年四月 富田宿日光社参通行諸色入用割帳（大平町富田 福島茂家書）…………………………765

4 年貢輸送 ………………………768
37 元禄十一年九月 久保田藩領町田村米穀輸送人馬帳（南河内町町田 後藤清二家文書）…………………768

5 駄賃定 …………………………772
38 寛永十九年～正徳元年 奥州街道白沢宿駄賃定覚書（河内町白沢 宇加地多美雄家文書）…………………772
〔参考史料2〕『宇都宮志料』（抄）（宇都宮市上河原 高橋保三郎家蔵/『宇都宮志』巻之五）………………773

第3節 街道争論 …………………775
39 寛文十一年十二月 小山村荷物附送りにつき石橋村太郎右衛門他差出し手形（石橋町石橋 伊沢新右衛門家文書）…775
40 酉（寛永十年）三月 石橋宿人馬駄賃につき四ヶ村訴状（石橋町石橋 伊沢新右衛門家文書）……………775

41 元禄九年四月 氏家商人荷物継送りにつき白沢・上岡本両村定書（河内町白沢 宇加地多美雄家文書）……776
42 元禄九年五月 氏家商人荷物継送りにつき白沢・上岡本両村訴状（河内町白沢 宇加地多美雄家文書）……776
43 享保十七年正月 宿内火災等につき中徳次郎村百姓口上書（宇都宮市上金井 柿沼渉家文書）……………778
44 享保十七年三月 宿内火災等につき百姓と出入、中徳次郎村庄屋返答書（宇都宮市上金井 柿沼渉家文書）……781
45 寛延三年 小山宿と助郷二十二か村争論 ……………………784
〔*済口証文〕
（1）寛延三年二月 小山宿詰郷村々口上書（小山市下国府塚 岸ウタ家書）…………………………784
（2）寛延三年六月 助郷人馬勤出入につき助郷村々訴状（小山市下初田 大出善作家文書）…………785
（3）寛延三年八月 人馬勤出入済口証文（小山市下初田 大出善作家文書）……790
46 寛延三年十月 石橋宿と助郷村十二か村出入済口証文（上三川町梁 伊沢吉則家文書）…………………798

第4節 河岸と水運 ………………804
47 貞享三年正月 乙女河岸宇都宮藩蔵米江戸廻送覚書（石橋町石橋 伊沢新右衛門家文書）……………804
48 元禄三年正月 嶋田河岸運賃書上（石橋町石橋 伊沢新右衛門家文書）…804
49 元禄四年十一月 中大領村他六か村米江戸廻送手形（石橋町石橋 伊沢新右衛門家文書）…………………805
50 元禄四年十月 壬生河岸船数改（石橋町石橋 伊沢新右衛門家文書）…806
51 元禄四年十一月 安塚村他八か村江戸廻米につき壬生河岸船数改（石橋町石橋 伊沢新右衛門家文書）……806
52 午（元禄三カ）年十一月 上田村他三か村江戸廻米につき壬生河岸船数改（石橋町石橋 伊沢新右衛門家文書）……806
53 申（元禄五カ）年二月 飯田村他五か村江戸廻米につき壬生河岸船数改（石橋町石橋 伊沢新右衛門家文書）……807
54 元禄三年正月 多功村他十五か村江戸廻米につき嶋田河岸船数改（石橋町石橋 伊沢新右衛門家文書）……808
55 元禄三年十一月 大山村他七か村江戸廻米につき嶋田河岸船数改（石橋町石橋 伊沢新右衛門家文書）……808

56 元禄四年十月 多功村他七か村江戸廻米につき嶋田河岸船数改(石橋町石橋 伊沢新右衛門家文書)⋯⋯⋯⋯⋯⋯809
57 辰(貞享五カ)年正月 上神主村他六か村江戸廻米につき嶋田河岸船数改(石橋町石橋 伊沢新右衛門家文書)⋯⋯809
58 巳(元禄二カ)年十一月 多功村他八か村江戸廻米につき嶋田河岸船数改(石橋町石橋 伊沢新右衛門家文書)⋯⋯⋯810
59 元禄十三年八月 江戸廻米上乗人請書ひな型(宇都宮市上金井 柿沼渉家文書)⋯⋯⋯⋯⋯⋯⋯⋯⋯⋯⋯⋯⋯810
60 元禄四年十月 荒針村納米江戸廻送につき壬生河岸請負手形(石橋町石橋 伊沢新右衛門家文書)⋯⋯⋯⋯⋯⋯⋯811
61 元禄二年十一月 多功村他二か村納米江戸廻送につき嶋田河岸請負手形(石橋町石橋 伊沢新右衛門家文書)⋯⋯⋯812
62 貞享五年 上古山村納米江戸廻送につき三拝河岸請負手形(石橋町石橋 伊沢新右衛門家文書)⋯⋯⋯⋯⋯⋯⋯812
63 宝永三年十一月 年貢米輸送につき飯塚河岸請負手形(宇都宮市上金井 柿沼渉家文書)⋯⋯⋯⋯⋯⋯⋯⋯813
64 元文五年 都賀郡部屋村差出帳(大平町西山田 白石巳代治家文書)⋯⋯⋯813
65 享保七年五月 鹿沼町竹木問屋黒川筏川下げにつき壬生町他と出入、済口証文(壬生町壬生 大島忠介家文書)⋯⋯⋯824

第6章 社会と文化
<写>宇都宮明神境内図(宇都宮市上河原町 高橋保三郎家蔵)
1 家⋯⋯⋯⋯⋯⋯⋯⋯⋯⋯⋯⋯⋯⋯827
1 慶長二十年正月 鍋山村大雅楽助より小三九郎へ遺言状(栃木市鍋山 小曽戸武家文書)⋯⋯⋯⋯⋯⋯⋯⋯⋯827
2 万治三年十一月 羽牛田村名主篠崎家由緒口伝書(宇都宮市羽牛田 篠崎昭家文書)⋯⋯⋯⋯⋯⋯⋯⋯⋯⋯⋯⋯827
3 寛永十七年八月 上横田村百姓隠居跡式出入につき相定申一札(宇都宮市上横田 稲見忠之家文書)⋯⋯⋯⋯⋯⋯829
4 元禄十年二月 岩曽村百姓養子手形(宇都宮市岩曽 半田耕平家文書)⋯⋯⋯830
5 正徳元年 平出村平出家家督相渡目録(宇都宮市平出 平出英夫家文書)⋯⋯830
2 生活⋯⋯⋯⋯⋯⋯⋯⋯⋯⋯⋯⋯⋯838
6 万治二年六月 上横田村百姓子ども瓜盗みにつき過銭一札(宇都宮市上横田 稲見忠之家文書)⋯⋯⋯⋯⋯⋯838

7 享保十一年 下国府塚村格式出入につき名主願書(小山市下国府塚 岸ウタ家文書)⋯⋯⋯⋯⋯⋯⋯⋯⋯⋯⋯838
8 享保三年九月 下初田村家内祭り順位出入につき百姓願書(小山市下初田 大出善作家文書)⋯⋯⋯⋯⋯⋯⋯839
9 寛永十七年十二月 上横田村譜代新十郎還住違約につき訴願(宇都宮市上横田 稲見忠之家文書)⋯⋯⋯⋯⋯⋯⋯840
10 寛永十五年十一月 娘よて質物奉公請状(小山市下初田 大出善作家文書)⋯⋯⋯840
11 元禄十三年十二月 多功村すぎ質物奉公請状(石橋町石橋 伊沢新右衛門家文書)⋯⋯⋯⋯⋯⋯⋯⋯⋯⋯⋯⋯⋯841
12 宝永六年十二月 小室村長吉質物奉公請状(上河内村松田新田 松田甚四郎家文書)⋯⋯⋯⋯⋯⋯⋯⋯⋯⋯⋯841
13 寛永二年十二月 下初田村頼母子議定(小山市下初田 大出善作家文書)⋯⋯⋯842
3 災異⋯⋯⋯⋯⋯⋯⋯⋯⋯⋯⋯⋯⋯843
14 寛永十九年 宇都宮領内凶作の事(宇都宮市上河原 高橋保三郎家蔵/『宇都宮志料』巻之三)⋯⋯⋯⋯⋯⋯⋯⋯⋯⋯⋯843
15 延宝八年七月 宇都宮田川洪水の事(宇都宮市上河原 高橋保三郎家蔵/『宇都宮志料』巻之四)⋯⋯⋯⋯⋯⋯⋯⋯⋯843
16 元禄十三年八月 宇都宮領大風雨につき違作の事(宇都宮市上河原 高橋保三郎家蔵/『宇都宮志料』巻之四)⋯⋯⋯843
17 享保八年八月 五十里湖洪水の事(宇都宮市上河原 高橋保三郎家蔵/『宇都宮志料』巻之五)⋯⋯⋯⋯⋯⋯⋯⋯⋯844
4 寺社⋯⋯⋯⋯⋯⋯⋯⋯⋯⋯⋯⋯⋯846
18 慶長九年～十年 宇都宮明神社造営記録(宇都宮市馬場 二荒山神社文書)⋯⋯⋯846
19 享保六年六月 宇都宮明神境内山林改覚(宇都宮市馬場 二荒山神社文書)⋯⋯⋯849
20 宝永六年 宇都宮明神社家出入一件(宇都宮市上河原 高橋保三郎家蔵/『宇都宮志料』巻之四)⋯⋯⋯⋯⋯⋯⋯⋯⋯850
21 享保十二年三月 宇都宮明神領百姓変死一件につき一札(宇都宮市馬場 二荒山神社文書)⋯⋯⋯⋯⋯⋯⋯⋯⋯850
22 貞享五年二月 磯山明神覚(鹿沼市磯 金子伊予家文書)⋯⋯⋯⋯⋯⋯⋯⋯⋯850
23 寛文二年三月 磯山明神造営入用覚(鹿沼市磯 金子伊予家文書)⋯⋯⋯851
24 正徳元年五月 磯山明神朱印状出入につき神主口上書(鹿沼市磯 金子伊予家文書)⋯⋯⋯⋯⋯⋯⋯⋯⋯⋯⋯⋯⋯852
25 享保五年七月 磯山明神朱印状出入につき神主位置札(鹿沼市磯 金子伊予家文書)⋯⋯⋯⋯⋯⋯⋯⋯⋯⋯⋯⋯⋯853

5　祭礼……………………………854
　　　26　貞享三年四月　塩山村鎮守祭礼祝儀座
　　　　配定帳(鹿沼市塩山　佐藤倉次家文書)……854
　　　27　享保十八年十二月　磯山明神遷宮行列
　　　　役割につき証文(鹿沼市磯　金子伊予家文
　　　　書)…………………………………855
　　6　奥平家譜(抄)…………………857
　　　28　寛文八年　奥平家御家譜編年叢林
　　　　(抄)(大分県中津市　中津市立小幡記念図
　　　　書館蔵/奥平家文書『御家譜編年叢林』巻之
　　　　六)……………………………857
あとがき(県史編さん室長　斎藤邦夫)……863
　関係者名簿…………………………863
　　県史編さん委員会委員・参与(昭和四十九
　　年三月現在)
　　横川信夫(知事;会長)
　　荻山義夫(副知事;副会長)
　　寶月圭吾(東京大学名誉教授・東洋大学
　　　教授・専門委員会監修者;副会長)
　　渡辺幹雄(県教育長;副会長)
　　中里魚彦(県文化財調査委員・専門委員
　　　会委員長;委員)
　　辰巳四郎(宇都宮大学名誉教授・宇都宮
　　　短期大学教授・専門委員会委員・原始
　　　担当;委員)
　　土田直鎮(東京大学教授・専門委員会委
　　　員・古代担当;委員)
　　稲垣泰彦(東京大学教授・専門委員会委
　　　員・中世担当;委員)
　　北島正元(東京都立大学教授・専門委員
　　　会委員・近世担当;委員)
　　長倉保(神奈川大学教授・専門委員会委
　　　員・近世担当;委員)
　　笠井恭悦(宇都宮大学教授・専門委員会
　　　委員・近現代担当;委員)
　　小西四郎(前東京大学教授・専門委員会
　　　委員・近現代担当;委員)
　　小池知明(県議会議長;委員)
　　小池嘉子(市長会会長・宇都宮市長;委員)
　　小島泰治(町村会会長・二宮町長;委員)
　　立入隼人(市町村教育長会会長・宇都宮
　　　市教育長;委員)
　　高橋敏彦(県総務部長;委員)
　　磯信兵衛(県教育次長;委員)
　　秋本典夫(宇都宮大学教授;参与)
　　野中退蔵(県文化財調査委員;参与)
　　渡辺龍瑞(県文化財調査委員;参与)
　　小林友雄(郷土史家;参与)
　　雨宮義人(県立宇都宮高等学校長;参与)
　　福島悠峰(下野新聞社社長;参与)
　　根村隆成(栃木新聞社社長;参与)

　　福山正道(前県教育長;前委員)
　　大野陽一郎(前県議会議長;前委員)
　　笹沼賢弥(前町村会会長;前委員)
　　大島延次郎(東海大学教授(逝去);前参与)
　　専門委員会調査員(昭和四十九年三月現在)

```
栃木県史 史料編・近世二
栃木県史編さん委員会編集
昭和51年3月31日発行
```

<宇都宮・壬生藩など譜代藩領を中心に、河内・都賀・寒川地域における近世後半期の史料を収録>

　＜口絵＞第1図　宇都宮藩租法変更申渡　氏家町押上 長島元重家文書
　＜口絵＞第2図　「松平忠恕日記」長崎県島原市 松平文庫文書
　＜口絵＞第3図　宇都宮藩町方溜講金借用証文 宇都宮市日野町 崎尾新五郎家文書
　＜口絵＞第4図　先納金調達下知書 栃木市片柳 熊倉佐衛家文書
　＜口絵＞第5図　下初田村小作証文 小山市下初田 大出善作家文書
　＜口絵＞第6図　麻作高反別取調帳 鹿沼市上南摩 大貫哲良家文書
　＜口絵＞第7図　麻売り帳 鹿沼市板荷 富久田耕平家文書
　＜口絵＞第8図　日野町年貢割付状 南河内町町田 後藤清二家文書
　＜口絵＞第9図　日野町屋敷軒役改帳 南河内町町田 後藤清二家文書
　＜口絵＞第10図　永野村加助郷代金納議定 小山市間々田 上原雅輔家文書
　＜口絵＞第11図　磯山明神宮座願につき下知書 鹿沼市磯 金子伊予家文書

序（栃木県知事 船田譲）
凡例
解説 ……………………………………… 1
　総説 …………………………………… 1
　第1章　領知と支配 ………………… 2
　　第1節　領主と領知 ……………… 2
　　　1　領主系譜 …………………… 2
　　　　＜表＞明治初年河内・都賀・寒川郡の領知関係（『旧高旧領取調帳』より）… 3
　　　2　領知 ………………………… 4
　　　　＜表＞天明8年 壬生藩領知村高（「天明8年領知目録」大島忠介家文書）…… 5
　　第2節　支配と財政 ……………… 6
　　　1　宇都宮藩 …………………… 6
　　　　＜表＞明治5年 宇都宮藩債調（「雑記」戸田家文書）……………………… 8
　　　2　壬生藩ほか ………………… 9
　第2章　年貢と諸役 ………………… 10
　　第1節　年貢・諸約賦課の慣行・申渡・議定 ………………………………… 10
　　　1　宇都宮藩 …………………… 10
　　　2　壬生藩 ……………………… 11
　　　3　古河藩（飛地分） ………… 12
　　　4　旗本藩 ……………………… 12
　　第2節　年貢賦課の態様 ………… 12
　　　1　年貢割付・皆済目録・年貢通・年貢勘定帳 ………………………………… 12
　　　　＜表＞岩原村利右衛門本田高（4石691）の年貢納付の状況（イ）（各年の「田畑年貢米金惣百姓前勘定目録」より作成）………………………………… 14
　　　　＜表＞岩原村割付からみた取米変遷（ロ）（各年の年貢割付より作成）…… 14
　　　2　定免・検見引・用捨引 …… 15
　　　3　先納金と差替金・引負金一件 … 16
　　　4　質地・分け地・預け地・小作年貢 … 16
　　　5　囲籾・在払・籾摺請負と廻米一件 … 17
　　第3節　諸役賦課の態様 ………… 17
　　　1　高役・役札 ………………… 17
　　　2　役引石・免役・休役 ……… 18
　　　3　軒役・格式 ………………… 18
　第3章　村落と地主小作関係 ……… 19
　　第1節　農村の荒廃 ……………… 19
　　　＜表＞表1　文化7年下初田村貧窮者 … 19
　　　＜表＞表2　喜右衛門田畑 …… 20
　　　＜表＞表3　分地百姓 ………… 21
　　　＜表＞表4　入百姓 …………… 21
　　第2節　小前と地主 ……………… 22
　　　＜表＞表5　元文3年下初田村奉公人書上帳 ……………………………… 25
　　　＜表＞表6　文政10年田村農間商渡世 … 26
　　　＜表＞表7　天明3年助谷村無毛地 …… 27
　第4章　特産物の生産と流通 ……… 28
　　　1　麻 …………………………… 28
　　　2　藍 …………………………… 33
　　　3　干瓢 ………………………… 34
　第5章　都市と河岸 ………………… 35
　　第1節　都市 ……………………… 35
　　　1　都市の構造と軒役負担 …… 35
　　　　＜表＞表1　安政6年伝馬町の構成 … 36
　　　　＜表＞表2　天保10年伝馬町借家人改 … 37
　　　　＜表＞表3　天保10年伝馬町の構成 … 37
　　　　＜表＞表4　安永5年日野町の構成 … 38
　　　2　商渡世と市場出入 ………… 40
　　　　＜表＞表5　天保14年渡世商の身分 … 41
　　　　＜表＞表6　天保14年鹿沼宿諸渡世 … 42

栃木県史 史料編・近世二

　第2節　河岸 …………………………………… 44
第6章　宿駅と助郷 …………………………… 45
　第1節　宿駅 …………………………………… 48
　第2節　宿財政と助郷村入用 ………………… 48
　　1　宿入用 …………………………………… 48
　　2　宿・助郷村助成金と拝借金 …………… 48
　　3　助郷村入用ならびに助成金・拝借金 … 49
　第3節　助郷帳と代助郷・加助郷 …………… 49
　　1　助郷帳 …………………………………… 49
　　　〈表〉小山宿定助郷村の休役(河内郡南
　　　河内町仁良川　坂本重通家文書　元禄
　　　14年「日光海道小山町助郷帳」貼付
　　　の休役代助郷証文25枚による) …… 50
　　2　助郷休役と代助郷 ……………………… 51
　　3　助郷勤め議定 …………………………… 51
　　4　正人馬勤めと代金納 …………………… 51
　第4節　日光社参通行と宿助郷人馬勤め …… 52
　　1　日光街道諸宿人馬勤め高 ……………… 52
　　2　例幣使街道・壬生通り諸宿人馬勤め
　　　　高 ………………………………………… 52
　　3　助郷村々人馬勤め高 …………………… 52
　　4　日光社参等公用通行諸記録 …………… 53
　第5節　助郷争論 ……………………………… 53
　第6節　脇街道と荷物輸送 …………………… 54
　　1　鹿沼・栃木宿の商人荷物 ……………… 54
　　2　奥州中道の通行と荷物輸送 …………… 54
　　3　幕田河岸開設と荷物輸送 ……………… 54
　　4　その他の脇街道荷物輸送 ……………… 55
第7章　百姓一揆と村方騒動 ………………… 55
　第1節　百姓一揆と都市騒擾 ………………… 55
　　〈表〉河内・都賀地域近世後期百姓一揆
　　　年表(含打ちこわし、除慶応期) …… 56
　第2節　村方騒動 ……………………………… 60
　　1　村役人・村政をめぐる騒動 …………… 60
　　2　年貢をめぐる騒動 ……………………… 61
　　3　土地をめぐる騒動 ……………………… 62
　　4　格式をめぐる騒動 ……………………… 62
　　5　祭礼をめぐる騒動 ……………………… 63
第8章　社会と文化 …………………………… 64
　第1節　庶民の生活 …………………………… 64
　　1　家 ………………………………………… 64
　　2　若者組 …………………………………… 68
　　3　宮座 ……………………………………… 68
　　4　火消 ……………………………………… 69
　　5　芝居相撲興行 …………………………… 69
　　6　風俗 ……………………………………… 69
　第2節　文化と教育 …………………………… 69
　　1　農民教化 ………………………………… 69
　　2　富士講 …………………………………… 70
　　3　手習所 …………………………………… 70

第1章　領知と支配
　〈写〉宇都宮藩主戸田家墓所(宇都宮市花房
　　本町英巌寺跡)
　第1節　領主と領知 …………………………… 1
　　1　領主系譜 ………………………………… 1
　　　1　戸田家(宇都宮藩)系譜(抄)(宇都宮市
　　　　栃木県立図書館蔵/戸田家文書) …… 1
　　　2　松平家(宇都宮藩)系譜(抄)(『寛政重
　　　　修諸家譜巻第二十九』より) ………… 18
　　　3　鳥居家(壬生藩)系譜(抄)(『寛政重修
　　　　諸家譜巻第五百六十』より;壬生町壬生甲　松
　　　　本万里家文書) ………………………… 19
　　2　領知 ……………………………………… 22
　　　4　天保十五年　宇都宮藩領分村名高書上
　　　　(宇都宮市岩曽　半田弥平家文書) …… 22
　　　5　嘉応五年　壬生藩領分村名高書上(壬生
　　　　町助谷　粂川誠市家文書) …………… 28
　　　6　宇都宮藩領分所替・村替一件(宇都宮
　　　　市　栃木県立図書館蔵/戸田家文書『御家記
　　　　(忠寛公)』;長崎県島原市　島原公民館蔵/松
　　　　平文庫「忠恕日記」;宇都宮市　栃木県立図書
　　　　館蔵/戸田家文書『御家記(忠延公)』;宇都
　　　　宮市　栃木県立図書館蔵/戸田家文書「嘉永
　　　　三年当用留」) ………………………… 31
　第2節　支配と財政 …………………………… 39
　　1　宇都宮藩 ………………………………… 39
　　　7　宝暦八年〜九年　宇都宮藩(松平家)触
　　　　書(東京都　慶応義塾大学附属図書館蔵　島
　　　　原藩史料) ……………………………… 39
　　　8　天保十三年〜十五年　宇都宮藩勝手方
　　　　改革一件(宇都宮市宮島　増淵幹男家文
　　　　書) ……………………………………… 50
　　　9　嘉永七年十月　宇都宮藩江在御金繰・
　　　　御暮大凡見込(宇都宮市宮島　増淵幹男家
　　　　文書) …………………………………… 54
　　　10　宇都宮藩の公金借用覚(抄)(長崎県
　　　　島原市　島原公民館蔵/松平文庫「忠恕日
　　　　記」;宇都宮市　栃木県立図書館蔵/戸田家文
　　　　書「当用留」) ………………………… 61
　　　11　弘化三年十二月　勤向要用につき借用
　　　　証文(鹿沼市上田町　鳥居正一家文書) …… 66
　　　12　安政三年九月　宇都宮藩の町方溜講金
　　　　借用証文(宇都宮市日野　崎尾新五郎家文
　　　　書) ……………………………………… 66
　　2　壬生藩ほか ……………………………… 67
　　　13　天保九年十月　壬生藩勝手方調帳(鹿
　　　　沼市板荷　富久田耕平家文書) ……… 67
　　　14　天保五年　調達金につき壬生領殿様無
　　　　尽定(壬生町助谷　粂川芳雄家文書) …… 69
　　　15　嘉永六年十月　異国船渡来につき御用
　　　　金ならびに御仕法無尽 ………………… 72

50　県史誌内容総覧・資料編 1: 近世—関東

(1) 御用金ならびに御仕法無尽申渡覚(壬生町助谷 粂川誠市家文書)……72
(2) 勝手方取直しにつき御仕法無尽仕法帳(壬生町福和田 大橋長一家文書)……73
16 天保十五年六月 江戸城本丸焼失につき御用金卯代上納につき川中子村請書(国分寺町川中子 永井峰三家文書)……73
17 享和元年八月 小出知行所勝手方取直しにつき下知書(上三川町梁 伊沢吉則家文書)……74
18 安政元年十二月 畠山知行所勝手賄につき村々願書(鹿沼市野沢 岡部孝雄家文書)……75
19 安政二年四月 鳥居知行所割元役申付につき村々の心得申渡(栃木市片柳 熊倉佐衛家文書)……75
20 慶応三年三月 藪知行所勝手方につき村々議定書(東京都 慶應義塾大学蔵/都賀郡大久保村文書)……76
21 天保四年正月 日々縄につき宮田村議定証文(那須郡黒羽町黒羽田町 大宮司克夫家文書)……78
第2章 年貢と諸役
<写>大谷石葺の長屋門(宇都宮市岩原)
第1節 年貢・諸役賦課の慣行・申渡・議定……79
1 宇都宮藩……79
1 寛延二年十二月 屋坂村差出帳(宇都宮市上横田 稲見忠之家文書)……79
2 寛延三年正月 桜野村差出帳(抄)(氏家町桜野 村上喜彦家文書)……83
3 宝暦三年十月 租法変更申渡(氏家町押上 長島元重家文書)……85
4 安永三年八月 岩原村差出帳(宇都宮市岩原 高橋悦郎家文書)……85
5 文政六年二月 小林村惣百姓の年貢勘定につき議定証文(今市市小林 斎藤博家文書)……89
2 壬生藩……91
6 正徳二年七月 助谷村差出帳(壬生町助谷 粂川芳雄家文書)……91
7 年不詳 検見の節投俵による引高算法(壬生町助谷 粂川芳雄家文書)……96
[*投俵]
3 古河藩(飛地分)……99
8 宝暦十三年十一月 色毛取検見につき申渡(小山市下初田 大出善作家文書)……99
9 嘉永五年十一月 納米の儀につき村々議定(小山市下初田 大出善作家文書)……100
10 卯十月 御膳米納付につき村々名主より覚(小山市下初田 大出善作家文書)……101
11 宝暦六年二月 未進百姓に対する下初田村制裁議定(小山市下初田 大出善作家文書)……101
4 旗本領……102
12 天保八年正月 下南摩村田畑米永取勘定并納物扣帳(鹿沼市下南摩 阿久津済家文書)……102
第2節 年貢賦課の態様……107
1 割付・皆済目録・年貢通・年貢勘定帳……107
13 元文五年 桜野村年貢関係(氏家町桜野 村上喜彦家文書)……107
[*勘定目録]
14 宝暦二年・三年 岩原村年貢関係(宇都宮市岩原 高橋悦郎家文書)……111
15 寛政十一年六月 桜野村年貢納通(氏家町桜野 村上喜彦家文書)……122
16 天保四年 下初田村年貢関係(小山市下初田 大出善作家文書)……123
17 文化四年十二月 田村皆済目録(壬生町壬生甲 早川近一家文書)……126
2 定免・検見引・用捨引……128
18 宝暦六年八月 下初田村惣百姓より定免請書一札(小山市下初田 大出善作家文書)……128
19 天明三年九月 下初田村惣百姓より検見につき請書一札(小山市下初田 大出善作家文書)……128
20 天明六年九月 桜野村田方有毛検見合附書上帳(氏家町桜野 村上喜彦家文書)……129
21 慶応二年十月 片柳村三給役人より居検見引米下知書(栃木市片柳 熊倉佐衛家文書)……132
22 享保二十年・宝暦六年 桜野村藤内困窮につき用捨願(氏家町桜野 村上喜彦家文書)……132
3 先納金と差替金・引負金一件……135
23 天明三年・四年 片柳村名主への先納金調達下知書(栃木市片柳 熊倉佐衛家文書)……135
24 寛政八年～文化七年 延島村先納金関係(小山市延島 添野一夫家文書)……136
25 明治元年正月～十一月 上石川村役人より先納金下げ渡方願書(鹿沼市上石川 石川三郎家文書)……140
26 宝暦十一年十一月 下初田村卯平太より先納金不実取扱につき詫び一札(小山市下初田 大出善作家文書)……141
27 宝暦十二年閏四月 東水代村与兵衛より年貢差替金など滞りにつき願書(小山市下初田 大出善作家文書)……142

28　明和九年　下初田村年寄六右衛門より
　　　先納差替金滞りにつき願書(小山市下初
　　　田 大出善作家文書)‥‥‥‥‥‥‥‥144
　29　宝暦七年六月　大谷村役人より庄屋弥
　　　藤治年貢金引負欠落につき願書(氏家町
　　　桜野 村上喜彦家文書)‥‥‥‥‥‥‥145
　30　天明二年十月　板荷村下組役人より年
　　　貢立替金過重につき退役願書(鹿沼市板
　　　荷 渡辺保一郎家文書)‥‥‥‥‥‥‥146
　4　質地・分け地・預け地・小作年貢‥‥147
　31　巳三月　岩原村小左衛門より質地畑年
　　　貢負担につき願書(宇都宮市岩原 高橋悦
　　　郎家文書)‥‥‥‥‥‥‥‥‥‥‥‥147
　32　延享三年三月　御分地割合田献歩違に
　　　つき下初田村杢右衛門より一札(小山市
　　　下国府塚 岸 ウタ家文書)‥‥‥‥‥‥148
　33　天明八年二月　下初田村小平次より分
　　　地年貢負担につき願書(小山市下初田 大
　　　出善作家文書)‥‥‥‥‥‥‥‥‥‥149
　34　明和四年二月　下高嶋村・下初田両村百
　　　姓よりの預け地証文(小山市下初田 大出
　　　善作家文書)‥‥‥‥‥‥‥‥‥‥‥149
　35　天保四年正月　下初田村大出家小作年
　　　貢帳(小山市下初田 大出善作家文書)‥151
　5　囲籾在払・籾摺請負と廻米一件‥‥154
　36　宝暦二年〜六年　桜野村五郎右衛門よ
　　　りの囲籾在払、籾摺請負につき願書お
　　　よび見積書(氏家町桜野 村上喜彦家文
　　　書)‥‥‥‥‥‥‥‥‥‥‥‥‥‥‥154
　37　明和五年十一月　古河領四か村と物成
　　　米廻米につき新波河岸との出入一件
　　　(小山市下初田 大出善作家文書)‥‥‥159
第3節　諸役賦課の態様‥‥‥‥‥‥‥‥162
　1　高役・役札‥‥‥‥‥‥‥‥‥‥‥162
　38　正徳二年五月　福和田村惣百姓の高役
　　　賦課と役札につき議定(壬生町福和田 大
　　　橋長一家文書)‥‥‥‥‥‥‥‥‥‥162
　39　正徳五年〜元文四年　下茂呂村高役一
　　　件(鹿沼市茂呂 市田武雄家文書)‥‥‥163
　2　役引石・免役・休役‥‥‥‥‥‥‥166
　40　寛保元年〜二年　南摩村役人引石につ
　　　き願書ならびに議定(鹿沼市下南摩 阿
　　　久津済家文書)‥‥‥‥‥‥‥‥‥‥166
　41　延享二年十二月　某村役人への籾摺
　　　役制限につき一札(氏家町桜野 村上喜彦
　　　家文書)‥‥‥‥‥‥‥‥‥‥‥‥‥169
　42　天保四年十月　上横田村組頭役儀免除
　　　につき議定(宇都宮市上横田 稲見忠之家
　　　文書)‥‥‥‥‥‥‥‥‥‥‥‥‥‥169

　43　天明五年・嘉永四年　吉田用水井筋勤
　　　方につき、助郷役免除方願書ならびに
　　　石堂勧請前文(小山市延嶋 添野一夫家文
　　　書)‥‥‥‥‥‥‥‥‥‥‥‥‥‥‥170
　44　天明七年二月　上横田・屋板両村役人
　　　より三〇か年休役につき願書(宇都宮市
　　　上横田 稲見忠之家文書)‥‥‥‥‥‥173
　3　軒役・格式‥‥‥‥‥‥‥‥‥‥‥176
　45　卯二月　上横田村役人より軒役賦課継
　　　続につき願書(宇都宮市上横田 稲見忠之
　　　家文書)‥‥‥‥‥‥‥‥‥‥‥‥‥176
　　　[＊大高持百姓]
　46　文政十二年〜嘉永四年　上横田・屋板
　　　両村百姓の軒役負担と格式につき一札
　　　(宇都宮市上横田 稲見忠之家文書)‥‥177
第3章　村落と地主小作関係
＜写＞旧地代官屋敷の面影(小山市大字下国
　　　府塚)
第1節　農村の荒廃‥‥‥‥‥‥‥‥‥‥181
　1　文化七年九月　下初田村貧窮の者書上
　　　帳(小山市下初田 大出善作家文書)‥‥181
　2　寛延四年閏六月　下初田村百姓欠落に
　　　つき帳面削除願(小山市下初田 大出善作
　　　家文書)‥‥‥‥‥‥‥‥‥‥‥‥‥182
　3　寛延四年閏六月　下初田村よりの出稼
　　　奉公人帳面削除願(小山市下初田 大出善
　　　作家文書)‥‥‥‥‥‥‥‥‥‥‥‥183
　4　宝暦八年二月　下初田村百姓欠落につ
　　　き財産処理願状(小山市下初田 大出善作
　　　家文書)‥‥‥‥‥‥‥‥‥‥‥‥‥185
　5　宝暦十三年二月　下初田村百姓出奔に
　　　つき注進状(小山市下初田 大出善作家文
　　　書)‥‥‥‥‥‥‥‥‥‥‥‥‥‥‥185
　6　宝暦十二年二月　下初田村百姓欠落に
　　　つき松沼村名主より差出候一札(小山市
　　　下初田 大出善作家文書)‥‥‥‥‥‥186
　7　宝暦十四年二月　下初田村の組合引請
　　　田畑を伝八預り証文(小山市下初田 大出
　　　善作家文書)‥‥‥‥‥‥‥‥‥‥‥186
　8　天保十一年正月　下初田村養子縁組・
　　　分地・入百姓願帳(小山市下初田 大出善
　　　作家文書)‥‥‥‥‥‥‥‥‥‥‥‥186
第2節　小前と地主‥‥‥‥‥‥‥‥‥‥195
　9　延享四年十二月　下高嶋村新兵衛ほか
　　　質地請作手形(小山市下初田 大出善作家
　　　文書)‥‥‥‥‥‥‥‥‥‥‥‥‥‥195
　10　安永六年十月　下初田村団六ほか質地
　　　証文(小山市下初田 大出善作家文書)‥195
　11　宝暦七年二月　下初田村十佐衛門ほか
　　　小作証文(小山市下初田 大出善作家文
　　　書)‥‥‥‥‥‥‥‥‥‥‥‥‥‥‥196

12　宝暦二年四月　迫間田村小作金滞納内
　　済一札(小山市下初田　大出善作家文
　　書)…………………………………197
13　天保十一年三月　下初田村小作米金滞
　　納出入済口証文(小山市下初田　大出善作
　　家文書)……………………………198
14　宝暦四年十二月　助谷村粂川勘右衛門
　　小作金受取帳(壬生町助谷　粂川芳雄家文
　　書)…………………………………199
15　寛政十年十二月　助谷村粂川勘右衛門
　　小作金取立帳(壬生町助谷　粂川芳雄家文
　　書)…………………………………202
16　文化十年十一月　助谷村粂川勘右衛門
　　小作金取立帳(壬生町助谷　粂川芳雄家文
　　書)…………………………………204
17　寛政十二年四月　田村早川三郎右衛門
　　持分石高帳(壬生町壬生甲　早川近一家文
　　書)…………………………………217
18　寛政二年正月　助谷村粂川勘右衛門給
　　金小遣帳(壬生町助谷　粂川芳雄家文書)
　　………………………………………220
19　宝暦八年十一月　池森村甚助質持請状
　　(壬生町助谷　粂川芳雄家文書)……223
20　安永四年十一月　はる一季奉公手形
　　(壬生町助谷　粂川芳雄家文書)……224
21　文化九年十二月　助谷村金五郎一季奉
　　公手形(壬生町助谷　粂川芳雄家文書)…224
22　文化元年十月　田村早川家穀物売買帳
　　(壬生町壬生甲　早川近一家文書)…225
23　天保十四年三月　助谷村粂川兵七穀物
　　挽方帳(壬生町助谷　粂川芳雄家文書)…227
　　[＊地主経営；金融活動]
24　明和四年七月　助谷村粂川家借貸帳
　　(壬生町助谷　粂川芳雄家文書)……238
　　[＊小額貸付]
25　文化四年十二月　田村早川家金銭貸
　　付・借用帳(壬生町壬生甲　早川近一家文
　　書)…………………………………240
26　元文三年四月　下初田村奉公人書上帳
　　(小山市下初田　大出善作家文書)…244
27　文政十年九月　田村農間商渡世書上帳
　　(壬生町壬生甲　早川近一家文書)…245
28　天明三年十一月　助谷村小前不作反畝
　　改帳(壬生町助谷　粂川芳雄家文書)…246
　　[＊天明飢饉]

第4章　特産物の生産と流通
＜写＞麻切作業図(鹿沼市上材木町　福田雄一
　　氏蔵)

1　麻
1　嘉永二年四月　麻作高反別取調帳(鹿沼
　　市上南摩　大貫哲良家文書)…………267

2　万延元年五月　麻作風損見分につき反
　　別取調帳(鹿沼市下南摩　阿久津　済家文
　　書)…………………………………272
3　延宝九年九月　枡屋五兵衛麻仕切状(鹿
　　沼市下日向　川田新一家文書)………276
4　慶応四年正月　関所通行につき板荷村
　　麻売人願書(鹿沼市板荷　渡辺保一郎家文
　　書)…………………………………277
　　[＊通行届]
5　天保五年〜嘉永二年　麻売り貫目扣帳
　　(鹿沼市下南摩　阿久津　済家文書)………277
　　[＊農家の販売状況]
6　安政二年〜四年　麻売り帳(鹿沼市板荷
　　富久田耕平家文書)…………………286
7　嘉永六年四月　麻売掛金出入りにつき
　　源左衛門訴状(鹿沼市板荷　富久田耕平家
　　文書)………………………………321
8　弘化三年八月　麻直段帳(鹿沼市板荷　富
　　久田耕平家文書)……………………322
9　年不詳　麻〆売買につき江戸・在商人
　　に対する訴状案(鹿沼市下南摩　阿久津　済
　　家文書)……………………………326
10　嘉永五年八月　野州麻苧荷主日記(栃
　　木市万町　黒川伝右衛門家文書)……328
　　[＊麻売振替]
11　天保七年七月　不良麻交りにつき麻仲
　　間取極書(鹿沼市野沢　岡部孝雄家文書)
　　………………………………………333
12　享和三年十一月　麻・綿・漆掛物割付
　　帳(鹿沼市板荷　渡部保一郎家文書)…333
13　明治二年　日光開産所取立て一件(鹿
　　沼市富岡　三品亮一家文書)…………336
14　天保八年五月　麻肥方書出覚帳(鹿沼
　　市板荷　富久田耕平家文書)…………339
15　明治二年六月　麻仕付諸掛り取調帳
　　(鹿沼市富岡　三品亮一家文書)……343
　　[＊日光県開産所]
16　文政十一年十二月　麻肥金借用証文
　　(鹿沼市上南摩　大貫哲良家文書)…345

2　藍 …………………………………346
17　年不詳　藍葉代金受取覚(栃木市薗部
　　寺内公二家文書)……………………346
18　天保十五年正月　黒川太吉藍玉通帳
　　(栃木市薗部　寺内公二家文書)……346
19　天保五年〜安政四年　藍玉代金滞り訴
　　訟一件(東京都　慶応義塾大学附属図書館
　　蔵/都賀郡仲方村文書)………………352

3　干瓢 …………………………………360
20　天保五年〜七年　年々畑作方扣帳
　　(抄)(壬生町助谷　粂川誠市家文書)……360
21　寛政十年十一月　干瓢問屋規定証文
　　(鹿沼市今宮　鹿沼市立図書館蔵/森田家文
　　書「寛政十三年　御用留」)…………364

第5章　都市と河岸
＜写＞土蔵造の商家（宇都宮市博労町）

第1節　都市
1　都市の構造と軒役負担 …………367
1　享和元年八月　宇都宮町年寄家代々書上（宇都宮市中河原　長江喜重家文書）……367
2　安政六年二月　町内取締につき伝馬町小前連印請書（宇都宮市　宇都宮大学附属図書館蔵／上野家文書）……370
3　天保十年七月　伝馬町五人組改帳（宇都宮市泉町　上野虎四郎家文書）……375
4　天保十年八月　伝馬町借屋人改帳（宇都宮市　宇都宮大学附属図書館蔵／上野家文書）……376
5　安永五年八月　日野町屋敷軒役改帳（南河内町町田　後藤清二家文書）……377
6　文化二年正月　日野町屋敷軒役改帳（南河内町町田　後藤清二家文書）……378
7　安永八年十二月　清厳寺町欠落百姓屋敷地質入証文（宇都宮市上河原　高橋保三郎家文書）……380
［＊惣作年貢米］
8　文化四年四月　大工町吉右衛門屋舗売渡証文（宇都宮市宮島　増淵幹男家文書）……381
9　文政十一年八月　虎屋彦五郎屋敷・酒蔵借用証文（宇都宮市本町　松井彦五郎家文書）……382
10　嘉永二年三月　壱軒役勤兼候につき町内へ屋敷差出証文（宇都宮市宮島　増淵幹男家文書）……383
11　享和元年十二月　日野町年貢割付状（南河内町町田　後藤清二家文書）……383
12　慶応三年十一月　押切町年貢割付状（宇都宮市旭一　猪瀬要吉家文書）……386
13　安永七年　宇都宮宿人馬減少願一件（宇都宮市上河原　高橋保三郎家蔵『宇都宮志』巻之八）……388
14　寛政八年二月　宇都宮宿役馬惣貫割覚（宇都宮市桜五　成田金治家文書）……392
15　慶応三年十二月　材木町馬頭衆中役馬請負金請取証文（宇都宮市西一　田中順一家文書）……393
16　文化七年十一月　宇都宮宿人馬割増賃銭願一件覚（宇都宮市中河原　長江喜重家文書）……394
17　巳（弘化二年）五月　宇都宮町柄立直しにつき鉄砲町名主上申書（鹿沼市上石川　石川幸雄家文書）……397
18　安政六年六月　宿方仕法金差出につき人馬役免除証文（宇都宮市宮島　増淵幹男家文書）……399

2　商渡世と市場出入 ………………400

19　天保十四年八月　鹿沼宿諸商渡世改帳（鹿沼市今宮　鹿沼市立図書館蔵／森田家文書）……400
［＊商業活動］
20　天保十三年三月　鹿沼宿内商人津出荷物取調帳（鹿沼市中田町　金子栄一家文書）……412
21　寛政五年正月　宇都宮宿油屋仲間行司万留書帳（宇都宮市宿郷　篠原久兵衛家文書）……424
22　文久元年八月　宇都宮油屋仲間規定書（宇都宮市宿郷　篠原久兵衛家文書）……434
23　文久元年十一月　鹿沼宿油屋仲間株につき口銭差出証文（宇都宮市　宇都宮大学附属図書館蔵／上野家文書）……438
24　文化七年十一月　宇都宮屋仲間株金請取証文（宇都宮市寺町　野沢要之助家文書）……439
25　文久元年五月　宇都宮質屋仲間冥加金上納につき達書覚（宇都宮市西一　田中順一家文書）……440
26　慶応二年二月　壬生町質屋仲間議定書（壬生町壬生甲　早瀬義郎家文書）……443
27　文化元年十月　宇都宮酒造仲間株書上（宇都宮市泉町　上野虎四郎家文書）……444
28　文政六年十月　鹿沼宿穀問屋仲間出入につき済口証文（鹿沼市中田町　金子栄一家文書）……447
29　弘化二年六月　平柳村新田百姓商渡世につき栃木町商人訴状（宇都宮市　栃木県立図書館蔵／日光県文書）……448
30　弘化二年六月　嘉右衛門新田百姓の商渡世につき栃木町商人訴状（宇都宮市　栃木県立図書館蔵／日光県文書）……449
31　午（弘化三年カ）九月　嘉右衛門新田一件につき栃木町口上書（宇都宮市　栃木県立図書館蔵／日光県文書）……450
32　弘化三年十二月　嘉右衛門新田一件につき栃木町請書（栃木市万町　黒川伝右衛門家文書）……452

第2節　河岸 ……………………………456
33　安政四年十一月　新河岸開設につき板戸河岸難渋歎願書（宇都宮市泉町　上野虎四郎家文書）……456
34　安政六年十月　巴波川通船出入につき荷主村々歎願書（宇都宮市　栃木県立図書館蔵／日光県文書）……458
35　万延元年十一月　巴波川通船出入につき栃木町および平柳・片柳両村荷積問屋歎願書（宇都宮市　栃木県立図書館蔵／日光県文書）……461
36　明治二年十月　河内郡河岸取調書上帳（石橋町石橋　伊沢新右衛門家文書）……463

37　明治二年十一月　都賀郡河岸取調書上帳(石橋町石橋　伊沢新右衛門家文書)‥‥467
　[＊廻米津出河岸]

第6章　宿駅と助郷
＜写＞日光街道の杉並木(今市市大沢)
第1節　宿駅‥‥‥‥‥‥‥‥‥‥‥‥‥‥473
1　寛政二年十月　鹿沼宿宿高等書上帳(鹿沼市今宮　鹿沼市立図書館蔵/森田家文書)‥‥‥‥‥‥‥‥‥‥‥‥‥‥473
2　天保十三年二月　鹿沼宿押原東町軒数改帳(鹿沼市今宮　鹿沼市立図書館蔵/森田家文書)‥‥‥‥‥‥‥‥‥‥473

第2節　宿財政と助郷村入用‥‥‥‥‥‥479
1　宿入用‥‥‥‥‥‥‥‥‥‥‥‥‥‥479
3　宝暦二年正月　宝暦元年分小金井宿伝馬役金請払帳(国分寺町小金井　大越古志男家文書)‥‥‥‥‥‥‥‥‥‥‥479
4　天明五年六月　天明四年分鹿沼宿入用仕訳帳(鹿沼市今宮　鹿沼市立図書館蔵/森田家文書)‥‥‥‥‥‥‥‥‥‥481
2　宿・助郷村助成金と拝借金‥‥‥‥492
5　文政四年　雀宮宿助成金仕訳書上帳(宇都宮市　栃木県立図書館蔵/芦谷家文書)‥‥492
6　天保十二年四月　石橋宿等難渋につき貸付金願書(石橋町石橋　伊沢新右衛門家文書)‥‥‥‥‥‥‥‥‥‥‥‥‥494
3　助郷村入用ならびに助成金・拝借金‥‥‥‥‥‥‥‥‥‥‥‥‥‥‥‥‥495
7　天保十三年七月　天保十二年延嶋村助郷人馬賄等入用書上帳(小山市延嶋　添野一夫家文書)‥‥‥‥‥‥‥‥‥‥495
8　嘉永四年三月　栃木宿助郷村々人馬賄等諸入用仕訳帳(大平町牛久　新村　豊家文書)‥‥‥‥‥‥‥‥‥‥‥‥‥496
9　文化元年十二月　川連村道中筋刎銭等貸付金拝借証文(大平町川連　熊倉恒治家文書)‥‥‥‥‥‥‥‥‥‥‥‥‥501

第3節　助郷帳と代助郷・加助郷‥‥‥‥504
1　助郷帳‥‥‥‥‥‥‥‥‥‥‥‥‥‥504
10　享保十七年二月　例幣使街道楡木宿郷高書上(鹿沼市磯　鈴木清一家文書)‥‥504
11　明和三年六月　例幣使街道富田宿助郷帳(大平町富田　福島茂家文書)‥‥‥504
12　明和三年六月　例幣使街道助郷村々設定につき宿々請書(大平町富田　福島茂家文書)‥‥‥‥‥‥‥‥‥‥‥‥506
2　助郷休役と代助郷‥‥‥‥‥‥‥‥507
13　宝暦五年十一月　高椅村新田宿定助郷休役願書(小山市高椅　川中子敬道家文書)‥‥‥‥‥‥‥‥‥‥‥‥‥‥507

14　天保元年十二月　小袋村他一か村門々田宿助郷休役代助郷証文(小山市門々田　上原幸一家文書)‥‥‥‥‥‥‥‥‥509
3　助郷勤め議定‥‥‥‥‥‥‥‥‥‥510
15　文化四年四月　雀宮宿助郷人馬勤め議定(宇都宮市　栃木県立図書館蔵/芦谷家文書)‥‥‥‥‥‥‥‥‥‥‥‥‥‥510
4　正人馬勤めと代金納‥‥‥‥‥‥‥514
16　宝暦八年四月　小山宿助郷「渡シ役」につき下初田村請書(小山市下初田　大出善作家文書)‥‥‥‥‥‥‥‥‥‥514
17　安永二年二月　小山宿助郷人馬役「渡金」につき下初田村一札(小山市下初田　大出善作家文書)‥‥‥‥‥‥‥‥‥515
18　天保十一年二月　小山宿助郷人馬雇替金につき下国府塚村と取替し議定(小山市下国府塚　岸ウタ家文書)‥‥‥‥516
19　天保十二年十二月　白沢宿助郷竹下村建人馬金預り証文(河内町白沢　宇加地太美雄家文書)‥‥‥‥‥‥‥‥‥‥517
20　天保十五年十二月　間々田宿と加助郷永野村勤代金納議定(小山市間々田　上原雅輔家文書)‥‥‥‥‥‥‥‥‥‥518

第4節　日光社参通行と宿助郷人馬勤め‥‥‥‥‥‥‥‥‥‥‥‥‥‥‥‥‥‥‥519
1　日光街道諸宿人馬勤め高‥‥‥‥‥519
21　天保十一年　天保五年～九年雀宮宿人馬日〆書上帳(宇都宮市　栃木県立図書館蔵/芦谷家文書)‥‥‥‥‥‥‥‥‥519
22　文政四年八月　文化十三年～文政三年間々田宿継立人馬書上帳(小山市間々田　上原雅輔家文書)‥‥‥‥‥‥‥‥520
2　例幣使街道・壬生通り諸役人馬勤め高‥‥‥‥‥‥‥‥‥‥‥‥‥‥‥‥‥521
23　寛政四年二月　天明七年・寛政二年鹿沼宿助郷人馬勤高書上帳(鹿沼市今宮　鹿沼市立図書館蔵/森田家文書)‥‥521
24　嘉永四年　嘉永二年分栃木宿人馬勤高書上帳(大平町富田　福島茂家文書)‥‥522
3　助郷村々人馬勤め高‥‥‥‥‥‥‥524
25　年不詳　宝永～寛延年間田中村他助郷人馬勤高書上(南河内町田中　野口正哉家文書)‥‥‥‥‥‥‥‥‥‥‥‥‥‥524
26　天保十四年七月　天保九年～十三年町田村助郷人馬勤高書上帳(南河内町町田　後藤清二家文書)‥‥‥‥‥‥‥‥526
4　日光社参等公用通行諸記録‥‥‥‥531
27　天保十三年二月　水野忠邦日光御用通行につき宇都宮宿継立人馬書上帳(宇都宮市泉町　上野虎四郎家文書)‥‥‥531

栃木県史 史料編・近世二

28 天保十四年正月 天保二年～弘化三年 金崎宿本陣記録(西方村金崎 古沢 利文文書)……533

第5節 助郷争論……541
29 宝暦八年九月 徳次郎宿と助郷村々人馬触当て争論済口証文(宇都宮市上金井 柿沼 渉家文書)……541
30 安永六年二月 小山宿と助郷村々人馬触当て争論(小山市下初田 大出善作家文書)……542
31 慶応二年七月 飯塚宿と助郷村々人馬勤め等争論済口証文(栃木市寄居 飯塚忠治家文書)……544

第6節 脇街道と荷物輸送……550
1 鹿沼・栃木宿の商人荷物……550
32 寛政九年四月 栃木宿と鹿沼宿等商人荷物輸送争論済口証文(鹿沼市今宮 鹿沼市立図書館蔵/森田家文書)……550
33 文化十二年二月 日光御用諸荷物継立てにつき栃木宿問屋請書(栃木市箱森 日向野徳久家文書)……551
34 文政十年正月 鹿沼宿商人荷物扱い議定(鹿沼市今宮 鹿沼市立図書館蔵/森田家文書)……552
2 奥州中道の通行と荷物輸送……553
35 宝暦八年十二月 宝暦五年～七年安塚村人馬継立て書上(壬生町安塚 大久保 和家文書)……553
36 寛政十二年閏四月 石橋宿代助郷差村の際、奥州中道諸通行につき安塚村申立て書(壬生町安塚 大久保 和家文書)……554
3 幕田河岸開設と荷物輸送……557
37 寛政六年十一月 姿川幕田河岸開設につき川筋道筋村々諸書(壬生町安塚 大久保 和家文書)……557
38 文政五年 姿川幕田河岸へ陸路荷物輸送につき、鹿沼宿と奈佐原宿等争論(鹿沼市今宮 鹿沼市立図書館蔵/森田家文書)……560
4 その他の脇街道荷物輸送……563
39 天保二年五月 小金井と壬生両宿荷物輸送争論済口証文(壬生町壬生乙 早乙女由道家文書)……563
40 天保五年二月 秋田漆荷物輸送につき仁良川村増賃銭願(南河内町仁良川 坂本重通家文書)……565
41 安政二年七月 板荷物脇道通行につき奈佐原宿訴状(鹿沼市奈佐原 黒川佐平家文書)……566

第7章 百姓一揆と村方騒動
<写>伝鈴木源之丞供養塔(宇都宮市御田長島)

第1節 百姓一揆と都市騒擾……567
1 寛保元年八月 百姓立退につき東船生村百姓吟味覚(宇都宮市塙田 斎田潤家文書)……567
2 寛保元年十二月 検見反対大山村一揆諸事書上帳(東京都 慶応義塾大学附属図書館蔵/大山村文書)……571
3 明和元年九月 宇都宮藩領籾摺騒動関係史料……573
(1) 宝暦三年九月 宇都宮領籾騒百姓一揆覚書(宇都宮市羽牛田 篠崎昭家文書)……573
(2) 明和元年・同二年・右一件記録「松平忠恕日記」(抄)(長崎県 島原市公民館/松平文庫蔵「忠恕日記」より)……575
(3) 明和元年九月 石塚騒動の事「宇都宮志料」(抄)(宇都宮市上河原 高橋保三郎家蔵「宇都宮志料」巻之七)……575
(4) 明和元年九月 右一件記録「深溝世紀」(抄)(「深溝世紀巻十五定公上」「島原半島史巻下」)……578
参考史料1 宝暦九年七月 井上氏支配につき渋井村百姓上訴一件記録(「惇信院殿御実紀巻三十」『徳川実紀』)……581
4 天保八年七月 『天明太平記』(鹿沼市仲町 福田健夫家文書)……581
5 文政二年十月 一橋領三十七、八か村百姓一揆書上(宇都宮市 栃木県立図書館蔵/戸田家文書「文政二年当用留」)……611
[*江戸出訴]
参考史料2 文政七年六月 藤岡村百姓太郎左衛門駆込上訴一件(『古事類苑』『法律部五十三』)……613
6 文政九年八月 家中村百姓逃散につき赦免嘆願書(壬生町藤井 篠原ハマ家文書)……614
7 文政十三年正月 町田村外二か村百姓一揆書上(宇都宮市 栃木県立図書館蔵/戸田家文書「文政十三年当用留」)……616
参考史料3 天保七年十二月 栃木町打ちこわしにつき記録(「三夜沢赤城神社年代記」『敷島村誌』)……617
8 安政六年 野尻騒動につき諸事情上(壬生町助谷 粂川誠市家文書)……617

第2節 村方騒動……638
1 村役人・村政をめぐる騒動……638
9 明和五年九月 上石川村名主跡役出入一件につき請書(鹿沼市上石川 石川幸雄家文書)……638

56 県史誌内容総覧・資料編 1: 近世—関東

10　寛政八年二月　築村組頭跡役出入一件につき訴状(上三川町梁　伊沢吉則家文書)……639
11　文化四年四月　寄居村名主久兵衛不法一件出入につき元名主金兵衛忰の箱訴状(栃木市寄居　飯塚忠治家文書)……640
12　天保十年五月　村役人依怙一件につき福和田村百姓代地返答書(壬生町福和田　大橋長一家文書)……644
[*組頭不法出入]
13　安永三年四月　下初田村名主次郎左衛門不正につき愁百姓訴状(小山市下初田　大出善作家文書)……645
14　明和五年三月　村役銭出入につき築村百姓内済証文(上三川町梁　伊沢吉則家文書)……646
15　弘化三年十二月　亀和田村名主水帳不正出入一件記録(壬生町助谷　粂川誠市家文書「見聞扣之帳」)……647

2　年貢をめぐる騒動……648
16　天保十年十月　下南摩村年貢勘定ならびに用捨米不正一件済口証文(鹿沼市下南摩　阿久津　済家文書)……648
17　天保八年三月　上金井村庄屋惣兵衛種穀者服その他につき済口証文(宇都宮市上金井　柿沼　渉家文書)……650
18　弘化三年五月　中村名主国役普請諸勘定不正につき申渡書(栃木市片柳　熊倉佐衛家文書「御用留」)……651
19　寛政六年十月　福和田村年寄勘左衛門村入用銭等不正一件につき内済証文(壬生町福和田　大橋長一家文書)……652

3　土地をめぐる騒動……653
20　嘉永七年五月　上石川村村役人より相給名主の畑変地囲込につき訴状ならびに返答書(鹿沼市上石川　石川幸雄家文書)……653

4　格式をめぐる騒動……655
21　宝暦八年四月　片柳村源蔵他麻上下帯刀一件につき済口証文(栃木市片柳　藤沼守一家文書)……655
22　弘化五年一月　岩原村惣百姓年礼違反一件につき庄屋訴状(宇都宮市岩原　高橋悦郎家文書)……655
23　安政二年六月　村役人等の呼名その他格式につき岩原村規定証文(宇都宮市岩原　高橋悦郎家文書)……656
24　嘉永四年三月　葬送格式一件につき岩曽村頭百姓弥兵衛願書(宇都宮市岩曽　半田弥平家文書)……658

5　祭礼をめぐる騒動……660
25　宝暦五年二月　鎮守修覆等をはじめ岩原村組頭等願書(宇都宮市岩原　高橋悦郎家文書)……660

第8章　社会と文化
<写>宇都宮商家番付(宇都宮市宮町　増淵幹男氏蔵)

第1節　庶民の生活……663
1　家……663
1　文政十一年二月　宇都宮寺町佐野屋菊地治右衛門家「家格連印帳」(千葉県佐原市　橋本地三郎家文書)
2　年不詳　宇都宮寺町佐野屋「菊池家中興ノ系図」(宇都宮市寺町　菊池小次郎家文書)……666
3　文久元年五月　宇都宮嶋町丸井屋増淵伊兵衛家「永用録」(宇都宮市宮嶋　増淵幹男家文書)……679
[*家吏]
4　文化十一年　宇都宮寺町沢屋野沢宗右衛門家「家内仕方書目録」(宇都宮市寺町　野沢要之助家文書)……685
[*家政改革]
5　文久三年八月　下津原藤沢藤右衛門家「家内之掟」(岩船町下津原　藤沢博三郎家文書)……688
6　文政二年～明治四年　栃木町黒川伝右衛門家「円智院一代記」(栃木市万町　黒川伝右衛門家文書)……690

2　若者組……693
7　天保七年六月　牛久村若者組議定帳(大平町牛久　新村豊家文書)……693

3　宮座……696
8　文化元年九月　磯村磯山明神遷宮行粧并社法の条々(鹿沼市磯　金子伊予家文書)……696
9　文化二年四月　磯村磯山明神宮座免許願書(鹿沼市磯　金子伊予家文書)……697
10　文政八年五月　磯村磯山明神宮座願につき下知書(鹿沼市磯　金子伊予家文書)……699

4　火消……700
11　文政二年十月　壬生表町火消組合帳(壬生町壬生乙　鈴木貞一家文書)……700

5　芝居相撲興行……703
12　嘉永二年　宇都宮組仲間六か寺角力芝居興行趣意書控(宇都宮市材木　観専寺文書)……703
13　安政二年二月　宇都宮観専寺境内にてこま廻し興行につき願書(宇都宮市材木　観専寺文書)……706

6　風俗……707

14 卯七月 宇都宮伝馬町旅籠屋飯売女人数取調書上帳(宇都宮市 宇都宮大学附属図書館蔵/上野家文書) ……………707
15 文化六年十一月 日光道中楡木宿旅籠屋飯売女誘引出入訴状(鹿沼市楡木 田中八郎右衛門家文書) ……………712
16 文化九年九月 日光道中楡木宿旅籠屋飯売女身請一件伺書(鹿沼市楡木 田中八郎右衛門家文書) ……………713
17 文化十二年二月 日光道中楡木宿旅籠屋飯売女誘引一件願書(鹿沼市楡木 田中八郎右衛門家文書) ……………714
18 年不詳 日光道中楡木宿旅籠屋飯売女身代金滞一件内済証文(鹿沼市楡木 田中八郎右衛門家文書) ……………715
19 嘉永二年六月 宇都宮釜川へ塵芥捨不申候につき請書(宇都宮市 宇都宮大学附属図書館蔵/上野家文書) ……………717
20 丑正月 街道筋小児共往還へ泥縄引張り悪戯につき申達(大平町富田 福島茂家文書) ……………718

第2節 文化と教育 ………………………719
 1 農民教化 ……………………………719
  21 戌三月 上茂呂村百姓共へ子育てにつき申渡(鹿沼市茂呂 佐藤光家文書) ……719
   [＊間引き禁令]
 2 富士講 ………………………………721
  22 明治三年九月 富士講中粕尾峠道開き孝心着調帳(粟野町口粟野 阿部弘八家文書) ……………………………721
 3 手習所 ………………………………734
  23 安政四年六月 上三川柳田氏筆弟并陰陽道門人人別覚帳(上三川町上三川 柳田守一家文書) ……………………734
  24 慶応元年八月 茂呂村柏淵氏筆弟子手習覚帳(鹿沼市茂呂 柏淵武福家文書) ……742
  25 年不詳 下国府塚岸氏所伝手習塾掟(小山市下国府塚 岸 ウタ女文書) ………747

あとがき(県史編さん室長 宇敷民夫) ……753
 関係者名簿 ……………………………753
  県史編さん委員会委員・参与
   船田譲(知事;会長)
   砂子田隆(副知事;副会長)
   寶月圭吾(東京大学名誉教授・東洋大学教授・専門委員会監修者;副会長)
   渡辺幹雄(県教育長;副会長)
   中里魚彦(県文化財調査委員・専門委員会委員長;委員)
   辰巳四郎(宇都宮大学名誉教授・宇都宮短期大学教授・専門委員会委員・原始担当;委員)

土田直鎮(東京大学教授・専門委員会委員・古代担当;委員)
稲垣泰彦(東京大学教授・専門委員会委員・中世担当;委員)
北島正元(東京都立大学教授・専門委員会委員・近世担当;委員)
長倉保(神奈川大学教授・専門委員会委員・近世担当;委員)
笠井恭悦(宇都宮大学教授・専門委員会委員・近現代担当;委員)
小西四郎(元東京大学教授・専門委員会委員・近現代担当;委員)
和知好美(県議会議長;委員)
小池嘉子(市長会会長・宇都宮市長;委員)
森田正義(町村会会長・岩舟町長;委員)
立入隼人(市町村教育長会会長・宇都宮市教育長;委員)
手塚満雄(県総務部長;委員)
菊池幸敏(県教育次長;委員)
秋本典夫(宇都宮大学教授;参与)
野中退蔵(県文化財調査委員;参与)
渡辺龍瑞(県文化財調査委員;参与)
小林友雄(郷土史家;参与)
雨宮義人(県立宇都宮高等学校長;参与)
福島悠峰(下野新聞社社長;参与)
根村隆成(栃木新聞社社長;参与)
小池知明(前県議会議長;前委員)
小島泰治(前町村会会長;前委員)

栃木県史 史料編・近世三
栃木県発行
昭和50年3月31日発行

<真岡代官支配所を中心に、芳賀地域における近世史料を収録>

- <口絵>第1図　小深村検地帳　茂木町小深　矢野仁太郎家文書
- <口絵>第2図　物井村草分百姓士分願　二宮町物井　斎藤昭四郎家文書
- <口絵>第3図　いつみ小貫村寅之御年貢可納割付之事　茂木町小貫　小貫敏尾家文書
- <口絵>第4図　東水沼村溜用水分水につき証文　芳賀町東水沼　岡田純一家文書
- <口絵>第5図　四季諸事記　茂木町小貫　小貫敏尾家文書
- <口絵>第6図　芳志戸村人馬宿役議定書　芳賀町芳志戸　大島三郎家文書
- <口絵>第7図　入百姓壱人別取調帳　真岡市八条　本誓寺文書
- <口絵>第8図　茂木藩米前売手形　茂木町茂木　島崎泉治家文書
- <口絵>第9図　木綿売買につき議定ならびに新加入者請書　真岡市田町　塚田元成家文書
- <口絵>第10図　真岡荒町塚田兵右衛門家「覚書」真岡市田町　塚田元成家文書
- <口絵>第11図　中村中里氏嶺雲堂塾中録　真岡市中　中里魚彦家文書

序（栃木県知事　船田譲）
凡例
解説 ………………………………………… 1
　第1章　領知と支配 ……………………… 1
　　第1節　領知と旗本家政改革 ………… 1
　　　1　領知目録と家中分限 …………… 1
　　　　<表>寛文4年芳賀郡の藩領（『寛文印知集』より）……………………… 2
　　　2　旗本家政改革 …………………… 3
　　　　<表>享保13年富田家知行所一覧（『御知行所村々御割付之控』岸ウタ家文書）……………………………… 3
　　　　<表>旗本江原家知行所一覧（『旧高旧領取調帳』より）………………… 5
　　第2節　天領支配と関東取締出役 …… 5
　　　1　真岡代官所 ……………………… 5
　　　2　関東取締出役 …………………… 7
　第2章　年貢と諸役 ……………………… 7
　　第1節　年貢米金の取立て …………… 8
　　　1　年貢割付状と皆済目録 ………… 8
　　　　<表>小貫村旧領支配者と所領高（『旧高旧領取調帳』より作成）……… 9
　　　　<表>正徳～宝暦期（第三期）の小貫村本途米永取立て状況（小貫敏尾家所蔵各年割付より作成）………… 11
　　　2　年貢取立勘定帳と小作差引帳 … 13
　　　3　先納金調達と石代金・先納金一件 … 14
　　第2節　諸役・諸入用の負担 ………… 16
　　　1　諸役村議定と役銭・諸入用帳 … 16
　　　2　助郷役負担と人馬引請 ………… 17
　第3章　村落と百姓身分 ………………… 18
　　第1節　身分構成 ……………………… 19
　　　1　草分百姓 ………………………… 19
　　　　<表>水谷氏の下級の家臣団 …… 19
　　　2　隷属身分農民 …………………… 20
　　　　<表>綱川家の「屋敷家来者」の実態 … 20
　　第2節　村落構造 ……………………… 21
　　　1　検地帳 …………………………… 21
　　　　<表>小深村の検地 ……………… 21
　　　2　五人組帳・宗門改帳 …………… 22
　　　　<表>若旅村の所持石高と家数 … 22
　　　　<表>下高根沢村の百姓と前地数 … 22
　　　3　村明細帳 ………………………… 22
　　　　<表>若旅村の「近所之市場」 … 23
　　　　<表>小貫村の借金規定の基準 … 23
　　　　<表>小貫村の四給支配 ………… 23
　　第3節　村落編成 ……………………… 23
　　　1　村役人 …………………………… 23
　　　　<表>下高根沢村村役人給 ……… 24
　　　2　地代官 …………………………… 24
　　　　<表>上山村粕屋源五郎役儀 …… 24
　　　3　「地方直し」 …………………… 25
　　　　<表>若旅村五給分郷 …………… 25
　　　　<表>若旅村田畑別二給分郷 …… 26
　　　　<表>若旅村五給分石高 ………… 26
　第4章　入会と用水 ……………………… 27
　　第1節　入会秣場 ……………………… 27
　　　1　新開の展開と入会秣場 ………… 28
　　　2　林野の帰属と使用権 …………… 29
　　　3　秣場・苅敷山をめぐる境論 …… 31
　　第2節　用水 …………………………… 32
　　　1　用水出入 ………………………… 33
　　　2　用水組合の成立と展開 ………… 34
　第5章　交通と運輸 ……………………… 36

栃木県史 史料編・近世三

第1節　街道と助郷 ……………………… 37
　1　日光社参通行と助郷 …………………… 37
　2　助郷制度の態様 ………………………… 39
　　＜表＞雀宮宿定助郷村の休役と代助郷
　　（「享保元年十一月 日光道中雀宮町
　　助郷帳」栃木県立図書館蔵芦谷家文
　　書の貼紙による） ……………………… 41
第2節　河岸と水運 ……………………… 43
　＜表＞明治の鬼怒川河岸（明治14年『栃木
　県河岸提要』による） …………………… 44
　1　鬼怒川諸河岸の廻米・荷物輸送 ……… 45
　2　河岸船数改と船運上 …………………… 46
　3　船賃定 …………………………………… 47
　4　河岸例法帳と河岸争論 ………………… 47
第6章　産業と経営 ……………………… 48
第1節　諸産業 …………………………… 48
　1　木綿 ……………………………………… 48
　2　酒造 ……………………………………… 50
　3　瀬戸焼 …………………………………… 52
　4　紙・煙草 ………………………………… 54
第2節　農業経営 ………………………… 55
第7章　荒廃と仕法 ……………………… 56
第1節　荒廃の進行 ……………………… 56
　1　荒廃の顕在化 …………………………… 57
　2　村落体制の変動 ………………………… 58
　3　農業経営の変動 ………………………… 58
　4　村落の再編成 …………………………… 59
第2節　領主仕法の展開 ………………… 60
　1　仕法の成立 ……………………………… 61
　2　触書 ……………………………………… 61
　3　御救政策 ………………………………… 62
　4　農業経営の助成 ………………………… 62
　5　入百姓政策 ……………………………… 63
　6　戸口の確保 ……………………………… 64
第3節　報徳仕法 ………………………… 64
　1　桜町領仕法 ……………………………… 65
　2　茂木領仕法 ……………………………… 65
第8章　村方騒動 ………………………… 65
第1節　村役人一件 ……………………… 67
　1　村役人選出一件 ………………………… 68
　2　村役人不帰依一件 ……………………… 69
　3　村役人給分・村入用をめぐる一件 …… 70
　4　普請金・山代金の配布一件 …………… 70
第2節　身分・格式出入 ………………… 71
　1　役百姓身分一件 ………………………… 71
　2　郷例違反一件 …………………………… 72
　3　祭礼町頭（頭屋）一件 ………………… 72
第3節　年貢・質地一件 ………………… 72
　1　年貢不納一件 …………………………… 73
　2　質地小作出入 …………………………… 73

第4節　秣場出入と鎮守一件 …………… 74
　1　秣場出入 ………………………………… 74
　2　鎮守一件 ………………………………… 75
第9章　社会と文化 ……………………… 75
第1節　庶民の生活 ……………………… 76
　1　家 ………………………………………… 76
　2　冠婚葬祭 ………………………………… 78
　3　年中行事 ………………………………… 78
　4　若者組と講 ……………………………… 78
　5　風俗 ……………………………………… 79
第2節　文化と教育 ……………………… 79
　1　寺社 ……………………………………… 79
　2　祭礼 ……………………………………… 80
　3　農民教化と心学 ………………………… 81
　4　手習所 …………………………………… 82

第1章　領知と支配
＜写＞真岡陣屋跡（真岡市台町）
第1節　領知と旗本家政改革 ……………… 1
　1　領知目録と家中分限 ……………………… 1
　　1　寛文四年　細川豊前守領知目録〔茂木
　　　（谷田部）〕（茂木町茂木 八雲神社蔵／細川
　　　家文書） ………………………………… 1
　　2　寛文四年　飛地分領知目録（抄）（「寛文
　　　印知集」『続々群書類従第九』所収） …… 2
　　3　細川氏系譜（抄）（『寛政重修諸家譜 巻第
　　　百六』より） …………………………… 7
　　4　宝永六年三月　細川興栄叙任の口宣案
　　　（茂木町茂木 八雲神社蔵／細川家文書） …… 9
　　5　弘化五年　茂木（谷田部）藩家中分限帳
　　　（茂木町下菅又 山納 博家文書） ……… 10
　2　旗本家政改革 …………………………… 12
　　6　弘化四年　旗本富田家家政改革につき
　　　一件（市貝町市塙 見木栄利家文書） …… 12
　　　［＊仕法替］
　　7　天保十二年　旗本江原家月並金渡方仕
　　　法帳（真岡市道祖土 高松勧農雄家文書） … 22
第2節　天領支配と関東取締出役 ……… 26
　1　真岡代官所 ……………………………… 26
　　8　亥（文久三年）六月　真岡代官引継申送
　　　書（真岡市京泉 大塚彦一家文書） ……… 26
　　　［＊年貢納入］
　　9　嘉永五年　真岡代官所御勘定目録（宇都
　　　宮市 栃木県立図書館蔵） ……………… 73
　2　関東取締出役 …………………………… 90
　　10　文政十年七月　組合村設定につき関東
　　　取締出役触（茂木町小貫 小貫敏尾家文書
　　　「御用御廻状留」より） ……………… 90
　　11　文政十年十一月　関東取締出役改革に
　　　つき議定請書（芳賀町芳志戸 大島三郎家
　　　文書） …………………………………… 91

12　弘化四年八月　囚人番人足割当につき
　　　　廻状（茂木町小貫　小貫敏尾家文書「御用御廻
　　　　状留」より）……………………………………97
　　13　天保七年十二月　酒造減石等につき関
　　　　東取締出役廻状（茂木町小貫　小貫敏尾家
　　　　文書「御用御廻状留」より）
　　14　天保十四年　小貫村農用渡世取調（茂
　　　　木町小貫　小貫敏尾家文書）…………………98
　　15　弘化四年八月　小貫村万右衛門外の新
　　　　規質屋願（茂木町小貫　小貫敏尾家文書
　　　　「御用御廻状留」より）………………………100
第2章　年貢と諸役
　＜写＞一斗枡と斗掻（栃木県立郷土資料館）
　第1節　年貢米金の取立て……………………101
　　1　年貢割付状と皆済目録……………101
　　1　万治二年〜明治七年　小貫村年貢割付
　　　　状・皆済目録（茂木町小貫　小貫敏尾家文
　　　　書）……………………………………………101
　　2　享保四年〜天命二年　東水沼村年貢割
　　　　付状・皆済目録（芳賀町東水沼　岡田純一
　　　　家文書）………………………………………136
　　2　年貢取立勘定帳と小作差引帳……147
　　3　天保九年　小貫村田畑年貢取立勘定帳
　　　　（茂木町小貫　小貫敏尾家文書）……………147
　　4　天明七年　東水沼村小作差引帳（芳賀町
　　　　東水沼　岡田純一家文書）…………………172
　　3　先納金調達と石代金・先納金一
　　　　件……………………………………177
　　5　明和五年十一月　小貫村佐久山領百姓
　　　　よりの先納金百両借用証文（茂木町小貫
　　　　小崎耕作家文書）……………………………177
　　6　明和六年十二月　佐久山領下河戸村名
　　　　主より先納金借用につき小貫村名主喜
　　　　兵衛宛差出し覚一札（茂木町小貫　小崎耕
　　　　作家文書）……………………………………180
　　7　天明三年十二月　小貫・稗田両村より
　　　　の水戸藩武茂郡方役所宛先納金百弐拾
　　　　五両拝借証文（茂木町小貫　小崎耕作家文
　　　　書）……………………………………………181
　　8　天和二年十二月　竹原村外五か村石代
　　　　金未進につき米納願書（茂木町竹原　川堀
　　　　ヨシ子家文書）………………………………182
　　9　明和五年十二月〜同六年四月　小貫村
　　　　など天領百姓石代納金未進につき一件
　　　　（茂木町小貫　小貫敏尾家文書）……………182
　　10　宝暦九年十一月　飯村新右衛門より北
　　　　益子村百姓などへの先納金貸附分返済
　　　　滞りにつき訴願（茂木町小貫　小貫敏尾家
　　　　文書）…………………………………………184

　　11　宝暦十一年十一月　小貫村初右衛門よ
　　　　り益子村名主への先納金貸附返済滞り
　　　　につき訴願（茂木町小貫　小貫敏尾家文
　　　　書）……………………………………………185
　　12　宝暦六年十一月　手彦子村名主より笠
　　　　間領より再び天領へ移管につき延米炊
　　　　入先格踏襲願書（芳賀町芳志戸　大島三郎
　　　　家文書）………………………………………186
　　13　文化五年七月　東水沼村名主岡田八十
　　　　郎より御用金難渋につき訴願（芳賀町東
　　　　水沼　岡田純一家文書）……………………186
　第2節　諸役・諸入用の負担…………………189
　　1　諸役村議定と役銭・諸入用帳……189
　　14　元文三年十一月　東水沼村諸役村議定
　　　　（芳賀町東水沼　岡田純一家文書）…………189
　　15　延宝八年十月　小貫村畑永役銭取立帳
　　　　（茂木町小貫　小崎耕作家文書）……………190
　　16　宝永三年三月　小貫村西ノ年分諸役差
　　　　引割合帳（茂木町小貫　小貫敏尾家文
　　　　書）……………………………………………193
　　17　元禄五年十二月　若旅村外六か村申御
　　　　年貢納方入用（真岡市下籠谷　野沢　冠家蔵
　　　　／坂入耕一家文書）…………………………195
　　18　正徳四年三月　小貫村午年村入用帳
　　　　（茂木町小貫　小貫敏尾家文書）……………197
　　19　文化九年二月　小貫村未年村方夫銭割
　　　　合帳（茂木町小貫　小貫敏尾家文書）………198
　　2　助郷役負担と人馬引請……………200
　　20　明和二年二月　結城領東水沼村外二十
　　　　か村よりの助郷役用捨訴願（芳賀町東水
　　　　沼　岡田純一家文書）………………………200
　　21　明和二年三月　東水沼村日光御法会人
　　　　馬勤通（芳賀町東水沼　岡田純一家文
　　　　書）……………………………………………202
　　22　文政十二年十二月　喜連川と竹原村等
　　　　十二か村の人馬引受議定一札（茂木町竹
　　　　原　川堀ヨシ子家文書）……………………203
　　23　文政十年七月　東水沼村役人より賃人
　　　　馬負担過重につき荒田拝借地の上納赦
　　　　免継続願書下書（芳賀町東水沼　岡田純一
　　　　家文書）………………………………………205
　　24　天保十四年三月　日光社参につき小貫
　　　　村より笠間町酒屋への人馬継立金借用
　　　　証文（茂木町小貫　小貫敏尾家文書）………206
第3章　村落と百姓身分
　＜写＞土豪屋敷名残りの土塁と堀（芳賀町東
　水沼）
　第1節　身分構成……………………………209
　　1　草分百姓…………………………209
　　1　寛永十六年八月　水谷伊勢守領扶持百
　　　　姓書上（益子町上山　粕谷源吾家文書）……209

2　貞享四年十一月　物井村草分百姓特権
　　　一礼(二宮町物井　斎藤昭四郎家文書)……211
　　3　元禄十二年五月　物井村草分百姓士分
　　　願(二宮町物井　斎藤昭四郎家文書)……211
　　4　宝暦十三年正月　飯貝村百姓官途状申
　　　請(真岡市飯貝　大塚一郎家文書「庫内日
　　　記」所収)……………………………………211
　2　隷属身分農民……………………………212
　　5　正徳元年八月　給部村屋敷家来者人数
　　　改帳(芳賀町給部　綱川文太家文書)……212
　　6　天保十一年四月　給部村屋敷家来者人
　　　数改帳(芳賀町給部　綱川文太家文書)…213
　　7　貞享四年正月　物井村譜代廟所独立に
　　　つき一礼(二宮町物井　斎藤昭四郎家文
　　　書)……………………………………………215
　　8　元禄五年二月～四月　給部村屋敷之者
　　　賦役提供約定(芳賀町給部　綱川文太家文
　　　書)……………………………………………215
第2節　村落構造 ………………………………218
　1　検地帳 ……………………………………218
　　9　文禄三年十月　小深村検地帳(茂木町小
　　　深　矢野仁太郎家文書)……………………218
　　　[＊太閤検地]
　2　五人組帳・宗門改帳 ……………………238
　　10　元禄二年正月　若旅村五人組・宗門改
　　　帳・人別帳(真岡市若旅　松本洋一家文
　　　書)……………………………………………238
　　11　享保十六年五月　下高根沢村五人組帳
　　　(芳賀町下高根沢　穐山隆一家文書)……256
　3　村明細帳 …………………………………274
　　12　元禄五年九月　若旅村明細帳(真岡市
　　　若旅　松本洋一家文書)……………………274
　　13　元禄十六年八月　小貫村明細帳(茂木
　　　町小貫　小崎耕作家文書)…………………278
第3節　村落編成 ………………………………284
　1　村役人 ……………………………………284
　　14　寛文十年十一月　物井村草分百姓に対
　　　する諸帳面管理申付(二宮町物井　斎藤昭
　　　四郎家文書)…………………………………284
　　15　天和元年十一月　下高根沢村庄屋設置
　　　願(芳賀町下高根沢　穐山隆一家文書)…284
　　16　延享四年六月　下高根沢村村役人給取
　　　りきめ(芳賀町下高根沢　穐山隆一家文
　　　書)……………………………………………285
　2　地代官 ……………………………………286
　　17　安政六年十二月　上山村名主に対する
　　　大庄屋格申付(益子町上山　粕谷源吾家文
　　　書)……………………………………………286
　　18　慶応二年十一月　上山村地代官に対す
　　　る知行所支配役人附申付(益子町上山　粕
　　　谷源吾家文書)………………………………286

　　19　慶応三年十月　道祖土村名主に対する
　　　惣知行所取締役申付(真岡市道祖土　高松
　　　勧農雄家文書)………………………………287
　3　「地方直し」 ……………………………287
　　20　元禄十一年八月　若旅村五給分郷帳
　　　(真岡市若旅　松本洋一家文書)…………287
　　21　元禄十一年九月　加々爪弥太夫分若旅
　　　村田方分郷名寄帳(真岡市若旅　松本洋一
　　　家文書)………………………………………292
　　22　元禄十一年九月　加々爪弥太夫分若旅
　　　村畑方分郷名寄帳(真岡市若旅　松本洋一
　　　家文書)………………………………………299
　　23　元禄十一年九月　加賀美源左衛門分若
　　　旅村田方分郷名寄帳(真岡市若旅　松本洋
　　　一家文書)……………………………………310
　　24　元禄十一年九月　加賀美源左衛門分若
　　　旅村畑方分郷名寄帳(真岡市若旅　松本洋
　　　一家文書)……………………………………316
　　25　文化十三年八月　若旅村五給高出入帳
　　　(真岡市若旅　松本洋一家文書)…………327

第4章　入会と用水
　＜写＞「唐桶溜」の用水(芳賀町東水沼)
第1節　入会秣場 ………………………………329
　1　新開の展開と入会秣場 …………………329
　　1　慶長八年二月　結城領新田開発につき
　　　条目(真岡市下籠谷　野沢　冠家蔵/坂入耕一
　　　家文書)………………………………………329
　　2　寛永十八年二月　茅堤村新田開発につ
　　　き申達(真岡市下籠谷　野沢　冠家蔵/坂入耕
　　　一家文書)……………………………………329
　　3　天和三年四月　曲田村百姓新開分付地
　　　請作につき証文(芳賀町給部　綱川文太家
　　　文書)…………………………………………329
　　4　酉(元禄六年)九月　百姓新発地分付致
　　　され候につき訴状(芳賀町給部　綱川文太
　　　家文書)………………………………………330
　　5　酉(元禄六年)八月　分付地および秣場
　　　入会につき曲田村百姓口上書(芳賀町給
　　　部　綱川文太家文書)………………………331
　　6　元禄六年九月　分付百姓六か敷儀申に
　　　つき村役人訴状(芳賀町給部　綱川文太家
　　　文書)…………………………………………332
　　7　万治二年八月　家来農民新田への自立
　　　につき証文(真岡市鶴田　和田博夫家文
　　　書)……………………………………………332
　　8　元禄八年七月　飯貝村百姓御林山割替
　　　願証文の事(真岡市飯貝　大塚一郎家文
　　　書)……………………………………………333
　　9　元禄九年二月　飯貝村百姓御林割替願
　　　につき口上書(真岡市飯貝　大塚一郎家文
　　　書)……………………………………………334

栃木県史 史料編・近世三

10　元禄九年七月 飯塚・京泉村惣百姓へ新田畑割渡しの事（真岡市飯貝 大塚一郎家文書）……334
11　元禄九年十月 仏主内村百姓へ新畑割渡しの事（真岡市飯貝 大塚一郎家文書）……335
12　正徳元年十月 飯貝・京泉村百姓野場新開願（真岡市飯貝 大塚一郎家文書）…335
13　享保十二年六月 飯貝・京泉村惣村入会秣場ならびに百姓内林書上（真岡市飯貝 大塚一郎家文書）……336
14　天和二年九月 上延生村外三か村、馬草場不自由につき新開禁止の議定証文（芳賀町上延生 塩田 博家文書）……336
15　天和二年九月 上延生村外三か村、馬草場不自由につき新開禁止の議定証文（芳賀町上延生 塩田 博家文書）……337
16　享保十四年三月 飯貝・京泉村惣百姓、公儀新開御免願（真岡市飯貝 大塚一郎家文書）……338
17　享保十四年五月 飯貝・京泉村惣百姓、公儀新開御免願につき一札（真岡市飯貝 大塚一郎家文書）……338

2　林野の帰属と使用権……339
18　元禄六年九月 林山・野山の主ならびに田畑分付につき書上（芳賀町給部 綱川文太家文書）……339
19　貞享四年四月 曲田村より馬草取の草札請取につき岩子村名主百姓の手形之事（芳賀町給部 綱川文太家文書）……342
20　延宝三年二月 きのこかう戸山内林になし下され候様、山本村名主加兵衛願（益子町山本 鯉淵康夫家文書）……343
　　［＊野手銭］
21　天和三年十一月 加兵衛内林にて木葉さらいにつき小泉村百姓手形（益子町山本 鯉淵康夫家文書）……343
22　貞享元年十一月 加兵衛内林の木の枝・葉さらわせ候につき野手銭直段の覚書（益子町山本 鯉淵康夫家文書）……344
23　元禄七年正月 加兵衛内林にて盗取候につき証文（益子町山本 鯉淵康夫家文書）……345
24　元禄七年十一月 加兵衛内林にて盗取候につき証文（益子町山本 鯉淵康夫家文書）……345
25　元禄十二年六月 加兵衛内林払山代金滞につき出入（益子町山本 鯉淵康夫家文書）……346
26　元禄十二年六月 払山にて下草苅一件につき山本村名主加兵衛詫証文（益子町山本 鯉淵康夫家文書）……348

27　元禄十四年十月 小作人茂兵衛の秣苅証文（芳賀町芳志戸 大島三郎家文書）……348
28　宝永四年十月 質地渡し候につき野場出入の済口証文（芳賀町芳志戸 大島三郎家文書）……349

3　秣場・苅敷山をめぐる境論……350
29　慶安五年〜正徳六年 飯貝・京泉村を中心とする平場農村における境論（真岡市飯貝 大塚一郎家文書）……350
　　［＊野銭場］
30　明暦二年〜享保九年 山本村を中心とする山間農村における境論（益子町山本 鯉淵康夫家文書）……363

第2節　用水……379
1　用水出入……379
31　巳（寛文五年）三月 大郷戸溜池をめぐる田野・山本両村出入につき山本村名主口上書（益子町山本 鯉淵康夫家文書）……379
32　寛文五年七月 田野村・山本村溜池出入の覚（益子町山本 鯉淵康夫家文書）……381
33　寛文五年七月 大かうと溜池堤崩しにつき山本村名主覚書（益子町山本 鯉淵康夫家文書）……382
34　寛文十一年五月 田野村・山本村新堀用水出入につき山本村口上書（益子町山本 鯉淵康夫家文書）……382
35　寛文十一年十月 大郷戸村・山本村新堀用水出入につき山本村済口証文（益子町山本 鯉淵康夫家文書）……384
36　承応二年閏六月 上・下延生村用水出入につき上延生村済口証文（芳賀町上延生 塩田 博家文書）……385
37　承応二年閏六月 上・下延生村用水出入につき下延生村済口証文（芳賀町上延生 塩田 博家文書）……385
38　寛文五年六月 塩ノ目村・上延生村との水口論につき扱証文（芳賀町上延生 塩田 博家文書）……386
39　安永九年十一月 磐若塚村治部右衛門水車堰仕立につき水下衆へ証文の事（芳賀町芳志戸 大島三郎家文書）……386
40　天明元年閏五月 手彦子村久八高堰仕候につき詫証文（芳賀町芳志戸 大島三郎家文書）……387
41　元禄十三年三月 東水沼村溜用水普請および分水につき溜守八兵衛ら差出（芳賀町東水沼 岡田純一家文書）……387
42　元禄十三年三月 東水沼村溜用水分水につき新田惣百姓より溜守八兵衛へ差出し候証文（芳賀町東水沼 岡田純一家文書）……388

県史誌内容総覧・資料編1：近世—関東　63

43　元禄十四年七月　氷室村地内より新用水普請につき東水沼村歎願書（芳賀町東水沼　岡田純一家文書）……………389
2　用水組合の成立と展開……………390
44　宝永三年八月　堀貫用水普請につき東・西水沼村歎願書（芳賀町東水沼　岡田純一家文書）……………390
45　戌（宝永三年）八月　上流五か村より堀貫用水普請につき返答書（芳賀町東水沼　岡田純一家文書）……………391
参考史料　文化三年三月　導水顕彰碑文（芳賀町東水沼　岡田純一家文書）……………392
46　卯（正徳元年）二月　宇都宮藩より東・西水沼村へ八か村組合用水堀浚の儀につき申達（芳賀町東水沼　岡田純一家文書）……………392
47　正徳元年十一月　八か村組合用水普請人足につき東・西水沼村村役人願書（芳賀町東水沼　岡田純一家文書）……………393
48　延享五年二月　八か村組合用水自普請につき人足扶持支給東水沼村歎願書（芳賀町東水沼　岡田純一家文書）……………393
49　安永八年四月　用水普請過人足扶持請取につき東水沼村村役人証文（芳賀町東水沼　岡田純一家文書）……………394
50　享保十五年二月　八か村組合用水板戸水口掘込普請人足割につき氷室村外三か村差出しの証文（芳賀町東水沼　岡田純一家文書）……………395
51　享保十五年三月　八か村組合用水板戸水口掘込普請人足割につき苅沼村外三か村差出しの証文（芳賀町東水沼　岡田純一家文書）……………395
52　享保十五年三月　板戸川岸新水口普請につき八か村用水組合より宇都宮藩への願書（芳賀町東水沼　岡田純一家文書）……………395
53　安永二年正月　組合用水御用普請につき組合村々願書（芳賀町東水沼　岡田純一家文書）……………397
54　寛政九年八月　八か村組合用水御用普請につき願書（芳賀町東水沼　岡田純一家文書）……………397
55　寛政五年五月　板戸村地内八か村組合用水御普請出来形帳（芳賀町東水沼　岡田純一家文書）……………397
56　天明三年十月　用水普請入用につき東水沼村百姓割渡覚（芳賀町東水沼　岡田純一家文書）……………400
57　文政五年七月　十一か村組合用水分水割合出入につき内済議定証文（芳賀町東水沼　岡田純一家文書）……………402

58　亥（安永八年）四月　十一か村組合用水普請役高につき用水当番野高谷村久右衛門書上（芳賀町東水沼　岡田純一家文書）……………404

第5章　交通と運輸
＜写＞馬頭観音（市貝町上根）
第1節　街道と助郷……………405
1　日光社参通行と助郷……………405
1　正徳五年三月　日光法会につき給部村人馬鹿沼宿詰割帳（芳賀町給部　綱川文太家文書）……………405
2　享保十三年　日光社参につき人馬触当申渡覚（芳賀町給部　綱川文太家文書）……406
3　享保十三年～明和九年　日光社参人馬勤につき東水沼村名主覚書（抄）（芳賀町東水沼　岡田純一家文書）……………411
4　寛延三年三月　日光法会につき宇都宮宿当分助郷帳（芳賀町下高根沢　穐山隆一家文書）……………419
5　寛延三年～宝暦十四年　青谷村日光街道諸宿人馬勤覚書（真岡市青谷　日下田弘家文書）……………420
6　寛政十二年三月　日光法会につき宇都宮宿当分助郷帳（芳賀町東水沼　岡田純一家文書）……………421
7　天保十四年二月　日光社参につき宇都宮宿当分助郷帳（真岡市青谷　日下田弘家文書）……………423
8　天保十四年　日光社参につき諸宿高人馬賃銭等見込帳（真岡市青谷　日下田弘家文書）……………425
2　助郷制度の態様……………430
9　寛文九年四月　宇都宮藩諸役賦課規定（真岡市柳林　仙波信家文書）……………430
10　文化十二年三月　芳志戸村人馬宿役議定書（芳賀町芳志戸　大島三郎家文書）……431
11　寛延三年四月　日光法会につき小貫村拝借金証文（茂木町小貫　小崎耕作家文書）……………432
12　寛延四年十一月　東水沼村拝借馬金上納割合帳（芳賀町東水沼　岡田純一家文書）……………433
13　文化二年四月　小貫村人馬勤出入済口証文（茂木町小貫　小崎耕作家文書）……435
14　文化七年三月　雀宮宿助郷村々人馬勤議定（芳賀町東水沼　岡田純一家文書）……436
15　文化九年正月　雀宮宿助郷免除につき東水沼村百姓願書（芳賀町東水沼　岡田純一家文書）……………438
16　文化九年四月　雀宮宿代助郷証文（芳賀町東水沼　岡田純一家文書）……………439

17　文化十年二月　雀宮宿助郷人馬勤議定証文(芳賀町東水沼　岡田純一家文書)……440
18　文化十二年三月　雀宮宿代助郷建人馬金請取覚(芳賀町東水沼　岡田純一家文書)……441
19　文政十年十一月　石橋宿代helped郷割当てにつき柳林村願書(真岡市柳林　仙波　信家文書)……442

第2節　河岸と水運……444
1　鬼怒川諸河岸の廻米・荷物輸送……444
20　年不詳　板戸河岸申立書(宇都宮市板戸　坂本竜太家文書)……444
21　延宝六年六月　黒羽藩用木川下げ手形(宇都宮市板戸　坂本竜太家文書)……445
22　貞享四年十一月　烏山藩蔵米輸送につき粕田河岸口上書(下都賀郡石橋町石橋　伊沢新右衛門家文書)……445
23　貞享五年正月　若旅村他二か村納米江戸廻送につき砂山河岸請負手形(下都賀郡石橋町石橋　伊沢新右衛門家文書)……446
24　宝暦八年十二月　上大沼河岸一橋領蔵米運送手形(益子町山本　鯉淵康夫家文書)……446
25　明和五年二月　柳林河岸城米運送請負手形(真岡市青谷　日下田文夫家文書)……447
26　寛政元年　烏山藩蔵米運送につき板戸河岸差上一札(宇都宮市板戸　坂本竜太家文書)……447
27　天保七年五月　黒羽藩御用荷物江戸運送につき柳林河岸請負手形(益子町益子　平野良毅家文書)……448
28　天保七年五月　黒羽藩御用荷物江戸輸送につき久保田河岸請負手形(益子町益子　平野良毅家文書)……450
29　享保十五年～寛政元年　板戸上河岸荷高覚(宇都宮市板戸　坂本竜太家文書)……451
30　天保十三年七月　板戸河岸諸荷物書上帳(宇都宮市板戸　坂本竜太家文書)……452
31　安政六年八月　給部村と八ツ木村問屋荷物争論始末書(芳賀町給部　綱川文太家文書)……454

2　河岸船数改と船運上……458
32　元禄十四年十二月　板戸河岸以下九河岸船極印改帳(宇都宮市板戸　坂本竜太家文書)……458
33　正徳二年三月　阿久津河岸舟割証文(宇都宮市板戸　坂本竜太家文書)……470
34　安永三年四月　粕田河岸江戸往来船数改(真岡市粕田　石川テイ家文書)……471
35　天明五年十一月　若旅河岸船数改(真岡市若旅　松本洋一家文書)……473

36　寛保三年七月　柳林河岸小高瀬船極印証文(真岡市柳林　仙波　信家文書)……474
37　宝永十一年～元禄四年　鬼怒川諸河岸船運上等定書(真岡市柳林　仙波　信家文書)……475
〔*船口銭〕
38　承応三年十一月　舟運上引上につき板戸村舟持願書(宇都宮市板戸　坂本竜太家文書)……477
39　正徳元年十二月　板戸河岸等船運上書上(宇都宮市板戸　坂本竜太家文書)……478
40　享保二年二月　板戸河岸等船運上・荷口銭覚書(宇都宮市板戸　坂本竜太家文書)……480

3　船賃定……480
41　万治四年正月　鬼怒川川下げ荷物船賃定(宇都宮市板戸　坂本竜太家文書)……480
42　享保十年十一月　板戸河岸船賃定書(宇都宮市板戸　坂本竜太家文書)……482
43　寛延三年二月　板戸より江戸まで船賃定(宇都宮市板戸　坂本竜太家文書)……484
44　嘉永四年十月　黒羽藩益子陣屋荷物運送につき柳林河岸取調書(益子町益子　日下田実家文書)……484

4　河岸例法帳と河岸争論……487
45　元禄十二年正月　板戸・阿久津河岸例法帳上帳(宇都宮市板戸　坂本竜太家文書)……487
46　元禄十七年二月　柳林村新河岸一件につき詫証文(真岡市柳林　仙波　信家文書)……490
47　慶安三年～嘉永四年　河岸方旧記(代々河岸出入記録)(宇都宮市板戸　坂本竜太家文書)……491
48　文化六年　石法寺以下七河岸議定証文(真岡市粕田　石川テイ家文書)……507
49　天保十四年二月　綿濡れ荷物一件につき板戸河岸船頭詫書(宇都宮市板戸　坂本竜太家文書)……509
50　寛政五年九月　河岸衰退につき板戸河岸等願書(宇都宮市板戸　坂本竜太家文書)……510
51　寛政十二年正月　宇都宮町喜惣次河岸株年季買受証文(宇都宮市板戸　坂本竜太家文書)……511

第6章　産業と経営
〈写〉農業経営帳簿(茂木町小貫　小貫家文書)
第1節　諸産業……513
1　木綿……513
1　元禄五年十月　木綿買掛け金返済につき青谷村伊右衛門差出し手形(真岡市青谷　日下田弘家文書)……513

2　文化二年六月　木綿脇売禁止につき真岡木綿問屋連印請書(真岡市田町 塚田元成家文書)……513
3　天保四年二月　晒木綿買次株貸渡すにつき谷島次右衛門差入れ添証文(真岡市田町 塚田元成家文書)……515
4　天保四年二月　塚兵晒木綿買継株借受けにつき取替し一札(真岡市田町 塚田元成家文書)……515
5　天保十二年四月　晒木綿問屋株貸年季延長につき谷島次右衛門差出す証文(真岡市田町 塚田元成家文書)……516
6　嘉永六年四月　木綿売買渡世新規開始問合せにつき古組返答書(真岡市田町 塚田元成家文書)……517
7　嘉永六年四月　木綿売買乱れにつき議定ならびに新加入者請書(真岡市田町 塚田元成家文書)……517
8　文久二年十一月　木綿勝手買入れにつき詫証文(真岡市田町 塚田元成家文書)……519
9　文久三年二月　木綿下買新規始めにつき差入れ一札(真岡市田町 塚田元成家文書)……520
10　慶応元年九月　木綿下買人議定背きにつき扱方依頼一札(真岡市田町 塚田元成家文書)……521
11　安政四年正月　木綿晒屋議定書(真岡市田町 塚田元成家文書)……521
12　安政四年三月　江嶋屋良助木綿買継問屋加入につき仲間議定書(真岡市田町 塚田元成家文書)……523
13　天保四年～弘化二年　真岡木綿買渡世冥加上納願一件書留(真岡市田町 塚田元成家文書)……524
14　弘化三年～嘉永三年　木綿売買冥加永納入請書并に願書(真岡市田町 塚田元成家文書)……530
15　明治四年三月　塚兵ら木綿買継継年季願書(真岡市田町 塚田元成家文書)……532
16　嘉永六年～安政四年　渡世向要用留(真岡市田町 塚田元成家文書)……533

2　酒造……545
17　寛文七年四月　酒造米調査につき小貫村酒造米高書上(茂木町小貫 小貫敏尾家文書)……545
18　寛文十一年十一月　酒造米調査につき小貫村酒造米高書上(茂木町小貫 小貫敏尾家文書)……545
19　天保十一年三月　小貫村万右衛門酒造再開願書(茂木町小貫 小貫敏尾家文書)……545
20　寛政二年十二月　酒蔵・酒造道具書入れ質物証文(茂木町茂木 島崎泉治家文書)……546
21　天保八年十二月　栄屋泉司造酒株高(茂木町茂木 島崎泉治家文書)……547
22　文政二年七月　酒・醤油運上につき上飯村役人差出し手形(茂木町茂木 島崎泉治家文書)……547
23　天保二年九月　積銭につき下境村と栄屋取替し一札(茂木町茂木 島崎泉治家文書)……548
24　天保三年七月　茂木藩米前売手形(茂木町茂木 島崎泉治家文書)……548
25　天保六年八月　茂木藩米売渡約定一札(茂木町茂木 島崎泉治家文書)……549
26　天保十一年正月　返済金滞りにつき栄屋より茂木藩への添状要請状(茂木町茂木 島崎泉治家文書)……550
27　天保十四年正月　酒造出造出稼差止請書ならびに同取調書上帳(二宮町久下田 吉村儀兵衛家文書)……550
28　明治二年　酒造・醤油・濁酒冥加納入高帳(抄)(二宮町久下田 吉村儀兵衛家文書)……552

3　瀬戸焼……553
29　明治二年正月　仕法取立てにつき益子・大羽両村釜元願書(益子町益子 平野良穀家文書)……553
30　明治四年正月　国産金受払勘定下帳(益子町益子 平野良穀家文書)……554
31　明治四年二月　薬土買入れにつき益子・大羽両村釜元願書(益子町益子 平野良穀家文書)……555
32　明治四年五月　瀬戸規則(益子町益子 平野良穀家文書)……556

4　紙・煙草……558
33　元禄三年・四年　小木田村瀬兵衛らと紙前金出入につき江戸紙問屋訴状(芳賀町給部 綱川文太家文書)……558
34　明和九年九月　馬頭煙草荷請払につき竹之内・見上両村定書(芳賀町給部 綱川文太家文書)……561
35　年不詳　煙草粉作り手間懸り覚(茂木町生井 生井整是家文書)……561

第2節　農業経営……563
36　天明三年　耕作試帳(茂木町小貫 小貫敏尾家文書)……563
［農業技術］
37　天明五年六月　耕作仕揚試帳(茂木町小貫 小貫敏尾家文書)……567
38　天明七年正月　四季諸事記(茂木町小貫 小貫敏尾家文書)……569

39　文化十二年三月　小貫村粕干鰯渡方覚
　　帳（茂木町小貫　小貫敏尾家文書）⋯⋯⋯600
　　［＊金肥］
40　文化十二年三月　小貫村鰯粕拝借小前
　　書上帳（茂木町小貫　小貫敏尾家文書）⋯⋯601
41　文化十二年三月　粕干鰯直段書付帳
　　（茂木町小貫　小貫敏尾家文書）⋯⋯⋯⋯603

第7章　荒廃と仕法
＜写＞桜町陣屋跡（二宮町物井）

第1節　荒廃の進行 ⋯⋯⋯⋯⋯⋯⋯⋯⋯⋯605
1　荒廃の顕在化 ⋯⋯⋯⋯⋯⋯⋯⋯⋯⋯605
1　宝暦五年二月　領主米拝借につき市塙
　　村村役人願書（市貝町市塙　見木栄利家文
　　書）⋯⋯⋯⋯⋯⋯⋯⋯⋯⋯⋯⋯⋯⋯⋯605
2　宝暦七年九月　困窮助成につき小貫村
　　名主願書（茂木町小貫　小貫敏尾家文
　　書）⋯⋯⋯⋯⋯⋯⋯⋯⋯⋯⋯⋯⋯⋯⋯606
3　寛政七年二月　御救御定免につき西高
　　橋村村役人願書（芳賀町西高橋　菅谷英一
　　家文書）⋯⋯⋯⋯⋯⋯⋯⋯⋯⋯⋯⋯⋯607
　　［＊年貢減免］
4　寛政九年二月　荒地見分につき西高橋
　　村村役人願書（芳賀町西高橋　菅谷英一家
　　文書）⋯⋯⋯⋯⋯⋯⋯⋯⋯⋯⋯⋯⋯⋯607
5　寛政三年七月　西高橋村田畑荒地指出
　　内訳控帳（芳賀町西高橋　菅谷英一家文
　　書）⋯⋯⋯⋯⋯⋯⋯⋯⋯⋯⋯⋯⋯⋯⋯608
6　文政二年三月　西高橋村欠落退転死潰
　　高反別調書上帳（芳賀町西高橋　菅谷英一
　　家文書）⋯⋯⋯⋯⋯⋯⋯⋯⋯⋯⋯⋯⋯612
7　文化元年十二月　西高橋村出奉公人書
　　上帳（芳賀町西高橋　菅谷英一家文書）⋯617

2　村落体制の変動 ⋯⋯⋯⋯⋯⋯⋯⋯⋯619
8　文化十一年三月　西高橋村家数人数増
　　減書上帳（芳賀町西高橋　菅谷英一家文
　　書）⋯⋯⋯⋯⋯⋯⋯⋯⋯⋯⋯⋯⋯⋯⋯619
9　文政八年二月　西高橋村人別増減差引
　　帳（芳賀町西高橋　菅谷英一家文書）⋯⋯620
10　天保十四年三月　西高橋村家数人別増
　　減改差引書上帳（芳賀町西高橋　菅谷英一
　　家文書）⋯⋯⋯⋯⋯⋯⋯⋯⋯⋯⋯⋯⋯621
11　（天保年中カ）西高橋村手余荒地引
　　受人覚書（芳賀町西高橋　菅谷英一家文
　　書）⋯⋯⋯⋯⋯⋯⋯⋯⋯⋯⋯⋯⋯⋯⋯622
12　文化二年十月　小貫村荒地反別取調書
　　上帳（茂木町小貫　小貫敏尾家文書）⋯⋯623
13　天保四年十月　西高橋村困窮百姓軒数
　　届書（芳賀町西高橋　菅谷英一家文書）⋯625
　　［＊出奉公］
14　文化十一年十二月　市塙村潰百姓永方
　　御年貢調帳（市貝町市塙　見木栄利家文
　　書）⋯⋯⋯⋯⋯⋯⋯⋯⋯⋯⋯⋯⋯⋯⋯625

15　文政十三年十二月　市塙村潰百姓永方
　　ならびに高懸り書上控帳（市貝町市塙　見
　　木栄利家文書）⋯⋯⋯⋯⋯⋯⋯⋯⋯⋯626

3　農業経営の変動 ⋯⋯⋯⋯⋯⋯⋯⋯⋯630
16　文化十三年正月　東水沼村困窮者家別
　　取調帳（芳賀町東水沼　岡田純一家文
　　書）⋯⋯⋯⋯⋯⋯⋯⋯⋯⋯⋯⋯⋯⋯⋯630
17　天保十五年二月　西高橋村弥蔵・藤七
　　両家株退転取調帳（芳賀町西高橋　菅谷英
　　一家文書）⋯⋯⋯⋯⋯⋯⋯⋯⋯⋯⋯⋯635
18　文化五年十二月　西高橋村政蔵借用金
　　調帳（芳賀町西高橋　菅谷英一家文書）⋯637
19　安政五年十二月　西高橋村吉右衛門分
　　散金取調帳（芳賀町西高橋　菅谷英一家文
　　書）⋯⋯⋯⋯⋯⋯⋯⋯⋯⋯⋯⋯⋯⋯⋯639
20　文政十二年四月　小貫村退転百姓高反
　　別取調書上帳（茂木町小貫　小貫敏尾家文
　　書）⋯⋯⋯⋯⋯⋯⋯⋯⋯⋯⋯⋯⋯⋯⋯641
21　天保四年三月　西高橋村潰株高反別取
　　調書上帳（芳賀町西高橋　菅谷英一家文
　　書）⋯⋯⋯⋯⋯⋯⋯⋯⋯⋯⋯⋯⋯⋯⋯645

4　村落の再編成 ⋯⋯⋯⋯⋯⋯⋯⋯⋯⋯649
22　慶応四年七月　小貫村田畑生荒調書上
　　帳（茂木町小貫　小崎耕作家文書）⋯⋯⋯649
23　慶応三年四月　市塙村難渋人扶喰渡御固
　　米割渡帳（市貝町市塙　見木栄利家文
　　書）⋯⋯⋯⋯⋯⋯⋯⋯⋯⋯⋯⋯⋯⋯⋯650
24　嘉永四年十月　市塙村田方古荒午荒
　　銘々起返調書上帳（市貝町市塙　見木栄利
　　家文書）⋯⋯⋯⋯⋯⋯⋯⋯⋯⋯⋯⋯⋯653

第2節　領主仕法の展開 ⋯⋯⋯⋯⋯⋯⋯657
1　仕法の成立 ⋯⋯⋯⋯⋯⋯⋯⋯⋯⋯⋯657
25　（文化三年カ）村方困窮にて宿詰役
　　免除願いに際し、西高橋村村役人書上
　　（芳賀町西高橋　菅谷英一家文書）⋯⋯⋯657
26　明和四年閏九月　困窮立直仕法につき
　　旗本富田氏触書（市貝町市塙　川上登喜雄
　　家文書）⋯⋯⋯⋯⋯⋯⋯⋯⋯⋯⋯⋯⋯658
27　寛政七年十二月　小貫村小児懐妊出産
　　御届帳（茂木町小貫　小貫敏尾家文書）⋯660
28　享保十六年十二月　市塙村亥田方附荒
　　畝引平均割引帳（市貝市町塙　永山弥一郎
　　家文書）⋯⋯⋯⋯⋯⋯⋯⋯⋯⋯⋯⋯⋯660

2　触書 ⋯⋯⋯⋯⋯⋯⋯⋯⋯⋯⋯⋯⋯⋯662
29　天保十一年六月　御地頭所御仕法替御
　　下知につき市塙村名主諸色手控帳（市貝
　　町市塙　川上登喜雄家文書）⋯⋯⋯⋯⋯662
30　天保十二年三月　御仕法替につき市塙
　　村への達書（市貝町市塙　見木栄利家文
　　書）⋯⋯⋯⋯⋯⋯⋯⋯⋯⋯⋯⋯⋯⋯⋯663

31　天保十三年三月　御仕法替につき市塙
　　　村への達書（市貝町市塙　見木栄利家文
　　　書）‥‥‥‥‥‥‥‥‥‥‥‥‥‥‥667
　32　文化元年四月　村方取締規定西高橋村
　　　惣百姓請書（芳賀町西高橋　菅谷英一家文
　　　書）‥‥‥‥‥‥‥‥‥‥‥‥‥‥‥668
　33　文化二年十月　村方取締申渡ならびに
　　　村々惣役人請書（芳賀町西高橋　菅谷英一
　　　家文書）‥‥‥‥‥‥‥‥‥‥‥‥‥670
　34　文化六年八月　村方取締規定小貫村惣
　　　百姓請書（茂木町小貫　小貫敏尾家文
　　　書）‥‥‥‥‥‥‥‥‥‥‥‥‥‥‥673
　35　文政十一年五月　村方取締規定小貫村
　　　惣百姓請書（茂木町小貫　小貫敏尾家文
　　　書）‥‥‥‥‥‥‥‥‥‥‥‥‥‥‥674
3　御救政策‥‥‥‥‥‥‥‥‥‥‥‥‥676
　36　文化四年三月　小貫村囲石御届書上帳
　　　（茂木町小貫　小貫敏尾家文書）‥‥‥‥676
　37　嘉永二年四月　西高橋村備米借用証文
　　　書上帳（芳賀町西高橋　菅谷英一家文
　　　書）‥‥‥‥‥‥‥‥‥‥‥‥‥‥‥676
　38　天保三年四月　西高橋村備金借用証文
　　　書上帳（芳賀町西高橋　菅谷英一家文
　　　書）‥‥‥‥‥‥‥‥‥‥‥‥‥‥‥677
　39　文化五年十二月　市塙村潰百姓上納不
　　　足分用捨につき名主願書（市貝町市塙　永
　　　山弥一郎家文書）‥‥‥‥‥‥‥‥‥679
　40　慶応二年十一月　窮民御手当拝借につ
　　　き西高橋村村役人・小前願書（芳賀町西
　　　高橋　菅谷英一家文書）‥‥‥‥‥‥‥680
　41　天保十四年十二月　西高橋村拝借米籾
　　　小前割合取立帳（芳賀町西高橋　菅谷英一
　　　家文書）‥‥‥‥‥‥‥‥‥‥‥‥‥681
　42　文化七年八月　小貫村拝借荒稗穀数小
　　　前書上帳（茂木町小貫　小貫敏尾家文
　　　書）‥‥‥‥‥‥‥‥‥‥‥‥‥‥‥683
　43　安永八年十二月　西高橋村助成金拝借
　　　利金割帳（芳賀町西高橋　菅谷英一家文
　　　書）‥‥‥‥‥‥‥‥‥‥‥‥‥‥‥684
　44　慶応三年十一月　貸附拝借金返納滞り
　　　につき西高橋村村役人済口証文（芳賀町
　　　西高橋　菅谷英一家文書）‥‥‥‥‥‥685
4　農業経営の助成‥‥‥‥‥‥‥‥‥‥‥686
　45　天保十五年六月　西高橋村永続ならび
　　　に農具料年賦拝借小前貸渡控帳（芳賀町
　　　西高橋　菅谷英一家文書）‥‥‥‥‥‥686
　46　文化七年十二月　西高橋村勧農縄代貸
　　　附金拝借証文（芳賀町西高橋　菅谷英一家
　　　文書）‥‥‥‥‥‥‥‥‥‥‥‥‥‥688
　47　嘉永四年十二月　西高橋村種穀拝借年
　　　賦小前割合帳（芳賀町西高橋　菅谷英一家
　　　文書）‥‥‥‥‥‥‥‥‥‥‥‥‥‥689

　48　天保八年五月　小貫村肥代拝借金小前
　　　割賦帳（茂木町小貫　小貫敏尾家文書）‥‥691
　49　天保七年十二月　小貫村夫食代拝借願
　　　取調書上帳（茂木町小貫　小貫敏尾家文
　　　書）‥‥‥‥‥‥‥‥‥‥‥‥‥‥‥692
　50　天保十三年十二月　家作代拝借につき
　　　西高橋村村役人願書（芳賀町西高橋　菅谷
　　　英一家文書）‥‥‥‥‥‥‥‥‥‥‥693
5　入百姓政策‥‥‥‥‥‥‥‥‥‥‥‥‥693
　51　寛政六年〜天保元年　下野国八条村掛
　　　所記録（真岡市八条　本譽寺文書）‥‥‥‥693
　52　天保十三年十二月　入百姓壱人別取調
　　　帳（真岡市八条　本譽寺文書）‥‥‥‥‥699
　53　文化十五年四月　西高橋村入百姓跡株
　　　入家数人別差引書上帳（芳賀町西高橋　菅
　　　谷英一家文書）‥‥‥‥‥‥‥‥‥‥704
6　戸口の確保‥‥‥‥‥‥‥‥‥‥‥‥‥706
　54　天保二年十一月　市塙村聟嫁借家人壱
　　　人別書上帳（市貝町市塙　見木栄利家文
　　　書）‥‥‥‥‥‥‥‥‥‥‥‥‥‥‥706
　55　慶応元年十二月　氷室由蔵の聟養子
　　　貰請につき助成金預り証（芳賀町西高橋
　　　菅谷英一家文書）‥‥‥‥‥‥‥‥‥707
　56　文化九年正月　西高橋村嫁取御手当金
　　　願帳（芳賀町西高橋　菅谷英一家文書）‥‥708
　57　文化十一年正月　小貫村御手当頂戴出
　　　生小児書上帳（茂木町小貫　小貫敏尾家文
　　　書）‥‥‥‥‥‥‥‥‥‥‥‥‥‥‥708
第3節　報徳仕法‥‥‥‥‥‥‥‥‥‥‥‥710
1　桜町領仕法‥‥‥‥‥‥‥‥‥‥‥‥‥710
　58　文政四年十月　宇津釩之助御知行所被
　　　仰渡書留（東京都　国立国会図書館蔵／二宮
　　　尊徳関係文書）‥‥‥‥‥‥‥‥‥‥710
　59　文政四年〜天保八年　宇津釩之助御知
　　　行所開発御入用取調帳（東京都　国立国会
　　　図書館蔵／二宮尊徳関係文書）‥‥‥‥‥712
　60　文化九年〜文政四年　御趣法御土台金
　　　平均帳（東京都　国立国会図書館蔵／二宮尊
　　　徳関係文書）‥‥‥‥‥‥‥‥‥‥‥717
2　茂木領仕法‥‥‥‥‥‥‥‥‥‥‥‥‥726
　61　天保十四年正月　茂木領趣法発端記録
　　　草稿（国立国会図書館蔵／二宮尊徳関係文
　　　書）‥‥‥‥‥‥‥‥‥‥‥‥‥‥‥726
第8章　村方騒動
＜写＞星宮神社（芳賀町芳志戸）
第1節　村役人一件‥‥‥‥‥‥‥‥‥‥‥745
　1　村役人選出一件‥‥‥‥‥‥‥‥‥‥745
　　1　宝暦十年八月　東水沼村名主帰役反対
　　　口上書（芳賀町東水沼　岡田純一家文
　　　書）‥‥‥‥‥‥‥‥‥‥‥‥‥‥‥745

2　寛政八年十一月～十二月　下高根沢村村役人選任一件(芳賀町下高根沢　穐山隆一家文書)･････････････745
3　寛政十年四月　上籠谷村名主跡役一件(茂木町小貫　小貫敏尾家文書)･････････747
2　村役人不帰依一件
4　元禄三年六月　山本村村役人不帰依出入につき申渡書(益子町山本　鯉淵康夫家文書)･･････････748
5　安政三年二月～十一月　下高根沢村定免組組頭不帰依一件(芳賀町下高根沢　穐山隆一家文書)･････750
3　村役人給分・村入用をめぐる一件････････････754
6　延享四年六月　下高根沢村村役人給分取極め一札(芳賀町下高根沢　穐山隆一家文書)･････････754
7　寛延三年八月　下高根沢村組頭三人より百姓七人の定夫給・諸入用滞納につき訴願(芳賀町下高根沢　穐山隆一家文書)････････755
8　享和元年十二月　下高根沢村名主・組頭給滞納一件につき済口証文(芳賀町下高根沢　穐山隆一家文書)･･･････757
4　普請金・山代金の配布一件･･････758
9　天明八年三月　小貫村天領名主と同村他給百姓との人足賃銭出入(茂木町小貫　小貫敏尾家文書)････････758
10　弘化二年八月　大沢村山代金配布一件(益子町大沢　岩崎専一家文書)
11　慶応二年十一月　下大羽村の村山処分につき名主市十郎と小前百姓出入訴答取り下げ願書(益子町山本　鯉淵康夫家文書)･･････765
第2節　身分・格式出入･･････････767
1　役百姓身分一件･･････････767
12　寛政三年　下菅又村役百姓選任をめぐる出入(茂木町下菅又　永島幹家文書)････767
［＊長百姓］
2　郷例違反一件････････････769
13　安政五年十月　飯貝村郷例違反出入(真岡市飯貝　大塚一郎家文書)･･････････769
14　年不詳　飯貝村・京泉村と原町新田郷例違反一件(真岡市飯貝　大塚一郎家文書)･･････････771
3　祭礼町頭(頭屋)一件･･････････772
15　享保六年六月　益子町頭交代をめぐる出入(益子町益子　塚原昇家文書)･････772
第3節　年貢・質地一件････････773
1　年貢不納一件･･････････773

16　宝暦九年十一月　小貫村天領名主より相給百姓年貢不納につき願書(茂木町小貫　小貫敏尾家文書)･････････773
17　年不詳　杉山村百姓惣代よりの年貢永不納一件につき済口一札(芳賀町給部　綱川文太家文書)･････････773
2　質地小作出入･･････････775
18　享保二十年閏三月　山本村入作質田地年貢滞納一件(益子町山本　鯉淵康夫家文書)････775
19　享和元年三月　下高根沢村長次右衛門より質地定法無視につき訴状(芳賀町下高根沢　穐山隆一家文書)･････776
第4節　秣場出入と鎮守一件･･････779
1　秣場出入･･････････779
20　安政六年正月　飯貝・京泉両村と原町新田との秣場出入(真岡市飯貝　大塚一郎家文書)
21　文久二年七月　山本村本郷坪百姓惣代より松本坪の秣場囲み迷惑につき訴願(益子町山本　鯉淵康夫家文書)･････781
2　鎮守一件････････････782
22　宝暦十二年二月　下高根沢村定免組より鎮守額につき訴願(芳賀町下高根沢　穐山隆一家文書)･････････782
23　安政七年二月～文久三年十一月　芳志戸村鎮守社地をめぐる村内出入(芳賀町芳志戸　大島三郎家文書)････784
第9章　社会と文化
<写>延生地蔵の「間引(まびき)」絵馬(芳賀町下延生)
第1節　庶民の生活････････791
1　家････････････791
1　延享元年十一月　山本村鯉淵加兵衛家先祖書(益子町山本　鯉淵康夫家文書)････791
2　戌ノ二月　山本村鯉淵加兵衛加勢仕るべき騎馬之覚(益子町山本　鯉淵廉夫家書)･･････792
3　延宝六年十一月　山本村鯉淵次家より虎之助宛書置(益子町山本　鯉淵廉夫家書)･････793
4　元禄五年四月　山本村鯉淵無外鑓御免につき願書(益子町山本　鯉淵廉夫家文書)･････794
5　宝暦六年正月　山本村鯉淵加兵衛より繁右衛門宛遺言書(益子町山本　鯉淵廉夫家書)･････794
6　天保十四年　真岡荒町塚田兵右衛門家「覚書」(真岡市町　塚田元成家文書)･･･795
7　年不詳　久下田吉村儀右衛門家「店法書附之事」(二宮町久下田　吉村儀兵衛家文書)･･････802

8　万延元年十二月　茂木島崎泉治家火災
　　　　手配掟書(茂木町茂木　島崎泉治家文
　　　　書)‥‥‥‥‥‥‥‥‥‥‥‥‥‥‥805
　2　冠婚葬祭‥‥‥‥‥‥‥‥‥‥‥‥‥806
　　9　寛延元年十月　東水沼村村内法度(芳賀
　　　　町東水沼　岡田純一家文書)‥‥‥‥806
　　10　天保九年十二月　東水沼村岡田家婚礼
　　　　祝儀ならびに到来物控(芳賀町東水沼　岡
　　　　田純一家文書)‥‥‥‥‥‥‥‥‥‥807
　　11　安政四年三月　益子町冠婚葬祭につき
　　　　改革議定(益子町益子　飯塚　昇家文書)‥810
　3　年中行事‥‥‥‥‥‥‥‥‥‥‥‥‥812
　　12　元文三年十一月　東水沼村年中遊日定
　　　　書(芳賀町東水沼　岡田純一家文書)‥‥812
　　13　天保十三年七月　三谷村年中休日取調
　　　　書上帳(二宮町三谷　海老沢久蔵家文
　　　　書)‥‥‥‥‥‥‥‥‥‥‥‥‥‥‥813
　　　[＊天保改革]
　　14　天保十三年六月　西高橋村下組年中休
　　　　日書上帳(芳賀町西高橋　菅谷英一家文
　　　　書)‥‥‥‥‥‥‥‥‥‥‥‥‥‥‥814
　　15　弘化年中　真岡荒町塚田兵右衛門家年
　　　　中行事控(真岡市田町　塚田元成家文
　　　　書)‥‥‥‥‥‥‥‥‥‥‥‥‥‥‥815
　4　若者組と講‥‥‥‥‥‥‥‥‥‥‥‥829
　　16　文政四年十一月　小貫村若者組風祭出
　　　　銭につき仮議定(茂木町小貫　小貫敏夫家
　　　　文書)‥‥‥‥‥‥‥‥‥‥‥‥‥‥829
　　17　慶応四年三月　上延生村若衆諸色高値
　　　　につき取極の議定(芳賀町上延生　佐間田
　　　　文雄家文書)‥‥‥‥‥‥‥‥‥‥‥829
　　18　寛延元年十月　東水沼村伊勢講人数定
　　　　書帳(芳賀町東水沼　岡田純一家文書)‥830
　　19　年不詳　八月　百人講会日につき廻状
　　　　(芳賀町東水沼　岡田純一家文書)‥‥834
　5　風俗‥‥‥‥‥‥‥‥‥‥‥‥‥‥‥835
　　20　元禄十四年十月　芳志戸村百姓出入口
　　　　間違いにつき詫状(芳賀町芳志戸　大島三
　　　　郎家文書)‥‥‥‥‥‥‥‥‥‥‥‥835
　　21　享保十三年八月　中市原村百姓兵法稽
　　　　古につき起請文(益子町山本　鯉淵廉夫家
　　　　文書)‥‥‥‥‥‥‥‥‥‥‥‥‥‥835
　　22　寛延二年五月　山本村百姓婚家につき
　　　　郷例違反詫状(益子町山本　鯉淵廉夫家文
　　　　書)‥‥‥‥‥‥‥‥‥‥‥‥‥‥‥836
　　23　文政十一年十二月　東水沼村前地百姓
　　　　縁組につき証文(芳賀町東水沼　岡田純一
　　　　家文書)‥‥‥‥‥‥‥‥‥‥‥‥‥837
　　24　亥四月　東郷役所より痢病煩い予防に
　　　　つき触書(茂木町小貫　小貫敏夫家文
　　　　書)‥‥‥‥‥‥‥‥‥‥‥‥‥‥‥837
　　25　亥五月　東郷役所より瘟疹呪いにつき
　　　　廻状(茂木町小貫　小貫敏夫家文書)‥‥838

第2節　文化と教育‥‥‥‥‥‥‥‥‥‥839
　1　寺社‥‥‥‥‥‥‥‥‥‥‥‥‥‥‥839
　　26　寛文十年　山本村鯉淵加兵衛立願大図
　　　　書出し(益子町山本　鯉淵廉夫松文書)‥‥839
　　27　寛延四年七月　山本村薬師堂建立覚書
　　　　(益子町山本　鯉淵廉夫家文書)‥‥‥‥840
　　28　天保三年七月　小貫村安養寺宛村方議
　　　　定証文(茂木町小貫　小貫敏夫家文書)‥843
　　29　天保十四年十二月　祖母井村高宗寺住
　　　　職証文(益子町山本　鯉淵廉夫家文施)‥‥844
　　30　明治元年三月　延生子安地蔵和讃(市
　　　　貝町石下　片岡伝重郎家文書)‥‥‥‥845
　　31　年不詳　笹原田村鎮座熊野大権現縁起
　　　　(市貝町石下　片岡伝重郎家文書)‥‥‥846
　2　祭礼‥‥‥‥‥‥‥‥‥‥‥‥‥‥‥848
　　32　宝永二年六月　益子新町牛頭天王当番
　　　　諸懸り帳(益子町益子　飯塚　昇家文書)‥848
　　33　宝暦六年九月　給部村風祭興行につき
　　　　済口証文(芳賀町給部　綱川文太家文
　　　　書)‥‥‥‥‥‥‥‥‥‥‥‥‥‥‥852
　　34　安政四年十二月　上延生村八龍神祭礼
　　　　につき取替議定証文(芳賀町上延生　佐間
　　　　田文雄家文書)‥‥‥‥‥‥‥‥‥‥853
　3　農民教化と心学‥‥‥‥‥‥‥‥‥‥854
　　35　天明四年　飢饉につき茂木藩より農民
　　　　共へ教諭書(市貝町石下　片岡伝重郎家文
　　　　書)‥‥‥‥‥‥‥‥‥‥‥‥‥‥‥854
　　36　年不詳　間引禁令につき農民共へ教諭
　　　　書(市貝町石下　片岡伝重郎家文書)‥‥858
　　37　寅(寛政六年カ)十月　東郷役所より
　　　　心学講談につき触書(茂木町小貫　小貫敏
　　　　夫家文書)‥‥‥‥‥‥‥‥‥‥‥‥859
　　38　年不詳　十月　心学様来村につき通知
　　　　(茂木町小貫　小貫敏夫家文書)‥‥‥‥859
　　39　文化十五年正月　大島有隣下野・常陸
　　　　遊説里村の道の記(東京都文京区　講談社
　　　　図書館蔵文書)‥‥‥‥‥‥‥‥‥‥860
　　40　文化五年十一月　西高橋村惣百姓朝起
　　　　番定につき請書(芳賀町西高橋　菅谷英一
　　　　家文書)‥‥‥‥‥‥‥‥‥‥‥‥‥863
　4　手習所‥‥‥‥‥‥‥‥‥‥‥‥‥‥865
　　41　天保十三年～嘉永四年　真岡田町精耕
　　　　堂筆学門弟帳(東京都練馬区　唐沢富太郎
　　　　氏蔵/村上家文書)‥‥‥‥‥‥‥‥‥865
　　42　弘化二年～元治二年　中村中里氏筆弟
　　　　子覚帳(真岡市中　中里魚彦家文書)‥‥872
　　43　文久二年～　中村中里氏嶺雲童塾中録
　　　　(真岡市中　中里魚彦家文書)‥‥‥‥‥878
　　44　安政三年二月　上延生雲麗堂筆弟起請
　　　　文(芳賀町上延生　佐間田文雄家文書)‥884

あとがき(県史編さん室長　斎藤邦夫)‥‥‥887
関係者名簿‥‥‥‥‥‥‥‥‥‥‥‥‥‥888

70　県史誌内容総覧・資料編 1：近世―関東

県史編さん委員会委員・参与(昭和五十年三月現在)
　船田譲(知事;会長)
　砂子田隆(副知事;副会長)
　寳月圭吾(東京大学名誉教授・東洋大学教授・専門委員会監修者;副会長)
　渡辺幹雄(県教育長;副会長)
　中里魚彦(県文化財調査委員・専門委員会委員長;委員)
　辰巳四郎(宇都宮大学名誉教授・宇都宮短期大学教授・専門委員会委員・原始担当;委員)
　土田直鎮(東京大学教授・専門委員会委員・古代担当;委員)
　稲垣泰彦(東京大学教授・専門委員会委員・中世担当;委員)
　北島正元(東京都立大学教授・専門委員会委員・近世担当;委員)
　長倉保(神奈川大学教授・専門委員会委員・近世担当;委員)
　笠井恭悦(宇都宮大学教授・専門委員会委員・近現代担当;委員)
　小西四郎(元東京大学教授・専門委員会委員・近現代担当;委員)
　小池知明(県議会議長;委員)
　小池嘉子(市長会会長・宇都宮市長;委員)
　小島泰治(町村会会長・二宮町長;委員)
　立入隼人(市町村教育長会会長・宇都宮市教育長;委員)
　手塚満雄(県総務部長;委員)
　菊地幸敏(県教育次長;委員)
　秋本典夫(宇都宮大学教授;参与)
　野中退蔵(県文化財調査委員;参与)
　渡辺龍瑞(県文化財調査委員;参与)
　小林友雄(郷土史家;参与)
　雨宮義人(県立宇都宮高等学校長;参与)
　福島悠峰(下野新聞社社長;参与)
　根村隆成(栃木新聞社社長;参与)
　横川信夫(前知事;前会長)
　荻山義夫(前副知事;前副会長)
　高橋敏彦(前総務部長;前委員)
　磯信兵衛(前教育次長;前委員)

栃木県史 史料編・近世四
栃木県発行
昭和50年3月31日発行

<黒羽藩など旧族の外様小藩、譜代の烏山藩領などを中心に、那須・塩谷地域における近世史料を収録>

　<口絵>第1図　大関主馬領知朱印状　黒羽町公民館蔵
　<口絵>第2図　大関増備政事改正考草案　黒羽町公民館蔵
　<口絵>第3図　大関主馬領知目録　黒羽町公民館蔵
　<口絵>第4図　鈴木武助知行所付・百姓付帳　宇都宮市宮原　鈴木重次家文書
　<口絵>第5図　道下村年貢割付状　塩谷町道下　青木正巳家文書
　<口絵>第6図　関街道宿々連判手形　高根沢町花岡　岡本光明家文書
　<口絵>第7図　煙草仕切覚　馬頭町馬頭　金子平三郎家文書
　<口絵>第8図　会津街道中追い馬継ぎ覚書　宇都宮市旭　赤羽稲次郎家文書
　<口絵>第9図　興野村名寄帳　烏山町興野　石塚二郎家文書
　<口絵>第10図　筏流下出入一件済口証文　塩谷町上沢　斎藤精純家文書
　<口絵>第11図　機織日用帳　烏山町興野　石塚二郎家文書
　<口絵>第12図　巡村申渡書并口述留書　宇都宮市宮原　鈴木重次家文書

序(栃木県知事　船田譲)
凡例
解説 …………………………………………… 1
　第1章　領知と支配 ………………………… 1
　　第1節　城主歴代と寛文印知 …………… 1
　　第2節　黒羽藩 …………………………… 3
　　　1　藩体制の確立 ……………………… 3
　　　　<表>給人及び寺社知行高 ………… 5
　　　2　藩財政の窮乏と改革仕法 ………… 6
　　　　<表>寛延3年　借上率 ……………… 6
　　　3　藩体制の動揺とその再編成 ……… 9
　　第3節　烏山藩 …………………………… 12
　　　1　領主家督と家中 …………………… 13
　　　2　藩政の展開 ………………………… 14

県史誌内容総覧・資料編 1: 近世―関東　71

（1）　大久保常春の就封と藩制の整
　　　　　備 ……………………………………… 15
　　　（2）　財政の窮迫と「厳法」の実施 …… 16
　　3　藩政の改革と動揺 ……………………… 17
　　　（1）　改革の開始と報徳仕法の導入 …… 18
　　　（2）　報徳仕法の停止と転法 …………… 19
　　　（3）　報徳仕法の再開とその後の動
　　　　　向 ……………………………………… 21
　第4節　大田原藩・喜連川藩 …………………… 21
第2章　年貢と諸役 ……………………………………… 23
　第1節　年貢・運上金収取の態様 ……………… 24
　　1　年貢割付の態様 ………………………… 24
　　2　皆済の態様 ……………………………… 25
　　3　運上金の賦課 …………………………… 26
　　4　那須領上給分年貢割付ならびに皆済
　　　目録 ………………………………………… 27
　　5　宇都宮領村々初期年貢割付 …………… 27
　第2節　諸役賦課の態様 ………………………… 28
　　1　諸役賦課と給人百姓 …………………… 28
　　2　諸役の金納化 …………………………… 29
　第3節　年貢・諸役をめぐる一件 ……………… 29
　　1　畑方米納一件 …………………………… 29
　　2　未進百姓吟味と潰百姓跡年貢弁納用
　　　捨願い ……………………………………… 31
　　3　諸役をめぐる一件 ……………………… 31
第3章　村落と百姓 ……………………………………… 32
　第1節　村落の構造 ……………………………… 32
　　<表>表1　興野村寛文2年組高構成 ……… 32
　　<表>表2　興野村寛文2年持高別階層と
　　　桑永高（長倉保「北関東畑方農村にお
　　　ける在方資本の成立と展開—那須郡興
　　　野村・石塚家の場合—」『栃木県史研
　　　究』3より転載） ………………………… 33
　　<表>表3　身分構成 ……………………… 34
　　<表>表4　下人・馬数 …………………… 34
　　<表>表5　階層構成 ……………………… 34
　　<表>表6　左内の経営規模 ……………… 34
　　<表>表7　興野村元禄15年土地構成 …… 35
　　<表>表8　興野村年貢率 ………………… 36
　　<表>表9　農外渡世 ……………………… 36
　　<表>表10　役給米 ………………………… 37
　第2節　村落の変質 ……………………………… 37
　　<表>表11　寛文2年田中村総石高・年貢
　　　米永 ………………………………………… 37
　　<表>表12　文化3年田中村上り地 ……… 37
　　<表>表13　潰百姓数 ……………………… 38
　　<表>表14　潰百姓持高 …………………… 38
　　<表>表15　荒地・手余地年貢率 ………… 38
　　<表>表16　下興野村百姓連借借金概
　　　要 …………………………………………… 39
　　<表>表17　借用額 ………………………… 39

　　<表>表18　馬金出金内訳 ………………… 39
　　<表>表19　組割 …………………………… 40
　　<表>表20　倹約事項 ……………………… 40
　　<表>表21　入百姓2人分諸入用 ………… 41
　　<表>表22　取立百姓耕作地 ……………… 41
第4章　山林と用水 ……………………………………… 42
　第1節　山林 ……………………………………… 42
　　1　領主の山支配 …………………………… 42
　　2　林産物の実態 …………………………… 43
　　3　林産物の筏による流通 ………………… 46
　第2節　用水 ……………………………………… 48
　　1　穴沢用水開発 …………………………… 48
　　2　用水争論 ………………………………… 49
第5章　交通と運輸 ……………………………………… 49
　第1節　公用通行と助郷 ………………………… 51
　第2節　奥州街道・原方道・関街道の廻米荷
　　　物輸送 ………………………………………… 52
　　1　関街道と脇道 …………………………… 52
　　2　奥州街道と関街道荷物争論 …………… 53
　　3　原方道と奥州街道荷物争論 …………… 53
　　4　原方道の米荷物輸送 …………………… 53
　　5　原方道の問屋と附子 …………………… 54
　　6　烏山・馬頭筋廻米諸荷物輸送 ………… 55
　第3節　会津街道と仲附駑者 …………………… 55
　第4節　那珂川の河岸と水運 …………………… 57
第6章　産業と経営 ……………………………………… 58
　第1節　諸産物 …………………………………… 58
　　1　煙草 ……………………………………… 58
　　2　紙 ………………………………………… 62
　　3　織物 ……………………………………… 63
　第2節　農業経営 ………………………………… 64
第7章　一揆と騒擾 ……………………………………… 65
　第1節　天明年間那須地方町方打ちこわ
　　　し ……………………………………………… 66
　第2節　烏山地方の百姓騒動 …………………… 66
　　1　天保年間百姓騒動覚書 ………………… 66
　　2　慶応年間米騒動覚書 …………………… 68
　第3節　黒羽地方の百姓騒動 …………………… 68
　　1　安政年間百姓騒動記録 ………………… 68
　　2　慶応年間百姓騒動記録 ………………… 70
第8章　社会と文化 ……………………………………… 70
　第1節　庶民の生活 ……………………………… 70
　　1　家 ………………………………………… 70
　　2　郷例・格式 ……………………………… 71
　　3　年中行事 ………………………………… 71
　　4　若者仲間 ………………………………… 72
　　5　湯街道 …………………………………… 72
　第2節　文化と教育 ……………………………… 72
　　1　藩学・私塾 ……………………………… 72

栃木県史 史料編・近世四

　　2　農民教化 ………………………………… 73
　　3　祭礼 ……………………………………… 74
第1章　領知と支配
　＜写＞黒羽藩主大関家墓所（那須郡黒羽町 大雄寺）
　第1節　城主歴代と寛文印知 ……………………1
　　1　大関家（黒羽藩）系図（黒羽町黒羽向町 黒羽町公民館蔵/大関家文書）………1
　　2　大田原家（大田原藩）系図（東京都 東京大学史料編纂所蔵）……………… 12
　　3　烏山城主歴代書上 …………………… 16
　　　（1）　烏山城主書上（烏山町中央 若林昌徳家文書）…………………… 16
　　　（2）　大久保家（烏山藩）系図（東京都 東京大学史料編纂所蔵）……… 19
　　4　足利（喜連川）家（喜連川藩）系図（東京都 東京大学史料編纂所蔵）……… 20
　　5　寛文四年　大関主馬領知目録（黒羽）（黒羽町黒羽向町 黒羽町公民館蔵/大関家文書）………………………… 24
　　6　寛文四年　大田原山城守領知目録（大田原）（「寛文印知集」『続々群書類従第九』所収）…………………………… 25
　　7　寛文四年　堀美作守領知目録（烏山）（「寛文印知集」『続々群書類従第九』所収）………………………………… 26
　第2節　黒羽藩 ……………………………… 28
　　1　藩体制の確立 ………………………… 28
　　　1　宝永八年二月　公義御尋につき書上（宇都宮大学附属図書館蔵 益子家文書）………………………………… 28
　　　　［＊本領安堵］
　　　2　寛永十九年　家中分限帳（黒羽町公民館蔵 大関家文書）………………… 32
　　　3　万治元年　家中分限帳（那須町沼野井 瀧田警家文書）………………… 39
　　　　［＊地方知行制］
　　　4　寛文年中　惣給人知行高ならびに所付帳（宇都宮大学附属図書館蔵 益子家文書）……………………………… 44
　　　5　延宝五年十月　鈴木武助知行所付・百姓付帳（宇都宮市宮原町 鈴木重次家文書）……………………………… 50
　　　6　卯（年不詳）十二月　地方知行につき触書（宇都宮大学附属図書館蔵 益子家文書）……………………………… 53
　　　7　年不詳　家中払いにつき興野隆賢覚書（抄）（黒羽町公民館蔵 大関家文書）……………………………… 54
　　　8　元禄年中　『心閒登下集』（抄）（宇都宮大学附属図書館蔵 益子家文書）…… 58
　　2　藩財政の窮乏と改革仕法 …………… 65

　　　9　享保十八年十一月　倹約被仰出覚（黒羽町黒羽田町 大宮司克夫氏蔵/浄法寺家文書）………………………………… 65
　　　10　寛延三年～宝暦八年　倹約被仰渡覚（黒羽町公民館蔵/大関家文書）……… 67
　　　11　宝暦十二年　大関増備政事改正考草案（黒羽町公民館蔵/大関家文書）…… 75
　　　　［＊藩政改革私案］
　　　12　宝暦十年～寛政五年　在方御用達より勝手方借用証文（黒羽町大輪 吉成隆家文書）………………………… 87
　　　13　明和五年　郷方御役巡村につき名主役用日記（黒磯市寺子 熊久保康正家文書）………………………………… 89
　　　14　宝暦元年～寛政八年　郷方取締法令（黒磯市寺子 熊久保康正家文書）…… 90
　3　藩体制の動揺とその再編成 ……………125
　　　15　文化八年～十三年　藩政改革につき大関増業仰渡書 …………………125
　　　（1）　文化八年十一月　家督につき仰渡（黒羽町公民館蔵『創垂可継』四十三巻）…………………………125
　　　（2）　文化八年十一月　家老ならびに諸役人共へ仰渡（黒羽町公民館蔵『創垂可継』四十三巻）…………127
　　　（3）　文化八年十一月　小児性納戸近習の者共へ仰渡（黒羽町公民館蔵『創垂可継』四十三巻）…………129
　　　（4）　文化八年十一月　徒士以下下々扶持人共へ仰渡（黒羽町公民館蔵『創垂可継』四十三巻）…………130
　　　（5）　文化八年十一月　農民ならびに町人共へ仰渡（黒羽町公民館蔵 創垂可継』四十三巻）……………131
　　　（6）　文化九年五月　穀屋株廃止につき仰渡（那須町沼野井 瀧田警家文書）……………………………133
　　　（7）　文化九年十一月　飢饉のため囲穀につき郷奉行へ仰渡（黒羽町公民館蔵『創垂可継』四十三巻）……133
　　　（8）　文化九年十一月　飢饉のため囲穀につき村々名主組頭共へ仰渡（黒羽町公民館蔵『創垂可継』四十三巻）……………………………133
　　　（9）　文化九年十一月　飢饉のため囲穀につき村々百姓共へ仰渡（黒羽町公民館蔵『創垂可継』四十三巻）……134
　　　（10）　文化九年十一月　在町溜穀につき仰渡（那須町沼野井 瀧田警家文書）……………………………134
　　　（11）　文化九年十一月　貯塩の事につき仰渡（那須町沼野井 瀧田警家文書）……………………………134

県史誌内容総覧・資料編1：近世―関東　　73

（12）　文化九年十一月　積金の事につき仰渡（那須町沼野井　瀧田馨家文書）……………135
　（13）　文化十一年九月　財政たてなおしの心得仰渡（黒羽町公民館蔵『創垂可継』四十三巻）……………136
　（14）　文化十二年三月　倹約のため諸事改革仰渡（黒羽町公民館蔵『創垂可継』四十三巻）……………139
　（15）　文化十二年六月　御下金につき仰渡（黒羽町黒羽田町　大宮司克夫氏蔵／浄法寺家文書）……………143
　（16）　文化十二年八月　諸士一統ならびに小隊へ仰渡黒羽町公民館蔵『創垂可継』四十四巻……………144
　（17）　文化十二年十二月　勝手向たてなおしの儀につき仰渡黒羽町公民館蔵『創垂可継』四十四巻……144
　（18）　文化十二年十二月　役人共へ仰渡黒羽町公民館蔵『創垂可継』四十四巻……………145
　（19）　文化十三年八月　百姓共へ仰渡（黒羽町公民館蔵『創垂可継』四十四巻）……………145
16　文化年中　藩財政収支見積案（黒羽町公民館蔵『創垂可継』三十六巻）……146
17　寛政十年～弘化三年　御用達高柳源左衛門御用立金請取証文ならびに知行扶持高宛行状
　（1）　寛政十年十二月　冥加金につき勝手方請取証文（黒羽町公民館蔵　大関家文書）……………162
　（2）　寛政十一年九月　若殿様御祝儀につき勝手方請取証文（黒羽町公民館蔵　大関家文書）……………162
　（3）　享和二年九月　家督御祝儀につき勝手方請取証文（黒羽町公民館蔵　大関家文書）……………162
　（4）　文化八年～文政九年　献納金ならびに御用立金御請調書（那須町沼野井　瀧田馨家文書）……………162
　（5）　文化十二年八月　高柳へ三百石宛行状（那須町沼野井　瀧田馨家文書）……………168
　（6）　文化十三年正月　献納金につき勝手方請取証文（黒羽町公民館蔵　大関家文書）……………168
　（7）　文政九年八月　窮民救米千俵請取証文（黒羽町公民館蔵　大関家文書）……………168
　（8）　文政十一年三月　米代金として借用金証文（黒羽町公民館蔵　大関家文書）……………169
　（9）　文政十一年八月　箱元へ借用金証文（黒羽町公民館蔵　大関家文書）……………169
　（10）　文政十一年十月　箱元へ借用金証文（黒羽町公民館蔵　大関家文書）……………170
　（11）　文政十一年十二月　引き続き勝手方御用勤仰渡書（黒羽町公民館蔵　大関家文書）……………170
　（12）　文政十一年十二月　入部祝儀として献納金請取証文（黒羽町公民館蔵　大関家文書）……………170
　（13）　天保四年十二月　窮民救金請取証文（黒羽町公民館蔵　大関家文書）……………171
　（14）　弘化三年四月　献納金請取証文（黒羽町公民館蔵　大関家文書）……171
　（15）　弘化三年四月　箱元へ借用金請取証文（黒羽町公民館蔵／大関家文書）……………171
18　天保六年～九年　御用達飯塚茂左衛門より金借証文ならびに年貢米永引方につき仰渡書（芳賀郡益子町益子　飯塚潤一家文書）……………172
19　弘化三年・嘉永五年　勝手方積立金借用につき御用達飯塚正五郎差出証文（益子町益子　飯塚潤一家文書）……173
20　文政六年　大関増業の執政につき重臣意見書（那須町沼野井　瀧田馨家文書）……………174
21　申（嘉永元）年二月　地押改めにつき申渡（芳賀郡益子町益子　飯塚昇家文書）……………176
22　嘉永年中　地押改めにつき申渡（芳賀郡益子町生田目　仁平金雄家文書）…177
23　安政二年～五年　国産政策につき懸役人よりの仰渡……………178
　（1）　安政二年十二月　材木国産につき仰渡書（那須町小島　渡辺太家文書）……………178
　（2）　安政三年正月　材木国産につき仰渡書（那須町小島　渡辺太家文書）……………178
　（3）　安政五年六月　国産明礬荷送につき元締役覚書（芳賀郡益子町益子　日下田実家文書）……………179
　（4）　安政五年十月　国産明礬荷送につき元締役覚書（益子町益子　日下田実家文書）……………180
24　文久二年～三年　藩政改革につき仰渡書……………180
　（1）　文久二年八月　家老役ならびに加談諸役人共へ仰渡　……………180

（2）　文久二年十一月　家老ならびに諸役人へ仰渡（小林華平編『大関肥後守増裕公略記』）………………181
　（3）　文久三年五月　勝手向不如意につき入用金借用方仰渡（芳賀郡益子町益子　平野良穀家文書）………183
　（4）　文久三年六月　軍制改革につき仰渡………………184
　（5）　文久三年六月　砲術訓練につき仰渡………………184
　（6）　文久三年六月　目安箱につき仰渡………………184
　（7）　文久三年七月　文武奨励につき仰渡………………185
　（8）　文久三年七月　無念流武道取立につき仰渡（小林華平編『大関肥後守増裕公略記』）………185
　（9）　元治元年三月　家老役はじめ諸役人へ仰渡………………185
　（10）　元治元年四月　農民へ仰渡‥187
　（11）　元治元年五月　役人はじめ諸士へ仰渡………………189
　（12）　元治元年五月　諸士へ仰渡…190
　（13）　元治元年五月　御政革年限につき仰渡（宇都宮大学附属図書館蔵／益子家文書）………191
　（14）　元治二年正月　不容易の時節柄につき改革向仰渡（那須町沼野井　瀧田馨家文書）………192
　（15）　丑（元治二）年三月　村方諸事取締につき家老より仰渡捷（益子町益子　飯塚昇家文書）………192
　（16）　慶応二年二月　山林田畑改めにつき申達………………194
　（17）　慶応二年八月　農兵取立方仰渡書………………197
　（18）　慶応三年五月　兵隊役御定につき仰渡書（那須町沼野井　瀧田馨家文書）………197
　（19）　慶応三年九月　全軍総裁職仰渡書（黒羽町黒羽田町　大宮司克夫氏蔵／浄法寺家文書）………198
　（20）　慶応三年十一月　諸臣一統へ仰渡（那須町沼野井　瀧田馨家文書）………198
　25　安政三年六月　下之庄御蔵勘定帳（益子町益子　日下田実家文書）………198
　26　文久二年十月　上下の庄御収納米永ならびに御在所・江戸御暮方一か年惣入用帳（益子町益子　平野良穀家文書）………203

第3節　烏山藩………………208

1　領主家督と家中………………208
　（1）　家督相続と分知、改易………208
　　1　寛永年中　堀親良書置（神奈川県茅ヶ崎市　堀直敬家文書）………208
　　2　天和三年・元禄元年　那須資徳改易一件記録（青森県弘前市　那須隆家文書）………213
　（2）　領知と家中………………215
　　3　天保年中　大久保家領知高と収納規模記録………215
　　　（1）　天保十四年　烏山領分郷村高帳（東京都　国立国会図書館蔵／二宮尊徳関係文書）………215
　　　（2）　享保十一年・天保八年　領知高・収納米永高・人別・家数・馬数調べ（烏山町中央　若林昌徳家文書）………221
　　4　天保十年　烏山藩家中分限帳（東京都　国立国会図書館蔵／二宮尊徳関係文書）………222
　　5　安永八年八月　若林家由緒につき大石安右衛門書上（烏山町中央　若林昌徳家文書）………229
　　6　年不詳　檜山家由緒書（烏山町下境　佐藤充家文書）………230
2　藩政の展開………………232
　（1）　大久保常春の就封と藩制の整備‥232
　　7　享保十一年三月　就封につき在方への条目九十一か条（烏山町滝田　荒井司家文書）………232
　　8　享保十一年九月　国元家老へ施政につき示達（烏山町中央　中村亮家文書）………241
　　9　宝暦十一年十一月　家中への条目四十一か条（烏山町中央　中村亮家文書）………247
　　10　天明六年三月　家老・年寄年中行事（烏山町中央　若林昌徳家文書）………251
　（2）　財政の窮迫と「厳法」の実施………258
　　11　安永四年～文政十年　家老若林昌恭勤仕中留書（烏山町中央　若林昌徳家文書）………258
　　12　文化八年　相州分収納高・暮向積・借用金高調帳（烏山町中央　若林昌徳家文書）………268
　　　［*江戸入用;藩財政］
　　13　文化四年二月　勧農につき十四か条（烏山町興野　阿相庚戌家文書）………273
　　14　文化十二年八月　御救貸付資金の設定につき触（烏山町興野　阿相庚戌家文書）………276
　　15　文政十年　家中面扶持帳（東京都　国立国会図書館蔵／二宮尊徳関係文書）…279

県史誌内容総覧・資料編1：近世―関東　75

16　「厳法」実施につき隠居若林永軒
　　へ領主直書（烏山町中央 若林昌徳家文
　　書）……………………………………282
17　天保四年七月 厳法再正につき家中
　　への申渡（烏山町誌編さん室蔵 平野家
　　文書）…………………………………283
3　藩政の改革と動揺………………………284
（1）　改革の開始と報徳仕法の導入……284
18　天保五年七月 菅谷八郎右衛門の家
　　老職就任につき覚（烏山町興野 阿相庚
　　戌家文書）……………………………284
19　天保五年七月 新開帰発掛の任命
　　（烏山町興野 阿相庚戌家文書）………285
20　天保五年十二月 興野村帰発田につ
　　き半免の下知書………………………285
　（1）　石塚定右衛門宛（烏山町興野 石
　　　塚二郎家文書）……………………285
　（2）　阿相弥次右衛門宛（烏山町興野
　　　阿相庚戌家文書）…………………286
　（3）　勝左衛門宛（烏山町興野 阿相庚
　　　戌家文書）…………………………286
21　天保五年十月 地米問屋設置につき
　　覚（烏山町興野 阿相庚戌家文書）……286
22　天保八年正月 仕法開始につき家老
　　菅谷より村々へ申渡（烏山町興野 阿相
　　庚戌家文書）…………………………287
　　［*窮民撫育］
23　天保九年正月 仕法中につき、博奕
　　違反者に帰発一反歩義務づけ趣意書
　　（烏山町興野 阿相庚戌家文書）………289
24　天保八年正月 五か年間帰発仕法仕
　　様請書（烏山町興野 阿相庚戌家文
　　書）……………………………………290
25　天保九年正月 家中報徳開発中につ
　　き在村への触（烏山町興野 阿相庚戌
　　文書）…………………………………290
26　天保九年二月 勧農方任命につき覚
　　（烏山町興野 阿相庚戌家文書）………291
27　天保八年～十三年 御趣法金取調帳
　　（烏山町南 天性寺文書）………………292
28　天保十年十一月 菅谷八郎右衛門の
　　報徳帰発料仕訳帳（東京都 国立国会図
　　書館蔵／二宮尊徳関係文書）…………296
29　天保元年～十一年 田畑帰発反別書
　　（東京都 国立国会図書館蔵／二宮尊徳関
　　係文書）………………………………298
30　天保十年十二月 興野町百姓大吉ら
　　御趣法金拝借証文（烏山町興野 阿相庚
　　戌家文書）……………………………299
（2）　報徳仕法の停止と転法……………300
31　天保九年十二月 菅谷八郎右衛門・
　　悴半蔵への申渡（東京都 国立国会図書
　　館蔵／二宮尊徳関係文書）……………300

32　天保年中 出府強行家臣への申渡
　　（烏山町中央 若林昌徳家文書）………301
33　天保十年十二月 御趣法替風聞記
　　（東京都 国立国会図書館蔵／二宮尊徳
　　関係文書）……………………………302
34　（天保十年カ）十月 手晡の執ši に
　　つき藩主直書（烏山町中央 若林昌徳家
　　文書）…………………………………308
35　天保十年十二月 勝手方惣村へ委任
　　につき惣村宛規定一札（烏山町興野 阿
　　相庚戌家文書）………………………308
36　天保十一年四月 御執法組立につき
　　村々への申渡し覚（烏山町興野 阿相庚
　　戌家文書）……………………………309
37　天保十一年十一月 紙・楮・煙草問
　　屋株取締を八か平村宇井喜兵衛へ
　　委託につき触（烏山町興野 阿相庚戌家
　　文書）…………………………………311
38　天保十一年十一月 宇井土喜兵衛へ
　　の問屋株委託につき惣町より反対口
　　上書（烏山町中央 辻 三郎家文書）…312
39　天保十一年正月 御執法につき一か
　　年分御月割御入用調帳（烏山町興野 石
　　塚二郎家文書）………………………313
　　［*惣郷勝手方引請］
40　天保十二年 暮向収支月割金見積り
　　下書（烏山町興野 石塚二郎家文書）…321
41　天保十二年正月 勝手方引請につき
　　惣郷より口上書（烏山町興野 石塚二郎
　　家文書）………………………………324
42　天保十二年閏正月 惣郷惣代十四人
　　より薄井友三郎への内願書（烏山町興
　　野 石塚二郎家文書）…………………324
（3）　報徳仕法再開とその後の動向……325
43　天保十一年十二月 菅谷八郎右衛門
　　へ永暇・領外追放の申渡（東京都 国立
　　国会図書館蔵／二宮尊徳関係文書；烏山町
　　興野 阿相庚戌家文書）………………325
44　天保十三年十二月 菅谷へ家老職再
　　勤につき藩主達の手控（東京都 国
　　立国会図書館蔵／二宮尊徳関係文書）…326
45　天保十四年 十か年平均土台帳（烏
　　山町誌編さん室蔵 早野家文書）………327
46　（嘉永元年カ）十二月 菅谷より若
　　林永軒への口上書（烏山町中央 若林昌
　　徳家文書）……………………………329
47　安政五年三月 家中町在惣代五十五
　　人より国元家老に対する弾劾書（烏
　　山町誌編さん室蔵 平野家文書）………330
第4節　大田原藩・喜連川藩……………334
1　年不詳 大田原藩領知覚書（大田原市
　　城山 伊藤安雄家文書）………………334

2　寛永年中　伊藤金右衛門知行判物（大田原市城山　伊藤安雄家文書）……… 336
3　年不詳　伊藤兵左衛門知行地書上帳（大田原市城山　伊藤安雄家文書）……… 337
4　寛保二年五月　阿久津三左衛門知行物成諸役書上（大田原公民館蔵　人見伝蔵氏筆写史料）……… 347
5　弘化五年正月　喜連川藩家中借上につき石高御改の申渡（喜連川町喜連川　大草英俊家文書）……… 349

第2章　年貢と諸役
<写>烏山町遠景
第1節　年貢・運上金収取の態様 ……… 353
1　年貢割付の態様 ……… 353
　1　寛文十二年～天保十一年　興野村年貢割付状（烏山町興野　石塚二郎家文書）……… 353
　2　天保三年～八年　興野村年貢割付覚 ……… 370
　　（1）　天保三年十月（烏山町興野　石塚二郎家文書）……… 370
　3　天保八年～弘化二年　新田方・帰発方興野村年貢割付（烏山町興野　石塚二郎家文書）……… 374
2　皆済の態様 ……… 378
　4　宝暦四年～天保十一年　烏山領御立値段（烏山町興野　阿相庚戌家文書）……… 378
　5　文化元年～天保四年　興野村皆済目録（烏山町興野　石塚二郎家文書）……… 381
　6　天明四年六月　興野村外七か村への先納金申付覚（烏山町興野　阿相庚戌家文書）……… 383
　7　文化四年四月　興野村への月割金賦課（烏山町興野　阿相庚戌家文書）……… 383
3　運上金の賦課 ……… 384
　8　宝暦八年十一月　興野村小物成銭請取覚（烏山町興野　阿相庚戌家文書）……… 384
　9　文化五年正月　諸工役銭賦課につき作事奉行よりの申渡（烏山町興野　阿相庚戌家文書）……… 385
　10　文化五年五月　漆掻き・漆売買運上につき郡奉行よりの蝕（烏山町興野　阿相庚戌家文書）……… 386
　11　安政元年十二月　諸運上賦課規準につき覚（烏山町興野　石塚二郎家文書）……… 387
　12　安政二年正月　興野村下郷諸運上可納名前帳（烏山町興野　石塚二郎家文書）……… 390
4　那須領上給分年貢割付ならびに皆済目録 ……… 392
　13　寛永二十年十月　那須領上給分両弥六村割付状（黒磯市大弥六　室井　昭家文書）……… 392
　14　延宝五年・宝暦八年　成田村増年貢割付状・皆済目録（矢板市成田　川上豊家文書）……… 393
5　宇都宮領代々初期年貢割付 ……… 395
　15　元和六年～寛永十九年　道下村・原荻野目村年貢割付状 ……… 395
　　（1）　元和六年十月（道下村）（塩谷町道下　青木正巳家文書）……… 395
　　（2）　元和九年十月（原荻野目村）（塩谷町原荻野目　川上吉弥家文書）……… 395
　　（3）　寛永二年十一月（原荻野目村）（塩谷町原荻野目　川上吉弥家文書）……… 396
　　（4）　寛永十九年十一月（原荻野目村）（塩谷町原荻野目　川上吉弥家文書）……… 396

第2節　諸役賦課の態様 ……… 398
1　諸役賦課と給人百姓 ……… 398
　16　延宝三年十月　烏山領興野村給人百姓四人の諸役賦課につき覚と領主（板倉）裏書（烏山町興野　滝田清家文書）……… 398
　17　延宝八年十一月　烏山藩代官より、糠・藁・萱納め方につき達（烏山町興野　阿相庚戌家文書）……… 399
　18　天和三年二月　烏山領興野村給人百姓四人より諸役免除の特権拡充につき願書ならびに領主（那須）裏書（烏山町興野　滝田清家文書）……… 399［＊那須資祇］
　19　享保十一年六月　烏山領給人百姓三人よりの諸役免除につき差出し覚（烏山町興野　滝田清家文書）……… 400
2　諸役の金納化 ……… 401
　20　元禄元年十一月　烏山領百姓より諸役金納につき願書下書ならびに裏書文言案（烏山町興野　石塚二郎家文書）……… 401
　21　元禄十五年十二月　烏山領興野村の諸役銭割付覚（烏山町興野　石塚二郎家文書）……… 403

第3節　年貢・諸役をめぐる一件 ……… 404
1　畑方米納一件 ……… 404
　22　延宝九年四月　烏山領畑方惣百姓より畑方永納方願書（烏山町興野　石塚二郎家文書）……… 404

栃木県史 史料編・近世四

23　元禄元年七月　旧烏山領畑方米納につき、幕府代官よりの勘定所への伺ならびに勘定所示達（南那須町小倉『烏山町文化財資料』第二集所収/菊地　茂家文書）……………………………………404
24　元禄九年四月　烏山領東郷村々の畑方永納訴願寄合につき名主記録ならびに願書案文（烏山町興野　阿相庚戌家文書）…………………………………405
25　元禄九年五月　烏山領興野村惣百姓より畑方永納方願書（烏山町興野　石塚二郎家文書）…………………………406
26　元禄十六年正月　未進督促・畑方永納石直段などにつき触元より東郷村々への順達覚（烏山町興野　阿相庚戌家文書）…………………………………406
27　元禄十六年八月　永納訴訟につき興野村名主覚書（烏山町興野　阿相庚戌家文書）…………………………………407
28　（元禄十七年カ）九月　郡奉行所より石代金納督促覚（烏山町興野　石塚二郎家文書）…………………………408
29　宝永六年十一月　烏山領十五か村より永納あるいは定石代上納方要求訴願（烏山町中山　義煎平佐家文書）……408
30　宝永七年三月　永納訴願につき興野村所右衛門牢死一件改め覚（烏山町興野　阿相庚戌家文書）…………………………409
31　明治二年～三年　烏山領二十六か村百姓畑方永納願い一件 ……………410
　　［＊盟約規定］
　（1）　明治二年十月　訴願につき二十五か村規定連印一札（烏山町中山　義煎平佐家文書）…………………410
　（2）　明治二年十月　二十六か村より烏山支配役所宛願書（烏山町金井　土屋一家文書『圃祖法変更紀念碑記』より）………………………………412
　（3）　明治三年正月　二十六か村惣代三人より弾正台宛願書（烏山町金井　土屋一家文書『圃祖法変更紀念碑記』より）………………………………414
　（4）　明治三年四月　二十六か村惣代二人より弾正台宛願書（烏山町金井　土屋一家文書『圃祖法変更紀念碑記』より）………………………………416
　（5）　明治二年十一月　酒主村惣代町年寄より願書（烏山町中央　辻三郎家文書）…………………………418
　参考資料　年不詳　烏山領永納・米納村々区別書上（烏山町下境　佐藤充家文書）…………………………419

2　未進百姓吟味と潰百姓跡年貢弁納用捨願い …………………………………420
　32　文化四年二月　興野村十人組百姓の潰跡六人分弁納困窮につき村役人より用捨方願書（烏山町興野　阿相庚戌家文書）…………………………………420
3　諸役をめぐる一件 ……………………421
　33　貞享四年十二月　烏山領興野村給人百姓三人より名主以下惣百姓よりの諸役特権否認訴願に対し返答書下書（烏山町興野　滝田　清家文書）……421
　34　宝暦六年三月　黒羽領生田目村村役人より薪役につき願書（益子町生田目仁平金雄家文書）…………………422

第3章　村落と百姓
＜写＞成田村点描（矢板市）
第1節　村落の構造 ……………………423
　1　寛文二年五月　興野村名寄帳（烏山町興野　石塚二郎家文書）………………423
　　［＊所持高改］
　2　元禄五年三月　上興野村五人組帳（烏山町興野　阿相庚戌家文書）……………454
　3　元禄十五年二月　興野村明細帳（烏山町興野　石塚二郎家文書）………………464
第2節　村落の変質 ……………………472
　4　文化三年七月　田中村潰地上り地改帳（黒磯市寺子　熊久保康正家文書）……472
　5　文化五年二月　上興野村儀左衛門組潰百姓持高改帳（烏山町興野　阿相庚戌家文書）…………………………………476
　6　文政四年～五年　興野村百姓等四十一人連印借金証文（烏山町興野　石塚二郎家文書）…………………………………481
　7　寛政五年八月　寄居村西組百姓友救馬金出金帳（那須町寄居　松本　稔家文書）…………………………………484
　8　寛政七年十一月　寄居村西組百姓屋根替友救組合取極帳（那須町寄居　松本稔家文書）…………………………………486
　9　天保八年二月　寄居村西組友救夫食貸出帳（那須町寄居　松本　稔家文書）…488
　10　文化六年正月　上興野村諸条約取極（烏山町興野　阿相庚戌家文書）…………490
　11　天保十三年九月　下興野村倹約取極（烏山町興野　石塚二郎家文書）…………491
　12　天保八年　成田村入百姓諸入用勘定帳（矢板市成田　川上　豊家文書）………492
　13　天保十年十月　成田村百姓取立願（矢板市成田　川上　豊家文書）…………494
　14　元治元年八月　大輪村吉成忠左衛門に三ツ組盃賞与（黒羽町大輪　吉成　隆家文書）…………………………………496

15　未十二月　大輪村吉成忠左衛門に御目見・苗字帯刀免許(黒羽町大輪 吉成 隆家文書)…496
16　亥十月　大輪村吉成忠左衛門に扶持米授与(黒羽町大輪 吉成 隆家文書)…497
17　文化元年四月　下興野村石塚定右衛門に二人扶持授与(烏山町興野 石塚二郎家文書)…497
18　天保元年十月　下興野村石塚定右衛門に居屋敷年貢免除・三人扶持授与(烏山町興野 石塚二郎家文書)…497

第4章　山林と用水
<写>山口堀用水路(黒磯市東小屋)

第1節　山林…499
1　領主の山支配…499
1　明和三年正月～四年七月　黒羽藩下之庄山方日記(益子町益子 平野良毅家文書)…499
[*山奉行;山守]
2　安永九年十二月～十年十二月　山方御用留帳(益子町益子 平野良毅家文書)…507
3　天明二年正月～十二月　山方御用留帳(益子町益子 平野良毅家文書)…516
4　年不詳　上寺嶋村和気家由緒書(塩谷町上寺島 和気義広家文書)…524
[*山先人]
5　年不詳　上寺嶋村和気家先祖以来勤役上帳(塩谷町上寺島 和気義広家文書)…526
6　天保十三年十一月　上寺嶋村和気家勤役につき口上書(塩谷町上寺島 和気義広家文書)…532

2　林産物の実態…534
7　子十月　山払入札覚(益子町益子 平野良毅家文書)…534
8　文久二年四月　根伐木材書上証文(塩谷町上寺島 和気義広家文書)…534
9　辰三月　売木明細書上書(塩谷町上寺島 和気義広家文書)…535
10　辰三月　杉竹売渡明細書上書(塩谷町上寺島 和気義広家文書)…535
11　子十月　大原村百姓家材木之覚(塩谷町上寺島 和気義広家文書)…536
12　寅十月　下駄足駄羽木書上書(塩谷町上寺島 和気義広家文書)…536
13　申二月　雑木鉢用木書上書(塩谷町上寺島 和気義広家文書)…536
14　貞享三年四月　水車材木書上書(塩谷町上寺島 和気義広家文書)…537
15　年不詳　寺嶋村入海普請杭木書上書(塩谷町上寺島 和気義広家文書)…537

16　嘉永六年十一月　落葉掻につき生田目村百姓願書(益子町益子 平野良毅家文書)…538
17　安永三年二月　深沢村炭山買請証文(益子町益子 平野良毅家文書)…539
[*下野炭]
18　申二月　高原山雑木炭釜書上書(塩谷町上寺島 和気義広家文書)…539
19　午十一月　高原山銅屋炭書上書(塩谷町上寺島 和気義弘家文書)…540
20　寅十月　高原山鍛冶炭釜書上書(塩谷町上寺島 和気義広家文書)…540
21　寅十月　高原山炭釜請負書(塩谷町上寺島 和気義弘家文書)…540
22　享保十一年二月　炭釜打替につき願書(塩谷町上寺島 和気義弘家文書)…541
23　享保十三年十一月　新炭書上書(塩谷町上寺島 和気義弘家文書)…541
24　寅十月　銅屋炭釜等請負証文(塩谷町上寺島 和気義広家文書)…542
25　午十一月　鍛冶炭運上納証文(塩谷町上寺島 和気義弘家文書)…542
26　文政四年正月　村々納薪調書(益子町益子 平野良毅家文書)…543
27　弘化三年九月　久保田河岸預新結直しにつき調書(益子町益子 平野良毅家文書)…550
28　丑八月　椎茸買入証文(塩谷町上寺島 和気義弘家文書)…551

3　林産物の筏による流通…552
29　安政五年十月　西船生河岸諸荷物駄数取調書上帳(塩谷町船生 斎藤 喆家文書)…552
30　元文元年十二月　辰年山家御材木伐元帳(塩谷町船生 斎藤 喆家文書)…553
31　安政四年十二月　西船生河岸宇都宮積下ケ炭調(塩谷町船生 斎藤 喆家文書)…556
32　安政三年十二月　筏流下出入一件済口証文(塩谷町上沢 斎藤精純家文書)…559
33　天保十二年四月　筏荷物流失につき芦沼村百姓詫書(塩谷町上平 手塚勇造家文書)…563
34　嘉永四年九月　筏流下一件につき売木人仲間願書(塩谷町上平 手塚勇造家文書)…566
35　天保八年正月　売木人仲間議定(塩谷町泉 武田耕造氏筆写史料)…568
36　文政八年二月　河岸問屋取替規定証文(塩谷町上平 手塚勇造家文書)…569
37　安政三年十二月　西船生新河岸御開諸日記(塩谷町船生 斎藤 喆家文書)…570

栃木県史 史料編・近世四

第2節 用水 …… 578
 1 穴沢用水開発 …… 578
  38 天明四年 用水開発につき百村名主甚右衛門等願書（黒磯市高林 光徳寺文書） …… 578
   [＊新田開発]
  39 天明四年十二月 用水開発入用金につき議定証文（黒磯市高林 光徳寺文書） …… 579
  40 天明五年正月 用水開発入用金請負証文（黒磯市高林 光徳寺文書） …… 579
  41 文化元年三月 用水開発につき百村百姓平次郎等願書（黒磯市高林 光徳寺文書） …… 580
  42 文化七年九月 用水分水につき百村百姓甚五右衛門願書（黒磯市高林 光徳寺文書） …… 581
  43 安政五年九月 用水分水につき百村百姓等議定書（黒磯市高林 光徳寺文書） …… 581
 2 用水争論 …… 583
  44 貞享二年二月 用水堰争論につき小倉村百姓願書（南那須町小倉 菊池 茂家文書） …… 583
  45 元禄十一年三月 用水堰争論につき小倉村百姓願書（南那須町小倉 菊池 茂家文書） …… 584
  46 享保十二年二月 用水堰争論につき小倉村百姓願書（南那須町小倉 菊池 茂家文書） …… 585
  47 天明八年正月 用水堰争論につき小倉村百姓願書（南那須町小倉 菊池 茂家文書） …… 587
  48 寛政八年二月 用水堰争論につき藤田村等内済証文（南那須町小倉 菊池 茂家文書） …… 588
  49 天保十四年正月 新用水堀抜につき藤田村名主等一札（南那須町小倉 菊池 茂家文書） …… 589
  50 文久元年四月 用水堰分水につき小倉村百姓和談書（南那須町小倉 菊池 茂家文書） …… 590

第5章 交通と運輸
 ＜写＞喜連川宿の賑わい（塩谷郡氏家町 長島元重氏蔵）
 第1節 公用通行と助郷 …… 591
  1 寛文十二年六月 奥州街道芦野宿助馬増加の定（那須町小島 渡辺 太家文書） …… 591
  2 宝暦十四年五月 大田原宿助郷村高帳（大田原市新富 印南敬二郎家文書） …… 592

  3 享保十三年正月 奥州街道芦野宿当分助郷帳（黒磯市寺子 熊久保康正家文書） …… 593
  4 天保五年九月 東乙畑村他三か村喜連川宿助郷休役証文（矢板市大槻 富川重郎家文書） …… 596
  5 天保五年十一月 東乙畑村他三か村喜連川宿助郷休役中仕法帳（矢板市大槻 富川重郎家文書） …… 598
  6 文化十二年～文政二年 大田原宿伝馬助郷勤高書上帳（大田原市新富 印南敬二郎家文書） …… 603
  7 （天保七年）奥州棚倉領主国替につき上使通行入用覚（黒磯市寺子 熊久保康正家文書） …… 606
  8 天保十四年 日光社参関係三斗内鷹巣村御用留（抄）（大田原市実取 森 重家文書） …… 607

 第2節 奥州街道・原方道・関街道の廻米荷物輸送 …… 610
  1 関街道と脇道 …… 610
  9 明暦三年十月 関街道荷物輸送につき宿々連判手形（高根沢町花岡 岡本光明家文書）
  10 明暦四年五月 原方道・奥州街道・関街道道筋略図（高根沢町花岡 岡本光明家文書） …… 611
  11 寛文六年三月 関街道脇道との荷物争論につき関俣村返答書（高根沢町花岡 岡本光明家文書） …… 612
  12 貞享元年十一月 白河藩廻米関街道脇道輸送につき河井村他二か村請書（高根沢町花岡 岡本光明家文書） …… 612
  13 正徳二年十一月 関街道脇道荷物争論につき関俣村他口上書（高根沢町花岡 岡本光明家文書） …… 613
  14 戌（享保三）年 関海道脇道荷物争論につき覚書（高根沢町花岡 岡本光明家文書） …… 614
  2 奥州街道と関街道荷物争論 …… 616
  15 寛文七年十月 奥州街道荷物継送りにつき道中奉行高木伊勢守達書（那須町寄居 松本 稔家文書） …… 616
  16 元禄八年 関海道と奥州街道荷物継送り争論（大田原市新富 印南敬二郎家文書） …… 617
  17 享保十四年九月 奥州諸藩廻米黒羽経由継送りにつき寺子村訴状（黒磯市寺子 熊久保康正家文書） …… 620
  18 安永七年七月 煙草荷物脇道継送りにつき大田原宿商人差出一札（大田原市新富 印南敬二郎家文書） …… 621
  3 原方道と奥州街道荷物争論 …… 623

80　県史誌内容総覧・資料編1: 近世—関東

19　宝暦四年　白河町穀問屋商米差留一件 ……………………………………623
　（1）　宝暦四年四月　原方街道米問屋連判一札 …………………………623
　（2）　宝暦四年五月　原方道米問屋訴状（（1）（2）那須町小島　渡辺太家文書） ………………………………624
　（3）　宝暦四年十一月　原方道と奥州街道問屋争論済口証文（大田原市新富　印南敬二郎家文書） ……………626
20　天保十五年四月　諸藩廻米輸送につき奥州街道諸宿米問屋議定書（那須町寄居　松本稔家文書） …………629

4　原方道の米荷物輸送 ………………………631
21　宝永四年　原方道高久村他一四か村増駄賃願書（那須町高久甲　高久三郎家文書） ………………………………631
22　享保七年六月　板戸河岸より道法・駄賃覚書（宇都宮市板戸　板本竜太家文書） ……………………………………632
23　元禄十年四月　原方道百姓馬継争論裁許状（塩谷町道下　青木正巳家文書） …………………………………634
24　享保間　原方道米荷物輸送につき夕狩村問屋申立て覚（那須町豊原　高久弥一郎家文書） ………………………634
25　文政四年六月　二本松藩廻米輸送につき原方道諸宿問屋請書（那須町小島　渡辺太家文書） ………………636

5　原方道の問屋と附子 ………………………638
26　寛文九年三月　問屋拝借馬金等につき寄居村他口上書（那須町寄居　松本稔家文書） ………………………………638
27　享保七年五月　松倉村附子勤方定（那須町寄居　松本稔家文書） ……639
28　享保十四年三月　宿々問屋どちや（駑者）荷口銭取立定（二通）（那須町高久甲　高久三郎家文書） ………639
29　元文二年　原方道廻米荷物荷口銭につき問屋と附子争論 …………640
　（1）　元文二年四月　大原間村と東小屋取替し証文（黒磯市東小屋　白井備三家文書） …………………640
　（2）　元文二年十一月　高久村および附子村々へ申渡、ならびに村々請書（那須町高久甲　高久三郎家文書） ……………………………641
　（3）　元文二年十一月　荷口銭勘定覚書（那須町高久甲　高久三郎家文書） ……………………………643
　（4）　元文二年十二月　高久村四名詑証文（那須町高久甲　高久三郎家文書） ……………………………644

30　宝暦六年三月　小島宿荷口銭分配受取覚書（那須町小島　渡辺太家文書） ‥645
31　安政六年六月　米穀運送附子仲間議定（黒磯市寺子　熊久保康正家文書） …646

6　烏山・馬頭筋廻米諸荷物輸送 ……………648
32　明和九年九月　馬頭煙草荷物運送につき竹内村と見上村争論済口証文（芳賀町給部　綱川文太家文書） ………648
33　安永八年四月　諸荷物輸送につき森田・見上より喜五郎内迄問屋仲間議定（高根沢町上高根沢　赤羽祐二郎家文書） ………………………………648
34　天明六年四月　馬頭筋荷物輸送につき板戸河岸と関俣村他道筋村々取替し証文（高根沢町花岡　岡本光明家文書） ………………………………649
35　文化二年正月　烏山紙荷物輸送につき給部村問屋差出一札（高根沢町上高根沢　赤羽祐二郎家文書） ……650
36　安政五年二月　烏山荷物輸送につき給部村附子議定（芳賀町給部　綱川文太家文書） ……………………………651

第3節　会津街道と中附駑者 ………………652
37　延宝五年二月　駄賃稼ぎにつき五十里村願書（宇都宮市旭町　赤羽稲次郎家文書） ……………………………652
38　貞享四年四月　会津街道中追い馬継ぎ（駑者）覚書（宇都宮市旭町　赤羽稲次郎家文書） …………………653
39　元禄十四年十月　中追い者と五十里村問屋荷物争論取扱状（宇都宮市旭町　赤羽稲次郎家文書） …………653
40　宝永元年十月　廻米駄賃増額につき五十里村願書（宇都宮市旭町　赤羽稲次郎家文書） ……………………654
41　享保七年六月　会津坂下煙草輸送につき五十里村願書（宇都宮市旭町　赤羽稲次郎家文書） ……………655
42　享保十四年三月　高原通廻米輸送につき五十里村願書（宇都宮市旭町　赤羽稲次郎家文書） ……………656
43　明和五年七月　仲附馬稼ぎにつき独鈷沢村他二か村願書（宇都宮市旭町　赤羽稲次郎家文書） ……………656
44　明和六年四月　仲附馬と宿々問屋塩荷物輸送争論済口証文（宇都宮市旭町　赤羽稲次郎家文書） …………658
45　子（文化十二年カ）年九月　仲附駑者との荷物輸送争論につき五十里村返答書（宇都宮市旭町　赤羽稲次郎家文書） ……………………………659

46　文政五年五月　五十里村附子と小宿
　　　　荷物輸送争論済口証文(宇都宮市旭町
　　　　赤羽稲次郎家文書)……………661
　　47　弘化四年　尾頭道荷物継送り争
　　　　論………………………………662
　　　(1)　弘化四年十一月　五十里・中三
　　　　　依両村願書乍恐以書附奉願上候(宇
　　　　　都宮市旭町　赤羽稲次郎家文書)……662
　　　(2)　弘化四年十月　横川村と五十
　　　　　里・中三依両村取替し証文(宇都宮
　　　　　市旭町　赤羽稲次郎家文書)………663
第4節　那珂川の河岸と水運……………664
　　48　天保二年十月　黒羽河岸起源等につ
　　　　き書上(黒羽町黒羽向町　阿久津正二家
　　　　文書)……………………………664
　　49　享保十五年十二月　那珂川荷物問屋
　　　　につき大瀬村願書(芳賀郡市貝町市塙
　　　　見木栄家文書)…………………666
　　50　宝暦十三年　会津藩廻米夏期那珂川
　　　　通知の定………………………667
　　　(1)　宝暦十三年四月　通船吟味につ
　　　　　き水戸河岸他二か河岸申立て書
　　　　　(那須町高久甲　高久三郎家文書)……667
　　　(2)　宝暦十三年四月　水戸河岸他二
　　　　　か河岸請書(那須町高久甲　高久三郎
　　　　　家文書)………………………668
　　51　文政十三年　黒羽上河岸問屋九兵衛
　　　　持船改(黒羽町黒羽向町　阿久津正二家
　　　　文書)……………………………668
　　52　天保九年二月　会津藩廻米黒川通船
　　　　輸送願書(黒羽町黒羽向町　阿久津正二
　　　　家文書)…………………………670
　　53　天保十五年正月　那珂川板荷物仲間
　　　　新河岸開設願書(黒羽町黒羽向町　阿久
　　　　津正二家文書)…………………672
　　54　文久元年十一月　黒羽向町と那珂川
　　　　上下荷物輸送争論につき黒羽田町返
　　　　答書(黒羽町黒羽向町　橋本恒敏家文
　　　　書)………………………………674

第6章　産業と経営
　<写>紙漉き作業(那須郡烏山町　福田製紙所)
　第1節　諸産物………………………677
　　1　煙草…………………………677
　　　1　嘉永四年八月　煙草腐内検見帳(烏山
　　　　町興野　石塚二郎家文書)…………677
　　　2　宝永五年八月　煙草代金争論につき
　　　　小砂村茂左衛門訴状……………681
　　　(1)　宝永五年八月　茂左衛門訴状
　　　　　(馬頭町小口　大金重徳家文書)……681
　　　(2)　宝永五年八月　茂左衛門訴状
　　　　　(馬頭町小口　大金重徳家文書)……683

　　　3　宝永五年十月　煙草代金争論につき
　　　　小砂村伊左衛門返答書(馬頭町小口　大
　　　　金重徳家文書)…………………683
　　　4　宝永五年十月　煙草代金争論につき
　　　　小砂村庄屋等家財預り証文(馬頭町小
　　　　口　大金重徳家文書)………………684
　　　5　享保十二年十月　煙草仕入金借用証
　　　　文(烏山町中央　辻三郎家文書)……684
　　　6　天保十一年十二月　煙草仕入金借用
　　　　証文(馬頭町馬頭　金子平三郎家文
　　　　書)………………………………684
　　　7　天保十三年～明治十四年　御目録帳
　　　　(抄)(馬頭町馬頭　金子平三郎家文
　　　　書)………………………………685
　　　8　嘉永四年十一月　江戸橘屋甚右衛門
　　　　煙草代金預り証文(馬頭町馬頭　金子平
　　　　三郎家文書)……………………702
　　　9　安政二年十月　煙草仕入金借越しに
　　　　つき年賦返済証文(馬頭町馬頭　金子平
　　　　三郎家文書)……………………702
　　　10　文久二年三月　煙草仕切覚(馬頭町
　　　　馬頭　金子平三郎家文書)…………702
　　　11　嘉永四年五月　高瀬船売渡しならび
　　　　に預り証文(馬頭町馬頭　金子平三郎家
　　　　文書)……………………………703
　　　12　年不詳　煙草付通しにつき伊王野村
　　　　問屋・百姓訴状(那須町伊王野　鮎瀬健
　　　　一家文書)………………………704
　　　13　年不詳　紙・煙草売買につき仲間一
　　　　同掟書(烏山町中央　吉成富衛家文
　　　　書)………………………………705
　　　［*正路商い］
　　　14　寛政十年十一月　煙草売買につき大
　　　　木須村ら十一か町村請書(烏山町興野
　　　　阿相庚戌家文書)………………706
　　　15　嘉永五年九月　荷造り日雇賃銭値上
　　　　げ一件につき扱い証文(馬頭町馬頭　金
　　　　子平三郎家文書)………………708
　　　16　文久元年十一月　煙草仕入金貸渡し
　　　　に付煙草仕法掛り願書(馬頭町馬頭　金
　　　　子平三郎家文書)………………708
　　2　紙………………………………709
　　　17　延宝八年十一月　興野村年貢代替御
　　　　用紙納めの覚(烏山町興野　阿相庚戌家
　　　　文書)……………………………709
　　　18　宝永五年十一月　紙板不足につき谷
　　　　川村紙渡願書(馬頭町小口　大金重徳家
　　　　文書)……………………………713
　　　19　宝永五年十二月　御用紙漉立てにつ
　　　　き金子預り証文(馬頭町小口　大金重徳
　　　　家文書)…………………………713

20　宝永六年二月　多部田村外三か村御
　　　　　用紙漉立て覚（馬頭町小口　大金重徳家
　　　　　文書）‥‥‥‥‥‥‥‥‥‥‥‥‥714
　　　21　宝永五年九月　紙商人人入込につき宿
　　　　　始めたき願書（馬頭町小口　大金重徳家
　　　　　文書）‥‥‥‥‥‥‥‥‥‥‥‥‥714
　　　22　宝暦五年正月　荷口・駒口銭復活に
　　　　　つき問屋清右衛門願書（烏山町誌編さ
　　　　　ん室蔵　早野家文書）‥‥‥‥‥‥715
　　　23　子（天保十一年）十一月　紙・煙草
　　　　　一か年分凡見積り覚（烏山町中央　辻
　　　　　三郎家文書）‥‥‥‥‥‥‥‥‥‥716
　　　24　弘化三年十二月　紙・煙草運上取立
　　　　　覚（烏山町誌編さん室蔵　早野家文
　　　　　書）‥‥‥‥‥‥‥‥‥‥‥‥‥‥717
　　　25　慶応四年二月　紙木問屋株独占につ
　　　　　き元町滝田重兵衛願書（烏山町中央　関
　　　　　善右衛門家文書）‥‥‥‥‥‥‥‥718
　　　26　明治四年十月　紙・煙草相対取引復
　　　　　活願書（烏山町誌編さん室蔵　早野家
　　　　　文書）‥‥‥‥‥‥‥‥‥‥‥‥‥719
　　3　織物‥‥‥‥‥‥‥‥‥‥‥‥‥‥‥720
　　　27　寛政十一年八月　大田原系仕入金借
　　　　　用証文（烏山町興野　石塚二郎家文
　　　　　書）‥‥‥‥‥‥‥‥‥‥‥‥‥‥720
　　　28　享和元年十月　綿紗綾売渡代金受取
　　　　　覚（烏山町興野　石塚二郎家文書）‥‥720
　　　29　文政六年十二月　綿紗綾代金出入に
　　　　　つき石塚貞右衛門願書（烏山町興野　石
　　　　　塚二郎家文書）‥‥‥‥‥‥‥‥‥
　　　30　文政十二年六月　機織冥加金用捨申
　　　　　達書（烏山町興野　石塚二郎家文書）‥‥723
　　　31　弘化四年十一月　御用金仰付けにつ
　　　　　き石塚定右衛門用捨願書（烏山町興野
　　　　　石塚二郎家文書）‥‥‥‥‥‥‥‥723
　　　32　文政七年〜十年　機織日用帳（烏山
　　　　　町興野　石塚二郎家文書）‥‥‥‥724
　　第2節　農業経営‥‥‥‥‥‥‥‥‥‥‥‥746
　　　33　安永四年五月　万覚帳（抄）（那須町
　　　　　小島　渡辺太家文書）‥‥‥‥‥‥746
　　　34　寛政四年　諸作銘々仕付帳（烏山町
　　　　　興野　阿相庚戌家文書）‥‥‥‥‥747
　　　35　天保十一年九月　粕干鰯代金出入に
　　　　　つき大槻村弥左衛門訴状（矢板市大槻
　　　　　富川重郎家文書）‥‥‥‥‥‥‥‥760
第7章　一揆と騒擾
　　＜写＞黒羽藩農民騒動記録（那須郡那須町　滝
　　　田馨家文書）
　　第1節　天明年間那須地方町方打ちこわ
　　　　　し‥‥‥‥‥‥‥‥‥‥‥‥‥‥‥767

　　　1　天明三年〜四年　打ちこわしにつき
　　　　　小島宿問屋覚書（抄）（那須町小島　渡
　　　　　辺太家文書）‥‥‥‥‥‥‥‥‥‥767
　　　2　天明四年六月　打ちこわしにつき藤
　　　　　原宿問屋覚書（抄）（藤原町藤原　星七
　　　　　郎家文書）‥‥‥‥‥‥‥‥‥‥‥768
　　第2節　烏山地方の百姓騒動‥‥‥‥‥‥769
　　　1　天保年間百姓騒動覚書‥‥‥‥‥‥769
　　　3　天保四年十一月　烏山藩領百姓騒動
　　　　　期（一乱実記）（烏山町金井　平野春吉家
　　　　　文書）‥‥‥‥‥‥‥‥‥‥‥‥‥769
　　　　　［＊天保の飢饉］
　　　4　天保四年十一月　若林永軒日記
　　　　　（抄）（烏山町中央　若林昌徳家文書）‥‥776
　　　5　天保四年十一月　烏山藩領百姓一揆
　　　　　顛末（拊循録）（東京都　国立国会図書館
　　　　　蔵／二宮尊徳関係文書『拊循録』）‥‥‥780
　　　2　慶応年間米騒動覚書‥‥‥‥‥‥‥783
　　　6　慶応年間　烏山町米騒動覚書‥‥‥783
　　　(1)　慶応三年八月　町年寄専介覚
　　　　　書留（烏山町中央　関善右衛門家文
　　　　　書）‥‥‥‥‥‥‥‥‥‥‥‥‥‥783
　　　(2)　慶応三年八月　鍛冶町肝煎覚書
　　　　　留（烏山町中央　吉成富衛家文書「慶応
　　　　　三年九月御用留」）‥‥‥‥‥‥‥‥783
　　第3節　黒羽地方の百姓騒動‥‥‥‥‥‥785
　　　1　安政年間黒羽藩領百姓騒動記録‥‥785
　　　7　安政三年十一月　百姓徒党事件に
　　　　　つき郷奉行所三田称平覚書（黒羽町八塩　三
　　　　　田キヨ家文書「地山堂雑記第一編」）‥‥785
　　　8　安政三年十月　惣百姓歎願書（那須町
　　　　　沼野井　瀧田馨家文書）‥‥‥‥‥785
　　　9　安政三年十一月　須賀川・北金丸両
　　　　　村百姓歎願書（那須町沼野井　瀧田馨家
　　　　　文書）‥‥‥‥‥‥‥‥‥‥‥‥‥789
　　　10　安政三年十一月　余瀬村ほか三か村
　　　　　百姓歎願書（那須町沼野井　瀧田馨家
　　　　　文書）‥‥‥‥‥‥‥‥‥‥‥‥‥791
　　　11　安政三年十一月　百姓騒動につき給
　　　　　人口上書（那須町沼野井　瀧田馨家文
　　　　　書）‥‥‥‥‥‥‥‥‥‥‥‥‥‥792
　　　12　安政四年　給人徒党につき給人仲間
　　　　　より差出趣意書（那須町沼野井　瀧田馨
　　　　　家文書）‥‥‥‥‥‥‥‥‥‥‥‥793
　　　13　安政三年十二月　百姓騒動につき
　　　　　中上申書（那須町沼野井　瀧田馨家文
　　　　　書）‥‥‥‥‥‥‥‥‥‥‥‥‥‥794
　　　14　安政四年二月　仕法替につき在方へ
　　　　　申渡（那須町沼野井　瀧田馨家文書「御
　　　　　在邑御用番留記」）‥‥‥‥‥‥‥‥804

15　安政四年二月　仕法替につき家中へ
　　　　　申渡(那須町沼野井　瀧田　馨家文書「御
　　　　　在邑御用番留記」)‥‥‥‥‥‥‥‥‥805
　　　16　安政四年四月　仕法替につき家中へ
　　　　　申渡(宇都宮大学附属図書館蔵　益子家
　　　　　文書「御在邑御用留記」)‥‥‥‥‥‥806
　　　17　安政四年四月　徒党頭取へ申渡(宇
　　　　　都宮大学附属図書館蔵　益子家文書「御
　　　　　在邑御用番留記」)‥‥‥‥‥‥‥‥‥806
　　　18　安政四年四月　筆頭家老へ蟄居申渡
　　　　　(宇都宮大学附属図書館蔵　益子家文書
　　　　　「御在邑御用留記」)‥‥‥‥‥‥‥‥807
　　　19　安政四年四月　徒党給人へ閉門申渡
　　　　　(宇都宮大学附属図書館蔵　益子家文書
　　　　　「御在邑御用留記」)‥‥‥‥‥‥‥‥807
　　2　慶応年間黒羽藩領百姓騒動記録‥‥808
　　　20　慶応二年～三年　百姓徒党につき瀧
　　　　　田典膳覚書(那須町沼野井　瀧田　馨文
　　　　　書)‥‥‥‥‥‥‥‥‥‥‥‥‥‥‥808
　　　21　慶応二年十二月　百姓一揆に際して
　　　　　大関増裕申達(那須町沼野井　瀧田　馨家
　　　　　文書)‥‥‥‥‥‥‥‥‥‥‥‥‥‥810

第8章　社会と文化
　＜写＞烏山町山揚祭(写真提供　大西久雄氏)
　第1節　庶民の生活‥‥‥‥‥‥‥‥‥‥813
　　1　家‥‥‥‥‥‥‥‥‥‥‥‥‥‥‥‥813
　　　1　午正月　上高根沢村宇津権右衛門家
　　　　　家内取締議定(高根沢町上高根沢　宇津
　　　　　権右衛門家文書)‥‥‥‥‥‥‥‥‥813
　　　　　[＊家法]
　　　2　午正月　上高根沢村宇津権右衛門家
　　　　　奉公人取締議定(高根沢町上高根沢　宇
　　　　　津権右衛門家文書)‥‥‥‥‥‥‥‥814
　　　3　未正月　上高根沢村宇津権右衛門家
　　　　　倹約議定(高根沢町上高根沢　宇津権右
　　　　　衛門家文書)‥‥‥‥‥‥‥‥‥‥‥816
　　　4　天明四年　上高根沢村宇津董教「掟」
　　　　　(高根沢町上高根沢　宇津権右衛門家文
　　　　　書)‥‥‥‥‥‥‥‥‥‥‥‥‥‥‥817
　　　5　文政十年二月　上高根沢村宇津権蔵
　　　　　家督相続につき証文一札(高根沢町上
　　　　　高根沢　宇津権右衛門家文書)‥‥‥817
　　　6　文政十年二月　上高根沢村宇津権蔵
　　　　　薬調合方相伝につき起証文(高根沢町
　　　　　上高根沢　宇津権右衛門家文書)‥‥817
　　2　郷例・格式‥‥‥‥‥‥‥‥‥‥‥‥818
　　　7　文政十二年九月　上高根沢村長百姓
　　　　　安住明神祭礼につき取替証文(高根沢
　　　　　町宝積寺　斎藤栄司家文書)‥‥‥‥818
　　　8　天保三年六月　上高根沢村長百姓郷
　　　　　例につき取替議定(高根沢町宝積寺　斎
　　　　　藤栄司家文書)‥‥‥‥‥‥‥‥‥‥818

　　3　年中行事‥‥‥‥‥‥‥‥‥‥‥‥‥820
　　　9　年不詳　喜連川家中年中行事控(喜連
　　　　　川町喜連川　秋元武夫家文書)‥‥‥820
　　4　若者仲間‥‥‥‥‥‥‥‥‥‥‥‥‥828
　　　10　天保四年二月　桜野村若者仲間芝居
　　　　　興行につき議定(氏家町桜野　村上喜彦
　　　　　家文書)‥‥‥‥‥‥‥‥‥‥‥‥‥828
　　5　湯街道‥‥‥‥‥‥‥‥‥‥‥‥‥‥830
　　　11　享保十年八月　下石上村百姓塩原入
　　　　　湯駄賃馬継合につき訴状(大田原市下
　　　　　石上　手塚敏雄家文書)‥‥‥‥‥‥830
　　　12　享保十年八月　塩原湯街道駄賃馬継
　　　　　合出入一件覚(大田原市下石上　手塚敏
　　　　　雄家文書)‥‥‥‥‥‥‥‥‥‥‥‥830
　第2節　文化と教育‥‥‥‥‥‥‥‥‥‥832
　　1　藩学・私塾‥‥‥‥‥‥‥‥‥‥‥‥832
　　　13　天保九年～安政二年　喜連川藩秋元
　　　　　与家塾門籍(喜連川町喜連川　秋元武夫
　　　　　家文書)‥‥‥‥‥‥‥‥‥‥‥‥‥832
　　　　　[＊門人帳]
　　　14　享和三年正月　伊王野村鮎瀬祐之丞
　　　　　宛算法伝授起請文(那須町伊王野　鮎瀬
　　　　　健一家文書)‥‥‥‥‥‥‥‥‥‥‥834
　　　15　文政七年～嘉永六年　伊王野村鮎瀬
　　　　　氏御家流中西流筆道算術門人帳(那
　　　　　須町伊王野　鮎瀬健一家文書)‥‥‥834
　　　16　年不詳　黒羽藩兵法学規則書(那須
　　　　　町沼野井　瀧田　馨家文書)‥‥‥‥‥840
　　　　　[＊砲術訓練]
　　2　農民教化‥‥‥‥‥‥‥‥‥‥‥‥‥843
　　　17　明和五年四月　黒羽藩鈴木武助巡村
　　　　　申渡書ならびに口述留書(宇都宮市宮
　　　　　原　鈴木重次家文書)‥‥‥‥‥‥‥843
　　　18　寛政十年十月　田町一同鈴木武助様
　　　　　退役につき祝儀進物許可願(宇都宮市
　　　　　宮原　鈴木重次家文書)‥‥‥‥‥‥857
　　　19　弘化二年六月　馬頭駅連中子育方社
　　　　　中規矩書(宇都宮市宮島　増淵幹男家文
　　　　　書)‥‥‥‥‥‥‥‥‥‥‥‥‥‥‥858
　　3　祭礼‥‥‥‥‥‥‥‥‥‥‥‥‥‥‥862
　　　20　宝暦十二年六月　烏山赤坂町祭礼記
　　　　　録(烏山町金井　大鐘茂一郎家文書)‥862
　　　　　[＊八雲神社]

あとがき(県史編さん室長　斎藤邦夫)‥‥‥883
関係者名簿‥‥‥‥‥‥‥‥‥‥‥‥‥‥‥883
　県史編さん委員会委員・参与(昭和五十一
　　年三月現在)
　　船田譲(知事;会長)
　　砂子田隆(副知事;副会長)
　　寶月圭吾(東京大学名誉教授・東洋大学
　　　教授・専門委員会監修者;副会長)

渡辺幹雄(県教育長;副会長)
中里魚彦(県文化財調査委員・専門委員会委員長;委員)
辰巳四郎(宇都宮大学名誉教授・宇都宮短期大学教授・専門委員会委員・原始担当;委員)
土田直鎮(東京大学教授・専門委員会委員・古代担当;委員)
稲垣泰彦(東京大学教授・専門委員会委員・中世担当;委員)
北島正元(東京都立大学教授・専門委員会委員・近世担当;委員)
長倉保(神奈川大学教授・専門委員会委員・近世担当;委員)
笠井恭悦(宇都宮大学教授・専門委員会委員・近現代担当;委員)
小西四郎(元東京大学教授・専門委員会委員・近現代担当;委員)
小池知明(県議会議員;委員)
小池嘉子(市長会会長・宇都宮市長;委員)
小島泰治(町村会会長・二宮町長;委員)
立入隼人(市町村教育長会会長・宇都宮市教育長;委員)
手塚満雄(県総務部長;委員)
菊地幸敏(県教育次長;委員)
秋本典夫(宇都宮大学教授;参与)
野中退蔵(県文化財調査委員;参与)
渡辺龍瑞(県文化財調査委員;参与)
小林友雄(郷土史家;参与)
雨宮義人(県立宇都宮高等学校長;参与)
福島悠峰(下野新聞社社長;参与)
根村隆ス(栃木新聞社社長;参与)
横川信夫(前知事;前会長)
荻山義夫(前副知事;前副会長)
高橋敏彦(前総務部長;前委員)
磯信兵衛(前教育次長;前委員)

```
┌─────────────────────┐
│ 栃木県史 史料編・近世五 │
│     栃木県発行       │
│ 昭和54年3月31日発行   │
└─────────────────────┘
```

<足利・安蘇郡の分散相給地域における近世史料を収録>

 <口絵>第1図 木村半兵衛家歳々見聞録 東京都 桜美林大学図書館蔵
 <口絵>第2図 桐生買次仲間議定書 東京都 桜美林大学図書館蔵
 <口絵>第3図 大川繁右衛門家大福帳 足利市小俣 大川邦之家文書
 <口絵>第4図 大川繁右衛門家店卸帳 足利市小俣 大川邦之家文書
 <口絵>第5図 大川繁右衛門家市控帳 足利市小俣 大川邦之家文書
 <口絵>第6図 中森彦兵衛家酒店卸帳 足利市緑 定方ひさ家文書
 <口絵>第7図 竈株継続手続につき年寄源次郎願書 横浜市 石井孝家文書
 <口絵>第8図 石灰仕切帳 横浜市 石井孝家文書
 <口絵>第9図 農間渡世冥加銀取調帳 佐野市田島 島田嘉内家文書
 <口絵>第10図 山崎家農業日雇給金帳 佐野市鐙塚 山崎光三家文書
 <口絵>第11図 足利五箇本町五人組人別改帳 足利市通5 丸山雄三家文書
 <口絵>第12図 小川家万覚帳 足利市下渋垂 小川大平家文書

序(栃木県知事 船田譲)
凡例
解説 ……………………………………… 1
 第1章 領知と支配 ……………………… 1
  <表>表1 明治初年 足利・梁田・安蘇郡の領主(『旧高旧領取調帳』『栃木県史 史料編・近世七』より) ……………… 2
  第1節 領主系譜と領知 ………………… 2
   <表>表2 天和2年 旧館林領の分割(「館林御領分郷配当帳」『太田市史』より;『太田市史』より) ……………… 3
   <表>表3 明治初年足利藩領(戸田家)(『旧高旧領取調帳』より) ……… 3
   <表>表4 明治初年佐野藩領(堀田家)(『旧高旧領取調帳』より) ……… 3

<表>表5　寛文4年 足利・梁田・安蘇郡の藩領(『寛文印知集』より) ……………… 4
第2節　旗本財政 ………………………………… 5
第2章　年貢と諸役 ……………………………… 6
　第1節　年貢 …………………………………… 6
　　1　安蘇郡富岡村・出流原村 ………………… 7
　　　<表>表6　富岡村初期の反別取米・取永の変化(佐野市富岡 関根一郎家文書 史料1(1)～(3)及び2(1)・(2)による) ……………………………………… 7
　　2　安蘇郡鐙塚村・田島村 …………………… 8
　　　<表>表7　鐙塚村歴代の反別取米・取永(佐野市鐙塚 山崎光三家文書 史料7～12、その他による) ……………… 9
　　3　梁田郡下渋垂村 …………………………… 9
　　　<表>表8　天保10年 下渋垂村給地別反米・反永(足利市下渋垂 小川大平家文書 史料17による) ……………… 11
　　　<表>表9　下渋垂村 20か年租税調(足利市下渋垂 小川大平家文書「明治5年8月租税弐拾ヶ年書上」による) …………………………… 11～12
　　　<表>表10　慶応元(1865)年 上渋垂村給地別反米・反永(足利市上渋垂 石橋鎌次郎家文書「慶応元乙丑季冬七給様米永豆取反別録」による) ……… 12
　第2節　諸役金 ………………………………… 13
　第3節　村入用負担 …………………………… 13
　第4節　助郷役 ………………………………… 13
第3章　解体期の農村構造 ……………………… 15
　第1節　村落の概況 …………………………… 15
　第2節　農業生産と農間余業 ………………… 16
　　1　農業生産 ………………………………… 17
　　2　農間余業 ………………………………… 20
　第3節　用水と普請 …………………………… 21
　第4節　農民の階層分化 ……………………… 22
　第5節　騒動と出入 …………………………… 24
第4章　産業 ……………………………………… 26
　第1節　織物 …………………………………… 26
　　1　織元経営 ………………………………… 26
　　　Ⅰ　生産過程 ……………………………… 26
　　　　<表>表11　大川家の月別織物生産状況 ……………………………… 29
　　　　<表>表12　大川家の賃織生産者の状態 ……………………………… 30
　　　Ⅱ　販売過程 ……………………………… 31
　　　　<表>図1　織物の生産販売系統図(1)第一期元文以前……〔享保頃〕(『桐生織物史』(上巻)所収による) ……………………………… 32

<表>図2　織物の生産販売系統図(2)第二期元文以後……〔天保頃〕(『桐生織物史』(上巻)所収による) ……………………………… 32
　　　　<表>表13　慶応元年 秋間家の織物販売(『近代足利市史第一巻』所収による) ……………………………… 33
　　　　<表>図3　大川家の資産の変化(『近代足利市史第一巻』所収に若干加筆) ……………………………… 34
　　　Ⅲ　資産構成 ……………………………… 34
　　　　<表>表14　大川家の資産構成(『近代足利市史第一巻』所収に若干加筆) ……………………………… 35
　　2　買次 ……………………………………… 36
　第2節　酒造 …………………………………… 41
　　1　酒造関係法令 …………………………… 42
　　2　酒造業の展開 …………………………… 43
　　　<表>表15　島田家造石高 ………………… 45
　　3　酒造経営 ………………………………… 47
　第3節　石灰 …………………………………… 47
第5章　金融 ……………………………………… 50
　第1節　公的金融 ……………………………… 51
　第2節　私的金融 ……………………………… 54

第1章　領知と支配
　<写>山崎光三家屋敷(佐野市鐙塚)
　第1節　領主系譜と領知 ……………………… 1
　　1　戸田家(足利藩)系譜(『寛政重修諸家譜巻第九百七』より) ………………… 1
　　2　堀田家(佐野藩)系譜(東京都 東京大学史料編纂所蔵) ………………………… 3
　　3　寛文四年 井伊玄蕃頭領知目録(彦根藩) ………………………………………… 4
　　4　寛文四年 酒井修理大夫領知目録(小浜藩) ………………………………………… 5
　　5　寛文四年 土井能登守領知目録 ………… 6
　　6　寛文四年 土井信濃守領知目録(大輪藩)(三～六「寛文印知集」『続々群書類従第九』所収) ……………………………… 7
　　7　文化十一年七月 梁田郡下渋垂村七給分田畑明細書上帳(足利市上渋垂 中島敏之家文書) ……………………………………… 8
　　8　(年不詳)安蘇郡鐙塚村の領主変遷書上(佐野市鐙塚 山崎光三家文書) ………… 16
　第2節　旗本財政 ……………………………… 18
　　9　文政八年・天保二年 旗本堀田家の領主頼母子講一件(佐野市鐙塚 山崎光三家文書) ……………………………………… 18
　　[＊均和法]
　　10　天保二年～六年 旗本堀田家の勝手方引請一件(佐野市鐙塚 山崎光三家文書) …… 24

11 天保六年～弘化二年 安蘇郡下津原村等上知につき貸付金返済一件(下都賀郡岩舟町下津原 鈴木一朗家文書)‥‥‥‥‥‥ 27
12 嘉永七年 梁田郡上渋垂の地頭勝手方村賄一件(足利市上渋垂 中島敏之家文書)‥‥ 32
13 安政三年六月 地頭所勝手方村賄につき改革仕法帳(足利市荒金 秋草好郎家文書)‥ 34
14 弘化三年閏五月 旗本堀田家の勝手方改革につき借用金証文(佐野市鐙塚 山崎光三家文書)‥‥‥‥‥‥‥‥‥‥‥‥‥‥ 37

第2章 年貢と諸役
<写>旧例幣使街道梁田宿(足利市梁田)
第1節 年貢‥‥‥‥‥‥‥‥‥‥‥‥‥‥ 39
1 安蘇郡富岡村・出流原村‥‥‥‥‥‥ 39
1 元和五年～七年 安蘇郡富岡村年貢割付状(佐野市富岡 関根一郎家文書)‥‥‥‥ 39
[＊本多正純]
2 寛永九年十二月 安蘇郡富岡村年貢割付状(佐野市富岡 関根一郎家文書)‥‥ 42
3 寛永十年十一月 安蘇郡出流原村年貢割付状(佐野市出流原 神山茂家文書)‥‥‥ 44
4 寛永十六年十一月 安蘇郡出流原村年貢割付状(佐野市出流原 神山茂家文書)‥‥‥ 46
5 正保二年十月 安蘇郡出流原村年貢割付状(佐野市出流原 神山茂家文書)‥‥‥‥ 49
6 天明五年～六年 安蘇郡出流原村荷物河岸出し帳(佐野市出流原 神山茂家文書)‥‥‥‥‥‥‥‥‥‥‥‥‥‥‥‥ 51
2 安蘇郡鐙塚村・田島村‥‥‥‥‥‥‥ 55
7 正保二年六月 安蘇郡鐙塚村年貢目録(佐野市鐙塚 山崎光三家文書)‥‥‥‥‥ 55
8 承応二年 安蘇郡鐙塚村年貢納払帳(佐野市鐙塚 山崎光三家文書)‥‥‥‥‥ 56
9 延宝七年五月 安蘇郡鐙塚村年貢諸役覚(佐野市鐙塚 山崎光三家文書)‥‥‥‥ 58
10 天和二年十一月 安蘇郡鐙塚村年貢割付状(佐野市鐙塚 山崎光三家文書)‥‥ 59
11 貞享二年 安蘇郡鐙塚村年貢諸役覚(佐野市鐙塚 山崎光三家文書)‥‥‥‥‥ 60
12 元禄十一年十月 安蘇郡鐙塚村年貢割付状(佐野市鐙塚 山崎光三家文書)‥‥ 63
13 寛政七年 堀田氏知行所八か村年貢先納につき郷借証文(佐野市鐙塚 山崎光三家文書)‥‥‥‥‥‥‥‥‥‥‥‥‥‥‥ 64
14 宝暦七年正月 矢橋知行所安蘇郡田島村宝暦六年貢皆済目録(佐野市田島 島田嘉内家文書)‥‥‥‥‥‥‥‥‥‥‥ 69
15 宝暦七年八月 安蘇郡田島村村方諸事覚書(佐野市田島 島田嘉内家文書)‥‥‥ 70
16 文政十年八月 安蘇郡田島村田畑掛物仕法覚(佐野市田島 島田嘉内家文書)‥‥ 70
3 梁田郡下渋垂村‥‥‥‥‥‥‥‥‥‥ 73

17 天保十年二月 梁田郡下渋垂村九給分年貢書上(足利市下渋垂 小川大平家文書)‥‥‥‥‥‥‥‥‥‥‥‥‥‥‥‥‥ 73
第2節 諸役金‥‥‥‥‥‥‥‥‥‥‥‥‥ 79
18 文化五年六月 堀田氏知行所八か村臨時国役金割付覚帳(佐野市鐙塚 山崎光三家文書)‥‥‥‥‥‥‥‥‥‥‥‥‥‥‥‥ 79
19 文政十二年十月 安蘇郡田島村北組蝦夷役金等目録(佐野市田島 島田嘉内家文書)‥ 81
第3節 村入用負担‥‥‥‥‥‥‥‥‥‥‥ 82
20 文政十一年三月 安蘇郡田島村文政十年分村入用勘定帳(佐野市田島 島田嘉内家文書)‥‥‥‥‥‥‥‥‥‥‥‥‥‥‥‥ 82
21 文政十三年三月 安蘇郡田島村文政十二年分村入用取調帳(佐野市田島 島田嘉内家文書)‥‥‥‥‥‥‥‥‥‥‥‥‥‥‥‥ 86
第4節 助郷役‥‥‥‥‥‥‥‥‥‥‥‥‥ 89
22 享保十一年十一月 佐野小屋町本陣松村家難渋につき借用金願い(宇都宮市戸祭 松村啓作家文書)‥‥‥‥‥‥‥‥‥‥ 89
23 享保十三年七月 例幣使街道八木・梁田宿助郷争論裁許状(足利市上渋垂 石橋鎌次郎家文書)‥‥‥‥‥‥‥‥‥‥‥‥‥‥ 90
24 明和三年六月 例幣使街道八木・梁田両宿助郷帳(足利市下渋垂 小川大平家文書)‥ 92
25 文化十年五月 例幣使街道天明・犬伏両宿助郷村々議定書(佐野市鐙塚 山崎光三家文書)‥‥‥‥‥‥‥‥‥‥‥‥‥‥ 94
26 天保十三年八月 天保三年以来梁田郡上渋垂村の例幣使街道八木宿人馬勤め入用書上帳(足利市上渋垂 石橋鎌次郎家文書)‥ 96
27 文久元年十一月 和宮通行につき足利郡小俣村中仙道本庄宿助郷勤め記録(足利市小俣 大川邦之家文書)‥‥‥‥‥‥‥‥ 98

第3章 解体期の農村構造
<写>島田嘉内家酒造工場(佐野市田島)
第1節 村落の概況‥‥‥‥‥‥‥‥‥‥‥ 111
1 宝暦六年七年 安蘇郡鐙塚村明細帳(佐野市鐙塚 山崎光三家文書)‥‥‥‥‥ 111
2 文政十一年八月 安蘇郡田島村明細帳(佐野市田島 島田嘉内家文書)‥‥‥‥ 114
3 明治元年十一月 梁田郡下渋垂村明細帳(足利市下渋垂 小川大平家文書)‥‥‥ 120
4 享保十七年 足利郡足利町明細帳(足利市旭 山藤弘之家文書)‥‥‥‥‥‥‥ 122
[＊機業活動]
5 安政二年三月 足利郡足利町地頭姓名その外書上帳(足利市旭 山藤弘之家文書)‥ 129
第2節 農業生産と農間余業‥‥‥‥‥‥‥ 133
1 農業生産‥‥‥‥‥‥‥‥‥‥‥‥‥ 133

6　天明六年六月　安蘇郡鐙塚村山崎家小作麦・大豆取立帳（佐野市鐙塚　山崎光三家文書）……………………133
　7　安政五年七月　安蘇郡鐙塚村山崎家小作取立帳（佐野市鐙塚　山崎光三家文書）……………………137
　8　嘉永七年八月　梁田郡下渋垂村小川家田畑小作帳（足利市下渋垂　小川大平家文書）……………………139
　9　弘化四年正月　安蘇郡鐙塚村山崎家日雇給金帳（佐野市鐙塚　山崎光三家文書）……………………139
　10　嘉永七年九月　梁田郡下渋垂村小川家田方取高・日雇帳（足利市下渋垂　小川大平家文書）……………………142
　11　天保十五年正月　梁田郡下渋垂村小川家穀物取高帳（足利市下渋垂　小川大平家文書）……………………144
　12　弘化四年十二月　梁田郡下渋垂村小川家米売高帳（足利市下渋垂　小川大平家文書）……………………145
　13　慶応二年正月　梁田郡下渋垂村小川家下糞帳（足利市下渋垂　小川大平家文書）……………………146
　14　嘉永五年正月　梁田郡下渋垂村小川家万覚帳（足利市下渋垂　小川大平家文書）……………………149
　2　農間余業 ……………………163
　15　天保十四年閏九月　安蘇郡田島村農間渡世冥加銀取調帳（佐野市田島　島田嘉内家文書）……………………163
　16　弘化四年四月　安蘇郡田島村農間渡世冥加銀取調帳（佐野市田島　島田嘉内家文書）……………………164
　17　文久元年十月　梁田郡上渋垂村外二十五か村質屋取調帳（足利市下渋垂　小川大平家文書）……………………166
　18　元治元年三月　足利郡足利五箇本町五人組人別・渡世改帳（足利市通五　丸山雄三家文書）……………………169
　第3節　用水と普請 ……………………177
　19　天明五年二月　足利郡葉鹿村・大前村より堀口付替え願書（足利市所蔵文書）……177
　20　天明五年三月　足利郡葉鹿村・大前村より堀口付替えにつき伺書（足利市所蔵文書）……177
　21　文政五年閏正月　足利郡葉鹿村・大前村より新堀一件につき訴状（足利市所蔵文書）……………………178
　　［＊用水組合村］
　22　文政五年二月　足利郡助戸村より葉鹿村・大前村へ出府約束証文（足利市所蔵文書）……………………180
　23　文政五年三月　足利郡山下村外五か村より新堀一件につき返答書（足利市所蔵文書）……………………180
　24　文政五年　足利郡葉鹿村・大前村用水井筋書上（足利市所蔵文書）……………………182
　25　文政五年四月　足利郡葉鹿村・大前村と山下村外五か村用水出入済口証文（足利市所蔵文書）……………………183
　26　文政五年十一月　用水訴訟費用につき足利郡葉鹿村・大前村小前百姓議定（足利市所蔵文書）……………………185
　27　嘉永元年　足利郡山川村外六か村と助戸村の城之腰堰出入日記（抄）（足利市足利学校遺跡図書館文書）……………………186
　28　安政六年九月　用水普請依頼につき安蘇郡田島村と鵜田新田小倉雄助との議定一札（佐野市田島　島田嘉内家文書）……………………191
　29　安政六年九月　普請依頼につき安蘇郡田島村と小倉雄助との議定一札（佐野市田島　島田嘉内家文書）……………………192
　第4節　農民の階層分化 ……………………193
　30　文政十三年三月　安蘇郡田島村宗門人別改帳（佐野市田島　島田嘉内家文書）……193
　31　天保七年三月　足利郡小俣村上野田組宗門人別改帳（足利市小俣　大川邦之家文書）……………………201
　第5節　騒動と出入 ……………………233
　32　天保二年十月　安蘇郡田島村および天明宿百姓に対する質地出入一件口書（佐野市田島　島田嘉内家文書）……233
　33　安政七年正月　足利郡鵤木村小作人常吉の小作年貢滞につき上納延期借用証文（足利市八椚　石川進司家文書）……236
　34　万延元年五月　足利郡八椚村名主藤右衛門より百姓藤五郎・丹助に対する小作出入訴状（足利市八椚　石川進司家文書）……236
　35　慶応三年五月　安蘇郡田島村百姓次助の質地出入につき済口証文（佐野市田島　島田嘉内家文書）……………………237
　36　安政七年三月　足利郡足利本町機屋嘉吉より同町奉公人に対する機織給金出入訴状（足利市八幡　永倉恵一家文書）……238
　37　安政七年十一月　足利郡足利本町機屋政兵衛より同町奉公人やすに対する給金出入につき町年寄上申書（足利市八幡　永倉恵一家文書）……240
　38　安政二年九月　足利本町百姓利兵衛より梁田郡村々百姓に対する貸金出入訴状（足利市下渋垂　小川大平家文書）……240

39　万延二年三月　足利本町百姓芳兵衛より足利郡月谷村百姓清兵衛に対する織物売掛金出入につき足利郡年寄上申書(足利市通五　丸山雄三家文書)……………………242
40　文久元年五月　足利本町小倉機渡世清吉より同町百姓周兵衛に対する貸金滞出入につき内済証文(足利市通五　丸山雄三家文書)……………………………………243
41　万延二年二月　木村又助支配飯田幸蔵地借若之一より足利本町百姓に対する貸金出入につき町年寄上申書(足利市通五　丸山雄三家文書)……………………245
［＊座頭］
42　文久元年十月　黒川備中守組与力山崎助左衛門地借美寿之一より足利町百姓に対する貸金出入につき訴状(足利市八幡　永倉恵一家文書)……………………………247
43　天保七年九月　足利郡小俣村窮民騒動一件控(足利市小俣　大川邦之家文書)………248
44　天保十二年正月　足利郡小俣村窮民騒動記録(足利市小俣　大川邦之家文書)………252
45　慶応四年三月　足利郡小俣村周辺騒動記録(足利市小俣　大川邦之家文書)…………254
［＊世直し騒動］
46　慶応四年三月　足利郡小俣村周辺騒動につき覚書(東京都町田市　桜美林大学図書館蔵　木村家文書「雑記」)……………………257
47　天保八年三月　足利町足利町窮民騒動記録(足利市旭　山藤弘之家文書)……………257

第4章　産業
<写>大川繁右衛門家屋敷(足利市小俣)
第1節　織物
1　織元経営…………………………………263
I　生産過程………………………………263
1　文久二年正月～十二月　足利郡小俣村大川繁右衛門家大福帳(足利市小俣　大川邦之家文書)……………………263
2　文政十二年三月～万延元年十一月　機織奉公人請状…………………407
（1）文政十二年三月　足利郡八椚村勝蔵へ越後国蒲原郡吉田町富蔵妹りそ機織見習奉公につき一札(足利市八椚　石川進司家文書)………407
（2）万延元年十一月　足利郡小俣村繁右衛門へ久次郎・忠兵衛より娘はな・たつ機織未熟につき詫状一札(足利市小俣　大川邦之家文書)…407
（3）天保十四年十二月　足利郡小俣村繁右衛門に対し吉之輔娘くに機織奉公請状(足利市小俣　大川邦之家文書)……………………408

（4）天保十四年八月　武州奥戸村宗右衛門娘とめ機織奉公暇とりにつき一札(足利市山川　初谷好治家文書)……………………………408
II　販売過程………………………………409
3　安政六年正月　足利郡小俣村大川繁右衛門家市控帳(足利市小俣　大川邦之家文書)……………………………409
4　慶応元年正月　足利郡五箇村折戸秋間家市日記(足利市本城　秋間正二家文書)……………………………435
III　資産構成………………………………458
5　文政四年正月　足利郡小俣村大川繁右衛門家店卸帳(足利市小俣　大川邦之家文書)……………………………
6　文久二年正月　足利郡小俣村大川繁右衛門家店卸帳(足利市小俣　大川邦之家文書)……………………………463
2　買次………………………………………475
7　天保八年十一月　織物取引につき桐生絹買・織屋仲間議定書(東京都町田市　桜美林大学図書館蔵/木村半兵衛家文書「絹買織屋議定書」より)……………………475
8　天保九年八月　木村半兵衛織物取引議定違反一件(東京都町田市　桜美林大学図書館蔵/木村半兵衛家文書「絹買織屋議定書」より)……………………485
9　天保十一年二月　桐生絹買仲間織物取引取締につき願書(東京都町田市　桜美林大学図書館蔵/木村半兵衛家文書「絹買織屋議定書」より)……………………486
10　天保十一年三月　木村半兵衛織物取引議定違反一件書写(東京都町田市　桜美林大学図書館蔵/木村半兵衛家文書「絹買織屋議定書」より)……………………487
11　(年不詳)織物取引につき桐生買次木村半兵衛ほかの願書(東京都町田市　桜美林大学図書館蔵/木村半兵衛家文書「絹買織屋議定書」より)……………………488
12　天保七年八月　桐生木綿買次仲間規定証文(神奈川県横浜市　石井孝家文書)……489
13　(天保七年八月)桐生木綿買次仲間規定証文(神奈川県横浜市　石井孝家文書)………………………………………491
14　天保七年十二月　桐生木綿買次仲間口銭預り証(神奈川県横浜市　石井孝家文書)……………………………………493
15　天保九年閏四月　桐生木綿買次仲間連名帳(神奈川県横浜市　石井孝家文書)……494
16　安政二年五月　江戸問屋取締につき桐生買次仲間議定書(東京都町田市　桜美林大学図書館蔵/木村半兵衛家文書)………495

17　(安政年中)織物取引につき江戸問屋と桐生買次との争論内済事情書上(東京都町田市 桜美林大学図書館蔵/木村半兵衛家文書「安政四年 歳々見聞録」より)......496
　18　天保十二年六月 市場取締につき足利買次仲間願書(荒川宗四郎『足利織物沿革誌』所収文書)......497
　　［*足利市場］
　19　安政六年正月 織物市場新設につき足利買次仲間願書(東京都町田市 桜美林大学図書館蔵/木村半兵衛家文書「安政四年 歳々見聞録」より)......499
　20　安政六年三月 市場取締につき足利買次仲間の足利藩への願書(東京都町田市 桜美林大学図書館蔵/木村半兵衛家文書「安政四年 歳々見聞録」より)......500
　21　安政六年三月 市場出入につき足利買次仲間・市場惣代の内済願書(東京都町田市 桜美林大学図書館蔵/木村半兵衛家文書「安政四年 歳々見聞録」より)......501
　22　安政六年三月 市場取引・店賃等につき足利市場惣代一札(東京都町田市 桜美林大学図書館蔵/木村半兵衛家文書「安政四年 歳々見聞録」より)......502
　23　安政六年三月 足利市場出入一件済口証文(荒川宗四郎『足利織物沿革誌』所収文書)......504
　24　嘉永六年五月 横皮籠商人取締につき足利藩触書(足利市八幡 永倉恵一家文書「嘉永六年 御用留」より)......510
　25　安政四年八月 横皮籠商人取締につき足利町織屋願書(足利市八幡 永倉恵一家文書「安政四年 諸用控」より)......511
　26　安政四年八月 織物取引につき足利町織屋と質屋の示談書(足利市八幡 永倉恵一家文書「安政四年 諸用控」より)......512
　27　安政四年八月 織物取引につき足利町織屋と横皮籠商人の協定書(足利市八幡 永倉恵一家文書「安政四年 諸用控」より)......513
　28　安政五年四月 織物取引につき質屋仲間請書(東京都町田市 桜美林大学図書館蔵/木村半兵衛家文書「安政四年 歳々見聞録」より)......516
　29　文久元年十月～十二月 足利出市出入につき木村半兵衛訴願一件(東京都町田市 桜美林大学図書館蔵/木村半兵衛家文書「安政四年 歳々見聞録」より)......517
　30　安政六年六月～七月 上州野良犬村小暮善次郎売掛金出入一件(足利市通五丸 山雄三家文書「安政六年 諸用留」より)......519
　31　慶応三年十一月 織物代金出入につき足利町買次伊三郎願書(足利市八幡 永倉恵一家文書「慶応三年 御用留」より)......521

　　［*賃織業者］
　32　慶応三年十一月 絹代金滞出入につき足利郡松田村小嶋平右衛門訴願一件(足利市八幡 永倉恵一家文書「慶応三年 御用留」より)......522
　33　慶応三年九月～十月 売掛金滞出入につき安蘇郡山形村重助訴願一件(足利市八幡 永倉恵一家文書「慶応三年 御用留」より)......524

第2節　酒造......527
　1　法令......527
　34　宝暦四年～慶応三年 幕府法令......527
　　(1)　宝暦四年十一月 元禄十年定石まで酒造勝手造り令、休酒屋も届出の上同前(『御触書宝暦集成』一三八三)......527
　　(2)　天明六年九月 半石造り令(『御触書天明集成』二九八六)......527
　　(3)　天明七年六月 三分の一造り令(『御触書天明集成』二九八七)......528
　　(4)　天明七年七月 三分の一造り令(『徳川禁令考』巻五十七)......528
　　(5)　天明七年十一月 三分の一造り及び休株の酒造り禁止令(『御触書天明集成』二九八八)......529
　　(6)　天明七年十二月 三分の一造り令(『御触書天明集成』二九八九)......529
　　(7)　天明八年三月 酒造米高改め令(佐野市田島 島田嘉内家文書)......529
　　(8)　天明八年七月 三分の一造り吟味令(『御触書天保集成』六一四三)......530
　　(9)　天明八年七月 三分の一造り吟味令(『徳川禁令考』巻五十七)......530
　　(10)　天明八年七月 酒造石高減少吟味令(『御触書天保集成』六一四四)......530
　　(11)　寛政元年八月 三分の一造り令および分株・貸借株・休株酒造禁止令(『御触書天保集成』六一四五)......531
　　(12)　寛政元年八月 米価調節のため酒造米高操作令(『御触書天保集成』六一四六)......532
　　(13)　寛政二年十二月 休株冥加上納中止令(『御触書天保集成』六一四七)......532
　　(14)　寛政三年九月 三分の一造り令と濁酒造り禁止令(佐野市田島 島田嘉内家文書)......532
　　(15)　寛政三年十二月 江戸送り酒改め令(『御触書天保集成』六一四九)......533
　　(16)　寛政四年十月 江戸送り酒、上方十一か国以外禁止令(『御触書天保集成』六一五〇)......533

（17）寛政五年十月 他国者間の酒造株譲渡禁止令（『御触書天保集成』六一五一）……533
（18）寛政六年九月 三分の二造り令（『御触書天保集成』六一五二）……534
（19）寛政七年九月 天明六年以前の酒造米高まで勝手造り令と休株酒造禁止令（『御触書天保集成』六一五三）……534
（20）寛政十二年十二月 天明八年酒株改め以来の株異動改め令（『御触書天保集成』六一五四）……534
（21）享和二年七月 天明八年改め高の半石造り令（『御触書天保集成』六一五五）……535
（22）享和二年十月 酒造米高半石造り令と関東地廻り江戸入津樽数制限令（佐野市田島 島田嘉内家文書）……535
（23）享和二年十二月 酒造制限解除ならびに酒造米高の十分の一役米徴収令（『徳川禁令考』巻五十七）……536
（24）享和三年十月 役米負担の酒造につき隠造り厳禁令（佐野市田島 島田嘉内家文書）……536
（25）享和三年十一月 酒造制限解除ならびに実酒造高改め令（『御触書天保集成』六一五八）……537
（26）享和三年十一月 酒造役米差出し停止令（佐野市田島 島田嘉内家文書）……537
（27）文化三年九月 勝手造り令（『御触書天保集成』六一六〇）……537
（28）文政八年十二月 文化三年以来の休株、不渡世者の酒造禁止令（『御触書天保集成』六一六一）……538
（29）文政十年三月 勝手造り令（佐野市田島 島田嘉内家文書）……538
（30）文政十一年十二月 文化三年以来の休株、不渡世者の酒造禁止令（『御触書天保集成』六一六三）……539
（31）天保元年十一月 従来酒造高の三分の二造り令（『御触書天保集成』六一六四）……539
（32）天保四年九月 従来酒造高の三分の二造り令（『御触書天保集成』六一六五）……539
（33）天保五年五月 天保三年までの酒造高改めならびに三分の一造り令（『御触書天保集成』六一六六）……539
（34）天保五年十一月 天保三年までの酒造高の三分の二造り令（『御触書天保集成』六一六七）……540
（35）天保七年七月 天保三年までの酒造高の三分の一造り令（『御触書天保集成』六一六八）……540
（36）天保七年十一月 三分の一造り厳守ならびに酒移出も三分の一に減少令（『御触書天保集成』六一六九）……541
（37）天保八年九月 天保三年までの酒造高の三分の一造りならびに酒移出も三分の一に減少令（『御触書天保集成』六一七〇）……541
（38）天保九年十月 酒造・濁酒の取締につき村役人・大小寄場惣代立会改め令（佐野市田島 島田嘉内家文書）……542
（39）天保十四年正月 酒造株の呼吸停止ならびに酒造米高の鑑札交付令（佐野市田島 島田嘉内家文書）……543
（40）安政六年十二月 関八州酒造鑑札高の半石造り令、諸国三分の二造り令（『徳川禁令考』巻五十七）……543
（41）万延元年九月 鑑札高の半石造り令（『昭徳院殿御実紀』『続徳川実紀第三篇』）……544
（42）慶応二年六月 関八州鑑札高四分の一造り令、諸国三分の一造り令（『徳川禁令考』巻五十七）……544
（43）慶応三年九月 諸国酒造高三分の一造り令（『徳川禁令考』巻五十七）……545

35 明治元年〜四年 明治政府法令……545
（1）明治元年五月 酒造免許鑑札改正と造酒百石に付金二拾両の徴税令（内閣官房局編『法令全書明治元年』）……545
（2）明治元年七月 関東諸県の酒造・醤油造規則申渡（『法令全書明治元年』）……546
（3）明治元年八月 米価騰貴につき三分の一造り令（『法令全書明治元年』）……548
（4）明治元年八月 関東筋国々の酒造・醤油造の一時冥加金減額令（『法令全書明治元年』）……548
（5）明治元年九月 酒造高百石未満の酒造人へ百石迄の増方許容令（『法令全書』明治元年）……548
（6）明治元年十一月 酒造ならびに濁酒・醤油造本鑑札下付と冥加金上納の申渡（『法令全書明治元年』）……548
（7）明治元年十二月 酒造・濁酒・醤油造とも冥加金納付令（『法令全書明治元年』）……549
（8）明治二年正月 関東府藩県濁酒・醤油醸造仮鑑札交付申渡（『法令全書明治二年』）……549

（9）　明治二年七月　関東ならびに伊豆
　　　国に清酒・濁酒・醬油醸造免許鑑札
　　　交付申渡（『法令全書明治二年』）……549
　（10）　明治二年十二月　清酒・濁酒・
　　　醬油醸造人へ鑑札交付と徴税申渡
　　　（『法令全書明治二年』）………………550
　（11）　明治三年九月　免許高皆造令
　　　（『法令全書明治三年』）………………551
　（12）　明治四年七月　清酒・濁酒等鑑
　　　札収与ならびに収税方法規則（『法令
　　　全書明治四年　太政官』）……………551
2　酒造業の展開 ……………………555
　36　天明六年九月　旗本矢橋家への御用金
　　　差出しにより酒造冥加金の賦課免除覚
　　　（佐野市田島　島田嘉内家文書）……555
　37　天明八年三月　安蘇郡田島村市右衛門
　　　の酒造株につき書上（佐野市田島　島田嘉
　　　内家文書）………………………………555
　38　天明八年八月　安蘇郡田島村市右衛門
　　　の酒造出づくり一札（佐野市田島　島田嘉内
　　　家文書）…………………………………557
　39　天明八年九月　三分の一減醸令請書
　　　（佐野市田島　島田嘉内家文書）……559
　40　享和三年四月　分一役米賦課金に対し
　　　領主矢橋家より勘定所へ差出した役米
　　　取立覚（佐野市田島　島田嘉内家文書）……560
　41　文化元年七月　安蘇郡田島村市右衛門
　　　より植野村治兵衛へ酒株・酒造道具譲
　　　渡につき議定証文（佐野市田島　島田嘉内
　　　家文書）…………………………………560
　42　文政十年四月　上州高取村久左衛門よ
　　　り安蘇郡田島村市右衛門酒株借請につ
　　　き一札（佐野市田島　島田嘉内家文書）…561
　43　天保十二年〜十三年　安蘇郡植野村勝
　　　之丞の酒株取戻し一件（佐野市田島　島田
　　　嘉内家文書）……………………………562
　44　安政三年正月〜二月　酒造蔵建替につ
　　　き覚帳（佐野市田島　島田嘉内家文書）…574
　45　慶応三年　安蘇郡田嶋村の清酒過造一
　　　件（佐野市田島　島田嘉内家文書）……576
　46　慶応三年三月　安蘇郡田島村市右衛門
　　　の酒造取調書（佐野市田島　島田嘉内家文
　　　書）………………………………………578
　　［＊仕入技術］
　47　慶応四年八月　新政府への酒造願書
　　　（佐野市田島　島田嘉内家文書）……580
　48　慶応四年八月〜九月　安蘇郡田島村市
　　　右衛門ほかの減醸令遵守および冥加金
　　　上納請書（佐野市田島　島田嘉内家文
　　　書）………………………………………582

　49　明治三年十月　市右衛門より天明宿江
　　　戸積酒造人利右衛門の返済金不実取扱
　　　いにつき訴願（佐野市田島　島田嘉内家文
　　　書）………………………………………585
　50　（年不詳）諸荷物送り状（佐野市田島
　　　島田嘉内家文書）………………………586
　51　天明八年十一月　安蘇郡下津原村多蔵
　　　の酒造株高改め控（下都賀郡岩舟町下津
　　　原　鈴木一朗家文書）…………………588
　52　寛政六年六月　安蘇郡下津原村多蔵よ
　　　り関東新製上酒につき願書控（下都賀郡
　　　岩舟町下津原　鈴木一朗家文書）……589
　53　文政十年三月　安蘇郡下津原村多蔵ほ
　　　か酒造株高道具改帳（下都賀郡岩舟町下
　　　津原　鈴木一朗家文書）………………592
　54　天保十四年六月　安蘇郡奈良村五右衛
　　　門の酒造鑑札引渡願い（神奈川県横浜市
　　　石井孝家文書）…………………………594
　　［＊酒造稼］
　55　文久二年三月　佐野天明町等八か村酒
　　　造渡世向永続願書（佐野市並木　茂木菊雄
　　　家文書）…………………………………595
3　経営 ………………………………597
　56　弘化三年三月　安蘇郡島田村島田家酒
　　　造押切勘定帳（佐野市田島　島田嘉内家文
　　　書）………………………………………597
　57　嘉永元年八月　安蘇郡田嶋村島田家酒
　　　造勘定帳（佐野市田島　島田嘉内家文
　　　書）………………………………………599
　58　（年不詳）安蘇郡島田村酒造人市右衛
　　　門店卸調（佐野市田島　島田嘉内家文書）
　　　………………………………………603
　59　寛政十年八月　足利本町亀屋武右衛門
　　　酒店卸帳（足利市緑　定方ひさ家文書）…605
　60　慶応三年十月　足利本町中森彦兵衛酒
　　　店卸帳（足利市緑　定方ひさ家文書「万延元
　　　年十月　店卸目録帳」より）………………607
　61　明治元年十月　足利本町中森彦兵衛酒
　　　店卸帳（足利市緑　定方ひさ家文書「万延元
　　　年十月　店卸目録帳」より）………………610
第3節　石灰 ……………………………613
　62　延享四年八月　都賀郡鍋山村役人より御
　　　用石灰採用願書（栃木市鍋山　小曽戸　武家文
　　　書）………………………………………613
　63　延享五年三月　都賀郡鍋山村惣百姓石灰
　　　売買につき江戸売場問屋依頼願書（栃木市
　　　鍋山　小曽戸　武家文書）………………614
　64　宝暦三年六月　野州石灰の江戸市中売買
　　　につき願書（栃木市鍋山　小曽戸　武家文
　　　書）………………………………………615
　65　宝暦八年十一月　都賀郡鍋山村年寄勘助
　　　より御用石灰請負につき願書（栃木市鍋山
　　　小曽戸　武家文書）……………………616

66　寛政七年十一月 都賀郡鍋山村百姓渡世助成のため名主次郎左衛門の石灰竈元再取立につき惣百姓願書(栃木市鍋山 小曽戸武家文書) ……………………616
67　文化八年七月～十一月 北新堀町石灰問屋五郎兵衛より飯田源次郎宛仕切書(神奈川県横浜市 石井 孝家文書) ……………618
68　文化十年閏十一月 野州石灰をめぐる新古竈元の競合排除の仕法につき安蘇郡戸奈良村竈元惣代源次郎願書(神奈川県横浜市 石井 孝家文書) ……………619
69　天保六年三月 竈株継続につき安蘇郡戸奈良村寄源次郎願書(神奈川県横浜市 石井 孝家文書) ………………621
70　天保六年四月 安蘇郡戸奈良村竈主源次郎の竈株御礼につき一札(神奈川県横浜市 石井 孝家文書) ………………624
71　天保八年八月 野州石灰竈主十三人より野州石灰問屋場の一手委託につき連印一札(佐野市出流原 神山 茂家文書) ……625
72　天保九年閏四月 野州石灰竈元十一人より安蘇郡出流原村禎三郎一人問屋にては不行届につき別問屋取建て願書(神奈川県横浜市 石井 孝家文書) ……………626
73　天保十一年七月 安蘇郡戸奈良村源次郎より竈株五か年継続願書(神奈川県横浜市 石井 孝家文書) ………………628
74　天保十三年十一月 御仕法替にて竈元より直売買勝手次第につき請書(神奈川県横浜市 石井 孝家文書) ……………629
75　嘉永元年七月 せり売禁止、回漕中の難船保障、御用灰置場につき野州・八王子両所竈持衆の議定(神奈川県横浜市 石井 孝家文書) ………………630
76　嘉永二年 八王子・野州両所竈元へ御用石灰差出し方一件(神奈川県横浜市 石井 孝家文書) ………………633

第5章　金融
＜写＞石井五右衛門家屋敷(安蘇郡田沼町戸奈良)

第1節　公的金融 ……………639
1　文政三年二月 安蘇郡戸奈良村役人惣代の定助郷差村免除願書(神奈川県横浜市 石井 孝家文書) ………………639
　　[＊加助郷]
2　文政五年正月 日光道中野木宿助郷差村免除につき石井五右衛門願書(神奈川県横浜市 石井 孝家文書) ………………639
3　天保五年五月 日光道中小山宿助郷助成貸付け仕法金差出しにつき羽倉外記手代受取り書(神奈川県横浜市 石井 孝家文書) ………………640

4　天保七年十月 安蘇郡戸奈良村野木宿助成仕法願い中につき石橋・新田両宿差村免除願書(神奈川県横浜市 石井 孝家文書) ………………641
5　天保七年 日光道中野木宿助成仕法につき議定一札(神奈川県横浜市 石井 孝家文書) ………………642
6　天保九年～十二年 日光道中野木宿助成仕法につき土井大炊頭より進達願い向留(神奈川県横浜市 石井 孝家文書) ……643
7　天保十三年 日光道中野木宿助成仕法帳(神奈川県横浜市 石井 孝家文書) ……648
8　(年不詳) 仕法金貸付方不安につき石井五右衛門尋問書(神奈川県横浜市 石井 孝家文書) ………………649
9　天保十三年八月 宿助成仕法貸付け金引受け方につき野木宿福島長左衛門内意書(神奈川県横浜市 石井 孝家文書) ……650
10　天保十四年十月 五海道宿助成仕法出金内調べにつき五右衛門代佐兵衛届け書(神奈川県横浜市 石井 孝家文書) ……651
11　天保十四年二月 五海道宿助成救い金上納内訳しにつき足利町某免除願い(神奈川県横浜市 石井 孝家文書) ……652
12　明治九年三月 宿助成仕法貸付金の私金取扱い不当につき戸長ら願書(神奈川県横浜市 石井 孝家文書) ……652
13　嘉永四年六月 足利郡小俣宿組夫伝馬助成金貸付利息ならびに年賦元金受取り覚(足利市小俣 大川邦之家文書) ……654
14　(弘化三)年十二月 縄垣積金貸付につき利息受取り覚(足利市小俣 大川邦之家文書) ………………654
15　元治元年三月 足利郡小俣村里松の潰百姓取立て金拝借証文(足利市小俣 大川邦之家文書) ………………654
16　文政十二年九月 諏訪賦負の公金借用につき安蘇郡戸奈良村返済引受証文(神奈川県横浜市 石井 孝家文書) ……655
17　天保六年五月 郡代金借用につき安蘇郡鐙塚村ほか四か村返済証文(佐野市鐙塚 山崎光三家文書) ………………656
18　天保十四年十二月 石井五右衛門より奥様納戸金返済願い(神奈川県横浜市 石井 孝家文書) ………………658
19　元治元年十一月 阿蘇郡田島村島田市右衛門より商売仕入金拝借証文(佐野市田島 島田嘉内家文書) ………………658
20　天保十三年六月 石井五右衛門の江戸町方貸付金借用証文(神奈川県横浜市 石井 孝家文書) ………………659

21　文久元年四月　青蓮院貸付金返済方につき足利町役人より扱方願書（足利市通五 丸山雄三家文書「万延二年 御用留」より）……659

第2節　私的金融 ……………………………661
22　文化十三年　地頭所御用達ならびに差出し金始末書（神奈川県横浜市 石井 孝家文書） ……………………………………661
23　嘉永三年　上州桐生新町石井出店へかかる才覚金一件（神奈川県横浜市 石井 孝家文書） ……………………………………667
24　文政十年十月　石井五右衛門より井伊家差上金一件（神奈川県横浜市 石井 孝家文書） ……………………………………684
25　嘉永六年四月　足利郡小俣村大川繁右衛門相続金上納につき高野将監ら受取書（足利市小俣 大川邦之家文書）……685
26　弘化二年　石井五右衛門ら気仙沼へ融資一件（神奈川県横浜市 石井 孝家文書）……686
27　明治五年四月　別府伊平治質元金返済不埒につき須永喜平治願書（足利市小俣 大川邦之家文書）……………………………691
28　天保五年九月～十月　安蘇郡下彦間村文右衛門貸付返済滞りにつき佐野役所へ願い立て一件（神奈川県横浜市 石井 孝家文書）……………………………………692
29　天保九年七月　返済金滞りにつき内田幸八年賦議定添証文（神奈川県横浜市 石井 孝家文書）……………………………………696
30　安政三年六月～九月　奥州仙台松岡屋源兵衛代金滞りにつき提訴一件（神奈川県横浜市 石井 孝家文書）……696
31　明治二年正月　足利郡小俣村大川繁右衛門家質方口取帳（足利市小俣 大川邦之家文書）……………………………………712
［*質屋経営］

あとがき（総務課長　富田元浩）……………767
関係者名簿 ………………………………767
　船田譲（知事;会長）
　福山正道（副知事;副会長）
　寶月圭吾（専門委員会監修者・東京大学名誉教授;副会長）
　渡辺幹雄（県教育長;副会長）
　中里魚彦（専門委員会委員長・県文化財保護審議会委員;委員）
　辰巳四郎（専門委員会委員原始担当・宇都宮大学名誉教授・宇都宮短期大学教授;委員）
　土田直鎮（専門委員会委員・古代担当・東京大学教授;委員）
　稲垣泰彦（専門委員会委員・中世担当・東京大学教授;委員）
　北島正元（専門委員会委員・近世担当・立正大学教授;委員）

長倉保（専門委員会委員・近世担当・神奈川大学教授;委員）
笠井恭悦（専門委員会委員・近現代担当・宇都宮大学教授;委員）
小西四郎（専門委員会委員・近現代担当・元東京大学教授;委員）
五味仙衛武（専門委員会委員・近現代担当・宇都宮大学助教授;委員）
川野敏雄（県議会議長;委員）
小池嘉子（市長会会長・宇都宮市長;委員）
沢村一郎（町村会会長・烏山町長;委員）
後藤一雄（市町村教育長会会長・宇都宮市教育長;委員）
山越芳男（県総務部長;委員）
高野三郎（県教育次長;委員）
秋本典夫（宇都宮大学教授;参与）
野中退蔵（県文化財保護審議会委員;参与）
渡辺龍瑞（県文化財保護審議会委員;参与）
小林友он（郷土史家;参与）
雨宮義人（元県立高校長;参与）
福島悠峰（下野新聞社社長;参与）
根村隆成（栃木新聞社社長;参与）

```
栃木県史 史料編・近世六
栃木県発行
昭和52年3月25日発行
```

＜近世の日光領を中心に、日光・足尾地域における史料を収録＞

＜口絵＞第1図　日光御幸町諸役免許状　日光市御幸町文書
＜口絵＞第2図　旅人止宿出入につき請書　日光市匠町 柴田豊久家文書
＜口絵＞第3図　日光領御成箇勘定目録　日光市山内 日光東照宮文書
＜口絵＞第4図　諸家貸附金利年賦取立て一覧　日光市山内 日光山輪王寺文書
＜口絵＞第5図　南小倉村年貢定納定め　今市市小倉 江連沄家文書
＜口絵＞第6図　南小倉村年貢皆済状　今市市小倉 江連沄家文書
＜口絵＞第7図　南小倉村宗門改帳　今市市小倉 江連沄家文書
＜口絵＞第8図　轟村飢人調書　今市市轟 狐塚ヤイ家文書
＜口絵＞第9図　二宮様取扱い轟村御仕法書上帳　今市市轟 狐塚ヤイ家文書
＜口絵＞第10図　報徳金拝借証文　今市市轟 狐塚ヤイ家文書
＜口絵＞第11図　人参蒔付製法図　鹿沼市板荷 富久田耕平家文書
＜口絵＞第12図　奥手元金につき仰渡し　宇都宮市塙田 葦名彰司家文書

序（栃木県知事 船田譲）
凡例
解説 ……………………………………… 1
　第1章　領知と支配 …………………… 1
　　第1節　日光領支配の成立 ………… 2
　　　1　日光領の寄進 ………………… 3
　　　2　日光領支配の成立 …………… 4
　　第2節　祭礼と夫役 ………………… 6
　　　1　祭祀者 ………………………… 6
　　　　＜表＞日光神人分布居住村略図 … 7
　　　2　祭祀関係夫役 ………………… 8
　　第3節　日光領支配の動揺 ………… 8
　　　1　日光の町と参詣者宿 ………… 9
　　　2　日光領の改革 ………………… 9
　　　3　日光学問所 …………………… 12

　第2章　村落構造とその変貌 ………… 13
　　第1節　村落構造 …………………… 14
　　　1　検地帳 ………………………… 14
　　　2　村明細帳 ……………………… 15
　　　3　宗門帳と五人組帳 …………… 15
　　第2節　年貢と諸役 ………………… 15
　　　1　板橋領の年貢 ………………… 15
　　　　＜表＞第1表　南小倉村、初期年貢の変遷（今市市小倉 江連沄家文書、本書史料2巻7～12、14～16、18、22、23、25他による） ……………… 16
　　　2　日光領の年貢 ………………… 17
　　　3　日光領の諸役規定 …………… 18
　　　4　助郷役 ………………………… 18
　　第3節　農民の余業 ………………… 18
　　　1　畑作物 ………………………… 19
　　　2　炭 ……………………………… 19
　　　3　漆木 …………………………… 19
　　　4　筏川流し規定 ………………… 19
　　　5　売木人仲間議定と連名帳 …… 20
　　第4節　村落の荒廃 ………………… 20
　　　1　元禄の飢饉と御救い政策 …… 20
　　　　＜表＞第2表　町谷村と南小倉村の家数・人数の変化 ……………… 21
　　　2　荒廃の進行 …………………… 21
　　　3　御救い政策等の展開 ………… 22

　第3章　報徳仕法 ……………………… 22
　　＜表＞第1表　日光領の荒廃状況と仕法の結果（「日光御領高反別其外調書『全集』28巻」「日光御神領村々返反別差引壱村限取調帳『全集』28巻」） ……… 24～26
　　第1節　仕法の前提 ………………… 26
　　　1　荒廃の展開 …………………… 27
　　　2　領主の対応 …………………… 28
　　　　＜表＞第2表　報徳仕法金の年次別総支出額（森豊著「今市における報徳仕法」および「日光御神領村々荒地起返難村旧復之仕法年々取扱之廉々書抜取調帳」『全集28巻』解題） ……… 30
　　　　＜表＞第3表　日光領における仕法の成果（森豊著「今市における報徳仕法」および「日光御神領村々荒地起返難村旧復之仕法年々取扱之廉々書抜取調帳」『全集28巻』解題） ……… 30
　　第2節　日光領の全体仕法 ………… 30
　　　1　仕法の計画 …………………… 31
　　　2　全体仕法の展開 ……………… 31
　　第3節　轟村の一村式仕法 ………… 32
　　　1　仕法の発願と結果 …………… 33
　　　2　轟村の仕法の内容 …………… 33

	<表>第4表　轟村における仕法の成果（森豊著「今市における報徳仕法」による）	34
	<表>第5表　轟村における無利息拝借金一覧（森豊著「今市における報徳仕法」による）	35
第4節	仕法の終末	36
第4章	朝鮮種人参	37
第1節	人参栽培の変遷	38
第2節	人参栽培の諸相	42
1	栽培規模	42
2	価格と受取り金	43
3	参作人の負担	43
4	諸規定	44
5	技術	45
第5章	日光金	45
第1節	日光奉行所取扱い貸付金	46
第2節	日光山本坊取扱い貸付金	49
第6章	鉱山	52
第1節	足尾銅山の歴史	52
	<表>第1表　山仕数の変化	54
	<表>第2表　足尾の家数人数変化	54
第2節	鉱山の試掘	55
	<表>第3表　試掘の生産力	55
	<表>第4表　上記の道具数・入用銀	56
	<表>第5表　試掘の入用	56
	<表>第6表　上記の鉄道具・鍛冶道具	57
	<表>第7表　滝之入鉛山稼方人数	58
	<表>第8表　銀山稼方人数	58
第3節	山仕の負担	58
第4節	足尾以外の小鉱山	58
1	瀬尾村鉱山	58
	<表>第9表　山仕の運上金	59
	<表>第1図　小佐越村・小百村・瀬尾村略図	59
	<表>第10表　銅山議定証文	60
2	小佐越村鉱山	61
	<表>第11表　切伏銀山議定	61

第1章　領知と支配
<写>日光目代山口家墓所（日光市匠町　浄光寺）

第1節	日光領支配の成立	1
1	日光領の寄進	1
1	天正十八年九月　豊臣秀吉の日光領寄進状（日光市山内　日光山輪王寺蔵「御代々御朱印写」）	1
2	慶長十四年三月　徳川家康の日光領安堵状（「日光山御判物之写」）	1
3	元和六年三月　徳川秀忠の日光領寄進ならびに同領知目録（「日光山　御宮方書物之写」）	1
4	寛永十一年五月　徳川家光の日光領寄進状（「日光山御判物之写」）	3
5	明暦元年九月　徳川家綱の日光領寄進状（「日光山御判物之写」）	4
6	元禄十四年九月　日光領目録（「日光山御領知目録」）	4
7	承応二年　日光山年中行事ならびに同配当目録（「日光山　御宮方書物之写」）	7
8	寛文七年九月　日光御宮・御堂領等の改替追加覚（「日光山　御宮方書物之写」二〜八　東京都　国立公文書館蔵／内閣文庫文書）	32
9	文化二年　日光御成筒勘定目録（日光市山内　日光東照宮文書）	34
2	日光領支配の成立	55
10	寛永十一年五月　日光山法式（「日光山御判物之写」）	55
11	明暦元年九月　日光山法度	56
（1）	日光山条目（「日光山御判物之写」）	56
（2）	日光山下知条々（「日光山　御宮方書物之写」）	57
12	元禄十三年九月　日光山法度	59
［＊日光奉行］		
（1）	日光山法度（「日光山御法度書」）	59
（2）	日光山下知条々（「日光山　御宮方下知状」一〇〜一二　東京都　国立公文書館蔵／内閣文庫文書）	60
13	元禄九年八月　日光領困窮につき御救い米下付の申渡（「元禄九年　日次記」）	63
［＊日光奉行］		
14	元禄十年六月　一坊困窮につき拝借金の申渡（「元禄十年　日次記」）	63
15	元禄十二年十月　一山拝借金請取帳	63
16	元禄十二年　困窮につき一山諸給人歎願一件（「元禄十二年　当役者日記」）	65
17	元禄十三年　日光領足知一件（「元禄十三年　当役者日記」一三〜一七　日光市山内　日光山輪王寺文書）	66
18	慶安五年八月　梶金兵衛への下知条々（「日光山　御堂方書物之写」東京都　国立公文書館蔵／内閣文庫文書）	67
19	元禄十三年九月　日光奉行設置につき一件（「元禄十三年　当役者日記」日光市山内　日光山輪王寺文書）	68
20	享保十九年十一月　日光山支配につき書付（「御判物御条目等之写」東京都　国立公文書館　内閣文庫文書）	69
21	享保二十一年　日光奉行への下知条々（「日光叢書社家御番所日記　十四」付録より）	69

22　延享元年〜宝暦二年　日光奉行の諸事覚帳（埼玉県浦和市　埼玉県立文書館蔵/稲生家文書）……70

第2節　祭礼と夫役 ……99
1　祭祀者 ……99
23　享保二年七月　日光山衆徒由緒・知行覚（「日光山諸給人知行高并由緒書」）……99
24　寛政六年十一月　日光御宮社家名前・役名覚 ……100
25　享保七年四月　日光山一坊由緒・知行覚 ……100
26　享保七年九月　日光宮仕由緒・知行覚 ……101
27　寛政十年正月　山中療病院格式願い ……102
28　享保二年七月　日光神人・八乙女由緒・知行覚（二三〜二八　日光市山内　日光輪王寺文書）……103
29　享保十八年七月　日光神人の勤方書上（日光市宝殿　矢野孝之輔家文書）……104
30　文化九年　日光八乙女職の身分取扱いにつき書上（日光市山内　日光二荒山神社文書）……105
31　宝暦十年九月　日光楽人の増扶持につき覚 ……107
32　亥二月　日光神人・八乙女への御救い米金覚 ……108
33　寛保三年三月　日光楽人拝領屋敷地の町役免除願い ……108
34　安永六年五月　日光神人の宿役免除願い ……109
35　寛政十一年正月　日光神人の宿役除役願い（三一〜三五　日光市山内　日光輪王寺文書）……110
36　文化十一年三月　日光神人の鉢石宿助郷役免除につき請書（日光市宝殿　矢野孝之輔家文書）……110
［＊門跡］

2　祭祀関係夫役 ……111
37　天保十四年　日光領村々納物・夫役書上（「日光山森羅万象録」）……111
［＊神事・仏事］
38　天保十三年　日光領村々納物取調集計（「日光領村々納物臨時共取調帳」三七・三八　日光市山内　日光東照宮文書）……115
39　文政十二年十一月　日光稲荷町年中御役勤方帳（日光市稲荷町　鈴木長雄家文書）……116

第3節　日光領支配の動揺 ……119
1　日光の町と参詣者宿 ……119
40　寛永十年六月　日光御幸町諸役免許状（日光市　御幸町文書）……119
41　寛文六年〜享保十九年　日光参詣堂者定制（日光市山内　日光輪王寺文書）……119
42　寛政十年四月　日光御幸町・鉢石宿旅人止宿出入につき仰渡し請書（日光市匠町　柴田豊久家文書）……124
43　文政三年八月　日光参詣人止宿につき申渡し請書（日光市山内　日光山輪王寺文書）……125

2　日光領の改革 ……127
44　天明八年二月　日光新御領村々よりの上納減免願いにつき衆談一件（「天明八年　当役者日記」）……127
45　寛政元年閏六月　日光新御領のお救い願いにつき衆談（「寛政元年　当役者日記」四四・四五　日光市山内　日光山輪王寺文書）……129
46　寛政二年〜三年　日光新御領の支配不取締りにつき吟味一件 ……130
［＊寛政御改正］
（1）寛政二年二月　不正の取計い吟味につき山口新左衛門の弁明書 ……130
（2）寛政二年二月　新御領支配等につき山口新左衛門願書（（1）（2）「八木沢十大夫新御領村々吟味一件口書書付写」日光市匠町　柴田豊久家文書）……131
（3）寛政三年二月　不正の取計いにつき日光一山吟味 ……132
（4）寛政三年六月　日光一山・山口新左衛門等処分申渡（（3）（4）「寛政三年　当役者日記」日光市山内　日光山輪王寺文書）……133
47　寛政三年〜四年　日光領支配の改革 ……135
（1）寛政三年正月　日光領の日光奉行仮支配の旨老中より達 ……135
（2）寛政三年正月　日光領の日光奉行支配につき執当への仰達 ……135
（3）寛政三年四月　日光奉行支配組頭・吟味役の勤方達 ……136
（4）寛政三年十二月　日光領の日光奉行支配につき寺社奉行より達（（1）〜（4）「寛政三年　当役者日記」）……137
（5）寛政四年閏二月　新御領等の上知、代官所引渡しの申渡（日光市山内　日光山輪王寺文書）……138
48　寛政三年　日光領収納取計い方改革一件 ……138
（1）寛政三年七月　収納諸帳面等の取計いにつき申達（「御収納一件留書」日光市匠町　柴田豊久家文書）……138

（2）寛政三年九月　収納・配当取扱い
　　　　につき改正申渡 ……………………139
　　　（3）寛政三年九月　収納・配当取扱い
　　　　改革掛合いにつき日光山衆談（（2）・
　　　　（3）「寛政三年　当役者日記」日光市山内
　　　　日光山輪王寺文書）
　　　（4）寛政三年十月　収納・配当取扱い
　　　　につき日光奉行伺い ………………140
　　　（5）寛政三年九月　新御領・門跡領等
　　　　の収納・配当取扱い改革につき日光
　　　　奉行伺い ……………………………141
　　　（6）寛政三年十月　新御料・門跡領等
　　　　の収納・配当取扱い改革申渡（（4）〜
　　　　　　（6）「御収納一件留書」日光市匠町　柴田
　　　　豊久家文書） ………………………142
　　49　天保十三年六月　日光表取締筋改革の
　　　趣書付（「御改革筋取調下書」埼玉県浦和市
　　　埼玉県立文書館蔵/稲生家文書） ………142
　　50　慶応三年　日光領上知反対一件 ………145
　　　（1）慶応三年九月　日光領村々の上知
　　　　反対議定書（「御神領・御霊屋領御据置
　　　　之始終」今市市岩崎　森山秀樹家文書）‥145
　　　（2）慶応三年十月　日光一山より上知
　　　　反対歎願書（日光市山内　日光山輪王寺
　　　　文書） …………………………………146
　　　（3）慶応三年十二月　上知取り止めに
　　　　つき沢又村請書（今市市沢又　斎藤　豊家
　　　　文書） …………………………………147
　　51　慶応四年八月　日光領没収の触（今市
　　　市轟　狐塚ヤイ家文書） ………………148
　　　［＊戊辰戦争］
　　3　日光学問所 ……………………………149
　　52　弘化三年七月　日光奉行学問ならびに
　　　素読吟味一件（日光市匠町　柴田豊久家文
　　　書） ………………………………………149
　　53　文久元年〜元治元年　日光学問所設置
　　　一件（『日本教育史資料　巻十九』） ………161
　　　［＊昌平坂学問所］
第2章　村落構造とその変貌
　＜写＞報徳仕法の取立百姓家（今市市轟）
　第1節　村落構造 ………………………………171
　　1　検地帳 …………………………………171
　　1　寛文六年七月　都賀郡南小倉村（田・
　　　畑）検地帳（今市市小倉　江連沄家文
　　　書） ………………………………………171
　　2　寛文六年十二月　都賀郡南小倉村石寄
　　　帳（今市市小倉　江連沄家文書） ………204
　　2　村明細帳 ………………………………208
　　3　寅（明和七）年六月　日光稲荷町家数書
　　　上帳（日光市稲荷町　鈴木長雄家文書）……208
　　　［＊町場］

　　4　寛政三年十月　都賀郡所野村明細帳（日
　　　光市松原町　山本忠一郎家文書） ………225
　　　［＊小物成・諸役］
　　3　宗門帳と五人組帳 ……………………230
　　5　元禄二年　都賀郡南小倉村宗門改帳（今
　　　市市小倉　江連沄家文書） ………………230
　　6　元禄二年閏正月　都賀郡南小倉村五人
　　　組帳（今市市小倉　江連沄家文書）………234
　　　［＊単婚小家族］
　第2節　年貢と諸役 ……………………………236
　　1　板橋領の年貢 …………………………236
　　7　申（元和六）年十一月　小倉村年貢割付
　　　状 …………………………………………236
　　8　酉（元和七）年十一月　小倉村年貢割付
　　　状 …………………………………………236
　　9　元和九年十月　小倉村年貢割付状 ……237
　　10　子（寛永元）年十月　小倉村年貢割付
　　　状 …………………………………………237
　　11　寅（寛永三）年十月　小倉村年貢割付
　　　状 …………………………………………238
　　12　寛永四年十月　小倉村年貢割付状 ……238
　　13　寛永五年十二月　小倉村年貢納覚
　　　帳 …………………………………………239
　　14　寛永六年十月　小倉村年貢割付状 ……240
　　15　寛永九年十月　小倉村年貢割付状 ……241
　　16　寛永十年十月　小倉村年貢割付状（七
　　　〜一六　今市市小倉　江連沄家文書） ……242
　　17　寛永十一年十月　轟村年貢割付状（今
　　　市市轟　狐塚ヤイ家文書） ………………243
　　2　日光領の年貢 …………………………244
　　18　寛永十一年五月　南小倉年貢請負手
　　　形（今市市小倉　江連沄家文書） …………244
　　19　寛永十五年十一月　南小倉年貢皆済
　　　状（今市市小倉　江連沄家文書） …………244
　　20　寛永十六年九月　轟村畑方年貢割付状
　　　（今市市轟　狐塚ヤイ家文書） ……………244
　　21　寛永二十一年十月　町谷村年貢割付状
　　　（今市市町谷　渡辺英郎家文書） …………245
　　22　承応二年四月　南小倉年貢定納定め
　　　（今市市小倉　江連沄家文書） ……………246
　　23　明暦元年十一月　南小倉年貢皆済状
　　　（今市市小倉　江連沄家文書） ……………246
　　24　万治四年四月　町谷村年貢納方書上
　　　（今市市町谷　渡辺英郎家文書） …………246
　　25　延宝三年十一月　南小倉年貢皆済状
　　　（今市市小倉　江連沄家文書） ……………248
　　26　享保九年十二月　南小倉年貢皆済状
　　　（今市市小倉　江連沄家文書） ……………248
　　27　寛政三年九月　町谷村年貢納め方請証
　　　文（今市市町谷　渡辺英郎家文書） ………249
　　28　寛政三年九月　南小倉村年貢割付状
　　　（今市市小倉　江連沄家文書） ……………249

3　日光領の諸役規定 ……………………250
　　29　元禄十二年八月　町谷村諸役勤め方書
　　　　上 ……………………………………250
　　30　正徳五年三月　町谷村諸役勤め方改正
　　　　書上 …………………………………250
　　31　延享元年　町谷村年貢諸掛物書上 …251
　　32　明和元年八月　町谷村諸役勤め方書上
　　　　（二九～三二　今市市町谷　渡辺英郎家文
　　　　書） …………………………………252
　　33　元禄十四年五月　神領十二組諸上納物
　　　　覚（今市市瀬尾　平野　博家文書） …………253
　　34　文政三年九月　轟村諸上納物書上帳
　　　　（今市市轟　狐塚ヤイ家文書） ………256
　　35　文政四年三月　轟村上納・諸役勤め等
　　　　定例仕来書上帳（今市市轟　狐塚ヤイ家文
　　　　書） …………………………………257
　　36　万延元年十一月　沢又村余業等書上げ
　　　　帳（今市市沢又　斎藤　豊家文書） …………264
　4　助郷役 ………………………………266
　　37　元禄九年五月　日光街道今市宿助郷帳
　　　　（今市市塩野室　手塚芳昭家文書） …………266
　　38　元禄九年五月　日光街道大沢宿助郷書
　　　　上（今市市小林　斎藤　泰家文書） …………267
　　39　享保九年九月　例幣使街道壬生通板
　　　　橋・文挾宿助郷帳（宇都宮市東浦　小堀三
　　　　郎家文書） …………………………268

第3節　農民の余業 ……………………………270
　1　畑作物 ………………………………270
　　40　元禄十六年二月　南小倉村煙草畑覚
　　　　（今市市小倉　江連泍家文書） ………270
　　41　弘化二年正月　岩崎村森山家麻貫目調
　　　　帳（今市市岩崎　森山秀樹家文書） …………271
　2　炭 ……………………………………274
　　42　天明五年十一月　小佐越村百姓困窮に
　　　　つき炭焼き稼ぎ願書（今市市大桑　星　常
　　　　夫家文書）
　　43　文政十年十一月　佐下部村以下四か村
　　　　炭がま改（今市市大桑　星　常夫家文書） …274
　　　　［＊御用炭］
　3　漆木 …………………………………279
　　44　文久二年二月　日光領村々漆苗木植付
　　　　仕法帳（今市市平町　神山博之家文書） …279
　4　筏川流し規定 ………………………281
　　45　寛文十二年三月　上平村筏川下げ改め
　　　　規定（今市市川室　星　芳夫家文書） ………281
　　　　［＊松平下総守忠弘］
　　46　安永四年正月　上平村筏川下げ改め規
　　　　定（今市市町谷　秋元正俊家文書） …………282
　　47　天保十三年十一月　問屋株停止につき
　　　　売木人仲間規定一札（今市市町谷　秋元正
　　　　俊家文書） …………………………282
　　　　［＊天保改革］

　　48　天保十三年十二月　下総国木野崎河岸
　　　　筏川下げ規定（今市市町谷　秋元正俊家文
　　　　書） …………………………………284
　　49　弘化四年八月　下総国木野崎河岸筏川
　　　　下げ規定（今市市川室　星　芳夫家文書） ‥286
　　50　嘉永四年二月　下総国木野崎河岸筏川
　　　　下げ規定（今市市町谷　渡辺英郎家文
　　　　書） …………………………………286
　5　売木人仲間議定と連名帳 …………288
　　51　天明五年正月　村々困窮につき御用木
　　　　買上げ筏川下げ願い（今市市町谷　渡辺英
　　　　郎家文書） …………………………288
　　　　［＊林産資源］
　　52　文化四年正月　川辺組・神領組筏仲間
　　　　議定（今市市小林　斎藤　泰家文書） ………288
　　53　文化十三年十一月　売木人仲間名前改
　　　　帳（川辺組）（今市市小林　斎藤　泰家文
　　　　書） …………………………………289
　　54　文化十三年十一月　売木人仲間議定
　　　　（川辺組）（今市市小林　斎藤　泰家文
　　　　書） …………………………………291
　　55　文政四年二月　筏争論入用につき売木
　　　　人仲間議定連印帳（神領組）（今市市轟
　　　　狐塚ヤイ家文書） ……………………292
　　56　文政十三年十月　売木筏川流し仲間鑑
　　　　札願い（今市市町谷　渡辺英郎家文書） …295
　　57　天保五年正月　川辺組売木仲間規定な
　　　　らびに連名帳（今市市小林　斎藤　泰家文
　　　　書） …………………………………295
　　58　天保七年九月　筏川下げ件譲渡につき
　　　　川辺組仲間争論済口証文（今市市小林　斎
　　　　藤　泰家文書） ………………………299
　　59　天保八年十二月　神領組売木仲間規定
　　　　ならびに連名帳（今市市町谷　秋元正俊家
　　　　文書） ………………………………301
　　60　嘉永六年四月　河辺組売木人仲間規定
　　　　（今市市小林　斎藤　泰家文書） ……303

第4節　村落の荒廃 ……………………………305
　1　元禄の飢饉と御救い政策 …………305
　　61　元禄十二年十一月　町谷村飢人帳（今
　　　　市市町谷　秋元正俊家文書） ………305
　　62　元禄十二年十一月　川室新田飢人帳
　　　　（今市市川室　星　芳夫家文書） ……307
　　63　元禄十三年三月　川室新田拝借金帳
　　　　（今市市川室　星　芳夫家文書） ……309
　　64　元禄十三年三月　川室新田拝借金書入
　　　　帳（今市市川室　星　芳夫家文書） …………312
　　65　元禄十三年正月　日光領村々困窮救済
　　　　願い（今市市町谷　渡辺英郎家文書） ………313
　2　荒廃の進行 …………………………314
　　66　明和七年六月　日光稲荷町潰家書上帳
　　　　（日光市稲荷町　鈴木長雄家文書） …………314

67　安永七年五月　日光町方打こわし書留
　　（日光市七里　上山忠夫家文書）…………319
68　天明三年十一月　都賀郡所野村人別改
　　帳（日光市松原町　山本忠一郎家文書）…324
69　天明三年十一月　凶作につき町谷村救
　　済願い（今市市町谷　渡辺英郎家文書）…330
70　天明三年十二月　日光領村々困窮救済
　　願い（今市市小倉　江連伝家文書）………330
71　天明四年閏二月　町谷村困窮注進状
　　（今市市町谷　渡辺英郎家文書）…………332
72　天明六年十二月　町谷村飢人書上（今
　　市市町谷　渡辺英郎家文書）………………332
73　天明六年十二月　町谷村飢人救済再願
　　書（今市市町谷　渡辺英郎家文書）………333
74　天明七年正月　町谷村飢人書上帳（今
　　市市町谷　秋元正俊家文書）………………333
75　寛政二年六月　町谷村虫害検分願い
　　（今市市町谷　渡辺英郎家文書）…………335
76　寛政三年二月　風水害・虫害につき大
　　室村以下五か村拝借願い（今市市沢又　斎
　　藤　豊家文書）………………………………335
77　寛政三年二月　凶作につき町谷村救済
　　願い（今市市町谷　渡辺英郎家文書）……336
78　寛政三年四月　凶作につき町谷村百姓
　　救済願い（今市市町谷　渡辺英郎家文
　　書）……………………………………………337
79　寛政三年十一月　凶作等につき町谷村
　　御救い拝借金願い（今市市町谷　渡辺英郎
　　家文書）………………………………………338
80　寛政三年十一月　村方困窮につき町谷
　　村御救い拝借金願い（今市市町谷　渡辺英
　　郎家文書）……………………………………339
81　寛政三年十一月　村方困窮につき沢又
　　村御救い拝借金願い等綴り（今市市沢又
　　斎藤　豊家文書）……………………………340
82　天保二年四月　上猪倉村潰百姓書上帳
　　（今市市猪倉　福田分次家文書）…………343
83　嘉永元年十月　町谷村潰百姓人別書上
　　帳（今市市町谷　渡辺英郎家文書）………344
84　嘉永六年十一月　町谷村潰百姓取調書
　　上帳（今市市町谷　渡辺英郎家文書）……350
85　嘉永六年十一月　下岩崎村潰百姓改帳
　　（今市市岩崎　森山秀樹家文書）…………351
86　嘉永六年十一月　小百村潰百姓書上帳
　　（今市市小百　石岡琢磨家文書）…………352
3　御救い政策等の展開………………………354
87　天明九年正月　陸奥・常陸・下野国へ
　　帰農触書につき町谷村請書（今市市町谷
　　渡辺英郎家文書）……………………………354
88　天明四年二月　日光領御救い金につき
　　町谷村請証文（今市市町谷　渡辺英郎家文
　　書）……………………………………………355
89　天明四年四月　下岩崎村夫食拝借帳
　　（今市市岩崎　森山秀樹家文書）…………356
90　天明七年正月　塩野室村困窮借用証文
　　（今市市塩野室　手塚芳昭家文書）………359
91　天明七年二月　塩野室村夫食代金借用
　　証文（今市市塩野室　手塚芳昭家文書）…360
92　寛政三年十一月　川室新田農具代・馬
　　代金割借金割付帳（今市市川室　星　芳夫家
　　文書）…………………………………………360
93　寛政三年十二月　天明四年以来沢又村
　　夫食拝借金返納覚帳（今市市沢又　斎藤
　　豊家文書）……………………………………362
94　天保七年十二月　上猪倉村極難者夫食
　　合力覚帳（今市市猪倉　福田分次家文
　　書）……………………………………………363

第3章　報徳仕法
＜写＞二宮尊徳墓所（今市市今市　報徳二宮神社）
第1節　仕法の前提……………………………365
1　荒廃の展開…………………………………365
　1　天明七年正月　轟村飢人調書…………365
　2　天明四年　轟村飢人等人数改帳………365
　3　文化十一年八月　轟村潰石書上帳……368
　4　文化十三年二月　轟村石高覚帳………370
　5　文政七年三月　轟村宗門改帳…………372
　6　天保八年三月　轟村宗門改帳…………378
　7　嘉永七年三月　轟村宗門改帳…………385
　8　文政五年四月　轟村田畑明細帳………391
　9　嘉永六年三月　轟村田畑人別反数書上
　　　帳………………………………………………395
　10　嘉永七年四月　轟村荒畑起返し書上
　　　帳………………………………………………396
　　［＊荒地開発］
　11　天明八年五月　水損荒地開発につき轟
　　　村村役人一札…………………………………397
　12　寛政四年九月　轟村水損荒地書上……397
　13　文化十四年八月　潰百姓取立てにつき
　　　轟村村役人願書………………………………398
　14　寛政三年二月　夫食料等拝借につき轟
　　　村惣百姓願書…………………………………399
　15　文政五年三月　潰百姓余荷出入につき
　　　轟村惣百姓議定………………………………399
2　領主の対応…………………………………401
　16　天明二年八月　村方取締りにつき轟村
　　　惣百姓請書……………………………………401
　17　天明七年二月　轟村御救い金割渡
　　　帳…………………………………………………402
　18　寛政三年四月　轟村拝借金割渡帳……404
　19　文政九年二月　轟村年貢手当金貸附扣
　　　帳…………………………………………………408
　20　天保四年十一月　轟村雑穀改帳………411
　21　寛政元年二月　奇特人調査につき轟村
　　　村役人一札……………………………………416

22　文化十一年七月　轟村十五以上六十以下の人別改帳 ……416
23　天保五年三月　轟村外二か村の出生懐妊者改帳（一～二三　今市市轟　狐塚ヤイ家文書）……418

第2節　日光領の全体仕法 ……421
1　仕法の計画 ……421
24　嘉永六年四月　日光領仕法につき日光奉行への返答書 ……421
25　嘉永六年九月　日光領仕法取計い方目録 ……423
26　嘉永六年九月　日光領仕法金調達につき申上書 ……434
2　全体仕法の展開 ……436
27　嘉永六年七月　村々荒地起返反別ならびに賃金書上帳 ……436
28　嘉永六年十月　村々荒地起返反別ならびに賃金惣寄帳 ……458
29　嘉永六年三月　日光領檜苗仕立方取調帳 ……460
30　嘉永六年八月　小百村用水堀普請人足書上帳 ……461
31　嘉永六年十月　村々用悪水堤普請ならびに入用金惣寄帳 ……464
32　嘉永六年十月　村々出精奇特人手当取調帳 ……465
33　嘉永六年十月　村々極難困窮人手当取調帳 ……469
34　嘉永六年十月　村々荒地起返し世話人への下され金取調帳 ……480
35　嘉永六年十月　村々無利足三か年賦拝借金証文帳 ……481
36　嘉永六年七月　村々仕法入用金取調帳（二四～三六　東京都　国立国会図書館蔵／二宮尊徳関係文書）……483

第3節　轟村の一村式仕法 ……490
1　仕法の発願と結果 ……490
37　安政二年八月　村方取建て仕法につき轟村惣百姓願書 ……490
38　安政四年二月　仕法につき轟村百姓誓約書 ……491
39　慶応二年四月　仕法仕上げにつき轟村惣百姓願書 ……492
2　轟村の仕法の内容 ……502
40　安政四年八月　二宮様取扱い轟村仕法書上帳 ……502
41　安政三年五月　荒畑起返し反別ならびに賃金取調帳 ……532
42　安政三年　御手入ならびに自力荒地起返し書上帳 ……533

43　安政三年十一月　畑田成御願場定免年貢取立帳 ……536
44　安政三年十二月　荒地起返しならびに屋根替賃金割渡帳 ……539
45　安政三年　報徳金拝借証文 ……542
46　安政三年十二月　轟村無利足金拝借証文（三七～四六　今市市轟　狐塚ヤイ家文書）……547

第4節　仕法の終末 ……549
47　慶応三年十月　仕法につき心得方伺書 ……549
［＊領地替］
48　慶応四年四月　御尋ねにつき申上書（四七～四八　東京都　国立国会図書館蔵／二宮尊徳関係文書）……550

第4章　朝鮮種人参
＜写＞朝鮮人参図「朝鮮人参耕作記」
第1節　人参栽培の変遷 ……555
1　年不詳「参才夾祥録」（抄）（今市市今市石岡正近家文書）……555
［＊栽培初期段階］
2　寛政二年十二月　朝鮮種人参勝手作につき幕府触（『御触書天保集成』六〇七九）……566
3　寛政三年六月　朝鮮種人参売捌仕様帳（日光市宮小来川　中村好敏家文書）……566
4　寛政三年八月　人参再立作につき薬種屋茂兵衛答書（日光市宮小来川　中村好敏家文書）……567
5　寛政五年九月　朝鮮・遼東両種人参増産計画につき取締り控書（日光市宮小来川　中村好敏家文書）……569
6　寛政十一年～十二年　朝鮮種人参御用作につき御書留（日光市宮小来川　中村好敏家文書）……574
7　享和三年三月　朝鮮種人参下野一国御用作につき幕府触（「人参御用書上控帳」より　日光市七里　上山忠夫家文書）……583
8　（文化元年）預り遼東種人参作植方につき丹左衛門願書（「御人参御用書上控帳」より　日光市七里　上山忠夫家文書）……583
9　天保十四年正月　朝鮮種人参勝手作につき吹上役所申達（鹿沼市板荷　船生豊作家文書）……583
10　天保十五年八月　朝鮮種人参野州一国御用作につき小来川・山久保両村持参作人請書（日光市宮小来川　中村好敏家文書）……584
11　弘化二年正月　山久保村朝鮮種人参手作実蒔高改出し覚帳（日光市宮小来川　中村好敏家文書）……586
12　弘化四年七月　参実蒔付三か年許可につき新規作人請書ならびに御定法書（日光市宮小来川　中村好敏家文書）……588

13　嘉永二年九月　朝鮮種人参永作願いにつき新規作人連印帳（日光市宮小来川 中村好敏家文書）……………………………590
14　安政二年四月　朝鮮種人参作立年延しにつき吹上役所申渡ならびに新規作人請書（日光市宮小来川 中村好敏家文書）………591
［*吹上役所］
15　慶応三年二月　朝鮮種人参買上げ値段歎願諸費用割合につき廻達（日光市七里 上山忠夫家文書）……………………………593

第2節　人参栽培の諸相……………………594
1　栽培規模……………………………594
16　元文二年～寛延二年　朝鮮種・遼東種人参根数書上（「寛延二年五月 日記」より 埼玉県浦和市 埼玉県立文書館蔵/稲生家文書）……………………………………594
17　寛政十一年六月　朝鮮種人参勝手作見分につき七里村藤蔵員数書上帳（日光市七里 上山忠夫家文書）………………596
18　享和元年六月　七里村丹佐衛門所持両種人参根数書上帳（日光市七里 上山忠夫家文書）……………………………………596
19　文化七年九月　参実蒔付量申渡（「遼東種・朝鮮種人参御用留」日光市七里 上山忠夫家文書）……………………………598
20　明治三年十二月　参実蒔増しにつき福田孫兵衛ら願書（日光市宮小来川 中村好敏家文書）……………………………………598
21　明治五年四月　小来川・山久保両村持朝鮮種人参根数書上帳（日光市宮小来川 中村好敏家文書）……………………600

2　価格と受取り金
22　安永二年十月　人参買上げにつき小来川村伊兵衛受取書（日光市南小来川 星野善平家文書）……………………………619
23　弘化元年十二月　人参三割増買上げにつき小来川・山久保両村参作人請書（日光市宮小来川 中村好敏家文書）………620
24　天保九年六月　人参定値段買上げにつき申達（鹿沼市板荷 船生豊作家文書）……………………………………………620
25　享和三年七月　朝鮮種人参買上代金板荷村参作人受取り証文（鹿沼市板荷 船生豊作家文書）……………………………622

3　参作人の負担……………………627
26　文化八年七月　出役役人賄方につき参作人一同取極書（日光市宮小来川 中村好敏家文書）……………………………
27　文化十年九月　人参買上諸入用勘定帳改につき書付（日光市宮小来川 中村好敏家文書）………………………………629

28　安政五年十一月　三か年蒔付および割増銀下げ方願いにつき出府入用取立割合書（「朝鮮種人参御用留」より日光市七里 上山忠夫家文書）…………………630
29　弘化二年五月　芽出し見分出役につき諸入用割合帳（日光市宮小来川 中村好敏家文書）……………………………631
30　弘化二年九月　参根堀立につき諸入用割合帳（日光市宮小来川 中村好敏家文書）……………………………………639

4　諸規定……………………………649
31　文化四年六月　参実貯え方申渡しにつき小来川・山久保両村参作人請書（日光市宮小来川 中村好敏家文書）……649
32　文政十一年四月　参実取入れ方申渡しにつき小来川・山久保両村請書（日光市宮小来川 中村好敏家文書）……………651
33　天保三年九月　施肥禁止申渡しにつき小来川・山久保両村参作人請書（日光市宮小来川 中村好敏家文書）………652
34　万延元年七月　人参盗難防止申渡しにつき小来川・山久保両村参作人請書（日光市宮小来川 中村好敏家文書）……653

5　栽培技術…………………………655
35　寛政四年四月　人参蒔付方につき七里村丹左衛門書上（「御用日記留」日光市七里 上山忠夫家文書）……………………655
36　天保十四年閏九月　人参栽培方法につき板荷村名主返答書（鹿沼市板荷 富久田耕平家文書）…………………………655

第5章　日光金
〈写〉諸家貸附金取立て一覧表（日光市山内 日光山輪王寺文書）

第1節　日光奉行所取扱い貸付金………659
1　年不詳　御貸付金記立書（河内郡上河内村今里 笹沼 修家文書）…………………659
2　文政三年～　御貸付方手扣（抄）（日光市山内 日光東照宮文書）……………………675
［*一坊永続手当金貸付］
3　文政五年二月　日光拝借金借用につき精進内村など三か村差出一札（真岡市下籠谷野沢 冠家蔵/坂入家文書）…………696
4　弘化三年四月　日光金返済につき茅堤村名主ら拝借金願（真岡市下籠谷 野沢 冠家蔵/坂入家文書）……………………697
5　天保十二年十一月　日光拝借金五か年賦取立仕訳帳（芳賀町大字東水沼 岡田純一家文書）……………………………………698
6　弘化二年十一月　天保二年以来日光金諸入用ならびに諸勘定帳（芳賀町大字東水沼 小林隆志家文書）…………………704

7　文政三年・天保十四年　日光拝借金村名
　　控（日光市匠町　柴田豊久家文書）…………710
8　慶応三年　日光貸付金領分書抜帳（河内郡
　　上河内村今里　笹沼　修家文書）…………732

第2節　日光山本坊取扱い貸付金 ………741
9　明治四年六月　宝暦十四年以来男体山禅
　　頂講金其外口々預り金高取調帳（宇都宮市
　　塙田　葦名彰司家文書）…………741
10　寛政八年十二月　時借利利分貸付帳（宇
　　都宮市塙田　葦名彰司家文書）…………743
11　享和四年正月　日光惣家来救金ならびに
　　植込料貸付帳（宇都宮市塙田　葦名彰司家文
　　書）…………748
12　天保四年十月　仁留内膳取扱い奥御手元
　　金貸出し覚帳（宇都宮市塙田　葦名彰司家文
　　書）…………749
13　天保七年七月　仁留取扱い奥手元金継続
　　につき仰渡（宇都宮市塙田　葦名彰司家文
　　書）…………750
14　嘉永六年四月　中村屋清兵衛相続金積立
　　帳（日光市下鉢石　高野忠治家文書）…………750
　　［＊近江商人］
15　明治四年四月　永続料・相続料預り金高
　　取調帳（宇都宮市塙田　葦名彰司家文書）……753
16　安政五年六月　日光金借用につき稲葉長
　　門守勝手方借用証文（宇都宮市日野町　崎尾
　　新五郎家文書）…………755
17　安政二年二月　戸田家借用日光金返済に
　　つき照尊院願書（宇都宮市塙田　葦名彰司家
　　文書）…………756
18　嘉永六年正月　御手元金積立趣意ならび
　　に積立の覚（日光市下鉢石　高野忠治家文
　　書）…………757
19　安政五年七月　相続料利子引下げにつき
　　奥野左京申渡（宇都宮市日野町　崎尾新五郎
　　家文書）…………758
20　安政六年七月　日光納戸方改革につき外
　　様家来歎願書（日光市下鉢石　高野忠治家文
　　書）…………759
21　元治元年十二月　相続料利子据置三か年
　　延長につき高橋弾正申渡（宇都宮市日野町
　　崎尾新五郎家文書）…………761
22　元治元年七月　永続料下げ渡し不許可に
　　つき崎尾新右衛門拝借願（宇都宮市日野町
　　崎尾新五郎家文書）…………761
23　明治四年十二月　日光への預け金下げ渡
　　し願一件 …………762
　（1）　崎尾新五郎烏山藩借用金下げ渡し
　　斡旋依頼（宇都宮市日野町　崎尾新五郎家
　　文書）…………762
　（2）　板荷村金子治五次代人上松半三郎
　　永続金利子下げ渡し願（宇都宮市塙田　葦
　　名彰司家文書）…………763

（3）　相続金につき仁留繁樹返答書（宇都
　　宮市日野町　崎尾新五郎家文書）…………764
24　元治元年十二月　日光御殿貸付金諸勘定
　　帳（宇都宮市塙田　葦名彰司家文書）…………764
25　慶応二年　諸家貸付け利年賦取立一覧
　　（日光市山内　日光輪王寺文書）…………780
26　明治四年四月　日光貸付金明細勘定帳
　　（宇都宮市塙田　葦名彰司家文書）…………789

第6章　鉱山
＜写＞足尾山中銅穴図「日光山志」

第1節　足尾銅山の歴史 …………797
1　元文元年五月　足尾山仕共指出（日光市山
　　内　日光山輪王寺文書）…………797
　　［＊銅山の由来］
2　寛政八年四月　足尾銅山草創記（日光市山
　　内　日光山輪王寺文書）…………799

第2節　鉱山の試堀 …………802
3　辰十月　銅山試堀（日光市山内　日光山輪王
　　寺文書）…………802
4　明和二年～四年　足尾銀山・鉛山試堀一
　　件記録（日光市山内　日光山輪王寺文書）……806

第3節　山仕の負担 …………841
5　天明元年七月　足尾山仕床役・札役金上
　　納帳（日光市山内　日光山輪王寺文書）…………841
6　寛政四年十二月　足尾山仕床役・札役金
　　上納帳（日光市山内　日光山輪王寺文書）……842

第4節　足尾以外の小鉱山 …………843
1　瀬尾村鉱山 …………843
7　天保十年七月　瀬尾村・小百村銅山師
　　借金証文（今市市小百　沼尾由之家文
　　書）…………843
8　天保十年十二月　瀬尾村・小百村銅山
　　師借金証文（今市市小百　沼尾由之家文
　　書）…………843
9　天保十一年正月　瀬尾村・小百村銅山
　　師給金延払い証文（今市市小百　沼尾由之
　　家文書）…………843
10　天保十一年二月　瀬尾村・小百村銅山
　　師借金証文（今市市小百　沼尾由之家文
　　書）…………844
11　天保十一年二月　瀬尾村・小百村銅山
　　師の銅山頭借金添証文（今市市小百　沼尾
　　由之家文書）…………844
12　天保十一年七月　瀬尾村・小百村銅山
　　師荒銅引渡し一札（今市市小百　沼尾由之
　　家文書）…………845
13　天保十一年七月　瀬尾村銅山頭荒銅引
　　渡し一札（今市市小百　沼尾由之家文書）
　　…………845

14　万延元年四月　瀬尾村・小百村と金主・山師の銅山開発議定書(今市市瀬尾 八木沢光夫家文書)……………846
　　15　万延元年五月　瀬尾村に対する金主・山師の銅山一札(今市市瀬尾 八木沢光夫家文書)……………848
　　16　万延元年九月　銅山試堀につき小百村・瀬尾村請証文(今市市瀬尾 八木沢光夫家文書)……………848
　2　小佐越村鉱山………………849
　　17　安政六年八月　小佐越村と金主の鉛山開発議定書(塩谷郡藤原町小佐越 北山 明家文書)……………849
　　18　安政六年九月　小佐越村世話人に対する金主の鉛山一札(塩谷郡藤原町小佐越 北山 明家文書)……………851
　　19　安政七年正月　小佐越村に対する金主の鉛山・銅山一札(塩谷郡藤原町小佐越 北山 明家文書)……………851
　　20　安政七年二月　小佐越村に対する金主・柄倉村の鉛山・銅山一札(塩谷郡藤原町小佐越 北山 明家文書)……………852
あとがき(総務課長 中山力)……………855
　関係者名簿……………855
　　船田譲(知事;会長)
　　砂子田隆(副知事;副会長)
　　寶月圭吾(東京大学名誉教授・東洋大学教授・専門委員会監修者;副会長)
　　渡辺幹雄(県教育長;副会長)
　　中里魚彦(県文化財保護審議会委員・専門委員会委員長;委員)
　　辰巳四郎(宇都宮大学名誉教授・宇都宮短期大学教授・専門委員会委員・原始担当;委員)
　　土田直鎮(東京大学教授・専門委員会委員・古代担当;委員)
　　稲垣泰彦(東京大学教授・専門委員会委員・中世担当;委員)
　　北島正元(立正大学教授・専門委員会委員・近世担当;委員)
　　長倉保(神奈川大学教授・専門委員会委員・近世担当;委員)
　　笠井恭悦(宇都宮大学教授・専門委員会委員・近現代担当;委員)
　　小西四郎(元東京大学教授・専門委員会委員・近現代担当;委員)
　　薄井信吉(県議会議長;委員)
　　小池嘉子(市長会会長・宇都宮市長;委員)
　　森田正義(町村会会長・岩舟町長;委員)
　　後藤一雄(市町村教育長会会長・宇都宮市教育長;委員)

　　手塚満雄(県総務部長;委員)
　　神永保(県教育次長;委員)
　　秋本典夫(宇都宮大学教授;参与)
　　野中退蔵(県文化財保護審議会委員;参与)
　　渡辺龍瑞(県文化財保護審議会委員;参与)
　　小林友雄(郷土史家;参与)
　　雨宮義人(元県立高校長;参与)
　　福島悠峰(下野新聞社社長;参与)
　　根村隆成(栃木新聞社社長;参与)
　　和知好美(前県議会議長;前委員)
　　立入隼人(前市町村教育長会会長・前宇都宮市教育長;委員)
　　菊地幸敏(前県教育次長;前委員)

栃木県史 史料編・近世七

```
栃木県史 史料編・近世七
栃木県史編さん委員会編集
昭和53年3月30日発行
```

＜下野全地域にかかわる幕末維新期の史料を収録＞

＜口絵＞第1図　天狗党への献納金証文　神奈川県横浜市　石井孝家文書
＜口絵＞第2図　天狗党追討につき鉄砲持書上げ　大田原市実取　森重家文書
＜口絵＞第3図　世直しにつき貸金・質物返還約定覚　岩舟町下津原　藤沢博三郎家文書
＜口絵＞第4図　下南摩村百姓騒立につき臨時御用留　鹿沼市下南摩　阿久津済家文書
＜口絵＞第5図　八椚村火札　足利市八椚　石川進司家文書
＜口絵＞第6図　足利町打ちこわし状況報告書　神奈川県横浜市　石井孝家文書
＜口絵＞第7図　出流山挙兵参加者風聞　宇都宮市　栃木県立図書館蔵
＜口絵＞第8図　芳賀郡八条村名主触留　真岡市八条　黒崎幹夫家文書

序（栃木県知事　船田譲）
凡例
解説 ……………………………………………… 1
　第1章　尊攘運動と天狗騒動 …………………… 2
　　第1節　下野における尊攘運動 ……………… 4
　　　1　縣　信緝日記 …………………………… 5
　　　2　縣　信緝手記 …………………………… 6
　　　3　尊攘運動 ………………………………… 8
　　第2節　下野における天狗騒動 ……………… 9
　　　1　天狗党の動向 …………………………… 9
　　　2　天狗党の追討 ……………………………11
　第2章　世直し ……………………………………14
　　第1節　都賀地域 …………………………………16
　　第2節　河内・芳賀地域 …………………………22
　　　1　慶応期の打ちこわし記録 …………………23
　　　2　慶応期前後村々の訴願 ……………………25
　　第3節　足利・安蘇地域 …………………………27
　　第4節　那須・塩谷地域 …………………………30
　第3章　戊辰戦争 ……………………………………32
　　第1節　出流山挙兵 ………………………………33
　　第2節　戊辰戦争 …………………………………34

　　第3節　農兵・軍夫・助郷 ……………………36
　　第4節　制度の改編 ……………………………38
　附録 ………………………………………………40
　　附録1　元禄十四年七月　下野国郷帳 ………40
　　　＜表＞下野国郷高表 ………………………40
　　附録2　（天保年中）下野国改革組合村 ……41
　　附録3　旧高旧領取調帳　下野国 ……………41
　　附録4　慶応三年八月　酒造株高改帳 ………41

第1章　尊攘運動と天狗騒動
　＜写＞「尊王攘夷」（真岡市田町　塚田元成氏蔵）
　第1節　下野における尊攘運動 ……………… 1
　　1　縣　信緝日記（東京都　東京大学史料編纂所蔵／旧文部省維新史料編纂会所蔵写本／縣家文書） …………………………………………… 1
　　　1　文久二年正月～十二月　縣　信緝日記 … 1
　　　　［＊坂下門事件］
　　　2　元治元年正月～十二月　縣　信緝日記 …37
　　　　［＊天狗党］
　　　3　慶応元年正月～同二年九月　縣　信緝日記 ……………………………………………55
　　2　縣　信緝手記（東京都　東京大学史料編纂所蔵／旧文部省維新史料編纂会所蔵写本／縣家文書） …………………………………………85
　　　4　縣　信緝手記（文久二～三年　坂下門事件・山陵修補関係） ……………………85
　　　5　縣　信緝手記（元治元年四月　天狗党応接関係(1)） ……………………………94
　　　6　縣　信緝手記（元治元年四月　天狗党応接関係(2)） …………………………102
　　　7　縣　信緝手記（元治元年四月　天狗党応接関係(3)） …………………………104
　　　8　縣　信緝手記（元治元年四月　天狗党応接関係(4)） …………………………105
　　　9　縣　信緝手記（元治元年四月　天狗党応接関係(5)） …………………………107
　　　10　縣　信緝手記（諸草案） ………………108
　　3　尊攘運動 …………………………………111
　　（1）天狗党と下野の志士 ……………………111
　　　11　元治元年九月　脱藩宇都宮藩士吟味書（「秘書　敬」より　宇都宮市寺町　菊池小次郎家文書） ……………………………111
　　　12　元治元年十二月　俸馨三郎の天狗党加入につき小山春山歎願書（「秘書　敬」より　宇都宮市寺町　菊池小次郎家文書） …………………………………………113
　　（2）宇都宮藩の山陵修補 ……………………113
　　　13　文久四年二月　山陵修補成功褒賞につき村方へ達（「文久四甲子年　御触書留」より　河内郡河内町下岡本　五月女哲郎家文書） …………………………………113
　　（3）壬生藩の尊攘運動 ………………………115

県史誌内容総覧・資料編 1：近世―関東　　105

14　幕末維新壬生藩秘事（下都賀郡壬生町壬生甲　石崎楚治家文書）……115
　　［＊志摩騒動］
15　慶応元年十二月　元治元年壬生藩士の天狗党応接関係吟味書（下都賀郡壬生町壬生甲　松本万里家文書）……119
参考資料　大橋訥菴「政権恢復秘策」（『大橋訥菴先生全集 上巻』）……135

第2節　下野における天狗騒動……146
1　天狗党の動向……146
　16　元治元年四月～六月　天狗党一件騒動記録（宇都宮市　宇都宮大学附属図書館蔵／上野家文書）……146
　17　元治元年四月～六月　太平山屯集の天狗党につき都賀郡山田村記録（下都賀郡大平町西山田　白石巳代治家文書『下毛州山田邑記録 二』）……161
　18　元治元年五月　都賀郡川連村の天狗党よりの御救金等受領届け書（下都賀郡大平町川連　熊倉恒治家文書）……166
　19　元治元年六月　天狗党の栃木町放火一件（宇都宮市寺町　菊池小次郎家文書『秘書　敬』）……167
　20　元治元年五月　天狗党への献納金穀証文（神奈川県横浜市　石井孝家文書）……168
　21　元治元年十一月　黒羽領内通行につき天狗党西上趣意書（那須郡那須町沼野井　滝田　馨家文書）……169
　22　元治元年十一月～同二年二月　天狗党の動向探索報告書（宇都宮市　栃木県立図書館蔵／日光県文書）……171
2　天狗党の追討……176
　23　元治元年四月～同二年二月　宇都宮領河内郡下岡本村庄屋触留帳（抄）（河内郡河内町下岡本　五日女哲郎家文書）……176
　24　元治元年四月～六月　宇都宮領塩谷郡中塩原村公用日記帳（抄）（塩谷郡塩原町中塩原　君島新一郎家文書）……190
　25　元治元年　水府浪徒取締りにつき関東取締出役触（鹿沼市上石川　石川三郎家文書）……192
　26　元治元年六月　那須郡天領村々の真岡陣屋詰合手扣（大田原市実取　森　重家文書）……193
　27　元治元年　日光領都賀郡下岩崎村名主御用日記（抄）（今市市岩崎　森山秀樹家文書）……203
　28　元治元年四月　日光領都賀郡下岩崎村才料の日光警固出張日記（今市市岩崎　森山秀樹家文書）……208

　29　元治元年十一月　今市付近の天狗党追討出張日記（今市市岩崎　森山秀樹家文書）……209
　　　［＊水呑百姓］
　30　元治元年十一月　日光領河内郡轟村の天狗党追討手当金割合帳（今市市轟　狐塚ヤイ家文書）……212
　31　元治元年十一月　河内郡小林村の天狗党宿泊一件（今市市小林　小池栄治家文書）……213
　32　元治元年八月～十二月　黒羽藩家老益子信将要用留書（抄）（宇都宮市　宇都宮大学附属図書館蔵／益子家文書）……222
　33　元治元年十月　壬生領都賀郡助谷村の天狗党追討人馬勤方調帳（下都賀郡壬生町助谷　粂川誠市家文書）……231
　34　慶応元年七月　壬生領郷足軽への褒賞申渡（下都賀郡壬生町壬生甲　松本万里家文書）……235
　35　慶応三年五月～六月　壬生領郷足軽の諸役負担免除申渡（下都賀郡壬生町助谷　粂川誠市家文書『慶応三年 略日記』より）……236
　36　元治元年七月　畠山知行所都賀郡塩山村村役人等の陣屋詰合請書（鹿沼市塩山　佐藤倉次家文書）……236
　37　元治元年九月　畠山知行所都賀郡小林村の関東取締出役動員の鉄砲隊免除願（「願書請書留」より　栃木市嘉右衛門町　岡田嘉右衛門家文書）……237
　38　元治元年七月～八月　天狗動乱につき安蘇郡下津原村百姓面附帳（下都賀郡岩舟町下津原　鈴木一朗家文書）……238
　39　元治元年七月　人馬役負担軽減につき都賀郡石の上村願書（小山市下国府塚　岸ウタ家文書）……241
　40　元治元年九月　非常詰合につき都賀郡石の上村請書（小山市下国府塚　岸 ウタ家文書）……242
　41　元治二年二月　日光道中宇都宮宿の追討人馬継立手当金につき歎願書（宇都宮市　宇都宮大学附属図書館蔵／上野家文書）……243
　42　元治二年二月　日光道中宇都宮宿の去子年分天狗党追討御用継人馬書上帳（宇都宮市　宇都宮大学附属図書館蔵／上野家文書）……244
　43　元治二年四月　日光道中宇都宮宿の去子年分天狗党追討諸入用書上帳（宇都宮市　宇都宮大学附属図書館蔵／上野家文書）……254
　44　元治二年四月　日光道中間々田宿組合の去子年分天狗党追討諸入用取調（小山市間々田　上原雅輔家文書）……255

45　元治二年三月　都賀郡粟宮村の去子年分天狗党追討諸入用覚(小山市間々田 上原雅輔家文書)‥‥‥‥262
　46　元治二年正月～二月 去子年分天狗党追討御用の当分助郷につき人馬雇買議定(小山市間々田 上原雅輔家文書)‥‥‥‥263
　47　元治元年　天狗党動乱風聞書(下都賀郡壬生町助谷 粂川誠市家文書)‥‥‥‥264
　48　天狗党戯歌(鹿沼市 鹿沼市立図書館蔵/森田家文書)‥‥‥‥298

第2章　世直し
　<写>圃租変更記念碑(那須郡烏山町宮原 八幡宮)
第1節　都賀地域‥‥‥‥299
　1　文久元年二月 壬生領薗部村不穏につき吟味(下都賀郡壬生町助谷 粂川誠市家文書「万延二辛酉略日記」)‥‥‥‥299
　　[*打ちこわし]
　2　文久元年二月 壬生領皆川村押借一件(下都賀郡壬生町助谷 粂川誠市家文書「万延二辛酉略日記」)‥‥‥‥299
　3　元治元年八月 下南摩村名主不正につき小前惣代・名主の訴答状(鹿沼市下南摩 阿久津済家文書)‥‥‥‥300
　　[*村方騒動]
　　参考史料1　明治四年四月 下南摩村村方出入につき済口証文(鹿沼市下南摩 阿久津済家文書)‥‥‥‥306
　　参考史料2　安政六年二月 橋本村騒動につき仮議定書(下都賀郡壬生町助谷 粂川誠市家文書「安政六己未歳 略日記」)‥‥‥‥307
　4　慶応二年八月 永野・粕尾両村蜂起、今市打ちこわしにつき小林栄之助風聞書(宇都宮市 栃木県立図書館蔵/日光県文書)‥‥‥‥309
　5　慶応二年八月 今市打ちこわしにつき二宮尊太郎日記(東京都 国立国会図書館蔵/二宮尊徳関係文書『慶応二年日記』)‥‥‥‥310
　6　慶応二年九月 今市打ちこわしにつき秋元但馬守報告書(東京都 国立公文書館蔵/内閣文庫『慶応漫録』六)‥‥‥‥311
　7　慶応二年十二月 佐倉領米納方につき小前訴願(下都賀郡壬生町助谷 粂川誠市家文書「天保四癸巳年より年々穀相場扣」)‥‥‥‥311
　8　慶応二年三月 悪党押え方につき下南摩村議定一札(鹿沼市下南摩 阿久津済家文書)‥‥‥‥312
　9　慶応三年正月 鹿沼宿打ちこわしの次第ならびに、福田弥五右衛門安売米記録(鹿沼市仲町 福田健夫家文書)‥‥‥‥312
　10　明治二年 鹿沼宿打ちこわし人吉太郎宥免願(鹿沼市 鹿沼市立図書館蔵/森田家文書)‥‥‥‥318

　11　慶応四年正月～閏四月 塩山村小林家日記(抄)(鹿沼市塩山 小森武夫家文書)‥‥‥‥318
　　[*世直し騒動]
　12　慶応四年四月 一揆勃発の次第ならびに別手東郷一揆の聞書(鹿沼市茂呂 佐藤光家文書)‥‥‥‥323
　13　慶応四年 福田弥五右衛門風聞異説日記(抄)(鹿沼市仲町 福田健夫家文書)‥‥‥‥325
　14　慶応四年四月 下南摩村小前金穀差出し質地書替要求につき覚(鹿沼市下南摩 阿久津済家文書)‥‥‥‥326
　15　慶応四年閏四月 米金差出し質地取戻しの強要につき下南摩村役人願書(鹿沼市下南摩 阿久津済家文書)‥‥‥‥327
　16　慶応四年正月～閏四月 下南摩村百姓騒立につき臨時御用留(抄)(鹿沼市下南摩 阿久津 済家文書)‥‥‥‥328
　17　慶応四年四月 下沢村小前世直し要求一件書留(鹿沼市 鹿沼市立図書館蔵/星野幹雄家文書)‥‥‥‥340
　18　慶応四年四月 世直しにつき貸金・質物返還約定覚(下都賀郡岩舟町下津原 藤沢博三郎家文書)‥‥‥‥345
　19　慶応四年四月 非常時につき質物取扱い方約定書(下都賀郡岩舟町下津原 藤沢博三郎家文書)‥‥‥‥345
　20　慶応四年 藤沢家への張札(下都賀郡岩舟町下津原 藤沢博三郎家文書)‥‥‥‥346
　　[*人誡]
　21　明治三年三月 質物返還につき上石川村名主口上書(鹿沼市上石川 石川三郎家文書)‥‥‥‥347
　22　慶応四年四月 一揆召捕人のうち小屋町平次引渡し歎願書(佐野市寺中 木塚芳明家文書)‥‥‥‥347
　23　慶応四年三月 一揆不参加申渡さるにつき村々請書(鹿沼市下南摩 阿久津済家文書)‥‥‥‥348
　24　慶応四年四月 塩山村小前打ちこわしにつき富農連合議定(鹿沼市塩山 佐藤倉次家文書)‥‥‥‥350
　25　慶応四年閏四月 下南摩村騒立につき二心なき旨取決め誓約書(鹿沼市下南摩 阿久津済家文書)‥‥‥‥351
　26　慶応四年正月～九月 畠山領訴状留(栃木市嘉右衛門 岡田嘉右衛門家文書)‥‥‥‥352
　27　明治二年十二月 百姓動揺につき日光県への御救い願書ならびに九か村申合せ口上書(小山市塩出 吉光寺秀一家文書)‥‥‥‥382
　　[*自村防衛]
　28　慶応四年 下初田村村方騒動一件(小山市下初田 大出善作家文書)‥‥‥‥384

29　明治元年九月　延島村村方騒動一件（小山市延島　添野一夫家文書）……………393
　30　明治三年三月　上石川村村方騒動一件（鹿沼市上石川　石川三郎家文書）…………404

第2節　河内・芳賀地域……………………410
　1　慶応期打ちこわし記録……………410
　31　明治元年十月　百姓騒動根本記（宇都宮市岩曽　半田弥平家文書）……………410
　32　慶応四年四月　打ちこわし騒動日記（河内町下岡本　五月女哲郎家文書）…………413
　33　慶応四年四月　世直し騒動風聞書（芳賀郡芳賀町給部　綱川文太家文書）……………414
　34　慶応四年四月　野州騒乱届書（真岡市下籠谷　野沢冠家蔵／坂入家文書）…………417
　35　慶応四年四月　亀山村名主日記（抄）（真岡市亀山　鈴木敏行家文書）……419
　36　（慶応四年）打ちこわしならびに降参富家覚書（芳賀郡芳賀町給部　綱川文太家文書）…………………424
　37　慶応四年四月　降参につき一札（芳賀郡芳賀町給部　綱川文太家文書）………425
　38　慶応四年四月　上延生村惣右衛門ほか二名の打ちこわされ破損状況届帳（芳賀郡芳賀町上延生　塩田博家文書）…426
　39　（慶応四年）上延生村惣右衛門打ちこわし見舞帳（芳賀郡芳賀町上延生　塩田博家文書）……………431
　40　慶応四年〜明治三年　黒羽藩兵騒動鎮圧につき出陣関係記録……………432
　　（1）　慶応四年四月　黒羽藩兵出陣日記（宇都宮市　宇都宮大学附属図書館蔵／益子家文書）……………432
　　（2）　慶応四年四月　青谷村騒動鎮圧要請書……………………441
　　（3）　明治三年三月　青谷村騒動鎮圧につき上申書（（2）（3）真岡市青谷　日下田文夫家文書）……………441
　41　慶応四年四月　上平出村百姓鎮静方につき請書（宇都宮市平出　平出英夫家文書）……………………442
　42　慶応四年四月　鉞・鎌等返却につき下田原新々田請取書（河内郡河内町下田原　渡辺康之助家文書）………443
　2　慶応期前後村々の訴願……………444
　43　慶応二年〜三年　御用金賦課につき藪知行所村々仕法替要求一件（今市市根室　狐塚真一郎家文書）…444
　44　慶応三年正月　岩原村増人馬役免除願（宇都宮市岩曽　高橋悦郎家文書）……447
　45　慶応三年四月　上江連村百姓諸穀高値につき助成願書（芳賀郡二宮町上江連　荒山茂家文書）……………448

　46　慶応四年四月　岩曽村小高百姓高役要求願書（宇都宮市岩曽　半田弥平家文書）……………………449
　47　慶応四年七月　岩曽村小高百姓白河人夫役等につき高割要求願書（宇都宮市岩曽　半田弥平家文書）………449
　48　慶応四年八月　岩曽村四石役百姓城付役免除願（宇都宮市岩曽　半田弥平家文書）……………………450
　49　明治二年十二月　岩曽村百姓四石役米延納願（宇都宮市岩曽　半田弥平家文書）……………………452
　50　慶応四年四月〜十二月　三村名主兵助と坂上村および三王山村百姓間の夫食借用出入一件…………452
　　（1）　慶応四年四月　坂上村百姓訴状…………………452
　　（2）　慶応四年四月　三村兵助ほか扱人一同より坂上村へ詫一札（（1）（2）河内町上三川村坂上　上野政夫家文書）…454
　　（3）　明治元年十一月　三村兵助訴状（河内町上三川村上三川　普門寺文書）……………455
　　（4）　明治元年十二月　済口証文（河内郡上三川町三村　猪瀬盛三郎家文書）…458
　51　明治二年二月　茂原村名主年貢算用不正につき小前百姓願書（宇都宮市茂原　山崎正重家文書）…………458
　52　慶応四年十一月　御田島長村役人年貢用捨米割渡不正一件につき済口証文（宇都宮市御田長島　寺内増男家文書）……459
　53　明治三年〜四年　手彦子村名主不正につき小高百姓との出入一件（芳賀郡芳賀町芳志戸　黒崎正夫家文書）……………460

第3節　利足・安蘇地域……………………463
　54　嘉永七年十二月〜慶応四年四月　六角領官民軋轢一件書上（足利市今福　本島潤家文書）……………463
　55　安政五年三月　火札一件につき八椚村惣百姓一札（足利市八椚　石川進司家文書）……………486
　56　文久元年十二月　火札一件につき八椚村議定書（足利市八椚　石川進司家文書）…487
　57　慶応元年十二月　火札一件につき八椚村村役人願書（足利市八椚　石川進司家文書）……………………488
　58　慶応三年八月　再議定につき八椚村惣百姓の村役人への連印帳（足利市八椚　石川進司家文書）……………489
　59　（文久元年）八椚村火札（足利市八椚　石川進司家文書）…489
　60　文久元年　足利町等打ちこわし覚書（足利市高松　青山喜右衛門家文書「安政六年大水腐覚書」）……491

栃木県史 史料編・近世七

61　文久元年正月　足利町打ちこわし風聞（『山田郡誌』所収文書「桐生新町新居喜右衛門役用日記」）……………………491
62　（文久元年）正月　足利町打ちこわし状況報告書（神奈川県横浜市　石井孝家文書）……………………491
63　文久元年二月　足利本町窮民施米金書上（足利市通五　丸山雄三家文書「万延二年御用留」）……………………493
64　文久元年十二月　足利町窮民救済の施金請取覚書（足利市八幡　永倉恵一家文書「文久元年御用留」）……………………495
65　酉（文久元年）二月　足利町打ちこわしにつき足利藩触書（足利市通五　丸山雄三家文書「万延二年御用留」）……………………497
66　文久元年二月　村方騒動につき八椚村惣百姓連印帳（足利市八椚　石川進司家文書）……………………498
67　文久元年正月　村方騒動につき郡中議定書（足利市福居　室田次郎家文書）…………499
68　文久三年四月　村方騒動につき高松村惣百姓議定書（足利市高松　青山喜右衛門家文書）……………………499
69　文久元年二月　下広沢村鈴木小兵衛覚書（『山田郡誌』所収文書）……………………504
70　文久元年二月　田沼村打ちこわし争動始末書（安蘇郡田沼町栃本　内田源一郎家文書）……………………505
71　慶応四年三月～四月　下菱村小堀家日記（抄）（群馬県桐生市下菱　小堀重雄家文書「慶応四年正月日記」）……………………515
72　明治二年　梁田義民一件聞取書（足利市八幡　永倉恵一家文書）……………………520
73　（年不詳）梁田義民記録（足利市下渋垂　石橋鎌次郎家文書）……………………524

第4節　那須・塩谷地域……………………528
74　明治年中　烏山藩領農民租法変更闘争実記（烏山町金井　土屋一家文書）………528
　　［＊一揆］
75　明治二年四月　烏山藩領農民減租歎願につき宇都宮藩よりの届書（『史料宇都宮藩史』所収「忠友公記」より転載）……………568
76　明治三年　那須郡興野村外二十五か村騒擾記録（『明治初年農民騒擾録』）………569
77　明治二年十一月　旧佐久山領（日光県管轄下）農民屯集強訴一件記録（大田原市佐久山　福原達郎家文書）……………………572
78　明治二年十一月　大田原藩領上石上村外七か村騒動記録（『明治初年農民騒擾録』）……………………584
79　明治三年正月　大田原藩領箕輪村外三か村騒擾記録（『明治初年農民騒擾録』）……584

80　明治三年　宇都宮藩領塩谷郡大宮村村方騒動記録（塩谷郡塩谷町大宮　漆原長四郎家文書）……………………584

第3章　戊辰戦争
＜写＞戊辰の役戦死者碑（下都賀郡壬生町安塚）

第1節　出流山挙兵……………………587
1　慶応三年十一月～十二月　栃木町の様子書上（宇都宮市　栃木県立図書館蔵／黒崎家文書『慶応記事』巻一）……………………587
2　慶応三年十一月～十二月　挙兵参加者風聞（宇都宮市　栃木県立図書館蔵／黒崎家文書『慶応記事』巻一）……………………591
3　慶応三年十二月　挙兵風聞（壬生町助谷　粂川誠市家文書「慶応三年　略日記」）………595
4　慶応三年十一月～十二月　挙兵風聞（下都賀郡大平町西山田　白石巳代治家文書「下毛州山田邑記録　三」）……………………595
5　慶応三年十二月　関東取締出役より宿・組合村の人数・得物手配廻状（鹿沼市上石川　石川三郎家文書）……………………596
6　慶応三年十二月　村々鉄砲所持者出頭令（鹿沼市上石川　石川三郎家文書「御奉行所并関東取締向御達書」）……………………597
7　慶応三年十二月　鎮圧手配の休泊賄控帳（下都賀郡大平町大字富田　福島茂家文書）……………………597
8　慶応三年十二月　村・町・宿の怪しき往来人取締令（鹿沼市上石川　石川三郎家文書）……………………601

第2節　戊辰戦争……………………602
9　慶応四年正月～八月　都賀郡塩沢村旗本知行所名主日記（小山市塩沢　吉光寺秀一家文書）……………………602
10　慶応四年三月～八月　都賀郡七里村日光領名主日記（日光市七里　上山忠夫家文書）……………………666
11　慶応四年五月～十月　那須郡八木沢村天領名主聞書（大田原市親園　国井謹一家文書）……………………684
　　［＊戦争記事］
12　慶応四年正月～八月　都賀郡下岩崎村日光領名主御用日記（今市市岩崎　森山秀樹家文書）……………………690
13　慶応四年四月～閏四月　宇都宮藩家老縣信緝日記（抄）（東京都　東京大学史料編纂所旧文部省維新史料編纂会旧蔵写本／縣家文書）……………………704
14　慶応四年六月～七月　黒羽藩士陣中手控（那須郡那須町沼野井　滝田馨家文書）……722
　　［＊農兵動員］

県史誌内容総覧・資料編 1：近世―関東　　109

15　慶応四年六月 下野国内取締り等につき申渡(東京都 東京大学史料編纂所蔵『諸藩記録 佐野藩』)……………………726
16　慶応四年正月〜九月 日光奉行七か所御番所同心年中手控(抄)(日光市匠町 柴田豊久家文書)……………………727

第3節　農兵・軍夫・助郷……………739
17　慶応四年二月・三月 宇都宮藩農兵賃金上納受取証(河内郡河内町下田原 渡辺康之助家文書)……………………739
18　明治元年十一月 宇都宮藩農兵取立令(河内郡河内町下田原 渡辺康之助家文書)……739
19　明治元年十二月 宇都宮藩農兵世話方の伺書(河内郡河内町下田原 渡辺康之助家文書)……………………740
20　明治元年十一月〜十二月 宇都宮藩農兵取立につき各村選出届け書(河内郡河内町下田原 渡辺康之助家文書)……740
21　慶応四年八月 河内郡小百村荷物継立控帳(今市市小百 沼尾由之家文書)……………744
22　明治二年九月 都賀郡塩山村去辰年軍夫・人足取調帳(鹿沼市塩山 佐藤倉次家文書)……………………748
23　明治元年十一月 那須郡上深田村白川・会津軍夫書上帳(大田原市教育委員会蔵 上深田村文書)……………………749
24　慶応四年六月 白川口人夫につき諸承り達書(東京都 東京大学史料編纂所蔵『諸藩記録 烏山藩』)……………………750
25　慶応四年六月 白川軍夫割合につき覚(『下毛州山田邑記録 三』下都賀郡大平町西山田 白石巳代治家文書)……………750
26　慶応四年閏四月 官軍通行につき板橋宿・文挟宿助郷村々議定(今市市岩崎 森山秀樹家文書)……………………750
27　慶応四年六月 宮軍滞陣につき都賀郡安塚村当分助郷達(下都賀郡壬生町安塚 大久保 和家文書)……………………751
28　慶応四年六月 都賀郡安塚村当分助郷村々高人別取調帳(下都賀郡壬生町安塚 大久保 和家文書)……………………753
29　明治二年二月 官軍通行相済みにつき石橋宿当分加助郷解除令(「明治二年 御触御廻状書留帳」真岡市亀山 鈴木敏行家文書)……758
30　明治二年四月 佐久山宿助郷村々の去辰年人馬買上金返済につき議定(大田原市親園 伴 忠夫家文書)……………758

第4節　制度の改編……………760
31　慶応四年正月〜十月 芳賀郡八条村名主触留(真岡市八条 黒崎幹夫家文書)……760
32　慶応四年九月〜十二月 芳賀郡八条村名主触留(真岡市八条 黒崎幹夫家文書)……781
33　慶応四年 都賀郡下国府塚村名主触留(小山市下国府塚 岸 ウタ家文書)…………795

附録
1　元禄14年7月 下野国郷帳(東京都 国立公文書館/内閣文庫文書)……………………817
2　(天保年中)下野国改革組合村(宇都宮市 宇都宮大学附属図書館蔵/大川家文書)……836
3　下野国旧高旧領取調帳(東京都 明治大学附属図書館蔵文書)……………………894
4　慶応3年8月 下野国酒造株高改帳(小山市下国府塚 岸ウタ家文書)……………945
(天保年中)下野国改革組合村……………836

あとがき(総務課長 中山力)……………975
　関係者名簿……………………975
　　県史編さん委員会委員・参与……………975
　　　船田譲(知事;会長)
　　　福山正道(副知事;副会長)
　　　実月圭吾(専門委員会監修者・東京大学名誉教授;副会長)
　　　渡辺幹雄(県教育長;副会長)
　　　中里魚彦(専門委員会委員長・県文化財保護審議会委員;委員)
　　　辰巳四郎(専門委員会委員 原始担当・宇都宮大学名誉教授・宇都宮短期大学教授;委員)
　　　土田直鎮(専門委員会委員 古代担当・東京大学教授;委員)
　　　稲垣泰彦(専門委員会委員 中世担当・東京大学教授;委員)
　　　北島正元(専門委員会委員 近世担当・立正大学教授;委員)
　　　長倉保(専門委員会委員 近世担当・神奈川大学教授;委員)
　　　笠井恭悦(専門委員会委員 近現代担当・宇都宮大学教授;委員)
　　　小西四郎(専門委員会委員 近現代担当・元東京大学教授;委員)
　　　五味仙衛武(専門委員会委員 近現代担当・宇都宮大学助教授;委員)
　　　鈴木乙一郎(県議会議長;委員)
　　　小池嘉介(市長会会長・宇都宮市長;委員)
　　　沢村一郎(町村会会長・烏山町長;委員)
　　　後藤一雄(市町村教育長会会長・宇都宮市教育長;委員)
　　　山越芳男(県総務部長;委員)
　　　高野三郎(県教育次長;委員)
　　　秋本典夫(宇都宮大学教授;参与)
　　　野中退城(県文化財保護審議会委員;参与)
　　　渡辺龍瑞(県文化財保護審議会委員;参与)
　　　小林友雄(郷土史家;参与)

雨宮義人(元県立高校長;参与)
福島悠峰(下野新聞社社長;参与)
根村隆成(栃木新聞社社長;参与)
砂子田隆(前副知事;前委員)
薄田信吉(前県議会議長;前委員)
森田正義(前町村会会長;前委員)
手塚満雄(前県総務部長;前委員)
神永保(前県教育次長;前委員)

```
栃木県史 史料編・近世八
栃木県史編さん委員会編集
昭和52年2月28日発行
```

＜下野を代表する農書を中心に、地主手作り経営史料・物産書上・農間余業調書および農民道徳関係史料を収録＞

　　＜口絵＞第1図　田村仁左衛門吉茂像 上三川町下蒲生 田村吉隆家蔵
　　＜口絵＞第2図　田村仁左衛門の生家
　　＜口絵＞第3図　農業自得稿本 上三川町下蒲生 田村吉隆家蔵
　　＜口絵＞第4図　金銭出入帳 上三川町下蒲生 田村吉隆家蔵
　　＜口絵＞第5図　農家肝用記 上三川町下蒲生 田村吉隆家蔵
　　＜口絵＞第6図　農家捷径抄 茂木町小貫 小貫敏尾家蔵
　　＜口絵＞第7図　万覚帳 茂木町小貫 小貫敏尾家蔵
　　＜口絵＞第8図　大福田畑種蒔肥配仕農帳 茂木町小貫 小貫敏尾家蔵
　　＜口絵＞第9図　岡田宗山像 芳賀町東水沼 岡田純一家蔵
　　＜口絵＞第10図　田畑仕付帳 芳賀町東水沼 岡田純一家蔵
　　＜口絵＞第11図　常盤潭北著作刊本 宇都宮市西一の沢 入江宏家蔵
　　＜口絵＞第12図　常盤潭北像 句集『野の菊』所載
　　＜口絵＞第13図　鈴木武助正長像 宇都宮市宮原 鈴木重次家蔵
　　＜口絵＞第14図　『農喩』栃木県立図書館蔵
序(栃木県知事 船田譲)
凡例
解説 …………………………………………… 1
　はしがき ………………………………………… 1
　第1章　農書 …………………………………… 2
　　1　稼穡考 …………………………………… 2
　　2　農家捷径抄 ……………………………… 4
　　3　農業自得および付録・付言 …………… 8
　　　（1）農業自得稿本 ………………………… 8
　　　＜表＞木版本出版の出費(田村吉隆家蔵「年々貸金過不足取調帳」より作成)‥9
　　　（2）付録 ………………………………… 12

栃木県史 史料編・近世八

　　(3) 付言 ………………………………… 13
　4　農家肝用記 ……………………………… 13
　　<表>上田1反歩当り計算例 ……………… 14
　5　農業根元記 ……………………………… 15
第2章　農業経営 ……………………………… 17
　第1節　稲見家 ……………………………… 17
　　<表>稲見家寛文12年以降の籾播種量、
　　　苗代肥投下量、籾・麦収量の推移 …… 19
　第2節　小貫家 ……………………………… 20
　　<表>小貫村支配領主の変遷(小貫村「宝
　　　暦6年村鑑」『芳香志料第五』) ……… 20
　　<表>小貫万右衛門家略系図 ……………… 21
　　<表>宝暦4年の小貫家保有地 …………… 21
　　<表>文化11年小貫家耕作反別 …………… 25
　　<表>小貫家の水稲栽培規模の推移 ……… 25
　第3節　田村家 ……………………………… 26
　　1　近世中・後期の経営 ………………… 27
　　2　明治初期の経営 ……………………… 29
　　　<表>明治8年の胡麻・大豆・岡穂・小
　　　　麦の反当り播種量・収量・施肥例 … 32
　第4節　岡田家 ……………………………… 32
　　<表>万治2年東水沼村高・反別 ………… 33
第3章　物産・余業書上 ……………………… 35
第4章　農民教訓書 …………………………… 38
附録　文化七年〜明治十一年関谷家籾取高覚
　　　帳 ………………………………………… 47
　　<表>田地の耕作条件 ……………………… 48
　　<表>一〇か年平均玄米反当収量 ………… 49
　　<表>一〇か年平均総収量および水稲経営
　　　面積の変化 …………………………… 50

第1章　農書
　<写>田村仁左衛門著『農業自得』安政本版木
　　　(田村吉隆家蔵)
　1　稼穡考(那須郡黒羽町 黒羽町公民館蔵『創垂
　　　可継』所収) ……………………………… 1
　　　[*成敗;遭聞;耕作・仕付法]
　2　農業捷径抄(芳賀郡茂木町小貫 小貫敏尾家文
　　　書) ……………………………………… 10
　　　[*大百姓;農事帳]
　3　農業自得および付録・付言(河内郡上三川町
　　　下蒲生 田村吉隆家文書) ……………… 29
　　　[*耕作帳;春間作;作付順了]
　　　<表>耕作仕附日割大略 ……………… 67〜69
　4　農家肝用記(河内郡上三川町下蒲生 田村吉隆
　　　家文書) ………………………………… 70
　　　[*年中行事;田畑耕作手間積り]
　5　農業根元記(河内郡上三川町下蒲生 田村吉隆
　　　家文書) ………………………………… 85

第2章　農業経営
　<写>小貫敏尾家(芳賀郡茂木町小貫)

　第1節　稲見家(宇都宮市上横田 稲見忠之家文
　　　書) ……………………………………… 97
　　1　寛文八年十一月 上横田村田畑高人馬数
　　　改帳 ……………………………………… 97
　　　[*名田地主]
　　2　元禄十一年〜享保四年 万田方手作取目
　　　之覚(抄)(宇都宮市上横田 稲見忠之家文
　　　書) ……………………………………… 113
　第2節　小貫家(芳賀郡茂木町大字小貫 小貫敏
　　　尾家文書) ……………………………… 119
　　3　享保十一年〜元文四年 万覚帳 ……… 119
　　　[*農業経営史料]
　　4　天明三年 万覚帳 ……………………… 154
　　　[*農業経営帳簿]
　　5　天明六年 歳中諸用帳 ………………… 170
　　6　寛政六年 大福諸事記 ………………… 207
　　7　寛政十年 大福諸事記 ………………… 237
　　8　文化元年 農事帳 ……………………… 268
　　9　文化三年 万覚帳 ……………………… 302
　　10　文政二年 農事万覚帳 ……………… 321
　　11　天保六年 大福田種蒔肥配仕鳴帳 … 339
　　12　天保七年 大福田種蒔肥配仕鳴帳 … 356
　　13　天保七年 田畑種蒔肥配仕農帳 …… 379
　第3節　田村家(河内郡上三川町下蒲生 田村吉
　　　隆家文書) ……………………………… 387
　　1　近世中・後期の経営 ………………… 387
　　14　宝永七年〜八年 金銭出入帳 ……… 387
　　　[*融通貸付]
　　15　享保二十年四月 田畑仕付覚帳 …… 398
　　16　延享四年十二月 田畑質地分高反別年
　　　貢出方覚帳 ……………………………… 403
　　17　天保十一年 金銭出入取調帳 ……… 413
　　18　天保十二年 金銭出入取調帳 ……… 436
　　19　天保十三年 金銭出入取調帳 ……… 449
　　20　安政二年正月 年中農事日記帳 …… 467
　　2　明治初期の経営 ……………………… 486
　　21　明治七年〜十五年 田畑肥扣帳 …… 486
　　　[*作付帳]
　　22　明治十四年〜二十年 田畑作附帳 … 505
　　　[*仕付帳]
　　23　明治十七年 農事日記帳 …………… 528
　　24　明治二十二年 田畑諸作物損益取調
　　　簿 ………………………………………… 557
　第4節　岡田家(芳賀郡東水沼村 岡田純一家文
　　　書) ……………………………………… 561
　　25　文化七年〜十年 苗代・田植の覚書 … 561
　　　[*水田手作]
　　26　文政元年〜五年 田畑仕付帳 ……… 563
　　27　明和六年三月 東水沼村奉公人改帳 … 573
　　　[*村方史料]
　　28　明和五年十月 小作前地年貢収納帳 … 577

112　県史誌内容総覧・資料編1: 近世—関東

第3章　物産・余業書上
＜写＞文政2年小貫村農間余業書上帳（小貫敏尾家蔵）
＜写＞明治7年下茂呂村物産取調書（柏淵武福家蔵）
1　享保二十年七月　河内郡高谷林新田村物書上帳（宇都宮市宝木本町　山川　渉家文書）…583
2　享保二十年十二月　河内郡新里村最寄物手引帳（宇都宮市宝木本町　山川　渉家文書）…584
3　享保二十一年六月　河内郡新里村最寄産物御用絵図物可差出品々覚帳（宇都宮市宝木本町　山川　渉家文書）………587
4　享保二十一年三月　河内郡岡本村最寄拾壱か村物書上帳（河内郡河内町下岡本　五月女久五家文書）………589
5　安政三年〜五年　都賀郡吉沢村産物書上帳（今市市吉沢　小野雅弘家文書）………607
6　安政四年三月　都賀郡長畑村産物書上帳（今市市長畑　富田永久彦家文書）………615
7　明治七年　都賀郡下茂呂村物産取調書（鹿沼市茂呂　柏渕武福家文書）………617
8　明治九年　都賀郡小倉村物産取調書（今市市小倉　江連沄家文書）………640
9　文政二年　農間余業取調書上帳………645
（1）　文政二年十月　芳賀郡小貫村農間余業書上帳（栃木県立図書館蔵/小貫敏尾家文書）………645
（2）　文政二年十月　芳賀郡西高橋村農間余業書上帳（芳賀郡芳賀町西高橋　菅谷英一家文書）………647

第4章　農民教訓書
＜写＞大金重貞著『田畑難題物語』挿絵（国立国会図書館蔵）
1　田畑難題物語　大金　重貞（那須郡馬頭町小口　大金重徳家文書）………649
　［＊田畑作次第；煙草栽培］
2　民家分量記（烏山町教育委員会蔵『民家分量記』享保十一年版）………657
3　野総茗話（宇都宮市西一の沢　入江宏家蔵『野総茗話』）………691
　［＊済世利民］
4　民家童蒙解（宇都宮市西一の沢　入江宏家蔵『民家童蒙解』）………719
　［＊家庭教育論］
5　百姓身持教訓（芳賀町益子町益子　平野良毅家文書………757
　［＊農業出精］
6　農喩（栃木県立図書館蔵『農喩』）………764
　［＊飢饉用心］
7　田村吉茂子孫訓（南河内町薬師寺　野口実家文書）………774

8　田村家家訓（河内郡上三川町下蒲生　田村吉隆家文書）………778
参考資料　農家心得訓（小野武夫編『日本近世饑饉志』所収）………778

あとがき（総務課長　中山力）
　関係者名簿………793
　県史編さん委員会委員・参与
　　船田譲（知事；会長）
　　砂子田隆（副知事；副会長）
　　実月圭吾（東京大学名誉教授・東洋大学教授；専門委員会監修者；副会長）
　　渡辺幹雄（県教育長；副会長）
　　中里魚彦（県文化財保護審議会委員・専門委員会委員長；委員）
　　辰巳四郎（宇都宮大学名誉教授・宇都宮短期大学教授　専門委員会委員　原始担当；委員）
　　土田直鎮（東京大学教授　専門委員会委員　古代担当；委員）
　　稲垣泰彦（東京大学教授　専門委員会委員　中世担当；委員）
　　北島正元（立正大学教授　専門委員会委員　近世担当；委員）
　　長倉保（神奈川大学教授　専門委員会委員　近世担当；委員）
　　笠井恭悦（宇都宮大学教授　専門委員会委員　近現代担当；委員）
　　小西四郎（元東京大学教授　専門委員会委員　近現代担当；委員）
　　薄井信吉（県議会議長；委員）
　　小池嘉子（市長会会長・宇都宮市長；委員）
　　森田正義（町村会会長・岩舟町長；委員）
　　後藤一雄（市町村教育長会会長・宇都宮市教育長；委員）
　　手塚満雄（県総務部長；委員）
　　神永保（県教育次長；委員）
　　秋本典夫（宇都宮大学教授；参与）
　　野中退蔵（県文化財保護審議会委員；参与）
　　渡辺龍瑞（県文化財保護審議会委員；参与）
　　小林友雄（郷土史家；参与）
　　雨宮義人（元県立高校長；参与）
　　福島悠峰（下野新聞社社長；参与）
　　根村隆成（栃木新聞社社長；参与）
　　和知好美（前県議会議長；前委員）
　　立入隼人（前市町村教育長会会長・前宇都宮市教育長；前委員）
　　菊地幸敏（前県教育次長；前委員）

付録　文化七年〜明治十二年　関谷家籾取高覚帳………1〜8

群馬県史 資料編9 近世1 西毛
地域1
群馬県史編さん委員会編集
昭和52年6月30日発行

<徳川家康が関東に入国した天正十八年(一五九〇)から明治四年(一八七一)の廃藩置県まで>

<口絵>1　元治元年11月　下仁田戦争絵図　多野郡吉井町郷土資料館所蔵(井上誠三郎氏寄託)

<口絵>2　元禄15年10月　山中領国境絵図　高崎市立図書館所蔵

<口絵>3　年次不詳　砥山絵図　甘楽郡南牧村砥沢　浅川倉太郎氏所蔵

<口絵>4　宝永2年11月　甘楽郡大仁田村切桑禁止村議定(100)　甘楽郡南牧村大仁田　今井政俊氏所蔵

<口絵>5　慶安5年12月　緑野郡三波川村下組之帳(126)　多野郡鬼石町三波川　飯塚馨氏所蔵

<口絵>6　享保4年8月　山中領御林守服務請書(144)　多野郡万場町万場　黒沢建広氏所蔵

<口絵>7　慶長3年4月　緑野郡高山下郷検地帳(129)　藤岡市高山　高山吉重氏所蔵

<口絵>8　年次不詳　甘楽郡浜平村御巣鷹発見届(160)　高崎市立図書館所蔵

<口絵>9　宝永4年11月　甘楽郡一ノ宮・富岡村絹・麻商人仕切金滞訴状(272)　群馬大学図書館所蔵

<口絵>10　年次不詳(享保7年カ)　三井越後屋上州店式目(275)　東京都中野区上高田　三井文庫所蔵

<口絵>11　元禄16年5月　甘楽郡白井関所規定返答書(485)　多野郡上野村楢原　黒沢重明氏所蔵

<口絵>12　元禄2年2月　多胡郡三波川村切支丹類族帳(635)　多野郡鬼石町三波川　飯塚馨氏所蔵

<口絵>13　安永3年6月　甘楽郡下仁田通船引受人取計方請書(467)　甘楽郡下仁田町下仁田　原康文氏所蔵

序(群馬県知事 清水一郎)
凡例
第1章　領主…………………………… 13
　　<写>小幡藩主織田氏累代の墓(甘楽郡甘楽町小幡)………………………… 13
　第1節　幕府領…………………………… 15
　　幕府代官法…………………………… 15
　　1　寛永十九年九月　山中領中山郷代官法度遵守請書(多野郡吉井町 吉井町郷土資料館蔵)………………………… 15
　　2　寛永十九年十一月　幕府農民統制法令(甘楽郡下仁田町下小坂 里見哲夫氏所蔵)………………………… 16
　　3　延宝六年三月　緑野郡高山村百姓ら分地制限令請書(藤岡市高山 高山吉重氏所蔵)………………………… 17
　　4　延宝九年二月　代官伊奈左門手代領内宛法度覚(多野郡鬼石町三波川 飯塚馨氏所蔵)………………………… 17
　　5　寛政元年八月　農民教諭請書(甘楽郡南牧村小沢 関弘芳氏所蔵)……… 18
　　6　寛政五年三月　岩鼻陣屋普請につき入用高割請印帳(多野郡鬼石町譲原 山田松雄氏所蔵)………………………… 23
　　7　天保七年十二月　困民騒擾につき代官取締令請書案(『名手見聞伝記』藤岡市上栗須 松村正市氏所蔵)………………… 24
　　8　慶応四年八月　甘楽郡譲原村御一新につき諸達請書(多野郡鬼石町譲原 山田松雄氏所蔵)………………………… 25
　代官書上…………………………… 26
　　9　年次不詳　山中領歴代代官書上(多野郡上野村川和 黒沢清一氏所蔵)… 26
　巡見使…………………………… 27
　　10　宝暦六年三月　富岡町等順見につき申渡書同請書(富岡市富岡 黒沢初枝氏所蔵)………………………… 27
　　11　明和元年正月　甘楽郡生利村代官申渡請書(多野郡万場町生利 新井保重氏所蔵)………………………… 29
　　12　天保九年正月　緑野郡新町宿巡見使御用控帳(多野郡新町笛木町 内田フミ氏所蔵)………………………… 31
　　13　明治元年　岩鼻・群馬県新政支配順控(『御用留』甘楽郡甘楽町小川 藤巻文吾氏所蔵)………………………… 33
　　14　年次不詳　巡見使来村につき下仁田本陣諸役書上(甘楽郡下仁田町下仁田 桜井善治氏所蔵)………………………… 34
　第2節　旗本領…………………………… 36
　　章主法制…………………………… 36

15　天保二年三月　富岡領旗本申渡覚（高崎市上小鳥町　金井三行氏所蔵/富岡市富岡　古沢家旧蔵）……………………… 36
16　年次不詳　旗本領領民教諭書（富岡市神農原　茂木義夫氏所蔵）……………… 36
領主財政 ………………………………………… 39
17　延宝八年十一月　旗本賄金借用証文（富岡市宇田　石井松美氏所蔵）………… 39
18　享保十一年正月　藤岡領旗本財政資金借用証文（多野郡吉井町　吉井町郷土資料館蔵）……………………………… 39
19　宝暦三年正月　多胡郡本郷井外旗本賄金返済請証文（多野郡吉井町深沢　新井勇氏所蔵）…………………………… 40
20　宝暦四年二月　緑野郡保美村旗本御用金請状案（藤岡市保美　清水てつ氏所蔵）‥ 41
21　文化十年十二月外　旗本下仁田村名主宛金子借用証文（甘楽郡下仁田町下仁田　桜井善治氏所蔵）………………… 42
22　文政七年十一月　藤岡町商人ら旗本御用金宥免願（藤岡市藤岡　高井作右衛門氏所蔵）…………………………………… 43
23　文政八年八月　旗本財政資金他借につき藤岡町商人宛契約状（藤岡市藤岡　高井作右衛門氏所蔵）…………………… 44
24　文政九年四月　旗本賄金につき知行村々宛申渡（多野郡吉井町石神　富田真司氏所蔵）……………………………… 44
25　天保十年正月　多胡郡黒熊村旗本賄方出金控帳（多野郡吉井町黒熊　三木春美氏所蔵）…………………………………… 45
26　天保十四年七月　富岡町役人旗本御用金差出方請書（前橋市荒牧町　群馬大学図書館蔵/富岡市富岡　阪本家旧蔵）………… 51
27　天保十五年正月　旗本普請入用につき緑野郡高山村日縄積立金令達書（藤岡市高山　坂本誌三氏所蔵）……………… 52
28　安政四年四月　旗本賄金借用につき領内四ヶ村返済証文（藤岡市高山　吉重氏所蔵）…………………………………… 52
29　文久元年七月　旗本家事向改革につき村々下知状（藤岡市保実　清水てつ氏所蔵）…………………………………… 53
30　文久三年十一月　藤岡町年寄四人旗本勝手元締役任命書（藤岡市藤岡　大戸貞之氏所蔵）……………………………… 54
31　元治二年正月　甘楽郡上野村旗本勝手向月別仕法帳（甘楽郡甘楽町上野　吉田恭一氏所蔵）………………………… 55
32　慶応三年正月　藤岡領旗本賄金月割帳（藤岡市藤岡　星野兵四郎氏所蔵）………… 57

33　明治二年正月　旧旗本吉井町商人宛借用証文村預り覚（藤岡市高山　高山吉重氏所蔵）…………………………………… 61

第3節　小幡藩
領主系譜 ………………………………………… 62
34　文化四年十一月　小幡藩主松平家譜書出（甘楽郡甘楽町小幡　松浦久男氏所蔵）… 62
35　万延元年九月　小幡氏歴代法名記録（甘楽郡甘楽町轟　宝積寺所蔵）………… 63
藩家臣分限 ……………………………………… 66
36　年次不詳　小幡藩家中分限帳（甘楽郡甘楽町小幡　高橋浜雄氏所蔵）………… 66
所領 ………………………………………………… 78
37　明和二年七月　小幡藩領知村高書上（甘楽郡甘楽町小幡　松浦久男氏所蔵）…… 78
38　明和四年　小幡藩山県大弐事件につき国替記事（「宇田村名主覚書」富岡市宇田　神宮鋼平氏所蔵）……………… 80
39　年次不詳　小幡領村々石高・人数・年貢等書上帳（甘楽郡甘楽町小幡　松浦久男氏所蔵）…………………………………… 81
領主法制 …………………………………………103
40　天保三年十二月　小幡藩家中倹約法度（甘楽郡甘楽町小幡　松浦久男氏所蔵）……103
領主財政 …………………………………………116
41　宝暦五年　小幡藩主織田家勘定目録（甘楽郡甘楽町小幡　松浦久男氏所蔵）……116
　［＊財政収支］
42　天明二年三月　小幡領年貢請払勘定帳（甘楽郡甘楽町小幡　高橋浜雄氏所蔵）……122
43　天明五年二月　小幡藩財政改革仕法建言書（甘楽郡甘楽町小幡　松浦久男氏所蔵）……………………………………134
　［＊財政仕法］
44　寛政十二年五月　小幡藩財政につき御用達商人宛規定書（甘楽郡甘楽町小幡　松浦久男氏所蔵）…………………………136
　［＊財政仕法］
45　文政三年八月　小幡藩蔵元御用金証文書替願（甘楽郡甘楽町小幡　新井吉十郎氏）……………………………………140
　［＊財政仕法］
46　文政五年二月　小幡藩御用金借用につき村請証文（富岡市藤木　白石建郎氏所蔵）……………………………………140
47　文政五年十二月　小幡藩借金証文（富岡市藤木　白石建郎氏所蔵）……………141
48　天保十一年十一月　小幡藩外御用達商人代々留記（藤岡市相生町　大戸貞之氏所蔵）……………………………………141
49　慶応四年三月　小幡藩借金証文（甘楽郡甘楽町小幡　高橋浜雄氏所蔵）……………147

群馬県史 資料編9 近世1

第4節　七日市藩 …………………………147
　領主系譜 …………………………………147
　　50　享保三年六月　七日市藩主帰国につき
　　　養嗣子願(多野郡吉井町岩崎　堀越菊一氏
　　　所蔵) ……………………………………147
　　51　寛政二年三月　七日市藩主前田家系譜
　　　　(富岡市七日市　大里はつ氏所蔵)………147
　藩家臣分限 ………………………………149
　　52　寛文九年七月　七日市藩道中行列表
　　　　(富岡市七日市　保阪梅雄氏所蔵)………149
　　53　正徳六年四月　七日市藩家中分限帳
　　　　(富岡市七日市　保阪梅雄氏所蔵)………150
　領主法制 …………………………………153
　　54　文化十三年正月　七日市藩縁組・生育
　　　講規定(富岡市七日市　保阪梅雄氏所
　　　蔵) ………………………………………153
　　55　明治二年三月　七日市藩御改政書・三
　　　局職制(富岡市七日市　大里はつ氏所
　　　蔵) ………………………………………156
　　56　年次不詳　七日市藩民政条目(富岡市
　　　七日市　保阪梅雄氏所蔵) ………………160
　領主財政 …………………………………161
　　57　文政八年九月　七日市藩借用金につき
　　　御用達添証文(富岡市藤木　白石建郎氏所
　　　蔵) ………………………………………161
　　　[*借金証文]
　　58　文政十三年十一月　七日市藩借金証文
　　　　(富岡市藤木　白石建郎氏所蔵) …………162
　　59　天保三年二月　七日市藩米・大豆・
　　　麻・荏勘定帳(富岡市七日市　保阪梅雄氏
　　　所蔵) ……………………………………162
　　60　天保十一年二月　七日市藩領下野上村
　　　外四ヶ村宛貸渡金返済規定(富岡市藤木
　　　白石建郎氏所蔵) …………………………165
　　61　嘉永二年二月　七日市藩借財救済方前
　　　田本家宛願(富岡市七日市　大里はつ氏所
　　　蔵) ………………………………………166
　　62　安政四年正月　七日市藩武器并学校諸
　　　入用金請取帳(甘楽郡甘楽町小幡　松浦久
　　　男氏所蔵) ………………………………167
　維新 ………………………………………168
　　63　明治元年八月　七日市藩戸倉表出兵人
　　　数・姓名書上(富岡市七日市　大里はつ氏
　　　所蔵) ……………………………………168
第5節　吉井藩 ……………………………170
　領主系譜 …………………………………170
　　64　明治二十六年正月　吉井藩主系図(多
　　　野郡吉井町　吉井町郷土資料館蔵/神奈川県
　　　座間市　土屋家旧蔵) ……………………170
　　65　弘化年間　吉井藩御目見以上家臣書上
　　　　(多野郡吉井町　吉井町郷土資料館蔵/神奈
　　　川県座間市　土屋家旧蔵) ………………177

　領主財政 …………………………………179
　　66　文政五年　吉井藩財政仕法書(多野郡
　　　吉井町　吉井町郷土資料館蔵/同郡同町堀越
　　　家旧蔵) …………………………………179
　維新 ………………………………………191
　　67　元治元年八月　吉井藩農兵取立規定・
　　　同辞令(藤岡市上日野　井田博氏所蔵)……191
　　68　元治元年八月　吉井藩多比良村農兵任
　　　命状(多野郡吉井町多比良　篠崎高吉氏所
　　　蔵) ………………………………………191
　　69　慶応元年九月　吉井藩政事誓約血判状
　　　　(多野郡吉井町　吉井町郷土資料館蔵/神奈
　　　川県座間市　土屋家旧蔵) ………………192
　　70　慶応三年九月　吉井藩銃兵小頭辞令
　　　　(多野郡吉井町多比良　篠崎高吉氏所蔵)…193
　　71　慶応四年三月　吉井藩東征軍勤向調
　　　　(多野郡吉井町吉井　棚島堅次郎氏所蔵)…194
　　72　慶応四年閏四月　吉井藩戸倉出兵令書
　　　　(多野郡吉井町　吉井町郷土資料館蔵/神奈
　　　川県座間市　土屋家旧蔵) ………………196
　　73　慶応四年閏四月　吉井藩小栗上野介一
　　　件につき感状(多野郡吉井町　吉井町郷土
　　　資料館蔵/神奈川県座間市　土屋家旧蔵)…196
　　74　明治二年二月　吉井藩版籍奉還願(多
　　　野郡吉井町　吉井町郷土資料館蔵/神奈川県
　　　座間市　土屋家旧蔵) ……………………197
　　75　明治二年六月　吉井藩知事任命状(多
　　　野郡吉井町　吉井町郷土資料館蔵/神奈川県
　　　座間市　土屋家旧蔵) ……………………197
　　76　明治三年正月　吉井藩版籍奉還後の処
　　　置につき領内村々歎願書(多野郡吉井町
　　　吉井　大沢末男氏所蔵) …………………197

第2章　村政 ………………………………201
　<写>山中領上山郷肝煎名主黒沢家居宅(多
　　野郡上野村楢原) ……………………………201
第1節　村行政 ……………………………203
　村高・組合村 ……………………………203
　　77　天保十一年十一月　甘楽郡下仁田組合
　　　村高書上帳(甘楽郡下仁田町下仁田　桜井
　　　善治氏所蔵) ……………………………203
　　　[*下仁田寄場]
　村役人 ……………………………………206
　　78　寛文五年正月　緑野郡三波川村枝郷百
　　　姓ら名主不正につき訴状(多野郡鬼石町
　　　三波川　飯塚馨氏所蔵) …………………206
　　79　元禄十三年十二月　甘楽郡青梨村外
　　　三ヶ村名主給請書(多野郡万場町万場　黒
　　　沢建広氏所蔵) …………………………206
　　80　正徳三年十一月　甘楽郡勝山村名主紛
　　　争和解証文(多野郡上野村勝山　黒沢健氏
　　　所蔵) ……………………………………207

116　県史誌内容総覧・資料編1：近世―関東

群馬県史 資料編9 近世1

81　正徳三年十二月 藤岡町名主問屋跡役につき新問屋推薦願(藤岡市藤岡 横田勇氏所蔵)……………………………208
82　正徳四年三月 山中領割元存続につき伺書(高崎市 市立図書館蔵/多野郡中里村神原 黒沢家旧蔵)………………………209
　　［＊名主;庄屋］
83　享保二十年二月 多胡郡深沢村組頭跡役につき内紛詫証文(多野郡吉井町深沢 新井勇氏所蔵)……………………210
84　寛政三年十月 緑野郡篠塚村役人不正内紛済口証文(藤岡市篠塚 設楽一夫氏所蔵)……………………………………212
85　寛政八年八月 緑野郡三波川村年頭銭差出紛争につき追訴状(多野郡鬼石町三波川 飯塚馨氏所蔵)………………213
86　文化五年十二月 緑野郡高山村名主交替につき取極議定(藤岡市高山 坂本計三氏所蔵)……………………………214
87　文政十二年三月 山中領上山郷村々定使給規定(多野郡上野村新羽 浅香治男氏所蔵)……………………………………216
88　天保十二年十一月 緑野郡高山村村役人削減願(藤岡市高山 黒沢一郎氏所蔵)……………………………………………217
89　慶応三年正月 藤岡町名主役勤方覚帳(藤岡市藤岡 星野兵四郎氏所蔵)……217
90　明治三年二月 岩鼻県肝煎名主心得書「懐中録」(甘楽郡下仁田町西野牧 小井戸発太郎氏所蔵)……………225
91　明治四年六月 甘楽郡秋畑村戸長心得書(甘楽郡甘楽町秋畑 増田新作氏所蔵)………………………………………229

村入用……………………………………231
92　慶安五年 甘楽郡神原村諸役入目帳(高崎市 市立図書館蔵/多野郡中里村神原 黒沢家旧蔵)………………………231
93　貞享元年九月 緑野郡三波川村諸役入目証文(多野郡鬼石町三波川 飯塚馨氏所蔵)……………………………………234
94　安永二年三月 藤岡町小入用帳(藤岡市藤岡 星野兵四郎氏所蔵)……………234
95　天明三年三月 緑野郡篠塚村村入用帳(藤岡市篠塚 設楽一夫氏所蔵)……238
96　嘉永六年十二月 緑野郡高山村夫銭帳(藤岡市高山 坂本計三氏所蔵)……240

村議定……………………………………247
97　寛文九年三月 緑野郡三波川商売・火事につき議定(多野郡鬼石町三波川 飯塚馨氏所蔵)……………………………247
98　延宝三年二月 甘楽郡羽沢村百姓五人組帳印洩れの者誓約状(長野県北佐久郡浅科村甲地区 市川育英氏所蔵)……247

99　元禄十四年四月 多胡郡東谷村桑取扱いにつき議定(多野郡吉井町東谷 酒井虎雄氏所蔵)……………………………248
100　宝永二年十一月 甘楽郡大仁田村切桑禁止村議定(甘楽郡南牧村大仁田 今井政俊氏所蔵)……………………………248
101　宝暦十三年十二月 甘楽郡上野村耕作物等につき村議定(甘楽郡甘楽町上野吉田博明氏所蔵)……………………249
102　文政十年十一月 緑野郡新町外組合村議定(藤岡市保美 清水てつ氏所蔵)……250
103　文政十一年三月 多胡郡組合村議定書(多野郡吉井町黒熊 三木春美氏所蔵)……………………………………………253
104　文政十一年六月 山中領下山郷組合十一ヶ村再議定書(多野郡万場町塩沢 黒沢国次郎氏所蔵)………………………256
105　天保七年十二月 多胡郡吉井町寄場改革組合村議定(甘楽郡甘楽町秋畑 増田新作氏所蔵)……………………………258
106　天保十三年七月 甘楽郡下仁田村外三組合規定連印帳(甘楽郡南牧村小沢 田村久雄氏所蔵)……………………………259
107　慶応三年八月 甘楽郡曽木村議定連印帳(富岡市曽木 中山茂樹氏所蔵)……261

第2節　村況……………………………………262
村由緒……………………………………262
108　明和四年 甘楽郡小幡領宇田村由緒覚書(富岡市宇田 神宮鋼平氏所蔵)……262
109　明和九年二月 多胡旧記(多野郡吉井町吉井 棚島堅次氏所蔵)……………266
110　文化十二年 甘楽郡神農原村由緒書上(「名主用書」/富岡市神農原 茂木義夫氏所蔵)……………………………275
111　年次不詳 多胡郡吉井町草分け四拾五軒由緒書(多野郡吉井町吉井 棚島堅次氏所蔵)……………………………278
112　年次不詳 緑野郡白石村古記古言記(多野郡吉井町 吉井町郷土資料館蔵/本多夏彦氏筆写史料)………………………282

明細帳……………………………………287
113　元禄二年七月 甘楽郡塩沢村差出帳(甘楽郡南牧村大塩沢 市川晴一氏所蔵)…287
114　元禄七年正月 山中領村鏡帳(多野郡上野村川和 黒沢一氏所蔵)………………291
115　元文三年二月 緑野郡三波川村明細帳(多野郡鬼石町三波川 飯塚馨氏所蔵)………………………………………………296
116　明和五年 甘楽郡下丹生村明細帳(富岡市七日市 富岡市役所蔵)……………298
117　明和七年六月 藤岡町明細帳(藤岡市藤岡 星野兵四郎氏所蔵)……………300

県史誌内容総覧・資料編1: 近世─関東　　117

118　天明八年五月　甘楽郡下仁田村明細帳（甘楽郡下仁田町下仁田　原康文氏所蔵）……………………………………308
119　文化十一年五月　緑野郡上大塚村書上（藤岡市中大塚　小林小五郎氏所蔵）……311
120　文政十年二月　甘楽郡羽沢村差出帳（長野県北佐久郡浅科村甲地区　市川育英氏所蔵）………………………………312

第3節　戸口 ……………………………315
家数・戸口書上 ………………………315
121　宝暦六年五月　山中領中山・上山十三ヶ村人数書上控（高崎市　市立図書館蔵／多野郡中里村神原　黒沢家旧蔵）………315
122　明和八年八月　小幡領宇田村高齢者書上（『名主覚書』富岡市宇田　神宮鋼平氏所蔵）…………………………………317
123　天保十四年七月　小幡領内人別調（東京都豊島区駒込　松平銑之助氏所蔵）……318
124　慶応四年七月　甘楽郡船子村家数人別増減帳（多野郡万場町船子　茂木猪賀重氏所蔵）…………………………………319
125　明治三年正月　多胡郡黒熊村外組合八ヶ村家数人別書上帳（多野郡吉井町黒熊　三木春美氏所蔵）…………………319

五人組帳 …………………………………321
126　慶安五年十二月　緑野郡三波川村下組之帳（多野郡鬼石町三波川　飯塚馨氏所蔵）…………………………………………321
127　寛文二年正月　甘楽郡甘楽郡上野五人組帳（甘楽郡甘楽郡上野　吉田博明氏所蔵）…………………………………………322

第3章　農業と貢租 ……………………327
〈写〉検見役人用携帯什器（藤岡市高山黒沢一郎氏所蔵）

第1節　土地 ……………………………329
検地帳・名寄帳 …………………………329
128　天正二十年　多胡郡中島村寄帳（多野郡吉井町中島　森祐夫氏所属）………329
［＊検地］
129　慶長三年四月　緑野郡高山下郷検地帳（藤岡市高山　高山吉重氏所蔵）………330
130　寛永十七年五月　甘楽郡魚尾村名寄帳（高崎市　市立図書館蔵／多野郡中里村神原　黒沢家旧蔵）……………………335

小作証文・質地証文 ……………………337
131　寛文三年正月　甘楽郡砥沢村百姓田地売渡証文（長野県北佐久郡浅科村甲地区　市川育英氏所蔵）…………………………337
132　寛文八年四月　甘楽郡生利村小作証文（多野郡万場町万場　黒沢建広氏所蔵）…………………………………………337

133　天和二年十二月　甘楽郡塩沢村質畑流地証文（甘楽郡南牧村大塩沢　市川晴一氏所蔵）……………………………………337
134　天和三年九月　甘楽郡舟子村田地落札証文（多野郡万場町小平　茂木治徳氏所蔵）…………………………………………338
135　貞享四年十二月　甘楽郡新羽村質地永高帳（多野郡上野村新羽　茂木市太郎氏所蔵）…………………………………338
136　享保十六年十月　甘楽郡乙父村散使給質地連判証文（多野郡上野村乙父　黒沢丈夫氏所蔵）…………………………340
137　寛延三年九月　緑野郡西平井村小作証文（藤岡市西平井　林半蔵氏所蔵）……341
138　宝暦十三年十一月　甘楽郡三波川村家抱解放金につき質地証文（多野郡鬼石町三波川　飯塚馨氏所蔵）……………341
139　天明三年十二月　甘楽郡三ッ瀬村畑流地証文（甘楽郡下仁田町南野牧　並木栄治氏所蔵）…………………………………342

第2節　山林・入会 ……………………343
御用林 ……………………………………343
140　慶長十七年四月　甘楽郡三波川村伐木につき代官禁制（木札）（多野郡鬼石町三波川　飯塚馨氏所蔵）………………343
141　天和二年六月　甘楽郡野栗沢村御焼畑せざる旨申込書（多野郡上野村野栗　黒沢善雄氏所蔵）………………………343
142　貞享五年五月　緑野郡三波川村外御荷鉾山御用木につき保守証文（多野郡鬼石町二波川　飯塚馨氏所蔵）……………344
143　宝永五年八月　緑野郡三波川村山林反別・木数書上（多野郡鬼石町三波川　飯塚馨氏所蔵）……………………345
144　享保四年八月　山中領御林守服務請書（多野郡万場町万場　黒沢建広氏所蔵）…………………………………………346
145　享保四年十月　山中領御林目代請状（多野郡万場町万場　黒沢建広氏所蔵）……347
146　享保四年十月　山中領山守扶持米下渡仕法覚（多野郡万場町万場　黒沢建広氏所蔵）…………………………………348
147　寛保三年五月　緑野郡三波川村両国橋掛替御用木出方につき入用積帳（多野郡鬼石町三波川　飯塚馨氏所蔵）……………349
148　延宝元年九月　山中領御林百姓山境出入済口証文（多野郡上野村乙父　黒沢丈夫氏所蔵）…………………………351
149　文政三年七月　甘楽郡漆萱村外百姓御林伐木不正につき処分請書（多野郡上野村新羽　浅香界佐久氏所蔵）…………354

150　文政七年十一月　甘楽郡楢原・乙父両村御林守扶持外給米支給方につき近村指定願(多野郡上野村乙父 黒沢丈夫氏所蔵)……………………………356
151　慶応元年十一月　甘楽郡乙父村御林反別・木数・木品書上帳控(多野郡上野村乙父 黒沢丈夫氏所蔵)…………357

御巣鷹山 ……………………………358
152　享保元年十一月　山中領御巣鷹山木品・木数書上帳(高崎市 市立図書館蔵/多野郡中里村神原 黒沢家旧蔵)……………358
153　享保二年正月　山中領下山郷巡見使賄入用村負担につき歎願状(多野郡万場町万場 黒沢建広氏所蔵)……………359
154　享保五年六月　山中領村々御鷹山見分につき請状(高崎市 市立図書館蔵/多野郡中里村神原 黒沢家旧蔵)………361
155　享保七年三月　甘楽郡楢原村御巣鷹巣下し仕法報告書(多野郡上野村楢原 高橋真一氏所蔵)……………………………363
156　享保七年九月　甘楽郡浜平村御巣鷹発見につき褒美金・諸入用請取覚(高崎市 市立図書館蔵/多野郡中里村神原 黒沢家旧蔵)……………………363
157　享保十四年二月　甘楽郡野栗沢村御巣鷹見ら御林守下役待遇願(高崎市 市立図書館蔵/多野郡中里村神原 黒沢家旧蔵)……………………………365
158　宝暦三年六月　甘楽郡大仁田村・砥沢村御巣鷹山出入和解証文(甘楽郡南牧村大仁田 今井政俊氏所蔵)……………365
159　年次不詳　甘楽郡楢原村巣鷹採取期の心得廻状　御巣鷹山(多野郡上野村楢原 高橋真一氏所蔵)……………………366
160　年次不詳　甘楽郡浜平村御巣鷹発見届(高崎市 市立図書館蔵/多野郡中里村神原 黒沢家旧蔵)…………………………367

山論・川論 …………………………367
161　寛永十八年六月　武洲児玉郡新宿村百姓不法山入につき三波川村名主宛訴状(多野郡鬼石町三波川 飯塚馨氏所蔵)……………………367
162　慶安元年九月　甘楽郡三沢山入会取替証文(多野郡万場町万場 黒沢建広氏所蔵)………………………………368
163　承応三年十二月　甘楽郡国峯村相給秣場出入内済証文(甘楽郡甘楽町国峯 田村利良氏所蔵)……………………368
164　元禄四年五月　甘楽郡羽沢村・勧能村山論和解証文(長野県北佐久郡浅科村甲地区 市川育英氏所蔵)……………369

165　元禄八年十一月　多胡郡上日野村外山論裁許絵図面御裏書写(多野郡鬼石町三波川 飯塚馨氏所蔵)……………369
166　元禄十五年三月　緑野郡上落合村地先鏑川築出入済口証文(多野郡吉井町 吉井郷土資料館蔵/同郡同町岩崎 井上誠三郎家寄託)……………………370
167　宝永七年閏八月　甘楽郡下小坂村秣場議定証文(甘楽郡下仁田町下小坂 里見哲夫氏所蔵)……………………371
168　正徳四年六月　甘楽郡秋畑村山論裁許絵図裏書写(甘楽郡甘楽町秋畑 増田新作氏所蔵)……………………………371
169　享保十三年七月　甘楽郡大けた山山論裁許状(甘楽郡妙義町下高田 横尾一布氏所蔵)……………………………372
170　享保十五年五月　甘楽郡神原村・野上村秣場出入内済証文(富岡市神農原 茂木義夫氏所蔵)……………………373
171　享保十七年十一月　緑野郡新町地先神流川見取場秣済口証文(『万用抜書控』/多野郡新町笛木町 田口基氏所蔵)……374
172　宝暦六年四月　多胡郡黒熊村百姓新田に反対し草刈場確保願(多野郡吉井町黒熊 吉田治夫氏所蔵)……………375
173　明和六年二月　甘楽郡轟村山論内済証文(甘楽郡甘楽町轟 宝積寺所蔵)……377
174　文化十三年三月　甘楽郡野上村山札議定(『名主覚書』/富岡市宇田 神宮鋼平氏所蔵)……………………………378
175　文化十三年十一月　秣場紛争につき緑野郡鬼石村訴状(多野郡鬼石町三波川 飯塚馨氏所蔵)……………………379
176　文政二年十一月　武洲賀美郡毘沙吐村・緑野郡新町地論裁許状(多野郡新町川岸町 茂木藤太郎氏所蔵)……………380
177　文政十一年四月　御荷鉾山出入一件記事　御荷鉾山紛争(『烏高堅自記』/多野郡吉井町吉井 楯島堅次氏所蔵)……381
178　安政四年七月　甘楽郡羽沢村役人山論につき返答書(長野県北佐久郡浅科村甲地区 市川育英氏所蔵)……………383
179　文久三年二月　武洲賀美郡毘沙吐村川洲議定証文(多野郡新町川岸町 茂木藤太郎氏所蔵)……………………385
180　文久四年二月　多胡郡高村外秣場伐木につき吉井宿宛詫証文(多野郡吉井町吉井 大沢末男氏所蔵)……………387

国境論 ………………………………387
[*国境紛争]
181　元禄十二年五月　山中領村々上州・武州国境論争申立書(多野郡万場町万場 黒沢建広氏所蔵)……………………387

182　元禄十三年二月　山中領村々上州・武洲国境画定につき願状（多野郡万場町万場　黒沢建広氏所蔵）……388
183　元禄十五年六月　山中領村々上州・武洲国境紛争につき故障口上書（多野郡万場町万場　黒沢建広氏所蔵）……392
184　元禄十五年八月　山中領村々上州・武洲国境論争裁許覚（多野郡万場町万場　黒沢建広氏所蔵）……395

第3節　年貢……396

割付・皆済……396

185　慶長十九年十一月　山中領下山郷年貢割付状（多野郡万場町万場　黒沢建広氏所蔵）……396
186　慶長十九年十一月　甘楽郡神原村年貢勘定帳（高崎市 市立図書館蔵/多野郡中里村神原　黒沢家旧蔵）……397
187　慶長十九年十一月　甘楽郡譲原村年貢割付状（多野郡鬼石町譲原　山田松雄氏所蔵）……399
188　元和元年十月　甘楽郡譲原村年貢割付状（多野郡鬼石町譲原　山田松雄氏所蔵）……399
189　寛永元年　甘楽郡新羽村年貢請取状（多野郡上野村新羽　浅香治男氏所蔵）……400
190　寛永八年十二月　甘楽郡神原村年貢請取状（高崎市 市立図書館蔵/多野郡中里村神原　黒沢家旧蔵）……400
191　寛永十六年十二月　甘楽郡譲原村年貢請取状（多野郡鬼石町譲原　山田松雄氏所蔵）……400
192　寛永十六年十二月　緑野郡三波川村年貢請取状（多野郡鬼石町三波川　飯塚馨氏所蔵）……401
193　寛永十七年十月　甘楽郡轟村年貢割付状（甘楽郡甘楽町轟　田村知道氏所蔵）……401
194　寛永十九年二月　甘楽郡羽沢組年貢請状（長野県北佐久郡浅科村甲地区 市川育英氏所蔵）……402
195　寛永十九年十二月　緑野郡三波川村年貢請取状（多野郡鬼石町三波川　飯塚馨氏所蔵）……402
196　正保三年十二月　山中領下山郷年貢請取状（多野郡万場町万場　黒沢建広氏所蔵）……402
197　承応元年十一月　山中領中山郷年貢請取状（高崎市 市立図書館蔵/多野郡中里村神原　黒沢家旧蔵）……403
198　明暦二年十月　甘楽郡譲原村年貢割付状（多野郡鬼石町譲原　山田松雄氏所蔵）……403

199　寛文二年十二月　山中領中山郷年貢皆済状（高崎市 市立図書館蔵/多野郡中里村神原　黒沢家旧蔵）……403
200　寛文五年十一月　甘楽郡譲原村年貢割付状（多野郡鬼石町譲原　山田松雄氏所蔵）……404
201　寛文五年十二月　甘楽郡譲原村年貢請取状（多野郡鬼石町譲原　山田松雄氏所蔵）……404
202　寛文六年十一月　山中領下山郷年貢割付状（多野郡万場町万場　黒沢建広氏所蔵）……404
203　寛文七年十一月　緑野郡篠塚村年貢割付状（藤岡市篠塚　設楽一夫氏所蔵）……405
204　寛文十一年十月　多胡郡深沢村年貢割付状（多野郡吉井町深沢　新井勇氏所蔵）……406
205　延宝二年九月　緑野郡浄法寺村年貢不審につき出入訴状（多野郡鬼石町浄法寺　黒崎太郎氏所蔵）……407
206　自延宝六年至元文二年　甘楽郡大仁田村年貢高書上（甘楽郡南牧村大仁田 今井政俊氏所蔵）……409
207　天和元年十一月　山中領下山郷年貢割付状（多野郡万場町万場　黒沢建広氏所蔵）……411
208　元禄四年十月　山中領下山郷年貢割付状（多野郡万場町万場　黒沢建広氏所蔵）……411
209　元禄四年十一月　甘楽郡譲原村年貢割付状（多野郡鬼石町譲原　山田松雄氏所蔵）……412
210　明和二年九月　甘楽郡小平村年貢勘定仕法請書（多野郡万場町小平　茂木治徳氏所蔵）……413
211　明和二年十月　甘楽郡譲原村年貢納方定法（多野郡鬼石町譲原　山田松雄氏所蔵）……415

漆年貢……416

212　寛文十一年十二月　緑野郡鬼石組漆年貢請取手形（多野郡万場町万場　黒沢建広氏所蔵）……416
213　正徳十年十一月　緑野郡三波川村外漆上納につき訴状（多野郡鬼石町三波川　飯塚馨氏所蔵）……416
214　享保二年十二月　甘楽郡譲原村正漆上納請取状（多野郡鬼石町譲原　山田松雄氏所蔵）……417
215　延享四年三月　甘楽郡譲原村漆上納請合証文（多野郡鬼石町譲原　山田松雄氏所蔵）……418

群馬県史　資料編9　近世1

216　宝暦七年九月　緑野郡三波川村外漆上納仕法につき願(多野郡鬼石町三波川　飯塚馨氏所蔵)……………418
217　安永八年五月　甘楽郡譲原村外正漆上納諸入用帳(多野郡鬼石町譲原　山田松雄氏所蔵)……………419
218　寛政九年四月　甘楽郡村々御用漆買上値段上申状(多野郡鬼石町譲原　山田松雄氏所蔵)……………421
219　寛政十二年十一月　甘楽郡保美濃山村外漆上納仕法につき願(多野郡鬼石町譲原　山田松雄氏所蔵)……………422
220　天保十四年七月　甘楽郡村々年貢漆書上帳(多野郡鬼石町譲原　山田松雄氏所蔵)……………423

払米・定免・減免……………423
221　享保八年十二月　甘楽郡那須村年貢減免願(甘楽郡甘楽町秋畑　中野松造氏所蔵)……………423
222　元文二年三月　甘楽郡譲原村外災害につき荒畑年貢減免願(多野郡鬼石町譲原　山田松雄氏所蔵)……………424
223　元文三年四月　緑野郡三波川村定免願(多野郡鬼石町三波川　飯塚馨氏所蔵)……………425
224　延享三年十月　甘楽郡上野村年貢金納方定(甘楽郡甘楽町上野　吉田博明氏所蔵)……………426
225　文政七年　七日市藩年貢米払覚(富岡市藤木　白石建郎氏所蔵)……………427
226　天保四年三月　旗本領年貢払米仕法請書(藤岡市西平井　林半蔵氏所蔵)……………427
227　天保四年七月　甘楽郡下高田村年貢納方覚(甘楽郡妙義町下高田　神部自平氏所蔵)……………427
228　嘉永四年十月　藤岡町商人宛高崎藩払米借用証文(藤岡市藤岡　白石トシ氏所蔵)……………428
229　年次不詳　甘楽郡上野村旗本年貢外依頼状(甘楽郡甘楽町上野　吉田博明氏所蔵)……………428

第4節　農業……………429
作付・物産書上……………429
230　元文元年七月　緑野郡三波川村諸作種蒔収納高・小作料等書上(多野郡鬼石町三波川　飯塚馨氏所蔵)……………429
231　元文元年八月　山中領下山郷五ヶ村畑方収量・小作料・質地値段書上(多野郡万場町小平　茂木治徳氏所蔵)……………430
232　天保六年七月　甘楽郡船子村外七ヶ村菜種作付請文(高崎市　市立図書館蔵/多野郡中里村神原　黒沢家旧蔵)……………432

233　安政四年正月　甘楽郡保美濃山村・譲原村産物書上(多野郡鬼石町譲原　山田松雄氏所蔵)……………434
234　安政四年正月　甘楽郡多井戸村物産書上(『御用留』/甘楽郡甘楽町小川　藤巻文吾氏所蔵)……………435
235　安政四年正月　甘楽郡乙父村物産売出書上帳(多野郡上野村乙父　黒沢丈夫氏所蔵)……………435
236　慶応二年正月　甘楽郡譲原村外菜種作高・種油買入高・生糸売出高書上(多野郡鬼石町譲原　山田松雄氏所蔵)……………435
237　明治二年八月　甘楽郡上野村秋作物調書上帳(甘楽郡甘楽町国峯　田村利良氏所蔵)……………436
238　明治三年十月　甘楽郡上野村物産書上帳(甘楽郡甘楽町小川　藤巻文吾氏所蔵)……………437
239　年次不詳(明治初年)　甘楽郡小川村軒別物産書上(甘楽郡甘楽町小川　藤巻文吾氏所蔵)……………437
240　年次不詳　甘楽郡秋畑村物産書上(甘楽郡甘楽町秋畑　増田新作氏所蔵)……………440
241　年次不詳　山中領中山郷作物播種量・蒔旬書上(高崎市　市立図書館蔵/多野郡中里村神原　黒沢家旧蔵)……………441

用水・水論・水車……………441
242　寛政三年七月　緑野郡中大塚村外二ヶ村用水不足につき水車停止方訴状(藤岡市中大塚　小林小五郎氏所蔵)……………441
243　文政十年八月　蕪川中村堰用水出入済口証文(藤岡市上栗須　松村正市氏所蔵)……………444
244　天保五年十月　蕪川中村堰用水組合村請証文(『名主見聞伝記』/藤岡市上栗須　松村正市氏所蔵)……………445
245　弘化三年三月　武洲上阿久原村水車用水引入議定(多野郡鬼石町譲原　山田松雄氏所蔵)……………447
246　嘉永二年三月　多胡郡下長根村外三ヶ村用水堰出入済口証文(多野郡吉井町吉井　大沢末男氏所蔵)……………448
247　文久三年七月　甘楽郡下高田村水車場借家取極証文(甘楽郡妙義町下高田　神部竹松氏所蔵)……………450
248　文久三年十二月　緑野郡下三名川水車取立議定(藤岡市保美　清水てつ氏所蔵)……………451

鉄砲……………451
249　元禄二年九月　山中領上山郷村々鉄砲預り証文(高崎市　市立図書館蔵/多野郡中里村神原　黒沢家旧蔵)……………451

県史誌内容総覧・資料編1：近世―関東　121

```
群馬県史 資料編9 近世1
```

250 宝永三年六月 甘楽郡秋畑村猟師鉄砲許可願(甘楽郡甘楽町秋畑 増田新作氏所蔵)..............................452
251 元文元年十二月 甘楽郡尾付村外四ヶ村猪・鹿打留員数書上(高崎市 市立図書館蔵/多野郡中里村神原 黒沢家旧蔵)..............................453
252 宝暦十二年 緑野郡三波川村鉄砲拝借願(多野郡鬼石町三波川 飯塚馨氏所蔵)..............................454
253 明和二年二月 鉄砲売渡証文(藤岡市高山 坂本計三氏所蔵)..............................455
254 安永三年十一月 緑野郡三波川村四季鉄砲打留猪・鹿員数書上(多野郡鬼石町三波川 飯塚馨氏所蔵)..............................456
255 安永四年九月 甘楽郡小沢村熊打につき廻状請書(甘楽郡南牧村小沢 関弘芳氏所蔵)..............................456

第4章 産業と交通..............................457
<写>藤岡名勝双六絹市の図(藤岡市下栗須 高井伊勢子氏所蔵)..............................458
第1節 蚕糸業..............................459
養蚕・蚕種..............................459
256 元禄十二年五月 甘楽郡塩沢村百姓ら桑資金借用証文(甘楽郡南牧村大塩沢 市川晴一氏所蔵)..............................459
257 享保十八年十二月 三井上州店諸国蚕糸につき返答書(『永書』/東京都中野区上高田 三井文庫所蔵)..............................459
258 明和九年二月 甘楽郡三波川村桑年貢吟味につき願(多野郡鬼石町三波川 飯塚馨氏所蔵)..............................462
259 安永三年十一月 蚕種運上談合につき奥州伊達・信夫郡惣代呼出願(多野郡鬼石町浄法寺 黒崎太郎氏所蔵)..............................463
260 自文化二年六月至天保二年 山中領中山郷黒沢家養蚕日記(高崎市 市立図書館蔵/多野郡中里村神原 黒沢家旧蔵)..............................464
261 文政五年閏正月 緑野郡緑野村名主ら蚕種取一件につき願書(『諸日記』/長野県上田市 上田市立博物館蔵)..............................477
262 文久二年十二月 藤岡町百姓桑売渡証文(藤岡市藤岡 白石トシ氏所蔵)..............................478
263 慶応三年正月 富岡町役人生糸口糸代取立につき願(『三沢日記』/富岡市富岡 佐藤治郎氏所蔵)..............................479
264 慶応三年二月 甘楽郡下仁田組合村々蚕種掃立数書上(甘楽郡下仁田町下仁田 桜井善治氏所蔵)..............................479
265 明治二年七月 甘楽郡小幡村組合六ヶ村蚕糸鑑札願人書上(甘楽郡甘楽町小川 藤巻文吾氏所蔵)..............................481

266 明治三年八月 緑野郡保美村百姓蚕種売捌願(藤岡市保美 清水てつ氏所蔵)..............................482
267 明治四年四月 岩鼻県・群馬県養蚕世話方雑録(高崎市上小鳥町 金井三行氏所蔵/富岡市富岡 古沢家旧蔵)..............................483
268 年次不詳 緑野郡浄法寺村蚕種紙書上(多野郡鬼石町浄法寺 黒崎太郎氏所蔵)..............................505
[*絹]
269 貞享三年十二月 緑野郡三波川村名主宛絹手金借用証文(多野郡鬼石町三波川 飯塚馨氏所蔵)..............................506
270 元禄十四年二月 江戸絹問屋請負手形(前橋市荒牧町 群馬大学図書館蔵/富岡市富岡 阪本家旧蔵)..............................506
271 元禄十五年十一月 多胡郡吉井町商人絹仕切金借用証文(多野郡吉井町黒熊 吉田治夫氏所蔵)..............................507
272 宝永四年十一月 甘楽郡一ノ宮・富岡村絹・麻商人仕切金滞訴状(前橋市荒牧町 群馬大学図書館蔵/富岡市富岡 阪本家旧蔵)..............................508
273 享保六年六月 三井越後屋旅買物式目(東京都中野区上高田 三井文庫所蔵)..............................508
[*絹]
274 享保七年三月 藤岡町商人三井越後屋宛出店願(『諸用留』/東京都中野区上高田 三井文庫所蔵)..............................511
[*絹宿]
275 (享保七年ヵ)年次不詳 三井越後屋上州店式目(東京都中野区上高田 三井文庫所蔵)..............................513
[*絹宿]
276 享保十八年七月 富岡町絹商人三井代買請負証文(『絹市場の栞』/高崎市上小鳥町 金井三行氏所蔵/富岡市富岡 古沢家旧蔵)..............................515
277 享保二十年五月 藤岡町三井店有金調(東京都中野区上高田 三井文庫所蔵)..............................516
278 享保二十年五月 藤岡町三井絹店存続方願書(東京都中野区上高田 三井文庫所蔵)..............................517
279 享保二十年五月 三井藤岡絹出店停止理由書(『内永書』/東京都中野区上高田 三井文庫所蔵)..............................517
280 宝暦九年六月 三井江戸店関東新糸相場等につき京本店宛報告(『名代言送聴書』/東京都中野区上高田 三井文庫所蔵)..............................518
[*絹]

122　県史誌内容総覧・資料編 1: 近世―関東

281　宝暦九年十一月　富岡町絹商人絹糸改会所設立一件書留(高崎市上小鳥町　金井三行氏所蔵/富岡市富岡　古沢家旧蔵)‥518
282　明和二年十月　富岡町絹商人三井宛借金証文(高崎市上小鳥町　金井三行氏所蔵/富岡市富岡　古沢家旧蔵)‥520
283　(天明初年ヵ)年次不詳　上州・武州絹市場扱合書上(埼玉県秩父市　秩父市立図書館蔵)‥521
284　寛政元年六月　京都・江戸商人ら富岡絹輸送請負証文(前橋市荒牧町　群馬大学図書館蔵/富岡市富岡　阪本家旧蔵)‥525
285　寛政二年　上武両州絹・紬・晒印請荷主名前書(『荷主名前書』/東京都中野区上高田　三井文庫所蔵)‥526
286　文化十三年三月　富岡町繭・煙草商人売掛金訴状(富岡市富岡　黒沢初枝氏所蔵)‥526
[*絹]
287　文政八年四月　藤岡町商人吉井絹市立内済につき富岡町宛通告(多野郡吉井町　吉井町郷土資料館蔵/本多夏彦氏筆写史料)‥528
288　天保四年二月　富岡町絹市場議定書并絹売宿連名(高崎市上小鳥町　金井三行氏所蔵/富岡市富岡　古沢家旧蔵)‥529
289　天保七年正月　富岡町絹商人場造役相続願(藤岡市藤岡　星野兵四郎氏所蔵)‥533
290　天保十年九月　三井藤岡店塞銀につき江戸・京店示合書(『示合書』/東京都中野区上高田　三井文庫所蔵)‥534
291　天保十一年正月　甘楽郡万場商人絹代金請取証文(多野郡万場町万場　黒沢建広氏所蔵)‥537
292　弘化四年七月　多胡郡吉井町大丸屋宛絹買出張方依頼状(多野郡吉井町　吉井町郷土資料館蔵)‥538
293　(嘉永二年ヵ)年次不詳　多胡郡吉井町絹市へ大丸出市方依頼状(多野郡吉井町　吉井町郷土資料館蔵)‥538
294　嘉永五年閏二月　多胡郡吉井町絹市現金取引願(多野郡吉井町吉井　大沢木男氏所蔵)‥539
295　安政三年四月　絹太織尺幅改訂につき藤岡町絹商人口演(木版)(多野郡鬼石町譲原　山田松雄氏所蔵)‥540
296　安政三年　藤岡町三井絹買宿借用・庭造役につき江戸・京店示合書(『示合書』/東京都中野区上高田　三井文庫所蔵)‥540

297　安政四年　藤岡町三井絹買宿庭造料につき江戸・京店示合書(『示合書』/東京都中野区上高田　三井文庫所蔵)‥541
298　安政七年二月　藤岡町絹売株・店借証文(藤岡市藤岡　横田勇氏所蔵)‥541
299　文久三年七月　藤岡町絹買宿相続人につき三井越後屋宛願書(藤岡市藤岡　星野兵四郎氏所蔵)‥542
300　年次不詳　江戸呉服問屋絹寸尺増につき藤岡絹買宛書状(藤岡市篠塚　設楽一夫氏所蔵)‥543

第2節　特産物‥544
　酒・醤油・油‥544
301　元禄十年十二月　甘楽郡小平村酒造高・道具書上(多野郡万場町小平　茂木治徳氏所蔵)‥544
302　享保三年七月　山中領酒造高書上(高崎市 市立図書館蔵/多野郡中里村神原　黒沢家旧蔵)‥545
303　享保十七年五月　甘楽郡六車村外村役人信州酒の関所留につき礼状(長野県北佐久郡浅科村甲地区　市川育英氏所蔵)‥547
304　寛政四年閏二月　藤岡町酒造改(藤岡市藤岡　高井作右衛門氏所蔵)‥548
305　天保十二年十一月　甘楽郡下仁田町組合酒造探索書上帳(甘楽郡下仁田町下仁田　桜井善治氏所蔵)‥551
306　安政五年七月　甘楽郡下仁田村醤油造書上帳(甘楽郡下仁田町下仁田　桜井善治氏所蔵)‥552
307　文久三年三月　甘楽郡船子村農間油絞稼願書(多野郡万場町船子　茂木猪賀重氏所蔵)‥553
308　年次不詳　酒問屋仲間議敷口銭値上願(藤岡市藤岡　高井作右衛門氏所蔵)‥553
　紙・煙草・麻・こんにゃく・漆‥554
309　慶長三年　緑野郡三波川郷漆之帳写(多野郡鬼石町三波川　飯塚馨氏所蔵)‥554
310　元禄十六年三月　甘楽郡上野村煙草仕付反歩改帳(甘楽郡上野村　吉田博明氏所蔵)‥556
311　宝永五年四月　緑野郡三波川村こんにゃく畑外被害見分方訴状(多野郡鬼石町三波川　飯塚馨氏所蔵)‥558
312　享保四年五月　上州麻問屋建直し請負証文(前橋市荒牧町　群馬大学図書館蔵/富岡市富岡　阪本家旧蔵)‥559
313　寛延元年十月　煙草前金手形(多野郡鬼石町譲原　山田松雄氏所蔵)‥560
314　安永八年五月　武州児玉郡阿久原村商人紙・絹・煙草手付金返済訴状(多野郡鬼石町三波川　飯塚馨氏所蔵)‥560

県史誌内容総覧・資料編 1: 近世—関東　123

315　天明二年五月　尾張麻仲買商人借金
　　証文（前橋市荒牧町　群馬大学図書館蔵/富
　　岡市富岡　阪本家蔵）……………………560
316　文化二年十一月　甘楽郡下仁田町ね
　　ぎ御用につき江戸急送方達（『大日向村
　　外旗本代官御用留』/甘楽郡下仁田町下仁田
　　桜井善治氏所蔵）……………………561
　　［＊下仁田ねぎ］
317　文化九年二月　甘楽郡大仁田村紙漉
　　渡世取極証文（甘楽郡南牧村大仁田　今井
　　政俊氏所蔵）……………………561
318　文化十一年十二月　緑野郡三波川村
　　百姓煙草仕入金滞訴訟返答書（多野郡鬼
　　石町三波川　飯塚馨氏所蔵）……………562
319　文化十四年三月　上州村々漆実蝋絞
　　方につき代官触書（『御用日記控帳』/多野
　　郡吉井町長根　江原守衛氏所蔵）…………563
320　文政三年二月　甘楽郡下仁田町紙売
　　仲間議定（多野郡上野村新羽　浅香屏佐久
　　氏所蔵）……………………563
321　文政九年三月　甘楽郡小沢村百姓紙
　　漉渡世妨害につき訴状（甘楽郡南牧村小
　　沢　田村久雄氏所蔵）………………564
322　天保六年五月　山中領上山郷百姓紙
　　売出方規定（多野郡上野村乙母　今井いえ
　　氏所蔵）……………………565
323　天保八年十二月　麻畑質地小作証文
　　（甘楽郡下仁田町南野牧　並木栄治氏所
　　蔵）……………………566
324　天保十二年十二月　甘楽郡楢原村百
　　姓ら紙漉始め日限につき申入書（多野郡
　　上野村乙父　黒沢丈夫氏所蔵）……………567
325　天保十三年二月　麻畑質地小作につ
　　き内紛済口証文（甘楽郡下仁田町南野牧
　　並木栄治氏所蔵）……………………567
326　天保十五年十二月　麻畑質地証文（甘
　　楽郡下仁田町南野牧　並木栄治氏所蔵）…568
327　安政三年十二月　甘楽郡宮崎村商人
　　麻金融覚（富岡市上丹生　岡部定信氏所
　　蔵）……………………568
328　安政五年四月　緑野郡三波川村蝋・
　　漆・櫨・茶等植付方請状（多野郡鬼石町
　　三波川　飯塚馨氏所蔵）……………569
329　安政六年二月　甘楽郡譲原村外櫨漆
　　植付につき御請書上帳（多野郡鬼石町譲
　　原　山田松雄氏所蔵）……………569
330　年次不詳　甘楽郡馬山村百姓麻問屋
　　指定願（前橋市荒牧町　群馬大学図書館蔵/
　　富岡市富岡　阪本家旧蔵）……………571
331　年次不詳　櫨のえき（益）全（多野郡
　　鬼石町譲原　山田松雄氏所蔵）………572
漁猟……………………574

332　明暦二年五月　山中領三郷神流川漁
　　猟故障につき訴状（多野郡万場町万場　黒
　　沢建広氏所蔵）……………………574
333　明和九年三月　武州賀美郡毘沙吐村
　　烏川通漁獵入会訴状（多野郡新町川岸町
　　茂木藤太郎氏所蔵）……………………574
334　安政四年十一月　緑野・多胡・甘楽
　　郡内村々鏑川通漁猟運上覚（『御用留』/
　　甘楽郡甘楽町小川　藤巻文吾氏所蔵）……576
335　慶応四年九月　利根川・烏川漁猟権
　　につき武州賀美郡毘沙吐村訴状（多野郡
　　新町川岸町　茂木藤太郎氏所蔵）…………577
336　明治三年八月　武州賀美郡毘沙吐村
　　外烏川通漁猟稼規定書（多野郡新町川岸
　　町　茂木藤太郎氏所蔵）……………577
石灰・砥山・銅山・三波石……………578
337　（寛永ヵ）年次不詳　緑野郡三波川村
　　久兵衛宛三波石につき代官手代書状
　　（多野郡鬼石町三波川　飯塚馨氏所蔵）……578
338　寛文四年三月　石灰外商荷物継送り
　　につき富岡町訴状（前橋市荒牧町　群馬大
　　学図書館蔵/富岡市富岡　阪本家蔵）………579
339　寛文九年十一月　砥山番所開設につ
　　き役人・砥切百姓と示談証文（長野県北
　　佐久郡浅科村甲地区　市川育英氏所蔵）…580
340　寛文九年　南牧関所・砥山外創始年
　　次書上（長野県北佐久郡浅科村甲地区　市
　　川育英氏所蔵）……………………581
341　宝永二年七月　緑野郡三波川村銅山
　　開発資金・利金取極帳（多野郡鬼石町三
　　波川　飯塚馨氏所蔵）……………581
342　元文三年二月　上野砥由緒書上帳（甘
　　楽郡南牧村砥沢　浅川彪太郎氏所蔵）……586
343　文政四年十二月　甘楽郡譲原村三波
　　石案内人出入済口証文（多野郡鬼石町譲
　　原　山田松雄氏所蔵）……………588
344　文政五年三月　三波石見物案内役に
　　つき甘楽郡譲原村出入訴状（多野郡鬼石
　　町譲原　山田松雄氏所蔵）……………589
345　文政八年三月　三波石見物案内仕法
　　につき甘楽郡譲原村百姓願状（多野郡鬼
　　石町譲原　山田松雄氏所蔵）……………590
346　天保二年十一月　甘楽郡上小坂村砥
　　山見分につき明細差出（甘楽郡甘楽町小
　　幡　松浦久男氏所蔵）……………591
347　弘化二年正月　甘楽郡矢川村百姓火
　　打石採掘願につき取極議定（甘楽郡下仁
　　田町南野牧　並木栄治氏所蔵）………596
348　嘉永五年正月　富岡町砥紙屋敷由緒
　　書上（甘楽郡南牧村砥沢　浅川彪太郎氏所
　　蔵）……………………597

349　安政三年十二月　甘楽郡青倉村石灰稼御請証文（甘楽郡下仁田町青倉　福田睦臣氏所蔵）……………………598
350　安政四年三月　甘楽郡青倉村石灰山年季貸証文（甘楽郡下仁田町下仁田　原康文氏所蔵）…………………………599
351　安政七年二月　甘楽郡下仁田村石灰運上上納願（甘楽郡下仁田町下仁田　原康文氏所蔵）………………………599
352　明治元年十月　甘楽郡乙父・乙母村砥山試掘願（多野郡上野村乙母　今井いえ氏所蔵）……………………………600
林業・山稼………………………………601
353　延宝三年二月　甘楽郡熊倉村百姓薪切取詫状（長野県北佐久郡浅科村甲地区　市川育英氏所蔵）……………601
354　貞享三年五月　甘楽郡三波川村江戸城入用材木書上覚（多野郡鬼石町三波川　飯塚馨氏所蔵）………………601
［＊御用材］
355　元禄十六年十二月　山中領御林材木江戸廻値段帳（多野郡万場町万場　黒沢建広氏所蔵）……………………604
356　正徳三年三月　山中領材木払下げにつき取極証文（多野郡万場町万場　黒沢建広氏所蔵）……………………605
357　正徳四年七月　甘楽郡乙父村箸木等山稼許可願（高崎市　市立図書館／多野郡中里村神原　黒沢家旧蔵）………605
［＊山稼ぎ］
358　寛延二年六月　甘楽郡大仁田村伐木出入済口証文（甘楽郡南牧村大仁田　今井政俊氏所蔵）……………………606
［＊山稼ぎ］
359　享保四年十二月　甘楽郡浜平村等岩茸山稼につき白井関所通行願（多野郡万場町万場　黒沢建広氏所蔵）……608
［＊山稼ぎ］
360　享保四年十二月　山中領山稼岩茸等五品許可願（多野郡万場町万場　黒沢建広氏所蔵）……………………609
361　享保六年十一月　甘楽郡栗沢・武州中津川両村荷物通行願（高崎市　市立図書館／多野郡中里村神原　黒沢家旧蔵）……610
362　享保十七年二月　甘楽郡白井村百姓入会薪伐証文（多野郡上野村楢原　黒沢馨氏所蔵）………………………610
363　安永六年六月　緑野郡三波川村百姓材木仕入金返済不履行につき訴状（多野郡鬼石町三波川　飯塚馨氏所蔵）……611
364　天明三年四月　甘楽郡楢原村山稼につき相対証文（多野郡上野村楢原　黒沢馨氏所蔵）……………………612

365　文化二年正月　甘楽郡岩崎村桐畑開発願（多野郡吉井町岩崎　堀越菊一氏所蔵）………………………………613
366　文化十年四月　甘楽郡乙父村立木売渡証文（多野郡上野村乙父　黒沢丈夫氏所蔵）……………………………614
367　文政四年五月　御荷鉾山売木につき秩父郡大宮町百姓訴状（多野郡鬼石町三波川　飯塚馨氏所蔵）……………614
368　文政四年　甘楽郡乙父村外山稼議定示談証文（多野郡上野村乙父　黒沢丈夫氏所蔵）…………………………616
369　文政四年十二月　甘楽郡塩沢村・船子村炭焼出方請負証文（多野郡万場町船子　茂木諸賀重氏所蔵）………618
［＊御用炭］
370　文政八年八月　甘楽郡万場村御用炭延納願（多野郡万場町万場　黒沢建広氏所蔵）……………………………620
371　天保六年三月　甘楽郡譲原村外材木伐出しにつき日雇組請負証文（多野郡鬼石町譲原　山田松雄氏所蔵）………620
［＊木挽］
372　安政七年三月　甘楽郡乙父村宛材木買請対談証文（多野郡上野村乙父　黒沢丈夫氏所蔵）………………………621
373　文久元年八月　甘楽郡芦野平村百姓ら栗拾い入村につき議定（甘楽郡下仁田町南野牧　並木栄治氏所蔵）………622

第3節　商工業………………………………623
市…………………………………………………623
374　延宝五年四月　甘楽郡白井村市日証文（多野郡上野村楢原　高橋淹島氏所蔵）………………………………623
［＊信州米紛争］
375　寛延二年七月　富岡町市由緒書上（多野郡吉井町　吉井町郷土資料館／高崎市上和田町　本多夏彦氏筆写史料）………623
376　天明五年正月　甘楽郡市ノ萱村米市紛争返答書（甘楽郡下仁田町本宿　勅使河原三郎氏所蔵）…………………624
［＊信州米紛争］
377　天明五年三月　甘楽郡本宿村・市ノ萱村新米市立てにつき訴状（甘楽郡下仁田町本宿　勅使河原三郎氏所蔵）………625
［＊信州米紛争］
378　天明八年六月　藤岡町市日紛争につき笛木町訴状（藤岡市藤岡　星野兵四郎氏所蔵）…………………………626
［＊信州米紛争］
379　天明八年七月　藤岡町笛木・動堂市立て紛争につき地頭戒告書（藤岡市藤岡　星野兵四郎氏所蔵）………………627

380　寛政九年六月　甘楽郡本宿村・市ノ
　　萱村米市紛争につき済口証文(甘楽郡下
　　仁田町本宿 勅使河原三郎氏所蔵)………631
　　[*信州米紛争]
381　文政元年七月　富岡町市立場紛争済
　　口証文(多野郡吉井町 吉井町郷土資料館
　　蔵本多夏彦氏筆写史料)………………632
382　文政八年四月　多胡郡吉井宿・藤岡
　　町絹方紛争済口証文(多野郡吉井町 吉井
　　町郷土資料館蔵)………………………633
383　文政十二年二月　甘楽郡下仁田町市
　　立てにつき取極議定(甘楽郡下仁田町下
　　仁田 原康文氏所蔵)……………………635
384　年次不詳　甘楽郡下仁田町市場取締
　　請書(甘楽郡南牧村大塩沢 市川晴一氏所
　　蔵)…………………………………………636
385　年次不詳　甘楽郡万場村市日書上
　　(多野郡万場町万場 黒沢建広氏所蔵)……636
金融・物価・江州店……………………637
386　宝暦四年二月　店請証文(藤岡市藤岡
　　横田勇氏所蔵)……………………………637
387　宝暦四年四月　近江商人国請出生証
　　文(藤岡市藤岡 横田勇氏所蔵)…………637
388　(安永年間)年次不詳　妙義山戒応院
　　発起無尽出資者書上覚(『宇田村由緒覚
　　書』/富岡市宇田 神宮鋼平氏所蔵)………638
389　文化四年八月　藤岡町十一屋奉公人
　　心得(藤岡市藤岡 高井作右衛門氏所蔵)
　　……………………………………………638
390　文政二年九月　甘楽郡塩沢村組合物
　　価規定(甘楽郡南牧村大塩沢 市川晴一氏
　　所蔵)………………………………………639
391　天保三年三月　多胡郡吉井町商人紀
　　州用達任命記事(『島高堅自記』/多野郡吉
　　井町吉井 橛島堅次氏所蔵)……………640
392　天保四年外　藤岡町十一屋貸滞金控
　　証文写(藤岡市藤岡 高井作右衛門氏所
　　蔵)…………………………………………640
　　[*借金;借用金]
393　天保六年三月　富岡・一ノ宮町商人
　　紀州家仕入金借用証文(高崎市上小鳥町
　　金井三行氏所蔵/藤岡市富岡 古沢家旧
　　蔵)…………………………………………647
　　[*借金;借用金]
394　天保八年二月　藤岡町改革組合村物
　　価引下取極覚(藤岡市上栗須 松村正市氏
　　所蔵)………………………………………647
395　天保八年六月　甘楽郡藤木村名主七
　　日市藩御用達休役願(富岡市藤木 白石建
　　郎氏所蔵)…………………………………648
396　天保八年十月　藤岡町十一屋宛江州
　　本店為替手形(藤岡市藤岡 高井作右衛門
　　氏所蔵)……………………………………649

397　天保十二年七月　多胡郡吉井町問屋
　　頼母子発起連印帳(多野郡吉井町 吉井町
　　郷土資料館蔵)……………………………649
　　[*頼母子講]
398　天保十四年閏九月　甘楽郡岩崎村百
　　姓貸金滞につき江州商人訴状(藤岡市
　　藤岡 高井作右衛門氏所蔵)……………650
　　[*借金;借用金]
399　安政二年七月　藤岡町内積立講金議
　　定(藤岡市藤岡 高井作右衛門氏所蔵)…651
400　安政三年九月　藤岡町商人紀州貸付
　　所宛借金証文(藤岡市藤岡 星野兵四郎氏
　　所蔵)………………………………………652
　　[*借金]
401　年次不詳　三井貸付金妙義無尽宛仕
　　法(高崎市上小鳥町 金井三行氏所蔵/富岡
　　市富岡 古沢家旧蔵)……………………653
402　年次不詳　紀州鑑蓮社より七日市藩
　　御用商人召喚状(藤岡市藤木 白石建郎氏
　　所蔵)………………………………………654
職人……………………………………………654
403　宝暦六年四月　甘楽郡白井村山入杣
　　人書上(甘楽郡南牧村大仁田 今井政俊氏
　　所蔵)………………………………………654
404　宝暦十二年十月　甘楽郡生利村刀鍛
　　冶国重銘届書(多野郡万場町生利 新井保
　　重氏所蔵)…………………………………655
405　天明四年正月　甘楽郡下仁田村鋳物
　　師座法之掟(甘楽郡下仁田町下仁田 原康
　　文氏所蔵)…………………………………655
406　天明六年二月　甘楽郡下丹生村鋳物
　　師免許状(富岡市下丹生 柳田清氏所
　　蔵)…………………………………………657
407　文化元年十二月　藤岡町髪結渡世請
　　状(藤岡市藤岡 横田勇氏所蔵)…………657
408　文化三年八月　甘楽郡下丹生村鋳物
　　師禁裏御所燈炉鋳造につき申合(富岡市
　　下丹生 柳田清氏所蔵)…………………658
409　天保七年八月　藤岡新町組合村職人
　　手間取極(『名主見聞記』/藤岡市上栗須
　　松村正市氏所蔵)…………………………658
　　[*賃金]
410　天保十三年四月　甘楽郡轟村諸商職
　　人ら手間値下げ届書(甘楽郡甘楽町 田
　　村知道氏所蔵)……………………………658
　　[*賃金]
411　嘉永三年十二月　藤岡町諸職人役銀
　　等取立帳(藤岡市藤岡 星野兵四郎氏所
　　蔵)…………………………………………659
　　[*冥加金]
412　安政五年二月　藤岡町湯屋仲間冥加
　　金上納願(藤岡市藤岡 星野兵四郎氏所
　　蔵)…………………………………………660

413　元治元年九月　藤岡町瓦職渡世相続願(藤岡市藤岡　星野兵四郎氏所蔵)……661
414　元治元年九月　藤岡町瓦職鑑札添書(藤岡市藤岡　星野兵四郎氏所蔵)………661

農間渡世
415　元禄十年十月　緑野郡三波川村請酒商人書上(多野郡鬼石町三波川　飯塚馨氏所蔵)……………………………662
416　元禄十二年九月　甘楽郡神農原村酒売禁止申合証文(富岡市神農原　茂木義夫氏所蔵)……………………663
417　文政十年　甘楽郡譲原村農間渡世書上(多野郡鬼石町譲原　山田松雄氏所蔵)………………………………663
418　文政十一年三月　御改革につき富岡村質屋・諸商渡世書上(高崎市上小鳥町　金井三行氏所蔵/富岡市富岡　古沢家旧蔵)……………………………665
419　文政十一年　甘楽郡曾木村農間渡世書上(富岡市七日市 富岡市役所所蔵)…672
420　天保九年三月　緑野郡三波川村諸商人・質屋・職人取調請印帳(多野郡鬼石町三波川　飯塚馨氏所蔵)……673
421　天保九年　甘楽郡藤木村質屋書上帳(富岡市藤木　白石建郎氏所蔵)………678
422　天保九年　甘楽郡秋畑村諸商人調帳(甘楽郡甘楽町秋畑　増田新作氏所蔵)……679
[＊商人渡世]
423　天保九年　甘楽郡下仁田村組合二十三ヶ村諸商人渡世書上帳(甘楽郡下仁田町下仁田　桜井善治氏所蔵)……………680
424　天保十二年九月　山中領百姓馬喰渡世につき詫状(多野郡上野村乙父　黒沢丈夫氏所蔵)……………………689
425　嘉永三年三月　甘楽郡小幡村百姓江州者店貸願(甘楽郡甘楽町小幡　新井十郎氏所蔵)………………………691

米穀流通……………………………691
426　延宝三年正月　甘楽郡白井村穀物市日規制につき訴状(多野郡上野村楢原　黒沢定彦氏所蔵)……………691
427　文政七年閏八月　甘楽郡白井村米穀取引につき協定書(多野郡上野村楢原　黒沢定彦氏所蔵)……………692
428　文政八年十一月　穀違につき上信国境村出入済口証文(多野郡上野村楢原　黒沢定彦氏所蔵)……………693
429　天保元年十二月　甘楽郡万場村商人売掛貸金滞訴状(多野郡万場村塩沢　黒沢国次郎氏所蔵)……………694
430　天保三年三月　甘楽郡下仁田村通本商人ら吉井宿宛米問屋設置願(多野郡吉井町　吉井郷土資料館蔵)………697

431　天保六年六月　甘楽郡新羽村西組名主商売等扱い不当につき訴状(多野郡上野村新羽　浅香治男氏所蔵)……698
432　天保十二年閏正月　上信国境村々米穀出入済口証文(多野郡上野村新羽　浅香治男氏所蔵)……………………699
[＊信州米紛争]
433　安政三年十二月　藤岡町商人米穀売掛金滞訴状(藤岡市藤岡　白石トシ氏蔵)………………………………702
[＊信州米紛争]
434　慶応二年五月　緑野郡鬼石村百姓ら米不法買〆につき裁決請状(埼玉県浦和市　埼玉県立文書館蔵/同県児玉郡神泉村下阿久原　浅見秀夫家寄託)……………704
435　慶応三年二月　藤岡町周辺米穀高値につき羅買禁止請状(藤岡市中大塚　小林小五郎氏所蔵)……………706
436　年次不詳　藤岡組合村米価高騰につき取締請書(『名主見聞記』/藤岡市上栗須　松村正市氏所蔵)……………707

第4節　交通・運輸……………………709

宿……………………………………709
437　元禄十年七月　中山道新町宿伝馬役負担につき表町・裏町出入(多野郡新町笛木町　田口基氏所蔵)…………709
438　明和二年六月　中山道新町宿役勤方書上帳(多野郡新町笛木町　内田フミ氏所蔵)………………………………710
439　文化五年八月　中山道新町宿常夜燈再建願(多野郡新町笛木町　田口基氏所蔵)………………………………711
440　文政四年八月　中山道新町宿助成利金下付願(多野郡新町笛木町　内田フミ氏所蔵)……………………………711
441　嘉永五年二月　中山道新町宿明細帳(多野郡吉井町　吉井郷土資料館蔵/本多夏彦氏筆写史料)………………713
442　文久二年八月　中山道新町宿問屋勤方議定書(多野郡新町笛木町　内田フミ氏所蔵)……………………………715
443　文久四年二月　中山道新町宿運営方につき改革願(多野郡新町笛木町　内田フミ氏所蔵)……………………716

助郷…………………………………721
444　享保九年十二月　中山道新町宿助郷帳(多野郡新町笛木町　田口基氏所蔵)…721
445　宝暦九年十一月　中山道新町宿助郷役紛争につき問屋方返答書(多野郡新町笛木町　内田フミ氏所蔵)…………722
446　宝暦十年三月　中山道新町宿助郷紛争につき人馬差出規定請文(多野郡新町笛木町　田口基氏所蔵)……………724

447　明和元年十二月　藤岡町助郷四ヶ村中山道増助郷免除願（藤岡市藤岡　星野兵四郎氏所蔵）……………………725
448　文化十二年六月　尾州様帰国につき新町宿人馬寄高并継立書上帳（多野郡新町笛木町　内田フミ氏所蔵）…………726
449　天保十四年六月　中山道新町宿助郷議定証文（多野郡吉井町　吉井町郷土資料館蔵）………………………728

脇街道継立……………………………731

450　万治二年十二月　甘楽郡下仁田道馬次場順につき証書（『御公用』/富岡市富岡　佐藤治郎氏所蔵）………………731
451　寛文四年三月　富岡町商荷物継立につき訴状（前橋市荒牧町　群馬大学図書館蔵/富岡市富岡　阪本家旧蔵）…………732
452　享保十四年九月　藤岡町商荷物継送り路につき願（藤岡市藤岡　横田勇氏所蔵）…………………………………733
453　宝暦三年六月　甘楽郡一ノ宮町・富岡町の馬継場出入訴状（富岡市富岡　佐藤治郎氏所蔵）………………………734
454　文化三年二月　多胡郡・甘楽郡四十八ヶ村煙草等商荷物継立路につき出入訴状（甘楽郡甘楽町国峯　田村利良氏蔵）……………………………………736
455　文化三年六月　藤岡町・吉井宿問屋商荷物継立につき出入内済証文（多野郡吉井町吉井　大沢末男氏所蔵）………737
456　文化四年三月　甘楽郡下仁田町・一ノ宮町商荷物口銭出入済口証文（多野郡吉井町　吉井町郷土資料館蔵）…………740
457　文政七年十二月　香坂通信州商荷物輸送紛争につき内済証文（甘楽郡下仁田町西野牧　小井戸発太郎氏所蔵）………741
458　天保十五年八月　甘楽郡下仁田町馬仲間荷物附送り議定書（甘楽郡下仁田町下仁田　桜井善治氏所蔵）………745
459　嘉永六年十一月　甘楽郡麻荷物継送り紛争につき信州追分宿返答書（甘楽郡下仁田町西野牧　小井戸発太郎氏所蔵）……747
460　万延元年十一月　甘楽郡福島町通行荷物駄賃議定（甘楽郡下仁田町下仁田　原康文氏所蔵）……………………748
461　慶応三年二月　信州大日向村上州移出商荷物書上（長野県南佐久郡佐久町羽黒下　由ひなみ氏所蔵）………………750
462　明治三年三月　甘楽郡下仁田河岸問屋荷物運賃定（甘楽郡下仁田町下仁田　原康文氏所蔵）……………………750
463　年次不詳　甘楽郡小沢村御用紙江戸継送り駄賃帳（甘楽郡南牧村小沢　関弘芳氏所蔵）………………………751

水運……………………………………752

464　延宝六年七月　多胡郡吉井町鏑川通船停止方訴状（多野郡吉井町　吉井町郷土資料館蔵）……………………752
465　宝暦七年五月　武州賀美郡毘沙吐村烏川渡船公役書上帳（多野郡新町川岸町　茂木藤太郎氏所蔵）………………753
466　明和七年二月　烏川立石新田河岸取立てにつき藤岡町反対申立書（藤岡市藤岡　星野兵四郎氏所蔵）……………758
467　安永三年六月　甘楽郡下仁田通船引受人取計方請書（甘楽郡下仁田町下仁田　原康文氏所蔵）………………759
468　安永三年八月　緑野郡保美村外神流川渡船取替証文（多野郡鬼石町浄法寺　黒崎太郎氏所蔵）……………………760
469　天明五年三月　甘楽郡下仁田町外鏑川通船石銭規定等請証文（富岡市富岡　田中昭氏筆写史料）…………………760
470　寛政七年十一月　中山道新町・倉賀野両宿間柳瀬川渡船請負願（多野郡新町笛木町　内田フミ氏所蔵）………761
471　寛政八年二月　中山道新町・倉賀野両宿烏川渡船につき申合証文（多野郡新町笛木町　内田フミ氏所蔵）………762
472　寛政九年七月　甘楽郡下仁田・福島河岸筏竹木貫目改めにつき返答書（甘楽郡下仁田町下仁田　原康文氏所蔵）……763
　　［*通船］
473　天保五年四月　緑野郡浄法寺村外神流川渡船稼ぎ規定につき請書（多野郡鬼石町浄法寺　黒崎太郎氏所蔵）………764
474　天保七年二月　武州藤木河岸新造船届書（多野郡新町川岸町　茂木藤太郎氏所蔵）……………………765
475　安政三年三月　甘楽郡下仁田河岸筏改石銭取立帳（甘楽郡下仁田町下仁田　原康文氏所蔵）……………………766
476　安政五年六月　鏑川福島河岸営業移転願（多野郡吉井町大沢　大沢要八氏所蔵）…………………………768
　　［*通船］
477　安政六年三月　甘楽郡羽沢村外水戸様用材川下ヶ日雇人別帳（長野県北佐久郡浅科村甲地区　市川育英氏所蔵）……769
478　慶応三年　緑野郡浄法寺村外神流川渡船入用村割等議定（藤岡市保美　清水てつ氏所蔵）………………………770
479　明治元年十月　甘楽郡下仁田河岸問屋船荷改役願并定税書上（甘楽郡下仁田町下仁田　原康文氏所蔵）………771
　　［*通船］

関所……………………………………774

群馬県史 資料編9 近世1

480 寛文元年十一月 甘楽郡白井関所警備につき番頭名主宛申入手形(高崎市市立図書館蔵/多野郡中里村神原 黒沢家旧蔵)……774
481 寛文三年二月 山中領上山郷外百姓白井関所通行につき訴状(高崎市 市立図書館蔵/多野郡中里村神原 黒沢家旧蔵)…774
482 寛文五年正月 甘楽郡砥沢関所守示談証文(長野県北佐久郡浅科村甲地区 市川育英氏所蔵)……775
483 天和元年十一月 甘楽郡砥沢関所通行証文(長野県北佐久郡浅科村甲地区 市川育英氏所蔵)……775
484 元禄二年十一月 甘楽郡南牧関所規定(長野県北佐久郡浅科村甲地区 市川育英氏所蔵)……776
485 元禄十六年五月 甘楽郡白井関所規定返答書(多野郡上野村楢原 黒沢重明氏所蔵)……776
486 元禄十七年三月 甘楽郡西牧関所抜け道禁止願(甘楽郡南牧村大塩沢 市川晴一氏所蔵)……777
487 正徳二年九月 甘楽郡白井関所由緒并番人扶持支給願(高崎市 市立図書館蔵/多野郡中里村神原 黒沢家旧蔵)………778
488 正徳五年四月 甘楽郡南牧関所破り獄門処刑届(長野県北佐久郡浅科村甲地区 市川育英氏所蔵)……778
489 寛保二年十一月 甘楽郡南牧関所修覆普請伺書(長野県北佐久郡浅科村甲地区 市川育英氏所蔵)……779
490 明和六年八月 甘楽郡南牧関所通行規定(長野県北佐久郡浅科村甲地区 市川育英氏所蔵)……783
491 文化元年三月 甘楽郡白井関所武具通行規定(多野郡上野村楢原 黒沢啓八氏所蔵)……786
492 文化五年三月 甘楽郡白井関所通行規定(多野郡上野村楢原 高橋瀧島兵所蔵)……787
493 天保六年七月 甘楽郡白井関所通行手形(多野郡上野村川和 黒沢士郎氏所蔵)……788
494 天保十四年三月 甘楽郡白井口留番所日光社参につき修覆届書(多野郡上野村楢原 黒沢啓八氏所蔵)……788
495 天保十四年四月 甘楽郡南牧関所往来改日記(長野県北佐久郡浅科村甲地区 市川育英氏所蔵)……789
496 年次不詳 甘楽郡南牧関所武具書上(長野県北佐久郡浅科村甲地区 市川育英氏所蔵)……793

497 年次不詳 甘楽郡西牧関所由緒書(碓氷郡松井田町西野牧 小林充正氏所蔵)……794
飛脚……795
498 享保五年六月 上州登せ荷物輸送につき飛脚近江屋三井宛請合手形(東京都中野区上高田 三井文庫所蔵)……795
499 文化二年六月 藤岡町島屋外上州飛脚両家和解申合規定(秩父市太田 富田重帯氏所蔵)……796
500 嘉永元年九月 藤岡町飛脚京屋先代借金上納半減願(秩父市太田 富田重帯氏所蔵)……797
501 安政二年正月 藤岡町京屋御用飛脚通い(藤岡市藤岡 星野兵四郎氏所蔵)……797
502 年次不詳 藤岡町飛脚京屋金銀荷物請取通帳(藤岡市高山 坂本計三氏所蔵)……799

第5章 社会と文化……801
<写>藤岡町祇園祭礼の図 菊川英山筆(藤岡市藤岡 浅間神社所蔵)……802
第1節 家……803
系譜……803
503 享保八年十月 甘楽郡塩沢村名主市川家身分由緒書上(甘楽郡南牧村大塩沢 市川晴一氏所蔵)……803
504 文化二年十一月 山中領中山郷肝煎名主黒沢家由緒書(高崎市 市立図書館蔵/多野郡中里村神原 黒沢家旧蔵)……803
505 文化十年二月 甘楽郡南牧関所守市川家由緒書(長野県北佐久郡浅科村甲地区 市川育英氏所蔵)……804
506 年次不詳 山中領下山郷肝煎名主黒沢家先祖書(多野郡万場町万場 黒沢建広氏所蔵)……806
家督・名跡・縁組……807
507 寛文六年十二月 甘楽郡野栗村百姓聟名跡取引証文(多野郡上野村野栗 黒沢善雄氏所蔵)……807
508 寛文十二年十月 山中領塩沢村百姓屋敷高分証文(多野郡万場町万場 黒沢建広氏所蔵)……807
509 宝永七年十二月 緑野郡三波川村養子名跡証文(多野郡鬼石町三波川 飯塚馨氏所蔵)……808
510 正徳元年十一月 甘楽郡秋畑村百姓名跡証文(甘楽郡甘楽町秋畑 中野松造氏所蔵)……808
511 享保二十年六月 甘楽郡新羽村百姓養子縁組証文(多野郡上野村新羽 浅香界佐久氏所蔵)……808

県史誌内容総覧・資料編1:近世—関東 129

512　寛保元年四月　緑野郡三波川村百姓離縁状(多野郡鬼石町譲原　山田松雄氏所蔵)……………………………………809
513　延享四年二月　甘楽郡譲原村隠居証文(多野郡鬼石町譲原　山田松雄氏所蔵)……………………………………810
514　天明三年三月　甘楽郡三波川村百姓家産贈与覚(多野郡鬼石町三波川　飯塚馨氏所蔵)……………………………810
515　天明三年三月　甘楽郡三波川村百姓家督相続証文(多野郡鬼石町三波川　飯塚馨氏所蔵)………………………………811
516　天明九年二月　山中領塩沢村聟養子取引証文(多野郡万場町船子　茂木猪賀重氏所蔵)……………………………811
517　享和二年正月　甘楽郡白井村百姓株譲渡証文(多野郡上野村楢原　黒沢啓八氏所蔵)………………………………812
518　文政十一年八月　甘楽郡下小坂村百姓袴着用一件につき訴状(甘楽郡下仁田町下小坂　里見哲夫氏所蔵)……………813
519　文政十三年三月　甘楽郡新羽村百姓株相続議定(多野郡上野村新羽　浅香界佐久氏所蔵)…………………………814
家法・遺言状……………………………816
520　正保四年八月　山中領下山郷肝煎名主黒沢家家訓(多野郡万場町万場　黒沢建広氏所蔵)…………………………816
521　元禄元年十二月　甘楽郡宇田村石井家遺言状(富岡市宇田　石井松美氏所蔵)………………………………817
522　元禄四年十二月　甘楽郡宇田村百姓田畑相続遺言書(富岡市宇田　石井松美氏所蔵)………………………………818
523　文化九年正月　甘楽郡国峯村田村家家法年中行事覚書(甘楽郡甘楽町国峯　田村利良氏所蔵)…………………………819
524　嘉永七年　富岡町商人遺言状(高崎市上小鳥町　金井三行氏所蔵/富岡市富岡　古沢氏旧蔵)……………………………821
家抱・奉公人……………………………822
525　明暦三年二月　甘楽郡塩沢村身売証文(甘楽郡南牧村大塩沢　市川晴一氏所蔵)……………………………………822
526　寛文六年二月　緑野郡三波川村名主家抱出入訴状(多野郡鬼石町三波川　飯塚馨氏所蔵)………………………………823
527　寛文六年十一月　甘楽郡神原村家抱手形(高崎市市立図書館蔵/多野郡中里村神原　黒沢家旧蔵)…………………823
528　寛文九年四月　緑野郡三波川村家抱解放証文(多野郡鬼石町三波川　飯塚馨氏所蔵)………………………………824

529　延宝元年十二月　甘楽郡野栗村家抱預ヶ地取上訴状(多野郡上野村野栗　黒沢善雄氏所蔵)……………………………824
530　元禄元年十一月　甘楽郡羽沢村譜代百姓拒否につき訴状(長野県北佐久郡浅科村甲地区　市川育英氏所蔵)………………824
[＊家抱]
531　元禄二年閏正月　甘楽郡砥沢村家抱年貢役改証文(長野県北佐久郡浅科村甲地区　市川育英氏所蔵)……………825
532　元禄十年四月　甘楽郡野栗村分附百姓解放証文(多野郡上野村野栗　黒沢善雄氏所蔵)……………………………825
[＊家抱]
533　元禄十二年四月　甘楽郡梶山村百姓祝金につき畑売証文(多野郡上野村勝山　黒沢健氏所蔵)…………………826
534　正徳六年二月　緑野郡三波川村譜代奉公証文(多野郡鬼石町三波川　飯塚馨氏所蔵)………………………………826
535　享保七年二月　緑野郡三波川村奉公人請状(多野郡鬼石町三波川　飯塚馨氏所蔵)…………………………………827
536　享保十七年二月　緑野郡三波川村奉公人年代金滞につき願書(多野郡鬼石町三波川　飯塚馨氏所蔵)……………828
537　享保二年九月　緑野郡三波川村奉公人請状(多野郡鬼石町三波川　飯塚馨氏所蔵)…………………………………828
538　享保二年九月　緑野郡三波川村家抱解放証文(多野郡鬼石町三波川　飯塚馨氏所蔵)………………………………828
539　寛延二年二月　緑野郡三波川村乳母請状(多野郡鬼石町三波川　飯塚馨氏所蔵)………………………………829
540　寛延四年二月　緑野郡笛木新町下女奉公人請状(多野郡新町笛木町　田口基氏所蔵)………………………………829
541　宝暦五年四月　甘楽郡小平村分地百姓五人組加入書上(多野郡万場町小平　茂木治徳氏所蔵)………………………830
542　安永七年十一月　甘楽郡三波川村家抱請状(多野郡鬼石町三波川　飯塚馨氏所蔵)…………………………………830
543　寛政七年十一月　甘楽郡一ノ宮村飯盛下女落籍証文(多野郡上野村新羽　浅香界佐久氏所蔵)………………………831
544　天保十年十一月　緑野郡白石村奉公人請状(多野郡吉井町黒熊　三木春美氏所蔵)……………………………831

第2節　災害・騒動…………………832
災害…………………………………832

545　享保十六年　甘楽郡譲原村外五ヶ村凶作につき見分願(『御用留』/多野郡鬼石町譲原　山田松雄氏所蔵)…………832
546　寛保二年八月　中山道新町宿大洪水被害・対策書上(『万用抜書控』/多野郡新町笛木町　田口基氏所蔵)…………833
547　延享四年二月　中山道新町宿大火事被害・対策書上(『万用抜書控』/多野郡新町笛木町　田口基氏所蔵)…………837
548　天明三年　浅間山噴火記事(『島高堅自記』/多野郡吉井町吉井　櫛島堅次氏所蔵)…………841
549　天明三年八月　甘楽郡三波川村浅間焼被害報告状(甘楽郡鬼石町三波川　飯塚馨氏所蔵)…………842
　　[＊浅間山噴火]
550　天明三年　甘楽郡宇田村名主浅間焼留書(『名主覚書』/富岡市宇田　神宮鋼平氏所蔵)…………843
　　[＊浅間山噴火]
551　寛政三年八月　甘楽郡宮室村外五ヶ村洪水被害書留(甘楽郡南牧村小沢　関弘芳氏所蔵)…………844
552　天保八年三月　小幡領下凶作状況書留(甘楽郡甘楽町国峯　田村利良氏所蔵)…………846
553　弘化三年十月　武州毘沙山村洪水につき新町側へ移居願(多野郡新町川岸町　茂木藤太郎氏所蔵)…………848

備荒・救済…………849
554　享保十三年十二月　甘楽郡三波川村枝郷夫食拝借高・人数書上(甘楽郡鬼石町三波川　飯塚馨氏所蔵)…………849
　　[＊凶作]
555　享保十八年二月　甘楽郡下小坂村救麦拝借証文(甘楽郡下仁田町下小坂　里見哲夫氏所蔵)…………850
　　[＊凶作]
556　宝暦六年三月　甘楽郡大仁田村飢饉夫食不足につき雑木売願(甘楽郡南牧村大仁田　今井政俊氏所蔵)…………850
　　[＊凶作]
557　明和四年九月　甘楽郡譲原村凶作につき備荒貯穀休止願(『御用留』/多野郡鬼石町譲原　山田松雄氏所蔵)…………851
　　[＊凶作]
558　天明三年八月　緑野郡三本木村外浅間焼災害復興につき請書(多野郡鬼石町浄法寺　黒崎太郎氏所蔵)…………851
　　[＊浅間山噴火]
559　天明三年十一月　甘楽郡譲原村外二ヶ村浅間焼災害につき夫食貸下願(多野郡鬼石町譲原　山田松雄氏所蔵)…………854
560　天明四年正月　浅間焼手当金割当書上(多野郡鬼石町浄法寺　黒崎太郎氏所蔵)…………855
　　[＊浅間山噴火]
561　寛政三年十一月　甘楽郡楢原村年寄興農基金差出につき賞状(多野郡上野村楢原　高橋瀧嶋氏所蔵)…………856
562　文化四年五月　吉井藩分領村々貯穀記事(『島高堅自記』/多野郡吉井町吉井　櫛島堅次氏所蔵)…………856
563　文政五年十月　甘楽郡青倉村外六十五ヶ村貯穀救済基金運用願(『御用留』/多野郡万場町万場　黒沢建広氏所蔵)……857
564　文政七年二月　甘楽郡乙父村百姓救済積金の利金下渡願(多野郡上野村乙父　黒沢丈夫氏所蔵)…………859
565　文政八年三月　甘楽郡譲原村外三ヶ村縁談手当金運用につき議定(多野郡鬼石町譲原　山田松雄氏所蔵)…………859
566　文政十年正月　甘楽郡譲原村縁談金頂戴人請印帳(多野郡鬼石町譲原　山田松雄氏所蔵)…………860
567　天保五年四月　甘楽郡平原村百姓夫食買借用証文(多野郡中里村平原　二ツ橋治郎氏所蔵)…………862
568　天保八年四月　甘楽郡芦野平村窮民社倉籾金拝借証文(甘楽郡下仁田町南野牧　並木栄治氏所蔵)…………862
569　天保十年十月　甘楽郡岩崎村潰百姓跡取立願(多野郡吉井町岩崎　堀越菊一氏所蔵)…………864
570　嘉永元年六月　甘楽郡乙父村小児養育手当下付願(多野郡上野村乙父　黒沢丈夫氏所蔵)…………866
571　安政二年二月天保六年十二月　甘楽郡下十六ヶ村清水御領替につき社倉仕法改め願(甘楽郡甘楽町小川　藤巻文吾氏所蔵)…………866

絹騒動…………872
572　宝暦九年十二月　絹市取調べにつき藤岡町商人返答書押印願(藤岡市藤岡　松村行一氏所蔵)…………872
573　天明元年七月　糸・真綿改料御免につき藤岡町竹田組惣百姓連印願書(藤岡市藤岡　横田勇氏所蔵)…………872
574　天明元年七月　吉井領絹運上騒動記事(『島高堅自記』/多野郡吉井町吉井　櫛島堅次氏所蔵)…………873
575　天明元年八月　絹運上騒動風聞記録写(甘楽郡南牧村小沢　関弘芳氏所蔵)……874

576 天明元年八月 絹改会所一件につき江戸三井店京都宛報告書状(東京都中野区上高田 三井文庫所蔵)………877
577 天明二年二月 絹運上騒動一件処理につき藤岡町依頼状(藤岡市藤岡 横田勇氏所蔵)………889
578 天明二年十一月 絹改会所反対一揆につき西上州首謀者処罰裁決請書(甘楽郡妙義町下高田 神部竹松氏所蔵)………890
打こわし………891
579 宝暦三年二月 甘楽郡三ツ木村外旗本御用金につき強訴一件詑証文(多野郡吉井町深沢 新井勇氏所蔵)………891
580 文政八年九月 甘楽郡下仁田村穀屋打こわし口書(甘楽郡下仁田町下仁田 桜井善治氏所蔵)………893
581 文政八年十一月 甘楽郡下仁田村外打こわしにつき百姓処分請書(甘楽郡下仁田町下小坂 里見哲夫氏所蔵)………895
582 慶応二年六月 藤岡町徒党打こわし取調書上(藤岡市藤岡 星野兵四郎氏所蔵)………899
583 慶応四年二月 藤岡町外打こわし状況手控(藤岡市藤岡 星野兵四郎氏所蔵)………902
584 慶応四年二月 富岡周辺打こわし状況書留(甘楽郡甘楽町上野 吉田作平氏所蔵)………903
585 慶応四年二月 甘楽郡国峯村名主打こわし被害につき御用達免除願(甘楽郡甘楽町国峯 田村利良氏所蔵)………904
586 慶応四年八月 甘楽郡砥沢村一揆につき詑状(長野県南佐久郡佐久町羽黒下 由井なみ氏所蔵)………905
水戸浪士………906
587 元治元年五月 水戸浪士高崎付近動静書留(多野郡吉井町 吉井町郷土資料館蔵/同郡同町岩崎 井上誠三郎家寄託)………906
［＊下仁田戦争］
588 元治元年十一月 水戸浪士下仁田・上信付近動静報告書(多野郡吉井町 吉井町郷土資料館蔵/同郡同町岩崎 井上誠三郎家寄託)………907
［＊下仁田戦争］
589 元治元年 下仁田戦争戦死者報告書(藤岡市中大塚 小林小五郎氏所蔵)………909
590 慶応元年三月 水戸浪士逮捕人数調(長野県北佐久郡浅科村甲地区 市川育英氏所蔵)………911
［＊下仁田戦争］
591 慶応四年二月 征東官軍嚮導隊触書(甘楽郡下仁田町青倉 福田睦臣氏所蔵)………912
［＊征東軍］

第3節 生活………914
祭礼・参詣………914
592 明和六年三月 多胡郡内三十三番札所詠歌記(木板)(藤岡市中 小野沢栄一氏所蔵)………914
593 明和八年六月 甘楽郡宇田村おかげ参り記事(『名主覚書』/富岡市宇田 神宮鋼平氏所蔵)………916
［＊伊勢詣］
594 安永三年十二月 藤岡笛木町鎮守祭礼規定(藤岡市藤岡 横田勇氏所蔵)………916
595 享和二年八月 緑野郡新町八幡宮祭礼規定(多野郡新町笛木町 内田フミ氏所蔵)………917
596 享和二年十月 緑野郡篠塚村若者風邪祈祷獅子舞願(藤岡市篠塚 設楽一夫氏所蔵)………918
597 文政十三年七月 多胡郡多比良村祭礼獅子入用取立帳(多野郡吉井町多比良 篠塚和男氏所蔵)………919
598 天保十五年十二月 甘楽郡国峯村伊勢両宮代参講帳(甘楽郡甘楽町国峯 田村利良氏所蔵)………922
［＊伊勢詣］
599 安政五年正月 藤岡市香具師仲間仲裁議定(藤岡市藤岡 星野兵四郎氏所蔵)………923
600 万延元年九月 甘楽郡国峯村コロリ流行につき獅子舞議定書(甘楽郡甘楽町国峯 田村利良氏所蔵)………924
601 年次不詳 清水観音縁日酒食商い禁止廻状(富岡市藤木 白石健郎氏所蔵)………924
602 年次不詳 上州新四国八十八ヶ所道案内(木板)(甘楽郡甘楽町轟 田村知道氏所蔵)………925
＜表＞上州新四国八十八ヶ所略記………927
603 年次不詳 甘楽郡坂原村新四国八十八ヶ所取締廻状(多野郡鬼石町譲原 山田松雄氏所蔵)………928
世相………929
604 寛文十二年十一月 甘楽郡南蛇井村無尽質地証文(藤岡市西平井 林半蔵氏所蔵)………929
605 寛延四年四月 甘楽郡譲原村百姓おうさぎ禁止につき請書(多野郡鬼石町譲原 山田松雄氏所蔵)………929
606 文化二年七月 甘楽郡羽沢村若者毒水流し一件につき訴状(長野県北佐久郡浅科村甲地区 市川育英氏所蔵)………930
607 文化六年十二月 小幡藩百姓へ門松払下請書(『御用定式留』/甘楽郡甘楽町小幡 新井吉十郎氏所蔵)………931

608　文化六年 甘楽郡南山菊ヶ池雨乞人足書上(『御用定式留』/甘楽郡甘楽町小幡 新井吉十郎氏所蔵)……………931
609　文政三年六月 富岡町若者風紀取締につき御請証文(前橋市荒牧町 群馬大学図書館蔵/富岡市富岡 阪本家旧蔵)……932
610　安政四年十月 甘楽郡下高田村博奕打所持品差出請書(甘楽郡妙義町下高田 横尾一布氏所蔵)……………932
611　安政四年十二月 甘楽郡下高田村博奕처罰状(甘楽郡妙義町下高田 横尾一布氏所蔵)……………933

第4節　宗教……………933
　寺社……………933
612　寛永二十一年九月 甘楽郡譲原村満福寺住持非法につき訴状(多野郡鬼石町譲原 山田松雄氏所蔵)……………933
613　寛文五年四月 甘楽郡譲原村満福寺外宗門改めにつき寺法連判状(多野郡鬼石町譲原 万福寺所蔵)……………934
614　元禄七年八月 甘楽郡小幡宝積寺・下総国関宿東昌寺本末紛争につき裁許状(甘楽郡甘楽町轟 宝積寺所蔵)……934
615　正徳二年四月 甘楽郡秋畑村稲含明神別当出入につき相対証文(甘楽郡甘楽町秋畑 中野松造氏所蔵)……936
616　享保六年五月 甘楽郡轟村宝積寺門前百姓ら諸役誓約状(甘楽郡甘楽町轟 宝積寺所蔵)……………936
617　宝暦九年十一月 甘楽郡秋畑村稲含明神社守相続願(甘楽郡甘楽町秋畑 中野松造氏所蔵)……………937
618　宝暦十二年十二月 甘楽郡黒滝山宛祠堂金寄進状(甘楽郡南牧村大塩沢 市川晴一氏所蔵)……………938
619　明和二年五月 甘楽郡秋畑村稲含明神社守につき出入訴状(甘楽郡甘楽町秋畑 中野松造氏所蔵)……………938
620　明和六年二月 甘楽郡宝積寺由緒書(甘楽郡甘楽町轟 宝積寺所蔵)……………939
621　安永九年正月 緑野郡新町諏訪明神等につき田口氏留書(多野郡新町笛木町 田口基氏所蔵)……………941
622　寛政元年二月 甘楽郡一ノ宮遷宮式(『島高堅日記』/多野郡吉井町吉井 橳島堅次氏所蔵)……………943
623　万延元年閏三月 緑野郡東平井村外六ヶ村神祇道組合規定(多野郡吉井町石神 富田真司氏所蔵)……………943
624　慶応四年三月 甘楽郡譲原村満福寺仁王門普請につき畑質地証文(多野郡鬼石町譲原 山田松雄氏所蔵)……………944

625　慶応四年七月 緑野郡下神社神主御一新につき神祇官管下願(東京都新宿区百人町 佐々木淳氏所蔵)……………945
626　年次不詳 甘楽郡譲原村満福寺抱百姓年貢諸役取極(多野郡鬼石町譲原 山田松雄氏所蔵)……………946

　修験……………946
627　延宝四年九月 多胡郡日野村修験日野坊宛勝仙院掟書(藤岡市下日野 栗崎智康氏所蔵)……………946
628　元禄十四年七月 多胡郡日野村修験西蔵院同矢田坊との出入訴訟(藤岡市下日野 栗崎智康氏所蔵)……………947
629　正徳三年二月 甘楽郡秋畑村三行院遺跡手形(甘楽郡甘楽町秋畑 中野松造氏所蔵)……………948
630　延享五年六月 緑野郡笛木新町新規修験否認届書(多野郡新町笛木町 田口基氏所蔵)……………948
631　明和二年八月 甘楽郡上国峯村吉野院院号免状(甘楽郡甘楽町国峯 中野伊助氏所蔵)……………949
632　明治四年二月 多胡郡大沢村修験不尊院改号出入につき示談書(多野郡吉井町大沢 大沢要八氏所蔵)……………949
633　年次不詳 甘楽郡秋畑村修験同行書上(甘楽郡甘楽町秋畑 中野松造氏所蔵)……………950

　切支丹……………951
634　寛文十一年十一月 甘楽郡譲原村切利支丹探索請証文(多野郡鬼石町譲原 山田松雄氏所蔵)……………951
635　元禄二年二月 多胡郡三波川村切支丹類族帳(多野郡鬼石町三波川 飯塚馨氏所蔵)……………951
636　享保五年 緑野郡鬼石村切支丹類族帳(多野郡鬼石町鬼石 真下巖氏所蔵)……………952
637　明治二年二月 緑野郡黒熊村邪蘇宗徒人相書廻状(『御用留』/多野郡吉井町黒熊 三木春美氏所蔵)……………956

第5節　文化……………957
　念流……………957
638　天正十九年二月 馬庭念流太刀組目録写(多野郡吉井町真庭 樋口昇氏所蔵)……………957
639　嘉永三年八月 馬庭念流門人剣術奉額姓名帳(富岡市七日市 保阪梅雄氏所蔵)……………958
640　嘉永六年 馬庭念流入門起請文(多野郡吉井町真庭 樋口昇氏所蔵)……………958

　和算……………959

群馬県史 資料編9 近世1

641 文化二年三月 割円八線表測量法私記 ……………………………………………959
642 文化十三年正月 検地石盛分米秘術（多野郡吉井町吉井 大沢末男氏所蔵）……965

著述・文芸 ………………………………………967
643 寛政三年 石井宗澄 都紀行（富岡市宇田 石井松美氏所蔵）……………………967
644 文化二年 瓢亭百成 山中窺過多（上毛民俗資料 第一輯）…………………970
645 文化十三年三月 小幡陣屋地古城跡・釜発掘伝聞書留（『御用定式留』/甘楽郡甘楽町小幡 新井吉十郎氏所蔵）………976
646 文政十三年 緑野郡鬼石村鬼石大明神掛額句合帳（多野郡鬼石町三波川 飯塚馨氏所蔵）……………………………977
　［*俳句;俳譜］
647 安政六年九月 緑野郡三波川村御荷鉾山不動尊奉額句合会触（多野郡鬼石町三波川 飯塚馨氏所蔵）……………978
　［*俳句;俳譜］
648 明治二年 緑野郡白塩村芭蕉句碑建立記念一枚刷（藤岡市高山 黒沢一郎氏所蔵）……………………………………979
　［*俳句;俳譜］

医薬 …………………………………………………981
649 寛永九年二月 眼医免許状（多野郡上野村野黒 黒沢善雄氏所蔵）…………981
650 天明三年 疫病薬方（享保十八年・望月三英）の触書（甘楽郡甘楽町小幡 松浦久男氏所蔵）……………………981

解説 ……………………………………………………983
　地域の特性 ……………………………………985
　領主の変遷 ……………………………………985
　検地 ……………………………………………987
　年貢 ……………………………………………987
　村政 ……………………………………………988
　領主財政 ………………………………………988
　　＜表＞表1 小幡藩年貢米永収支（宝暦5/11～6/10）（史料41）…………989
　　＜表＞表2 小幡藩金銭収支（宝暦5/11～6/10）（史料41）…………989
　　＜表＞表3 甘楽郡上野村定用金出金表（史料31）…………………………990
　　＜表＞表4 吉井藩収支見積高（文政5年）（史料66）…………………991
　　＜表＞表5 5,000両年賦にて返済仕法（史料66）………………………991
　　＜表＞表6 七日市藩年貢高変遷（富岡市七日市大里家文書）………992
　　＜表＞表7 旗本借財一覧（史料17外）……992

　　＜表＞表8 黒熊村月別出金高（天保10年）（史料25）……………………993
　山林・山稼 ……………………………………993
　巣鷹山 …………………………………………995
　　＜表＞図1 楢原村御巣鷹山所在地（黒沢馨家文書）……………………996
　国境論争 ………………………………………997
　産業 ……………………………………………998
　　＜表＞表9 天明初期絹糸取り引き高（中島明稿「群馬文化」129号）……999
　三井と藤岡 ……………………………………1000
　　＜表＞表10 安永年間における西上州の絹買宿（林玲子「江戸問屋仲間の研究」）…………………………………1003
　　＜表＞表11 西毛地域（1）の特産物郡別生産概況（明治12）（明治13年「群馬県郡村誌」）……………………………1004
　特産物 …………………………………………1004
　　＜表＞表12 甘楽郡芦野平村N家の特産物売上等収入表（元治元年）（甘楽郡下仁田町芦野平並木栄治家 元治元年「金銀出入帳」）……………………………1005
　　＜表＞表13 甘楽郡譲原村農間諸職人商人渡世一覧（文政10年）（史料417）……1007
　砥山 ……………………………………………1008
　　＜表＞表14 砥山請負人の推移（大石慎三郎「上州の砥石」）……………1009
　交通 ……………………………………………1011
　信州米紛争 ……………………………………1012
　　＜表＞表15（南佐久郡佐久町羽黒下由井なみ家文書）……………………1017
　　＜表＞表16（同上文書）………………1017
　商品輸送 ………………………………………1017
　　＜表＞表17 下仁田よりの商荷駄賃表（天明8年）（史料118）……………1019
　水運 ……………………………………………1020
　関所 ……………………………………………1022
　家と相続 ………………………………………1022
　家抱 ……………………………………………1023
　　＜表＞表18 三波川村の農民構造の変化（山田武麿稿「日本歴史」139）……1024
　災害・飢饉 ……………………………………1025
　　＜表＞表19 西毛地区災害発生状況（史料545外）…………………………1025
　　＜表＞表20 寛政3年洪水による南牧領6ヵ村の被害状況（史料551）……1026
　　＜表＞表21 天保7年甘楽郡国峯村大麦値段6斗入2俵当り（史料552）……1027
　　＜表＞表22 天明年4ヵ村食料困窮状況（山田松男家文書）…………………1027
　　＜表＞表23 小幡領内人口変遷（松浦久男家文書）…………………………1028

134　県史誌内容総覧・資料編1：近世—関東

騒動・一揆 …………………………………1029
　＜表＞図2　打ちこわし進路概略図 ………1033
　下仁田戦争 ………………………………1034
　＜表＞図3　下仁田戦略図 …………………1035
　世相 ………………………………………1036
　切支丹 ……………………………………1037
　念流ほか …………………………………1038

付録 …………………………………………1041
　領主系譜（大名）…………………………1042
　　小幡 ……………………………………1042
　　　奥平氏略系 …………………………1042
　　　織田氏略系 …………………………1042
　　　松平氏略系 …………………………1043
　　七日市 …………………………………1043
　　　前田氏略系 …………………………1043
　　吉井 ……………………………………1045
　　　菅沼氏略系 …………………………1045
　　　松平（鷹司）氏略系 ………………1045
　　藤岡 ……………………………………1046
　　　芦田（依田）氏略系 ………………1046

郷村変遷 ……………………………………1047
　＜表＞西毛地域（1）関係要図 ……………1064

史料採訪先氏名 ……………………………1085
あとがき（山田武麿）………………………1089
資料編9 近世1（西毛地域1）調査・編集関係
　者一覧 ……………………………………1092
　　　　児玉幸多（参与）
　　　　山田武麿（専門委員（部会長））
　　　　井上定幸（専門委員）
　　　　中島明（専門委員）
　　　　淡路博和（調査委員）
　　　　高木侃（調査委員）
　　　　秋元正範（調査委員）
　　　　川島維知（調査委員）
　　　　阿久津宗二（調査委員）
　　　　青木裕（調査委員）
　　　　五十嵐富夫（調査委員）
　　　　篠木弘明（調査委員）
　　　　小山友孝（調査委員）
　　　　田中康雄（調査委員）
　　　　近藤章（調査委員）
　　　　樋口秀次郎（調査委員）
　　　　角倉敏夫（前調査委員）
　　　　渋谷浩（前調査委員）
　　　　桂きよ（県史編さん室嘱託）
　　　　岡田昭二（県史編さん室嘱託）

群馬県史 資料編10 近世2 西毛
地域2
群馬県史編さん委員会編集
昭和53年7月20日発行

＜徳川家康が関東に入国した天正十八年（一五九〇）から明治四年（一八七一）の廃藩置県まで＞

＜口絵＞1　大日本五道中図屏風 中山道新町宿 安中宿 東京都文京区 三井高遂氏所蔵

＜口絵＞2　大日本五道中図屏風 松井田宿～坂本宿

＜口絵＞3　年次不詳（安永年間カ）利根川河岸絵図（部分）高崎市倉賀野町 須賀太郎氏所蔵

＜口絵＞4　慶応2年12月 高崎城下町絵図 高崎市柳川町 堤克敏氏所蔵

＜口絵＞5　年次不詳（寛政年間カ）高崎藩役職誓詞前書案文（32）高崎市立図書館蔵 大河内家文書

＜口絵＞6　寛政2年3月 安中藩年貢米払下げにつき代金前納方達（61）安中市安中 小林正治氏所蔵

＜口絵＞7　寛延2年5月 板倉氏安中入封規定（50）安中市教育委員会蔵

＜口絵＞8　慶安元年7月 碓井郡中木山札議定連印証文（113）碓井郡松井田町五料 中島公男氏所蔵

＜口絵＞9　慶長15年2月 群馬郡滝村江原源左衛門宛給所宛行状（144）高崎市上滝町 江原嘉男氏所蔵

＜口絵＞10　寛文10年4月 群馬郡室田市場穀座外居座遵守定（168）群馬郡榛名町下室田 中島照二氏所蔵

＜口絵＞11　年次不詳（同上年代カ）群馬郡室田宿市場絵図（部分）群馬郡榛名町下室田 中島照二氏所蔵

＜口絵＞12　天保9年4月 碓井関所通行手形（274）碓井郡松井田町横川 後閑周之介氏所蔵

＜口絵＞13　天和2年5月 倉賀野宿船積問屋勤方条々覚（300）高崎市倉賀野町 須賀太郎氏所蔵

群馬県史 資料編10 近世2

<口絵>14　宝永4年5月 飯山藩倉賀野河岸払米代金請取状（308）高崎市倉賀野町 須賀健一氏所蔵
<口絵>15　宝永8年正月 榛名神社上総・下総両国檀那帳（421）群馬郡榛名町名山 一宮和一氏所蔵
<口絵>16　明治2年10月 五万石騒動上小塙村傘形連判状 高崎市上小塙町 小島好二氏所蔵
<口絵>17　天保9年2月 高崎藩医容躰証文（481）群馬郡群馬町足門 岸伸二氏所蔵

序（群馬県知事 清水一郎）
凡例
第1章　領主 ……………………………… 13
<写>安中藩郡奉行猪狩家居宅（安中市安中） ……………………………… 14
　第1節　幕府領・岩鼻県 ……………… 15
　　巡見使 ……………………………… 15
　　1　自寛永七年至天保九年四月 群馬郡三ノ倉村巡見使宿泊書留（群馬郡倉淵村三ノ倉 塚本喜代松氏所蔵）……… 15
　　2　天明八年二月 巡見使廻村布達につき群馬郡下滝村請書（高崎市下滝町 天田壮氏所蔵）…………………… 19
　　維新 ………………………………… 21
　　3　慶応三年十二月 板鼻宿組合村々鉄砲人足差出方触（群馬郡榛名町下室田 清水巳己生氏所蔵）
　　4　慶応四年正月 東山道鎮撫総督布告（版）（安中市 安中市教育委員会蔵）…… 22
　　5　慶応四年二月 東山道総督中山道通行先触（安中市岩井 中島愛太郎氏所蔵）…… 23
　　6　慶応四年五月 高畠弾正上武両州鎮撫行動陳弁につき高崎藩添書（『大河内輝声家記』／東京都文京区本郷 東京大学史料編纂所蔵）…………………… 24
　　7　慶応四年八月 御一新につき岩鼻県管下組合村仕法継続達（安中市岩井 中島愛太郎氏所蔵）…………………… 26
　　8　年次不詳（慶応四年カ）岩鼻県職制（藤岡市保美町 高橋辰巳氏所蔵）…… 26
　　9　明治元年十月 岩鼻知県事大音龍太郎罪状糺弾訴状（東京都千代田区永田町 国立国会図書館蔵）…………………… 27
　　10　明治三年十二月 群馬郡西明屋村組合十一ヶ村金札引替願書（群馬郡榛名町中室田 斉藤三郎氏所蔵）…………………… 28
　　11　明治四年五月 高崎藩庁内戸籍区制布達（高崎市下小鳥町 梅山大作氏所蔵）…… 30

　　12　明治四年十二月 元岩鼻県知事小室信夫在任中政務につき返答書（東京都千代田区永田町 国立国会図書館蔵／佐賀県立図書館原本蔵）…………………… 31
　第2節　旗本領 ………………………… 34
　　陣屋 ………………………………… 34
　　13　年次不詳（明治初年）群馬郡白川村旗本陣屋絵図（群馬郡箕郷町白川 小野松三氏所蔵）…………………… 34
　　財政 ………………………………… 35
　　14　天保六年正月 群馬郡松之沢村外知行旗本暮方仕様帳（群馬郡箕郷町松之沢 清水粂茂氏所蔵）…………………… 35
　　15　天保十二年三月 群馬郡松之沢村外知行旗本借財勘定覚（群馬郡箕郷町松之沢 清水粂茂氏所蔵）…………………… 40
　　16　安政二年十二月 碓氷郡水沼村外旗本屋敷地震見舞献金願（群馬郡倉淵村三ノ倉 塚本喜代松氏所蔵）…………………… 41
　第3節　高崎藩 ………………………… 42
　　所領 ………………………………… 42
　　17　明和元年七月 高崎城城郭・武具并城下町・所領明細書上（『無銘書33』／高崎市 高崎市立図書館蔵／大河内家文書）…… 42
　　18　天明七年八月 高崎藩大河内氏代々領地目録（『無銘書33』／高崎市 高崎市立図書館蔵／大河内家文書）…………………… 52
　　城郭 ………………………………… 53
　　19　元禄十一年十二月 高崎城修復願許可奉書（『無銘書13』／高崎市 高崎市立図書館蔵／大河内家文書）…………………… 53
　　20　宝永七年七月 大河内氏越後村上転封につき高崎城引渡方覚書（『無銘書7』／高崎市 高崎市立図書館蔵／大河内家文書）… 54
　　法制 ………………………………… 60
　　21　寛政年間 高崎藩郡方式（抄）（高崎市宮元町 反町慎一郎氏所蔵）…………… 60
　　22　文化年間 高崎藩郡方式（抄）（愛知県西尾市 西尾市立図書館岩瀬文庫蔵）…… 68
　　23　慶応元年十一月 高崎領内治安取締につき触（『御触書願書写』／群馬郡群馬町足門 岸伸二氏所蔵）…………………… 71
　　24　明治二年四月 高崎藩藩札発行布達（『御用留記録13』／高崎市屋町 山口正人氏所蔵）…………………… 73
　　25　明治三年閏十月 高崎藩主弟藩制改革につき直書（『懐中雑記』／高崎市竜見町 河合一彦氏所蔵）…………………… 74
　　26　明治四年五月 高崎藩戸籍区井戸長任命書（『懐中雑記』／高崎市竜見町 川合一彦氏所蔵）…………………… 76

136　県史誌内容総覧・資料編 1: 近世―関東

群馬県史 資料編10 近世2

27　明治四年六月　高崎藩制刷新布達（高崎市下小鳥町　梅山大作氏所蔵）…………77
28　年次不詳　高崎藩道中武具荷拵・軍役等書上（『高崎藩諸事控覚』／高崎市石原町　片山紀道氏所蔵）………………78
職制 …………………………………………87
29　寛永六年九月　高崎藩浪人士分待遇許状（高崎市中尾町　川合春吉氏所蔵）……87
30　元禄十四年十一月　高崎藩新規召抱家臣書上（高崎市貝沢町　新井茂宏氏所蔵）…87
31　年次不詳（安永年間カ）　高崎藩士堤新五左衛門家譜（高崎市柳川町　堤克敏氏所蔵）………………………………89
32　年次不詳（寛政年間カ）　高崎藩役職誓詞前書案文（高崎市　高崎市立図書館蔵／大河内家文書）………………………91
33　文政七年二月　高崎藩家臣川合氏由緒書（高崎市竜見町　川合一彦氏所蔵）……131
34　安政六年五月　高崎藩家臣分限帳（高崎市柳川町　堤克敏氏所蔵）……………132
35　明治三年　高崎藩職員録（高崎市竜見町　川合一彦氏所蔵）………………………141
36　明治四年　高崎藩職制役席順（『雑記』／高崎市竜見町　川合一彦氏所蔵）……159
財政 …………………………………………162
37　安永二年十二月　高崎藩三井宛借金証文（東京都中野区上高田　三井文庫所蔵）……………………………………162
38　安永二年十二月　高崎藩三井宛借金返済仕法証文（東京都中野区上高田　三井文庫所蔵）……………………………163
39　天明八年十一月　高崎城詰御用米之覚（『無銘記33』／高崎市　高崎市立図書館蔵／大河内家文書）……………………163
40　文化四年九月　高崎藩財政建直し策内意覚書（『高崎藩諸事控覚』／高崎市石原町　片山紀道氏所蔵）………………165
41　文化八年二月　高崎藩借財返済仕法申入書（『松平右京様御用留』／東京都中野区上高田　三井文庫所蔵）………………167
42　安政六年十二月　高崎藩蔵屋敷借財高勘定書（高崎市竜見町　川合一彦氏所蔵）……………………………………170
43　年次不詳　高崎藩大坂蔵屋敷金銀勘定帳（高崎市竜見町　川合一彦氏所蔵）……171
教育 …………………………………………179
44　明治三年十月　高崎藩学校規則（『雑記』／高崎市竜見町　川合一彦氏所蔵）…179
45　明治三年十一月　高崎藩英学校開設布達（『懐中雑記』／高崎市竜見町　川合一彦氏所蔵）……………………………180

46　明治四年五月　高崎藩学制改革布達（『懐中雑記』／高崎市竜見町　川合一彦氏所蔵）……………………………………180
第4節　安中藩 ………………………………181
領主系譜 ……………………………………181
47　慶応元年十一月　安中藩主板倉氏系図（碓氷郡松井田町　碓氷関所史料館蔵／武井直治氏寄託）………………………181
所領 …………………………………………189
48　明治初年　安中藩城附御領分村々書上（碓氷郡松井田町　碓氷関所史料館蔵／後閑周之介氏寄託）……………………189
49　明治初年　安中藩下総分領村々書上（碓氷郡松井田町　碓氷関所史料館蔵／後閑周之介氏寄託）……………………192
法則 …………………………………………193
50　寛延二年五月　板倉氏安中入封規定（安中市　安中市教育委員会蔵）………193
51　寛延三年七月　安中藩領内農民定書（群馬郡箕郷町善地　神沢重見氏所蔵）…194
52　寛政元年三月　安中藩領内取締触書（碓氷郡松井田町峠　曽根あき氏所蔵）…200
53　安政三年三月　安中藩増民金仕法帳（安中市岩井　中島愛太郎氏所蔵）………202
54　文久二年十二月　安中藩制度変革につき領内申合連判状（碓氷郡松井田町五料　中島平一氏所蔵）……………………204
55　慶応三年十一月　安中藩農兵取立布達（碓氷郡松井田町五料　中島公男氏所蔵）…205
職制 …………………………………………207
56　延宝九年六月　安中藩家中小人召仕人数定（『御家御定其外雑事』／前橋市朝倉町　田口栄氏所蔵）…………………207
57　宝暦二年二月　安中藩家中制法（『御家御定其外雑事』／前橋市朝倉町　田口栄氏所蔵）……………………………208
58　天保十一年十二月　安中家臣席順表（碓氷郡松井田町横川　後閑周之介氏所蔵）……………………………………209
59　明治初年　安中藩庁職制（安中市安中　小林社吉氏所蔵）……………………214
財政 …………………………………………217
60　寛政元年十二月　安中藩米切手担保借金証文（安中市安中　小林正治氏所蔵）…217
61　寛政二年三月　安中藩年貢米払下げにつき代金前納方達（安中市安中　小林正治氏所蔵）……………………………218
62　寛政三年十一月　碓氷郡磯部村百姓ら安中藩用立貸金返済方願（安中市安中　小林正治氏所蔵）…………………………218
63　文化二年十二月　安中藩年貢米金払目録（前橋市朝倉町　田口栄氏所蔵）………219

県史誌内容総覧・資料編1：近世─関東　　137

64　文化十二年三月　安中領村々年貢米担
　　　保江州商人宛借金証文（安中市安中　猪狩
　　　千代氏所蔵）……………………………223
　教育……………………………………………225
　　65　文化五年三月　安中藩造士館告示（『御
　　　家御定其外雑事』/前橋市朝倉町　田口栄氏
　　　所蔵）…………………………………225
　　66　安政二年五月　安中藩士遠足着帳（碓
　　　氷郡松井田町峠　曽根あき氏所蔵）……226

第2章　村政……………………………………231
　〈写〉村政基本帳簿（安中市岩井　中島愛太郎
　　　氏所蔵）…………………………………232
　第1節　村行政………………………………233
　　村役人……………………………………233
　　67　享保十二年二月　群馬郡八幡原村組頭
　　　勤方につき古法遵守方願（高崎市八幡原
　　　町　田中一三氏所蔵）……………………233
　　68　享保二十年十一月　群馬郡三ノ倉村名
　　　主給規定（群馬郡倉淵村三ノ倉　塚本喜代
　　　松氏所蔵）………………………………234
　　69　文化六年六月　群馬郡三ノ倉村百姓ら
　　　年貢勘定立合人違変につき再訴状（群馬
　　　郡倉淵村三ノ倉　塚本喜代松氏所蔵）……234
　　村入用……………………………………236
　　70　元文五年三月　群馬郡東明屋村村入用
　　　帳（群馬郡箕郷町東明屋　山本勝治氏所
　　　蔵）………………………………………236
　　71　寛保二年十二月　群馬郡北原村定使給
　　　取極連印状（群馬郡群馬町北原　松田直弘
　　　氏所蔵）…………………………………237
　　72　安政二年三月　甘楽郡根小屋村恩賀村
　　　村入用帳（碓氷郡松井田町西野牧　小林充
　　　正氏所蔵）………………………………238
　　村議定……………………………………240
　　73　享保三年三月　群馬郡棟高村議定（群
　　　馬郡群馬町棟高　志村繁夫氏所蔵）……240
　　74　享享四年三月　群馬郡東明屋村外霞組
　　　合議定証文（群馬郡箕郷町東明屋　山本勝
　　　治氏所蔵）………………………………242
　　75　昭和五年三月　碓氷郡中里見村村議定
　　　（群馬郡榛名町中里見　坂爪肇氏所蔵）…244
　　76　文政二年十一月　群馬郡引間村相談講
　　　議定（群馬郡群馬町引間　大山美雄氏所
　　　蔵）………………………………………245
　　77　安政二年八月　碓氷郡豊岡村番人引受
　　　議定（高崎市中豊岡町　峯岸正男氏所
　　　蔵）………………………………………246
　　組合村……………………………………247
　　78　嘉永元年九月　板鼻宿場改革組合村石
　　　高帳（安中市板鼻　福田秀樹氏所蔵）……247

　　79　安政二年三月　高崎宿寄場五十三ヶ村
　　　組合大小惣代名前書上帳（高崎市中豊岡
　　　町　峯岸正男氏所蔵）……………………250
　第2節　村況…………………………………256
　　村由緒……………………………………256
　　80　安政三年二月　高崎町割元記録控（高
　　　崎市　高崎市立図書館蔵/中島家文書）……256
　　81　年次不詳　群馬郡北原村取立由緒書
　　　（群馬郡群馬町北原　松田直弘氏所蔵）…271
　　明細帳……………………………………272
　　82　元禄八年七月　群馬郡棟高村明細帳
　　　（群馬郡群馬町棟高　志村繁夫氏所蔵）…272
　　83　正徳四年　群馬郡東明屋村明細帳（群
　　　馬郡箕郷町東明屋　山本勝治氏所蔵）……278
　　84　元文五年六月　群馬郡足門村明細帳
　　　（群馬郡群馬町郡足門　岸伸二氏所蔵）…282
　　85　寛延二年六月　碓氷郡五料村明細帳
　　　（碓氷郡松井田町五料　中島平一氏所蔵）…285
　　86　寛延二年　群馬郡下滝村明細帳（安中
　　　市磯部　荻原弥六氏所蔵）………………297
　　87　明和七年七月　碓氷郡東上磯部村明細
　　　書（安中市磯部　萩原弥六氏所蔵）………302
　　88　安永二年八月　碓氷郡峠村明細帳（長
　　　野県北佐久郡軽井沢町峠　水沢邦鷹氏所
　　　蔵）………………………………………304
　　89　安永九年五月　群馬郡三ノ倉村明細帳
　　　（東京都港区三田　慶應義塾大学古文書室
　　　蔵）………………………………………305
　　90　享和元年六月　碓氷郡横川村明細帳
　　　（碓氷郡松井田町原　佐藤久氏所蔵）……308
　　91　天保九年四月　群馬郡中室田村明細帳
　　　（群馬郡榛名町下里見　富沢利男氏所蔵）…311
　　92　天保十三年六月　群馬郡八幡村明細帳
　　　（高崎市八幡原町　原田寿録氏所蔵）……316
　　戸口………………………………………320
　　93　延宝九年二月　安中領峠村五人組人別
　　　馬数改帳（長野県北佐久郡軽井沢町峠　水
　　　沢邦鷹氏所蔵）……………………………320
　　94　自文化九年至文政六年　安中領人馬高
　　　書上（『政幸日記』/前橋市朝倉町　田口栄氏
　　　所蔵）……………………………………323
　　95　明治二年十月　高崎領村々家数人数増
　　　減取調帳（高崎市上小塙町　小島好二氏所
　　　蔵）………………………………………324

第3章　農業と貢租……………………………331
　〈写〉川浦山御用木伐出絵図〔部分〕（群馬郡
　　　倉淵村川浦　宮下大十郎氏所蔵）………332
　第一節　土地………………………………333
　　開発・検地………………………………333
　　96　慶長元年十一月　群馬郡上八木村田畑
　　　切開帳（高崎市正観寺町　武井治部祐氏所
　　　蔵）………………………………………333

群馬県史 資料編10 近世2

97　慶長六年十一月　群馬郡善地村検地帳（群馬郡箕郷町善地　神沢重見氏所蔵）……335
98　慶長十三年正月　群馬郡北原村新田開発につき願書写（群馬郡群馬町北原　加藤賢才氏筆写史料）……343
99　寛永十七年七月　碓氷郡川浦村開発新田確認願（群馬郡倉渕村川浦　塚越欣一氏所蔵）……345
100　元禄一五年　群馬郡滝村江原家先祖書上（高崎市上滝町　江原嘉男氏所蔵）……345
101　安永二年九月　群馬郡上滝村名主用水開発由緒につき苗字御免願（高崎市上滝町　江原嘉男氏所蔵）……346
102　寛政元年十一月　群馬郡矢中村荒地開発入用書上帳（高崎市下滝町　天田壮氏所蔵）……346
103　寛政二年十二月　群馬郡下滝村名主同郡矢中村手余地引請証文（高崎市下滝町　天田壮氏所蔵）……350
小作・質地……353
104　寛文六年九月　板鼻宿屋敷売渡証文（安中市板鼻　阿部正恵氏所蔵）……353
105　明和四年九月　群馬郡棟高村田畑質入小作等値段書上帳（群馬郡群馬町棟高志村繁夫氏所蔵）……354
106　文政五年八月　群馬郡中里村百姓出作証文（群馬郡群馬町中里　岸蘭寿氏所蔵）……355
107　天保八年七月　碓氷郡横川村小作証文（碓氷郡松井田町横川　後閑周之介氏所蔵）……355
108　文久元年三月　群馬郡金古村小作料取極証文（群馬郡群馬町金古　神保新太郎氏所蔵）……356

第2節　山林……357
御用林……357
109　元文四年四月　川浦山御巣鷹山木数等吟味につき返答書（群馬郡倉渕村川浦　原田芳春氏所蔵）……357
110　明和元年九月　安中領御林払木につき入札方触（碓氷郡松井田町五料　中島平一氏所蔵）……359
111　文政十二年五月　群馬郡権田村役人御用木仕立方上申状（群馬郡倉渕村権田　市川八郎氏所蔵）……360
112　慶応三年三月　群馬郡善地村御林下苅議定書（群馬郡箕郷町善地　神沢重見氏所蔵）……360
秣場……361
113　慶安元年七月　碓氷郡中木山札議定連印証文（碓氷郡松井田町五料　中島公男氏所蔵）……361
［＊秣場紛争］

114　明暦二年六月　碓氷郡中木山山論裁許状（碓氷郡松井田町横川　後閑周之介氏所蔵）……362
［＊境界論争］
115　宝永七年五月　高崎領石原村向山秣入会につき訴状（高崎市石原町　片山紀道氏所蔵）……363
［＊入会権の復権］
116　元禄三年八月　碓氷郡里見三ヶ村入会秣場境論裁許絵図裏書（群馬郡榛名中里見　広神徳次氏所蔵）……364
［＊入会権論争］
117　元禄九年十一月　川浦村五ヶ村入会山年貢定納方達（群馬郡倉渕村川浦　塚越欣一氏所蔵）……365
118　元禄十六年八月　群馬郡上室田村外榛名社家秣場出入裁許状（群馬郡榛名町下室田　新井充氏所蔵）……366
119　享保七年四月　群馬郡東明屋村草札売帳（群馬郡箕郷町東明屋　山木勝治氏所蔵）……367
120　宝暦十年四月　群馬郡善地村外野付六ヶ村秣場出入訴状（群馬郡箕郷町善地　神沢重見氏所蔵）……372
121　安永七年六月　群馬郡室田三ヶ村秣札売出帳（群馬郡榛名町中室田　斉藤三郎氏所蔵）……375
122　文政十一年十一月　碓氷郡中木山札売上目録（前橋市朝倉町　田口栄氏所蔵）……377
林業……378
123　文政十年十一月　群馬郡善地村御林伐木落札請証文（群馬郡箕郷町善地　神沢重見氏所蔵）……378
124　文政十二年四月　群馬郡下室田村百姓材木川下げにつき一橋御用材指定願（群馬郡榛名町下室田　新井充氏所蔵）……379
125　安政二年十月　碓氷郡坂本村炭焼免許請書（碓氷郡　松井田町教育委員会蔵）……379
126　年次不詳　木屋仲間規定（群馬郡榛名町下室田　新井充氏所蔵）……379

第3節　年貢……380
割付・皆済……380
127　寛永九年十月　碓氷郡郷原村年貢割付状（安中市郷原　今井仁次氏所蔵）……380
128　寛永十一年十一月　群馬郡北原新田村年貢割付状（群馬郡群馬町北原　松田直弘氏所蔵）……381
129　寛永二十年十月　碓氷郡水沼村年貢割付状（群馬郡倉渕村三ノ倉　塚本喜代松氏所蔵）……382

県史誌内容総覧・資料編1：近世—関東　139

群馬県史 資料編10 近世2

130　寛永二十一年十月 群馬郡和田山村年貢書出(群馬郡箕郷町和田山 松本清氏所蔵)……383
131　正保三年十一月 群馬郡北原新田村年貢割付状(群馬郡箕郷町北原 松田直弘氏所蔵)……383
132　元禄八年九月 碓氷郡上磯部村年貢勘定目録(安中市磯部 萩原弥六氏所蔵)……385
133　元禄八年十月 碓氷郡上磯部村年貢割付状(安中市磯部 萩原弥六氏所蔵)……385
134　明和元年閏十二月 碓氷郡五料村雉子上納代銭請取状(碓氷郡松井田町五料 中島平一氏所蔵)……387
検見・減免……387
135　享保十二年五月 安中藩年貢諸役減免措置達(東京都千代田区神田駿河台 明治大学刑事博物館蔵)……387
136　享保一八年五月 群馬郡棟高村年貢検見取願(群馬郡群馬町棟高 志村繁夫氏所蔵)……388
137　天保八年十月 碓氷郡大沼村旗本知行につき年貢仕法替請書(群馬郡倉渕村三ノ倉 塚本喜代松氏所蔵)……389
138　明治二年十一月 安中新領善地村外六ヶ村農兵諸納物御免願(群馬郡箕郷町善地 神沢重見氏所蔵)……389

第4節　農業……390
作付・産物……390
139　元禄十六年正月 群馬郡松之沢村煙草作半減請書(群馬郡箕郷町松之沢 清水粂茂氏所蔵)……390
140　元文元年七月 群馬郡東明屋村農作物収穫・小作等明細書上帳(群馬郡箕郷町東明屋 山木勝治氏所蔵)……391
141　寛延三年六月 碓氷郡岩井村産物諸色明細書上帳(安中市岩井 中島愛太郎氏所蔵)……393
142　寛政三年二月 碓氷郡若田村外櫨苗仕立方達(群馬郡倉渕村三ノ倉 塚本喜代松氏所蔵)……396
143　天保十年九月 碓氷郡横川村耕作仕付方覚帳(碓氷郡松井田町横川 武井直二氏所蔵)……398
用水……399
144　慶長一五年二月 群馬郡滝村江原源左衛門宛給所宛行状(高崎市上滝町 江原嘉男氏所蔵)……399
145　慶長十六年八月 植野堰分水につき代官定(高崎市上滝町 江原嘉男氏所蔵)……400

146　寛文六年三月 碓氷郡磯部三ヶ村人見堰用水議定証文(安中市磯部 萩原弥六氏所蔵)……400
147　元禄元年十二月 群馬郡西明屋村外用水出入裁許絵図裏書(群馬郡箕郷町下芝 佐藤正三氏所蔵)……401
148　享保二年十月 群馬郡下芝村外榛名御手洗田水出入和解証文(群馬郡箕郷町下芝 佐藤正三氏所蔵)……402
149　天明三年八月 板鼻堰懸田反別帳(高崎市八幡町 矢口米三氏所蔵)……404
150　天明六年六月 植野・天狗岩両堰普請出入済口証文(高崎市上滝町 江原嘉男氏所蔵)……405
［*費用負担の問題］
151　寛政五年三月 植野・天狗岩両堰普請人足勘定帳(高崎市下滝町 天田壮氏所蔵)……407
152　文化十三年四月 群馬郡谷村用水出入裁許請書(群馬郡群馬町引間 大山美雄氏所蔵)……412
153　天保八年七月 板鼻堰用水不足につき堰元・水下分水取替証文(高崎市中豊岡町 峯岸正男氏所蔵)……413
154　明治三年五月 植野・天狗岩堰大破につき組合村々岩鼻県宛救普請願(高崎市上滝町 江原嘉男氏所蔵)……413
155　明治三年九月 群馬郡唐沢堰用水出入済口議定証文(群馬郡群馬町中里 関根芳明氏所蔵)……415
156　年次不詳 植野堰最初堀立御普請書(高崎市正観寺町 武井治部祐氏所蔵)……420

第4章　産業と交通……423
＜写＞中山道坂本宿旅籠鍵屋看板(碓氷郡松井田町坂本 武井政夫家)……423
第1節　蚕糸業……425
養蚕・蚕種……425
157　天明八年四月 群馬郡上室田村養蚕・植林奨励布達請状(群馬郡榛名町中室田 斎藤三郎氏所蔵)……425
158　文化十四年三月 西牧領小沢村養蚕秘伝之書写(碓氷郡松井田町西野牧 小林充正氏所蔵)……425
159　慶応元年十一月 高崎本町商人領内蚕種統制改印方願(高崎市下小鳥町 梅山大作氏所蔵)……428
160　慶応二年四月 生糸種紙改所設置并口糸徴収につき代官触(群馬郡倉渕村三ノ倉 塚本喜代松氏所蔵)……432
161　慶応二年 高崎領蚕積金制度伺書(『御用留』高崎市町屋町 山口正人氏所蔵)……434

140　県史誌内容総覧・資料編1:近世―関東

絹・糸 435
　162　享保二十年五月　三井家高崎絹買宿申渡証文（東京都中野区上高田　三井文庫所蔵） 435
　163　文政元年八月　安中宿絹市出入訴状（安中市　安中市教育委員会蔵） 436
　164　安政三年七月　安中領絹・糸等領外売禁止請書（安中市岩井　中島愛太郎氏蔵） 438
　165　文久二年十二月　安中宿糸市冥加金上納帳（安中市　安中市教育委員会蔵） 439
　166　文久三年四月　不入屋治平安中油屋宛生糸仕切状（安中市安中　淡路三郎氏所蔵） 440
　167　年次不詳　群馬郡室田宿絹市広告（版）（高崎市大八木町　高橋浦太郎氏所蔵） 440
第2節　商工業 441
　市 441
　168　寛文十年四月　群馬郡室田市場穀座外居座遵守定（群馬郡榛名町下室田　中島照二氏所蔵） 441
　169　延宝元年十一月　安中宿市場規定口上書（安中市　安中市教育委員会蔵） 442
　170　正徳四年十月　群馬郡下室田町百姓ら市立てにつき誓約状（群馬郡榛名町下室田　新井充氏所蔵） 443
　171　享保二年七月　安中宿伝馬町市場定書（安中市　安中市教育委員会蔵） 444
　172　安政二年六月　碓氷郡谷津村外新市取立てにつき議定（安中市　安中市教育委員会蔵） 445
　商人 446
　173　安永六年七月　館煙草問屋取引仕法改変申入状（高崎市山名町　木部三十郎氏所蔵） 446
　174　享和三年七月　群馬郡三ノ倉村米相場覚（群馬郡倉渕村三ノ倉　塚本喜代松氏所蔵） 447
　175　文化二年十二月　多胡郡山名村商人煙草荷前金滞詫状（高崎市山名町　木部三十郎氏所蔵） 447
　176　文政十年七月　金古宿農間渡世并質屋書上帳（群馬郡群馬町金古　神保新太郎氏所蔵） 447
　177　文政十年十月　群馬郡上室田村農間渡世書上（群馬郡榛名町中室田　斎藤三郎氏所蔵） 449
　178　文政十年　碓氷郡東上磯部村農間渡世書上（安中市磯部　萩原弥六氏所蔵） 450

　179　天保九年八月　碓氷郡五料村諸商人取調書上帳（碓氷郡松井田町五料　中島平一氏所蔵） 452
　180　年次不詳（弘化二年カ）高崎宿穀物相場書上（群馬郡群馬町金古　神保新太郎氏所蔵） 454
　181　嘉永六年九月　坂本宿物価書上（碓氷郡松井田町教育委員会蔵） 456
　182　明治三年十二月　群馬郡権田村百姓馬鈴薯酒造仕法上申書（安中市安中　小板橋良平氏所蔵） 456
　職人 457
　183　宝暦四年八月　佐野天明鋳物師釣鐘製作請負証文（群馬郡榛名町下室田　新井充氏所蔵） 457
　184　寛政七年正月　多胡郡石原村瓦面作事奉公方願（高崎市町屋町　山口正人氏所蔵） 457
　185　文政八年十一月　群馬郡権田村藍瓶役皆済証文（群馬郡倉渕村権田　牧野正夫氏蔵） 458
　186　慶応二年　板鼻宿寄場組合村々諸職人手間代議定（群馬郡榛名町下室田　清水己巳生氏所蔵） 458
　187　年次不詳　群馬郡柏木沢村大工棟梁建築一代記（群馬郡箕郷町柏木沢　青山喜与一氏所蔵） 459
　188　年次不詳　綿打職人仲間手間代外議定証文（群馬郡群馬町中泉　横山雄二郎氏所蔵） 470
　189　年次不詳　佐野鋳物師鳥居注文請負証文（群馬郡群馬町福島　青木逸郎氏所蔵） 471
　鉱業 471
　190　安政二年四月　高崎領乗付山石炭入用につき役人見分方達（『御用雑記留』／高崎市倉賀野町　須賀太郎氏所蔵） 471
　191　文久三年十月　群馬郡中泉村百姓石炭採掘願（群馬郡群馬町中泉　横山雄二郎氏所蔵） 471
　192　慶応元年十月　碓氷郡入山村砥山稼仕法書（群馬郡箕郷町善地　神沢重見氏所蔵） 472
　193　慶応二年三月　碓氷郡恩賀村地内硯山稼方委任証文（碓氷郡松井田町西野牧　小林充正氏所蔵） 473
第3節　街道 475
　中山道（宿・助郷） 475
　194　年次不詳（天正十九年カ）井伊氏安中宿伝馬規定（神奈川県川崎市中原区井田　須藤陽治氏所蔵） 475

県史誌内容総覧・資料編 1: 近世―関東　141

195　年次不詳（文禄三年カ）井伊氏安中宿伝馬規定（神奈川県川崎市中原区井田　須藤陽治氏所蔵）……………475
196　慶長十九年十月　安中伝馬衆新規駄賃付けにつき訴状（神奈川県川崎市中原区井田　須藤陽治氏所蔵）……………476
　［＊荷付場紛争］
197　正保二年五月　松井田宿安中宛かゝり荷物扱い規定（神奈川県川崎市中原区井田　須藤陽治氏所蔵）……………476
198　寛文五年十一月　倉賀野宿役割書上（『沿革図所調中雑記』/高崎市倉賀野町　須賀太郎氏所蔵）……………477
199　寛文五年十一月　松井田・坂本宿助馬村々書上（『古実之手鑑』/碓氷郡松井田町松井田　坪井逸治氏所蔵）………477
200　正徳三年正月　坂本宿伝馬勤方につき返答書（碓氷郡　松井田町教育委員会蔵）……………478
201　正徳三年正月　倉賀野宿宿並・間数書上絵図要項写（高崎市倉賀野町　須賀太郎氏所蔵）……………479
202　寛延四年　松井田宿本陣屋敷明細記事（『古実之手鑑』/碓氷郡松井田町松井田　坪井逸治氏所蔵）……………484
203　寛延四年　松井田宿伝馬屋敷割并問屋役記事（『古実之手鑑』/碓氷郡松井田町松井田　坪井逸治氏所蔵）……………485
204　明和元年閏十二月　板鼻宿人馬勤高書上帳（群馬郡榛名町高浜　木暮八一郎氏所蔵）……………486
205　明和二年四月　日光法会例幣使一行名前書上（碓氷郡松井田町横川　後閑周之介氏所蔵）……………486
206　明和二年十二月　中山道筋五ヶ宿中馬茶荷物禁止并口銭取立方訴状（安中市　安中市教育委員会蔵）……………488
207　明和六年十一月　板鼻宿外中山道筋五ヶ宿中馬裁許荷物以外厳禁方監視申合（安中市　安中市教育委員会蔵）……………490
208　天明三年三月　信州御掛宿等六ヶ宿碓氷峠商荷差支えにつき入山道通行方訴状（碓氷郡松井田町横川　後閑周之介氏所蔵）……………491
209　天明三年十二月　浅間焼被害につき中山道筋駄賃割増并軽井沢・坂本宿手当拝借覚（碓氷郡松井田町峠　曽根あき氏所蔵）……………493
210　天明六年六月　中山道柳瀬川渡船収支書上（高崎市倉賀野町　須賀太郎氏所蔵）……………494

211　天明八年五月　坂本宿助郷困窮につき増助郷等救済願（碓氷郡松井田町土塩　山田計夫氏所蔵）……………496
212　寛政四年九月　中山道筋七ヶ宿中馬裁許荷物厳守方嘆願状（安中市　安中市教育委員会蔵）……………499
213　享和元年六月　碓氷郡藤塚・八幡村往還通明細書上帳（高崎市八幡町　矢口米三氏所蔵）……………500
214　享和元年九月　安中宿本陣間数書上帳（安中市　安中市教育委員会蔵）………505
215　享和三年二月　碓氷越入山道道筋様子返書（碓氷郡松井田町横川　後閑周之介氏所蔵）……………506
216　文化六年四月　伊能忠敬測量方安中宿泊費用覚（安中市　安中市教育委員会蔵）……………507
217　文化六年九月　伊能忠敬測量御用につき安中宿通行役割帳（安中市　安中市教育委員会蔵）……………508
218　文化五年三月　安中宿上野尻村外と合宿勤方御免願（安中市　安中市教育委員会蔵）……………510
219　文政八年七月　坂本宿旅籠屋取極議定書（碓氷郡松井田町坂本　永井憲作氏所蔵）……………511
220　文政九年七月　松井田宿伝馬勤方議定（安中市磯部　萩原弥六氏所蔵）………512
221　文政九年　松井田宿困窮につき宿助成積金仕法願（『政幸日記』/前橋市朝倉町　田口栄氏所蔵）……………515
222　文政十二年十二月　商荷物取扱い并口銭につき安中宿谷津村外取替し議定（安中市　安中市教育委員会蔵）……………516
223　天保三年四月　中山道碓氷川川渡人足出入につき内済取極証文（安中市板鼻　福田秀樹氏所蔵）……………517
224　天保三年五月　中山道碓氷川越人足賃規定（安中市板鼻　福田秀樹氏所蔵）…520
225　天保六年二月　倉賀野宿大火訴状（高崎市倉賀野町　須賀太郎氏所蔵）………521
226　天保六年四月　倉賀野宿宿役負担仕法書上（高崎市倉賀野町　須賀太郎氏所蔵）……………522
227　天明九年十一月天保十年正月　碓氷郡横川村内旅人牛馬違反につき処罰請書并届書（碓氷郡松井田町横川　武井直二氏所蔵）……………522
228　天保十三年六月　群馬郡上小鳥村中山道助郷人馬賄入用取調帳（高崎市上小鳥町　相川勝氏所蔵）……………524

群馬県史 資料編10 近世2

229　天保十三年十一月 碓氷郡横川村助郷人馬賄諸入用帳(碓氷郡松井田町横川 武井直二氏所蔵)･･････････････527
230　天保十五年十月 中山道原市村杉並木書上帳(安中市郷原 桜井政治氏蔵)･･････････････････････････････531
231　天保十五年十月 中山道原市村並木杉数・長寸尺改帳(安中市郷原 桜井政治氏所蔵)････････････････････532
232　弘化二年四月 板鼻宿諸役勤方につき議定(安中市板鼻 阿部正恵氏所蔵)････538
233　嘉永元年十二月 安中宿伝馬役困窮の旨五街道見分役宛返答書(安中市 安中市教育委員会蔵)･･･････････540
234　嘉永四年四月 安中宿本陣由緒書 (安中市 安中市教育委員会蔵)･･････541
235　嘉永五年正月 商荷物取扱いにつき中山道上信宿々申合規定(安中市 安中市教育委員会蔵)･･････････････542
236　嘉永五年閏二月 倉賀野宿明細帳 (安中市 安中市教育委員会蔵)･･････543
237　嘉永五年閏二月 高崎宿明細帳(安中市 安中市教育委員会蔵)･････････549
238　嘉永五年閏二月 板鼻宿明細帳(安中市 安中市教育委員会蔵)･････････558
239　嘉永五年閏二月 安中宿明細帳(安中市 安中市教育委員会蔵)･････････566
240　嘉永五年閏二月 松井田宿明細帳 (安中市 安中市教育委員会蔵)･･････575
241　嘉永五年閏二月 坂本宿明細帳(安中市 安中市教育委員会蔵)･････････586
242　嘉永五年三月 坂本宿賄元書上帳 (安中市 安中市教育委員会蔵)･･････588
243　自嘉永六年至安政四年 安中・板鼻・高崎・倉賀野四ヶ宿助郷人馬遣高平均帳(高崎市中豊岡町 峯岸正男氏所蔵)････591
244　安政三年五月 高崎宿外々宿盛衰并助郷内調書上(安中市 安中市教育委員会蔵)･････････････････････････592
245　安政四年八月 安中宿旅籠屋仲間規定(安中市 安中市教育委員会蔵)･･････598
246　年次不詳(文久元年カ)和宮下向につき高崎藩町奉行心得方伺書(高崎市元町 反町慎一郎氏所蔵)････････599
247　文久二年二月 安中宿和宮下向につき助郷人馬雇高書上(安中市原市 仁井雅敏氏所蔵)･････････････････601
248　文久二年二月 沼田領村々和宮下向助郷雇金過納につき返金願(碓氷郡松井田町教育委員会蔵)･････････････602
249　文久三年十二月 高崎宿助郷村々成金運用願(高崎市中豊岡町 峯岸正男氏所蔵)･･･････････････････････････603

250　元治元年九月 伝馬勤方改革につき坂本宿問屋場下役請印帳(碓氷郡 松井田町教育委員会蔵)･････････････605
251　慶応三年 安中宿宿助人馬惣立辻調帳(安中市 安中市教育委員会蔵)･･････606
252　慶応四年九月 安中宿助郷村々伝馬勤方取替議定(安中市原市 仁井雅敏氏所蔵)･････････････････････････609
253　明治三年閏十月 信州松本商人諸商荷物輸送区分并中山道筋付通し願(安中市 安中市教育委員会蔵)････････611
254　明治四年正月 御一新につき坂本宿伝馬勤方規定書(碓氷郡 松井田町教育委員会蔵)･････････････････････612
255　宝暦六年十一月 岐蘇路安見 (抄)(東京都中野区上高田 三井文庫保管)･･････････････････････････････614
256　文政十年 諸国道中商人鑑(抄)(東京都中野区上高田 三井文庫保管)････････619

廻米・払米　627
257　享保十四年 信州田野口藩松井田払米関係記事(長野県南佐久郡 臼田町教育委員会蔵)････････････････････627
258　文政十年閏六月 信州払米荷入山道通行方請書(碓氷郡松井田町西野牧 小林充正氏所蔵)･････････････････630
［＊城米］
259　弘化四年十月 松井田宿上田藩廻米仕法返答書(安中市安中 小林壮吉氏所蔵)･････････････････････････････631
［＊城米］
260　弘化四年十月 松井田宿上田藩払米・廻米書上(安中市安中 小林壮吉氏所蔵)･････････････････････････････633
261　弘化四年十月 信州小諸藩牧野遠江守外松井田払米取調帳(安中市安中 小林壮吉氏所蔵)･････････････････637
262　嘉永元年十月 信州廻米仕法改正につき松井田外二ヶ宿助郷申合規定(安中市下後閑 北野寺所蔵)････････640
263　安政二年正月 水戸殿廻米信州より倉賀野まで付通し達(『御用雑記留』/高崎市倉賀野町 須賀太郎氏所蔵)････641

碓氷関所　641
264　寛永八年二月 碓氷関所同心鉄砲免許状(碓氷郡松井田町横川 後閑周之介氏所蔵)･･････････････････････････641
265　寛永八年三月 碓氷関所同心門番扶持米規定(碓氷郡松井田町横川 後閑周之介氏所蔵)････････････････････642
266　天保二年七月 碓氷関所制札(碓氷郡松井田町横川 後閑周之介氏所蔵)･･････642

県史誌内容総覧・資料編 1: 近世―関東　143

群馬県史 資料編10 近世2

267　寛文十一年十二月　碓氷関所定番切米請取状（碓氷郡松井田町横川　後閑周之介氏所蔵）……………………643
268　元禄十年九月　碓氷関所通行規定（碓氷郡松井田町横川　後閑周之介氏所蔵）……………………643
269　寛延二年五月　板倉勝清安中入封につき碓氷関所請取諸事控（碓氷郡松井田町　碓氷関所史料館蔵/後閑周之介氏寄託）……………………644
270　寛延三年七月　碓氷関所要害山見分書上（『御所替後御関所内偏一件』/碓氷郡松井田町松井田　山本秀夫氏所蔵）……653
271　寛延三年七月　碓氷関所惣囲間数書上（『御所替後御関所内偏一件』/碓氷郡松井田町松井田　山本秀夫氏所蔵）……654
272　寛延三年七月　碓氷関所備付武器并諸道具書上（『御所替後御関所内偏一件』/碓氷郡松井田町松井田　山本秀夫氏所蔵）……………………655
273　文政十三年六月　碓氷関所御長屋造作覚（碓氷郡松井田町横川　後閑周之介氏所蔵）……………………655
274　天保九年四月　碓氷関所通行手形（碓氷郡松井田町横川　後閑周之介氏所蔵）……657
275　天保十年二月　碓氷関所通行人取扱方書（『碓氷関所諸用留』/碓氷郡松井田町横川　後閑周之介氏所蔵）……658
276　天保十年七月　碓氷関所定附七家由緒書（碓氷郡松井田町横川　後閑周之介氏所蔵）……………………659
277　年次不詳（天保十年カ）　碓氷関所事暦書上（碓氷郡松井田町　碓氷関所史料館蔵/後閑周之介氏寄託）……………………665
278　慶応二年八月　碓氷峠堂峯番所通行手形（『御証文控』/碓氷郡松井田町原　佐藤久氏所蔵）……………………669
279　明治二年二月　碓氷関所廃止書留（碓氷郡松井田町横川　碓氷関所史料館蔵/後閑周之介氏寄託）……………………669
280　年次不詳　碓氷峠堂峯番所間数書上（碓氷郡松井田町　碓氷関所史料館蔵/後閑周之介氏寄託）……………………671
281　年次不詳　碓氷関所要害地様子書上（碓氷郡松井田町横川　後閑周之介氏所蔵）……………………672
282　年次不詳　碓氷越入山道并関所要害山見分につき返答書（碓氷郡松井田町横川　後閑周之介氏所蔵）……672

金古宿・脇街道……………………674

283　元禄九年十月　群馬郡下室田宿荷物継送仕法誓約状（群馬県榛名町下室田　新井充氏所蔵）……………………674

284　宝暦十年十一月　群馬郡下室田村外安中道継立て故障につき訴状（群馬郡榛名町中里見　広神徳次氏所蔵）……………………674
285　天明三年　群馬郡下室田宿助郷差村願（群馬郡榛名町中室田　斎藤三郎氏所蔵）……………………678
286　寛政元年閏六月　群馬郡権田村外白根硫黄輸送差留願（群馬郡倉渕村岩永　戸塚昇一氏所蔵）……………………679
287　寛政元年十二月　群馬郡柏木沢村伊香保道差止め出入済口証文（群馬郡箕郷町柏木沢　青山鳥蔵氏所蔵）……………………680
288　寛政四年五月　群馬郡本郷村百姓白根硫黄荷取扱一件につき室田宿問屋宛詫状（群馬郡榛名町下室田　新井充氏所蔵）……………………681
289　文政五年二月　金古宿助郷村々対談取極証文（群馬郡群馬町金古　神保新太郎氏所蔵）……………………682
290　文政十一年四月　金古宿旅籠屋身上向取調帳（群馬郡群馬町金古　神保新太郎氏所蔵）……………………684
291　文政十二年十月　群馬郡室田宿問屋商荷継送りにつき申合規定（群馬郡榛名町下室田　中島照二氏所蔵）……………………687
292　文政十二年十二月　金古宿旅籠屋飯盛下女違法につき処分請書（群馬郡群馬町金古　神保新太郎氏所蔵）……………………688
293　文政十三年六月　榛名参詣道筋駄賃規定請証文（群馬郡榛名町下室田　新井充氏所蔵）……………………690
294　大保十四年閏九月　新潟奉行外通行につき金古宿継立諸控帳（群馬郡群馬町金古　神保新太郎氏所蔵）……………………690
295　明治三年正月　金古宿旅籠屋仲間若衆宛申入議定書（群馬郡群馬町金古　神保新太郎氏所蔵）……………………692

飛脚……………………693

296　明治四年十月　江戸安中飛脚規定（前橋市朝倉町　田口栄氏所蔵）……………………693
297　安政七年三月　江州八幡飛脚継立方につき坂本宿以下組合十ヶ宿返答書（安中市　安中市教育委員会蔵）……………………694
298　年次不詳　定飛脚差立定日（版）（高崎市八幡町　矢口米三氏所蔵）……………………695

第4節　水運……………………696
倉賀野河岸……………………696

299　慶安三年十一月　倉賀野河岸かり船荷物につき玉村宿宛詫手形写（高崎市倉賀野町　須賀健一氏所蔵）……………………696
300　天和二年五月　倉賀野宿船積問屋勤方条々覚（高崎市倉賀野町　須賀太郎氏所蔵）……………………696

群馬県史 資料編10 近世2

301　貞享二年八月　倉賀野河岸船積問屋勤方議定（高崎市倉賀野町　須賀太郎氏所蔵）……………………………………697
302　年次不詳（元禄三年カ）倉賀野河岸諸大名御城米宿覚（『沿革図所調中雑記』/高崎市倉賀野町　須賀太郎氏所蔵）………697
303　元禄四年正月　倉賀野町荷物馬次船立につき玉村宿と出入訴状（高崎市倉賀野町　須賀太郎氏所蔵）………………699
304　元禄四年二月　烏川通船につき玉村・倉賀野両宿出入裁許証文（高崎市倉賀野町　須賀健一氏所蔵）………………702
305　元禄四年六月　倉賀野河岸荷物宿・船賃外規定（『沿革図所調中雑記』/高崎市倉賀野町　須賀太郎氏所蔵）………702
306　元禄十年十月　倉賀野河岸御米廻船定書（『沿革図所調中雑記』/高崎市倉賀野町　須賀太郎氏所蔵）………………703
307　元禄十一年二月　上信両州大名江戸廻米につき倉賀野船積請負証文写（高崎市倉賀野町　須賀健一氏所蔵）………703
308　宝永四年五月　飯山藩倉賀野河岸払米代金請取状（高崎市倉賀野町　須賀一氏所蔵）……………………………714
309　享保九年十二月　倉賀野河岸武家御米宿覚（『沿革図所調中雑記』/高崎市倉賀野町　須賀太郎氏所蔵）………………714
310　宝暦三年九月　倉賀野河岸荷物宿并廻船之定書差上写（高崎市倉賀野町　須賀健一氏所蔵）…………………………718
311　寛保二年十一月　倉賀野河岸船積問屋上田藩廻米請負証文（高崎市倉賀野町　須賀太郎氏所蔵）………………720
312　宝暦三年十二月　倉賀野宿米問屋松代藩廻米仕切状（高崎市倉賀野町　須賀太郎氏所蔵）……………………………720
313　明和五年十二月　岩村田藩江戸廻米出高村附帳（高崎市倉賀野町　須賀健一氏所蔵）……………………………722
314　明和八年四月　新河岸荷物積高・船数書上口書（高崎市倉賀野町　須賀健一氏所蔵）……………………………724
315　明和八年十月　倉賀野河岸概況口書（高崎市倉賀野町　須賀健一氏所蔵）……725
316　安永四年十一月安永五年十月　上利根川十四ヶ河岸組合船問屋規定証文（高崎市倉賀野町　須賀健一氏所蔵）……726
317　天明六年八月　倉賀野河岸船数書上帳（高崎市倉賀野町　須賀健一氏所蔵）…731
318　寛政十三年正月　倉賀野河岸問屋扱い行徳塩の通い（高崎市倉賀野町　須賀健一氏所蔵）……………………………733

319　年次不詳（寛政ごろカ）倉賀野宿須賀喜太郎家系図（高崎市倉賀野町　須賀太郎氏所蔵）……………………………736
320　文政九年十一月　塩荷取扱いにつき十組問屋行事上州河岸宛申入書（高崎市倉賀野町　須賀健一氏所蔵）…………738
321　天保三年八月　岩鼻河岸場企てにつき倉賀野河岸外反対訴状（『御用雑記并御通行座右留』/高崎市倉賀野町　須賀太郎氏所蔵）……………………………………739
322　天保四年二月　岩鼻村船稼ぎにつき利根川十四ヶ河岸問屋出入済口証文并議定（高崎市倉賀野町　須賀一氏所蔵）……………………………………743
323　天保六年三月　倉賀野宿大火信州廻米外商荷物被害書上（『須賀庄兵衛書留』/高崎市倉賀野町　須賀健一氏所蔵）………748
324　天保六年九月　倉賀野宿大火廻米焼失につき上田藩弁済方達（『須賀庄兵衛書留』/高崎市倉賀野町　須賀健一氏所蔵）…752
325　天保十一年八月　倉賀野船大工馬船製造請負証文（高崎市町屋町　山口正人氏所蔵）……………………………………753
326　年次不詳（天保十四年十月カ）利根川通り河岸船賃割合覚（高崎市倉賀野町　須賀健一氏所蔵）…………………754
327　嘉永二年四月　倉賀野河岸問屋ら聖石川原筏組み制限願（『御用向日記控帳』/高崎市倉賀野町　須賀健一氏所蔵）……755
328　嘉永二年十月　倉賀野河岸問屋須賀庄兵衛家譜（『御用向日記控帳』/高崎市倉賀野町　須賀健一氏所蔵）…………755
329　嘉永四年十二月　倉賀野河岸登り荷物口銭書上（『御用雑記留』/高崎市倉賀野町　須賀健一氏所蔵）…………………757
330　嘉永七年七月　倉賀野河岸外五ヶ河岸荷物船積出入につき内済証文（高崎市倉賀野町　須賀健一氏所蔵）…………757
331　明治初年　倉賀野河岸移出入荷物・船数取調書（高崎市倉賀野町　須賀健一氏所蔵）……………………………759
332　年次不詳　倉賀野河岸荷物船賃規定（高崎市倉賀野町　須賀太郎氏所蔵）……763

第5章　社会と文化……………………………765
＜写＞榛名神社奉額（群馬郡榛名町榛名山）……………………………………766
第1節　家……………………………………767
相続・縁組…………………………………767
333　延享五年十二月　群馬郡八幡原村百姓養子縁組証文（高崎市八幡原町　原田寿録氏所蔵）……………………………767

県史誌内容総覧・資料編1: 近世―関東　145

334　宝暦十三年正月　倉賀野河岸問屋須賀家家督譲渡目録（高崎市倉賀野町　須賀健一氏所蔵）……………………767
335　享和三年二月　碓氷郡原村百姓隠居免証文（碓氷郡松井田町原　佐藤久氏所蔵）……………………………………769
336　天保三年五月　群馬郡善地村百姓女房満徳寺駆込始末詫状（群馬県箕郷町善地　神沢重見氏所蔵）……………770
337　安政五年三月　群馬郡足門村女房岩鼻役所駈込離縁取替証文（群馬郡群馬町足門　岸伸二氏所蔵）
338　元治二年二月　高崎領他領縁談制禁につき下小鳥村名主詫状（高崎市下小鳥町　梅山大作氏所蔵）…………771
339　慶応四年六月　群馬郡善地村百姓女房協議離縁証文（群馬郡箕郷町善地　神沢重見氏所蔵）…………………772
奉公人……………………………………773
340　寛延三年二月　碓氷郡土塩村少年売証文（碓氷郡松井田町土塩　上原祉郎氏所蔵）……………………………773
341　安永六年二月　群馬郡下滝村譜代之帳（高崎市下滝町　天田壮氏所蔵）…773
342　享和元年二月　群馬郡池端村名主奉公人給金滞訴状（高崎市群馬町足門　岸伸二氏所蔵）……………………………774
343　文政二年二月　群馬郡保渡田村半季奉公人請状（群馬郡群馬町中里　岸哲次郎氏所蔵）……………………………775
344　文政七年八月　倉賀野宿飯売下女奉公人請状（高崎市山名町　木部三十郎氏所蔵）……………………………………776
345　文政十三年十一月　坂本宿旅籠屋下女貰入借金証文（碓氷郡松井田町坂本　永井憲作氏所蔵）…………………776
346　安政元年十二月　板鼻宿奉公下女住替証文（東京都港区三田　慶応義塾大学古文書宝蔵）…………………………777
347　明治二年六月　板鼻宿飯盛下女奉公人請状（東京都港区三田　慶応義塾大学古文書宝蔵）…………………………777

第2節　災害・騒動…………………778
災害…………………………………778
348　寛保二年八月　倉賀野宿付近大洪水被害記事（高崎市倉賀野町　須賀太郎氏所蔵）……………………………………778
349　寛保二年八月　群馬郡上室田村洪水につき流家・潰家等改帳（群馬郡榛名町中室田　斎藤三郎氏所蔵）…………780
350　天明三年七月　群馬郡西横手村浅間焼被害明細書上（高崎市西横手　小林敬氏所蔵）……………………………783

351　天明三年九月　碓氷郡峠村浅間焼被害普請請書（碓氷郡松井田町峠　曽根あき氏所蔵）……………………………………785
352　自天明三年至同四年　富岡村名主浅間山砂降書留写（群馬郡郷町善地　神沢重見氏所蔵）……………………………786
353　天保九年　高崎藩領内損毛高届書（高崎市中豊岡町　峯岸正男氏所蔵）……788
354　弘化三年九月　世上凶作飢饉様子書上（高崎市西横手町　小林敬氏所蔵）……789
355　明治二年七月　碓氷郡川浦村暴風被害（『塚越氏記録』/群馬郡倉渕村岩氷　塚越鍋次氏所蔵）…………………………790

備荒・救済…………………………790
356　文政四年十月　群馬郡白川領小児養育金請取証文（群馬郡箕郷町和田山　松本清氏所蔵）……………………………790
357　文政八年十二月　安中領不作につき囲穀手当方伺書（前橋市朝倉町　田中栄氏所蔵）……………………………………791
358　天保四年十二月　飢饉につき高崎領囲米払下げ并返済仕法達（高崎市上小鳥町　相川勝氏所蔵）…………………791
359　弘化二年二月　群馬郡南大類村手余地回復困難につき村林改作願（高崎市南大類町　佐野一郎氏所蔵）…………792
360　慶応四年七月　群馬県八幡原村貧民手当金請取書（高崎市八幡原町　田中一三氏所蔵）…………………………794

騒動…………………………………795
361　享保九年二月　碓氷郡秋間三ヶ村旗本家老ら非政につき訴状（安中市東上秋間　磯貝英三氏所蔵）…………………795
362　明和二年正月　中山道助郷村々不穏状況報告書（高崎市町屋町　山口正人氏所蔵）……………………………………798
363　明和二年正月　高崎・安中宿助郷村々不穏謀議延期報告（高崎市町屋町　山口正人氏所蔵）…………………………799
364　明和二年正月　高崎宿助郷村々行動自粛申合の旨報告（高崎市町屋町　山口正人氏所蔵）…………………………799
365　天明二年四月　碓氷郡東上磯部村天明絹騒動吟味につき請証文（安中市磯部　萩原弥六氏所蔵）……………………799
366　天明三年七月　群馬郡白川領内村々宛異変自粛方布達（群馬郡箕郷町和田山　松本清氏所蔵）…………………800
367　天明三年十月　西上州打ちこわし状況風聞書留（『前橋藩日記』/前橋市　前橋市立図書館蔵）……………………800

368　天保九年二月　碓氷郡水沼村旗本領知替につき増免旧知並願(群馬郡倉渕村三ノ倉　塚本喜代松氏所蔵)……801
369　天保九年閏四月　碓氷郡水沼村百姓強訴につき過料処分請書(群馬郡倉渕村三ノ倉　塚本喜代松氏所蔵)……804
370　慶応四年二月　群馬郡和田山村周辺打ちこわし廻状(群馬郡箕郷町善地　神沢重見氏所蔵)……805
371　慶応四年三月　碓氷郡東上磯部村打ちこわし被害届(安中市磯部　萩原弥六氏所蔵)……805
372　慶応四年　西上州打ちこわし状況届書(安中市磯部　萩原弥六氏所蔵)……806
373　慶応四年　群馬郡本郷村頭取鬼定・鬼金一揆廻状(安中市磯部　萩原弥六氏所蔵)……807
374　慶応四年　板鼻宿打ちこわし動静書留(『歳代記』/安中市板鼻　野田六左衛門氏所蔵)……807

小栗事件……809
375　慶応四年三月　小栗上野介権田村土着外関係記事(『塚越氏記録』/群馬郡倉渕村岩氷　塚越鍋次氏所蔵)……809
376　慶応四年四月　小栗上野介追捕布達(『大河内輝声家記』/東京都文京区本郷　東京大学史料編纂所蔵)……810
377　慶応四年四月　上栗上野介父子追討出兵調(東京都文京区本郷　東京大学史料編纂所蔵)……810
378　慶応四年五月　小栗上野介外処刑報告書(『大河内輝声家記』/東京都文京区本郷　東京大学史料編纂所蔵)……813

水戸浪士……814
379　元治元年五月　水戸浪士藤岡等献金工作記事(高崎市下滝町　天田壮氏所蔵)……814
380　元治元年五月　水戸浪士献金請取状(高崎市下滝町　天田壮氏所蔵)……816
381　元治元年五月　群馬郡下滝村名主水戸浪士献金強要届(高崎市下滝町　天田壮氏所蔵)……816
382　元治元年十一月　水戸浪士追討出陣次第控(高崎市下小鳥町　梅山大作氏所蔵)……816

五万石騒動……827
383　明治二年十月　高崎領農民凶作につき減租嘆願書(高崎市上中居町　丸茂伊佐雄氏所蔵)……827
384　明治二年十月　高崎古領四十五ヶ村年貢仕法改め再願訴状(『王政御一新留帳』/高崎市上小鳥町　相川勝氏所蔵)……828

385　明治二年十月　高崎領農民減納嘆願総代引請書(高崎市上中居町　丸茂伊佐雄氏所蔵)……829
386　明治二年十月　高崎領六ヶ村惣代年貢軽減につき政府交渉方報告廻文(高崎市上中居町　丸茂伊佐雄氏所蔵)……829
387　明治二年十月　高崎藩農民減租願につき自粛方達書(高崎市上中居町　丸茂伊佐雄氏所蔵)……831
388　明治二年十月　高崎領租法改め出訴につき岩鼻県知事交渉書留(『王政御一新留帳』/高崎市上小鳥町　相川勝氏所蔵)……831
389　明治二年十一月　高崎古領四十五ヶ村畑方米納仕法等改正方岩鼻県宛嘆願書(高崎市上小塙町　小島好二氏所蔵)……832
390　明治二年十一月　高崎古領強訴惣代ら村預り請書(高崎市上小塙町　小島好二氏所蔵)……832
391　明治三年十月　高崎領越訴惣代死罪につき助命嘆願書(高崎市上中居町　丸茂伊佐雄氏所蔵)……833

第3節　生活……834
祭礼・参詣……834
392　元禄十五年十一月　群馬郡棟高村伊勢三日市太夫奉賀帳(群馬郡馬町棟高　志村繁夫氏所蔵)……834
393　天明元年九月　妙義神社社頭修覆十万人講版札(高崎市下滝町　天田壮氏所蔵)……838
394　文化六年四月　群馬郡大八木村代参・百万遍初穂取立控帳(高崎市大八木町　高橋浦太郎氏所蔵)……839
395　文化十一年八月　金古宿例祭狂言開催伺書(群馬郡群馬町中里　関根太郎氏所蔵)……839
396　文政十三年八月　碓氷郡原村花火宝伝覚帳(碓氷郡松井田町原　佐藤久氏所蔵)……841
397　天保十年正月　高崎町祭礼日記(高崎市　高崎市立図書館蔵)……843
398　天保十年十一月　金古宿祭礼獅子舞吟味并処置請書(群馬郡群馬町金古　神保新太郎氏所蔵)……846
399　天保十四年十二月　群馬郡足門村百姓伊勢参宮許可願(群馬郡馬町足門　岸伸二氏所蔵)……849
[*伊勢詣]
400　年次不詳　碓氷関所付横川村祭礼花火行事心得(『御用方年中覚書万年帳』/碓氷郡松井田町原　佐藤久氏所蔵)……850

401　年次不詳　碓氷郡中豊岡村伊勢神宮
　　　　御師旅館につき申入書(高崎市中豊岡町
　　　　峯岸正男氏所蔵)･･････････････････851
　世相･･････････････････････････････････852
　　402　明和二年十月　群馬郡白川村外旗本
　　　　領内百姓剣術・弓禁止布達(『御用留』/
　　　　群馬郡榛名町高浜　木暮八一郎氏所蔵)････852
　　403　文化十四年十月　群馬郡下滝村若者
　　　　仲間自粛申合規定(高崎市下滝町　天田壮
　　　　氏所蔵)････････････････････････852
　　404　文政十二年正月　群馬郡足門村酒居
　　　　呑売禁止請書(群馬郡群馬町足門　岸伸
　　　　二氏所蔵)･･････････････････････853
　　405　嘉永三年十二月　国定忠次郎磔刑并
　　　　警備記事(『永代記録帳』/群馬郡倉渕村岩
　　　　氷　塚越鍋次氏所蔵)･････････････853
　　406　安政二年十月　江戸地震につき金古
　　　　宿役人出府見聞書留(『御用留』/群馬郡群
　　　　馬町金古　神保新太郎氏所蔵)･･･････855
　　407　万延元年七月　群馬郡足門村若者組
　　　　ら博奕等制止議定(群馬郡群馬町足門　岸
　　　　伸二氏所蔵)････････････････････856
　　408　文久二年八月　悪病流行につき倉賀
　　　　野町外諸社祈祷書留(高崎市倉賀野町　倉
　　　　賀野神社所蔵)･･････････････････857
　　409　明治元年十月　群馬郡箕郷村百姓博
　　　　奕処分届書(群馬郡箕郷町善地　神沢重見
　　　　氏所蔵)････････････････････････858
　温泉･･････････････････････････････････858
　　410　元禄十五年四月　碓氷郡入之湯湯治
　　　　通行手形(碓氷郡松井田町五料　中島公男
　　　　氏所蔵)････････････････････････858
　　　［*通行手形］
　　411　安政三年八月　五料村外三ヶ村入会
　　　　入之湯につき坂本宿開湯願始末書(碓氷
　　　　郡松井田町土塩　上原社郎氏所蔵)････859
　　412　安政五年十一月　碓氷郡坂本村入之
　　　　湯冥加永上納覚(碓氷郡　松井田町教育委
　　　　員会)･････････････････････････860
　第4節　宗教････････････････････････861
　　榛名神社････････････････････････････861
　　413　年次不詳　井伊直政榛名山宛書状
　　　　(群馬県榛名町榛名山　榛名神社所蔵)･････861
　　414　慶長十九年九月　徳川家康榛名山法
　　　　度写(群馬県榛名町榛名山　一宮昌輔氏所
　　　　蔵)･････････････････････････････861
　　415　元和二年九月　祢津甚平榛名山神領
　　　　寄進状(群馬県榛名町榛名山　榛名神社所
　　　　蔵)･･･････････････････････････861
　　416　寛永十年十二月　榛名山村五人組掟
　　　　(群馬郡榛名町榛名山　榛名神社所蔵)･････861
　　417　貞享二年三月　榛名山由緒書写(群馬
　　　　郡榛名町榛名山　榛名神社所蔵)･･････862

　　418　貞享三年十月　榛名山法度(群馬郡榛
　　　　名町榛名山　榛名神社所蔵)････････863
　　419　元禄四年五月　榛名山五人組人別宗
　　　　旨改帳(群馬郡榛名町榛名山　一宮和一氏
　　　　所蔵)･････････････････････････
　　420　宝永元年七月　榛名山掟条々(群馬郡
　　　　榛名町榛名山　榛名神社所蔵)･･･････876
　　421　宝永八年正月　榛名神社上総・下総
　　　　両国檀那帳(群馬郡榛名町榛名山　一宮和
　　　　一氏所蔵)････････････････････････877
　　422　寛延二年十二月　榛名山御師由緒書
　　　　上(群馬郡榛名町榛名山　榛名神社所
　　　　蔵)･･････････････････････････882
　　423　寛政十二年五月　榛名神社山頭造営
　　　　勧化疏(版)(高崎市下滝町　天田壮氏所
　　　　蔵)･･････････････････････････884
　　424　文化十三年六月　榛名山三役人以下
　　　　諸役勤方取調帳(群馬郡榛名町榛名山　榛
　　　　名神社所蔵)････････････････････885
　　425　文政十三年　榛名山東上毛檀中上
　　　　納仕切証文(群馬郡榛名町榛名山　榛名神
　　　　社所蔵)････････････････････････893
　　426　天保四年六月　榛名山太々講八年講
　　　　定(群馬郡榛名町榛名山　榛名神社所
　　　　蔵)･･････････････････････････895
　　427　元治二年　榛名山太々神楽奉納物并
　　　　宿坊付(高崎市小鳥町　梅山大作氏所
　　　　蔵)･･････････････････････････896
　　428　年次不詳(明治初年カ)　榛名山御初
　　　　穂郡村家数書上(群馬郡榛名町榛名山
　　　　榛名神社所蔵)･･････････････････897
　　429　年次不詳　武蔵野国越谷宿外榛名山
　　　　雨乞祈祷願(群馬郡榛名町榛名山　一宮昌
　　　　輔氏所蔵)････････････････････898
　　430　年次不詳　榛名山代参組書上(群馬郡
　　　　榛名町榛名山　榛名神社所蔵)･･････899
　八幡神社････････････････････････････901
　　431　天正十九年二月　碓氷八幡宮由緒書
　　　　写(高崎市八幡町　矢口米三氏所蔵)･････901
　　432　慶安三年五月　碓氷八幡宮社領田畑
　　　　并石改帳(高崎市八幡町　矢口米三氏所
　　　　蔵)･･････････････････････････901
　　433　慶安四年二月　碓氷八幡宮別当神主
　　　　外勤役規定(高崎市八幡町　矢口米三氏所
　　　　蔵)･･････････････････････････907
　　434　寛文九年六月　碓氷八幡宮惣門仁王
　　　　造立奉加帳(高崎市中豊岡町　峯岸正男氏
　　　　所蔵)･････････････････････････908
　　435　延宝四年　碓氷八幡宮由緒并御免勧
　　　　化目安(『三ヶ国御免勧化目安』/高崎市八
　　　　幡町　矢口米三氏所蔵)･･････････908

436　宝暦十年八月　碓氷郡八幡宮社人別
　　当寺出入内済証文(高崎市八幡町 矢口米
　　三氏所蔵)‥‥‥‥‥‥‥‥‥‥‥‥910
437　文政六年二月　碓氷八幡宮由来書上
　　(群馬郡榛名町下室田 清水己巳生氏所
　　蔵)‥‥‥‥‥‥‥‥‥‥‥‥‥‥‥911
438　文政六年二月　碓氷八幡宮社領配分
　　并納戸勘定目録(群馬郡榛名町下室田 清
　　水己巳生氏所蔵)‥‥‥‥‥‥‥‥‥913
439　文政六年二月　碓氷八幡宮年中行事
　　書上(群馬郡榛名町下室田 清水己巳生氏所
　　蔵)‥‥‥‥‥‥‥‥‥‥‥‥‥‥‥915
440　文政六年十一月　碓氷八幡宮社殿書
　　上(群馬郡榛名町下室田 清水己巳生氏所
　　蔵)‥‥‥‥‥‥‥‥‥‥‥‥‥‥‥916
441　嘉永七年十月　碓氷八幡宮別当寺再
　　建につき本寺称名寺勧化願(高崎市八幡
　　町 矢口米三氏所蔵)‥‥‥‥‥‥‥‥916
熊野神社‥‥‥‥‥‥‥‥‥‥‥‥‥‥‥917
442　自寛文二年五月至享保元年十二月
　　碓氷峠熊野権現社人出入裁許状写(碓氷
　　郡松井田町峠 曽根あき氏所蔵)‥‥‥917
443　宝暦三年四月　碓氷峠熊野神社社家
　　由緒書(長野県北佐久郡軽井沢町峠 水沢
　　邦鳳氏所蔵)‥‥‥‥‥‥‥‥‥‥‥920
444　宝暦六年十一月　碓氷峠熊野神社社
　　家檀方売渡証文(長野県北佐久郡軽井沢
　　町峠 水沢邦鳳氏所蔵)‥‥‥‥‥‥‥924
445　文化六年十月　碓氷峠熊野神社社家
　　年番役出入につき信州方社家訴状(長野
　　県北佐久郡軽井沢町峠 水沢邦鳳氏所
　　蔵)‥‥‥‥‥‥‥‥‥‥‥‥‥‥‥924
446　文化十三年五月　碓氷峠熊野神社高
　　田藩主通行につき吉例祈祷献上願(長野
　　県北佐久郡軽井沢町峠 水沢邦鳳氏所蔵)‥928
447　安政二年三月　碓氷峠熊野神社神主
　　宗門人別帳(碓氷郡松井田町峠 曽根あき
　　氏所蔵)‥‥‥‥‥‥‥‥‥‥‥‥‥929
寺社‥‥‥‥‥‥‥‥‥‥‥‥‥‥‥‥‥931
448　慶長六年十一月　群馬郡神戸村榛名
　　神社新屋敷宛行状(群馬郡榛名町神戸 桜
　　沢渉氏所蔵)‥‥‥‥‥‥‥‥‥‥‥931
449　慶長七年二月　群馬郡箕輪龍門寺縁
　　起(群馬郡箕郷町東明屋 龍門寺所蔵)‥931
450　寛永三年四月　群馬郡神戸村榛名神
　　社仕置(群馬郡榛名町神戸 桜沢渉氏所
　　蔵)‥‥‥‥‥‥‥‥‥‥‥‥‥‥‥932
451　寛永七年九月　群馬郡神戸村榛名神
　　社神領につき榛名神社学頭書状(群馬郡
　　榛名町神戸 桜沢渉氏所蔵)‥‥‥‥‥932

452　寛永十六年正月　碓氷郡下秋間村百
　　姓寺請証文(群馬郡倉渕村川浦 塚越欣一
　　氏所蔵)‥‥‥‥‥‥‥‥‥‥‥‥‥933
453　寛永二十年二月　群馬郡室田村名主
　　寺請証文非法につき真言宗三ヶ寺訴状
　　(群馬郡榛名町下室田 中島照二氏所蔵)‥933
454　正保四年十一月　群馬郡神戸村榛名
　　神社神領につき朱印状下附願(群馬郡榛
　　名町神戸 桜沢渉氏所蔵)‥‥‥‥‥‥934
455　慶安三年　群馬郡白岩長谷寺六供出
　　入和解議定(群馬郡榛名町白岩 浜名寛氏
　　所蔵)‥‥‥‥‥‥‥‥‥‥‥‥‥‥935
456　寛文五年六月　群馬郡箕輪龍門寺朱
　　印につき井伊直好書状(群馬郡箕郷町東
　　明屋 龍門寺所蔵)‥‥‥‥‥‥‥‥‥935
457　寛文七年二月　群馬郡正観寺由緒書
　　(高崎市正観寺町 武井治部祐氏所蔵)‥936
458　元禄九月五月　群馬郡室田村大森神
　　社造営由緒(群馬郡榛名町下室田 中島照
　　二氏所蔵)‥‥‥‥‥‥‥‥‥‥‥‥937
459　延享元年八月　群馬郡芝村観音堂扱
　　い規定(群馬郡箕郷町和田山 松本清氏所
　　蔵)‥‥‥‥‥‥‥‥‥‥‥‥‥‥‥937
460　天保四年　群馬郡白岩長谷寺宗門改
　　帳(群馬郡榛名町白岩 浜名寛氏所蔵)‥938
461　弘化二年四月　倉賀野宿大杉神社造
　　営寄附連名帳(高崎市倉賀野町 倉賀野神
　　社所蔵)‥‥‥‥‥‥‥‥‥‥‥‥‥939
462　嘉永二年正月　片岡郡石原村華蔵山
　　中興略記(高崎市石原町 片山紀道氏所
　　蔵)‥‥‥‥‥‥‥‥‥‥‥‥‥‥‥943
463　安政二年十一月　海防梵鐘鋳直し布
　　達につき倉賀野宿寺社返答書(高崎市倉
　　賀野町 倉賀野神社所蔵)‥‥‥‥‥‥957
464　年次不詳　群馬郡箕輪龍門寺寺法
　　(群馬郡箕郷町東明屋 龍門寺所蔵)‥‥959
465　年次不詳　群馬郡白岩山長谷寺縁起
　　(群馬郡群馬町足門 岸伸二氏所蔵)‥‥961
修験‥‥‥‥‥‥‥‥‥‥‥‥‥‥‥‥‥963
466　寛永十六年三月　碓氷郡川浦村山伏
　　保証状(群馬郡倉渕村川浦 塚越欣一氏所
　　蔵)‥‥‥‥‥‥‥‥‥‥‥‥‥‥‥963
467　寛永十六年三月　碓氷郡川浦村修験
　　大宝院寺領寄進請取状(群馬郡倉渕村川
　　浦 塚越欣一氏所蔵)‥‥‥‥‥‥‥‥963
468　天和二年十月　群馬郡和田山村修験
　　極楽院由緒朱印高書状(群馬郡箕郷町和
　　田山 長野正夫氏所蔵)‥‥‥‥‥‥‥963
469　貞享四年七月　群馬郡和田山村修験
　　極楽院裂裟免許状(群馬郡箕郷町和田山
　　長野正夫氏所蔵)‥‥‥‥‥‥‥‥‥964

470　元禄二年八月　板鼻宿修験鷹巣寺片岡郡年行事職補任状(安中市板鼻 上杉うづ氏所蔵)……964
471　文政十年五月　群馬郡和田山村修験極楽院法系(『復古用録』/群馬郡箕郷町和田山 長野正夫氏所蔵)……964

第5節　文化 ……966
和算 ……966
472　寛政十二年　群馬郡富岡村地方算法秘術伝(群馬郡箕郷町富岡 渡辺才司氏所蔵)……966
473　文化八年四月　榛名神社算額(群馬郡榛名町榛名山 榛名神社所蔵)……977
474　文化十年二月　榛名神社算額解義(群馬郡榛名町下里見 中曽根慎吾氏所蔵)……979
475　元治元年三月　関流和算小野栄重学統譜(群馬郡榛名町下里見 中曽根慎吾氏所蔵)……987

著述・文芸 ……989
476　文政二年　蕉門判者並免許状(群馬郡箕郷町富岡 西山虎雄氏所蔵)……989
477　文政八年十一月　奈良一徳斎 諸家人名録(碓氷郡松井田町坂本 永井憲作氏所蔵)……990
478　文政十年九月　竹本烏石義太夫会廷触(版)(碓氷郡松井田町西野牧 小林充正氏所蔵)……1001
479　年次不詳(文政ごろカ)　高崎松花堂判秋季題狂歌会(群馬郡群馬町足門 岸伸二氏所蔵)……1006
480　明治二年六月　上野国諸家高名君達独案内(佐渡郡玉村町上福島 内山満保氏所蔵)……1008

医薬 ……1010
481　天保九年二月　高崎藩医容躰証文(群馬郡群馬町足門 岸伸二氏所蔵)……1010
482　天保九年十一月　高崎藩死罪女解骸伺并返答書(高崎市中豊岡町 峯岸正男氏所蔵)……1010
483　弘化四年正月　金瘡一流之書物(高崎市下小鳥町 梅山大作氏所蔵)……1010
484　嘉永二年六月　高崎藩蘭医制禁布達(『御用控』/高崎市上小鳥町 相川勝氏所蔵)……1013
485　年次不詳　金古宿天田家伝薬紅雪広告(版)(群馬郡群馬町金古 天田義英氏所蔵)……1013

解説 ……1015
　総説 ……1017
　地域の概要 ……1017
　支配 ……1017
　新田開発と秣場 ……1020
　産業 ……1022
　街道・水運 ……1023
　社会と文化 ……1025
　岩鼻県 ……1027
　植野天狗岩堰ほか ……1028
　　<表>図1　植野天狗岩堰用水関係図 ……1030
　秣場 ……1032
　　<表>表1　中山道の宿駅概要(嘉永5年) ……1034
　中山道 ……1034
　　<表>表2　問屋場の仕組み(天保14年)(「中山道宿村大概帳」より作成) ……1035
　　<表>図2　中山道各宿助郷分布図 ……1036
　　<表>表3　慶応3年安中宿伝馬人足の宿勤・助郷勤区分 ……1037
　入山道 ……1038
　　<表>図3　入山道関係要図 ……1039
　松井田払い米 ……1041
　　<表>表4　上田藩松井田払米廻米区分(史料260) ……1041
　碓氷関所 ……1042
　　<表>図4　関所施設配置図(碓氷関所事歴) ……1043
　　<表>図5　碓氷関所要害地域略図(佐藤義一稿より作成) ……1044
　倉賀野河岸 ……1045
　災害 ……1048
　　<表>図6　天明3年7月7・8日浅間山噴火による降灰状況(西毛地域2内)(史料352) ……1049
　伝馬騒動ほか ……1050
　五万石騒動 ……1053
　　<表>表5　税率比較一覧(丸茂伊佐雄家文書) ……1053
　　<表>表6　城附45ヵ村家数・人数減少一覧(丸茂伊佐雄家文書) ……1053
　小栗事件 ……1055
　世相 ……1057
　榛名山御師の活動 ……1059
　　<表>表7　榛名山「坊」の変遷(史料419・424ほか) ……1060
　碓氷八幡神社 ……1061
　　<表>表8　八幡宮社僧・社人一覧 ……1062
　峠の熊野神社 ……1063
　白岩観音 ……1065
　和算 ……1066
　　<表>表9　郡市別算額現存数 ……1068
　　<表>表10　現存算額の奉納年代 ……1068
　　<表>表11　流派別現存算額数 ……1068
　著述・文芸　詩文俳歌　人名録 ……1069

付録 ……1071

領主系譜(大名) ………………………………… 1072
　安中 ……………………………………………… 1072
　　井伊氏略系 …………………………………… 1072
　　水野氏略系 …………………………………… 1072
　　堀田氏略系 …………………………………… 1072
　　板倉氏略系 …………………………………… 1073
　　内藤氏略系 …………………………………… 1074
　高崎 ……………………………………………… 1074
　　井伊氏略系 …………………………………… 1074
　　酒井氏略系 …………………………………… 1075
　　戸田氏略系 …………………………………… 1075
　　松平(藤井)氏略系 …………………………… 1075
　　安藤氏略系 …………………………………… 1076
　　松平(大河内)氏略系 ………………………… 1076
　　間部氏略系 …………………………………… 1078
　　＜表＞西毛地域(2)関係要図 ………… 1080
郷村変遷 ……………………………………………1081
史料採訪先氏名 ……………………………………1111
あとがき(山田武麿) ………………………………1115
資料編10 近世2(西毛地域2)調査・編集関
　係者一覧 …………………………………………1116
　　児玉幸多(学習院大学学長;参与)
　　山田武麿(群馬大学教授;専門委員(部
　　　会長))
　　井上定幸(県史編さん室参事;専門委員)
　　中島明(県立前橋工業高等学校教諭;専
　　　門委員)
　　淡路博和(新島学園高等学校教諭;調査
　　　委員)
　　五十嵐富夫(群馬女子短期大学講師;調
　　　査委員)
　　篠木弘明(商業自営;調査委員)
　　小山友孝(県総務部群馬の森建設室主
　　　事;調査委員)
　　田中康雄(財団法人三井文庫研究員;調
　　　査委員)
　　近藤章(高崎市文化財調査委員;調査委
　　　員)
　　高木侃(関東短期大学助教授;調査委員)
　　秋元正範(東京農業大学附属第二高等
　　　学校教頭;調査委員)
　　川島維知(邑楽町誌編集委員会参与;調
　　　査委員)
　　阿久津宗二(県教育委員会文化財保護
　　　課補佐兼係長;調査委員)
　　青木裕(伊勢崎市立宮郷小学校教諭;調
　　　査委員)
　　樋口秀次郎(県立榛名高等学校定時制
　　　教頭;調査委員)
　　渋谷浩(県立利根農林高等学校教諭;調
　　　査委員)

　　桂きよ(県史編さん室嘱託;調査委員)
　　岡田昭二(県史編さん室嘱託;調査委員)
　　星野文江(県史編さん室嘱託;調査委員)
　　樋口順右(県史編さん室主事;調査委員)
県史編さん関係者名簿(昭和53年7月1日現在)
　県史編さん委員会委員・顧問 ………… 1118
　県史編さん委員会事務局職員 ………… 1118

群馬県史 資料編11 近世3 北毛地域1
群馬県史編さん委員会編集
昭和55年3月25日発行

<徳川家康が関東に入国した天正十八年(一五九〇)から明治四年(一八七一)の廃藩置県まで>

<口絵>1　天明3年7月 吾妻川沿い村々浅間焼被害絵図(部分) 吾妻郡中之条町田武彦氏所蔵
<口絵>2　宝永5年11月 吾妻郡岡崎新田村水論裁許絵図(部分)(200) 吾妻郡東村岡崎 谷保氏所蔵
<口絵>3　文久2年11月 吾妻郡林村王城山神社酒造人奉額 吾妻郡長野原町林王城山神社所蔵
<口絵>4　天正18年12月 湯本三郎右衛門尉宛真田信幸知行宛行状(27) 兵庫県姫路市五軒邸 熊谷次郎氏所蔵
<口絵>5　享保7年11月 吾妻郡略記(89) 吾妻郡吾妻町 上原政枝氏所蔵
<口絵>6　寛文4年7月 吾妻郡鎌原村地先上信国境裁許絵図(134) 吾妻郡長野原町 羽根尾区有文書
<口絵>7　寛延3年12月 吾妻郡大戸村加部安左衛門麻仕切帳(273) 吾妻郡吾妻町岩井 伊能光雄氏所蔵
<口絵>8　寛保2年2月 吾妻郡蟻川村鍛冶職弟子年季明自立誓文(330) 前橋市千代田町 蟻川博氏所蔵
<口絵>9　正徳5年10月 信州須坂藩年貢荷物大戸通り輸送依頼覚(382) 吾妻郡嬬恋村大笹 黒岩長氏所蔵
<口絵>10　享保7年5月 女通行につき碓氷関所より狩宿関所宛証文(436) 吾妻郡吾妻町厚田 片山喜四郎氏所蔵
<口絵>11　享保5年12月 中之条町百姓後家入証文(475) 吾妻郡中之条町中之条町 桑原源一郎氏所蔵
<口絵>12　寛文12年11月 群馬郡中山村百姓子供担保借金証文(489) 吾妻郡高山村中山 平形作右衛門氏所蔵
<口絵>13　自天明3年7月至同4年閏正月 吾妻郡岩井浅間焼につき村入用覚帳(502) 吾妻郡吾妻町岩井 伊能光雄氏所蔵
<口絵>14　年次不詳 草津温泉入湯心得(566) 埼玉県大宮市堀崎 湯本平八郎氏所蔵
<口絵>15　元禄3年8月 吾妻郡折田村修験峯本御幣預り証文(614) 吾妻郡中之条町折田 小淵みどり氏所蔵
<口絵>16　明治3年4月 高橋景作訳和蘭文典未定草稿 吾妻郡中之条町横尾 高橋忠夫氏所蔵

序(群馬県知事 清水一郎)
凡例
第1章　領主‥‥‥‥‥‥‥‥‥‥‥‥‥‥‥13
　<写>真田氏在地家臣湯本三郎右衛門尉幸綱の墓(吾妻郡六合村日影 竜沢寺)‥‥‥‥‥‥14
　第1節　幕府領・岩鼻県‥‥‥‥‥‥‥‥‥15
　　代官‥‥‥‥‥‥‥‥‥‥‥‥‥‥‥‥‥15
　　1　元禄十五年三月 幕府代官法度書(前橋市荒牧町 群馬大学図書館蔵)‥‥‥‥‥15
　　2　文化十年三月 岩鼻陣屋設置につき諸事書付写(吾妻郡吾妻町大柏木 朝比奈真英氏所蔵)‥‥‥‥‥‥‥‥‥‥‥‥18
　　3　文政六年十二月 吾妻郡鎌原村代官替りにつき達書(吾妻郡妻恋村 鎌原区有文書)‥‥‥‥‥‥‥‥‥‥‥‥‥‥‥‥
　　4　年次不詳(天保年間カ) 吾妻郡草津村外支配代官書上(吾妻郡六合村小雨 市川義夫氏所蔵)‥‥‥‥‥‥‥‥‥‥23
　　5　文久三年十月 吾妻郡大前村外村役人ら非常備えにつき岩鼻陣屋へ武術稽古場取立て方願(吾妻郡妻恋村 鎌原区有文書)‥‥‥‥‥‥‥‥‥‥‥‥‥‥28
　　6　文久三年十二月 岩鼻陣屋詰農兵猟師鉄砲隊名前書上帳(吾妻郡中之条町五反田 唐沢姫雄氏所蔵)‥‥‥‥‥30
　　7　慶応元年十一月 吾妻郡坪井村外六ヵ村非常手当下命につき議定書(吾妻郡長野原町 羽根尾区有文書)‥‥‥‥‥34
　巡見使‥‥‥‥‥‥‥‥‥‥‥‥‥‥‥‥35
　　8　宝永七年五月宝暦十年十月 巡見使廻村につき下尻高村外伝馬証文写(吾妻郡高山村中山 平形作右衛門氏所蔵)‥‥35
　　9　天保九年四月 群馬郡中山宿巡見使御用留(吾妻郡高山村中山 平形作右衛門氏所蔵)‥‥‥‥‥‥‥‥‥‥‥‥37
　維新‥‥‥‥‥‥‥‥‥‥‥‥‥‥‥‥‥48

10　慶応四年正月　原町・中之条町農兵取立てにつき人足差出方議定書（吾妻郡東村五別田　佐藤巻之助氏所蔵）‥‥‥‥48
11　慶応四年二月　偽官軍取締りにつき狩宿関所廻状（『廻状写』吾妻郡長野原町羽根尾　唐沢元義氏所蔵）‥‥‥‥‥‥49
12　慶応四年四月　吾妻郡大戸村外安中藩持場につき触書（『御用留』吾妻郡妻恋村袋倉　山崎弘三氏所蔵）‥‥‥‥‥49
13　慶応四年六月　原町外三ヶ村官軍通行につき助郷免除願（『見聞書』前橋市荒牧町　群馬大学図書館蔵）‥‥‥‥50
14　慶応四年六月　前橋藩旧幕領統治につき総長等任命触書（『見聞書』前橋市荒牧町　群馬大学図書館蔵）‥‥‥‥55
　　［*民生委任］
15　慶応四年七月　岩鼻県統治箇条触書（『御布告并所用控』/吾妻郡吾妻町植栗　関緑氏所蔵）‥‥‥‥‥‥‥‥‥‥56
16　慶応四年八月　中之条町有志安民隊書上（吾妻郡中之条町　中之条町役場蔵）‥‥57
17　明治元年九月　関所并諸藩分割鎮撫廃止につき前橋藩触書（『御廻状留』/吾妻郡中之条町五反田　斎藤文治氏所蔵）‥‥58
　　［*上野国内関所廃止］
18　明治二年六月　吾妻郡植栗村金札通用布告につき請書（『御布告并所用控』/吾妻郡吾妻町植栗　関緑氏所蔵）‥‥‥‥‥59

第2節　旗本領‥‥‥‥‥‥‥‥‥‥‥‥60
　法制‥‥‥‥‥‥‥‥‥‥‥‥‥‥‥60
19　文化十三年六月　旗本向井氏知行村方百姓欠所取計方并村方取締り方留書（吾妻郡高山村中山　後藤耕助氏所蔵）‥‥‥‥‥‥‥‥‥‥‥‥‥‥‥‥
20　文政三年十二月　旗本向井氏知行村々代官申渡書付（吾妻郡高山村尻高　松井久氏所蔵）‥‥‥‥‥‥‥‥‥‥‥‥64
21　嘉永五年四月　吾妻郡芦生田村外知行替につき地方新令請書（吾妻郡嬬恋村　芦生田区有文書）‥‥‥‥‥‥‥‥64
　財政‥‥‥‥‥‥‥‥‥‥‥‥‥‥‥66
22　天明五年九月　吾妻郡岩井村外知行旗本保科氏借財高并前納高覚（『御仕送御用書留帳』/吾妻郡吾妻町岩井　伊能光雄氏所蔵）‥‥‥‥‥‥‥‥‥‥‥‥66
23　享和三年閏正月　吾妻郡岩井村外知行旗本保科氏暮方仕用帳（吾妻郡吾妻町岩井　伊能光雄氏所蔵）‥‥‥‥‥‥67
24　万延二年二月　群馬県中山村知行旗本向井氏家政改革下知書（吾妻郡高山村中山　後藤耕助氏所蔵）‥‥‥‥‥70

第3節　大名領‥‥‥‥‥‥‥‥‥‥‥‥72
　真田領‥‥‥‥‥‥‥‥‥‥‥‥‥‥72

25　天正十八年十二月　折田軍兵衛宛真田信幸知行宛行状（吾妻郡中之条町折田　折田茂氏所蔵）‥‥‥‥‥‥‥‥72
　　［*知行地給付；地方知行方式］
26　天正十八年十二月　田村雅楽尉宛真田信幸知行宛行状（吾妻郡中之条町五反田　田村武一郎氏所蔵）‥‥‥‥‥73
　　［*知行地給付］
27　天正十八年十二月　湯本三郎右衛門尉宛真田信幸知行宛行状（兵庫県姫路市五軒邸　熊谷次郎氏所蔵）‥‥‥‥73
　　［*知行地給付］
28　天正十八年十二月　湯本氏同心三十一人宛真田信幸知行安堵状（兵庫県姫路市五軒邸　熊谷次郎氏所蔵）‥‥‥73
　　［*知行地給付］
29　天正二十年正月　唐入につき田村雅楽助真田信幸知行宛行状（吾妻郡中之条町五反田　田村武一郎氏所蔵）‥‥74
　　［*知行地給付］
30　年次不詳（慶長十六年十月カ）吾妻領検地につき真田信幸朱印状写（『大鋒院殿御事蹟稿十一』/長野県長野市若里町　長野県立図書館蔵）‥‥‥‥‥74
31　慶長十九年正月　真田信幸沼田・吾妻職補任状（長野県長野市松代町　真田邸宝物館蔵）‥‥‥‥‥‥‥‥‥‥‥75
32　年次不詳（慶長十九年十月カ）渡右馬助宛真田信幸触口（吾妻郡吾妻町矢倉　渡忠男丸氏所蔵）‥‥‥‥‥‥‥75
33　年次不詳（慶長十九年十二月カ）渡右馬助宛真田信幸知行宛行状（吾妻郡吾妻町矢倉　渡忠男丸氏所蔵）‥‥‥‥75
　　［*知行地給付］
34　年次不詳（慶長十九年十二月カ）真田信幸中条屋敷免除宛行状写（『大鋒院殿御事蹟稿一八』/長野県長野市若里町　長野県立図書館蔵）‥‥‥‥‥76
35　年次不詳（慶長十九年十二月カ）真田信幸原町宛諸役免許朱印状写（吾妻郡中之条町伊勢町　一場健氏所蔵）‥‥76
36　慶長二十年二月　出浦対馬守宛真田信幸原町知行宛行状（長野県長野市松代町　真田邸宝物館蔵）‥‥‥‥‥‥76
　　［*知行地給付］
37　年次不詳（慶長年間カ）吾妻郡給人宛材木江戸送り催促状（吾妻郡六合村赤岩　湯本貞二氏所蔵）‥‥‥‥‥‥77
38　元和二年六月　出浦半平宛真田信之（幸）原町知行宛行状（長野県長野市松代町　真田邸宝物館蔵）‥‥‥‥‥‥77
　　［*知行地給付］

群馬県史 資料編11 近世3

39 年次不詳(元和三年六月カ) 吾妻乗馬衆役銭免除につき真田信之朱印状 (兵庫県姫路市五軒邸 熊谷次郎兵衛所蔵)…77
40 元和八年二月 原長右衛門宛真田信吉知行宛行状(吾妻郡六合村赤岩 湯本貞二氏所蔵)…78
 [*知行地給付]
41 元和八年二月 栃原十郎左衛門宛真田信吉知行宛行状(吾妻郡妻恋村大笹 栃原仙次郎氏所蔵)…78
 [*知行地給付]
42 元和八年二月 折田軍兵衛宛真田信吉知行宛行状(吾妻郡中之条町折田 折田茂氏所蔵)…79
 [*知行地給付]
43 元和八年三月 市場右京進宛原町郷代官任命状写(『天桂院殿御事蹟稿三』/長野県長野市岩里町 長野県立図書館蔵)…79
44 元和九年正月 栃原武助宛真田信吉知行宛行状(吾妻郡妻恋村大笹 栃原仙次郎氏所蔵)…79
 [*知行地給付]
45 元和九年十一月 真田信吉上洛につき足軽共借金覚(吾妻郡妻恋村大笹 栃原仙次郎氏所蔵)…79
46 元和九年十一月 栃原十郎左衛門外宛真田信吉知行宛行状(吾妻郡妻恋村大笹 栃原仙次郎氏所蔵)…80
47 明暦三年十月 佐藤軍兵衛宛真田氏知行書上(吾妻郡中之条町折田 折田茂氏所蔵)…81
 [*知行地給付]
48 万治二年十一月 真田領原町外支配代官一場氏宛年貢皆済目録(吾妻郡中之条町伊勢町 一場健氏所蔵)…81
49 万治二年 真田藩領分書上写(吾妻郡高山村中山 平形徳右衛門氏所蔵)…82
50 寛文元年九月 佐藤軍兵衛宛真田氏知行加増覚(吾妻郡中之条町折田 折田茂氏所蔵)…84
51 寛文三年七月 真田伊賀守新検地控(吾妻郡高山村中山 平形徳右衛門氏所蔵)…84
 [*村別給人知行高]
52 寛文八年十一月 佐藤軍兵衛宛真田信利宛行状(吾妻郡中之条町折田 折田茂氏所蔵)…89
53 寛文十二年九月 真田氏家臣佐藤・折田家高分け証文(吾妻郡中之条町折田 折田茂氏所蔵)…89
54 寛文十三年六月 折田区兵衛宛真田信利宛行状(吾妻郡中之条町折田 折田茂氏所蔵)…89

55 年次不詳(延宝五年九月カ) 吾妻郡草津村給人欠所につき年貢上納方吟味催促状(吾妻郡六合村小雨 市川義夫氏所蔵)…89
 [*年貢直納催促状]
56 延宝八年正月 真田藩借金証文(吾妻郡中之条町折田 折田茂氏所蔵)…90
57 延宝八年十二月 真田藩借金証文(吾妻郡中之条町折田 折田茂氏所蔵)…90
58 天和元年十二月 真田信直改易につき諸道具差上覚(吾妻郡中之条町折田 折田茂氏所蔵)…91
59 天和元年十二月 真田氏家臣鎌原縫殿知行所小物成勘定目録(吾妻郡妻恋村大笹 岩上武氏所蔵)…92
60 貞享二年二月 沼田領再検地控(吾妻郡高山村中山 平形徳右衛門氏所蔵)…93
 [*幕府直轄領]
61 元禄二年十月 真田氏借財債務につき吾妻郡村々訴状(吾妻郡中之条町 中之条町役場蔵)…96
 [*反訴状]
62 元禄七年五月 真田氏家臣一場家親類書(吾妻郡中之条町伊勢町 一場健氏所蔵)…97
63 年次不詳 真田氏家臣湯本家家略記 (吾妻郡六合村赤岩 湯本貞二氏所蔵)…98
清水領…104
64 文政七年九月 吾妻郡西中之条村外清水領替につき地方仕法請書(吾妻郡中之条町 中之条町役場蔵)…104
65 安政二年正月 吾妻郡清水領村々上知反対歎願書(吾妻郡中之条町 中之条町役場蔵)…105
66 年次不詳 清水領知方触書(吾妻郡吾妻町 矢倉区有文書)…107

第2章 村政…111
<写>中山村名主非常持出し用書類箱(吾妻郡高山村中山 平形作右衛門氏所蔵)…112
第1節 村行政…113
村役人…113
67 寛保元年八月 吾妻郡草津村外名主入札につき出入和解証文(吾妻郡六合村小雨 市川義夫氏所蔵)…113
68 寛保二年九月 吾妻郡箱島村村役につき議定(吾妻郡東村箱島 田中護八郎氏所蔵)…115
69 宝暦六年正月 中之条町名主入札取極証文(吾妻郡中之条町中之条 桑原源一郎氏所蔵)…116

154 県史誌内容総覧・資料編 1: 近世―関東

70　明和八年二月 吾妻郡草津村外定使役奉公請状(『御用留』/吾妻郡六合村小雨 市川義夫氏所蔵)‥‥‥‥‥‥‥‥‥116
71　文化六年二月 群馬郡中山村名主役入札につき議定(吾妻郡高山村中山 平形作右衛門氏所蔵)‥‥‥‥‥‥‥‥‥117
72　嘉永六年 吾妻郡岩井村村役人給与規定(吾妻郡吾妻町植栗 関緑氏所蔵)‥‥117
73　慶応四年閏四月 吾妻郡五反田村名主選出仕法につき願(吾妻郡中之条町五反田 斎藤庄平氏所蔵)‥‥‥‥‥‥‥118
74　明治二年正月 吾妻郡半出来組一村復帰につき議定(吾妻郡嬬恋村 今井区有文書)‥‥‥‥‥‥‥‥‥‥‥‥‥‥‥119
村入用‥‥‥‥‥‥‥‥‥‥‥‥‥‥‥‥119
75　明和二年三月 吾妻郡入山村村入用帳(吾妻郡六合村 入山区有文書)‥‥‥119
76　文化二年二月 原町諸役入目帳(吾妻郡吾妻町原町 山口恵一氏所蔵)‥‥‥122
77　弘化四年二月 吾妻郡植栗村旗本御用并郷中諸入用控帳(吾妻郡吾妻町植栗 関緑氏所蔵)‥‥‥‥‥‥‥‥‥‥‥125
村議定‥‥‥‥‥‥‥‥‥‥‥‥‥‥‥‥129
78　文化六年三月四月 中之条町外三十八ヵ村浪人等合力銭扱い方につき願書并申合規定(吾妻郡中之条町大道 塩野谷六郎氏所蔵)‥‥‥‥‥‥‥‥‥129
79　文政八年正月 吾妻郡狩宿村村政出入内済議定(吾妻郡長野原町 応桑区有文書)‥‥‥‥‥‥‥‥‥‥‥‥‥‥‥130
80　天保二年八月 吾妻郡中居村・赤羽根村百姓ら申合議定(吾妻郡嬬恋村 三原区有文書)‥‥‥‥‥‥‥‥‥‥‥‥132
81　嘉永二年 吾妻郡植栗村休業日等につき村議定(吾妻郡吾妻町植栗 関緑氏所蔵)‥‥‥‥‥‥‥‥‥‥‥‥‥‥‥134
82　安政三年三月 吾妻郡鎌原村村議定(吾妻郡嬬恋村 鎌原区有文書)‥‥‥135
83　文政六年九月 吾妻郡岩井村旗本頼母子村請につき倹約方村議定(吾妻郡吾妻町 岩井区有文書)‥‥‥‥‥‥‥136
84　元治元年九月 吾妻郡林村作毛盗人取締りにつき入札仕法申合規定(吾妻郡長野原町 林区有文書)‥‥‥‥‥‥‥137
組合村‥‥‥‥‥‥‥‥‥‥‥‥‥‥‥‥138
85　文政十年七月 中之条町外四十ヵ村組合領知支配高覚帳(吾妻郡東村新巻 富沢三郎氏所蔵)‥‥‥‥‥‥‥‥‥138
86　文政十一年三月 中之条町外村々清水領限り改革組合村願(吾妻郡中之条町折口 今井次男氏所蔵)‥‥‥‥‥‥144

87　年次不詳(文政十一年ヵ) 吾妻郡大戸村外四十三ヵ村組合村高書上帳(吾妻郡吾妻町大柏木 朝比奈真英氏所蔵)‥‥‥145
第2節　村況‥‥‥‥‥‥‥‥‥‥‥‥‥‥150
村由緒‥‥‥‥‥‥‥‥‥‥‥‥‥‥‥‥150
88　自承応三年至天保九年 吾妻郡植栗村年代記(『抜書記録』/吾妻郡吾妻町植栗 関緑氏所蔵)‥‥‥‥‥‥‥‥‥150
89　享保七年十一月 吾妻郡略記(吾妻郡吾妻町原町 上原政枝氏所蔵)‥‥‥154
90　明治二年正月 群馬郡中山村由緒略記(吾妻郡高山村中山 平形作右衛門氏所蔵)‥‥‥‥‥‥‥‥‥‥‥‥‥‥‥171
91　年次不詳 吾妻郡折田村外三ヵ村由緒書(吾妻郡中之条町五反田 田村武一郎氏所蔵)‥‥‥‥‥‥‥‥‥‥‥‥‥175
92　年次不詳 吾妻郡四郷由緒書(『手控帳』/吾妻郡中之条町岩本 神保彦憲氏所蔵)‥‥‥‥‥‥‥‥‥‥‥‥‥‥‥177
明細帳‥‥‥‥‥‥‥‥‥‥‥‥‥‥‥‥177
93　元禄五年六月 吾妻郡植栗村明細帳(吾妻郡吾妻町植栗 茂木友彦氏所蔵)‥177
94　享保七年十月 吾妻郡四万村明細帳(吾妻郡中之条町 中之条町役場蔵)‥‥182
95　享保十六年六月 中之条町明細帳(吾妻郡中之条町 中之条町役場蔵)‥‥‥186
96　寛保二年八月 吾妻郡大笹村明細帳(吾妻郡嬬恋村大笹 黒岩長氏所蔵)‥‥197
97　延享四年七月 吾妻郡折田村明細帳(吾妻郡中之条町折田 錦貫幸次氏所蔵)‥202
［*村鑑帳］
98　明和元年九月 吾妻郡草津村・前口村・小雨村明細帳(吾妻郡六合村小雨 市川義夫氏所蔵)‥‥‥‥‥‥‥‥‥‥204
99　安永七年十二月 群馬郡中山村明細帳(吾妻郡高山村中山 平形作右衛門氏所蔵)‥‥‥‥‥‥‥‥‥‥‥‥‥‥‥213
100　文化十年三月 吾妻郡五反田村明細帳(吾妻郡中之条町五反田 唐沢姫雄氏所蔵)‥‥‥‥‥‥‥‥‥‥‥‥‥‥‥217
101　文政六年十二月 吾妻郡大前村明細帳(吾妻郡嬬恋村大笹 黒岩晴義氏所蔵)‥‥‥‥‥‥‥‥‥‥‥‥‥‥‥219
102　文政八年六月 吾妻郡入山村明細帳(吾妻郡六合村 入山区有文書)‥‥‥‥222
103　文政十二年四月 吾妻郡鎌原村明細帳(吾妻郡嬬恋村 鎌原区有文書)‥‥‥223
104　天保八年正月 吾妻郡箱島村明細帳(吾妻郡東村箱島 田中護八郎氏所蔵)‥‥227
105　安政二年三月 吾妻郡狩宿村明細帳(吾妻郡長野原町 応桑区有文書)‥‥‥232

106　安政二年三月　吾妻郡萩生村明細帳
　　（吾妻郡吾妻町　坂上支所所蔵）……………232
107　文久元年八月　吾妻郡大道新田村明
　　細帳（吾妻郡中之条町大道　塩野谷六郎氏所
　　蔵）……………………………………………235
108　慶応四年七月　吾妻郡岡崎新田村明
　　細帳（吾妻郡東村岡崎　谷保氏所蔵）………236
109　明治二年四月　吾妻郡蟻川村明細帳
　　（吾妻郡中之条町蟻川　唐沢正一氏所蔵）‥239

第3章　農業と貢租………………………243
　＜写＞尻高村の草葺民家（吾妻郡高山村尻高
　　松井信夫氏）…………………………………244
　第1節　土地………………………………245
　　検地帳……………………………………245
110　慶長十五年七月　吾妻郡須賀尾村検
　　地帳（吾妻郡吾妻町須賀尾　高橋達夫氏所
　　蔵）……………………………………………245
111　年次不詳（万治年間カ）　吾妻郡草津
　　村高勘定帳（埼玉県大宮市堀崎　湯本平八
　　郎氏所蔵）……………………………………254
　　小作・質地………………………………266
112　寛文十一年二月　群馬郡中山村百姓
　　田地売渡証文（吾妻郡高山村中山　平形作
　　右衛門氏所蔵）………………………………266
113　元禄三年十二月　吾妻郡折田村屋敷
　　林質置証文（吾妻郡中之条町折田　小渕み
　　どり氏所蔵）…………………………………267
114　宝暦四年十月　吾妻郡草津村外田畑
　　屋敷質入値段并小作入上書上（吾妻郡六
　　合村小雨　市川義夫氏所蔵）………………267
115　明和二年八月　吾妻郡大柏木村反取
　　并田畑質入竹木値段帳（吾妻郡吾妻町大
　　柏木　朝比奈真英氏所蔵）…………………268
116　安永五年三月　吾妻郡赤坂村小作金
　　滞り出入内済証文（吾妻郡中之条町赤坂
　　小林貞夫氏所蔵）……………………………269
117　安永八年八月　吾妻郡赤岩村質地流
　　地証文（吾妻郡六合村赤岩　湯本貞二氏所
　　蔵）……………………………………………271
118　文化五年十二月　原田小作証文（吾妻
　　郡吾妻町原町　湯浅雄次郎氏所蔵）………271
119　文政七年八月　吾妻郡矢倉村田畑質
　　地并小作入上値段帳（吾妻郡吾妻町　岩島
　　支所蔵）………………………………………272
120　天保五年四月　中之条町外地主仲間
　　小作仕法につき議定（吾妻郡中之条町折
　　田　折田茂氏所蔵）…………………………272
121　天保十三年十月　中之条町役人質地
　　請戻し金拝借願（吾妻郡中之条町中之条
　　町　桑原源一郎氏所蔵）……………………274

122　嘉永元年十二月　吾妻郡大戸村加部
　　安左衛門持田畑請負作徳勘定帳（吾妻郡
　　吾妻町岩井　伊能光雄氏所蔵）……………274
123　嘉永五年十二月　吾妻郡三島村小作
　　添証文（吾妻郡吾妻町三島　高橋重郎氏所
　　蔵）……………………………………………276
124　嘉永六年三月　吾妻郡植栗村地主小
　　作金滞り訴状（吾妻郡吾妻町植栗　茂木友
　　彦氏所蔵）……………………………………276
125　文久三年十二月　中之条町畑質地証
　　文（吾妻郡中之条町中之条町　町田武彦氏
　　所蔵）…………………………………………278
126　元治元年三月　吾妻郡三島村畑二
　　十ヵ年流地証文（吾妻郡吾妻町三島　高橋
　　重郎氏所蔵）…………………………………279
127　元治元年四月　吾妻郡大塚村質地請
　　戻し出入内済証文（吾妻郡中之条町赤坂
　　小林貞夫氏所蔵）……………………………279
　第2節　林野………………………………281
　　御用林……………………………………281
128　寛文八年三月　吾妻郡大笹村真田領
　　御用林規定（吾妻郡嬬恋村大笹　黒岩晴義
　　氏所蔵）………………………………………281
129　享保八年八月　吾妻郡大笹村御巣鷹
　　山役人由緒書上（吾妻郡嬬恋村大笹　岩上
　　武氏所蔵）……………………………………281
130　文政四年四月　吾妻郡草津村・小雨
　　村御林改帳（埼玉県大宮市堀崎　湯本平八
　　郎氏所蔵）……………………………………282
131　年次不詳　御巣鷹巣下し仕法覚（吾妻
　　郡嬬恋村大笹　黒岩長氏所蔵）……………283
　　秣場………………………………………283
132　正保二年四月　群馬郡下尻高村山
　　出入裁許状（吾妻郡中之条町大塚　吉田春
　　雄氏所蔵）……………………………………283
　　［＊山元権］
133　万治二年九月　吾妻郡浦倉山境論裁
　　許写（吾妻郡嬬恋村鎌原　鎌原忠司氏所
　　蔵）……………………………………………284
　　［＊国境紛争］
134　寛文四年七月　吾妻郡鎌原村地先上
　　信国境裁許絵図裏書（吾妻郡長野原町　羽
　　根尾区有文書）………………………………284
　　［＊国境紛争］
135　寛文十一年三月　榛名山社人と吾妻
　　郡十二ヵ村境論裁許状写（吾妻郡吾妻町
　　大戸区有文書）………………………………285
　　［＊境界論］
136　元禄五年十二月　信州中吉田村鳥居
　　峠山札証文（吾妻郡嬬恋村大笹　黒岩晴義
　　氏所蔵）………………………………………286
　　［＊山札］

137　元禄十二年七月　吾妻郡内榛名山続入会村々由緒書上(吾妻郡吾妻町三島　高橋重郎氏所蔵)……………………286
　[＊入会権]
138　元禄十五年四月　吾妻郡大笹村地先上信国境裁定写(吾妻郡嬬恋村　門貝区有文書)……………………287
　[＊入会権]
139　宝永七年二月　吾妻郡大戸・萩生両村入会秣場出入裁許写(吾妻郡吾妻町萩生　一場大作氏所蔵)……………288
140　享保十一年十一月　吾妻郡三島村・厚田村榛名南山入会出入裁許取替証文(吾妻郡吾妻町　岩島支所蔵)………290
141　寛保三年十月　吾妻郡草津村外三ヵ村入山村と秣場出入訴状(吾妻郡六合村小雨　市川義夫氏所蔵)…………292
142　延享元年十月　吾妻郡大笹村地先信州境入会出入裁許請状(吾妻郡嬬恋村田代　千川進氏所蔵)……………293
　[＊伐木事件]
143　宝暦三年九月　吾妻郡四万村灰茅刈り定書連判帳(吾妻郡中之条町四万　唐沢文衛氏所蔵)…………………295
144　宝暦十一年六月　吾妻郡山田山入会出入裁許状写(吾妻郡中之条町折田　折田茂氏所蔵)……………………296
145　安政十一年五月　吾妻郡狩宿村外五ヵ村浅間山麓野原入会議定(吾妻郡嬬恋村　芦生田区有文書)……………297
　[＊用益権争い]
146　天保七年四月　吾妻郡鎌原村外五ヵ村南木山入会議定(吾妻郡嬬恋村　鎌原区有文書)……………………298
　[＊用益権争い]
147　嘉永五年七月　吾妻郡本宿・須賀尾両村旧御巣鷹山入会境出入内済請書(吾妻郡吾妻町須賀尾　轟鍋次氏所蔵)……299
148　安政四年十月　吾妻郡田代村外南木山入会出入裁許書(吾妻郡嬬恋村大笹　黒岩晴義氏所蔵)……………300
　[＊用益権争い]
149　安政六年十一月　吾妻郡小宿村外南木山入会出入費用弁済方議定(吾妻郡嬬恋村　鎌原区有文書)……………303
　[＊紛争経費調達]

林業・山稼………………………304
150　元禄八年十月　吾妻郡四万村山入会伐木稼出入裁定覚(吾妻郡中之条町岩本　神保彦憲氏所蔵)……………304
　[＊入会用益権]

151　延享二年七月　吾妻郡岩下村御用竹江戸廻し筏仕立て帳(吾妻郡吾妻町岩下　脇屋真一氏所蔵)……………305
152　宝暦元年十二月　吾妻郡四万村伐挽山稼議定(吾妻郡中之条町四万　唐沢文衛氏所蔵)……………………307
　[＊乱伐自制申合]
153　寛政八年十二月　吾妻郡川戸村炭荷付送り道差障り入出内済証文(吾妻郡吾妻町　吾妻町教育委員会蔵)………308
154　文化二年三月　吾妻郡四万村役人山稼村法違反一件注進状(吾妻郡中之条町四万　唐沢文衛氏所蔵)…………310
155　文政五年四月　吾妻郡大前・千俣両村万座山稼由緒書上(吾妻郡嬬恋村千俣　千川英吉氏所蔵)……………311
　[＊御立山]
156　文政十一年二月　吾妻郡中居・赤羽両村炭売場につき申入帳(吾妻郡嬬恋村芦生田区有文書)………………313
157　弘化二年九月　吾妻郡植栗村御林払下げにつき御用炭焼方伺い(吾妻郡吾妻町植栗　茂木友彦氏所蔵)…………313
158　弘化三年十一月　利根川・吾妻川沿い材木渡世等筏鑑札直納願(吾妻郡中之条町岩本　神保彦憲氏所蔵)………314
159　安政二年九月　吾妻郡四万村稼山売木につき小前役人出入取下げ願(吾妻郡中之条町四万　唐沢文衛氏所蔵)…316
　[＊立木売渡紛争]
160　安政二年十二月　吾妻郡日影村平沢薪林売渡証文(吾妻郡六合村日影　小池正二氏所蔵)……………………317

第3節　年貢………………………318
割付・皆済………………………318
161　承応三年十一月　吾妻郡須賀尾村年貢割付状(吾妻郡吾妻町須賀尾　高橋達夫氏所蔵)……………………318
162　寛文四年十二月　吾妻郡山田村年貢割付状(吾妻郡中之条町山田　山田正治氏所蔵)………………………319
163　寛文九年十二月　吾妻郡小雨村年貢割付状(吾妻郡六合村小雨　市川義夫氏所蔵)…………………………320
164　寛文十二年十二月　吾妻郡蟻川村年貢割付状(吾妻郡中之条町岩本　神保彦憲氏所蔵)……………………321
165　延宝八年十一月　吾妻郡赤岩村年貢割付状(吾妻郡六合村赤岩　湯本貞二氏所蔵)………………………324
166　貞享三年十一月　吾妻郡岩下村年貢割付状(吾妻郡吾妻町　岩島支所蔵)……326

群馬県史 資料編11 近世3

167　貞享四年十一月 吾妻郡岩下村年貢割付状(吾妻郡吾妻町 岩島支氏所蔵)‥‥328
168　寛保元年十月 吾妻郡山田村年貢割付状(『寛保二戌風水損ニ付御割付之写』/吾妻郡中之条町山田 山田正治氏所蔵)‥‥329
169　寛保二年十月 吾妻郡山田村年貢割付状(『寛保二戌風水損ニ付御割付之写』/吾妻郡中之条町山田 山田正治氏所蔵)‥‥331
170　明和八年十月 吾妻郡草津村年貢割付状(吾妻郡草津町 草津町教育委員会蔵)‥‥333
171　天明三年三月 吾妻郡岩下村年貢皆済目録(吾妻郡吾妻町 岩島支氏所蔵)‥‥334
172　天明三年三月 吾妻郡鎌原村年貢皆済目録(吾妻郡嬬恋村 鎌原区有文書)‥‥336
173　天明三年十一月 吾妻郡岩下村年貢割付状(吾妻郡吾妻町 岩島支氏所蔵)‥‥337
174　天明四年三月 吾妻郡岩下村年貢皆済目録(吾妻郡吾妻町 岩島支氏所蔵)‥‥340
175　天明四年三月 吾妻郡鎌原村年貢皆済目録(吾妻郡嬬恋村 鎌原区有文書)‥‥341
176　天明六年十月 吾妻郡鎌原村年貢付状(吾妻郡嬬恋村 鎌原区有文書)‥‥341
177　寛政三年十月 吾妻郡草津村年貢割付状(吾妻郡草津町 草津町教育委員会蔵)‥‥342
178　文政八年十月 吾妻郡草津村年貢割付状(吾妻郡草津町 草津町教育委員会蔵)‥‥343
179　天保七年十月 吾妻郡大戸村年貢付状(吾妻郡吾妻町 大戸区有文書)‥‥345
180　天保八年十月 吾妻郡大戸村年貢割付状(吾妻郡吾妻町 大戸区有文書)‥‥347
検見・減免‥‥‥‥‥‥‥‥‥‥‥349
181　正徳三年八月 吾妻郡平村役人内検見起請文(吾妻郡中之条町平 関征児氏所蔵)‥‥349
182　年次不詳(延享三年ヵ四年) 吾妻郡小雨村新金建定免仕法に依り検見法願(吾妻郡六合村小雨 市川義夫氏所蔵)‥‥349
183　宝暦五年八月 吾妻郡千俣村万座山運上板代永免除願(吾妻郡嬬恋村千俣 千川英吉氏所蔵)‥‥350
184　明和六年七月 原町外幕府領定免請証文(吾妻郡吾妻町 吾妻町教育委員会蔵)‥‥351
185　天明三年九月 吾妻郡郷原村浅間焼被害につき破免願(吾妻郡吾妻町 岩島支氏所蔵)‥‥352
186　文化五年九月 吾妻郡原岩本村検見廻村申渡請書(吾妻郡中之条町岩本 神保彦憲氏所蔵)‥‥352

187　天保三年八月 吾妻郡門貝村年貢減免願(吾妻郡嬬恋村 門貝区有文書)‥‥353
188　安政七年二月 吾妻郡鎌原村浅間焼被害回復困難につき高掛物免除願(吾妻郡嬬恋村 鎌原区有文書)‥‥354
第4節　農業‥‥‥‥‥‥‥‥‥‥‥355
作付・産物‥‥‥‥‥‥‥‥‥‥‥533
189　自元禄十一年五月至享保八年四月原町一場家田作覚帳(吾妻郡中之条町伊勢町 一場健氏所蔵)‥‥355
190　宝暦十三年八月 吾妻郡岩井村伊能家耕作収穫并肥料等覚帳(吾妻郡吾妻町岩井 伊能光雄氏所蔵)‥‥368
191　文政七年八月 吾妻郡原岩本村綿貫家秋穀取覚帳(吾妻郡中之条町岩本 綿貫常政氏所蔵)‥‥373
192　天保六年十月 吾妻郡岩井村伊能家稲苗箱拵仕様書(吾妻郡吾妻町岩井 伊能光雄氏所蔵)‥‥374
193　安政四年正月 吾妻郡萩生村産物売高書上(吾妻郡吾妻町萩生 一場大作氏所蔵)‥‥375
194　安政四年五月 吾妻郡山田村山田家秋作仕付并麦種入覚帳(吾妻郡中之条町山田 山田正治氏所蔵)‥‥376
195　明治三年十月 吾妻郡大戸村産物書上帳(吾妻郡吾妻町 大戸区有文書)‥‥378
196　明治三年十月 吾妻郡矢倉村産物書上帳(吾妻郡吾妻町 矢倉区有文書)‥‥379
197　明治五年 吾妻郡山田村産物書上帳(吾妻郡中之条町 中之条町役場蔵)‥‥380
198　年次不詳 吾妻郡植栗村関家農事暦并農作業諸事書留(吾妻郡吾妻町植栗 関緑氏所蔵)‥‥380
用水・水車‥‥‥‥‥‥‥‥‥‥‥392
199　宝永五年二月 吾妻郡岡崎新田村用水出入返答書(吾妻郡東村岡崎 谷保氏所蔵)‥‥392
200　宝永五年十一月 吾妻郡岡崎新田村水論裁許絵図裏書(吾妻郡東村岡崎 谷保氏所蔵)‥‥393
201　文政十年四月 吾妻郡五反田村穀搗水車使用願(吾妻郡中之条町五反田 唐沢姫雄氏所蔵)‥‥394
202　天保九年三月 吾妻郡上沢渡村水車稼年季切替願(吾妻郡中之条町五反田 斎藤文治氏所蔵)‥‥394
203　嘉永五年二月 吾妻郡郷原村惣村持水車稼願(「御訴書集」/吾妻郡三島 高橋重郎氏所蔵)‥‥395
204　万延元年十月 吾妻郡植栗村寄合水車諸入用取調帳(吾妻郡吾妻町植栗 関緑氏所蔵)‥‥395

鉄砲 ………………………………………396
　205　天和三年五月 群馬郡中山村鉄砲免許願(吾妻郡高山村中山 平形作右衛門氏所蔵)……………………………………396
　206　元禄五年六月 吾妻郡三島村鉄砲改帳(吾妻郡吾妻町 岩島支所蔵)………398
　207　享保二年五月 吾妻郡小雨村・入山村鉄砲預り証文(『御用留』/吾妻郡六合村小雨 市川義夫氏所蔵)………………399
　208　享保十一年六月 原町商人宛鉄砲売渡証文(吾妻郡吾妻町原町 山口恵一氏所蔵)……………………………………400
　209　享保十二年三月 吾妻郡大道新田村猟師鉄砲質入証文(吾妻郡中之条町大道 塩町谷六郎氏所蔵)………………400
　210　延享四年七月 吾妻郡折田村猟師鉄砲改証文(吾妻郡中之条町折田 綿貫幸次氏所蔵)………………………………400
　211　安永六年十二月 吾妻郡伊勢町外六ヵ村猟師鉄砲改帳(吾妻郡吾妻町岩井 伊能光雄氏所蔵)……………………401
　212　寛政五年十二月 吾妻郡松尾村猟師猪鹿打留証文(吾妻郡吾妻町松谷 水出幾男氏所蔵)………………………………407
　213　文政五年 吾妻郡四万村猟師鉄砲証文(吾妻郡中之条町四万 宮崎徳郎氏所蔵)……………………………………407
　214　弘化四年四月 吾妻郡郷原村外十一ヵ村鉄砲鑑札改帳(吾妻郡中之条町 桑原源一郎氏所蔵)………………408
　215　嘉永四年十二月 吾妻郡平村猟師鉄砲証文(吾妻郡中之条町平 関伸一氏所蔵)……………………………………410

第4章　産業と交通 ………………………411
＜写＞大笹関所の西門と刎橋絵図(吾妻郡嬬恋村大笹 黒岩長氏所蔵)……………412
第1節　蚕糸業 ………………………………413
　養蚕 ………………………………………413
　216　享保七年六月 吾妻郡五反田村商人繭買付帳(吾妻郡中之条町五反田 田村武一郎氏所蔵)……………………413
　217　宝暦五年六月 吾妻郡岩井村荷主宛高崎町繭商人仕切状(吾妻郡吾妻町岩井 伊能光雄氏所蔵)……………415
　218　天明八年二月 吾妻郡村々繭仲買人仲間取引につき問屋宛約定書写(吾妻郡吾妻町岩井 伊能光雄氏所蔵)……417
　219　文政九年十二月 吾妻郡小泉村桑質置証文(吾妻郡吾妻町植栗 茂木友彦氏所蔵)……………………………417

　220　天保七年十一月 吾妻郡小泉村桑売渡証文(吾妻郡吾妻町植栗 茂木友彦氏所蔵)……………………………418
　221　天保十四年十二月 吾妻郡箱島村冬木桑売渡証文(吾妻郡東村箱島 田中護八郎氏所蔵)……………………………418
　222　嘉永六年六月 吾妻郡三島村繭仕入金借用証文(吾妻郡吾妻町三島 高橋重郎氏所蔵)……………………………418
　223　慶応三年二月 吾妻郡折田村蚕飼種元書上帳(吾妻郡中之条町折田 今井次男氏所蔵)……………………………419
　224　慶応四年二月 上武両州生糸改会所設立触書(『御廻状写』/吾妻郡長野原町羽根尾 唐沢元義氏所蔵)…………421
　225　慶応四年五月 維新政府輸出生糸蚕種改めにつき江戸廻し触書(『御廻状写』/吾妻郡長野原町羽根尾 唐沢元義氏所蔵)……………………………………421
　226　明治二年十二月 吾妻郡三島村百姓繭手金証文(吾妻郡吾妻町三島 高橋重郎氏所蔵)……………………………421
　227　明治五年 吾妻郡五反田村安政以来繭・生糸産額書上(吾妻郡中之条町五反田 唐沢姫雄氏所蔵)………………422
　228　明治五年 吾妻郡岡崎新田村安政以来繭・生糸産額書上(吾妻郡東村岡崎 谷保氏所蔵)……………………………423
　229　年次不詳 吾妻郡岩井村伊能家豊蚕願い行事覚(吾妻郡吾妻町岩井 伊能光雄氏所蔵)……………………………425
　230　年次不詳 横浜生糸商野沢屋生糸製法規格広達(版)(吾妻郡吾妻町植栗 茂木友彦氏所蔵)……………………425
　231　年次不詳 蚕養育指南集(吾妻郡中之条町岩本 綿貫常政氏所蔵)………425

第2節　特産物 ………………………………431
　硫黄・明礬 ………………………………431
　232　明和二年六月 万座硫黄稼開始につき代官触請書(吾妻郡嬬恋村大笹 黒岩氏所蔵)……………………………431
　　[＊硫黄採掘開始]
　233　年次不詳(明和三年四月カ) 万座硫黄焼釜試設免許状(吾妻郡嬬恋村大笹 黒岩氏所蔵)……………………432
　234　明和六年六月 万座硫黄運上皆済目録(吾妻郡嬬恋村 三原区有文書)…432
　235　寛政九年九月 吾妻郡大前村稼人明礬売捌方につき返答書(吾妻郡嬬恋村三原 黒岩敏而氏所蔵)………………433

群馬県史 資料編11 近世3

236　文政八年十月　白根・万座硫黄上州売捌方につき江戸問屋高崎問屋取極議定（吾妻郡嬬恋村千俣　千川英吉氏所蔵）……………………………………433
237　天保五年三月　吾妻郡千俣村白根硫黄稼請負人荷物輸送不当につき訴状（吾妻郡嬬恋村千俣　千川英吉氏所蔵）……435
238　天保五年八月　吾妻郡千俣村役人白根硫黄稼小屋借受につき請負人と出入内済証文（吾妻郡嬬恋村千俣　千川英吉氏所蔵）……………………………………435
239　天保十一年十二月　白根硫黄稼年季明につき湯花稼共草津村請負願（埼玉県大宮市堀崎　湯本平八郎氏所蔵）……437
240　天保十四年六月　吾妻郡大笹村百姓明礬稼願につき申入書（埼玉県大宮市堀崎　湯本平八郎氏所蔵）……………438
241　天保十四年九月　白根硫黄稼請負人硫黄担保前借証文（吾妻郡嬬恋村三原　篠原専一氏所蔵）
242　天保十五年六月　白根硫黄稼年季更新につき請負人ら申合一札（吾妻郡嬬恋村千俣　千川英吉氏所蔵）……………439
243　弘化三年三月　白根硫黄稼請負人ら硫黄売捌につき前橋問屋宛議定（吾妻郡嬬恋村千俣　千川英吉氏所蔵）……440
244　嘉永元年十一月　白根硫黄稼請負証文（吾妻郡嬬恋村三原　篠原専一氏所蔵）……………………………………441
245　嘉永四年五月　白根硫黄稼請負方改訂につき仲間議定（吾妻郡嬬恋村三原　黒岩敏而氏所蔵）……………………441
246　嘉永四年十一月　白根硫黄請負人前借金決済証文（吾妻郡嬬恋村三原　篠原専一氏所蔵）……………………442
247　安政三年二月　白根硫黄請負人硫黄売渡代金外取調帳（吾妻郡嬬恋村三原　黒岩敏而氏所蔵）……………………442
248　安政七年三月　白根硫黄請負人前橋問屋宛前借証文（吾妻郡嬬恋村三原　黒岩敏而氏所蔵）……………………444
249　万延元年四月　白根硫黄甲信越売捌方につき請負人・小諸問屋取替議定（吾妻郡嬬恋村三原　黒岩敏而氏所蔵）……445
250　万延元年五月　吾妻郡大前村明礬売捌方議定証文（吾妻郡嬬恋村三原　黒岩敏而氏所蔵）……………………445

湯花………………………………………446
251　明和元年十一月　吾妻郡坪井村百姓湯花荷物輸送仕法違反につき詫状（吾妻郡長野原町　大津区有文書）……446
　　［＊湯花の稼株成立］

252　文政五年八月　吾妻郡千俣村百姓湯花稼不都合につき差止め願（吾妻郡草津町　草津町教育委員会蔵）……………447
253　天保二年十月　草津温泉湯花稼年季引請証文（埼玉県大宮市堀崎　湯本平八郎氏所蔵）……………………………447
254　天保十二年九月　白根山新規湯花稼願（埼玉県大宮市堀崎　湯本平八郎氏所蔵）……………………………………449
255　文久元年四月　吾妻郡赤岩村百姓湯花荷物輸送仕法違反につき村々議定（吾妻郡嬬恋村　今井区有文書）………449
256　慶応二年三月　吾妻郡三十七ヵ村湯花荷物輸送仕法議定書（吾妻郡六合村小雨市川義夫氏所蔵）………………451
　　［＊湯花採取禁止期間］

硝石ほか…………………………………452
257　文政三年十二月　吾妻郡四万村地内蝋石試掘方申請書（吾妻郡中之条町　四万山田光利氏所蔵）………………452
258　文政四年八月　吾妻郡四万村地内蝋石試掘方請負証文（吾妻郡中之条町　中之条町役場蔵）……………………453
259　天保十四年十二月　吾妻郡植栗村茂木家幕府鉄砲方合薬上納願済書付（吾妻郡吾妻町植栗　茂木友彦氏所蔵）…453
260　嘉永元年十月　吾妻郡植栗村焔硝製方水車設置許可状（吾妻郡吾妻町植栗　茂木友彦氏所蔵）……………………454
261　嘉永四年五月　御用向鉄砲玉薬上納請負人ら議定書（吾妻郡吾妻町植栗　茂木友彦氏所蔵）……………………455
262　嘉永四年八月　吾妻郡植栗村茂木家差配御用焔硝納方議定帳（吾妻郡吾妻町植栗　茂木友彦氏所蔵）……………456
　　［＊焔硝問屋］
263　嘉永四年十二月　吾妻郡植栗村茂木家福山会所宛焔硝納入見積書（吾妻郡吾妻町植栗　茂木友彦氏所蔵）………458
264　嘉永五年閏二月　群馬郡中山村焔硝師御用鑑札請書（吾妻郡吾妻町植栗　茂木友彦氏所蔵）……………………459
265　嘉永六年七月　吾妻郡植栗村外焔硝師幕府御用拝命につき諸便宜取計い方願（吾妻郡吾妻町植栗　茂木友彦氏所蔵）……………………………………460
　　［＊焔硝御用］
266　年次不詳（嘉永六年七月カ）　群馬郡祖母村外焔硝師ら御用焔硝納入請書（吾妻郡吾妻町植栗　茂木友彦氏所蔵）…461
　　［＊焔硝御用］

群馬県史 資料編11 近世3

267　嘉永六年十二月 吾妻郡植栗村茂木家硝石荷物船積帳（吾妻郡吾妻町植栗 茂木友彦氏所蔵）……………………461
麻・煙草 ……………………………………462
268　元禄十五年四月 中之条町桑原家宛江戸商人麻仕切状（吾妻郡中之条町中之条町 桑原源一郎氏所蔵）……462
269　享保三年十一月 原町商人宛越中商人麻買代金年賦返済証文（吾妻郡吾妻町原町 山口恵一氏所蔵）……………463
270　享保五年十二月 吾妻郡五反田村田村家煙草買帳（吾妻郡中之条町五反田 田村武一郎氏所蔵）……………464
271　元文四年九月 江戸麻問屋新規開業につき吾妻荷主宛挨拶状（吾妻郡吾妻町原町 山口恵一氏所蔵）…………466
　　［＊在村麻荷主］
272　延享四年十一月 吾妻郡山田村商人南麻買入帳（吾妻郡中之条町山田 山田正治氏所蔵）………………467
　　［＊在村荷主］
273　寛延三年十二月 吾妻郡大戸村加部安左衛門麻仕切帳（吾妻郡吾妻町岩井 伊能光雄氏所蔵）………………468
274　宝暦三年十一月 江戸麻問屋原町荷主宛麻仕切状（吾妻郡吾妻町原町 山口恵一氏所蔵）…………………469
275　安永九年六月 吾妻郡大柏木村麻綿運上由緒書上（吾妻郡吾妻町大柏木 朝比奈真英氏所蔵）………………470
　　［＊麻綿運上金上納］
276　天明三年八月 吾妻郡大柏木村畑方秋作小前書上帳（吾妻郡吾妻町大柏木 朝比奈真英氏所蔵）……………471
　　［＊浅間山噴火被害状況］
277　天明六年十一月 吾妻郡岩井村煙草質置証文（吾妻郡吾妻町岩井 伊能光雄氏所蔵）……………………485
　　［＊在村荷主］
278　寛政八年十一月 吾妻郡大戸村加部安左衛門宛煙草質置証文（吾妻郡吾妻町岩井 伊能光雄氏所蔵）…………486
279　自文化二年八月至天保十一年二月 吾妻郡岩下村商人江戸売麻諸掛り覚帳（吾妻郡吾妻町岩下 片貝亀禄氏所蔵）……486
　　［＊麻荷主］
280　文化三年十一月 吾妻郡川戸村煙草質置証文（吾妻郡吾妻町岩井 伊能光雄氏所蔵）……………………502
281　文化八年十一月 吾妻郡郷原村麻質置証文（吾妻郡吾妻町岩井 伊能光雄氏所蔵）……………………502

282　年次不詳（天保十二年九月カ）江戸煙草問屋吾妻郡并渋川村荷主商況等につき連判書状（吾妻郡中之条町五反田 斎藤庄平氏所蔵）……………503
283　安政三年九月 吾妻郡岩下村麻商人ら麻売買につき寄場設置願（吾妻郡吾妻町岩下 脇屋真一氏所蔵）…………504
　　［＊麻寄場］

第3節　商工業 ……………………………505
市・相場 ……………………………………505
284　寛文七年二月 中之条町市日違反につき原町宛詫状写（吾妻郡中之条町中之条町 桑原源一郎氏所蔵）……………505
　　［＊市紛争］
285　延宝九年八月 中之条町上丁市定日違反につき中・下丁宛規定遵守方誓約状（吾妻郡中之条町 中之条町役場所蔵）…506
　　［＊市紛争］
286　天和三年八月 原町市日裁定につき中之条町宛誓約状（吾妻郡中之条町 中之条町役場蔵）……………………507
　　［＊市紛争］
287　貞享三年十月 中之条町市居座猥りにつき訴状（吾妻郡中之条町 桑原源一郎氏所蔵）………………507
　　［＊市居座の乱れ］
288　貞享三年十月 中之条町商人仲間市扱い証文写（吾妻郡中之条町 中之条町役場蔵）……………………508
　　［＊市居座の乱れ］
289　宝永三年十一月 中之条町下丁炭薪市猥りにつき訴状（吾妻郡中之条町中之条町 桑原源一郎氏所蔵）…………509
290　享保六年三月 吾妻郡大笹村馬市却下につき穀市立て願（吾妻郡嬬恋村大笹 岩上武氏所蔵）………………509
　　［＊米穀市設置願］
291　享保九年八月 中之条町六斎市毎月市立て願（吾妻郡中之条町 中之条町役場蔵）……………………510
292　享保二十年十月 米値段下値につき諸国高値売買勧奨方触請書（吾妻郡吾妻町松谷 水出幾男氏所蔵）……………510
293　延享二年十一月 原町市場以外の商売禁止願（吾妻郡吾妻町原町 湯浅雄次氏所蔵）……………………512
294　延享二年十一月 原町山根組百姓市場以外の商売差控証文（吾妻郡吾妻町原町 湯浅雄次氏所蔵）………………513
295　宝暦十年三月 吾妻郡大笹村穀市須坂払米・大豆割合書上（吾妻郡嬬恋村大笹 岩上武氏所蔵）……………………513

県史誌内容総覧・資料編 1: 近世―関東　161

296　安永五年六月 吾妻郡草津村白米小売仲間抜売禁止申合(『御用留』/吾妻郡六合村市川義夫氏所蔵)……514
297　天明四年正月 原町諸穀物相場覚(『年代日記』/吾妻郡吾妻町原町 湯浅雄次氏所蔵)……514
298　寛政十年六月 吾妻郡岩井村諸相場覚帳(吾妻郡吾妻町岩井 伊能光雄氏所蔵)……515
299　文政二年八月 吾妻郡羽根尾村物価引下達請書(吾妻郡長野原町 羽根尾区有文書)……519
300　文政二年十月 吾妻郡松尾村外組合村諸色値段書上(吾妻郡吾妻町松谷 水出幾男氏所蔵)……519
301　文政十年五月 中之条町市立て由来陳弁書(吾妻郡中之条町中之条町 桑原源一郎氏所蔵)……520
　　　[*市紛争の再燃]
302　文政十年六月 中之条町原町市立て出入裁定請書(吾妻郡草津町 草津町教育委員会蔵)……521
　　　[*市紛争の再燃]
303　天保八年八月 吾妻郡五町田村凶年穀相場書上(吾妻郡東村五町田 佐藤巻之助氏所蔵)……521
304　年次不詳(天保十二年三月カ) 中之条町市立てにつき周辺村々宛願書并村々連印状写(吾妻郡岩井 伊能光雄氏所蔵)……523
305　天保十二年四月 中之条町市立てにつき原町不法訴状(吾妻郡中之条町 中之条町役場蔵)……524
　　　[*市紛争]
306　天保十三年五月 中之条町原町市場出入歎願訴状(吾妻郡中之条町 中之条町役場蔵)……526
　　　[*市紛争]
307　天保十三年六月 群馬郡中山村改革につき諸色値段引下げ取極(『御取締筋被仰渡御請書』/吾妻郡高山村中山 後藤耕助氏所蔵)……528
308　天保十四年十二月 中之条町原町市場并渡船出入につき駕籠訴状(吾妻郡中之条町 中之条町役場蔵)……529
　　　[*市紛争]
309　天保十五年四月 中之条町原町市出入裁定請書(吾妻郡中之条町折田 折田茂氏所蔵)……531
　　　[*市紛争の結管]
310　年次不詳 吾妻郡大笹村六斎市再興につき周辺村々宛口上書(吾妻郡嬬恋村大笹 黒岩長氏所蔵)……532

商人……533
311　正徳三年三月 中之条町二宮家宛大豆仕切状(吾妻郡中之条町中之条町 桑原源一郎氏所蔵)……533
312　享保十一年十月 吾妻郡五反田村御用荏油代金請取覚(吾妻郡中之条町五反田 田村武一郎氏所蔵)……533
313　宝暦六年十月 吾妻郡岩井村伊能家家訓(吾妻郡吾妻町岩井 伊能光雄氏所蔵)……534
314　明和三年十二月 下総国沓掛村商人原町山口家宛新茶仕入前金預り証文(吾妻郡吾妻町原町 山口恵一氏所蔵)……535
315　明和四年十二月 中之条町米屋宛城米売掛覚(吾妻郡中之条町中之条町 桑原源一郎氏所蔵)……535
316　天明三年十月 吾妻郡大戸村加部安左衛門人柄につき村役人ら口上書(吾妻郡中之条町折田 折田茂氏所蔵)……536
317　天明七年二月 吾妻郡箱島村商人仲間申合規定(吾妻郡東村箱島 田中護八郎氏所蔵)……536
318　寛政七年正月 中之条町商人町田家大福帳(吾妻郡中之条町中之条町 町田武彦氏所蔵)……537
　　　[*米穀商人の台頭]
319　年次不詳(弘化五年四月カ) 加部安左衛門借財不法取立てにつき吾妻郡大戸村百姓訴状(吾妻郡吾妻町原町 湯浅雄次氏所蔵)……548
　　　[*加部安の金融方法]
320　安政二年七月 加部安左衛門足尾銅山世話役相続請書(吾妻郡吾妻町 大戸区有文書)……550
321　安政六年四月 中居屋重兵衛神奈川貿易出店并屋敷拝借願(前橋市古市町 荻原進氏筆写史料)……551
　　　[*横浜出店]
322　安政六年四月 吾妻郡中居村組頭神奈川商人宿出店并屋敷拝借願(前橋市古市町 荻原進氏筆写史料)……551
323　安政六年五月 中居屋重兵衛番頭神奈川貿易開店につき須田家宛書状(前橋市古市町 荻原進氏筆写史料)……551
　　　[*横浜進出商人]
324　安政六年五月 加部安左衛門横浜店手代外国役所出頭日延につき詫書(吾妻郡吾妻町 大戸区有文書)……552
　　　[*横浜出店]
325　文久二年八月 原町薬種店年季引渡しにつき取替証文(吾妻郡吾妻町原町 湯浅雄次氏所蔵)……552

326　年次不詳(文久二年カ)加部安左衛門横浜店不正灯油取引につき代金支払方勘弁願下書(吾妻郡吾妻町 大戸区有文書)……553
　[＊不正の発覚]

職人……554
327　享保七年十二月 吾妻郡林村宮造営手金請取証文(吾妻郡長野原町林 浦野英彦氏蔵)……554
328　元文五年八月 吾妻郡蟻川村鍛冶承名赦免願(前橋市千代田町 蟻川博氏所蔵)……555
329　元文五年 吾妻郡蟻川村鍛冶蟻川家系図(前橋市千代田町 蟻川博氏所蔵)……555
330　寛保二年二月 吾妻郡蟻川村鍛冶職弟子年季明自立誓文(前橋市千代田町 蟻川博氏所蔵)……556
331　延享元年四月 吾妻郡長須橋普請鉄物調達覚帳(前橋市千代田町 蟻川博氏所蔵)……556
332　延享元年十月 吾妻郡蟻川村鍛冶弟子不届につき鍛冶職停止方願(前橋市千代田町 蟻川博氏所蔵)……557
333　寛延二年七月 吾妻郡蟻川村鍛冶御用鉄物値段増額願(前橋市千代田町 蟻川博氏所蔵)……558
334　宝暦十三年正月 吾妻郡蟻川村鍛冶師宛江戸鉄問屋通帳(前橋市千代田町 蟻川博氏所蔵)……558
335　宝暦十四年二月 吾妻郡蟻川村鍛冶弟子入証文(前橋市千代田町 蟻川博氏所蔵)……560
336　安永四年二月 原町鋳物師ねば土採取出入につき町役人処置方伺い(吾妻郡吾妻町原町 湯浅雄次氏所蔵)……560
337　天明二年十月 吾妻郡蟻川村鍛冶鉄荷代金借用証文(吾妻郡嬬恋村大笹 岩上武氏所蔵)……561
338　天明五年十一月 吾妻郡蟻川村有川家宛日本鍛冶宗匠保証状(前橋市千代田町 蟻川博氏所蔵)……561
　[＊鍛冶職人棟梁]
339　天明五年十二月 吾妻郡蟻川村鍛冶職配下鍛冶仲間連判状(前橋市千代田町 蟻川博氏所蔵)……562
340　天明六年九月 吾妻郡蟻川村鍛冶職弟子入祝儀金請取覚(前橋市千代田町 蟻川博氏所蔵)……563
341　年次不詳(寛政五年二月カ)吾妻郡折田村百姓大工渡世鑑札下付請書(吾妻郡中之条町折田 今井次男氏所蔵)……563

342　文化元年四月 吾妻郡折田村大工職弟子取りにつき出入済口証文(吾妻郡中之条町折田 今井次男氏所蔵)……564
343　文化六年三月 吾妻郡折田村大工宮造営届出仕来りにつき大工衆宛詫状(吾妻郡中之条町折田 今井次男氏所蔵)……565
344　文化八年閏二月 吾妻郡鍛冶職沼田出市商い故障出入内済証文(前橋市千代田町 蟻川博氏所蔵)……565
　[＊農具流通]
345　文政十二年三月 吾妻郡紺屋職人仲間議定書(吾妻郡中之条町岩本 綿貫常政氏所蔵)……567
346　天保八年三月 原町外在方鋳物師江戸趣意金滞り内済につき吟味取下げ願写(吾妻郡吾妻町原町 高見沢政治氏所蔵)……569
347　天保八年四月 原町鋳物師宛株料金借用証文(吾妻郡吾妻町原町 高見沢政治氏所蔵)……570
348　天保十年三月 吾妻郡大柏木村大工免許書替えにつき扇子料上納始末返答書(吾妻郡吾妻町大柏木 朝比奈真英氏所蔵)……570
349　天保十一年三月 原町鍛冶職鉄砲修理違反につき道具取上げ請証文(吾妻郡中之条町山田 山田正治氏所蔵)……571
350　嘉永三年七月 吾妻郡岩井村屋根葺職人神道入門願(吾妻郡吾妻町岩井 伊能光雄氏所蔵)……572
351　嘉永七年四月 吾妻郡蟻川村和歌吉鉄砲職免状(前橋市千代田町 蟻川博氏所蔵)……572
352　元治元年四月 江戸城西丸普請につき組合村木挽職人届書(吾妻郡吾妻町 吾妻町教育委員会蔵)……572
353　年次不詳 日本鍛冶宗匠鍛冶道掟書(前橋市千代田町 蟻川博氏所蔵)……573
354　年次不詳 日本鍛冶宗匠家伯州荷主・大阪・江戸問屋鉄扱い認定書(前橋市千代田町 蟻川博氏所蔵)……574
355　年次不詳 吾妻郡蟻川村鍛冶師宛物送状(前橋市千代田町 蟻川博氏所蔵)……575

酒造……575
356　天明二年十二月 吾妻郡大戸村加部安左衛門宛酒造仕入金借用証文(吾妻郡嬬恋村大笹 黒岩長氏所蔵)……575
357　天明六年閏十月 吾妻郡村々凶年につき酒小売自粛規定(吾妻郡中之条町 折田茂氏所蔵)……576

358　享和三年閏正月　吾妻郡酒造人酒造役米減方願（吾妻郡吾妻町萩生　一場大作氏所蔵）……………………………………576
　　　［＊酒造業の発展］
359　天保八年十一月　吾妻郡酒造人仲間議定書（吾妻郡吾妻町植栗　茂木友彦氏所蔵）…………………………………………578
　　　［＊酒造業の発展］
360　天保十二年九月　吾妻郡大柏木村升売酒議定連印帳（吾妻郡吾妻町大柏木　朝比奈真英氏所蔵）……………………………579
361　安政三年八月　吾妻郡植栗村酒造借受証文（吾妻郡吾妻町植栗　茂木友彦氏所蔵）…………………………………………581
362　万延元年十二月　吾妻郡植栗村酒蔵借用人誓約状（吾妻郡吾妻町植栗　茂木友彦氏所蔵）…………………………………581
363　慶応三年十一月　信州酒買禁止方岩鼻代官触（『御用留』／吾妻郡嬬恋村袋倉　山崎弘三郎氏所蔵）……………………582
農間渡世……………………………………………………582
364　文政十一年三月　吾妻郡質屋仲間仕法取極届（吾妻郡吾妻町植栗　茂木友彦氏所蔵）……………………………………582
365　天保九年三月　中之条町・原町古着商人仲間取極議定（吾妻郡吾妻町植栗　関緑氏所蔵）…………………………………584
366　天保九年八月　吾妻郡岩下村農間渡世取調帳（吾妻郡吾妻町岩下　片貝亀禄氏所蔵）……………………………………584
　　　［＊仲買麻商人］
367　天保九年八月　吾妻郡山田村商人渡世向書上帳下書（吾妻郡中之条町山田　山田正治氏所蔵）…………………………586
368　天保九年八月　吾妻郡原町本村職人商人名前書上帳控（吾妻郡中之条町岩本　綿貫省政氏所蔵）……………………589
369　天保九年八月　吾妻郡箱島村諸商人取調帳（吾妻郡東村箱島　田中護八郎氏所蔵）……………………………………591
370　天保十五年九月　中之条町外組合村々質屋・古着・古鉄買渡世宛申中渡箇条請書（吾妻郡中之条町山田　山田正治氏所蔵）………………………………591

第4節　交通・運輸……………………………………597
脇街道……………………………………………………597
371　慶長十二年十二月　原町伝馬規定（『原町誌』所収）…………………………………597
　　　［＊真田道;戦国期の在方市］
372　年次不詳（慶長十九年正月カ）原町伝馬規定写（吾妻郡中之条町伊勢町　一場健二氏所蔵）……………………………597
　　　［＊真田道］

373　慶安三年四月　信州仁礼道・北国街道馬継ぎにつき仁礼村・大笹村目安返答書（吾妻郡嬬恋村大笹　黒岩長氏所蔵）……………………………………………598
　　　［＊輸送路紛争］
374　元禄十二年三月　信州荷物大笹・沓掛道継送りにつき大戸通り問屋訴状（吾妻郡嬬恋村大笹　岩上武氏所蔵）……598
375　元禄十二年三月　吾妻郡大笹村問屋信州荷物継送り出入につき返答書（吾妻郡嬬恋村大笹　岩上武氏所蔵）…………600
376　元禄十二年六月　信州荷物大戸通り継送り出入裁許請書（吾妻郡嬬恋村大笹　岩上武氏所蔵）………………………602
377　元禄十二年七月　吾妻郡生須村・小雨村草津荷物駄賃扱い規定（吾妻郡六合村日影　小池正二氏所蔵）………………603
378　宝永三年二月　中之条町伝馬駄賃規定（吾妻郡中之条町中之条町　桑原源一郎氏所蔵）………………………………603
379　宝永四年三月　信州荷物沓掛・大戸通り継送り出入裁許請書（吾妻郡嬬恋村大笹　岩上武氏所蔵）…………………604
380　正徳二年十一月　信州荷物沓掛宿経由継送り方詫状（吾妻郡嬬恋村大笹　岩上武氏所蔵）……………………………604
381　正徳三年閏五月　信州荷物沓掛・大戸通り継送り出入裁許立合証文（吾妻郡嬬恋村大笹　岩上武氏所蔵）…………606
382　正徳五年十月　信州須坂藩年貢荷物大戸通り輸送依頼覚（吾妻郡嬬恋村大笹　黒岩長氏所蔵）……………………606
383　享保元年十月　信州灰野村通り道普請につき上信村々取替議定（吾妻郡嬬恋村下伐　千川英吉氏所蔵）………………606
　　　［＊古道再開発］
384　享保三年二月　信州荷物継送りにつき沓掛・大戸道出入一件書付（吾妻郡嬬恋村大笹　岩上武氏所蔵）…………607
　　　［＊商荷物輸送路紛争］
385　享保九年四月　信州荷物手馬継送り出入裁許につき吾妻郡干俣村外・大笹村取替証文（吾妻郡嬬恋村大笹　岩上武氏所蔵）……………………………611
　　　［＊付け通し荷物］
386　享保九年十二月　吾妻郡干俣村外商荷物手馬継送り出入裁許請状（吾妻郡嬬恋村三原　篠原専一氏所蔵）……………613
　　　［＊付け通し荷物］
387　享保十一年四月　信州松代藩江戸廻米大戸通り継送り手形（吾妻郡嬬恋村大笹　黒岩長氏所蔵）……………………614

388　享保十二年四月　吾妻七ヵ村沼田御
　　用荷物継送り仕法覚（吾妻郡吾妻町原町
　　山口恵一氏所蔵）……………………614
389　享保十八年四月　信州買米大笹宿継
　　送り請払帳（吾妻郡嬬恋村大笹　岩上武氏
　　所蔵）…………………………………614
390　宝暦五年七月　信州松代藩江戸廻米
　　駄賃仕切状（吾妻郡嬬恋村大笹　黒岩長氏
　　所蔵）…………………………………617
391　宝暦七年四月　信州飯山藩江戸廻米
　　大戸通り継送り手形（吾妻郡嬬恋村大笹
　　岩上武氏所蔵）………………………617
392　宝暦七年九月　吾妻郡五町田村・箱
　　島村荷物継送り出入和解証文（吾妻郡東
　　村箱島　田中護八郎氏所蔵）…………618
393　明和六年四月　信州中島村中馬稼人
　　大戸通り不法継送り出入裁許請状（『往
　　還掛証書外写』吾妻郡嬬恋村大笹　岩上氏
　　所蔵）…………………………………619
　　［＊付け通し禁止］
394　明和九年二月　中之条町問屋役入札
　　取極証文（吾妻郡中之条町中之条町　桑原
　　源一郎氏所蔵）………………………620
395　安永八年八月　信州高井野村上信境
　　古道切開き継送りにつき門貝村外取替
　　議定（吾妻郡嬬恋村　門貝区有文書）……621
　　［＊古道再開発］
396　文化四年正月　吾妻郡大前村・鎌原
　　村荷物継送り出入内済証文（吾妻郡嬬恋
　　村　鎌原区有文書）……………………622
397　文化十一年十月　吾妻郡羽根尾村・
　　狩宿村荷物継送り出入示談証文（吾妻郡
　　長野原町　羽根尾区有文書）……………624
398　文化十四年十二月　万座山中道通行
　　につき大笹関所番西窪氏老中宛駕籠訴
　　状（前橋市大利根町　上原清彦氏所蔵）……625
　　［＊古道切り開き］
399　文政四年十一月　吾妻郡羽根尾村草
　　津道継場につき出入訴状（吾妻郡長野原
　　町　羽根尾区有文書）…………………628
400　文政九年十月　大笹・仁礼宿草津越
　　新道不法につき差留方訴状（吾妻郡嬬恋
　　村大笹　岩上武氏所蔵）………………629
401　文政十年八月　吾妻郡草津・入山両
　　村信州沓野越道筋通行願（埼玉県大宮市
　　堀崎　湯本平八郎氏所蔵）……………631
402　文政十年十月　信州沓野越新道通行
　　違反裁決請状（吾妻郡六合村赤岩　湯本貞
　　二氏所蔵）……………………………633
403　文政十二年十一月　万座山新道往来
　　許可願（吾妻郡嬬恋村鎌原　鎌原忠司氏所
　　蔵）……………………………………635
　　［＊古道切り開き］

404　天保七年四月　吾妻郡厚田村荷物継
　　送り方議定連印帳（吾妻郡吾妻町　岩島支
　　所蔵）…………………………………636
　　［＊脇往還］
405　天保七年十一月　吾妻郡草津村人馬
　　賃銭書上帳（吾妻郡草津町　草津町教育委
　　員会蔵）………………………………637
406　天保七年十一月　三国通大道峠越道
　　法賃銭書上帳（吾妻郡中之条町大道　茂木
　　一幸氏所蔵）…………………………638
　　［＊脇往還］
407　天保十四年六月　吾妻郡五町田村人
　　馬継送り方議定并駄賃覚（吾妻郡東村五
　　町田　佐藤巻之助氏所蔵）……………639
408　弘化三年八月　吾妻郡鎌原村本陣松
　　代藩主通行始末書（吾妻郡嬬恋村鎌原　鎌
　　原忠司氏所蔵）………………………639
409　弘化三年八月　松代藩主通行につき
　　吾妻郡鎌原助郷人馬差出請書（吾妻郡
　　嬬恋村　鎌原区有文書）………………641
410　嘉永六年七月　越後信濃米穀移入値
　　段并賃銭書上帳（吾妻郡中之条町山田　山
　　田正治氏所蔵）………………………642
411　嘉永六年九月　吾妻郡蟻川村越後廻
　　米継送り方願（吾妻郡中之条町蟻川　唐沢
　　正一氏所蔵）…………………………644
412　嘉永六年九月　吾妻河岸開設につき
　　大笹宿問屋信州中馬荷物継送り駄賃取
　　替証文（吾妻郡嬬恋村　鎌原区有文書）…644
　　［＊付通し荷物口銭協定］
413　安政四年二月　吾妻郡鎌原村荷物継
　　送り議定（吾妻郡嬬恋村　鎌原区有文
　　書）……………………………………645
414　文久三年四月　草津定飛脚代人勤方
　　請負証文（吾妻郡吾妻町原町　湯浅雄次氏
　　所蔵）…………………………………646
415　文久四年二月　吾妻郡干俣村外信州
　　真田村商荷不当差留めにつき訴状（吾妻
　　郡嬬恋村三原　篠原専一氏所蔵）……646

橋・渡船………………………………………649

416　自寛永三年三月至慶応三年　吾妻郡
　　長須橋証拠古文書物書上帳（吾妻郡吾妻町
　　岩島支所蔵）…………………………649
　　［＊長須橋管理］
417　正徳二年二月　吾妻郡長須橋掛替願
　　（吾妻郡吾妻町　岩島支所蔵）…………655
418　享保十七年六月　原町田辺橋通行出
　　入につき古来仕来り書上（吾妻郡吾妻町
　　原町　山口恵一氏所蔵）………………655
419　元文元年八月　原町田辺橋掛替人足
　　免除願（吾妻郡中之条町平　関征児氏所
　　蔵）……………………………………656
　　［＊秣橋架け替え紛争］

群馬県史 資料編11 近世3

420 延享二年四月 吾妻郡市城村外吾妻川秣渡船につき出入裁許請書(吾妻郡東村岡崎 谷保氏所蔵)……………658
421 宝暦二年七月 吾妻郡長須橋公費普請願(吾妻郡吾妻町 岩島支所蔵)………659
422 宝暦八年二月 吾妻郡下沢渡橋普請組合村紛争和解証文(吾妻郡中之条町 中之条町役場蔵)………………661
423 宝暦九年十月 吾妻郡小雨橋掛替につき人足差出方出入訴状(吾妻郡長野原町 大津区有文書)……………665
424 明和九年七月 吾妻郡小雨橋掛替普請滞りにつき訴状并返答書(吾妻郡六合村赤岩 湯本貞二氏所蔵)…………667
425 寛政六年三月 吾妻郡山田川橋普請につき組合村々出入和解証文(吾妻郡中之条町 中之条町役場蔵)………672
426 寛政七年十二月 吾妻郡川戸村外吾妻川渡船道出入内済証文(吾妻郡吾妻町植栗 関緑氏所蔵)………………674
427 寛政九年二月 吾妻郡伊勢町吾妻川渡船につき出入内済証文(吾妻郡吾妻町岩井 伊能光雄氏所蔵)……………675
428 文政八年九月 長野原町須川橋普請目論見帳(吾妻郡長野原町 長野原区有文書)………………………………678
429 明治四年三月 吾妻郡小雨橋掛替普請滞り一件和解証文(吾妻郡嬬恋村 三原区有文書)………………………682

関所………………………………683

430 年次不詳(寛文三年正月カ) 大笹・狩宿関所設置につき鎌原縫殿宛沼田藩年寄書状(吾妻郡嬬恋村鎌原 鎌原忠司氏所蔵)……………………683
431 寛文四年九月 大笹関所女通行手形(吾妻郡嬬恋村大笹 黒岩長氏所蔵)…683
432 天和元年十二月 真田伊賀守改易につき鎌原氏進退伺い(吾妻郡嬬恋村鎌原 鎌原忠司氏所蔵)………………683
433 天和二年五月 真田氏改易につき大笹・狩宿関所番人召抱え方代官宛達(吾妻郡嬬恋村鎌原 鎌原忠司氏所蔵)……684
434 貞享元年七月 真田氏改易検地につき大笹関所番人ら旧名田拝領願(吾妻郡嬬恋村鎌原 鎌原忠司氏所蔵)……684
435 年次不詳(宝永八年カ) 大戸関所破覚書(吾妻郡吾妻町 大戸区有文書)…685
 [＊関所破覚書]
436 享保七年五月 女通行につき碓氷関所より狩宿関所宛証文(吾妻郡吾妻町厚田 片山喜四郎氏所蔵)……………687
 [＊湯治女;送り手形]

437 享保十三年正月 大笹・狩宿関所下番役勤四ヵ村伝馬役免除願(吾妻郡嬬恋村大笹 岩上武氏所蔵)……………688
 [＊関所付村]
438 元文五年五月 大戸関所様体書上帳(吾妻郡吾妻町 大戸区有文書)………688
439 寛保三年八月 草津湯治人大笹関所通行村役人判鑑(吾妻郡嬬恋村鎌原 鎌原忠司氏所蔵)………………………691
440 宝暦五年十一月 大笹関所番栃原氏由緒書(吾妻郡嬬恋村鎌原 鎌原忠司氏所蔵)………………………………………692
441 明和元年九月 大戸関所番人扶持米渡方届(吾妻郡吾妻町 大戸区有文書)…692
442 安永八年四月 吾妻郡小宿村狩宿関所遠見役証文(吾妻郡吾妻町厚田 片山喜四郎氏所蔵)……………………693
443 天明四年三月 大笹関所番人ら浅間焼復旧手当金拝借証文(吾妻郡吾妻町厚田 片山喜四郎氏所蔵)……………693
444 天明七年九月 梓神子通行につき狩宿村届請証文(吾妻郡吾妻町厚田 片山喜四郎氏所蔵)……………………694
445 寛政二年二月 大戸関所普請人足帳(吾妻郡吾妻町 大戸区有文書)………695
 [＊普請組合村]
446 寛政四年十月 大戸関所付村々出入済口証文并勤方出来り書写(吾妻郡吾妻町 大戸区有文書)…………………697
447 寛政五年六月 大戸関所普請分担加入内済証文(吾妻郡吾妻町萩生 一場大作氏所蔵)…………………………703
448 文化十年三月 狩宿関所一件帳(吾妻郡中之条町伊勢町 一場健氏所蔵)………705
449 文化十四年三月 大戸関所備付武具大破につき修履願(吾妻郡吾妻町 大戸区有文書)………………………………709
450 文化十四年八月 大笹関所付村并霞村村上(吾妻郡嬬恋村大笹 黒岩長氏所蔵)………………………………………710
 [＊普請組合村]
451 文政六年九月 狩宿関所焼失につき普請村高割覚(吾妻郡嬬恋村 今井区有文書)……………………………………711
 [＊普請組合村]
452 文政七年三月 狩宿関所付与喜屋村軽井沢宿加助郷免除願(吾妻郡長野原町 与喜屋有文書)…………………712
453 文政十年九月 大笹関所由来書(吾妻郡嬬恋村大笹 黒岩晴義氏所蔵)……713
454 天保五年十二月 狩宿関所付遠見役四ヵ村鎌原通り抜道監視請証文(吾妻郡吾妻町厚田 片山喜四郎氏所蔵)………715

166 県史誌内容総覧・資料編 1: 近世—関東

455　天保七年十二月　飢饉非常につき大笹関所夜間通行緩和触書（吾妻郡嬬恋村鎌原区有文書）……………………716
456　安政三年三月　大笹関所番横谷氏由緒并親類書（吾妻郡嬬恋村鎌原　鎌原忠司氏所蔵）……………………718
457　文久元年十一月　和宮下向につき大戸関所加番并固め人足日〆帳（吾妻郡吾妻町　大戸区有文書）…………720
458　文久三年七月　大笹関所番鎌原氏由緒并親類書（吾妻郡嬬恋村鎌原　鎌原忠司氏所蔵）……………………721
459　文久三年八月　狩宿関所番人一場氏由緒書（吾妻郡中之条町伊勢町　一場健氏所蔵）……………………723
460　慶応三年二月　狩宿関所番人ら非常心得方書上（吾妻郡中之条町伊勢町　一場健氏所蔵）…………………725
　　　［＊鉄砲武装］
461　明治三年六月　大戸関所跡地払下げ願（吾妻郡吾妻町　大戸区有文書）…725
462　明治三年六月　大戸関所番屋等払下げ入札値段書上（吾妻郡吾妻町　大戸区有文書）……………………726

吾妻河岸………………………………………727
463　天保三年四月　吾妻川通船企てにつき代官伺い（吾妻郡中之条町山田　山田正治氏所蔵）……………………727
　　　［＊河岸開設］
464　嘉永四年九月　吾妻川通船見込帳（吾妻郡中之条町山田　山田正治氏所蔵）…728
　　　［＊通船目論見］
465　嘉永四年十月　吾妻川通船荷物取扱いにつき江戸商人引請状（吾妻郡吾妻町岩井　伊能光雄氏所蔵）…………731
466　嘉永六年八月　吾妻川通船鵜飼船新造入用帳（吾妻郡吾妻町　吾妻町教育委員会蔵）……………………731
467　嘉永七年三月　吾妻川通船につき河岸問屋原町趣意金取替議定（吾妻郡吾妻町　吾妻町教育委員会蔵）………733
468　嘉永七年八月　吾妻河岸通船開始につき五料関所宛届書（吾妻郡中之条町山田　山田正治氏所蔵）……………734
469　嘉永七年八月　吾妻三河岸問屋通船稼方議定（吾妻郡吾妻町岩井　伊能光雄氏所蔵）……………………734
470　安政三年三月　吾妻岩井河岸問屋荷請証文（吾妻郡吾妻町岩井　伊能光雄氏所蔵）……………………735
　　　［＊荷請状］

471　文久二年十二月　原町河岸問屋通船株讓渡証文（吾妻郡中之条町山田　山田正治氏所蔵）……………………736
　　　［＊吾妻川舟運］
472　明治六年九月　吾妻山田河岸問屋廃業願（吾妻郡中之条町山田　山田正治氏所蔵）……………………736
　　　［＊吾妻川舟運］

第5章　社会と文化……………………737
〈写〉浅間山麓六里ヵ原道標三十三観音二基（吾妻郡嬬恋村鎌原　浅間園）………738
第1節　家…………………………………739
　相続・縁組……………………………739
473　元禄七年五月　原町一場家相続財産目録（吾妻郡中之条町伊勢町　一場健氏所蔵）……………………739
474　正徳六年五月　吾妻郡上沢渡村百姓相続証文（吾妻郡中之条町上沢渡　唐沢千治郎氏所蔵）……………742
475　享保五年十二月　中之条町百姓御家入証文（吾妻郡中之条町中之条町　桑原源一郎氏所蔵）……………742
476　享保十年正月　吾妻郡山田村百姓後家入証文（吾妻郡中之条町折田　綿貫幸次氏所蔵）……………………743
477　明和六年二月　吾妻郡上沢渡村百姓聟名跡証文（吾妻郡中之条町上沢渡　唐沢千治郎氏所蔵）……………744
478　明和八年六月　吾妻郡大塚村百姓女房村上村如意寺駆込みにつき吟味願（『孫右衛門願書并如意寺等之書付之写』/北群馬郡子持村上白井　空恵寺所蔵）……744
479　安永元年十二月　吾妻郡大塚村百姓女房村上村如意寺駆込み紛争内済証文（北群馬郡子持村上白井　空恵寺所蔵）……745
480　寛政七年七月　吾妻郡須賀尾村百姓高分け弟嫁入につき取極証文（吾妻郡吾妻町須賀尾　轟鎬次氏所蔵）……746
481　寛政十二年七月　吾妻郡須賀尾村百姓高分けにつき親族取極証文（吾妻郡吾妻町須賀尾　轟鎬次氏所蔵）……747
482　寛政十三年二月　群馬郡権田村百姓離縁につき財産子供の処置一札（吾妻郡吾妻町須賀尾　轟鎬次氏所蔵）……748
483　享和三年八月　原町百姓家督につき家訓并息子請書（吾妻郡吾妻町原町　湯浅雄次氏所蔵）……………………748
484　文化元年六月　原町百姓遺産譲渡覚（吾妻郡吾妻町原町　湯浅雄次氏所蔵）…749
485　文化十二年九月　群馬郡中山村百姓女房満徳寺駆込みにつき離縁内済証文（吾妻郡高山村中山　後藤耕助氏所蔵）……749

486　天保三年十二月　吾妻郡岩井村百姓養女証文（吾妻郡吾妻町植栗　茂木友彦氏所蔵）……………………………………750
487　安政三年四月　吾妻郡大戸村百姓養子家督につき親養育金申合議定（吾妻郡吾妻町原町　湯浅雄次氏所蔵）…………751
488　万延元年七月　吾妻郡金井村一ノ宮神主跡目相続議定（吾妻郡吾妻町泉沢　青木平六氏所蔵）……………………………751

奉公人…………………………………752
489　寛文十二年十一月　群馬郡中山村百姓子供担保借金証文（吾妻郡高山村中山平作右衛門氏所蔵）…………………………752
490　享保十八年三月　吾妻郡山田村質置奉公人手形（吾妻郡吾妻町岩井　伊能光雄氏所蔵）…………………………………752
491　享保十九年二月　原町質置奉公人手形（吾妻郡中之条町伊勢町　一場健氏所蔵）……………………………………753
492　明和五年二月　吾妻郡折田村質置奉公人手形（吾妻郡中之条町折田　折田茂氏所蔵）…………………………………753
493　明和八年十月　吾妻郡赤岩根村奉公人欠落につき返金証文（吾妻郡六合村赤岩　湯本貞二氏所蔵）…………………754
494　寛政十一年三月　吾妻郡折田村奉公人欠落につき質地弁済証文（吾妻郡中之条町綿貫　綿貫幸次氏所蔵）…………754
495　文化五年二月　吾妻郡西中之条町質置女奉公人手形（吾妻郡中之条町折田　折田茂氏所蔵）………………………755
496　文化六年二月　吾妻郡岩井村壱季奉公人請状（吾妻郡吾妻町岩井　伊能光雄氏所蔵）……………………………………755
497　文政九年十二月　信州灰野野村牛士奉公人請状（吾妻郡嬬恋村三原　篠原専一氏所蔵）…………………………………756
498　弘化三年十二月　吾妻郡芦生田村日雇賃銭前借証文（吾妻郡嬬恋村三原　篠原専一氏所蔵）…………………………757
499　安政六年十二月　吾妻郡三島村三分二奉公人証文（吾妻郡嬬恋村三島　高橋重郎氏所蔵）……………………………757

第2節　災害……………………………758
浅間焼…………………………………758
500　天明三年七月　浅間焼被害につき五妻郡矢倉村名主書留（吾妻郡吾妻町矢倉　渡忠男丸氏所蔵）……………………758
　　　［＊夫食拝借代金］
501　天明三年七月　吾妻郡岩井村外浅間焼被害につき領主宛注進状（吾妻郡吾妻町岩井　伊能光雄氏所蔵）……………759

502　自天明三年七月至同四年閏正月　吾妻郡岩井村浅間焼につき村入用覚帳（吾妻郡吾妻町岩井　伊能光雄氏所蔵）……760
503　天明三年七月　吾妻郡折田村外浅間焼被害状況届（吾妻郡中之条町五反田　高橋孝茂氏所蔵）……………………………771
504　天明三年七月　吾妻郡芦生田村浅間焼流失人等被害改差出帳（吾妻郡嬬恋村芦生田区有文書）……………………………773
505　天明三年七月　吾妻郡羽根尾村浅間焼災害救済方訴状（吾妻郡長野原町　羽根尾区有文書）……………………………777
506　天明三年八月　吾妻郡袋倉村浅間焼田畑流人改帳（吾妻郡嬬恋村袋倉　山崎弘三郎氏所蔵）……………………………777
507　天明三年八月　吾妻郡鎌原村飢人夫食拝借小前帳（吾妻郡嬬恋村　鎌原区有文書）…………………………………………780
508　天明三年九月　吾妻郡鎌原村開発につき世話人黒岩長左衛門口上書（吾妻郡嬬恋村大笹　黒岩長氏所蔵）………………782
509　天明三年九月　吾妻郡鎌原村浅間焼復興請負証文（『浅間焼一件留』／吾妻郡嬬恋村鎌原　鎌原忠司氏所蔵）……782
510　天明三年九月　吾妻郡草津村住民浅間焼不況につき鎌原村普請へ出稼連判状（吾妻郡草津町　草津町教育委員会蔵）……………………………………785
511　天明三年九月　浅間焼出大変記写（吾妻郡中之条町伊勢町　一場健氏所蔵）……785
512　天明三年十月　吾妻郡鎌原村生存者結婚祝儀書上（『浅間焼一件留』／吾妻郡嬬恋村鎌原　鎌原忠司氏所蔵）……800
513　天明三年十月　吾妻郡鎌原村浅間焼再建につき合力奇特人届写（吾妻郡嬬恋村千俣　千川英吉氏所蔵）………………800
514　天明三年十月　吾妻郡五反田村飢人夫食拝借願連印帳（吾妻郡中之条町五反田　唐沢姫雄氏所蔵）……………………801
515　天明三年十一月　吾妻郡岩井村復興普請精勤の旨約連判状（吾妻郡吾妻町岩井　伊能光雄氏所蔵）…………………802
516　天明三年十二月　吾妻郡鎌原村生存者結婚祝儀贈与記事（『浅間焼一件留』／吾妻郡嬬恋村鎌原　鎌原忠司氏所蔵）……804
517　天明四年正月　吾妻郡鎌原村新建家出来形届（『浅間焼一件留』／吾妻郡嬬恋村鎌原　鎌原忠司氏所蔵）……………804
　　　［＊救普請］
518　天明四年正月　吾妻郡鎌原村復興方引請証文（『浅間焼一件留』／吾妻郡嬬恋村鎌原　鎌原忠司氏所蔵）……………805

519　天明四年正月　吾妻郡各村浅間焼復興普請金書上(『浅間焼一件留』/吾妻郡嬬恋村鎌原　鎌原忠司氏所蔵)…………805
　　[＊救普請]
520　天明四年閏正月　吾妻郡各村浅間焼救普請完了届(『浅間焼一件留』/吾妻郡嬬恋村鎌原　鎌原忠司氏所蔵)…………808
521　天明四年二月　吾妻郡矢倉村浅間焼後麦作状況返答書(吾妻郡吾妻町　矢倉区有文書)…………809
522　天明四年二月　吾妻郡大柏木村役人浅間焼不作救済金借用証文(吾妻郡嬬恋町大柏木　朝比奈真英氏所蔵)…………810
523　天明四年八月　浅間山津波実記(吾妻郡嬬恋村鎌原　浅間園蔵/富沢亘氏寄託)‥811
524　天明四年　浅間焼流死人施餓鬼につき村々経木届(『浅間焼一件留』/吾妻郡嬬恋村鎌原　鎌原忠司氏所蔵)…………826
　　[＊信州善光寺]
525　天明五年四月　吾妻郡羽根尾村浅間焼復興畑蒔付届(吾妻郡長野原町羽根尾　唐沢元義氏所蔵)…………829
526　天明五年九月　吾妻郡矢倉村浅間荒田畑作付有無書上帳(吾妻郡吾妻町矢倉　渡忠男丸氏所蔵)…………829
527　天明八年五月　吾妻郡岩下村外七ヵ村浅間焼荒土取除普請願(吾妻郡吾妻町矢倉　渡忠男丸氏所蔵)…………833
　　[＊公儀普請歎願]
528　天明八年　吾妻郡西窪村外四ヵ村浅間荒地年貢免除願(吾妻郡嬬恋村　芦生田区有文書)…………834
529　寛政十二年三月　吾妻郡鎌原村浅間焼年貢免除年季延長願下書(吾妻郡嬬恋村　鎌原区有文書)…………835
530　年次不詳(寛政年間カ)　浅間山噴火記録(抄)(吾妻郡吾妻町金井　片山豊慈氏所蔵)…………836
　　[＊御救御普請]
531　嘉永七年七月　吾妻郡鎌原村外四ヵ村浅間焼亡所残につき扶持方継続願(吾妻郡嬬恋村　芦生田区有文書)…………852

備荒・救済…………853
532　自寛永三年至弘化二年　吾妻郡下凶年覚書(『抜萃記録』/吾妻郡吾妻町植栗　関緑氏所蔵)…………853
533　寛保三年二月　吾妻郡入山村飢人夫食願帳(吾妻郡六合村　入山区有文書)…855
534　天明六年閏十月　吾妻郡入山村外凶作につき飢人書上(『書留帳』/吾妻郡六合村赤岩　湯本貞二氏所蔵)…………857

535　天明六年閏十月　吾妻郡折田村外五ヵ村凶作につき飢人救済方願(吾妻郡中之条町折田　折田茂氏所蔵)…………857
536　文化元年十二月　吾妻郡矢倉村天明以来貯穀并御下籾書上帳(吾妻郡吾妻郡矢倉　斎藤泰造氏所蔵)…………859
537　文化八年二月　吾妻郡太子村貯穀拝借願(吾妻郡六合村　太子区有文書)……860
538　文政九年四月　吾妻郡入山村加部安左衛門宛飢米拝借金請書(吾妻郡六合村　入山区有文書)…………861
539　文政九年七月　吾妻郡五反田村地すべり潰家につき家作代拝借願(吾妻郡中之条町五反田　高橋孝茂氏所蔵)…………863
540　文政十一年六月　吾妻郡植栗村間引防止并人殖し策につき達書付(吾妻郡吾妻郡植栗　茂木友彦氏所蔵)…………864
541　天保二年五月　吾妻郡三島村小児養育金上納願(吾妻郡吾妻町三島　高橋重郎氏所蔵)…………865
542　天保二年八月　中之条町外村々小児養育金出資并趣意請書(吾妻郡吾妻町　岩島支所蔵)…………865
543　天保五年三月　吾妻郡五反田村外社倉積穀拝借証文(吾妻郡中之条町五反田　唐沢姫雄氏所蔵)…………869
544　天保七年八月　吾妻郡松尾村凶年米穀等取締り教諭請書(吾妻郡吾妻町松谷　水出幾男氏所蔵)…………
545　天保七年十一月　原町外十三ヵ村急難夫食手当拝借につき一札(吾妻郡吾妻町原町　戸谷啓一郎氏所蔵)…………871
546　天保八年三月　吾妻郡下沢渡村外飢人取調帳(吾妻郡中之条町山田　山田正治氏所蔵)…………872
547　嘉永四年十月　吾妻郡五反田村百姓養老手当請取状(吾妻郡中之条町五反田　唐沢姫雄氏所蔵)…………873
548　安政六年六月　旧清水領村々社倉穀・金仕法替請書(『社倉養育仕替御請書写』/吾妻郡吾妻町　矢倉区有文書)……873
549　安政六年六月　旧清水領村々小児養育仕法替請書(『社倉養育御仕替御請書写』/吾妻郡吾妻町　矢倉区有文書)…………876
550　年次不詳　吾妻郡袋倉村備荒出金仕法規定(吾妻郡嬬恋村　袋倉区有文書)…877

第3節　温泉…………878
草津…………878
551　文禄四年正月　草津入湯座所普請につき豊臣秀吉朱印状(『大日本古文書』所収/浅野家文書)…………878
　　[＊温泉入湯計画]

552　文禄四年正月　豊臣秀吉草津入湯につき道中宿泊并警備掟(埼玉県大宮市堀崎　湯本平八郎氏所蔵)……………879
553　元禄六年三月　草津温泉湯宿規定(吾妻郡六合町小雨　市川義夫氏所蔵)……880
554　正徳四年二月　草津温泉内湯内滝争論等裁許状(埼玉県大宮市堀崎　湯本平八郎氏所蔵)……………881
　　[＊村内紛争]
555　延享元年十月　草津温泉冬住引越村法遵守方誓約状(『御用留』/吾妻郡六合町小雨　市川義夫氏所蔵)……882
556　明和元年七月　草津温泉運上等内細書上(吾妻郡六合町小雨　市川義夫氏所蔵)……………882
557　安永三年二月　草津温泉髪結渡世請負誓約状(『御用留』/吾妻郡六合町小雨　市川義夫氏所蔵)……………884
558　文化十一年五月　草津温泉湯治人引付禁止請書(吾妻郡六合町小雨　市川義夫氏所蔵)……………884
　　[＊客引違反紛争]
559　文化十三年八月　草津温泉湯治客引付違反詫状(吾妻郡草津町　草津町教育委員会蔵)……………885
　　[＊客引違反紛争]
560　文政四年正月　草津温泉郷例取極改正連印帳(吾妻郡草津町　草津町教育委員会蔵)……………886
　　[＊郷例]
561　文政四年七月　草津温泉入口番小屋取締り出入につき示談証文(吾妻郡長野原町羽根尾　唐沢元義氏所蔵)……………887
562　文政十一年　草津入温泉小屋新規普請願につき約定(埼玉県大宮市堀崎　湯本平八郎氏所蔵)……………889
563　天保十二年八月　草津温泉酒小売・煮売業者改革触につき取極(吾妻郡草津町　草津町教育委員会蔵)……………890
564　安政二年六月　草津温泉百姓茶屋稼につき誓約状(吾妻郡草津町　草津町教育委員会蔵)……………891
565　文久元年五月　草津温泉坪廻り勤方につき仲間規定(吾妻郡草津町　草津町教育委員会蔵)……………892
566　年次不詳　草津温泉入湯心得(埼玉県大宮市堀崎　湯本平八郎氏所蔵)……………893
567　年次不詳　草津温泉奇効記(版)(前橋市荒牧町　群馬大学図書館蔵)……………894
四万ほか……………895
568　享保元年九月　川中温泉支配出入裁許状(吾妻郡長野原町林　浦野英彦氏所蔵)……………896

569　享保二年正月　鹿沢温泉新湯発見届(吾妻郡嬬恋村大笹　黒岩長氏所蔵)……………896
570　延享三年十二月　四万温泉新湯場取立てにつき年貢上納請書(吾妻郡中之条町四万　田村喜一郎氏所蔵)……………897
571　寛延四年四月　鹿沢温泉新湯小屋敷借地証文(吾妻郡嬬恋村田代　干川進氏所蔵)……………897
572　宝暦二年十二月　鹿沢温泉湯小屋増設につき地代上納請書(吾妻郡嬬恋村大笹　黒岩長氏所蔵)……………898
573　宝暦五年六月　四万温泉明細書上(吾妻郡中之条町四万　関善平氏所蔵)……………899
574　明和三年正月　万座温泉開発につき門貝村外取替証文(吾妻郡嬬恋村　三原区有文書)……………901
575　明和四年四月　万座温泉開発願(吾妻郡嬬恋村大笹　黒岩長氏所蔵)……………901
576　明和八年　沢渡温泉運上につき書上(吾妻郡中之条町　中之条町役場蔵)……………902
577　天明五年七月　吾妻郡大笹宿内新湯開きにつき湯治規定(吾妻郡嬬恋村大笹　岩上武氏所蔵)……………904
578　寛政九年閏七月　万座硫黄山温泉湯株外譲渡証文(吾妻郡嬬恋村大笹　黒岩長氏所蔵)……………905
579　享和三年九月　沢渡温泉場商い差留出入内済証文(吾妻郡吾妻町原町　山口忠一氏所蔵)……………905
　　[＊紛争史料]
580　文化十四年十一月　万座温泉譲渡につき入用負担割合証文(吾妻郡嬬恋村　門貝区有文書)……………906
581　文政五年十一月　吾妻郡田代村鹿沢温泉尻引湯議定書(吾妻郡嬬恋村田代　干川進氏所蔵)……………907
582　天保五年九月　四万温泉火災につき家屋修覆金拝借願(吾妻郡中之条町四万　田村喜一郎氏所蔵)……………908
583　天保七年三月　吾妻郡川原村湯屋敷等売渡しにつき保障状(吾妻郡長野原町林　浦野英彦氏所蔵)……………908
584　天保十五年二月　川中温泉進退願并掟上(吾妻郡吾妻町岩下　片貝亀禄氏所蔵)……………909
585　嘉永三年正月　花敷・応徳温泉稼方願(吾妻郡六合村赤岩　湯本貞二氏所蔵)……………912
586　明治二年八月　鹿沢温泉進退不行届につき岩鼻県支配願(吾妻郡嬬恋村田代　干川進氏所蔵)……………912

第4節　生活……………914
祭礼・参詣……………914

587　元禄十五年七月　群馬県中山村諏訪
　　　　祭礼躍興行年番交代取極（吾妻郡高山村
　　　　中山　平作右衛門氏所蔵）…………914
　　588　享保元年七月　吾妻順礼縁起歌并六
　　　　阿弥陀記（吾妻郡中之条町大塚　小池一エ
　　　　氏所蔵）………………………………914
　　　　［*観音霊場］
　　589　明和七年八月　群馬県尻高村祭礼執
　　　　行申合議定（吾妻郡高山村尻高　松井久氏
　　　　所蔵）…………………………………919
　　　　［*農村芝居］
　　590　天明二年十一月　東八十八ヵ所御詠
　　　　歌道記（版）（東京都新宿区市谷山伏町　一
　　　　瀬幸三氏所蔵）………………………920
　　591　文化五年六月　浅間山麓六里ヶ原道
　　　　筋観音像建立勧化帳（吾妻郡嬬恋村袋倉
　　　　山崎弘三郎氏所蔵）…………………922
　　592　安政三年四月　群馬郡中山村若者芝
　　　　居不取締りにつき名主退役願（吾妻郡高
　　　　山村中山　平作右衛門氏所蔵）………923
　　　　［*農村芝居］
　　593　年次不詳　吾妻郡松尾村獅子舞由来
　　　　并祭礼書留（吾妻郡吾妻町松谷　水出幾男
　　　　氏所蔵）………………………………924
　　　　［*伝承芸能］

　　世相・生活……………………………………924
　　594　文化五年三月　吾妻郡芦生田村観音
　　　　堂浅間流失再建奉加帳（吾妻郡嬬恋村
　　　　芦生田区有文書）……………………924
　　595　文化十五年二月　吾妻郡蟻川村道祖
　　　　神祭祝儀につき出入和解証文（吾妻郡中
　　　　之条町　関和夫氏所蔵）………………926
　　596　文政十二年七月　吾妻郡岩井村作能
　　　　家穀物定式入用帳（吾妻郡吾妻町岩井　伊
　　　　能光雄氏所蔵）………………………927
　　597　天保二年十一月　吾妻郡岩下村産婦
　　　　并妊婦名前書上帳（吾妻郡吾妻町岩下　片
　　　　貝亀禄氏所蔵）………………………928
　　598　年次不詳（天保年間カ）　吾妻郡下世
　　　　相の変遷書留（『抜書記録』/吾妻郡吾妻町
　　　　植栗　関緑氏所蔵）……………………929
　　599　弘化二年二月　吾妻郡植栗町若者組
　　　　取極議定（吾妻郡吾妻町植栗　関緑氏所
　　　　蔵）………………………………………930
　　600　嘉永三年十二月　無宿国定忠次郎仕
　　　　置につき人足其外控（吾妻郡嬬恋村今井
　　　　唐沢治夫氏所蔵）……………………930
　　　　［*国定忠次郎処刑］
　　601　嘉永五年正月　吾妻郡岩下村出身相
　　　　撲門弟免許状（吾妻郡吾妻町岩下　脇屋真
　　　　一氏所蔵）……………………………933

　　602　慶応四年　吾妻軍横尾村高橋景作日
　　　　記（吾妻郡中之条町横尾　高橋忠夫氏所
　　　　蔵）………………………………………934
　　603　明治三年正月　吾妻郡植栗村若者仲
　　　　間禁止につき請書（『御布告并諸用控』/吾
　　　　妻郡吾妻町植栗　関緑氏所蔵）………948
　　604　年次不詳　吾妻郡狩宿村若者組議定
　　　　連判状（吾妻郡長野原町　応桑区有文
　　　　書）………………………………………948

第5節　宗教……………………………………949
　寺社……………………………………………949
　　605　慶長十九年正月　虚無僧定書写（吾妻
　　　　郡吾妻町植栗　関緑氏所蔵）…………949
　　606　宝暦十二年閏四月　浅間山里宮新堂
　　　　建立出入につき延命寺訴状（吾妻郡長野
　　　　原町羽根尾　唐沢元義氏所蔵）………950
　　607　文化元年九月　吾妻郡大戸村宛高崎
　　　　清海寺虚無僧取締場証文并合鑑（吾妻郡
　　　　吾妻町　大戸区有文書）………………952
　　608　天保十年　虚無僧取締りにつき高崎
　　　　清海寺触書（吾妻郡吾妻町　矢倉区有文
　　　　書）………………………………………953
　　609　嘉永五年十一月　吾妻郡平村林昌院
　　　　寺例証文（吾妻郡中之条町平　関征児氏所
　　　　蔵）………………………………………953
　　610　文久三年正月　当国繭糸商人等棒名
　　　　山神楽奉燈連名帳并講中議定（吾妻郡吾
　　　　妻町三島　高橋重郎氏所蔵）…………954
　　611　慶応三年九月　棒名山神湖掟并吾妻
　　　　郡川南十二ヵ村取締り議定（吾妻郡東村
　　　　岡崎　谷保氏所蔵）……………………958
　修験……………………………………………959
　　612　天正二十年　吾妻郡中井村修験東泉
　　　　房宛鎮良書状（二通）（吾妻郡嬬恋村三原
　　　　下屋正一氏所蔵）……………………959
　　613　天和二年六月　吾妻郡中井村修験延
　　　　命院社領・檀那回復訴状（吾妻郡嬬恋村
　　　　三原　下屋正一氏所蔵）………………960
　　614　元禄三年八月　吾妻郡折居村集権峯
　　　　本御幣預り証文（吾妻郡中之条町折居　小
　　　　渕みどり氏所蔵）……………………961
　　615　享保十六年三月　吾妻郡折居村修験
　　　　請状（吾妻郡中之条町折居　今井次男氏所
　　　　蔵）………………………………………961
　　616　文政十年七月　吾妻郡林村修験大乗
　　　　院住持職補任状（吾妻郡長野原町林　浦野
　　　　英彦氏所蔵）…………………………962
　　617　文政十一年五月　吾妻郡植栗村修験
　　　　光明院判出入訴状（吾妻郡吾妻町植栗　茂
　　　　木友彦氏所蔵）………………………962
　　　　［*離檀の争い］

県史誌内容総覧・資料編 1: 近世―関東　　171

618　文政十二年　吾妻郡岩井村長福寺・川戸村金蔵院宗判出入和解証文（吾妻郡吾妻町植栗　関緑氏所蔵）……………963
　［＊離檀の紛い］
619　年次不詳（天保二年五月カ）　吾妻郡下修験二十ヵ院宛触書（吾妻郡嬬恋村三原　下屋正一氏所蔵）……………964
　［＊連絡通達書］
620　天保四年四月　吾妻郡林村修験大乗院霞支配村証書（吾妻郡長野原町林　浦野英彦氏所蔵）……………965
621　天保十一年三月　吾妻郡林村燈籠仏開帳につき賽物外配分取替規定（吾妻郡長野原町林　浦野英彦氏所蔵）……………965

第6節　文化 …………………………………966
　蘭学 ………………………………………966
622　天保七年　吾妻郡上沢渡村福田宗貞日記（抄）（吾妻郡吾妻町原町　新井三郎氏所蔵）……………966
623　年次不詳　吾妻郡横尾村高橋景作宛高野長英書状（三通）（吾妻郡中之条町伊勢町　小暮久弥氏所蔵；吾妻郡中之条町横尾　高橋忠夫氏所蔵）……………967
624　年次不詳　高野長英口授高橋景作筆記各病療法記聞（吾妻郡中之条町横尾　高橋忠夫氏所蔵）……………967
　教育 ………………………………………977
625　文化元年六月　西洋珍宝測天量地八線表（吾妻郡吾妻町岩下　西山弘太郎氏所蔵）……………977
626　天保四年正月　三原往来（吾妻郡嬬恋村三原　下屋正一氏所蔵）……………982
627　天保十二年正月　原町天満宮再興勧化帳（吾妻郡吾妻町原町　顕徳寺所蔵）……………983
628　年次不詳　量地術二十九箇条写（吾妻郡嬬恋村三原　篠原専一氏所蔵）……………985
　文芸 ……………………………………1000
629　寛政六年　草津俳人鷺白ら夏興一枚刷（埼玉県大宮市堀崎　湯本平八郎氏所蔵）……………1000
630　文政元年　十返舎一九佗澄肖像画讃（吾妻郡嬬恋村大笹　岩上武氏所蔵）……………1000
631　年次不詳（安政五年カ）　鹿沢温泉奉額ちらし（版）（吾妻郡嬬恋村三原　下屋正一氏所蔵）……………1000
632　年次不詳　吾妻郡与喜屋村八景和歌（吾妻郡嬬恋村大笹　岩上武氏所蔵）……1001
633　年次不詳　草津俳人一夏庵（坂上竹煙）書状（吾妻郡嬬恋村大笹　岩上武氏所蔵）……………1001
634　年次不詳　草津一夏庵社中句合せ（吾妻郡嬬恋村三原　下屋正一氏所蔵）…1001

635　年次不詳　草津雲嶺庵社中相撲番付（吾妻郡嬬恋村三原　下屋正一氏所蔵）…1002
636　年次不詳　中之条町琴羅大神奉額句合せ（吾妻郡中之条町五反田　斎藤庄平氏所蔵）……………1003
637　年次不詳　吾妻郡大戸村鎮守社奉額句合せ（版）（佐波郡境町境　篠木弘明氏所蔵）……………1004
638　年次不詳　吾妻郡岩下村鳥頭神社燈面句合せ（版）（佐波郡境町境　篠木弘明氏所蔵）……………1007
　医薬 ……………………………………1007
639　文政七年二月　万座金山妙薬金寿散弘め方願（吾妻郡嬬恋村千俣　千川英吉氏所蔵）……………1007
640　年次不詳　吾妻郡赤岩村湯本家家伝腹痛薬暑寒丸処方（吾妻郡嬬恋村鎌原　鎌原忠司氏所蔵）……………1008

解説 …………………………………………1009
　総説 ……………………………………1011
　秣場と山稼 ……………………………1023
　　＜表＞図1　吾妻地域の主な秣場入会関係要図 ……………………1023〜1026
　吾妻麻 …………………………………1027
　　＜表＞表1　天明3年大柏木村麻ほか作付け状況（史料276）……………1029
　硫黄・湯花と明礬 ……………………1030
　中之条と原町の市紛争 ………………1035
　　＜表＞図2　吾妻地域定期市関係要図 …1036
　　＜表＞表2　吾妻地域六斎市取引き品目表（史料95・96・100ほか）…………1038
　加部安左衛門と中居屋重兵衛 ………1040
　　＜表＞図3　上信の主な交通路と紛争関係村々略図 ……………………1042
　脇街道 …………………………………1042
　　＜表＞表3　上信の交通路における主な紛争 ……………………1043
　吾妻河岸 ………………………………1046
　　＜表＞表4　吾妻川通船上下荷物、運賃見込み（史料464）……………1047
　関所 ……………………………………1048
　　＜表＞表5　吾妻三関所の関所番と備付け武具（史料438・448・453ほか）………1049
　　＜表＞図4　吾妻の関所付村分布図 ……1050
　浅間焼け ………………………………1052
　　＜表＞表6　吾妻川沿い村々浅間焼け泥流被害概況（史料511・523・524ほかにより作成）……………1053
　　＜表＞図5　吾妻川沿い村々浅間焼け泥流被害概況図 ……………………1054
　　＜表＞図6　吾妻川沿い浅間焼け被害公儀復興普請管轄区分図（史料511）……………1055

<表>表7 浅間焼け復興普請役人組織（史料511）	1056
温泉	1059
修験	1063
<表>表8 県内本山派修験一覧（寛政年間「本山派上野国山伏名所記」（前橋市立図書館蔵）より作成）	1064
<表>表9 吾妻郡内本山派修験一覧（「本山派上野国山伏名所記」（前橋市立図書館蔵）より作成）	1065
世相と文芸	1067
維新の動静	1069
付録	1073
郷村変遷	1075
領主寺社一覧	1079
<表>北毛地域(1)関係要図	1080
史料採訪先氏名	1103
あとがき（山田武麿）	1107
資料編11 近世3（北毛地域1）調査・編集関係者一覧	1109

児玉幸多（学習院大学教授;参与）
山田武麿（群馬大学教授;専門委員（部会長））
井上定幸（県史編さん室参事;専門委員）
中島明（県立前橋工業高等学校教諭;専門委員）
淡路博和（新島学園高等学校教諭;調査委員）
五十嵐富夫（群馬女子短期大学講師;調査委員）
篠木弘明（商業自営;調査委員）
小山友孝（県立歴史博物館主事;調査委員）
田中康雄（財団法人三井文庫主任研究員;調査委員）
高木侃（関東短期大学助教授;調査委員）
秋元正範（東京農業大学附属第二高等学校教頭;調査委員）
阿久津宗二（県教育委員会文化財保護課補佐兼係長;調査委員）
青木裕（伊勢崎市立宮郷小学校教諭;調査委員）
樋口秀次郎（県立榛名高等学校定時制教頭;調査委員）
渋谷浩（県立利根農林高等学校教諭;調査委員）
岡田昭二（県史編さん室嘱託;調査委員）

県史編さん関係者名簿（昭和55年3月1日現在）	1110
県史編さん委員会委員・顧問	1110
県史編さん委員会事務局職員	1110

群馬県史 資料編12 近世4 北毛地域2
群馬県史編さん委員会編集
昭和57年3月25日発行

<徳川家康が関東に入国した天正十八年（一五九〇）から明治四年（一八七一）の廃藩置県まで>

<口絵>1　天和2年5月 沼田倉内城絵図［カラー］利根郡新治村 猿ヶ京区有
<口絵>2　文化8年2月 絵図師金子重右衛門写万国総界図［カラー］利根郡利根村大原 金子家茂氏所蔵
<口絵>3　天和3年9月 尾瀬沼周辺絵図（部分）［カラー］県立文書館蔵/利根郡片品村鎌田 入沢文三氏寄託
<口絵>4　明治3年4月 利根郡戸鹿野新町絵図（部分）［カラー］県立文書館蔵
<口絵>5　万治2年10月 真田氏年貢金請払勘定覚（41）利根郡新治村須川 阿部忠雄氏所蔵
<口絵>6　寛保2年9月 沼田学舎記（53）沼田市 沼田市役所蔵/土岐実光氏寄贈
<口絵>7　延宝2年9月 利根郡土出村熊の胆上納届（188）県立文書館蔵/利根郡片品村鎌田 入沢文三氏寄託
<口絵>8　文政2年10月 煙草商人買付方につき村役人宛申入状（220）県立文書館蔵/利根郡昭和村森下 真下一久氏寄託
<口絵>9　安政3年12月 利根郡後閑村ほか筏河岸役銭改覚（142）利根郡月夜野町後閑 増田清三氏所蔵
<口絵>10　元禄14年3月 利根郡柿平村銅山役人諸道具請取張（227）利根郡白沢村高平 小野良太郎氏所蔵
<口絵>11　天保13年12月 越後人挽職人帰国につき鑑札返納願（290）沼田市上川田町 塚原清温氏所蔵
<口絵>12　慶長13年12月 吾妻郡布施新田町立てにつき真田信幸朱印状（312）利根郡新治村布施 森下利起氏所蔵
<口絵>13　安政2年7月 三国通金井宿佐渡送無宿人預り証文（354）渋川市阿久津 勝田武雄氏所蔵

群馬県史 資料編12 近世4

<口絵>14 万治元年8月 利根郡大原村馬次免許につき上納樽代請取（372）利根郡利根村 大原区有
<口絵>15 文政10年閏6月 吾妻郡吹路村市日奉公人請状（462）埼玉県上尾市谷津 笛木四郎右衛門氏所蔵
<口絵>16 文久3年正月 吾妻郡東峰須川村狂言役割覚帳（474）利根郡新治村東峰須川区有
<口絵>17 延宝9年4月 吾妻郡須川湯宿休所諸役免除印判状（491）利根郡新治村新巻 岡田太平氏所蔵
<口絵>18 元禄16年5月 利根郡川場門前組切支丹類族帳（527）利根郡川場村門前区有
<口絵>19 文政13年6月 沼田宗匠松永乙人俳号授与状（550）県立文書館蔵/沼田市下沼田町 片山寛寿氏寄託

序（群馬県知事 清水一郎）……………………… 1
凡例 ………………………………………………… 3
第1章 領主 …………………………………… 13
　<写>寛文4年8月 真田伊賀守信澄献納の石灯籠（二基の内）沼田市柳町三光院 ………… 13
　第1節 幕府領 …………………………………… 15
　　法制 ……………………………………………… 15
　　　1 天和元年十二月 沼田領代官支配規定（利根郡利根村 平川氏有）……………… 15
　　　2 延享二年五月 利根郡村々宛代官申渡書付帳（利根郡月夜野町下津 内海文之助氏所蔵）…………………………… 16
　　　3 天明七年四月 利根郡下津村五人組帳前書請書（利根郡月夜野町下津 内海文之助氏所蔵）……………………………… 19
　　　4 寛政五年二月 岩鼻代官村々申渡条々（利根郡片品村 御座入組有）………… 25
　　　5 天保十三年六月 天保改革につき沼田領代官触（利根郡川場村 天神区有）… 26
　　巡見使 …………………………………………… 27
　　　6 元禄七年九月 御料所巡見使先触写（県立文書館蔵/利根郡片品村鎌田 入沢文三氏寄託）……………………………… 27
　　　7 延享三年四月 吾妻郡布施村巡見使宿泊賄入用帳（利根郡新治村布施 原沢直八郎氏所蔵）…………………………… 28
　　　8 延享三年四月 吾妻郡峰須川村巡見使廻村覚（県立文書館蔵/利根郡新治村東峰須川 河合雄一郎氏所蔵）………………… 35
　　　9 天保九年正月 巡見使廻村につき利根郡下津村名主書留（利根郡月夜野町下津 内海文之助氏所蔵）……………………… 38

　第2節 旗本領 …………………………………… 42
　　財政 ……………………………………………… 42
　　　10 天保三年四月 利根郡幡谷村旗本財政収支并借財高書上写（利根郡片品村 幡谷組有）………………………………… 42
　　　11 弘化四年四月 利根郡下津村ほか旗本領内一ヶ文日掛講請書（利根郡月夜野町下津 内海文之助氏所蔵）………………… 46
　　　12 安政七年三月 利根郡幡谷村旗本財政緊縮方願（利根郡片品村 幡谷組有）…… 47
　　　13 明治五年六月 利根郡上津村旧旗本借財返済方請書（利根郡月夜野町 上津上区有）………………………………………… 48

　第3節 沼田藩 …………………………………… 49
　　系譜 ……………………………………………… 49
　　　14 明治六年五月 沼田藩主本多家家譜（抄）（『安房長尾 本多家譜』/東京都文京区本郷 東京大学史料編纂所蔵）………… 49
　　　15 明治六年六月 沼田藩主黒田家家譜（抄）（『上総久留里 黒田家譜』/東京都文京区本郷 東京大学史料編纂所蔵）…… 52
　　　16 明治六年六月 沼田藩主土岐家家譜（東京都文京区本郷 東京大学史料編纂所蔵）………………………………………… 56
　　所領 ……………………………………………… 62
　　　17 年次不詳（寛政十一年閏七月カ）真田信幸領知高書上写（『大鋒院殿御事蹟稿一』/長野県長野市若里町 長野県立図書館蔵）………………………………… 62
　　　　［*寛文検地帳］
　　　18 万治二年 真田氏所領村高書上写（吾妻郡高山村中山 平形徳右衛門氏所蔵）…… 62
　　　19 寛文三年七月 真田氏所領村高書上控（吾妻郡高山村中山 平形徳右衛門氏所蔵）……………………………………… 65
　　　20 天和元年 沼田領郷村品々記録（利根郡利根村大楊 小林勘市氏所蔵）……… 68
　　　21 貞享二年二月 旧真田氏所領村高書上控（吾妻郡高山村中山 平形徳右衛門氏所蔵）……………………………………… 87
　　　22 宝永元年 本多氏沼田領村々石高書上（『沼田御検地石高写』/利根郡月夜野町下津 内海文之助氏所蔵）………………… 90
　　法制 ……………………………………………… 98
　　　23 寛永十四年七月 真田信幸沼田領支配規定写（『大鋒院殿御事蹟稿十二』/長野県長野市若里町 長野県立図書館蔵）… 98
　　　24 自寛文元年八月至延宝九年六月 真田氏家中役人諸事奉覚書（利根郡白沢村高平 小野芳夫氏所蔵）……………………… 98
　　　　［*林業統制］

174　県史誌内容総覧・資料編 1: 近世―関東

群馬県史 資料編12 近世4

25 自天和元年十一月至同二年正月 沼田落去城請取一条記(長野県長野市若里町 長野県立図書館蔵)…………112
26 天和元年十二月 真田氏改易兵器改帳写(『竹橋余筆 巻二』)…………117
27 寛保二年 土岐氏沼田領村々郡方触(『上州沼田御城請取控』/沼田市中町 矢島純男氏所蔵)…………119
28 年次不詳 土岐氏家中諸遺所書(沼田市 沼田市役所蔵/土ази実光氏寄贈)………121

職制・家臣…………127
29 天正十八年十二月 矢沢三十郎宛真田信幸宛行状(長野県長野市松代町 矢沢頼忠氏所蔵)…………127
30 天正十八年十二月 真田信幸家臣宛知行宛行状写(『沼田記』/利根郡利根村大楊 小林勘市氏所蔵)…………127
31 文禄三年十二月 矢沢忠右衛門宛真田信幸知行宛行状写(長野県長野市松代町 矢沢頼忠氏所蔵)…………128
32 慶長六年閏十一月 矢沢忠兵衛宛真田信幸知行宛行状(『大鋒院殿御事蹟稿十三』/長野県長野市若里町 長野県立図書館蔵)…………128
33 慶長二十年四月 山室佐左衛門宛真田信吉知行宛行状(『天桂院殿御事蹟稿三』/長野県長野市若里町 長野県立図書館蔵)…………128
34 年次不詳(元和三年十月カ) 蟻川正蔵宛真田信吉知行宛行状(『天桂院殿御事蹟稿三』/長野県長野市若里町 長野県立図書館蔵)…………129
35 元和四年十月 安中作左衛門宛真田信吉知行宛行状(『天桂院殿御事蹟稿三』/長野県長野市若里町 長野県立図書館蔵)…129
36 明治二年八月 安辺彦太郎宛真田氏知行書上(利根郡新治村須川 阿部忠雄氏所蔵)…………130
37 年次不詳(寛文五―天和元年ノ間カ) 真田伊賀守家中附(利根郡月夜野町月夜野 後閑縫之介氏所蔵)…………130
38 年次不詳(天保年間カ) 土岐氏家臣分限帳(前橋市荒牧町 群馬大学附属図書館蔵)…………141
39 明治二年 沼田藩藩治職制(沼田市 沼田市役所蔵/土岐実光氏寄贈)…150

財政…………153
40 年次不詳(元和七年十二月カ) 吾妻郡布施新田宛真田氏年貢金請取覚(利根郡新治村布施 森下利起氏所蔵)…………153
41 万治二年十月 真田氏年貢金請払勘定覚(利根郡新治村須川 阿部忠雄氏所蔵)…………154

42 万治三年九月 真田氏沼田領年貢金納明細帳(沼田市下沼田町 長谷川君夫氏所蔵)…………154
43 万治三年九月 真田氏年貢金勘定覚(利根郡新治村須川 阿部忠雄氏所蔵)…………155
44 自延宝七年十二月至同九年四月 吾妻郡師田村宛真田氏取替金証文(三通)(利根郡新治村師田 原沢通夫氏所蔵)…………155
45 年次不詳(安永三年カ) 土岐氏藩財政勘定目録(『名前□』/沼田市 沼田市役所蔵/土岐実光氏寄贈)…………156
46 年次不詳(天保六年閏七月カ) 沼田藩家中増上米高伺書控(沼田市 沼田市役所蔵/土岐実光氏寄贈)…………158
47 年次不詳(天保十四年八月カ) 沼田藩家中倹約取締方建白書案(沼田市 沼田市役所蔵/土岐実光氏寄贈)…159
48 自嘉永六年八月至明治二年十一月 沼田藩調達金献金控帳(沼田市町田町 堀江文夫氏所蔵)…………162
49 嘉永七年九月 利根郡横塚村一文目掛積銭議定連印状(沼田市 横塚町区有)…164
50 慶応元年十二月 沼田藩堀江家ほか宛借金証文(沼田市町田町 堀江文夫氏所蔵)…………164
51 明治三年十月 沼田藩新藩札発行仕法達(沼田市奈良町 石田英太郎氏所蔵)…165
52 明治四年正月 沼田藩堀江家宛公借証文(沼田市町田町 堀江文夫氏所蔵)…166

藩校…………166
53 寛保二年九月 沼田学舎記(沼田市 沼田市役所蔵/土岐実光氏寄贈)…………166
54 文久元年十月 沼田学舎分校敬脩堂記(『諸書留帳』/沼田市 沼田市役所蔵/土岐実光氏寄贈)…………168
55 年次不詳(明治初年カ) 藩校沼田学舎記事抄(『諸書留帳』/沼田市 沼田市役所蔵/土岐実光氏寄贈)…………169
56 年次不詳(明治初年カ) 藩校敬脩堂摘要(沼田市 沼田市役所蔵/土岐実光氏寄贈)…………170

維新…………172
57 慶応四年四月 東山道鎮撫につき沼田藩主持場村々触書写(『御廻状写帳』/利根郡場村天神 高井悦一氏所蔵)…172
58 慶応四年四月 沼田藩主朝命につき上京恭順方歎願書写(『土岐頼知家記 全』/東京都文京区本郷 東京大学史料編纂所)…………173
59 慶応四年閏四月 官軍并諸藩沼田内外進駐記録抄(『御用留』/沼田市岡谷町 大島琢磨氏所蔵)…………174

県史誌内容総覧・資料編 1: 近世—関東 175

群馬県史 資料編12 近世4

60 慶応四年閏四月 官軍沼田入城并出兵献金方要請届書(沼田市 沼田市役所蔵/土岐実光氏寄贈) ……179
61 慶応四年六月 沼田藩兵三国峠出兵并分捕品預り報告書(沼田市 沼田市役所蔵/土岐実光氏寄贈) ……179
62 慶応四年七月 沼田藩主領内鎮撫につき帰国願(『土岐頼知家記 全』/東京都文京区本郷 東京大学史料編纂所蔵) ……181
63 明治元年十二月 沼田藩主奥羽御領民政取締布達(『令状留』/沼田市 沼田市役所蔵/土岐実光氏寄贈) ……181
64 明治二年十一月 奥州征討官軍沼田滞陣諸入用金等下付願(沼田市 沼田市役所蔵/土岐実光氏寄贈) ……181

第2章 村政 ……183
〈写〉文政13年9月 利根郡上久屋村名主選挙の投票用紙(沼田市上久屋町 染谷文雄氏所蔵) ……183
第1節 村行政 ……185
村役人 ……185
65 元禄十年二月 利根郡生枝村名主選任替願(利根郡白沢村 生枝区有) ……185
66 正徳三年三月 利根郡高平村名主役増員年番願(利根郡白沢村高平 小野良太郎氏所蔵) ……185
67 享保二十年二月 利根郡真庭村名主組年番勤方申合届(利根郡月夜野町真庭 真庭礼司氏所蔵) ……186
68 明和二年二月 利根郡川場村門前組村役人給議定(利根郡川場村 門前区有) ……186
69 天明三年三月 利根郡追貝村村政不法出入返答書(利根郡利根村追貝 星野優氏所蔵) ……187
70 享和二年二月 利根郡上牧村組頭役選任議定(利根郡月夜野町上牧 吉平組有) ……190
71 嘉永六年正月 利根郡下津村村役人入札帳(利根郡月夜野町下津 内海文之助氏所蔵) ……191
72 慶応二年二月 利根郡新巻村大名主選出願(利根郡新治村 新巻区有) ……193
村議定 ……194
73 延享三年十二月 吾妻郡東峰須川村分給につき議定証文(県立文書館蔵/利根郡新治村東峰須川 河合雄一郎氏寄託) ……194
74 文政十年十月 利根郡下津村村役人路用ほか入用議定(利根郡月夜野町下津 内海文之助氏所蔵) ……195
75 天保十一年三月 利根郡下津村作物ほか窃盗取締議定控(利根郡月夜野町下津中村区有) ……195

76 天保十四年十二月 利根郡追貝村分郷につき村議定連印帳(利根郡利根村追貝 星野靖川氏所蔵) ……196
77 弘化二年正月 利根郡生枝村分郷につき取替議定(利根郡白沢村生枝 観音寺蔵) ……197
78 文久三年正月 利根郡下久屋村村入用ほか議定控(県立文書館蔵/沼田市下久屋町 倉品右近氏寄贈) ……198
組合村 ……200
79 文久三年二月 利根郡平川村寄場組合村大惣代ほか役人名前書上帳(利根郡利根村 平川区有) ……200
80 慶応二年八月 利根郡川場湯原組ほか組合村高家数人数書上帳(利根郡川場村谷地 関元雄氏所蔵) ……202

第2節 村況 ……205
町・村由緒 ……205
81 自天正十八年至天保八年 利根郡後閑村役人并由緒年録(利根郡月夜野町後閑 増田昌寿氏所蔵) ……205
82 年次不詳 沼田町由緒(沼田市材木町 桑原吉之助氏所蔵) ……230
明細帳 ……245
83 元禄十四年七月 勢多郡生越村明細帳控(利根郡昭和村生越 林成一氏所蔵) ……245
84 元禄十七年二月 利根郡奈良村明細帳(沼田市奈良町 石田八郎氏所蔵) ……249
85 享保十六年六月 利根郡川上・小仁田村明細帳控(利根郡水上町 小仁田区有) ……254
86 寛保二年九月 利根郡下牧村明細帳(利根郡月夜野町 下牧区有) ……264
87 寛保二年十月 利根郡新巻村明細帳下書(利根郡新治村新巻 宮崎寿雄氏所蔵) ……271
88 宝暦十年九月 利根郡大楊村明細帳(利根郡利根村 大楊区有) ……284
89 安永五年三月 利根郡下平村明細帳(利根郡片品村下平 高橋安次氏所蔵) ……287
90 文化八年七月 利根郡夜後村明細帳(利根郡水上町 粟沢区有) ……289
91 文政三年六月 沼田町明細帳(沼田市材木町 桑原吉之助氏所蔵) ……291
92 文政七年九月 利根郡御座入村明細帳(利根郡片品村 御座入組有) ……300
93 天保十四年正月 利根郡小松村明細帳(利根郡利根村 利根村利根村利 小林昭二氏所蔵) ……303
94 明治二年三月 利根郡上津村明細帳(利根郡月夜野町月夜野 旧桃野村役場蔵) ……304
戸口 ……309

群馬県史　資料編12　近世4

　　95　延宝八年十月　勢多郡栃久保村五人組
　　　　改帳（利根郡昭和村栃久保　角田勝美氏所
　　　　蔵）……………………………………309
　　96　元文元年十月　吾妻郡猿ヶ京村ほか家
　　　　数人数改控（利根郡新治村猿ヶ京　林直氏
　　　　所蔵）…………………………………313
　　97　安永十年二月　勢多郡森下村他所者下
　　　　人帳（県立文書館蔵/利根郡昭和村森下　真
　　　　下一久氏寄託）………………………314
第3章　農業と貢租………………………317
　＜写＞利根郡阿能川村山稼ぎの諸道具（利根
　　郡水上町阿能川　小野宏寿氏所蔵）………317
　第1節　土地 ……………………………319
　　検地 ………………………………………319
　　98　天正十八年八月　利根郡下河田村検地
　　　　帳（沼田市屋形原町　生方満太郎氏所蔵）
　　　　………………………………………………319
　　99　文禄二年十月　利根郡下河田村検地帳
　　　　（沼田市屋形原町　生方満太郎氏所蔵）……330
　　100　文禄二年十月　利根郡下河田村屋敷
　　　　検地帳（沼田市屋形原町　生方満太郎氏所
　　　　蔵）……………………………………343
　　101　寛文二年九月　利根郡高戸谷村検地
　　　　帳（利根郡利根村　高戸谷共有）…………344
　　102　寛文十二年三月　利根郡高戸谷村新
　　　　田改帳（利根郡利根村　高戸谷共有）……359
　　103　貞享元年三月　上野国沼田領検地条
　　　　目（利根郡川場村生品　新木伸一氏所
　　　　蔵）……………………………………364
　　小作・質地 ………………………………366
　　104　寛文元年十二月　利根郡下久屋村質
　　　　置畑証文（県立文書館蔵/沼田市下久屋町
　　　　倉品右近氏寄贈）………………………366
　　105　寛文六年二月　利根郡原新町田地売
　　　　渡証文（沼田市戸鹿野町　星野金吾氏所
　　　　蔵）……………………………………366
　　106　寛文七年五月　利根郡戸鹿野村田畑
　　　　永代売渡証文（沼田市戸鹿野町　星野金吾
　　　　氏所蔵）………………………………367
　　107　延宝八年正月　吾妻郡東峰須川村田
　　　　地質置証文（県立文書館蔵/利根郡新治村
　　　　東峰須川　河合雄一氏寄託）……………367
　　108　宝永四年四月　利根郡羽場村田地小
　　　　作証文（利根郡新治村師田　原沢通夫氏所
　　　　蔵）……………………………………367
　　109　正徳二年十一月　利根郡御座入村田
　　　　畑小作証文（利根郡白沢村高平　小野友太
　　　　郎氏所蔵）……………………………368
　　110　享保四年二月　吾妻郡布施村質置田
　　　　畑小作金滞り訴状（利根郡新治村布施　原
　　　　沢直八郎氏所蔵）………………………368

　　111　享保十二年二月　利根郡上発知村林
　　　　質置証文（沼田市上発知町　斎藤作氏所
　　　　蔵）……………………………………369
　　112　寛延四年四月　利根郡平川村田畑売
　　　　買値段書上帳（利根郡利根村　平川区
　　　　有）……………………………………370
　　113　明和四年九月　利根郡平川村田畑質
　　　　入値段石盛反取帳下書（利根郡利根村　平
　　　　川区有）………………………………371
　　114　天明七年三月　吾妻郡布施村質置田
　　　　畑小作米滞り訴状（利根郡新治村布施　森
　　　　下利起氏所蔵）…………………………372
　第2節　林野 ……………………………374
　　御用林 ……………………………………374
　　115　天和元年十一月　利根郡花咲村御用
　　　　木引人足并勘定書（県立文書館蔵/利根郡
　　　　片品村鎌田　入沢文三氏寄託）…………374
　　116　天和三年二月　利根郡土出・小川村
　　　　山守扶持願（県立文書館蔵/利根郡片品村
　　　　鎌田　入沢文三氏寄託）…………………376
　　117　天和三年八月　利根郡越本村御山役
　　　　笹板・樽木御蔵納本帳（県立文書館蔵/利
　　　　根郡片品村鎌田　入沢文三氏寄託）……377
　　118　享保四年三月　利根郡萩室村御鷹御
　　　　用伝馬水夫御定書（利根郡川場村萩室　小
　　　　林市太郎氏所蔵）………………………381
　　入会 ………………………………………383
　　119　寛永二十一年十二月　勢多郡小暮村
　　　　ほか肝煎ら赤城山入会につき生越村宛
　　　　一礼（利根郡昭和村生越　林成一氏所
　　　　蔵）……………………………………383
　　120　正保三年三月　尾瀬沼国境裁許絵図
　　　　裏書写（利根郡片品村土出　萩原祐治郎氏
　　　　所蔵）…………………………………384
　　121　自慶安二年五月至延宝七年四月　勢
　　　　多郡貝野瀬・生越両村野論関係証文
　　　　（利根郡　昭和村教育委員会蔵）…………384
　　122　天和三年十一月　利根郡名胡桃村大
　　　　峰山秣場入会につき訴状下書（利根郡月
　　　　夜野町下津　原沢常一誌所蔵）…………386
　　123　元禄十一年六月　国絵図につき利根
　　　　郡土出村会津国境取極め控（利根郡片品
　　　　村土出　萩原祐治郎氏所蔵）……………387
　　124　享保五年八月　利根郡谷川・阿能川
　　　　山口明け規定（利根郡水上町　阿能川区
　　　　有）……………………………………387
　　125　宝暦十一年十二月　利根郡・勢多郡
　　　　境秣場出入裁許絵図裏書（利根郡昭和村
　　　　生越　林成一氏所蔵）……………………388
　　126　文政六年二月　利根郡粟沢村雪除林
　　　　議定証文（利根郡水上町　粟沢区有）……390
　　林業・山稼 ………………………………391

県史誌内容総覧・資料編 1: 近世―関東　　177

127　寛文四年五月 利根郡生枝村漆改帳
　　（利根郡白沢村 生枝区有）……………391
128　延宝六年五月 利根郡越本村役人黒
　　檜引板売渡手形（県立文書館蔵／利根郡片
　　品村鎌田 入沢文三氏寄託）……………394
129　天和二年十月 尾瀬山板木切につき
　　利根郡追貝村ほか出入訴答状控（県立文
　　書館蔵／利根郡片品村鎌田 入沢文三氏寄
　　託）……………………………………394
130　天和三年九月 利根郡御座入村笹板
　　運上赦免願（利根郡片品村 御座入組
　　有）……………………………………396
131　貞享三年七月 旧真田領十ヵ村沼田
　　稼山境論につき訴状（利根郡利根村追貝
　　星野定雄氏所蔵）………………………397
132　元禄五年八月 利根郡木賊村百姓ら
　　岩茸採取証文（県立文書館蔵／利根郡片品
　　村鎌田 入沢文三氏寄託）………………399
133　元禄七年九月 利根郡東入り村々伐
　　木運上改口留番人請書（利根郡利根村追
　　貝 星野優氏所蔵）………………………399
134　元禄十二年五月 日光山師利根郡小
　　川山伐木契約手形（県立文書館蔵／利根郡
　　片品村鎌田 入沢文三氏寄託）……………400
135　享保六年九月 利根郡谷川山ほか入
　　会伐木につき山元村仲間議定証文控
　　（利根郡水上町小仁田 鈴木百次氏所
　　蔵）……………………………………401
136　享保十三年八月 利根郡花咲村板荷
　　輸送につき口留役人宛証文（利根郡利根
　　村追貝 星野優氏所蔵）…………………402
137　年次不詳（享保頃カ）利根郡藤原村
　　口留番人桶木改覚（利根郡水上町 網子区
　　有）……………………………………402
138　元文四年八月 利根郡後閑村筏河岸
　　勤につき村役高引触（利根郡月夜野町 後
　　閑区有）…………………………………403
139　元文四年八月 利根郡後閑村材木河
　　岸場役請書控（利根郡月夜野町後閑 櫛淵
　　達男氏所蔵）……………………………403
140　延享三年四月 利根郡藤原村材木付
　　出しにつき出入内済議定（利根郡 水上町
　　郷土資料館保管 湯原区有）……………404
141　明和三年九月 利根郡藤原村鞘木伐
　　請負につき内済証文（利根郡 水上町郷土
　　資料館保管 林信男氏所蔵）……………405
142　天明二年三月安政三年十二月 利根
　　郡後閑村ほか筏河岸役銭改覚（二
　　通）（利根郡月夜野町後閑 増田清三氏所
　　蔵）……………………………………405
143　天明二年十月 利根郡阿能川村朴木
　　ほか伐木につき出入内済証文（利根郡水
　　上町小仁田 鈴木百次氏所蔵）……………407

144　文化四年三月 利根郡後閑村ほか御
　　用筏乗賃値上願（利根郡月夜野町後閑 増
　　田清三氏所蔵）…………………………408
145　文化八年八月 利根郡上津・下津村
　　五ヵ組栗拾い方規定（利根郡月夜野町 上
　　津下区有）………………………………408
146　天保四年七月 利根郡平川村椎茸山
　　売渡議定連印帳（利根郡利根村 平川区
　　有）……………………………………409
147　天保十三年十月 利根郡越本村ほか
　　下駄山売渡証文（利根郡片品村 戸倉区
　　有）……………………………………410
148　天保十三年十月 利根郡越本村ほか
　　下駄商売取極め証文（利根郡片品村 戸倉
　　区有）…………………………………410
149　天保十三年十一月 利根郡藤原村諸
　　木売渡証文（利根郡 水上町郷土資料館保
　　管 林信男氏所蔵）………………………410
150　天保十四年十二月 利根郡後閑村柿
　　売上覚帳（利根郡月夜野町後閑 櫛淵和夫
　　氏所蔵）…………………………………411
151　年次不詳（弘化四年十一月カ）紀州
　　用材利根郡戸倉村ほか伐出し川下げ触
　　廻状控（利根郡片品村下平 高橋安次氏所
　　蔵）……………………………………413
152　嘉永六年四月 利根郡戸倉村ほか入
　　会山売木証文（利根郡片品村越本 入沢傑
　　治氏所蔵）………………………………414

第3節　年貢…………………………………416
　割付・皆済………………………………416
153　寛永十年十二月 利根郡下久屋村年
　　貢割付状（県立文書館蔵／沼田市下久屋町
　　倉品右近氏寄贈）………………………416
154　寛文十二年十二月 利根郡下河場村
　　年貢割付状（利根郡川場村 門前区有）…417
155　延宝元年十二月 利根郡下久屋村年
　　貢割付状（県立文書館蔵／沼田市下久屋町
　　倉品右近氏寄贈）………………………419
156　延宝二年十二月 利根郡下久屋村年
　　貢割付状（県立文書館蔵／沼田市下久屋町
　　倉品右近氏寄贈）………………………421
157　延宝四年四月 利根郡横塚村祝金勘
　　定手形（利根郡川場村 門前区有）………422
158　延宝四年五月 利根郡月夜野町宛真
　　田氏小物成勘定覚（利根郡月夜野町月夜
　　野 高橋啓次氏所蔵）……………………423
159　延宝四年五月 利根郡後閑村宛真田
　　氏小物勘定覚（利根郡月夜野町後閑 増田
　　昌寿氏所蔵）……………………………423
160　延宝四年五月 吾妻郡湯宿村宛真田
　　氏小物成勘定覚（利根郡新治村布施 森下
　　利起氏所蔵）……………………………424

161 延宝四年十一月 利根郡下久屋村年貢割付状（県立文書館蔵/沼田市下久屋町倉品右近氏寄贈）…………424
162 延宝八年十一月 利根郡川場村門前組年貢割付状（利根郡川場村 門前区有）…426
163 天和二年十一月 利根郡川場村門前組年貢割付状（利根郡川場村 門前区有）…428
164 貞享二年十一月 利根郡下久屋村年貢割付状（県立文書館蔵/沼田市下久屋町倉品右近氏寄贈）…………432
165 貞享四年十一月 利根郡川場村門前組年貢割付状（利根郡川場村 門前区有）…434
166 貞享四年十一月 利根郡下久屋村年貢割付状（県立文書館蔵/沼田市下久屋町倉品右近氏寄贈）…………436
検見・減免……………………………………437
167 延享三年十月 利根郡摺淵村定免願（利根郡片品村摺淵 星野伊三夫氏所蔵）…437
168 文化九年五月 利根郡平川村ほか七ヵ村免直し赦免願（利根郡片品村下平 高橋安次氏所蔵）……………438
169 天保四年七月 利根郡湯原村ほか石代金納願（利根郡水上町 小仁田区有）…439
170 元治元年九月 利根郡富士新田村穀代上納願（利根郡川場村谷地 中村源太郎氏所蔵）……………440

第4節 農業……………………………………441
経営・作物……………………………………441
171 天和三年七月 利根郡追貝村粟種代借用証文（利根郡利根村追貝 星野優氏所蔵）……………………441
172 自文政九年四月至天保九年四月 利根郡下津村内海家万籾種覚帳（利根郡月夜野町下津 内海文之助氏所蔵）…441
173 天保三年十一月 利根郡追貝村薬用人参試作願（利根郡利根村追貝 星野定雄氏所蔵）……………445
174 弘化二年十月 利根郡後閑村櫛淵家穀類取入帳（利根郡月夜野町後閑 櫛淵和夫氏所蔵）……………445
175 自安政五年正月至万延元年十二月 利根郡下久屋村倉品家年中記（県立文書館蔵/沼田市下久屋町 倉品右近氏寄贈）…446
176 安政六年正月 利根郡上久屋村染谷家日雇人覚帳（沼田市上久屋町 染谷桂一氏所蔵）………………457
177 慶応四年正月 利根郡追貝村星野家小作人上帳（利根郡利根村追貝 星野泰宏氏所蔵）……………460
178 明治三年四月 利根郡屋形原村諸職人日雇賃銀取極め帳（沼田市 屋形原町区有）………………463

179 明治三年十月 利根郡高戸谷村産物書上帳（利根郡利根村高戸谷 金子武男氏所蔵）……………………464
用水……………………………………………465
180 元和三年二月 利根郡高平山用水源につき不入免状（利根郡白沢村 高平公益社所蔵）……………465
181 享保二年九月 利根郡高平村用水出入入用金領主扶助手形（利根郡白沢村 高平公益社所蔵）……………465
182 享保八年七月 利根郡月夜野上村用水盗水処罰議定（利根郡月夜野町月夜野旧桃野村役場蔵）…………466
183 天明三年三月 利根郡硯田・恩田村用水出入済口証文（利根郡月夜野町政所 小野勇一氏所蔵）………466
184 弘化三年七月 利根郡下津村境用水出入済口証文（利根郡月夜野町下津 中村組有）……………………468
185 嘉永六年十一月 利根郡発知新田百姓ほか片品川用水開発願（利根郡利根村追貝 星野光利氏所蔵）……469
186 安政二年十月 利根郡下津村用水普請高引願（利根郡月夜野町下津 小州島組有）………………………470
鉄砲……………………………………………471
187 寛文十二年八月 利根郡東小川村熊の胆上納届（県立文書館蔵/利根郡片品村鎌田 入沢文三氏寄託）…471
188 延宝二年九月同九年三月 利根郡土出・菅沼村熊の胆上納品（二通）（県立文書館蔵/利根郡片品村鎌田 入沢文三氏寄託）………………………471
189 宝永六年九月 勢多郡川額村鉄砲改帳控（利根郡昭和村川額 高橋偰八氏所蔵）……………………472
190 享保元年十一月 勢多郡貝野瀬村威鉄砲拝借証文（利根郡昭和村生越 林成一氏所蔵）………………474
191 安永三年三月 吾妻郡布施町鉄砲改証文下書（利根郡新治村 布施区有）……474
192 文政十二年三月 利根郡平川村猟師鉄砲改帳（利根郡利根村平川 井上要氏所蔵）……………………475
193 文久四年正月 利根郡奈良村猟師鉄砲改証文（沼田市奈良町 桑原ハン氏所蔵）……………………476
194 年次不詳 熊の胆御用につき代官所達控（利根郡水上町 阿能川区有）………477

第4章 産業と交通……………………479
＜写＞三国道永井宿旧本陣の写真（埼玉県上尾市谷津 笛木四郎右衛門氏所蔵）………479

群馬県史 資料編12 近世4

第1節　蚕糸業 ……………………………481
　蚕種 ……………………………………481
　　195　自安政四年五月至明治二年十一月
　　　　利根郡東小川村奥州蚕種買入方書留
　　　　（『種々記念録一』／利根郡片品村東小川　新
　　　　井一男氏所蔵）………………………481
　　196　慶応二年三月　上州并奥州蚕種仲間
　　　　宛代官申渡請書（利根郡昭和村生越　林幸
　　　　勇氏所蔵）……………………………483
　　197　年次不詳（明治初年カ）沼田藩内不
　　　　正蚕種取締布達（沼田市奈良町　石田英太
　　　　郎氏所蔵）……………………………484
　　198　明治五年二月　沼田県内蚕種并税金
　　　　勘定帳（沼田市上之町　湯浅徳造氏所
　　　　蔵）……………………………………485
　繭・糸 …………………………………495
　　199　元禄十五年七月　利根郡後閑村役人
　　　　真綿・繭前金請取証文（利根郡新治村師
　　　　田　原沢通夫氏所蔵）…………………495
　　200　宝暦十一年八月　利根郡上牧村繭金
　　　　滞り出入訴状（利根郡月夜野町上牧　鈴木
　　　　一朗氏所蔵）…………………………496
　　201　明和九年七月　吾妻郡猿ヶ京村ほか
　　　　三カ村桑運上請書（利根郡新治村猿ヶ京
　　　　林直氏所蔵）…………………………498
　　202　文化四年二月　利根郡追貝村ほか繭
　　　　代残金滞り出入訴状（利根郡利根村高戸
　　　　谷　金子尚治氏所蔵）…………………498
　　203　文化九年六月　沼田領桑畑規制触書
　　　　写（利根郡月夜野町上牧　戸谷組有）……500
　　204　天保九年正月　利根郡川場原組繭
　　　　引当借金出入済口証文写（利根郡川場村
　　　　谷地　関りょう氏所蔵）………………501
　　205　嘉永二年十二月　沼田領商人ら繭売
　　　　買につき前橋商人と出入訴状（利根郡白
　　　　沢村生枝　中村輔氏所蔵）……………502
　　206　安政三年三月　利根郡上久屋村百姓
　　　　蚕籠引当借金証文（沼田市上久屋町　染谷
　　　　桂一氏所蔵）…………………………506
　　207　元治元年六月　沼田領内糸繭秤鑑札
　　　　世話役申達覚（『御廻状書留覚帳』／利根郡
　　　　月夜野町月夜野　原清次氏所蔵）………506
　　208　慶応元年六月　利根郡上川田村繭代
　　　　金書上帳（沼田市上川田町　藤塚清温氏所
　　　　蔵）……………………………………507
　　209　慶応三年四月　沼田領内糸・繭取引
　　　　改触（利根郡　川場村教育委員会保管）……509
　　210　明治三年二月　沼田郡戸倉村役人繭
　　　　引当借用証文（利根郡片品村　戸倉区
　　　　有）……………………………………509
　　211　明治五年十月　利根郡上川田村繭産
　　　　額書上（沼田市上川田町　藤塚清温氏所
　　　　蔵）……………………………………510

第2節　特産物 ……………………………511
　煙草 ……………………………………511
　　212　天和元年十月　利根郡越本村煙草畑
　　　　改帳（県立文書館蔵／利根郡片品村鎌田　入
　　　　沢文三氏寄託）………………………511
　　213　安永四年閏十二月　沼田煙草伊勢崎
　　　　町売紛争裁許請書（利根郡川場村谷地
　　　　関りょう氏所蔵）………………………512
　　214　寛政二年十二月　利根郡沼須村小林
　　　　家煙草荷請取帳（県立文書館蔵／沼田市沼
　　　　須町　小林正義氏寄託）………………515
　　215　寛政三年四月　利根郡沼須村煙草仕
　　　　付帳（県立文書館蔵／沼田市沼須町　小林正
　　　　義氏寄託）……………………………517
　　216　寛政十一年四月　利根郡羽場村煙草
　　　　代金滞り訴状（利根郡新治村羽場　林孝雄
　　　　氏所蔵）………………………………517
　　217　文化三年八月　吾妻郡永井宿荷主宛
　　　　越後商人煙草仕切状（埼玉県上尾市谷津
　　　　笛木四郎右衛門氏所蔵）………………518
　　218　文化三年十二月　吾妻郡師田村煙草
　　　　荷預り証文（利根郡新治村師田　原沢通夫
　　　　氏所蔵）………………………………518
　　219　文化六年七月　利根郡東入り村々煙
　　　　草商人ら大間々町問屋宛勘定規定（利根
　　　　郡利根村追貝　星野光利氏所蔵）………519
　　220　文政二年十月　煙草商人買付方につ
　　　　き村役人宛申入状（県立文書館蔵／利根郡
　　　　昭和村森下　真下一久氏寄託）…………520
　　221　文政五年十二月　利根・吾妻郡三十
　　　　カ村惣代煙草直売願（利根郡新治村師田
　　　　原沢通夫氏所蔵）……………………521
　　222　文政九年四月　利根郡羽場村荷主宛
　　　　江戸煙草問屋仕切状（利根郡新治村羽場
　　　　林孝雄氏所蔵）………………………523
　　223　文政十三年七月　吾妻郡吹路村煙草
　　　　引当借金証文（埼玉県上尾市谷津　笛木四
　　　　郎右衛門氏所蔵）……………………524
　　224　天保五年十二月　利根郡上川田村煙
　　　　草仕入金借用証文（沼田市上川田町　大竹
　　　　多賀志氏所蔵）………………………525
　　225　文久元年九月　沼田煙草商人仲間議
　　　　定連名帳（沼田市上川田町　藤塚清温氏所
　　　　蔵）……………………………………525
　鉱産 ……………………………………528
　　226　元禄十二年十月　利根郡小松村銅山
　　　　運営につき山元・金元協定証文（利根郡
　　　　白沢村高平　小野良太郎氏所蔵）………528
　　227　元禄十四年三月　利根郡柿平村銅山
　　　　役人諸道具請取帳（利根郡白沢村高平　小
　　　　野良太郎氏所蔵）……………………528

180　県史誌内容総覧・資料編1：近世―関東

群馬県史　資料編12　近世4

228　元禄十四年七月　利根郡柿平村銅山入用勘定目録（利根郡白沢村高平　小野良太郎氏所蔵）……531
229　寛保二年五月　利根郡越本村金山見分結果届（利根郡片品村越本　入沢傑治氏所蔵）……532
230　天明八年七月　利根郡小日向村鉛山試掘につき議定証文（利根郡水上町小仁田　鈴木百次氏所蔵）……532
231　寛政三年三月　利根郡小日向村砥山試掘につき返答書（利根郡水上町　小日向区有）……533
232　年次不詳（寛政三年四月カ）　利根郡阿能川村銀鉛山試掘延長につき返答延引願（利根郡水上町　阿能川区有）……534
233　文政七年十二月　利根郡小日向村砥石売捌きにつき議定証文（利根郡水上町　小日向区有）……534
234　天保五年三月　利根郡谷川村金銀銅鉛山試掘につき協定証文（渋川市阿久津勝田　森氏所蔵）……535
235　天保五年十二月　利根郡小日向村砥石売場引受議定証文（利根郡水上町　小日向区有）……536
236　天保十年十月　利根郡小日向村砥山請負議定証文（利根郡水上町　小日向区有）……537
237　天保十三年四月　利根郡小日向村鉛山再試掘願下書（利根郡水上町　小日向区有）……537
238　天保十四年四月　利根郡小仁田村明礬稼につき入会村出入内済証文（利根郡水上町小仁田　鈴木百次氏所蔵）……538
239　嘉永七年四月　利根郡戸倉村ほか金銀銅鉄鉛山稼方委任証文（利根郡片品村戸倉区有）……539
240　安政六年十二月　利根郡小日向村砥切百姓ら請負人宛十二山神社祭礼献酒取極め証文（利根郡水上町　小日向区有）……540
241　文久元年五月　利根郡小日向村砥石切出しにつき出入取下げ願（利根郡水上町　小日向区有）……540

炭……542
242　元禄三年四月　新田郡薮塚本町炭問屋川場村宛炭買付方申入状（利根郡　川場村教育委員会保管）……542
243　明和五年七月　利根郡佐山村入会山炭焼出入済口証文控（沼田市原町　須田栄一氏所蔵）……542
244　天保八年十月　利根郡川場湯原組炭焼稼証文（利根郡片品村　花咲区有）……544
245　嘉永六年十二月　利根郡大沼村炭焼出入済口証文（沼田市原町　須田栄一氏所蔵）……544
246　安政三年二月　利根郡上牧村炭焼稼由来口上書（利根郡月夜野町上牧　鈴木一朗氏所蔵）……548
247　文久二年十月　利根郡奈女沢村炭手借金証文（利根郡水上町小日向　鈴木百次氏所蔵）……549
248　元治元年四月　利根郡下発知村炭焼残木買請証文（沼田市下久屋町　津久井唯氏所蔵）……550

築場……550
249　安永八年七月　利根郡上久屋村築掛け願（沼田市上久屋町　染谷文雄氏所蔵）……550
250　天明二年七月　利根郡岡谷村築掛け願（沼田市岡谷町　中村良雄氏所蔵）……550
251　文政十年六月　勢多郡川額村築場借用証文（利根郡昭和村川額　永井区有）……551
252　文政十三年十月　利根郡広神川原築主ら不法吟味貰下げ一件書留（『諸記録帳』／沼田市　岩本町区有）……551
253　弘化二年八月　勢多郡川額村隠築出入吟味願（利根郡昭和村川額　永井区有）……552
254　弘化二年　利根郡沼須村鮎釣り始め記事（『阿佐見日記』／沼田市上之町　石川初雄氏所蔵）……553
255　慶応四年二月　勢多郡川額村築場冥加永上納請書（利根郡昭和村　川額区有）……553

第3節　商工業……554
市・物価……554
256　慶長五年二月　利根郡大原新田町市場立てにつき真田信幸朱印状（利根郡利根村大原区有）……554
257　年次不詳（慶長十九年十二月カ）　利根郡沼須新町市場立てにつき真田信幸朱印状写（『大鋒院殿御事蹟稿十』／長野県長野市若里町　長野県立図書館蔵）……555
258　寛永二年二月　利根郡横塚・戸神新田取立てにつき真田信吉朱印状（沼田市横塚町　鈴木重利氏所蔵）……555
259　貞享四年九月　吾妻郡須川町市場再興願（『酢河村御領成万事覚』／利根郡新治村西峰須川　本多文太郎氏所蔵）……555
260　元禄二年二月　勢多郡森下村市場立て願（県立文書館／利根郡昭和村森下　真下一久氏寄託）……556
261　元禄七年六月　勢多郡森下村市場規定（県立文書館／利根郡昭和村森下　真下一久氏寄託）……556

県史誌内容総覧・資料編1：近世―関東　181

群馬県史 資料編12 近世4

262　元禄十二年十二月 利根郡大原町市場再興願（利根郡利根村大原 金子家茂氏所蔵）……………………557
263　天保九年六月 利根郡月夜野町市場衰微につき祇園祭礼願（利根郡月夜野町 月夜野町組区有）……………559
264　天保十三年七月 利根郡上川田村商物値段改書上帳（沼田市上川田町 藤塚清温氏所蔵）………………559
265　天保十三年八月 利根郡後閑村諸商物并日雇賃銭値下げ書上帳（利根郡月夜野町 後閑区有）……………561
266　天保十三年九月 利根郡横塚村諸商物并職人手間賃値下げ書上帳（沼田市 横塚町区有）………………570
267　万延二年三月 利根郡須賀川村馬市願廻状不承認届下書（利根郡片品村 花咲区有）………………572
268　明治元年十二月 利根郡大原村市立認可申請につき地頭宛添書願并添書（利根郡利根村 大原区有）………573

商人 …………………………………………573
269　年次不詳（元禄九年十カ月）沼田領村々へ江州商人立入禁止代官触写（利根郡新治村布施 森下利起氏所蔵）……………573
270　元禄十六年十二月 吾妻郡師田村木屋板材請取勘定帳（利根郡新治村師田 原沢通夫氏所蔵）………574
271　元禄十七年正月 利根郡下沼田村木屋宛江戸問屋板材仕切状（沼田市下沼田町 長谷川君夫氏所蔵）………576
272　宝永六年十一月 吾妻郡師田村木屋宛江戸問屋板材仕切状（利根郡新治村師田 原沢通夫氏所蔵）………577
273　正徳五年十二月 利根郡高戸谷村日野商人売掛金請取証文（利根郡利根村高戸谷 金子武男氏所蔵）………578
274　年次不詳（文化元年六月カ）江戸本所塩原太助宛炭送状（利根郡新治村新巻 塩原太助遺跡保存会所蔵）………579
275　天保六年六月 吾妻郡永井宿問屋宛越後塩沢組切手米借金証文（埼玉県上尾市谷津 笛木四郎右衛門氏所蔵）………579
276　天保七年十月 吾妻郡永井宿問屋宛越後米売渡証文（埼玉県上尾市谷津 笛木四郎右衛門氏所蔵）………580
277　天保八年四月 利根郡谷地組百姓豆代金滞り出入訴状（利根郡川場村谷地 関りょう氏所蔵）………581
278　天保九年九月 沼田村近穀商人越後米買占めにつき組合村々議定証文写（利根郡月夜野町 上津下区有）………582

279　弘化三年三月 飛州木屋稼人養子縁組につき利根郡御座入村人別加入願（利根郡片品村 花咲区有）………583
280　嘉永五年正月 吾妻郡師田村商人繰綿買請状（利根郡新治村師田 原沢通夫氏所蔵）………583
281　嘉永五年二月 越中木屋稼人聟養子につき利根郡花咲村人別加入願（利根郡片品村 花咲区有）………584
282　年次不詳 塩原太助書状（利根郡新治村新巻 塩原太助遺跡保存会所蔵）………584

職人 …………………………………………584
283　貞享二年四月 利根郡越本村鍛冶職人請状（県立文書館蔵/利根郡片品村鎌田 入沢文三氏寄託）………584
284　寛政二年二月 利根郡後閑村越後大工宿鑑札拝借保証文（利根郡月夜野町後閑 増田清三氏所蔵）………585
285　寛政九年二月 勢多郡森下村越後大工鑑札拝借保証文（県立文書館蔵/利根郡昭和村森下 真下一久氏寄託）………585
286　文化十二年 勢多郡森下村信州高遠石工鑑札拝借願下書（県立文書館蔵/利根郡昭和村森下 真下一久氏寄託）………586
287　天保二年十月 利根郡戸倉村杓子彫師匠のほか諸職人山代金取極め証文（利根郡片品村 戸倉区有）………586
288　天保四年十月 利根郡師田村瓦師土蔵葺代金請取状（利根郡新治村羽場 林孝雄氏所蔵）………587
289　天保十三年七月 利根郡上川田村諸職人日雇賃銭規定届（沼田市上川田町 藤塚清温氏所蔵）………587
290　天保十三年十二月 越後木挽職人帰国につき鑑札返納願（沼田市上川田町 藤塚清温氏所蔵）………588
291　天保十四年三月 利根郡下津村畳職人請状（利根郡月夜野町 後閑区有）………589
292　弘化二年九月 焔硝焼職人利根郡下久屋村宛国請証文（沼田市下久屋町 津久井唯雄氏所蔵）………589
293　嘉永二年二月 越後大工職人沼田町宛出人別送状（沼田市材木町 桑原吉之助氏所蔵）………589
294　嘉永四年七月 沼田藩焔硝焼仲間御用向渡世継続願（利根郡月夜野町 後閑区有）………590
295　安政七年二月 信州高遠石工職人利根郡戸鹿野村宛送状（沼田市 戸鹿野町区有）………591

酒造 …………………………………………591

296　元禄十五年十月　吾妻郡師田村原沢家造酒売払い勘定覚(利根郡新治村師田原沢通夫氏所蔵)……591
297　元文四年八月　利根郡月夜野町乗合酒造証文(利根郡月夜野町月夜野　後閑縫之介氏所蔵)……592
298　安永八年十二月　沼田領内他所酒売買禁止令請書(利根郡白沢町　高平公益社所蔵)……593
299　寛政十二年三月　利根郡追貝村会津酒ほか買入禁止取極め証文(利根郡利根村追貝　星野泰宏氏所蔵)……593
300　文化六年十一月　沼田領内造酒師仲間規定遵守方議定(利根郡月夜野町月夜野　後閑縫之介氏所蔵)……594
301　文久四年四月　吾妻郡田村大黒屋宛越後酒売渡証文(利根郡新治村師田　原沢通夫氏所蔵)……595
302　元治元年十二月　利根郡月夜野町酒造城米拝借証文(利根郡月夜野町月夜野　後閑縫之介氏所蔵)……595

農間渡世……595

303　文化二年二月　利根郡下平村村稼小前書上帳下書(利根郡片品村下平　高橋安次氏所蔵)……595
304　文政二年閏四月　沼田領農間渡世取締触請書(利根郡月夜野町　後閑区有)……596
305　文政二年閏四月　利根郡門前組作間売買願書上帳(利根郡川場村　門前区有)……599
306　文政二年閏四月　利根郡横塚村商売品々書上帳(沼田市　横塚町区有)……601
307　文政十年十月　利根郡羽場村農間商人職人控(利根郡新治村羽場　原沢佐太雄氏所蔵)……602
308　文政十二年四月　吾妻郡永井村ほか質屋仲間議定(埼玉県上尾市谷津　笛木四郎右衛門氏所蔵)……603
309　天保九年七月　利根郡下久屋村ほか農間商人職人質屋上帳(沼田市下久屋町　津久井唯雄氏所蔵)……604
310　天保十四年六月　利根郡後閑村諸商物書上帳(利根郡月夜野町　後閑区有)……608
311　天保十四年十一月　利根郡戸鹿野村商渡世書上帳(沼田市　戸鹿野区有)……609

第4節　交通・運輸……611

三国道……611

312　慶長十三年十二月　吾妻郡布施新田町立てにつき真田信幸朱印状(利根郡新治村布施　森下利起氏所蔵)……611
313　天和二年六月　三国通永井宿荷物継送り方口書(埼玉県上尾市谷津　笛木四郎右衛門氏所蔵)……611
314　貞享四年五月　三国通中山宿立人馬勤方議定連印状(吾妻郡高山村中山　平形作右衛門氏所蔵)……612
315　元禄四年八月　三国通塚原宿町役立馬遵守証文(利根郡月夜野町上津　高橋権一郎氏所蔵)……612
316　元禄十二年十月　三国通中山宿越後御城米継送りにつき連judgement議定(吾妻郡高山村中山　平形作右衛門氏所蔵)……613
317　元禄十三年十二月　三国通永井宿問屋越後米輸送賃請取書(埼玉県上尾市谷津　笛木四郎右衛門氏所蔵)……613
318　享保十六年三月　三国通永井宿問屋役出入内済証文(埼玉県上尾市谷津　笛木四郎右衛門氏所蔵)……614
319　寛延三年七月　上州売米につき越後魚沼郡村々惣代保証一札(埼玉県上尾市谷津　笛木四郎右衛門氏所蔵)……615
320　宝暦五年十一月　三国通布施宿ほか凶年につき借米願(利根郡新治村　新巻区有)……615
321　宝暦九年九月　沼田領内他所米停止につき取締方請書控(県立文書館蔵/沼田市沼須町　小林正義氏寄託)……617
322　宝暦十二年二月　三国通永井宿問屋役につき議定証文(埼玉県上尾市谷津　笛木四郎右衛門氏所蔵)……617
323　明和八年十月　越後出米継送りにつき三国通永井宿申合議定(埼玉県上尾市谷津　笛木四郎右衛門氏所蔵)……618
324　安永九年十一月　三国通峠越宿々通行荷人馬改(新潟県魚沼郡湯沢町三国　綿貫哲氏所蔵)……619
325　天明元年十二月　三国通相俣・猿ヶ京両宿人馬継立て方出入和解証文(利根郡新治村猿ヶ京　笛木二郎氏所蔵)……620
326　天明三年十月　越後村々穀留につき三国通永井宿ほか米調達方願(利根郡新治村猿ヶ京　林直氏所蔵)……624
327　天明四年八月　三国通渋川宿人馬役宿・在方割につき触請書(渋川市上之町　青木吉氏所蔵)……626
328　年次不詳(寛政三年十二月カ)　利根郡下津村宛年貢米廻送請状(利根郡月夜野町下津　高橋三郎氏所蔵)……627
329　文化元年九月　三国通渋川宿問屋人馬役滞り出入済口証文(渋川市上之町　青木吉氏所蔵)……627
330　文化六年五月　三国通中山新田宿御用人馬高割井勤方定書(吾妻郡高山村中山　平形作右衛門氏所蔵)……629

331　文化六年十月　三国通中山宿本田新田勤方并助合村高書上（吾妻郡高山村中山　平形作右衛門氏所蔵）……………630
　［＊変則宿継］
332　文化八年十一月　三国通須川宿人馬継立て方出入和解証文（利根郡新治村須川　茅原組有）………………………632
　［＊年季助合］
333　文化十三年三月　三国通中山宿人馬勤方取締規定（吾妻郡高山村中山　唐沢斉氏所蔵）……………………………633
334　文化十三年三月　三国通横堀宿問屋火難につき越後縮商人宛合力礼状写（北群馬郡子持村横堀　佐藤善一郎氏所蔵）…634
335　文政四年四月　三国通渋川宿人馬役宿・在方割出入裁許請書控（渋川市下之町　石坂七次郎氏所蔵）……………635
　［＊年季助合］
336　文政八年十月　三国通横堀宿助合差替請書（北群馬郡子持村吹屋　斎藤国一郎氏所蔵）…………………………636
337　天保七年八月　三国通北牧宿継立て人馬数書上（北群馬郡子持村北牧　牧久利氏所蔵）…………………………638
　［＊三国道交通量］
338　天保七年十一月　三国通塚原継立て人馬助合出入済口証文（利根郡月夜野町上津下区有）………………………638
　［＊年季助合］
339　天保七年十一月　三国通永井宿往来方書上帳（埼玉県上尾市谷津　笛木四郎右衛門氏所蔵）………………………640
　［＊合宿の人馬継ぎ立て］
340　天保九年三月　三国通下新田宿ほか問屋役出入済口証文（利根郡新治村羽場原沢佐太雄氏所蔵）………………641
341　天保九年四月嘉永四年九月　三国通金古宿ほか助合有無調書（新潟県南魚沼郡湯沢町三俣　池田一興氏所蔵）……643
　［＊助合村］
342　天保十年七月　三国通塚原宿旅籠屋仲間議定（利根郡月夜野町上津　高橋権一郎氏所蔵）…………………………647
343　天保十二年三月　三国通塚原宿困窮につき助合差村并増賃銭願（利根郡月夜野町　上津下区有）……………………647
　［＊最合送り］
344　天保十二年五月　利根郡奈良村ほか十ケ村三国通今宿助合差村免除願（利根郡川場村谷地　関しゃく氏所蔵）……650
345　天保十二年十二月　三国通須川宿助合村出入済口証文（利根郡新治村西峰須川　本多文太郎氏所蔵）……………653

346　天保十三年三月　三国通脇道祖母島村継立て助成につき議定証文（渋川市金井　岸武雄氏所蔵）……………………655
347　弘化十五年六月　三国通横堀宿越後村松藩主宿泊明細帳（北群馬郡子持村横堀　佐藤善一郎氏所蔵）……………656
　［＊武家通行］
348　年次不詳（天保頃カ）　諸業高名録（抄）………………………………660
349　弘化二年三月　三国通永井宿助合役請負証文（利根郡月夜野町　小川区有）…673
350　弘化四年五月　三国通永井宿佐渡奉行通行につき助合村々賃銭割渡帳（埼玉県上尾市谷津　笛木四郎右衛門氏所蔵）…674
351　嘉永五年三月　三国通永井宿困窮につき助合差村願（埼玉県上尾市谷津　笛木四郎右衛門氏所蔵）……………………676
352　嘉永五年九月　三国通相俣宿助合差村願方仕方書（新潟県南魚沼郡湯沢町三俣　池田一興氏所蔵）…………………680
353　安政二年二月　越後米継送り升立てにつき三国通永井宿定法遵守方申合せ（埼玉県上尾市谷津　笛木四郎右衛門氏所蔵）………………………………686
354　安政二年七月　三国通金井宿佐渡送無宿人預り証文（渋川市阿久津　勝田武雄氏所蔵）…………………………687
355　安政四年三月　三国通横堀宿助合人馬出入済口証文（北群馬郡子持村上白井　小淵英敏氏所蔵）…………………688
356　文久二年十一月　利根郡村々和宮下向につき中山道坂本宿ほか助郷人用控（利根郡水上町　綱子区有）……………692
　［＊加助郷］
357　文久四年正月　利根郡上牧村ほか中山道高崎宿助郷示談金一札（利根郡月夜野町石倉　小野勝氏所蔵）……………697
　［＊加助郷］
358　自慶応二年九月至同四年九月　上州向け越後生糸八木沢番所通行手形（八通）（新潟県南魚沼郡湯沢町三俣　池田一興氏所蔵）…………………………698
359　慶応三年四月　越後より上州出米取調長（新潟県南魚沼郡湯沢町三俣　池田一興氏所蔵）…………………………700
360　慶応三年十月　越後魚沼郡村々上州出米番所通行許可届（新潟県南魚沼郡湯沢町三俣　池田一興氏所蔵）……………704
361　慶応四年正月　横浜向け越後生糸八木沢番所通行手形（新潟県南魚沼郡湯沢町三俣　池田一興氏所蔵）……………705

362 慶応四年九月 江戸向け越後生糸八木沢番所通行手形（新潟県南魚沼郡湯沢町三俣 池田一興氏所蔵）…………706
363 明治二年三月 三国通永井宿ほか九カ宿問屋荷物取扱いにつき申合議定（北群馬郡子持村北牧 牧久利氏所蔵）……706
［＊連帯共同］
364 明治三年二月 三国通宿々荷物漸減につき継立て賃銭議定連印帳（利根郡月夜野町上津 原沢徳光氏所蔵）………707
［＊連帯共同］
365 明治四年二月 丁抹国領事官通行につき三国通渋川宿宛取締方触（渋川市上之町 堀口佳男氏所蔵）……………709

清水越え新道……………709

366 嘉永五年 清水越え道切開き願并道筋踏試書上（利根郡月夜野町月夜野 石田和江氏所蔵）…………………709
367 嘉永六年九月 清水越え道切開き人足につき利根郡粟沢村ほか三ヵ村議定（利根郡水上町 粟沢区有）……………712
368 嘉永七年三月 清水越え新道開きにつき利根川通船試稼申込渡受（『御varying状写帳』/利根郡月夜野町後閑 櫛淵達男）…713
369 文久三年八月 利根郡粟沢村清水越え新道再見分願（利根郡水上町 粟沢区有）…………………………714
370 文久三年八月 清水越え新道切開きにつき吾妻郡永井宿ほか請状（利根郡新治村 新巻区有）…………………715

会津道ほか……………717

371 慶安二年九月 利根郡高平新田伝馬次証文（利根郡白沢町 高平公益社所蔵）………………………………717
［＊伝馬宿］
372 万治元年八月 利根川大原村馬次免許につき上納樽代請取（利根郡利根村 大原区有）……………………………717
［＊大原新田］
373 寛文八年三月 利根郡大原村荷物馬次仕法につき代官宛上申一札控（県立文書館蔵/利根郡片品村鎌田 入沢文三氏寄託）……………………………………718
［＊宿駅制度］
374 延宝九年四月 利根郡大原村宛伝馬判鑑（利根郡利根村 大原区有）……718
375 年次不詳（元禄四年十二月カ）利根郡東入り二十二カ村挽板ほか荷物大間々市宛輸送方取計い願（県立文書館蔵/利根郡片品村鎌田 入沢文三氏寄託）……718
376 元禄八年十月 利根郡大原村ほか馬次出入内済連判証文（利根郡利根村高戸谷 金子武男氏所蔵）……………719

377 元禄九年四月 利根郡越本村会津板付出し本帳（県立文書館蔵/利根郡片品村鎌田 入沢文三氏寄託）……………720
378 元禄九年十一月 利根郡土出村ほか会津荷物馬継規定写（利根郡片品村越本笠原一成氏所蔵）……………………723
379 元禄九年十二月 利根郡越本村会津板付出し勘定目録（県立文書館蔵/利根郡片品村鎌田 入沢文三氏寄託）…………724
380 寛保二年六月 上州向け会津荷物檜枝岐番所通行手形（福島県南会津郡 檜枝岐村教育委員会保管）…………724
381 文政八年三月 利根郡戸倉村ほか会津道荷物駄賃議定（利根郡片品村 戸倉区有）……………………………725
382 安政三年五月 利根郡追貝村役人米値段ほか返答書下書（利根郡利根村追貝 星野光利氏所蔵）………………726
［＊払い米］
383 安政三年五月 利根郡追貝村百姓会津道牛荷につき返答書下書（利根郡利根村追貝 星野光利氏所蔵）…………727
384 自安政四年閏五月至同五年七月 戸倉関所通行会津払米改帳（利根郡利根村追貝 星野光利氏所蔵）……………728
385 安政四年六月 利根郡追貝村買請会津米檜枝岐番所通行手形（福島県南会津郡 檜枝岐村教育委員会保管）………728
386 安政六年九月 利根郡追貝村百姓会津米牛荷付通し出入済口証文（利根郡片品村 戸倉区有）……………………729
［＊払い米］
387 文久三年三月 利根郡越本村役人戸倉関所宛会津荷物通行許可願（利根郡片品村越本 入沢傑治氏所蔵）………731
388 年次不詳 上州向け会津檜枝岐番所通行手形（三通）（福島県南会津郡 檜枝岐村教育委員会保管）………732

橋・渡船……………733

389 延宝七年七月 利根郡月夜野町竹之下渡船船頭勧進状覚（利根郡月夜野町月夜野 後閑鏈之介氏所蔵）…………733
390 延享二年十二月 利根郡戸鹿野橋番人給上納請取覚（沼田市戸鹿野町 宇敷五八氏所蔵）……………………733
391 延享二年閏十二月 吾妻川杢ヶ橋仕来り書上帳（前橋市荒牧町 群馬大学附属図書館蔵）…………………734
392 文化七年八月 利根郡月夜野町竹之下渡船賃口上書（利根郡月夜野町月夜野後閑鏈之介氏所蔵）………………736

393　文化九年三月　利根郡追貝村刎橋仕来り書上帳（利根郡利根村追貝　星野光利氏所蔵）……………737
394　文化十年八月　吾妻川杢ヶ橋渡船引請方出入裁許請書（渋川市金井　岸武雄氏所蔵）……………738
395　天保十一年九月　吾妻川杢ヶ橋渡船仮橋掛替願（渋川市金井　岸武雄氏所蔵）……………740
396　嘉永三年二月　利根郡戸鹿野橋番人勤方誓約状（沼市戸鹿野町　宇敷五八氏所蔵）……………741
397　文久三年二月　利根郡銚子橋掛替普請につき組合村々議定（利根郡水上町小仁田区有）……………741
398　明治二年九月　吾妻川杢ヶ橋船橋進退割合併裁許請書控（『御用留』/北群馬郡子持村北牧　牧久利氏所蔵）……………742
399　明治五年二月　利根郡月夜野町竹之下板橋造立議定（利根郡月夜野町月夜野後閑縫之介氏所蔵）……………744
400　年次不詳（明治初年カ）利根郡戸鹿野橋掛替記録（沼田市新町　星野孝雄氏所蔵）……………744

関所……………748
401　自寛永九年四月至延宝四年五月　利根郡湯檜曽村口留番所条目控（利根郡水上町谷川　阿部光次氏所蔵）……………748
402　天和二年　群馬郡祖母島村口留番所番役休役願（『御関所由緒写』/吾妻郡中村五町田　佐藤巻之助氏所蔵）……………749
403　宝永五年十月　猿ヶ京関所脇通行停止場取締方返答書（利根郡新治村猿ヶ京　片野一司氏所蔵）……………750
404　享保十三年二月　戸倉関所下番役村々日光社参御用人馬役免除願（利根郡片品村戸倉　松浦志夫氏所蔵）……………751
［＊関所付村］
405　延享四年五月　杢ヶ橋関所付新規村々年貢減免書（渋川市金井　岸武雄氏所蔵）……………751
［＊付村除外］
406　安永七年七月　猿ヶ京関所普請御用人足村々書上（利根郡新治村猿ヶ京　笛木二郎氏所蔵）……………752
407　寛政四年七月　戸倉関所往来旅人・荷物改方返答書（利根郡片品村戸倉　松浦志夫氏所蔵）……………753
［＊商品輸送品］
408　年次不詳（文化五年カ）杢ヶ関所出入改方規定（『杢御関所出入改』/渋川市南牧　田中博氏所蔵）……………754

409　自文化六年六月至慶応四年六月　猿ヶ京関所通行手形（五通）（利根郡新治村猿ヶ京　片野一司氏所蔵）……………759
410　天保六年四月　杢ヶ橋関所番由緒書上（渋川市南牧　田中博氏所蔵）……………760
411　天保十三年十二月　杢ヶ橋関所付村々日光社参御用人馬役免除願（渋川市川島区有）……………761
412　安政二年五月　杢ヶ橋関所明細帳（高崎市上和田町　本多夏彦氏筆写史料）……………763
413　安政五年五月　戸倉関所普請につき大工請負証文（利根郡片品村戸倉区有）……………771
414　文久元年五月　利根・吾妻郡中関所拝借金請取証文写（利根郡片品村戸倉　松浦志夫氏所蔵）……………771
415　文久二年十一月　尾州御用材川さげにつき杢ヶ橋関所要害内通行願（渋川市阿久津　勝田武雄氏所蔵）……………772
［＊関所付村人足］
416　慶応三年二月　猿ヶ京関所規則勤番心得方返答書（利根郡新治村猿ヶ京　片野一司氏所蔵）……………773
［＊幕末の関所警戒］
417　慶応三年三月　戸倉関所掟并明細返答書（利根郡片品村戸倉　松浦志夫氏所蔵）……………773
418　明治五年八月　杢ヶ橋関所廃止につき建物・跡地処分請書（渋川市南牧　田中博氏所蔵）……………775

第5章　社会と文化　777
＜写＞伝沼田切支丹マリア像（沼田市上之町　生方たつ氏所蔵）……………777
第1節　災害……………779
　備荒・救済……………779
419　天和元年十二月　利根郡上川場村大風害につき救済願（利根郡川場村教育委員会保管）……………779
420　享保二十年七月　利根郡平川村火災ほか損毛につき夫食代借拝借願（利根郡利根村平川　井上嘉十氏所蔵）……………780
421　天明三年七月　吾妻郡師田村浅間焼被害状況届（利根郡新治村師田　原沢通夫氏所蔵）……………781
422　自天明八年九月至文政八年三月　勢多郡輪組新田積穀高并下渡高書上（利根郡利根村輪組　鈴木接雄氏所蔵）……………781
423　文化六年十一月　利根郡平川村ほか貯穀仕法替願（利根郡片品村　御座入組有）……………785
424　天保四年十二月　利根郡小松村凶作手当拝借金下渡請書（利根郡利根村利小林昭二氏所蔵）……………787

425　天保七年十一月 利根郡下津村凶年飢人書留帳（利根郡月夜野町下津 内海文之助氏所蔵）……………………788
426　天保八年三月 吾妻郡猿ヶ京村ほか貯穀貸渡并詰戻し方請書（利根郡新治村猿ヶ京 林直氏所蔵）……………790
427　年次不詳（安政六年十月カ）沼田領内蚕積金仕法触書写（利根郡月夜野町上牧 戸谷組有）………………………791

小児養育 ……………………………………792
428　文政元年七月 間引防止につき土岐頼潤自筆教戒書（沼田市 沼田市役所蔵／土岐実光氏寄贈）………………792
429　文政元年 沼田領小児養育并手当触写（『永代天和記』／利根郡川場村 立岩区有）……………………………………792
430　天保十三年正月 利根郡後閑村ほか養育出生人書上帳（利根郡月夜野町後閑 櫛淵和夫氏所蔵）………………793
431　天保十五年二月 利根郡生品村小児養育願書控（利根郡川場村生品 唐鳥徳次氏所蔵）……………………………794
432　弘化二年十一月 丙午迷信につき土岐頼寧自筆教戒書（沼田市 沼田市役所蔵／土岐実光氏寄贈）……………802
433　年次不詳（文久頃カ）沼田領小児養育ほか触請書（利根郡川場村 門前区有）……………………………………803

第2節　騒動 ………………………………………804
見取騒動 ……………………………………804
434　天明二年六月 利根郡月夜野村見取高入利害につき高入願（『御用留』／利根郡月夜野町月夜野 後閑縫之介氏所蔵）……804
［＊年貢増徴の試み］
435　天明二年 沼田領見取騒動一件記事（金子重右衛門編『家伝秘録』／利根郡利根村大原 金子家茂氏所蔵）………804
436　天明三年三月 利根郡川場天神組見取一件不参につき下賜賞金使途覚下書（利根郡川場村 天神区有）……………805
437　天明四年四月 利根郡立岩村見取一件永牢人赦免方願下書（県立文書館蔵／沼田市下久屋町 倉品右近氏寄贈）……806

世直し ………………………………………807
438　自慶応四年二月至同四年三月 渋川以北沼田領村々打こわし状況書留（沼田市新町 星野孝雄氏所蔵）……………807
439　慶応四年三月 吾妻郡永井村ほか打こわし不穏につき会津藩宛出願（『訴状記録』／利根郡新治村布施 見城邦夫氏所蔵）……808

440　慶応四年三月 吾妻郡永井村ほか十二カ村役人打こわし被害弁償詫状（利根郡月夜野町下津 内海文之助氏所蔵）……809
441　慶応四年四月 利根郡園原村ほか打こわしにつき沼田藩出兵覚書（『慶応年中記』県立文書館蔵／沼田市下久屋町 倉品右近氏寄贈）……810
442　慶応四年七月 利根郡下津村質屋世上不穏につき廃業願（利根郡月夜野町下津 内海文之助氏所蔵）……………811

第3節　家 ………………………………………812
相続・縁組 …………………………………812
443　元和二年三月 利根郡高戸谷村百姓高分け証文（利根郡利根村高戸谷 金子武男氏所蔵）……………………………812
444　延宝四年四月 利根郡追貝村百姓跡式出入和解証文（利根郡利根村追貝 星野優氏所蔵）……………………………812
445　元文三月三年 吾妻郡布施村百姓跡式譲渡証文（利根郡新治村布施 原沢直八郎氏所蔵）……………………………813
446　元文四年九月 吾妻郡東峰須川村百姓女子相続証文（県立文書館蔵／利根郡新治村東峰須川 河合雄一郎氏寄贈）……814
447　延享三年四月 利根郡月夜野町百姓跡名跡譲証文（利根郡新治村布施 原沢直八郎氏所蔵）………………………814
448　延享三年十二月 利根郡真庭村百姓高分け并隠居料証文（利根郡月夜野町真庭 真庭正男氏所蔵）…………815
449　安永九年三月 越後高田村百姓手間金請取縁切証文（利根郡月夜野町月夜野後閑 縫之介氏所蔵）……………815
450　天明五年正月 利根郡小仁田村百姓聟養子縁組証文（利根郡水上町小仁田 鈴木百次氏所蔵）……………………815
451　天保十五年二月 吾妻郡布施村百姓聟養子持参金証文（利根郡新治村布施 森下利起氏所蔵）……………………816
452　嘉永六年十二月 利根郡川上村百姓妹縁組につき趣意金請取証文（利根郡水上町小仁田 鈴木百次氏所蔵）……816

奉公人 ………………………………………817
453　延宝六年二月 利根郡須川村質置奉公人手形（埼玉県上尾市谷津 笛木四郎右衛門氏所蔵）……………………817
454　天和三年正月 利根郡平川村奉公人病死につき身代金返済滞り訴状（利根郡利根郡追貝 星昭三氏所蔵）………817
455　元禄九年三月 吾妻郡永井村越後奉公人請状（埼玉県上尾市谷津 笛木四郎右衛門氏所蔵）……………………818

456　元禄十一年十月　利根郡追貝村譜代
　　奉公人譲渡証文(利根郡利根村追貝　星野
　　定雄氏所蔵)……………………………818
457　享保五年十二月　利根郡東田代村質
　　置奉公人手形(利根郡白沢村高平　小野良
　　太郎氏所蔵)……………………………819
458　明和七年二月　利根郡羽場村ほか奉
　　公人給金渡方取極め連判状(利根郡新治
　　村師田　原沢通夫氏所蔵)………………819
459　安永八年二月　利根郡石倉村奉公人
　　欠落につき身代金出入済口証文(利根郡
　　月夜野町　月夜野町組区有)……………820
460　天明六年二月　群馬郡中山村質置奉
　　公人手形(沼田市上川田町　藤塚清温氏所
　　蔵)…………………………………………821
461　寛政十二年二月　吾妻郡赤坂村質置
　　奉公人手形(沼田市戸鹿野町　宇敷五八氏
　　所蔵)………………………………………821
462　文政十年閏六月　吾妻郡吹路村市日
　　奉公人請状(埼玉県上尾市谷津　笛木四郎
　　右衛門氏所蔵)……………………………822
463　文政十二年五月　吾妻郡吹路村四分
　　一奉公人請状(埼玉県上尾市谷津　笛木四
　　郎右衛門氏所蔵)…………………………822
464　天保三年三月　吾妻郡永井村越後夫
　　婦身代金借用証文(埼玉県上尾市谷津　笛
　　木四郎右衛門氏所蔵)……………………822
465　嘉永三年七月　利根郡下久屋村手間
　　金借用証文(県立文書館蔵/沼田市下久屋
　　町　倉品右近氏寄別)……………………823
466　安政三年二月　吾妻郡永井村越後半
　　季奉公人請状(埼玉県上尾市谷津　笛木四
　　郎右衛門氏所蔵)…………………………823
467　安政六年五月　吾妻郡吹路村日雇給
　　金前借証文(埼玉県上尾市谷津　笛木四郎
　　右衛門氏所蔵)……………………………824

　第4節　生活……………………………………824
　祭礼・参詣………………………………………824
468　享和元年八月　利根郡内新坂東観音
　　札所番付帳并順礼日程(利根郡利根村大
　　原　金子家茂氏所蔵)……………………824
469　享和三年十二月　利根郡奈良村百姓
　　伊勢参宮御暇願(沼田市奈良町　桑原ハン
　　氏所蔵)……………………………………829
470　文政三年二月　勢多郡輪組新田百姓
　　秩父順礼国請証文控(利根郡利根村輪組
　　鈴木接雄氏所蔵)…………………………830
471　天保十年三月　利根郡追貝村諏訪明
　　神祭礼見物桟敷割議定証文(利根郡利根
　　村追貝　星野定雄氏所蔵)………………830
472　天保十一年三月　利根郡東峰須川村
　　祭礼始末記(吾妻郡新治村　東峰須川区
　　有)…………………………………………831

473　安政二年九月　利根郡幸知村伊勢神
　　宮千日講参代拝講奉加帳(利根郡水上町
　　幸知区有)…………………………………831
474　文久三年正月　利根郡東峰須川村狂
　　言役割覚帳(吾妻郡新治村　東峰須川区
　　有)…………………………………………832
475　慶応四年正月　利根郡当世春駒はや
　　し(利根郡白沢村下古語父　小林一三氏所
　　蔵)…………………………………………834
　[＊地域性]
476　年次不詳　北上州四郡八十八カ所遍
　　路記(沼田市原町　須田重造氏所蔵)……835
477　年次不詳　沼田横堂三十三カ所并詠
　　歌附道案内(沼田市原町　須田重造氏所
　　蔵)…………………………………………836
　世相・生活………………………………………838
478　正徳五年十一月　利根郡大楊村頼母
　　子会所手形(利根郡利根村追貝　星野光利
　　氏所蔵)……………………………………838
479　明和八年十月　利根郡上牧村百姓和
　　時計購入につき江戸時計師代金請取覚
　　(利根郡月夜野町民俗資料館保管/鈴木一
　　朗氏寄別)…………………………………839
480　天明五年六月　利根郡川場門前組飼
　　犬禁止議定連印状(利根郡川場村　門前区
　　有)…………………………………………839
481　寛政十二年閏四月　利根郡摺淵村百
　　姓孝子褒賞請状控(利根郡利根村追貝　星
　　野光利氏所蔵)……………………………840
482　享和元年四月　利根郡幡谷村百姓博
　　奕につき処分申渡請書(利根郡利根村平
　　川　井上要氏所蔵)………………………840
483　自天保四年正月至同五年八月　利根
　　郡真庭村名主年中日記(『年中日記』/利
　　根郡月夜野町真庭　真庭正男氏所蔵)……841
484　天保五年四月　越中鏡磨職人発病に
　　つき利根郡上古語父より村送状(沼田
　　市下久屋町　津久井唯雄氏所蔵)………845
485　自天保七年正月至同八年十二月　利
　　根郡下津村名主諸事永代録(『諸事永代
　　録』/利根郡月夜野町下津　内海文之助氏所
　　蔵)…………………………………………845
486　弘化二年十一月　三国峠雪遭難記事
　　(『記録』/埼玉県上尾市谷津　笛木四郎右衛
　　門氏所蔵)…………………………………851
487　嘉永二年三月　利根郡追貝村相続講
　　会所手形(利根郡利根村追貝　星野泰宏氏
　　所蔵)………………………………………852
488　安政四年三月　利根郡生品村百姓村
　　八分訴状(利根郡川場村生品　小菅佳三氏
　　所蔵)………………………………………852

群馬県史 資料編12 近世4

489　文久二年八月 麻疹流行につき沼田町天王宮御輿巡行願(『万日記』/沼田市戸鹿野町 栄町区有)……………853
490　元治二年正月 利根郡横塚村若者組仲間議定(沼田市 横塚町区有)………854

温泉……………………………………855
491　延宝九年四月 吾妻郡須川湯宿休所諸役免除印判状(利根郡新治村新巻 岡田太平氏所蔵)……………855
492　元文六年正月 吾妻郡法師峠湯場入会出入済口証文(利根郡新治村猿ヶ京 笛木二郎氏所蔵)……………855
493　安永六年正月 吾妻郡猿ヶ京村湯島温泉開湯願(利根郡新治村猿ヶ京 笛木二郎氏所蔵)……………856
494　寛政三年十月 吾妻郡猿ヶ京村湯島温泉開湯につき関所役人返答書(利根郡新治村猿ヶ京 笛木二郎氏所蔵)…857
495　寛政七年十一月 吾妻郡猿ヶ京村湯治場定書(利根郡新治村猿ヶ京 笛木二郎氏所蔵)…………………858
496　文化二年十月 利根郡大原村温泉地借受証文(利根郡利根村 大原区有)…858
497　文政五年四月 利根郡湯宿村温泉宿泊禁止方訴状(利根郡 新治村教育委員会保管)…………………858
498　天保三年五月 土岐氏家士宝川温泉入湯先触(『御廻状写帳』/利根郡月夜野町後閑 楜淵和夫氏所蔵)……860
499　天保三年五月 土岐氏家士谷川温泉入湯先触(『御廻状写帳』/利根郡月夜野町後閑 楜淵和夫氏所蔵)……860
500　天保十三年九月 利根郡川場温泉湯守扱い証文(利根郡川場村谷地 関りょう氏所蔵)……………861
501　文久四年二月 吾妻郡猿ヶ京村湯島温泉場店請証文(利根郡新治村猿ヶ京 片野一司氏所蔵)……………862

第5節　宗教……………………………863
寺社……………………………………863
502　天和二年五月 利根郡吉祥寺寺領除地扱い願(利根郡川場村門前 吉祥寺所蔵)……………………863
503　天和二年六月 吾妻郡三国三社大明神社領安堵願(沼田市下沼田町 長谷川君夫氏所蔵)……………863
504　貞享元年五月 利根郡月夜野村寿命院寺領につき免地願(利根郡月夜野町月夜野 寿命院所蔵)…………864
505　貞享二年九月 吾妻郡泰寧寺明細書上(利根郡新治村須川 泰寧寺所蔵)…865

506　享保二年正月 利根郡迦葉山竜華院御朱印下付願(沼田市堀廻町 関口一二氏所蔵)………………866
507　享保十七年四月 利根郡川場湯野原組百姓吉祥寺宛茶湯免寄進証文并同添証文(利根郡川場村門前 吉祥寺所蔵)……………867
508　享保十七年八月 利根郡吉祥寺開山依来御尋帳(利根郡川場村門前 吉祥寺所蔵)………………868
509　享保十七年八月 利根郡三峰山河内明神明細書上(沼田市宇楚井町 宮下文雄氏所蔵)………………869
510　享保十九年三月 利根郡吉祥寺門前屋敷借用証文(利根郡川場村門前 吉祥寺所蔵)………………869
511　元文三年八月 吾妻郡三国三社権現縁起(利根郡新治村永井 岡村隆造氏所蔵)………………870
512　延享二年三月 利根郡三峰山法城院略縁起(利根郡利根村大原 金子家茂氏所蔵)…………………871
513　延享二年十月 利根郡生枝村観音寺寺禄書上帳(利根郡白沢村生枝 観音寺所蔵)………………872
514　延享三年七月 利根郡吉祥寺大鐘銘(利根郡川場村門前 吉祥寺所蔵)………873
515　安永二年十月 利根郡吉祥寺宛尼入願(利根郡川場村門前 吉祥寺所蔵)……874
516　年不詳(文化十四年カ) 利根郡吉祥寺本堂造作入用覚帳(利根郡川場村門前 吉祥寺所蔵)……………874
517　文政七年八月 利根郡湯檜曽村ほか風社建立入用覚帳(利根郡水上町 幸知区有)……………………875
518　天保七年二月 吾妻郡泰寧寺本末勤席ほか取定帳(利根郡新治村須川 泰寧寺所蔵)………………876
519　安政三年二月 利根郡吉祥寺撞鐘海防につき鋳換免除願(利根郡川場村門前 吉祥寺所蔵)……………879
520　万延元年 利根郡谷川富士神社大祭起元記(利根郡 水上町郷土資料館保管/谷川区有)……………879
521　自万延元年十一月至明治元年十二月 利根郡武尊大明神順配札帳(利根郡 水上町郷土資料館保管/林寿美二氏寄贈)………………881
522　年次不詳 沼田町神明宮・天王宮覚書(沼田市上之町 湯浅徳造氏所蔵)……888
523　年次不詳 沼田寺院并修験社家録(利根郡利根村大原 金子家茂氏所蔵)…891
切支丹……………………………………896

県史誌内容総覧・資料編 1: 近世—関東　189

群馬県史 資料編12 近世4

524 貞享四年七月 切支丹東庵につき川場村名主口書(『おままり宗旨御改ニ付書上ヶ申候留』/県立歴史博物館蔵/利根郡川場村谷地 関りやう氏寄託)……………896
525 貞享四年七月 沼田切支丹類族日置五右衛門死没見届覚(『竹橋余筆 巻二』)……………………………………897
526 元禄十六年五月 沼田原新町切支丹類類書(利根郡新治村猿ヶ京 片野一司氏所蔵)……………………………898
527 元禄十六年五月 利根郡川場門前組切支丹類族帳(利根郡川場村 門前区有)………………………………………900

修験………………………………………………903
528 正徳二年六月 利根郡川場湯野原組修験祈願仕来り規定(利根郡川場村湯原 宮崎秀雄氏所蔵)…………………903
529 元文三年八月 利根郡上牧村ほか子持大明神位願控(利根郡月夜野町後閑 増田清三氏所蔵)…………………903
530 宝暦二年七月 吾妻郡東峰須川村本学院境内除地願(利根郡新治村東峰須川 金泉寺所蔵)…………………904
531 寛政十一年十一月 吾妻郡泰寧寺より金泉寺宛離檀送状(利根郡新治村東峰須川 金泉寺所蔵)………………905
532 享和二年三月 利根郡新巻村百姓一代修験願(利根郡新治村新巻 徳岩寺所蔵)………………………………905
533 文化十四年 諸国当山派修験掟書留(利根郡新治村東峰須川 金泉寺所蔵)…906
534 文政五年三月 吾妻郡金泉寺・千手院ほか祈願勤方書上(利根郡新治村東峰須川 金泉寺所蔵)…………………908
535 文政六年三月 利根郡東入り修験役金等につき取極め証文(利根郡川場村湯原 宮崎秀雄氏所蔵)……………………
536 文政八年七月 上野国本山派修験年行事一件につき利根郡花咲村修学院願書(利根郡月夜野町上牧 高柳武夫氏所蔵)………………………………………911
537 文政十一年七月 利根郡御座入村修験妙善坊継目修行請証文(利根郡片品村 御座入組有)………………………914
538 文政十三年十月 利根・吾妻郡本山派修験勧請につき出入取下げ願(利根郡新治村東峰須川 金泉寺所蔵)…915
539 天保四年九月 修験本山派御定式(利根郡川場村湯原 宮崎秀雄氏所蔵)…919
540 天保五年五月 利根郡上津村大重院大般若経勧化簿(利根郡月夜野町上津 大重院所蔵)………………………920

541 弘化四年五月 利根郡藤原村修験火防祈祷につき出入内済証文(利根郡水上町 藤原中区有)………………………923

第6節 文化……………………………………924
教育……………………………………………924
542 文化四年正月 利根郡月夜野町後閑家家内作法(利根郡月夜野町月夜野 後閑 縫之介氏所蔵)……………………924
543 文政二年四月 仰月周洪撰をさなかヾみいろは歌(利根郡片品村東小川 新井一男氏所蔵)…………………925
544 文政六年正月 利根郡小仁田村建明寺教諭掟書(利根郡水上町小仁田 鈴木百次氏所蔵)……………………926
545 安政五年十二月同六年十二月 利根郡後閑村櫛淵家手習子供歳暮受納覚帳(利根郡月夜野町後閑 櫛淵達男氏所蔵)……………………………………928
546 年次不詳 利根郡平川村寺子屋教諭掟(利根郡利根村平川 千明信次氏所蔵)………………………………………929
文芸……………………………………………929
547 天明七年五月 江戸松露庵社中句合帖抄(沼田市上之町 湯浅徳造氏所蔵)…929
548 文化元年十月 利根郡大原村観音堂奉納句合抄(利根郡利根村大原 金子家茂氏所蔵)……………………………930
549 年次不詳(文化年代カ) 沼田松桂庵編俳諧松桂集(版)(利根郡川場村萩室 小林市太郎氏所蔵)…………………932
550 文政十三年六月 沼田宗匠松永乙人俳号授与状(県立文書館蔵/沼田市下沼田町 片山寛寿氏寄託)………………934
551 天保十四年十一月 俳人松永笠人追善連句巻(沼田市上久屋町 松糸郁夫氏所蔵)……………………………………934
552 年次不詳 利根郡園原村名月組俳諧前句合(利根郡利根村大原 金子家茂氏所蔵)………………………………935
和算……………………………………………936
553 文化元年正月 暦学極秘書(利根郡水上町小仁田 鈴木百次氏所蔵)………936
医薬……………………………………………946
554 文化五年三月 利根郡平川村百姓医業渡世願(利根郡利根村 平川区有)…946
555 文政三年十二月 石田玄主門人医業開業願(利根郡新治村新巻 塩原音次郎氏所蔵)…………………………………947
556 文政十三年十二月 利根郡湯原村百姓医業渡世願(利根郡 水上町郷土資料館保管/須藤正市氏寄託)…………………947

190 県史誌内容総覧・資料編 1: 近世—関東

557　年次不詳（明治初年カ）利根郡生品村製造応験酒効能書（版）（利根郡川場村生品　岡村仁兵衛氏所蔵）…………947
解説 …………………………………949
　地域の支配特性 ……………………951
　　＜表＞表1　下久屋村の村高と貢租の変化（概数）（渋谷浩作成）（史料153・155ほかより作成） …………………954
　土岐氏支配と維新期の動向 ……………955
　沼田学舎 …………………………958
　　＜表＞図1　本地域における主な入会秣山・稼山の分布図 ………………960
　秣場と山稼ぎ ………………………960
　筏川下げ …………………………965
　　＜表＞表2　後閑河岸の筏（古馬牧村誌）…966
　養蚕・繭 …………………………967
　沼田煙草 …………………………969
　鉱産 ………………………………970
　　＜表＞図2　本地域の鉱山・砥山等の分布図 ……………………971
　越後出稼ぎ …………………………973
　　＜表＞図3　越後大工職人の止宿先および出身地分布図 ………………974
　越後米 ……………………………975
　　＜表＞図4　永井宿米市場の越後米流通圏 ……………………977
　三国道 ……………………………979
　宿と助合 …………………………981
　　＜表＞表5　横堀宿と助合村の変遷（史料336ほか）…………………982
　会津道 ……………………………984
　関所 ………………………………985
　　＜表＞表3　猿ヶ京関所普請組合村々書上（安永7年）………………987
　　＜表＞図6　天保14年 日光社参時の杢ヶ橋関所警備体制 ………………988
　茂左衛門事件 ………………………989
　見取騒動 …………………………991
　慶応世直し …………………………992
　祭礼・参詣 …………………………993
　温泉 ………………………………995
　沼田のキリシタン ……………………998
　文芸 ………………………………1002
付録 …………………………………1005
領主系譜 ………………………………1007
　沼田 ………………………………1007
　　真田氏略系 ……………………1007
　　＜表＞北毛地域（2）関係要図 ………1009
郷村変遷 ………………………………1010
史料採訪先氏名 ………………………1037

あとがき（山田武麿）………………………1043
資料編12 近世4（北毛地域2）調査・編集関係者一覧 ………………………1046
　児玉幸多（学習院大学名誉教授；参与）
　山田武麿（県立女子大学教授；専門委員（部会長））
　中島明（県立前橋工業高等学校教諭；専門委員）
　青木裕（県教育委員会文化財保護課調査員；調査委員）
　秋元正範（東京農業大学附属第二高等学校教諭；調査委員）
　淡路博和（新島学園高等学校教諭；調査委員）
　五十嵐富夫（群馬女子短期大学助教授；調査委員）
　篠木弘明（商業自営；調査委員）
　渋谷浩（県立利根農林高等学校教諭；調査委員）
　高木侃（関東短期大学助教授；調査委員）
　武井新平（沼田市教育研究所主任；調査委員）
　田畑勉（群馬工業高等専門学校助教授；調査委員）
　樋口秀次郎（県立榛名高等学校非常勤講師；調査委員）
　井上定幸（県史編さん室主幹；調査委員）
　阿久津宗二（県史編さん室参事；調査委員）
　新井節夫（県史編さん室調査員；調査委員）
　田中康雄（県史編さん室調査員；調査委員）
　藤平進（県史編さん室調査員；調査委員）
　近藤章（県史編さん室嘱託；調査委員）
　桂きよ（県史編さん室嘱託；調査委員）
　岡田昭二（県史編さん室嘱託兼調査委員；調査委員）
　高橋保（県史編さん室嘱託；調査委員）
　星野文江（県史編さん室；調査委員）
　白石裕子（県史編さん室；調査委員）
県史編さん関係者名簿（昭和57年3月現在）……………………………1047
　県史編さん委員会委員・顧問 …………1047
　県史編さん委員会事務局職員 …………1047

```
群馬県史 資料編13 近世5 中毛
        地域1
   群馬県史編さん委員会編集
      昭和60年2月28日発行
```

<徳川家康が関東に入国した天正十八年（一五九〇）から明治四年（一八七一）の廃藩置県まで>

<口絵>1　年次不詳　大胡城絵図［カラー］前橋市立図書館蔵

<口絵>2　年次不詳　群馬郡上野田村ほか十二ヵ村猪土手絵図［カラー］北群馬郡吉岡村上野田　森田孝氏所蔵

<口絵>3　明治4年8月　伊香保温泉分湯図［カラー］北群馬郡伊香保町伊香保　木暮敬氏所蔵

<口絵>4　年次不詳　榛名山二ツ岳蒸湯関係絵図（部分）［カラー］北群馬郡吉岡村上野田　森田孝氏所蔵

<口絵>5　年次不詳　群馬郡中村浅間焼泥押絵図（部分）［カラー］渋川市　中村区有

<口絵>6　安政5年9月　勢多郡市之関村住吉神社狂歌合奉納額［カラー］勢多郡宮城村市之関　住吉神社所蔵

<口絵>7　嘉永7年8月　勢多郡津久出村村役人旗本代官就任請書写（6）勢多郡赤城村　津久田区有

<口絵>8　寛永21年2月　勢多郡三夜沢村人五人組帳（58）勢多郡宮城村三夜沢　真隅田幸四郎氏所蔵

<口絵>9　天和4年2月　群馬郡渋川村人別改帳（61）渋川市上ノ町　堀口佳男氏所蔵

<口絵>10　明暦2年9月　群馬郡石原村ほか三カ村秣場出入裁許状（87）渋川市行幸田　甲波宿祢神社所蔵

<口絵>11　寛永6年12月　群馬郡上白井村年貢割付状（117）北群馬郡子持村上白井　荒木広一氏所蔵

<口絵>12　天和3年正月　群馬郡漆原村用水堰新堀につき分水証文（146）渋川市半田　相川志郎氏所蔵

<口絵>13　元禄9年5月　群馬郡白井荷主宛江戸問屋上州真綿仕切状（216）北群馬郡子持村白井　金井好弥氏所蔵

<口絵>14　承応3年10月　群馬郡渋川村市日商売değiş書上（220）渋川市下ノ町岸すみ江氏所蔵

<口絵>15　天明6年2月　群馬郡吹屋村鋳物師免許状（258）北群馬郡子持村吹屋　阿久沢順一氏所蔵

<口絵>16　自嘉永7年6月至嘉永7年9月　勢多郡八崎村築場諸入用帳（294）勢多郡北橘村八崎　狩野泰男氏所蔵

<口絵>17　享和2年4月　越前国漆商人往来手形（305）勢多郡北橘村　上箱田区有

<口絵>18　承応3年9月　子持神社造営につき用材筏川下げ触（322）北群馬郡持村中郷　子持神社所蔵

<口絵>19　宝暦11年7月　勢多郡真壁村社倉麦割渡帳（355）勢多郡北橘村　真壁区有

<口絵>20　延享3年2月　勢多郡月田村百姓検見願強訴一件につき詫状（371）勢多郡粕川村月田　松村龍顕氏所蔵

<口絵>21　享保9年12月　群馬郡渋川村元宿百姓養子証文（378）渋川市入沢　入沢柳太郎氏所蔵

<口絵>22　弘化3年6月　群馬郡上野田村森田家奉公人取極め書（397）北群馬郡吉岡村上野田　森田孝氏所蔵

<口絵>23　寛政12年7月　前橋藩家中寒河江家代々仕来り年中行事覚（423）勢多郡富士見村時沢　寒河江まき氏所蔵

<口絵>24　寛文7年8月　勢多郡三夜沢村赤城神社東西両宮社役申合せ証文（470）勢多郡宮城村三夜沢　奈良原清氏所蔵

<口絵>25　寛保元年4月　伊香保温泉湯樋運用并樋口寸法規定写（442）北群馬郡伊香保町伊香保　木暮敬氏所蔵

<口絵>26　宝永3年　山市往来（版）（481）渋川市長塚町　渋川市立図書館蔵

<口絵>27　自嘉永元年至安政6年　勢多郡原之郷村九十九庵弟子記（485）勢多郡富士見村原之郷　船津恒平氏所蔵

序（群馬県知事 清水一郎）………………1
凡例……………………………………………3
第1章　領主……………………………… 13
　<写>慶長14年12月 大胡城主牧野康成夫妻の墓（勢多郡大胡町堀越 養林寺）………… 13
　第1節　幕府・旗本領…………………… 15

群馬県史 資料編13 近世5

巡見使·····································15
 1　天保九年二月同九年四月　村々巡見触書控(北群馬郡吉岡村上野田　森田孝氏蔵)·············15
 2　年次不詳(天保九年四月カ)　巡見使西上州通行村触(北群馬郡吉岡村上野田　森田孝氏所蔵)·············18
旗本法則·····································23
 3　天明三月正月　群馬郡上野田村旗本定書請書(北群馬郡吉岡村上野田　森田孝氏所蔵)·············23
 4　寛政二年七月　勢多郡東田面・一日市村旗本条目写(勢多郡粕川村一日市　恩田敏夫氏所蔵)·············26
 5　文政十一年九月　群馬郡小野子村旗本申諭書写(北群馬郡小野上村小野子　佐藤邦夫氏所蔵)·············27
 6　嘉永七年八月　勢多郡津久田村村役人旗本代官就任請書写(勢多郡赤城村　津久田区有)·············29
 7　文久二年三月　勢多郡津久田村旗本仕法改正議定書(勢多郡赤城村津久田　池田元明氏所蔵)·············30
旗本財政·····································31
 8　享保七年五月　群馬郡渋川村旗本勝手元不如意につき請負定書(渋川市上ノ町　青木吉氏所蔵)·············31
 9　享保八年二月　群馬郡渋川村旗本入用金借用証文(渋川市上ノ町　青木吉氏所蔵)·············31
 10　天明四年五月　群馬郡上野田村旗本御用金上納につき年貢金受取方約定書(北群馬郡吉岡村上野田　森田孝氏所蔵)·············31
 11　自天保七年至安政三年　群馬郡小倉村旗本先納金上納控帳(北群馬郡吉岡村小倉　小林英夫氏所蔵)·············33
 12　弘化二年　勢多郡茂木村旗本暮し方覚帳(県立文書館蔵/勢多郡大胡町　茂木区長寄託)·············37
 13　安政三年十月　勢多郡津久田村旗本御勝手向仕法替につき諸事書付(勢多郡赤城村津久田　池田元明氏所蔵)·············42
 14　文久二年十二月　勢多郡津久田村名主旗本賄役猶予願(勢多郡赤城村津久田　池田元明氏所蔵)·············46
 15　元治二年　群馬郡上野田村旗本勝手向仕様帳(北群馬郡吉岡村上野田　森田孝氏所蔵)·············47
第2節　諸藩領·····································51
 16　元和四年　旧大胡藩主牧野氏長岡転封家臣書上(新潟県長岡市坂之上町　長岡市立互尊文庫蔵)·············51

 17　天明六年八月　山城国淀藩勢多郡村々郷村高帳(東京都品川区豊町　国立史料館蔵/稲葉家家中諸家文書)·············54
 18　天明十年正月　出羽国松嶺藩上野国村々郷村高帳(抄)(山形県飽海郡松山町松山町資料館蔵)·············55
 19　弘化二年三月　佐野藩主勢多郡下所領村々廻村記録(勢多郡宮城村　苗ヶ島区有)·············56
 20　年次不詳　白井城主本多家記録(渋川市寄居町　石北吉男氏所蔵)·············68
第2章　村政·····································69
<写>宮城村の赤城型民家　勢多郡宮城村鼻毛石　町田甚太郎家·············69
第1節　村行政·····································71
 村役人·····································71
 21　享保元年七月　群馬郡金井村名主・組頭起請文前書(渋川市金井　岸武雄氏所蔵)·············71
 22　享保十一年四月　群馬郡上村村役人給取極め連判証文(北群馬郡小野上村上村上久雄氏所蔵)·············72
 23　明和二年二月　群馬郡渋川村名主入札選定方窺書(渋川市下ノ町　石坂七次郎氏所蔵)·············72
 24　天明六年三月　群馬郡上村村役人入札滞りにつき開封願(北群馬郡小野上村上　佐藤進氏所蔵)·············73
 25　天保五年二月　勢多郡市之関村違作につき村役人給減給議定(勢多郡宮城村　市ノ関区有)·············74
 26　嘉永五年二月　群馬郡村上村名主選出入につき入用金割賦訴状(北群馬郡小野上村上　佐藤進氏所蔵)·············75
 27　嘉永五年十二月　群馬郡白井村村役人選任再議定(北群馬郡子持村 吹雪区有)·············76
 28　安政四年二月　勢多郡新川村村役人入札開札帳(勢多郡新里村新川　吉田宰治氏所蔵)·············78
 村議定·····································79
 29　元禄十一年八月　群馬郡吹屋村こさ切議定連判帳(北群馬郡子持村吹屋　阿久沢順一氏所蔵)·············79
 30　明和六年正月　勢多郡宮田村議定(勢多郡赤城村　宮田区有)·············80
 31　天明三年十月　群馬郡上白井浅間焼につき倹約議定(北群馬郡子持上白井　小淵英敏氏所蔵)·············82
 32　文政十二年四月　群馬郡上野田村議定連判帳(北群馬郡吉岡村上野田　森田孝氏所蔵)·············83

県史誌内容総覧・資料編1:近世─関東　　193

群馬県史 資料編13 近世5

33 天保二年二月 群馬郡湯上村取締連印
   議定(渋川市行幸田 甲波宿祢神社所蔵)‥85
34 嘉永四年三月 勢多郡持柏木村伐木取
   締連印議定(勢多郡赤城村 持柏木区有)‥85
35 嘉永六年四月 群馬郡北下村取締連印
   議定(北群馬郡吉岡村陣場 馬場茂雄氏所
   蔵)‥‥‥‥‥‥‥‥‥‥‥‥‥‥‥‥‥‥ 86
36 安政三年六月 勢多郡深山村取締連印
   議定(勢多郡赤城村 深山区有)‥‥‥‥ 87
37 万延二年二月 群馬郡渋川村入沢取締
   議定(渋川市入沢 入沢吉正氏所蔵)‥‥ 88
38 慶応二年十二月 勢多郡女淵村倹約議
   定(勢多郡粕川村 女淵区有)‥‥‥‥‥ 88
村入用‥‥‥‥‥‥‥‥‥‥‥‥‥‥‥‥‥‥ 90
39 天保九年 勢多郡津久田村諸入用帳
   (勢多郡赤城村津久田 角田元広氏所蔵)‥ 90
40 嘉永二年十一月 群馬郡中村諸入用書
   上帳(渋川市 中村区有)‥‥‥‥‥‥‥ 95
組合村‥‥‥‥‥‥‥‥‥‥‥‥‥‥‥‥‥‥ 96
41 嘉永六年九月 山田郡大間々町寄場組
   合村々倹約議定書(勢多郡宮城村 苗ヶ島
   区有)‥‥‥‥‥‥‥‥‥‥‥‥‥‥‥‥ 96
42 年次不詳(嘉永七年ヵ) 群馬郡渋川
   村組合寄場役人書上帳(渋川市上ノ町 堀
   口佳男氏所蔵)‥‥‥‥‥‥‥‥‥‥‥103
43 安政二年三月 群馬郡渋川村組合村柄
   書上帳(渋川市上ノ町 堀口佳男氏所
   蔵)‥‥‥‥‥‥‥‥‥‥‥‥‥‥‥‥107
第2節 村況‥‥‥‥‥‥‥‥‥‥‥‥‥‥121
村由緒‥‥‥‥‥‥‥‥‥‥‥‥‥‥‥‥‥121
44 年次不詳(正徳年間ヵ) 群馬郡新井
   村根元記帳(北群馬郡榛東村新井 浅見道
   雄氏所蔵)‥‥‥‥‥‥‥‥‥‥‥‥‥121
45 元文二年三月 勢多郡渋川村古来覚書
   上帳(渋川市元町 井部井禄郎氏所蔵)‥124
46 自天明二年至明治四年 勢多郡上三原
   田村役人并年録(勢多郡赤城村 上三原田
   区有)‥‥‥‥‥‥‥‥‥‥‥‥‥‥‥128
村明細‥‥‥‥‥‥‥‥‥‥‥‥‥‥‥‥‥136
47 元禄十三年十二月 群馬郡白井村明細
   帳(北群馬郡子持村白井 高橋進氏所
   蔵)‥‥‥‥‥‥‥‥‥‥‥‥‥‥‥‥136
48 正徳二年 勢多郡河原浜村明細帳(勢
   多郡大胡町 河原浜区有)‥‥‥‥‥‥140
49 延享三年二月 群馬郡下野田村明細帳
   (北群馬郡吉岡村下野田 武藤孝夫氏所
   蔵)‥‥‥‥‥‥‥‥‥‥‥‥‥‥‥‥144
50 寛延二年二月 勢多郡不動堂村明細帳
   (勢多郡富士見村 時沢区有)‥‥‥‥‥149
51 明和元年閏十二月 群馬郡渋川村明細
   帳写(渋川市 阿久津区有)‥‥‥‥‥‥154

52 明和五年二月 勢多郡猫村明細帳(勢
   多郡赤城村 敷島区有)‥‥‥‥‥‥‥157
53 寛政十二年四月 群馬郡伊香保村明細
   帳(北群馬郡伊香保町伊香保 千明三右衛門
   氏所蔵)‥‥‥‥‥‥‥‥‥‥‥‥‥‥161
54 天保十一年十二月 勢多郡下箱田村明
   細帳(勢多郡北橘村下箱田 木曽三社神社所
   蔵)‥‥‥‥‥‥‥‥‥‥‥‥‥‥‥‥164
55 弘化三年正月 勢多郡東田面村明細帳
   (勢多郡北橘村上東田面 根岸雅次郎氏所
   蔵)‥‥‥‥‥‥‥‥‥‥‥‥‥‥‥‥168
56 安政二年三月 群馬郡村上村明細帳
   (北群馬郡小野上村 村上区有)‥‥‥‥173
戸口‥‥‥‥‥‥‥‥‥‥‥‥‥‥‥‥‥‥175
57 寛永十四年十二月 勢多郡三夜沢村赤
   城神社東西両宮五人組組入につき訴状
   (勢多郡宮城村三夜沢 真隅田幸四郎氏所
   蔵)‥‥‥‥‥‥‥‥‥‥‥‥‥‥‥‥175
58 寛永二十一年二月 勢多郡三夜沢村社
   人五人組帳(勢多郡宮城村三夜沢 真隅田
   幸四郎氏所蔵)‥‥‥‥‥‥‥‥‥‥‥176
59 承応二年二月 勢多郡三夜沢村社人五
   人組帳(勢多郡宮城村三夜沢 真隅田幸四
   郎氏所蔵)‥‥‥‥‥‥‥‥‥‥‥‥‥177
60 明暦二年 勢多郡三夜沢村社人五人組
   帳(勢多郡宮城村三夜沢 真隅田幸四郎氏所
   蔵)‥‥‥‥‥‥‥‥‥‥‥‥‥‥‥‥177
61 天和四年二月 群馬郡渋川村人別改帳
   (渋川市上ノ町 堀口佳男氏所蔵)‥‥‥178
62 元禄十五年閏八月 勢多郡原之郷五人
   組改帳(勢多郡富士見村原之郷 船津恒平
   氏所蔵)‥‥‥‥‥‥‥‥‥‥‥‥‥‥225
63 文政十年三月 勢多郡新川村五人組帳
   (勢多郡新里村新川 吉田宰治氏所蔵)‥236
64 明治二年八月 群馬郡上野田村家数書
   上帳(北群馬郡吉岡村上野田 森田孝氏所
   蔵)‥‥‥‥‥‥‥‥‥‥‥‥‥‥‥‥240

第3章 農業と貢租‥‥‥‥‥‥‥‥‥‥‥245
＜写＞柏木堰 勢多郡富士見村‥‥‥‥‥‥245
第1節 土地‥‥‥‥‥‥‥‥‥‥‥‥‥‥247
検地‥‥‥‥‥‥‥‥‥‥‥‥‥‥‥‥‥‥247
65 承応三年八月 群馬郡伊香保村検地帳
   写(北群馬郡伊香保町伊香保 木暮敬氏所
   蔵)‥‥‥‥‥‥‥‥‥‥‥‥‥‥‥‥247
新田開発‥‥‥‥‥‥‥‥‥‥‥‥‥‥‥‥255
66 元禄三年十一月 群馬郡大久保村開畑
   名寄帳(北群馬郡吉岡村大久保 高野一男
   氏所蔵)‥‥‥‥‥‥‥‥‥‥‥‥‥‥255
67 寛政元年九月 群馬郡渋川村吉田芝溪
   芝中開発願(渋川市明保野 岸恒雄氏所
   蔵)‥‥‥‥‥‥‥‥‥‥‥‥‥‥‥‥258

194　県史誌内容総覧・資料編 1: 近世—関東

68　寛政五年十一月　群馬郡渋川村吉田芝溪畑譲渡証文(渋川市明保野　岸恒雄氏所蔵)……………………………………259

小作・質地……………………………………260
69　寛文十二年九月　群馬郡金井村畑貸方差障り訴状(渋川市金井　岸武雄氏所蔵)……………………………………260
70　延宝三年十月　群馬郡金井村新畑下作につき出入裁許状(渋川市金井　岸武雄氏所蔵)……………………………………260
71　延宝九年十月　群馬郡南下村畑質入金子借用証文(北群馬郡吉岡村上野田　森田孝氏所蔵)……………………………261
72　貞享二年十二月　勢多郡樽村畑出作証文(勢多郡赤城村樽　須田胤興氏所蔵)……262
73　元禄十四年三月　群馬郡南下村質地証文(北群馬郡吉岡村上野田　森田孝氏所蔵)……………………………………262

第2節　林野……………………………………263
御用林……………………………………263
74　天和三年四月　群馬郡金井村百姓山林所持由来書上(渋川市金井　岸武雄氏所蔵)……………………………………263
75　貞享元年四月　勢多郡江戸村御山代書上帳(勢多郡北橘村　上箱田区有)……264
76　貞享三年五月　群馬郡長岡村百姓御林不法草刈りにつき詫書(北群馬郡榛東村山子田　湯浅寿男氏所蔵)……………265
77　元禄十年十一月　群馬郡山子田村吾妻権現敷地・御林境界出入返答書(北群馬郡榛東村山子田　湯浅好男氏所蔵)………266
78　享保元年七月　群馬郡山子田村山守給除地願(北群馬郡榛東村山子田　湯浅寿男氏所蔵)……………………………267
79　享保十一年四月　群馬郡長岡村ほか三ヵ村御用鷹霞組連判状(北群馬郡吉岡村上野田　森田孝氏所蔵)……………267
80　明和五年四月　勢多郡樽村御林取締りにつき請書(勢多郡赤城村　樽区有)……268
81　安永四年三月　勢多郡持柏木村御林植木書上帳(勢多郡赤城村持柏木区有)…269
82　天保九年二月　群馬郡横堀村御林苗木植付入用伺い(北群馬郡子持村北牧　寺島利男氏所蔵)……………………………270
83　弘化四年四月　勢多郡三原田村ほか三ヵ村御林払い入用覚帳(勢多郡赤城村上三原田　長岡長治郎氏所蔵)…………271
84　嘉永元年七月　勢多郡河原浜村御用竹取調帳(勢多郡大胡町　河原浜区有)……272
85　安政四年八月　群馬郡南下村御林立木代金上納請書(北群馬郡吉岡村南下　関根繁市氏所蔵)……………………………275

86　明治三年十二月　勢多郡田島村御林反歩永改帳(勢多郡富士見村　田島区有)…276

入会・秣場………………………………………278
87　明暦二年九月　群馬郡石原村ほか三ヵ村秣場出入裁許状(渋川市行幸田　甲波宿祢神社所蔵)……………………………278
88　明暦二年十二月　群馬郡伊香保村ほか野山境出入内済手形(渋川市長塚町　渋川市立図書館蔵)……………………………278
89　寛文八年七月　群馬郡桃井領十三ヵ村并伊香保村山論裁許絵図裏書(渋川市石原　登坂弘氏所蔵)……………………279
90　貞享四年六月　深沢領と前橋領村々城黒檜山境論につき取替証文写(勢多郡宮城村箱ヶ島　星野栄一氏所蔵)…………280
91　元禄五年六月　勢多郡三夜沢村赤城明神神領出入につき社人訴状(勢多郡宮城村三夜沢　奈良原清氏所蔵)……………281
［＊境界紛争］
92　元禄六年十二月　勢多郡三夜沢村赤城明神社人と鼻毛石村ほか野論裁許絵図裏書(勢多郡宮城村三夜沢　奈良原清氏所蔵)……………………………………283
93　元禄十年五月　群馬郡小野子村ほか五ヵ村入会秣場出入和解証文(北群馬郡子持村白井　宮下貞雄氏所蔵)……………284
94　宝永四年十一月　群馬郡上白井村と沼田三ヵ村境論につき口上書(北群馬郡子持村上白井　小淵英敏氏所蔵)…………285
95　享保三年十一月　群馬郡湯上・有馬村と水沢村秣野論裁許絵図裏書(北群馬郡伊香保村　水沢区有)…………………285
96　宝暦十三年三月　群馬郡半田村山札手形(渋川市長塚町　渋川市立図書館蔵)…286
97　安永八年十二月　群馬郡川島村ほか入会秣場道差止め出入和解証文(渋川市金井　岸武雄氏所蔵)……………………287
98　天明三年三月　群馬郡長岡村山札証文(北群馬郡榛東村長岡　岩田進氏所蔵)……289
99　天明六年六月　勢多郡新川村秣場存続願(勢多郡新里村新川　金子善重氏所蔵)……………………………………289
100　享和二年三月　群馬郡中山村ほか秣山札永上納願(北群馬郡子持村吹屋　阿久沢順一氏所蔵)……………………………290
101　文化九年八月　勢多郡苗ヶ島村ほか赤城山入会伐木出入訴状(勢多郡宮城村苗ヶ島　東宮惇允氏所蔵)………………293
102　文政五年二月　群馬郡桃井領十三ヵ村二ツ岳秣場薬園地取上げ差止め願(「二岳山論証拠物控」/北群馬郡吉岡村下野田　武藤孝夫氏所蔵)……………………297

103　嘉永四年十一月　群馬郡湯中子山草札一件吟味下げ願（北群馬郡伊香保町 湯中子有）……298
104　慶応二年四月　勢多郡溝呂木村赤城山秣場取締り議定書（勢多郡赤城村溝呂木区有）……299
105　慶応三年三月　勢多郡柏倉村ほか赤城山御囲い立木につき議定書（勢多郡宮城村苗ヶ島 北爪守雄・東宮惇允・大野又十郎氏共有）……300
106　慶応四年九月　群馬郡中郷村子持山論出入済口証文（北群馬郡子持村 吹屋区有）……304
　　［＊和解成立］

林業・山稼 ……308
107　天和三年二月　群馬郡小野子村山売渡手形（北群馬郡小野上村小野子 佐藤邦夫氏所蔵）……308
108　明和五年四月　勢多郡室沢村駄賃附禁止申合せ証文（勢多郡粕川村月田 松村龍顕氏所蔵）……308
109　文化八年三月　勢多郡皆沢新田村百姓炭焼渡世願（勢多郡富士見村皆沢 林己未治氏所蔵）……308
110　文政十一年三月　勢多郡込皆戸村炭代金滞り訴状（勢多郡粕川村稲里 阿久沢徳治氏所蔵）……309
111　天保七年十二月　勢多郡宮田村材木売渡証文（勢多郡赤城村津久田 池田元明氏所蔵）……309
112　安政七年三月　勢多郡関村御用炭調書上帳（勢多郡新里村関 小池仍寿氏所蔵）……310
113　文久三年三月　勢多郡中箱田村前橋藩山方取締触書控（勢多郡北橘村箱田 今井清三氏所蔵）……313
114　文久三年十月　前橋着材木値段書上帳（勢多郡北橘村箱田 今井清三氏所蔵）……315
115　明治三年正月　群馬郡小野子村飯塚家炭買受覚帳（北群馬郡小野上村小野子 佐藤工一氏所蔵）……320
116　年次不詳　前橋領山師仲間議定（勢多郡赤城村勝沢 斎藤敏二氏所蔵）……325

第3節　年貢 ……325
　割付・皆済 ……325
117　寛永六年十二月　群馬郡上白井村年貢割付状（北群馬郡子持村上白井 荒木広一氏所蔵）……325
118　寛永八年十一月　群馬郡上白井村年貢割付状（北群馬郡子持村上白井 荒木広一氏所蔵）……325
119　寛永八年十二月　群馬郡金井村・牧村年貢割付状（渋川市御蔭 大島史郎氏所蔵）……327
120　寛永九年十二月　群馬郡村上村年貢割付状（北群馬郡小野上村 村上区有）……327
121　明暦二年十一月　群馬郡村上村年貢割付状（北群馬郡小野上村 村上区有）……329
122　寛文九年十一月　勢多郡月田村年貢割付状（勢多郡粕川村月田 松村龍顕氏所蔵）……329
123　寛文十一年十一月　勢多郡宮田村年貢割付状（勢多郡赤城村宮田 角田音七氏所蔵）……332
124　貞享五年正月　群馬郡吹屋村ほか十五ヵ村年貢江戸廻送手形（北群馬郡子持村 吹屋区有）……335
125　元禄十二年十月　群馬郡村上村年貢割付状（北群馬郡小野上村 村上区有）……336
126　元禄十二年十月　群馬郡村上村年貢割付状（北群馬郡小野上村 村上区有）……338
127　享保四年十一月　勢多郡月田村年貢割付状（勢多郡粕川村月田 松村龍顕氏所蔵）……340
128　寛延三年十一月　勢多郡月田村年貢割付状（勢多郡粕川村月田 松村龍顕氏所蔵）……342
129　明和九年十月　勢多郡下山上村年貢米御蔵納諸入用帳（勢多郡新里村 山上区有）……345
130　天明二年十一月　群馬郡中村年貢割付状（渋川市 中村区有）……346
131　天明三年十一月　群馬郡中村年貢割付状（渋川市 中村区有）……350
132　安政元年十二月　群馬郡小倉村年貢皆済目録（北群馬郡吉岡村小倉 小林英夫氏所蔵）……353

検見・減免 ……355
133　元文三年　群馬郡吹屋村ほか定免年季明につき検見取願（北群馬郡子持村 吹屋区有）……355
134　宝暦八年四月　群馬郡伊香保村地子定納由来書（渋川市金井 岸武雄氏所蔵）……356
135　宝暦十四年五月　勢多郡鼻毛石村年貢五ヵ年下免につき請書（勢多郡宮城村苗ヶ島 北爪守雄氏所蔵）……357
136　明和七年七月　勢多郡鼻毛石村畑林年貢引下げ願（勢多郡宮城村苗ヶ島 北爪守雄氏所蔵）……358
137　文化十四年正月　勢多郡持柏木村年貢引米連年書上（勢多郡赤城村 持柏木区有）……369
　　［＊年貢引米の列記］

138 天保十四年八月 幕府勘定方廻村につき申渡請書(勢多郡赤城村 津久田区有)……370

第4節 農業……371
農事……371
139 文化十一年十二月 群馬郡上野田村百姓耕作仕方控帳(北群馬郡吉岡村上野田 森田孝氏所蔵)……371
140 文政十四年正月 農事豊凶年暦記(勢多郡赤城村勝保沢 星野光治氏所蔵)……379
141 嘉永七年閏七月 勢多郡女淵村薩摩芋畑荒につき議定書(勢多郡粕川村 女淵区有)……380
142 安政六年六月 勢多郡深津村ほか五ヵ村漆木植付地書上帳(勢多郡粕川村深津区有)……381
143 万延元年十二月 勢多郡山上村農馬拝借証文(勢多郡新里村山上 本橋周三氏所蔵)……382
144 文久元年七月 群馬郡渋川村入沢焼畑諸入用控帳(渋川市入沢 入沢柳太郎氏所蔵)……382
145 自慶応四年五月至明治五年六月 勢多郡深津村田方植付中賃銀取帳(勢多郡粕川村 深津区有)……384

用水……385
146 天和三年正月 群馬郡漆原村用水堰新堀につき分水証文(渋川市半田 相川志郎氏所蔵)……385
147 元禄十年三月 勢多郡苗ヶ島村新田開発につき粕川水下諸村再訴状(勢多郡粕川村月田 松村龍顕氏所蔵)……386
148 正徳元年八月 群馬郡北牧村ほか用水出入につき再訴状(北群馬郡子持村吹屋 阿久沢順一氏所蔵)……388
149 享保二年六月 勢多郡室沢村粕川分水訴状(勢多郡粕川村田 松村龍顕氏所蔵)……389
150 享保三年五月 勢多郡室沢村ほか十三ヵ村粕川分水取極め証文(勢多郡粕川村月田 松村龍顕氏所蔵)……392
151 享保八年五月 群馬郡半田村戸賀野堰普請出入訴状(渋川市半田 相川志郎氏所蔵)……393
152 享保九年八月 勢多郡室沢村粕川用水取極め違反につき訴状(勢多郡粕川村室沢 北爪市郎氏所蔵)……395
153 元文二年二月 勢多郡漆原村新規用水路出入裁許請状(渋川市半田 相川志郎氏所蔵)……396
154 寛延二年十一月 群馬郡上野田・下野田両村用水絵図仕立依頼状(北群馬郡吉岡村上野田 森田孝氏所蔵)……398

155 寛延三年十月 群馬郡上野田村ほか用水出入裁許絵図裏書(北群馬郡吉岡村小倉 佐藤賀之氏所蔵)……398
156 寛延四年五月 群馬郡上野田村ほか二ヵ村滝沢用水分水規定写(北群馬郡吉岡村上野田 森田孝氏所蔵)……399
157 宝暦四年正月 群馬郡八木原村ほか二ヵ村茂沢用水出入裁許請書(渋川市半田 相川志郎氏所蔵)……400
158 明和九年四月 勢多郡小暮村ほか二ヵ村高松堰分水証文(勢多郡富士見村原之郷区有)……402
159 享和二年九月 勢多郡小倉村ほか二ヵ村用水出入和解証文(北群馬郡吉岡村上野田 森田孝氏所蔵)……403
160 享和三年二月 勢多郡室沢村ほか小沼・粕川水引出入済口証文(勢多郡粕川村 女淵区有)……404
161 文化六年八月 勢多郡上大屋村千貫堤御普請入用割合帳(県立文書館蔵/勢多郡大胡町 上大屋区長寄託)……408
162 天保二年十一月 群馬郡漆原・半田両村用水堰取替議定(渋川市半田 相川志郎氏所蔵)……413
163 天保五年六月 群馬郡上野田村滝沢用水路取替議定(北群馬郡吉岡村上野田 森田孝氏所蔵)……414
164 弘化二年十一月 群馬郡上野田・下野田両村滝沢用水出入済口証文(北群馬郡吉岡村上野田 森田孝氏所蔵)……416
165 嘉永三年四月 群馬郡原之郷・横室両村柏木堰分水出入済口証文(勢多郡富士見村横室 田村寿氏所蔵)……418
166 安政二年三月 群馬郡上野田村ほか三ヵ村滝沢新堰分水につき取替議定(北群馬郡吉岡村上野田 森田孝氏所蔵)……420
167 慶応二年七月 勢多郡月田村吉野樋番議定(勢多郡粕川村月田 近戸神社所蔵)……421

水車……422
168 享保三年五月 勢多郡室沢村水車引水禁止につき新屋村ほか申合せ(勢多郡粕川村月田 松村龍顕氏所蔵)……422
169 寛政八年十一月 群馬郡上白井村百姓水車稼願(北群馬郡子持村上白井 押江儀平氏所蔵)……423
170 文化八年閏二月 勢多郡込皆戸村百姓水車稼願(勢多郡粕川村稲里 阿久沢徳治氏所蔵)……423
171 文化十年七月 群馬郡川島・南牧両村百姓水車稼出入内済証文(渋川市金井 飯塚勝二氏所蔵)……424

172　天保五年三月　勢多郡津久田村百姓
　　水車稼継続願(勢多郡赤城村津久田　須田
　　武雄氏所蔵)……………………………425
鉄砲………………………………………………426
173　延宝四年八月　勢多郡三夜沢村猟師
　　鉄砲預り証文(勢多郡宮城村三夜沢　奈良
　　原清氏所蔵)……………………………426
174　天明五年七月　勢多郡津久田村猟師
　　鉄砲改由来書上(勢多郡赤城村　津久田区
　　有)………………………………………427
175　天保四年十一月　勢多郡長井小川田
　　村ほか二ヵ村猪打留割合議定書(勢多郡
　　赤城村　津久田区有)……………………427
176　安政七年二月　群馬郡上野田村ほか
　　十一ヵ村猟師仲間議定(北群馬郡吉岡村
　　上野田　森田裕博氏所蔵)………………428

第4章　産業と交通………………………… 431
＜写＞上州右手座繰器(東京都小金井市　東京
　　農業大学繊維博物館蔵)…………………431
第1節　蚕糸業…………………………………433
　養蚕・蚕種……………………………………433
177　延享二年七月　勢多郡新川村吉田家
　　年々蚕種売高覚帳(勢多郡新里村新川　吉
　　田宰治氏所蔵)……………………………433
178　明和九年三月　勢多郡津久田村桑運
　　上免除願(勢多郡赤城村　津久田区有)…434
179　明和九年七月　勢多郡津久田村桑冥
　　加永上納覚(勢多郡赤城村　津久田区
　　有)………………………………………435
180　自天明二年十一月至文久元年九月
　　群馬郡中郷村ほか桑売渡証文(四
　　通)(北群馬郡子持村北牧　鴻田庸一氏所蔵;
　　北群馬郡子持村北牧　牧久利氏所蔵)……435
181　寛政五年十二月　群馬郡川島村養蚕
　　冥加永上納免除願(渋川市川島　飯塚永吉
　　氏所蔵)……………………………………436
182　自文化五年十二月至慶応四年七月
　　群馬郡北牧村ほか桑質証文(四通)(北
　　群馬郡子持村白井　金井好弥氏所蔵;勢多郡
　　赤城村上三原田　長岡長治郎氏所蔵;北群馬
　　郡小野上村小野子　佐藤邦夫氏所蔵;北群馬
　　郡子持村白井　埴田彦一郎氏所蔵)………437
183　自万延元年至明治四年　群馬郡白井
　　村養蚕生糸取調書上帳(北群馬郡子持
　　村白井　金井好弥氏保管)………………438
184　自万延元年至明治四年　勢多郡関村
　　生糸売上取調書上帳(勢多郡新里村関　小
　　池仍寿氏所蔵)……………………………440
185　自文久二年至明治四年　勢多郡深津
　　村養蚕出来高書上帳(勢多郡粕川村　深津
　　区有)………………………………………441

186　文久三年三月　勢多郡礫村ほか館林
　　領分桑苗木植付書上帳(勢多郡粕川村　深
　　津区有)……………………………………444
187　文久三年三月　勢多郡深津村館林領
　　分桑苗・蚕種配分割附帳(勢多郡粕川村
　　深津区有)…………………………………444
188　慶応二年五月　勢多郡原之郷村横浜
　　出し蚕種代金滞り出入済口証文(勢多郡
　　北橘村箱田　今井三氏所蔵)……………446
189　年次不詳(明治二年六月ヵ)　群馬郡
　　渋川村商人横浜小松屋宛蚕種送状控
　　(渋川市上ノ町　黒崎芳衛氏所蔵)………447
190　自明治三年至同五年　勢多郡関村蚕
　　種繭糸製造高書上(勢多郡新里村関　小池
　　仍寿氏所蔵)………………………………447
糸・繭……………………………………………448
191　宝暦十二年二月　群馬郡渋川村ほか
　　糸繭商人仲間議定(渋川市下ノ町　石坂七
　　次郎氏所蔵)………………………………448
192　天明四年十月　群馬郡白井村商人登
　　せ糸仕切金出入済口証文(北群馬郡子持
　　村白井　金井好弥氏所蔵)………………450
193　文化四年七月同五年七月　勢多郡新
　　川村吉田家宛大間々町商人糸買入覚帳
　　(二冊)(勢多郡新里村新川　吉田宰治氏所
　　蔵)…………………………………………451
194　文政元年八月　勢多郡新川村吉田家
　　糸買置覚帳(勢多郡新里村新川　吉田宰治
　　氏所蔵)……………………………………452
195　文政三年正月　勢多郡新川村吉田家
　　年々店卸帳(勢多郡新里村新川　吉田宰治
　　氏所蔵)……………………………………454
196　自文政六年六月至同六年九月　勢多
　　郡津久田村池田家繭釜入帳(勢多郡赤城
　　村津久田　池田元明氏所蔵)……………455
197　自文政七年正月至同七年十月　群馬
　　郡渋川村高橋家繭仕入差引覚帳(渋川市
　　大崎　高橋芳夫氏所蔵)…………………457
198　文政七年六月　勢多郡津久田村池田
　　家繭仕入覚帳(勢多郡赤城村津久田　池田
　　元明氏所蔵)………………………………460
199　天保三年六月　群馬郡渋川村羽鳥家
　　宛秩父糸代金請取并残金年賦証文
　　(渋川市下郷　羽鳥久雄氏所蔵)…………462
200　安政六年三月　勢多郡樽村商人神奈
　　川貿易開始につき売込願(勢多郡赤城村
　　樽　須田胤興氏所蔵)……………………463
201　万延元年五月　群馬郡白井村豊島屋
　　横浜貿易福得録(北群馬郡子持村白井　埴
　　田彦一郎氏所蔵)…………………………463

群馬県史 資料編13 近世5

202 万延元年十二月 勢多郡八崎村生糸横浜出し商人不正取締触留(『御触書写之帳』/勢多郡北橘村八崎 狩野泰男氏所蔵)……465
203 文久二年五月 勢多郡箱田村生糸横浜売込問屋指定触留(『諸役所御触写』/勢多郡北橘村箱田 根井弥太郎氏所蔵)……466
204 文久三年七月 勢多郡八崎村生糸横浜売込指定問屋差換え触留(『御触書写之控帳』/勢多郡北橘村八崎 狩野泰男氏所蔵)……466
205 文久三年十一月 勢多郡八崎村生糸横浜出荷仕法触留(『御触書写控之帳』/勢多郡北橘村八崎 狩野泰男氏所蔵)……467
206 慶応二年四月同二年六月 群馬郡白井村岩鼻役所生糸・種紙取締触留(『御用留』/北群馬郡子持村白井 宮下貞雄氏所蔵)……467
207 自慶応四年閏四月至明治二年二月 横浜生糸商吉村屋上州本家・荷主宛書状(九通)(勢多郡新里村新川 吉田幸治氏所蔵)……470
208 慶応四年六月 勢多郡前皆戸村生糸売代金滞り訴状(勢多郡粕川村前皆戸 松村与之助氏所蔵)……477
209 自明治二年五月至同四年十一月 勢多郡新川村吉田家生糸釜掛金銀出入帳(勢多郡新里村新川 吉田幸治氏所蔵)……478
210 明治二年六月 勢多郡津久田村生糸取締触請書(勢多郡赤城村 津久田区有)……483
211 明治二年九月 前橋藩川通村々糸繭仲間議定連印帳(北群馬郡子持村白井 埴田彦一郎氏所蔵)……484
212 明治三年五月 前橋藩向領生糸渡世人鑑札取替示達留(『御触留』/渋川市半田 相川志郎氏所蔵)……487
213 自明治四年四月至同四年六月 群馬郡白井村前橋藩庁生糸製造取締方布達留(『御用留』/北群馬郡子持村白井 宮下貞雄氏所蔵)……489
214 明治四年十月 群馬郡小野子村平方家宛須坂町糀屋生糸仕切状(北群馬郡小野上村小野子 平方良夫氏所蔵)……492
215 年次不詳(明治四年十月ヵ) 群馬郡渋川村堀口家宛横浜芝屋清三郎生糸仕切状(渋川市上ノ町 堀口佳男氏所蔵)……492

絹 ……493

216 元禄六年四月同九年五月 群馬郡白井村荷主宛江戸問屋上州真綿仕切状(二通)(北群馬郡子持村白井 金井好弥氏所蔵)……493

217 寛政二年五月 群馬郡渋川村絹商人京都問屋宛糸絹仕入金返済方約状(渋川市下郷 羽鳥久雄氏所蔵)……494
218 自文政三年十一月至天保四年十一月 群馬郡渋川村絹商人登せ荷為替金請取手形(六通)(渋川市下郷 羽鳥久雄氏所蔵)……495
219 天保九年四月 勢多郡東田面村ほか桐生出市商人預け糸・絹不法処分につき訴状(勢多郡粕川村上東田面 根岸雅次郎氏所蔵)……497

第2節 商工業 ……500

市 ……500

220 承応三年十月 群馬郡渋川村市日商売物書上(渋川市下ノ町 岸すみ江氏所蔵)……500
221 自承応三年十月至延享三年六月 群馬郡渋川町立由緒并市場証文ほか用留(渋川市元町 山田良一氏所蔵)……503
222 元禄五年三月 群馬郡渋川村市馬売買手形(渋川市中ノ町 木暮博一氏所蔵)……509
223 明和三年十月 群馬郡渋川村市定法破り入出訴状(渋川市下ノ町 石坂七次郎氏所蔵)……509
224 明和四年十二月 群馬郡白井村市改め書付(北群馬郡子持村白井 埴田彦一郎氏所蔵)……511
225 文化十四年六月 群馬郡渋川村馬市問屋渡世出入返答書(渋川市下ノ町 石坂七次郎氏所蔵)……511
226 文化十四年九月 群馬郡渋川村市馬問屋渡世出入済口証文(渋川市中ノ町 木暮博一氏所蔵)……515
227 天保二年五月 群馬郡渋川村香具商人傷害出入内済証文(渋川市元町 外丸利光氏所蔵)……516
228 天保八年十二月 群馬郡渋川村市場屋敷譲渡証文(渋川市上ノ町 黒崎芳衛氏所蔵)……517
229 天保九年三月 群馬郡渋川村市米相場書上(渋川市入沢 入沢柳太郎氏所蔵)……518
230 弘化四年十二月 群馬郡渋川村市場出入済口証文(渋川市元町 山田良一氏所蔵)……518
231 安政四年三月 群馬郡渋川村馬市馬売代金滞り出入取下げ願(渋川市中ノ町 木暮博一氏所蔵)……521
232 明治二年三月 群馬郡渋川村市再興願(渋川市中ノ町 木暮博一氏所蔵)……522
233 明治二年三月 群馬郡渋川村市仕法議定書(渋川市中ノ町 木暮博一氏所蔵)……522

県史誌内容総覧・資料編1:近世—関東 199

234　明治二年三月　群馬郡渋川村馬市仕法書（渋川市中ノ町　木暮博一氏所蔵）……523
235　明治二年六月　群馬郡渋川村馬宿・旅人名前・馬数毛附帳（渋川市中ノ町　木暮博一氏所蔵）……524

商人………525

236　延宝九年四月　勢多郡樽村商人宛沼田藩両国橋御用木売渡手形（勢多郡赤城村樽　須田胤興氏所蔵）……525
237　貞享二年正月　群馬郡白井村商人越後山板木勘定帳（北群馬郡子持村白井　金井好弥氏所蔵）……526
238　元禄二年二月　群馬郡白井村商人宛江戸問屋麻仕切状（北群馬郡子持村白井　金井好弥氏所蔵）……529
239　元禄二年六月　群馬郡白井村商人宛江戸問屋黒部板子仕切状（北群馬郡子持村白井　金井好弥氏所蔵）……530
240　元禄三年五月　群馬郡白井村魚問屋宛前橋商人鮭・筋子仕切状（北群馬郡子持村白井　金井好弥氏所蔵）……531
241　自文化元年至同十四年　群馬郡白井村商人相場書留（北群馬郡子持村白井　埴田彦一郎氏所蔵）……532
242　文化七年十一月　群馬郡山子田村吉井藩年貢米附送指示状（北群馬郡榛東村山子田　湯浅好男氏所蔵）……553
243　自文化十一年正月至天保五年正月　群馬郡上白井村後藤家店卸帳（北群馬郡子持村上白井　後藤謙一氏所蔵）……553
244　文政二年十月　群馬郡白井村ほか煙草商人仲間現金売買仕法規定（北群馬郡子持村上白井　押江儀平氏所蔵）……557
245　文政十三年四月　群馬郡池端村商人糸繭売掛金滞り訴状控（『御願書控帳』／北群馬郡吉岡村大久保　中島宇右衛門氏所蔵）……559
246　天保五年三月　勢多郡新川村売米麦ほか河岸出高書付（勢多郡新里村新川　吉田宰治氏所蔵）……561
247　自天保六年正月至同九年三月　群馬郡白井村豊島屋大福取入帳（北群馬郡子持村埴田彦一郎氏所蔵）……562
248　安政五年十一月　前橋藩領穀商人仲間売買規定（勢多郡赤城村　持柏木区有）……568
249　万延元年九月　勢多郡津久田村百姓穀屋渡世願（勢多郡赤城村　津久田区有）……569
250　文久元年七月　勢多郡津久田村前橋藩穀物売買取締触請書（勢多郡赤城村　津久田区有）……569

251　文久二年十二月　前橋藩諸商い方取締触書留（『諸御役所御触写』／勢多郡北橘村箱田　根井弥太郎氏所蔵）……570

職人………570

252　正徳五年正月　群馬郡吹屋村鋳物師仲間家職遵守連判状（北群馬郡子持村吹屋　阿久沢順一氏所蔵）……570
253　享保十八年十二月　群馬郡吹屋村鋳物師市売始め覚書（北群馬郡子持村吹屋　阿久沢順一氏所蔵）……571
254　延享二年十一月　勢多郡津久田村諸職人稼方取締請書（勢多郡赤城村　津久田区有）……571
255　明和五年四月　勢多郡月田村猟師・諸職人腰札請取書（勢多郡柏川村月田　松村龍顕氏所蔵）……572
256　天明元年十一月　群馬郡吹屋村ほか鋳物師衆上野国内郡請願（北群馬郡子持村白井　金井好弥氏所蔵）……573
257　天明五年二月　勢多郡勝保沢村宮大工院天徳寺薬師堂建立依頼証文（勢多郡赤城村勝保沢　星野光治氏所蔵）……573
258　天明六年二月　群馬郡吹屋村鋳物師免許状（北群馬郡子持村吹屋　阿久沢順一氏所蔵）……574
259　寛政六年三月　勢多郡中島村前橋藩領分諸職人掟触写（勢多郡富士見村時沢中島区有）……574
260　享和元年二月　群馬郡吹屋村鋳物師職相続出入裁許請書（富岡市下丹生　柳田清氏所蔵）……575
261　享和二年二月　群馬郡新井宮大工如意寺本堂請負仕用帳（北群馬郡榛東村新井　浅見道雄氏所蔵）……576
262　文化五年三月　群馬郡中村百姓紺屋渡世願（渋川市　中村区有）……578
263　文化五年十月　群馬郡新井村宮大工免許状（北群馬郡榛東村新井　浅見道雄氏所蔵）……578
264　文化九年二月　群馬郡新井村宮大工上棟次第并免状（北群馬郡榛東村新井　浅見道雄氏所蔵）……578
265　文政九年十一月　上州鋳物師仲間江戸十組鍋釜問屋宛直売り方取極め状（北群馬郡子持村吹屋　阿久沢順一氏所蔵）……580
266　文政十年　群馬郡上野田村祝越後大工送り状（北群馬郡吉岡村上野田　森田孝氏所蔵）……580
267　文政十一年正月　勢多津久田村硴師国役代銀納方請書（勢多郡赤城村　津久田区有）……581
268　文政十一年三月　群馬郡中村大工日切鑑札拝借願（渋川市　中村区有）……581

群馬県史 資料編13 近世5

269　文政十二年正月　前橋藩諸職人元帳（勢多郡赤城村勝沢　星野光治氏所蔵）……582
270　文政十三年二月　上州鋳物師仲間宛江戸十組鍋釜問屋趣意金取極め状（北群馬郡子持村吹屋　阿久沢順一氏所蔵）……588
271　天保四年十一月　群馬郡半田村鍛冶触元休役願（北群馬郡子持村白井　高橋進氏所蔵）……589
272　弘化三年十月　群馬郡渋川村寄場組合職人手間賃につき請書（北群馬郡吉岡村上野田　森田孝氏所蔵）……589
273　安政三年十二月　群馬郡渋川村真光寺本堂葺替請負証文（渋川市並木町　真光寺所蔵）……595
274　明治二年二月　群馬郡村上村諸職人鑑札拝借証文（北群馬郡小野上村村上　飯塚市郎氏所蔵）……596
農間渡世 ……596
275　文政十二年十月　勢多郡上箱田村農間渡世書上帳（勢多郡北橘村上箱田　森田忠三氏所蔵）……596
276　天保九年七月　勢多郡津久田村農間諸職人・商人書上帳（勢多郡赤城村　津久田区有）……597
277　天保九年八月　勢多郡女淵村諸商渡世取調書上帳（勢多郡粕川村　女淵区有）……600
278　天保九年九月　群馬郡渋川村寄場組合諸商并質屋取締書上帳（北群馬郡吉岡村上野田　森田孝氏所蔵）……602
279　安政二年三月　群馬郡上野田村農間渡世書上帳（北群馬郡吉岡村上野田　森田孝氏所蔵）……610
酒造 ……612
280　寛政元年三月　勢多郡中島村酒造高減石触請書（勢多郡富士見村時沢　中島区有）……612
281　寛政十三年正月　勢多郡津久田村酒造人異動改書上（勢多郡赤城村　津久田区有）……615
282　文化十二年九月　群馬郡上野田村ほか酒造仲間議定控（北群馬郡吉岡村上野田　森田孝氏所蔵）……615
283　文政七年四月　群馬郡川島村酒小売人ら商い方につき差出書（渋川市牧町　田中博氏所蔵）……616
284　天保十二年十月　群馬郡渋川村ほか酒造仲間酒売値段議定書留（北群馬郡吉岡村上野田　森田孝氏所蔵）……617
285　天保十五年三月弘化二年正月　群馬郡上野田村酒升売人手形（二通）（北群馬郡吉岡村上野田　森田孝氏所蔵）……618
286　弘化四年二月　群馬郡小野子村乗合酒造につき取替証文（北群馬郡小野上村小野子　平方良夫氏所蔵）……618
287　安政五年四月　群馬郡祖母島村ほか酒造人沼田領内酒売捌方出入取下げ願（北群馬郡子持村白井　埴田彦一郎氏所蔵）……618
築場 ……620
288　享保十二年六月　群馬郡中村大崎築場借用証文（渋川市入沢　入沢柳太郎氏所蔵）……620
289　宝暦十一年八月　群馬郡渋川村新規簗打ち差止め願（渋川市長塚町　渋川市立図書館蔵）……621
290　明和五年四月　勢多郡樽村築場請負入札につき廻状写（『田畑質入小作人上ヶ直段書上帳』／勢多郡赤城村上三原田　長岡長治郎氏所蔵）……621
291　文化元年六月　群馬郡白井村築場請負証文（北群馬郡子持村白井　金井好弥氏保管）……622
292　天保十五年九月　群馬郡吹屋・白井村地内築場地代出入につき取替議定（北群馬郡子持村　吹屋区有）……622
293　嘉永四年十月　群馬郡津久田村御用囲魚築場地代滞り一件経過上申（勢多郡赤城村　津久田区有）……623
294　自嘉永七年六月至同七年九月　勢多郡八崎村築場諸入用帳（勢多郡北橘村八崎　狩野泰男氏所蔵）……625
295　安政五年五月　群馬郡上白井村築場貸渡証文（勢多郡赤城村　津久田区有）……633
296　明治二年五月　群馬郡白井村築場見分取調届（北群馬郡子持村白井　金井好弥氏所蔵）……633
297　明治二年七月　群馬郡白井村築普請入用金借用証文（北群馬郡子持村白井　金井好弥氏所蔵）……634

第3節　交通・運輸 ……634
脇往還 ……634
298　享保七年二月　勢多郡森下村継場出入証拠目録（利根郡昭和村森下　真下嘉久寿氏所蔵）……634
299　享保七年四月　勢多郡生越村ほか荷物附送り出入につき取替証文（県立文書館蔵／利根郡昭和村生越　林成一氏寄託）……635
300　享保十六年四月　群馬郡白井・上白井村荷物附送り出入裁許請文（北群馬郡子持村白井　金井好弥氏保管）……637
301　自元文三年四月至明和九年六月　群馬郡渋川村ほか三国通商荷継送り出入一件書留（北群馬郡榛東村広馬場　小野関国竜氏所蔵）……639

県史誌内容総覧・資料編1：近世―関東　201

302　自宝暦十四年正月至同十四年九月　群馬郡上野田村伊香保通覚帳（北群馬郡吉岡村上野田　森田孝氏所蔵）…………644
303　明和八年十一月　勢多郡溝呂木村商売荷物附送り出入裁許につき口上書（勢多郡赤城村　溝呂木区有）…………647
304　寛政元年十二月　群馬郡柏木沢・上野田村伊香道継場出入済口証文書留（北群馬郡吉岡村上野田　森田孝氏所蔵）…649
305　享和二年四月　越前国漆商人往来手形（勢多郡北橘村　上箱田区有）…………650
306　文化八年閏二月　群馬郡上野田村伊香保道継立人馬議定（北群馬郡吉岡村上野田　森田孝氏所蔵）…………651
307　文政元年十一月　群馬郡上白井・北牧村商荷継立口銭出入取下ゲ願（北群馬郡子持村上白井　荒木広一氏所蔵）………652
308　天保三年二月　勢多郡米野村人足伝馬議定書（勢多郡富士見村　米野区有）…653
309　天保三年九月　群馬郡伊香保村口留番所勤方心得書（群馬郡伊香保町伊香保　木暮敬民所蔵）…………655
310　天保五年十二月　利根郡岩本村商荷継立場再開願（沼田市　岩本町区有）…656
311　天保十一年八月　勢多郡溝呂木村問屋場増口銭出入返答書（前橋市荒牧町　群馬大学附属図書館蔵）…………657
312　自天保十三年十一月至嘉永六年十月　群馬郡上白井村児子岩弁財天参詣道并綾戸道切開日記（沼田市坊新田町　金剛院所蔵）…………658
313　天保十四年四月　勢多郡八崎村通行旅人改帳（勢多郡北橘村　八崎区有）……662
314　天保十五年七月　群馬郡大久保村三国通助合継続方訴状并添鑑願（北群馬郡吉岡村大久保　高野一男氏所蔵）…666
315　嘉永六年十一月　勢多郡米野村沼田藩主通行につき助郷人足覚（『御触写之帳』／勢多郡北橘村八崎　狩野泰男氏所蔵）…………668
316　自万延二年二月至同二年三月　勢多郡米野宿見張番所旅人改帳（勢多郡富士見村　米野区有）…………669
317　文久二年五月　勢多郡米野村ほか三ヵ村沼田町商荷物継送り出入済口証文（勢多郡富士見村　米野区有）…687
318　文久二年十二月　前橋町問屋荷物付送りにつき沼田道問屋宛詫状（勢多郡赤城村　津久田区有）…………691
319　慶応元年九月　群馬郡上白井村綾戸古道再開発勧化帳（北群馬郡子持村上白井　後藤謙一氏所蔵）…………692
320　慶応二年二月　勢多郡津久田村三国道横堀宿宛伝馬人足触当控帳（勢多郡赤城村　津久田区有）…………694
321　慶応四年二月　勢多郡津久田村百姓伝馬請負証文（勢多郡赤城村　津久田区有）…………697

河岸・川下げ…………698
322　承応三年九月　子持神社造営につき用材筏川下げ触（北群馬郡子持村中郷　子持神社所蔵）…………698
323　享保二十年二月　勢多郡宮田村筏河岸継続願（勢多郡赤城村宮田　角田音七氏所蔵）…………698
324　安永五年八月　利根川筏南牧村ほか材木商人ら筏通行川瀬につき請書（勢多郡赤城村樽　須田胤興氏所蔵）…698
325　寛政元年五月　群馬郡中村筏問屋ら筏川下げ請負不履行につき武州材木商訴状（渋川市　中村区有）…………700
326　天保十一年八月　勢多郡津久田村ほか百姓塗関所要害内筏乗下げ一件裁許請証文（勢多郡赤城村　津久田区有）…703
327　嘉永四年正月　群馬郡渋川村大崎河岸筏問屋筏川下げ請負書案文（渋川市下郷　羽鳥久雄氏所蔵）…………705
328　嘉永六年九月　吾妻川通船渋川河岸開設につき荷物取扱方議定（渋川市下郷　羽鳥久雄氏所蔵）…………706
329　嘉永七年閏七月　群馬郡白井村内河岸使用につき申合せ議定（北群馬郡子持村白井　埴田彦一郎氏所蔵）…706
330　安政七年二月　勢多郡白井村河岸場地所借用証文控（勢多郡北橘村八崎　狩野泰男氏所蔵）…………707
331　文久二年十一月　渋川河岸難船浦手形（渋川市下郷　羽鳥久雄氏所蔵）…708
332　慶応元年五月　江戸商人前橋城再築献木川下げにつき小野子村宛触流方願（北群馬郡小野上村小野子　野村市郎兵衛氏所蔵）…………708
333　年次不詳　利根川筋下津・五料間筏川下げ入用覚（勢多郡赤城村樽　須田胤興氏所蔵）…………708

橋・渡船…………709
334　元禄八年九月　群馬郡白井村吾妻川秡渡船願（北群馬郡子持村白井　金井好弥氏保管）…………709
335　寛延二年四月　群馬郡小野子村渡船勤方につき願書（北群馬郡小野上村小野子　佐藤邦夫氏所蔵）…………710
336　天明二年九月　群馬郡村上村秡渡船出入内済証文（北群馬郡小野上村上　飯塚市郎氏所蔵）…………711

337　天明五年十月　群馬郡白井村渡船取調書上(北群馬郡子持村白井　金井好弥氏保管)……………………………………712
338　文化六年五月　勢多郡津久田村渡船仕来り書上(勢多郡赤城村津久田　須田武雄氏所蔵)……………………………713
339　文化十四年十二月　勢多郡津久田村渡船仕立につき樽村百姓請負証文(勢多郡赤城村津久田　須田武雄氏所蔵)………714
340　文政八年七月　群馬郡白井村渡船場所替につき船頭請書(北群馬郡子持村白井　金井好弥氏保管)……………………714
341　文政九年四月　群馬郡村上村渡船造立入用帳(北群馬郡小野上村　村上区有)……………………………………………715
342　文政十三年十一月　群馬郡中村村持作場渡船につき議定(渋川市　中村区有)……………………………………………716
343　天保六年七月　群馬郡白井村渡船場仮橋掛につき取替議定(勢多郡赤城村　樽区有)……………………………………717
344　天保十年正月　群馬郡半田村渡船年季継替証文(渋川市半田　相川志郎氏所蔵)……………………………………717
345　天保十二年二月　勢多郡津久田村橋銭滞り出入内済証文(勢多郡赤城村　津久田区有)…………………………………718
346　明治二年十二月　群馬郡渋川・白井村吾妻川渡船許可につき替議定(渋川市下郷　羽鳥久雄氏所蔵)……………720

第5章　社会と文化………………………………723
〈写〉勢多郡赤城村上三原田歌舞伎(昭和51年3月興行)(赤城村教育委員会提供)……723
第1節　災害・騒動……………………………725
浅間焼………………………………………………725
347　自天明三年五月至同四年四月　群馬郡大久保村浅間焼降灰被害并見分状況書留(『万覚帳』/北群馬郡吉岡村大久保　中島宇右衛門氏所蔵)…………………………………725
348　天明三年七月　群馬郡北牧村浅間焼水難流失家数書上帳(北群馬郡子持村北牧　牧久利氏所蔵)…………………732
349　天明三年九月　群馬郡北牧村浅間焼被害につき農具代金割渡帳(北群馬郡子持村北牧　牧久利氏所蔵)…………742
350　天明三年九月　群馬郡吹屋村浅間焼泥火石入田畑改帳(北群馬郡子持村吹屋　久保田芳męż氏所蔵)……………743
351　天明三年九月　群馬郡中村村浅間焼泥流被害届(渋川市　中村区有)……………744
352　天明四年七月　群馬郡北牧村浅間焼荒所起返し小前帳(北群馬郡子持村北牧　牧久利氏所蔵)……………………745

353　年次不詳(天明年間カ)　群馬郡上野田村旗本代官宛浅間焼につき倹約方申達(北群馬郡吉岡村上野田　森田孝元所蔵)………………………………………747
備荒・救済……………………………………748
354　享保十七年四月　勢多郡久田村夫食拝借証文(勢多郡赤城村　津久田区有)……………………………………748
355　宝暦十一年七月　勢多郡真壁村社倉麦割渡帳(勢多郡北橘村　真壁区有)……749
356　天明六年七月　勢多郡久田村大嵐被害につき見分願(勢多郡赤城村津久田　須田武雄氏所蔵)……………………750
357　寛政元年三月　勢多郡津久田村社倉積穀預り証文(勢多郡赤城村　津久田区有)…………………………………………750
358　寛政二年十一月　勢多郡上箱田村ほか社倉積穀創始につき請書(勢多郡北橘村八崎　狩野泰男氏所蔵)……………751
359　寛政十年六月　前橋藩社倉積穀大意(版)(勢多郡富士見村原之郷　船津恒平氏所蔵)…………………………………………751
360　自文政七年五月至同七年十月　群馬郡大久保村雹被害状況書留(『御願書之控』/北群馬郡吉岡村大久保　中島宇右衛門氏所蔵)……………………………753
361　天保五年正月　群馬郡北牧・村上村囲籾拝借願(北群馬郡小野上村村上　佐藤進氏所蔵)…………………………………
362　天保五年四月　勢多郡猫村御救金高割頂戴勘定帳(勢多郡赤城村　敷島区有)…………………………………………757
363　天保九年三月　勢多郡津久田村拝借穀返済延期願(勢多郡赤城村津久田　角田元広氏所蔵)……………………759
364　元治元年八月　勢多郡関村大嵐被害届控帳(勢多郡新里村関　小池仍寿氏所蔵)…………………………………………759
荒地・不斗出…………………………………760
365　文政三年四月　勢多郡上大屋村断絶者田畑屋敷書上帳(県立文書館蔵/勢多郡大胡町　上大屋区長寄託)…………760
366　文政四年五月　勢多郡河原浜村新入百姓申渡箇条書(勢多郡大胡町　河原浜区有)……………………………………762
367　天保五年十二月　勢多郡猫村小児養育手当取立金勘定帳(勢多郡赤城村　敷島区有)……………………………………764
368　天保六年三月　勢多郡茂木村不斗出者覚帳(勢多郡大胡町　茂木区有)…767
369　天保七年三月　勢多郡上大屋村厄介地復興請書(県立文書館蔵/勢多郡大胡町　上大屋区長寄託)…………………767

370　自弘化三年十二月至万延二年二月　勢多郡八崎村村方復興資金積金帳（勢多郡北橘村　八崎区有）……………768
一揆・世直し………………………………773
371　延享三年二月　勢多郡月田村百姓検見願強訴一件につき詫状（勢多郡粕川村月田　松村龍顕氏所蔵）…………773
372　延享三年十一月　前橋藩東領村々検見願強訴記録（勢多郡粕川村月田　松村龍顕氏所蔵）…………………773
373　慶応四年三月　群馬郡渋川村ほか九ヵ村宛官軍先手山崎左近世直し廻状（北群馬郡吉岡村上野田　森田孝氏所蔵）‥777
374　慶応四年三月　群馬郡小倉村役人世直し騒動状況報告書（北群馬郡吉岡村小倉　小林英夫氏所蔵）………778
375　慶応四年三月　勢多郡田面村百姓世直し騒動状況書留（「弐番日記」）/勢多郡粕川村上東田面　笠原起久司氏所蔵）……779
376　慶応四年六月　群馬郡小野子村世直し参加百姓赦免願（『願書諸色帳』/北群馬郡小野子村上村小野子　佐藤邦夫氏所蔵）…782
377　慶応四年九月　群馬郡村上村穀屋世直し状況報告書（渋川市入沢　入沢柳太郎氏所蔵）…………………783

第2節　家………………………………785
相続・縁組……………………………785
378　享保九年十二月　群馬郡渋川村元宿百姓養子証文（渋川市入沢　入沢柳太郎氏所蔵）………………………785
379　延享二年四月　群馬郡長岡村百姓養子名跡証文（北群馬郡榛東村長岡　岩田進氏所蔵）………………………785
380　寛延二年二月　群馬郡石原村百姓隠居免証文（渋川市石原　大島邦夫氏所蔵）………………………786
381　安永八年十月　群馬郡石原村百姓縁組証文（渋川市石原　佐藤信義氏）………786
382　安永八年十二月　群馬郡石原村尻付百姓家督相続証文（渋川市石原　大島邦夫氏所蔵）………………………787
383　寛政三年正月　群馬郡渋川村百姓聟養子縁組証文（渋川市入沢　入沢柳太郎氏所蔵）………………………787
384　寛政七年正月　群馬郡金井村百姓聟名跡証文（渋川市金井　飯塚勝二氏所蔵）………………………787
385　文化二年九月　群馬郡北牧村百姓隠居免証文（北群馬郡子持村北牧　寺島利男氏所蔵）………………………788
386　文化十三年十二月　勢多郡不動堂村百姓女房離縁につき内済証文（勢多郡富士見村　時沢区有）………789

387　文政四年七月　勢多郡津久田村百姓聟養子離縁出入内済につき取下げ願（勢多郡赤城村　津久田区有）…………789
388　安政五年三月　群馬郡小倉村百姓女子家督相続証文（北群馬郡吉岡村小倉　小林英夫氏所蔵）………790
389　元治元年五月　群馬郡渋川村百姓離縁女并所持品引請証文（北群馬郡伊香保町伊香保　千明三右衛門氏所蔵）…………791
奉公人…………………………………792
390　享保三年二月　群馬郡渋川村奉公人請状（渋川市入沢　入沢柳太郎氏所蔵）……792
391　享保十八年二月　勢多郡柏木村女子永譜代証文（勢多郡北橘村小室　藤井英恵知氏所蔵）…………………792
392　明和九年二月　群馬郡金井村奉公人請状（北群馬郡榛東村広馬場　富沢治夫氏所蔵）………………………792
393　文政六年二月　群馬郡上白井村奉公人手形（北群馬郡子持村上白井　押江儀平氏所蔵）………………………793
394　文政八年二月　群馬郡上白井村奉公人手形（北群馬郡子持村上白井　押江儀平氏所蔵）………………………793
395　天保五年二月　前橋藩向領村々奉公人等給金議定書留（『御願書控帳』/北群馬郡吉岡村大久保　中島宇右衛門氏所蔵）……794
396　天保十二年五月　群馬郡伊香保村越後女子奉公につき依頼状（北群馬郡子持村北牧　牧久利氏所蔵）…………794
397　弘化三年六月　群馬郡上野田村森田家奉公人取極め書（北群馬郡吉岡村上野田　森田孝氏所蔵）…………795
398　嘉永元年十一月　勢多郡津久田村奉公人貸金滞り出入訴状（勢多郡赤城村　津久田区有）………………798
399　嘉永四年七月　群馬郡半田村役人宛越後日雇稼人病死埋葬方依頼状（渋川市半田　相川志郎氏所蔵）……799
400　嘉永六年三月　勢多郡込皆戸村奉公人手形（勢多郡粕川村稲里　阿久沢徳治氏所蔵）………………………799
401　嘉永七年五月　勢多郡箱田村領分日雇賃銭取極め触留書（『諸役所御触写』/勢多郡北橘村箱田　根井弥太郎氏所蔵）…800
402　安政二年三月　勢多郡込皆戸村奉公人請状（勢多郡粕川村稲里　阿久沢徳治氏所蔵）………………………800
403　安政三年十二月　群馬郡小倉村奉公人請状（北群馬郡吉岡村小倉　小林英夫氏所蔵）………………………800

404 安政四年九月 群馬郡北下村女子日雇前金借用証文(北群馬郡吉岡村陣場 馬場茂雄氏所蔵)……………………801
405 万延元年六月 群馬郡渋川村糸取女子ら奉公人請状(渋川市上ノ町 黒崎芳衛氏所蔵)……………………………801
406 文久二年二月 勢多郡上箱田村奉公人請状(勢多郡北橘村箱田 今井藤三氏所蔵)…………………………………802
407 文久二年四月 勢多郡原之郷村奉公人請状(勢多郡富士見村横室 田村寿□氏所蔵)………………………………802
408 慶応二年七月 群馬郡北下村養蚕女子日雇証文(北群馬郡吉岡村陣場 馬場茂雄氏所蔵)……………………803
家法……………………………………………803
409 年次不詳 群馬郡上野田村森田家法(北群馬郡吉岡村上野田 森田孝氏所蔵)…………………………………803
第3節 生活………………………………805
祭礼・村芝居…………………………805
410 寛保三年三月 勢多郡三夜沢村赤城神社神楽入用控帳(勢多郡宮城村三夜沢 真隅田幸四郎氏所蔵)……………805
411 寛政元年十月 群馬郡有馬村風祭芝居開催証文(渋川市行幸田 甲波宿祢神社所蔵)……………………………806
412 文化三年二月 群馬郡村上村惣若者祭礼操興行願(北群馬郡小野上村村上 佐藤平雄氏所蔵)…………………807
413 文化三年三月 勢多郡上箱田村子供花笠踊興行願(勢多郡北橘村上箱田 森田忠三氏所蔵)……………………807
414 文政五年十月 勢多郡宮城村川原芝居禁止議定(勢多郡赤城村 宮田区有)…808
415 天保十年四月 群馬郡白井村組合津久田村ほか歌舞伎狂言始末書(勢多郡赤城村 津久田区有)……………………808
416 嘉永二年正月 赤城山天気祭参詣不参詫状(勢多郡赤城村 敷島区有)……810
417 嘉永二年四月 勢多郡横室村芝居花覚(勢多郡富士見村横室 衣愛倉蔵)……810
418 嘉永七年四月 勢多郡三原田村百姓芝居稽古につき裁許証文(勢多郡赤城村上三原田 長岡治郎氏所蔵) ……814
419 文久四年二月 勢多郡武井村浄瑠璃入用勘定帳(勢多郡新里村 武井区有)…818
420 元治元年八月 勢多郡三原田村操人形興行入用帳(勢多郡赤城村上三原田 長岡治郎氏所蔵)…………………819
世相・生活……………………………821

421 自天明二年九月至同四年四月 勢多郡津久田村村役人万留抄(勢多郡赤城村津久田 角田包義氏所蔵)……………821
422 寛政八年七月 群馬郡山子田村百姓嫁日傘使用につき詫証文(北群馬郡榛東村山子田 湯浅好男氏所蔵)………843
423 寛政十二年七月 前橋家中寒河江家代々仕来り年中行事覚(勢多郡富士見村時沢 寒河江まき氏所蔵)………844
424 文化四年七月 勢多郡津久田村百姓博奕追放につき田畑屋敷村買請書付(勢多郡赤城村 津久田区有)……845
425 文政二年十月 勢多郡上箱田村相談講組合定(勢多郡北橘村上箱田 森田忠三氏所蔵)…………………………847
426 文政二年 群馬郡伊香保村売女躰差置につき出入訴状(渋川市行幸田 甲波宿祢神社所蔵)……………………847
427 文政四年四月 勢多郡茂木村家修履議定連印帳(勢多郡大胡町 茂木区有)…849
428 文政十年十月 勢多郡津久田村百姓病気見舞覚帳(勢多郡赤城村津久田 池田元明氏所蔵)……………………851
429 自文政十二年正月至明治三年正月 群馬郡上野田村森田家正月家例覚(北群馬郡吉岡村上野田 森田孝氏所蔵)………852
430 弘化二年十二月 勢多郡津久田村百姓禁酒神文(勢多郡赤城村津久田 角田元広氏所蔵)……………………857
431 嘉永二年十一月 勢多郡津久田村百姓盗難品届(勢多郡赤城村 津久田区有)………………………………………857
432 文久三年二月 勢多郡新川村吉田家婚儀諸控帳(勢多郡新里村新川 吉田宰治氏所蔵)…………………………860
433 慶応三年九月 勢多郡樽村女賭博宿致すにつき詫証文(勢多郡赤城村 樽区有)……………………………………864
434 年次不詳 前橋藩家中諸礼省略申合条々(勢多郡富士見村時沢 寒河江まき氏所蔵)…………………………864
温泉……………………………………………866
435 年次不詳(元禄七年二月カ) 勢多郡苗ケ島村湯之沢温泉湯坪・湯滝につき口上書(勢多郡宮城村苗ケ島 東宮惇允氏所蔵)……………………………………866
436 元禄八年二月 勢多郡苗ケ島村湯之沢温泉湯小屋敷地につき訴状(勢多郡宮城村苗ケ島 東宮惇允氏所蔵)………866
437 宝永三年六月 伊香保温泉湯桶石蓋扱い証文(北群馬郡伊香保町伊香保 千明三右衛門氏所蔵)…………………867

438　宝永四年四月　勢多郡苗ケ島村湯之沢神池湯分配申合せ写（勢多郡宮城村苗ケ島　東宮惇允氏所蔵）……………869
439　享保五年六月　群馬郡伊香保村大屋・門屋出入取替証文写（『取替証文・訴訟状・返答書・追訴写』/北群馬郡伊香保町伊香保　千明三右衛門氏所蔵）……………869
440　享保五年十一月　群馬郡伊香保村新規門屋請状写（『手間料・主従之訳・役儀規定・由緒帳写』/北群馬郡伊香保町伊香保　千明三右衛門氏所蔵）……………872
441　享保六年二月　群馬郡伊香保村譜代門屋請状写（『手間料・主従之訳・役儀規定・由緒帳写』/北群馬郡伊香保町伊香保　千明三右衛門氏所蔵）……………873
442　寛保元年四月　伊香保温泉湯樋運用并樋口寸法規定写（北群馬郡伊香保町伊香保　木暮敬氏所蔵）……………873
443　寛延四年三月　群馬郡伊香保村新規門屋請状写（『手間料・主従之訳・役儀規定・由緒書写』/北群馬郡伊香保町伊香保　千明三右衛門氏所蔵）……………875
444　安永九年十月　群馬郡伊香保村大屋不法につき門屋訴状（『取替証文・訴訟状・返答書・追訴写』/北群馬郡伊香保町伊香保　千明三右衛門氏所蔵）……………875
445　安永九年十月　群馬郡伊香保村門屋訴状につき大屋方返答書写（『取替証文・訴訟状・返答書・追訴写』/北群馬郡伊香保町伊香保　千明三右衛門氏所蔵）……………878
446　天明三年七月　群馬郡伊香保村門屋不法につき大屋訴状（北群馬郡伊香保町伊香保　千明三右衛門氏所蔵）……………880
447　天明三年十二月　群馬郡伊香保村大屋・門屋出入済口証文（北群馬郡伊香保町伊香保　千明三右衛門氏所蔵）……………884
448　天明四年閏正月　群馬郡伊香保村譜代門屋大屋宛誓約一札（北群馬郡伊香保町伊香保　千明三右衛門氏所蔵）……………885
449　年次不詳（寛政九年七月カ）　群馬郡村上村塩川温泉運上請証文（北群馬郡小野上村村上　飯塚市郎氏所蔵）……………886
450　文化元年八月　群馬郡下野田村二ツ岳蒸湯温泉稼ぎ願控（『二岳山論証拠書物控』/北群馬郡吉岡村下野田　武藤孝夫氏所蔵）……………886
451　文化二年十一月　群馬郡伊香保村医王寺温泉稼名につき出入内済証文（北群馬郡伊香保町伊香保　木暮敬氏所蔵）……………888
452　文政四年七月　群馬郡上野田村ほか二ツ岳蒸湯自療小屋趣意書（北群馬郡吉岡村上野田　森田孝夫氏所蔵）……………889
453　文政八年二月　群馬郡池端村ほか二ツ岳蒸湯新開につき出入済口証文控（『二岳山論証拠書物控』/北群馬郡吉岡村下野田　武藤孝夫氏所蔵）……………891
454　天保十年四月　前橋藩役人勢多郡苗ケ島村湯之沢温泉湯汲み記事（『社用私用諸事記録』/勢多郡宮城村三夜沢　奈良原清氏所蔵）……………892
455　天保十三年正月　群馬郡村上村塩川温泉稼ぎ継続願（北群馬郡小野上村村上　佐藤進氏所蔵）……………893
456　弘化四年正月　群馬郡村上村塩川温泉稼人上金請取（北群馬郡小野上村　村上区有）……………893
457　弘化四年四月　群馬郡上野田村ほか二ツ岳蒸湯開発目論見帳（北群馬郡吉岡村上野田　森田孝夫氏所蔵）……………893
458　慶応三年七月　勢多郡苗ケ島村湯之沢温泉薬師堂議定書（勢多郡宮城村　苗ケ島区有）……………894
459　明治二年五月　群馬郡上野田村ほか二ツ岳蒸湯開発につき議定（北群馬郡吉岡村上野田　森田孝夫氏所蔵）……………895
460　明治二年六月　勢多郡苗ケ島村湯之沢温泉中店商い品目取極め状（勢多郡宮城村苗ケ島　東宮惇允氏所蔵）……………897

第4節　宗教……………899
　寺院……………899
461　承応三年八月　群馬郡村上村岩井堂観音除地免許状（北群馬郡小野上村　村上区有）……………899
462　延享元年　群馬郡山子田村柳沢寺建立記（北群馬郡榛東村山子田　柳沢寺所蔵）……………899
463　宝暦二年十一月　群馬郡村上如意寺・上白井村空恵寺本末出入裁許請書（北群馬郡小野上村村上　如意寺所蔵）……………903
464　享和三年六月　群馬郡渋川村真光寺門徒十三ヵ寺書上帳（渋川市並木町　真光寺所蔵）……………907
465　文政十三年八月　群馬郡伊香保村医王寺分限帳（北群馬郡伊香保町伊香保　千明三右衛門氏所蔵）……………909
466　天保五年五月　勢多郡深津村普化宗留場取締令状（勢多郡粕川村　深津区有）……………911
467　年次不詳　群馬郡中郷村双林寺歴代略年譜（北群馬郡子持村中郷　双林寺所蔵）……………911
　神社……………925
468　承応元年十月　上野国諸社家社法規定（勢多郡宮城村三夜沢　真隅田幸四郎氏所蔵）……………925

群馬県史 資料編13 近世5

469 寛文五年九月 勢多郡三夜沢村社人寺請証文（勢多郡宮城村三夜沢 真隅田幸四郎氏所蔵）……925
470 寛文七年八月 勢多郡三夜沢村赤城神社東西両宮社役申合せ証文（勢多郡宮城村三夜沢 奈良原清氏所蔵）……925
471 正徳五年二月 勢多郡三夜沢村赤城神社神幣出入につき返答書（勢多郡宮城村三夜沢 真隅田幸四郎氏所蔵）……926
472 安永八年十一月 勢多郡三夜沢村赤城神社祈祷札献上願（勢多郡宮城村三夜沢 真隅田幸四郎氏所蔵）……926
473 天明四年十月 勢多郡三夜沢村赤城神社社人金子借用証文（勢多郡宮城村三夜沢 奈良原清氏所蔵）……928
474 寛政二年四月 勢多郡苗ケ島村並木改帳（勢多郡宮城村 苗ケ島区有）……929
475 寛政五年七月 勢多郡三夜沢村赤城神社社人神葬祭願（勢多郡宮城村三夜沢 奈良原清氏所蔵）……930
476 寛政十一年正月 群馬郡中郷村子神社引譜（北群馬郡子持村中郷 子持神社所蔵）……931
477 文政十一年二月 勢多郡三夜沢村赤城神社代参立符覚帳（勢多郡宮城村三夜沢 真隅田幸四郎氏所蔵）……935
478 天保六年閏七月 勢多郡三夜沢村赤城神社神道葬祭次第（勢多郡宮城村三夜沢 奈良原清氏所蔵）……939
修験……940
479 慶長十一年五月 群馬郡下野田村修験華蔵寺宛藤岡桜本坊書状（北群馬郡吉岡村下野田 華蔵寺所蔵）……940
480 明和三年四月 群馬郡中郷村貴宝院と大乗院別当職出入裁許請書（北群馬郡子持村中郷 牧辰夫氏所蔵）……940

第5節　文化……942
教育……942
481 宝永三年 山中往来（版）（渋川市長塚町 渋川市立図書館蔵）……942
482 明和六年七月 群馬郡広馬場村寺子学び方心得（北群馬郡榛東村広馬場 富沢耕一氏所蔵）……943
483 文化五年三月 勢多郡勝保沢村寺子手習条目（勢多郡赤城村勝保沢 角田貞雄氏所蔵）……944
484 文化十一年正月 勢多郡三夜沢村子起請文（勢多郡宮城村三夜沢 真隅田幸四郎氏所蔵）……944
485 自嘉永元年至安政六年 勢多郡原之郷村九十九庵弟子記（勢多郡富士見村原之郷 船津恒平氏所蔵）……945

486 文久四年 勢多郡原之郷村九十九庵寺子年始・束脩謝儀覚（勢多郡富士見村原之郷 船津恒平氏所蔵）……953
文芸……957
487 文久元年七月 群馬郡渋川村堀口氏宛木暮賢樹書状（渋川市並木町 渋川市立北小学校蔵）……957
488 年次不詳 群馬郡白井村文人宛太田錦城書状（北群馬郡子持村白井 金井好弥氏所蔵）……957
489 年次不詳 群馬郡上野田村森田梅園ら明月三吟歌仙（北群馬郡吉岡村上野田 森田孝氏所蔵）……958
490 年次不詳 勢多郡原之郷村船津午麦興行刀祢百韻（勢多郡富士見村原之郷 船津恒平氏所蔵）……959
491 年次不詳 群馬郡上村村上伊右衛門宛橋本直香書状（北群馬郡小野上村村上 村上久雄氏所蔵）……962
492 年次不詳 群馬郡横堀村升屋宛生方鼎斎書状（北群馬郡子持村横堀 佐藤善一郎氏所蔵）……963
和算……965
493 文化八年五月 高橋左内最上流算術位法免許状（『算法我控』）（勢多郡赤城村樽須田清重氏所蔵）……965
494 文久二年九月 勢多郡原之郷村船津伝次平関流算術免許状（勢多郡富士見村原之郷 船津恒平氏所蔵）……965
495 年次不詳 全国和算家名鑑書留（『故船津伝次平翁遺稿』）（勢多郡富士見村原之郷 船津恒平氏所蔵）……968
医薬……971
496 天保四年六月 勢多郡下武井村百姓手疵治療容躰書（山形県 鶴岡市郷土資料館蔵）……971
497 天保十年二月 勢多郡森下村百姓売薬株借用証文（北群馬郡子持村北牧 寺島利男氏所蔵）……972
498 弘化二年二月 勢多郡津久田村百姓頭部外傷治療容躰書（勢多郡赤城村 津久田区有）……973
499 万延二年 勢多郡馬場村百姓名目医師願（『異船戯詞』）（勢多郡宮城村三夜沢 真隅田幸四郎氏所蔵）……973
500 年次不詳（文久三年九月カ）群馬郡下野田村宛禁裏御用薬調進方申付覚（北群馬郡吉岡村下野田 武藤孝夫氏所蔵）……974
501 文久三年十月 群馬郡下野田村ほか二ツ岳採薬御用不承引返答書（北群馬郡吉岡村下野田 武藤孝夫氏所蔵）……974

県史誌内容総覧・資料編1：近世―関東　207

群馬県史 資料編13 近世5

補遺　天保巡見日記 ……………………… 975
解説 ……………………………………………1085
　支配の概要 ……………………………… 1087
　検地と年貢 ……………………………… 1089
　　＜表＞表1　大久保村年次別新畑開発（史料66より作成）……………………… 1090
　　＜表＞表2　月田村田畑1反当りの反高等比較（史料122ほかより作成）…… 1091
　入会秣場 ………………………………… 1093
　　＜表＞図1　元禄の秣場裁許絵図持廻り村々略図 ………………………………… 1095
　　＜表＞図2　二ツ岳秣場入会村々関係要図 ………………………………………… 1096
　榛名山東麓の水論 ……………………… 1098
　　＜表＞図3　榛名山東麓用水関係図 … 1099
　　＜表＞表3　滝沢川分水取極め（寛延4年）（史料156より作成）……………… 1099
　赤城山南麓の水論 ……………………… 1101
　渋川の馬市 ……………………………… 1103
　　＜表＞表4　群馬郡大久保村馬喰秋田馬買付旅出立願一覧 ……………………… 1105
　白井の鋳物師 …………………………… 1106
　　＜表＞表5　真継家統轄下の上州鋳物師（『諸国鋳物師名記』（年次不詳）より作成）……………………………………… 1107
　簗場 ……………………………………… 1108
　　＜表＞表6　八崎村狩野伝右衛門簗収支計算書（嘉永7年）（史料294より作成）… 1110
　沼田道 …………………………………… 1111
　　＜表＞図4　沼田道関係要図 ………… 1111
　　＜表＞表7　米野宿目的別通過者数（万延2年）（史料316より作成）………… 1112
　前橋藩延享二年の強訴 ………………… 1115
　村芝居 …………………………………… 1116
　温泉 ……………………………………… 1118
　　＜写＞慶応3年11月　湯之沢温泉屋敷絵図（苗ヶ島区有）…………………… 1122
　双林寺 …………………………………… 1124
　　＜表＞表8　年代別配下寺院数（双林寺文書より作成）……………………… 1125
　　＜表＞表9　地域別県内曹洞宗寺院数（双林寺文書より作成）………………… 1125
　真光寺 …………………………………… 1125
　　＜表＞表10　真光寺堂舎修復規模（真光寺文書より作成）…………………… 1126
　柳沢寺 …………………………………… 1126
　赤城神社 ………………………………… 1127
　　＜表＞表11　社人人数表（奈良原清家文書より作成）……………………… 1129
　　＜表＞表12　代参講村数表（史料477より作成）……………………………… 1129
　子持神社 ………………………………… 1130
　九十九庵 ………………………………… 1131
　文芸 ……………………………………… 1135
　天保巡見日記 …………………………… 1137
　　＜表＞図5　巡見日記関係要図（天保9年）……………………………………… 1139
付録 ……………………………………………1143
　領主系譜（大名）………………………… 1145
　　大胡 …………………………………… 1145
　　　牧野氏略系 ………………………… 1145
　　白井 …………………………………… 1145
　　　本多氏略系 ………………………… 1145
　郷村変遷 …………………………………1147
　　＜表＞中毛地域（1）関係要図 ……… 1154
史料採訪先氏名一覧 ……………………… 1174
あとがき（山田武麿）…………………… 1179
資料編13 近世5（中毛地域1）調査・編集関係者一覧 ………………………………1181
　　児玉幸多（学習院大学名誉教授;参与）
　　山田武麿（県立女子大学教授;専門委員（部会長））
　　井上定幸（県立東毛養護学校長;専門委員）
　　田中康雄（県立文書館補佐兼課長;専門委員）
　　田畑勉（群馬工業高等専門学校助教授;専門委員）
　　中島明（県立前橋第二高等学校教諭;専門委員）
　　阿久津宗二（県立文書館主任専門員兼課長;調査委員）
　　淡路博和（新島学園高等学校教諭;調査委員）
　　岡田昭二（県立文書館主事;調査委員）
　　駒形義夫（県立文書館専門員;調査委員）
　　近藤章（高崎市文化財調査委員;調査委員）
　　篠木弘明（郷土史家;調査委員）
　　関口進（桐生市教育委員会指導主事;調査委員）
　　高木侃（関東短期大学助教授;調査委員）
　　高橋敏（群馬大学教育学部助教授;調査委員）
　　樋口秀次郎（榛名町文化財調査委員;調査委員）
　　渡辺三郎（県立文書館専門員;調査委員）
　　秋元正範（東京農業大学第二高等学校教諭;前調査委員）
　　五十嵐富夫（群馬女子短期大学教授;前調査委員）

県史編さん関係者名簿（昭和60年2月現在） …………………………………………1182
県史編さん委員会委員・顧問 ……………… 1182
県史編さん委員会事務局職員 ……………… 1182

群馬県史 資料編14 近世6 中毛地域2
群馬県史編さん委員会編集
昭和61年10月15日発行

＜徳川家康が関東に入国した天正十八年（一五九〇）から明治四年（一八七一）の廃藩置県まで＞

＜口絵＞1　貞享4年8月　前橋城絵図［カラー］前橋市 前橋市立図書館蔵
＜口絵＞2　文政7年4月　植野堰広桃堰絵図［カラー］勢多郡富士見村時沢 寒河江まき氏所蔵
＜口絵＞3　文政12年3月　玉村八幡宮祭礼絵図［カラー］佐波郡玉村町上新田 井田金七氏所蔵
＜口絵＞4　年次不詳　伊勢崎陣屋絵図（部分）［カラー］佐波郡境町境 飯島栄一郎氏所蔵
＜口絵＞5　年次不詳　錦絵 万代橋之図 艮斎筆（部分）［カラー］前橋市岩神町 中島克彦氏所蔵
＜口絵＞6　年次不詳　五料関所周辺絵図（部分）［カラー］佐波郡玉村町 五料区有
＜口絵＞7　慶応2年　境町糸市絵図（部分）佐波郡境町境 県立境高等学校蔵
＜口絵＞8　寛文元年11月　酒井忠清書状（12）『酒井家文書』/兵庫県姫路市西延末 姫路市立図書館蔵
＜口絵＞9　寛政10年2月　前橋町出火時出人足并火消諸道具取調書上帳（118）前橋市住吉町 松井隆一氏所蔵
＜口絵＞10　文久3年12月　那波郡福島村横浜出し前橋糸仕切状（231）佐波郡玉村町上福島 内山満保氏所蔵
＜口絵＞11　明和9年9月　新田郡境村日野商人地借証文（254）佐波郡境町東 福島英一氏所蔵
＜口絵＞12　弘化2年8月　新田郡境村越後店借商人所生証文（267）佐波郡境町東 福島英一氏所蔵
＜口絵＞13　年次不詳　前橋領紺屋仲間染物代金議定（285）前橋市住吉町 渋谷弥兵衛氏所蔵

県史誌内容総覧・資料編1：近世―関東　209

群馬県史 資料編14 近世6

<口絵>14　明治2年正月 前橋十八郷町農間渡世人書上（287）前橋市住吉町 松井隆一氏所蔵
<口絵>15　明暦3年9月 足尾役銅輸送艜船につき達書（335）佐波郡境町平塚 北爪清八氏所蔵
<口絵>16　慶応3年6月 駒形町床屋店請証文（463）前橋市駒形町 岡崎茂芳氏所蔵
<口絵>17　寛政10年8月 那波郡戸谷塚村江戸芝居興行につき若者爪違判并契約状（467）伊勢崎市戸谷塚町 飯島一衛氏所蔵
<口絵>18　天明3年7月 前橋陣屋付近泥流被害状況書上（398）『松平藩日記・前橋』/前橋市 前橋市立図書館蔵

序（群馬県知事 清水一郎）
凡例
第1章　領主 ………………………………… 13
<写>前橋藩主松平朝矩画像（前橋市朝日町 孝源寺所蔵/前橋市教育委員会提供）…… 14
　第1節　旗本領 …………………………… 15
　　法制 …………………………………… 15
　　1　慶応二年十一月 那波郡連取村旗本駒井氏改革申渡書（伊勢崎市連取町 森村敏夫氏所蔵）………………………… 15
　　2　年次不詳 佐位郡東小保方村旗本久永氏法令実施方伺覚書（佐波郡東村東小保方 萩原信之氏所蔵）………………… 17
　　財政 …………………………………… 19
　　3　元文四年正月 佐位郡五目牛村旗本平岡氏年貢江戸廻米定（東京都千代田区外神田 日本通運株式会社蔵/武孫平氏寄贈）………………………………… 19
　　4　文化七年十二月 那波郡連取村旗本駒井氏御蔵米勘定帳（伊勢崎市連取町 森村敏夫氏所蔵）…………………………… 20
　　5　文化七年十二月 那波郡連取村旗本駒井氏畑方勘定帳（伊勢崎市連取町 森村敏夫氏所蔵）…………………………… 21
　　6　文化十年八月 那波郡上之手村旗本多氏拝借金取調帳（佐波郡玉村町上新田 井田金七氏所蔵）…………………… 23
　　7　文化十三年十二月 那波郡上之手村御用金借用証文（佐波郡玉村町上新田 井田金七氏所蔵）……………………… 27

　　8　文政五年十月 那波郡上之手村旗本多氏借用証文（佐波郡玉村町上新田 井田金七氏所蔵）……………………… 30
　　9　文久二年九月 佐位郡今井村旗本松下氏勝手向仕法帳（佐波郡赤堀町今井 赤堀恒雄氏所蔵）……………………… 31
　　10　文久四年正月 那波郡連取村旗本駒井氏宛献金証文（『御用留』/伊勢崎市連取町 森村敏夫氏所蔵）………………… 33
　第2節　前橋藩 …………………………… 35
　　藩主書状 ……………………………… 35
　　11　酒井忠世書状影写（一九通）（『酒井家文書』/兵庫県姫路市西延末 姫路市立図書館蔵）…………………………… 35
　　12　酒井忠清書状（四通）（『酒井家文書』/兵庫県姫路市西延末 姫路市立図書館蔵）… 47
　　13　酒井忠挙書状（七通）（『酒井家文書』/兵庫県姫路市西延末 姫路市立図書館蔵）… 50
　　所領 …………………………………… 55
　　14　寛永二年十月 酒井忠世領知目録（『酒井家文書』/兵庫県姫路市西延末 姫路市立図書館蔵）…………………… 55
　　15　元禄十年八月 酒井氏石高加増願書（『御老中方窺之留二』/兵庫県姫路市西延末 姫路市立図書館蔵）…………… 55
　　16　宝永四年九月 酒井忠挙領知目録（『酒井家文書』/兵庫県姫路市西延末 姫路市立図書館蔵）…………………… 56
　　17　年次不詳（寛保二年カ）酒井氏所領上野国内村々石高書上（『姫陽秘鑑巻二一』/兵庫県姫路市西延末 姫路市立図書館蔵）…………………………… 59
　　18　延享四年十一月 酒井氏領知高書上（『姫陽秘鑑巻二一』/兵庫県姫路市西延末 姫路市立図書館蔵）………………… 71
　　19　自寛延二年至安政三年 松平氏前橋領分高変遷書上（『心覚』/兵庫県川西市緑台 白井三郎氏所蔵）……………………… 71
　　20　安永九年正月 松平氏前橋領分書上（前橋市荻窪町 太田林平氏所蔵）……… 77
　　法制 …………………………………… 83
　　21　寛文十二年五月 酒井氏家中心得書（『酒井家史料巻二一』/兵庫県姫路市西延末 姫路市立図書館蔵）………………… 83
　　22　宝永六年四月 酒井氏代官役儀達書（『姫陽秘鑑巻四九』/兵庫県姫路市西延末 姫路市立図書館蔵）………………… 84
　　23　延享四年五月 酒井氏条目写（前橋市箱田町 長井忠助氏所蔵）………………… 84
　　24　寛延二年 酒井氏家中江戸往来并在番中人高覚（『酒井家史料巻六七』/兵庫県姫路市西延末 姫路市立図書館蔵）……… 86

210　県史誌内容総覧・資料編 1: 近世―関東

25　年次不詳　酒井忠挙自戒壁書（『姫陽秘
　　　鑑巻一九』）/兵庫県姫路市西延末 姫路市立
　　　図書館蔵）………………………………89
　26　年次不詳　酒井氏町奉行支配条目（『姫
　　　陽秘鑑巻五一』/兵庫県姫路市西延末 姫路
　　　市立図書館蔵）……………………………90
　27　文政元年六月　松平氏条目写（兵庫県
　　　川西市緑台 白井三郎氏所蔵）………………91
　28　安政四年正月　松平氏御白洲御弁振写
　　　（前橋市住吉町 松井隆一氏所蔵）……………94

家臣………………………………………………95
　29　天正二十年二月　平岩親吉知行書立
　　　（山梨県甲府市御嶽町 金桜神社所蔵）………95
　30　年次不詳（酒井忠世代）酒井氏地方
　　　分限書上（『姫陽秘鑑巻四七』/兵庫県姫路
　　　市西延末 姫路市立図書館蔵）………………96
　31　明暦二年二月　酒井氏家中分限帳（勢
　　　多郡大胡町河原浜 登坂正久氏所蔵）………100
　32　寛文十二年十二月　酒井氏家老禄加
　　　増書上（『酒井家史料巻二一』/兵庫県姫路
　　　市西延末 姫路市立図書館蔵）………………106
　33　寛政四年十月　松平氏家中義用金仕法
　　　（『松平藩日記・前橋』/前橋市 前橋市立図
　　　書館蔵）……………………………………107
　34　天保四年二月　松平氏家中薪仕入配付
　　　仕法（『松平藩日記・川越』/前橋市 前橋市
　　　立図書館蔵）………………………………113
　35　文久三年六月　松平氏家中分限帳（佐
　　　波郡玉村町飯倉 清水純氏所蔵）……………115

職制………………………………………………122
　36　寛文十二年五月　酒井氏家老勤方規定
　　　（『姫陽秘鑑巻四七』/兵庫県姫路市西延末
　　　姫路市立図書館蔵）………………………122
　37　寛文十二年五月　酒井氏代官・堰川除
　　　奉行勤方規定（『姫陽秘鑑巻四九』/兵庫県
　　　姫路市西延末 姫路市立図書館蔵）…………123
　38　年次不詳（酒井忠清代）酒井氏奉行
　　　職姓名書上（『酒井家文書』/兵庫県姫路市
　　　西延末 姫路市立図書館蔵）…………………123
　39　自天和二年七月至元禄七年閏五月　酒
　　　井氏地方奉行につき書留（『姫陽秘鑑巻
　　　四八』/兵庫県姫路市西延末 姫路市立図書
　　　館蔵）………………………………………125
　40　元禄十四年八月　酒井氏中小姓組頭起
　　　請文前書（『姫陽秘鑑巻四八』/兵庫県姫
　　　路市西延末 姫路市立図書館蔵）……………125
　41　年次不詳（酒井忠拳代）酒井氏修復
　　　大奉行起請文前書（『姫陽秘鑑巻四八』/兵
　　　庫県姫路市西延末 姫路市立図書館蔵）……125
　42　年次不詳（酒井忠拳代）酒井氏町奉
　　　行起請文前書（『姫陽秘鑑巻四八』/兵庫県
　　　姫路市西延末 姫路市立図書館蔵）…………126

　43　年次不詳　酒井氏側用人起請文前書
　　　（『姫陽秘鑑巻四八』/兵庫県姫路市西延末
　　　姫路市立図書館蔵）………………………126
　44　年次不詳　酒井氏使番起請文前書（『姫
　　　陽秘鑑巻四八』/兵庫県姫路市西延末 姫路
　　　市立図書館蔵）……………………………126
　45　年次不詳　酒井氏勘定奉行起請文前書
　　　（『姫陽秘鑑巻四八』/兵庫県姫路市西延末
　　　姫路市立図書館蔵）………………………126
　46　年次不詳　酒井氏根利山目付心得書
　　　（『姫陽秘鑑巻五〇』/兵庫県姫路市西延末
　　　姫路市立図書館蔵）………………………127
　47　明和七年九月　松平氏川越移城につき
　　　前橋残住役職姓名書上（『松平藩日記・前
　　　橋』/前橋市 前橋市立図書館蔵）……………127
　48　天保十三年　松平氏総御験帳（前橋市
　　　朝日町 多加谷一男氏所蔵）…………………128
　49　明治元年九月　松平氏職制変革控（勢
　　　多郡富士見村時沢 寒河江まき氏所蔵）……134
　50　明治三年十二月　松平氏藩政改革につ
　　　き役職姓名書上（勢多郡富士見村原之郷
　　　船津恒平氏所蔵）……………………………136

財政………………………………………………138
　51　元禄十二年閏九月　風損につき酒井氏
　　　家中上米申達書（『姫陽秘鑑巻四三』/兵庫
　　　県姫路市西延末 姫路市立図書館蔵）………138
　52　享保十八年九月　前橋藩上米中につき
　　　役料御免書上（『姫陽秘鑑巻四五』/兵庫県
　　　姫路市西延末 姫路市立図書館蔵）…………139
　53　年次不詳　酒井氏家中扶持米金渡方覚
　　　（『姫陽秘鑑巻四五』/兵庫県姫路市西延末
　　　姫路市立図書館蔵）………………………140
　54　寛延三年四月　松平氏財政収支覚（『松
　　　平藩日記・前橋』/前橋市 前橋市立図書館
　　　蔵）…………………………………………141
　55　宝暦三年十月　前橋藩御用達商人藩借
　　　献金申出につき加増申渡書（『松平藩日
　　　記・前橋』/前橋市 前橋市立図書館蔵）…143
　56　天明三年十一月　前橋領凶作につき家
　　　中擬作申渡書（『松平藩日記・前橋』/前橋
　　　市 前橋市立図書館蔵）……………………145
　57　寛政五年十二月　前橋藩藩政緊縮につ
　　　き諸役人減方申渡書（『松平藩日記・前
　　　橋』/前橋市 前橋市立図書館蔵）……………150
　58　天保四年八月　前橋領蝋燭ほか諸経費
　　　節約方書上（『松平藩日記・川越』/前橋市
　　　前橋市立図書館蔵）………………………152
　59　天保八年六月　松平氏勝手向明細書上
　　　（『松平藩日記・川越』/前橋市 前橋市立図
　　　書館蔵）……………………………………153
　60　安政三年六月　松平氏勝手向難渋につ
　　　き勤向用捨願（『松平藩日記・川越』/前橋
　　　市 前橋市立図書館蔵）……………………154

群馬県史 資料編14 近世6

城郭 ·· 160
　61　年次不詳（酒井忠世代）前橋城内見
　　　分方申渡書（『姫陽秘鑑巻四八』/兵庫県姫
　　　路市西延末 姫路市立図書館蔵）······· 160
　62　承応二年十一月 前橋普請許可奉書
　　　（『酒井家文書』/兵庫県姫路市西延末 姫路
　　　市立図書館蔵） ·································· 160
　63　寛文六年十月 前橋普請許可奉書
　　　（『酒井家文書』/兵庫県姫路市西延末 姫路
　　　市立図書館蔵） ·································· 161
　64　正徳三年四月同三年七月 前橋城利根
　　　川普請願（『御老中江窺留三』/兵庫県姫路市
　　　西延末 姫路市立図書館蔵） ················ 162
　65　正徳四年三月 前橋普請許可奉書
　　　（『酒井家文書』/兵庫県姫路市西延末 姫路
　　　市立図書館蔵） ·································· 163
　66　寛延元年十二月 前橋城三曲輪普請に
　　　つき地鎮祭書留（『酒井家史料巻六三』/兵
　　　庫県姫路市西延末 姫路市立図書館蔵）······· 163
　67　明和六年三月 松平氏移城につき前橋
　　　城取壊し心得（『松平藩日記・前橋』/前橋市
　　　前橋市立図書館蔵） ··························· 166
　68　天明四年七月 旧前橋城内田畑反別書
　　　上（『松平藩日記・前橋』/前橋市 前橋市立
　　　図書館蔵） ··· 166
　69　文久三年五月 前橋城再築につき領内
　　　上納金見込書（『松平藩日記・御築城別記
　　　録』/前橋市 前橋市立図書館蔵） ············ 167
　70　文久三年十二月 前橋城再築触（前橋
　　　市駒形町 岡崎茂芳氏所蔵） ················ 168
　71　文久四年正月 前橋城再築土居堀人足
　　　賄い見込書（『松平藩日記・御築城別記録』
　　　/前橋市 前橋市立図書館蔵） ················ 170

海防・維新 ·· 173
　72　文政四年二月 松平氏相州表勤役人書
　　　上（『松平藩日記・川越』/前橋市 前橋市立
　　　図書館蔵） ··· 173
　73　文政四年四月 松平氏浦賀警備条目
　　　（『松平藩日記・川越』/前橋市 前橋市立図
　　　書館蔵） ·· 173
　74　慶応二年八月 松平氏軍事調練規則并
　　　農兵新設書留（『松平藩日記・川越』/前橋
　　　市 前橋市立図書館蔵） ······················· 175
　75　慶応二年九月 松平氏銃陣編成申渡書
　　　（『松平藩日記・川越』/前橋市 前橋市立図
　　　書館蔵） ·· 176
　76　慶応四年三月 東山道総督府前橋藩宛
　　　兵食取扱い方指令書（『諸藩記録』/東京都
　　　文京区本郷 東京大学史料編纂所蔵）······· 177
　77　慶応四年三月 前橋藩主参与役所宛着
　　　京届（『松平直方家記』/東京都文京区本郷
　　　東京大学史料編纂所蔵） ···················· 178

　78　慶応四年閏四月 前橋周辺不穏につき
　　　前橋藩主帰国願（『松平直方家記』/東京都
　　　文京区本郷 東京大学史料編纂所蔵）······· 178
　79　慶応四年六月 前橋藩兵上総国横田村
　　　賊徒掃討届（『諸藩記録』/東京都文京区本
　　　郷 東京大学史料編纂所蔵） ················ 179
　80　慶応四年六月 前橋藩主会津事件につ
　　　き大総督府宛伺書（『諸藩記録』/東京都文
　　　京区本郷 東京大学史料編纂所蔵）······· 179
　81　明治元年十月 前橋藩領地替につき東
　　　京鎮将府達（『松平直方家記』/東京都文京
　　　区本郷 東京大学史料編纂所蔵）··········· 180
　82　明治元年十二月 前橋藩改革兵制（『松
　　　平藩日記・外局』/前橋市 前橋市立図書館
　　　蔵） ·· 180

転封 ·· 183
　83　宝永七年閏八月 酒井忠挙老中宛所替
　　　歎願書（『御老中江窺留三』/兵庫県姫路市
　　　西延末 姫路市立図書館蔵） ················ 183
　84　寛延二年 酒井氏転封につき家中引越
　　　金并出立準備書留（兵庫県姫路市五軒邸
　　　熊谷次郎氏所蔵） ······························ 184
　85　寛延二年 酒井氏転封につき前橋城渡
　　　方書留（『酒井家史料巻六四』/兵庫県姫路
　　　市西延末 姫路市立図書館蔵） ············· 186
　86　明和四年閏九月 松平氏川越移城申達
　　　書（『松平藩日記・前橋』/前橋市 前橋市立
　　　図書館蔵） ··· 194
　87　寛政二年十一月 松平氏前橋領石高に
　　　つき老中宛訴願状（『松平藩日記・川越』/
　　　前橋市 前橋市立図書館蔵） ················ 195
　88　天保十一年十月 松平氏出羽庄内へ所
　　　替につき忍者差向記事（『松平藩日記・川
　　　越』/前橋市 前橋市立図書館蔵）··········· 196
　89　天保十二年三月 出羽庄内領民ら転封
　　　反対騒擾書留（『松平藩日記・前橋』/前橋
　　　市 前橋市立図書館蔵） ······················· 197
　90　元治元年十月 松平氏家中前橋へ引越
　　　荷輸送規定（勢多郡富士見村時沢 寒河江
　　　まき氏所蔵） ······································ 198

教育 ·· 200
　91　元禄六年四月 酒井氏藩校好古堂規定
　　　（『姫陽秘鑑巻三一』/兵庫県姫路市西延末
　　　姫路市立図書館蔵） ··························· 200
　92　元禄十三年 酒井氏藩校求知堂創建記
　　　事（『姫陽秘鑑巻三一』/兵庫県姫路市西延
　　　末 姫路市立図書館蔵） ······················· 200
　93　正徳元年十月 酒井氏藩校好古堂・求
　　　知堂訓戒（『姫陽秘鑑巻三一』/兵庫県姫路
　　　市西延末 姫路市立図書館蔵）··········· 201
　94　年次不詳 酒井氏藩校好古堂略記（『姫
　　　陽秘鑑巻三一』/兵庫県姫路市西延末 姫路
　　　市立図書館蔵） ·································· 202

95　年次不詳　藩儒佐藤直方譜并藩儒名前書上（『姫陽秘鑑巻三一』/兵庫県姫路市西延末　姫路市立図書館蔵）………204
96　文政十二年正月　松平氏川越講学所諸役勤務規定（『松平藩日記・川越』/前橋市前橋市立図書館蔵）………206
97　文政十二年十月　前橋領教学所不振并奨学方達（『松平藩日記・前橋』/前橋市橋市立図書館蔵）………209
98　文政十三年三月　松平氏講学所受講者名簿上（『松平藩日記・前橋』/前橋市前橋市立図書館蔵）………210

第3節　伊勢崎藩………211
　所領………211
　99　延享三年　上野国領知郷村高辻帳（伊勢崎市　伊勢崎市立図書館蔵）………211
　100　寛政十一年二月　領分石高帳（伊勢崎市下道寺町　多賀谷信雄氏所蔵）………213
　法制………217
　101　宝暦四年正月　領内中渡条々（『新古日記』/伊勢崎市　伊勢崎市立図書館蔵）………217
　102　自安政四年十二月至安政五年二月　藩政改革口上書并取極書（伊勢崎市阿弥大寺町　木暮精一氏所蔵）………217
　103　文久二年十月　藩法並旧記書留（伊勢崎市　伊勢崎市立図書館蔵）………221
　家臣・職制………226
　104　寛政六年四月　家中分限帳（伊勢崎市柴町　荻野美丸氏所蔵）………226
　105　明治三年閏十月　藩庁役職氏名書上（『御用留』/佐波郡境町小比木　関口源治氏所蔵）………232
　財政………233
　106　安永八年十一月　伊勢崎藩借用証文（佐波郡境町下武士　織間良訓氏所蔵）………233
　107　寛政五年九月　伊勢崎藩借用証文（佐波郡境町下武士　織間良訓氏所蔵）………234
　108　文化八年二月　伊勢崎藩米会所勤役書上（佐波郡境町下武士　織間良訓氏所蔵）………234
　109　天保十年六月　伊勢崎藩勝手向調帳（伊勢崎市　伊勢崎市立図書館蔵）………235
　110　自弘化五年至嘉永四年　伊勢崎藩達講割合帳（佐波郡境町百々　岡崎勤氏所蔵）………240
　教育………244
　111　安永四年十二月　伊勢崎藩校学習堂之記（『伊勢崎風土記下』/伊勢崎市柴町　荻野美丸氏所蔵）………244
　112　文化五年三月　伊勢崎藩郷校五惇堂之記（『伊勢崎風土記下』/伊勢崎市柴町　荻野美丸氏所蔵）………245
113　天保二年正月　伊勢崎藩郷校五惇堂素読出席控帳（佐波郡境町伊与久　高井房義氏所蔵）………246

第2章　町村政………249
　＜写＞文政5年3月　群馬郡元総社村郷寄竹札（前橋市文京町　県立文書館蔵/一六会寄託）………250

第1節　町村行政………251
　村役人………251
　114　天保三年二月　群馬郡西箱田村領主名主代々覚書（前橋市箱田町　長井忠助氏所蔵）………251
　115　安政六年正月　群馬郡川曲村名主跡役願（『諸書控　全』/前橋市川曲町　岡田俊一氏所蔵）………252
　116　明治三年閏十月　那波郡福島村百姓年寄役願（佐波郡玉村町福島　渡辺襄氏所蔵）………252
　町宿・火消………253
　117　天明七年二月　前橋町駅場本町旅籠屋連名帳（前橋市住吉町　松井隆一氏所蔵）………253
　118　寛政十年二月　前橋町出火時出人足并火消諸道具取調書上帳（前橋市住吉町　松井隆一氏所蔵）………255
　119　慶応三年七月　前橋町町宿仕法（前橋市南町　丸山知良氏所蔵）………261
　村入用………262
　120　宝暦九年十一月　勢多郡女屋村諸掛り取極め議定（前橋市女屋町　真下恒雄氏所蔵）………262
　121　安永五年二月　勢多郡江木村入用帳（前橋市江木町　町田英樹氏所蔵）………264
　122　文久三年　那波郡阿弥大寺村入用銭立替控帳（伊勢崎市阿弥大寺町　小暮精一氏所蔵）………265
　村議定………268
　123　享保十七年三月　群馬郡池端村野林利用ほか村中吟味取極め議定（前橋市池端町　小曽根芳彦氏所蔵）………268
　124　寛政八年十月　那波郡角淵村年貢納入ほか村中取極め議定（佐波郡玉村町角淵関根光久氏所蔵）………269
　125　天保八年八月　群馬郡中箱田村ほか取締議定証文（前橋市箱田町　長井忠助氏所蔵）………271
　126　万延二年九月　那波郡上之手村野荒取締議定（佐波郡玉村町　上之手区有）………273
　組合村………274
　127　文化十三年十月　群馬郡箱田村ほか三十二ヵ村浪人等取扱い方につき議定証文（前橋市箱田町　長井忠助氏所蔵）………274

128　自天保十四年二月至慶応二年二月
　　　　那波郡二十五ヵ村世話役順番帳（佐波郡
　　　　境町島村　新井武雄氏所蔵）……………281
　第2節　町村況……………………………283
　　村由緒……………………………………283
　　129　文化十四年三月　佐位郡上植木村古
　　　　来申伝書上帳（伊勢崎市三光町　武孫平氏
　　　　所蔵）……………………………………283
　　130　年次不詳　勢多郡江木村江郷草分け
　　　　書上帳（前橋市江木町　町田英樹氏所
　　　　蔵）………………………………………295
　　明細帳……………………………………299
　　131　元禄十一年十一月　群馬郡池端村明
　　　　細帳（前橋市池端町　小曽根芳彦氏
　　　　蔵）………………………………………299
　　132　明和年十二月　佐位郡太田村明細
　　　　帳（伊勢崎市太田町　細野郷久氏所蔵）……301
　　133　享和元年三月　群馬郡元総社村明細
　　　　帳（県立文書館蔵／前橋市元総社町　都木初
　　　　美氏寄託）………………………………303
　　134　文化二年二月　柴宿明細帳（伊勢崎市
　　　　柴町　関根甚左衛門氏所蔵）……………313
　　135　文化二年二月　佐位郡上・下武士村
　　　　保泉村明細帳（佐波郡境町下武士　石原寅
　　　　雄氏所蔵）………………………………318
　　136　文化二年二月　境町明細帳（佐波郡境
　　　　町境　飯島栄一郎氏所蔵）………………322
　　137　天保十二年正月　勢多郡駒形新田明
　　　　細帳（前橋市駒形町　岡崎茂芳氏所蔵）……334
　　138　天保十三年十二月　佐位郡香林村明
　　　　細帳（佐波郡赤堀町　香林ト組与）………338
　　139　安政二年三月　群馬郡上新田村明細
　　　　帳（佐波郡玉町上新田　井田金七氏所
　　　　蔵）………………………………………340
　　140　明治二年二月　那波郡連取村明細帳
　　　　（伊勢崎市連取町　森村敏夫氏所蔵）……343
　　戸口………………………………………350
　　141　元禄四年閏八月　勢多郡勝沢村五人
　　　　組改帳（前橋市勝沢町　横山正次氏所
　　　　蔵）………………………………………350
　　142　年次不詳　前橋并姫路人別高書上
　　　　（『姫陽秘鑑巻五一』/兵庫県姫路市西延末
　　　　姫路市立図書館蔵）……………………354
　　143　寛政三年三月　前橋惣町家数笹数人
　　　　別調帳（前橋市　前橋市立図書館蔵）……355
　第3章　農業と貢租………………………359
　　＜写＞万延元年　豊年万作之図（部分）　千輝玉
　　斎筆（佐波郡玉町上新田　千輝愛子氏所
　　蔵）…………………………………………360
　第1節　土地………………………………361
　　検地………………………………………361

　　144　慶長二年正月　勢多郡飯土井村水帳
　　　　写（前橋市　飯土井町自治会所有）………361
　　145　慶長二年二月　勢多郡江木村検地帳
　　　　写（前橋市江木町　町田英樹氏所蔵）……367
　　146　享保六年四月　勢多郡東片貝村芦原
　　　　帳（前橋市　東片貝町自治会所有）………372
　小作・質地………………………………372
　　147　元禄十二年三月　勢多郡三俣村質畑
　　　　売渡証文（前橋市朝日町　前田和男氏所
　　　　蔵）………………………………………372
　　148　宝暦五年二月　前橋板屋町家屋敷売
　　　　渡証文（前橋市朝日町　前田和男氏所
　　　　蔵）………………………………………373
　　149　安永七年三月　勢多郡上細井村畑売
　　　　渡証文（前橋市龍蔵寺町　加々美清氏所
　　　　蔵）………………………………………373
　　150　天明三年十月　群馬郡池端村小作年
　　　　貢不納につき地主申合せ規定（前橋市池
　　　　端町　小曽根芳彦氏所蔵）………………374
　　151　寛政四年十二月　佐位郡東小保方村
　　　　質地并小作証文（佐波郡東村東小保方　萩
　　　　原信之氏所蔵）…………………………374
　　152　文化十四年三月　勢多郡東大室村地
　　　　流地譲渡証文（前橋市東大室町　中沢右吾
　　　　氏所蔵）…………………………………375
　　153　年次不詳（嘉永元年カ）　那波郡上福
　　　　島村質地并小作滞り出入訴状（佐波郡玉
　　　　町上福島　内山満保氏所蔵）……………375
　第2節　林野………………………………378
　　御林………………………………………378
　　154　享保二年三月　佐位郡香林村御林下
　　　　草採取権売渡証文（佐波郡赤堀町香林　久
　　　　保田元衛氏所蔵）………………………378
　　155　享保十六年正月　佐位郡香林村林守
　　　　給米請証文（佐波郡赤堀町香林　久保田元
　　　　衛氏所蔵）………………………………378
　　156　寛延三年三月　前橋藩御林条目（勢多
　　　　郡赤城村樽　須田胤与氏所蔵）…………378
　　157　寛政九年四月　佐位郡香林村御林木
　　　　伐取一件済口証文（佐波郡赤堀町香林　久
　　　　保田元衛氏所蔵）………………………380
　　158　文化二年四月　佐位郡香林村御林条
　　　　目遵守議定（佐波郡赤堀町香林　久保田元
　　　　衛氏所蔵）………………………………380
　　159　文化十四年九月　佐位郡香林村萱野
　　　　御林薪伐出につき村請負書（佐波郡赤堀
　　　　町香林　久保田元衛氏所蔵）……………381
　　160　文政二年六月　佐位郡香林村御林薪
　　　　伐出方請負につき内借願（佐波郡赤堀町
　　　　香林　久保田元衛氏所蔵）………………382
　　161　安政五年正月　勢多郡上小出村御林
　　　　伐木禁止取締議定（前橋市　上小出町自治
　　　　会所有）…………………………………383

162　万延元年十一月　前橋領御林番小屋設置上申書（『松平藩日記・前橋』／前橋市前橋市立図書館蔵）……………384
　163　明治二年二月　佐位郡下武士村御林払い下げ願（佐波郡境町下武士　石原好雄氏所蔵）………………………384
境論 ………………………………………385
　164　貞享二年五月　佐位郡今井村村境につき訴状（佐波郡赤堀町　今井区有）……385
　165　元禄八年二月　那波郡沼上村河原争論裁許絵図裏書（佐波郡玉村町　五料区有）………………………………………387
　166　元禄十一年三月　佐位郡小此木村地境取替せ証文（佐波郡境町　島村公民館蔵）………………………………………387
　167　元禄十五年十一月　那波郡川井・角淵村国境争論裁許絵図裏書（佐波郡玉村町角淵　関根光久氏所蔵）……………388
　168　安永二年六月　佐位郡島村ほか二ヵ村地境取替せ証文（佐波郡境町　島村公民館蔵）………………………………389
第3節　年貢 ………………………………391
　割付・皆済 ……………………………391
　169　寛永十二年十一月　群馬郡箱田村年貢割付状（前橋市箱田町　長井忠助氏蔵）………………………………………391
　170　寛文八年十一月　群馬郡野馬塚村年貢割付状（前橋市総社町　久保要一氏所蔵）……………………………………392
　171　延宝八年十一月　勢多郡上泉村金右衛門分年貢割付状（前橋市荻窪町　太田林平氏所蔵）………………………393
　172　宝永元年十一月　勢多郡大島村内下大島年貢割付状（前橋市下大島町　関口一成氏所蔵）…………………………394
　173　宝暦九年十一月　勢多郡下大島村年貢割付状（前橋市下大島町　関口一成氏所蔵）……………………………………396
　174　明和六年五月　佐位郡井部井村百姓利兵衛宛年貢割付状（佐波郡東村井部井　笠原義雄氏所蔵）………………399
　175　天明三年十月　佐位郡間野谷村年貢割付状（佐波郡赤堀町　間野谷区有）……400
　176　天明四年三月　佐位郡間野谷村年貢皆済目録（佐波郡赤堀町　間野谷区有）…401
　177　文政十三年三月　那波郡福島村年貢皆済目録（佐波郡玉村町福島　渡辺襄氏所蔵）………………………………402
　検見・減免 ……………………………404
　178　自宝暦十年十月至宝暦十二年二月　新田郡境村巡見使宛定免軽減願一件書留（佐波郡境町東　福島英一氏所蔵）……404

　179　明和九年三月　群馬郡西箱田村定免年継願并許可書（前橋市箱田町　長井忠助氏所蔵）…………………………405
　180　天明四年　群馬郡内藤分・大渡村定免年継願（前橋市石倉町　浅見忠男氏所蔵）……………………………………407
　181　天保二年四月　前橋領両家・横堀村定免願（『松平藩日記・川越』／前橋市前橋市立図書館蔵）………………408
　182　天保四年十一月　群馬郡元総社村検見役人応対につき一札（県立文書館蔵／前橋市元総社町　都木初美氏寄託）………409
第4節　農業 ………………………………410
　農事 ……………………………………410
　183　宝永三年正月　前橋領農業旬暦書付（『姫陽秘鑑巻五一』／兵庫県姫路市西延末　姫路市立図書館蔵）………410
　184　宝暦八年正月　佐位郡東小保方村地主差引勘定書（『田畑名寄帳』／佐波郡東村東小保方　萩原信之氏所蔵）………411
　185　天保七年十月　佐位郡島村農桑録并梨子作秘伝（抄）（佐波郡境町島村　金井ナホ氏所蔵）……………………411
　186　天保十三年六月　那波郡上之手村農作日雇手間賃議定（佐波郡玉村町　上之手区有）…………………………417
　187　嘉永三年正月　勢多郡田口村塩原家田畑産物ほか控帳（前橋市田口町　塩原総平氏所蔵）…………………………418
　188　文久二年九月　勢多郡下大島村梨子畑手入依頼状（前橋市下大島町　関口一成氏所蔵）…………………………423
　189　明治四年五月　那波郡柴町田方肥代拝借証文（伊勢崎市柴町　関根甚左衛門氏所蔵）……………………………423
　用水 ……………………………………425
　190　慶長九年十二月　牛込大膳宛秋元泰朝宛行状（前橋市下新田町　牛込薫氏所蔵）………………………………425
　191　正徳元年八月　群馬郡池端村田地売渡につき用水出入訴状（前橋市池端町　小曽根芳彦氏所蔵）………………425
　192　寛政四年十月　佐位郡西久保村百姓女堀用水再掘願（佐波郡東村東小保方　萩原之氏所蔵）………………426
　193　享和三年七月　勢多郡泉沢村ほか六ヵ村用水出入済口証文（前橋市飯土井町　石綿由孝氏所蔵）………………427
　194　文化三年　前橋領広瀬・桃木堰水下村々石高覚（『御領分石高覚』／伊勢崎市波志江町　阿久津和民氏所蔵）………429

県史誌内容総覧・資料編 1：近世―関東　　215

群馬県史 資料編14 近世6

195　天保三年三月　伊勢崎藩領八坂用水大樋掛替普請出来形帳(伊勢崎市波志江町　阿久津和民氏所蔵)……………431
196　天保十三年八月　植野天狗岩堰普請割合村々石高帳(前橋市元総社町　石井隆司氏所蔵)……………………435
197　嘉永七年十一月　勢多郡笂井村地内伊勢崎用水路につき取替せ証文(前橋市笂井町自治会所有)……………438
198　安政五年六月　勢多郡田口村ほか一一五ヵ村広瀬・桃木用水出入訴状(伊勢崎市連取町　井田晃作氏所蔵)……440
199　安政五年七月　那波郡宮子村ほか広瀬・桃木両川水論見分控(伊勢崎市富塚町　新井次郎氏所蔵)……………445
水車………………………………………447
200　文化十年八月　那波郡玉村宿ほか植野天狗岩堰用水慎水井水車議定証文(佐波郡玉村町上新田　井田金七氏所蔵)……447
201　天保八年二月　佐位郡太田村水車二年割り当番取極め証文(伊勢崎市太田町　板垣実氏所蔵)……………449
202　自嘉永六年八月至六年十月　勢多郡駒形新田新水車取立証文集写書(前橋市駒形町　岡崎茂芳氏所蔵)………450
203　安政六年二月　佐位郡太田村水車借用証文并添証文(伊勢崎市太田町　板垣実氏所蔵)…………………455

第4章　産業と交通………………………457
<写>江戸型紙(前橋市住吉町　渋谷弥兵衛氏所蔵)…………………………………458
第1節　蚕糸業……………………………459
養蚕・蚕種………………………………459
204　文化十年三月　那波郡上新田村畑桑値段取極め証文(佐波郡玉村町上新田　井田金七氏所蔵)………………459
205　文政元年七月　新田郡高岡村奥州蚕種売場譲渡証文(佐波郡境町米岡　栗原藤七郎氏所蔵)…………………459
206　嘉永七年　那波郡上福島村内山家蚕種注文帳(佐波郡玉村町上福島　内山満保氏所蔵)………………………460
207　自安政三年至明治二年　那波郡上之手村養蚕高書上帳(佐波郡玉村町　上之手区有)……………………463
208　安政六年七月　英国商人養蚕仕法につき説述書三通訳写(佐波郡境町島村　島村弥平氏所蔵)………………464
209　文久三年十二月　前橋領養蚕方掛苗字御免申渡書留(『松平藩日記・前橋』/前橋市　前橋市立図書館蔵)……………468

210　元治二年正月　上武両国蚕種屋議定録(佐波郡境町島村　田島弥平氏所蔵)……469
211　慶応元年十月　佐位郡島村田島家横浜詰入用割合覚帳(佐波郡境町島村　田島弥平氏所蔵)………………478
212　自慶応元年十一月至同二年二月　上武両国蚕種商人運上につき書留(『享和以来見聞記巻之九』/伊勢崎市連取町　森村恒之氏所蔵)………………………479
213　慶応二年四月　佐位郡島村組蚕種製造人肝煎選任につき議定(佐波郡境町島村　田島弥平氏所蔵)………486
214　明治三年八月　佐位郡島村久留里藩蚕種送付方依頼状(佐波郡境町島村　島村弥平氏所蔵)…………………488
215　年次不詳(明治三年八月カ)　那波郡福島村渡辺家宛横浜出し蚕種仕切状(佐波郡玉村町福島　渡辺襄氏所蔵)……488
216　自明治三年至同五年　佐位郡百々村繭生産高取調書上帳(佐波郡境町百々　岡崎勤氏所蔵)…………………489
217　明治四年八月　佐位郡島村蚕種製造高并稼人員書上帳(佐波郡境町島村　田島弥平氏所蔵)………………490
糸繭・絹…………………………………491
218　宝暦九年十二月　伊勢崎町市絹買高并買宿名前書上(『新古日記』/伊勢崎市　伊勢崎市立図書館蔵)………491
219　宝暦十二年六月　上州前橋糸相場等につき三井越後屋江戸店より京都中野区報告書留(『名代云送聴書』/東京都中野区上高田　三井文庫蔵)…………………492
220　寛政十年四月　前橋町蛔買入礼金差縺につき口上書(前橋市住吉町　松井隆一氏所蔵)………………………492
221　自文化元年八月至同二年十二月　那波郡玉村宿和泉屋為登絹控帳(佐波郡玉村町上新田　井田金七氏所蔵)……493
222　天保三年正月　前橋領蛔釜売渡世人仲間結成冥加金上納願出につき書留(『松平藩日記・前橋』/前橋市　前橋市立図書館蔵)……………………………495
223　天保八年二月　前橋細沢町蛔商鑑札譲渡につき議定証文(前橋市住吉町　藤井新兵衛氏所蔵)………………497
224　天保十四年八月　佐位郡保泉村ほか賃機渡世証文(二通)(伊勢崎市宮前町　下城雅之氏所蔵)…………………498
225　年次不詳(嘉永二年カ)　前橋領糸仲間国産糸品質向上方につき口上書(前橋市　前橋市立図書館蔵/丸山清康氏所蔵)…498

群馬県史 資料編14 近世6

226 安政六年六月 前橋細沢町蛹仕入金借用証文（前橋市住吉町 藤井新兵衛氏所蔵）……499
227 万延二年二月 前橋町国産糸渡世人横浜表出張願（『町々諸願留』/前橋市住吉町 松井隆一氏所蔵）……499
228 年次不詳（万延二年カ）前橋領国産糸取扱い方心得書（前橋市住吉町 松井隆一氏所蔵）……500
229 文久元年五月 前橋領糸改会所取極め議定并追加議定書（前橋市住吉町 松井隆一氏所蔵）……501
230 文久二年七月 伊勢崎藩領機屋冥加積金上納世話方再任歎願書（伊勢崎市宮前町 下城雅之氏所蔵）……502
231 文久三年十二月 那波郡福島村横浜出し前橋糸仕切状（佐波郡玉村町上福島 内山満保氏所蔵）……503
232 年次不詳（文久三年カ）前橋領分向領糸商人議定連印帳（前橋市住吉町 松井隆一氏所蔵）……504
233 慶応二年五月 前橋領横浜表出店生糸出荷人心得書（前橋市住吉町 松井隆一氏所蔵）……507
234 慶応二年十月 前橋領国産生糸仕法書（前橋市住吉町 藤井新兵衛氏所蔵）……508
235 年次不詳（慶応二年カ）前橋油屋宛生糸仕切書（前橋市住吉町 藤井新兵衛氏所蔵）……509
236 慶応三年九月 前橋藩輸出生糸売買仕法書留（『町々書願留』/前橋市住吉町 松井隆一氏所蔵）……510
237 年次不詳（慶応三年カ）前橋町横浜出し生糸仕切覚（前橋市住吉町 藤井新兵衛氏所蔵）……511
238 明治二年二月 前橋藩横浜商社仕法書案文（前橋市住吉町 松井隆一氏所蔵）……513

第2節　商工業……516
市・相場……516
239 元禄八年 玉村宿馬市再興につき老中方窺留（『御老中方窺之留二』/兵庫県姫路市西延末 姫路市立図書館蔵）……516
240 宝暦二年九月 前橋本町市日以外商売願出書留（『松平藩日記・前橋』/前橋市 前橋市立図書館蔵）……517
241 宝暦十四年三月 群馬郡元総社村薪市取立願（県立文書館蔵/前橋市元総社町 都木初美氏寄託）……517
242 明和九年七月 群馬郡元総社村薪附込商売日限願（県立文書館蔵/前橋市元総社町 都木初美氏寄託）……518

243 安永五年十二月 伊勢崎町市場立様覚（『新古日記』/伊勢崎市 伊勢崎市立図書館蔵）……519
244 寛政六年五月 那波郡川井河岸塩市一件書留（『諸御用向覚之帳』/佐波郡玉村町飯倉 清水純爾氏所蔵）……519
245 文政十二年四月 佐位郡堀下村新市出入一件控（伊勢崎市本町 木暮哲雄氏所蔵）……520
246 文政二年九月 那波郡上新田村諸色相場引下げ改値段書付（佐波郡玉村町上新田 井田金七氏所蔵）……527
247 文政二年十一月 群馬郡小相木村諸色引下げ値段書上帳（前橋市箱田町 長井忠助氏所蔵）……528
248 万延二年正月 伊勢崎町ほか穀相場書上（『御用手控』/伊勢崎市 伊勢崎市立図書館蔵）……529
249 文久二年二月 前橋市中諸商い向取締改正掟（前橋市 前橋市立図書館蔵/横地禎三郎氏旧蔵）……530
250 自慶応元年至同三年 佐位郡小此木村諸品相場控日記（佐波郡境町小此木 関口節治氏所蔵）……530

商人……532
251 文禄二年二月 前橋町連尺商人頭木島家由緒書（伊勢崎市東本町 木島詳郎氏所蔵）……532
252 寛延三年四月 前橋町御用達商人申付書留（『松平藩日記・前橋』/前橋市 前橋市立図書館蔵）……532
253 寛延三年十一月 新田郡境村引越商人出生証文（佐波郡境町東 福島英一氏所蔵）……533
254 明和九年九月 新田郡境村日野商人地借証文（佐波郡境町東 福島英一氏所蔵）……533
255 文化五年閏六月 群馬郡総社新田町竹木乗合売買勘定差縺出入訴状（前橋市総社町高井 立見昭一氏所蔵）……534
256 文政五年十月 伊勢崎町域米札引当仕入金借用証文（佐波郡境町島村 金井有文氏所蔵）……535
257 文政六年十月 前橋領穀問屋渡世願出書留（『松平藩日記・前橋』/前橋市 前橋市立図書館蔵）……536
258 文政九年九月 前橋細沢町米売買滞り出入訴状（前橋市住吉町 藤井新兵衛氏所蔵）……537
259 天保六年六月 武州中瀬河岸商人島村金井家宛藍玉買請証文（佐波郡境町島村 金井有文氏所蔵）……538

県史誌内容総覧・資料編 1: 近世―関東　217

260　天保六年七月　佐位郡島村商人藍玉質入証文(佐波郡境町島村　金井有文氏所蔵)…………………………………539
261　天保七年六月　前橋領善養寺・前通り質屋判組議定書覚(前橋市鶴光路町　持田清美氏所蔵)………………………539
262　天保九年八月　前橋町穀商人空米商い吟味取下げ願(『日記簿』/前橋市 前橋市史編さん室蔵)……………………540
263　天保十年六月　群馬郡元総社村食物商停止につき請書(県立文書館蔵/前橋市元総社町 一六会寄託)……………541
264　天保十一年十一月　前橋町連尺商人頭威信永続方願につき郡代所達書(前橋市総社町高井 立見昭一氏所蔵)………542
265　天保十五年三月　勢多郡富田村八百屋商売願(前橋市 富田町自治会所有)…543
266　弘化二年五月　境町日野商人地借証文并添証文(佐波郡境町境　飯島栄一郎氏所蔵)…………………………………543
267　弘化二年八月　新田郡境村越後店借商人所生証文(佐波郡境町東　福島英一氏所蔵)…………………………………544
268　弘化二年　前橋細沢町穀商人預り大豆出入訴状(前橋市住吉町　藤井新兵衛氏所蔵)…………………………………544
269　安政五年九月　前橋町油渡世取締方議定(前橋市駒形町　岡崎茂芳氏所蔵)…546
270　文久三年六月　前橋細沢町収納米引当貸金滞り出入訴状(前橋市住吉町　藤井新兵衛氏所蔵)…………………………547
271　慶応元年八月　玉村宿塩仕入金借用証文(佐波郡玉村町下新田　瀬川理一氏所蔵)…………………………………548
272　慶応元年九月　勢多郡新堀村商人扱い品目申合せ証文(前橋市新堀町　久保田光明氏所蔵)………………………548
273　年次不詳　前橋町連尺店処売買掟(伊勢崎市東本町　木島詳郎氏所蔵)……549
職人……………………………………………549
274　宝暦十年四月　伊勢崎新町商人鋳物師取立一件書留(『新古日記』/伊勢崎市 伊勢崎市立図書館蔵)………………549
275　天明四年正月　群馬郡上新田村鋳物師免許状(前橋市上新田町　倉林義平氏所蔵)…………………………………550
276　文化四年七月　群馬郡元総社村総社大明神宮大工免許状(県立文書館蔵/前橋市元総社町　都木初美氏寄託)………550
277　天保四年八月　群馬郡元総社村越後大工病人送り状(県立文書館蔵/前橋市元総社町 一六会寄託)…………………550

278　天保十年四月　境町石工諏訪大明神石玉垣代金請取状(佐波郡境町境　飯島栄一郎氏所蔵)………………………551
279　天保十四年三月　佐位郡淵名村宮大工免許状(佐波郡境町境　中村浩三氏所蔵)…………………………………552
280　安政二年正月　佐位郡下植木村板屋根屋棟梁役請書(伊勢崎市上植木本町　殖蓮公民館蔵)………………………552
281　安政七年三月　佐位郡小保方村諸職人鑑札并小売酒屋運上取調(佐波郡東村東小保方　小暮孝男氏所蔵)…………552
282　文政二年二月　佐位郡百々村諸職人手間賃取極め請書(佐波郡境町百々　岡崎勤氏所蔵)………………………554
283　慶応四年四月　前橋向町紺屋染物諸入用書上帳(前橋市住吉町　渋谷弥兵衛氏所蔵)……………………………555
284　年次不詳　佐位郡淵名村宮大工門下世話役達書(佐波郡境町境　中村浩三氏所蔵)…………………………………557
285　年次不詳　前橋領紺屋仲間染物代金議定(前橋市住吉町　渋谷弥兵衛氏所蔵)……………………………………558
農間渡世……………………………………558
286　天保十三年七月　新田郡境村農間渡世人書上(佐波郡境町東　福島英一氏所蔵)…………………………………558
287　明治二年正月　前橋十八郷町農間渡世人書上(前橋市住吉町　松井隆一氏所蔵)…………………………………560
酒造……………………………………………562
288　明和二年七月　勢多郡東大室村酒蔵ほか譲受につき経営掟請書(前橋市東大室町　中沢右吾氏所蔵)………………562
289　明和三年八月　玉村宿江州出店主宛酒造店貸証文(佐波郡玉村町下新田　瀬川理一氏所蔵)………………………563
290　自文政六年十月至天保三年十月　佐位郡今井村赤堀家酒造利徳店卸帳(佐波郡赤堀町今井　赤堀恒雄氏所蔵)………564
291　天保二年十一月　玉村宿酒造金借用証文(佐波郡玉村町下新田　瀬川理一氏所蔵)……………………………………574
292　天保三年閏十一月　前橋領酒造仲間議定(『日記簿』/前橋市 前橋市史編さん室蔵)……………………………………574
293　天保九年八月　新田郡境村越後酒造人借家証文(佐波郡境町東　福島英一氏所蔵)…………………………………576
焼物……………………………………………577

群馬県史 資料編14 近世6

294　文政五年八月　前橋領高浜焼竈場出火一件ほか書留(『松平藩日記・前橋』/前橋市 前橋市立図書館蔵)…………577
295　文政五年十一月　前橋領皆沢・高浜焼休止につき職人暇出申渡方書留(『松平藩日記・前橋』/前橋市 前橋市立図書館蔵)……………………………577
296　文政五年十二月　前橋領皆沢・高浜焼職人竈場拝借につき書留(『松平藩日記・前橋』/前橋市 前橋市立図書館蔵)…578

漁猟………………………………………579
297　文政二年七月　利根・広瀬川筋簗場開設願出記事(『前橋御用留』/前橋市若宮町 岩倉良氏所蔵)………………579
298　天保四年七月　前橋領内簗場家臣へ遺置記事(『松平藩日記・前橋』/前橋市立図書館蔵)………………580

第3節　街道………………………………580
日光例幣使道………………………………580
299　寛保二年四月　柴宿本陣証書(『御神忌御通行覚并古記控写』/伊勢崎市柴町 関根甚左衛門氏所蔵)………………580
300　安永五年二月　五料・玉村両宿助郷本高請印帳(佐波郡玉村町下新田 木島芳江氏所蔵)………………………581
301　寛政八年正月　柴宿助郷村高帳(伊勢崎市柴町 関根甚左衛門氏所蔵)……584
302　文政五年四月　玉村宿新規旅籠家稼業禁止願(佐波郡玉村町上新田 井田金七氏所蔵)………………………587
303　文政五年十二月　玉村宿人馬遣高書上帳(『甲州道中例幣使道道中筋御改善書付控』/佐波郡玉村町上新田 井田金七氏所蔵)………………………………588
304　自天保十年四月至嘉永元年四月　柴宿例幣使通行并諸入用書上帳(伊勢崎市柴町 関根甚左衛門氏所蔵)………590
305　天保十三年七月　日光例幣使道町絵図(佐波郡境町境 飯島栄一郎氏所蔵)………………………………594
306　嘉永七年十月　境町本陣飯島家再興願(佐波郡境町境 飯島栄一郎氏所蔵)…597
307　安政二年七月　玉村宿旅籠屋仲間差縺一件和談取替せ証文(佐波郡玉村町上之手区有)…………………………598
308　元治元年四月　境町助合村々人馬賃銭ほか議定(佐波郡境町百々 岡崎勤氏所蔵)………………………………599
309　元治二年正月　境町本陣飯島家宛褒賞状(佐波郡境町境 飯島栄一郎氏所蔵)………………………………601

310　慶応三年十二月　玉村宿飯売年季奉公人依頼状(佐波郡玉村町福島 渡辺襄氏所蔵)………………………………602
脇往還………………………………………602
311　元禄十二年十月　新田郡境村沼田山産出金搬出につき馬継願書(佐波郡境町東 福島英一氏所蔵)………………602
312　明和八年二月　日光例幣使道裏道諸荷物送りにつき三宿と上福島村出入一件(『新古日記』/伊勢崎市 伊勢崎市立図書館蔵)………………………………603
313　寛政三年十二月　前橋・靱負間里数駄賃覚書上(前橋市住吉町 松井隆一氏所蔵)………………………………606
314　文化十年十二月　柴・駒形宿荷物継送り出入取替せ議定(伊勢崎市柴町 関根甚左衛門氏所蔵)………………610
315　万延元年十一月　平塚河岸ほか継立て賃銭議定書(前橋市住吉町 渋谷弥兵衛氏所蔵)………………………610
316　文久二年十二月　前橋・高崎宿荷物出入議定書(前橋市昭和町 高田博夫氏所蔵)………………………………612
317　慶応二年　駒形宿新田問屋場取立願并問屋勤方書上写(『御用日記帳』/前橋市駒形町 岡崎茂芳氏所蔵)………612

関所………………………………………614
318　自慶安四年至貞享三年　五料関所通行書留(『酒井家文書』/兵庫県姫路市西延末 姫路市立図書館蔵)…………614
319　自元禄十四年七月至宝永三年六月　五料関所につき御留守居発遣状留(『酒井家文書』/兵庫県姫路市西延末 姫路市立図書館蔵)………………………………620
320　寛延四年三月　酒井氏所替につき五料関所付渡役石川氏帰参願(前橋市大友町 石川トシ氏所蔵)………………626
321　宝暦二年四月　五料関所并三番所人数・武器改(『松平藩日記・前橋』/前橋市 前橋市立図書館蔵)………………627
322　自宝暦十一年八月至天明元年五月　福島番所御用留帳(伊勢崎市柴町 関根甚左衛門氏所蔵)………………627
323　明和七年正月　大渡・福島・真政番所定書(『松平藩日記・前橋』/前橋市 前橋市立図書館蔵)………………629
324　自天明二年六月至天保四年五月　真政番所通行手形(三通)(勢多郡富士見村原之郷 高山文雄氏所蔵)…………633
325　自寛政五年二月至慶応元年十月　大渡番所通行手形(五通)………………634
326　寛政九年十一月　福島番所通行手形(佐波郡赤堀町野 斉藤恒五郎氏所蔵)……635

県史誌内容総覧・資料編1:近世—関東　219

群馬県史 資料編14 近世6

渡船 ……………………………………635
327　明和三年六月　五料・柴宿間利根川渡船場証文(佐波郡玉村町　五料区有)…635
328　安永五年正月　例幣使道広瀬川渡船場証文并明細書上帳(佐波郡境町下武士　石原好雄氏所蔵)………………636
329　文政六年十一月　五料・柴宿間利根川渡船会所取立証文(佐波郡玉村町　五料区有)……………………637
330　天保八年三月　佐位郡島村地内利根川渡船場取替せ議定(佐波郡境町中島　柿沼一二氏所蔵)……………638
331　安政四年二月　大渡渡船場掛橋一件書留(『松平藩日記・川越』/前橋市　前橋市立図書館蔵)………………638
飛脚 ……………………………………639
332　宝暦二年七月　江戸飛脚屋伊勢崎町出店請負証文(『新古日記』/伊勢崎市　伊勢崎市立図書館蔵)…………639
333　年次不詳（天保十年三月カ）　勢多郡二之宮村馬持惣代等荷駄賃割増につき桐生京屋宛入置証文(前橋市二之宮町　田所吉康氏所蔵)………………640
334　慶応二年五月　前橋町京屋・島屋銭割増願(『町々諸願留』/前橋市住吉町　松井隆一氏所蔵)………………641

第4節　水運 ……………………………642
利根川筋 ………………………………642
335　明暦三年九月　足尾役銅輸送艜船につき達書(佐波郡境町平塚　北爪清氏所蔵)………………………642
336　享保十四年三月　佐位郡中島村新規河岸場出入裁許請書(伊勢崎市三光町　武孫平氏所蔵)………………643
337　宝暦二年四月　白井村小廻船稼願出につき川井・五料・新河岸返答記事(『御用留控帳』/佐波郡玉村町飯倉　清水純氏所蔵)………………644
338　自宝暦二年四月至二年六月　白井町小廻船願出一件記事(『松平藩日記・前橋』/前橋市　前橋市立図書館蔵)………645
339　宝暦七年四月　平塚河岸問屋荷物請払所につき返答書(佐波郡境町平塚　北爪清氏所蔵)………………647
340　宝暦十一年十月同十二年正月　平塚河岸河岸役永定納願并請書(『河岸役永御吟味二付願書一件』/佐波郡境町平塚　北爪清氏所蔵)………………648
341　安永三年四月　佐位郡島村船数等書上(佐波郡境町島村　島昭次氏所蔵)…649
342　安永五年五月　佐位郡中島村新規河岸場出入訴状(佐波郡境町平塚　北爪清氏所蔵)…………………650

343　安永五年六月　佐位郡中島村新規河岸場出入裁許請書(佐波郡境町平塚　北爪清氏所蔵)…………………651
344　天明四年十一月　平塚河岸問屋荷主書上帳(佐波郡境町平塚　北爪清氏所蔵)…………………………652
345　自寛政五年二月至同五年三月　利根・烏川筋小舟書上(『諸御用向覚之帳』/佐波郡玉村町飯倉　清水純氏所蔵)………654
346　寛政六年二月　利根・烏川筋所働船書上(『諸御用向覚之帳』/佐波郡玉村町飯倉　清水純氏所蔵)………………654
347　文化五年六月　利根・烏川筋船持船賃増額願請書(佐波郡境町平塚　北爪清氏所蔵)…………………………656
348　文化十三年十二月　那波郡福島村綱手道地代請取書(『公用向願書取集本書写』/佐波郡玉村町福島　渡辺襄氏所蔵)…658
349　文政十年十二月　平塚河岸問屋蔵入大豆質入証文(佐波郡境町平塚　田部井常市氏所蔵)…………………658
350　文政十三年十月　平塚河岸請取船質入証文(佐波郡境町平塚　田部井常市氏所蔵)…………………………659
351　天保二年五月　新田郡高岡村商人宛奥川船積問屋株譲渡証文(佐波郡境町米岡　栗原藤七郎氏所蔵)………………659
352　天保二年五月　奥川船積問屋株并百姓宿株譲渡につき議定証文(佐波郡境町米岡　栗原藤七郎氏所蔵)………660
353　天保二年五月　新田郡高岡村商人宛奥川船積問屋株借用証文(佐波郡境町米岡　栗原藤七郎氏所蔵)………………660
354　天保三年八月　吾妻川筋川戸村利根川通五料間通船願出記事(『松平藩日記・川越』/前橋市　前橋市立図書館蔵)………660
355　天保三年十二月　平塚河岸問屋大豆蔵入預り証文(佐波郡境町平塚　田部井常市氏所蔵)…………………661
356　天保四年二月　群馬郡岩鼻村新河岸一件願書(佐波郡境町下武士　石原寅雄氏所蔵)…………………………661
357　天保十一年十月　前橋領内河岸問屋船賃割増願出記事(『松平藩日記・前橋』/前橋市　前橋市立図書館)………664
358　嘉永五年十一月　五料河岸納屋渡世につき借地証文(佐波郡玉村町　五料区有)…………………………664
359　万延二年五月　前橋領国産生糸平塚河岸より深川蔵迄輸送方取扱書写(前橋市住吉町　松井隆一氏所蔵)………664
360　明治三年　平塚河岸船税取調帳(佐波郡境町　平塚区有)…………………665

220　県史誌内容総覧・資料編1：近世—関東

361　年次不詳　平塚河岸宛藍玉船積送り状(佐波郡境町平塚　北爪清氏所蔵)･･････667
362　年次不詳　平塚河岸問屋等向井将監船印・提灯建方請書(佐波郡境町平塚　田部井常市氏所蔵)･･････668

烏川筋････････････････････････････668
363　元禄十二年十月　川井河岸ほか越後御城米覚帳(佐波郡玉村町飯倉　清水純氏所蔵)･･････668
364　宝永七年十月　川井河岸江戸廻米規定幕府質米廻送(佐波郡玉村町飯倉　清水純氏所蔵)･･････670
365　享保十五年八月　川井河岸問屋塩商人出入につき申渡覚(『願書控』/佐波郡玉村町飯倉　清水純氏所蔵)･･････671
366　自享保十八年二月至同十八年四月　川井河岸問屋幕府買上米廻米につき諸色証文控帳(佐波郡玉村町飯倉　清水純氏所蔵)･･････672
367　寛延二年六月　川井河岸問屋安中藩江戸廻米請負証文(『口上』/佐波郡玉村町飯倉　清水純氏所蔵)･･････683
368　明和八年五月　川井河岸冥加永上納願一件書留(『諸御用向覚之帳』/佐波郡玉村町飯倉　清水純氏所蔵)･･････684
369　天明七年六月　川井河岸来歴弁書(佐波郡玉村町飯倉　清水純氏所蔵)･･････685
370　寛政九年三月　川井河岸荷請場祝金につき追訴状(『願書控』/佐波郡玉村町飯倉　清水純氏所蔵)･･････685
371　文化四年十二月　新河岸年寄へ利根・烏川船稼許可記事(『松平藩日記・川越』/前橋市　前橋市立図書館蔵)･･････686
372　天保二年十一月　烏川筋川井河岸ほか行徳塩運賃取極め覚(佐波郡玉村町飯倉　清水純氏所蔵)･･････687
373　天保三年十月　吾妻川筋新規通船願につき川井・新河岸返答書(佐波郡玉村町飯倉　清水純氏所蔵)･･････687
374　年次不詳　川井・新河岸長艜破船につき口上書(佐波郡玉村町飯倉　清水純氏所蔵)･･････691

広瀬川筋･･････････････････････････692
375　天和元年十二月　伊勢崎河岸宛川舟年貢請取(伊勢崎市三光町　武孫平氏所蔵)･･････692
376　明和八年五月　伊勢崎河岸問屋株冥加永上納一件控帳(伊勢崎市三光町　武孫平氏所蔵)･･････693
377　年次不詳(寛政五年カ)　伊勢崎河岸上下荷物覚書(『諸問控』/伊勢崎市三光町　武孫平氏所蔵)･･････695

378　文政十年十月　伊勢崎河岸荷物艀積替方出入裁許請書(伊勢崎市三光町　武孫平氏所蔵)･･････696
379　嘉永三年七月　伊勢崎河岸問屋分限書上(『諸問控』/伊勢崎市三光町　武孫平氏所蔵)･･････697
380　自嘉永五年八月至同七年三月　広瀬・端気川通船開設一件書留(『書留』/前橋市亀里町　三輪武男氏所蔵)･･････698
381　嘉永五年十一月　伊勢崎河岸年貢米船賃書上(東京都千代田区外神田　日本通運株式会社蔵/武孫平氏寄贈)･･････703
382　嘉永七年三月　吾妻・広瀬・端気・利根川通船試稼通行につき柴宿八幡宮請書(伊勢崎市柴町　荻野美丸氏所蔵)･･････704
383　安政三年二月　領内御用物前橋河岸場より津出方記事(『松平藩日記・川越』/前橋市　前橋市立図書館蔵)･･････705
384　明治二年十一月　広瀬川通船河岸問屋株借用証文(佐波郡玉村町上福島　内山満保氏所蔵)･･････705
385　明治二年十二月　広瀬川通船河岸問屋株貸渡証文(佐波郡玉村町上福島　内山満保氏所蔵)･･････706
386　明治三年正月　広瀬川通船開設につき利益金上納方請合証文(佐波郡玉村町上福島　内山満保氏所蔵)･･････706
387　自明治三年至同四年　伊勢崎河岸諸用留(抄)(伊勢崎市三光町　武孫平氏所蔵)･･････706

川下げ････････････････････････････713
388　安永四年四月　土岐美濃守より利根川筋筏乗下げにつき取調記事(『松平藩日記・川越』/前橋市　前橋市立図書館蔵)･･････713
389　文化六年二月　水戸家御用木利根川筋川下げ願出記事(『松平藩日記・前橋』/前橋市　前橋市立図書館蔵)･･････715
390　文政十三年正月　前橋町人御用木利根川筋川下げにつき願出記事(『松平藩日記・前橋』/前橋市　前橋市立図書館蔵)･･････715
391　天保三年正月　公儀御用木利根川筋川下げ記事(『松平藩日記・前橋』/前橋市　前橋市立図書館蔵)･･････717
392　天保三年九月　和歌山藩御用材吾妻川より川下げ記事(『松平藩日記・川越』/前橋市　前橋市立図書館蔵)･･････718
393　天保五年正月　前橋町人御用材名目にて川下げ願出記事(『松平藩日記・前橋』/前橋市　前橋市立図書館蔵)･･････718

394　天保六年二月　江戸城御用材筏乗下げ立替金借用議定証文(佐波郡玉村町五料　髙橋ます氏所蔵)……719
395　天保六年三月　前橋町人御用材名目にて川下げにつき冥加金上納願出記事(『松平藩日記・前橋』/前橋市　前橋市立図書館蔵)……719

第5章　社会と文化……721

<写>年次不詳　那波郡戸谷塚村歌舞伎芝居名面附ほか(伊勢崎市戸谷塚町　飯島一衞氏所蔵)……722

第1節　災害・騒動……723

災害……723

396　元禄十二年八月　前橋藩領内大風被害状況老中宛報告覚書(『御老中方窺之留二』/兵庫県姫路市西延末　姫路市立図書館蔵)……723
397　寛保二年十月　佐位郡島村利根川満水被害報告(佐波郡境町島村　田島昭次氏所蔵)……723
398　天明三年七月　前橋陣屋付近泥流被害状況書上(『松平藩日記・前橋』/前橋市　前橋市立図書館蔵)……724
399　天明三年七月　那波郡村々ほか利根川泥流状況記事(『北国見聞記巻之九』/伊勢崎市連取町　森村恒之氏所蔵)……725
400　天明三年八月　前橋領浅間焼破損筒所覚(『松平藩日記・川越』/前橋市　前橋市立図書館蔵)……726
401　天明三年　佐位郡村々浅間焼実録(佐波郡赤堀町曲沢　吉田三千男氏所蔵)……728
402　享和元年十一月　勢多郡下増田村痢病流行につき拝借金願(前橋市　下増田町自治会所有)……730
403　文化十三年閏八月　前橋領嵐被害報告覚(『松平藩日記・川越』/前橋市　前橋市立図書館蔵)……731
404　文政七年六月　前橋領雹被害書留(『松平藩日記・前橋』/前橋市　前橋市立図書館蔵)……732
405　天保十年正月　群馬郡池端村凶年飢饉覚書(前橋市池端町　小曽根芳彦氏所蔵)……733

備荒・救済……737

406　貞享二年　前橋藩社倉由来并条目記事(『酒井家史料巻二八』/兵庫県姫路市西延末　姫路市立図書館蔵)……737
407　享保十四年　新田郡西今井村夫食拝借願(佐波郡境町西今井　茂木吉一氏所蔵)……739

408　天明三年八月　前橋領浅間焼泥流被害村々手当渡高書上(『松平藩日記・前橋』/前橋市　前橋市立図書館蔵)……739
409　寛政七年四月　前橋領村々社倉蔵造立奨励策につき書留(『松平藩日記・川越』/前橋市　前橋市立図書館蔵)……740
410　天保五年十月　前橋領社倉積穀再興仕法(『松平藩日記・前橋』/前橋市　前橋市立図書館蔵)……741
411　天保八年十二月　松平氏社倉米城内積置につき申渡書留(『松平藩日記・川越』/前橋市　前橋市立図書館蔵)……743
412　天保十三年七月　勢多郡上泉村社倉積石願(前橋市　上泉町自治会所有)……743
413　明治三年八月　伊勢崎藩義倉規則(佐波郡境町百々　岡崎勤氏所蔵)……744

荒地・不斗出……746

414　安永五年三月　勢多郡上泉村役介地引石願(前橋市　上泉町自治会所有)……746
415　自文政二年三月至同二年五月　前橋領役介地越後雇人足返書留(『前橋御用留』/前橋市若宮町　岩倉良氏所蔵)……748
416　文政二年　群馬郡小相木村断絶者書上帳(前橋市小相木町　梅山清志氏所蔵)……752
417　文政三年五月　前橋領勧農金借用証文(群馬郡群馬町東国分　住谷修氏所蔵)……757
418　文政五年九月　前橋領新入百姓下付金書留(『松平藩日記・前橋』/前橋市　前橋市立図書館蔵)……758
419　文政五年十一月　前橋領勧農附属掛施策伺書(『松平藩日記・前橋』/前橋市　前橋市立図書館蔵)……758
420　文政六年正月　前橋領勧農附属手控(『掌中記』/群馬郡東国分　住谷修氏所蔵)……760
421　年次不詳(文政六年カ)　前橋領永続金発起趣意書(群馬郡群馬町東国分　住谷修氏所蔵)……767
422　文政十三年二月　前橋領正名講企画上申書留(『松平藩日記・前橋』/前橋市　前橋市立図書館蔵)……768
423　嘉永元年四月　前橋領蚕積金取扱い規定帳(勢多郡富士見村　米野区有)……771
424　年次不詳(嘉永期カ)　前橋領五十人講御備積金帳(勢多郡北橘村　八崎区有)……772

一揆・世直し……773

425　宝永六年五月　安藤出雲守総社領役人非道につき書留(群馬郡群馬町東国分　住谷修氏所蔵)……773

426　天明元年八月　前橋領内向領農民動向報告書(『松平藩日記・川越』/前橋市 前橋市立図書館蔵)……………………777
427　天明元年八月　前橋領一揆鎮圧鉄砲使用許可願(『松平藩日記・前橋』/前橋市 前橋市立図書館蔵)………………779
428　天明三年十月　前橋領村々不穏につき陣屋役人領民説諭書(『松平藩日記・前橋』/前橋市 前橋市立図書館蔵)……780
429　天明三年十月　前橋領村々打ちこわし状況報告書(『松平藩日記・前橋』/前橋市 前橋市立図書館蔵)………………780
430　天明三年十月　江戸町奉行曲淵甲斐守同心前橋領一揆頭取逮捕書(『松平藩日記・前橋』/前橋市 前橋市立図書館蔵)……………………………………782
431　天明三年十月　前橋領村々打ちこわし原因報告書(『松平藩日記・前橋』/前橋市 前橋市立図書館蔵)………………783
432　文政九年五月　勧農教訓録(東京都町田市新 林喬木氏所蔵)…………784
433　慶応二年六月　川越表手薄につき前橋領藩士出兵命令(『松平藩日記・前橋』/前橋市 前橋市立図書館蔵)……810
434　慶応二年六月　五料関所警備のため前橋領藩士出兵記事(『松平藩日記・前橋』/前橋市 前橋市立図書館蔵)…811
435　慶応四年三月　群馬郡元総社村打ちこわし張札(『打潰騒動中日記』/前橋市元総社町 石井隆司氏所蔵)………812
436　慶応四年三月　佐位・那波両郡世直し廻状(『享和以来新聞記巻之一五』/伊勢崎市連取町 森村恒之氏所蔵)……814
437　慶応四年三月　那波郡下福島村ほか世直し廻状(『御用触留帳』/伊勢崎市下道寺町 多賀谷信雄氏所蔵)………816
438　慶応四年四月　那波郡連取村世直し頭取申述書(伊勢崎市連取町 森村敏夫氏所蔵)……………………………817

第2節　家 ……………………………818
　相続・縁組 …………………………818
439　宝暦十二年閏四月同十二年五月　勢多郡東大室村百姓女房満徳寺駆込一件書留(『松平藩日記・前橋』/前橋市 前橋市立図書館蔵)…………818
440　天明七年五月　勢多郡東善養寺村百姓女房修験寺駆込につき内済証文(前橋市江木町 町田英樹氏所蔵)…………819
441　文政六年十二月　群馬郡元総社村跡式相続につき縁談願(県立文書館蔵/前橋市元総社町 一六会寄託)……………820

442　文政八年十二月　佐位郡平塚村百姓隠居料証文(佐波郡境町平塚 田部井常市氏所蔵)………………………………821
443　文政十一年十二月　那波郡下之手村百姓智離縁につき結納金返済方差縺一件内済証文(『公用向願書取集本書写』/佐波郡玉村町福島 渡辺襄氏所蔵)……821
444　天保十三年十一月　那波郡福島村百姓女房満徳寺駆込につき願下げ証文(佐波郡玉村町福島 渡辺襄氏所蔵)………821
445　天保十四年二月　那波郡福島村百姓女房満徳寺駆込につき済口証文(佐波郡玉村町福島 渡辺襄氏所蔵)…………822
446　安政五年五月　那波郡長沼村百姓離別状(佐波郡玉村町福島 渡辺襄氏所蔵)……………………………………823
447　文久二年二月　佐位郡八寸村百姓隠居面著分証文(伊勢崎市連取町 井田晃作氏所蔵)…………………………824
448　年次不詳　群馬郡元総社村百姓女房再婚不許可申付状(県立文書館蔵/前橋市元総社町 一六会寄託)……………824

奉公人 ……………………………………824
449　享保元年八月　那波郡上樋越壱季奉公人抱につき一札(伊勢崎市波志江町 上岡高行氏所蔵)…………………825
450　明和八年二月　佐位郡野村質置奉公人請状(佐波郡赤堀町今井 赤堀恒雄氏所蔵)……………………………825
451　安永二年二月　佐位郡野村奉公人請状(佐波郡赤堀町今井 赤堀恒雄氏所蔵)……………………………825
452　安永三年四月　前橋田新町乳母奉公人請状(佐波郡赤堀町今井 赤堀恒雄氏所蔵)……………………………826
453　天明三年二月　勢多郡上増田村壱季奉公人請状(前橋市上増田町 木村忠男氏所蔵)……………………………826
454　天明三年二月　勢多郡上増田村中間奉公人請状(前橋市上増田町 木村忠男氏所蔵)……………………………827
455　文化十四年三月　前橋十八郷町百姓月十五日勤奉公人請状(前橋市住吉町 藤井新兵衛氏所蔵)………………827
456　文久二年閏八月　那波郡福島村越後女奉公人年季明後縁組につき身分引渡証文(『御用私用諸日記』/佐波郡玉村町福島 渡辺襄氏所蔵)……………828

第3節　生活 …………………………829
　世相・生活 …………………………829
457　享保元年七月　前橋領内間引禁止達書(『姫陽秘鑑五一』/兵庫県姫路市西延末 姫路市立図書館蔵)……………829

458　弘化三年　群馬郡房丸村規定連印帳
　　（前橋市房丸町　新井三夫氏所蔵）………829
459　安政二年正月　那波郡箱石村若者組
　　不身持男女科料取扱い方改めにつき連
　　判状（佐波郡玉村町　箱石区有）………830
460　文久三年十二月　那波郡福島村渡辺
　　家歳暮受贈品書留（『御用私用年中諸日
　　記』/佐波郡玉村町福島　渡辺襄氏所蔵）…831
461　元治元年九月　前橋向町湯屋渡世願
　　（『御用日記帳』/前橋市　前橋市立図書館蔵/
　　横地禎三郎氏旧蔵）………835
462　慶応元年十月　前橋諏訪町湯屋渡世
　　願（『町々諸願留』/前橋市住吉町　松井隆一
　　氏所蔵）………836
463　慶応三年六月　駒形町床屋店請証文
　　（前橋市駒形町　岡崎茂芳氏所蔵）………836
464　明治四年　那波郡宮子村苗字附改帳
　　（伊勢崎市宮子町　八木与喜三氏所蔵）…837
465　年次不詳　小児往来にて銭ねだり等
　　悪風取締触留（佐波郡玉村町　箱石区
　　有）………840

祭礼・村芝居………840
466　享保元年八月　那波郡上之手村玉村
　　八幡宮祭礼神事条々書上（佐波郡玉村町
　　上之手区有）………840
467　寛政十年八月　那波郡戸谷塚村江戸
　　芝居興行につき若者爪連判并契約状
　　（伊勢崎市戸谷塚町　飯島一衛氏所蔵）…842
468　文化十一年九月　玉村八幡宮駆馬神
　　事につき七ヵ村議定証文（佐波郡玉村町
　　角淵　関根光久氏所蔵）………843
469　文化十四年八月　玉村八幡宮祭礼出
　　入一件書留（佐波郡玉村町福島　渡辺襄氏
　　所蔵）………844
470　天保二年二月　那波郡戸谷塚村若者
　　角力入用覚（伊勢崎市戸谷塚町　飯島一衛
　　氏所蔵）………847
471　天保三年九月　総社明神祭礼競馬出
　　入内済証文（群馬郡群馬町棟高　志村繁夫
　　氏所蔵）………847
472　天保十一年九月　平塚河岸祭礼操り
　　当番役につき若者連印状（佐波郡境町米
　　岡　栗原清八所蔵）………850
473　嘉永五年八月　柴宿八幡宮境内歌舞
　　伎一件裁許写（佐波郡玉村町下新田　加賀
　　美正氏所蔵）………851
474　安政二年三月　那波郡箱石村狂言踊
　　一件につき宥免願（佐波郡玉村町　箱石区
　　有）………853
475　安政三年六月　前橋町祭礼につき八
　　ヵ村連印議定（前橋市　前橋市立図書館蔵/
　　横地禎三郎氏旧蔵）………854

476　安政四年八月　玉村八幡宮神事祭礼
　　執行方十一ヵ村取極め議定（佐波郡玉村
　　町　上之手区有）………856

博徒………857
477　寛政十二年三月　那波郡角淵村博奕
　　罰則規定（佐波郡玉村町角淵　関根光久氏
　　所蔵）………858
478　天保三年七月　群馬郡上新田村博奕
　　遺留品届書（佐波郡玉村町上新田　井田金
　　七氏所蔵）………859
479　天保五年七月　新田郡境村伊三郎殺
　　害につき国定村忠次郎ほか手配請書
　　（佐波郡境町東　福島英一氏所蔵）………859
480　天保九年三月同九年四月　新田郡境
　　村三ツ木文蔵召捕一件廻状書留（『御用
　　留』/佐波郡境町東　福島英一氏所蔵）……860
481　嘉永三年九月同三年十月　玉村宿ほ
　　か国定忠次郎護送記事（『御用私用諸日
　　記』/佐波郡玉村町福島　渡辺襄氏所蔵）…861
482　嘉永三年十二月　佐位郡国定村忠次
　　郎一件裁許請証文（佐波郡東村国定　養寿
　　寺所蔵）………862

第4節　宗教………867
寺院………867
483　寛永三年五月　総社町元景寺領地方
　　帳（前橋市総社町植野　元景寺所蔵）……867
484　元禄八年　酒井忠挙前橋龍海院造営
　　ほか記事（『酒井家史料巻三二』/兵庫県姫
　　路市西延末　姫路市立図書館蔵）………868
485　寛保二年正月　前橋藩領内寺院本寺
　　并所附帳（前橋市　前橋市立図書館蔵/横地
　　禎三郎氏旧蔵）………869
486　延享元年十月　前橋藩寺社条目（前
　　橋市総社町植野　元景寺所蔵）………879
487　天明七年六月　境町長光寺地方書上
　　帳（佐波郡境町境　長光寺所蔵）………881
488　文化十四年八月　那波郡上新田村放
　　生会施主姓名書上帳（佐波郡玉村町上新
　　田　井田金七氏所蔵）………882
489　年次不詳　総社町元景寺由緒并歴代
　　書上（前橋市総社町植野　元景寺所蔵）…885

神社………888
490　慶長十六年　総社大明神草創縁起
　　（前橋市元総社町　上野総社神社所蔵）…888
491　元和元年八月　角淵八幡宮縁起（佐波
　　郡玉村町下新田　玉村八幡宮所蔵）………889
492　寛永十九年三月　那波郡堀口村飯玉
　　大明神神道裁許状（伊勢崎市堀口町　中根
　　重邦氏所蔵）………891
493　慶安二年正月　酒井忠清前橋八幡社
　　領安堵状（前橋市本町　前橋八幡宮所
　　蔵）………892

494　貞享三年三月　玉村八幡宮縁起（佐波郡玉村町福島　渡辺襄氏所蔵）……………892
　495　天保六年七月　柴宿八幡宮勧化願（伊勢崎市柴町　荻野美丸氏所蔵）………893
修験………………………………………894
　496　宝永三年十一月　勢多郡二之宮村本山年行事巫女注連筋出入につき閉門請書（前橋市江木町　町田英樹氏所蔵）……894
　497　文化二年　勢多郡当山派修験人別改帳（前橋市江木町　町田英樹氏所蔵）……895
　498　文化五年二月　群馬郡元総社村入峰講金取込出入訴状（前橋市元総社町　石井隆司氏所蔵）……………………………896
　499　天保十三年四月　佐位郡波志江村修験飼置尾先狐封込出入済口証文（『書留』/伊勢崎市日乃出町　古沢秀雄氏所蔵）……896
　500　嘉永五年　群馬郡大友村長見寺霞村譲願并譲渡証文写（前橋市元総社町　石井隆司氏所蔵）………………………………898
　501　嘉永七年四月　群馬郡大友村長見寺霞村追加方願（前橋市大友町　長見寺所蔵）……………………………………………900
　502　年次不詳　六角御室上野国修験帳（前橋市大友町　長見寺所蔵）…………901

第5節　文化………………………………905
教育…………………………………………905
　503　文政十年十月　境町自性院檀中筆子控帳（佐波郡境町境　長光寺所蔵）……905
　504　元治元年十二月　境町長光寺筆子名前帳（佐波郡境町境　長光寺所蔵）……908
　505　年次不詳　勢多郡田口村寺子屋手習教本（前橋市田口町　塩原成一郎氏所蔵）……………………………………………909
学芸…………………………………………910
　506　天保七年十二月　凶荒惻詞（抄）（佐波郡境町伊与久　深町民部氏所蔵）………910
　507　嘉永三年　蓼園雑抄（抄）（佐波郡境町　篠木弘明氏所蔵）……………………912
　508　年次不詳　建部涼岱判句合稿（佐波郡境町下武士　織間良訓氏所蔵）…………914
　509　年次不詳　葛西玄冲病気見舞礼状（前橋市池888町　斉藤羊太郎氏所蔵）……916
　510　年次不詳　金井烏洲宛村上随憲書状（佐波郡境町島村　金井有文氏所蔵）……916
　511　年次不詳　村上随憲宛高野長英書状（佐波郡境町境　村上紀子氏所蔵）………917
　512　年次不詳　村上俊平書状（佐波郡境町境　村上紀子氏所蔵）……………………917
和算…………………………………………919
　513　寛延四年四月　頼母子講割附算重宝記（佐波郡境町木島　大谷静男氏所蔵）…919

　514　文化十年二月　地方算法口訣写（前橋市　前橋市立図書館蔵/丸山清康氏旧蔵）…926
　515　自天保六年正月至安政二年正月　那波郡飯塚村柳沢伊寿門人起請文（佐波郡玉村町飯塚　柳沢政章氏所蔵）……………929
医薬…………………………………………931
　516　宝暦八年二月　勢多郡上増田村医家家伝薬製法覚（前橋市上増田町　岡田照子氏所蔵）……………………………………931
　517　宝暦八年　勢多郡上増田村医家家伝薬秘伝心得（前橋市上増田町　岡田照子氏所蔵）……………………………………931
　518　天保五年六月　勢多郡上増田村医家蔵書目録（前橋市上増田町　岡田照子氏所蔵）……………………………………………931
　519　安政四年九月　前橋町種痘実施触書留（『御用日記帳』/前橋市　前橋市立図書館蔵/横地禎三郎氏旧蔵）…………………936
　520　安政五年十一月　種痘術免状并条目書留（『御用私用年中諸日記』/佐波郡玉村町福島　渡辺襄氏所蔵）…………………936
　521　明治四年四月　那波郡上之手村天然痘種痘子供取調帳（佐波郡玉村町　上之手区有）……………………………………937

解説…………………………………………939
地域の支配特性…………………………941
（1）初期の支配関係…………………941
　＜表＞図1　本地域の石高及びその所領の割合………………………………942
（2）酒井氏の入封……………………942
　＜表＞図2　元禄期における本地域周辺の前橋藩伊勢崎藩の支配区分……………943
（3）松平氏の財政と転封……………945
（4）伊勢崎藩その他…………………947
前橋藩松平家記録………………………947
　＜表＞表1　「松平家記録」冊別種類……949
　＜表＞表2　「松平家記録」記述内容……949
前橋藩の維新………………………………950
前橋藩校……………………………………953
伊勢崎藩校と郷学…………………………955
本種場と地種………………………………956
　＜表＞図3　上武両国蚕種屋分布図（元治2年）（史料212より作成）………………959
釜掛製糸と浜向け生糸……………………960
　＜表＞図4　開港前上州糸繭市場の構造………………………………………961
　＜表＞表3　前橋生糸相場の変遷（山田武麿「群馬県の歴史」より）………………964
関所と番所…………………………………965
　＜表＞表4　関所・番所の番人数と備付武具（史料321）…………………………966

県史誌内容総覧・資料編 1: 近世—関東　　225

群馬県史 資料編14 近世6

　　河岸 …………………………………… 968
　　　＜表＞図5　上利根川・烏川および広瀬川の
　　　　河岸分布（山田武麿「上利根川の水運史」
　　　　（『利根と上州』、『上州近世史の諸問題』
　　　　所収）附図により補正作成）…………… 969
　　荒地・不斗出 …………………………… 972
　　天明三年前橋領打ちこわし ………… 974
　　勧農教訓録 ……………………………… 977
　　玉村八幡宮祭礼 ………………………… 981
　　博徒 ……………………………………… 983
　　修験 ……………………………………… 984
　　　＜表＞表5　上野国本山派修験寺院数 …… 985
　　和算 ……………………………………… 987
　付録 ………………………………………… 991
　　領主系譜（大名）……………………… 993
　　　前橋 …………………………………… 993
　　　　弓削氏・平岩氏略系 ……………… 993
　　　　酒井氏略系 ………………………… 993
　　　　松平氏略系 ………………………… 996
　　　伊勢崎 ………………………………… 998
　　　　稲垣氏略系 ………………………… 998
　　　　酒井氏略系 ………………………… 999
　　　　酒井氏略系 ………………………… 999
　　　総社 ………………………………… 1000
　　　　秋元氏略系 ……………………… 1000
　　　　　＜表＞中毛地域（2）関係要図 ……… 1002
郷村変遷 ……………………………… 1003〜1013
史料採訪先氏名 …………………………… 1033
あとがき（井上定幸）…………………… 1039
　資料編14 近世6（中毛地域2）調査・編集関係
　　者一覧 ……………………………… 1042
　　児玉幸多（学習院大学名誉教授；参与）
　　山田武麿（県立文書館長；専門委員（委員長））
　　井上定幸（県立東毛養護学校長；専門委員
　　　（部会長））
　　工藤恭吉（早稲田大学教授；専門委員）
　　田中康雄（県立文書館主任専門員兼課長；専
　　　門委員）
　　田畑勉（群馬工業高等専門学校教授；専門委
　　　員）
　　中島明（県立前橋第二高等学校教諭；専門委
　　　員）
　　阿久津宗二（県立文書館主任専門員兼課長；
　　　調査委員）
　　淡路博和（新島学園高等学校教諭；調査委員）
　　岡田昭二（県立文書館主事；調査委員）
　　駒形義夫（県立文書館主幹兼専門員；調査委員）
　　小山友孝（県立歴史博物館主任（学芸員）；調
　　　査委員）

　　近藤章（高崎市文化財調査委員；調査委員）
　　関口進（桐生市教育委員会指導主事；調査委
　　　員）
　　高木侃（関東短期大学助教授；調査委員）
　　松下煕雄（吾妻町立太田中学校長；調査委員）
　　樋口秀次郎（群馬女子短期大学教授；前調査
　　　委員）
　県史編さん関係者名簿（昭和61年10月現
　　在）………………………………… 1043
　　県史編さん委員会委員・顧問 ……… 1043
　　県史編さん委員会事務局職員 ……… 1043

| 群馬県史 資料編15 近世7 東毛地域1 |
| 群馬県史編さん委員会編集 |
| 昭和63年2月1日発行 |

<徳川家康が関東に入国した天正十八年(一五九〇)から明治四年(一八七一)の廃藩置県まで>

<口絵>1 年次不詳 桐生天満宮本社幣殿拝殿妻之図[カラー]桐生市天神町 桐生天満宮所蔵

<口絵>2 年次不詳 桐生買次商書上家織物取引図(部分)[カラー]高崎市岩鼻町 県立歴史博物館蔵

<口絵>3 年次不詳 大間々町糸市絵図(部分)[カラー]桐生市稲荷町 桐生市立図書館蔵

<口絵>4 天明5年10月 出羽松山藩桐生陣屋絵図[カラー]桐生市宮前町 粟田豊三郎氏所蔵

<口絵>5 年次不詳 桐生吉田錦所製織金襴帯地見本[カラー]千葉県習志野市藤崎 吉田幌氏所蔵

<口絵>6 年次不詳 子供用祭礼衣装[カラー]桐生市本町 森寿作氏所蔵

<口絵>7 自享和2年6月至文化2年12月 桐生新町借家名前留(65) 桐生市本町 新居宝氏所蔵

<口絵>8 寛文12年6月 新田郡笠懸野新田開発請負証文(71) 新田郡藪塚本町大久保 瀬戸勇氏所蔵

<口絵>9 天保11年4月 山田郡堤村ほか三ヵ村年貢納方議定(47) 桐生市堤町 大沢源一郎氏所蔵

<口絵>10 明治2年7月 勢多郡上田沢村水車賃値上口上(137) 勢多郡黒保根村上田沢 小林善作氏所蔵

<口絵>11 享保6年6月 桐生新町玉上家三井越後屋絹買宿請合証文(166) 東京都中野区上高田 三井文庫蔵

<口絵>12 安政4年11月 桐生御召織屋仲間定書(203) 桐生市本町 新居宝氏所蔵

<口絵>13 天保12年7月 絹札取扱いにつき桐生絹買仲間請書(186) 桐生市稲荷町 桐生市立図書館蔵

<口絵>14 天保6年5月 桐生新町豆腐屋油揚値上願(304) 桐生市稲荷町 桐生市立図書館蔵

<口絵>15 弘化4年12月 勢多郡草木村石工切石売渡証文(311) 勢多郡東村沢入 小倉清一郎氏所蔵

<口絵>16 年次不詳 勢多郡花輪村彫物師常八細工請負証文(314) 山田郡大間々町桐原 藤生素三氏所蔵

<口絵>17 明治2年7月 桐生新町寄場組合村人別家業改請印帳(316) 桐生市稲荷町 桐生市立図書館蔵

<口絵>18 明和6年8月 大間々町酒蔵并諸道具等貸渡証文(320) 山田郡大間々町大間々 長沢郁男氏所蔵

<口絵>19 天保10年正月 太田町藤田屋定飛脚六斎荷取次請負証文(361) 桐生市宮前町 粟田豊三郎氏所蔵

<口絵>20 弘化3年11月 山田郡桐原村郷蔵建造につき議定書(376) 山田郡大間々町桐原 桐原郷蔵蔵

<口絵>21 明和7年2月 新田郡藪塚村胎養寺湯前権現御手洗汲取願(415) 新田郡藪塚本町藪塚 胎養寺所蔵

序(群馬県知事 清水一郎)
凡例
第1章 領主 ……………………………………… 13
<写>代官岡上景能の墓 新田郡笠懸村阿左美 国瑞寺 ……………………………………… 14
第1節 幕府領 ………………………………… 15
代官 ………………………………………………… 15
1 天保十一年正月 岩鼻代官年頭触書(『御用留』/山田郡大間々町桐原 桐原郷蔵蔵) …………………………………… 15
2 天保十一年九月 岩鼻代官当分預り村々田方検見触書廻状(『二番御用留』/山田郡大間々町桐原 桐原郷蔵蔵) …… 16
3 安政三年二月 岩鼻代官支配替につき村々触書(『御用留』/山田郡大間々町桐原 桐原郷蔵蔵) ………………………… 17
4 安政四年十二月 足尾銅山支配替につき村々触書(『御用留』/山田郡大間々町桐原 桐原郷蔵蔵) …………………… 18
5 文久三年七月 岩鼻代官在陣触書(『御用留』/山田郡大間々町桐原 桐原郷蔵蔵) ‥ 19

県史誌内容総覧・資料編 1: 近世—関東 227

群馬県史 資料編15 近世7

6 慶応三年四月 岩鼻陣屋管内旗本知行所支配方変更触書(『御用留』/桐生市堤町 大沢源一郎氏所蔵) ……………… 19
7 慶応三年十月 岩鼻陣屋管内旗本知行所米麦囲増等触書(『御用留』/桐生市堤町 大沢源一郎氏所蔵) ……………… 20
8 慶応三年十二月 下野国出流山蜂起浪士散乱取締りにつき急回章(『御用留』/桐生市堤町 大沢源一郎氏所蔵) ……… 21
9 慶応四年二月 世直し一揆抑止につき岩鼻陣屋触書(『御用留』/山田郡大間々町 塩原 高草木正太郎氏所蔵) ……… 22

巡見使 ……………………………………… 22
10 宝暦十年九月 巡見使廻村につき代官触書(山田郡大間々町桐原 桐原郷蔵) … 22
11 宝暦十年十一月 巡見使廻村覚書(『古来全諸要覚』/山田郡大間々町桐原 桐原郷蔵蔵) ……………………………… 24
12 天明八年五月 巡見使廻村覚(『古来全諸要覚』/山田郡大間々町桐原 桐原郷蔵) ………………………………… 27
13 天保九年四月 巡見使御用役人控(桐生市稲荷町 桐生市立図書館蔵) ………… 29

前橋鎮撫所 ……………………………… 33
14 慶応四年六月 前橋鎮撫所附総長任命書并支配村々一覧(『日誌綴込』/勢多郡黒保根村水沼 星野愷氏所蔵) …………… 33
15 慶応四年六月 総長任命につき前橋藩郡代所触書(『日誌綴込』/勢多郡黒保根村水沼 星野愷氏所蔵) ……………… 39
16 慶応四年七月 総長就任につき鎮撫所宛伺(『要事綴込』/勢多郡黒保根村水沼 星野愷氏所蔵) ……………………… 40
17 慶応四年七月 副総長等任命につき鎮撫所触書(『御用留』/勢多郡東村沢入 小倉清一郎氏所蔵) ……………………… 42
18 慶応四年七月 前橋鎮撫所支配村々境界杭建て方等につき伺(『要事綴込』/勢多郡黒保根村水沼 星野愷氏所蔵) ……… 43
19 慶応四年七月 夏成年貢納入につき総長役所触書(『御用留』/勢多郡東村沢入 小倉清一郎氏所蔵) ………………… 43
20 慶応四年七月 総長等役儀勤方伺(『要事綴込』/勢多郡黒保根村水沼 星野愷氏所蔵) ……………………………… 44
21 慶応四年八月 村々取締方総長役所触書(『御用留』/勢多郡東村沢入 小倉清一郎氏所蔵) ……………………… 44
22 慶応四年八月 勢多郡沢入村総長役所附農兵取極帳(勢多郡東村沢入 小倉清一郎氏所蔵) ……………………………… 45

23 慶応四年八月 前橋鎮撫所支配廃止につき触書(『御用留』/勢多郡東村沢入 小倉清一郎氏所蔵) ……………………… 46

第2節 旗本領 ……………………………… 47
財政 ………………………………………… 47
24 嘉永二年正月 旗本田付氏先納金等返済方下知書(桐生市川内町 高野直久氏所蔵) ……………………………………… 47
25 安政四年六月 旗本能勢氏借財返済仕法帳(山田郡大間々町塩原 高草木正太郎氏所蔵) …………………………… 47
26 慶応二年正月 旗本能勢氏勝手向入用金勘定帳(山田郡大間々町塩原 高草木正太郎氏所蔵) ……………………… 50
27 慶応二年九月 旗本松平氏軍役入用につき調達控(新田郡藪塚本町大原 椎名敏夫氏所蔵) ……………………… 54

第3節 諸藩領 ……………………………… 57
出羽松山藩 ………………………………… 57
28 文化八年十二月 桐生陣屋領村々御用金上納触書(『御触書写控』/桐生市稲荷町 桐生市立図書館蔵) ……………… 57
29 文政元年十二月 桐生陣屋領新町火消窓申渡(『御触書写控』/桐生市稲荷町 桐生市立図書館蔵) ………………… 60
30 嘉永六年四月 桐生陣屋領窮民救米永久備籾帳(桐生市稲荷町 桐生市立図書館蔵) ……………………………… 61
31 文久四年二月 桐生陣屋勘定方席詰衆人別取扱方心得(『御用万端心得書秘伝』/桐生市稲荷町 桐生市立図書館蔵) … 62
32 慶応三年二月 桐生新町役人米価高騰につき救米払下願(桐生市本町 新居宝氏所蔵) ……………………………… 63
33 慶応四年八月 桐生陣屋詰藩士謹慎一件覚書(『日誌』/桐生市稲荷町 桐生市立図書館蔵) ……………………… 63
34 慶応四年九月 桐生陣屋詰藩士伊勢崎藩預け願(『日誌』/桐生市稲荷町 桐生市立図書館蔵) ………………… 64
35 年次不詳 桐生陣屋領村々取締役勤方申渡書(桐生市稲荷町 桐生市立図書館蔵) ……………………………… 65
36 年次不詳 桐生陣屋守心得書(『諸用万端心得書秘伝』/桐生市稲荷町 桐生市立図書館蔵) ……………………… 66

第2章 町村政 ……………………………… 69
〈写〉彦部家家屋敷 桐生市広沢 彦部敏郎家 … 70
第1節 町村行政 …………………………… 71
町村役人 …………………………………… 71

228 県史誌内容総覧・資料編 1: 近世—関東

群馬県史 資料編15 近世7

37　宝暦九年二月　大間々町名主役勤方につき返答書（山田郡大間々町大間々 高草木浩平氏所蔵）‥‥‥‥‥‥‥‥‥ 71
38　享和二年四月　勢多郡水沼村組頭休役願い出入内済証文（勢多郡黒保根村水沼 目黒八重治氏所蔵）‥‥‥‥‥‥‥ 71
39　文政二年十月　桐生新町名主跡役選任願（桐生市稲荷町 桐生市立図書館蔵）‥‥‥ 72
40　天保五年四月　勢多郡沢入村百姓代就任依頼（勢多郡東村沢入 松島弘宜氏所蔵）‥‥‥‥‥‥‥‥‥‥‥‥‥‥‥ 73
41　安政三年三月　勢多郡上田沢村村役人給増議定（勢多郡黒保根村上田沢 小林善作氏所蔵）‥‥‥‥‥‥‥‥‥‥‥ 73
42　明治二年八月　桐生新町役人組織改正につき留書（『日記』／高崎市岩鼻町 県立歴史博物館蔵）‥‥‥‥‥‥‥‥‥ 74
43　明治三年三月　勢多郡沢入村名主年番勤方願（勢多郡東村沢入 松島弘宜氏所蔵）‥‥‥‥‥‥‥‥‥‥‥‥‥‥‥ 75
村入用‥‥‥‥‥‥‥‥‥‥‥‥‥‥‥‥‥ 76
44　寛保二年十二月　山田郡下広沢村村入用帳（桐生市広沢町 彦部敏郎氏所蔵）‥‥‥ 76
45　延享二年三月　山田郡桐原村村入用帳（山田郡大間々町桐原 石原敬司氏所蔵）‥‥‥ 78
46　天保十四年三月　勢多郡上田沢村村入用夫銭帳（勢多郡黒保根村上田沢 小林善作氏所蔵）‥‥‥‥‥‥‥‥‥‥‥ 79
村議定‥‥‥‥‥‥‥‥‥‥‥‥‥‥‥‥‥ 82
47　天保十一年四月　山田郡堤村ほか三ヵ村年貢納方議定（桐生市堤町 大沢源一郎氏所蔵）‥‥‥‥‥‥‥‥‥‥‥‥ 82
48　弘化二年十一月　勢多郡小夜戸村古来慣行遵守につき取極め議定（勢多郡東村小夜戸 関口初男氏所蔵）‥‥‥‥‥ 83
49　文久二年三月　新田郡本町村振舞倹約議定（新田郡藪塚本町大原 滝原経男氏所蔵）‥‥‥‥‥‥‥‥‥‥‥‥‥‥‥ 84
50　明治二年三月　勢多郡下田沢村桑植付につき申合議定（勢多郡黒保根村下田沢 深沢千秋氏所蔵）‥‥‥‥‥‥‥‥ 85
組合村‥‥‥‥‥‥‥‥‥‥‥‥‥‥‥‥‥ 85
51　安政二年三月　桐生新町組合村々地頭姓名等書上帳（高崎市岩鼻町 県立歴史博物館）‥‥‥‥‥‥‥‥‥‥‥‥‥ 85
52　文久三年四月　新田郡阿左美村ほか二ヵ村組合議定（新田郡藪塚本町大原 滝原経男氏所蔵）‥‥‥‥‥‥‥‥‥ 100
第2節　町村況‥‥‥‥‥‥‥‥‥‥‥‥‥‥ 102
町村由緒‥‥‥‥‥‥‥‥‥‥‥‥‥‥‥‥ 102
53　年次不詳　桐生故事（桐生市本町 新居宝氏所蔵）‥‥‥‥‥‥‥‥‥‥‥‥‥‥‥‥ 102

54　年次不詳　山田郡塩原村老談記（山田郡大間々町塩原 高草木正太郎氏所蔵）‥‥‥ 111
明細帳‥‥‥‥‥‥‥‥‥‥‥‥‥‥‥‥‥ 112
55　享保二十年二月　山田郡上仁田山村明細帳（桐生市川内町 高野直久氏所蔵）‥‥‥ 112
56　元文五年五月　勢多郡沢入村明細帳（勢多郡東村沢入 小倉清一郎氏所蔵）‥‥‥ 117
57　宝暦三年三月　山田郡下広沢村明細帳（桐生市広沢町 彦部敏郎氏所蔵）‥‥‥‥‥ 120
58　宝暦六年十月　勢多郡花輪村明細帳（勢多郡東村花輪 高草木重鋯氏所蔵）‥‥‥ 125
59　安永九年十月　山田郡大間々村明細帳（山田郡大間々町大間々 高草木浩平氏蔵）‥‥‥‥‥‥‥‥‥‥‥‥‥‥‥ 128
60　寛政九年五月　山田郡桐原村明細帳（山田郡大間々町桐原 桐原郷蔵）‥‥‥ 131
61　文化十年六月　桐生新町明細帳（桐生市稲荷町 桐生市立図書館）‥‥‥‥‥‥‥ 132
62　文政二年十一月　勢多郡水沼村明細帳（勢多郡黒保根村水沼 星野愷氏所蔵）‥‥‥ 135
63　明治二年三月　山田郡堤村明細帳（桐生市堤町 大沢源一郎氏所蔵）‥‥‥‥‥‥‥ 137
64　明治二年四月　新田郡六千石村明細帳（新田郡藪塚本町六千石 服部秀雄氏蔵）‥‥‥‥‥‥‥‥‥‥‥‥‥‥‥‥ 139
戸口‥‥‥‥‥‥‥‥‥‥‥‥‥‥‥‥‥‥ 141
65　自享和二年六月至文化二年十二月　桐生新町借家名前留（桐生市本町 新居宝氏所蔵）‥‥‥‥‥‥‥‥‥‥‥‥‥‥‥ 141
66　天保十四年八月　山田郡桐原村新古家数人別書上帳（山田郡大間々町桐原 桐原郷蔵）‥‥‥‥‥‥‥‥‥‥‥‥‥‥ 159
67　天保十四年閏九月　山田郡下広沢村五人組改め組替書上帳（桐生市広沢町 彦部敏郎氏所蔵）‥‥‥‥‥‥‥‥‥ 160
第3章　農業と貢租‥‥‥‥‥‥‥‥‥‥‥‥ 163
＜表＞嘉永4年3月　渡良瀬川の水車絵図（山田郡大間々町高津戸 阿久津里次氏所蔵）‥‥ 164
第1節　土地‥‥‥‥‥‥‥‥‥‥‥‥‥‥‥ 165
検地‥‥‥‥‥‥‥‥‥‥‥‥‥‥‥‥‥‥ 165
68　慶長三年　桐生領高辻（桐生市宮前町 粟田豊三郎氏所蔵）‥‥‥‥‥‥‥‥‥‥ 165
69　慶長五年六月　勢多郡沢入村検地帳（勢多郡東村沢入 小倉清一郎氏所蔵）‥‥‥ 167
70　寛文七年三月　勢多郡水沼村検地帳（勢多郡黒保根村水沼 星野愷氏所蔵）‥‥‥ 172
新田開発‥‥‥‥‥‥‥‥‥‥‥‥‥‥‥‥ 193
71　寛文十二年六月　新田郡笠懸野新田開発請負証文（新田郡藪塚本町大久保 瀬戸勇氏所蔵）‥‥‥‥‥‥‥‥‥‥‥‥‥ 193

県史誌内容総覧・資料編 1: 近世―関東　　229

群馬県史 資料編15 近世7

72 寛文十二年六月 新田郡笠懸野新田地代金証文（新田郡藪塚本町 大久保 瀬戸勇氏所蔵）……193
73 寛文十二年六月 新田郡笠懸野新田開発につき寺請証文（新田郡藪塚本町 大久保 瀬戸勇氏所蔵）……194
74 宝暦四年九月 新田郡阿左美村原地開発につき取替せ証文（新田郡笠懸村阿左美 赤石ハツ江氏所蔵）……194
75 天保十四年八月 勢多郡水沼村野場并秣場内開発田書上帳（勢多郡黒保根村水沼 星野愷氏所蔵）……195

小作・質地……196

76 寛永十六年五月 勢多郡田沢村質地請返し出入につき吟味願（勢多郡東村荻原 小林秀樹氏所蔵）……196
77 寛文九年十一月 山田郡今泉村東正寺田地売渡証文（桐生市梅田町 西方寺蔵）……197
78 寛文十一年十二月延宝五年正月 勢多郡沢入村畑渡証文（二通）……197
79 天和三年三月 新田郡阿左美村百姓小作年貢金滞りにつき訴状（新田郡笠懸村阿左美 藤生辰次氏所蔵）……197
80 寛政元年十二月 山田郡下久方村未納小作年貢金納方証文（桐生市久方町 田村勝子氏所蔵）……198
81 自天保七年至同九年 勢多郡水沼村星野家小作証文書上帳（勢多郡黒保根村水沼 星野愷氏所蔵）……198

第2節 林野……208
御用林……208

82 宝暦十年六月 山田郡小平村御林雑木払下げにつき百姓請負願（山田郡大間々町小平 鹿沼和重氏所蔵）……208
83 自慶応三年二月至同三年三月 新田郡本町村ほか御林野火延焼につき岩鼻陣屋役人検分覚書（新田郡藪塚本町大原 滝原経男氏所蔵）……209
84 明治元年十一月 新田郡本町村ほか岩鼻県御林書上帳（新田郡藪塚本町大原 滝原経男氏所蔵）……215

入会・秣場……218

85 寛文十二年六月 山田郡上仁田山村山永改帳（桐生市川内町 高野直久氏所蔵）……218
86 寛文十二年十月 山田郡久方村地内大場間村・鳳仙寺山論裁許絵図裏書（桐生市梅田町 鳳仙寺蔵）……224
87 貞享四年七月 勢多郡楡沢村と下神梅村ほか六ヵ村山論裁許絵図裏書（勢多郡黒保根村水沼 黒保根村役場蔵）……224

88 元禄二年十二月 山田郡堤・本宿村山論裁許絵図裏書（桐生市本町 新居宝氏所蔵）……225
89 延宝四年三月 勢多郡下田沢村ほか五ヵ村赤城山野火付禁止取極め書（勢多郡黒保根村下田沢 尾池寛一氏所蔵）……226
90 文化十二年十一月 勢多郡草木村横川山秣場出入内済証文（勢多郡東村花輪 高草木重鋕氏所蔵）……226
91 天保六年十二月 桐生新町新居家持山につき山境并山永覚（桐生市本町 新居宝氏所蔵）……228
92 弘化二年二月 桐生新町新居家持山につき控山証文（桐生市本町 新居宝氏所蔵）……228
93 弘化四年六月 勢多郡小夜戸村大畑組秣場出入内済証文（勢多郡黒保根村水沼 星野愷氏所蔵）……229
94 安政五年四月 山田郡本宿・新宿村地境取替せ証文（桐生市本町 新居宝氏所蔵）……231

林業・山稼……232

95 貞享四年三月 勢多郡神戸村ほか炭焼窯札割当手形（勢多郡東村沢入 小倉清一郎氏所蔵）……232
96 元禄二年九月 勢多郡沢入村百姓山山銭上納につき村役人念書（勢多郡東村沢入 小倉清一郎氏所蔵）……232
97 享保十二年十二月 勢多郡沢入村古林・中林・新林出入扱証文（勢多郡東村沢入 小倉清一郎氏所蔵）……233
98 享保十五年十一月 勢多郡沢入村炭焼紛争一件取替せ証文（勢多郡東村沢入 小倉清一郎氏所蔵）……233
99 寛政六年四月 勢多郡沢入村下駄稼につき惣百姓返答書（勢多郡東村沢入 小倉清一郎氏所蔵）……237
100 文化十一年四月 勢多郡沢入村割山確認願（勢多郡東村沢入 小倉清一郎氏所蔵）……239
101 文化十一年十二月 勢多郡沢入村新規山稼願（勢多郡東村沢入 小倉清一郎氏所蔵）……240
102 弘化二年十一月 勢多郡沢入山売木代金割渡し出入内済証文（勢多郡東村沢入 小倉清一郎氏所蔵）……242

第3節 年貢……244
割付・皆済……244

103 寛永六年十一月 勢多郡水沼村年貢割付状（勢多郡黒保根村水沼 星野愷氏所蔵）……244

群馬県史 資料編15 近世7

104 寛永十九年十一月 山田郡大間々新田年貢割付状（山田郡大間々町大間々 長沢温男氏所蔵）……………………245
105 承応元年十一月 下野国足利郡上菱村年貢割付状（桐生市稲荷町 桐生市立図書館蔵）……………………245
106 承応元年十一月 山田郡上桐原村年貢割付状（山田郡大間々町桐原 粕川鶴男氏所蔵）……………………246
107 天和二年 山田郡下久方村田畑桑楮割付帳（桐生市稲荷町 桐生市立図書館蔵）……………………247
108 貞享元年七月 勢多郡水沼村年貢皆済目録（勢多郡黒保根村水沼 星野愷氏蔵）……………………254
109 元禄二年八月 山田郡塩原村年貢皆済目録（山田郡大間々町塩原 高草木正太郎氏所蔵）……………………254
110 元禄二年十一月 桐生新町年貢割付状（桐生市稲荷町 桐生市立図書館蔵）……255
111 元文五年十一月 山田郡下広沢村年貢割付状（桐生市広沢町 彦部敏郎氏所蔵）……………………257
112 元文六年二月 山田郡下広沢村年貢皆済目録（桐生市広沢町 彦部敏郎氏所蔵）……………………258
113 寛保二年十一月 勢多郡水沼村年貢割付状（勢多郡黒保根村水沼 星野愷氏蔵）……………………259
114 寛保三年五月 勢多郡水沼村年貢皆済目録（勢多郡黒保根村水沼 星野愷氏所蔵）……………………261
115 寛保三年九月 山田郡上仁田山村年貢割付状（桐生市川内町 高野直久氏所蔵）……………………262
116 安政四年十月 新田郡阿左村年貢割付状（新田郡笠懸村阿左美 赤石ハツ江氏所蔵）……………………264
117 安政五年三月 新田郡阿左村年貢皆済目録（新田郡笠懸村阿左美 赤石ハツ江氏所蔵）……………………264

検見・減免 ……………………265

118 宝永二年九月 勢多郡上田沢村年貢減免願（勢多郡黒保根村上田沢 松本要太郎氏蔵）……………………265
119 正徳二年十月 勢多郡下田沢村ほか四ヵ村再検地願（勢多郡黒保根村下田沢 深沢千秋氏所蔵）……………………265
120 寛政七年十一月 新田郡阿左美村ほか三ヵ村二重上納免除につき再願書（新田郡笠懸村阿左美 赤石ハツ江氏所蔵）……266
121 天保十年九月 勢多郡上田沢村貢免除地山守増員願（勢多郡黒保根村上田沢 新井律子氏所蔵）……………………267

第4節 農業 ……………………268
 農事 ……………………268

122 自文化九年至嘉永四年 新田郡西鹿田村高橋家農業記録（新田郡笠懸村西鹿田 高橋守夫氏所蔵）……………………268

 用水 ……………………306

123 寛文十二年四月 新田郡笠懸野新開発につき渡良瀬川水取証文（新田郡藪塚本町藪塚 今泉盛政氏所蔵）……306
124 元禄十二年六月 新田郡藪塚村田方用水阿左沼水利用願（新田郡藪塚本町藪塚 今泉盛政氏所蔵）……307
125 享保二年五月 山田郡下広沢村用水普請願（桐生市広沢町 彦部敏郎氏蔵）……………………308
126 延享元年十一月 新田郡今泉村用水金打堰水上げ願（千葉県習志野市藤崎 吉田鯤氏所蔵）……………………309
127 明和七年閏六月 新田郡阿左美村旱魃につき見分願（新田郡笠懸村阿左美 赤石ハツ江氏所蔵）……………………310
128 天明五年七月 新田郡阿左美村烏岡用水懸樋引水願（新田郡笠懸村阿左美 藤生欽二郎氏所蔵）……………………311
129 天保十四年五月 勢多郡神戸村荒畠地引水につき宥免願（勢多郡黒保根村下田沢 尾池寛一氏所蔵）……………………312
130 嘉永六年六月 山田郡下久方村ほか四ヵ村大堰下用水路取替せ議定（桐生市西久方町 田村勝子氏所蔵）……313
131 文久三年九月 笠懸野古堀筋井水路借請証文（山田郡大間々町大間々 高草木浩平氏所蔵）……………………314
132 元治元年七月 山田郡下久方村鳳仙寺沢用水分水につき仮樋試行願（桐生市梅田町 田中周嗣氏所蔵）……315

 水車 ……………………316

133 明和三年三月 勢多郡水沼村水車運上減免願（勢多郡黒保根村水沼 目黒八重治氏所蔵）……………………316
134 明和七年七月 山田郡下広沢村水車出入内済証文（桐生市広沢町 彦部敏郎氏所蔵）……………………317
135 文久三年八月 水車輪替普請諸入用板柏取控帳（勢多郡黒保根村上田沢 小林善作氏所蔵）……………………317
136 明治二年七月 山田郡高津戸村流失水車再築につき取替せ証文（山田郡大間々町高津戸 阿久津里次氏所蔵）……………………320

県史誌内容総覧・資料編1：近世一関東 231

群馬県史 資料編15 近世7

137　明治二年七月　勢多郡上田沢村水車賃値上口上（勢多郡黒保根村上田沢 小林善作氏所蔵）……………………………320
138　明治三年九月　勢多郡上田沢村車屋又八水車見取図写（勢多郡黒保根村上田沢 小林善作氏所蔵）………………321
鉄砲 ……………………………………………321
139　正徳三年八月　勢多郡上田沢村鉄砲証文改帳（勢多郡黒保根村上田沢 小林善作氏所蔵）……………………………321
140　天保九年十一月　下野国足利郡小友村鉄砲改証文（桐生市稲荷町 桐生市立図書館蔵）……………………………323
141　安政四年六月　勢多郡沢入村鉄砲鑑札書替帳（勢多郡東村沢入 小倉清一郎氏所蔵）……………………………324
142　文久二年正月　山田郡下広沢村ほか二ヵ村四季打鉄砲証文（桐生市広沢町 彦部敏郎氏所蔵）……………………325
143　文久三年十二月　勢多郡上田沢村四季打鉄砲打止証文（勢多郡黒保根村上田沢 小林善作氏所蔵）………………326
144　文久三年十二月　勢多郡上田沢村獲物員数書上帳（勢多郡黒保根村上田沢 小林善作氏所蔵）…………………327

第4章　産業と交通 ……………………………329
＜写＞花輪村の銅蔵（勢多郡東村花輪 高草木重鎰家）………………………………330
第1節　蚕糸業 …………………………………331
養蚕・蚕種 ……………………………………331
145　宝暦十年四月　勢多郡八木原村桑場流売渡証文（勢多郡黒保根村水沼 星野愷氏所蔵）………………………331
146　天明七年十二月　勢多郡上田沢村屋敷廻り桑売渡証文（勢多郡黒保根村上田沢 小林善作氏所蔵）……………331
147　寛政七年五月　勢多郡沢入村蚕種株借請証文（勢多郡東村沢入 小倉清一郎氏所蔵）……………………………331
148　文政二年五月　勢多郡沢入村奥州本場蚕種仕入帳（勢多郡東村沢入 小倉清一郎氏所蔵）……………………332
149　文政七年四月　勢多郡沢入村奥州種商人種場預り証文（勢多郡東村沢入 小倉清一郎氏所蔵）……………………335
150　天保六年九月　勢多郡上田沢村桑質証文（勢多郡黒保根村水沼 星野愷氏所蔵）………………………………335
151　天保十年十二月　勢多郡小夜戸村桑質証文（山田郡大間々町大間々 小野善一郎氏所蔵）………………………336
152　慶応元年九月　新田郡阿左美村横浜出し蚕種買付手金差縺出入訴状（新田郡笠懸村鹿 岩崎全男氏所蔵）…………336
153　慶応二年二月　勢多郡花輪村蚕種買付代金支払方取替せ証文（勢多郡東村花輪 高草木重鎰氏所蔵）……………338
154　明治二年六月　大間々町桑木買取証文（山田郡大間々町桐原 粕川鶴男氏所蔵）………………………………339
糸・繭 …………………………………………339
155　天明六年十二月　勢多郡塩沢新田賃挽繭預り証文（勢多郡黒保根村水沼 星野愷氏所蔵）……………………339
156　寛政元年六月　勢多郡水沼村釜入繭残金返済滞り出入内済証文（勢多郡黒保根村水沼 星野愷氏所蔵）…………339
157　寛政九年十月　山田郡高沢村糸商人年賦金借用証文（山田郡大間々町大間々 小野善一郎氏所蔵）………………340
158　享和二年　勢多郡水沼村星野家釜入帳（勢多郡黒保根村水沼 星野愷氏所蔵）………………………………341
159　文化四年三月　山田郡桐原村為登糸仕切価格につき取替せ証文（山田郡大間々町桐原 粕川鶴男氏所蔵）……343
160　文化十四年四月　山田郡下新田村糸売掛金滞り出入訴状（桐生市川内町 高野直久氏所蔵）……………………344
161　安政五年十二月　勢多郡上田沢村身代金取手間代差引返済差縺出入返答書（勢多郡黒保根村上田沢 小林善作氏所蔵）……………………………346
162　自安政六年至明治二年　勢多郡下田沢村糸繭商人万代経済録（勢多郡黒保根村下田沢 尾池寛一氏所蔵）………347
163　慶応元年閏五月同四年七月　山田郡塩原村横浜出し大間々提糸仕切状（二通）（山田郡大間々町塩原 高草木正太郎氏所蔵）……………………………349
164　年次不詳　山田郡塩原村奥州繭仕切状（二通）（山田郡大間々町塩原 高草木正太郎氏所蔵）……………………351
165　年次不詳　新田郡本町村糸繭商人仲間議定書（新田郡藪塚本町大原 滝原経男氏所蔵）……………………………352

第2節　桐生織物 ………………………………357
絹市 ……………………………………………357
（1）　桐生絹市 ………………………………357
166　享保六年六月　桐生新町玉上家三井越後屋絹買宿請合証文（東京都中野区上高田 三井文庫蔵）………………357
［＊絹買宿］

232　県史誌内容総覧・資料編1：近世—関東

167　享保十六年七月　桐生市絹売買見世賃取極め証文（桐生市本町　新居宝氏所蔵）…………358
168　自明和八年至天保九年　三井家上州旅買方条目（東京都中野区上高田　三井文庫蔵）…………358
169　天保二年五月　桐生市差配につき願書（桐生市本町　新居宝氏所蔵）……367
170　天保六年　桐生市繁栄のため絹買仲間株取極め願書（千葉県習志野市藤崎　吉田幌氏所蔵）…………368
171　明治四年十月　桐生市織物売買につき約定書（桐生市広沢町　藤生義雄氏所蔵）…………370
172　明治五年四月　桐生産織物元治元年以来相場書上（桐生市稲荷町　桐生市立図書館蔵）…………371
173　年次不詳　桐生市立替并織物之記（桐生市本町　新居宝氏所蔵）…………378
（2）　大間々絹市ほか…………390
174　寛延二年五月　山田郡桐原村絹市衰微につき再興願（山田郡大間々町桐原　粕川鶴男氏所蔵）…………390
175　天保十一年三月　大間々糸絹市の由来（山田郡大間々町桐原　藤生素三氏所蔵）…………391
（3）　足利出市差止一件…………392
176　天保八年十一月　桐生絹屋織屋議定書（千葉県習志野市藤崎　吉田幌氏所蔵）…………392
177　天保十一年十月　桐生新町足利出市一件始末書草稿（千葉県習志野市藤崎　吉田幌氏所蔵）…………405
178　安政六年五月　桐生新町足利出市一件書面写（千葉県習志野市藤崎　吉田幌氏所蔵）…………409
179　文久元年三月　桐生新町足利出市一件内済証文（桐生市宮本町　金谷利男氏所蔵）…………413
180　文久二年三月　桐生絹買足利出市議定書（桐生市稲荷町　桐生市立図書館蔵）…………416
仲間…………417
（1）　買次仲間…………417
181　自寛政三年正月至明治二年八月　桐生絹買仲間定法記（桐生市稲荷町　桐生市立図書館蔵）…………417
182　文化六年十二月　桐生買次口銭値増しにつき関東問屋書状（桐生市稲荷町　桐生市立図書館蔵）…………433
183　文政二年十二月　桐生絹買仲間市場取締願（桐生市稲荷町　桐生市立図書館蔵）…………433

184　自天保七年三月至同十二年九月　桐生木綿買次仲間定法記（桐生市稲荷町　桐生市立図書館蔵）…………434
185　天保十年八月　桐生仲買新組議定書案（桐生市稲荷町　桐生市立図書館蔵）…………468
186　天保十二年七月　絹札取扱いにつき桐生絹買仲間請書（桐生市稲荷町　桐生市立図書館蔵）…………469
187　天保十二年十二月　仲間解散に伴う預り金渡しにつき桐生絹買仲間宛江戸問屋書状（桐生市稲荷町　桐生市立図書館蔵）…………470
188　安政五年七月　江戸問屋との取引につき桐生絹買仲間口上書（桐生市稲荷町　桐生市立図書館蔵）…………471
189　安政七年三月　桐生絹買次仲間旧記（桐生市稲荷町　桐生市立図書館蔵）…………472
190　元治元年六月　織物値下げ要求につき江戸呉服問屋書状（桐生市稲荷町　桐生市立図書館蔵）…………496
191　慶応二年三月　桐生領五四ヵ村旗絹上納再興仕法書（桐生市稲荷町　桐生市立図書館蔵）…………498
192　年次不詳　桐生買次仲間江戸取引先覚書（桐生市稲荷町　桐生市立図書館蔵）…………500
（2）　織屋仲間…………502
193　安永十年二月　桐生領外機取立禁止議定書（桐生市堤町　大沢源一郎氏所蔵）…………502
194　文化九年十二月　桐生新町奉公人宿取締願（桐生市稲荷町　桐生市立図書館蔵）…………504
195　文化十四年十月　桐生織物長久繁昌趣法書（桐生市本町　新居宝氏所蔵）…………505
196　文政七年二月　桐生織屋仲間掟書（千葉県習志野市藤崎　吉田幌氏所蔵）…………506
197　文政十三年三月　撚屋糸買入取締りにつき桐生織屋総代願書（桐生市稲荷町　桐生市立図書館蔵）…………506
198　文政十三年四月　不正糸売買取締りにつき桐生織屋総代願書（桐生市稲荷町　桐生市立図書館蔵）…………507
199　天保六年二月　下野国足利郡下菱村織屋等の機株・会所取立願につき桐生織屋始末書付（千葉県習志野市藤崎　吉田幌氏所蔵）…………509

200　弘化三年四月　桐生織屋足利方高機皆止企てにつき経過書留（千葉県習志野市藤崎　吉田幌氏所蔵）……………512
201　嘉永五年十一月　不正品売買につき桐生織屋議定書（桐生市広沢町　藤生義雄氏所蔵）……………………515
202　安政三年二月　桐生織物寸法定書（桐生市稲荷町　桐生市立図書館蔵）……516
203　安政四年十一月　桐生御召織屋仲間定書（桐生市本町　新居宝氏所蔵）……517
（3）　諸職仲間 …………………………518
204　文化八年八月　桐生染張屋仲間掟書（桐生市稲荷町　桐生市立図書館蔵）…………………………………518
205　文政十三年十月　桐生新町紺屋職人取締りにつき申渡書（桐生市稲荷町　桐生市立図書館蔵）……………521
206　天保二年四月　桐生紺屋仲間取立願書（桐生市稲荷町　桐生市立図書館蔵）…………………………………521
207　天保十一年　桐生績屋仲間續賃定書（桐生市稲荷町　桐生市立図書館蔵）…………………………………522
208　安政二年十一月　染代値上げにつき桐生染張屋仲間願書（桐生市稲荷町　桐生市立図書館蔵）……………522
209　安政四年二月　五節句休日等につき桐生張屋仲間請書（桐生市稲荷町　桐生市立図書館蔵）………………523
210　万延元年七月　勘定日払いにつき桐生張屋仲間願書（桐生市稲荷町　桐生市立図書館蔵）………………524
211　万延元年十一月　桐生織物染張代書上（桐生市稲荷町　桐生市立図書館蔵）…………………………………525

経営 ………………………………………531
（1）　桐生新町書上家 ………………531
212　寛政六年九月同七年十一月　書上家宛絹問屋仕切状（二通）（桐生市稲荷町　桐生市立図書館蔵）……………531
213　文政二年六月　書上文左衛門隠居願（桐生市稲荷町　桐生市立図書館蔵）…………………………………533
214　文政十年十月　家事法立覚（桐生市稲荷町　桐生市立図書館蔵）……………533
215　嘉永二年正月同二年四月　京都近江屋買宿依頼状并桐生書上家請書（二通）（桐生市稲荷町　桐生市立図書館蔵）…………………………………536
216　自安政四年至慶応三年　貨殖秘簿（桐生市稲荷町　桐生市立図書館蔵）…537

217　文久二年閏八月　生糸仕入金借用証文（桐生市稲荷町　桐生市立図書館蔵）…………………………………546
218　文久二年十一月　練物引請証文（桐生市稲荷町　桐生市立図書館蔵）……546
（2）　山田郡桐原村藤生家 ……………
219　万延元年　桐生・足利絹仕入帳（山田郡大間々町桐原　藤生素三氏所蔵）…547
220　万延元年　糸絹差引帳（山田郡大間々町桐原　藤生素三氏所蔵）…………548
221　万延元年　諸国売物書抜帳（山田郡大間々町桐原　藤生素三氏所蔵）………549
（3）　桐生新町新居家 ………………553
222　嘉永七年十月　諸方貸金取調帳（桐生市本町　新居宝氏所蔵）………………553
223　慶応元年七月同元年八月　万染張控帳（桐生市本町　新居宝氏所蔵）……557
224　明治四年正月　店卸帳（桐生市本町　新居宝氏所蔵）……………………558
（4）　山田郡下広沢村彦部家 …………560
225　嘉永元年　大福帳（『大福帳』/桐生市広沢町　彦部敏郎氏所蔵）……………560
226　安政六年　市日記（桐生市広沢町　彦部敏郎氏所蔵）……………………563
227　年次不詳　奉公人給金附帳（桐生市広沢町　彦部敏郎氏所蔵）……………567
（5）　諸家経営 ………………………569
228　文化三年二月　山田郡桐原村粕川家宛絹問屋仕切帳（山田郡大間々町桐原　粕川鶴男氏所蔵）…………………569
229　天保十五年正月　勢多郡水沼村星野家機方諸入用帳（勢多郡黒保根村水沼　星野愷氏所蔵）…………………570
230　自慶応四年正月至明治二年四月　桐生新町森家織物通帳（桐生市本町　森寿作氏所蔵）…………………………572
231　年次不詳　桐生新町吉田家宛天鵞絨職人斡旋方依頼につき返書（二通）（千葉県習志野市藤崎　吉田幌氏所蔵）…………………………………577
（6）　奉公人 …………………………578
232　宝暦三年十月　桐生新町新居家染張奉公人請状（桐生市本町　新居宝氏所蔵）…………………………………578
233　寛政六年四月　越後国機械奉公人雇入れにつき道中筋通行願（桐生市本町　新居宝氏所蔵）………………………579
234　文政十三年　桐生新町機織奉公人休日并洗濯日定書（桐生市稲荷町　桐生市立図書館蔵）……………………579
235　天保十四年二月　山田郡下久方村田中家機織奉公人請状（桐生市梅田町　田中周嗣氏所蔵）……………………580

236　天保十五年九月　桐生新町吉田家
　　機織奉公人請状（千葉県習志野市藤崎
　　吉田幌氏所蔵）……………………580
237　嘉永三年七月同四年八月　山田郡
　　堤村大沢家機織奉公人請状（二
　　通）（桐生市堤町 大沢源一郎氏所蔵）…581
238　万延元年十二月　山田郡下広沢村
　　藤生家機織奉公人請状（桐生市広沢町
　　藤生義雄氏所蔵）…………………582
239　年次不詳　山田郡下広沢村藤生家
　　機織奉公人給金前借証文（桐生市広沢
　　町 藤生義雄氏所蔵）………………582
240　年次不詳　新田郡本町村機織奉公
　　人前貸金取立訴状（勢多郡東村沢入 小
　　倉清一郎氏所蔵）…………………583
(7)　賃機その他諸職 …………………583
241　寛政九年四月　桐生新町ほか染地
　　反物滞り入に入につき訴状（桐生市稲荷
　　町 桐生市立図書館蔵）……………583
242　弘化三年十二月　山田郡下広沢村
　　彦部家織賃前借証文（桐生市広沢町 彦
　　部敏郎氏所蔵）……………………586
243　安政三年二月　桐生新町森家賃織
　　人請状（桐生市本町 森寿作氏所蔵）…586
244　安政三年九月　山田郡今泉村紬屋
　　開業につき賃糸請負証文（桐生市本町
　　森寿作氏所蔵）……………………586
245　安政五年十月　桐生新町賃機前借
　　金返済方証文（桐生市本町 森寿作氏所
　　蔵）…………………………………587
246　文久元年十二月　桐生新町森家糸
　　張手間前金借用証文（桐生市本町 森寿
　　作氏所蔵）…………………………587
247　文久二年正月　各種織糸撚賃議定
　　書（版）（桐生市本町 周東隆一氏所
　　蔵）…………………………………588
248　元治二年三月　桐生新町糸繰賃値
　　上差縺一件につき入置証文（桐生市本
　　町 森寿作氏所蔵）…………………589
249　慶応四年二月　山田郡下広沢村藤
　　生家賃織証文（桐生市広沢町 藤生義雄
　　氏所蔵）……………………………590
御用織物 ………………………………………590
250　文化三年正月　桐生新町新居家尾張
　　徳川家御用機取立につき取替せ証文
　　（桐生市本町 新居宝氏所蔵）……590
251　天保七年二月　桐生新町吉田家尾張
　　徳川家御用機取立につき申上書（千葉県
　　習志野市藤崎 吉田幌氏所蔵）……591
252　天保七年十一月　尾張徳川家呉服御
　　用商人隠退につき桐生新町吉田家跡役
　　願（千葉県習志野市藤崎 吉田幌氏所
　　蔵）…………………………………592

253　天保八年十二月　桐生新町吉田家尾
　　張徳川家御用織物受注につき口演（千葉
　　県習志野市藤崎 吉田幌氏所蔵）…………593
254　天保十一年　山田郡桐原村藤生家一
　　橋家御用反物送状書抜帳（山田郡大間々
　　町桐原 藤生素三氏所蔵）…………………594
255　天保十二年四月　山田郡桐原村藤生
　　家一橋家御用反物仕訳帳（山田郡大間々
　　町桐原 藤生素三氏所蔵）…………………598
256　天保十二年四月　山田郡桐原村藤生
　　家一橋家御用反物代金勘定取調帳（山田
　　郡大間々町桐原 藤生素三氏所蔵）………599
開港 ……………………………………………600
257　安政六年九月　生糸横浜出しにつき
　　桐生機下職愁訴状（桐生市稲荷町 桐生市
　　立図書館蔵）………………………………600
258　安政六年　横浜交易糸歎願書（桐生市
　　宮本町 金谷利男氏所蔵）…………………601
259　万延元年六月　貿易荷物取締りにつ
　　き桐生買次宛書状（桐生市稲荷町 桐生市
　　立図書館蔵）………………………………615
260　万延元年七月　生糸横浜出しにつき
　　江戸呉服問屋宛書状（桐生市稲荷町 桐生
　　市立図書館蔵）……………………………615
261　万延二年二月　山田郡下広沢村糸価
　　高騰織物渡世難渋につき届書（桐生市広
　　沢町 藤生義雄氏所蔵）……………………616
262　文久三年二月　桐生染張屋仲間染張
　　賃値上願（桐生市稲荷町 桐生市立図書館
　　蔵）…………………………………………617
263　慶応二年六月　桐生黒染張屋染張賃
　　値上願（桐生市稲荷町 桐生市立図書館
　　蔵）…………………………………………617
264　明治二年十一月　桐生新町森家唐糸
　　勘定帳（桐生市本町 森寿作氏所蔵）……619

第3節　特産物 ………………………………621
石灰ほか ………………………………………621
265　天保九年六月　新田郡阿左美村国瑞
　　寺山石灰焼立出入内済証文（新田郡笠懸
　　村阿左美 赤石ハツ江氏所蔵）……………621
266　自天保十四年五月至同十四年閏九
　　月　山田郡上久方村高園寺砥山試掘願
　　（桐生市梅田町 高園寺所蔵）……………623
267　文久元年四月　山田郡上久方村西方
　　寺領内石灰稼につき入置議定（桐生市梅
　　田町 田中周嗣氏所蔵）……………………626
268　明治元年十月　山田郡上仁田山村地
　　内石灰焼立許可延引願（桐生市川内町 高
　　野直久氏所蔵）……………………………627
漁猟 ……………………………………………628
269　文化四年二月　勢多郡上神梅村・山
　　田郡塩原村百姓鮎簗猟出入内済証文
　　（桐生市宮前町 栗田豊三郎氏所蔵）……628

270　文化四年四月　渡良瀬・桐生川漁猟につき下野国足利町請負人焼印札配布方触流願(桐生市稲荷町 桐生市立図書館蔵)……………………………………629
271　文政九年七月　桐生新町鮎高値買禁止触廻状留(『町内廻状写』/桐生市稲荷町 桐生市立図書館蔵)……………629
272　文政十一年七月　渡良瀬・桐生川鮎簗猟につき不許可稼人差押方触状留(『拾九番日記』/桐生市稲荷町 桐生市立図書館蔵)…………………………………630
273　明治二年五月　勢多郡上田沢村毒流し漁法禁止議定(勢多郡黒保根村上田沢 小林善作氏所蔵)……………632

第4節　商工業 ……………633
市・相場 ……………633
274　慶長十四年十月　山田郡大間々新市上桐原村新市立につき故障申立訴状(山田郡大間々町大間々 長沢温男氏所蔵)……633
275　寛永二十一年二月　山田郡上桐原村新市立につき大間々新田惣百姓訴状(山田郡大間々町大間々 長沢温男氏所蔵)……634
276　正徳六年三月　大間々町組頭祖父新町割貢献につき除地再認願(山田郡大間々町大間々 長沢温男氏所蔵)…634
277　文化七年六月　桐生新町市場浜附荷物馬方差配につき願書(桐生市稲荷町 桐生市立図書館蔵)………………635
278　文化七年七月　桐生新町市場浜附荷物馬方差配引請証文(桐生市稲荷町 桐生市立図書館蔵)………………636
279　文化九年九月　桐生新町市場酒屋茶屋等見世先不法者取締訴訟経費高割方願(桐生市稲荷町 桐生市立図書館蔵)……………………………………636
280　文政四年十一月　桐生新町市場猥りにつき仕法遵守方町触(『御触書并回状留』/桐生市本町 新居宝氏所蔵)………638
281　文政七年七月　山田郡新宿村新市立につき桐生新町故障一件始末書(桐生市稲荷町 桐生市立図書館蔵)……638
282　文政九年四月　桐生新町市場流見世取締りにつき二丁目百姓願書(桐生市稲荷町 桐生市立図書館蔵)…………639
283　文政九年八月　桐生新町町内穀相場値下げにつき投込訴状(桐生市稲荷町 桐生市立図書館蔵)………………640
284　天保六年十二月　桐生新町米相場書上(『十二番日記』/桐生市稲荷町 桐生市立図書館蔵)……………………641
285　天保十一年十月　勢多郡花輪村市米相場書上(勢多郡東村花輪 高草木重鎚氏所蔵)……………………………641

286　天保十四年五月　桐生新町市場他所者商人猥りにつき触書(『御触書及回状留』/桐生市本町 新居宝氏所蔵)………641
287　弘化二年八月　桐生新町出市穀升売許可触書(『御触書及回状留』/桐生市本町 新居宝氏所蔵)………………642
288　弘化四年二月　桐生新町貸見世につき取極め廻状(『御触書及回状留』/桐生市本町 新居宝氏所蔵)……………642
289　嘉永元年七月　勢多郡沢入村在中市場等香具渡世人取締触書(『御用日記』/勢多郡東村沢入 小倉清一郎氏所蔵)……643
290　嘉永六年二月　新田郡本町村市場定書(新田郡藪塚本町大原 滝原經男氏所蔵)……………………………………643
291　嘉永七年八月　桐生新町仲見世渡世人仕入帳紛失につき一札(桐生市稲荷町 桐生市立図書館蔵)………………645
292　年次不詳　大間々町日見世定(山田郡大間々町大間々 小野善一郎氏所蔵)……646

商人 ……………647
293　天和二年四月　大間々町商人繰綿買掛金残金支払延期願(山田郡大間々町大間々 長沢温男氏所蔵)……………647
294　享保二十年正月　新田郡本町村商人金銀有高割合目録(新田郡藪塚本町大原 椎名敏夫氏所蔵)………………647
295　文化八年六月　桐生新町新規魚問屋稼故障有無糺しにつき一札(桐生市稲荷町 桐生市立図書館蔵)……………648
296　文政二年　桐生新町商人長沢家分散割合覚帳(桐生市稲荷町 桐生市立図書館蔵)……………………………………649
297　文政三年四月　勢多郡村々年貢米地払いにつき入札方触書(『御触書写控』/桐生市稲荷町 桐生市立図書館蔵)………651
298　文政五年十二月　新田郡藪塚村穀屋米引当仕入金借用証文(新田郡藪塚本町藪塚 新井喜美子氏所蔵)……………652
299　文政九年八月　桐生新町古道具屋仲間議定(桐生市稲荷町 桐生市立図書館蔵)………………………………652
300　文政九年八月　桐生新町古道具屋仲間陣屋水賦役上納願(桐生市稲荷町 桐生市立図書館蔵)………………652
301　文政十三年十月　桐生新町酒屋煮売渡世人冥加金上納願(桐生市稲荷町 桐生市立図書館蔵)………………653
302　天保二年四月　桐生新町諸仲間冥加金上納書上(『御借上金并寸志金上納名前帳』/桐生市稲荷町 桐生市立図書館蔵)…655

303　天保三年七月　新田郡本町村椎名家奉公人恩賞金受取証文（新田郡藪塚本町大原　椎名敏夫氏所蔵）……………658
  304　天保六年五月　桐生新町豆腐屋油揚値上願（桐生市稲荷町　桐生市立図書館蔵）………………………………658
  305　嘉永三年十一月　桐生新町商人不景気につき町永益積金免除願（桐生市稲荷町　桐生市立図書館蔵）…………659
  306　年次不詳　勢多郡水沼村星野家宛津軽米舟送状（勢多郡黒保根村水沼　星野愷氏所蔵）………………………660
職人 ………………………………………660
  307　文政三年七月　桐生新町髪結歩役免除願（桐生市稲荷町　桐生市立図書館蔵）………………………………660
  308　文政十三年十二月　山田郡今泉村髪結一件吟味取下げ願（桐生市稲荷町　桐生市立図書館蔵）………………661
  309　天保三年三月　勢多郡花輪村左官郷蔵壁塗請負証文（勢多郡東村花輪　高草木重鏊氏所蔵）……………………662
  310　天保三年十月　桐生新町大工今泉村観音院本堂改築仕様帳（桐生市東　観音院所蔵）……………………………663
  311　弘化四年十二月　勢多郡草木村石工切石売渡証文（勢多郡東村沢入　小倉清一郎氏所蔵）……………………663
  312　元治元年十一月　桐生新町諸職人賃銀定触書（『御触書廻状留』／桐生市本町　新居宝氏所蔵）…………………664
  313　明治二年六月　勢多郡沢入村諸職人国役上納帳（勢多郡東村沢入　小倉清一郎氏所蔵）………………………665
  314　年次不詳　勢多郡花輪村彫物師常八細工請負証文（山田郡大間々町桐原　藤生素三氏所蔵）……………………666
農間渡世 …………………………………667
  315　天保九年八月　山田郡桐原村農間渡世人書上（山田郡大間々町桐原　桐原郷蔵蔵）………………………………667
  316　明治二年七月　桐生新町寄場組合村人別家業改請印帳（桐生市稲荷町　桐生市立図書館蔵）…………………669
質屋 ………………………………………736
  317　文政十一年三月　桐生新町質屋年間質取高書上（桐生市稲荷町　桐生市立図書館蔵）……………………………736
  318　弘化四年十一月　桐生新町質屋仲間定法記（桐生市本町　矢ого昭氏所蔵）……738
  319　嘉永六年　桐生新町組合村質屋仲間日記（桐生市本町　矢内昭氏所蔵）………741
酒造 ………………………………………747

  320　明和六年八月　大間々町酒蔵并諸道具等貸渡証文（山田郡大間々町大間々　長沢郁男氏所蔵）……………………747
  321　文化二年八月　勢多郡水沼村酒造株借用証文（勢多郡東村沢入　小倉清一郎氏所蔵）……………………………748
  322　天保二年十月　桐生新町落札酒造米不足につき取計方願（桐生市稲荷町　桐生市立図書館蔵）…………………748
  323　天保五年八月　大間々町酒造株并地面建物諸道具等貸渡証文（山田郡大間々町大間々　長沢郁男氏所蔵）………748
  324　天保九年八月　勢多郡水沼村酒造株譲渡証文（勢多郡黒保根村水沼　星野愷氏所蔵）……………………………749
  325　文久二年五月　新田郡本町村造酒江戸積認可願（新田郡藪塚本町大原　椎名敏夫氏所蔵）………………………750
第5節　交通・運輸 ………………………750
足尾銅山街道ほか ………………………750
  326　自寛文三年八月至寛保二年四月　勢多郡花輪村御用銅問屋人馬継立証文ほか古書物写（勢多郡東村花輪　高草木重鏊氏所蔵）…………………………750
  327　享保四年五月　山田郡桐原村銅荷物附送方願（山田郡大間々町桐原　桐原郷蔵蔵）………………………………756
  328　元文三年十一月　勢多郡宿廻村ほか銅荷物附送馬出し方証文（勢多郡東村花輪　高草木重鏊氏所蔵）……………756
  329　寛延二年四月　勢多郡沢入・花輪村御用銅問屋駄賃出入内済証文（勢多郡東村花輪　高草木重鏊氏所蔵）………757
  330　明和元年九月　勢多郡花輪村御用銅問屋勤方明細帳（勢多郡東村花輪　高草木重鏊氏所蔵）……………………757
  331　明和八年三月　勢多郡花輪村ほか御用銅問屋勤方仕来りにつき返答書（勢多郡東村花輪　高草木重鏊氏所蔵）……759
  332　明和九年四月　足尾銅山役姉村々陣屋并五カ宿問屋人用につき定書（勢多郡東村花輪　高草木重鏊氏所蔵）………761
  333　文化十二年十月　山田郡桐原村御用銅問屋役郷々差替上申書（勢多郡東村花輪　高草木重鏊氏所蔵）……………766
  334　文化十二年十月　武蔵国川越本町荷主根利山炭荷物牛附出しにつき心得方入置証文（勢多郡東村花輪　高草木重鏊氏所蔵）……………………………767
  335　文政七年三月　勢多郡水沼村ほか炭荷物馬附送願（勢多郡黒保根村下田沢　深沢千秋氏所蔵）……………………768

県史誌内容総覧・資料編 1: 近世―関東　　237

336　文政十年十一月　勢多郡沢入村ほか
　　御用銅問屋駄賃銭割増書付（勢多郡東
　　村花輪　高草木重鋕氏所蔵）……………769
337　天保十二年四月　勢多郡荻原村名主
　　炭荷物牛附方難渋出入内済証文（勢多郡
　　黒保根村下田沢　深沢千秋氏所蔵）……770
338　天保十四年正月　山田郡桐原村ほか
　　御用銅一件書上帳（山田郡大間々町桐原
　　藤生弘之氏所蔵）……………………………773
339　弘化四年十一月　勢多郡花輪村ほか
　　江戸廻銅包莚請負証文（勢多郡東村花輪
　　高草木重鋕氏所蔵）……………780
340　嘉永元年十一月　勢多郡花輪村ほか
　　御用銅問屋扶持米受取証文（勢多郡東村
　　花輪　高草木重鋕氏所蔵）……………781
341　安政二年十一月　勢多郡花輪村足尾
　　陣屋御用夫伝馬勤方帳（勢多郡東村花輪
　　高草木重鋕氏所蔵）……………781
342　明治二年七月　勢多郡花輪村御用銅
　　問屋役勤方伺（勢多郡東村花輪　高草木重
　　鋕氏所蔵）……………………………………785
343　明治二年八月　桐生新町馬持人駄賃
　　値上願（桐生市稲荷町　桐生市立図書館
　　蔵）……………………………………………785
344　寛延四年二月　山田郡下新田村百姓
　　渡良瀬川渡船請合証文（桐生市稲荷町　桐
　　生市立図書館蔵）……………………………787
345　安永九年八月　桐生新町渡良瀬川渡
　　船場引受願（桐生市稲荷町　桐生市立図書
　　館蔵）…………………………………………788
346　天明七年六月　山田郡塩原村ほか渡
　　良瀬川渡船場仕立方取替せ証文（山田郡
　　大間々町桐原　柏川鶴男氏所蔵）…………788
347　天明八年十二月　桐生新町渡良瀬川
　　渡船冥加永皆済目録（桐生市本町　新居宝
　　氏所蔵）………………………………………789
348　文化六年四月　桐生新町渡良瀬川渡
　　船場仕来り上申書（桐生市稲荷町　桐生市
　　立図書館蔵）…………………………………789
349　天保十三年三月　山田郡塩原村荒瀬
　　作場渡船定書（山田郡大間々町桐原　桐原
　　郷蔵）…………………………………………791
350　文久二年二月　桐生新町ほか一九ヵ
　　村赤岩渡船出入一件内済証文（桐生市本
　　町　新居宝氏所蔵）…………………………
351　元治元年十二月　山田郡塩原村荒瀬
　　橋積金議定（山田郡大間々町塩原　高草木
　　正太郎氏所蔵）………………………………795
352　慶応四年九月　勢多郡小夜戸村高橋
　　寄付連名帳（勢多郡東村小夜戸　黒河正作
　　氏所蔵）………………………………………797
飛脚……………………………………………………804

353　安永六年六月　定飛脚問屋桐生・大
　　間々店へ心得方申渡覚（桐生市宮前町　粟
　　田豊三郎氏所蔵）……………………………804
354　天明七年十二月　桐生新町飛脚屋限
　　定申達につき廻状（桐生市本町　新居宝氏
　　所蔵）…………………………………………805
355　寛政二年八月　近江屋喜平治宛飛脚
　　商売人請状（桐生市宮前町　粟田豊三郎氏
　　所蔵）…………………………………………806
356　寛政四年正月　近江屋喜平治桐生新
　　町出店借地証文（桐生市宮前町　粟田豊三
　　郎氏所蔵）……………………………………806
357　文化十四年十月　定飛脚問屋京屋六
　　斎宰領心得方規定（桐生市宮前町　粟田豊
　　三郎氏所蔵）…………………………………807
358　文化十四年十月　桐生京屋・島屋ほ
　　か飛脚荷物継立につき取替せ証文（桐生
　　市宮前町　粟田豊三郎氏所蔵）……………808
359　文政二年二月　桐生京屋・島屋絹買
　　仲間宛飛脚賃銭勘定方願（桐生市宮前町
　　粟田豊三郎氏所蔵）…………………………809
360　天保九年九月　桐生京屋・島屋宰領
　　并馬士ほか賃銭取極め議定（桐生市宮前
　　町　粟田豊三郎氏所蔵）……………………810
361　天保十年正月　太田町藤田屋定飛脚
　　六斎荷物次宿請負証文（桐生市宮前町　粟
　　田豊三郎氏所蔵）……………………………811
362　弘化三年五月　京屋本店類焼につき
　　手伝金上納割合覚（桐生市宮前町　粟田豊
　　三郎氏所蔵）…………………………………812
363　文久二年四月　上洲飛脚問屋京屋・
　　島屋賃銭につき取替せ証文（桐生市宮前
　　町　粟田豊三郎氏所蔵）……………………812
364　元治元年九月　京都三井本店宛荷物
　　不着一件につき桐生京屋日延願（桐生市
　　宮前町　粟田豊三郎氏所蔵）………………814
365　元治元年十月　桐生京屋・島屋絹買
　　仲間宛荷物川俣廻りにつき賃増願（桐生
　　市稲荷町　桐生市立図書館蔵）……………814
366　慶応二年六月　桐生京屋本店上納金
　　年延願（桐生市宮前町　粟田豊三郎氏所
　　蔵）……………………………………………815

第5章　社会と文化………………………………817
＜写＞祭礼用の巾着（桐生市本町　森寿作氏所
　蔵）……………………………………………818
第1節　災害・騒動……………………………819
災害……………………………………………………819
367　天明三年九月　山田郡今泉村ほか浅
　　間焼降灰につき救済願（桐生市稲荷町　桐
　　生市立図書館蔵）……………………………819
368　天明七年六月　勢多郡水沼村ほか長
　　雨凶作につき届書（勢多郡黒保根村水沼
　　目黒八重治氏所蔵）…………………………820

369　文化十一年十二月　新田郡久々宇村大風凶作につき諸掛減免願(新田郡笠懸村久宮 清水清弘氏所蔵)‥‥‥‥‥820
370　天保十二年九月　山田郡桐原村痢病流行につき検見順合願(山田郡大間々町桐原 藤生素三氏所蔵)‥‥‥‥‥820
371　慶応四年八月　新田郡阿左美村大雨冠水につき不作届(新田郡笠懸村阿左美 赤石蔵氏所蔵)‥‥‥‥‥‥‥821

備荒・救済‥‥‥‥‥‥‥‥‥‥‥‥‥‥821
372　享保十七年五月　勢多郡沢入村夫食拝借割付帳(勢多郡東村沢入 小倉清一郎氏所蔵)‥‥‥‥‥‥‥‥‥‥821
373　天明七年三月　山田郡桐原村夫食拝借願(山田郡大間々町桐原 柏川鶴男氏所蔵)‥‥‥‥‥‥‥‥‥‥‥‥824
374　寛政六年十月　新田郡阿左美村貯穀免除願(新田郡笠懸村阿左美 赤石ハツ江氏所蔵)‥‥‥‥‥‥‥‥‥‥‥‥827
375　天保八年七月　勢多郡上神梅村にて窮民助成米雑穀高書上帳(勢多郡黒保根村水沼 星野愷氏所蔵)‥‥‥‥‥828
376　弘化三年十一月　山田郡桐原村郷蔵建造につき議定書(山田郡大間々町桐原 桐原郷蔵)‥‥‥‥‥‥‥‥842
377　嘉永元年五月　山田郡堤村窮民助成金申合書(桐生市堤町 大沢源一郎氏所蔵)‥‥‥‥‥‥‥‥‥‥‥842

荒地・不斗出‥‥‥‥‥‥‥‥‥‥‥‥‥844
378　寛政七年六月　勢多郡下田沢村百姓潰跡株書上帳(勢多郡黒保根村下田沢 深沢千秋氏所蔵)‥‥‥‥‥‥‥844
379　文化元年六月　山田郡堤村荒地起返議定につき相談書(桐生市堤町 大沢源一郎氏所蔵)‥‥‥‥‥‥‥‥‥845
380　天保十年正月　勢多郡上田沢村三ヵ年潰百姓取調帳(勢多郡黒保根村上田沢 小林善作氏所蔵)‥‥‥‥‥‥847
381　元治二年二月　勢多郡上田沢村荒地復興につき引石継続願(勢多郡黒保根村上田沢 小林善作氏所蔵)‥‥‥‥851

一揆・世直し‥‥‥‥‥‥‥‥‥‥‥‥‥852
382　天保七年十一月　大間々町騒動につき代官宛報告書(勢多郡東村沢入 小倉清一郎氏所蔵)‥‥‥‥‥‥‥‥852
383　天保七年十一月　大間々町騒動記録(勢多郡黒保根村上田沢 松本要太郎氏所蔵)‥‥‥‥‥‥‥‥‥‥‥‥854
384　慶応二年六月　下野国足利郡下菱村ほか米騒動一件取替せ証文(『八駄験勤大概簿』/桐生市菱町 小堀重雄氏所蔵)‥857
385　慶応二年六月　下野国足利郡下菱村ほか米騒動一件始末書(桐生市宮本町 金谷利男氏所蔵)‥‥‥‥‥‥‥858
386　慶応四年三月　新田郡藪塚村ほか五ヵ村世直し報告書(新田郡藪塚本町藪塚 新井喜美子氏所蔵)‥‥‥‥‥863
387　自慶応四年三月至同四年四月　桐生新町ほか世直し記録(『日記』/高崎市岩鼻町 県立歴史博物館蔵)‥‥‥‥864
388　慶応四年四月　大間々町世直し参加者吟味書下げ願(山田郡大間々町大間々 高草木浩平氏所蔵)‥‥‥‥‥869

第2節　家‥‥‥‥‥‥‥‥‥‥‥‥‥‥‥870
相続・縁組‥‥‥‥‥‥‥‥‥‥‥‥‥‥870
389　寛政十年八月　桐生新町養子所払いにつき跡式相続願(桐生市本町 新居宝氏所蔵)‥‥‥‥‥‥‥‥‥‥‥‥870
390　文化二年十二月　新田郡本町村椎名家家督相続出入内済証文(新田郡藪塚本町大原 椎名敏夫氏所蔵)‥‥‥‥870
391　文化十一年十一月　山田郡上久方村田中家本家家督取極め証文(桐生市梅田町 田中周嗣氏所蔵)‥‥‥‥‥‥871
392　天保二年　山田郡桐原村粕川家相続につき申渡証文(山田郡大間々町桐原 粕川鶴男氏所蔵)‥‥‥‥‥‥‥871
393　天保三年十二月　勢多郡花輪村百姓離縁状(勢多郡東村花輪 金子幸蔵氏所蔵)‥‥‥‥‥‥‥‥‥‥‥‥‥872
394　天保十一年六月　桐生新町養子幼少につき養育証文(桐生市本町 新居宝氏所蔵)‥‥‥‥‥‥‥‥‥‥‥‥872
395　天保十一年十二月　桐生新町未婚男女双方相続人につき引分れ取替せ証文(桐生市本町 新居宝氏所蔵)‥‥‥‥872
396　安政四年四月　山田郡新宿村養女証文(桐生市浜松町 常見鎌次郎氏所蔵)‥873
397　明治二年十月　山田郡下広沢村隠居料の水車譲渡につき取極め証文(桐生市広沢町 藤生義雄氏所蔵)‥‥‥‥873

奉公人‥‥‥‥‥‥‥‥‥‥‥‥‥‥‥‥874
398　正徳二年三月　勢多郡水沼村末代奉公につき差入証文(勢多郡黒保根村水沼 目黒八重治氏所蔵)‥‥‥‥‥874
399　宝暦五年二月　勢多郡荻原村大工職奉公人請状(勢多郡黒保根村水沼 目黒八重治氏所蔵)‥‥‥‥‥‥‥‥874
400　明和二年二月　山田郡堤村百姓茶屋四郎次郎家奉公人請状(桐生市堤町 大沢源一郎氏所蔵)‥‥‥‥‥‥‥874
401　安永六年十一月　勢多郡水沼村奉公人給金滞等につき訴状(勢多郡黒保根村水沼 目黒八重治氏所蔵)‥‥‥‥875

群馬県史 資料編15 近世7

402 寛政五年二月 山田郡下広沢村百姓
　　旗本屋敷奉公につき給金割合書付(桐生
　　市広沢町 彦部敏郎氏所蔵)……………876
403 寛政九年閏七月 桐生新町三丁目足
　　軽奉公人請状(桐生市宮本町 金谷利男氏
　　所蔵)……………………………………877
404 文政八年十二月 山田郡上久方村西
　　方奉公人請状(桐生市梅田町 西方寺所
　　蔵)………………………………………878
405 嘉永五年八月 桐生新町奉公人違約
　　につき借金返済方証文(桐生市本町 新居
　　宝氏所蔵)………………………………878

第3節　生活……………………………………879
　祭礼・村芝居………………………………879
406 元禄五年十一月 桐生天満宮祭礼流
　　鏑射手滞りにつき訴状(桐生市天神町 桐
　　生天満宮所蔵)…………………………879
407 文化四年五月 桐生新町祭礼子供踊
　　願(桐生市稲荷町 桐生市立図書館蔵)……880
408 文化十一年八月 勢多郡水沼村花角
　　力興行願(勢多郡黒保根村水沼 星野愷氏
　　所蔵)……………………………………881
409 文化十四年九月 山田郡桐原村赤城
　　明神祭礼入用方変更届(山田郡大間々町
　　桐原 桐原郷蔵)…………………………882
410 文政七年閏八月 勢多郡小夜戸村大
　　畑組鎮守祭礼獅子舞につき申達請書
　　(勢多郡黒保根村水沼 星野愷氏所蔵)……882
411 天保二年六月 桐生新町三丁目市神
　　祭礼子供手踊番組届(桐生市稲荷町 桐生
　　市立図書館蔵)…………………………883
412 天保二年六月 桐生新町四丁目市神
　　祭礼子供手踊番組届(桐生市稲荷町 桐生
　　市立図書館蔵)…………………………883
413 年次不詳 桐生天満宮祭礼流鏑馬役
　　人諸用目録(桐生市天神町 桐生天満宮所
　　蔵)………………………………………884
　世相・生活…………………………………885
414 享保十九年八月 山田郡下広沢村盗
　　人見付出し入札につき惣百姓連判証文
　　(桐生市広沢町 彦部敏郎氏所蔵)………885
415 明和七年二月 新田郡藪塚村胎養寺
　　湯前権現御手洗汲取願(新田郡藪塚本町
　　藪塚 胎養寺所蔵)………………………886
416 自天明元年六月至同元年七月 下野
　　国足利郡上菱村百姓四万入湯中諸入用
　　帳(桐生市稲荷町 桐生市立図書館蔵)……886
417 享和三年二月 新田郡藪塚村胎養寺
　　薬湯年季書替証文(新田郡藪塚本町藪塚
　　胎養寺所蔵)……………………………889
418 文化十四年九月 桐生新町花芝居興
　　行中不法出入訴状(桐生市稲荷町 桐生市
　　立図書館蔵)……………………………890

419 文政三年八月 勢多郡花輪村旅籠取
　　締りにつき仲間請書(勢多郡東村花輪 高
　　草木重鋕氏所蔵)………………………890
420 天保六年閏七月 大間々町百姓苗字
　　帯刀許可不相応につき取上願(山田郡大
　　間々町大間々 高草木浩平氏所蔵)………891
421 天保七年十二月 桐生新町旅籠屋仲
　　間米価高値につき鉢付願(桐生市稲荷町
　　桐生市立図書館蔵)……………………892
422 天保十年六月 勢多郡水沼村星野家
　　宛市川五郎兵衛茶器当質入証文(勢多郡
　　黒保根村水沼 星野愷氏所蔵)…………892
423 天保十三年七月 勢多郡花輪村百姓
　　先祖墓石法名切直し証文(勢多郡東村花
　　輪 関口善夫氏所蔵)……………………893
424 天保十四年二月 山田郡桐原村彗星
　　留書(山田郡大間々町桐原 藤生素三氏所
　　蔵)………………………………………893
425 明治三年二月 山田郡二渡村湯宿稼
　　願(桐生市稲荷町 桐生市立図書館蔵)……894

第4節　宗教……………………………………895
　寺社…………………………………………895
426 慶長二年三月 山田郡久方村鳳仙寺
　　寺領書留(桐生市梅田町 鳳仙寺所蔵)……895
427 慶安二年二月 山田郡久方村高園寺
　　再建につき御朱印下付願(桐生市梅田町
　　高園寺所蔵)……………………………895
428 慶安二年十一月 新田郡藪塚本町胎養
　　寺由来書(新田郡藪塚本町藪塚 胎養寺所
　　蔵)………………………………………895
429 延宝三年九月 桐生天満宮旧記(桐生市
　　天神町 桐生天満宮所蔵)………………896
430 元禄十一年正月 山田郡上久方村鳳
　　仙寺寺領吟味願(桐生市梅田町 鳳仙寺所
　　蔵)………………………………………896
431 元禄十六年二月 新田郡藪塚村胎養
　　寺領内たばこ耕作につき差上証文(新田
　　郡藪塚本町藪塚 胎養寺所蔵)…………897
432 文政十一年八月 山田郡下久方村大
　　蔵院・天満宮出入一件裁許請書(桐生市
　　天神町 桐生天満宮所蔵)………………897
433 天保十四年六月 山田郡上久方村西
　　方寺門下調帳(桐生市梅田町 西方寺所
　　蔵)………………………………………899
434 明治四年二月 山田郡上久方村西方
　　寺永代施餓鬼料新規取替せ議定(桐生市
　　梅田町 西方寺所蔵)……………………899
435 年次不詳 桐生新町浄運寺由緒書
　　(桐生市本町 新居宝氏所蔵)……………900
436 年次不詳 桐生天満宮建物等書上
　　(桐生市天神町 桐生天満宮所蔵)………903
　修験…………………………………………906

437　嘉永元年十二月　下野国安蘇郡入彦間村大正院桐生新町火除配連名帳（桐生市梅田町　大正院所蔵）……………906
438　嘉永二年三月　山田郡浅部村清雲寺宛住心院霞状（桐生市梅田町　大正院所蔵）………………………………910
439　安政五年十月　下野国安蘇郡入彦間村大正院江戸出開帳願（桐生市梅田町　大正院所蔵）………………………910
440　慶応四年七月　山田郡浅部村南蔵院ほか修験道勤方伺（桐生市梅田町　南蔵院所蔵）………………………911
441　明治元年十月　勢多郡塩沢村宝蔵院復飾願（山田郡大間々町塩沢　宮下宣一氏所蔵）………………………………913

第5節　文化
教育………………………………………914
442　天保三年正月　山田郡下広沢村彦部家子供早学問（桐生市広沢町　彦部敏郎氏所蔵）………………………………914
443　自天保三年至明治四年　新田郡藪塚村筆子供控帳（新田郡藪塚本町藪塚　新井喜美子氏所蔵）………………………915
444　天保七年正月　下野国足利郡下菱村泉龍院筆子供人数覚（桐生市菱町黒川　泉龍院蔵）…………………………919
445　慶応二年四月　山田郡塩原村高草木家蔵書目録（山田郡大間々町塩原　高草木正太郎氏所蔵）………………………921
文芸………………………………………927
446　文政四年六月　浅茅庵選狂歌蓮の露抄（版）・『あつめくさ』（佐波郡境町境　篠木弘明氏所蔵）…………………………927
447　文政四年九月　壺半選あさ原日記（佐波郡境町境　篠木弘明氏所蔵）……931
448　文政八年十月　星野貞暉詠草歌合評詞抄（佐波郡境町境　篠木弘明氏所蔵）……934
449　天保七年五月　丹羽木公編ふきだし序文（版）（佐波郡境町境　篠木弘明氏所蔵）………………………………………937
450　年次不詳　佐羽淡斎自筆詩書（桐生市稲荷町　桐生市立図書館蔵）……937
451　年次不詳　二世十返舎一九紅葉錦赤城物語序文草稿（前橋市日吉町　県立図書館蔵）………………………………937
452　年次不詳　妙智尼川端の日記（桐生市宮前町　栗田豊三郎氏所蔵）……938
453　年次不詳　宝生流舞囃子番組ちらし（版）（佐波郡境町境　篠木弘明氏所蔵）…941
和算………………………………………942
454　宝暦九年三月　算法書（桐生市本町　新居宝氏所蔵）………………………942

455　年次不詳　算法覚（新田郡藪塚本町藪塚　今泉盛政氏所蔵）………………960
医薬………………………………………963
456　安永八年五月　山田郡西小倉村朝鮮人参見分願（桐生市宮前町　栗田豊三郎氏所蔵）………………………………963
457　文化七年正月　山田郡下広沢村彦部家売薬株譲請証文（桐生市広沢町　彦部敏郎氏所蔵）………………………………964
458　文化十五年正月　桐生新町百姓売薬渡世開業願（桐生市稲荷町　桐生市立図書館蔵）……………………………………964
459　文政十三年八月　桐生新町吉田家ほか華頂殿製薬御用所仲間加入取替せ議定等（四通）（千葉県習志野市藤崎　吉田幌氏所蔵）………………………………964

解説………………………………………967
地域の支配特性……………………………969
前橋鎮撫所…………………………………971
出羽松山藩桐生陣屋………………………973
　〈表〉表1　桐生陣屋附村々一覧（鶴岡市郷土資料館所蔵文書）…………………974
　〈表〉表2　上州御用達一覧（安政5年）（鶴岡市郷土資料館所蔵文書）…………975
　〈表〉表3　上知村々一覧（鶴岡市郷土資料館所蔵文書）…………………………976
賃挽製糸と糸繭商人………………………978
　〈表〉図1　享和2・3年水沼村星野家賃挽人分布図（史料158により作成）………979
桐生織物……………………………………981
　〈表〉図2　桐生における織物生産（『桐生織物史』上巻を参考にして作成）………983
　〈表〉表4　各仲間の史料初出年次（『桐生市史』上巻）…………………………983
　（1）絹市………………………………984
　（2）仲間………………………………986
　（3）経営………………………………991
　　〈表〉図3　書上家の資産概要（嘉永元～明治5年）……………………………993
　（4）御用織物…………………………995
　（5）開港………………………………997
市と商人……………………………………998
家業渡世向書上……………………………1001
　〈表〉表4　新宿村の職業構成…………1002
足尾銅山街道………………………………1003
　〈表〉図5　銅山街道の道筋と寄郷分布図………………………………………1004
　〈表〉表5　銅山街道各継場の概要と駄賃（天保14年）（史料338より作成）………1005
桐生の飛脚…………………………………1007
一揆・世直し………………………………1010

和算 ………………………………………… 1013
付録 ……………………………………………1019
郷村変遷 …………………………… 1021～1026
　＜表＞東毛地域(1)関係要図 ……………… 1027
史料採訪先氏名 ………………………………1045
あとがき(井上定幸) …………………………1047
資料編15 近世7(東毛地域1)調査・編集関
　係者一覧 ……………………………………1050
　児玉幸多(学習院大学名誉教授;参与)
　井上定幸(県立文書館長;専門委員(部会長))
　工藤恭吉(早稲田大学教授;専門委員)
　田中康雄(県立文書館主任専門員兼課長;専
　　門委員)
　田畑勉(群馬工業高等専門学校教授;専門委
　　員)
　中島明(県立前橋第二高等学校教諭;専門委
　　員)
　阿久津宗二(県立文書館主任専門員兼課長;
　　調査委員)
　淡路博和(新島学園高等学校教諭;調査委員)
　岡部昭二(県立文書館主事;調査委員)
　駒形義夫(県立文書館主幹兼専門員;調査委
　　員)
　小山友孝(県立歴史博物館専門員;調査委員)
　近藤章(高崎市文化財調査委員;調査委員)
　関口進(桐生市教育委員会指導主事;調査委員)
　高木侃(関東短期大学助教授;調査委員)
　松下煕雄(吾妻町立太田中学校長;調査委員)
県史編さん関係者名簿(昭和62年12月現
　在) …………………………………………1051
　県史編さん委員会委員・顧問 ……………1051
　県史編さん委員会事務局職員 ……………1051

```
群馬県史 資料編16 近世8 東毛
地域2
群馬県史編さん委員会編集
昭和63年12月15日発行
```

＜徳川家康が関東に入国した天正十八年(一五九〇)から明治四年(一八七一)の廃藩置県まで＞

　＜口絵＞1　元禄10年7月　新田郡笠掛野新田絵図［カラー］新田郡新田町溜池　片山英弥氏所蔵
　＜口絵＞2　弘化2年　新田郡世良田村絵図(部分)［カラー］新田郡尾島町粕川　粕川成一氏所蔵
　＜口絵＞3　文政12年9月　古海河岸船問屋家相図［カラー］邑楽郡大泉町古海　白石うめ氏所蔵
　＜口絵＞4　安政2年5月　封内経界図誌(新田郡東長岡村絵図)［カラー］館林市城町　館林市立資料館蔵
　＜口絵＞5　安政2年5月　封内経界図誌(邑楽郡川俣村絵図)［カラー］館林市城町　館林市立資料館蔵
　＜口絵＞6　明治2年2月　明治戊辰戦争凱旋絵馬［カラー］館林市尾曳町　尾曳稲荷神社蔵/館林市教育委員会提供
　＜口絵＞7　明治6年9月　館林城絵馬［カラー］館林市尾曳町　尾曳稲荷神社蔵/館林市教育委員会提供
　＜口絵＞8　嘉永5年9月　邑楽郡板倉村名主役見習申渡状(67)　邑楽郡板倉町板倉　荻野貞雄氏所蔵
　＜口絵＞9　文化5年5月　新田郡花香塚村田畑荒しにつき飼犬禁止取極議定(75)　新田郡新田町花香塚　斎藤美雄氏所蔵
　＜口絵＞10　年次不詳　太田町組合御改革趣意取極議定(84)　太田市強戸　岡部幸雄氏所蔵
　＜口絵＞11　天明2年8月　邑楽郡板倉沼反高場新田検地帳(106)　邑楽郡板倉町板倉　荻野貞雄氏所蔵
　＜口絵＞12　天保4年正月　山田郡竜舞村御鷹餌土鳩預り置覚(132)　太田市竜舞　武藤文二氏所蔵

群馬県史 資料編16 近世8

<口絵>13　天明4年3月　邑楽郡斗合田村年貢皆済目録（141）邑楽郡明和村斗合田　橋本政雄氏所蔵
<口絵>14　寛文6年正月　新田郡上田島村惣百姓種借り証文（156）太田市上田島　川口晋氏所蔵
<口絵>15　明和6年7月　新田郡堀口村商人大豆売渡証文（211）新田郡尾島町安養寺　小川茂雄氏所蔵
<口絵>16　安政3年5月　新田郡岩瀬川村ほか大工旗本中山氏長屋請負証文（231）太田市飯田町　清水恒太郎氏所蔵
<口絵>17　元禄8年8月　新田郡安養寺村小川家宛酒名代売渡証文（238）新田郡尾島町安養寺　小川茂雄氏所蔵
<口絵>18　嘉永3年8月　越後寺泊女木崎宿飯売奉公人帰り証文（262）新田郡新田町大根　栗原賢治氏所蔵
<口絵>19　文久2年5月　羽州漆山陣屋より館林へ引越につき人馬先触（286）邑楽郡板倉町板倉　荻野貞雄氏所蔵
<口絵>20　享保6年11月　江戸より館林へ鉄砲輸送につき新郷村俣関所手形（292）邑楽郡明和村川俣　塩谷正邦氏所蔵
<口絵>21　元禄13年12月　前島河岸御蔵足尾銅積廻納入覚（305）新田郡尾島町亀岡　高木茂氏所蔵
<口絵>22　慶応元年11月　古海河岸出水用心船稼使用願（323）邑楽郡大泉町古海　白石うめ氏所蔵
<口絵>23　天保11年10月　山田郡宿金井村捨子届書（390）太田市東金井　小林監治氏所蔵
<口絵>24　明和4年　新田郡世良田村東照宮建立由緒并長楽寺由緒覚（404）新田郡尾島町世良田　長楽寺蔵
<口絵>25　安永3年4月　邑楽郡川俣村医者転出につき引請証文（435）太田市石原　高木侃氏所蔵

序（群馬県知事　清水一郎）
凡例
第1章　領主 ………………………………… 13
　<写>絹本著色館林藩主榊原康政画像（国（文化庁）保管/館林市教育委員会提供）……… 14
　第1節　幕府領 ……………………………… 15
　　代官 ……………………………………… 15

　　1　享保二十年三月　預り所につき代官申渡請書（館林市千代田町　青山正孝氏所蔵）…………………………………… 15
　　2　寛延三年八月　代官交代につき村々申渡書（太田市竜舞　武藤文二氏所蔵）……… 16
　巡見使 ……………………………………… 19
　　3　宝永七年五月　館林町巡見使昼休につき覚（館林市千代田町　青山正孝氏所蔵）.. 19
　　4　天保九年四月　山田郡下小林村巡見使廻村覚（太田市下小林　林栄一氏所蔵）…… 30
　第2節　旗本領 ……………………………… 35
　法制 ………………………………………… 35
　　5　享保二年十二月　旗本河野氏法度書ほかにつき惣百姓請書（新田郡尾島町安養寺　小川静江氏所蔵）…………………… 35
　　6　明和四年四月　旗本森川氏年貢納入方法申渡しにつき村役人請書（太田市丸山　青木茂氏所蔵）……………………………… 36
　　7　天保七年二月　旗本金田氏年貢納入期日等厳守方示達請書（太田市強戸　岡部幸雄氏所蔵）……………………………… 39
　　8　年次不詳　旗本大久保氏年貢上納方仕法につき申渡条々（太田市牛沢　神谷忠明氏所蔵）………………………………… 40
　財政 ………………………………………… 41
　　9　安永二年閏三月　旗本戸田氏勝手向仕法改積書（太田市竜舞　武藤文二氏所蔵）.. 41
　　10　天明二年五月　旗本小出氏勝手賄米金借用返済につき知行所差向証文（太田市竜舞　武藤文二氏所蔵）……………………… 42
　　11　文化九年正月　旗本前田氏新知行所総高井献上夫金割合書上帳（邑楽郡大泉町吉田　沖山一郎氏所蔵）…………………… 44
　　12　文政九年正月　旗本松前氏暮賄方仕法帳（新田郡新田町花香塚　斎藤美雄氏所蔵）…………………………………… 49
　　13　天保十三年八月　旗本日根野氏仕法替につき年貢金上納方示達覚（太田市市場広田邦太郎氏所蔵）…………………… 52
　　14　嘉永七年二月　旗本村上氏日壱文宛子懸仕法につき下知書（太田市細谷　金谷健之助氏所蔵）……………………………… 54
　　15　安政四年三月　旗本島田氏勝手向仕法調帳（邑楽郡邑楽町篠塚　細谷長左衛門氏所蔵）…………………………………… 54
　　16　年次不詳　旗本松平氏朝政一新につき取続方扶助頼入状（太田市植木野　岡田勝美氏所蔵）……………………………… 60
　第3節　館林藩 ……………………………… 61
　所領 ………………………………………… 61
　　17　天和二年六月　徳川綱吉代領分中諸用集（桐生市稲荷町　桐生市立図書館蔵）…… 61

県史誌内容総覧・資料編1: 近世—関東　　243

群馬県史 資料編16 近世8

18 宝永四年六月 松平清武領知目録(『松平家記録巻之一』/島根県浜田市殿町 浜市立図書館蔵)……104
19 天保七年九月 井上正春所領村高帳 (館林市千代田町 青山正孝氏蔵)……105
20 嘉永二年 秋元志朝所領村高覚(『手控』/館林市城町 館林市立図書館蔵)……111

法制……116
21 宝永四年五月 松平氏家中定書(『松平家記録 巻之一』/島根県浜田市殿町 浜田市立図書館蔵)……116
22 宝永四年五月 松平氏広間法則(『松平家記録 巻之一』/島根県浜田市殿町 浜田市立図書館蔵)……119
23 享保五年八月 松平氏館林城中定書(『松平家記録 巻之五』/島根県浜田市殿町 浜田市立図書館蔵)……120
24 天保十二年正月 井上氏館林町支配条目(館林市千代田町 青山正孝氏所蔵)……122

職制・家臣……125
25 宝永五年五月 松平氏郡方役就任起請文前書(『松平家記録 巻之一』/島根県浜田市殿町 浜田市立図書館蔵)……125
26 宝永五年五月 松平氏物頭役就任起請文前書(『松平家記録 巻之一』/島根県浜田市殿町 浜田市立図書館蔵)……125
27 宝永五年五月 松平氏代官役就任起請文前書(『松平家記録 巻之一』/島根県浜田市殿町 浜田市立図書館蔵)……126
28 享保十二年八月 松平氏家中験付(『松平家記録二篇 巻之七』/島根県浜田市殿町 浜田市立図書館蔵)……127
29 年次不詳 館林宰相綱吉代分限帳(勢多郡東村沢入 小倉清一郎氏所蔵)……128

維新……138
30 慶応四年正月 館林藩分営河州黒土村陣屋農兵差出願(『秋元興朝家記 全』/東京都文京区本郷 東京大学史料編纂所蔵)……138
31 慶応四年三月 館林藩主上京許可歎願書(『秋元興朝家記 全』/東京都文京区本郷 東京大学史料編纂所蔵)……138
32 慶応四年三月 館林藩主謹慎免除につき総督府達(『秋元興朝家記 全』/東京都文京区本郷 東京大学史料編纂所蔵)……139
33 慶応四年四月 館林藩北陸道総督府兵糧仕出取扱方免除願(『秋元興朝家記 全』/東京都文京区本郷 東京大学史料編纂所蔵)……139
34 慶応四年閏四月 館林藩東山道総督警衛供奉人差出願(『秋元興朝家記 全』/東京都文京区本郷 東京大学史料編纂所蔵)……140
35 慶応四年六月 館林藩徴兵并軍資金差出方猶予願(『秋元興朝家記 全』/東京都文京区本郷 東京大学史料編纂所蔵)……140
36 慶応四年七月 下野国梁田郡村々統治につき下総野鎮撫府達(『秋元興朝家記 全』/東京都文京区本郷 東京大学史料編纂所蔵)……141

転封……142
37 享保十三年十月 松平氏転封につき奥州棚倉様子書上(『松平家記録二篇 巻之拾』/島根県浜田市殿町 浜田市立図書館蔵)……142
38 享保十三年十一月 松平氏転封につき家中触書(『松平家記録二篇 巻之拾』/島根県浜田市殿町 浜田市立図書館蔵)……143
39 天保七年 井上氏入封につき館林町方問合答書留(館林市千代田町 青山正孝氏所蔵)……144
40 弘化三年 秋元氏入封につき館林町方引渡帳(館林市千代田町 青山正孝氏所蔵)……161

教育……168
41 安政四年六月 造士書院新設触書(『文武御制度 全』/館林市城町 館林市立図書館蔵)……168
42 安政四年 造士書院司成への達書(『文武御制度 全』/館林市城町 館林市立図書館蔵)……169
43 安政四年 文武両学生心得書(『文武御制度 全』/館林市城町 館林市立図書館蔵)……170

第4節 寺社領……172
所領……172
44 天正十九年十一月 邑楽郡羽附村普済寺宛徳川家康朱印状写(館林市羽附町 普済寺蔵)……172
45 貞享元年七月 勢多郡太田町金竜寺領朱印状下付願(太田市金山町 金竜寺蔵)……172
46 享保十八年十二月 邑楽郡小泉村竜泉院領朱印状下付由緒覚(邑楽郡大泉町上小泉 茂木晃氏所蔵)……173
47 元文四年 新田郡世良田村ほか東照宮領・長楽寺領田畑等覚帳(新田郡尾島町世良田 長谷川義政氏所蔵)……174
48 天保三年六月 邑楽郡羽附村普済寺領石高書上帳(館林市羽附町 普済寺蔵)……179

法制……179
49 享保五年四月 新田郡下浜田村松島観音堂掟(太田市下浜田 吉祥寺蔵)……179

50　嘉永三年四月 山田郡矢場村恵林寺末
　　　寺取計方古例山法（太田市矢場 恵林寺
　　　蔵）……………………………………180
　　51　文久三年五月 新田郡世良田村長楽寺
　　　行者加行中禁制条目（安中市板鼻 上杉う
　　　づ氏所蔵）…………………………182
　財政 ……………………………………………182
　　52　明和四年九月 新田郡世良田村総持寺
　　　小作入辻改帳（新田郡尾島町世良田 総持
　　　寺蔵）…………………………………182
　　53　自弘化二年十二月至元治元年十二月
　　　新田郡徳川村永徳寺入用出金高覚（新田
　　　郡尾島町徳川 永徳寺蔵）……………185
　　54　万延元年五月 新田郡世良田村総持寺
　　　冥加献金上納帳（新田郡尾島町世良田 総
　　　持寺蔵）………………………………186
　門前百姓 ………………………………………188
　　55　享保十七年四月 新田郡世良田村総持
　　　寺門前五人組帳（新田郡尾島町世良田 総
　　　持寺蔵）………………………………188
　　56　延享二年五月 邑楽郡板倉村竜樹寺門
　　　前百姓出入内済につき取替せ証文（邑楽
　　　郡板倉町板倉 荻野貞雄氏所蔵）……189
　　57　天明六年六月 新田郡世良田村総持寺
　　　門前百姓宗門改帳（新田郡尾島町世良田
　　　総持寺蔵）……………………………190
第2章　町村政 ………………………………193
　＜写＞旧名主宅長屋門 新田郡新田町溜池 片
　　山英弥家 ………………………………193
　第1節　町村行政 …………………………195
　　町村役人 ……………………………………195
　　58　元文二年正月 館林町検断役勤方等に
　　　つき町役人請書（館林市千代田町 青山正
　　　孝氏所蔵）……………………………195
　　59　明和六年四月 邑楽郡海老瀬村名主勤
　　　番出入内済証文（邑楽郡板倉町板倉 荻野
　　　貞雄氏所蔵）…………………………196
　　60　文化二年四月 新田郡花香塚村名主年
　　　番不勤役銭滞りにつき釈明詫入状（新田
　　　郡新田町花香塚 斎藤美雄氏所蔵）…196
　　61　文化八年六月 館林町検断由緒書上
　　　（館林市尾曳町 山西秀夫氏所蔵）……197
　　62　文化十四年正月 新田郡牛沢村名主退
　　　役願（太田市牛沢 神谷忠明氏所蔵）…201
　　63　文政八年十一月 新田郡前小屋村組頭
　　　選任方につき取替議定（新田郡尾島町前
　　　小屋 青木敏郎氏所蔵）………………202
　　64　文政九年四月 新田郡強戸村ほか二ヵ
　　　村村方役人勤方仕法につき相互取極書
　　　（太田市強戸 岡部幸雄氏所蔵）………202

　　65　文政十一年三月 邑楽郡千津井村惣百
　　　姓立逃げ一件につき詫議定書（館林市羽
　　　附町 森田森衛氏所蔵）………………203
　　66　嘉永元年十月 新田郡大島村名主跡役
　　　差縺出入内済証文（太田市大島 大島いく
　　　氏所蔵）………………………………207
　　67　嘉永五年九月 邑楽郡板倉村名主役見
　　　習申渡状（邑楽郡板倉町板倉 荻野貞雄氏
　　　所蔵）…………………………………208
　　68　嘉永七年 新田郡花香塚村名主組頭役
　　　勤方仕法につき取極議定（新田郡新田町
　　　花香塚 斎藤美雄氏所蔵）……………209
　　69　明治二年六月 新田郡北金井村村役人
　　　減員選任につき就任依頼（太田市北金井
　　　樋口二郎氏所蔵）……………………209
　　70　年次不詳 館林町検断町方古例大概書
　　　上（館林市千代田町 青山正孝氏所蔵）…210
　村入用 …………………………………………212
　　71　明和七年三月 新田郡下田中村村入用
　　　帳（新田郡新田町下田中 窪田定幸氏所
　　　蔵）……………………………………212
　　72　明和八年三月 山田郡只上村村入用帳
　　　（太田市只上 樋口茂氏所蔵）…………214
　　73　安永六年三月 邑楽郡板倉村村入用夫
　　　銭帳（邑楽郡板倉町板倉 荻野貞雄氏所
　　　蔵）……………………………………219
　　74　天明四年三月 山田郡丸山村諸入用帳
　　　（太田市丸山 青木茂氏所蔵）…………221
　村議定 …………………………………………222
　　75　文化五年五月 新田郡花香塚村田畑荒
　　　しにつき飼犬禁止取極議定（新田郡新田
　　　町花香塚 斎藤美雄氏所蔵）…………222
　　76　文化八年四月 新田郡北金井村野山立
　　　木ほか盗人防止につき村掟（太田市北金
　　　井 増田静哉氏所蔵）…………………223
　　77　天保九年十二月 山田郡丸山村諸夫銭
　　　減し方議定（太田市丸山 青木邦友氏所
　　　蔵）……………………………………223
　　78　天保十五年八月 新田郡大島村名々名
　　　主印判使用適正化等につき取替せ規定
　　　（太田市大島 大島いく氏所蔵）………224
　　79　万延元年七月 新田郡北金井村博奕等
　　　過料銭につき村掟取極連印状（太田市北
　　　金井 樋口二郎氏所蔵）………………225
　　80　文久二年八月 新田郡花香塚村若者組
　　　復活につき自粛取極議定（新田郡新田町
　　　花香塚 斎藤美雄氏所蔵）……………226
　組合村 …………………………………………227
　　81　寛政十年三月 新田郡亀岡村ほか二
　　　一ヵ村組合変死・行倒人取扱い等につ
　　　き取替せ議定（新田郡尾島町安養寺 小川
　　　静江氏所蔵）…………………………227

82　安政二年三月　館林組合村々地頭姓名其外書上帳（館林市千代田町　青山正孝氏所蔵）……………………………230
83　文久二年四月　木崎宿寄場三四ヵ村小組合村々御改革趣意取極規定連印帳（太田市米沢　岩崎佳男氏所蔵）………239
84　年次不詳　太田町組合御改革趣意取極議定（太田市強戸　岡部幸雄氏所蔵）……241

第2節　町村況……………………………241
　明細帳……………………………………241
85　元禄十一年四月　新田郡安養寺村明細帳（新田郡尾島町安養寺　小川静江氏所蔵）……………………………………241
86　享保十四年九月　山田郡吉沢村明細帳（太田市吉沢　園田健司氏所蔵）……244
87　享保十九年六月　邑楽郡板倉村明細帳（邑楽郡板倉町板倉　荻野貞雄氏所蔵）…249
88　享保十九年十月　邑楽郡中野村明細帳（邑楽郡邑楽町光善寺　神谷宗四郎氏所蔵）……………………………………254
89　宝暦九年四月　山田郡竜舞村明細帳（太田市竜舞　武藤文二氏所蔵）………260
90　明和六年七月　新田郡花香塚村明細帳（新田郡新田町花香塚　斎藤美雄氏所蔵）…264
91　安永三年十月　勢多郡岩松・米沢・細谷・中根村明細帳（新田郡尾島町岩松　高山善一氏所蔵）………………………267
92　寛政元年三月　邑楽郡古海村明細帳（邑楽郡大泉町古海　白石うめ氏所蔵）…271
93　文化七年十一月　新田郡世良田村明細帳（新田郡尾島町世良田　長谷川義政氏所蔵）……………………………………274
94　天保十三年二月　新田郡尾島村明細帳（新田郡尾島町尾島　福島宏策氏所蔵）…278
95　弘化三年二月　邑楽郡川俣村明細帳（邑楽郡明和川俣　塩谷正邦氏所蔵）…282
96　安政二年五月　封内界界図誌（館林市城町　館林市立資料館蔵）……………291

戸口……………………………………………324
97　安永二年　新田郡米沢村人別并宗門改帳（太田市米沢　岩崎佳男氏所蔵）……324
98　嘉永元年三月　館林町家数追調帳（館林市千代田町　青山正孝氏所蔵）………332

第3章　農業と貢租………………………341
＜写＞農耕絵図（部分）（館林市大島町　塩野伊喜氏所蔵）…………………………342
第1節　土地………………………………343
　検地・名寄………………………………343
99　文禄三年八月　新田郡世良田村長楽寺領検地帳（新田郡尾島町世良田　長楽寺蔵）……………………………………343

100　寛永十六年三月　新田郡安養寺村名寄帳（新田郡尾島町安養寺　小川静江氏所蔵）……………………………………346
干拓………………………………………352
101　寛延四年五月　邑楽郡板倉・海老瀬村板倉沼出入内済証文（邑楽郡板倉町板倉　荻野貞雄氏所蔵）………………352
102　宝暦十一年六月　邑楽郡板倉沼新開願裁許状（邑楽郡板倉町板倉　荻野貞雄氏所蔵）…………………………………353
103　明和五年十二月　邑楽郡板倉沼干拓につき悪水落し出入内済証文（邑楽郡板倉町板倉　荻野貞雄氏所蔵）…………354
104　明和七年四月　邑楽郡板倉村沼開発田水腐につき五ヵ年定免願（邑楽郡板倉町板倉　荻野貞雄氏所蔵）………………357
105　安永四年十二月　板倉沼新開地代金皆済目録（邑楽郡板倉町板倉　荻野貞雄氏所蔵）…………………………………358
106　天明二年八月　邑楽郡板倉沼反高場新田検地帳（邑楽郡板倉町板倉　荻野貞雄氏所蔵）…………………………………358

小作・質地………………………………363
107　寛文八年十二月　新田郡強戸村畑売渡証文（太田市強戸　岡部幸雄氏所蔵）…363
108　寛文十年六月　新田郡花香塚村田地買返し出入につき返答書（新田郡新田町花香塚　斎藤美雄氏所蔵）……………364
109　元禄八年六月　館林町質畑請返等につき伺書写（館林市千代田町　青山正孝氏所蔵）……………………………………
110　享保七年三月　山田郡吉沢村質地作徳加地子出入訴状（太田市吉沢　園田健司氏所蔵）…………………………………367
111　明和九年十一月　新田郡上田島村小作地諸掛り差引勘定願（太田市上田島　川口晋氏所蔵）………………………………368
112　自天明七年至明治九年　山田郡台之郷村質地・買地証文写帳（太田市台之郷　高田竹男氏所蔵）……………………368
113　文政八年十二月　新田郡大島村小作米不納につき地主申合議定（太田市大島　川崎大作氏所蔵）……………………377
114　天保五年正月　新田郡牛沢村質地請戻し村内取極議定（太田市牛沢　神谷忠明氏所蔵）……………………………
115　文久二年三月　新田郡由良村質地請戻し出入訴状（太田市上田島　河口政司氏所蔵）…………………………………379

第2節　林野………………………………380
　入会・秣場………………………………380

116　元禄十年八月　邑楽郡板倉村石塚谷
　　秣入会出入につき申渡書（邑楽郡板倉
　　町板倉　荻野貞雄氏所蔵）…………380
117　正徳三年正月　山田郡丸山村秣山利
　　用方取極議定（太田市丸山　青木茂氏所
　　蔵）……………………………………381
118　元文五年十月　邑楽郡赤岩・舞木村
　　入会秣場につき覚書（邑楽郡千代田町赤
　　岩　筑比地正義氏所蔵）………………382
119　安永四年十二月　山田郡竜舞村惣百
　　姓村秣預りにつき入置証文（太田市竜舞
　　武蔵文二氏所蔵）………………383
120　弘化三年二月　新田郡牛沢村秣場割
　　地につき村議定（太田市牛沢　神谷忠明氏
　　所蔵）……………………………………384
治水………………………………………385
121　元禄元年十一月　川除普請形覚書
　　（館林市千代田町　青山正孝氏所蔵）……385
122　元禄二年正月　館林領大新田出作二
　　四ヵ村惣百姓堤川除人足等赦免願（館林
　　市下早川田町　原賢治氏所蔵）…………389
123　享保十一年正月　邑楽郡板倉・海老
　　瀬村百姓悪水落合地変更建議につき見
　　分願（邑楽郡板倉町板倉　荻野貞雄氏所
　　蔵）……………………………………389
124　安永八年八月　新田郡武蔵島村川除
　　普請仕来り書上帳（新田郡尾島町武蔵島
　　宮下八郎氏所蔵）………………………391
125　天明三年九月　新田郡尾岡村ほか
　　三ヵ村組合堤有形書上帳（新田郡尾島町
　　武蔵島　宮下八郎氏所蔵）……………393
鷹捉飼場…………………………………394
126　享保三年五月　邑楽郡板倉村新規鷹
　　場取立につき惣百姓連判帳（『御鷹場証
　　文written中惣百姓連判帳』/邑楽郡板倉町板倉
　　荻野貞雄氏所蔵）………………………394
127　享保十一年九月　鷹場村々条目（新田
　　郡尾島町安養寺　小川茂雄氏所蔵）……396
128　延享五年正月　新田郡出塚村ほか鷹
　　場霞組合村高覚（新田郡尾島町出塚　村岡
　　ひろ氏所蔵）……………………………400
129　宝暦五年二月　新田郡前小屋村鷹捉
　　飼場法度請証文（新田郡尾島町前小屋　青
　　木敏郎氏所蔵）…………………………402
130　宝暦十一年八月　新田郡安養寺村ほ
　　か鷹方霞組合申合証文（新田郡尾島町安
　　養寺　小川静江氏所蔵）…………402
131　文化二年閏八月　新田郡安養寺村名
　　主鷹捉飼場野廻り役就任請書（新田郡尾
　　島町安養寺　小川茂雄氏所蔵）…………405
132　天保四年正月　山田郡竜舞村御鷹餌
　　土鳩預け置覚（太田市竜舞　武蔵文二氏所
　　蔵）……………………………………407

133　慶応三年三月　鷹捉飼場廃止触書
　　（『被仰出之写』/邑楽郡邑楽町秋妻　築比地
　　庸雄氏所蔵）……………………………407

第3節　年貢 …………………………………408
割付・皆済 ………………………………408
134　慶長五年十月　新田郡武蔵島村年貢
　　請取状（新田郡尾島町武蔵島　宮下八郎氏
　　所蔵）…………………………………408
135　寛永二十年十一月　邑楽郡板倉村年
　　貢割付状（邑楽郡板倉町板倉　荻野貞雄氏
　　所蔵）…………………………………409
136　寛文十二年十月　邑楽郡上小泉村年
　　貢割付状（邑楽郡大泉町上小泉　茂木晃氏
　　所蔵）…………………………………410
137　天和元年十一月　邑楽郡板倉村年貢
　　割付状（邑楽郡板倉町板倉　荻野貞雄氏
　　所蔵）…………………………………411
138　享保二年十月　邑楽郡斗合田村年貢
　　割付状（邑楽郡明和村斗合田　橋本政雄氏
　　所蔵）…………………………………412
139　寛保二年十二月　新田郡大島村年貢
　　割付状（太田市大島　大島いく氏所蔵）……413
140　天明三年十二月　新田郡下田中村年
　　貢皆済目録（新田郡新田町下田中　窪田定
　　幸氏所蔵）………………………………415
141　天明四年三月　邑楽郡斗合田村年貢
　　皆済目録（邑楽郡明和村斗合田　橋本政雄
　　氏所蔵）…………………………………415
142　弘化二年正月　邑楽郡大久保村年貢
　　割付状（邑楽郡板倉町大高島　高瀬寿夫氏
　　所蔵）…………………………………416
143　明治元年十一月　邑楽郡大佐貫村年
　　貢割付状（邑楽郡明和村大佐貫　篠木直一
　　郎氏所蔵）………………………………417
144　明治四年三月　邑楽郡古海村年貢皆
　　済目録（邑楽郡大泉町古海　白石うめ氏所
　　蔵）……………………………………427
検見・減免………………………………428
145　元禄十一年十二月　新田郡内ヶ島村
　　惣百姓田畑違作につき畝引方再願（太田
　　市内ヶ島　飯田次男氏所蔵）…………428
146　享保三年十二月　館林領北郷村困窮
　　につき反取引上げ免除願（館林市下早川
　　田町　原賢治氏所蔵）…………………429
147　寛保二年十二月　新田郡内ヶ島村未
　　進米来秋上納方再誓約状（太田市内ヶ島
　　飯田次男氏所蔵）………………………430
148　明和六年四月　新田郡強戸村百姓年
　　貢金年賦弁納聞届につき請書（太田市強
　　戸　岡部幸雄氏所蔵）…………………430
149　寛政八年十一月　新田郡下江田村田
　　方不作につき年貢引方覚（新田郡尾島町
　　前小屋　飯塚博司氏所蔵）………………431

150　享保二年十月　新田郡下江田村年貢俵拵適正化につき申渡覚（新田郡尾島町前小屋　飯塚博司氏所蔵）………431
151　文政八年九月　山田郡丸山村田方検見触書写（太田市丸山　青木茂氏所蔵）…432
152　弘化四年二月　新田郡大島村小高困窮につき十ヵ年定免願（太田市大島　大島いく氏所蔵）………432
153　嘉永二年四月　新田郡強戸村年貢諸夫銭弁納金等返済滞りにつき願書（太田市強戸　岡部幸雄氏所蔵）………433
154　嘉永四年四月同四年十月　新田郡細谷村出石百姓年貢滞納につき地頭所達書并名主願書（太田市細谷　金谷健之助氏所蔵）………434
155　元治元年十月　邑楽郡斗合田村洪水につき田方引方願（邑楽郡明和村斗合田　橋本政雄氏所蔵）………435

第4節　農業………436

農事………436

156　寛文六年正月　新田郡上田島村惣百姓種借り証文（太田市上田島　川口晋氏所蔵）………436
157　寛文九年正月　新田郡上田島村蔵米種借り証文（太田市上田島　川口晋氏所蔵）………437
158　寛政十二年五月　山田郡吉沢村田方植付証文（太田市下小林　茂木務氏所蔵）………437
159　文政四年七月　新田郡米沢村田反歩植付并渇水状況につき注進状（太田市米沢　岩崎佳男氏所蔵）………438
160　自弘化三年八月至明治十三年十月　新田郡大島村葡萄蒔畑覚（太田市大島　大島いく氏所蔵）………438
161　嘉永七年正月　山田郡丸山村青木家農中日雇并諸職人控帳（太田市丸山　青木茂氏所蔵）………442

用水………451

162　宝永四年二月　新田郡阿左美村沼余水管理につき成塚村ほか宛入置証文（太田市成塚　柳伴助氏所蔵）………451
163　明和五年十二月　邑楽郡板倉村ほか用水樋開閉出入内済証文（邑楽郡板倉町板倉　荻野貞雄氏所蔵）………451
164　明和八年五月　新田郡内ケ島村新田待堰用水差留一件につき見分願（太田市内ケ島　飯田次男氏所蔵）………453
165　文化十二年八月　新田郡内ケ島村地内用悪路圦樋彫抜有無出入内済議定（太田市竜舞　武藤文二氏所蔵）………454

166　文政四年八月　新田郡成塚村用水出入内済につき堰仕立方等取替せ証文（太田市成塚　柳伴助氏所蔵）………456
167　天保十年四月　邑楽郡高島堰用悪組合改正議定書（邑楽郡板倉町板倉　荻野貞雄氏所蔵）………457
168　弘化二年七月　邑楽郡三一ヵ村組合利根川加用水筋其外共自普請熟談永久議定書（邑楽郡利和村川俣　塩谷正邦氏所蔵）………458
169　慶応三年七月　新田郡細谷村番水入用人足控帳（太田市細谷　金谷浩孝氏所蔵）………464

水車………467

170　文化九年八月　新田郡岩瀬川村水車設置依頼につき入置証文（太田市細谷　金谷健之助氏所蔵）………467
171　文化十三年閏八月　新田郡牛沢村新水車取立につき村方議定（太田市牛沢　神谷忠明氏所蔵）………468
172　文化十三年閏八月　新田郡牛沢村水車設置につき入置議定（太田市牛沢　神谷忠明氏所蔵）………468
173　文化十四年十二月　新田郡牛沢村水車守奉公人請状（太田市牛沢　神谷忠明氏所蔵）………469
174　文政元年七月　新田郡牛沢村水車株質物証文（太田市牛沢　神谷忠明氏所蔵）………470
175　天保五年七月　新田郡牛沢村水車借用証文（太田市牛沢　神谷忠明氏所蔵）………470
176　天保六年十二月　新田郡牛沢村借用水車廻り持取極議定（太田市牛沢　神谷忠明氏所蔵）………471
177　天保七年九月　新田郡牛沢村借用水車引請証文（太田市牛沢　神谷忠明氏所蔵）………472
178　天保十四年三月　新田郡藤阿久村百姓水車借用につき入置証文（太田市藤阿久　加村菊雄氏所蔵）………472
179　嘉永五年正月　新田郡牛沢村水車諸道具一式請渡控帳（太田市牛沢　神谷忠明氏所蔵）………473
180　嘉永六年三月　新田郡牛沢村水車土堰急破につき土売渡証文（太田市牛沢　神谷忠明氏所蔵）………475
181　嘉永七年正月　新田郡藤阿久村百姓水車借用証文（太田市藤阿久　加村菊雄氏所蔵）………476
182　安政二年七月　新田郡牛沢村水車出入一件につき取替せ議定（太田市富沢　大隅晃氏所蔵）………477

鉄砲………478

183　文化三年二月　新田郡寺井村四季打
　　鉄砲拝借証文（太田市寺井　斎藤英一氏所
　　蔵）……………………………………478
184　天保九年六月　新田郡木崎宿組合
　　村々鉄砲取調書上帳（新田郡尾島町粕川
　　粕川成一氏所蔵）……………………478
185　年次不詳　新田郡牛沢村猪出没につ
　　き四季打鉄砲拝借証文（太田市牛沢　神谷
　　忠明氏所蔵）…………………………486

第4章　産業と交通……………………487
＜写＞川俣河岸繁栄の図（絵馬部分）（邑楽郡
　　板倉町板倉　雷電神社蔵）………………488
第1節　蚕糸業……………………………489
養蚕・蚕種…………………………………489
186　宝暦八年　新田郡武蔵島村宮下家蚕
　　円満帳（新田郡尾島町武蔵島　宮下八郎氏
　　所蔵）…………………………………489
187　宝暦十二年　新田郡武蔵島村宮下家
　　蚕重満帳（新田郡尾島町武蔵島　宮下八郎
　　氏所蔵）………………………………490
188　明和七年　山田郡竜舞村武藤家伝蔵
　　「養蚕極意伝」（太田市竜舞　武藤文二氏所
　　蔵）……………………………………492
189　明治二年十月　新田郡成塚村ほか蚕
　　種商人代金未済一件訴入状（太田市成塚
　　柳伴助氏所蔵）………………………494
190　自明治三年至同五年　山田郡丸山村
　　養蚕出来高取調帳（太田市丸山　青木茂氏
　　所蔵）…………………………………495
191　明治四年二月　新田郡前小屋村桑乱
　　妨伐払一件届書（新田郡尾島町前小屋　飯
　　塚博司氏所蔵）………………………496
192　年次不詳　新田郡上浜田村養蚕産記
　　伝来書留（太田市浜田　橋本節子氏所
　　蔵）……………………………………496
糸繭…………………………………………497
193　安政六年四月　新田郡尾島村ほか
　　七ヵ村生繭・生糸出来高書上（「御用留」
　　／新田郡尾島町前小屋　青木敏郎氏所蔵）…497
194　慶応三年六月　勢多郡岩松村繭運上
　　代銀割賦帳（新田郡尾島町岩松　高山善一
　　氏所蔵）………………………………499
第2節　特産物………………………505
漁猟…………………………………………505
195　寛延三年六月　邑楽郡板倉・海老瀬
　　村板倉沼出入一件覚書（邑楽郡板倉町板
　　倉　荻野貞雄氏所蔵）…………………509
196　宝暦四年五月　邑楽郡板倉・海老瀬
　　村板倉沼出入裁許請書（邑楽郡板倉町板
　　倉　荻野貞雄氏所蔵）…………………511

197　明和四年九月　邑楽郡板倉村ほか谷
　　田川漁猟運上上納出願につき議定（邑楽
　　郡板倉町板倉　荻野貞雄氏所蔵）………513
198　天明六年五月　邑楽郡板倉・海老瀬
　　村板倉沼内船年貢免除願（邑楽郡板倉町
　　板倉　荻野貞雄氏所蔵）………………514
199　寛政三年九月　邑楽郡板倉・海老瀬
　　村板倉沼満水につき流失船注進書上
　　（邑楽郡板倉町板倉　荻野貞雄氏所蔵）……515
200　嘉永元年五月　邑楽郡除川村渡良瀬
　　川漁猟出入済口証文（邑楽郡板倉町除川
　　野中嘉之氏所蔵）……………………516
献上松茸……………………………………518
201　安永二年十一月　太田金山御林松茸
　　献上入用并年中入用割（太田市米沢　岩崎
　　佳男氏所蔵）…………………………518
202　元治元年八月　太田金山松茸上納御
　　用留（太田市古戸　桑子雅男氏所蔵）……521
第3節　商工業……………………………529
市・相場……………………………………529
203　慶長十一年十一月　山田郡丸山宿市
　　立て定写（太田市丸山　青木邦友氏所
　　蔵）……………………………………529
204　寛永十八年三月　新田郡鳥山村ほか
　　連雀商人仲間規定違法出入訴状（太田市
　　鳥山　天笠義男氏所蔵）………………529
205　文化十二年正月同十三年十二月　館
　　林足利町古着市見世猥りにつき取締方
　　一件書留（館林市千代田町　青山正孝氏所
　　蔵）……………………………………530
206　文政二年八月　新田郡武蔵島村諸色
　　値段引下げ書上帳（新田郡尾島町武蔵島
　　宮下八郎氏所蔵）……………………534
207　文政二年九月　山田郡丸山村諏訪組
　　諸色値段引下げ議定（太田市丸山　青木茂
　　氏所蔵）………………………………535
208　天保十三年五月　新田郡牛沢村諸色
　　値下げにつき村方連印帳（太田市牛沢　関
　　口利和氏所蔵）………………………535
209　天保十三年五月　館林藩領村々諸色
　　値段并諸手間代引下げにつき取極書
　　（『御請書』／館林市千代田町　青山正孝氏
　　所蔵）…………………………………538
210　安政三年七月　山田郡丸山村市場高
　　札不法所持一件出入訴状（太田市丸山　青
　　木茂氏所蔵）…………………………542
商人…………………………………………543
211　明和六年七月　新田郡堀口村商人大
　　豆売渡証文（新田郡尾島町安養寺　小川茂
　　雄氏所蔵）……………………………543
212　安永二年正月　新田郡安養寺村商人
　　分限帳（新田郡尾島町安養寺　小川茂雄氏
　　所蔵）…………………………………544

213　安永二年十二月　新田郡安養寺村小川家宛忍藩蔵米売渡証文（新田郡尾島町安養寺　小川茂雄氏所蔵）……………547
214　安永二年十二月　新田郡安養寺村小川家宛江戸商人佐倉米ほか預り証文（新田郡尾島町安養寺　小川茂雄氏所蔵）‥547
215　年次不詳（安永二年カ）　新田郡安養寺村小川家佐倉米ほか買入れにつき江戸商人仕切状（新田郡尾島町安養寺　小川茂雄氏所蔵）……………548
216　寛政四年閏二月　館林谷越町青物問屋認可願（館林市千代田町　青山正孝氏所蔵）………………………………548
217　寛政四年十月　新田郡安養寺村商人居家・酒蔵ほか書上（新田郡尾島町安養寺　小川茂雄氏所蔵）……………549
218　寛政四年十二月　館林町青物売買差縺出入一件書留（館林市赤生田町　山田作次郎氏所蔵）………………………550
219　年次不詳（寛政五年カ）　新田郡安養寺村商人大坂・平野繰綿会所仕法書上（新田郡尾島町安養寺　小川茂雄氏所蔵）‥554
220　文政十三年十一月　山田郡竜舞村穀商人買預け米出入訴状（太田市東別所　森尻貴言氏所蔵）………………555
221　安政六年三月　新田郡大島村神奈川表干鰯魚油交易元問屋稼願（太田市細谷　金谷健之助氏所蔵）……………556
222　年次不詳　新田郡安養寺村小川家砂糖現金売開始口上書（版）（新田郡尾島町安養寺　小川茂雄氏所蔵）……………557

職人 …………………………………………557

223　天明三年九月　新田郡安養寺村越後繰綿打職人奉公請合証文（新田郡尾島町安養寺　小川茂雄氏所蔵）……………557
224　文化七年四月　新田郡粕川村紺屋藍買掛り残金滞り出入につき口書（新田郡尾島町粕川　粕川成一氏所蔵）……558
225　文化十四年正月　邑楽郡古海村髪結床家作につき借地証文（邑楽郡大泉町古海　白石うめ氏所蔵）………………558
226　文政十三年六月　新田郡強戸村諸職人日雇賃銭御趣意請書（太田市強戸　岡部幸雄氏所蔵）……………………559
227　嘉永二年八月　邑楽郡海老瀬村諸職人手間賃取極書（邑楽郡板倉町海老瀬　市沢勲氏所蔵）…………………561
228　嘉永二年十月　新田郡反町村正明寺釣鐘佐野鋳物師請負証文（太田市富沢　大隅晃氏所蔵）……………………565
229　嘉永三年八月　新田郡寺井村瓦師注文請証文（太田市富沢　大隅晃氏所蔵）‥566

230　嘉永六年八月　新田郡花香塚村綿打賃引下げにつき請書（新田郡新田町花香塚　斎藤美雄氏所蔵）……………567
231　安政三年五月　新田郡岩瀬川村ほか大工旗本中山氏長屋請負証文（太田市飯田町　清水恒太郎氏所蔵）……567
232　慶応元年八月　太田宿寄場組合諸職人手間賃取極請書（太田市牛沢　神谷忠明氏所蔵）……………………568

農間渡世 …………………………………569

233　文政八年八月　新田郡武蔵島村ほか農間渡世人書上（新田郡尾島町武蔵島　宮下八郎氏所蔵）………………569
234　文政十年六月　新田郡島山村農間渡世人書上（太田市強戸　岡部幸雄氏所蔵）……………………………………570
235　文政十一年三月　木崎宿組合村々質取高平均書上帳（新田郡尾島町粕川　粕川成一氏所蔵）………………571
236　文政十一年三月　邑楽郡秋妻村農間商諸職渡世書上（邑楽郡邑楽町秋妻　築比地庸雄氏所蔵）………………574
237　安政二年三月　館林町寄場組合役人大小惣代道案内質屋名前書上（館林市千代田町　青山正孝氏所蔵）…578

酒造 …………………………………………582

238　元禄八年八月　新田郡安養寺村小川家宛酒名代売渡証文（新田郡尾島町安養寺　小川茂雄氏所蔵）……………582
239　享保元年十二月　新田郡安養寺村酒買掛り請合証文（新田郡尾島町安養寺　小川茂雄氏所蔵）…………583
240　安永七年八月　新田郡安養寺村宇兵衛宛武州百姓酒蔵等借用証文（新田郡尾島町安養寺　小川静江氏所蔵）………583
241　天保六年正月　新田郡細谷村酒造米借用証文（太田市細谷　金谷健之助氏所蔵）……………………………………583
242　天保十四年閏九月　山田郡竜舞村越後よりの酒造店借請証文（太田市竜舞　武藤文二氏所蔵）…………………584
243　天保十四年十月　新田郡粕川村越後国百姓酒造店借用証文（新田郡尾島町粕川　粕川成一氏所蔵）……585
244　嘉永二年九月　木崎宿寄場組合酒造減石趣意請書（新田郡新田町大根　栗原賢治氏所蔵）……………………586
245　慶応四年八月　太田町寄場組合新規酒造稼願（邑楽郡邑楽町秋妻　築比地庸雄氏所蔵）………………………588

米穀流通 …………………………………597

246　元文五年八月　館林藩郷蔵置米入札払い関係記事(『御用留』/館林市千代田町　青山正孝氏所蔵)‥‥‥‥‥‥‥‥‥597
247　宝暦二年十一月　邑楽郡板倉村宛商人年貢米買納請負証文(邑楽郡板倉町板倉　荻野貞雄氏所蔵)‥‥‥‥‥‥599
248　寛政十二年十一月　山田郡吉沢村年貢米村方払い継続願(太田市下小林　茂木務氏所蔵)‥‥‥‥‥‥‥‥‥‥‥‥599
249　文政七年三月　邑楽郡斗合田村地頭勝手賄中蔵米永共金主宛納入方郷印証文(邑楽郡明和村斗合田　橋本政雄氏所蔵)‥‥‥‥‥‥‥‥‥‥‥‥‥‥‥‥‥‥600
250　天保五年二月　邑楽郡ほか改革組合村々役人宛米穀触書留(太田市米沢　岩崎佳男氏所蔵)‥‥‥‥‥‥‥‥‥‥‥‥600
251　天保五年三月　新田郡牛沢村穀物取調帳(太田市牛沢　神谷忠明氏所蔵)‥‥‥‥602
252　弘化二年正月　館林町商人正田家店卸帳(館林市大手町　正田宏二氏所蔵)‥‥609

第4節　街道‥‥‥‥‥‥‥‥‥‥‥‥‥‥‥612
日光例幣使道‥‥‥‥‥‥‥‥‥‥‥‥‥‥612
253　慶安元年三月　日光法事につき木崎村へ寄馬差出し申達状(新田郡新田町木崎　中島茂氏所蔵)‥‥‥‥‥‥‥‥612
254　正徳五年八月　山田郡丸山郷名主太田町助馬赦免願(太田市丸山　青木茂氏所蔵)‥‥‥‥‥‥‥‥‥‥‥‥‥‥‥‥‥613
255　明和三年六月　木崎宿助郷村々書上帳(新田郡新田町木崎　中島茂氏所蔵)‥‥614
256　寛政六年三月　木崎宿旅籠屋飯盛女過人数差置き一件過料申渡し請書(新田郡新田町木崎　中島茂氏所蔵)‥‥615
257　文化二年二月　五海道分間御用につき木崎宿明細帳(新田郡新田町木崎　多田宏朔氏所蔵)‥‥‥‥‥‥‥‥‥‥‥619
258　文化四年七月　木崎宿旅籠屋作華美につき取締り請書(新田郡新田町木崎　中島茂氏所蔵)‥‥‥‥‥‥‥‥631
259　文化十二年三月　日光御法会につき木崎宿助郷人馬勤方議定(『御触状御用留願向控』/新田郡尾島町粕川　粕成一氏所蔵)‥‥‥‥‥‥‥‥‥‥‥‥‥‥‥‥‥631
260　文政八年六月　木崎宿人馬賃銭割増内訳覚(新田郡新田町木崎　中島茂氏所蔵)‥‥‥‥‥‥‥‥‥‥‥‥‥‥‥‥‥632
261　文政十一年六月　木崎宿旅籠屋仲間議定書(新田郡新田町木崎　中島茂氏所蔵)‥‥‥‥‥‥‥‥‥‥‥‥‥‥‥‥‥634
262　嘉永三年八月　越後寺泊女木崎宿飯売奉公人帰り証文(新田郡新田町大根　栗原賢治氏所蔵)‥‥‥‥‥‥‥‥‥635

263　嘉永四年六月　太田宿定助郷勤方仕法につき取替せ証文(太田市大島　大島いく氏所蔵)‥‥‥‥‥‥‥‥‥‥‥‥636
264　自安政六年至文久三年　木崎宿助郷人馬遣高書上帳(新田郡新田町木崎　中島茂氏所蔵)‥‥‥‥‥‥‥‥‥‥‥‥638
265　文久元年十二月　木崎宿飯盛下女奉公人年季請状(栃木県足利市通町　浜野さく氏所蔵)‥‥‥‥‥‥‥‥‥‥‥640
266　慶応元年七月　木崎宿助郷村々飯売下女遊び禁止議定(新田郡尾島町粕川　粕川成一氏所蔵)‥‥‥‥‥‥‥‥640
267　慶応元年十一月　玉村・太田・木崎三宿并定助郷村々人馬賃銭割増継年願(『御地頭所其外御用留』/新田郡新田町木崎　中島茂氏所蔵)‥‥‥‥‥‥‥641
268　慶応二年四月　木崎宿并助郷村々人馬勤方出入内済証文(『難渋出入申立訴状写』/新田郡尾島町粕川　粕成一氏所蔵)‥‥‥‥‥‥‥‥‥‥‥‥‥‥‥‥‥642
269　慶応四年三月　官軍先鋒朝候隊通行につき助郷村々宛人馬出し方申達書(太田市牛沢　神谷忠明氏所蔵)‥‥‥644
270　明治五年六月　木崎宿より鉢石宿間伝馬所廃止通達(邑楽郡明和村川俣　塩谷正邦氏所蔵)‥‥‥‥‥‥‥‥‥‥‥644
271　年次不詳　木崎宿旅籠屋開店披露につき口演(新田郡新田町大根　栗原賢治氏所蔵)‥‥‥‥‥‥‥‥‥‥‥‥‥‥‥645

脇往還‥‥‥‥‥‥‥‥‥‥‥‥‥‥‥‥‥645
272　元和三年三月　駿州久能山より野州日光山迄道中定人足(太田市吉沢　園田健司氏所蔵)‥‥‥‥‥‥‥‥‥‥‥‥646
273　寛永二十年三月　邑楽郡川俣村船渡・伝馬につき諸役免状(邑楽郡明和村川俣　塩谷正邦氏所蔵)‥‥‥‥‥‥650
274　寛文三年十二月　館林町・武州新郷間駄賃銭取極覚(邑楽郡明和村川俣　塩谷正邦氏所蔵)‥‥‥‥‥‥‥‥650
275　元禄元年十一月　館林町問屋より大助馬村々申渡し覚(館林市千代田町　青山正孝氏所蔵)‥‥‥‥‥‥‥‥‥‥‥650
276　明和九年正月　館林町附五ヵ村出人馬勤方取替せ証文(邑楽郡板倉町板倉　荻野貞雄氏所蔵)‥‥‥‥‥‥‥‥‥651
277　安永五年五月　館林町当分助郷村々人馬遣高并賃銭割合改帳(館林市千代田町　青山正孝氏所蔵)‥‥‥‥‥‥‥651
278　寛政二年正月　山田郡丸山村飛脚商売開始につき借地証文(太田市丸山　青木茂氏所蔵)‥‥‥‥‥‥‥‥‥‥‥654

279　文化十三年九月　山田郡丸山村馬継立賃改定につき馬持ち取極議定(太田市丸山　青木茂氏所蔵)……………654
280　自文化十四年十一月至同十五年三月　邑楽郡古戸村と仙石村ほか三ヵ村助郷出入一件書留(『御用留』/太田市東矢島野村章氏所蔵)……………655
281　文政十三年四月　尾島元宿助合村議定書(太田市米沢　岩崎佳男氏所蔵)……662
282　天保七年八月　館林藩主所替につき邑楽郡板倉村継立て勤方取極議定(邑楽郡板倉町板倉　荻野貞雄氏所蔵)……………664
283　弘化三年三月　館林藩主所替につき邑楽郡板倉村ほか一一ヵ村新規加助郷并賃銭割増願(邑楽郡板倉町板倉　荻野貞雄氏所蔵)……………665
284　弘化四年正月　館林藩主所替につき邑楽郡板倉村御定賃銭にて宿継人馬請書(邑楽郡板倉町板倉　荻野貞雄氏所蔵)……………667
285　嘉永四年四月　老中阿部伊勢守通行につき館林町役人取計い覚書(館林市千代田町　青山正孝氏所蔵)……………667
286　文久二年五月　羽州漆山陣屋より館林へ引越につき人馬先触(二通)(邑楽郡板倉町板倉　荻野貞雄氏所蔵)……………669
287　文久二年閏八月　勢多郡岩松村遊行上人継立人馬割合帳(新田郡尾島町岩松　高山善一氏所蔵)……………670
288　慶応元年五月　邑楽郡小泉町定駄賃附并高札下げ渡し願(邑楽郡大泉町下小泉　渡部義勝氏所蔵)……………680
289　慶応四年四月　邑楽郡板倉村東山道総督通行につき助合取極議定(邑楽郡明和村斗合田　橋本政雄氏所蔵)……………684

橋・渡船 ……………………………………688

290　元禄十一年二月　新田郡金井村橋掛け定書(新田郡新田町金井　久保田武氏所蔵)……………688
291　享保二年　武州埼玉郡下村君村娘縁組通行につき新郷川俣関所通行手形下付願(邑楽郡板倉町板倉　荻野貞雄氏所蔵)……………688
292　享保六年十一月　江戸より館林へ鉄砲輸送につき新郷川俣関所手形(邑楽郡明和村川俣　塩谷正邦氏所蔵)……………689
293　天明四年三月　山田郡丸山村百姓母古戸渡船往来許可願(太田市丸山　青木茂氏所蔵)……………689
294　寛政元年閏六月　武州上新郷・邑楽郡川俣村渡船賃銭書上(邑楽郡明和村川俣　塩谷正邦氏所蔵)……………689

295　文化十五年三月　山田郡丸山村木戸土橋大破につき御普請願(太田市丸山　青木茂氏所蔵)……………690
296　文政八年九月　赤岩・葛和田村間利根川渡船明細書上(邑楽郡千代田村赤岩　筑比地正義氏所蔵)……………691
297　天保十五年十二月　邑楽郡板倉・飯野村間藤ノ木橋不通につき渡船場開設請書(邑楽郡板倉町板倉　荻野貞雄氏所蔵)……………692
298　嘉永五年九月　新田郡前小屋村ほか渡船書上(『前小屋村一件願書類手控』/新田郡尾島町前小屋　青木敏郎氏所蔵)……693
299　安政七年二月　新田郡前小屋村ほか渡船出入内済対談書(新田郡尾島町尾島　福島宏策氏所蔵)……………694
300　慶応元年十一月　古戸渡船場馳付人足順番帳(太田市竜舞　武藤文二氏所蔵)……………694
301　慶応三年　古戸・妻沼間利根川渡船不法出入訴答書(太田市古戸　桑子雅男氏所蔵)……………695
302　慶応四年正月　邑楽郡川俣村渡船場取締りにつき関東取締出役通達(『御用留』/邑楽郡明和村斗合田　橋本政雄氏所蔵)……………699
303　明治元年十月　館林藩主参府につき邑楽郡川俣村船仕立て入用書上(邑楽郡明和村川俣　塩谷正邦氏所蔵)……699
304　明治二年三月　邑楽郡古戸村新規歩行船設立につき奉加願(太田市古戸　桑子雅男氏所蔵)……………700

第5節　水運 ……………………………………701
利根川筋 ……………………………………701

305　元禄十三年十二月　前島河岸御蔵足尾銅積廻納入覚(新田郡尾島町亀岡　高木茂氏所蔵)……………701
306　宝永五年八月　川俣河岸荷物取扱いにつき舟問屋・道中問屋取替せ証文(邑楽郡明和村川俣　塩谷正邦氏所蔵)……702
307　安永二年五月　古海河岸再開願書加印延引につき名主御礼願(邑楽郡大泉町古海　白石うめ氏所蔵)……………702
308　安永三年十二月　利根川付村々船問屋株運上につき請書(邑楽郡大泉町古海　白石うめ氏所蔵)……………703
309　天明二年正月　武州秩父・寄居荷物につき前小屋河岸引請証文(新田郡尾島町前小屋　青木敏郎氏所蔵)……705
310　文化五年四月　古海河岸預大豆代金滞り出入返答書(邑楽郡大泉町古海　白石うめ氏所蔵)……………706

311　文化五年十一月　古海河岸川船改に
　　つき差出証文并渡船見分願(『河岸々川
　　船御改委細帳』/邑楽郡大泉町古海　白石う
　　め氏所蔵)‥‥‥‥‥‥‥‥‥‥‥707
312　文化七年七月　古海河岸問屋行方不
　　明につき積立河岸場変更願(邑楽郡大泉
　　町古海　白石うめ氏所蔵)‥‥‥‥‥708
313　文化八年十二月　邑楽郡舞木村船主
　　積入米無断質入につき請戻誓約証文
　　(邑楽郡大泉町古海　白石うめ氏所蔵)‥‥‥709
314　文政元年七月　新田郡本町村ほか
　　二ヵ村持御林より伐出薪積出方取調書
　　(新田郡新田町市　栗原信也氏所蔵)‥‥‥‥709
315　文政六年十二月　古海河岸船問屋船
　　着場用畑屋敷譲渡証文(邑楽郡大泉町古
　　海　白石うめ氏所蔵)‥‥‥‥‥‥713
316　文政十年十一月　古海・古戸両河岸
　　問屋船預り証文(邑楽郡大泉町古海　白石
　　うめ氏所蔵)‥‥‥‥‥‥‥‥‥714
317　文政十年十二月　古海河岸問屋株譲
　　渡証文(邑楽郡大泉町古海　白石うめ氏所
　　蔵)‥‥‥‥‥‥‥‥‥‥‥‥714
318　文政十三年十月　古海河岸川船改役
　　所達請証文并船数等書上覚(『川船御改
　　御用留』/邑楽郡大泉町古海　白石うめ氏所
　　蔵)‥‥‥‥‥‥‥‥‥‥‥‥715
319　文政十三年十二月天保元年十二月
　　利根川付村々船船造立て改一件書留
　　(『川船御改御用留』/邑楽郡大泉町古海　白
　　石うめ氏所蔵)‥‥‥‥‥‥‥‥717
320　天保七年八月　古海河岸新規働船
　　鑑札請取証文(『川船御改御用留』/邑楽郡
　　大泉町古海　白石うめ氏所蔵)‥‥‥‥721
321　安政五年六月　新田郡亀岡村廻銅上
　　乗手当値上願(新田郡尾島町亀岡　高木茂
　　氏所蔵)‥‥‥‥‥‥‥‥‥‥‥721
322　自安政五年十一月至明治六年十月
　　館林町商人仲間川俣・千津井両河岸荷
　　物運賃等議定留書(館林市大手町　正田宏
　　二氏所蔵)‥‥‥‥‥‥‥‥‥‥722
323　慶応元年十一月　古海河岸出水用心
　　船舫稼使用願(邑楽郡大泉町古海　白石う
　　め氏所蔵)‥‥‥‥‥‥‥‥‥‥726
324　明治元年十二月　古戸河岸岩鼻県御
　　城米東京積立入用覚帳(太田市東別所　森
　　尻貴言氏所蔵)‥‥‥‥‥‥‥‥726
325　明治四年五月　新田郡前小屋村難船
　　諸入用割合帳(新田郡尾島町前小屋　飯塚
　　博司氏所蔵)‥‥‥‥‥‥‥‥‥730
326　年次不詳　江戸船積問屋小泉町荷主
　　宛荷物一方積願書(邑楽郡大泉町古海　白
　　石うめ氏所蔵)‥‥‥‥‥‥‥‥732

327　年次不詳　武州羽生町商人干鰯代金
　　古海河岸問屋より支払覚(邑楽郡大泉町
　　古海　白石うめ氏所蔵)‥‥‥‥‥‥733
渡良瀬川筋‥‥‥‥‥‥‥‥‥‥‥733
328　寛文十年九月　邑楽郡下早川田村佐
　　野御城米江戸廻米請負願(館林市下早川
　　田町　原賢治氏所蔵)‥‥‥‥‥‥733
329　宝永四年七月　邑楽郡下早川田村御
　　城米江戸廻米請負願(館林市下早川田町
　　原賢治氏所蔵)‥‥‥‥‥‥‥‥734
330　享保十七年十一月　下早川田河岸船
　　問屋御城米運送仕方猥りにつき吟味願
　　(館林市下早川田町　原賢治氏所蔵)‥‥‥734
331　享保二十年三月　下早川田河岸船問
　　屋薪炭請負方経歴書(館林市下早川田町
　　原賢治氏所蔵)‥‥‥‥‥‥‥‥736
332　享保二十一年正月　館林領御城米
　　村々より河岸出し船積帳(館林市下早川
　　田町　原賢治氏所蔵)‥‥‥‥‥‥737
333　元文元年五月　下早川田河岸船問屋
　　御城米江戸納請負証文(館林市下早川
　　田町　原賢治氏所蔵)‥‥‥‥‥‥741
334　寛延四年正月　下早川田河岸江戸廻
　　米賃につき現米支給願(館林市下早川田
　　町　原賢治氏所蔵)‥‥‥‥‥‥‥741
335　天保八年十二月　下早川田河岸船問
　　屋先代通り問屋下命願(館林市下早川田
　　町　原賢治氏所蔵)‥‥‥‥‥‥‥741
336　嘉永元年十二月　下早川田河岸船問
　　屋代々仕来通り船積御用下命願(館林市
　　下早川田町　原賢治氏所蔵)‥‥‥‥‥742
337　嘉永五年三月　下早川田河岸船問屋
　　営業につき取引再開願(邑楽郡邑楽町鶉
　　小林専八氏所蔵)‥‥‥‥‥‥‥‥743

第5章　社会と文化‥‥‥‥‥‥‥‥745
＜写＞板倉町の水塚　邑楽郡板倉町海老瀬　小
　　久貫卯市家‥‥‥‥‥‥‥‥‥‥746
第1節　災害‥‥‥‥‥‥‥‥‥‥‥747
災害‥‥‥‥‥‥‥‥‥‥‥‥‥‥747
338　天明三年八月　邑楽郡板倉村出水・
　　砂降覚帳(邑楽郡板倉町板倉　荻野貞雄氏
　　所蔵)‥‥‥‥‥‥‥‥‥‥‥‥747
339　天明四年正月　新田郡市浅間焼一
　　件書留(新田郡新田町市　栗原信也氏所
　　蔵)‥‥‥‥‥‥‥‥‥‥‥‥‥753
340　文政九年十一月　山田郡丸山村畑
　　損毛有無書上(太田市竜舞　武藤文二氏所
　　蔵)‥‥‥‥‥‥‥‥‥‥‥‥‥760
341　文政十一年　邑楽郡秋妻村水腐高書
　　上帳(邑楽郡邑楽町秋妻　築比地庸雄氏所
　　蔵)‥‥‥‥‥‥‥‥‥‥‥‥‥761

群馬県史 資料編16 近世8

342　天保七年八月　山田郡矢場村冷害不作状況届（太田市矢場　倉沢利和氏所蔵）…761
343　天保十五年十月　山田郡丸山・古氷村田畑水腐高書上帳（太田市丸山　青木茂氏所蔵）…762
344　安政六年七月　新田郡岩松村洪水被害取調内見帳（新田郡尾島町岩松　高山善一氏所蔵）…763

備荒・救済…766

345　寛保二年十一月　邑楽郡古海村洪水につき飢人夫食代拝借証文（『留書』／邑楽郡大泉町古海　白石うめ氏所蔵）…766
346　天明三年十二月　山田郡只上村飢人拝借麦割渡し請印帳（太田市只上　樋口茂氏所蔵）…768
347　自天明八年至文化三年　新田郡上中村新田貯穀数書上帳（新田郡新田町上中清水堅二郎氏所蔵）…769
348　文化元年五月　山田郡竜舞村小児養育料并困窮人手当金につき残金下げ渡し願（太田市竜舞　武藤文二氏所蔵）…770
349　文政三年十月　邑楽郡板倉村ほか大風雨違作につき夫食手当下付願（邑楽郡板倉町板倉　荻野貞雄氏所蔵）…771
350　天保五年三月　新田郡粕川村夫食取調帳（新田郡尾島町粕川　粕川成一氏所蔵）…773
351　弘化二年二月　山田郡竜舞村貯穀積増并備荒につき申渡書留（太田市竜舞　佐藤救衛氏所蔵）…780
352　嘉永三年十二月　邑楽郡秋妻村違作につき百姓取続金拝借歎願一件書留（邑楽郡邑楽町秋妻　築比地庸雄氏所蔵）…783
353　自慶応三年六月至明治二年三月　山田丸山村非常貯穀積立につき廻状触ほか請印帳（太田市丸山　青木茂氏所蔵）…787

荒地・不斗出…789

354　天明四年二月　新田郡細谷村浅間焼砂降につき普請手当下付請書（『細谷記録年番箱巻紙之部』／太田市細谷　金谷健之助氏所蔵）…789
355　文化八年八月　邑楽郡大佐貫村荒所起返しにつき大破家修覆金等割渡方覚（邑楽郡明和大大佐貫　薗田悦彦氏所蔵）…791
356　天保六年八月　新田郡牛沢村相続講連名帳（太田市牛沢　神谷忠明氏所蔵）…791
357　天保九年九月　新田郡強戸村田方違作につき議定書（太田市強戸　岡部幸雄氏所蔵）…794

358　嘉永七年正月　新田郡飯田村潰百姓跡地百姓取立願（太田市飯田町　清水恒太郎氏所蔵）…795

第2節　家…797
相続・縁組…797

359　明和九年四月　新田郡安養寺村聟養子証文（新田郡尾島町安養寺　小川茂雄氏所蔵）…797
360　天明三年七月　新田郡牛沢村家督相続につき心得覚（太田市牛沢　神谷忠明氏所蔵）…797
361　文化九年正月　新田郡細谷村闕所百姓名跡相続願（太田市細谷　金谷浩孝氏所蔵）…798
362　文化十一年三月　新田郡岩松村離縁女房再婚条項議定につき入置証文（太田市牛沢　神谷忠明氏所蔵）…799
363　天保十一年六月　新田郡竜舞村夫婦養子差遣しにつき家督并隠居面証文（太田市竜舞　武藤文二氏所蔵）…799
364　文久三年十一月　新田郡溜池村養女貰請証文（新田郡新田町溜池　片山英弥氏所蔵）…800

奉公人…801

365　寛保三年十月　新田郡花香塚村不奉公返金滞り入出内済証文（新田郡新田町花香塚　斎藤美雄氏所蔵）…801
366　安政二年四月　新田郡溜池村給金前借奉公人欠落につき返金方済証文（新田郡新田町溜池　片山英弥氏所蔵）…801
367　安政三年正月　新田郡細谷村年季奉公人請状（太田市細谷　金谷健之助氏所蔵）…802
368　安政五年十二月　邑楽郡古海村半季奉公人請状（邑楽郡大泉町古海　高野敏彦氏所蔵）…802
369　文久二年十二月　新田郡細谷村壱季奉公人請状并給金借用証文（太田市細谷　金谷健之助氏所蔵）…803

家訓…803

370　元禄二年正月　邑楽郡大久保村高瀬善兵衛家訓（邑楽郡板倉町大高島　高瀬寿夫氏所蔵）…803

縁切寺…823

371　文政六年九月　満徳寺縁切寺法申立書（佐波郡境町境　川越俊介氏所蔵）…823
372　自弘化四年七月至同四年八月　下野国足利郡名草村百姓女房内済離縁一件文書（六通）（太田市石原　高木侃氏所蔵）…823
373　安政四年　寺法駈入女取計方心得留（佐波郡境町境　川越俊介氏所蔵）…826

254　県史誌内容総覧・資料編1: 近世—関東

374　明治三年二月　新田郡富沢村駈込女房示談引込みにつき離縁取下げ願（太田市富沢　大隅晁氏所蔵）……………828
375　年次不詳　徳川満徳寺駈入女扶持方料預金覚（佐波郡境町境　川越俊介氏所蔵）……………………………829
376　年次不詳　新田郡由良村百姓女房年季中内済離縁証文（太田市強戸　岡部幸雄氏所蔵）……………………829

第3節　生活……………………………830
祭礼・村芝居……………………………830
377　明和四年三月　新田郡安養寺村明王院人形芝居興行中止勧告無視につき口書（新田郡尾島町安養寺　小川静江氏所蔵）……………………………………830
378　天明元年八月　邑楽郡板倉村雷電宮麦祭不足費用他借返済金請取覚（邑楽郡板倉町板倉　荻野貞雄氏所蔵）………830
379　文化元年六月　太田町受楽寺芝居興行等吟味につき裁許請書（太田市大島　大島いく氏所蔵）……………………831
380　文化十三年八月　邑楽郡斗合田村太々神楽献立覚帳（邑楽郡明和村斗合田　橋本政雄氏所蔵）………………833
381　天保四年十月　館林町天王祭礼定申渡請書（館林市千代田町　青山正孝氏所蔵）……………………………………836
382　年次不詳　邑楽郡板倉村女芝居売切証文（邑楽郡板倉町除川　野中嘉之氏所蔵）……………………………………843

世相・生活………………………………843
383　元禄四年二月　新田郡下江田村西勝寺支配百姓につき表百姓取立願（新田郡新田町下江田　吉田明氏所蔵）……843
384　元禄五年三月　新田郡木崎村百姓引越手形（新田郡新田町下田中　窪田定幸氏所蔵）……………………………844
385　寛保三年八月　新田郡粕川村門屋本百姓取立願（新田郡尾島町粕川　粕川成一氏所蔵）………………………844
386　文化六年六月　山田郡竜舞村無宿者等召捕吟味一件書留（太田市竜舞　武藤文二氏所蔵）……………………………844
387　文政十二年十月　邑楽郡大佐貫村隠売女引請願（邑楽郡明和村大佐貫　薗田悦彦氏所蔵）…………………………845
388　天保十年二月　新田郡花香塚村百姓苗字改めにつき入置証文（新田郡新田町花香塚　斎藤美雄氏所蔵）………846
389　天保十一年三月　新田郡脇屋村馬質入証文（太田市強戸　岡部幸雄氏所蔵）…846
390　天保十一年十月　山田郡宿金井村捨子届書（太田市東金井　小林監治氏所蔵）……………………………………847
391　弘化三年九月　新田郡花香塚村若者仲間再興につき村役人宛差入議定書（新田郡新田町花香塚　斎藤美雄氏所蔵）…847
392　嘉永三年三月　邑楽郡大久保村高瀬家出生祝受納帳（邑楽郡板倉町大高島　高瀬寿夫氏所蔵）…………………848
393　安政五年十二月　新田郡米沢村岩崎家婚礼諸事控帳（太田市米沢　岩崎佳男氏所蔵）……………………………851
394　年次不詳　館林町山田家年中行事（館林市尾曳町　山田秀夫氏所蔵）……856

博徒………………………………………870
395　文化三年五月　太田宿ほか博徒召捕吟味につき請書（太田市強戸　岡部幸雄氏所蔵）……………………………870
396　文政九年十月　山田郡矢場村ほか長脇差等厳禁申渡しにつき村請証文（太田市竜舞　武藤文二氏所蔵）………871
397　文政十二年十二月　邑楽郡大佐貫村博奕宿并関係者過料取立請印帳（邑楽郡明和村大佐貫　薗田悦彦氏所蔵）…872

第4節　宗教……………………………874
寺社………………………………………874
398　慶長十五年三月　太田町金竜寺縁起書（太田市金山町　金竜寺蔵）………874
399　元禄十三年五月　新田郡世良田村長楽寺末寺連印帳（新田郡尾島町世良田　長楽寺蔵）………………………………875
400　年次不詳（享保二年カ）　太田町理光寺支配差縺れにつき訴状（太田市金山町　金竜寺蔵）………………………878
401　享保十四年三月　邑楽郡板倉村雷電宮修覆につき相対勧化御免願（邑楽郡板倉町板倉　荻野貞雄氏所蔵）………879
402　元文元年八月　館林町善長寺宸徽につき播州勧化御免願（館林市当郷　善長寺蔵）……………………………………879
403　宝暦八年六月　山田郡丸山村大円寺住持戒律条目（太田市丸山　青木茂氏所蔵）……………………………………880
404　明和四年　新田郡世良田村東照宮建立由緒并長楽寺由緒覚（新田郡尾島町世良田　長楽寺蔵）…………………881
405　寛政四年二月　新田郡花香塚村安養寺百姓寄進地証文（新田郡新田町花香塚　斎藤美雄氏所蔵）………………885
406　天保十四年八月　邑楽郡新福寺村宝林寺預り広済寺大鐘等につき取替せ証文（邑楽郡千代田町新福寺　宝林寺蔵）…885

群馬県史 資料編16 近世8

407 元治元年三月 新田郡世良田村長楽寺灌頂執行につき達(新田郡尾島町世良田 長楽寺蔵)‥‥‥‥‥886
408 年次不詳 太田町大光院歴代住持につき覚(太田市大島 大島いく氏所蔵)‥‥887
409 年次不詳 邑楽郡堀工村茂林寺分福茶釜略縁起(版)(邑楽郡邑楽町秋妻 岩崎治雄氏所蔵)‥‥‥‥‥‥889

修験‥‥‥‥‥‥‥‥‥‥‥‥‥‥‥‥‥891
410 寛保四年九月 館林町興蔵寺宛聖護院御教書(館林市代官町 長良神社蔵)‥‥891
411 安永九年二月 新田郡岩松村岩松坊什物帳(新田郡尾島町岩松 髙山善一氏所蔵)‥‥‥‥‥‥‥‥‥‥‥‥‥‥891
412 天明七年八月 新田郡岩松村ほか当山修験并神子人別控帳(新田郡尾島町岩松 髙山善一氏所蔵)‥‥‥‥894
413 寛政十二年八月 邑楽郡海老瀬村大寿院湯立神楽出入内済につき取替せ証文(邑楽郡板倉町海老瀬 市沢勲氏所蔵)‥‥‥‥‥‥‥‥‥‥‥‥‥‥896
414 文化五年十一月 館林町興蔵寺ほか由緒書上帳(館林市代官町 長良神社蔵)‥‥‥‥‥‥‥‥‥‥‥‥‥‥‥897
415 文政九年十二月 館林町興蔵寺霞村支配方につき聖護院書状(館林市代官町 長良神社蔵)‥‥‥‥‥‥‥900

民間信仰‥‥‥‥‥‥‥‥‥‥‥‥‥‥‥901
416 享保十年正月 邑楽郡日向村疱瘡神送り差継れ出入につき吟味願(館林市日向町 福田聡氏所蔵)‥‥‥‥‥‥901
417 安永七年十二月 邑楽郡小泉村高原地祭祀につき取極一札(邑楽郡大泉町上小泉 茂木真人氏所蔵)‥‥‥‥902
418 文化九年三月 邑楽郡板倉村雷電宮永代太々講中取極議定(邑楽郡板倉町板倉 荻野貞雄氏所蔵)‥‥‥‥‥903
419 文政七年 麻疹由来書(太田市成塚 柳伴助氏所蔵)‥‥‥‥‥‥‥‥‥‥904
420 文政九年六月 新田郡寺井村尾先狐一件出入につき吟味願(太田市寺井 斎藤英一氏所蔵)‥‥‥‥‥‥‥906
421 嘉永七年三月 新田郡長手村富士浅間三社宮勧化簿(太田市長手 矢島史子氏所蔵)‥‥‥‥‥‥‥‥‥‥‥‥‥907
422 安政二年八月 新田郡寺井村木曽御嶽講員治病祈梼願(太田市寺井 斎藤英一氏所蔵)‥‥‥‥‥‥‥‥‥‥910
423 慶応四年正月 新田郡長手村富士浅間祈梼願連名控帳(太田市長手 矢島史子氏所蔵)‥‥‥‥‥‥‥‥‥‥911
424 年次不詳 山田郡東金井村疱瘡神詫証文(太田市東金井 小林監治氏所蔵)‥‥914

第5節 文化‥‥‥‥‥‥‥‥‥‥‥‥‥915
教育‥‥‥‥‥‥‥‥‥‥‥‥‥‥‥‥‥915
425 貞享三年十月 勢多郡西金井村初登山手習教訓(太田市北金井 樋口二郎氏所蔵)‥‥‥‥‥‥‥‥‥‥‥‥‥915
426 天保十一年七月 新田郡強戸村読書手習稽古場作法定(太田市強戸 岡部幸雄氏所蔵)‥‥‥‥‥‥‥‥‥‥‥916
427 嘉永四年四月 新田郡世良田村総持寺筆子帳(新田郡尾島町世良田 総持寺蔵)‥‥‥‥‥‥‥‥‥‥‥‥‥‥‥917

文芸‥‥‥‥‥‥‥‥‥‥‥‥‥‥‥‥‥917
428 寛政七年四月 新田郡中江田村矢抜明神奉納句合帖(佐波郡境町境 篠木弘明氏所蔵)‥‥‥‥‥‥‥‥‥‥‥918
429 享和元年三月 鯉鱗の連句(太田市細谷 金谷浩孝氏所蔵)‥‥‥‥‥922
430 天保五年 恕庵起止簿(新田郡新田町上田中 大館三郎氏所蔵)‥‥‥922
431 天保七年 葬の心得序文(佐波郡境町境 篠木弘明氏所蔵)‥‥‥‥‥931

和算‥‥‥‥‥‥‥‥‥‥‥‥‥‥‥‥‥932
432 年次不詳 新田郡安養寺村小川眉山書状(佐波郡境町境 篠木弘明氏所蔵)‥931
433 嘉永五年二月 館林町算術・筆道門人名前帳(館林市松原町 瀬山松三郎氏所蔵)‥‥‥‥‥‥‥‥‥‥‥‥932
434 慶応三年二月 吉田流算術開平法口伝(館林市松原町 瀬山松三郎氏所蔵)‥937

医薬‥‥‥‥‥‥‥‥‥‥‥‥‥‥‥‥‥964
435 安永三年四月 邑楽郡川俣村医者転出につき引請証文(太田市石原 高木侃氏所蔵)‥‥‥‥‥‥‥‥‥‥‥‥964
436 安永七年七月 新田郡大島村医者村内定住につき引請証文(太田市大島 川崎大作氏所蔵)‥‥‥‥‥‥‥‥‥964
437 自文久二年七月至同二年八月 新田郡成塚村麻疹容体書(太田市成塚 柳伴助氏所蔵)‥‥‥‥‥‥‥‥‥965

解説‥‥‥‥‥‥‥‥‥‥‥‥‥‥‥‥‥969
地域の支配特性‥‥‥‥‥‥‥‥‥‥‥‥971
　<表>図1　館林城付地における所領概要‥‥‥‥‥‥‥‥‥‥‥‥‥‥‥972
越智松平氏の棚倉転封‥‥‥‥‥‥‥‥‥973
館林町の検断‥‥‥‥‥‥‥‥‥‥‥‥‥976
　<表>表1　御目見時の待遇‥‥‥‥‥977
封内経界図誌‥‥‥‥‥‥‥‥‥‥‥‥‥978
　<表>図2　日光脇往還川俣村助郷村々分布図‥‥‥‥‥‥‥‥‥‥‥‥‥‥‥980
　<表>図3　天和2年 館林領分中の主な沼の面積(史料17より作成)‥‥‥‥‥‥981
板倉沼の干拓‥‥‥‥‥‥‥‥‥‥‥‥‥981

256　県史誌内容総覧・資料編1: 近世—関東

<表>図4　板倉沼干拓の村別割合(史料106より作成)	983
鷹捉飼場	983
献上松茸	986
城下町と商人	986
<表>図5　文化3年〜安政6年　館林町商人正田家営業資産の推移(正田家店卸帳により作成)	989
城下青物売買出入	990
<表>図6　幕末期邑楽郡下青物生産地域(瀬山松三郎家文書より作成)	992
在方商人と米穀流通	993
<表>表2　小川家穀類取扱(販売)量の推移—宝暦〜寛政年間—(各年次「分限帳」より作成)	994
日光例幣使道	996
<表>表3　日光例幣使道各宿場の概要(天保14年)(「例幣使道宿村大概帳」(『近世交通史料集六』吉川弘文館刊)より作成)	997
<表>図7　日光例幣使道の各宿助郷村々分布略図	998
<表>表4　日光例幣使道各宿場間の人馬賃銭(明和3年)(「例幣使道宿村大概帳」(『近世交通史料集六』)より作成)	999
東毛の水運	1000
縁切寺満徳寺	1003
長楽寺と東照宮	1006
民間信仰	1008
1　疫(厄)神・オサキ関係	1008
2　祈祷書・勧化簿関係	1010
3　村極め	1011
和算	1011
付録	1017
領主系譜(大名)	1019
館林	1019
榊原氏略系	1019
松平(大給)氏略系	1020
徳川氏略系	1020
松平(越智)氏略系	1020
太田氏略系	1022
井上氏略系	1022
秋元氏略系	1023
郷村変遷	1025〜1038
<表>東毛地域(2)関係要図	1039
史料採訪先氏名	1057
あとがき(井上定幸)	1061
資料編16　近世8(東毛地域2)調査・編集関係者一覧	1064
児玉幸多(学習院大学名誉教授;参与)	
井上定幸(県立文書館長;専門委員(部会長))	
工藤恭吉(早稲田大学教授;専門委員)	
田中康雄(県立文書館主任専門員兼課長;専門委員)	
田畑勉(群馬工業高等専門学校教授;専門委員)	
中島明(県立前橋第二高等学校教諭;専門委員)	
阿久津宗二(県立歴史博物館副館長;調査委員)	
淡路博和(新島学園高等学校教諭;調査委員)	
大竹茂雄(県立高崎工業高等学校教諭;調査委員)	
岡田昭二(県立文書館主任;調査委員)	
駒形義夫(中部教育事務所主幹兼指導主事;調査委員)	
小山友孝(県立歴史博物館専門員;調査委員)	
近藤章(高崎市文化財調査委員;調査委員)	
関口進(桐生市教育委員会指導主事;調査委員)	
高木侃(関東短期大学助教授;調査委員)	
松下熈雄(吾妻町立太田中学校長;調査委員)	
県史編さん関係者名簿(昭和63年12月現在)	1065
県史編さん委員会委員・顧問	1065
県史編さん委員会事務局職員	1065

```
┌─────────────────────────────┐
│ 新編埼玉県史 資料編10 近世1 │
│          地誌                │
│        埼玉県編集            │
│    昭和54年12月10日          │
└─────────────────────────────┘
```

<埼玉県に関係する江戸時代の地誌、紀行のうち、重要なものを収録>
　<口絵>武蔵志 足立郡 表紙と内容
　<口絵>武蔵志稿（武蔵志 清書本）表紙と巻頭
　<口絵>武蔵演路 巻頭
　<口絵>川越索麺 目次
　<口絵>訪甌録 表紙と自序
　<口絵>遊歴雑記 表紙 目次 廓然寺蔵印
　<口絵>遊歴雑記 五編下巻 巻末
序（埼玉県知事 畑和）
凡例
解説 ……………………………………… 1
　1　近世地誌の四つの類型 ………………… 1
　2　埼玉県域を中心にした近世武蔵国の地誌について ……………………………… 14
　　<表>近世武蔵国（埼玉県地域関係）地誌目録 ………………………………… 20〜25
　3　本編収載地誌の解説 ………………… 26
　　「武蔵志」……………………………… 28
　　<表>晩年の福島東雄関係事項年表 … 29
　　<表>武蔵志書誌的概要 ………… 32〜34
　　「武蔵演路」…………………………… 37
　　「川越索麺」…………………………… 39
　　「訪甌録」……………………………… 39
　　「岩槻志略」…………………………… 41
　　「遊歴雑記」…………………………… 41
　　「岩槻御旧地探索秘記」……………… 43
武蔵志　福島東雄 …………………………… 45
　[＊村明細帳;武蔵鑑]
武蔵演路　大橋方長 ……………………… 481
　[＊道案内;郡村別沿革・社寺・名所・旧跡]
川越索麺　板倉良矩 ……………………… 691
　[＊町名・旧跡・社寺堂祠]
　赤間川 ……………………………………… 693
　民部稲荷 …………………………………… 693
　樹木屋舗 …………………………………… 695
　安田深尾喧嘩之事 ………………………… 696
　鍛治町 ……………………………………… 697

金山権現 ……………………………………… 697
囚獄番屋敷 …………………………………… 697
仙波新田 ……………………………………… 698
組町 …………………………………………… 698
1番丁 ………………………………………… 698
2番丁 ………………………………………… 698
3番丁 ………………………………………… 698
松井屋敷 ……………………………………… 699
観音堂 ………………………………………… 699
元塩焙蔵 ……………………………………… 699
鉄砲場 ………………………………………… 700
鳴町 …………………………………………… 700
御花畠 ………………………………………… 700
庚申塚 ………………………………………… 700
松郷新道 ……………………………………… 700
時ノ鐘 ………………………………………… 701
鍋屋旧地 ……………………………………… 702
鍋屋 …………………………………………… 702
鳥山稲荷 ……………………………………… 703
埃捨場 ………………………………………… 704
下水流 ………………………………………… 704
西町 …………………………………………… 705
的場 …………………………………………… 705
嚊姥 …………………………………………… 705
久保稲荷 ……………………………………… 706
奴か墓 ………………………………………… 706
夜奈川 ………………………………………… 706
隠居田 ………………………………………… 707
観音橋 ………………………………………… 707
鳥居田 ………………………………………… 707
見通シの松 …………………………………… 707
竪久保丁 ……………………………………… 707
北久保丁 ……………………………………… 707
南久保丁 ……………………………………… 707
行伝寺旧地 …………………………………… 707
石橋 …………………………………………… 708
鉄砲場 ………………………………………… 708
清水丁 ………………………………………… 708
石橋 …………………………………………… 708
御茶水 ………………………………………… 708
阿弥陀堂前 …………………………………… 708
仙波口 ………………………………………… 708
宮の下代官丁 ………………………………… 709
代官丁 ………………………………………… 709
十念寺旧地 …………………………………… 709
広小路 新道 ………………………………… 709
丸馬出 ………………………………………… 709
改 ……………………………………………… 709
真行寺旧地 …………………………………… 710
裏宿 …………………………………………… 710
小夜塚稲荷 …………………………………… 710

大河内氏屋敷	710	杉林	719
古塚稲荷	710	瀬尾町	719
本町	711	中原町	719
薬師堂旧地	711	切支丹屋敷	719
稲荷社	711	三間屋敷跡	719
北町	711	古長屋	720
東明寺大門旧地	711	御鷹部屋の跡	720
東明寺坂	711	新長屋	720
下町	711	六軒屋	720
横町	711	大工町	720
首塚	712	行伝寺門前	720
東明寺橋	712	猪鼻町	721
封疆	712	堅門前	721
上松郷町	712	石橋	721
弁才天祠	712	境の榎	721
高松院	712	南門前	721
江戸町	713	鉦打町	721
大部屋	713	久保	722
裏店	713	下松郷	722
多賀町	713	大河内氏元服の旧跡	722
同心町	713	下松郷木戸	722
妙昌寺	714	久保町	722
南町	714	牛小橋	722
養寿院門前	714	琵琶橋	723
高沢町	714	尾崎台	723
爺榎姥榎	714	馬場并鉄砲場	723
鉄砲場	715	藜	723
稲荷社	715	三軒屋	723
坂上	715	新屋	723
犬小屋	715	脇田村	723
唯心庵	715	天神前	724
坂下	715	比丘尼茶原	724
仲間部屋	716	石地蔵	724
長喜院の跡	716	瀬尾丁	724
辷り淵	716	感誉上人御影	724
御厩并馬場	716	蔵丁	725
御厩下	716	枝垂桜	725
三ツ屋	716	本阿弥稲荷	725
杉原町	717	訪甌録 渡辺華山	727
御鷹部屋	717	[*遺跡口碑;風俗人情]	
堺町	717	岩槻志略 高木業	767
五反畠	717	[*地名文字の変遷]	
妻死田	717	遊歴雑記(抄) 津田大浄	779
六反畠	718	[*見聞記;観光]	
六軒町	718	岩槻御旧地探索秘記 晴山忠太	981
横町	718	[*民間信仰]	
久太郎狐	718	埼玉県史編さんの経過	1003
大久保町	718	(1) 埼玉県史編さん準備委員会の設置	1003
妖怪屋舗	718	(2) 埼玉県史編さんの基本的性格	1004
大久保町	719		
新田町	719		

```
(3)  県史の構成と規模及び編さん期間 … 1005
(4)  県史編さん室の発足 ………………… 1006
(5)  県史編さん委員会の設置 …………… 1006
```
あとがき（県史編さん室長 柳田敏司）……1007
資料編10「近世1 地誌」資料提供者及び協力
　者 …………………………………………… 1008
埼玉県史編さん委員会委員 ………………… 1008
　井上幸治（津田塾大学教授）
　小野文雄（埼玉大学名誉教授）
　児玉幸多（学習院大学教授）
　韮塚一三郎（埼玉県文化団体連合会会長）
　村本達郎（埼玉大学名誉教授）
　青木六郎（埼玉県労働者福祉協議会会長）
　出井治人（埼玉県経済農業協同組合会
　　会長）
　大友よふ（埼玉県地域婦人会連合会会長）
　渋谷昌彦（埼玉県青少年団体連絡協議会代表）
　長島恭助（埼玉県経営者協会会長）
　高橋一郎（埼玉新聞社社長）
　諏訪富栄（埼玉県議会議長）
　田口勘造（埼玉県町村会会長）
　中川直木（埼玉県市長会会長）
　久保元治（埼玉県町村教育長会会長）
　中島春義（埼玉県都市教育長会会長）
　松永緑郎（埼玉県副知事）
　清水義一（埼玉県県民部長）
　石田正利（埼玉県教育委員会教育長）
　高橋庄次郎（埼玉県議会議長）
　渡辺一郎（埼玉県議会企財総務常任委員会
　　委員長）
　中石松一（埼玉県議会議長）
　長瀬洋治（埼玉県議会企財総務常任委員会
　　委員長）
　（故）大野仁（埼玉県議会県民環境常任委員
　　会委員長）
　市川清作（埼玉県町村教育長会会長）
　長井五郎（埼玉県県民室長）

索引 ………………………………………………… 1
　地名索引 ………………………………………… 2
　人名索引 ………………………………………… 47
　社寺索引 ………………………………………… 65
　習俗・伝説索引 ………………………………… 76
　産業・特産品索引 ……………………………… 81

新編埼玉県史 資料編11 近世2
騒擾
埼玉県編集
昭和56年1月20日

＜埼玉県域に発生した近世期の騒擾のうち、主要な十三の事件を編年順に収録＞
　＜口絵＞1　根岸家諸記録（1）（打ちこわしの図）国会図書館蔵胄山文庫
　＜口絵＞2　根岸家諸記録（2）（打ちこわしの図）国会図書館蔵胄山文庫
　＜口絵＞3　中山道伝馬騒動実録（表紙と巻頭）韮塚一三郎氏蔵
　＜口絵＞4　中山道伝馬騒動赦免願（部分）平野陽氏蔵
　＜口絵＞5　一橋御領知郷村騒動記（表紙と巻頭）埼玉県立文書館収蔵堀口家文書
　＜口絵＞6　幸手宿打ちこわし吟味請書（部分）埼玉県立文書館収蔵田口家文書
　＜口絵＞7　蓑負騒動願書（部分）埼玉県立文書館収蔵根岸家文書
　＜口絵＞8　武州一揆箱書 長谷部京次氏蔵
　＜口絵＞9　新板打こわしくどき（1）大舘右喜氏蔵
　＜口絵＞10　新板打こわしくどき（2）大舘右喜氏蔵
　＜口絵＞11　三峯神社日鑑（武州一揆記録部分）三峯神社蔵
　＜口絵＞12　農兵反対一揆密書（部分）新井喜久治氏蔵
　＜口絵＞13　羽生町打ちこわし書状（部分）埼玉県立文書館収蔵野中家文書
　＜口絵＞14　小前蜂起の貼札につき議定書（部分）関根彰一郎氏蔵
　＜口絵＞15　困窮人の米銭要求貼訴 坂本サヲリ氏蔵
　＜口絵＞16　大谷村一件始末書（表紙と巻頭）笠原尚睦氏蔵
序（埼玉県知事 畑和）
凡例
解説 ……………………………………………………… 1
　1　総論 ……………………………………………… 1
　　1　はじめに ……………………………………… 1
　　2　近世前期の農民闘争 ………………………… 2

新編埼玉県史 資料編11 近世2 騒擾

```
   3 宝暦・天明期の農民闘争 ……………… 3
   4 天保期の農民闘争 ……………………… 7
   5 慶応期の農民闘争 ……………………… 12
  2 各論 …………………………………………… 17
   1 宝暦二年 忍藩秩父領増徴反対一揆 …… 17
   2 宝暦十二年 田安領増徴反対一揆 ……… 19
   3 明和元年 中山道伝馬騒動 ……………… 21
   4 天明三年 一橋領増徴反対一揆 ………… 24
   5 天明三年十二月 秩父小鹿野飢渇打ちこ
     わし ……………………………………… 27
   6 天保期 幸手宿ほか打ちこわし ………… 29
   7 天保十年 養負騒動 ……………………… 34
   8 慶応二年 武州一揆 ……………………… 35
   9 慶応二年 川越藩農兵反対一揆 ………… 37
   10 慶応四年 寄居寄場騒動 ………………… 41
   11 慶応四年 羽生周辺打ちこわし ………… 44
   12 幕末期 大間木村ほか各地の騒動 ……… 46
   13 慶応明治初期 大谷村黒田騒動 ………… 48
1 宝暦二年 忍藩秩父領増徴反対一揆 …… 51
   1 寛延二年五月 御年貢三度納御免につき手
     形(秩父市蔵/秩父図書館収蔵/高野家文書) …… 52
     [*年貢増徴;忍領;代表越訴;愁訴・強訴]
   2 寛延四年六月 御年貢三度納御免につき書
     留(秩父市蔵/秩父図書館収蔵/高野家文書) …… 56
   3 宝暦二年 増永一件につき書留(秩父市蔵/
     秩父図書館収蔵/高野家文書) ………………… 57
   4 宝暦二年十二月 増永一件につき御科申渡
     書(秩父市蔵/秩父図書館収蔵/松本家文書) … 61
2 宝暦十二年 田安領増徴反対一揆 ……… 65
   1 宝暦十二年九月 増永御免につき箱訴状(飯
     能市岩渕 小見山利一氏蔵) ………………… 66
   2 宝暦十三年十一月 御裁許御書付并訴状之
     記(青梅市和田町 和田一男氏蔵) …………… 70
     [*名主・組頭;惣百姓連印]
3 明和元年 中山道伝馬騒動 ……………… 97
   1 明和元年 御伝馬騒動記(美里村駒衣 角田啓
     三郎氏蔵) ………………………………… 98
     [*助郷役;打ちこわし;百姓一揆]
   2 明和元年十二月 中山道御伝馬助郷一件日
     記(東京大学法制史資料室蔵 大塚村書類) …… 111
     [*差村]
   3 明和元年九月 武州熊谷宿助郷古来より村
     高帳(抄)(野中彦平氏寄託/埼玉県立文書館収
     蔵) ……………………………………… 122
   4 明和四年三月 強勢人一件諸書物控(桶川市
     川田谷 岩田英治氏蔵) ……………………… 138
   5 明和元年十二月 武蔵国騒動之記録(上尾市
     上尾村 今井博夫氏蔵) ……………………… 156
   6 明和元年九月 中山道助郷一件(奥貫五平
     次氏寄託/埼玉県立文書館収蔵) ……………… 160
```

```
   7 中山道助郷被仰付之儀につき一件(富士
     見市鶴馬 横田正志氏蔵) …………………… 196
   8 中山道伝馬騒動実録(与野市与野 韮塚一三
     郎氏蔵) ………………………………… 199
   9 明和二年二月 関東ノ百姓共一揆之事(米沢
     市立米沢図書館蔵) ………………………… 235
   10 明和二年 定晴卿記(抄)(宮内庁書陵部
     蔵) ……………………………………… 238
   11 明和二年 久方定明見聞録(抄)(東京大学
     史料編纂所蔵) …………………………… 239
   12 明和元年九月 増助郷吟味につき諸帳面差
     出廻状(林茂美氏寄託/埼玉県立文書館収
     蔵) ……………………………………… 241
   13 明和元年九月 増助郷につき村柄吟味触書
     (林茂美氏寄託/埼玉県立文書館収蔵) ………… 243
   14 明和元年十月 増助郷吟味触書拝見請書
     (林茂美氏寄託/埼玉県立文書館収蔵) ………… 245
   15 明和元年十月 増助郷吟味役人来着につき
     書簡(林茂美氏寄託/埼玉県立文書館収蔵) …… 245
   16 明和元年十月 増助郷御用捨願(林茂美氏
     寄託/埼玉県立文書館収蔵) ………………… 246
   17 明和元年十一月 増助郷御免願(埼玉県立
     文書館蔵 文書館収集文書) ………………… 247
   18 明和元年十一月 村明細帳年貢割付差出に
     つき廻状(林茂美氏寄託/埼玉県立文書館収
     蔵) ……………………………………… 249
   19 明和元年十一月 吟味役人村方宿泊の賄方
     につき書簡(林茂美氏寄託/埼玉県立文書館
     蔵) ……………………………………… 250
   20 明和元年十一月 増助郷勤高取極請書(林
     茂美氏寄託/埼玉県立文書館収蔵) …………… 250
   21 明和元年十一月 御見分役人廻村入用割合
     につき書簡(林茂美氏寄託/埼玉県立文書館
     蔵) ……………………………………… 251
   22 明和元年十二月 組合村々入用割合石井村
     申出につき書簡(林茂美氏寄託/埼玉県立文書
     館収蔵) ………………………………… 252
   23 明和元年十二月 桶川宿一件入用請取(林
     茂美氏寄託/埼玉県立文書館収蔵) …………… 252
   24 明和元年閏十二月 上尾宿参集につき差紙
     (林茂美氏寄託/埼玉県立文書館収蔵) ………… 253
   25 明和元年閏十二月 愁訴取止め帰村請書
     (林茂美氏寄託/埼玉県立文書館収蔵) ………… 253
   26 明和二年正月 徒党取締触書(林茂美氏寄託
     /埼玉県立文書館収蔵) ……………………… 254
     [*打ちこわし]
   27 明和二年正月 桶川宿増助郷につき村柄御
     糺取止め触書請印(林茂美氏寄託/埼玉県立文
     書館収蔵) ………………………………… 254
   28 明和二年正月 鴻巣宿増助郷につき村柄御
     糺取止め触書請印(東松山市上野本 布施田敏
     明氏蔵) ………………………………… 256
```

県史誌内容総覧・資料編 1: 近世―関東　　261

新編埼玉県史 資料編11 近世2 騒擾

29　明和二年正月　騒動取鎮め願につき口上覚
　（林茂美氏寄託/埼玉県立文書館収蔵）………256
30　明和二年正月　道中奉行御触書につき添書
　（林茂美氏寄託/埼玉県立文書館収蔵）………257
31　明和二年正月　人足差出の口触につき村方
　差留証文（林茂美氏寄託/埼玉県立文書館収
　蔵）……………………………………………258
　［＊天狗廻状］
32　明和二年正月　騒動取鎮めにつき印形差上
　書（林茂美氏寄託/埼玉県立文書館収蔵）……261
33　明和二年正月　騒動取鎮め触書請書（埼玉
　県立文書館蔵　文書館収集文書）………………261
34　明和二年正月　騒動参加禁止申渡請書（東
　松山市上野本　布施田敏明氏蔵）………………263
35　明和二年正月　騒動荷担の村方吟味仰渡し
　につき請書（東松山市上野本　布施田敏明氏
　蔵）……………………………………………264
36　明和二年正月　村方の動静御尋につき差出
　書（東松山市上野本　布施田敏明氏蔵）………265
37　明和二年正月　手負人死人の身元御尋につ
　き廻状（林茂美氏寄託/埼玉県立文書館収
　蔵）……………………………………………266
38　明和二年正月　悪徒召捕につき請書（林茂
　美氏寄託/埼玉県立文書館収蔵）………………266
39　明和二年正月　庄兵衛赦免願（東松山市上野
　本　布施田敏明氏蔵）……………………………267
40　明和二年正月　平兵衛ほか赦免願（東松山
　市上野本　布施田敏明氏蔵）……………………268
41　明和二年三月　伊左衛門村預願（東松山市
　上野本　布施田敏明氏蔵）………………………273
42　明和二年三月　平兵衛庄兵衛手錠御免願
　（東松山市上野本　布施田敏明氏蔵）…………274
43　明和二年三月　平兵衛庄兵衛手錠御免付
　（東松山市上野本　布施田敏明氏蔵）…………275
44　明和二年十月　庄兵衛村預願（東松山市上野
　本　布施田敏明氏蔵）……………………………277
45　明和二年十月　庄兵衛村預願御届（東松山
　市上野本　布施田敏明氏蔵）……………………278
46　明和二年十二月　助郷訴訟一件上州屋雑用
　証文（東松山市上野本　布施田敏明氏蔵）……278
47　明和二年十二月　江戸逗留中の諸入用高割
　願（東松山市上野本　布施田敏明氏蔵）………281
48　明和三年三月　伝馬騒動につき赦免願（児
　玉町児玉　平野陽民氏蔵）………………………282
49　明和三年五月　介右衛門遺骸引取願（東松
　山市上野本　布施田敏明氏蔵）…………………282
50　明和三年六月　庄兵衛裁許請書（東松山市
　上野本　布施田敏明氏蔵）………………………283
51　明和三年六月　吟味中の諸入用につき御勘
　成願（東松山市上野本　布施田敏明氏蔵）……283
52　明和三年六月　入牢人庄兵衛田畑人別調書
　（東松山市上野本　布施田敏明氏蔵）…………284

53　明和三年六月　吟味中の諸入用村割願（東
　松山市上野本　布施田敏明氏蔵）………………285
54　明和三年九月　吟味中の諸入用充当につき
　田畑家財売払請書（東松山市上野本　布施田敏
　明氏蔵）……………………………………………286
55　明和三年十二月　吟味諸入用支払につき内
　済御届（東松山市上野本　布施田敏明氏蔵）…287
56　明和四年四月　入牢人庄兵衛困窮につき御
　救願（東松山市上野本　布施田敏明氏蔵）……287
57　明和三年二月　関村兵内家財御欠所物覚
　（美里村阿那志　千田英彦氏蔵）………………288
58　明和三年八月　兵内地所田畑書上（美里村
　阿那志　千田英彦氏蔵）…………………………290
59　助郷騒動一件之者共名前（埼玉県立文書館
　文書館収集文書）…………………………………292
　［＊評定所］
60　享和元年　口書済口控（美里村関　中沢照徳氏
　蔵）……………………………………………320

4　天明三年　一橋領増徴反対一揆…………323
　1　天明三年　一橋御領知郷村騒動記（堀口久太
　　郎氏寄託/埼玉県立文書館収蔵）……………324
　　［＊破免検見要求;山稼;村役人］

5　天明三年　秩父小鹿野飢渇打ちこわし‥333
　1　天明三年　きゝん打ちこわし書留（小鹿野町
　　小鹿野　岩田章民氏蔵）………………………334
　　［＊浅間山の噴火;小買小商;世直し一揆］
　2　天明七年八月　天明年中凶年につき打ちこ
　　わし記録（抄）（荒川村贄川　二宮完二郎氏
　　蔵）………………………………………………339

6　天保期　幸手宿ほか打ちこわし…………357
　1　天保四年十月　幸手宿打ちこわし一件（京都
　　大学国史研究室蔵　幸手宿記録）……………358
　　［＊商品生産;施金・施米］
　2　天保四年　幸手宿打壊騒動一件口書（天保十
　　年写）（埼玉県立文書館蔵　文書館収集文書）…362
　3　天保四年十二月　幸手宿打ちこわしにつき
　　吟味請書（田口栄一氏寄託/埼玉県立文書館収
　　蔵）………………………………………………371
　4　天保五年三月　幸手宿騒動鎮圧方褒賞請書
　　（京都大学国史研究室蔵　幸手宿文書）……376
　5　天保五年　幸手宿御用留（抄）（東京大学法制
　　史資料室蔵）……………………………………378
　6　天保七年八月　岩槻町打ちこわしにつき訴
　　状（岡山大学附属図書館蔵）…………………390
　7　天保七年十月　久喜町打ちこわしにつき愁
　　訴状（相沢正巳氏寄託/埼玉県立文書館収
　　蔵）………………………………………………394
　8　天保七年十二月　久喜町一件御慈悲願雑用
　　取調帳（相沢正巳氏寄託/埼玉県立文書館収
　　蔵）………………………………………………398

新編埼玉県史 資料編11 近世2 騒擾

9 天保八年正月 琴寄村打ちこわしにつき鎮圧方願書（相沢正巳氏寄託／埼玉県立文書館収蔵）……………………………………401
  ［＊分水問題］
10 天保八年正月 琴寄村打ちこわしにつき給々御立会請書（上尾市原市 吉沢英明氏蔵）……………………………………402
  ［＊夫食拝借］
11 午年七月 三ツ俣村打ちこわしにつき届書（加須市大門町 龍蔵寺蔵）………413
12 天保八年四月 困窮人集会につき取極議定（吉見町中曽根区有文書）………414
13 天保七年十一月 扇町屋所沢打ちこわし貼札一件（東大和市蔵敷 内野悌二氏蔵）……………………………………415
14 天保七年十一月 指田日記（抄）（武蔵村山市中藤 指田和明氏蔵 村山村郷土資料集第一集より転載）…………………416

7 **天保十年 蓑負騒動**……………………417
1 天保十年三月 自普請一件諸用日記（根岸喜夫氏寄託／埼玉県立文書館収蔵）…418
2 天保十年 自普請一件願書（根岸喜夫氏寄託／埼玉県立文書館収蔵）……………434
3 天保十年八月 寺院方歎願書（根岸喜夫氏寄託／埼玉県立文書館収蔵）………458
4 天保十年 自普請一件留書（根岸喜夫氏寄託／埼玉県立文書館収蔵）……………466
5 天保十年 自普請一件入牢者姓名書上（根岸喜夫氏寄託／埼玉県立文書館収蔵）…469
6 天保十二年七月 小泉村一件御裁ել（根岸喜夫氏寄託／埼玉県立文書館収蔵）…471
7 天保十年三月 大里郡小泉邨一件書面控（大里村沼黒 大河原好一氏蔵）………477
8 天保十年三月 自普請一件につき松平大和守家記録（前橋市立図書館蔵 前橋藩松平家記録）…………………………507

8 **慶応二年 武州一揆**……………………515
  ［世直し］
1 慶応二年六月 名栗村農民蜂起につき差出書（学習院大学史料館蔵 町田家文書）…………………………516
2 慶応二年六月 名栗村農民蜂起制止方困難につき届書（学習院大学史料館蔵 町田家文書）…………………516
3 慶応二年六月 名栗村農民蜂起につき廻文（学習院大学史料館蔵 町田家文書）…517
4 慶応二年六月 名栗村農民蜂起につき江戸町田屋安助書状（学習院大学史料館蔵 町田家文書）……………517
5 慶応二年六月 名栗村農民蜂起につき差出書（学習院大学史料館蔵 町田家文書）…518
6 慶応二年六月 名栗村の動静につき町田滝之助書状（学習院大学史料館蔵 町田家文書）………………………519

7 慶応二年七月 名栗村農民蜂起につき届書（学習院大学史料館蔵 町田家文書）…523
8 慶応二年七月 名栗村農民蜂起につき始末書（学習院大学史料館蔵 町田家文書）…523
9 慶応二年七月 紋次郎豊五郎蜂起企てにつき尋書（学習院大学史料館蔵 町田家文書）……524
10 慶応二年七月 紋次郎豊五郎帰村届書及び両人申口（学習院大学史料館蔵 町田家文書）…………………525
11 慶応二年七月 紋次郎豊五郎召捕につき村預け願書（学習院大学史料館蔵 町田家文書）…………………526
12 慶応三年八月 紋次郎ほか死罪遠島につき請書（学習院大学史料館蔵 町田家文書）…………………527
13 慶応三年八月 紋次郎豊五郎闕所申渡請書（学習院大学史料館蔵 町田家文書）…528
14 慶応三年八月 紋次郎豊五郎闕所につき所持地書上（学習院大学史料館蔵 町田家文書）…………………528
15 慶応三年九月 紋次郎豊五郎闕所につき持物御払い願書（学習院大学史料館蔵 町田家文書）………………529
16 慶応二年六月 武州飯能寄揚打ちこわし一件筆記（堀口久太郎氏寄託／埼玉県立文書館蔵）……………………532
17 慶応二年六月 打ちこわし風聞日記（日高町台 新井定重氏蔵）………………539
18 慶応二年六月 打ちこわし参加につき届書（飯能市唐竹 鈴木晃氏蔵）………542
19 慶応二年六月 武州百姓乱妨打毀の書（飯能市下直竹 宿谷武氏蔵）…………543
20 慶応二年六月 打ちこわしにつき届書（所沢市城 金子長寿氏蔵）……………547
21 慶応二年六月 乱妨人置去候品々書上（所沢市城 金子長寿氏蔵）……………548
22 打ちこわしにつき御見分書（所沢市城 金子長寿氏蔵）…………………549
23 慶応二年 慶応里正日誌（抄）（東大和市蔵敷 内野悌二氏蔵）…………549
  ［＊農兵］
24 慶応二年六月 打ちこわしにつき品々書上（志木市本町 尾崎征男氏蔵 三上家文書）……571
25 慶応二年六月 打ちこわし届書（志木市本町 西m真二郎氏蔵）…………578
26 慶応二年七月 打ちこわしにつき年貢割納願（志木市柏町 宮原詳一氏蔵）…581
27 慶応二年七月 非常防方手筈取極議定書（志木市柏町 宮原詳一氏蔵）………582
28 慶応二年 白井家日記（抄）（大宮市桜木町 守屋正造氏蔵白井家文書）………583
29 慶応二年 年中諸入用之控（抄）（大宮市高鼻町 東角井光臣氏蔵）……………584

県史誌内容総覧・資料編1：近世—関東　263

新編埼玉県史 資料編11 近世2 騒擾

30 慶応二年六月 御用日記留(抄)(騎西町牛重 黒川栄三氏蔵)……588
31 慶応二年七月 捕縛者差送りにつき届書(東松山市毛塚 野口宏美氏蔵)……590
32 慶応二年七月 打ちこわし始末書覚(滑川村伊古 大久保延二氏蔵)……590
33 慶応二年七月 打ちこわし届書(滑川村伊古 大久保延二氏蔵)……592
34 慶応二年六月 打毀防人数大儀料控帳(東松山市古凍 根岸謙一郎氏蔵)……593
35 慶応二年六月 打ちこわしにつき始末書(東松山市古凍 根岸謙一郎氏蔵)……597
36 青山防戦記(大里村玉作 須藤文次氏蔵)……600
37 慶応二年六月 入牢人赦免歎願書(大野養平氏寄託/埼玉県立文書館収蔵)……606
38 慶応二年八月 平村御用留(抄)(大野養平氏寄託/埼玉県立文書館収蔵)……616
39 慶応二年 大塚村御取締向御用留(抄)(東京大学法制史資料室蔵 大塚村書類)……620
40 慶応二年 大塚村御用留(抄)(東京大学法制史資料室蔵 大塚村書類)……622
41 慶応二年九月 打毀乱妨騒動次第記(小川町教育委員会蔵 大沢家文書)……632
42 慶応二年六月 打ちこわしにつき召捕人御預り書(紙の博物館蔵 松本家文書)……636
43 慶応二年六月 打ちこわし御礼につき差出書(紙の博物館蔵 松本家文書)……637
44 慶応二年六月 打ちこわしにつき御見分書(紙の博物館蔵 松本家文書)……640
45 慶応二年六月 打ちこわし取調書(紙の博物館蔵 松本家文書)……645
46 慶応二年六月 慶応飢饉打毀の事覚書(寄居町鉢形 安良岡正二氏蔵)……648
47 慶応二年七月 百姓一揆起り諸々打潰し候始末聞留書(寄居町土 朝比奈慶光氏蔵)……651
48 慶応二年 金銀出入万用日記(抄)(宇野益夫氏寄託/埼玉県立文書館収蔵)……659
49 慶応二年六月 用土村打ちこわしにつき届書(寄居町用土 車使唯行氏蔵)……659
50 慶応二年六月 新町宿打毀一条書上(神川村元阿保 荻野正雄氏蔵)……660
51 慶応二年六月 秩父近辺打毀一件(松本勘次郎家文書 秩父市誌より転載)……673
52 慶応二年 三峯神社日鑑(抄)(大滝村三峯 三峯神社蔵)……676
53 慶応二年七月 賊民略記(藤岡市藤岡 中島泰氏蔵)……679
54 慶応二年六月 武州秩父辺農民徒党一件(国立公文書館内閣文庫蔵)……687
55 慶応二年六月 一揆之もの打殺生捕候儀につき取計方伺書(静岡県韮山町韮山 財団法人江川文庫蔵)……724

56 慶応二年六月 武州一揆鎮静方出張御用中日記(静岡県韮山町韮山 財団法人江川文庫蔵)……725
57 慶応二年 松平大和守家川越表記録(抄)(前橋市立図書館蔵 前橋藩松平家記録)……734
58 慶応二年 松平大和守家前橋表記録(抄)(前橋市立図書館蔵 前橋藩松平家記録)……740
59 慶応二年 藤岡屋日記(抄)(東京都公文書館蔵)……748

9 **慶応二年 川越藩農兵反対一揆**……753
1 慶応三年十月 農兵歎願委細記(狭山市南入曽 志村義一氏蔵)……754
[*農兵取立令;強談強訴]
2 慶応二年七月 農兵取立につき口達書(大井町大井 新井喜久治氏蔵)……798
3 慶応二年八月 農兵取立御免につき歎願書(大井町大井 新井喜久治氏蔵)……800
4 慶応二年八月 大井町組合村々農兵人選上申書(大井町大井 新井喜久治氏蔵)……802
5 慶応二年八月 小前村寄不穏につき密書(大井町大井 新井喜久治氏蔵)……805
6 慶応二年九月 農兵取立御免につき歎願書(大井町大井 新井喜久治氏蔵)……806
7 慶応二年十月 歎願人白子宿逗留につき書状(大井町大井 新井喜久治氏蔵)……810
8 慶応二年十月 農兵取立御願につき仮牢者宥免願(大井町大井 新井喜久治氏蔵)……812
9 慶応二年十月 農兵取立反対主謀者入牢宥免願(大井町大井 新井喜久治氏蔵)……814
10 慶応二年十一月 農兵取立反対主謀者仮牢宥免願(大井町大井 新井喜久治氏蔵)……816
11 慶応二年十二月 農兵取立反対主謀者入牢宥免願(大井町大井 新井喜久治氏蔵)……816
12 慶応二年十二月 農兵歎願一条につき調口書(大井町大井 新井喜久治氏蔵)……818
13 慶応三年二月 農兵取立反対主謀者永牢宥免願(大井町大井 新井喜久治氏蔵)……836
14 慶応二年八月 農兵取立につき廻状(上福岡市教育委員会蔵 柳川家文書)……837
15 慶応二年八月 農兵取立一件川越藩記録(前橋市立図書館蔵 前橋藩松平家記録)……838

10 **慶応四年 寄居寄場騒動**……841
1 慶応四年 武州寄居大騒動日記(寄居町桜沢 南唯吉氏蔵)……842
[*寄場役人;組合村入用]
2 慶応四年 寄居騒動諸事雑書聞控(抄)(小川町勝呂 吉田武文氏蔵)……851
3 慶応四年二月 武州寄居寄場三掊六カ村々百姓一揆済口(東京大学法制史資料室蔵 吉田家雑書類)……852

新編埼玉県史 資料編11 近世2 騒擾

  4 慶応四年二月 寄居寄場大惣代一件(寄居町小園 石田登氏蔵)……………………861
  [＊示談書]
 11 慶応四年 羽生周辺打ちこわし………863
  1 慶応四年三月 羽生陣屋焼払一件記録(加須市志多見 松村文夫氏蔵)………………864
  2 慶応四年三月 羽生町打毀・焼失名所附陣屋改書(鬼久保清氏寄託/埼玉県立文書館収蔵)……………………………………865
  3 慶応四年三月 羽生町打ちこわしにつき書状(野中彦平氏寄託/埼玉県立文書館収蔵)…868
  4 慶応四年四月 左一郎と小前混雑之儀につき取扱日記(白石昌之氏寄託/埼玉県立文書館収蔵)………………………………869
  [＊質屋仲間;世直し騒動]
  5 慶応四年六月 左一郎一件御用留書抜(白石昌之氏寄託/埼玉県立文書館収蔵)……887
  6 慶応四年九月 左一郎一件につき内願書(白石昌之氏寄託/埼玉県立文書館収蔵)……896
  7 章一郎徒党、逃亡につき歎願書(鴻巣市笠原 酒巻恒雄氏蔵)………………………899
  8 慶応四年五月 章一郎一件につき捕縛人村預御免願(鴻巣市笠原 酒巻恒雄氏蔵)………901
 12 幕末期 大間木村ほか各地の騒動……903
  1 万延二年二月 甘楽郡秩父郡米麦高値につき安米要求騒動一件書(吉田町大田部区寄託/埼玉県立文書館収蔵)…………………904
  2 万延二年三月 甘楽郡秩父郡米麦高値騒動記録(吉田町大田部区寄託/埼玉県立文書館収蔵)……………………………………906
  3 慶応元年九月 大間木村小作料増方反対騒動書留(越谷市史編さん室蔵)……………914
  4 慶応二年 粕壁宿公用日記(抄)(中島修氏寄託/埼玉県立文書館収蔵)………………921
  5 慶応三年十一月 郷里防禦取極議定書(吉見町北下砂 関根彰一郎氏蔵)………………925
  [＊一揆・治安対策]
  6 慶応三年 郷里防禦非常固め申合書(吉見町北下砂 関根彰一郎氏蔵)…………………930
  7 慶応四年四月 比企郡村々一揆勢鎮撫歎願書(東松山市毛塚 野口宏美氏蔵)………933
  8 慶応四年四月 小前一統蜂起の貼札につき議定書(吉見町北下砂 関根彰一郎氏蔵)……938
 13 慶応明治初期 大谷村黒田村騒動……941
  1 慶応元年十二月 大谷村検見滞り一件(花園村黒田 笠原尚睦氏蔵)…………………942
  2 明治二年九月 岩鼻県大谷村一件始末書(花園村黒田 笠原尚睦氏蔵)………………956
  3 明治四年八月 地頭変死一件始末書(花園村黒田 笠原伊勢吉氏蔵)…………………962
  [＊旗本領主;殿様殺し]

  4 明治五年九月 旧地頭神谷勝十郎一件裁許状(花園村黒田 村上勘次氏蔵)……………971
あとがき(県民部参事兼県史編さん室長 柳田敏司)……………………………………979
資料編11「近世2 騒擾」資料提供者及び協力者………………………………………980
埼玉県史編さん委員会委員…………………981
 井上幸治(津田塾大学教授)
 小野文雄(埼玉大学名誉教授)
 児玉幸多(学習院大学名誉教授)
 韮塚一三郎(埼玉県文化団体連合会会長)
 村本達郎(埼玉大学名誉教授)
 青木六郎(埼玉県労働者福祉協議会会長)
 出井治人(埼玉県経済農業協同組合連合会会長)
 大友よふ(埼玉県地域婦人会連合会会長)
 渋谷昌彦(埼玉県青少年団体連絡協議会代表)
 長島恭助(埼玉県経営者協会会長)
 高橋一郎(埼玉新聞社社長)
 斉藤正次(埼玉県議会議長)
 石井道子(埼玉県議会県民環境常任委員会委員)
 中川直木(埼玉県市長会会長)
 田口勘造(埼玉県町村会会長)
 久保元治(埼玉県町村教育長会会長)
 松永緑郎(埼玉県副知事;会長)
 関根秋夫(埼玉県教育委員会教育長)
 清水義一(埼玉県県民部長;会長代理)

県史誌内容総覧・資料編 1: 近世―関東 265

```
新編埼玉県史 資料編12 近世3
文化
埼玉県編集
昭和57年3月20日発行
```

<近世における埼玉県地域に関連する学術・文芸関係の著作を収録>
　<口絵>庸斎雑記 表紙と巻頭
　<口絵>白雀録 奥書
　<口絵>言霊のしるべ 表紙と外包紙裏
　<口絵>句読考 表紙と本文
　<口絵>農家至宝記 ほどこし人名記載個所
　<口絵>荻氏遺書 見返と巻頭
　<口絵>横文字独学 英学部初編 表紙・見返・緒言
　<口絵>妙々奇談後編 後夜の夢 巻頭
　<口絵>古河わたり集 巻頭
序(埼玉県知事 畑和)
凡例
解説 ………………………………………………… 1
　近世の学者・文人 ……………………………… 1
　1　埼玉県地域内の寺院に在籍し学問・文芸に業績のあった僧侶
　2　埼玉県地域の出身ではあるが、江戸その他郷里以外の地で活動し業績を挙げた学者・文人 …………………………… 3
　3　生涯の一時期に埼玉県地域と関係をもった学者・文人 ……………………… 4
　　その1　埼玉県地域内に領地を持った者 … 4
　　その2　仕官によって関係を持った者 …… 4
　　その3　大名の移封による家臣団の移動 … 5
　4　遊歴・放浪によって埼玉県地域と関係を生じた学者・文人 ………………… 6
　5　埼玉県地域生れの所謂在地の学者・文人 ……………………………………… 7
　　その1　漢学に重点をおいた分野 ………… 8
　　その2　国学(国文学および和歌を含む)の分野 …………………………………… 9
　　その3　俳人 ………………………………… 10
　　その4　心学・社会教化の方面 …………… 10
　　その5　医学・本草学・算学など ………… 10
　　その6　洋学 ………………………………… 11
　本書の構成 ……………………………………… 12
　　漢学(儒学) …………………………………… 12
　　国学 …………………………………………… 12
　　心学と社会教化 ……………………………… 12
　　教育 …………………………………………… 12
　　医学・本草学・算学など …………………… 13
　　漢詩文 ………………………………………… 13
　　国文(小説・随筆・和歌・俳譜) ………… 13
　　書翰 …………………………………………… 13
　漢学 ……………………………………………… 14
　　三宅尚斎の「白雀録」 ……………………… 14
　　「保岡嶺南父子文稿」 ……………………… 16
　　児玉南柯の「困学管見」 …………………… 17
　　芳川波山と「学務知要」 …………………… 18
　　平野庸斎の「庸斎雑記」 …………………… 19
　　奥貫友山の「荻氏遺書」 …………………… 21
　国学 ……………………………………………… 22
　　黒沢翁満(おきなまろ)(一七九五──八五九) ………………………………… 24
　　沼田順義の「級長戸風」 …………………… 26
　　塙保己一(一七四六──一八二一) ……… 27
　　井上淑蔭(一八〇四──八六) …………… 28
　　平田篤胤(一七七六──一八四三)の影響 ……………………………………… 28
　　権田直助の「句読考」 ……………………… 29
　　根岸友山の「吐血論」 ……………………… 30
　心学と社会教化 ………………………………… 31
　　大島有隣と関口保宣 ………………………… 32
　　鈴木百渕(天明頃) ………………………… 32
　　不二道小谷三志と「積徳叢談」 …………… 33
　　三ケ島義信の「安国宝鏡」 ………………… 34
　教育 ……………………………………………… 35
　　神道無念流道場壁書 ………………………… 36
　医学・本草学・算学など ……………………… 37
　　岡田静安(一七七〇──一八四八) ……… 38
　　河津省庵(一八〇〇──五二) …………… 38
　　本庄晋一(一七九八──一八四六)の「眼科錦嚢」 …………………………… 39
　　権田直助の「くすしの一言」 ……………… 40
　　井上淑蔭の「医術詹言」 …………………… 41
　　伊古田純道(一八〇二──八六)の「子宮截開術実記」 ……………………… 41
　　「友山随筆」と「日本大黄考」 …………… 41
　　吉田勝品(一八〇九──九〇)の「算法九章名義記秘術帳」 ………………… 43
　　<表>和算術語表 …………………………… 44
　　井上淑蔭の「石剣考」 ……………………… 44
　　青木輔清の「横文字独学」初編 ………… 45
　漢詩文 …………………………………………… 45
　　寺門静軒(一七九六──一八六八)と「静軒文鈔」 …………………………… 47
　　「保岡嶺南父子文稿」 ……………………… 50
　　芳川波山の「晩晴樓文草」 ………………… 50
　　「桜花帖」 …………………………………… 51

松本万年(一八一五―八〇)‥‥‥‥‥ 51
　国文(小説・随筆)‥‥‥‥‥‥‥‥‥ 52
　　大河原亀文(一七七三―一八三一)‥‥ 53
　　「かくれさと」と「欅亭(ていてい)随
　　　筆」‥‥‥‥‥‥‥‥‥‥‥‥‥ 57
　　紀行文作家としての建部涼袋‥‥‥‥ 58
　和歌‥‥‥‥‥‥‥‥‥‥‥‥‥‥‥ 60
　　加藤古風と黒沢翁満‥‥‥‥‥‥‥‥ 60
　　＜表＞近世の和歌の流れ‥‥‥ 61～62
　　森田豊香(一一八二八)‥‥‥‥‥‥ 66
　　「めくみの花」‥‥‥‥‥‥‥‥‥‥ 66
　俳諧‥‥‥‥‥‥‥‥‥‥‥‥‥‥‥ 67
　　＜表＞近世埼玉県地域に関係する俳諧
　　　の系図‥‥‥‥‥‥‥‥‥‥ 68～69
　　「越谷行脚」と会田吾山‥‥‥‥‥‥ 70
　　俳人としての建部涼袋‥‥‥‥‥‥‥ 70
　　如鷺亭回雪(一七三八―六八)‥‥‥‥ 71
　　横田柳几(一七一六―八八)‥‥‥‥‥ 72
　　鈴木荘丹(一七三二―一八一五)‥‥‥ 73
　　松沢以中(一一八一〇)‥‥‥‥‥‥ 73
　　川村碩布(一七四九―一八四二)‥‥‥ 74
　　常世田長翠と戸谷双烏‥‥‥‥‥‥‥ 74
　　葛飾蕉門分脈と多少庵‥‥‥‥‥‥‥ 75
　　「つつみの花」‥‥‥‥‥‥‥‥‥‥ 75
　書翰‥‥‥‥‥‥‥‥‥‥‥‥‥‥‥ 75
　　井上淑蔭家‥‥‥‥‥‥‥‥‥‥‥‥ 76
　　小室元長家‥‥‥‥‥‥‥‥‥‥‥‥ 77
　　千田丹治家‥‥‥‥‥‥‥‥‥‥‥‥ 77
　　根岸友山家‥‥‥‥‥‥‥‥‥‥‥‥ 78
　　林信海家‥‥‥‥‥‥‥‥‥‥‥‥‥ 79
　　補遺‥‥‥‥‥‥‥‥‥‥‥‥‥‥‥ 80
漢学‥‥‥‥‥‥‥‥‥‥‥‥‥‥‥‥ 83
　白雀録(抄) 三宅尚斎(国立国会図書館蔵)‥‥ 84
　　[＊政治倫理;暗斎派儒学]
　庸斎雑記(抄) 平野貞則(無窮会図書館蔵)‥‥ 135
　　[＊日本史観;儒学思想]
国学‥‥‥‥‥‥‥‥‥‥‥‥‥‥‥‥ 187
　言霊のしるべ 上篇 黒沢翁満(行田市城南 田口
　　新吉氏蔵)‥‥‥‥‥‥‥‥‥‥‥‥ 188
　　[＊国語文法]
　　＜表＞五十聯音の図‥‥‥‥‥ 195～196
　　＜表＞受る辞の図‥‥‥‥‥‥‥‥ 197
　　＜表＞四段の活詞の図‥‥‥‥ 199～200
　　＜表＞受るてにをはの図‥‥‥‥‥ 201
　　＜表＞四段再の活詞の図‥‥‥‥‥ 202
　　＜表＞うくる辞の図‥‥‥‥‥‥‥ 203
　　＜表＞一段の活詞の図‥‥‥‥‥‥ 203
　　＜表＞受る辞の図‥‥‥‥‥‥‥‥ 204
　　＜表＞上二段の活詞の図‥‥‥‥‥ 204
　　＜表＞うくる辞の図‥‥‥‥ 205～206

　　＜表＞下二段の活詞の図‥‥‥‥‥ 206
　　＜表＞うくるてにをはの図‥‥‥‥ 207
　　＜表＞五種の活並受る辞惣一貫の図‥‥209～
　　　210
　　＜表＞三段の活詞の受る辞の図‥‥ 211
　　＜表＞三行の活詞の受る辞の図‥‥ 212
　　＜表＞二行の活詞の受る辞の図‥‥ 212
　　＜表＞一行の活詞の受る辞の図‥‥ 213
　　＜表＞辞の結の図‥‥‥‥‥‥‥‥ 215
　　＜表＞本辞の図‥‥‥‥‥‥‥‥‥ 216
　　＜表＞辞一変の図‥‥‥‥‥ 216～217
　　＜表＞辞二変の図‥‥‥‥‥ 217～218
　　＜表＞活詞の結図‥‥‥‥‥ 218～220
　　＜表＞延言・約言の図‥‥‥ 226～227
　消息案文 前編(抄) 黒沢翁満(埼玉県立熊谷図
　　書館蔵)‥‥‥‥‥‥‥‥‥‥‥‥‥ 233
　　[＊消息文の教科書]
　刻異人恐怖伝論 黒沢翁満(国立国会図書館
　　蔵)‥‥‥‥‥‥‥‥‥‥‥‥‥‥‥ 242
　　[＊鎖国論;大和魂]
　源氏百人一首惣論 黒沢翁満(埼玉県立浦和図書
　　館蔵)‥‥‥‥‥‥‥‥‥‥‥‥‥‥ 252
　級長戸風(抄) 沼田順義(国立国会図書館
　　蔵)‥‥‥‥‥‥‥‥‥‥‥‥‥‥‥ 258
　　[＊国学批判]
　尾高高雅文詞不審二十一箇条 井上淑蔭(井上
　　格氏寄託/埼玉県立文書館収蔵)‥‥‥ 284
　句読考 権田直助(無窮会図書館蔵)‥‥‥‥ 292
　　[＊日本語文の句読]
　吐血論 根岸友山(国立国会図書館蔵)‥‥‥ 300
心学と社会教化‥‥‥‥‥‥‥‥‥‥‥ 311
　心学和合歌 大島有隣(東北大学附属図書館
　　蔵)‥‥‥‥‥‥‥‥‥‥‥‥‥‥‥ 312
　心学初入手引草 大島有隣(平川栄昇氏寄託/埼
　　玉県立文書館収蔵)‥‥‥‥‥‥‥‥ 317
　[小谷三志]積徳叢談(無窮会図書館蔵)‥‥‥‥ 342
　　[＊農工商の実践道徳]
　安国宝鏡(抄) 三ケ島義信(埼玉県立浦和図書館
　　蔵)‥‥‥‥‥‥‥‥‥‥‥‥‥‥‥ 353
　　[＊宝鏡教入信の入門書]
教育‥‥‥‥‥‥‥‥‥‥‥‥‥‥‥‥ 367
　若殿様御附之衆中、心得ニ相成候儀御尋御座
　　候ニ付申上候書附 児玉南柯(岩槻市教育委員
　　会寄託/埼玉県立文書館収蔵)‥‥‥‥ 368
　　[＊大名の子弟教育]
　困学管見 児玉南柯(岩槻市教育委員会寄託/埼玉
　　県立文書館収蔵)‥‥‥‥‥‥‥‥‥ 388
　　[＊儒学理解の手引]
　子孫江申置ことは 奥貫友山(奥貫五平次氏寄託
　　/埼玉県立文書館収蔵)‥‥‥‥‥‥‥ 400
　荻氏遺書 奥貫友山(奥貫五平次氏寄託/埼玉県立
　　文書館収蔵)‥‥‥‥‥‥‥‥‥‥‥ 406

新編埼玉県史 資料編12 近世3 文化

神道無念流道場壁書(行田市立行田図書館蔵)……422
 [＊武道教育]
医学・本草学・算学など……425
 農家至宝記 岡田静安(国立国会図書館蔵)……426
  [＊医書・本草書;医療処方]
 医則発揮巻之一 河津省庵(無窮会図書館蔵)……450
  [＊古医方の生理書]
 くすしの一言 権田直助(無窮会図書館蔵)……468
  [＊皇国医方]
 医術鍵言 井上淑蔭(無窮会図書館蔵)……471
  [＊皇漢医方]
 子宮截開術実記 伊古田純道(群馬県藤岡市 中島泰氏蔵)……477
  [＊帝王切開の最初]
 友山随筆 根岸友山(国立国会図書館蔵)……479
  [＊実学的な記録]
 日本大黄考 清水直(熊谷市本町 野口泰助氏蔵)……495
  [＊下剤;植物学的説明]
 算法九章名義記秘術帳(抄) 吉田勝品(比企郡小川町 吉田武文氏蔵)……509
  [＊和算書]
 石剣考 井上淑蔭(井上格氏寄託/埼玉県立文書館収蔵)……539
  [＊考古学的著述]
 横文字独学 英学部 初編 青木輔清(埼玉県立浦和図書館蔵)……554
  [＊英語学習入門]
  ＜表＞エビシ……555
  ＜表＞五十韻の表……556
  ＜表＞濁音の表……557
  ＜表＞人国山川橋等の名……557
  ＜表＞音節変化の目標……558
  ＜表＞西洋数符の表……559〜560

漢詩文……561
 静軒文鈔(抄) 寺門静軒(熊谷市立熊谷図書館蔵)……562
  [＊百十編の短文]
 保岡嶺南父子文稿(抄) 保岡嶺南・川荘(無窮会図書館蔵)……584
  [＊儒学評論文;江戸漢詩文家]
 晩晴楼文草(抄) 芳川波山 晩晴楼文草巻一(行田市桜町 長久寺蔵)……604
 桜華帖 井上淑蔭編(埼玉県立浦和図書館蔵)……626
  [＊漢詩集]
 遊春雑興 松本万年編(無窮会図書館蔵)……634
  [＊万年門下の漢詩集]

国文(小説・随筆)……639
 学者必読妙々奇談 大河原亀文(前編 東京都 大河原律子氏蔵;後編 飯能市 大河原文子氏蔵)……640

 [＊読本]
 かくれさと 井上淑蔭(前編 後編本文 無窮会図書館蔵;後編の序跋・挿絵 井上格氏寄託/埼玉県立文書館収蔵本)……673
  [＊昔話・お伽噺;舌切り雀]
 樫亭随筆(抄) 井上淑蔭(無窮会図書館蔵)……695
 むさし上毛野ふた国に水の溢しをいふ条 建部涼袋(国立国会図書館蔵「折々草」秋の部上のうち)……739
  [＊寛保二年の荒川大洪水]

和歌……745
 忍の道の記 加藤古風(慶応義塾大学三田情報センター蔵)……746
  [＊紀行文;旅日記]
 京極黄門定家卿六百回忌追福〔歌集〕(行田市行田 加藤求馬氏蔵)……759
  [＊歌会;冷泉家]
 千種有功卿と翁満とのことかき(無窮会図書館蔵)……774
  [＊往復文書]
 童話長編 黒沢翁満(埼玉県立熊谷図書館蔵)……779
  [＊桃太郎・舌切雀の昔噺;万葉風の長歌・短歌]
 曝井辯 森田豊香(静嘉堂文庫蔵)……791
  [＊考証;万葉集巻九]
 めくみの花 井上淑蔭(埼玉県立熊谷図書館)……793
  [＊短歌;長歌;今様歌]

俳諧……809
 越谷行脚(国立国会図書館蔵)……810
  [＊句会;句会;探題]
 七時雨 横田柳几編(天理図書館蔵 翻刻第二二三号)……813
  [＊句集]
 古河わたり集 横田柳几(天理図書館蔵 翻刻第二二三号)……827
  [＊紀行文;歌仙]
 能静草 鈴木荘丹 附録 若葉の晴紀行(天理図書館蔵 翻刻第二二三号)……845
  [＊句集]
 其三季 武蔵浦和連中(持田文夫氏寄贈 埼玉県立文書館蔵)……858
  [＊追悼句集]
 碩布居士発句集(国立国会図書館蔵)……874
  [＊追善]
 つゝみの花 井上亀友編(埼玉県立浦和図書館蔵)……894
  [＊句集]

書翰……907

＜口絵＞尾高高雅 2
＜口絵＞林信徒17
＜口絵＞林信海11
＜口絵＞林信海12

<口絵>林信海14	林信海8 ……………………913
<口絵>宮沢雲山133	林信海歌稿9 …………………913
<口絵>伊古田純道19	林信海歌稿10 …………………914
<口絵>河津省庵20	林信海11 ……………………915
<口絵>久米逸渕21	林信海12 ……………………916
<口絵>鈴木春友22	林信海13 ……………………916
<口絵>根岸友山23	林信海14 ……………………916
<口絵>安井息軒26	林信徒15 ……………………918
<口絵>安井息軒46	林信徒16 ……………………918
<口絵>加舎白雄47	林信徒17 ……………………918
<口絵>橘守部50	林信徒18（以上東京都立中央図書館蔵;渡辺刀水旧蔵 名家書簡のうち）……919
<口絵>橘守部58	
<口絵>常世田長翠60	小室元長家あて書翰 ……………920
<口絵>常世田長翠63	伊古田純道19 ………………920
<口絵>井上淑蔭64	河津省庵20 …………………920
<口絵>清河八郎67	久米逸渕21 …………………921
<口絵>小倉健作69	鈴木春友22 …………………921
<口絵>小松辰三郎70	根岸友山23 …………………922
<口絵>千葉周作72	梅笠24 ………………………922
<口絵>千葉周作73	安井息軒25 …………………922
<口絵>寺門静軒74	安井息軒26 …………………923
<口絵>寺門静軒75	安井息軒27 …………………924
<口絵>寺門静軒78	安井息軒28 …………………924
<口絵>寺門静軒84	安井息軒29 …………………925
<口絵>寺門静軒85	安井息軒30 …………………925
<口絵>寺門静軒96	安井息軒31 …………………925
<口絵>寺門静軒98	安井息軒32 …………………926
<口絵>寺門静軒99	安井息軒33 …………………926
<口絵>寺門静軒104	安井息軒34 …………………927
<口絵>根岸友山111	安井息軒35 …………………928
<口絵>姓不詳 実112	安井息軒36 …………………928
<口絵>姓不詳 某113	安井息軒37 …………………928
<口絵>井上淑蔭121	安井息軒38 …………………929
<口絵>井上淑蔭122	安井息軒39 …………………930
<口絵>井上淑蔭125	安井息軒40 …………………930
<口絵>森玉岡134	安井息軒41 …………………931
<口絵>川村碩布138	安井息軒42 …………………932
<口絵>清水浜臣140	安井息軒43 …………………933
<口絵>桃井可堂149	安井息軒44 …………………934
<口絵>若林嘉陵135	安井息軒45 …………………935
	安井息軒46（小室開弘氏寄託/埼玉県立文書館収蔵）………………936
井上淑蔭家あて書翰 ……………909	
尾高高雅1 ……………………909	千田丹治家あて書翰 ……………938
尾高高雅2 ……………………909	加舎白雄47 …………………938
尾高高雅3 ……………………910	橘守部48 ……………………938
尾高高雅4 ……………………910	橘守部49 ……………………938
尾高高雅5 ……………………911	橘守部50 ……………………939
利根川政之6 …………………912	橘守部51 ……………………939
林信海7 ………………………913	橘守部52 ……………………940
	橘守部53 ……………………941

新編埼玉県史 資料編12 近世3 文化

橘守部54 …941
橘守部55 …942
橘守部56 …942
橘守部57 …943
橘守部58 …943
橘守部59 …943
常世田長翠60 …944
常世田長翠61 …944
常世田長翠62 …945
常世田長翠63(児玉郡美里村 千田英彦氏蔵) …945
根岸友山あて書翰 …947
井上淑蔭64 …947
井上淑蔭65 …947
尾高高雅66 …948
清河八郎67 …948
清河八郎68 …949
小倉健作69 …949
小松辰三郎70 …950
小松辰三郎71 …951
千葉周作72 …952
千葉周作73 …952
寺門静軒74 …953
寺門静軒75 …953
寺門静軒76 …955
寺門静軒77 …955
寺門静軒78 …957
寺門静軒79 …957
寺門静軒80 …958
寺門静軒81 …958
寺門静軒詩稿82 …959
寺門静軒83 …959
寺門静軒84 …959
寺門静軒85 …960
寺門静軒86 …960
寺門静軒87 …961
寺門静軒88 …961
寺門静軒89 …962
寺門静軒90 …963
寺門静軒91 …964
寺門静軒92 …965
寺門静軒93 …966
寺門静軒94 …966
寺門静軒95 …967
寺門静軒96 …967
寺門静軒97 …968
寺門静軒98 …968
寺門静軒99 …969
寺門静軒100 …969
寺門静軒101 …969
寺門静軒102 …970
寺門静軒103 …970
寺門静軒104 …970
寺門静軒105 …971
寺門静軒106 …972
寺門静軒107 …972
寺門静軒108 …973
寺門静軒109 …973
寺門静軒110 …974
根岸友山111 …974
姓不詳 実112 …975
姓不詳 某113(根岸喜夫氏寄託/埼玉県立文書館収蔵;No65は林茂美氏寄託) …977
林信海家あて書翰 …979
井上淑蔭114 …979
井上淑蔭115 …980
井上淑蔭歌稿116 …980
井上淑蔭歌稿117 …981
井上淑蔭118 …981
井上淑蔭119 …982
井上淑蔭120 …982
井上淑蔭121 …982
井上淑蔭122 …983
井上淑蔭123 …984
井上淑蔭124 …985
井上淑蔭125 …985
井上淑蔭126 …986
井上淑蔭127 …987
井上淑蔭128 …987
井上淑蔭129 …988
井上淑蔭歌稿130 …988
井上淑蔭131(林茂美氏寄託/埼玉県立文書館収蔵) …989
沼田一斎132(東京都立中央図書館蔵;渡辺刀水旧蔵 名家書簡) …990
補遺 …996
　神岡竹嶼家あて …996
　　宮沢雲山133 …996
　　森玉岡134 …996
　　若林嘉陵135 …997
　久米習斎家あて …998
　　高安政太郎136 …998
　　たけ137 …998
　其の他 …999
　　川村碩布138 …999
　　久米逸淵139 …999
　　清水浜臣140 …1000
　　小谷三志141 …1000
　　小谷三志142 …1001
　　鈴木頂行143 …1002
　　寺門静軒144 …1003

寺門静軒145	1003
寺門静軒146	1003
塙保己一147	1004
平田篤胤148	1004
桃井可堂149	1007
保岡嶺南150	1008
芳川襄斎151	1008
芳川波山152（東京都立中央図書館蔵;渡辺刀水旧蔵 名家書簡;小谷三志・鈴木頂行書翰 東京都立図書館加賀文庫蔵）	1009

あとがき（県民部参事兼県史編さん室長 柳田敏司） …… 1011
資料編12「近世3 文化」資料提供者及び協力者 …… 1012
埼玉県史編さん委員会委員 …… 1012
　井上幸治（津田塾大学教授）
　小野文雄（埼玉大学名誉教授）
　児玉幸多（学習院大学名誉教授）
　韮塚一三郎（埼玉県文化団体連合会会長）
　村本達郎（埼玉大学名誉教授）
　青木六郎（埼玉県労働者福祉協議会会長）
　秋元信二（埼玉県青少年団体連絡協議会代表）
　出井治人（埼玉県経済農業協同組合連合会会長）
　大友よふ（埼玉県地域婦人会連合会会長）
　長島恭助（埼玉県経営者協会会長）
　高橋一郎（埼玉県新聞社社長）
　増田敏男（埼玉県議会議員）
　荒井松司（埼玉県議会県民環境常任委員会委員長）
　中川直木（埼玉県市長会副会長）
　関根茂章（埼玉県町村会副会長）
　小松崎兵馬（埼玉県都市教育委員会教育長会会長）
　久保元治（埼玉県町村教育委員会教育長会会長）
　松永緑郎（埼玉県副知事;会長）
　長井五郎（埼玉県教育委員会教育長）
　持田謙一（埼玉県県民部長;会長代理）

新編埼玉県史 資料編13 近世4
治水
埼玉県編集
昭和58年3月25日

＜近世の埼玉県域における治水・利水・水害に関する資料を収録＞

＜口絵＞1　総下州赤堀川広之図［カラー］田口栄一氏寄託/埼玉県立文書館収蔵
＜口絵＞2　安政六年出水図［カラー］坂戸市 林茂美氏蔵
＜口絵＞3　天明三年浅間山噴火之図［カラー］野中彦平氏寄託/埼玉県立文書館収蔵
＜口絵＞4　貞享四年忍領利根川通堤川除普請争論裁許絵図［カラー］熊谷市 中村宏平氏蔵
＜口絵＞5　見沼代用水路絵図 見沼土地改良区寄託/埼玉県立文書館収蔵
＜口絵＞6　島川逆水門樋附近絵図 田口栄一氏寄託/埼玉県立文書館収蔵
＜口絵＞7　葛西用水分水絵図 相沢正巳氏寄託/埼玉県立文書館収蔵
＜口絵＞8　備前堤絵図 篠崎克氏寄託/埼玉県立文書館収蔵
＜口絵＞9　甲山村溜井絵図 根岸喜夫氏寄託/埼玉県立文書館収蔵
＜口絵＞10　吉見川島領荒川大囲堤絵図 鈴木庸夫氏寄託/埼玉県立文書館収蔵
＜口絵＞11　寛保三年寛保治水碑 鷲宮町 鷲宮神社
＜口絵＞12　元文元年砥根河重疏碑 松伏町金杉区
＜口絵＞13　寛政5年利根川治水仕法上書 五霞村 松本好司氏蔵
＜口絵＞14　寛政7年権現堂川・江戸川通水防見廻役申渡書付 庄和町 石川瑞枝氏蔵
＜口絵＞15　寛文9年関沼水除伐木出入裁許状 小島昭三氏寄託/埼玉県立文書館収蔵
＜口絵＞16　寛保2年志多見村松村家日記 加須市 松村文夫氏蔵

新編埼玉県史 資料編13 近世4 治水

<口絵>17　安政6年北下砂村流出もの書
上帳　吉見町　関根彰一郎氏蔵
序(埼玉県知事　畑和)
凡例
解説 ………………………………………………… 1
　1　総論 …………………………………………… 1
　　1　治水編の編集について ………………… 1
　　2　埼玉の河川流路 ………………………… 3
　　　利根川水系 ……………………………… 3
　　　荒川 ……………………………………… 5
　　　入間川とその支流 ……………………… 6
　　3　河川の改修と用悪水路の開発 ………… 7
　　　利根川の東遷と荒川の西遷 …………… 7
　　　用悪水路の開発と改修 ………………… 9
　　　享保期の河川改修 ……………………… 12
　　　浅間山噴火後の治水 …………………… 14
　　4　河川の管理と組合 ……………………… 15
　　　幕府の河川管理 ………………………… 15
　　　御入用普請 ……………………………… 18
　　　自普請と普請組合 ……………………… 19
　　　普請勤め仕法 …………………………… 19
　　　国役普請 ………………………………… 21
　　　御手伝普請 ……………………………… 21
　2　利根川水系 …………………………………… 22
　　1　利根川 …………………………………… 22
　　　上利根川 ………………………………… 22
　　　烏川 ……………………………………… 25
　　　神流川 …………………………………… 25
　　　備前堀 …………………………………… 26
　　　権現堂川 ………………………………… 27
　　2　江戸川 …………………………………… 28
　　　江戸川 …………………………………… 28
　　　庄内古川 ………………………………… 29
　　　倉松落 …………………………………… 29
　　　大場川 …………………………………… 30
　　3　葛西用水 ………………………………… 30
　　　羽生領用悪水 …………………………… 30
　　　騎西領用悪水 …………………………… 31
　　　葛西用水 ………………………………… 32
　3　荒川水系 ……………………………………… 33
　　1　荒川 ……………………………………… 33
　　　荒川大囲堤と治水 ……………………… 35
　　　百間出 …………………………………… 37
　　　荒川の利水 ……………………………… 38
　　　山地・丘陵の溜池 ……………………… 40
　　　和田吉野川 ……………………………… 40
　　　市野川 …………………………………… 40
　　2　元荒川 …………………………………… 41
　　　元荒川の利水と治水 …………………… 41
　　　忍川の用水普請 ………………………… 42

　　　星川の利水と治水 ……………………… 42
　　　備前堤一件 ……………………………… 43
　　　綾瀬川の治水 …………………………… 44
　　3　入間川 …………………………………… 45
　　　入間川 …………………………………… 45
　　　越辺川・高麗川の治水と利水 ………… 46
　　　都幾川の利水 …………………………… 46
　　　新河岸川の水論 ………………………… 47
　　　野火止用水の開削と管理 ……………… 47
　　4　見沼代用水 ……………………………… 47
　　　見沼溜井の灌漑 ………………………… 48
　　　見沼代用水路 …………………………… 48
　　　高沼用水の利水 ………………………… 50
　　　上崎堰出入 ……………………………… 50
　4　水害 …………………………………………… 51
　　　寛保の洪水と御手伝普請 ……………… 53
　　　宝暦七年洪水 …………………………… 54
　　　明和三年洪水 …………………………… 54
　　　天明三年浅間砂降 ……………………… 55
　　　天明六年洪水 …………………………… 56
　　　弘化三年洪水 …………………………… 56
　　　安政六年洪水 …………………………… 56

第1部　河川用水の管理 ………………………… 57
　1　河川用水の管理 ……………………………… 59
　　1　文禄三年三月　会の川堤見廻り証文(国立
　　　公文書館内閣文庫蔵「武州文書」十五所収) ‥ 59
　　2　自延享三年至文政二年四月　四川用水方
　　　定掛場村数組合等覚書(抄)(国立国会図書
　　　館蔵「刑銭須知」七所収) …………………… 60
　　3　延享三年　四川用水方定掛場仕来書
　　　(抄)(国立国会図書館蔵「刑銭須知」七所
　　　収) …………………………………………… 66
　　4　宝暦六年治水調査覚(国立公文書館内閣文
　　　庫蔵「治河要録」巻三所収) ………………… 73
　　5　嘉永六年四月　見沼井筋騎西領用水配中
　　　御用留(国立国会図書館蔵) ………………… 75
　　6　安政二年三月　諸国川除用水御普請国法
　　　仕来留(抄)(国立国会図書館蔵「関東筋川々
　　　御普請御用留」一) ………………………… 162
　　　[＊国役]
　2　普請組合 ……………………………………… 175
　　7　寛永十二年二月　忍領在々御普請役高辻
　　　帳(行田市酒巻　中村和彦氏蔵) ………… 175
　　8　文政十二年十一月　利根川通自普請組合
　　　議定書(見沼土地改良区寄託/埼玉県立文書
　　　館収蔵) …………………………………… 179
　　9　天保六年九月　忍領石高帳并掛場普請組
　　　合記(野中彦平氏寄託/埼玉県立文書館収
　　　蔵) ………………………………………… 185

272　県史誌内容総覧・資料編1: 近世―関東

新編埼玉県史 資料編13 近世4 治水

第2部 利根川水系 ……………………… 209
第1章 利根川 ……………………………… 211
 1 烏川 ……………………………………… 211
  [＊境界争い]
  10 文化十五年二月 流路変更ニ付上州武州地境出入裁許請書（群馬県多野郡新町川岸町 茂木藤太郎氏蔵）…………… 211
  11 文政五年正月 流路変更ニ付上州武州地境出入済口証文（群馬県多野郡新町川岸町 茂木藤太郎氏蔵）…………… 213
 2 神流川 …………………………………… 216
  12 享保二年十一月 安保九郷用水出入裁許請書（神川村新宿 九郷安保領水土地改良区蔵）…………………………… 216
  13 享保二年十一月 神流川八堰田町歩改帳（上福岡市南台 小暮貞作氏蔵）……… 219
  14 享保四年三月 九郷用水々々堰自普請議定書（神川村新宿 九郷安保領水土地改良区蔵）…………………………… 220
  15 安永九年九月 九郷用水蟹堀横手土手押切出入済口証文（神川村新宿 九郷安保領水土地改良区蔵）………………… 223
  16 寛政八年五月 五明堰用水取水出入訴状（上里町長浜 庄宗三郎氏蔵）………… 227
  17 文化五年九月 神流川洪水来歴并川除御普請願（藤岡市保美 清水てつ氏蔵）… 228
  [＊洪水;水害]
  18 安政二年五月 流路変更ニ付武州上州地境出入返答書（藤岡市保美 高橋辰己氏蔵）……………………………………… 230
  19 安政二年十二月 安保用水三堰定杭引抜出入済口証文（松原辰雄氏寄託／埼玉県立文書館蔵）………………………… 231
 3 備前堀 …………………………………… 235
  [＊村々対立抗争]
  20 延宝二年五月 岡部領深谷領堰場争論裁許状（備前渠用水路土地改良区寄託／埼玉県立文書館蔵「備前堀一件書物」壱）………………………………………… 235
  21 天明八年三月 榛沢郡十四ケ村備前堀落口築留願（備前渠用水路土地改良区寄託／埼玉県立文書館蔵「備前堀一件書物」壱）…………………………………… 236
  22 寛政二年正月 幡羅郡九ケ村備前堀定式御普請願（備前渠用水路土地改良区寄託／埼玉県立文書館蔵「備前堀一件書物」壱）…………………………………… 238
  23 文政十年七月 備前堀再開熟談ニ付関東取締出役書付（備前渠用水路土地改良区寄託／埼玉県立文書館蔵「備前堀一件記録」四）………………………………… 245
  24 文政十一年七月 吉田市右衛門等献金願許可請書（備前渠用水路土地改良区寄託／埼玉県立文書館蔵「備前堀一件書物」十五）………………………………………… 248
  [＊備前堀再興]
  25 文政十一年八月 仁三堰備前堀用水路仕来（備前渠用水路土地改良区寄託／埼玉県立文書館蔵「備前堀一件書物」十二）… 250
  26 文政十三年六月 備前堀再開普請中委細様子書上（備前渠用水路土地改良区寄託／埼玉県立文書館蔵「備前堀一件書物」後篇二十）………………………………… 261
  27 明治二年八月 備前渠模様替ニ付皆高勤免除願（埼玉県行政文書 埼玉県立文書館蔵）……………………………………… 270
  28 明治四年五月 備前渠井筋架縫一件公裁請書（埼玉県行政文書 埼玉県立文書館蔵）……………………………………… 272
 4 上利根川 ………………………………… 274
  （1） 中条堤 ……………………………… 274
   29 貞享四年三月 忍領利根川通堤川除普請争論裁許状（熊谷市上中条 中村宏平氏蔵）………………………………… 274
   [＊労役拒否]
   30 安永七年三月 中条堤坏増番人足難渋一件書物（熊谷市上中条 中村宏平氏蔵）………………………………………… 274
   31 自天明二年九月至天明三年四月 中条堤普請方新規願差障一件書物（野中彦平氏寄託／埼玉県立文書館蔵）… 281
   [＊越水廻り水;袋水;水越堤;水除堤]
   32 明治二年三月 中条堤越水年数書上（埼玉県行政文書 埼玉県立文書館蔵）…………………………………………… 287
  （2） 赤堀川 ……………………………… 288
   33 寛文八年五月 赤堀川地境等出入訴状（茨城県猿島郡五霞村妻 藤沼勇之助氏蔵）……………………………………… 288
   34 元禄十一年九月 赤堀川開削由緒書上（「利根川治水考」より転載）……… 290
   [＊人工水路]
   35 宝暦四年五月 赤堀川切広并出羽堀築留停止願（茨城県猿島郡五霞村妻 藤沼勇之助氏蔵）……………………… 291
   [＊逆水;門樋]
   36 寛政五年 利根川治水仕法上書（松本好司氏寄託／五霞村公民館蔵）…… 293
   37 天保十三年十二月 赤堀川切広請書（松本好司氏寄託／五霞村公民館蔵）……………………………………… 296
 5 権現堂川 ………………………………… 299

新編埼玉県史 資料編13 近世4 治水

38　寛政六年十月　権現堂川水防仕法上書（遠藤タネ氏寄託／埼玉県立文書館収蔵）………299
39　自文政十三年七月至天保二年　羽生領逆水除門樋模様替免除願（幸手町立図書館寄託／埼玉県立文書館収蔵）………301
　　［＊関東洪水;悪水路］
40　天保三年八月　権現堂川堤保方仕法村々請印帳（下高野村文書　慶応義塾大学古文書室蔵）………319
41　天保四年二月　羽生領等悪水路模様替ニ付幸手領請書（下高野村文書　慶応義塾大学古文書室蔵）………325

第2章　江戸川………327
1　江戸川………327
42　延宝五年三月　江戸川通堤普請人足募集町触（「東京市史稿」産業篇第七所収「町触」）………327
43　享保十一年二月　江戸川通川除御普請人足差出入裁許書（土生津皓氏寄託／埼玉県立文書館収蔵）………327
44　元文元年六月　砥根川重碕碑文（松伏町大字金杉区有）………330
　　［＊直道改修］
45　寛政七年八月　権現堂川・江戸川通水防見廻役申渡書付（庄和町金崎　石川瑞枝氏蔵）………332
46　寛政八年三月　江戸川通堤水防請書（土生津皓氏寄託／埼玉県立文書館蔵）………332
　　［＊水防仕法］
47　文政六年五月　二郷半領用水引入一件届書（京都大学文学部国史研究室蔵）……336
　　［＊水取水］

2　庄内古川………337
48　宝暦六年十月　庄内古川加藤落浚出入済口証文（京都大学文学部国史研究室蔵）………337
49　安永四年十月　庄内古川加藤落浚自普請議定書（京都大学文学部国史研究室蔵）………339
50　寛政十二年五月　庄内古川丹後落堀継御普請中御用留（抄）（京都大学文学部国史研究室蔵）………340
51　嘉永二年九月　庄内古川普請出金等出入歎願書（遠藤タネ氏寄託／埼玉県立文書館収蔵）………376
52　安政二年十二月　庄内古川堀継御普請願（京都大学文学部国史研究室蔵）………380

3　倉松落………383
　　［＊悪水落し堀］

53　貞享三年三月　倉松沼取上差止願（杉戸町倉松　木村儀一郎氏蔵）………383
54　享保十九年三月　倉松村水囲堤土手上置御普請願（杉戸町倉松　木村儀一郎氏蔵）………384

4　大場川………386
　　［＊悪水堀］
55　天保四年正月　大場川落口堀下議定書（埼玉県行政文書　埼玉県立文書館蔵）‥386
56　弘化四年二月嘉永元年七月　大場川模様替議定書（埼玉県行政文書　埼玉県立文書館蔵）………387

第3章　葛西用水………390
1　羽生領用水………390
57　元禄十五年四月享保九年五月　志多見溜井出入裁許書物（加須市志多見　松村文夫氏蔵）………390
　　［＊用水取水出入］
58　寛政十年十月　羽生領用水組合御普請箇所記（見沼土地改良区寄託／埼玉県立文書館蔵）………393
　　［＊用悪水路;藻刈丁場］
59　文久二年閏八月　上郷用水元圦下西行寺引訳水配其外議定書（埼玉県立文書館蔵）………406
　　［＊用水引分け出入］
60　文久四年正月　羽生領組合自普請仕立方差配頼証文（埼玉県立文書館蔵）………411

2　騎西領用水………414
61　元禄九年五月　騎西領久喜悪水堀新土手上置出入裁許請書（古久喜村文書　慶応義塾大学古文書室蔵）………414
62　明和七年　騎西領用悪水圦堰等仕来覚書（鷲宮町久本寺　押田竜夫氏蔵）………415
63　文政十二年六月　騎西領用水組合議定書（相沢正巳氏寄託／埼玉県立文書館蔵）………437
　　［＊見沼代用水通り掛り役人］

3　葛西用水………441
64　瓦曽根溜井（抄）（越谷市史編さん室蔵「西方村旧記」一）………441
　　［＊上川俣用水開発事歴］
65　享保十五年五月　松伏溜井関枠戸開閉定（「葛西用水路沿革史」より転載）………460
66　宝暦七年　松伏溜井堰枠見廻り勤方書上（「葛西用水路沿革史」より転載）………460
67　天明七年四月　古利根川浚一件書物（四条村文書　慶応義塾大学古文書室蔵）‥462
68　文政四年五月　琵琶溜井圦戸開閉取極一札（「葛西用水路沿革史」より転載）………469
69　天保二年三月　琵琶溜井圦樋伏普請書（「葛西用水路沿革史」より転載）………470

70　天保四年六月　葛西用水諸方取調手控
　　　帳(下高野村文書 慶応義塾大学古文書室
　　　蔵)……………………………………471
　71　明治三年三月　葛西井筋加用水路明細
　　　書(埼玉県行政文書 埼玉県立文書館収
　　　蔵)……………………………………474
　72　子年　琵琶溜井番水日割(「葛西用水路
　　　沿革史」より転載)……………………479

第3部　荒川水系………………………481
第1章　荒川………………………………483
1　荒川……………………………………483
　(1)　荒川六堰…………………………483
　73　寛文十三年七月　奈良堰用水潰地永
　　　代可納証文(野中彦平氏寄託/埼玉県立
　　　文書館収蔵)……………………………483
　74　延宝六年十二月　下吉見領用水貫請
　　　証文(吉見町久保田 新井侊雄氏蔵)……485
　75　元禄二年正月　御正領六ケ村堰仕立
　　　願(平山小一郎氏寄託/埼玉県立文書館
　　　収蔵)……………………………………487
　76　元禄七年二月　下吉見領新堰取立願
　　　(吉見町北下砂 関根彰一郎氏蔵)………489
　77　元禄十六年四月　吉見領用水分水箱
　　　樋伏替之節堀敷定杭覚(吉見町久保田
　　　新井侊雄氏蔵)…………………………490
　78　正徳六年三月　下吉見領悪水落堰議
　　　定書(吉見町北下砂 関根彰一郎氏
　　　蔵)………………………………………490
　79　自享保二年十一月至文化六年　六堰
　　　出入取替議定書(野中彦平氏寄託/埼玉
　　　県立文書館収蔵)………………………491
　80　享保七年十一月　吉見堰出入裁許請
　　　書(大里村沼黒 大河原好一氏蔵)………500
　81　安永七年十一月　吉見堰普請人足諸
　　　色出入裁許請書(大里村沼黒 大河原好
　　　一氏蔵)…………………………………501
　82　文政十三年閏三月　奈良堰組合用水
　　　掛引議定書(野中彦平氏寄託/埼玉県立
　　　文書館収蔵)……………………………507
　83　天保八年　四堰組合村々水論騒立始
　　　末書物(野中彦平氏寄託/埼玉県立文書
　　　館収蔵)…………………………………509
　(2)　百間出………………………………541
　84　安政六年十二月　上吉見領と熊谷宿
　　　百間出一件済口証文(根岸喜夫氏寄託/
　　　埼玉県立文書館収蔵)…………………541
　85　万延元年五月　熊谷宿百間出普請ニ
　　　付下流村々訴状(根岸喜夫氏寄託/埼玉
　　　県立文書館収蔵)………………………545
　86　文久二年八月　吉見領百間出議定違
　　　変出入済口証文(根岸喜夫氏寄託/埼玉
　　　県立文書館収蔵)………………………548

　(3)　吉見領囲堤…………………………553
　87　寛文十三年正月　吉見川除普請日用
　　　賃請取(久保勝之氏寄託/埼玉県立文書
　　　館収蔵)…………………………………553
　88　自貞享二年六月至嘉永七年七月　忍
　　　領下吉見領堤出入書物(根岸喜夫氏寄
　　　託/埼玉県立文書館収蔵)………………553
　　　[*水論]
　89　寛政十二年正月　横手堤等普請出入
　　　裁許請書(吉見町久保田 新井侊雄氏
　　　蔵)………………………………………558
　90　天保十二年八月　上吉見領御普請自
　　　普請仕来書上帳(大里村沼黒 大河原好
　　　一氏蔵)…………………………………562
　(4)　川島領大囲堤………………………588
　91　自元禄二年七月至元禄三年五月　中
　　　山組上井草組用水路滞一件書物(鈴
　　　木庸夫氏寄託/埼玉県立文書館収蔵)…588
　92　自享保十一年七月至文政四年　中山
　　　組と上郷村々用水路滞等一件書物(鈴
　　　木庸夫氏寄託/埼玉県立文書館収蔵)…607
　93　自弘化二年十二月至弘化四年五月
　　　川島領大囲堤等普請一件大略(鈴木庸
　　　夫氏寄託/埼玉県立文書館収蔵)………628
　(5)　植田谷領囲堤………………………652
　94　延宝九年二月　遊馬村横手堤新圦取
　　　除願(木内五郎氏寄託/浦和市立郷土博
　　　物館収蔵)………………………………652
　　　[*備前堤]
　95　天保十一年三月　植田谷領と入間郡
　　　杭出入議定書(小島昭三氏寄託/埼玉
　　　県立文書館収蔵)………………………654
　96　安政二年七月　飯田村堤取除容赦願
　　　(小島昭三氏寄託/埼玉県立文書館収
　　　蔵)………………………………………655
　97　慶応四年七月　用水井戸堀立等村々
　　　議定書(小島昭三氏寄託/埼玉県立文書
　　　館収蔵)…………………………………661
　(6)　鴨川…………………………………662
　98　寛文九年七月　関沼水除伐木出入裁
　　　許状(小島昭三氏寄託/埼玉県立文書館
　　　収蔵)……………………………………662
　99　弘化四年七月　千貫橋新規逆水留水
　　　門設置願(木内五郎氏寄託/浦和市立郷
　　　土博物館収蔵)…………………………663
　100　嘉永五年二月　千貫橋逆水留水門
　　　見試方継続願(木内五郎氏寄託/浦和市
　　　立郷土博物館収蔵)……………………666
　101　安政五年五月　水門樋仕立替議定
　　　違変詫状(木内五郎氏寄託/浦和市立郷
　　　土博物館収蔵)…………………………671
　(7)　笹目・戸田領囲堤…………………672

新編埼玉県史 資料編13 近世4 治水

102 享保九年十一月 新曽村小堤上置御普請定杭建置願(浦和市沼影 細淵卓蔵氏蔵)……672
103 宝暦四年十一月 戸田領笹目領小堤出入内済定杭証文(戸田市新曽根 本橋好氏蔵)……673
104 天保十二年十月 大野新田堤一件書物(戸田市美女木 秋元圭之助氏蔵)……676

2 和田吉野川……686

105 享保八年十月 大里郡五ケ村田畑囲堤普請出入取扱定文(根岸喜夫氏寄託/埼玉県立文書館収蔵)……686
106 天明五年九月 甲山村井堰溜井御普請所仕来書上帳(根岸喜夫氏寄託/埼玉県立文書館収蔵)……688
107 文化七年七月 和田吉野川通堰普請出入扱議定書(吉見町北下砂 関根彰一郎氏蔵)……690

3 市野川……691

108 寛保元年十二月 横見郡下郷上堰浚出入裁許済書(吉見町北下砂 関根彰一郎氏蔵)……691
[*浚普請出入]
109 宝暦十一年十月 新市野川落口締切出入裁許状(吉見町大串 田中甫氏蔵)……693
110 明和四年三月 古水村土手築立出入済口証文(東松山市古凍 根岸謙一郎氏蔵)……695

4 影森用水……697

111 安永五年四月 上影森用水開削費用拝借願(秩父市立図書館蔵「松本家御用日記」所収)……697
112 安政五年十一月 影森用水普請開始記録(秩父市立図書館蔵「松本家御用日記」所収)……698
113 自安政六年二月至同年六月 影森用水普請中記録(秩父市立図書館蔵「松本家御用日記」所収)……699
114 万延元年十二月 萩原左伝次苗字帯刀免許申渡(秩父市大野原 萩原八千代氏蔵)……700

5 山地丘陵の溜池……701
[*利用権]
115 寛永二十年三月 比企郡かうと沼代地引替一札(滑川村伊古 大久保延二氏蔵)……701
116 天和四年二月 秩父郡下吉田村溜井取立願(皆野町皆野 斉藤辰雄氏蔵)……701
117 貞享二年二月 秩父郡伊古田村溜井取立願(皆野町皆野 斉藤辰雄氏蔵)……702

118 貞享四年九月 比企郡羽尾村溜井引水出入裁許状(滑川村大字羽尾 平・表区蔵)……703
119 宝永七年閏八月 比企郡高根沼普請水引滞出入日記覚帳(滑川村月輪 大島長治氏蔵)……703
120 享保三年六月 大里郡箕輪村荒溜井出入取替証文(根岸喜夫氏寄託/埼玉県立文書館収蔵)……716
121 享保四年八月 大里郡箕輪村甲山村入会溜井引水議定書(根岸喜夫氏寄託/埼玉県立文書館収蔵)……717
122 享保十年九月 大里郡甲山村溜井浚御普請入用書上(根岸喜夫氏寄託/埼玉県立文書館収蔵)……718
123 享保十一年九月 大里郡甲山村溜井跡稲作仕付出入返答書(根岸喜夫氏寄託/埼玉県立文書館収蔵)……719
124 寛保三年四月 大里郡六ケ村溜井浚普請出入内済議定書(大里村沼黒 大河原好一氏蔵)……720
125 宝暦二年七月 大里郡箕輪村甲山村入会溜井浚御普請願(根岸喜夫氏寄託/埼玉県立文書館収蔵)……722
126 丑年三月 秩父郡太田村等溜井浚普請仕様帳(皆野町皆野 斎藤辰雄氏蔵)……723

第2章 元荒川……725

1 元荒川……725

127 寛文十年四月 日川通水除出入裁許状(鬼久保清氏寄託/埼玉県立文書館収蔵)……725
[*湛水除去]
128 元禄十四年三月 元荒川御普請請書(久保勝之氏寄託/埼玉県立文書館収蔵)……726
[*改修工事]
129 享保十一年六月 山城様堀落水出入口上書(鬼久保清氏寄託/埼玉県立文書館収蔵)……729
[*堀修復]
130 享保十四年七月 元荒川浚御普請願之節申合証文(鴻巣市川面 松村こう氏蔵)……732

2 忍川……734

131 貞享元年二月 佐谷田村古堤土取願(久保勝之氏寄託/埼玉県立文書館収蔵)……734
132 貞享二年三月 佐谷田村水門普請道具下付願(久保勝之氏寄託/埼玉県立文書館収蔵)……734
133 元禄八年四月 佐谷田村堤水門口初覚(久保勝之氏寄託/埼玉県立文書館収蔵)……735

［＊人足諸色］
　3　星川 ……………………………… 737
　　134　慶応二年七月 和田村地内洗堰築留
　　　　済口証文（行田市本丸 長谷川宏氏蔵）… 737
　4　備前堤 …………………………… 743
　　135　明和三年十二月 備前堤切崩出入済
　　　　口証文（篠崎克氏寄託／埼玉県立文書館収
　　　　蔵）…………………………………… 743
　　　［＊大出水］
　　136　文化八年十一月 小針領家竜圦普請
　　　　出入一件書物（加藤芳江氏寄託／埼玉県立
　　　　文書館収蔵）………………………… 744
　　　［＊伏越］
　　137　文政七年七月 備前堤切崩出入一件
　　　　書物（加藤芳江氏寄託／埼玉県立文書館収
　　　　蔵）…………………………………… 746
　5　綾瀬川 …………………………… 764
　　138　自元禄十六年四月至宝暦五年十月
　　　　綾瀬川切広藻刈願等書物（伊奈町小室 田
　　　　中浩氏蔵）…………………………… 764
　　139　正徳三年十一月 大門町新土手築立
　　　　出入裁許請書（吉田実氏寄託／埼玉県立文
　　　　書館収蔵）…………………………… 773
　　140　享保十九年六月 大門町新土手築立
　　　　出入訴状（若谷良作氏寄託／埼玉県立文書
　　　　館収蔵）……………………………… 774
　　141　宝暦九年七月 綾瀬川浚切上自普請
　　　　出入裁許請書（会田幸紀氏寄託／埼玉県立
　　　　文書館収蔵「会田落穂集」十一）………… 776
　　142　文政十三年十一月 綾瀬川へ八条領
　　　　悪水落差止願（会田幸紀氏寄託／埼玉県立
　　　　文書館収蔵）………………………… 781
　第3章　入間川 ……………………… 786
　1　入間川 …………………………… 786
　　143　寛保四年二月 入間川通岩沢村御普
　　　　請仕来訳書上（飯能市大字岩沢 西村文治
　　　　氏蔵）………………………………… 786
　　144　文化十二年六月 上寺山村用水組合
　　　　堰丈夫ニ仕立願（成田圭助氏寄託／川越市
　　　　立図書館収蔵）……………………… 790
　　145　文政四年 小ケ谷村新堰築留出入済
　　　　口証文（成田圭助氏寄託／川越市立図書館
　　　　収蔵）………………………………… 790
　　146　天保九年六月 堰場へ筏川下賃支払
　　　　失念詫状（飯能市大字岩沢 西村文治氏
　　　　蔵）…………………………………… 792
　　147　天保十四年九月 上名栗村等筏川下
　　　　入置一札（飯能市大字岩沢 西村文治氏
　　　　蔵）…………………………………… 793
　　148　入間郡之内村々普請箇所明細帳（埼玉
　　　　県行政文書 埼玉県立文書館収蔵）…… 794
　2　越辺川・高麗川 ………………… 807

　　149　宝永五年三月 赤尾村新堀新土手築
　　　　立出入訴状（林茂美氏寄託／埼玉県立文書
　　　　館収蔵）……………………………… 807
　　150　正徳四年五月 赤尾村石井村新堰出
　　　　入訴状（林茂美氏寄託／埼玉県立文書館収
　　　　蔵）…………………………………… 807
　　　［＊新規水門］
　　151　享保十四年八月 比企郡村々川通諸
　　　　木伐払請書（林茂美氏寄託／埼玉県立文書
　　　　館収）………………………………… 808
　　　［＊四川奉行］
　　152　享和三年閏正月 戸口村新堤築立出
　　　　入一件控（林茂美氏寄託／埼玉県立文書館
　　　　収）…………………………………… 810
　　153　文政六年 入西十ケ村と赤沼村堰場
　　　　出入済口証文（鳩山町赤沼 円正寺蔵「入
　　　　西拾ケ村赤沼村江相掛候堰場并用水路滞出
　　　　入一件控書之誌」所収）………………… 820
　3　都幾川 …………………………… 823
　　154　寛政十年七月 用水溜井水車仕立出
　　　　入済口証文（東松山市古凍 根岸謙一氏
　　　　蔵）…………………………………… 823
　4　新河岸川 ………………………… 827
　　155　自天明七年七月至寛政元年六月 南
　　　　畑村宗岡村佃堤出入一件書物（志木市宗
　　　　岡 荻島武氏蔵）……………………… 827
　　　［＊定杭；高揚］
　5　野火止用水 ……………………… 838
　　156　榎本弥左衛門万之覚（抄）（川越市元
　　　　町 榎本嘉一氏蔵）…………………… 838
　　157　享保十三年十一月 宮戸原新田玉川
　　　　分水用水堀書物（朝霞市膝折 牛山三都男
　　　　氏蔵）………………………………… 838
　　　［＊用水堀浚普請］
　　158　明治二年十一月 野火止用水模様替
　　　　再応願（志木市柏町 宮原詳一氏蔵）…… 840
　　　［＊川除普請］
　　159　明治五年十一月 野火止用水仕来取
　　　　調書（埼玉県行政文書 埼玉県立文書館収蔵）… 842
　第4章　見沼代用水 ………………… 847
　1　見沼溜井 ………………………… 847
　　160　承応三年十二月 見沼水没地知行所
　　　　替地覚（大宮市高鼻 岩井陸郎氏蔵）…… 847
　　161　元禄四年十二月 白幡村溜井浚普請
　　　　人足免除願（武笠寛氏寄託／埼玉県立文書
　　　　館収蔵）……………………………… 848
　　162　元禄十四年十二月 新堀立願（見沼
　　　　土地改良区寄託／埼玉県立文書館収蔵）… 850
　　163　宝永三年六月 沼影村見沼溜井より
　　　　取水願（浦和市沼影 細淵卓造氏蔵）…… 851
　　　［＊直接給水］

新編埼玉県史 資料編13 近世4 治水

164　享保二年七月　曲本村沼影村用水出入済口証文（浦和市沼影 細淵卓造氏蔵）……………………………853
　　　［＊用水不足］
165　享保三年九月　染谷村藤子村悪水堀築留出入裁許請書（染谷村文書 慶応義塾大学古文書室蔵）……………854
2　見沼代用水………………………………856
166　自享保十年至寛政十二年　見沼新田并代用水開削一件書物（埼玉県行政文書 埼玉県立文書館収蔵）…………856
　　　［＊維持管理；諸色人足の経費免除］
167　自天明六年三月至文化三年七月　見沼代用水番水議定（見沼土地改良区寄託／埼玉県立文書館収蔵）…………864
168　天保十年十月　掛渡井模様替一件願書（伊奈町小室 田中浩氏蔵）……………876
169　明治二年四月　見沼代用水路模様替議定取締方書上帳（見沼土地改良区寄託／埼玉県立文書館収蔵）…………885
3　高沼用水…………………………………890
170　宝永三年六月　沼影村用水御普請願（浦和市沼影 細淵卓造氏蔵）……………890
171　享保十三年五月　沼影村高沼用水組合加入願（浦和市沼影 細淵卓造氏蔵）…891
172　享保十六年八月　沼影村鹿手袋村堰築留出入済口証文（浦和市沼影 細淵卓造氏蔵）……………………………892
　　　［＊関枠］
173　宝暦十一年三月　沼影村鹿手袋村用水差障出入済口証文（浦和市沼影 細淵卓造氏蔵）……………………………894
4　上崎堰……………………………………895
174　貞享二年二月　上崎堰普請出入取扱議定書（相沢正巳氏寄託／埼玉県立文書館収蔵）……………………………895
175　天明三年三月　上崎堰台出入裁許書（相沢正巳氏寄託／埼玉県立文書館収蔵）……………………………896
　　　［＊浅間大噴火］
176　文政八年四月　上崎堰台出入済口証文（大熊みつ氏寄託／埼玉県立文書館収蔵）……………………………897
　　　［＊水流実験］
177　文政十一年八月　上崎堰台出入騎西領願書（大熊みつ氏寄託／埼玉県立文書館収蔵）……………………………899
178　自天保十年十月至天保十一年四月　上崎堰脇用悪水新規堀割議定書（上崎堰普請資料）…………………………902

第4部　水害……………………………………907
1　寛保二年洪水……………………………909

179　自享保十二年七月至寛保三年閏四月　大水記（奥貫五平次氏寄託／埼玉県立文書館収蔵）……………………………909
180　自寛保二年七月至同年九月　志多見村松村家日記（抄）（加須市志多見 松村文夫氏蔵）……………………………927
　　　［＊水害］
181　自寛保二年八月至同年二月　秩父松本家御用日記（抄）（秩父市立図書館蔵）…929
182　寛保二年八月　氷川女体神社諸事控（抄）（武笠神主家寄託／埼玉県立文書館収蔵）……………………………933
183　寛保二年八月　戌年大水難儀困窮之事（越谷市史編さん室蔵「西方村旧記」所収）…933
2　寛保二年手伝普請………………………935
184　寛保二年十月　御普請手伝大名箇所附（上尾市原市 吉沢英明氏蔵）……………935
　　　［＊復旧普請］
185　自寛保二年十月至同三年九月　臼杵藩荒川筋御普請手伝記録（稲葉家文書 臼杵市立図書館蔵）……………………937
186　自寛保二年十一月至同二年十二月　御普請手伝中普請役打擲一件記録（毛利文庫文書 山口県立文書館蔵）…………957
187　自寛保二年三月至同二年四月　岩国藩青毛堀御普請手伝日記（岩国徴古館蔵）…970
188　寛保三年五月　鷲宮神社寛保治水碑文（岩国徴古館蔵「武州上利根川御普請御手伝騎西領青毛堀浚」所収）……………988
3　宝暦七年洪水……………………………991
189　宝暦七年五月　丑五月出水心得之事（越谷市史編さん室蔵「西方村旧記」所収）……991
　　　［＊大水害］
190　宝暦七年五月　志多見村松村家日記（抄）（加須市志多見 松村文夫氏蔵）……992
191　宝暦七年八月　越辺川都幾川通堤救御普請願（林茂美氏寄託／埼玉県立文書館蔵）……………………………995
4　明和三年洪水……………………………997
192　自明和三年七月至同四年五月　志多見村松村家日記（抄）（加須市志多見 松村文夫氏蔵）……………………………997
193　明和四年正月　越辺川都幾川通水除堤御普請願（林茂美氏寄託／埼玉県立文書館蔵）……………………………1007
194　明和四年六月　仙台藩手伝御普請出来ニ付染谷村連印帳（染谷村文書 慶応義塾大学古文書室蔵）…………………1009
5　天明三年浅間砂降………………………1010
195　天明三年七月　浅間山騒動之事（久保勝之氏寄託／埼玉県立文書館収蔵）………1010

278　県史誌内容総覧・資料編 1: 近世―関東

新編埼玉県史 資料編13 近世4 治水

196 自天明三年六月至同年十一月 志多見村松村家日記(抄)(加須市志多見 松村文夫氏蔵) ················· 1012
197 自天明三年六月至同年九月 上金崎村御用請書願書写(抄)(土生津皓氏寄託/埼玉県立文書館収蔵) ············· 1025
198 天明三年七月 上利根川通被害見分願(妻沼町小島 小林喜久男氏蔵) ············ 1030
199 天明三年八月 傍示堂村用水浚御普請願(傍示堂村文書 慶応義塾大学古文書室蔵) ························· 1032
200 天明四年三月 上新堀村砂降見分願(大熊正久氏寄託/埼玉県立文書館所蔵)·· 1033
[＊天明の大飢饉]

6 天明六年洪水 ················ 1036
201 天明六年七月 午年大出水飢饉難儀之事(越谷市史編さん室蔵「西方村旧記」所収) ······························ 1036
[＊慢性的な飢饉]
202 天明六年八月 傍示堂村御普請願(傍示堂村文書 慶応義塾大学古文書室蔵) ······ 1041

7 弘化三年洪水 ················ 1042
203 自弘化三年六月至同年十一月 天保弘化之聞書(抄)(栗橋町栗橋 足立正路氏蔵) ························· 1042
204 弘化四年正月 足立家雑書(抄)(栗橋町栗橋 足立正路氏蔵) ············· 1044
205 弘化四年九月 越辺川通赤尾村新土手築立願連印帳(林茂美氏寄託/埼玉県立文書館収蔵) ····················· 1045
206 弘化四年十一月 佐谷田村荒川堤土取并堤敷請証文(久保勝之氏寄託/埼玉県立文書館収蔵) ················· 1046

8 安政六年洪水 ················ 1048
207 安政六年七月 秩父松本家御用日記(抄)(秩父市立図書館蔵) ············· 1048
208 安政六年七月 赤尾村上下分出水床上り家々見廻記帳(林茂美氏寄託/埼玉県立文書館収蔵) ················· 1048
209 安政六年八月 北下砂村流出もの書上帳(吉見町北下砂 関根彰一郎氏蔵) ······· 1058
[＊堤防決壊]
<表> 関東河川手伝普請(善積美恵子氏「手伝普請一覧表」研究年報第15輯1968 学習院大学文学部) ············ 1062～1063

水害関係略年表 ···················· 1064～1071
あとがき(県民部参事兼県史編さん室長 柳田敏司) ···························· 1073
資料編13「近世4 治水」資料提供者及び協力者 ····························· 1075
埼玉県史編さん委員会委員 ············· 1076

井上幸治(津田塾大学教授)
小野文雄(埼玉大学名誉教授)
児玉幸多(学習院大学名誉教授)
韮塚一三郎(埼玉県文化団体連合会会長)
村本達郎(埼玉大学名誉教授)
秋元信二(埼玉県青少年団体連絡協議会会長)
出井治人(埼玉県経済農業協同組合連合会会長)
大友よふ(埼玉県地域婦人会連合会会長)
倉持清二(埼玉県労働者福祉協議会会長)
長島恭助(埼玉県経営者協会会長)
高橋一郎(埼玉新聞社社長)
島田博(埼玉県議会議長)
玉田共瑞(埼玉県議会県民環境常任委員会委員長)
中川直木(埼玉県市長会会長)
関根茂章(埼玉県町村会副会長)
小松崎兵馬(埼玉県都市教育委員会教育長会会長)
久保元治(埼玉県町村教育委員会教育長会会長)
松永緑郎(埼玉県副知事;会長)
長井五郎(埼玉県教育委員会教育長)
持田謙一(埼玉県県民部長;会長代理)

県史誌内容総覧・資料編 1: 近世—関東   279

新編埼玉県史 資料編14 近世5
村落・都市
埼玉県編集
平成3年2月28日

<近世の埼玉県域における村落・都市に関する資料を収録>
　<口絵>1　嘉永七年　足立郡中居村八幡社祭礼絵馬［カラー］鳩ヶ谷市　八幡神社蔵
　<口絵>2　享保期　行田町絵図［カラー］行田市郷土博物館蔵
　<口絵>3　元禄二年　榛沢郡寄居村絵図［カラー］寄居町　岩田豊人氏蔵
　<口絵>4　元禄八年　秩父郡矢納村絵図［カラー］川鍋巖氏寄託　埼玉県立文書館収蔵
　<口絵>5　明治四年　川越城下図［カラー］佐倉市　宮代祥子氏蔵「三峯山道中記図会」収載
　<口絵>6　関東自慢繁昌競［カラー］東京大学史料編纂所蔵「番附集覧」収載
　<口絵>7　嘉永五年　秩父郡横瀬村ヒブリ之図［カラー］埼玉県立浦和図書館蔵「秩父日記」収載
　<口絵>8　文政八年　秩父郡浦山村風俗之図［カラー］国立公文書館内閣文庫蔵「新編武蔵風土記」収載
　<口絵>9　天保九年　天保巡見日記［カラー］宮内庁書陵部蔵
　<口絵>9-1　秩父郡荒川上流石色之図［カラー］
　<口絵>9-2　秩父郡三山村亀甲石之図［カラー］
　<口絵>9-3　埼玉郡忍領辺草立之図［カラー］
　<口絵>9-4　赤砂まじり野土之図［カラー］
　<口絵>9-5　赤砂まじり野土之図［カラー］
　<口絵>9-6　桑樹仕立之図［カラー］
　<口絵>9-7　武州大里郡小間山頂上ヨリ荒川秩父郡諸山眺望之図［カラー］
　<口絵>9-8　同所大麻生ヨリ顧望之図［カラー］
　<口絵>9-9　横見郡黒岩村黒岩之図［カラー］
　<口絵>9-10　同所溜井之景［カラー］
　<口絵>9-11　高野村富士山上より秩父諸山眺望之景［カラー］
　<口絵>9-12　同前東南眺望之図［カラー］
　<口絵>9-13　秩父郡安戸村都幾川之景［カラー］
　<口絵>9-14　坂本村民長太兵衛居乃我小憩之所也　勤尽細微［カラー］
　<口絵>9-15　粥煮嶺［カラー］
　<口絵>9-16　景森村より武光山仰望之式［カラー］
　<口絵>9-17　武光山南面半服坂上眺望之図［カラー］
　<口絵>9-18　武光山之麓二十八番札所岩屋観音之小景［カラー］
　<口絵>9-19　従古大滝村鵜坪遙望三峰山諸山之景［カラー］
　<口絵>9-20　贄川村五里山潤道［カラー］
　<口絵>9-21　秩父郡大淵荒川西岸坂上眺望之図［カラー］
　<口絵>9-22　秩父郡藤谷淵村荒川北岸坂上眺望之図［カラー］

序（埼玉県知事　畑和）
凡例
解説　　　　　　　　　　　　　　　　　　　1
　1　総論　　　　　　　　　　　　　　　　1
　2　村落　　　　　　　　　　　　　　　　3
　　（1）村と住民構成　　　　　　　　　　3
　　　村況　　　　　　　　　　　　　　　3
　　　身分・階層構成　　　　　　　　　　4
　　（2）村政と村民生活　　　　　　　　　10
　　　村役人　　　　　　　　　　　　　　10
　　　村方騒動　　　　　　　　　　　　　12
　　　村内の組織　　　　　　　　　　　　14
　　　村議定　　　　　　　　　　　　　　16
　　　村のくらし　　　　　　　　　　　　20
　　　窮乏と救済　　　　　　　　　　　　23
　　　村と争論　　　　　　　　　　　　　26
　　（3）村々の対立と連合　　　　　　　　28
　　　入会と境界　　　　　　　　　　　　28
　　　村連合　　　　　　　　　　　　　　31
　3　城下町　　　　　　　　　　　　　　　33
　　（1）町の形成と町並　　　　　　　　　36
　　（2）町の役割と負担　　　　　　　　　37
　　（3）町の自治　　　　　　　　　　　　38
　　（4）町人の構成と生活　　　　　　　　39
　4　家と慣行　　　　　　　　　　　　　　40
　　（1）冠婚葬祭　　　　　　　　　　　　41

新編埼玉県史 資料編14 近世5 村落・都市

```
　（2）　家法 ……………………………… 41
　（3）　相続 ……………………………… 42
　（4）　家礼・年中行事 ………………… 43
　5　見聞記 ………………………………… 44
第1部　村落 ……………………………………… 47
　第1章　村と住民構成 ………………………… 49
　　1　村況 ……………………………………… 49
　　　1　元禄十五年 武州河越御分間明細記（志
　　　　木市本町 尾崎征男家文書）………… 49
　　　　［＊御城・武家屋敷・城下町・領分］
　　　2　宝暦五年 足利藩領村々明細帳
　　　　（抄）（足利市雪輪町 安田征司家文書）… 92
　　　　［＊埼玉郡六ヶ村］
　　　3　天明八年七月 秩父郡古大滝村明細村
　　　　鑑指上帳（大滝村大滝 山中行栄家文書
　　　　『大滝村誌 資料編四』参照）……… 117
　　　　［＊山間村落の村況］
　　　4　天保十四年九月 忍藩領町村名鑑（東京
　　　　大学法学部法制史資料室蔵 甲二-三一九
　　　　〇）…………………………………… 143
　　　　［＊持田組・佐間組・谷郷組・皿尾組］
　　　5　嘉永五年 中山道本庄宿明細帳（安中市
　　　　教育委員会蔵 安中宿本陣文書四六八）…195
　　2　身分・階層構成 ……………………… 206
　　　6　寛永二十年三月 秩父郡太田部村家抱
　　　　結婚ニ付手形（吉田町太田部区有新井文
　　　　書二二四二 埼玉県立文書館収蔵）… 206
　　　　［＊家抱］
　　　7　自寛文四年八月至元文三年四月 入間
　　　　郡西戸村門前百姓証文写（埼玉県立文書
　　　　館蔵 相馬家文書七〇）……………… 207
　　　8　寛文九年九月 入間郡西戸村山本坊分
　　　　付除ニ付一札（埼玉県立文書館蔵 相馬家
　　　　文書六四三）………………………… 209
　　　9　寛文十年二月 秩父郡太田部村家抱不
　　　　届ニ付詫手形（吉田町太田部区有新井文
　　　　書一六七六 埼玉県立文書館収蔵）… 210
　　　　［＊けほう田地］
　　　10　貞享四年五月 秩父郡栃谷村百姓取立
　　　　手形（秩父市立図書館蔵 斎藤家文書三〇
　　　　四）…………………………………… 210
　　　11　元禄十三年二月 秩父郡栃谷村百姓不
　　　　礼ニ付詫一札（秩父市立図書館蔵 斎藤家
　　　　文書三〇五）………………………… 211
　　　12　寛延二年十二月 入間郡西戸村山本坊
　　　　先祖開発跡出入ニ付願書（埼玉県立文
　　　　書館蔵 相馬家文書二〇一）………… 211
　　　13　天明四年七月 秩父郡太田部村抱百姓
　　　　帰村ニ付一札（吉田町太田部区有新井文
　　　　書二七八五 埼玉県立文書館収蔵）… 214
　　　14　享和元年四月 秩父郡太田部村抱百姓
　　　　聟養子出村ニ付一札（吉田町太田部区有
　　　　新井家文書一九二七 埼玉県立文書館収
　　　　蔵）…………………………………… 215
　　　15　文化十五年正月 長吏祈願差留記録
　　　　（鈴木幹雄家文書五八 埼玉県立文書館収
　　　　蔵）『鈴木家文書 五巻』『編年差別史料集成 十
　　　　二巻』参照）………………………… 215
　　　　［＊穢多］
　　　16　文政十三年三月 秩父郡太田部村抱百
　　　　姓相続ニ付不実出入済口証文（吉田町太
　　　　田部区有新井家文書二〇七七 埼玉県立文書
　　　　館収蔵）……………………………… 219
　　　17　文政十三年九月 秩父郡太田部村抱百
　　　　姓一件ニ付詫一札（吉田町太田部区有新
　　　　井家文書一九七四 埼玉県立文書館収
　　　　蔵）…………………………………… 221
　　　18　天保十二年十一月 秩父郡古大滝村抱
　　　　百姓勤方ニ付詫入一札（横瀬町横瀬 大村
　　　　雅敏家文書）………………………… 222
　　　19　嘉永五年十一月 秩父郡大野原村抱百
　　　　姓養子貰受ニ付引取一札（秩父市立図書
　　　　館蔵 斎藤家文書一三）……………… 223
　　　20　安政六年八月 秩父郡中津川村屋敷分
　　　　付違変出入済口証文（大滝村中津川 幸島
　　　　敬一家文書）………………………… 223
　　　21　巳年五月 穢多・非人引上作法ニ付弾
　　　　左衛門申上書（埼玉県立文書館蔵『地方大
　　　　概集』所収 小野文雄校訂『地方大概集』『編
　　　　年差別史料集成 十巻』『部落史史料選集
　　　　二巻』『徳川時代警察沿革誌』参照）… 225
　第2章　村政と村民生活 ……………………… 227
　　1　村役人と村方騒動 …………………… 227
　　　（1）　村役人 ………………………… 227
　　　22　寛文元年十一月 榛沢郡北根村庄屋
　　　　免申渡覚（宇野益夫家文書一八三七 埼
　　　　玉県立文書館収蔵）………………… 227
　　　23　延宝四年三月 埼玉郡利田村名主年
　　　　貢未納潰ニ付田畑山屋敷売渡証文
　　　　（行田市利田 太田昭一家文書）……… 227
　　　24　元禄四年四月 榛沢郡荒川村組頭役
　　　　罷免一件ニ付訴状（持田英孝家文書六
　　　　三二 埼玉県立文書館収蔵）………… 228
　　　25　元禄五年八月 足立郡羽貫村名主高
　　　　ニ付村中取極（加藤智彦家文書一五六
　　　　一 埼玉県立文書館収蔵）…………… 230
　　　26　元禄十一年十二月 入間郡赤尾村名
　　　　主役任命ニ付村前連印願書（林茂美家
　　　　文書三五一九 埼玉県立文書館収蔵）…231
　　　27　宝永三年十一月 大里郡佐谷田村名
　　　　主給分ニ付定書（久保勝之家文書二四
　　　　二三 埼玉県立文書館収蔵）………… 231
```

県史誌内容総覧・資料編 1: 近世─関東　　281

新編埼玉県史 資料編14 近世5 村落・都市

28 享保六年十一月 榛沢郡北根村名主名字帯刀免許ニ付覚(宇野益夫家文書一一六九 埼玉県立文書館収蔵)..........233
29 享保八年 入間郡赤尾村村方諸帳簿引渡覚(林茂美家文書六八〇六 埼玉県立文書館収蔵)..........233
30 元文元年十二月 埼玉郡持田村村定覚(行田市持田 福田雅年家文書一〇 享保十四年「記録」所収)..........238
[*給分]
31 元文三年十月 埼玉郡持田組村々名主代数取調覚(行田市持田 福田雅年家文書一〇 享保十四年「記録」所収)..........239
32 天保三年四月 足立郡原馬室村名主入札紛争ニ付済口証文(埼玉県立文書館蔵 藤井家文書四一九)..........241
[*年番名主]
33 嘉永元年十月 武蔵国大里郡久下村軍記(熊谷市久下 宮城均家文書二二五)..........243
[*名主のしきたり]
34 比企郡増尾村名主役ニ付惣百姓取極一札(小川町増尾 酒井征之家文書)..........250
(2) 村方騒動..........252
35 寛永十九年十一月 足立郡植田谷本村名主村方取計方ニ付百姓訴状(小島昭三家文書四三六 埼玉県立文書館収蔵)..........252
36 慶安四年十一月 葛飾郡幸手領名主私曲ニ付伊奈半十郎申渡(松伏町上赤岩 飯島東悦家文書)..........253
[*穏田]
37 寛文五年九月 榛沢郡寄居町名主我儘ニ付百姓覚書(寄居町寄居 岩田豊人家文書二五)..........254
38 寛文六年四月 榛沢郡寄居町名主我儘一件ニ付名主返答書(寄居町寄居 岩田豊人家文書)..........255
39 寛文六年七月 榛沢郡寄居町名主役ニ付惣百姓訴状(寄居町寄居 岩田豊人家文書三三)..........258
40 延宝五年二月 榛沢郡荒川村百姓三人名主糾弾出訴ニ付名主口書覚(持田英孝家文書五六五 埼玉県立文書館収蔵)..........259
[*組頭]
41 延宝五年二月 榛沢郡荒川村百姓三人名主糾弾出訴ニ付百姓口上書(持田英孝家文書六六四 埼玉県立文書館収蔵)..........263

42 延宝五年二月 榛沢郡荒川村百姓三人名主糾弾出訴ニ付名主返答書(持田英孝家文書五六四 埼玉県立文書館収蔵)..........264
43 元禄十一年四月 足立郡三室村名主不届ニ付百姓訴状(武笠寛家文書五三四 埼玉県立文書館収蔵)..........266
44 元禄十一年四月 足立郡三室村名主不届一件ニ付名主返答書(武笠寛家文書五三八 埼玉県立文書館収蔵)..........269

2 村内の組織..........273
45 明和元年九月 秩父郡大野村組分ケ議定(森田洋家文書五五九五 埼玉県立文書館収蔵)..........273
46 明和元年十月 秩父郡大野村組分ケ議定(森田洋家文書二五五二 埼玉県立文書館収蔵)..........274
47 天明五年八月 秩父郡古大滝村宗門帳別段仕立ニ付一札(大滝村大滝 千島勝也家文書)..........276
48 寛政二年十二月 入間郡平山村前組請事定連印帳(埼玉県立文書館蔵 平山家文書一三三〇)..........278
49 寛政八年十二月 入間郡平山村五人組頭取締議定(埼玉県立文書館蔵 平山家文書一三二八)..........286
50 天保二年八月 大里郡甲山村分郷請証文(根岸喜夫家文書四四二 埼玉県立文書館収蔵)..........289
[*相給知行]
51 天保十四年九月 大里郡沼黒村分郷ニ付議定(大里郡沼黒 大河原好一家文書八〇一)..........293
52 天保十四年閏九月 高麗郡脚折村分郷停止願(埼玉県立文書館蔵 田中修家文書七四六)..........294
53 文久四年正月 埼玉郡三俣村上下組御用向分担議定(加須市下三俣 堀越健太郎家文書二一七)..........295
[*組相互の分担]

3 村議定..........299
54 寛文十年二月 葛飾郡上赤岩村水帳改ニ付一札(松伏町上赤岩 飯島東悦家文書)..........299
55 延宝二年三月 埼玉郡関根村村中僉議手形(行田市立行田図書館蔵 新井家文書一四一)..........302
56 延宝三年二月 榛沢郡寄居町駄賃定覚帳(寄居町寄居 岩田豊人家文書三九)....303
57 延宝五年十二月 秩父郡太田部村夜番ニ付村取極(吉田町太田部区有新井家文書二四〇八 埼玉県立文書館収蔵)..........304

新編埼玉県史 資料編14 近世5 村落・都市

58 延宝五年十二月 秩父郡太田部村酒造・呑酒取締ニ付証文一札(吉田町太田部区有新井家文書二三六九 埼玉県立文書館収蔵)‥‥‥305
59 貞享四年三月 埼玉郡大塚村内農作業取極議定(松岡利藤次家文書三六五一 埼玉県立文書館収蔵)‥‥‥305
60 元禄七年三月 榛沢郡新寄居村村中取究覚(寄居町寄居 岩田豊人家文書六〇)‥‥‥306
61 元禄十二年四月 榛沢郡北根村百姓役勤方ニ付覚(宇野益夫家文書一一六一 埼玉県立文書館収蔵)‥‥‥307
[*村負請]
62 正徳五年十月 足立郡川面村村中掟帳(鴻巣市川面 松村幸夫家文書)‥‥‥308
63 享保十一年十二月 埼玉郡関根村入札ニヨリ盗人相極連判書(行田市立行田図書館蔵 新井家文書一五四)‥‥‥309
64 寛保二年八月 埼玉郡大塚村諸規則定(松岡利藤次家文書三六五五 埼玉県立文書館収蔵)‥‥‥310
65 寛保三年二月 埼玉郡志多見村林取締ニ付相談書(加須市志多見 松村春子家文書一三〇四)‥‥‥311
66 寛延三年六月 秩父郡日野村村方引締ニ付意付(荒川村日野 浅海始家文書)‥‥‥314
67 宝暦四年七月 大里郡箕輪村村定之覚(根岸喜夫家文書二〇八〇 埼玉県立文書館収蔵)‥‥‥315
68 宝暦八年八月 秩父郡上田野村諸普請助合之定(荒川村上田野 井上勲家文書)‥‥‥316
[*相互扶助;家普請]
69 天明三年四月 秩父郡久那村居山立入過料銭村定覚(荒川村久那 諸国夫家文書)‥‥‥317
[*入会山]
70 寛政七年三月 比企郡増尾村風紀取締ニ付惣村議定書(小川町増尾 酒井征之家文書三〇四)‥‥‥318
71 寛政七年十一月 埼玉郡七左衛門村地主議定(越谷市立図書館蔵 七左衛門井出家文書四〇)‥‥‥321
[*地親組合]
72 寛政九年四月 秩父郡古大滝村牛房平村方一統申合(大滝村大滝 千島勝也家文書)‥‥‥322
73 享和二年正月 埼玉郡大室村村入用取極(大熊みつ家文書一四六三 埼玉県立文書館収蔵)‥‥‥323

74 享和三年二月 幡羅郡下奈良村道普請議定書(上尾市原市 吉沢英明家文書二四一)‥‥‥324
75 文化十三年八月 埼玉郡大塚村村定請印形帳(松岡利藤次家文書三八六 埼玉県立文書館収蔵)‥‥‥330
76 文化十四年四月 葛飾郡幸手町町内取極議定書付(京都大学文学部博物館蔵 武蔵幸手宿記録)‥‥‥333
77 文政九年四月 足立郡下戸田村村内取極議定帳(戸田市中町 金子富男家文書七)‥‥‥336
78 天保七年十一月 埼玉郡蒲生村小作田方引方ニ付議定一札(慶應義塾大学古文書室蔵 武蔵国埼玉郡蒲生村文書)‥‥‥341
79 天保十三年四月 比企郡宮前村高役并家別役取極議定書(鈴木庸夫家文書二三 埼玉県立文書館収蔵)‥‥‥342
[*石高割;反別割]
80 弘化三年二月 足立郡蕨宿郷役議定連印帳(蕨市中央 岡田眞雄家文書三一)‥‥‥345
81 自嘉永四年至明治元年 児玉郡本庄宿地親議定連名帳(抄)(本庄市千代田 戸谷主一郎家文書一五一)‥‥‥351
82 明治三年十一月 男衾郡野原村村内諸事取極議定書(杉田秀男家文書一四四 埼玉県立文書館収蔵)‥‥‥356
[*徒党禁止]

4 村のくらし‥‥‥359
(1) 生活と信仰‥‥‥359
83 宝永六年二月 忍藩秩父領百姓年中業覚(秩父市立図書館蔵 松本家文書「御用日記」所収)‥‥‥359
[*生業]
84 宝暦四年六月 入間郡上福岡村大山石尊講帳(上福岡市長宮 氷川神社蔵)‥‥‥360
85 寛政三年三月 比企郡増尾村念仏講中議定帳(小川町増尾 酒井征之家文書五〇)‥‥‥362
86 文化四年五月 足立郡吉蔵新田休日遵守ニ付請書(川口市安行吉蔵 中山育之家文書六六一)‥‥‥363
[*遊日(農休日)]
87 文化四年五月 足立郡吉蔵新田休日ニ付議定(川口市安行吉蔵 中山育之家文書六六二)‥‥‥364
[*遊日(農休日)]
88 文化七年六月 埼玉郡横根村若者衆取締連印一札(埼玉県立文書館蔵 吉田実家文書一九五七)‥‥‥366
[*若者組]

県史誌内容総覧・資料編1: 近世―関東 283

新編埼玉県史 資料編14 近世5 村落・都市

89　文化十年十二月　幡羅郡中奈良村遊日ニ付議定(野中彦平家文書一九五　埼玉県立文書館収蔵)……………367
90　文政二年十一月　大里郡佐谷田村蝗害駆除祈願建碑願(久保勝之家文書二三一二　埼玉県立文書館収蔵)………368
91　文政八年十二月　幡羅郡下奈良村太々御神楽講金規定(埼玉県史編さん室所蔵複写資料)……………369
92　文政十年五月　秩父郡皆野村蓑山流行松記録(東京大学法学部法制史資料室蔵　甲二-三〇六四)……………370
　　[＊流行神]
93　弘化五年正月　足立郡原村半縄・清水組若者仲間議定(川口市安行原 中山謙二郎家文書六一五)…………388
(2)　祭礼と娯楽…………389
94　享保元年九月　入間郡毛呂郷飛来大明神祭礼の役議定(毛呂山町岩井 出雲伊波比神社文書六)……………389
　　[＊神事]
95　享保十年三月　秩父郡南村妙見宮祭礼役ニ付願書(飯能市南 我野神社文書三一)…………………………390
　　[＊祭礼役負担]
96　享保十二年二月　埼玉郡砂原村操芝居興行ニ付詫書(越谷市立図書館蔵 砂原松沢家文書九七三)………391
97　明和六年七月　比企郡野本村相撲取礼金定一札(東松山市上野本 布施田敏明家文書三七三)…………391
98　寛政元年六月　熊谷宿祇園祭礼神輿渡御由来覚(熊谷市鎌倉町 野口秀男家文書)…………………………392
99　寛政十二年十月　秩父郡大宮郷妙見宮祭礼屋台許可願(秩父神社蔵「公用日記」所収)…………………394
100　文化十四年十月　秩父郡大宮郷祭礼踊永続方ニ付諸奉行口達書(秩父市立図書館蔵 松本家文書「御用日記」所収)……………394
101　自文政十一年六月至天保七年六月　幡羅郡中奈良村牛頭天王宮祭礼差縺記録(抄)(野中彦平家文書四八四　埼玉県立文書館収蔵)………396
　　[＊文政改革の風俗取締]
102　天保二年八月　高麗郡野々宮村鎮守祭礼子供相撲土俵古実作法免許状(日高町野々宮 野々宮神社文書三七)…413
103　天保六年七月　入間郡上寺山村若者組八口大明神獅子興行ニ付議定書(川越市上寺山 成田圭助家文書三七八)………………………413

104　自天保十五年十月至嘉永三年九月　幡羅郡中奈良村方編木獅子一件ニ付書付控(野中彦平家文書三一〇　埼玉県立文書館収蔵)………415
105　嘉永五年八月　入間郡上寺山村鎮守祭礼ニ付連印一札(川越市上寺山 成田圭助家文書三八三)………418
　　[＊獅子舞]
106　安政五年五月　大里郡佐谷田村太々神楽執行詑歎願書(久保勝之家文書二一九九　埼玉県立文書館収蔵)……420
107　安政五年九月　大里郡佐谷田村相撲興行許可願(久保勝之家文書一九三四　埼玉県立文書館収蔵)………421
108　慶応三年十月　秩父郡大宮郷妙見宮附祭再興願(秩父市立図書館蔵 松本家文書「諸願書類扣帳」所収)………422

5　窮乏と救済……………423
109　享保十七年四月　秩父郡大野村凶作ニ付夫食拝借願(森田洋家文書五一四七　埼玉県立文書館収蔵)………423
110　享保十八年正月　秩父郡大野村飢人改帳(森田洋家文書二八二　埼玉県立文書館収蔵)……………………424
111　宝暦五年三月　埼玉郡小久喜村困窮ニ付倹約議定(鬼久保清家文書一四五四　埼玉県立文書館収蔵)………429
112　安永五年正月　埼玉郡大塚村潰百姓明細帳(松岡利藤次家文書四三　埼玉県立文書館収蔵)………431
113　寛政八年九月　川越藩御奉行所社倉積穀之大意(大里村沼黒 大河原好一家文書八八)………………437
　　[＊寛政改革；囲穀]
114　享和三年二月　幡羅郡中奈良村衰微ニ付申渡之覚(野中彦平家文書三六五〇　埼玉県立文書館収蔵)………440
　　[＊欠落・潰れ百姓]
115　文政九年六月　清水家領知村々社倉仕法請書(小川町増尾 酒井征之家文書九四)…………………………443
116　自文政十年八月至天保八年四月　児玉郡本庄宿戸谷家奇特口上書上(本庄市千代田 戸谷圭一郎家文書二四六)………447
　　[＊救済事業]
117　文政十三年　幡羅郡下奈良村吉田市右衛門潰百姓等取立地代金配分取計(埼玉県立文書館蔵 吉田市弥家文書七)‥452
　　[＊質地取戻し助成仕法]
118　天保七年十二月　秩父郡大野村貯穀割渡ニ付一札(森田洋家文書五六一一　埼玉県立文書館収蔵)………457

新編埼玉県史 資料編14 近世5 村落・都市

119　天保七年十二月 幡羅郡中奈良村村
　　中取極箇条書（野中彦平家文書四二〇 埼
　　玉県立文書館収蔵）……………………461
　　［＊正月の倹約］
120　天保八年五月 贍民録（鴻巣市大間 福
　　島常二家文書）…………………………463
121　天保十五年六月 幡羅郡下奈良村吉
　　田市右衛門貧民救助手当箇次第荒増之
　　留（野中彦平家文書一二〇 埼玉県立文書館
　　収蔵）……………………………………468
122　弘化二年九月 秩父郡大宮郷久保四
　　郎左衛門間引禁止ニ付建言（秩父市中町
　　久保康一郎家文書『秩父市誌』収録）……479
123　嘉永六年六月 秩父郡大宮郷小児養
　　育御趣意請印帳（秩父市立図書館蔵 高野
　　家文書）…………………………………482
　　［＊間引是正］

6　村と争論 ………………………………483
124　寛永十二年二月 大里郡佐谷田村百
　　姓郷中払免除ニ付請書（久保勝之家文書
　　二二八四 埼玉県立文書館収蔵）…………483
125　寛永十四年七月 秩父郡太田部村弾
　　正婚仕打ニ付訴状（吉田町太田部区有新
　　井neighbor文書二二六四 埼玉県立文書館収
　　蔵）………………………………………484
126　明暦元年九月 高麗郡梅原村入会秣
　　場一件起請文仕方ニ付訴状（堀口洋一郎
　　家文書一四三四 埼玉県立文書館収蔵）…484
127　延宝四年四月 大里郡佐谷田村百姓
　　改易之儀免除ニ付一札（久保勝之家文書
　　二〇六五 埼玉県立文書館収蔵）…………486
128　延宝五年 秩父郡新大滝村入村百姓
　　我儘迷惑ニ付口上書（大滝村大滝 千島勝
　　也家文書）………………………………486
129　延宝七年十月 榛沢郡北根村百姓五
　　人組はずし等迷惑ニ付訴状（宇野益夫家
　　文書八一六 埼玉県立文書館収蔵）………488
130　延宝七年十月 榛沢郡北根村百姓五
　　人組はずし一件ニ付返答書（宇野益夫家
　　文書八四一 埼玉県立文書館収蔵）………489
131　元禄八年八月 秩父郡大野村百姓不
　　調法ニ付詫書（森田洋家文書三一八四 埼
　　玉県立文書館収蔵）………………………490
132　元禄十二年三月 秩父郡大野村御上
　　炭焼道具盗取ニ付惣百姓手形一札（森田
　　洋家文書三九三五 埼玉県立文書館収蔵）
　　……………………………………………491
　　［＊所払い］
133　元禄十四年五月 高麗郡高麗町人
　　別・高之儀ニ付訴状下書（堀口洋一郎家
　　文書一一一九 埼玉県立文書館収蔵）……492

134　元禄十四年五月 高麗郡高麗町人
　　別・高之儀ニ付訴状下書（堀口洋一郎家
　　文書一一一六 埼玉県立文書館収蔵）……493
135　元禄十四年 高麗郡高麗町人別・高
　　之儀ニ付口上書下書（堀口洋一郎家文書
　　一一〇六 埼玉県立文書館収蔵）…………494
136　元禄十七年三月 秩父郡大野村夫婦
　　口論ニ付扱手形（森田洋家文書五二二九
　　埼玉県立文書館収蔵）……………………495
137　延享二年七月 足立郡大和田村真福
　　寺出入加担不届ニ付一札（大宮市大和田
　　町 浅子治一郎家文書一五一）……………495
138　延享二年七月 足立郡大和田村真福
　　寺出入之旗本用人等仕置ニ付訴状（大宮
　　市大和田町 浅子治一郎家文書一五〇）…496
139　延享二年閏十二月 足立郡大和田村
　　出入吟味不調法ニ付旗本用人一札（大宮
　　市大和田町 浅子治一郎家文書一六九）…503
140　延享五年四月 高麗郡梅原村墓所并
　　死馬捨場之儀ニ付出入取替証文（堀口洋
　　一郎家文書一四一六 埼玉県立文書館収
　　蔵）………………………………………503
141　弘化四年六月 幡羅郡江袋村名主斜
　　弾ニ付能泉寺願書（長島宏之家書三七
　　八 埼玉県立文書館収蔵）…………………504
142　弘化四年七月 幡羅郡江袋村名主斜
　　弾出訴ニ付裁許書（長島宏之家文書二八
　　七 埼玉県立文書館収蔵）…………………511
143　弘化四年七月 幡羅郡江袋村名主斜
　　弾一件ニ付能泉寺詫書（長島宏之家文書
　　一二七一 埼玉県立文書館収蔵）…………512

第3章　村々の対立と連合 ………………513
1　入会と境界 ……………………………513
　榛沢郡北根村境論 ………………………513
144　自慶長十一年至寛文三年 榛沢郡
　　北根村地境争ニ付古来目安御裁許御
　　召状控（宇野益夫家文書四〇 埼玉県立
　　文書館収蔵）……………………………513
145　元和四年十月 榛沢郡北根村ニ立
　　入り草刈ニ付詫手形（宇野益夫家文書
　　二〇九四 埼玉県立文書館収蔵）………518
146　寛文三年三月 榛沢郡北根村地境
　　争ニ付訴状（宇野益夫家文書一一六三
　　埼玉県立文書館収蔵）…………………518
　高麗郡高麗郷・横手村滝泉寺山論……520
147　寛永二年十二月 高麗郡高麗郷・
　　横手村滝泉寺馬草場出入ニ付訴状
　　（堀口洋一郎家文書一六四三 埼玉県立文
　　書館収蔵）………………………………520
148　寛永四年三月 高麗郡高麗郷・横
　　手村滝泉寺山問答ニ付手形（堀口洋一
　　郎家文書一六四四 埼玉県立文書館収
　　蔵）………………………………………520

県史誌内容総覧・資料編 1: 近世一関東　　285

新編埼玉県史 資料編14 近世5 村落・都市

149　寛文七年十一月　高麗郡高麗郷百姓馬草場出入ニテ籠舎ニ付訴状(堀口洋一郎家文書一四三一　埼玉県立文書館収蔵)……521
150　寛文九年二月　高麗郡横手村炭釜山法度ニ付百姓手形(堀口洋一郎家文書一一七〇　埼玉県立文書館収蔵)……521
151　正徳三年六月　高麗郡高麗郷・横手村滝泉寺山論ニ付滝泉寺訴状(堀口洋一郎家文書一四三〇　埼玉県立文書館収蔵)……522

男衾郡御正領入会地出入……524

152　寛永十六年七月　大里郡御正領入会馬草場新田開発ニ付訴状(埼玉県立文書館蔵　平山小一郎家文書一七二二)……524
153　明暦二年三月　男衾郡御正領六ケ村入会出入目安(埼玉県立文書館蔵　平山小一郎家文書六二八-二)……525
[＊新田荒し]
154　明暦二年三月　男衾郡御正領六ケ村入会地新畑開ニ付一札(埼玉県立文書館蔵　平山小一郎家文書六二八-二)……526

比企郡玉川郷・鎌形村馬草場出入……527

155　明暦三年十月　比企郡玉川郷・鎌形村馬草場出入神裁ニ付一札(玉川村玉川　町田利太郎家文書)……527
[＊境論]
156　元禄二年六月　比企郡玉川郷・鎌形村馬草場出入再発ニ付訴状(玉川村玉川　町田利太郎家文書)……527

足立郡中丸村・大和田村馬草場出入……528

157　万治三年三月　足立郡中丸村・大和田村馬草場出入ニ付中丸村訴状(大宮市大和田町　浅子治一郎家文書三六)……528
158　万治三年六月　足立郡中丸村・大和田村馬草場出入ニ付大和田村返答書(大宮市大和田町　浅子治一郎家文書一八〇)……529
159　万治三年七月　足立郡中丸村馬草場境引我儘ニ付大和田村訴状(大宮市大和田町　浅子治一郎家文書三五)……530
160　万治三年九月　足立郡中丸村・大和田村馬草場出入済口証文(大宮市大和田町　浅子治一郎家文書三八)……530

足立郡玄番新田・中野田村田地疇草刈出入……531

161　元禄三年十月　足立郡玄番新田・中野田村田地疇草刈出入裁許状(若谷良作家文書六一六　埼玉県立文書館収蔵)……531
[＊鎌取り]

2　村連合……532

162　明和三年八月　入間郡越生郷・毛呂郷村々取締証文(東京大学法学部法制史資料室蔵　標本乙-八〇)……532
163　明和五年十一月　那賀郡中取極議定(美里町広木　田村英治家文書一〇)……535
164　安永六年十一月　横見郡中取極議定(新井康夫家文書一三九　埼玉県立文書館収蔵)……537
165　天明八年十一月　入間郡毛呂郷七ケ村諸事定(埼玉県立文書館蔵　平山家文書三七二三)……539
[＊郷の議定]
166　文化三年八月　入間郡越生郷村々諸事割合連判証文(東京大学法学部法制史資料室蔵　標本乙-七九)……542
[＊郷元]
167　文化十三年二月　男衾郡八ケ村取極議定(杉田秀男家文書三〇　埼玉県立文書館収蔵)……543
168　文化十四年八月　埼玉郡十七ケ村取締議定(山口潤家文書七二二　埼玉県立文書館収蔵)……545
169　天保二年十月　埼玉郡道口蛭田村・花積村作物盗取締ニ付議定(埼玉県立文書館蔵　田中恭一家文書一三八九)……546
170　天保七年十一月　幡羅郡上江袋村改革組合取締議定(長島宏之家文書一三〇　埼玉県立文書館収蔵)……547
171　文久三年十一月　男衾郡組合村々取締議定(杉田秀男家文書二二九　埼玉県立文書館収蔵)……548
172　元治元年十一月　葛飾郡弐郷半領領中議定(東京大学法学部法制史資料室蔵　標本乙-五五〇)……549

第2部　城下町……553

第1章　町の形成と町並……555

173　元文五年九月　岩槻宿古事新来之覚書(勝田市郎家文書四　埼玉県立文書館収蔵)……555
174　寛延二年　川越町方万日記(抄)(川越市喜多町　水村清家文書三五四)……566
175　天保六年七月　行田三町日除ケ願之者願面控(行田市郷土博物館蔵　行田町年寄梅沢文書八三)……568

第2章　町の役割と負担……575

176　宝永二年正月　川越惣町中御伝馬小役・御国役帳(川越市喜多町　水村清家文書六四)……575
[＊交通の結節点]
177　享保五年十月　川越鷹役人休泊勤覚(川越市喜多町　水村清家文書一〇)……584

286　県史誌内容総覧・資料編1：近世—関東

新編埼玉県史 資料編14 近世5 村落・都市

178 寛保三年十二月 岩槻市宿町年貢町入用出銭ニ付届書（勝田市郎家文書七五 埼玉県立文書館収蔵）……588
179 明和四年十月 川越喜多町国替ニ付引継帳面へ町役書入願（川越市喜多町 水村清家文書八二）……590
180 寛政元年正月 川越五ケ町市立願書（川越市立図書館蔵）……593
181 安政五年六月 忍城内立入諸商人鑑札貸借禁止ニ付請印帳（行田市郷土博物館蔵 行田町年寄梅沢家文書九六）……597
182 文久元年四月 川越御伝馬町往還御用ニ付歎願書（川越市喜多町 水村清家文書一五五）……598
　［*伝馬役の負担］
183 慶応二年十二月 川越喜多町名主城主所替ニ付御用達御免願（川越市喜多町 水村清家文書四四）……600
184 慶応三年二月 川越喜多町名主松山陣屋引払ニ付御用状取継願（川越市喜多町 水村清家文書四五）……601

第3章　町の自治……603

185 宝永八年三月 岩槻市宿町役人困窮ニ付畑地拝領願（勝田市郎家文書四五 埼玉県立文書館収蔵）……603
186 元文二年四月 岩槻市宿町名主役儀御免出願ニ付申置（勝田市郎家文書一〇七 埼玉県立文書館収蔵）……604
　［*役人の由緒］
187 天明二年正月 忍領行田・熊谷両町役人勤方御尋ニ付申上書（行田市持田 福田雅年家文書二三）……605
　［*町役人の格式］
188 天明二年二月 忍領行田・熊谷両町年寄旧書写書上覚（行田市持田 福田雅年家文書二二）……607
189 寛延元年十二月 川越拾町総勘定帳（川越市立図書館蔵）……611
190 寛政六年正月 川越喜多町名主控帳（川越市立図書館蔵）……623
191 文政十二年二月 行田町口書控之帳（行田市郷土博物館蔵 行田町年寄梅沢家文書六四）……642
192 自天保十三年正月至同十四年二月 行田町御用日記（抄）（行田市郷土博物館蔵 行田町年寄梅沢家文書六八）……648
　［*町の行政の実態］
193 天保十四年五月 川越火事場人足出方定（林茂美家文書六五 埼玉県立文書館蔵）……709
　［*消防組織］
194 未十二月 川越出火之節出人足覚（川越市喜多町 水村清家文書一〇四）……712

第4章　町人の構成と生活……718

195 宝永六年 岩槻各町宗門人別惣高（勝田市郎家文書一五九 埼玉県立文書館収蔵）……718
196 宝永七年閏八月 川越喜多町水村家遺言書（川越市喜多町 水村清家文書三五三）……718
　［*町人の財産］
197 宝暦三年三月 川越町内持高控帳（川越市立図書館蔵）……719
198 文化十一年九月 川越祭礼諸色控（林茂美家文書四三 埼玉県立文書館蔵）……724
　［*氷川神社］
199 文政三年八月 行田町富士講差留ニ付壱組壱人請印帳（行田市郷土博物館蔵 行田町年寄梅沢家文書一〇七）……731
200 文政三年八月 行田町御嶽講差留ニ付壱組壱人請印帳（行田市郷土博物館蔵 行田町年寄梅沢家文書九一）……732
201 天保三年二月 川越町人別家不実意出入ニ付願書（川越市喜多町 水村清家文書一一九）……734
　［*財産の相続］
202 天保四年八月 川越町人別家不実意出入ニ付願書（川越市喜多町 水村清家文書一二〇）……736
203 天保十一年七月 行田町人数御改帳（行田市郷土博物館蔵 行田町年寄梅沢家文書八六）……740
　［*家持;地借・店借］
204 嘉永五年六月 行田町人数御改帳（行田市郷土博物館蔵 行田町年寄梅沢家文書一〇四）……742
205 申八月 川越喜多町乞喰芝居損金滞一件ニ付願書（川越市喜多町 水村清家文書二九一）……744
　［*芝居興行］

第3部　家と慣行……745
第1章　冠婚葬祭……747

206 元禄十七年四月 足立郡北草加村名主悴婚姻ニ付手形（厚沢春男家文書一一三一 埼玉県立文書館収蔵）……747
207 寛政四年十二月 榛沢郡本根村宇野家婚礼一件覚帳（抄）（宇野益夫家文書五七一 埼玉県立文書館収蔵）……747
　［*目録］

第2章　家法……752

208 自享保十一年至寛政四年 幡羅郡下奈良村吉田市右衛門家記録（抄）（埼玉県立文書館蔵 吉田市弥家文書六）……752
　［*家条］

県史誌内容総覧・資料編 1: 近世―関東　　287

新編埼玉県史 資料編14 近世5 村落・都市

209　天保六年正月　児玉郡本庄宿戸谷家店定法帳(本庄市千代田 戸谷圭一郎家文書七七一)……767
　　［＊繁栄之家法］
210　天保十三年二月　幡羅郡中奈良村野中家家名永続仕法簿(野中彦平家文書八七一 埼玉県立文書館収蔵)……769

第3章　相続……774
211　慶安五年三月　秩父郡太田部村百姓相続田地ニ付手形(吉田町太田部区有新井家文書二二七九 埼玉県立文書館収蔵)……774
　　［＊家株;百姓株］
212　万治二年八月　秩父郡太田部村百姓跡敷預ケ置ニ付手形(吉田町太田部区有新井家文書二三九三 埼玉県立文書館収蔵)……774
　　［＊年貢諸役;村請け］
213　万治三年正月　秩父郡太田部村百姓田地名跡ニ付手形(吉田町太田部区有新井家文書二三一七 埼玉県立文書館収蔵)……775
214　寛文元年十二月　葛飾郡上赤岩村飯島家兄弟財産分与手形(松伏町上赤岩 飯島東悦家文書)……775
　　［＊相続争い］
215　寛文四年五月　埼玉郡戸出村百姓跡式相続ニ付訴状(久保勝之家文書一八二六 埼玉県立文書館収蔵)……776
216　貞享元年四月　秩父郡太田部村百姓跡相続ニ付手形(吉田町太田部区有新井家文書一八四〇 埼玉県立文書館収蔵)……777
217　元禄四年七月　榛沢郡荒川村百姓穿取ニ付一札(持田英孝家文書六二九 埼玉県立文書館収蔵)……778
218　元文三年正月　児玉郡本庄宿戸谷家遺言之状(本庄市千代田 戸谷圭一郎家文書七七二)……779
　　［＊教訓］
219　自寛政元年至文政九年　幡羅郡下奈良村吉田右衛門家諸事纂要(抄)(埼玉県立文書館蔵 吉田市弥家文書二〇)……783
　　［＊本家と分家;相続金］

第4章　家礼・年中行事……795
220　寛政七年　児玉郡本庄宿戸谷家年中行事帳(本庄市千代田 戸谷圭一郎家文書二九二)……795
　　［＊各種行事の詳細］
221　文政五年三月　秩父郡古大滝村大村家年中行事(横瀬町横瀬 大村雅敏家文書)……804
　　［＊妻の関所日記;関所役人］
222　天保二年　入間郡赤尾村林家記録帳(抄)(坂戸市赤尾 林茂美家文書)……815
　　［＊篤農家;遺訓］

223　天保十四年十一月　幡羅郡下奈良村吉田市右衛門家年中行事(埼玉県立文書館蔵 吉田市弥家文書一四)……824
　　［＊豪農の生活］

第4部　見聞記……833
224　自慶安四年至万治二年　榎本弥左衛門万之覚(抄)(川越市元町 榎本寿々子家文書)……835
　　［＊政治・世相の見聞］
225　自延宝八年至天和二年　榎本弥左衛門三子より之覚(抄)(川越市元町 榎本寿々子家文書)……839
　　［＊近世初期商人の経営］
226　文化期　汚隆亀鑑(国立国会図書館蔵 青山文庫八四一—一七五)……843
　　［＊熊谷宿の見聞］
227　自天保四年至嘉永二年　足立老人噂之聞書(抄)(栗橋町栗橋 足立正路家文書)……852
　　［＊関所番;見聞記;雑書］
228　天保九年　天保巡見日記(抄)(宮内庁書陵部蔵)……882
　　［＊観察記録;地政学］

あとがき(埼玉県県民部県史編さん室長　黒須茂)……919
資料編14「近世5 村落・都市」資料提供者及び協力者……920
埼玉県史編さん委員会委員……921
　小野文雄(埼玉大学名誉教授)
　児玉幸多(学習院大学名誉教授)
　村本達郎(埼玉大学名誉教授)
　柳田敏司(埼玉考古学会会長)
　長井五郎(埼玉県文化財保護審議会委員)
　石井節子(埼玉県地域婦人会連合会副会長)
　川瀬隆太郎(埼玉県青少年団体連絡協議会会長)
　長島恭助(埼玉県経営者協会会長)
　根岸徳治(埼玉県経済農業協同組合連絡協議会会長理事)
　高橋昌忠(埼玉県労働者福祉協議会会長)
　高橋一郎(埼玉県新聞社社長)
　佐藤泰三(埼玉県議会議長)
　田代甲子雄(埼玉県議会県民環境常任委員会委員長)
　中川直木(埼玉県市長会会長)
　下田養平(埼玉県町村会副会長)
　鳥塚恵和男(埼玉県都市教育長協議会会長)
　飯野五郎(埼玉県町村教育長協議会会長)
　立勝隆之(埼玉県副知事;会長)
　武内克好(埼玉県教育委員会教育長)
　小室大(埼玉県県民部長;会長代理)

```
新編埼玉県史 資料編15 近世6
        交通
      埼玉県編集
    昭和59年3月27日
```

<近世の埼玉県域における交通に関する資料を収録>

<口絵>1　日光道中絵図（部分）[カラー]国立公文書館内閣文庫蔵
<口絵>2　天保14年 房川御舟橋図[カラー]栃木県立博物館蔵
<口絵>3　享和二年 川船鑑（部分）[カラー]船の科学館蔵
<口絵>4　武蔵総国縮図 国立公文書館内閣文庫蔵「新編武蔵風土記」収載
<口絵>5　元禄7年 奈良梨村と志賀村馬次出入裁許状 嵐山町 志賀第一集会所蔵
<口絵>6　元禄10年 浦和宿高見世場絵図（部分）埼玉県立文書館蔵 浦和宿本陣文書
<口絵>7　正徳三年 桶川宿助郷差村出入裁許絵図 篠崎克氏寄託/埼玉県立文書館収蔵
<口絵>8　慶応三年 下新河岸絵図 川越市 斎藤理一氏蔵
<口絵>9　元和十年 女手形 五霞村 松本好司氏蔵
<口絵>10　貞享3年 川俣関所高札 羽生市 石川利安氏蔵
<口絵>11　嘉永4年 往来手形 埼玉県立文書館蔵 飯島家文書
<口絵>12　弘化3年 川俣関所農業女往来鑑札 羽生市 佐藤武利氏蔵
<口絵>13　文久元年 和宮様御参向御用御役人附（部分）埼玉県立文書館蔵 吉田実家文書

序（埼玉県知事 畑和）
凡例
解説 ……………………………………… 1
　交通編の編集について ………………… 1
　1　交通制度の確立 …………………… 2
　　近世初期の交通網 ………………… 2
　　　<表>表1　近世前期武蔵の馬継場（『武蔵田園簿』武蔵国村之名）…… 5

交通制度の形成と宿の困窮 ……………… 6
交通制度の確立と矛盾の顕在化 ………… 8
　<表>表2　正徳元年5月 宿駅間の御定賃銭 日光道中（『五街道宿村大概帳』）…… 9
　<表>表2　正徳元年5月 宿駅間の御定賃銭 日光御成道（『五街道宿村大概帳』）…… 9
　<表>表2　正徳元年5月 宿駅間の御定賃銭 中山道（『五街道宿村大概帳』）…… 10
2　宿駅と街道 ……………………………… 11
　宿駅の構造 ……………………………… 11
　　<表>表3　県内宿駅概要 中山道（『宿村大概帳』による）…… 12
　　<表>表3　県内宿駅概要 日光道中（『宿村大概帳』による）…… 13
　　<表>表3　県内宿駅概要 日光御成道（『宿村大概帳』による）…… 13
　宿財政の窮乏 …………………………… 17
　渡し場と道の管理 ……………………… 19
3　助郷 …………………………………… 21
　増助郷・加助郷・代助郷 ……………… 21
　　<表>表4　熊谷宿助郷村及び勤高（「海駅門」、野中家文書「御証文写」外、久保家文書「熊谷駅伝馬附属呼村請印帳」熊谷市史後篇）…… 23
　助郷の変質 ……………………………… 23
　　<表>表5　天保10年（1839）熊谷宿人馬継立高（野中家文書「熊谷宿人馬日〆書上帳」）…… 25
　　<表>表6　熊谷宿助郷28カ村年番勤表（野中家文書「熊谷宿助郷28カ村年番覚書」）…… 26
　宿問屋と助郷村の出入 ………………… 27
　幕末期の助郷 …………………………… 28
　明治維新期 ……………………………… 29
4　脇往還 ………………………………… 31
5　関所 …………………………………… 33
6　水運 …………………………………… 34
　舟運機構成立の社会的条件 …………… 34
　　<表>表7　河岸場一覧表 ………… 36〜37
　江戸の船積問屋と武州の河岸場 ……… 38
　　<表>表8　上利根川十四河岸組合船問屋数 …… 39
　　<表>表9　五河岸問屋数の変遷 …… 39
　　<表>河岸の分布状況（幕末期）…… 41
　河岸の概況 ……………………………… 42
　河岸問屋 ………………………………… 43
　舟持 ……………………………………… 44
　荷物と運賃 ……………………………… 45
　　<表>表10　新河岸取扱い商品 …… 46
　河岸の後背地 …………………………… 47
　河岸の出入 ……………………………… 48

新編埼玉県史 資料編15 近世6 交通

御手船 …………………………………… 49
河川における種々な運輸手段 ………… 49
7 臨時大通行 ……………………………… 50
将軍の日光社参 ………………………… 53
＜表＞表11 安永5年社参詰助郷国郡表
（『越谷市史四・史料Ⅱ』より作成）…… 55
将軍婚姻姫君下向の通行 ……………… 58
＜表＞表12 11月13日桶川詰当分助郷8カ
村人足内訳（吉田実家文書「和宮様御
下向ニ付大宮宿江増助郷相勤候諸書
物」より作成）………………………… 59
大名転封・公用通行 …………………… 60
東征軍通行・大宮氷川神社行幸通行 … 61

第1部 交通制度の確立 ………………… 63
1 文禄二年五月 伊奈忠次鴻巣御殿屋敷引手
形（国立公文書館内閣文庫所蔵「武州文書」足立
郡十二 収載）……………………………… 65
［＊御殿］
2 慶長七年六月 熊谷宿駄賃定書（「熊谷市史」
後編より転載）……………………………… 65
3 慶長九年七月 一里塚築造奉行派遣ニ付徳
川秀忠朱印状（国立公文書館内閣文庫蔵「朝野
旧聞裒藁」「東照宮御事蹟 第四百六拾五収載）…… 66
4 元和二年十一月 深谷宿荷物貫目并駄賃定
書（深谷市深谷 飯島義作氏蔵）………………… 68
5 寛永八年九月利根川通渡场定書（深谷市 旧
中瀬村役场文書収蔵庫蔵）………………… 68
6 武蔵国道法（東京都公文書館蔵「武蔵田園簿」
収載）…………………………………………… 72
［＊五街道・日光御成道；水戸道中・川越往還・秩
父往還・青梅往還］
7 自慶安五年三月至正徳二年三月 慶安以来
往還御条目并ニ御触書留帳（抄）（会田真言氏
寄託/埼玉県立文書館収蔵）……………… 77
［＊定助郷；馬役取締；道中奉行］
8 自承応二年至明和七年四月 大沢町起立従
承応・元禄迄往還諸御用留（福井丑之助氏寄
託 埼玉県立文書館収蔵）………………… 88
［＊道中奉行；継送り；継通し；伝馬継立て；助人馬；
雲助・宿なし；宿駅高札・人馬賃銭高札・荷物
貫目制限高札；御定賃銭］
9 自明暦二年四月至寛文五年十二月 上尾宿
明細其外書上（伊奈町小室 田中浩氏蔵）…… 130
［＊国廻り］
10 万治三年二月 秩父郡麻生番所百姓番役免
除願（大滝村大滝 千島竹子氏蔵）………… 138
11 自寛文元年九月至元禄十四年八月 川俣関
所通行手形（羽生市上新郷 佐藤武利氏蔵）…… 140
12 寛文八年四月 大宮宿定助願（大宮市盆栽町
渡辺総夫氏蔵）……………………………… 143

13 延宝六年二月 川船奉行交替ニテ極印打替
ニ付勘定奉行触書（国立公文書館内閣文庫蔵
「竹橋余筆」巻一 収載）…………………… 144
14 延宝八年十一月 浦和・大宮・上尾町間道
法延長ニ付口上書（大宮市盆栽町 渡辺総夫氏
蔵）……………………………………………… 144
15 貞享三年十月 中瀬・大舘村舟渡之儀ニ付
差上手形（深谷市 旧中瀬村役场文書収蔵庫
蔵）……………………………………………… 145
［＊渡し场；高札］
16 貞享三年十一月 中瀬・大舘村舟渡之儀ニ
付舟頭口上書（深谷市 旧中瀬村役场文書収蔵
庫蔵）………………………………………… 145
17 貞享三年十一月 利根川通御関所之外脇渡
场改覚（国立公文書館内閣文庫蔵「竹橋余筆」巻
七 収載）…………………………………… 146
18 元禄二年四月 大宮宿助郷証文（大宮市盆
栽町 渡辺総夫氏蔵）……………………… 151
［＊定助・大助］
19 元禄二年八月 熊谷宿助郷証文（熊谷市平
戸 藤井健一氏蔵）………………………… 153
20 元禄三年二月 駿河国・伊豆国外関東八ケ
国所々御城米運賃改帳（抄）（千葉県佐原市
伊能康之助氏蔵）…………………………… 155
［＊関東河岸场；公定運賃］
21 元禄七年二月 桶川町助郷帳（須田さち子氏
寄託/上尾市教育委員会収蔵）…………… 159
22 元禄七年閏五月 比企郡奈良梨村と志賀村
馬次出入裁許状（嵐山町志賀第一集会所
蔵）…………………………………………… 160
［＊脇往還］
23 元禄十年五月 助郷村困窮之分代役ニ付代
官より勘定所へ窺書并触書（越谷市教育委員
会蔵「西村旧記」触書上 収載）…………… 161
24 元禄十年六月 浦和宿高見世场絵図（埼玉
県立文書館「浦和宿本陣文書」）…………… 163
25 宝永四年八月 金沢藩士通行ニ付桶川町伝
馬人足書（須田さち子氏寄託/上尾市教育委
員会収蔵「宝永三年御用留帳」収載）…… 167
26 宝永五年七月 榛沢郡中瀬村・高島村新渡
舟、新馬次出入一件書物（深谷市 旧中瀬村役
场文書収蔵庫蔵）…………………………… 168
27 宝永七年五月 桶川宿助郷村々加助郷願
（須田さち子氏寄託/上尾市教育委員会蔵「宝
永七年御触状留帳」）……………………… 172
28 正徳二年四月 浦和町問屋庭銭取立之儀ニ
付吟味請書（埼玉県立文書館蔵「浦和宿本陣文
書」）…………………………………………… 173
29 正徳三年六月 埼玉郡井沼村と上平野村桶
川宿助郷差村出入裁許裏書（口絵7頁参照）（篠
崎克氏寄託/埼玉県立文書館収蔵）……… 174

290 県史誌内容総覧・資料編1：近世─関東

新編埼玉県史 資料編15 近世6 交通

30　正徳三年六月 忍藩秩父領順礼取扱申渡請書(秩父市立図書館蔵「松本家御用日記」収載)……………………………………174
第2部　交通制度の展開………………177
第1章　宿駅と街道………………………179
　1　宿駅の構造…………………………179
　　31　自明和二年十二月至同三年二月 上尾宿加宿上尾村伝馬役出銭滞ニ付訴願(上尾市本町 小川光太郎氏蔵「諸記録集」四 収載)………………………179
　　　[*往還諸入用]
　　32　天明三年四月 深谷宿旅籠屋宿引議定(深谷市深谷 飯島義作氏蔵)……183
　　　[*客引]
　　33　天明五年正月 深谷宿御用宿議定(深谷市深谷 飯島義作氏蔵)…………184
　　　[*相対泊り]
　　34　天明七年 草加宿由来(抄)(東京都練馬区 林英夫氏蔵)…………………185
　　35　寛政・享和年間 深谷宿御用向取明細書手控(抄)(深谷市深谷 飯島義作氏蔵)………………………190
　　　[*宿役人]
　　36　文化二年九月 通日雇取締ニ付宿方議定(久保勝之氏寄託/埼玉県立文書館蔵)…………………………197
　　　[*間(あい)の宿(しゅく);通し日雇人足;請負人]
　　37　文政四年六月 御内々御尋ニ付諸家様風説申上并御内々奉願候五ケ条之下書留(福井丑之助氏寄託/埼玉県立文書館蔵)………………………201
　　　[*眼懇(じっこん);祝儀金]
　　38　文政八年二月 宿端茶屋へ小休禁止触ニ付請証文(深谷市深谷 飯島義作氏蔵)………………………………219
　　39　文政九年三月 幸手宿問屋場勤向書上帳(京都大学国史研究室蔵「幸手宿史書」)……………………………220
　　40　文政十年閏六月 上尾宿旅籠屋宿引埒ニ付過料請書(上尾市本町 小川光太郎氏蔵「諸記録集」巻之七 収載)……223
　　41　文政十一年六月 上尾宿加宿上尾村農間渡世書上(上尾市本町 小川光太郎氏蔵「上尾村地方書抜控」収載)………225
　　42　自天保三年正月至同五年七月 熊谷宿新規飯盛女差置ニ付内訴(抄)(野中彦平氏/埼玉県立文書館蔵)…………228
　　　[*食売旅籠;平旅籠]
　　43　天保七年十一月 桶川宿外弐ケ宿日〆帳取調方不束ニ付過料請書(上尾市本町 小川光太郎氏蔵「諸記録集」四 収載)…236
　　　[*継立水増]

44　天保十三年十一月 本庄宿宿方心得御尋ニ付답上(本庄市教育委員会蔵「本庄市有文書」)………………………239
　　　[*問屋場業務]
45　自天保十四年八月至同年十二月 粕壁宿名主不正出入一件(中島修氏寄託/埼玉県立文書館収蔵 天保十四年「公用日記」収載)………………………244
46　天保十五年十月 本庄宿役人不行届ニ付議定(本庄市教育委員会蔵「本庄市有文書」)……………………………255
47　嘉永四年四月 浦和宿本陣星野権兵衛由緒書(群馬県安中市教育委員会蔵「安中宿本陣文書」)……………………258
48　自嘉永四年十月至同年十一月 組合宿取締役被仰渡候ニ付伺書・請書(群馬県安中市教育委員会蔵「安中宿本陣文書」)……………………………261
　2　宿財政の窮乏………………………268
　　[*列銭;宿助成]
49　自安永三年至文政十二年 深谷宿御用向明細手控(抄)(深谷市深谷 飯島義作氏蔵)…………………………………268
50　寛政十年 中山道筋願一件(群馬県安中市教育委員会蔵「安中宿本陣文書」)…276
　　　[*地子免許・問屋給米・継飛脚給米]
51　文化六年三月 日光道中本陣困窮ニ付助成願(福井丑之助氏寄託/埼玉県立文書館蔵)………………………………280
52　文政三年十月 上尾宿宿方助成金其外明細書上帳(神田芳造氏寄託/上尾市教育委員会収蔵)……………………281
53　文政十三年四月 本庄宿困窮ニ付助成願(本庄市教育委員会蔵「本庄市有文書」)……………………………………284
54　自天保十二年至同十三年 粕壁宿割増刎銭并救民手当残金覚帳(中島修氏寄託/埼玉県立文書館収蔵 天保十四年「公用日記」収載)…………………287
55　天保十四年七月 粕壁宿上納金取集方書上(中島修氏寄託/埼玉県立文書館収蔵 天保十四年「公用日記」収載)…………289
56　自弘化二年三月至嘉永二年十二月 人馬継立賄方差支ニ付貸附利金渡方達并請書(中島修氏寄託/埼玉県立文書館収蔵 弘化二年、五年、嘉永二年「公用日記」収載)………………………291
57　自弘化五年正月至嘉永二年三月 粕壁宿本陣焼ニ付譲渡取極(中島修氏寄託/埼玉県立文書館収蔵 弘化五年、嘉永二年「公用日記」収載)……………294

県史誌内容総覧・資料編1: 近世—関東　　291

新編埼玉県史 資料編15 近世6 交通

58 安政三年五月 中山道五ケ宿盛衰其外内調書上(抄)(群馬県安中市教育委員会蔵「安中宿本陣文書」)……301

3 渡場と道の管理……309

59 寛保三年六月 戸田渡船場一件ニ付願書控(戸田市下戸田 武内啓助氏所蔵「渡船場一件につき願書控」収載)……309
[＊外渡船場格:定渡船]

60 自延享四年至宝暦八年 烏川船越役書上帳(群馬県新町 茂木藤太郎氏蔵/群馬県史編さん室提供)……314
[＊渡場の実態]

61 安永四年六月 戸田渡船場修復方并舟賃書上(戸田市下戸田 武内啓助氏蔵「渡船場一件につき願書控」収載)……324

62 寛政四年五月 戸田川・房川渡外渡船方不行届ニ付過料請書(戸田市下戸田 武内啓助氏蔵「渡船場諸願御用留控帳」収載)……326

63 自寛政四年六月至同年七月 戸田渡場荷揚場争論一件(戸田市下戸田 武内啓助氏蔵「渡船場諸願御用留控帳」収載)……327

64 文化二年十一月 神流川・烏川渡船一件済口証文(群馬県高崎市倉賀町 須賀健一氏蔵「旅人乗船出入一件始末書留帳」収載/群馬県史編さん室提供)……333

65 文政八年十二月 大門宿往還普請出来形帳(会田真言氏寄託/埼玉県立文書館蔵)……336

66 天保十三年 中山道戸田渡船場微細書上(戸田市下戸田 武内啓助氏蔵)……337

67 天保十四年九月 粕壁宿並木植直・同並木見分請書(中島修氏寄託/埼玉県立文書館蔵 天保十四年「公用日記」収載)……342

68 文久二年九月 戸田渡船場助船差村帳(戸田市下戸田 武内啓助氏蔵)……344

第2章 助郷……345

1 増助郷・加助郷・代助郷……345

69 助郷凡例(東 誠二氏寄託/埼玉県立文書館蔵)……345

70 享保三年正月 熊谷宿助郷村々差村出入返答書(久保勝之氏寄託/埼玉県立文書館蔵)……361

71 自享保三年四月至嘉永三年七月 熊谷宿助郷証文并勤高帳(抄)(野中彦平氏寄託/埼玉県立文書館蔵)……364
[＊代助郷]

72 寛保三年四月 熊谷宿助郷上之村休役願吟味書物(久保勝之氏寄託/埼玉県立文書館蔵)……377

73 自延享元年十一月至同二年五月 越ケ谷宿助郷差村出入書物(越谷市教育委員会蔵「西方村旧記」伝馬天 収載)……380

74 寛延三年三月 越ケ谷宿助郷西方村免除願(越谷市教育委員会蔵「西方村旧記」伝馬天 収載)……385

75 宝暦九年五月 本庄宿助郷出入裁許請書(本庄市牧西 森盛善氏蔵)……387

76 宝暦十三年五月 日光御普請当分助郷証文并御用中出銭覚帳(抄)(相沢正巳氏寄託/埼玉県立文書館蔵)……389

77 明和八年十二月 上尾宿助郷差村免除願一件書物(鬼久保 清氏寄託/埼玉県立文書館蔵)……395

78 安永二年十月 越ケ谷宿助郷差村免除願(越谷市教育委員会蔵「西方村旧記」伝馬天 収載)……398

79 安永四年四月 越ケ谷宿助郷差村出入裁許請書(越谷市教育委員会蔵「西方村旧記」伝馬天 収載)……400

80 寛政元年十一月 幸手宿代助郷差村免除願書留(土生津 皓氏寄託/埼玉県立文書館蔵)……401
[＊伝馬]

81 文化二年五月 幸手宿定助郷七ケ村雇出賃銭差出一札(大熊みつ氏寄託/埼玉県立文書館蔵)……406

82 文政十三年四月 新町宿代助郷差村免除願(浅見秀夫氏寄託/埼玉県立文書館蔵)……407

83 天保六年七月 熊谷宿助郷村々困窮ニ付余荷之儀代助郷願(熊谷市立図書館蔵「海駅門」乾 収載)……411

84 天保九年五月 中田・栗橋宿代助郷差村免除願(土生津 皓氏寄託/埼玉県立文書館蔵)……413

85 天保九年九月 粕壁宿代助郷免除願(北葛飾郡庄和町 石川瑞枝氏蔵)……414

2 助郷の変質……417

86 宝暦十四年四月 熊谷宿助郷請負常詰人馬相定証文(久保勝之氏寄託/埼玉県立文書館蔵)……417

87 明和元年八月 熊谷宿助郷請負不勤詫一札(久保勝之氏寄託/埼玉県立文書館蔵)……418

88 天明三年正月 熊谷宿助郷定詰馬賃負証文(久保勝之氏寄託/埼玉県立文書館蔵)……419

89 天明三年正月 熊谷宿助郷定詰人足請負証文(久保勝之氏寄託/埼玉県立文書館蔵)……420

90 天明三年二月 熊谷宿助郷定宰領請負証文(久保勝之氏寄託/埼玉県立文書館蔵)……421

91　天明三年四月　熊谷宿助郷之内忍藩領八ケ村勤方ニ付郡奉行申渡(久保勝之氏寄託/埼玉県立文書館収蔵)‥‥‥‥‥421
92　天明三年十二月　浅間焼困窮ニ付熊谷より軽井沢迄人馬賃銭三割増請書(熊谷市立図書館蔵「海駅門」乾 収載)‥‥‥‥423
[＊浅間山噴火]
93　自文化三年三月至同七年十月　熊谷宿助郷人馬取扱議定書物(抄)(熊谷市小島 滝沢 彰氏蔵)‥‥‥‥‥‥‥‥424
94　自文化十年七月至文政六年三月　吉田市右衛門助郷助成献金請書(熊谷市立図書館蔵「海駅門」乾 収載)‥‥‥‥433
95　文化十四年二月　熊谷宿人馬賃銭割合議定書(熊谷市立図書館蔵「海駅門」乾 収載)‥‥‥‥‥‥‥‥‥‥‥‥‥434
96　文化十五年正月　人馬賃銭割増ニ付道中奉行廻状(野中彦平氏寄託/埼玉県立文書館収蔵「中山道熊谷宿定助郷願書議定其外書類記」収載)‥‥‥‥‥‥‥‥‥‥435
97　文政二年正月　熊谷宿囲人馬并宿馬遣方議定書(野中彦平氏寄託/埼玉県立文書館収蔵「中山道熊谷宿定助郷願書議定其外書類記」収載)‥‥‥‥‥‥‥‥‥‥437
98　文政三年十二月　熊谷宿人馬賃銭割増刎銭議定書(野中彦平氏寄託/埼玉県立文書館収蔵「中山道熊谷宿定助郷願書議定其外書類記」収載)‥‥‥‥‥‥‥‥‥‥438
99　文政六年十一月　桶川宿助郷人馬差出出入訴状(篠崎 克氏寄託/埼玉県立文書館収蔵)‥‥‥‥‥‥‥‥‥‥‥440
100　文政七年　熊谷宿助郷二十八ケ村年番覚書(野中彦平氏寄託/埼玉県立文書館収蔵「中山道熊谷宿定助郷願書議定其外書類記」収載)‥‥‥‥‥‥‥‥‥‥442
101　文政八年三月　熊谷宿人馬賃銭刎銭割渡方書上(野中彦平氏寄託/埼玉県立文書館収蔵「中山道熊谷宿定助郷願書議定其外書類記」収載)‥‥‥‥‥‥‥‥‥‥443
102　文政十年十二月　熊谷宿人馬勤方不埒ニ付正人馬差出議定書(野中彦平氏寄託/埼玉県立文書館収蔵「中山道熊谷宿定助郷願書議定其外書類記」収載)‥‥‥‥445
103　自文政十一年二月至同十三年正月　熊谷宿助郷人馬建方議定書(野中彦平氏寄託/埼玉県立文書館収蔵「中山道熊谷宿定助郷願書議定其外書類記」収載)‥‥‥‥445
104　文政十二年三月　桶川宿助郷村人馬差出一件示談一札(篠崎 克氏寄託/埼玉県立文書館収蔵)‥‥‥‥‥‥‥449
105　自天保二年十二月至同三年二月　栗橋宿代助郷正人馬勤替一件詫書付(大熊みつ氏寄託/埼玉県立文書館収蔵)‥‥‥‥‥‥‥‥‥‥‥‥‥‥450
[＊賃銭雇]

106　自天保五年十二月至六年正月　熊谷宿助郷人馬勤議定書(熊谷市立図書館蔵「海駅門」乾 収載)‥‥‥‥‥‥455
107　天保六年正月　草加宿囲人馬并助郷勤方議定書(野中彦平氏寄託/埼玉県立文書館収蔵「街道筋宿助郷争論済口議定集」収載)‥‥‥‥‥‥‥‥‥‥‥‥‥‥‥457
108　天保六年十月　熊谷宿助郷村々余荷勤免除願(熊谷市立図書館蔵「海駅門」乾 収載)‥‥‥‥‥‥‥‥‥‥‥‥‥459
109　天保八年三月　熊谷宿人馬賃銭割増添高札掛渡申渡(熊谷市立図書館蔵「海駅門」乾 収載)‥‥‥‥‥‥‥‥‥462
110　天保九年正月　草加宿助郷惣代頼議定書(東京都練馬区 林英夫氏蔵)‥‥463
111　天保九年六月　熊谷宿伝馬勤方議定書(熊谷市立図書館蔵「海駅門」乾 収載)‥‥‥‥‥‥‥‥‥‥‥‥‥‥‥466
112　天保十年　熊谷宿人馬日〆増上帳(野中彦平氏寄託/埼玉県立文書館収蔵「中山道熊谷宿定助郷願書議定其外書類記」収載)‥‥‥‥‥‥‥‥‥‥467
[＊継立高]
113　天保十三年　熊谷宿助郷村高覚(熊谷市立図書館蔵「海駅門」乾 収載)‥‥‥‥468
3　宿問屋と助郷村の出入‥‥‥‥‥‥470
114　元文元年十月　越ケ谷宿助郷勤方出入裁許請書(越谷市教育委員会蔵「西方村旧記」伝馬天 収載)‥‥‥‥‥‥‥470
115　明和六年三月　鴻巣宿助出入内済取替証文(鴻巣市 伊藤正雄氏蔵)‥‥‥473
116　自安永四年六月至同年閏十二月　熊谷宿助郷出入一件内済書物(熊谷市立図書館蔵「海駅門」乾 収載)‥‥‥‥‥480
117　安永七年七月　越ケ谷宿加助郷村々過触人馬出入一件内済書物(越谷市教育委員会蔵「西方村旧記」伝馬天 収載)‥‥‥‥‥‥‥‥‥‥‥‥‥‥483
118　寛政六年閏十一月　大宮宿と助郷村々人馬勤不足出入済口証文(木内五郎氏寄託/浦和市立郷土博物館収蔵)‥‥‥‥486
[＊助郷惣代調寄合所]
119　文化四年十二月　粕壁宿と助郷村々人馬触札出入内済取下願并裁許請書(土生津 皓氏寄託/埼玉県立文書館蔵)‥‥‥‥‥‥‥‥‥‥‥‥‥‥‥‥488
120　自文化十二年九月至同十三年三月　熊谷宿助郷余荷地役馬一件口上書(熊谷市立図書館蔵「海駅門」乾 収載)‥‥‥‥496
121　文政二年十二月　越ケ谷宿と助郷村々人馬出入済口証文(野中彦平氏寄託/埼玉県立文書館収蔵「街道筋宿助郷争論済口議定集」収載)‥‥‥‥‥‥‥‥‥‥‥‥‥‥‥498
[＊正人馬勤;札場会所]

122　文政四年四月　深谷宿と助郷村々人馬触当出入裁許請書(野中彦平氏寄託/埼玉県立文書館収蔵「街道筋宿助郷争論済口議定集」収載)……502
123　文政七年十二月　熊谷宿と助郷村々人馬賃銭割出入済口証文(野中彦平氏寄託/埼玉県立文書館収蔵「中山道熊谷宿定助郷願書議定其外書類記」収載)……505
124　天保四年三月　熊谷宿と助郷村々織物商差障出入裁許請書(熊谷市立図書館蔵「海駅門」乾)……506
125　天保五年八月　深谷宿と助郷村々人馬遣出入済口証文(熊谷市立図書館蔵「海駅門」乾 収載)……508
126　天保九年七月　熊谷宿助郷人馬勤方吟味願(熊谷市立図書館蔵「海駅門」乾 収載)……511
4　幕末期の助郷……514
127　嘉永六年六月　浦賀異国船渡来触書并新座郡菅沢村人馬名前帳(新座市あたご 佐藤善信氏蔵)……514
［＊人馬役］
128　嘉永七年六月　安中宿馬士出駕籠取締方議定書(群馬県安中市教育委員会蔵「安中宿本陣文書」)……517
129　安政五年三月　越ケ谷宿定助郷村々伝馬議定書(東京都練馬区 林英夫氏蔵)……520
130　万延二年二月　本庄宿内伝馬代馬持へ助力出金并割賦仕訳書上(本庄市教育委員会蔵「本庄市有文書」)……524
131　自文久二年二月至同三年八月　幸手宿人馬賃銭割増并加助郷被仰付書留(京都大学国史研究室蔵「幸手宿文書」)……526
132　文久二年四月　大宮宿助郷村々勤方議定書(小島昭三氏寄託/埼玉県立文書館収蔵)……539
133　自文久三年三月至同年六月　参勤変革ニ付鴻巣宿当分助郷被仰付書留(東京都清瀬市 根岸茂夫氏蔵「類衆家録」収載)……541
134　文久三年四月　深谷宿当分助郷村定助村々と平等人馬割当願(妻沼町小島 小林喜久男氏蔵)……548
135　元治元年九月　幸手宿増加助郷願書并差村帳(京都大学国史研究室蔵「幸手宿文書」)……550
136　慶応二年正月　幸手宿と助郷村々人馬遣議定違変出入済口証文(久喜市北青柳 武井友幸氏蔵)……553

137　慶応三年正月　比企郡平村東海道川崎宿へ当分助郷免除願ニ付申中議定書(大野養平氏寄託/埼玉県立文書館収蔵)……559
5　明治維新期……560
138　慶応四年九月　官軍通行ニ付蕨宿当分助郷再議定書(新座市あたご 佐藤善信氏蔵)……560
139　自明治二年三月至同年八月　熊谷宿伝馬改正ニ付触達并取調一件書物(久保勝之氏寄託/埼玉県立文書館収蔵)……562
140　明治二年九月　伝馬所駅組替規定書(浅見秀夫氏寄託/埼玉県立文書館蔵)……571
141　明治二年十一月　蕨宿定助請書(新座市あたご 佐藤善信氏蔵)……573
142　明治二年十一月　熊谷宿伝馬附属呼村請印帳(久保勝之氏寄託/埼玉県立文書館収蔵)……574
143　明治四年五月　駅法改正ニ付本庄宿定立人足其外見込書上(本庄市教育委員会蔵「本庄市有文書」)……584
144　明治四年十一月　駅逓之儀相対継仕法ニ付新町・深谷・本庄宿賃銭伺(本庄市教育委員会蔵「本庄市有文書」)……587

第3章　脇往還……589
145　自寛保二年四月至同三年　埼玉郡行田町継立人馬減少願并継立覚書(行田市行田 半田絢一氏蔵「要中録」収載)……589
146　寛保二年十一月　原市・与野道筋与野町中山道助郷免除願(埼玉県立文書館蔵「荒井精一家文書」)……593
147　寛保三年四月　熊谷・世良田道筋中瀬村深谷宿へ助郷免除願(深谷市 旧中瀬村役場文書収蔵庫蔵)……595
［＊御朱印通行人馬］
148　寛保三年閏四月　熊谷・世良田道筋中瀬村助人馬出入訴状(深谷市 旧中瀬村役場文書収蔵庫蔵)……596
149　宝暦八年五月　熊谷・太田道筋妻沼村人馬賃銭定書(妻沼町小島 小林喜久男氏蔵)……598
150　明和元年十二月　熊谷・太田道筋妻沼村往還継立覚書(栃木県足利市 荒井錦四郎氏蔵)……599
151　寛政三年九月　児玉郡八幡山町人馬賃銭相定届(児玉町児玉 松村栄司氏蔵)……601
152　寛政三年九月　児玉郡八幡山町人馬賃銭相定覚(児玉町児玉 松村栄司氏蔵「名主手控」のうち「高札写」)……602
153　文政十二年十二月　入間郡川越町問屋助人馬出入済口証文(上尾市原市 吉沢英明氏蔵)……603

[＊囚人番役]
154 天保七年九月 川越往還大和田宿継立助郷書上(所沢市城 長倉善一郎氏蔵)……605
155 天保十二年六月 川越往還貫目改方請証文(大井町 新井喜久治氏蔵)……607
156 天保十三年六月 熊谷・川越道筋松山宿助郷議定書(大里村沼黒 大河原好一氏蔵)……611
157 嘉永六年四月 熊谷・川越道筋松山宿助郷一件書物(大里村沼黒 大河原好一氏蔵)……614
158 安政二年二月 松山宿助郷村々中山道当分助郷被仰付風聞ニ付免除願(大里村沼黒 大河原好一氏蔵)……618
[＊八王子千人同心]
159 自安政六年四月至慶応元年閏五月 入間郡川越町問屋加助人馬出入一件書留(鈴木庸夫氏寄託/埼玉県立文書館収蔵)……621
160 元治元年三月 大里郡村岡村荒川渡船議定書(大里村沼黒 大河原好一氏蔵)……627

第4章 関所……631
161 享保二年十月 栃本・麻生関所勤方書上(大滝村大滝 千島竹子氏蔵)……631
[＊加番所]
162 享保二十年二月 栃本・麻生関所百姓番役御救願(大滝村大滝 千島竹子氏蔵)…632
163 享保年間 中瀬村渡船場法度請書(深谷市 旧中瀬村役場文書収蔵庫蔵)……634
164 自宝暦九年十月至天明八年八月 中田栗橋関所例覚書(栗橋町栗橋 足立正路氏蔵)……635
165 明和八年二月 栃本・麻生関所委細書上帳(横瀬村横瀬 大村雅敏氏蔵)……646
[＊関所番士;御用日記]
166 文化九年六月 中田関所条目写并改方覚書(栗橋町栗橋 足立正路氏蔵)……648
[＊番士心得]
167 自嘉永五年閏二月至文久三年九月 新郷・川俣渡船場渡守議定書(羽生市上新郷 佐藤武利氏蔵)……661
[＊農業渡船]

第5章 水運……664
1 江戸の船積問屋と武州の河岸問屋……664
(1) 奥川積問屋・船舟宿……664
168 自寛政元年五月至同年六月 町年寄より奥川積問屋仲間仕来并渡世方之儀御尋ニ付返答書(通信総合博物館蔵「奥川船積問屋規則」収載)……664

169 寛政十年八月 奥川積問屋仲間名前帳差上願ニ付町年寄吟味上申書(国立国会図書館蔵「諸問屋再興調」九 収載)……667
170 文化六年十月 奥川積問屋仕法書(通信総合博物館蔵「奥川船積問屋規則」収載)……670
171 嘉永四年十二月 奥川積問屋・奥川筋船分下宿仲間再興調書(国立国会図書館蔵「諸問屋再興調」九 収載)……673
172 奥川積問屋積場所地銘覚書(通信総合博物館蔵「奥川船積問屋規則」収載)……675
173 明治初年 川越川筋行諸荷物船積渡世侵害一件伺書(川越市砂新田 斎藤貞夫氏蔵)……680
(2) 上利根河岸組合……683
174 文政九年四月 上利根十四河岸組合塩仲間問屋と出入ニ付規定一札(群馬県高崎市 須賀健一氏蔵/群馬県史編さん室提供)……683
175 文政十年四月 塩荷物直積出入内済取替証文(深谷市中瀬 河田文質氏蔵「船問屋業躰御裁許状并申伝書」収載)……684
176 文政十年四月 塩荷物直積出入ニ付塩仲買問屋取替証文(深谷市中瀬 河田文質氏蔵「船問屋業躰御裁許状并申伝書」収載)……685
(3) 新河岸会所……687
177 自安永五年五月至天保十五年十一月 奥川積問屋と新河岸積問屋番船差障出入済口証文并問屋議定書(川越市砂新田 斎藤貞夫氏蔵)……687
178 天明四年八月 新河岸積問屋船方趣法書(川越市立図書館蔵)……691
179 文化十二年五月 扇河岸等積問屋と奥川積問屋口銭出入済口証文(川越市上新川岸 遠藤治兵衛氏蔵)……693
180 嘉永六年九月 新河岸積問屋取締方請書(川越市砂新田 斎藤貞夫氏蔵)……694
[＊川越五河岸]
(4) 見沼通船会所……696
181 天保二年七月 見沼通船見廻方設置願許可ニ付請書(篠崎 克氏寄託/埼玉県立文書館収蔵)……696
182 天保六年八月 足立郡五十九ケ村と見沼通船差配議定違変出入済口証文(篠崎 克氏寄託/埼玉県立文書館収蔵)……697

新編埼玉県史 資料編15 近世6 交通

183　弘化三年八月　見沼通船船主鷹場法度請書（会田真言氏寄託/埼玉県立文書館収蔵）……………………699
184　嘉永二年十一月　見沼通船運上取立人名跡相続願（篠崎 克氏寄託/埼玉県立文書館収蔵）………………700
185　千住両国迄之内定船賃覚書（会田真言氏寄託/埼玉県立文書館収蔵）……701
2　河岸の概況………………………702
（1）　由緒書………………………702
186　安永五年五月　下新河岸由緒書上（川越市下新河岸 斎藤理一氏蔵）………702
187　寛政十年正月　寺尾川岸場由来書（川越市寺尾町 河野 保氏蔵）…………703
188　中瀬河岸船問屋業躰御裁許状并申伝書（深谷市中瀬 河田文賞氏蔵）…707
（2）　明細帳………………………713
189　宝永二年四月　入間郡上新河岸明細帳（川越市上新河岸 遠藤治兵衛氏蔵）………………………………713
190　天明四年五月　賀美郡毘沙吐村藤ノ木河岸明細帳（抄）（群馬県新町 茂木藤太郎氏蔵/群馬県史編さん室提供）……………………………714
191　寛政十年三月　榛沢郡中瀬村明細帳（抄）（深谷市中瀬 旧中瀬村役場文書収蔵庫蔵）…………………716
192　天保十四年六月　新座郡引又町明細帳（抄）（志木市本町 井下田慶一郎氏蔵）……………………………718
193　安政五年二月　賀美郡黛村明細帳（抄）（上里町 萩原垒右衛門氏蔵）……721
194　児玉郡山王堂村明細帳（抄）（本庄市中央 栗田良平氏蔵）………………722
3　河岸の構成と機能……………………724
（1）　船問屋（問屋株・運上）…………724
195　享保十六年六月　扇河岸・上下新河岸問屋惣代取極一札（川越市上新河岸 遠藤治兵衛氏蔵）………………724
［＊御公儀俵物］
196　自享保十九年六月至嘉永三年六月　牛子河岸積問屋訴願并触書留（川越市砂新田 斎藤貞夫氏蔵）…………724
197　寛保二年十二月　稲子河岸場并問屋株預証文（浦和市白鍬 栗原新吉氏蔵）……………………………733
198　安永三年十二月　河岸吟味ニ付上利根六河岸船問屋請書（深谷市中瀬 河田文賞氏蔵「船問屋業躰御裁許状并申伝書」収載）……………733
［＊運上金］

199　安永六年九月　稲子河岸船問屋役預り之者心得違詫一札（浦和市白鍬 栗原新吉氏蔵）……………………735
200　安永八年八月　玉作河岸船問屋株譲請証文（根岸喜夫氏寄託/埼玉県立文書館収蔵）………………………736
201　安永八年八月　玉作河岸運上場譲請証文（根岸喜夫氏寄託/埼玉県立文書館収蔵）………………………736
202　安永九年三月　玉作河岸船問屋株譲渡証文（根岸喜夫氏寄託/埼玉県立文書館収蔵）………………………737
203　自天明三年正月至同四年十二月　引又川岸場規定書（志木市本町 井下田慶一郎氏蔵）……………………737
204　文化十一年四月　玉作河岸問屋株并通船稼之儀御尋ニ付書上（根岸喜夫氏寄託/埼玉県立文書館収蔵）…………741
205　嘉永五年十二月　稲子河岸船積問屋株譲渡証文（浦和市白鍬 栗原新吉氏蔵）……………………………742
206　文久元年九月　中瀬河岸問屋家作敷地借請証文（深谷市中瀬 河田文賞氏蔵）……………………………744
207　文久元年十二月　権現堂河岸問屋支配人請状（白石昌之氏寄託/埼玉県立文書館収蔵）………………745
208　明治元年十月　上州五料河岸船積問屋株式存続願（深谷市中瀬 河田文賞氏蔵）…………………………747
209　明治三年正月同四年正月　権現堂河岸問屋支配人株金店賃取極覚（白石昌之氏寄託/埼玉県立文書館収蔵）…748
（2）　船持（極印・鑑札・舟年貢・船運上）……………………………749
210　自寛政九年正月至同十一年正月　関宿川船改御用留（抄）（通信総合博物館蔵「安永四年関宿川船御用留」収載）……………………………749
211　文化元年十一月　上下新河岸運上船役金取極帳（川越市下新河岸 斎藤理一氏蔵）…………………………752
212　文化六年四月　稲子村作場通用船船稼舟年貢上納請書（浦和市白鍬 栗原新吉氏蔵）……………………753
213　文政十三年十月　葛和田河岸川船改ニ付請書願書控（妻沼町葛和田 舞原義人氏蔵）……………………754
［＊船稼］
214　天保二年三月　足立郡本村新田川船改請書（小島昭三氏寄託/埼玉県立文書館収蔵）………………………762

296　県史誌内容総覧・資料編 1: 近世―関東

215 安政五年正月 牛子河岸出居仕証文(川越市砂新田 斎藤貞夫氏蔵)……764
216 安政六年 新河岸五河岸鑑札控帳(川越市下新河岸 斎藤理一氏蔵)……764
217 船年貢定法覚書(川越市砂新田 斎藤貞夫氏蔵)……768
(3) 御城米・廻米・御用荷物……769
218 寛文十一年十月 玉川領城米納運送請取覚(玉川村玉川 小澤文雄氏蔵)……769
219 元禄十一年二月 上州倉賀野河岸問屋飯山藩廻米船積請負証文(群馬県高崎市 須賀健一氏蔵「信上両州御大名様方并御陣屋向江戸御廻米船積請負証文写」収載/群馬県史編さん室提供)……771
220 元禄十六年二月 上州倉賀野河岸問屋小諸藩廻米船積請負証文(群馬県高崎市 須賀健一氏蔵「信上両州御大名様方并御陣屋向江戸御廻米船積請負証文写」収載/群馬県史編さん室提供)……772
221 宝永三年三月 上州倉賀野河岸問屋飯山藩荷物船積請負証文(群馬県高崎市 須賀健一氏蔵「信上両州御大名様方并御陣屋向江戸御廻米船積請負証文写」収載/群馬県史編さん室提供)……774
222 宝永五年八月 上州倉賀野河岸問屋飯山藩廻米運賃定証文(群馬県高崎市 須賀健一氏蔵「信上両州御大名様方并御陣屋向江戸御廻米船積請負証文写」収載/群馬県史編さん室提供)……775
223 正徳元年九月 上州倉賀野河岸問屋飯山藩廻米船積請負証文(群馬県高崎市 須賀健一氏蔵「信上両州御大名様方并御陣屋向江戸御廻米船積請負証文写」収載/群馬県史編さん室提供)……776
224 享保三年六月 上州倉賀野河岸問屋飯山藩廻米運賃定証文(群馬県高崎市 須賀健一氏蔵「信上両州御大名様方并御陣屋向江戸御廻米船積請負証文写」収載/群馬県史編さん室提供)……777
225 享保四年四月 上州倉賀野河岸問屋飯山藩廻米運賃定証文(群馬県高崎市 須賀健一氏蔵「信上両州御大名様方并御陣屋向江戸御廻米船積請負証文写」収載/群馬県史編さん室提供)……778
226 宝暦四年四月 上州倉賀野河岸問屋松本藩荷物運賃定証文(群馬県高崎市 須賀健一氏蔵「信上両州御大名様方并御陣屋向江戸御廻米船積請負証文写」収載/群馬県史編さん室提供)……779
227 文政九年八月 中山栗橋宿会津藩預所蝋荷物船積請負ニ付仮議定(船川喜美子氏寄託/埼玉県立文書館収蔵)……780
(4) 相対武家荷物……782

228 文政六年十二月 忍藩阿部家白河転封ニ付酒巻河岸家中相対荷物仕切帳(埼玉県立文書館蔵「正田家文書」)……782
229 文治元年十一月 奥川積問屋川越藩荷物廻漕請負願(川越市砂新田 斎藤貞夫氏蔵)……787
(5) 商人荷物……788
230 天明元年七月 新河岸船会所運賃定書(川越市砂新田 斎藤貞夫氏蔵)……788
231 寛政二年八月 下新河岸灰糠値段運賃書上帳(川越市下新河岸 斎藤理一氏蔵)……789
232 自寛政五年七月至弘化二年十一月 新河岸船会所運賃定書(川越市下新河岸 斎藤理一氏蔵)……792
233 文化七年十二月 新河岸積問屋仲間川越商人へ一札(川越市上新河岸 遠藤治兵衛氏蔵)……799
234 文政九年七月 上利根筋十一河岸問屋塩荷運賃議定書(深谷市中瀬 河田文質氏蔵)……801
235 天保七年八月 上利根筋十四河岸問屋運賃議定書(深谷市中瀬 河田文質氏蔵)……802
236 天保七年八月 上利根筋九河岸問屋蔵敷口銭議定書(深谷市中瀬 河田文質氏蔵)……803
237 天保十二年閏正月 上利根筋十一河岸船持と奥川積問屋増運賃口銭出入済口証文(深谷市中瀬 河田文質氏蔵)……805
238 天保十五年十月 上利根筋十六河岸塩荷運賃議定書(深谷市中瀬 河田文質氏蔵)……808
239 安政三年八月 新河岸持船大風地震ニ而難船覚書(川越市上新河岸 遠藤治兵衛氏蔵)……811
240 安政三年八月 新河岸持船難船ニ付流失荷物取調書状(川越市上新河岸 遠藤治兵衛氏蔵)……812
241 安政三年 新河岸持船難船ニ付流失荷物取調書状(川越市上新河岸 遠藤治兵衛氏蔵)……812
242 元治二年三月 引又河岸問屋難船荷物取扱定書(志木市本町 尾崎征男氏蔵)……813
(6) 船引人足……814
243 享保二十年七月 中瀬村と上州大舘村等船引人足差添出入裁許請書(深谷市中瀬 河田文質氏蔵「船問屋業躰御裁許状并申伝書」収載)……814

244 安永九年 葛和田村等と上州倉賀野河岸等船引人足雇出入済口証文（深谷市中瀬 河田文質氏蔵「船問屋業躰御裁許状幷申伝書」収載）……………815
(7) 舟大工 ……………820
245 自寛政三年五月至同年八月 権現堂河岸舟大工新造高瀬舟無届一件書留（通信総合博物館蔵「安永四年関宿川船御用留」収載）……………820
(8) 後背地との関係 ……………822
246 自寛政十一年十一月至元治元年十月 入間新座多摩郡村々炭薪直売出入一件書物（川越市砂新田 斎藤貞夫氏蔵）……………822
247 文政十三年正月 上新河岸積問屋信州甲州荷物積送方一札（川越市上新河岸 遠藤治兵衛氏蔵）……………827
248 天保六年十一月 高島河岸問屋積登荷物取扱過失ニ付詫書（深谷市中瀬 河田文質氏蔵）……………829
249 元治二年三月 中瀬河岸より秩父郡中荷口覚之帳（深谷市中瀬 河田氏蔵）……………829
［＊中継問屋］

4 船問屋・河岸場の出入 ……………834
250 享保十五年六月 壱本木河岸と中瀬河岸等秩父荷物糶取出入裁許請書（深谷市中瀬 河田文質氏蔵）……………834
251 文化十一年三月 上利根十四河岸と秩父那賀久那村荒川通船出入返答書（荒川村久那 諸 国男氏蔵）……………836
252 自文政十二年四月至同年十月 綾瀬川筋新規船稼乗船一件書物（会田真言氏寄託/埼玉県立文書館蔵）……………839
253 天保二年五月 高島河岸と上州二ツ小屋村新規河岸場取立出入済口証文（深谷市中瀬 河田文質氏蔵「船問屋業躰御裁許状幷申伝書」収載）……………846
254 天保四年二月同年三月 上利根川筋十五カ村船問屋と上州岩鼻村新規河岸場取立出入済口証文（群馬県高崎市 須賀健一氏蔵「岩鼻江新規河岸場相企候出入一件」収載/群馬県史編さん室提供）……………849
255 天保四年九月 上新河岸と扇河岸会所口銭滞出入済口証文（川越市下新河岸 斎藤理一氏蔵）……………853
256 安政五年四月 新河岸と入間・越辺川沿岸村々新規船渡世出入訴状（川越市上新河岸 遠藤治兵衛氏蔵）……………856
257 安政五年五月 新河岸と入間郡紺屋村新規船積渡世出入訴状（川越市上新河岸 遠藤治兵衛氏蔵）……………859

258 安政五年十二月 戸田河岸幷新座郡河岸場越辺川等船積渡世差障ニ付申上（川越市上新河岸 遠藤治兵衛氏蔵）……………860
5 御用船 ……………861
(1) 忍藩御手船 ……………861
259 享保十年十月 忍藩御手船払下買請証文（埼玉県立文書館蔵「正田家文書」）……………861
260 文化十二年三月 忍藩御手船船頭帰役願（埼玉県立文書館蔵「正田家文書」）……………862
261 文化十四年二月 忍藩御手船新艘注文帳（埼玉県立文書館蔵「正田家文書」）……………863
262 文政元年四月 忍・館林藩御手船熊谷宿荷物積送請書（埼玉県立文書館蔵「正田家文書」）……………866
263 文政二年四月 忍・館林藩御手船熊谷宿荷物積送一札（埼玉県立文書館蔵「正田家文書」）……………867
264 文政二年 葛和田河岸問屋熊谷宿荷物積送再開ニ付一札（埼玉県立文書館蔵「正田家文書」）……………868
265 文政六年十一月 忍藩御手船老朽ニ付助成願（埼玉県立文書館蔵「正田家文書」）……………868
266 天保十三年五月 御用荷物積送ニ付新規高瀬船打立幷無利拝借願（埼玉県立文書館蔵「正田家文書」）……………872
(2) 川越藩御用船 ……………874
267 嘉永七年 異国船渡来ニ付川越藩御用場取立達書（川越市上新河岸 遠藤治兵衛氏蔵）……………874
［＊沿岸警備］
268 嘉永七年 新河岸船積問屋御用荷物積請負帳（川越市上新河岸 遠藤治兵衛氏蔵）……………875
269 嘉永七年九月 上下新河岸武具方御用地取立請書（川越市上新河岸 遠藤治兵衛氏蔵）……………876
270 安政四年三月 御用船水主勤方仕法変更ニ付従前仕法存続願（川越市上新河岸 遠藤治兵衛氏蔵）……………876
(3) 日光御用船引 ……………878
271 宝暦十三年三月 江戸川筋東金野井村等日光御用船引人足帳（土生津皓氏寄託/埼玉県立文書館蔵）……………878
272 宝暦十三年四月 北川辺領村々日光御普請御用船引人足差出出入書物（慶応義塾大学古文書室蔵「麦倉村文書」）……………879

新編埼玉県史 資料編15 近世6 交通

273 宝暦十三年四月 江戸川筋上金崎村御用船引人足滞出入訴状（土生津皓氏寄託/埼玉県立文書館収蔵）……887
274 宝暦十三年五月 江戸川筋上金崎村御用船引人足滞出入裁許請書（土生津 皓氏寄託/埼玉県立文書館収蔵）……888
6 筏荷物……890
275 天明三年正月 秩父郡そと大里郡村々荒川筋通船差塞出入訴状（荒川村久那 諸 国男氏蔵）……890
276 万延元年十二月 大里郡江川下久下村船問屋等と秩父郡贄川村筏上荷出入済口証文（大里村沼黒 大河原好一氏蔵）……891
7 肥船……895
277 天保十五年十一月 牛子河岸船菌売捌方取調書上（川越市砂新田 斎藤貞夫氏蔵）……895
278 慶応三年五月 江戸廻下肥直段取締ニ付触書并村々請書・議定書（越谷市東方 中村重義氏蔵）……896
8 早船……901
279 天保四年六月 川越往還宿々と新河岸積問屋早船出入返答書（川越市上新河岸 遠藤治兵衛氏蔵）……901
280 天保十年四月 川越往還宿々と新河岸積問屋早船出入済口証文（川越市砂新田 斎藤貞夫氏蔵）……902
281 嘉永五年八月 新河岸早船荷物并上乗運賃口銭凡積（川越市上新河岸 遠藤治兵衛氏蔵）……905
282 慶応四年二月 中瀬河岸早船船頭請負証文（深谷市中瀬 河田文貫氏蔵）……906
283 新河岸早船仕法議定書案（川越市上新河岸 遠藤治兵衛氏蔵）……907
9 舟運路の整備……908
284 文政十一年四月 騎西領村々と埼玉郡上崎村等星川堰場通船出入済口証文（相沢正巳氏寄託/埼玉県立文書館収蔵）……908
285 文政十一年十一月同十三年閏三月 騎西領村々星川堰場通船差留願（大熊みつ氏寄託/埼玉県立文書館収蔵）……911
286 天保十年二月 新河岸船問屋新河岸川と久留女川落合箇所浚普請願（川越市砂新田 斎藤貞夫氏蔵）……916
287 天保十三年四月 新座郡地先新河岸川浚自普請ニ付通船出銭議定書（川越市砂新田 斎藤貞夫氏蔵）……918
288 安政五年二月 倉賀野河岸船問屋等御普請石積船課役免除願（群馬県高崎市須賀健一氏蔵/群馬県史編さん室提供）……919

第3部 臨時大通行……923
第1章 日光社参……925
289 享保十三年 日光社参古河詰助郷留書（東京都港区 大河原律子氏蔵）……925
290 享保十三年三月 日光社参寄人馬触請書（抄）（逸見正夫氏寄託/埼玉県立文書館収蔵）……944
291 安永五年三月 埼玉郡小久喜村日光社参御用書留（鬼久保 清氏寄託/埼玉県立文書館収蔵）……947
292 安永五年四月 大門宿日光社参御用一件（抄）（会田真言氏寄託/埼玉県立文書館収蔵）……955
［＊加助郷］
293 文化十年十一月 安永社参・法会旧記書上控（会田真言氏寄託/埼玉県立文書館収蔵）……971
［＊増助郷］
294 文政七年閏八月 大門宿日光社参御用留（会田真言氏寄託/埼玉県立文書館収蔵）……975
［＊道筋検分御用］
295 天保十三年八月 大門宿日光社参御用留（抄）（会田真言氏寄託/埼玉県立文書館収蔵）……985
296 天保十三年九月 御成道砂利敷普請仕様帳（慶応義塾大学古文書室蔵「染谷村文書」）……999
297 天保十三年十二月 日光社参ニ付触書（中島 修氏寄託/埼玉県立文書館収蔵 天保十四年「公用日記」収蔵）……1001
［＊請負通し人馬方式］
298 天保十四年三月 参詣留主中船改触書并請書（中島 修氏寄託/埼玉県立文書館収蔵 天保十四年「公用日記」収蔵）……1002
299 天保十四年九月 粕壁宿日光社参人馬雇賃高割当廻状（中島 修氏寄託/埼玉県立文書館収蔵 天保十四年「公用日記」収蔵）…1003

第2章 将軍婚姻姫君下向……1005
300 文化元年 上尾宿楽宮下向覚書（上尾市本町 小川光太郎氏蔵「諸記証録集」巻之五 収載）……1005
301 天保二年九月 有君下向ニ付触書（抄）（上尾市本町 小川光太郎氏蔵「諸記証録集」巻之二 収載）……1006
302 天保二年九月 有君下向ニ付桶川宿定助郷請印帳（上尾市本町 小川光太郎氏蔵「諸記証録集」巻十五 収載）……1010
303 嘉永二年九月 寿明君下向ニ付触書（抄）（上尾市本町 小川光太郎氏蔵「諸記証録集」巻十八 収載）……1012
304 文久元年十月 和宮下向当分助郷差村免除願（朝霞市膝折 牛山三都男氏蔵）……1017

新編埼玉県史 資料編15 近世6 交通

305 文久元年十月 幸手宿和宮下向御用留（京都大学国史研究室蔵「幸手宿文書」）‥1022
306 文久元年 和宮下向桶川宿割書上（上尾市原市 吉沢英明氏蔵）……1028
第3章 大名転封・公用通行……1034
307 文政二年八月 土井大炊頭大門宿通行記録（会田真言氏寄託/埼玉県立文書館収蔵）……1034
[＊御定賃銭人馬]
308 天保七年七月 松平右近将監所替行田町継立記録（行田市向町 栗原保太郎氏蔵 天保七年「御用日記」収載）……1043
309 天保十二年五月 松平大和守所替行田町継立記録（行田市向町 栗原保太郎氏蔵 天保十二年「御用日記」収載）……1050
第4章 東征軍通行・大宮氷川神社行幸通行……1053
310 慶応四年三月 深谷宿東征軍伝馬万覚帳（宇野益夫氏寄託/埼玉県立文書館蔵）……1053
311 慶応四年五月 熊谷宿東山道総督府人馬調書上帳（野中彦平氏寄託/埼玉県立文書館収蔵）……1058
312 明治元年十一月 氷川神社行幸ニ付蕨宿助郷触書留（新座市あたご 佐藤善信氏蔵）……1074

あとがき（埼玉県理事兼県史編さん室長 柳田敏司）……1077
資料編15「近世6 交通」資料提供者及び協力者……1079
埼玉県史編さん委員会委員……1080
　井上幸治（津田塾大学教授）
　小野文雄（埼玉大学名誉教授）
　児玉幸多（学習院大学名誉教授）
　韮塚一三郎（埼玉県文化団体連合会会長）
　村本達郎（埼玉大学名誉教授）
　秋元信二（埼玉県青少年団体連絡協議会会長）
　出井治人（埼玉県経済農業協同組合連合会会長）
　大友よふ（埼玉県地域婦人会連合会会長）
　鈴木克己（埼玉県労働者福祉協議会会長）
　長島恭助（埼玉県経営者協会会長）
　高橋一郎（埼玉県新聞社社長）
　丸山俊男（埼玉県議会議長）
　斎藤博（埼玉県議会県民環境常任委員会委員長）
　中川直木（埼玉県市長会会長）
　関根茂章（埼玉県町村会副会長）
　小松崎兵馬（埼玉県都市教育委員会教育長会会長）
　久保元治（埼玉県町村教育委員会教育長会会長）
　松永緑郎（埼玉県副知事;会長）
　長井五郎（埼玉県教育委員会教育長）
　星野耕一（埼玉県県民部長;会長代理）

```
新編埼玉県史 資料編16 近世7
産業
埼玉県編集
平成2年3月23日
```

<近世の埼玉県域における産業に関する資料を収録>
<口絵>1　天保十年 藍染絵馬［カラー］熊谷市 藍染堂蔵
<口絵>2　安政四年 油絞絵馬［カラー］行田市斎条 剣神社蔵
<口絵>3　文久三年 桶川宿商家店先絵馬［カラー］桶川市 小高士郎氏蔵
<口絵>4　文政九年 河口宿鋳物師安次郎方鋳所之図(部分)［カラー］東京国立博物館蔵
<口絵>5　高麗郡上直竹村石灰焼之図 国立公文書館内閣文庫蔵「新編武蔵風土記」収載
<口絵>6　秩父郡奥沢村紙漉之図 国立公文書館内閣文庫蔵「新編武蔵風土記」収載
<口絵>7　天保四年 熊谷町穀屋仲間口演 長野武一氏寄託/埼玉県立文書館収載
<口絵>8　安永四年 秩父鉄山之儀ニ付平賀源内書状(部分) 平賀源内先生遺品館蔵
<口絵>9　関八州田舎分限角力番附 川越市立博物館蔵
<口絵>10　嘉永三年 関東市町定日案内 白岡町 中太庄氏蔵
<口絵>11　天保三年 重闢茶場碑(拓本) 入間市 出雲祝神社

序(埼玉県知事 畑和)
凡例
解説 …………………………………………… 1
　1　総論 …………………………………… 1
　　<表>表1　埼玉県関係郡別石高推移表(「正保田園簿」「元禄郷帳」「天保郷帳」より作成) ………………………………………… 2
　2　農林業 ………………………………… 3
　　(1)　土地開発と利用 ………………… 3
　　(2)　農業技術 ………………………… 7
　　　農業技術書 ……………………………… 7
　　　肥料 ……………………………………… 9

　　(3)　作付・収納記録 ………………… 9
　　(4)　商品作物 ………………………… 12
　　　蔬菜 ……………………………………… 13
　　　柿渋 ……………………………………… 14
　　　紅花 ……………………………………… 14
　　　養蚕 ……………………………………… 15
　　　茶 ………………………………………… 17
　　　菜種 ……………………………………… 17
　　　藍 ………………………………………… 18
　　　木綿 ……………………………………… 19
　　(5)　林業 ……………………………… 20
　　　用材 ……………………………………… 20
　　　筏 ………………………………………… 22
　　　薪炭 ……………………………………… 23
　　　林野採取物 ……………………………… 24
　3　鉱工業 ………………………………… 25
　　(1)　鉱業 ……………………………… 25
　　　鉱山 ……………………………………… 26
　　　石灰 ……………………………………… 26
　　(2)　工業 ……………………………… 27
　　　綿織物 …………………………………… 28
　　　絹織物 …………………………………… 29
　　　<表>表2　上野国・武蔵国絹市取引高の地域別集計 …………………………… 30
　　　紙漉 ……………………………………… 31
　　　酒造 ……………………………………… 33
　　　<表>表3　吉田市右衛門の関東上酒試造の仕様 …………………………………… 34
　　　油絞 ……………………………………… 35
　　　鋳物 ……………………………………… 36
　　　水車稼 …………………………………… 37
　　　伸銅 ……………………………………… 38
　　　雛人形 …………………………………… 39
　　(3)　平賀源内と秩父 ………………… 39
　4　商業 …………………………………… 42
　　(1)　流通 ……………………………… 42
　　　市 ………………………………………… 42
　　　商人仲間 ………………………………… 44
　　　物価 ……………………………………… 45
　　(2)　商業・金融 ……………………… 46
　　　経営記録 ………………………………… 46
　　　金融 ……………………………………… 48
　　(3)　農間余業 ………………………… 48

第1部　農林業 ………………………………… 51
第1章　土地開発と利用 ……………………… 53
　1　明暦二年三月 大里郡御正領六ケ村入会秣場新田取立ニ付覚書(埼玉県立文書館蔵平山小一郎家文書一七二三) ………… 53
　　［*切添え新田;新田の取り潰し］

新編埼玉県史 資料編16 近世7 産業

2 寛文元年五月 新倉郡野火留村検地帳（抄）（新座市教育委員会蔵 旧大和田町役場文書）……54
3 寛文六年八月 入間郡水野村取立之時覚書（狭山市南入曽 金剛院文書）……56
4 寛文十年四月 足立郡八貫野開発ニ付訴状（与野市円阿弥 正野三郎家文書八）……57
[＊開発と秣場利用の対立]
5 寛文十二年八月 川越領天沼原切開ニ付訴状（林茂美家文書五八〇三 埼玉県立文書館収蔵）……58
6 延宝六年十一月 比企郡玉川村新田場囲込ニ付一札（玉川村玉川 小澤眞明家文書三六五）……59
7 貞享五年十月 埼玉郡大崎村外三ケ村新田開発成就立願状（林茂美家文書三四八九 埼玉県立文書館収蔵）……60
[＊沼の開発]
8 元禄九年九月 大里郡御正領樋之口村・春野村荒川川付地開発ニ付訴状（埼玉県立文書館蔵 平山小一郎家文書六八一）……61
[＊荒川の瀬替]
9 元禄十年六月 秩父郡野巻村馬草山入会ニ付訴状（秩父市立図書館蔵 逸見家文書）……62
[＊肥料；土地利用]
10 元禄十五年八月 足立郡笹目領入会秣場ニ付訴状（浦和市沼影 細淵卓造家文書一八九一）……64
11 宝永二年七月 児玉郡阿那志郷用水割証文（美里町阿那志 千田英彦家文書三〇五）……65
[＊用水刈配]
12 享保七年十月 榛沢郡櫛引野新田開発ニ付訴状（寄居町用土 清水弘隆家文書四）……66
13 享保十二年八月 見沼新田地割ニ付議定書（武笠家文書「武州見沼郷新田願書并目論見帳」『見沼代用水沿革史』より転載）……67
[＊溜井の干拓]
14 享保十三年 見沼新田地割帳（武笠家文書「見沼新田開発地代金明細帳」『見沼代用水沿革史』より転載）……70
[＊面割；村高割]
15 延享二年七月 足立郡関沼新田開発ニ付訴状（小島昭三家文書四五九 埼玉県立文書館収蔵）……75
16 寛延元年十二月 埼玉郡黒浜沼・日川新田開発ニ付一札（埼玉県立文書館蔵 田中恭一家文書一三六二）……77
[＊用水の疎通計画]
17 横見郡用悪水堀之由来（新井家文書「吉見町史」下巻より転載）……80
[＊用悪水路の整備]

第2章 農業技術……82
1 農業技術書……82

18 天保期 耕作仕様書（鴻巣市大間 福島常二家文書一〇〇）……82
[＊第一級の農書]
19 安政二年八月 養蚕手引抄（埼玉県蚕業試験場蔵）……116
[＊啓蒙書]

2 肥料……124
20 文政二年十二月 足立郡上野田村藁灰仕入金出入ニ付訴状（浦和市上野田 深井治男家文書八八四）……124
[＊灰問屋]
21 天保十三年八月 足立郡染谷村干鰯売掛出入ニ付訴状（慶応義塾大学古文書室蔵 武蔵国足立郡染谷村文書）……126
22 天保十四年二月 武蔵・下総両国二八三ケ付下肥直段引下ケ願調（国立国会図書館蔵 旧幕府引継書「諸色調類集」十七所収）……129
[＊下肥取引]
23 安政六年十月 入間・多摩郡五六ケ村粉糠一件控（抄）（東大和市蔵敷 内野秀治家文書「安政里正日誌」所収）……144
[＊粉糠取引；商品経済]

第3章 作付・収納記録……158
24 自元禄十五年至享保三年 埼玉郡持田福田家田方仕付覚（抄）（行田市持田 福田雅午家文書八）……158
[＊小作地経営の記録；種子おろし；馬屋肥出；大豆仕付；麦穀取；干鰯出；大豆穀取；菜蒔；田作穀取；麦仕付]
25 自宝暦六年至安永七年 入間郡平山村斎藤家農作物穀文記（埼玉県立文書館蔵 平山家文書六五四）……189
[＊作付収納]
26 明和七年八月 埼玉郡上平野村田畑方諸作物作付覚帳（篠崎克家文書一五六 埼玉県立文書館収蔵）……200
[＊諸作物の蒔種量・時節・労働力・肥料；収納量]
27 自寛政四年至同六年 幡羅郡中奈良村野中家作徳入口覚帳（野中彦平家文書一二七三 埼玉県立文書館収蔵）……202
[＊収入；種籾]
28 寛政六年三月 下総国葛飾郡金崎村植付物其外書上帳（庄和町金崎 石川瑞枝家文書九四）……208
29 寛政十一年八月 埼玉郡下清久村外四ケ村早稲方刈取願（鬼久保清家文書一二六五 埼玉県立文書館収蔵）……212
30 享和二年七月 埼玉郡上平野村田畑仕付反別凡書上帳（篠崎克家文書九九 埼玉県立文書館収蔵）……213

302　県史誌内容総覧・資料編1：近世―関東

31　自天保六年至同十二年　足立郡中分村矢部家万作物取高覚帳(上尾市中分　矢部弘家文書一〇〇)……………………213
32　自嘉永元年至安政三年　入間郡赤尾村林家世美雑記録(抄)(林茂美家文書一八三九　埼玉県立文書館収蔵)…………223
33　自安政五年四月至同年十二月　幡羅郡中奈良村野中家農方并附込帳(野中彦平家文書七九九　埼玉県立文書館収蔵)………236
[*田畑耕作;家事日記]
34　慶応三年二月　足立郡中分村・小敷谷村畑方作物豊作収納凡取調帳(上尾市中分　矢部弘家文書四)…………………273

第4章　商品作物……………………277
1　蔬菜……………………………277
35　自享保二十年至寛保元年　足立郡南部領御用薯蕷作付諸入用請取控帳(大島圭字家文書七九　埼玉県立文書館収蔵)……277
[*南部長芋]
36　文政元年十月　足立郡大宮宿本村百姓大宮河岸設立願書(西角井正文家文書五〇四二　埼玉県立文書館収蔵)…………282
[*見沼舟運]
37　文政十三年十月　足立郡南部領村々長芋束芋捌口銭出入諸入用助合議定一札(会田真言家文書四七一三　埼玉県立文書館収蔵)…………………………283
[*江戸問屋;産地山方]
38　天保二年十二月　足立郡片柳村外五六ケ村長芋売捌方出入済口証文(上尾市本町　小川光太郎家文書一七)……………284
39　万延元年七月　鴻巣宿五百屋供薩摩芋売捌口銭ニ付議定(上尾市中分　矢部弘家文書二五)………………………287
40　慶応三年十一月　足立郡南部領村々岩槻宿問屋土物売捌口銭ニ付議定書(埼玉県立文書館蔵　荒井精一家文書二九八)…291
[*在郷商人]
2　柿渋……………………………293
41　寛政七年八月　足立郡上野田村百姓玉渋仕入手金出入済口証文(浦和市上野田　深井治男家文書三〇二)………………293
[*生柿;山方渋屋]
42　文化九年十二月　江戸渋屋直売訴訟ニ付対談一札(浦和市上野田　深井治男家文書一〇〇)………………………294
43　文化十年四月　足立郡村々渋問屋株願ニ付出入済口証文(浦和市上野田　深井治男家文書八七)…………………295
44　天保二年十二月　江戸渋問屋株仲間規定書(浦和市上野田　深井治男家文書二八二)……………………………297

[*十組問屋絵具下組渋問屋]
45　天保三年閏十一月　足立郡村々生渋売捌方出入済口証文(浦和市上野田　田中五十一家文書五三七)……………………299
[*問屋株仲間]
3　紅花……………………………302
46　享保元年十月　京都紅花商人伊勢屋須田治兵衛宛紅花仕切(国立国会図書館蔵　旧幕府引継書「諸問屋再興調」七所収)…302
47　自文化八年至同十一年　諸国産出紅花売直段書上(京都府立総合資料館蔵　最上屋喜八家文書八四)……………………303
[*京都での武州紅花価格]
48　安政二年三月　紅花売出入ニ付足立郡・埼玉郡村々歎願書(上尾市教育委員会蔵　久保村須田家文書一三七七)…………306
[*江戸紅花商人;争論]
49　安政二年九月　紅花一件御下ケ願書(国立国会図書館蔵　旧幕府引継書「諸問屋再興調」七所収)…………………313
50　安政二年九月　紅花一件内済示談書(国立国会図書館蔵　旧幕府引継書「諸問屋再興調」七所収)…………………323
4　養蚕……………………………327
51　享保八年四月　男衾郡鉢形保泉五郎兵衛蚕種仕切目録(上田市立博物館蔵　佐藤嘉三郎家文書)……………………327
52　文政五年閏正月　上州沼田地蚕種半取一件再議定(上田市立博物館蔵　佐藤嘉三郎家文書)……………………328
[*奥州本場物]
53　天保四年五月　秩父郡大野村名主桑苗採木仕立方触流願書(森田洋家文書六二九〇　埼玉県立文書館収蔵)………330
[*桑不足]
54　弘化三年三月　比企郡小川町外在村々蚕種場譲渡一札(上田市立博物館蔵　佐藤嘉三郎家文書)……………………331
55　嘉永五年九月　高麗郡・入間郡・秩父郡蚕種場譲渡一札(上田市立博物館蔵　佐藤嘉三郎家文書)……………………331
56　自元治元年至慶応二年　幡羅郡中奈良村中家養蚕年々万出入帳(野中彦平家文書一六五九　埼玉県立文書館収蔵)……332
[*経費記録]
57　慶応二年　秩父郡八三ケ村生糸蚕種御改手数料免除願(大滝村大滝　山中行栄家文書)……………………………337
58　慶応三年三月　秩父郡南村寄場組合村々蚕種掃立高書上帳(学習院大学史料館蔵　町田家文書)……………………338
5　茶………………………………341

新編埼玉県史 資料編16 近世7 産業

　　59　天保三年四月 重闢茶場碑記(入間市
　　　　宮寺 出雲祝神社蔵) ……………… 341
　　　　[*狭山茶]
　6　菜種 …………………………………… 343
　　60　享保十六年十二月 秩父郡中津川村菜
　　　　種作付畝歩申上(大滝村中津川 幸島敬一
　　　　家文書) ………………………………… 343
　　　　[*栽培状況]
　　61　享保十七年六月 足立郡々菜種作反
　　　　別出来方取実書上帳(上尾市教育委員会
　　　　蔵 南村須田家文書一一〇四) ………… 344
　　62　宝暦十年三月 秩父郡大野村菜種之儀
　　　　ニ付書上帳(森田洋家文書三六一 埼玉県
　　　　立文書館収蔵) ………………………… 349
　　　　[*土地不相応]
　　63　天保七年六月 埼玉郡岩槻領村々菜種
　　　　作付反別書上(埼玉県立文書館蔵 田中恭
　　　　一家文書一一三九) …………………… 350
　　　　[*農民の救恤;水油安定供給]
　　64　天保十四年十一月 入間郡寺尾河岸油
　　　　絞積之者菜種御買上ニ付請書(川越市寺
　　　　尾町 河野保家文書二一) ……………… 355
　　　　[*穀屋の買占め;絞油業]
　7　藍 ……………………………………… 358
　　65　文化十年 葛飾郡西大輪村白石家金銀
　　　　出入日記小遣帳(抄)(慶応義塾大学古
　　　　文書室蔵 武蔵国葛飾郡西大輪村文書) … 358
　　　　[*藍作・藍玉;藍染めの青縞]
　　66　自元治二年二月至慶応元年七月 関内
　　　　地取締并冥加上納願(東大和市蔵敷 内
　　　　野秀治家文書「慶応里正日誌」所収) …… 372
　　　　[*武州藍]
　8　木綿 …………………………………… 379
　　67　享保十六年九月 足立郡笹目領七ケ村
　　　　木綿種実拝借願(浦和市沼影 細淵卓造家
　　　　文書九二) ……………………………… 379
　　68　明和七年三月 秩父郡大野村から虫植
　　　　付請書(森田洋家文書五九 埼玉県立文書
　　　　館収蔵) ………………………………… 380
　　69　天保十四年 埼玉郡稲子村栗原家綿実
　　　　俵改帳(羽生市中央 栗原新吉家文書二
　　　　八九) …………………………………… 381
　　70　安政二年七月 埼玉郡向河辺領木綿打
　　　　仲間手間賃議定書(慶応義塾大学古文書
　　　　室蔵 武蔵国埼玉郡下新井村文書) ……… 383
　　71　自安政四年至文久三年 埼玉郡小久喜
　　　　村鬼久保家綿目打賃諸色覚帳(鬼久保清
　　　　家文書五二三 埼玉県立文書館収蔵) …… 385
　第5章　林業 …………………………………… 390
　1　用材 …………………………………… 390
　　　　[*御用材;百姓材]

　　72　明暦三年七月 秩父郡大滝村百姓山借
　　　　手形(大滝村中津川 幸島敬一家文書) … 390
　　73　延宝九年八月 秩父郡上名栗村人見入
　　　　入会地御立山ニ付境目一札(学習院大学
　　　　史料館蔵 町田家文書) ………………… 391
　　　　[*御林]
　　74　貞享元年十月 大里郡佐谷田村御林守
　　　　ニ付手形(久保勝之家文書二三一五 埼玉
　　　　県立文書館蔵) ………………………… 392
　　75　貞享三年正月 秩父郡中津川村御用木
　　　　山ニ付手形(大滝村中津川 幸島敬一家文
　　　　書) ……………………………………… 392
　　76　自元禄三年至元治元年 秩父郡新古大
　　　　滝村御手山伐出御林日記(大滝村大滝 山
　　　　中行栄家文書) ………………………… 393
　　　　[*領主材]
　　77　享保八年十二月 秩父郡中津川村百姓
　　　　居山材木流御免願(大滝村中津川 幸島敬
　　　　一家文書) ……………………………… 394
　　　　[*荒川;運材]
　　78　享保十三年正月 秩父郡中津川村百姓
　　　　稼山八色御免願(大滝村中津川 幸島敬一
　　　　家文書) ………………………………… 395
　　　　[*山稼]
　　79　享保十七年九月 秩父郡中津川村百姓
　　　　稼山伐出ニ付一札(大滝村中津川 幸島敬
　　　　一家文書) ……………………………… 396
　　　　[*幕府の林野支配]
　　80　享保十八年十月 秩父郡中津川村山稼
　　　　品々改ニ付請書(大滝村中津川 幸島敬一
　　　　家文書) ………………………………… 398
　　81　延享四年四月 比企郡上古寺村御林木
　　　　数反別改帳(小川町上古寺 松本向代家文
　　　　書一二九六) …………………………… 400
　　82　寛政七年四月 秩父郡太田部村近辺材
　　　　木御買上木ニ付議定(吉田町太田部区有
　　　　新井家文書二七三五 埼玉県立文書館収
　　　　蔵) ……………………………………… 403
　　　　[*地元商人;材木生産]
　　83　享和二年三月 秩父郡古大滝村百姓立
　　　　木売渡証文(大滝村大滝 千鳥英郎家文
　　　　書) ……………………………………… 404
　　　　[*板材の出荷]
　　84　文化元年十二月 秩父郡古大滝村槻挽
　　　　板一件ニ付訴状(大滝村大滝 千鳥英郎家
　　　　文書) …………………………………… 405
　　85　文化二年十一月 秩父郡新古大滝村山
　　　　稼品増冥加永請書(大滝村大滝 千鳥英郎
　　　　家文書) ………………………………… 410
　　86　文化九年十月 秩父郡上名栗村浅草御
　　　　蔵根太木請負ニ付願書(学習院大学史料
　　　　館蔵 町田家文書) ……………………… 411
　　　　[*材木商人]

87　文化九年十二月　浅草御蔵根太木納ニ付冥加木議定（学習院大学史料館蔵　町田家文書）…………………………415
　88　文政三年六月　秩父郡上名栗村植林ニ付願書（学習院大学史料館蔵　町田家文書）…………………………416
　　　［＊檜・松］
　89　文政十年十二月　秩父郡太田部山材木伐出ニ付日雇請負証文（吉田町太田部区有新井家文書一九六一　埼玉県立文書館蔵）…………………………418
　90　文政十一年八月　秩父郡上名栗村町田家江戸出店誓約（学習院大学史料館蔵　町田家文書）…………………………419
　91　天保七年八月　飯能町秩父屋所持山杉檜買請代金立替ニ付議定（学習院大学史料館蔵　町田家文書）……………419
　92　天保八年十二月　諸国百姓山伐出御材木寸間御代永積書上帳（大滝村大滝　山中行栄家文書）…………………420
　　　［＊幕府蔵納め］
　93　安政五年九月　足立郡上尾宿御林御材木伐出木数書上帳（埼玉県立文書館蔵　友光家文書五）………………427
2　筏…………………………430
　94　明和七年二月　荒川筋中通入方筏仲間組合議定書（荒川村上田野　井上勲家文書）………………430
　　　［＊筏の規模］
　95　寛政十年　秩父郡・高麗郡村々材木川下ニ付願書（林茂美家文書二八一七　埼玉県立文書館蔵）…………431
　96　文化七年五月　高麗郡名栗谷筏仲間組直し議定連印帳（学習院大学史料館蔵　町田家文書）………………435
　　　［＊筏師］
　97　弘化三年四月　高麗郡飯能村寄場組合筏木数・川下ケ入用御尋ニ付申上書（学習院大学史料館蔵　町田家文書）……438
　98　安政五年八月　秩父郡新古大滝村筏師仲間名面取極帳（大滝村大滝　山中行栄家文書）…………………439
3　薪炭…………………………441
　99　寛永十四年三月　秩父郡大野村炭代金受取手形（森田洋家文書八〇九六　埼玉県立文書館蔵）…………441
　100　寛永十七年十二月　秩父郡大野村炭焼ニ付手形（森田洋家文書三九三　埼玉県立文書館蔵）………………442
　101　延宝元年十月　秩父郡大野村・白石村御用炭証文（森田洋家文書三九四〇　埼玉県立文書館蔵）……………442
　　　［＊村請け］

　102　元禄十六年十月　秩父郡上名栗村御林御用炭用達方ニ付手形（学習院大学史料館蔵　町田家文書）………443
　103　宝永三年三月　秩父郡大野村・白石村御上炭ニ付願書（森田洋家文書三九三一　埼玉県立文書館蔵）……443
　104　宝永四年三月　秩父郡大野村外五ケ村御上炭上納ニ付願書（森田洋家文書二八八一　埼玉県立文書館蔵）……444
　105　正徳四年三月　秩父郡大野村御炭山柏木炭焼願（森田洋家文書七〇五三　埼玉県立文書館蔵）…………445
　　　［＊百姓炭］
　106　享保十七年二月　入間郡上名栗村炭市ニ付取極覚（東京都港区　大河原律子家文書）…………………446
　　　［＊木炭取引］
　107　自享保十七年八月至同十八年八月　秩父郡大野村・白石村御用大河原炭一件（抄）（森田洋家文書四九四　埼玉県立文書館蔵）…………………446
　108　宝暦十二年五月　秩父郡上名栗村炭焼出入ニ付済口証文（学習院大学史料館蔵　町田家文書）………………461
　109　寛政十一年九月　入間郡・新座郡・高麗郡薪炭江戸表直売ニ付訴訟一件（東大和市蔵敷　内野秀治家文書「寛政里正日誌」所収）……………463
　110　寛政十二年二月　秩父郡上名栗村御林炭焼出願（学習院大学史料館蔵　町田家文書）…………………474
　111　文政九年七月　秩父郡上名栗村御林炭焼出ニ付議定請書（学習院大学史料館蔵　町田家文書）…………475
　112　文政十年四月　秩父郡上名栗村御林炭焼出御免願（学習院大学史料館蔵　町田家文書）……………477
4　林野採取物…………………478
　113　寛文六年九月　児玉郡下阿久原村漆年貢上納ニ付証文手形（浅見秀夫家文書八六一　埼玉県立文書館蔵）………478
　114　寛文十一年五月　秩父郡太田部村苆木御用等ニ付指出書落之覚（吉田町太田部区有新井家文書二七四六　埼玉県立文書館蔵）…………………479
　115　延宝五年七月　高麗郡高麗本郷山林田畑上木ニ付議定手形（堀口洋一郎家文書一一七一　埼玉県立文書館蔵）………480
　　　［＊松茸］
　116　天和三年三月　高麗郡高麗本郷真木舟送ニ付書状（堀口洋一郎家文書一六七三　埼玉県立文書館蔵）……………481

新編埼玉県史 資料編16 近世7 産業

117　貞享元年四月　高麗郡上我野村䒾木代金請取(堀口洋一郎家文書一一二三　埼玉県立文書館収蔵)……481
118　貞享二年四月　埼玉郡志多見村薪拵賃二取極(加須市志多見　松村春子家文書八四〇)……482
119　元禄十五年十一月　入間郡寺尾河岸預リ真木不足二付一札(堀口洋一郎家文書一三九三　埼玉県立文書館収蔵)……483
120　正徳四年三月　高麗郡横手村炭釜山之儀二付取替証文(堀口洋一郎家文書一四四五　埼玉県立文書館収蔵)……483
121　享保八年六月　秩父郡太田部村竹皮ひろい二付村法度(吉田町太田部区有新井家文書二七七五　埼玉県立文書館収蔵)……485
122　寛政六年八月　下総国葛飾郡上金崎村果樹木植付書上帳(土生津皓家文書二四七　埼玉県立文書館収蔵)……486
123　安政五年九月　秩父郡芦ケ窪村外六ケ村櫨漆植付免除願(森田洋文書五九五〇　埼玉県立文書館収蔵)……487

第2部　鉱工業……489
　第1章　鉱業……491
　　1　鉱山……491
　　　124　自文政八年九月至嘉永六年四月　秩父郡中津川村幸島家鉱山記録(大滝村中津川　幸島敬一家文書)……491
　　　　　[＊鉱山記録]
　　2　石灰……538
　　　125　明和元年閏十二月　高麗郡上直竹村石灰仕入証文(飯能市山手町　大原享文家文書)……538
　　　　　[＊八王子石灰；八王子本山]
　　　126　嘉永元年二月　蠣殻灰買取方出入取調書上(国立国会図書館蔵　旧幕府引継書「諸色調類集」十九所収)……539
　第2章　工業……548
　　1　綿織物……548
　　　127　自天明三年至寛政二年　武蔵岩附木綿元直段書上(東京大学経済学部図書館蔵　白木屋文書)……548
　　　　　[＊木綿問屋；白子組]
　　　128　文政三年九月　行田三町縞市場辻買差留願書(行田市郷土博物館蔵　行田町年寄梅沢家文書)……552
　　　　　[＊縞木綿・白木綿]
　　　129　天保七年五月　埼玉郡小針村百姓抱青縞抜荷売渡一件裁許二付一札(上尾市原市　吉沢英明家文書二七六)……553

130　天保十年十一月　熊谷宿呉服買次仲間規定帳(東京大学経済学部図書館蔵　白木屋文書)……556
131　天保十一年五月　足立郡戸田領・笹目領木綿糸商売仲間議定(上尾市原市　吉沢英明家文書三五〇)……557
132　天保十一年十月　比企郡川島領内糸屋仲間議定連印帳(鈴木庸夫家文書四七七　埼玉県立文書館収蔵)……559
133　嘉永四年六月　岩槻宿百姓産物木綿類売捌之儀二付調(国立国会図書館蔵　旧幕府引継書「諸色調類集」十所収)……563
　　[＊木綿買次仲間]

2　絹織物……566
　134　安永末期　武州・上州絹市場取引高書上(秩父市立図書館蔵　高野家文書)……566
　　[＊絹糸市場の実態]
　135　自文化四年五月至天保五年五月　熊谷宿織物記録并市場一件巨細書物(抄)(野中彦平家文書　埼玉県立文書館蔵)……570
　136　文政八年十月　秩父郡大宮郷絹仲間議定覚(「文政八年の大宮郷絹買仲間議定覚」『秩父郷土史報』二-七より転載)……587
　137　天保十五年九月　入間郡今市村絹市場宅買差留二付取替議定一札(東京大学法学部法制史資料室蔵　武州入間郡越生今市村文書)……587
　138　嘉永四年三月　児玉郡八幡山町・児玉町商人絹太織尺幅二付口述(東京大学経済学部図書館蔵　白木屋文書)……589
　　[＊長戸織]
　139　嘉永五年七月　秩父絹買次織元尺幅取極(東京大学経済学部図書館蔵　白木屋文書)……590
　140　未年七月　秩父絹二付西田宗右衛門意見書(柿原謙一「忍藩秩父領代官所川儀右衛門・同青木清右衛門」『秩父郷土史報』三-三より転載)……591
　141　六月　秩父絹織立尺取極二付覚(大滝村大滝　千島英郎家文書)……595

3　紙漉……596
　142　寛文三年十月　秩父郡太田部村紙舟役二付一札(吉田町太田部区有新井家文書二二一三　埼玉県立文書館収蔵)……596
　143　天和三年六月　高麗領・加治領・三田領・玉川領村々地漉紙仲買二付願書(堀口洋一郎家文書一一〇八　埼玉県立文書館収蔵)……597
　144　享保十二年五月　比企郡・秩父郡村々新紙漉市出入覚(小川町小川　福島家文書三)……597
　　[＊小川紙]

145　文化十四年七月　秩父・比企・男衾三郡村々紙漉舟屋軒別帳（横川家文書『小川町史』より転載）……603
146　文化十五年三月　秩父・比企・男衾三郡紙漉村々紙類売捌方ニ付願書（横川家文書『小川町史』より転載）……604
　　　［＊菱垣廻船積問屋；三橋会所］
147　文政二年四月　秩父・比企・男衾三郡紙漉村々江戸紙問屋出入済口証文（横川家文書『小川町史』より転載）……608
148　天保五年八月　比企郡小川村外十五ケ村紙漉売買ニ付一札（紙の博物館蔵　松本家文書四二七）……609
149　天保十二年六月　秩父・比企・男衾三郡紙漉村々紙類売捌方ニ付歎願書（横川家文書『小川町史』より転載）……611
　　　［＊株仲間解散令］
4　酒造……615
150　自寛政二年三月至同五年八月　幡羅郡下奈良村吉田家関東上酒御試造書上物（抄）（埼玉県立文書館蔵　中村家文書一三）……615
　　　［＊醸造法］
151　自寛政九年十二月至文化元年正月　幡羅郡下奈良村吉田家関東上酒卸試造記録（埼玉県立文書館蔵　吉田市弥家文書六）……634
152　天保七年十月　熊谷宿寄場組合村々酒造米高書上帳（抄）（行田市佐間　川端昭夫家文書一九三）……642
5　油絞……655
153　安政六年八月　新座郡膝折村百姓水油仕入前金滞出入返答書（朝霞市膝折　牛山三都男家文書「浅草駒形町一件外書類」所収）……655
　　　［＊綿実油］
6　鋳物……658
154　宝暦十三年五月　足立郡川口町鋳物師宛真継家許状（川口市本町　永瀬洋治家文書）……658
　　　［＊座法］
155　自安永四年三月至文化二年七月　真継家諸国許状留（抄）（名古屋大学文学部蔵　真継家文書）……658
156　自天明四年正月至文化二年七月　真継家鋳物師許状案（抄）（名古屋大学文学部蔵　真継家文書）……660
157　文政五年七月　入間郡東明寺村吹屋鍋釜直売ニ付誓約一札（川越市神明町　矢沢秀雄家文書一五）……664
　　　［＊江戸鍋釜問屋］

158　文政十一年　真継家諸国鋳物師名寄（抄）（名古屋大学文学部蔵　真継家文書）……664
159　文政十三年十一月　関東鋳物師覚（川越市神明町　矢沢秀雄家文書二六）……666
160　天保二年八月　関東鋳物師一件覚（川越市神明町　矢沢秀雄家文書二八）……672
161　天保四年三月　関東鋳物師一件覚（川越市神明町　矢沢秀雄家文書三五）……675
162　天保四年六月　関東鋳物師仲間議定（川越市神明町　小川正夫家文書七三）……679
163　天保十二年十二月　鍋釜職人雇入議定（川越市神明町　小川正夫家文書七四）……680
164　嘉永三年七月　足立郡川口宿伝之助宛鋳職弟子契約証文（川口市青木　小川兵吾家文書六）……681
165　自安政七年至文久元年　真継家年頭八朔嘉儀控（抄）（名古屋大学文学部蔵　真継家文書）……682
166　文久二年十二月　鍋釜直段取極議定（川越市神明町　小川正夫家文書七六）……684
167　文久三年二月　入間郡小久保村小川家鋳物取引不実出入願（川越市神明町　小川正夫家文書七八）……684
168　文久三年九月　川越鋳物師鍋釜卸小売直段書上（川越市神明町　小川正夫家文書八一）……685
7　水車稼……687
169　宝暦十年六月　比企郡増尾村水車取立願（小川町増尾　酒井征之家文書一三三〇）……687
170　文政七年八月　津幾川・都幾川両川丈水車議定連印帳（小川町増尾　村木茂夫家文書一五）……688
　　　［＊素麺；小麦粉挽き］
171　安政三年七月　御府内山之手近在并武蔵野新田村々水車一件歎願書（奥住金衛家文書五二　埼玉県立文書館収蔵）……690
8　伸銅……696
172　天保十五年八月　新座郡膝折宿御用銅瓦板延立請書付留帳（抄）（朝霞市膝折　牛山三都男家文書）……696
　　　［＊針金；針銅職稼］
173　天保十五年八月　新座郡膝折宿御用銅延立仲間議定（朝霞市膝折　牛山三都男家文書）……698
174　安政四年九月　新座郡膝折宿針金渡世調書上帳（奥住金衛家文書一八　埼玉県立文書館収蔵）……699
175　安政五年十月　新座郡膝折宿銅屋金兵衛金銀請取帳（奥住金衛家文書一一　埼玉県立文書館収蔵）……700

新編埼玉県史 資料編16 近世7 産業

［＊釘屋・銅屋］
9　雛人形 ……………………………703
　176　文久二年五月 雛渡世差障出入江戸雛屋訴状（鴻巣市人形町 関口彰久家文書三）…………………………………703
　　［＊江戸問屋；下職］
　177　文久二年十二月 足立郡上谷新田百姓雛渡世差障出入返答書（鴻巣市人形町 関口彰久家文書五）…………………705
　178　元治元年十一月 武州雛人形渡世仲間議定書（鴻巣市人形町 関口彰久家文書七）…………………………………706
第3章　平賀源内と秩父 …………………709
　179　明和七年十月 長崎出立ニ付書状（東京大学史料編纂所影写本 岩田文書）…………709
　180　明和九年十月 秩父郡中津川鉄山開発願（大滝村中津川 幸島敬一家文書）……710
　181　安永三年八月 秩父郡中津川鉄山冥加銀之儀ニ付請書（長瀞綜合博物館蔵）…711
　182　安永四年四月 秩父郡贄川村百姓持林平賀源内へ売却ニ付差障有無書上（大滝村中津川 幸島敬一家文書）…………712
　183　安永四年四月 秩父郡贄川村百姓持林平賀源内へ売却ニ付一札（大滝村中津川 幸島敬一家文書）……………………713
　184　安永四年七月 秩父郡贄川村百姓持林平賀源内へ売却ニ付差障有無書上（大滝村中津川 幸島敬一家文書）…………713
　185　安永四年十一月 秩父鉄山之儀ニ付書状（香川県志度町 平賀源内先生遺品館蔵）…714
　186　安永四年十二月 秩父郡山林炭焼名義拝借ニ付一札（東京大学史料編纂所影写本 岩田文書）…………………………716
　187　安永五年七月 秩父郡贄川村名主炭山売渡証文（大滝村中津川 幸島敬一家文書）…………………………………716
　188　二月 仙台領鉄山之儀ニ付書状（東京大学史料編纂所影写本 岩田文書）………717
　189　十一月 荒川通船周旋之儀ニ付書状（東京大学史料編纂所影写本 久保文書）……717
　　［＊荒川舟運］
　190　十二月 細工人紹介ニ付書状（東京大学史料編纂所影写本 岩田文書）…………718
　191　中津川鉱山試掘等ニ付書状（東京大学史料編纂所影写本 武蔵中島文書）……719
　192　秩父郡中津川村初吹金ニ付書状（香川県志度町 平賀源内先生遺品館蔵）……719
　193　秩父郡中津川村産炉甘石ニ付書状（香川県志度町 平賀源内先生遺品館蔵）……720
　194　秩父之鉄売出来ニ付書状（香川県志度町 平賀源内先生遺品館蔵）……………720

第3部　商業 ……………………………723
第1章　流通 ……………………………725
　1　市 ……………………………………725
　195　寛永八年六月 榛沢郡藤田郷寄居町市場割定帳（寄居町寄居 岩田豊人家文書一）…………………………………725
　196　寛永十六年十一月 多摩郡山口領所沢村市祭文（所沢市有楽町 三上敏裕家文書）…………………………………729
　197　寛永二十年七月 秩父郡小鹿野町市ニ付申上（小鹿野町小鹿野 田陽健一家文書九）………………………………730
　　［＊市宿・市日・新市］
　198　自承応二年十二月至寛政元年十二月 比企郡小川村・大塚村市場出入書留（東京大学法学部法制史資料室蔵）……731
　199　承応四年二月 高麗郡高麗町市掟（堀口洋一郎家文書一一六九 埼玉県立文書館収蔵）…………………………743
　200　延宝五年三月 比企郡玉川町・今市町市日出入訴状（玉川村玉川 小澤眞明家文書五五三）………………………743
　201　延宝五年閏十二月 比企郡玉川町・今市町市日出入裁許ニ付書状（玉川村玉川 小澤眞明家文書五四七）……………744
　202　宝永七年九月 児玉郡渡瀬村市日出入ニ付一札（神川町渡瀬 原幸雄家文書六七）………………………………745
　203　文化二年二月 高麗郡高麗町市再興諸書物控并訳（堀口洋一郎家文書一五七九 埼玉県立文書館収蔵）…………745
　204　文化二年二月 高麗郡梅原村・栗坪村市日諸売買有増書上帳（堀口洋一郎家文書一三一 埼玉県立文書館収蔵）………749
　205　文化二年七月 高麗郡高麗町市再興免許ニ付請書一札（堀口洋一郎家文書一一四九 埼玉県立文書館収蔵）………752
　206　文化十年六月 比企郡小川村市場仕来滞出入済口証文（東京大学法学部法制史資料室蔵「続武州比企郡大塚村書類 訴訟下」所収）……………………753
　207　文政四年 秩父郡小鹿野町市場議定（小鹿野町小鹿野 田陽健一家文書二二）…756
　208　天保三年十一月 高麗郡高麗町市議定連印帳（堀口洋一郎家文書一五七六 埼玉県立文書館収蔵）…………………757
　2　商人仲間 ……………………………758
　209　寛政十一年八月 比企郡小川村穀仲間連名帳（埼玉県立文書館収蔵 小川町穀仲間文書七）………………………758
　　［＊行司］

新編埼玉県史 資料編16 近世7 産業

210　文政三年　越ケ谷宿穀仲間江戸積荷付送リニ付一札(京都大学文学部博物館蔵　下総国葛飾郡庄内領旧記)……761
211　文政十一年十月　川越城下肴屋仲間口銭差止願(川越市喜多町　水村八重子家文書二七八)……762
　　[＊内見世渡世;出商人]
212　天保四年十一月　大里郡熊谷町穀屋仲間口演(長野武一家文書一四九　埼玉県立文書館収蔵)……763
213　天保五年八月　埼玉郡粕壁宿穀宿仲買議定書(中島修家文書一二五　埼玉県立文書館収蔵)……765
214　天保八年五月　川越城下照降仲間議定連名帳(川越市幸町　服部新助家文書)……766
215　嘉永七年八月　川越城下十組組合仲間議定連名帳(川越市幸町　服部新助家文書)……769
216　元治元年四月　川越城下照降仲間諸品高直ニ付歎願書(川越市幸町　服部新助家文書)……774
217　慶応三年十一月　児玉郡本庄宿寄場組合農間穀商売仲間取極(埼玉県立文書館蔵　諸井家文書四七)……776
3　物価……779
218　文政二年正月　葛飾郡幸手町中一統職人手間賃取極議定一札(船山喜美子家文書五二　埼玉県立文書館収蔵)……779
219　文政二年十月　足立郡大門宿寄場組合諸色直段取極議定帳(若谷良作家文書一八　埼玉県立文書館収蔵)……781
220　嘉永元年十一月　在方銭相場ニ付隠密廻風聞書(国立国会図書館蔵　旧幕府引継書「諸色調類集」五所収)……783

第2章　商業・金融……786
1　経営記録……786
221　自寛永期至万治期　榎本弥左衛門万之覚(抄)(川越市元町　榎本嘉一家文書)……786
　　[＊初期商人の経営]
222　自寛永十六年至貞享元年　榎本弥左衛門三子より之覚(抄)(川越市元町　榎本嘉一家文書)……826
223　自元禄七年至同十四年　埼玉郡行田町加藤家歳々有宝帳(埼玉県史編さん室複写本　加藤家文書)……842
　　[＊城下町商業の実体;穀物・木綿・水油]
224　自元禄十二年至宝永二年　榛沢郡新寄居村岩田家松井田金銀差引帳(寄居町寄居　岩田豊人家文書七九)……849

225　元文四年　高麗郡梅原村堀口家店改覚帳(堀口洋一郎家文書七〇三　埼玉県立文書館収蔵)……864
226　自宝暦十三年至明和六年　入間郡平山村斎藤家万売買覚帳商文(埼玉県立文書館蔵　平山家文書一〇九七)……867
　　[＊質地経営;前貸資本]
227　安永三年三月　児玉郡本庄宿中屋店格式定書(本庄町千代田　戸谷圭一郎家文書)……878
　　[＊店則]
228　自文政十一年至天保五年　幡羅郡下奈良村吉田家江戸店歳々店卸勘定目録清帳(抄)(東京大学法学部法制史資料室蔵「吉田家江戸町書類」所収)……879
　　[＊両替商;公金の貸付]
229　嘉永七年二月　川越藩御用達横田家仕法帳(国文学研究資料館史料館蔵　横田家文書三三八)……888
230　文久元年八月　川越藩御用達横田家困窮ニ付願書(国文学研究資料館史料館蔵　横田家文書三五四)……891
2　金融……894
　　[＊質地証文]
231　宝暦九年正月　入間郡久米新田関東郡代御貸付金拝借ニ付願書(所沢市久米　平塚良治家文書)……894
232　安永五年九月　入間郡久米村貸金滞出入ニ付願書(所沢市久米　平塚良治家文書)……894
　　[＊売掛金]
233　安永七年四月　入間郡久米村関東郡代御貸附金年賦証文(所沢市久米　平塚良治家文書)……897
234　天明二年九月　秩父郡中津川村貸金引請金滞出入ニ付訴状(大滝村中津川　幸島敬一家文書)……898
235　文化十一年六月　忍藩領秩父郡質屋仲間掟書(皆野町三沢　関根久澄家文書)……905
　　[＊冥加永]
236　文政二年十月　入間郡久米村売掛出入ニ付訴状(所沢市久米　平塚良治家文書)……906
237　文政二年十一月　葛飾郡平須賀村頼母子ニ付議定(船山喜美子家文書二八　埼玉県立文書館収蔵)……908
238　天保五年四月　幡羅郡下奈良村吉田市右衛門猿屋町会所差出金ニ付伺書(東京大学法学部法制史資料室蔵「吉田家雑書類」四四所収)……909

県史誌内容総覧・資料編1: 近世―関東　　309

新編埼玉県史 資料編16 近世7 産業

239　弘化三年三月　川越町横田家三井一件ニ付歎願書(国文学研究資料館史料館蔵 横田家文書三一四)……………913
240　弘化三年閏五月　川越町横田家三井一件上野貸附分落着証文(国文学研究資料館史料館蔵 横田家文書三一八)………915
241　元治元年十月　足立郡大宮宿角屋源九郎会主融通講覚帳(浦和市上木崎 市川尚幸家文書)……………………920
242　元治二年四月　入間郡中富村貸金滞出入ニ付訴状(所沢市中富 田中貞雄家文書)……………………………921
243　明治四年正月　児玉郡本庄宿質屋仲間議定(埼玉県立文書館蔵 諸井家文書二二〇)………………………923
244　川越藩領質屋仲間定書(川越市上新河岸 遠藤房雄家文書四七二)………925

第3章　農間余業 ……………………926
245　文化十一年八月　大里郡佐谷田村諸商人職人田畑作高・免札有無書上帳(久保勝之家文書六八二 埼玉県立文書館収蔵)………………………………926
　　［*農間渡世］
246　天保九年八月　足立郡大門宿寄場組合質屋渡世名前書上帳(慶応義塾大学古文書室蔵 武蔵国足立郡染谷村文書)……933
　　［*改革組合村］
247　天保九年九月　幡羅郡妻沼村寄場組合諸商ひ渡世向取調書上帳(長島宏之家文書五五九 埼玉県立文書館収蔵)……944
248　安政四年十二月　幡羅郡妻沼村寄場組合諸職人請印帳(長島宏之家文書二七四 埼玉県立文書館収蔵)……………968

あとがき(埼玉県県民部県史編さん室長 黒須茂)……………………………………979
資料編16「近世7 産業」資料提供者及び協力者 ………………………………………980
埼玉県史編さん委員会委員 ……………981
　小野文雄(埼玉大学名誉教授)
　児玉幸多(学習院大学名誉教授)
　村本達郎(埼玉大学名誉教授)
　柳田敏司(埼玉考古学会会長)
　長井五郎(埼玉県文化財保護審議会委員)
　石井節子(埼玉県地域婦人会連合会副会長)
　小島章次(埼玉県青少年団体連絡協議会会長)
　長島恭助(埼玉県経営者協会会長)
　笠原正三(埼玉県経済農業協同組合連合会会長理事)
　高橋昌忠(埼玉県労働者福祉協議会会長)
　高橋一郎(埼玉新聞社社長)
　佐久間実(埼玉県議会議長)

小島敏男(埼玉県議会県民環境常任委員会委員長)
中川直木(埼玉県市長会会長)
下田養平(埼玉県町村会副会長)
戸賀崎恵太郎(埼玉県都市教育委員会教育長会長)
飯野五郎(埼玉県町村教育委員会教育長会会長)
立岡勝之(埼玉県副知事;会長)
竹内克好(埼玉県教育委員会教育長)
小室大(埼玉県県民部長;会長代理)

```
新編埼玉県史 資料編17 近世8 領主
埼玉県編集
昭和60年3月30日発行
```

<近世の埼玉県域における領主支配に関する資料を収録>

<口絵>1　鶴巣御殿図[カラー]国立歴史民俗博物館蔵「江戸図屏風」(部分)
<口絵>2　川越城図[カラー]国立歴史民俗博物館蔵「江戸図屏風」(部分)
<口絵>3　赤山陣屋絵図[カラー]川口市安行原 中山謙二郎氏蔵
<口絵>4　明治二年五月 岡部村絵図 愛知県新城市 鈴木正俊氏蔵
<口絵>5　紀州家鷹場絵図 会田真言氏寄託/埼玉県立文書館収蔵
<口絵>6　天正十八年九月 松平家忠宛伊奈忠次知行書立 長崎県島原市 片山定仙氏蔵
<口絵>7　天正十九年六月 松平家忠宛伊奈忠次知行書立 長崎県島原市 片山定仙氏蔵
<口絵>8　慶長五年八月 徳川家康大川戸陣屋坪割書 杉浦三千夫氏寄託/埼玉県立文書館収蔵
<口絵>9　慶長六年十一月 高力清長岩槻町市立掟書 勝田市郎氏寄託/埼玉県立文書館収蔵
<口絵>10　正徳元年五月 切支丹高札 小島栄一氏寄託/埼玉県立文書館収蔵
<口絵>11　元和三年五月 稲生正信宛徳川秀忠知行宛行朱印状 稲生正光氏寄託/埼玉県立文書館収蔵
<口絵>12　慶応四年三月 太政官高札 埼玉県立文書館蔵 猪鼻家文書
<口絵>13　寛永十八年五月 伊奈家先祖書之儀ニ付松平正綱宛大河内久綱書状 大河内元冬氏寄託/豊橋市美術博物館収蔵

序(埼玉県知事 畑和)
凡例
解説 ……………………………………… 1
　領主編の編集について ……………… 1

1　総論 …………………………………… 2
　幕藩体制の成立 ……………………… 2
　幕藩体制の展開 ……………………… 3
　幕藩体制の動揺 ……………………… 4
　幕藩体制の崩壊 ……………………… 6
2　代官 …………………………………… 8
3　藩 ……………………………………… 14
　川越藩 ………………………………… 14
　忍藩 …………………………………… 19
　　<表>表　慶安元年の阿部氏の領主財政 …………………………………… 22
　　<表>表　寛文三年の阿部氏の領地内訳 …………………………………… 22
　岩槻藩 ………………………………… 27
　岡部藩 ………………………………… 32
　　<表>表　天明七年安部氏の所領内訳 …… 34
4　旗本 …………………………………… 36
　水野氏 ………………………………… 37
　稲生氏 ………………………………… 38
　安西氏 ………………………………… 39
　松崎氏 ………………………………… 41
5　寺社領 ………………………………… 42

第1部　総論 ……………………………… 46
第1章　幕藩体制の成立 ………………… 49
1　徳川氏の関東入国 …………………… 49
　1　関東入国知行割(国立公文書館内閣文庫蔵「天正慶長諸大名御旗本分限帳」所収)‥ 49
　　[*大名層]
　2　天正十八年九月 松平家忠宛伊奈忠次知行書立(長崎県島原市 片山定仙氏蔵)‥ 52
　　[*知行高;検地]
　3　天正十八年九月 牧野康成宛伊奈忠次知行書立(舞鶴市立西図書館蔵「牧野系譜」所収) ………………………… 52
　4　天正十八年九月 松平家忠知行宛行状(長崎県島原市 片山定仙氏蔵) ……… 53
　5　天正十八年十二月 松平清宗児玉新宿役免許判物(児玉町児玉 平野陽氏蔵)‥ 53
　6　天正十九年三月 松平家忠宛伊奈忠次忍領預地書立(長崎県島原市 片山定仙氏蔵) ………………………………… 53
　7　天正十九年六月 松平家忠宛伊奈忠次知行書立(長崎県島原市 片山定仙氏蔵)‥ 54
　8　天正十九年六月 開伯井坊宛伊奈忠次替地手形(高橋隆光氏寄託/埼玉県立文書館蔵) ………………………………… 54
　9　天正十九年七月 酒井重忠川越連雀中諸役免許判物(国立公文書館内閣文庫蔵「新編武蔵風土記」巻一百六十二所収)‥ 55

新編埼玉県史 資料編17 近世8 領主

10　天正二十年三月　武川衆宛伊奈忠次等連署知行書立(国立公文書館内閣文庫蔵「記録御用所本古文書」七所収)……………55
11　天正二十年三月　折井次忠・次吉宛伊奈忠次等連署知行書立(国立公文書館内閣文庫蔵「記録御用所本古文書」七所収)…56
12　文禄三年四月　下忍聖天院宛小笠原吉次替地手形(熊谷市上中条　常光院蔵)……56
13　文禄四年十月　鉢形筋荒河村縄打衆扶持方請取(持田英孝氏寄託/埼玉県立文書館収蔵)……………57
14　文禄四年十一月　荒川村名主屋敷大縄免許ニ付書状(持田英孝氏寄託/埼玉県立文書館収蔵)……………57
15　慶長三年正月　小笠原吉次知行宛奉書(東京大学史料編纂所蔵「安得虎子」十所収)……………57
16　慶長三年四月　武川衆宛伊奈忠次知行書立(寄居町赤浜　田中晴二氏蔵)……………58
17　正月　御正百姓宛伊奈忠次開発手形(埼玉県立文書館所蔵　平山小兵衛家文書)……………58
18　慶長四年八月　伊奈忠次兵用米請取手形(国立公文書館内閣文庫蔵「新編武蔵風土記」巻百五十五所収)……………59
19　二月　公方筏川下ニ付林虎勘書状(持田英孝氏寄託/埼玉県立文書館収蔵)……………59
20　慶長五年八月　徳川家康大川戸陣屋坪割書(杉浦三千夫氏寄託/埼玉県立文書館収蔵)……………60
21　慶長五年八月　大久保長安奈良梨屋設置掟書(小川町奈良梨　鈴木勝行氏蔵)…60

2　幕政の確立……………61

22　慶長六年十一月　高力清長岩槻町市立掟書(勝田市郎氏寄託/埼玉県立文書館収蔵)……………61
23　慶長八年二月　八条谷たての堀新田宛伊奈忠次開発手形(八潮市西袋　小沢平吉氏蔵)……………61
[*開発;小農民]
24　慶長九年三月　折井次忠宛大久保長安等連署知行書立(国立公文書館内閣文庫蔵「記録御用所本古文書」七所収)……………61
25　慶長十一年六月　戸ケ崎郷宛伊奈忠次開発手形(国立公文書館内閣文庫蔵「武州文書」五所収)……………62
26　慶長十三年五月　会田出羽宛伊奈忠次屋敷下付添手形(越谷市越ヶ谷本町　小島昭太郎氏蔵)……………62
27　慶長十七年三月　三輪野江新田宛伊奈忠治開発手形(国立公文書館内閣文庫蔵「武州文書」五所収)……………63

28　慶長十七年三月　茂田井新田宛伊奈忠治開発手形(国立公文書館内閣文庫蔵「武州文書」五所収)……………63
29　慶長十九年正月　飯島新田宛伊奈忠治開発手形(国立公文書館内閣文庫蔵「武州文書」五所収)……………64
30　慶長十九年八月　高木正綱宛徳川家康忍領年貢皆済状(国立公文書館内閣文庫蔵「記録御用所本古文書」四所収)……………64
31　慶長二十年三月　大坂夏陣軍役ニ付武川衆宛幕府年寄連署奉書(国立公文書館内閣文庫蔵「記録御用本古文書」七所収)……………65
32　慶長二十年三月　百姓欠落之儀ニ付武川衆宛幕府年寄連署奉書(国立公文書館内閣文庫蔵「記録御用本古文書」七所収)……………65
33　慶長二十年四月　大坂出陣路次并扶持方ニ付武川衆宛幕府年寄連署奉書(国立公文書館内閣文庫蔵「記録御用所本古文書」七所収)……………66
34　慶長二十年九月　酒井忠利野田新田屋敷成諸役免許手形(国立公文書館内閣文庫蔵「新編武蔵風土記」巻百六十三所収)…66
35　元和四年六月　榛沢郡北根村忍鷹匠草刈押妨停止願(宇野益夫氏寄託/埼玉県立文書館収蔵)……………67
36　元和九年三月　鴻巣下谷新田宛伊奈忠治開発手形(国立公文書館内閣文庫蔵「新編武蔵風土記」百四十八所収)……………68
37　元和九年三月　鴻巣坂田新田宛伊奈忠治開発手形(桶川市坂田　本学院蔵)……68
38　寛永元年八月　徳川秀忠忍領代官所年貢皆済黒印状(国立公文書館内閣文庫蔵「記録御用所本古文書」四所収)……………69
39　寛永元年八月　徳川秀忠忍領代官所年貢皆済黒印状(国立公文書館内閣文庫蔵「記録御用所本古文書」六所収)……………69
40　寛永元年十月　酒井忠勝深谷知行所定書(深谷市深谷　飯島義作氏蔵)……………69
[*農民夫役;相互扶助;勧農;五人組編成]
41　寛永五年十月　足立郡草加村鷹場法度(草加市青柳町　篠宮源嘉氏蔵)……………70
42　寛永七年七月　玉川陣屋条目(玉川村　玉川　水上才二氏蔵)……………71
43　寛永十年二月　森川重次宛加増知行書立(国立公文書館内閣文庫蔵「記録御用書本古文書」十三所収)……………72
44　寛永十年五月　浦和宿御鷹御用人足定書(埼玉県立文書館蔵「浦和宿文書」)……72
45　寛永十四年十月　関東中悪党取締触書(「御当家令条」二七七号)……………72

312　県史誌内容総覧・資料編1: 近世—関東

新編埼玉県史 資料編17 近世8 領主

　46　寛永十八年正月 埼玉郡四条村五人組
　　　帳前書(金沢眞氏寄託/藤沢市文書館収
　　　蔵) ……………………………………… 74
　47　寛永二十年正月 秩父郡品沢村五人組
　　　帳(秩父市立図書館蔵「引間家文書」) …… 79
　48　寛永二十年八月 岩村領足立郡染谷村
　　　等切支丹改手形(大宮市染谷 常泉寺
　　　蔵) ……………………………………… 84
　49　寛永二十年三月 土民仕置条々(「御当
　　　家令条」二七九号) ……………………… 85
　50　慶安五年三月 足立郡大門宿田畑高役
　　　城米納方申渡(会田真言氏寄託/埼玉県立
　　　文書館収蔵「会田落穂集」所収) …………… 86
　51　明暦三年正月 関東在々盗人穿鑿条々
　　　(岩槻市笹久保 中村庄八氏蔵「天保四年五
　　　人組御法度書写」所収) ………………… 86
　52　万治元年八月 切支丹禁止高札(大塚
　　　右左平氏寄託/埼玉県立文書館収蔵) …… 88
　53　万治三年八月 酒造・鷹場・鹿狩ニ付
　　　触書(国立史料館蔵「掛川家文書」) ……… 89
第2章　幕藩体制の展開 …………………… 90
　1　寛文・延宝期 ………………………… 90
　54　寛文元年九月 松平綱重加増高覚書
　　　(国立公文書館内閣文庫蔵「竹橋余筆」巻一
　　　所収) …………………………………… 90
　55　寛文二年八月 在々盗賊取締触書(大
　　　塚右左平氏寄託/埼玉県立文書館収蔵) …… 91
　56　寛文三年四月 日光社参留守中心得条
　　　目(国立史料館蔵「掛川家文書」) ………… 91
　57　寛文四年八月 関東中国廻船書(国立
　　　史料館蔵「掛川家文書」) ………………… 92
　58　寛文六年八月 鷹場法度請書(埼玉県
　　　立文書館所蔵 平山小兵衛家文書) ……… 92
　59　寛文八年十月 関東紺屋藍瓶出役銭触
　　　書(越谷市教育委員会蔵「西方村旧記」一所
　　　収) ……………………………………… 94
　60　寛文九年九月 酒造去年員数并多葉粉
　　　作停止触書(国立史料館蔵「掛川家文
　　　書」) …………………………………… 94
　61　寛文九年十一月 妻木頼熊等武蔵野開
　　　発地見分書上(国立公文書館内閣文庫蔵
　　　「竹橋余筆」巻五所収) …………………… 95
　　　[＊未開地]
　62　寛文十二年十月 紀州鷹場改札請取請
　　　書(会田真言氏寄託/埼玉県立文書館収蔵
　　　「会田落穂集」一所収) …………………… 97
　63　寛文十三年六月 名主百姓分地制限触
　　　書(岩槻市笹久保 中村庄八氏蔵「天保四年
　　　五人組御法度書写」所収) ………………… 98
　64　延宝三年三月 朱印寺社領買入書入停
　　　止触書(岩槻市笹久保 中村庄八氏蔵「天保
　　　四年五人組御法度書写」所収) …………… 98

　65　延宝四年三月 武蔵・上野蔵入地巡見
　　　使派遣条目(国立公文書館内閣文庫蔵「竹
　　　橋余筆別集」巻九所収) ………………… 98
　66　延宝五年二月 高麗郡高麗本郷五人組
　　　帳前書(堀口久太郎氏寄託/埼玉県立文書
　　　館収蔵) ………………………………… 101
　67　延宝七年六月 足立郡大門宿人馬賄・
　　　年貢・野銭場条目(会田真言氏寄託/埼玉
　　　県立文書館収蔵「会田落穂集」一所収) … 104
　68　延宝七年十月 五人組強化・小百姓助
　　　合之儀触書(岩槻市笹久保 中村庄八氏蔵
　　　「天保四年五人組御法度書写」所収) …… 105
　69　延宝七年十月 年貢米納方心得条目請
　　　書(京都大学国史研究室蔵「金崎村記
　　　録」) …………………………………… 106
　　　[＊年貢収納]

　2　元禄期前後 ………………………… 110
　70　延宝九年二月 諸国巡見使派遣条目
　　　(国立史料館蔵「掛川家文書」) ………… 110
　71　天和二年五月 忠孝札(会田真言氏寄託
　　　/埼玉県立文書館収蔵「会田落穂集」一所
　　　収) …………………………………… 110
　72　天和二年五月 毒薬贋薬高札(会田真
　　　言氏寄託/埼玉県立文書館収蔵「会田落穂
　　　集」一所収) …………………………… 111
　73　貞享二年九月 馬之筋のべ停止触書
　　　(越谷市教育委員会蔵「西方村触書」上所
　　　収) …………………………………… 112
　　　[＊生類憐愍政策]
　74　貞享三年閏三月 高麗領等支配分ニ付
　　　年貢諸役納方等定書(「武州高麗万留之
　　　控」所収) ……………………………… 112
　75　貞享三年五月 青物果物魚鳥類商売月
　　　切定触書(越谷市教育委員会蔵「西方村触
　　　書」上所収) …………………………… 113
　76　貞享四年二月 牛馬養生并毛付帳差出
　　　触書請書案(越谷市教育委員会蔵「西方村
　　　触書」上所収) ………………………… 114
　77　貞享四年六月 切支丹類族調触書(越
　　　谷市教育委員会蔵「西方村触書」上所
　　　収) …………………………………… 115
　78　貞享四年七月 不受不施派取調請書案
　　　(越谷市教育委員会蔵「西方村触書」上所
　　　収) …………………………………… 117
　79　貞享四年十二月 諸国鉄炮改触書(越
　　　谷市教育委員会蔵「西方村触書」上所
　　　収) …………………………………… 117
　80　元禄二年八月 年貢蔵納并百姓入用之
　　　儀触書(越谷市教育委員会蔵「西方村触
　　　書」上所収) …………………………… 119
　81　元禄五年六月 村入用減少之儀触書
　　　(越谷市教育委員会蔵「西方村触書」上所
　　　収) …………………………………… 120

県史誌内容総覧・資料編 1:近世―関東　　313

新編埼玉県史 資料編17 近世8 領主

82 元禄六年六月 紀州家鷹場取上申渡(会田真言氏寄託/埼玉県立文書館収蔵「会田落穂集」二所収)‥‥‥‥‥‥121
83 元禄七年七月 指扇領桶川領検見并検地之儀廻状(須田さち子氏寄託/上尾市教育委員会収蔵「元禄六年御触状留帳」所収)‥‥‥‥‥‥121
84 元禄七年九月 勘定衆幕領村々見分ニ付廻状(吉田町教育委員会寄託/「新井家文書」埼玉県立文書館収蔵)‥‥‥‥‥‥122
  [*天領行政]
85 元禄八年三月 検地条目(志木市本町尾崎征男氏蔵)‥‥‥‥‥‥124
  [*元禄検地]
86 元禄八年三月 年貢諸役他村と入組之品書上ニ付廻状(須田さち子氏寄託/上尾市教育委員会収蔵「元禄六年御触状留帳」所収)‥‥‥‥‥‥140
87 元禄十年閏二月 紺屋取調書上ニ付廻状(須田さち子氏寄託/上尾市教育委員会収蔵「元禄六年御触状留帳」所収)‥‥‥‥‥‥141
88 元禄十一年正月 正保以後地形変化書上ニ付廻状(須田さち子寄託/上尾市教育委員会収蔵「元禄六年御触状留帳」所収)‥‥‥‥‥‥141
89 元禄十一年三月 地方直しニ付知行割示合覚(国立公文書館内閣文庫蔵「蠹余一得」二集巻二所収)‥‥‥‥‥‥142
90 宝永四年十月 百姓田畑質物ニ而地頭借上停止等之儀触書(須田さち子氏寄託/上尾市教育委員会収蔵「宝永三年御用留帳」所収)‥‥‥‥‥‥145
91 宝永五年閏正月 砂降ニ付諸国高役金取立触書(須田さち子氏寄託/上尾市教育委員会収蔵「宝永三年御用留帳」所収)‥‥146
  [*宝永山噴火]
92 正徳元年五月 親子兄弟・毒薬・火付・切支丹高札(会田真言氏寄託/埼玉県立文書館収蔵「会田落穂集」五所収)‥‥146
93 正徳元年十二月 万石以下之面々領知郷村改触書(国立史料館蔵「掛川家文書」)‥‥‥‥‥‥148
  [*農村対策]
94 正徳三年四月 諸国御料所仕置条目并請書(越谷市教育委員会蔵「西方村触書」上所収)‥‥‥‥‥‥149

第3章 幕藩体制の動揺‥‥‥‥‥‥156
1 享保改革期‥‥‥‥‥‥156

95 享保元年八月 江戸廻御留場設置触書(須田さち子氏寄託/上尾市教育委員会収蔵「享保元年御触状留帳」所収)‥‥‥‥‥‥156

96 享保元年八月 物成御蔵納方廻状(須田さち子氏寄託/上尾市教育委員会収蔵「享保元年御触状留帳」所収)‥‥‥‥‥‥157
  [*年貢収奪機構の改変]
97 享保元年九月 鳥見設置触書(越谷市教育委員会蔵「西方村触書」上所収)‥‥157
98 享保元年十月 年貢米浅草御蔵納方触書(須田さち子氏寄託/上尾市教育委員会収蔵「享保元年御触状留帳」所収)‥‥‥‥‥‥158
99 享保元年十月 御林奉行村々廻村ニ付廻状(須田さち子氏寄託/上尾市教育委員会収蔵「享保元年御触状留帳」所収)‥‥‥‥‥‥159
100 享保元年十二月 高掛物割賦方ニ付廻状(須田さち子氏寄託/上尾市教育委員会収蔵「享保元年御触状留帳」所収)‥‥‥‥‥‥160
101 享保二年正月 伝馬宿入用米割賦方等ニ付廻状(須田さち子氏寄託/上尾市教育委員会収蔵「享保元年御触状留帳」所収)‥‥‥‥‥‥160
102 享保二年六月 紀州家鷹場設置触書(越谷市教育委員会蔵「西方村触書」上所収)‥‥‥‥‥‥161
103 享保二年十月 御拳場と紀州家鷹場入込場所取扱方触書(越谷市教育委員会蔵「西方村触書」上所収)‥‥‥‥‥‥162
104 享保二年十一月 江戸十里四方鉄炮改廻状(須田さち子氏寄託/上尾市教育委員会蔵「享保元年御触状留帳」所収)‥‥‥‥‥‥163
105 享保三年六月 代官堀口安之閉門申渡覚(「御触書寛保集成」二五〇五号)‥‥165
  [*代官処罰]
106 享保三年八月 堀内安之代官所郷村改請書(森田洋氏寄託/埼玉県立文書館蔵)‥‥‥‥‥‥165
107 享保四年八月 相対済し令(越谷市教育委員会蔵「西方村触書」上所収)‥‥‥‥‥‥166
108 享保四年十二月 百姓訴訟費用之儀廻状請書(森田洋氏寄託/埼玉県立文書館蔵)‥‥‥‥‥‥167
109 享保五年六月 城米廻漕取締方触書(越谷市教育委員会蔵「西方村触書」上所収)‥‥‥‥‥‥168
110 享保六年十二月 質流禁止令(森田洋氏寄託/埼玉県立文書館蔵)‥‥‥‥169
111 享保六年 永荒地起返奨励申渡(国立国会図書館蔵「刑銭須知」五所収)‥‥‥‥‥‥170
112 享保七年二月 代官役所前庭ニ落文有之ニ付廻状(須田さち子氏寄託/上尾市教育委員会蔵「享保七年御用留帳」所収)‥‥‥‥‥‥171
113 享保七年七月 新田開発高札(「御触書寛保集成」五五号)‥‥‥‥‥‥172
  [*年貢増徴]

114　享保七年七月　定免年季之内損毛検見之儀達書(国立国会図書館蔵「刑銭須知」五所収)……………………………172
　［*定免法;有毛検見法］
115　享保七年八月　検見心得方廻状(須田さち子氏寄託/上尾市教育委員会収蔵「享保七年御用留帳」所収)…………173
116　享保七年九月　年貢納方不足遅滞ニ付廻状(須田さち子氏寄託/上尾市教育委員会収蔵「享保七年御用留帳」所収)……176
117　享保七年十二月　田畑荒地立帰り取調触書(越谷市教育委員会蔵「西方村触書」所収)…………………………………177
118　享保八年七月　新田開発ニ代官八分一被下例ニ付伺書(国立公文書館内閣文庫蔵「御勝手方御定書并伺之上被仰付候書付」二所収)………………………………179
119　享保八年八月　質流禁止令撤回触書(越谷市教育委員会蔵「西方村触書」中所収)…………………………………………179
　［*質地地主］
120　享保九年二月　米穀下直ニ付諸色直段引下触書(越谷市教育委員会蔵「西方村触書」中所収)……………………180
121　享保九年閏四月　百姓へ夫食種貸制限触書(越谷市教育委員会蔵「西方村触書」中所収)…………………………………180
122　享保九年閏四月　代官口米下渡覚(国立公文書館内閣文庫蔵「竹橋余筆」所収)……………………………………………181
123　享保九年閏四月　用水并山野論取扱方触書(越谷市教育委員会蔵「西方村触書」中所収)…………………………………182
124　享保九年九月　八条領二十ケ村定免請書(越谷市教育委員会蔵「西方村触書」中所収)…………………………………………183
125　享保十年四月　年貢蔵納之節百姓諸入用触書(越谷市教育委員会蔵「西方村触書」中所収)……………………………184
126　享保十年八月　年貢米手代内拵改廃止ニ付締方触書請書(越谷市教育委員会蔵「西方村触書」中所収)…………………185
127　享保十年九月　代官諸入用渡方定書(国立国会図書館蔵「刑銭須知」三所収)…187
128　享保十年十月　年貢米怔不宜分金納増徴方触書(越谷市教育委員会蔵「西方村触書」中所収)…………………………………188
129　享保十一年八月　新田検地条目(国立国会図書館蔵「刑銭須知」四所収)………189
130　享保十二年九月　定免年季中五分以上損毛引方之儀達書(国立国会図書館蔵「刑銭須知」五所収)…………………193

131　享保十三年四月　取箇吟味并定免損毛四分以上引方之儀達書(国立国会図書館蔵「刑銭須知」五所収)……………194
132　享保十三年十二月　唐胡麻油絞願人之儀触書(越谷市教育委員会蔵「西方村触書」中所収)……………………………196
133　享保十四年二月　江戸廻駄賃馬取締触書(東京都東大和市　内野秀治氏蔵「享保里正日誌」二所収)…………………197
134　享保十四年三月　葛西用水筋四川奉行掛ニ付触書(越谷市教育委員会蔵「西方村触書」中所収)……………………………197
135　享保十四年六月　貯籾仕法触書請書(越谷市教育委員会蔵「西方村触書」中所収)……………………………………………198
136　享保十四年八月　関東郡代郷手代廃止触書(越谷市教育委員会蔵「西方村触書」中所収)……………………………………199
137　享保十四年十二月　相対済し令撤回触書(越谷市教育委員会蔵「西方村触書」中所収)……………………………………200
138　享保十五年七月　定免村々永荒地起返吟味書付(国立国会図書館蔵「刑銭須知」五所収)……………………………200
139　享保十五年八月　定免年季中四分以上損毛引方之儀達書(国立国会図書館蔵「刑銭須知」五所収)……………………201
140　享保十六年八月　籾詰郷蔵設置請書(越谷市教育委員会蔵「西方村触書」中所収)……………………………………………202
141　享保十七年正月　古利根川等御普請関東郡代懸ニ付触書(越谷市教育委員会蔵「西方村触書」中所収)………………203
142　享保十七年十月　関東知行有之者へ置米奨励達書(国立国会図書館蔵「刑銭須知」六所収)……………………………204
143　享保十八年九月　定免破免之儀一村限ニ施行ニ付代官連署上書并達書(国立国会図書館蔵「刑銭須知」五所収)………204
144　享保二十年　知行割之儀覚書(国立公文書館内閣文庫蔵「御勝手方御定書并伺之上被仰渡候書付」二所収)……………208
145　享保二十一年三月　勘定奉行五人へ代官支配分ニ付書付(国立国会図書館蔵「刑銭須知」三所収)……………………210
146　武蔵野新田開発由緒覚書(国立国会図書館蔵「刑銭須知」四所収)………………210
147　元文二年二月　関八州国々質地触書(越谷市教育委員会蔵「西方村触書」中所収)……………………………………………214
148　元文二年六月　諸国取箇減少ニ付出精之儀代官へ申渡(国立国会図書館蔵「刑銭須知」五所収)……………………215

149　元文二年十月　関東川々支配分之儀
　　達書(国立国会図書館蔵「刑銭須知」七所
　　収) …………………………………………217
150　元文四年四月　関東筋井堰川除用悪
　　水堀浚等触書請書(会田真言氏寄託/埼玉
　　県立文書館収蔵「会田落穂集」八所収)…218
151　元文五年六月　年貢米納之節中札之
　　儀触書(越谷市教育委員会蔵「西方村触
　　書」中所収) ……………………………220
152　元文五年閏七月　村々諸御用向年貢
　　納方等触書請書(会田真言氏寄託/埼玉県
　　立文書館収蔵「会田落穂集」八所収) ……221
153　元文六年正月　村々灰小屋火之用心
　　ニ付廻状(須田さち子氏寄託/上尾市教育
　　委員会収蔵「元文六年御用留帳」所収)…222
154　寛保元年二月　関東川々流作場検地
　　之儀堀江芳極上書(国立国会図書館蔵
　　「刑銭須知」四所収) ……………………223
155　寛保二年四月　葬礼之節金銀銭・六
　　道銭埋葬停止触書(越谷市教育委員会蔵
　　「西方村触書」中所収) …………………225
156　寛保二年十一月　関東筋川々普請
　　ニ付諸色高直停止触書(越谷市教育委員
　　会蔵「西方村触書」中所収) ……………226
157　寛保二年十二月　御普請場ニ而不埒
　　者仕置ニ付触書(越谷市教育委員会蔵
　　「西方村触書」中所収) …………………226
158　寛保三年四月　夫食貸付制限之儀申
　　渡(国立国会図書館蔵「刑銭須知」五所
　　収) ………………………………………227
159　寛保三年　普請諸色之内村役ニ申付
　　分書付(国立国会図書館蔵「刑銭須知」七
　　所収) ……………………………………228
160　延享二年二月　流作場検地之節村役
　　人へ申渡(国立国会図書館蔵「刑銭須知」
　　四所収) …………………………………230
161　延享三年六月　川々御普請掛方支配
　　分触書(越谷市教育委員会蔵「西方村触
　　書」中所収) ……………………………231
162　延享三年六月　村々林・小物成場見
　　分条目請書(森田 洋氏寄託/埼玉県立文書
　　館収蔵) …………………………………233
163　寛延三年二月　代官陣屋へ強訴制禁
　　請書(森田 洋氏寄託/埼玉県立文書館収
　　蔵) ………………………………………234

2　宝暦・天明期 ………………………237

164　宝暦三年七月　足立郡村々年貢籾御
　　蔵設置ニ付心得方廻状(須田さち子氏寄
　　託/上尾市教育委員会収蔵「宝暦三年御用
　　留帳」所収) ……………………………237
165　宝暦三年十一月　足立郡上村籾御蔵
　　設置廻状(須田さち子寄託/上尾市教育委
　　員会収蔵「宝暦三年御用留帳」所収) ……238

166　宝暦八年五月　足立郡上村籾御蔵御
　　払ニ付道具入札之旨廻状(須田さち子氏
　　寄託/上尾市教育委員会収蔵「宝暦八年御
　　用留牒」所収) …………………………240
167　宝暦八年六月　年貢米金納方触書并
　　請書(吉田町教育委員会寄託「新井家文
　　書」埼玉県立文書館収蔵) ………………241
168　宝暦八年十二月　享保以来国役普請
　　由緒并再闢ニ付勘定奉行等上書(国立公
　　文書館内閣文庫蔵「御勝手方御定書并伺之
　　上被仰渡候書付」二収) …………………243
169　宝暦九年閏七月　百姓風俗取締条目
　　請書(森田 洋氏寄託/埼玉県立文書館収
　　蔵) ………………………………………246
170　明和元年九月　増助郷吟味之儀廻状
　　(大宮市史編さん室蔵) …………………250
171　明和元年十月　朝鮮人来聘国役賦課
　　触書(越谷市教育委員会蔵「西方村触書」
　　中所収) …………………………………252
　　[＊助郷伝馬高請負人制]
172　明和二年三月　関東綿実問屋取立触
　　書(越谷市教育委員会蔵「西方村触書」中所
　　収) ………………………………………253
173　明和四年五月　諸国鉱山取立奨励触
　　書(越谷市教育委員会蔵「西方村触書」所
　　収) ………………………………………254
174　明和四年閏九月　国々百姓強訴徒党
　　逃散停止触書請書(久保正之氏寄託/埼玉
　　県立文書館収蔵) ………………………254
175　明和四年十月　百姓間引停止触書
　　(越谷市教育委員会蔵「西方村触書」中所
　　収) ………………………………………255
176　明和五年十一月　苧麻産出地織物奨
　　励触書(越谷市教育委員会蔵「西方村触
　　書」中所収) ……………………………256
177　明和五年十二月　那賀郡村々浪人俳
　　徊取締触書(越谷市教育委員会蔵「西方村
　　触書」中所収) …………………………256
178　明和七年四月　徒党強訴逃散高札請
　　書(吉田町教育委員会寄託「新井家文書」埼
　　玉県立文書館収蔵) ……………………257
179　明和八年五月　関東八カ国綿実買上
　　方触書(所沢市山口 岩岡隆氏蔵「明和八年
　　諸御用井夫食拝借井諸御願書日記」所収)…258
　　[＊商品生産]
180　明和八年五月　在々紊乱ニ付役人廻
　　村之儀廻状(所沢市山口 岩岡隆氏蔵「明
　　和八年諸御用井夫食拝借井諸御願書日記」所
　　収) ………………………………………258
181　明和八年五月　百姓江戸屋敷へ門訴
　　停止触書(越谷市教育委員会蔵「西方村触
　　書」中所収) ……………………………259

182　明和八年十月　荒地起返・新田吟味見分廻状(所沢市山口　岩岡隆氏蔵「明和八年諸御用夫食拝借并諸御願書日記」所収)……260
183　明和九年正月　村々商売・河岸場取調廻状(所沢市山口　岩岡隆氏蔵「明和八年諸御用夫食拝借并諸御願書日記」所収)…260
184　明和九年二月　村々桑木取調廻状(所沢市山口　岩岡隆氏蔵「明和八年諸御用夫食拝借并諸御願書日記」所収)………261
185　明和九年四月　新田開発奨励触書(越谷市教育委員会蔵「西方村触書」中所収)………………261
186　安永四年閏十二月　荒地・小物成見方之儀書付(国立国会図書館蔵「刑銭須知」五所収)………………262
187　安永四年閏十二月　蚕種商人運上并附送駄賃之儀触書(越谷市教育委員会蔵「西方村触書」下所収)……………263
188　安永六年四月　強訴徒党逃散之儀教諭触書(大塚右左平氏寄託/埼玉県立文書館収蔵)………………264
189　安永六年五月　在方奉公稼停止触書(越谷市教育委員会蔵「西方村触書」下所収)……………265
190　天明元年六月　平賀源内跡通船株引請二付廻状(寄居町末野　設楽武五郎氏蔵)……………265
191　天明元年六月　上州糸貫目改所設置触書(小島栄一氏寄託/埼玉県立文書館収蔵「天明元年丑御用留帳」所収)…………267
[＊生糸]
192　天明元年八月　上州糸貫目改所廃止触書(小島栄一氏寄託/埼玉県立文書館収蔵「天明元年丑御用留帳」所収)…………267
193　天明元年九月　上州辺百姓打毀之儀触書(東京都東大和市　内野秀治氏蔵「天明里正日誌」所収)……………268
194　天明二年七月　大地震・砂降等注進之儀廻状(小島栄一氏寄託/埼玉県立文書館収蔵「天明二年寅御用留帳」所収)……269
195　天明二年九月　在々悪党并賃物取締触書(越谷市教育委員会蔵「西方村触書」下所収)……………269
196　天明三年十月　関東筋損毛二付藁餅仕法触書(越谷市教育委員会蔵「西方村触書」下所収)……………270
197　天明三年十一月　徒党等密告奨励触書(越谷市教育委員会蔵「西方村触書」下所収)……………270

198　天明四年閏正月　米穀高直二付余分米売捌奨励触書(小島栄一氏寄託/埼玉県立文書館収蔵「天明四年辰御用留帳」所収)……………271
199　天明四年二月　関東八カ国菜種御用買上方触書(小島栄一氏寄託/埼玉県立文書館収蔵「天明四年辰御用留帳」所収)…271
200　天明四年四月　米穀買占囲置停止触書(越谷市教育委員会蔵「西方村触書」下所収)……………272
[＊米穀の買占禁止]
201　天明五年正月　諸国飢饉二付夫食貯方触書(鳩ヶ谷市里　船津みつ氏蔵「御用留」所収)……………273
202　天明五年五月　油絞無株之者取調廻状(越谷市教育委員会蔵「西方村触書」下所収)……………275
203　天明五年九月　質屋取締触書(小島栄一氏寄託/埼玉県立文書館収蔵「天明五年巳御用留帳」所収)……………276
204　天明七年五月　江戸表騒動二付伊奈忠尊へ救役申付之儀覚書(鳩ヶ谷市里　船津みつ氏蔵「御用留」所収)……………276
205　天明七年五月　江戸表打毀二付取締廻状(鳩ヶ谷市里　船津みつ氏蔵「御用留」所収)……………277
[＊徒党取締]
206　天明七年六月　江戸米穀払底二付伊奈忠尊取計方触書(越谷市教育委員会蔵「西方村触書」下所収)……………277
3　寛政改革期…………278
[＊抑商策]
207　天明八年正月　米穀占売并徒党取締触書(越谷市教育委員会蔵「西方村触書」下所収)……………278
208　天明八年七月　飢饉二付田螺取集触書(越谷市教育委員会蔵「西方村触書」下所収)……………279
209　天明八年七月　田方虫付防方教諭触書(越谷市教育委員会蔵「西方村触書」下所収)……………279
210　天明八年十二月　手余荒地之国々帰農奨励触書(国立国会図書館蔵「刑銭須知」五所収)……………280
211　天明八年十二月　荒稗蔵納上納触書(越谷市教育委員会蔵「西方村触書」下所収)……………281
212　天明八年十二月　百姓風俗質素之儀触書(越谷市教育委員会蔵「西方村触書」下収所)……………281
213　寛政元年二月　御料所村々惣代取立制限触書(越谷市教育委員会蔵「西方村触書」下収所)……………282

214 寛政元年八月 酒造株譲渡貸借之儀触書(越谷市教育委員会蔵「西方村触書」下所収) ……282
215 寛政元年九月 旗本知行所囲米奨励達書(国立国会図書館蔵「刑銭須知」六所収) ……284
［*備荒貯穀策］
216 寛政二年二月 諸色直段引下触書(越谷市教育委員会蔵「西方村触書」下所収) ……284
217 寛政二年七月 在町へ囲米奨励触書(国立国会図書館蔵「刑銭須知」所収) ……285
218 寛政二年八月 村入用并公事出入取締方触書(東京都東大和市 内野秀治氏蔵「寛政里正日誌」一所収) ……285
219 寛政二年十一月 旧里帰農令(越谷市教育委員会蔵「西方村触書下所収」) ……286
［*寛政改革;農村対策;郷倉］
220 寛政二年十二月 諸国廻米入用改正之儀触書(越谷市教育委員会蔵「西方村触書」下所収) ……287
221 寛政三年三月 江戸近在前栽物并掃除代引上取締触書(東京都東大和市 内野秀治氏蔵「寛政里正日誌」二所収) ……288
222 寛政三年八月 在方之者江戸米買入占売停止触書(越谷市教育委員会蔵「西方村触書」下所収) ……288
223 寛政三年十二月 武蔵・下総百姓作物下直難渋申立ニ付教諭触書(岩槻市南平野 斎藤昭二氏蔵「寛政三年勘定所達書写」所収) ……289
224 寛政三年十二月 足立・埼玉郡遊民帰農ニ付代官へ申渡(岩槻市南平野 斎藤昭二氏蔵「寛政三年勘定所達書写」所収) ……291
225 寛政三年十二月 武蔵・下総村々風俗匡正触書(岩槻市南平野 斎藤昭二氏蔵「寛政三年勘定所達書写」所収) ……291
226 寛政四年三月 関東郡代伊奈氏改易之儀触書(越谷市教育委員会蔵「西方村触書」下所収) ……293
227 寛政五年四月 旧里帰農再令(越谷市教育委員会蔵「西方村触書」下所収) ……294
228 寛政六年九月 廻米納方ニ付会所改正触書(越谷市教育委員会蔵「西方村触書」下所収) ……295
229 寛政十二年二月 石灰焼立稼願之者訴出ニ付廻状(東京都東大和市 内野秀治氏蔵「寛政里正日誌」三所収) ……296
230 享和二年七月 富士講停止触書(越谷市教育委員会蔵「西方村触書」下所収) ……297

第4章 幕藩体制の崩壊 ……298
1 文化・文政期 ……298

231 文化二年五月 百姓武芸禁止触書(森田 洋氏寄託/埼玉県立文書館収蔵) ……298
232 文化二年六月 関東取締出役設置并取締方書留(国立公文書館内閣文庫蔵「関東筋御取締書留」一所収) ……298
［*無宿・悪党;警察の取締］
233 文化二年七月 関東取締出役設置請書(森田 洋氏寄託/埼玉県立文書館収蔵) ……304
234 文化二年七月 関東取締出役教諭申渡請書(森田 洋氏寄託/埼玉県立文書館蔵) ……304
235 文化三年正月 関東郡代中絶之儀達書(「徳川禁令考」前集二-八六四号) ……305
236 文化三年二月 関東郡代中絶ニ付関所支配之儀通達(「徳川禁令考」前集四-二〇八一号) ……306
237 文化三年二月 白米江戸出荷停止触書(越谷市教育委員会蔵「西方村触書」下所収) ……306
238 文化三年九月 米価引上ニ付在方囲籾買増触書(越谷市教育委員会蔵「西方村触書」下所収) ……307
239 文化三年九月 米価下直ニ付酒造勝手次第触書(越谷市教育委員会蔵「西方村触書」下所収) ……307
240 文化四年十一月 囲米詰替奨励触書(東京都東大和市 内野秀治氏蔵「文化里正日誌」上所収) ……307
241 文化五年四月 勧農教諭之旨廻状(中島修氏寄託/埼玉県立文書館収蔵「宿用留」所収) ……308
242 文化五年五月 孝子・奇特者褒賞者取調触書(東京都東大和市 内野秀治氏蔵「文化里正日誌」上所収) ……309
243 文化七年九月 米価引上之為百姓作徳籾買上囲籾ニ付触書(中島修氏寄託/埼玉県立文書館収蔵「宿用留」所収) ……309
244 文化八年五月 富突并捨富等停止触書(越谷市教育委員会蔵「西方村触書」下所収) ……310
245 文化九年三月 村々小物成場見分廻状(東京都東大和市 内野秀治氏蔵「文化里正日誌」上所収) ……310
246 文化九年三月 関東御料私領入会百姓不作法ニ付取締方廻状(越谷市教育委員会蔵「西方村触書」下所収) ……310
247 文化九年三月 村々困窮ニ付手当金下渡之儀廻状(越谷市教育委員会蔵「西方村触書」下所収) ……311
248 文化九年五月 村々下々畑等免ニニ付廻状(越谷市教育委員会蔵「西方村触書」下所収) ……312

新編埼玉県史 資料編17 近世8 領主

249　文化九年八月 破免願之村々内見帳不正ニ付取締方廻状(越谷市教育委員会蔵「西方村触書」下所収)‥‥‥‥‥‥312
250　文化十年二月 関東取締方強化之儀ニ付大貫光豊上書(国立公文書館内閣文庫蔵「関東筋御取締書留」一所収)‥‥‥‥314
251　文化十年四月 武州鴻巣より秩父辺等無宿悪党取締ニ付達書并請書(国立公文書館内閣文庫蔵「関東筋御取締書留」一所収)‥‥‥‥‥‥‥‥‥‥‥‥316
252　文化十年九月 百姓作徳米買上之儀廻状(越谷市教育委員会蔵「西方村触書」下所収)‥‥‥‥‥‥‥‥‥‥‥‥317
253　文化十年十月 村々貯穀取調心得方教諭廻状(越谷市教育委員会蔵「西方村触書」下所収)‥‥‥‥‥‥‥‥317
254　文政二年七月 代官へ取箇増之儀達ニ付廻状(越谷市教育委員会蔵「西方村触書」下所収)‥‥‥‥‥‥319
255　文政二年七月 諸色直段取調廻状(越谷市教育委員会蔵「西方村触書」下所収)‥‥‥‥‥‥‥‥‥‥‥‥‥319
256　文政二年七月 武蔵村々神子修験往来妨害停止触書(東京都大和市 内野秀治氏蔵「文政里正日誌」所収)‥‥‥‥‥320
257　文政五年二月 地誌調御用出役廻村ニ付廻状(越谷市教育委員会蔵「西方村触書」下所収)‥‥‥‥‥‥‥‥321
258　文政八年四月 農業出精・孝子奨励・博奕取締方触書(「春日部市史」第三巻Ⅱ所収「公用鑑」上所収)‥‥321
259　文政九年十二月 食売女取締請書(「春日部市史」第三巻Ⅱ所収「公用鑑」上所収)‥‥‥‥‥‥‥‥‥‥‥‥‥322
260　文政十年三月 困窮村々猥ニ拝借金等願上制限触書(中島修氏寄託/埼玉県立文書館収蔵「宿用留」所収)‥‥‥323
261　文政十年三月 名主跡役之儀取扱方触書(中島修氏寄託/埼玉県立文書館収蔵「宿用留」所収)‥‥‥‥‥‥‥‥323
262　文政十年三月 改革ニ付関東取締出役休泊賄方之儀廻状(中島修氏寄託/埼玉県立文書館収蔵「宿用留」所収)‥‥‥324
［＊文政改革］
263　文政十年四月 文政改革議定書(国立公文書館内閣文庫蔵「関東筋御取締書留」二所収)‥‥‥‥‥‥‥‥‥‥324
［＊組合村］
264　自文政十年四月 至同年十二月 大里郡佐谷田村改革組合成一件留書(久保正之氏寄託/埼玉県立文書館収蔵)‥‥‥‥332

265　文政十年七月 宿村太物屋紺屋共下職へ木綿遣方出入之儀廻状(中島修氏寄託/埼玉県立文書館収蔵「宿用留」所収)‥337
266　文政十一年七月 若者仲間禁止ニ付関東取締出役申渡請書(野中彦平氏寄託/埼玉県立文書館収蔵)‥‥‥‥‥‥337

2　天保改革期‥‥‥‥‥‥‥‥‥‥‥339
267　天保二年五月 百姓町人葬儀質素之儀触書(東京都大和市 内野秀治氏蔵「天保里正日誌」所収)‥‥‥‥‥‥339
268　天保二年七月 職人手間賃ニ付申渡請書(所沢市城 長倉善一郎氏蔵)‥‥‥340
269　天保二年九月 自芝居博奕相禁請書(吉田町教育委員会寄託「新井家文書」埼玉県立文書館収蔵)‥‥‥‥‥‥‥340
270　天保四年正月 在々職人中買取締ニ付関東取締出役申渡請書(野中彦平氏寄託/埼玉県立文書館収蔵)‥‥‥‥‥341
271　天保四年八月 村々荒地・御普請所・貯穀吟味廻状(所沢市久米 平塚良治氏蔵「文政十三年御用留」所収)‥‥‥‥‥‥‥‥‥‥‥‥‥‥‥‥‥‥‥‥‥‥‥‥‥‥‥‥‥
272　天保四年九月 米高直ニ付勝手売捌触書(所沢市久米 平塚良治氏蔵「文政十三年御用留」所収)‥‥‥‥‥‥344
273　天保四年十月 在々番非人悪党取押之儀触書(東京都大和市 内野秀治氏蔵「天保里正日誌」所収)‥‥‥‥‥‥344
274　天保四年十一月 穀物不足ニ付寄場大惣代入間郡扇町屋へ集会申合書(東京都大和市 内野秀治氏蔵「天保里正日誌」所収)‥‥‥‥‥‥‥‥‥‥‥‥345
275　天保四年十二月 米高直ニ付関東取締出役申渡請書(所沢市山口 岩岡 隆氏蔵」)‥‥‥‥‥‥‥‥‥‥‥‥‥‥345
276　天保五年五月 米穀払底不穏ニ付関東取締出役廻村教諭口達請書(吉田町教育委員会寄託「新井家文書」埼玉県立文書館収蔵)‥‥‥‥‥‥‥‥‥‥‥‥‥‥‥‥‥‥‥347
277　天保七年六月 天保国絵図調整触書(上尾市中分 矢部弘氏蔵)‥‥‥349
278　天保七年八月 米穀占買禁止并遊民教諭ニ付関東取締出役申渡請書(森田洋氏寄託/埼玉県立文書館収蔵)‥‥‥351
279　天保七年十一月 小作人不当之引方地主へ申掛之儀停止ニ付廻状(東京都大和市 内野秀治氏蔵「天保里正日誌」所収)‥‥‥‥‥‥‥‥‥‥‥‥‥‥‥‥‥‥‥‥‥‥‥‥‥‥353
280　天保七年十二月 困民騒立之儀関東取締出役申渡請書案(吉田町教育委員会寄託「新井家文書」埼玉県立文書館収蔵)‥‥‥‥‥‥‥‥‥‥‥‥‥‥‥‥‥‥‥‥‥‥‥353

県史誌内容総覧・資料編 1：近世―関東　319

新編埼玉県史 資料編17 近世8 領主

281 天保八年正月 寄場親村へ圏補理ニ付関東取締出役廻状（所沢市久米 平塚良治氏蔵「天保六年御用留」所収）…………354
282 天保十年三月 山本大膳版五人組帳下付請書（埼玉県立文書館蔵「浦和宿之記」所収）……………………………355
283 天保十年 関東取締出役等処罰申渡（東京都東大和市 内野秀治氏蔵「天保里正日誌」所収）……………………356
284 天保十一年八月 改革組合村惣代取締ニ付関東取締出役申渡請書（森田洋氏寄託/埼玉県立文書館蔵）…………358
285 天保十一年十一月 諸国夫食種代年賦拝借年延ニ付触書（東京都東大和市 内野秀治氏蔵「天保里正日誌」所収）………359
286 天保十二年五月 宿村節倹・初物禁止廻状請書（森田洋氏寄託/埼玉県立文書館蔵）…………………………360
287 天保十二年六月 天保改革ニ付在方取締触書請書（東京都東大和市 内野秀治氏蔵「天保里正日誌」所収）……………361
［＊請印］
288 天保十三年三月 問屋仲間組合解散触書（東京都東大和市 内野秀治氏蔵「天保里正日誌」所収）……………366
289 天保十三年三月 諸色直下風俗取締触書并商人職人直下等議定書（所沢市久米 平塚良治氏蔵「天保十三年日光参詣御用留」所収）……………………………367
290 天保十三年四月 来年日光社参ニ付関八洲村高地頭助郷等取調触書（所沢市久米 平塚良治氏蔵「天保十三年日光参詣御用留」所収）…………………………370
291 天保十三年五月 質素倹約并諸色引下ニ付関東取締出役申渡請書（相沢正巳氏寄託/埼玉県立文書館蔵）………371
292 天保十三年六月 諸株仲間名目差止触書（中島修氏寄託/埼玉県立文書館蔵「天保十三年公用日記」所収）………375
293 天保十三年八月 諸色引下取極ニ付粕壁宿議定書（中島修氏寄託/埼玉県立文書館蔵「天保十三年公用日記」所収）…376
294 天保十三年十月 勧農并貸金利下之儀触書（中島修氏寄託/埼玉県立文書館蔵「天保十三年公用日記」所収）………379
［＊本百姓体制］
295 天保十三年十二月 貯穀積立并拝借返納之儀廻状（東京都東大和市 内秀治氏蔵「天保里正日誌」所収）……………382
296 天保十四年三月 郡中割・村入用取調触書（中島修氏寄託/埼玉県立文書館蔵「天保十四年公用日記」所収）………382

297 天保十四年三月 人返し令（中島修氏寄託/埼玉県立文書館蔵「天保十四年公用日記」所収）……………………383
298 天保十四年六月 在方商売取調之儀関東取締出役申渡請書（中島修氏寄託/埼玉県立文書館蔵「天保十四年公用日記」所収）………………………………385
299 天保十四年八月 村々я筒増方見分触書（東京都東大和市 内野秀治氏蔵「天保里正日誌」所収）……………………387
300 天保十四年八月 御料所改革ニ付代官廻村之節心得触書（東京都東大和市 内野秀治氏蔵「天保里正日誌」所収）…389
301 天保十四年八月 上知ニ付村々年貢等書上達書（上尾市中分 矢部弘氏蔵）…390
302 天保十四年閏九月 馬喰町貸付金主法改革触書（中島修氏寄託/埼玉県立文書館蔵「天保十四年公用日記」所収）……392
303 天保十四年十月 取箇筋改正差止ニ付関東取締出役申渡（中島修氏寄託/埼玉県立文書館蔵「天保十四年公用日記」所収）………………………………………392
304 天保十五年正月 地方諸入用減方ニ付代官連署上書（国立公文書館内閣文庫蔵「牧民金鑑」三所収）……………393
305 天保十五年十一月 質屋・古着屋・古鉄取締請書案（東京都東大和市 内野秀治氏蔵「弘化里正日誌」所収）……397

3 開国と幕府の倒壊………………402

306 嘉永二年九月 富士講停止触書請書（中島修氏寄託/埼玉県立文書館蔵「嘉永二年公用日記」所収）………………402
307 嘉永四年正月 在中画会等停止ニ付関東取締出役申渡請書（野中彦平氏寄託/埼玉県立文書館蔵）………………403
308 嘉永六年十二月 御備場御用金上納ニ付廻状（東京都東大和市 内野秀治氏蔵「嘉永里正日誌」所収）……………405
309 嘉永六年十二月 硝石御用請負之儀触書（東京都東大和市/内野秀治氏蔵「嘉永里正日誌」所収）………………406
310 嘉永七年正月 異国船渡来ニ付在々取締之儀関東取締出役廻状（東京都東大和市 内野秀治氏蔵「安政里正日誌」所収）……………………………………………406
311 安政三年八月 江戸大風雨ニ付諸色高直取締触書（東京都東大和市 内野秀治氏蔵「安政里正日誌」所収）……………407
312 安政三年十二月 村々産物生産高取調廻状（所沢市山口 新井与志一氏蔵「安政三年御触書写」所収）……………408
313 安政五年正月 蝋漆茶栽培奨励触書（森田洋氏寄託/埼玉県立文書館蔵）…409

314　安政六年八月　洋銀価位并石灰蠣殻会所再興等触書（東京都大和市　内野秀治氏蔵「安政里正日誌」所収）……410
315　安政七年閏三月　五品江戸廻漕令（東京都東大和市　内野秀治氏蔵「万延里正日誌」所収）……411
316　文久元年十一月　和宮降嫁ニ付治安取締之儀関東取締出役申渡請書（野口キヌ子氏寄託/埼玉県立文書館収蔵）……411
317　文久二年十二月　上洛留守中関東取締触書（「昭徳院殿御実紀」文久二年十二月廿九日条）……413
318　文久三年二月　上洛留守中関東在々取締向請書（所沢市久米　平塚良治氏蔵）……414
319　文久三年三月　江戸十里四方村役人屋敷取調廻状（所沢市久米　平塚良治氏蔵「文久三年御触書控帳」所収）……415
320　文久三年四月　関東中騒立ニ付関東取締出役口達（寄居町金尾　柴崎祖夫氏蔵）……416
［＊組合村を武装編成］
321　文久三年十二月　浪人共攘夷を口実ニ無心ニ付関東取締出役廻状（東京都東大和市　内野秀治氏蔵「文久里正日誌」所収）……418
322　元治元年五月　水戸浪士追討ニ付関東国々へ触書（「昭徳院殿御実紀」元治元年五月廿五日条）……419
323　元治元年十一月　関東郡代設置達書（「徳川禁令考」前集四-二〇八五号所収）…419
324　慶応元年三月　農兵炮術稽古定書（東京都大和市　内野秀治氏蔵「慶応里正日誌」所収）……420
325　慶応元年四月　農兵炮術稽古規則書（東京都東大和市　内野秀治氏蔵「慶応里正日誌」所収）……421
326　慶応元年五月　御進発中ニ付関東訴訟制限・悪党取締触書（岩槻市教育委員会蔵　高橋家文書「元治二年御用留」所収）……422
327　慶応元年五月　御府内警備手薄ニ付速急兵賦差出廻状（岩槻市教育委員会蔵　高橋家文書「元治二年御用留」所収）……423
328　慶応元年閏五月　埼玉郡・足立郡十一カ村兵賦議定書（岩槻市飯塚　清水金之亮氏蔵）……423
329　慶応元年六月　武蔵村々下り藍払底ニ付取調廻状（東京都大和市　内野秀治氏蔵「慶応里正日誌」所収）……424
330　慶応元年七月　歩兵組へ申渡書（所沢市山口　粕谷森次氏蔵）……425

331　慶応元年七月　文久銭相場并菜種買入方取締触書請書（野口キヌ子氏寄託/埼玉県立文書館収蔵）……428
332　慶応元年九月　関東郡代木村勝教武蔵・上野支配ニ付達書（「徳川禁令考」前集四-二〇八八号所収）……429
333　慶応二年正月　生糸商取締触書（中島修氏寄託/埼玉県立文書館収蔵「慶応二年公用日記」所収）……429
334　慶応二年二月　開港場勝手商売触書（中島修氏寄託/埼玉県立文書館収蔵「慶応二年公用日記」所収）……429
335　慶応二年四月　仏蘭西万国博出品并関東郡代鼻在陣等ニ付覚書（中島修氏寄託/埼玉県立文書館収蔵「慶応二年公用日記」所収）……430
336　慶応二年六月　米穀下直売捌之儀廻状請書（中島修氏寄託/埼玉県立文書館収蔵「慶応二年公用日記」所収）……430
337　慶応二年六月　関東絞油屋鑑札下付ニ付廻状（中島修氏寄託/埼玉県立文書館収蔵「慶応二年公用日記」所収）……431
338　慶応二年六月　武州一揆ニ付諸藩より幕府へ届書（国立公文書館内閣文庫蔵「奥右筆手留」二十八所収）……432
339　慶応二年七月　関東郡代手限御仕置之儀伺書（「徳川禁令考」前集四-二〇八二号所収）……433
340　慶応二年八月　兵賦催促ニ付廻状（中島修氏寄託/埼玉県立文書館収蔵「慶応二年公用日記」所収）……434
341　慶応二年九月　窮民救方ニ付埼玉郡粕壁宿請書（中島修氏寄託/埼玉県立文書館収蔵「慶応二年公用日記」所収）……434
342　慶応二年十一月　関東郡代并目付廻村ニ付触書（「慶喜公御実紀」慶応二年十一月廿二日条）……435
343　慶応三年四月　在方掛勘定奉行小給所取締取扱達書（「慶喜公御実紀」慶応三年四月八日条）……436
344　慶応三年五月　岩鼻陣屋沢部私領村々取扱ニ付廻状（寄居町未部　今井一男氏蔵）……436
345　慶応三年五月　小給所囲穀奨励ニ付岩鼻陣屋廻状（浅見秀夫氏寄託/埼玉県立文書館収蔵）……438
346　慶応三年五月　鷹場廃止・鳥猟鑑札免許ニ付廻状（戸田市下戸田　武内啓助氏蔵「慶応三年諸御用留帳」所収）……439
347　慶応三年六月　下肥商人取締ニ付関東取締出役教諭請書（戸田市下戸田　武内啓助氏蔵「慶応三年諸御用留帳」所収）…440

新編埼玉県史 資料編17 近世8 領主

348 慶応三年八月 生糸改方并鷹餌差請負人廃止触書(戸田市下戸田 竹内啓助氏蔵「慶応三年諸御用留帳」所収)………442
349 慶応三年十月 関東在方掛羽生陣屋取建触書(「慶喜公御実紀」慶応三年十月十二日条)………443
350 慶応三年十二月 小栗忠順関東在方掛兼帯并羽生・岩鼻陣屋へ撤兵隊派遣達書(「慶喜公御実紀」慶応三年十二月三日条)………443
351 慶応三年十二月 関所通行并江戸関門取締方触書(戸田市下戸田 武内啓助氏蔵「慶応三年諸御用留帳」所収)………444
352 慶応四年正月 薩摩賊徒追討触書(戸田市下戸田 武内啓助氏蔵「慶応三年諸御用留控」所収)………445
353 慶応四年正月 八条領三十五カ村悪党取締方議定書(越谷市大成 中村重義氏蔵「慶応四年御一新御取締向」所収)………446
354 慶応四年二月 関東在方掛廃止触書(「慶喜公御実紀」明治元年二月廿四日条)………447
355 慶応四年二月 徳川家恭順ニ付関東取締出役廻状(戸田市下戸田 武内啓助氏蔵「慶応三年諸御用留控」所収)………447
356 慶応四年三月 歩兵風儀取締ニ付関東取締出役廻状(戸田市下戸田 武内啓助氏蔵「慶応三年諸御用留控」所収)………448
357 慶応四年三月 王政御一新取締方ニ付東山道鎮撫総督府触書(浅見秀夫氏寄託/埼玉県立文書館所蔵)………448
358 慶応四年閏四月 関東取締出役廃止ニ付在方取締之儀請書(越谷市大成 中村重義氏蔵「慶応四年御一新御取締向」所収)………450
359 慶応四年九月 悪徒取締ニ付巡察使触書并太政官高札請書(野口キヌ子氏寄託/埼玉県立文書館所蔵)………452

第2部 各論………455
第1章 代官………457
360 高麗陣屋天正十九年以来代官交替覚書(日高町新堀 高麗澄雄氏蔵)………457
[＊関東代官頭;代官陣屋]
361 寛永十八年五月 伊奈家先祖書之儀ニ付松平定綱宛大河内久綱書状(大河内元冬氏寄託/豊橋市美術博物館収蔵)………458
362 寛文十三年六月 伊奈忠次幕碑銘(国立公文書館内閣文庫蔵「家伝史料」巻一所収)………459
[＊幕府国史館;将軍侍講]
363 貞享五年六月 熊沢良泰陣屋跡検地ニ付由緒書上(川口市芝 長徳寺蔵)………462

364 自享保七年六月至同十七年六月 町奉行支配代官之儀書留(国立国会図書館蔵旧幕引継書「享保撰要類集」二十五下所収)………462
[＊関東郡代]
365 享保十六年二月 享保十四年代官并預所物成納払勘定帳(抄)(大河内元冬氏寄託/国立史料館収蔵)………466
[＊年貢納入勘定帳]
366 享保十六年二月 享保十五年代官所取箇覚帳(抄)(大河内元冬氏寄託/国立史料館収蔵)………468
[＊年貢徴収高覚書]
367 寛政元年十一月 伊奈忠尊御預り金返納延期願(杉浦三千夫氏寄託/埼玉県立文書館収蔵)………471
[＊幕府預り金]
368 寛政二年五月 伊奈忠尊御預り金返納延期ニ付難成旨申渡(杉浦三千夫氏寄託/埼玉県立文書館収蔵)………472
369 寛政二年十一月 伊奈家中連署諌書(杉浦三千夫氏寄託/埼玉県立文書館収蔵)………472
370 寛政三年四月 永田半太夫家老役再勤之儀伊奈家中連署願(杉浦三千夫氏寄託/埼玉県立文書館収蔵)………476
371 寛政三年五月 家中騒動之儀御尋ニ付伊奈忠尊返答書(杉浦三千夫氏寄託/埼玉県立文書館収蔵)………477
372 寛政三年五月 伊奈家一件始末口上書(杉浦三千夫氏寄託/埼玉県立文書館収蔵)………477
373 寛政三年 永田半太内訴状下書(杉浦三千夫氏寄託/埼玉県立文書館収蔵)………479
374 寛政三年 伊奈一件内訴状下書(杉浦三千夫氏寄託/埼玉県立文書館収蔵)………481
375 寛政三年 伊奈忠尊不行跡箇条覚(杉浦三千夫氏寄託/埼玉県立文書館収蔵)………482
376 郡吏雑記(相沢正巳氏寄託/埼玉県立文書館収蔵)………483
[＊諸家執務;規定書]
377 天保十二年 地方勘定下組帳(抄)(国立国会図書館蔵「誠斎雑記及雑綴」三十一所収)………521
[＊年貢米永出納勘定帳;置据米]
378 天保年間 中村八太夫・山田茂左衛門・伊奈半左衛門手附手代覚書(相沢正巳氏寄託/埼玉県立文書館収蔵)………537
379 万延元年九月 林部善太左衛門安政三年当分預所勤方書付(国立公文書館内閣文庫蔵「御預所勤方書付」所収)………538
[＊年貢出納;高反別;惣年貢高]
380 文久三年二月 江川英武元代官所佐々井久保へ引継目録(静岡県韮山町 財団法人江川文庫蔵)………541

新編埼玉県史 資料編17 近世8 領主

```
　　［＊御貸付金;高書帳］
381　文久三年八月 岩鼻代官役所等ニ付書
　　状（森田 洋氏寄託/埼玉県立文書館収蔵）…546
　　［＊役所詰代官;馬喰町御用屋敷］
382　元治元年五月 江川英敏安政六年元当
　　分預所勤方書付（国立公文書館内閣文庫蔵
　　「御預所勤方書付」所収）……………548
383　元治元年十二月 川上金吾助安政六年
　　元当分預所勤方書付（国立公文書館内閣文
　　庫蔵「御預所勤方書付」所収）…………551
384　佐々井久保手附手代覚書（森田洋氏寄
　　託/埼玉県立文書館収蔵）………………554
　　［＊関東代官;八州取締方;勘定方］
第2章　藩 ………………………………………556
　1　川越藩 ……………………………………556
385　九月 騎西領仕置ニ付松平信綱宛大
　　河内久綱書状（大河内元冬氏寄託/豊橋市
　　美術博物館収蔵）…………………………556
386　慶安三年十一月 松平信綱領分郡方
　　条目（大河内元冬氏寄託/豊橋市美術博物館
　　収蔵）………………………………………556
387　承応元年九月 松平信綱家中条目
　　（大河内元冬氏寄託/豊橋市美術博物館収
　　蔵）…………………………………………557
　　［＊慶安検地］
388　自承応三年五月至万治四年三月 古
　　伊豆守様川越江御直御下知之控（高崎市
　　立図書館蔵 高崎藩主大河内家文書「無銘
　　書」二所収）………………………………558
　　［＊川越街道］
389　明暦三年十二月 松平信綱領分騎西
　　領牢人不審者取締条目（大河内元冬氏寄
　　託/豊橋市美術博物館収蔵）……………578
390　万治三年十月 松平信綱領分物成納
　　覚書（高崎市立図書館蔵 高崎藩主大河内家
　　文書「無銘書」二十六所収）……………578
　　［＊新田開発］
391　寛文二年同三年 松平輝綱領分物成
　　納覚書（大河内元冬氏寄託/豊橋市美術博
　　物館収蔵）…………………………………581
392　寛文三年 松平輝綱物成納并賄入用
　　帳（大河内元冬氏寄託/豊橋市美術博物館
　　蔵）…………………………………………582
393　寛文四年四月 松平輝綱宛徳川家綱
　　領知朱印状并領知目録（大河内元冬氏寄
　　託/豊橋市美術博物館収蔵）……………586
394　天和二年八月 松平輝綱河越城米勘
　　定目録（大河内元冬氏寄託/豊橋市美術博
　　物館収蔵）…………………………………589
395　元禄七年正月 松平信輝武蔵野新田
　　開発覚書（大河内元冬氏寄託/豊橋市美術
　　博物館収蔵）………………………………590
```

```
396　元禄七年二月 松平信輝旧領高覚書
　　（国立公文書館内閣文庫蔵「竹橋餘筆」巻一
　　所収）………………………………………591
　　［＊内高拡大］
397　元禄七年五月 柳沢保明宛徳川綱吉
　　領知朱印状并領知目録（奈良県大和郡山
　　市 財団法人柳沢文庫蔵）…………………593
　　［＊三富開発］
398　明和四年閏九月 松平朝矩川越城拝
　　領ニ付家中へ直書（前橋市立図書館蔵
　　「前橋藩松平家記録」五十九所収）………596
399　明和五年六月 松平朝矩川越移封ニ
　　付家中へ申渡（前橋市立図書館蔵「前橋藩
　　松平家記録」六十一所収）………………597
400　明和五年六月 松平朝矩家中在中へ
　　罷出候節心得方申渡（前橋市立図書館蔵
　　「前橋藩松平家記録」六十一所収）………598
401　明和五年八月 松平朝矩領分川越町
　　人御用達申付（前橋市立図書館蔵「前橋藩
　　松平家記録」六十一所収）………………599
402　安永五年八月 松平直恒勘定奉行勝
　　手向難渋ニ付存寄上書（前橋市立図書館
　　蔵「前橋藩松平家記録」七十三所収）……599
403　天明四年三月 松平直恒家老藩財政
　　主法替ニ付書状并直恒直捌之儀直書
　　（前橋市立図書館蔵「前橋藩松平家記録」八
　　十一所収）…………………………………602
404　寛政五年三月 松平直恒相州分領派
　　遣役人定書（前橋市立図書館蔵「前橋藩松
　　平家記録」九十三所収）…………………605
405　享和三年七月 松平直恒借財ニ付上
　　方町人へ講金取立并収納米取扱証文
　　（前橋市立図書館蔵「前橋藩松平家記録」百
　　二所収）……………………………………607
406　文化九年十一月 松平直温領分衣服
　　制限并諸事倹約等定書（前橋市立図書館
　　蔵「前橋藩松平家記録」百九所収）………608
407　文政六年二月 松平斉典家中藩財政
　　ニ付執弁書（前橋市立図書館蔵「前橋藩松
　　平家記録」百二十六所収）………………613
　　［＊面扶持制度;半知半借上］
408　文政十年閏六月 松平斉典領分組合
　　村設定ニ付覚書（前橋市立図書館蔵「前
　　橋藩松平家記録」百二十六所収）………615
409　弘化三年九月 松平斉典相州分領備
　　場覚書（前橋市立図書館蔵「前橋藩松平家
　　記録」二百所収）…………………………619
　　［＊相州の海岸警備］
410　嘉永二年六月 松平斉典海防之儀ニ
　　付幕府へ上書（前橋市立図書館蔵「前橋藩
　　松平家記録」二百十四所収）……………624
```

県史誌内容総覧・資料編 1:近世―関東　　323

411　嘉永七年正月 松平典則家中藩財政ニ付執弁書(前橋市立図書館蔵「前橋藩松平家記録」二百三十二所収)………629
412　慶応元年五月 松平直克家中へ大政之儀議論禁止ニ付直書(前橋市立図書館蔵「前橋藩松平家記録」二百六十五所収)………633
413　慶応二年六月 松平直克領分窮民救方覚書(前橋市立図書館蔵「前橋藩松平家記録」二百六十八所収)………634
　[＊武州一揆]
414　自慶応二年六月至同三年二月 前橋白川棚倉所替等留(抄)(国立公文書館内閣文庫蔵)………635
415　自慶応四年閏四月至明治二年三月 松平康英朱印状并領知目録書上控(川越市光西寺蔵 松井家文書)………673
　[＊大政奉還]

2　忍藩………687
　[＊譜代小・中藩]
416　忍城番高木広正由緒書(大河内元冬氏寄託/豊橋市美術博物館収蔵)………687
417　忍城番与力覚書(大河内元冬氏寄託/豊橋市美術博物館収蔵)………687
418　亥年六月 忍城番与力加藤氏由緒書(大河内元冬氏寄託/豊橋市美術博物館収蔵)………688
419　慶安三年四月 慶安元年阿部忠秋領分年貢皆済目録(阿部正友氏寄託/学習院大学史料館収蔵「温古録」四所収)………689
420　寛文四年四月 阿部忠秋宛徳川家綱判物并領知目録(阿部正友氏寄託/学習院大学史料館収蔵)………690
421　元禄二年六月 阿部正武家中条目(阿部正友氏寄託/学習院大学史料館収蔵)………692
422　元禄二年六月 忍城内所々番之定書(阿部正友氏寄託/学習院大学史料館収蔵)………697
423　元禄二年六月 阿部正武家中条目取扱心得覚(阿部正友氏寄託/学習院大学史料館収蔵)………700
424　元禄二年六月 阿部正武領分町方条目(阿部正友氏寄託/学習院大学史料館収蔵)………700
　[＊町年寄]
425　元禄二年六月 阿部正武領分部方定書(阿部正友氏寄託/学習院大学史料館収蔵)………701
　[＊小百姓]
426　自享保六年八月至同十二年三月 阿部正喬家中郡方役人下知状(阿部正友氏寄託/学習院大学史料館収蔵「公餘録」四所収)………702

　[＊郡奉行代官;山廻り役人;林奉行;元〆;小役人;郡中吟味役]
427　文政六年十一月 忍領・白河領物成差引覚書(阿部正欠氏寄託/学習院大学史料館収蔵「公餘附録」六所収)………715
　[＊転封;内高減]
428　自寛政五年十一月至安政四年八月 松平下総守忠国家記(抄)(岡山大学附属図書館蔵 池田家文庫)………719
　[＊海岸防備]
429　自文政六年三月至同九年四月 阿部正権・松平忠堯転封一件控(抄)(南河原村中江袋 江袋一之助氏蔵)………746
　[＊藩主国替]
430　天保元年 松平忠堯所領引替ニ付新領高覚書(行田市行田 半田絢一氏蔵「要中録」第三冊所収)………766
431　嘉永三年 松平忠国家中安房北条鶴ケ谷陣屋詰人数覚書(行田市天満 柴田英治氏蔵「見聞集」下編所収)………770
432　安政六年正月 松平忠国家中兵制覚書(田口新吉氏寄託/埼玉県立文書館収蔵 忍藩松平下総守家鉄炮方并狩家文書)………771
　[＊藩領域防衛]
433　自明治二年六月至同四年十一月 忍藩県治(抄)(埼玉県立文書館収蔵 埼玉県行政文書)………773
　[＊版籍奉還;知藩事;廃藩]

3　岩槻藩………803
434　自寛文十二年三月至同年六月 阿部正邦家督相続ニ付阿部正春教諭箇条覚書(東京都文京区 阿部正道氏蔵)………803
　[＊大名]
435　貞享三年三月 松平忠周領知岩築城附并和泉国郷村高帳(上田市立博物館蔵 信濃国上田松平家文書)………807
　[＊武蔵国岩築城附郷村高帳;高辻帳]
436　貞享三年四月 松平忠周岩築城請取之節上使江馳走覚書(上田市立博物館蔵 信濃国上田松平家文書)………826
437　元禄十年二月 松平忠周岩附城引渡一件覚書(上田市立博物館蔵 信濃国上田松平家文書)………829
　[＊所替]
438　自元禄十一年正月至同十二年十月 小笠原長頼家中法度(佐賀県唐津市 常安弘通氏蔵)………833
　[＊御定]
439　宝暦十年九月 大岡忠光領知村常目録并加増之度々入渡目録写(千葉県勝浦市 中村留吉氏蔵)………841
　[＊朱印状;御加増度々村替入渡差引録]

440　自文化十三年閏八月至嘉永五年六月　岩槻城主大岡忠固事蹟（岩槻市教育委員会寄託/埼玉県立文書館収蔵）………846
［＊若年寄］
441　自明治二年二月至同年五月　関東諸藩会議録控（岩槻市教育委員会寄託「児玉南柯文書」埼玉県立文書館収蔵）………861
［＊古河藩組合；高崎藩組合；宇都宮藩組合］

4　岡部藩 …………………………880

442　天和二年九月　安部信友加増知行引渡覚書（北海道札幌市　安部 恭氏蔵）……880
443　天明七年　安部信亨領知郷村高辻帳（北海道札幌市　安部 恭氏蔵）………880
444　文化五年閏六月　安部信操江戸屋敷年中行事（北海道札幌市　安部 恭氏蔵）……883
445　文政八年七月　安部信任内証金遣方覚帳（北海道札幌市　安部 恭氏蔵）………897
［＊勝手掛］
446　天保五年三月　安部信古拝領本村高新田高改出新田共取調帳（北海道札幌市　安部 恭氏蔵）………900
447　嘉永二年閏四月　安部信宝家中抗争ニ付猪野瀬平書状（高橋重夫氏寄贈/埼玉県立文書館蔵）………908
［＊内密書］
448　嘉永二年閏四月　安部信宝家中抗争ニ付朝倉只之進書状（高橋重夫氏寄贈/埼玉県立文書館蔵）………915
449　明治二年十二月　半原藩岡部領収納高陣屋入用取調書（愛知県新城市　鈴木正俊氏蔵）………917
450　明治三年十一月　半原藩借財取調帳（愛知県新城市　鈴木正俊氏蔵）………919

第3章　旗本 ………………………923

1　水野氏 …………………………923

451　水野家勤仕并知行等諸用覚書（抄）（大里郡寄居町　昌国寺蔵）………923
452　水野忠顕家中大久保勝直先祖由緒并自分勤覚書（大里郡寄居町　昌国寺蔵）………928

2　稲生氏 …………………………939

453　元和三年五月　稲生正信宛徳川秀忠知行宛行朱印状（稲生正光氏寄託/埼玉県立文書館蔵）………939
454　寛永十年二月　稲生正信加増知行引渡覚書（稲生正光氏寄託/埼玉県立文書館蔵）………939
［＊寛永の地方直し］
455　天和二年八月　稲生正盛加増知行引渡達書（稲生正氏寄託/埼玉県立文書館蔵）………940

456　稲生正憙諸届伺書控（稲生正光氏寄託/埼玉県立文書館蔵）………941
457　寛政七年十月　稲生正静用人金子借用証文（稲生正光氏寄託/埼玉県立文書録蔵）………947
458　寛政十年　稲生正静知行所人数帳（稲生正光氏寄託/埼玉県立文書館蔵）………947
459　安政二年正月　稲生家年中行事（稲生正光氏寄託/埼玉県立文書館蔵）………949
460　慶応三年正月　稲生正知行所軍役銃手兵賦入用請書（稲生正光氏寄託/埼玉県立文書館蔵）………956
461　慶応三年十一月　稲生正軍役金上納証文（稲生正光氏寄託/埼玉県立文書館蔵）………957
462　慶応四年六月　稲生正元知行所貸付金納方請書（稲生正光氏寄託/埼玉県立文書館蔵）………958

3　安西氏 …………………………959

463　元文二年二月　安西元維知行足立郡芝村役人勤方申渡（川口市芝　須賀保治氏蔵）………959
［＊名主心得］
464　元文三年七月　安西元維知行足立郡芝村地頭急用金ニ付借用証文（川口市芝　須賀保治氏蔵）………960
465　元文四年七月　安西元維知行足立郡芝村地頭御用金上納ニ付借用証文（川口市芝　須賀保治氏蔵）………961
466　寛延三年十月　安西元維知行足立郡芝村地頭払米買揚手形（川口市芝　須賀保治氏蔵）………962
467　宝暦四年閏二月　安西元維知行足立郡芝村地頭払米買揚手形（川口市芝　須賀保治氏蔵）………962
468　宝暦九年五月　安西元維秋田藩国目付赴任ニ付支度金借用証文（川口市芝　須賀保治氏蔵）………963
469　安永五年正月　安西元住暮方月定入用金請取帳（川口市芝　須賀保治氏蔵）…963
470　天明三年二月　安西元住暮方入用積帳（川口市芝　須賀保治氏蔵）………966
471　寛政六年十二月　安西元住知行足立郡芝村先納金下知状（川口市芝　須賀保治氏蔵）………969
472　天保十三年十一月　安西元智賄方改革規定書（川口市芝　須賀保治氏蔵）……970
473　弘化四年十一月　安西元智知行足立郡芝村地頭借財整理方申渡（川口市芝　須賀保治氏蔵）………972
474　弘化五年三月　安西元智賄方法議定帳（川口市芝　須賀保治氏蔵）………973

4　松崎氏 …………………………978

新編埼玉県史 資料編17 近世8 領主

475 寛永十五年四月 松崎吉久知行幡羅郡太田村名主年貢不勘定ニ付惣百姓訴状(国立史料館蔵 掛川家文書)………978
476 寛文十三年正月 松崎是純知行幡羅郡太田村五人組帳(国立史料館蔵 掛川家文書)………979
477 延宝七年 松崎是純知行幡羅郡太田村五人組帳(国立史料館蔵 掛川家文書)………981
478 延宝九年二月 松崎是純知行幡羅郡太田村巡見使通行ニ付下知書(国立史料館蔵 掛川家文書)………982
479 延宝九年二月 松崎是純知行幡羅郡太田村地頭立腹ニ付名主指上一札(国立史料館蔵 掛川家文書)………982
480 貞享四年十二月 松崎是純知行幡羅郡太田村捨馬高札立置ニ付下知書(国立史料館蔵 掛川家文書)………983
481 貞享五年二月 松崎是純知行幡羅郡太田村鉄炮改請書(国立史料館蔵 掛川家文書)………984
482 元禄三年七月 松崎・三枝・長山三給幡羅郡太田村知行所法度(国立史料館蔵 掛川家文書)………984
483 元禄七年十一月 松崎是純知行幡羅郡太田村検見ニ付申渡(国立史料館蔵 掛川家文書)………985
484 元禄十三年十二月 松崎是純知行幡羅郡太田村未進百姓持高ニ付申渡(国立史料館蔵 掛川家文書)………985
485 元禄十三年十二月 松崎是純知行幡羅郡太田村五人組頭申付覚(国立史料館蔵 掛川家文書)………986
486 元禄十三年十二月 松崎是純知行幡羅郡太田村田畑永代売ニ付申渡(国立史料館蔵 掛川家文書)………986
487 元禄十四年三月 松崎是純知行幡羅郡太田村未進百姓田畑取上ニ付申渡(国立史料館蔵 掛川家文書)………987
488 元禄十四年六月 松崎是純知行幡羅郡太田村未進百姓追放ニ付申渡(国立史料館蔵 掛川家文書)………988
489 辰年十二月(元禄頃) 松崎是純知行幡羅郡太田村諸帳面提出并年貢積出ニ付申渡(国立史料館蔵 掛川家文書)………988
490 宝永五年閏正月 松崎是純知行幡羅郡太田村払米大豆積送等ニ付申渡(国立史料館蔵 掛川家文書)………989
491 宝永六年二月 松崎良時知行幡羅郡太田村年貢減免達書(国立史料館蔵 掛川家文書)………990

492 宝永七年三月 松崎良時知行幡羅郡太田村未進百姓地頭屋敷門訴一件用捨請書(国立史料館蔵 掛川家文書)………990
493 享保六年閏七月 松崎良時知行幡羅郡太田村田畑町歩人数帳(国立史料館蔵 掛川家文書)………991
494 享保九年二月 松崎良時知行幡羅郡太田村地頭より村入用下付覚(国立史料館蔵 掛川家文書)………992
495 享保十八年九月 松崎良時知行幡羅郡太田村検見心得覚書(国立史料館蔵 掛川家文書)………992
496 享保二十一年正月 松崎良時知行幡羅郡太田村年貢諸入用等心得覚書(国立史料館蔵 掛川家文書)………994
497 安永九年十二月 松崎明純知行幡羅郡太田村先納金返却ニ付引当米積送覚(国立史料館蔵 掛川家文書)………996
498 天明二年九月 松崎明純知行幡羅郡太田村物成米用捨願之儀ニ付申渡(国立史料館蔵 掛川家文書)………996
499 天明二年 松崎明純暮方賄入用仕様帳(国立史料館蔵 掛川家文書)………997
500 天明八年三月 松崎明純知行幡羅郡太田村先納金郷借一件申渡(国立史料館蔵 掛川家文書)………999
501 天明八年十二月 松崎明純知行幡羅郡太田村先納金才覚ニ付質入一札(国立史料館蔵 掛川家文書)………1000
502 寛政元年四月 松崎明純知行幡羅郡太田村新先納金利分ニ付一札(国立史料館蔵 掛川家文書)………1000
503 寛政十年正月 松崎明純暮方并先納金済方覚(国立史料館蔵 掛川家文書)‥1001
504 文化二年正月 松崎明純知行幡羅郡太田村未進取立下知書(国立史料館蔵 掛川家文書)………1002
505 天保十四年正月 三枝・松崎・長山三給幡羅郡太田村高書上帳(国立史料館蔵 掛川家文書)………1002
506 天保十四年九月 松崎俊倹知行幡羅郡太田村物成書上帳(国立史料館蔵 掛川家文書)………1003
507 安政五年十二月 松崎純温暮方賄仕法并借用金借用証文控帳(国立史料館蔵 掛川家文書)………1004

第4章 寺社領………1007
1 御朱印寺社領の成立………1007
508 天正十九年四月 玉林院知行書出(国立公文書館内閣文庫蔵「武州文書」十二所収)………1007
[*永高]

326　県史誌内容総覧・資料編1：近世―関東

新編埼玉県史 資料編17 近世8 領主

509　天正十九年十一月 慈恩寺宛徳川家
　　康判物（岩槻市慈恩寺 慈恩寺蔵）……1007
510　天正十九年十一月 東国寺宛徳川家
　　康朱印状（寄居町立原 東国寺蔵）……1007
511　天正十九年十一月 鷲宮神社宛徳川
　　家康判物（鷲宮町鷲宮 鷲宮神社蔵）……1008
512　天正十九年十一月 鳩峯八幡神社宛
　　徳川家康朱印状（所沢市久米 鳩峯八幡神
　　社蔵）……………………………………1008
513　天正二十年三月 東国寺宛日下部定
　　吉寺領書立（寄居町立原 東国寺蔵）……1008
514　天正二十年三月 光厳寺成瀬正一
　　寺領書立（美里町白石 光厳寺蔵）………1009
515　慶長四年二月 昌国寺御朱印之儀ニ
　　付全阿弥書状（寄居町赤浜 昌国寺
　　蔵）………………………………………1010
516　慶長四年二月 昌国寺宛徳川家康朱
　　印状（寄居町赤浜 昌国寺蔵）……………1010
517　慶長九年九月 氷川神社領ニ付伊奈
　　忠次・全阿弥連署書状（大宮市高鼻町 井
　　上道氏蔵）………………………………1011
518　慶長九年十一月 常光院宛徳川家康
　　朱印状（熊谷市上中条 常光院蔵）………1011
519　慶長十年十二月 清善寺宛永田吉定
　　寺領書立（行田市佐間 清善寺蔵）………1011
520　慶長十八年五月 長徳寺宛徳川秀忠
　　黒印状（川口市芝 長徳寺蔵）……………1012
　　［＊寄進状］
521　元和六年三月 喜多院宛徳川秀忠判
　　物（川越市小仙波町 喜多院蔵「御代々御判
　　物之写」所収）……………………………1012
522　正保元年十二月 喜多院宛寺領配当
　　目録（川越市小仙波町 喜多院蔵「御代々御
　　判物之写」所収）…………………………1012
523　正保四年三月 山本坊御朱印願ニ付
　　天羽景安添証文（相馬重男氏寄託／埼玉県
　　立文書館蔵）……………………………1013
524　慶安元年二月 山本坊宛徳川家光朱
　　印状（相馬重男氏寄託／埼玉県立文書館収
　　蔵）………………………………………1014
　　［＊慶安の朱印状］
525　慶安二年三月 楞厳寺領之儀ニ付秩
　　父郡下名栗村惣百姓請合証文（名栗村下
　　名栗 楞厳寺蔵）…………………………1014
526　慶安二年三月 長福寺之儀ニ付毘
　　沙門堂公海書状（小川町飯田 長福寺
　　蔵）………………………………………1015
527　慶安二年八月 常福寺之儀ニ付村
　　越清次郎等連署書状（美里町広木 常福寺
　　蔵）………………………………………1015
528　寛文六年五月 常勝寺領替地ニ付寺
　　社奉行連署書達（鴻巣市滝馬室 常勝寺
　　蔵）………………………………………1016

529　宝永二年十二月 能仁寺領加増ニ付
　　徳川綱吉朱印状（飯能市飯能 能仁寺
　　蔵）………………………………………1016
2　大名・旗本の寄進地と除地………1017
530　文禄四年二月 氷川神社宛酒井忠利
　　寄進状（川越市宮下町 氷川神社蔵）……1017
531　慶長三年三月 正覚寺宛小笠原吉次
　　寄進状（行田市城西 正覚寺蔵）…………1017
　　［＊黒印寄進地］
532　慶長三年三月 正覚寺宛山本庄蔵等
　　連署寺領書立（行田市城西 正覚寺
　　蔵）………………………………………1017
533　慶長三年五月 清善寺宛小笠原吉次
　　寄進状（行田市佐間 清善寺蔵）…………1018
534　慶長六年三月 河辺三カ寺宛伊奈忠
　　次黒印状（三郷市彦成 円明院蔵）………1018
535　慶長六年四月 観音寺宛伊奈忠次黒
　　印状（吉見町大串 観音寺蔵）……………1019
536　慶長六年七月 法華寺宛高力忠長寄
　　進状（岩槻市飯塚 法華寺蔵）……………1019
537　慶長八年三月 昌国寺宛水野長勝寄
　　進状（寄居町赤浜 昌国寺蔵）……………1019
538　慶長九年十一月 善定寺宛伊奈忠次
　　寺領証文（大利根町琴寄 善定寺蔵）……1020
　　［＊除地証文］
539　元和九年閏八月 長徳寺宛中村吉繁
　　寺領証文（川口市芝 長徳寺蔵）…………1020
540　寛永二十年七月 浄国寺宛阿部重次
　　寄進状（岩槻市加倉 浄国寺蔵）…………1020
　　［＊歴代将軍位牌供養料］
541　寛文九年三月 光福寺宛酒井重頼寄
　　進状（東松山市下岡 光福寺蔵）…………1020
542　延宝四年十一月 静栖寺宛阿弥陀免
　　除地願書（松伏町松伏 静栖寺蔵）………1021
543　延宝八年正月 休山寺宛横田義松寄
　　進状（鳩山町石塚 休山寺蔵）……………1022
544　元禄四年十一月 氷川神社宛松平信
　　輝老臣連署寄進覚書（川越市宮下町 氷川
　　神社蔵）…………………………………1022
545　元禄四年十月 普光寺宛高木正長寄
　　進状（小川町中爪 普光寺蔵）……………1023
546　元禄七年十二月 氷川神社宛柳沢保
　　明寄進状（川越市宮下町 氷川神社蔵）…1023
3　寺社領の支配…………………………1024
547　承応二年十二月 長徳寺寺法申請請
　　書（川口市芝 長徳寺蔵）…………………1024
　　［＊寺領百姓］
548　貞享元年五月 長徳寺納所定証文
　　（川口市芝 長徳寺蔵）……………………1024
　　［＊門前百姓］
549　正徳元年十月 慈恩寺百姓門前役掟
　　書（岩槻市慈恩寺 慈恩寺蔵）……………1025

県史誌内容総覧・資料編1：近世―関東　　327

550 享保三年四月 長徳寺門前峯町百姓惣役等諸事定書(川口市芝 長徳寺蔵)............................ 1026
551 享保四年三月 慈恩寺御朱印百石之所諸収納目録(岩槻市慈恩寺 慈恩寺蔵)............................ 1028
552 寛延二年四月 金乗院境内条目請書(東京都東大和市 内野秀治氏蔵「寛延宝暦里正日誌」所収)............... 1030
553 文政十一年六月 長徳寺領改革組合村加入猶予届下書(川口市芝 長徳寺蔵)............................ 1031
　　［＊家来百姓］
554 文政十一年六月 長徳寺領改革組合村加入猶予ニ付関東取締出役へ届書(川口市芝 長徳寺蔵)............ 1032
　　［＊守護使不入］
555 文政十一年十一月 長徳寺領改革組合村加入ニ付惣百姓請書(川口市芝 長徳寺蔵)............ 1032
556 文政十二年十一月 長徳寺領改革組合村加入ニ付関東取締出役へ請書(川口市芝 長徳寺蔵)............ 1033
557 天保九年七月 氷川神社社領取締役任命申渡(西角井正文氏寄託/埼玉県立文書館収蔵)............ 1033
558 天保十一年十月 氷川神社社領取締役設置一件議定書(西角井正文氏寄託/埼玉県立文書館収蔵)............ 1034
559 嘉永六年二月 鷲宮神社社領掟書(鷲宮町鷲宮 速見純久氏蔵)............ 1034

旗本知行宛行一覧表 .... 1044～1059
あとがき(埼玉県県民部参事兼県史編さん室長 島田桂一郎)............................ 1061
資料編17「近世8 領主」資料提供者及び協力者............................ 1062
埼玉県史編さん委員会委員 1063
　井上幸治(津田塾大学教授)
　小野文雄(埼玉大学名誉教授)
　児玉幸多(学習院大学名誉教授)
　韮塚一三郎(埼玉県文化団体連合会会長)
　村本達郎(埼玉大学名誉教授)
　柳田敏司(埼玉考古学会会長)
　秋元信二(埼玉県青少年団体連絡協議会会長)
　出井治人(埼玉県経済農業協同組合連合会会長)
　大友よふ(埼玉県地域婦人会連合会会長)
　鈴木克己(埼玉県労働者福祉協議会会長)
　長島恭助(埼玉県経営者協会会長)
　高橋一郎(埼玉新聞社社長)
　野口貞夫(埼玉県議会議長)

高橋喜之助(埼玉県議会県民環境常任委員会委員長)
中川直木(埼玉県市長会会長)
下田養平(埼玉県町村会副会長)
久保元治(埼玉県町村教育委員会教育長会会長)
関根秋夫(埼玉県副知事;会長)
長井五郎(埼玉県教育委員会教育長)
木村規(埼玉県県民部長;会長代理)

新編埼玉県史 資料編18 中世・
近世 宗教
埼玉県編集
昭和62年3月25日発行

<埼玉県域に現存する中世・近世の宗教関係史料を収録>

<口絵>1　竜派禅珠頂相[カラー]川口市 長徳寺文書
<口絵>2　蓮華院流灌頂院末寺連署証文 川越市 灌頂院文書
<口絵>3　天海書状 川越市 喜多院文書
<口絵>4　喜多院法度 川越市 喜多院文書
<口絵>5　天海東叡山直末許可状 大里郡寄居町 高蔵寺文書
<口絵>6　天海東叡山直末許可状 川口市 新光寺文書
<口絵>7　天海末寺定書 川口市 新光寺文書
<口絵>8　徳川家康慈恩寺法度 岩槻市 慈恩寺文書
<口絵>9　長楽寺真言院尊慶書状 川越市 中院文書
<口絵>10　智積院日誉書状 比企郡吉見町 息障院文書
<口絵>11　知足院光誉書状 比企郡吉見町 息障院文書
<口絵>12　三宝院流許可灌頂印信紹文 児玉郡上里町 橋本家文書
<口絵>13　関東新義真言宗法度 桶川市 明星院文書
<口絵>14　報恩院流許可灌頂印信印明 新座市 普光明寺文書
<口絵>15　報恩院流許可灌頂印信紹文 新座市 普光明寺文書
<口絵>16　報恩院流許可灌頂印信血脈 新座市 普光明寺文書
<口絵>17　光台院定驤法流許可状 北埼玉郡騎西町 竜花院文書
<口絵>18　光台院直末許可状 北埼玉郡騎西町 竜花院文書
<口絵>19　浄国寺惣誉清厳書状 鴻巣市 勝願寺文書
<口絵>20　増上寺源誉存応書状 鴻巣市 勝願寺文書
<口絵>21　後陽成天皇綸旨・包紙 鴻巣市 勝願寺文書
<口絵>22　後陽成天皇女房奉書・礼紙 鴻巣市 勝願寺文書
<口絵>23　知恩院満誉尊照添状・包紙 鴻巣市 勝願寺文書
<口絵>24　全阿弥書状 岩槻市 浄国寺文書
<口絵>25　増上寺遵誉貴屋書状 加須市 竜蔵寺文書
<口絵>26　感誉存貞授善誉五重 川越市 蓮馨寺文書
<口絵>27　知足院闍徹本末証文 東松山市 光福寺文書
<口絵>28　竜天授戒切紙 大里郡寄居町 正竜寺文書
<口絵>29　永平寺瑞世請状 秩父郡吉田町 清泉寺文書
<口絵>30　徳川秀忠公帖 川口市 長徳寺文書
<口絵>31　竜派禅珠書状案 川口市 長徳寺文書
<口絵>32　竜派禅珠書状 岩槻市 法華寺文書
<口絵>33　竜穏寺聚孫書状 入間郡越生町 竜穏寺文書
<口絵>34　永平寺末寺定書 入間郡名栗村 楞厳寺文書
<口絵>35　日蓮本尊 岩槻市 梅照院文書
<口絵>36　日詔本尊 秩父郡東秩父村 浄蓮寺文書
<口絵>37　池上本門寺日惺書状 川越市 行伝寺文書
<口絵>38　身延久遠寺日遠書状 戸田市 妙顕寺文書
<口絵>39　当山修験法度 児玉郡上里町 吉祥院文書
<口絵>40　勝仙院澄存等連署書状 埼玉県立文書館所蔵文書
<口絵>41　聖護院門跡道澄法親王御教書 埼玉県立文書館所蔵文書
<口絵>42　徳川家康安堵状 埼玉県立文書館所蔵文書
<口絵>43　瑞光寺広海証状 狭山市 篠井家文書
<口絵>44　聖護院門跡興意法親王御教書 所沢市 武藤家文書

新編埼玉県史 資料編18 中世・近世 宗教

<口絵>45 毛呂神主訴状 入間郡毛呂山町 出雲伊波比神社文書
<口絵>46 聖天宮由緒書上 入間郡越生町 森村家文書
<口絵>47 全阿弥書状 坂戸市 大宮住吉神社文書
<口絵>48 全阿弥書状 所沢市 北野天神社文書
<口絵>49 神道裁許状 入間郡日高町 野々宮神社文書
<口絵>50 神道裁許状 行田市 久伊豆神社合殿文書
<口絵>51 天海喜多院直末許可状 川越市 三芳野神社文書
<口絵>52 武甲山蔵王大権現神主左京訴状 秩父郡横瀬町 守屋家文書
<口絵>53 徳大寺行雅書状 鳩ヶ谷市立郷土資料館所蔵文書
<口絵>54 法恩寺記録巻頭及び本文 入間郡越生町 法恩寺文書
<口絵>55 蓮馨寺日鑑 川越市 連馨寺文書
<口絵>56 迦葉院開発建立雑用日記 北葛飾郡鷲宮町 迦葉院文書
<口絵>57 秩父神社日鑑表紙・巻頭及び本文 秩父市 秩父神社文書

序（埼玉県知事 畑和）
凡例
解説 ……………………………………… 1
　編纂の方針 …………………………… 1
　総論 …………………………………… 2
　各論 …………………………………… 7
　　第I編　古文書 …………………… 7
　　　1　仏教 ………………………… 7
　　　　1　天台系 …………………… 7
　　　　2　真言系 …………………… 11
　　　　3　浄土系 …………………… 17
　　　　　浄土宗 ……………………… 17
　　　　　浄土真宗 …………………… 18
　　　　　時宗 ………………………… 18
　　　　4　禅系 ……………………… 21
　　　　　臨済宗 ……………………… 21
　　　　　曹洞宗 ……………………… 22
　　　　　黄檗宗 ……………………… 24
　　　　5　日蓮系 …………………… 27
　　　　6　修験系 …………………… 30
　　　2　神道 ………………………… 34
　　第II編　記録 ……………………… 36
　　　1　仏教 ………………………… 36
　　　　1　法恩寺記録 ……………… 36

　　　　2　蓮馨寺日鑑 ……………… 37
　　　　3　迦葉院開発建立雑用日記 … 37
　　　　4　本法院記録 ……………… 38
　　　2　神道 ………………………… 38
　　　　1　秩父神社日鑑 …………… 38
　　　3　キリシタン ………………… 38
　　　　1　寒松関係キリシタン史料 … 38
　　　　2　古切支丹類族調べ ……… 39
第I編　古文書 …………………………… 41
　1　仏教 ………………………………… 43
　　1　天台系 …………………………… 43
　　　1　旧安楽寺〔浦和市〕………… 43
　　　　1　輪王寺門跡公寛法親王令旨（野口吉明家所蔵 浦和市） …… 43
　　　2　灌頂院〔川越市〕…………… 43
　　　　1　蓮華流灌頂院末寺連署証文 … 43
　　　　　［*法流伝播］
　　　3　喜多院〔川越市〕…………… 44
　　　　1　天海書状写 ………………… 44
　　　　2　医王寺寺号職補任状 ……… 44
　　　　3　（後水尾天皇）口宣案 ……… 45
　　　　4　天海置文 …………………… 45
　　　　5　天海書状 …………………… 45
　　　　　［*上野寛永寺の創建］
　　　　6　加行作法 …………………… 46
　　　　7　喜多院法度 ………………… 47
　　　　8　天海書状 …………………… 47
　　　　9　本門寺日詔書状 …………… 48
　　　　10　天海書状（栗原信吉家所蔵 川越市） ……………………… 48
　　　　11　正保元・一二・一七 寺領配当目録 近世8・五二二参照 …… 48
　　　　12　比叡山僧綱職補任状 ……… 48
　　　　13　比叡山僧綱職補任状 ……… 49
　　　　14　比叡山僧綱職補任状 ……… 49
　　　　15　比叡山僧綱職補任状 ……… 49
　　　　16　後光明天皇宣旨 …………… 50
　　　　17　（後光明天皇）口宣案 …… 50
　　　　18　後光明天皇宣旨 …………… 50
　　　　19　（後光明天皇）口宣案 …… 50
　　　　20　比叡山僧綱職補任状 ……… 50
　　　　21　比叡山僧綱職補任状 ……… 51
　　　　22　上野執当奉書 ……………… 51
　　　　23　山王講略式 ………………… 51
　　　　24　東照宮大権現式 …………… 54
　　　　25　喜多院権僧正官物覚 ……… 56
　　　　26　仙波無量院諸堂造立記録 … 57
　　　　27　安楽律法度 ………………… 57
　　　　28　安楽律法度添状 …………… 57
　　　4　吉祥寺〔浦和市〕…………… 58

330　県史誌内容総覧・資料編 1: 近世―関東

新編埼玉県史 資料編18 中世・近世 宗教

1 天正一七・六・一三 太田氏房印判状 中世2・一四六七参照 ……… 58	3 竜蔵院及雄等連署替地証文 ……… 77
2 徳川家康朱印状 ……………………… 58	4 午(文禄三)卯・朔 小笠原吉次替地証文 近世八・一二参照 …………… 77
3 天海吉祥寺法度 ……………………… 58	5 小島正直替地証文 …………………… 77
5 高蔵寺〔寄居町〕 …………………………… 59	13 新光寺〔川口市〕 …………………………… 78
1 天海東叡山直末許可状 ……………… 59	1 不動明王造立願文 …………………… 78
6 西福寺〔羽生市〕 …………………………… 59	2 天海東叡山直末許可状 ……………… 78
1 文禄三・三・二一 小笠原三郎左衛門吉次証状 近世4・一参照 ……… 59	3 天海末寺定書 ………………………… 79
7 慈恩寺〔岩槻市〕 …………………………… 59	14 大光普照寺〔神川村〕 …………………… 79
1 天文一八・九・三 太田資正判物 中世2・一九〇参照 ………………… 59	1 永禄一三・六・二八 長井政実判物 中世2・六五九参照 ………………… 79
2 天正一九・一一 徳川家康判物 近世8・五〇九参照 …………………… 60	2 亥(天正三)二・一四 北条氏邦印判状 中世2・八五六参照 …………… 79
3 徳川家康慈恩寺法度 …………………… 60	3 (後陽成天皇)口宣案 ………………… 79
4 天海院号許状 ………………………… 60	4 青蓮院門跡尊純法親王書状 ………… 79
5 人馬朱印 …………………………… 60	5 天海色衣免許状 ……………………… 79
6 蓮花坊出入ニ付覚 …………………… 60	6 某氏書状 …………………………… 80
7 岩槻藩主阿部正春寺領寄進状 ……… 61	7 宝輪院永盛書状 ……………………… 80
8 岩槻藩主阿部正盛安堵状 …………… 61	8 輪王寺門跡天真法親王令旨 ………… 80
9 輪王寺門跡守澄法親王令旨 ………… 62	9 大光普照寺掟書 ……………………… 81
10 輪王寺門跡天真法親王令旨 ……… 62	10 大光普照寺末円寺中法度 ………… 82
11 岩槻藩主松平忠易安堵状 ………… 62	15 長昌寺〔寄居町〕 …………………………… 84
12 輪王寺門跡公弁法親王令旨 ……… 63	1 輪王寺門跡公寛法親王令旨 ………… 84
13 慈恩寺衆徒連署後住願 …………… 63	2 茶湯免寄進状 ………………………… 84
14 慈恩寺衆徒連署後住願 …………… 64	16 長福寺〔小川町〕 …………………………… 85
15 輪王寺門跡公寛法親王令旨 ……… 65	1 (慶安二)・三・二四 毘沙門堂公海書状 近世8・五二六参照 ………… 85
8 慈眼寺〔大宮市〕 …………………………… 65	2 上野執当奉書 ………………………… 85
1 天正一五・一二・二七 太田氏房印判状 中世2・一四一二参照 ……… 65	3 普光寺末寺座配諍論覚書 …………… 85
2 天正一八・五 某禁制写 中世2・一五七二参照 ………………………… 65	4 能満寺座配諍論ニ付返答書 ………… 85
3 某判物 ……………………………… 65	5 普光寺法度 …………………………… 86
4 徳川家康朱印状 ……………………… 65	17 旧長命寺〔上里町〕 …………………………… 87
9 慈光寺〔都幾川村〕 ………………………… 65	1 輪王寺門跡守澄法親王令旨(伊藤浜五郎家所蔵 上里町) ………………… 87
1 上野執当奉書 ………………………… 65	18 徳星寺〔上尾市〕 …………………………… 88
2 慈光寺山林竹木等掟書 ……………… 66	1 天正一七・八・二八 太田氏房印判状 中世2・一四七五参照 ……… 88
3 都幾山牌堂念仏廻向作法 …………… 67	2 徳川家康朱印状 ……………………… 88
4 輪王寺門跡公弁法親王令旨 ………… 68	19 中院〔川越市〕 …………………………… 88
5 女人堂坊中勤方請書 ………………… 69	1 後二条天皇綸旨 ……………………… 88 〔＊関東天台〕
6 宝城院末寺連判願書(森田洋家所蔵 都幾川村) ………………………… 70	2 (正親町天皇)口宣案 ………………… 88
10 慈星院〔川口市〕 ………………………… 71	3 曼殊院門跡忍覚法親王令旨 ………… 88
1 慈星院自法流願書(平田富久家所蔵 川口市) ………………………… 71	4 曼殊院門跡忍覚法親王令旨 ………… 89
11 浄光寺〔東松山市〕 …………………………… 75	5 多東深大寺円定証状 ………………… 89
1 天海末寺定書 ………………………… 75	6 高麗清光院宥好証状 ………………… 89
2 輪王寺門跡守澄法親王令旨 ………… 75	7 仙波喜多院仙海証状 ………………… 89
3 常光寺法度 …………………………… 76	8 河田谷泉福寺裔海証状 ……………… 90
12 常光院〔熊谷市〕 …………………………… 77	9 岩槻慈恩寺実運証状 ………………… 90
1 天台座主応胤法親王令旨 …………… 77	10 毛呂正覚院円海証状 ……………… 90

県史誌内容総覧・資料編 1: 近世—関東 331

新編埼玉県史 資料編18 中世・近世 宗教

11 元亀二・八・二七 長楽寺真言院尊
慶書状 中世2‐六九四参照 ………… 90
12 両院末代法度 ………………………… 90
13 両院定書 ……………………………… 92
14 （後陽成天皇）口宣案 ……………… 92
15 青蓮院門跡尊純法親王令旨 ……… 92
16 青蓮院門跡尊純法親王令旨 ……… 92
17 川越藩主酒井忠利神領寄進状 …… 93
18 上野執当奉書 ………………………… 93
19 上野執当奉書 ………………………… 93
20 上野執当奉書 ………………………… 94
21 紋白花帽子法度 ……………………… 94
22 上野執当奉書 ………………………… 95
23 後光明天皇宣旨 ……………………… 95
24 （後光明天皇）口宣案 ……………… 96
25 中院末寺・門徒古帳 ………………… 96
26 輪王寺門跡守澄法親王令旨 ……… 98
27 輪王寺門跡守澄法親王令旨 ……… 98
28 上野執当奉書 ………………………… 99
29 喜多院慈海宋順書状 ………………… 99
30 上野執当奉書 ………………………… 99
31 上野執当奉書 ………………………… 100
32 輪王寺門跡守澄法親王令旨 ……… 100
33 中院山号職補任状 …………………… 100
34 上野執当達書 ………………………… 101
35 上野執当奉書 ………………………… 101
〔*門跡〕
36 上野執当達書 ………………………… 102
37 中院末寺・門徒新帳 ………………… 102
20 普光寺〔寄居町〕 ………………………… 105
1 普光寺後住出入訴状 ……………… 105
2 普光寺門徒連判証文 ……………… 106
3 能満寺末寺請合証文 ……………… 106
4 長福寺末寺請合証文 ……………… 107
5 安照寺末寺請合証文 ……………… 108
6 安照寺末寺請合証文 ……………… 108
7 安照寺書上 ………………………… 109
8 普光寺末寺議定書 ………………… 110
21 普光寺〔小川町〕 ………………………… 110
1 元禄四・一〇・二四 高木正長寺領
寄進状 近世8‐五四五参照 …… 110
2 高木正長寺領明細書付 …………… 110
3 上野執当奉書 ……………………… 111
4 普光寺朱印替地寄進覚 …………… 111
22 旧普門院〔上里町〕 ……………………… 112
1 天海東叡山直末許可状（萩原容平家
所蔵 上里町） ……………………… 112
2 真言系 ………………………………… 113
1 医王寺〔入間郡越生町〕 ………………… 113
1 天正一八・五 前田利家禁制 中世2‐
一五六六参照 ……………………… 113

2 一乗院〔浦和市〕 ………………………… 113
1 安養寺・西福寺末寺請証文 ……… 113
3 永福寺〔熊谷市〕 ………………………… 113
1 永福寺朱印頂戴願書（久保勝之家所
蔵 熊谷市） ………………………… 113
2 長福寺田畠改覚（久保勝之家所
蔵） ………………………………… 114
3 永福寺朱印頂戴願書（久保勝之家所
蔵） ………………………………… 115
4 永明寺〔羽生市〕 ………………………… 116
1 永禄六・五・二八 広田直繁判物写
（武一五埼）中世2‐三七六参照…116
5 円乗院〔与野市〕 ………………………… 116
1 仁和寺門跡性承法親王令旨 ……… 116
6 円福寺〔皆野町〕 ………………………… 116
1 大般若経値段見積書 ……………… 116
2 大般若経値段覚 …………………… 117
3 宥勝寺良周寄進状 ………………… 117
4 仁和寺門跡寛隆法親王令旨 ……… 118
5 仁和寺門跡守恕法親王令旨 ……… 118
6 仁和寺門跡守恕法親王令旨 ……… 118
7 仁和寺門跡遵仁法親王令旨 ……… 118
7 円明院〔三郷市〕 ………………………… 118
1 慶長六・三・二五 伊奈忠次朱印状
近世8‐五三四参照 ………………… 118
8 淵竜寺〔児玉町〕 ………………………… 118
1 天正八・閏三・二八 北条家禁制写
（武一七児）中世2‐一〇二九参
照 ………………………………… 118
9 応正寺〔川本町〕 ………………………… 118
1 明星院祐長等連署裁許状（清水忠徳
家所蔵 川本町） …………………… 118
2 明星院祐長等連署証状 …………… 119
3 仁和寺門跡覚深法親王令旨 ……… 120
4 仁和寺門跡覚深法親王令旨 ……… 120
5 仁和寺院家皆明寺禅宥書状 ……… 120
6 応正寺寺格出入返答書 …………… 120
10 歓喜院〔妻沼町〕 ………………………… 121
1 歓喜院・覚膳出入申渡状 ………… 121
2 歓喜院江戸出開帳許可願書控 …… 122
3 歓喜院伐木口上書控 ……………… 122
4 歓喜院起立書控 …………………… 123
5 歓喜院書上控 ……………………… 124
6 歓喜院隠居所西方院住職請状 …… 124
11 観音寺〔吉見町〕 ………………………… 124
1 慶長六・卯・一〇 伊奈忠次朱印状
近世8‐五三五参照 ………………… 124
2 報恩院流可加行表白 ……………… 124
3 報恩院流伝法許可灌頂印信 ……… 125
4 新末寺座位証文 …………………… 125
5 観音寺起立書 ……………………… 126

新編埼玉県史 資料編18 中世・近世 宗教

12 吉祥院〔上里町〕……………126
  1 三宝院流許可灌頂印信紹文(橋本倉平家所蔵 上里町)……………126
  2 当山修験法度……………127
  3 西院流印信印明……………127
  4 仁和寺孝源直末許可状……………128
  5 本末勤方議定書……………128
  6 長谷寺圭賢集議申渡証状……………128
  7 本末定請書……………129
13 玉泉寺〔長瀞町〕……………130
  1 智積院隆長附法状……………130
  2 長久院宥精附法状……………130
  3 長久院実真附法状……………130
  4 薬王寺見性詫証文……………130
  5 長久院田地一札……………131
  6 仏像注文請書……………132
  7 仏像細工注文請書……………132
  8 仏像注文請書……………133
  9 護摩執行願書……………133
  10 江戸四箇寺末寺帳加帳願書……………134
  11 長久院離末金請取状……………134
  12 智積院智興直末許可状……………135
14 玉蔵院〔浦和市〕……………135
  1 伝法灌頂印信印明……………135
  2 徳川家康朱印状……………135
  3 許可灌頂印信紹文……………136
  4 阿闍梨位印信紹文……………136
  5 伝法灌頂印信印明……………136
  6 両部灌頂血脈……………137
  7 許可灌頂印信紹文……………137
  8 阿闍梨位印信紹文……………137
  9 両部灌頂血脈……………137
  10 許可灌頂印信紹文……………138
  11 許可灌頂印信紹文……………138
  12 酒井忠世書状……………139
  13 玉蔵院本末帳……………139
  14 新談林願書……………140
15 華蔵寺〔深谷市〕……………141
  1 大日堂再建勧進状……………141
  2 鈴木重定寄附証文……………141
  3 鈴木重定由緒書……………142
  4 世良田惣持寺附法状……………142
  5 東照宮御供奉納願書旨覚……………142
  6 華蔵寺庭上灌頂役覚……………143
  7 惣持寺後住取扱証文……………145
16 玄光寺〔加須市〕……………145
  1 水野忠英寺領寄進状……………145
17 弘光寺〔岡部町〕……………145
  1 巳(天正九)八・二七 北条氏邦判状 中世2・一〇八六参照……………145
  2 仁和寺門跡覚深法親王令旨……………145

3 評定所地境裁許絵図裏書……………146
4 報恩院流許可灌頂印信印明……………146
18 光明寺〔玉川村〕……………147
  1 天正一八・五 前田利家禁制 中世2・一五七一参照……………147
19 光明寺〔久喜市〕……………147
  1 正福寺門末議定書……………147
20 迎摂院〔越谷市〕……………158
  1 徳川家康朱印状……………158
  2 大覚寺門跡寛深親王令旨……………159
  3 長谷寺圭賢法談許可状……………159
  4 仁和寺門跡寛全法親王令旨……………159
21 極楽寺〔寄居町〕……………159
  1 永享六・一〇・二一 前長門守宗員寄進状 中世1・七七八参照……………159
  2 日下部定好寺領書立……………159
22 金剛寺〔騎西町〕……………160
  1 御能拝見覚……………160
  2 新義真言宗色衣式目……………160
  3 色衣御礼官物目録……………162
  4 僧録護持院隆光触状……………163
23 金剛院〔大宮市〕……………164
  1 徳川家康朱印状……………164
  2 無量寿院直末許可状……………164
  3 弥勒院信栄添状……………164
  4 僧録護持院覚眼色衣免許状……………164
24 金剛寺〔越谷市〕……………165
  1 宝蔵寺等離末請書……………165
25 金乗院〔川島町〕……………166
  1 全阿弥陀証状……………166
  2 朱印頂戴願書控……………166
  3 朱印頂戴願書控……………167
  4 金乗院門徒改書上……………167
  5 宗門改覚……………168
  6 伝法灌頂職衆請定……………173
  7 伝法灌頂職衆請定……………173
  8 神宮寺開基由緒書……………174
  9 寺院開基由緒改帳……………174
  10 西光院起立書……………177
  11 金乗院返答書……………177
  12 金乗院本寺添簡控……………179
  13 金乗院後住願書……………179
  14 金乗院訴状……………180
  15 広徳寺・金乗院扱証文……………181
  16 智積院智興・長谷寺信有両能化常法談所免許状……………181
26 西光院〔宮代町〕……………182
  1 年未詳五・一三 太田資正判物写 中世2・四〇七参照……………182
  2 永禄一三・二・二〇 北条康成書状 中世2・六三二参照……………182

県史誌内容総覧・資料編 1: 近世—関東　333

3　天正一四・三・一一　太田氏房判物
　　　　　中世2‐一三二六参照 ……………………182
　　　4　徳川家康朱印状 ………………………182
　27　西福寺〔上里町〕 ……………………………182
　　　1　智積院運敞直末許可状 ………………182
　　　2　西福寺談林許可願添書 ………………182
　28　最勝寺〔春日部市〕 …………………………183
　　　1　三宝院流許可灌頂印信印明 …………183
　　　2　血脈相承覚書 …………………………183
　29　最勝寺〔越生町〕 ……………………………183
　　　1　文安三・三・九　吾那憲光寄進状写
　　　　　（武一三入）中世1‐八一二参照 ………183
　　　2　永禄三・一二・一〇　太田資正制札写
　　　　　（武一三入）中世2‐二八七参照 ………183
　30　三学院〔蕨市〕 ………………………………183
　　　1　徳川家康朱印状 ………………………183
　31　地蔵院〔鳩ケ谷市〕 …………………………184
　　　1　色衣仮免許状 …………………………184
　32　慈眼寺〔北川辺町〕 …………………………184
　　　1　報恩院末寺許可状 ……………………184
　　　2　報恩院末寺許可状 ……………………184
　33　寿徳寺〔鷲宮町〕 ……………………………185
　　　1　寿徳寺栄昭人体起立書 ………………185
　　　2　光台院役者奉書 ………………………185
　34　寿命院〔北本市〕 ……………………………186
　　　1　徳川家康朱印状 ………………………186
　　　2　智積院運敞直末許可状 ………………186
　　　3　中性院流許可灌頂印信紹文 …………186
　　　4　中性院法流印信目録 …………………187
　　　5　中性院流許可灌頂印信印明 …………187
　　　6　中性院流阿闍梨位印信紹文 …………187
　　　7　第二重印信 ……………………………188
　　　8　第三重印信 ……………………………188
　　　9　中性院流許可灌頂印信紹文 …………188
　　　10　中性院流両部灌頂血脈 ………………189
　35　正覚院〔羽生市〕 ……………………………189
　　　1　年未詳霜・二七　足利晴氏書状　中世
　　　　　2‐二六四参照 ………………………189
　　　2　永禄九・正・二六　広田直繁判物　中
　　　　　世2‐四五四参照 ……………………189
　　　3　永禄九・三・二一　木戸忠朝判物　中
　　　　　世2‐四五六参照 ……………………189
　　　4　天正二・正・吉　木戸忠朝判物　中世
　　　　　2‐七九一参照 ………………………189
　　　5　羽生城主大久保忠常老臣連署安堵
　　　　　状 ……………………………………189
　　　6　新末座席証文 …………………………189
　36　正福院〔白岡町〕 ……………………………191
　　　1　天文一七・六・朔　綱繁判物写（武一
　　　　　五埼）中世2‐一八五参照 ……………191
　37　正福寺〔幸手町〕 ……………………………191

　　　1　不動明王修復注文 ……………………191
　38　正法寺〔東松山市〕 …………………………191
　　　1　醍醐松橋方血脈并裏書 ………………191
　　　2　乙亥（天正三）一二・一一　上田宗調
　　　　　制札　中世2‐八六八参照 ……………193
　　　3　天正三・一二・二三　上田長則判物写
　　　　　（武一四比）中世2‐八六九参照 ………193
　　　4　天正四・七・一二　上田長則定書　中
　　　　　世2‐八七七参照 ……………………193
　　　5　天正一八・五　前田利家禁制　中世2‐
　　　　　一五六八参照 ………………………193
　　　6　仁和寺門跡覚深法親王令旨 …………193
　　　7　智積院日誉法談許可状 ………………193
　　　8　大覚寺門跡性真法親王令旨 …………193
　　　9　横田義松書状 …………………………193
　　　10　無量寿院直末許可状 …………………194
　　　11　無量寿院元雅書状 ……………………194
　　　12　伝法灌頂職衆請定 ……………………194
　　　13　観音堂修験出入訴状 …………………195
　　　14　修験出入済口一札 ……………………196
　　　15　正法寺書上 ……………………………197
　　　16　寺社奉行裁許請書 ……………………198
　　　17　大覚寺門跡性応法親王令旨 …………199
　　　18　智積院覚眼法談許可状 ………………199
　　　19　大覚寺門跡性応法親王令旨 …………199
　　　20　智積院覚眼法談許可状 ………………200
　39　勝軍寺〔岩槻市〕 ……………………………200
　　　1　天正五・卯・二八　聖護院門跡御教
　　　　　書写　中世2‐九〇五参照 ……………200
　40　成身院〔児玉町〕 ……………………………200
　　　1　朱印写書上 ……………………………200
　　　2　朱印改触書 ……………………………201
　　　3　朱印地由緒覚 …………………………201
　　　4　朱印地由緒書上控 ……………………201
　41　浄光寺〔越谷市〕 ……………………………202
　　　1　照光院除地願書 ………………………202
　42　常勝寺〔鴻巣市〕 ……………………………203
　　　1　寛文六・五・一三　寺社奉行連署達
　　　　　書　近世8‐五二八参照 ………………203
　　　2　智積院運敞直末許可状 ………………203
　　　3　智積院智興法談許可状 ………………204
　43　常福寺〔美里村〕 ……………………………204
　　　1　壬午（天正一〇）六・二二　北条家禁
　　　　　制写　中世2‐一一三四参照 …………204
　　　2　智積院日誉・長谷寺秀算両能化書
　　　　　状 ……………………………………204
　　　3　（慶安二）八・四　村越清次郎等連署
　　　　　書状　近世8‐五二七参照 ……………204
　44　常楽寺〔飯能市〕 ……………………………205
　　　1　徳川家康朱印状 ………………………205
　　　2　三宝院流許可灌頂印信紹文 …………205

3	三宝院流瑜祇灌頂印信	205
4	三宝院流許可灌頂印信印明	205
5	第二重印信	206
6	第三重印信	206
7	常楽院良円目安状	206
8	明星院祐長書状	207
9	三宝院門跡房演法親王令旨	207
45	常楽寺〔春日部市〕	207
1	大覚寺門跡性真法親王令旨	207
2	常楽寺境内除地願書	207
3	無量寿院直末許可状	208
4	無量寿院元雅書状	208
5	常楽寺法流請一札	208
6	常楽寺色衣願起立書	209
7	僧録護持院隆光色衣免許状添状	209
8	西蔵院檀那手形	209
9	西蔵院色衣願起立書	210
46	静栖寺〔松伏町〕	210
1	静栖寺新門徒請書	210
2	仁和寺直末請書	211
3	仁和寺門跡性承法親王令旨	211
4	仁和寺門跡性承法親王令旨〔*直末許可状〕	211
5	静栖寺末寺定書	212
6	仁和寺門跡性承法親王令旨	213
7	延宝四・一一・一二 阿弥陀免除地願書 近世8・五四二参照	213
8	静栖寺尭宗末寺許可状	213
9	静栖寺新末寺請書	214
10	静栖寺門末座配定書	214
11	朱印頂戴願書	214
12	三談林定書	215
13	書籍不所持届一札	215
14	静栖寺起立書	216
15	静栖寺院室兼帯定書	216
16	覚貞寺後住願書	217
17	覚貞寺後住選一札	218
18	仁和寺門跡遵仁法親王令旨	218
19	秀覚寺新末添簡願書	218
20	覚貞寺新末添簡願書	219
21	覚貞寺起立書	219
22	新末三ケ寺座位定書	220
23	静栖寺慧廓末寺許可状	220
24	新末三ケ寺法謝金請一札	221
25	新末報謝寄進褒美状	221
26	仁和寺門跡遵仁法親王令旨	222
47	旧真光寺〔北川辺町〕	222
1	鴻巣御所足利氏女証状（武一五埼）	222
48	善光寺〔川口市〕	222
1	善光寺如来堂建立添簡願書	222
2	善光寺本尊開帳願	223
49	善定寺〔大利根町〕	224
1	辰（慶長九）一一・二九 伊奈忠次寺領証文 近世8・五三八参照	224
2	祭道覚書	224
3	東光寺・善定寺扱証文	225
4	尊海請状	225
5	善定寺住僧法度	225
6	定福院一札	226
7	善定寺・東光寺本末争訴状	226
8	善定寺訴状	227
9	金剛院・善定寺訴状	228
50	総願寺〔加須市〕	230
1	惣願寺寺領証状	230
2	惣願寺朱印頂戴願書	230
3	不動堂向参道新規開通願書	231
51	息障院〔吉見町〕	232
1	根来智積院日秀法度	232
	[*談義所法度]	
2	根来智積院日秀書状	232
3	智積院日誉状	232
4	智積院日誉書状	233
5	智積院日誉書状	233
6	知足院光誉書状	234
7	息障院深秀書状	234
8	関東諸家連判状	234
	[*真義真言宗]	
9	智積院元寿・長谷寺秀算両能化法度	236
10	評定所裁許状	237
11	寺社奉行差紙	237
12	弥勒寺朝海書状	238
13	息障院本末帳	238
14	吉利支丹宗門改証文	242
15	真福寺隆鑁書状	242
16	岩殿安楽寺訴状	243
17	智積院奉加金目録	243
18	息障院賢慶証状	244
19	息障院門中証状	244
20	真福寺宥鑁書状	244
21	印可加行表白	245
22	報恩院流許可灌頂印信紹文	245
	[*寺付法流；事相]	
23	報恩院流許可灌頂印信印明	245
24	報恩院流許可灌頂印信血脈	246
25	報恩院末寺許可状	246
	[*法流末寺]	
26	今泉村宝蔵寺門徒請書	247
27	智積院信盛・長谷寺卓玄両能化法状	247
28	第二重印信	247

29	第二重印信添書	248
30	八王子浄福寺覚証証状	248
31	息障院鏐亮廻章	248
32	息障院起立書控	249
33	息障院法流相続記	249
34	日出谷村知足院後住願書	249
35	息障院幸円置文	250
36	江綱村宝生寺後住願書	251
37	息障院焼失注進書	251
38	小屋村寺中昇格願書	252
	[*法流相続;末寺昇格;起立書]	
39	小屋村金乗寺後住願書	252
40	小屋村金乗寺後住願書	253
41	金乗寺等四箇寺新末寺昇格願書控	254
42	金乗寺等四箇寺新末寺昇格願書控	254
43	小屋村金乗寺法流相続願書	256
44	上奈良村妙音寺法流相続願書	256
45	久保田村無量寺法流相続願書	257
46	久保田村無量寺起立書控	257
47	大串村観音寺起立書控	258
48	上奈良村妙音寺起立書控	258
49	小屋村金乗寺起立書控	258
50	息障院末寺座位定	259
51	中曾根村吉祥寺新末寺証文	260
52	金乗寺等四箇寺新末寺昇格願書控	261
53	無量寺・観音寺座位定控	263
	[*一色格寺院]	
54	開眼供養願文	263
55	光台院賢継書状	264
56	僧録護持院快意添状	264
57	江戸四箇寺書状	265
58	開眼供養願文控	265
59	寄進供養願文	266
60	寄進供養願文	266
61	開眼供養願文	267
62	息障院門末法度	267
52	多宝寺〔長瀞町〕	270
1	長久院実真附法状	270
53	大聖寺〔越谷市〕	270
1	元亀三・二・九 北条氏繁判物 中世2・七二五参照	270
2	天正十四（ママ）・正・廿八（太田氏房禁制（西角井家所蔵）中世2・一三五八参照	270
3	安養院新末願書	270
54	大福寺〔加須市〕	271
1	普門寺法流許可状	271
2	大福寺三号許可状	271
55	智観寺〔飯能市〕	271
1	大覚寺門跡空性法親王令旨（武一四高）	271
56	旧長久院〔寄居町〕	272
1	長久院門中諸法度（杉田武三四家所蔵寄居町）	272
57	長久寺〔行田市〕	275
1	（後陽成天皇）口宣案	275
2	智積院日誉書状	275
3	長久寺門末之作法	275
4	報恩院直末願書	276
5	長久寺・門中門徒組入願書	276
6	長久寺本寺変更願書	278
7	印可加行表白	278
8	報恩院流許可灌頂印信印明	278
9	報恩院流許可灌頂印信紹文	279
10	報恩院流許可灌頂印信血脈	279
11	長久寺本末門徒帳	280
12	報恩院直末許可状	281
13	慶性寺新末寺昇格願書	281
14	慶性寺起立書	281
15	長久寺門中慶性寺新末寺昇格願書	282
16	檀中慶性寺新末寺昇格願書	283
17	慶性寺新末寺願添簡	283
58	長慶寺〔熊谷市〕	284
1	大永三・三・一二 北条家伝馬手形 中世2・九八参照	284
2	天正七・三・一一 聖護院門跡御教書 中世2・九七七参照	284
3	天正一八・七・一三 浅野長吉・木村一連署定書 中世2・一六六六参照	284
59	東漸院〔草加市〕	284
1	清滝院宥盛書状	284
2	東善院賢教廻状控	285
3	満福寺末寺条目	286
4	東漸院本末定文	287
60	日乗院〔上尾市〕	287
1	遍照院談林願連判状	287
2	遍照院談林願連判状	288
61	能護寺〔妻沼町〕	288
1	朱印頂戴願証状	288
2	仏像細工請負証文	289
3	能護門中定書	289
62	普光明寺〔新座市〕	290
1	普光明寺請証文	290
2	報恩院直末許可状	290
3	報恩院流許可灌頂印信印明	290
4	報恩院流許可灌頂印信紹文	291
5	報恩院流許可灌頂印信血脈	291
6	新末寺昇格順序取極一札	292

7	泉蔵院新末寺昇格願添簡 292	
63	法恩寺〔越生町〕...................293	
1	承元二・三・一三 関東下知状写 中世1‐二八参照 293	
2	宝治元・六・四 越生有高譲状写 中世1‐五九参照 293	
3	宝治元・一〇・一 藤原頼嗣袖判下文写 中世1‐六一参照 293	
4	建治二・一二・一一 関東下知状写 中世1‐九八参照 293	
5	弘安五・五・二六 越生長経譲状写 中世1‐一一〇参照 293	
6	永仁五・一一・二三 関東下知状写 中世1‐一五七参照 293	
7	元応二・四・二 関東下知状写 中世1‐二一〇参照 293	
8	(元亨四)五・一五 越生頼直売券写 中世1‐二一九参照 293	
9	元徳二・六・二三 関東下知状写 中世1‐二四一参照 293	
10	(貞和二・卯・二五)小代郷国延名内知行注文写 中世1‐三五〇参照 293	
11	康応元・六・三 浅羽宏繁譲状写 中世1‐五七三参照 293	
12	(応永四)五・三 足利氏満挙状写 中世1‐六〇二参照 293	
13	応永五・正・一一 公珍譲状写 中世1‐六一二参照 293	
14	応永五・正・一一 公珍譲状写 中世1‐六一三参照 293	
15	応永五・二・九 尼禅智寄進状写 中世1‐六一四参照 293	
16	(応永九)三・五 越生光忠寄進状写 中世1‐六四四参照 293	
17	(応永一三)一〇・一五 長尾憲忠請文写 中世1‐六五四参照 293	
18	(応永一五)二・二八 越生政経寄進状写 中世1‐六五七参照 293	
19	(応永一八)一二・一三 越生政秀・同政経寄進状写 中世1‐六七〇参照	
20	(応永一九)五・二二 秀慶譲状写 中世1‐六七二参照 293	
21	道用・禅音寄附状 ....293 [＊開基檀家;経典寄進]	
22	応永二一・一一・一八 越生主計允入道宏忠売券写 中世1‐六八六参照	
23	応永二五・五・二二 宏伝・良慶証状写 中世1‐七〇二参照 293	
24	応永三二・二・九 宏伝譲状写 中世1‐七四六参照 294	
25	(応永三二)八・二三 尼禅智寄進状写 中世1‐七四八参照 294	
26	(応永三三)六・一九 尼禅智寄進状写 中世1‐七五二参照 294	
27	康正二・二 長尾景棟(カ)禁制写 中世1‐八七四参照 294	
28	康正二・六・一 曇秀譲状写 中世1‐八七七参照 294	
29	寛正四・正・二一 曇秀遺誡写 中世1‐九二九参照 294	
30	寛正四・正・二三 曇秀置文写 中世1‐九三〇参照 294	
31	(文正元)一〇・二 畠山政長書状写 中世1‐九四七参照 294	
32	(文正元)一〇・二 細川勝元書状写 中世1‐九四八参照 294	
33	(長享三)四 沙弥某禁制写 中世1‐一〇二二参照 294	
34	正親町天皇綸旨 294	
35	木部政頼寺領安堵状 294	
36	前田利家禁制 294	
37	医王寺堯竜書状 294	
38	後陽成天皇綸旨 295	
39	明星院祐長書状 295	
40	明星院祐長書状 295	
41	智積院日誉法談許可状 295	
42	報恩寺常什物帳 296	
43	医王寺伝法灌頂職衆請状 297	
44	報恩寺主温口上書 297	
64	宝巌院〔川口市〕...................298	
1	伝法灌頂職衆請状 298	
65	宝聖寺〔幸手町〕...................298	
1	一色照忠寄進状 298	
2	新末報謝金請一札 298	
66	満願寺〔鴻巣市〕...................299	
1	徳川家康朱印状 299	
67	満福寺〔大宮市〕...................300	
1	無量寿院直末許可状 300	
68	満福寺〔川本町〕...................300	
1	弘光寺後住願書 300	
2	満福寺元誉弘光寺後住願書 300	
69	弥勒院〔深谷市〕(円明寺所蔵 皆野町)..........301	
1	智積院運敞直末許可状 301	
2	智積院快存法流許可状 301	
70	密蔵院〔川口市〕...................301	
1	無量寿院直末許可状 301	
71	明星院〔桶川市〕...................301	
1	弘治三・四・八 太田資正判物写(武一二足) 中世2‐二三五参照 301	
2	年未詳七・朔 太田資正制札 中世2‐二三六参照 301	

新編埼玉県史 資料編18 中世・近世 宗教

3 永禄六・六・一八 太田資正制札写
（小室村誌所収）中世2・三七七参
照 301
4 永禄九・一一・一八 太田氏資判物
中世2・四七五参照 301
5 永禄九・一一・二八 太田氏資判物
中世2・四七八参照 301
6 元亀三・閏正・五 北条家印判状 中
世2・七二一参照 302
7 天正二・九・一〇 北条家裁許印判
状 中世2・八二六参照 302
8 卯（天正七）・一〇・一七 北条家禁制
中世2・一〇〇一参照 302
9 庚辰（天正八）三・一五 北条家印判
状 中世2・一〇二五参照 302
10 天正一九・六・六 伊奈忠次替地手
形 近世8・八参照 302
11 徳川家康朱印状 302
12 西院流印信目録 302
13 関東新義真言宗法度 302
14 関東新義真言宗法度 303
15 真言宗諸法度 303
 〔*色衣着用〕
16 明星院世代書 304
17 三宝院流許可灌頂印信印明 306
18 三宝院流伝法灌頂印信印明 306
19 三宝院流伝法灌頂阿闍梨位紹
文 306
20 三宝院流伝法灌頂印信血脈 307
21 伝法灌頂印信印明 307
22 中御門天皇綸旨 308
23 仁和寺奉行奉書 308
72 宥勝寺〔本庄市〕 308
1 法流再相続願書 308
73 竜花院〔騎西町〕 308
1 三宝院流許可灌頂印信印明 308
2 三宝院流許可灌頂印信紹文 309
3 伝法灌頂印信印明 309
4 竜花院法流意趣書 309
5 地蔵院流許可灌頂印信紹文 310
6 光台院定聾法流許可状 311
7 光台院直末許可状 311
74 竜昌寺〔鴻巣市〕 311
1 徳川家康朱印状 311
2 許可灌頂印信印明 311
3 許可灌頂印信紹文 312
4 江戸四箇寺廻状 312
5 宝生寺起立書 316
6 観音院起立書 316
7 医王寺起立書 318
8 祠堂金請書 318
9 竜珠院鏡意遺附法状 320

10 観音寺江戸四箇寺着帳願書 320
11 許可灌頂印信印明 321
12 本覚院寄付金請取状 321
13 鏡意遺金預状 322
14 宗旨請合手形 322
75 竜泉寺〔熊谷市〕 322
1 大覚寺門跡寛守法親王令旨 322
 〔*江戸四箇寺;色衣免許制度〕
2 大覚寺門跡寛守法親王令旨 323
3 長谷寺慧隆法談許可状 323
4 仁和寺門跡道仁法親王令旨 323
76 林光寺〔大宮市〕 323
1 徳川家康朱印状 323
2 仁和寺門跡寛隆法親王令旨 324
3 僧録護持院覚眼色衣免許状 324
4 僧録護持院覚眼色衣免許状 324
77 和光院〔浦和市〕 324
1 三号許可状 324
2 玉蔵院光星附法状 324
3 浄土系 326
1 安国寺〔越谷市〕 326
1 増上寺源誉存応書状 326
2 廓信寺〔浦和市〕 326
1 中村吉照証状 326
3 観音寺〔浦和市〕 327
1 観音寺起立書（木内五郎家所蔵 浦和
市） 327
4 教念寺〔川本町〕 327
1 延文元・一二・三 足利基氏寄進状
中世1・四二二参照 327
2 康安二・六・六 足利基氏寄進状 中
世1・四三八参照 327
3 康暦元・一〇・一 江田貞康打渡状
中世1・五〇五参照 327
4 永徳二・一一・二五 左衛門尉基泰
打渡状 中世1・五三五参照 327
5 応永三・九・二二 畠山義清寄進状
中世1・六〇一参照 327
6 （応永八）三・一六 畠山基国書状
中世1・六三九参照 327
7 応永八・五・二 足利満兼寄進状 中
世1・六四〇参照 327
8 年未詳七・九 繁兼書状 中世1・六
四一参照 327
9 享徳四・二・六 足利成氏安堵状 中
世1・八四九参照 327
10 文明一三・三・二〇 上杉顕定禁制
中世1・一〇〇五参照 327
11 天正元・卯・九 上杉氏憲寄進状写
中世2・七七二参照 327
12 天正元・八・九 上杉氏憲寄進状写
中世2・七七一参照 327

338 県史誌内容総覧・資料編 1: 近世—関東

13　天正三・九・六　本田長繁寄進状写
　　　中世2 - 八六三参照……………………327
　14　有賀種親書状……………………………327
5　十蓮寺〔上尾市〕……………………………328
　1　高札…………………………………………328
6　正覚寺〔行田市〕……………………………328
　1　慶長三・三・二三　小笠原吉次寺領
　　　寄進状　近世8 - 五三一参照…………328
　2　慶長三・三・二五　正覚寺寺領書立
　　　近世8 - 五三二参照……………………328
　3　正覚寺由緒書………………………………328
7　清浄院〔越谷市〕……………………………330
　1　清浄院幷末寺由緒書………………………330
8　勝願寺〔鴻巣市〕……………………………334
　1　浄国寺惣誉清巌書状………………………334
　2　唯識因明二論許可文………………………334
　3　後陽成天皇綸旨……………………………334
　　〔＊紫衣〕
　4　後陽成天皇女房奉書………………………335
　5　知恩院満誉尊照添状………………………335
　6　一乗院尊政書状……………………………335
　7　一乗院尊政書状……………………………336
　8　勝願寺円誉不残書状（武一二足）………336
　9　増上寺源誉存応書状、同裏書……………337
　10　後水尾天皇綸旨……………………………337
　11　知恩院満誉尊照添状………………………337
　12　後水尾天皇綸旨……………………………338
　13　後水尾天皇女房奉書………………………338
　14　知恩院城誉法雲添状………………………338
　15　明正天皇綸旨………………………………338
　16　明正天皇女房奉書…………………………338
　17　紫衣礼金銀請取状…………………………339
　18　紫衣礼金銀請取状…………………………339
　19　某局書状……………………………………340
　20　後西天皇綸旨………………………………340
　21　後西天皇女房奉書…………………………340
　22　知恩院勝誉旧応添状………………………340
　23　紫衣参内入用取状…………………………340
　24　紫衣礼金銀請取状…………………………342
　25　増上寺遵誉貴屋書状………………………342
　26　増上寺貞誉了也証状………………………343
　27　参内調物覚…………………………………343
　28　院参入用覚…………………………………344
　29　禁中進上物覚………………………………344
　30　紫衣参内入用覚……………………………345
　31　参内之心得…………………………………345
　32　増上寺御仏殿法事次第……………………346
9　浄安寺〔岩槻市〕……………………………346
　1　天正一五・一〇・一八　太田氏房判
　　　物写（風埼二）中世2 - 一四〇〇参
　　　照……………………………………………346

　2　浄安寺由緒書………………………………346
10　浄国寺〔岩槻市〕……………………………347
　1　天正一五・八・一一　太田氏房判物
　　　中世2 - 一三八八参照……………………347
　2　天正一六・五・一三　太田氏房印判
　　　状　中世2 - 一四三三参照………………347
　3　徳川家康書状………………………………347
　　〔＊檀林〕
　4　全阿弥書状…………………………………347
　5　徳川家康書状………………………………348
　6　全阿弥書状…………………………………348
　7　全阿弥書状…………………………………348
　8　寛永二〇・七・一七　岩槻藩主阿部
　　　重次寄進状　近世8 - 五四〇参照……349
　9　岩槻藩主板倉重道書状……………………349
　10　岩槻藩主松平忠徳寄進状…………………349
11　増善寺〔寄居町〕……………………………349
　1　知恩院門跡尊超法親王令旨………………349
　2　知恩院万誉顕道添状………………………349
12　大英寺〔騎西町〕……………………………350
　1　弘治二・四・晦　北条氏房印判状写（武
　　　一五埼）中世2 - 二三一参照……………350
　2　大英寺領帳…………………………………350
13　大経寺〔八潮市〕……………………………351
　1　大経寺本寺替覚……………………………351
14　大竜寺〔妻沼町〕……………………………352
　1　幡随意白道書状……………………………352
15　平源寺〔蓮田市〕……………………………352
　1　全阿弥書状…………………………………352
　2　伊奈忠次制札………………………………352
16　竜蔵寺〔加須市〕……………………………353
　1　増上寺遵誉貴屋書状………………………353
17　旧良秀寺〔寄居町〕…………………………353
　1　年未詳　七　岡本良勝証状写（武一六
　　　男）中世2 - 付三七参照…………………353
18　林西寺〔越谷市〕……………………………353
　1　徳川家康朱印状……………………………353
　2　林西寺幷末寺由緒書………………………353
19　蓮馨寺〔川越市〕……………………………361
　1　感誉存貞授善誉五重………………………361
　　〔＊五重伝書〕
　2　感誉存貞談義所壁書………………………361
　3　天正一八・五　豊臣秀吉禁制　中世2 -
　　　一五六一参照……………………………363
　4　全阿弥書状…………………………………363
　5　川越城主酒井重忠書状……………………364
　6　徳川家康添状………………………………364
　7　川越藩主堀田正盛書状……………………364
4　禅系………………………………………………365
　1　雲祥寺〔川里村〕……………………………365
　　1　大河内久綱書状……………………………365

新編埼玉県史 資料編18 中世・近世 宗教

- 2 永源寺〔坂戸市〕 ……………365
  - 1 徳川家康朱印状 ……………365
  - 2 全阿弥書状 ……………365
  - 3 恵源寺回乾朱印頂戴願書 ……366
- 3 永勝寺〔吹上町〕 ……………366
  - 1 村田惣平等連署善正寺新田書上 …366
  - 2 伊奈忠次黒印状 ……………367
- 4 永福寺〔東松山市〕 ……………367
  - 1 天文二二・卯・朔 北条家印判状写（武一四比）中世2‐二〇七参照 …367
  - 2 徳川家康朱印状 ……………367
- 5 永法寺〔吉田町〕 ……………367
  - 1 評定所山論裁許状 ……………367
- 6 円正寺〔鳩山町〕 ……………368
  - 1 徳川家康朱印状 ……………368
  - 2 評定所村境諍論裁許絵図裏書 …368
- 7 円城寺〔小川町〕 ……………369
  - 1 円城寺書上 ……………369
- 8 円福寺〔秩父市〕 ……………369
  - 1 円福寺祖円返答書 ……………369
  - 2 円福寺門中触書請書 ……………370
  - 3 円福寺門中秩父札所出開帳窺書 …371
  - 4 円福寺門中色衣着用願 ……………372
  - 5 円福寺門中檀那色衣着用願 ……373
  - 6 金地院色衣着用許可状 ……………377
  - 7 高辻胤長勅額染筆許可状 ……………377
  - 8 秩父札所江戸出開帳届書 ……………377
  - 9 秩父札所江戸出開帳届書 ……………377
- 9 遠山寺〔嵐山町〕 ……………378
  - 1 正法之内意大事 ……………378
  - 2 朱印地請合証文 ……………379
  - 3 遠山百姓衆詫書 ……………379
  - 4 評定所山論裁許絵図裏書 ……380
  - 5 修覆材木等請合証文 ……………380
  - 6 霊元天皇綸旨 ……………381
  - 7 普済寺後住願書 ……………381
  - 8 輪王寺門跡公弁法親王令旨 …381
  - 9 永平寺瑞世請状 ……………382
  - 10 中御門天皇綸旨 ……………382
- 10 迦葉院〔鷲宮町〕 ……………382
  - 1 中御門天皇綸旨 ……………382
  - 2 桜町天皇綸旨 ……………383
  - 3 東昌寺口上書 ……………383
  - 4 桜町天皇綸旨 ……………385
  - 5 随意会許可願添簡 ……………385
  - 6 迦葉院書上 ……………386
  - 7 随意会許可願添簡 ……………387
  - 8 随意会興行願書 ……………387
  - 9 会下称号免許願一札 ……388
  - 10 随意会免簾 ……………389
  - 11 随意会興行願書 ……………389
- 12 迦葉院属末掟 ……………390
- 13 開山御影木像注文書 ……………390
- 11 開善寺〔本庄市〕 ……………391
  - 1 桃山天皇綸旨 ……………391
- 12 甘棠院〔久喜市〕 ……………391
  - 1 年未詳二・二七 足利政氏書状 中世2‐一一七参照 ……………391
  - 2 元亀二・六・一二 武田家高札 中世2‐六八九参照 ……………391
  - 3 天正一八・五 豊臣秀吉禁制 中世2‐一五六〇参照 ……………391
  - 4 甘棠院由緒書上 ……………391
  - 5 徳川綱吉公帖 ……………393
  - 6 徳川綱吉公帖 ……………393
  - 7 徳川吉宗公帖 ……………393
  - 8 円覚寺後堂寮官銭収納状 ……393
  - 9 円覚寺前堂寮官銭収納状 ……394
  - 10 円覚寺掛籍銭収納状 ……………394
- 13 休山寺〔鳩山町〕 ……………394
  - 1 延宝八・正・一五 横田義松寄進状 近世8‐五四三参照 ……………394
  - 2 横田清松安堵状 ……………394
- 14 慶徳寺〔滑川村〕 ……………395
  - 1 全阿弥祭道法度 ……………395
- 15 源長寺〔羽生市〕 ……………395
  - 1 元亀二・二・二六 武田家高札 中世2‐六七一参照 ……………395
  - 2 羽生城主大久保忠隣老臣証状（風埼一七）……………395
  - 3 羽生藩主大久保忠常老臣連署証状（風埼一七）……………395
- 16 広見寺〔秩父市〕 ……………396
  - 1 満光寺善佐文 ……………396
  - 2 広見寺・末寺寺領目録 ……………396
  - 3 広見寺覚 ……………398
  - 4 広見寺寅尭後住請一札 ……………398
  - 5 関三箇寺竜穏寺裁許状 ……………398
  - 6 満光寺全密後住請手形 ……………398
  - 7 総持寺願書 ……………399
  - 8 関三箇寺達書 ……………400
  - 9 関三箇寺裁許状 ……………401
  - 10 広見寺永祝訴状取下げ一札 …403
  - 11 関三箇寺首座申渡状 ……………404
  - 12 広見寺禅棟訴状 ……………404
  - 13 関三箇寺裁許状 ……………405
  - 14 関三箇寺首座申渡状 ……………406
  - 15 広見寺朱印高書上案 ……………407
  - 16 寺社奉行裁許請書 ……………407
  - 17 満光寺発行詫書 ……………409
  - 18 寺社奉行裁許請書 ……………410
  - 19 関三箇寺首座申渡状 ……………411

新編埼玉県史 資料編18 中世・近世 宗教

　　20　関三箇寺首座申渡状 ……………411
　　21　蔵福寺返答書 ………………………411
　17　広正寺〔嵐山町〕……………………412
　　1　引導・祭道法度 ……………………412
　　2　大徳寺希叟宗罕法号授与状 ………412
　　3　大徳寺希叟宗罕雅号授与状 ………412
　　4　竜穏寺聚徠書状 ……………………412
　　5　関三箇寺総寧寺・竜穏寺連署条
　　　　目 ……………………………………413
　　6　高木正長寺領寄進状 ………………413
　18　広渡寺〔飯能市〕……………………413
　　1　関三箇寺首座申渡状 ………………413
　　2　関三箇寺首座申渡状 ………………414
　　3　広渡寺書上案 ………………………414
　　4　会中掟書 ……………………………415
　19　光源院〔小鹿野町〕…………………416
　　1　永禄一三・二・二八　武田家高札　中
　　　　世2・六三四参照 ……………………416
　20　光厳寺〔美里町〕……………………416
　　1　天正一二・臘・七　猪俣邦憲判物　中
　　　　世2・一二七一参照 …………………416
　　2　天正二〇・三・一九　成瀬正一寺領
　　　　打渡状　近世8・五一四参照 ………416
　　3　光厳寺寺領打渡覚 …………………416
　21　光福寺〔東松山市〕…………………416
　　1　知足院闇徹本末証文 ………………416
　　2　関三箇寺掟書 ………………………417
　　3　寛文九・三・三　酒井重頼寄進状　近
　　　　世8・五四一参照 ……………………418
　　4　関三箇寺裁許状 ……………………418
　22　幸安寺〔熊谷市〕……………………418
　　1　三ケ尻村惣百姓幸安寺除地口上
　　　　書 ……………………………………418
　　2　幸安寺書上 …………………………420
　　3　幸安寺除地口上書 …………………421
　　4　本寺国済寺幸安寺由緒添簡 ………421
　　5　幸安寺由緒書上 ……………………422
　　6　深谷吉永幸安寺除地窺書覚 ………422
　　7　深谷吉永幸安寺境内除地書付 ……423
　23　興国寺〔上里町〕……………………423
　　1　興国寺古跡寺格願書 ………………423
　　2　室賀正次興国寺古跡願添簡 ………423
　　3　長浜村惣百姓興国寺古跡願添簡 …424
　　4　本寺不動寺潮音興国寺古跡願添
　　　　簡 ……………………………………424
　　5　江戸触頭瑞聖寺添簡 ………………424
　24　興善寺〔白岡町〕……………………425
　　1　徳川家康朱印状 ……………………425
　25　国済寺〔深谷市〕……………………425
　　1　広園寺本寺変更願書 ………………425
　　2　亀山法皇四百年御諱香資請取状 …426

　　3　南院国師大和尚遠年諱告論之書 …426
　　4　国済寺・広園寺本末吟味願書 ……427
　26　金剛院〔吉田町〕……………………427
　　1　新井若狭寄進手形 …………………427
　　2　阿良河村訴状 ………………………427
　　3　玉泉寺亮貞返答書 …………………428
　　4　長昌院使僧芳知扱口上書 …………429
　　5　松月院檀那衆扱証文 ………………430
　　6　関三箇寺廻状 ………………………430
　　7　東国寺檀中手形 ……………………432
　　8　高西寺春良詫証文 …………………432
　　9　宗旨改手形 …………………………433
　　10　観音院実栄畠山寄進状 ……………433
　　11　金竜院厳धि置文 ……………………434
　　12　竜穏寺廻状拝見証文 ………………434
　　13　大徳院春芳法脈返進一札 …………434
　　14　大徳院春芳詫証文 …………………435
　　15　金剛院永道等論所絵図添書 ………435
　　16　奈倉村十左衛門宗旨請願書 ………436
　　17　奈倉村与惣右衛門等宗旨請願
　　　　書 ……………………………………436
　　18　金竜寺竜山寺例証文 ………………436
　　19　喝禅師解制証状 ……………………437
　　20　双林寺末寺牒 ………………………437
　27　金剛寺〔川口市〕……………………439
　　1　永禄二・一〇・一三　太田資正書状写
　　　　（武一二足）中世2・二五〇参照 …439
　　2　天正三・三・三　太田氏房印判状
　　　　写（武一二足）中世2・一二四六参
　　　　照 ……………………………………439
　28　西光寺〔小川町〕……………………439
　　1　小川村惣百姓請合証文 ……………439
　　2　朱印地検地一札 ……………………440
　　3　宗旨改手形 …………………………440
　　4　朱印頂戴願書 ………………………441
　　5　朱印頂戴願書添状 …………………441
　　6　宗旨改手形 …………………………441
　　7　桜町天皇綸旨 ………………………442
　29　集福寺〔熊谷市〕……………………442
　　1　天正一八・五　豊臣秀吉禁制　中世2・
　　　　一五六四参照 ………………………442
　30　少林寺〔寄居町〕……………………442
　　1　天正七・卯・二四　北条氏邦印判状写
　　　　（武一六榛）中世2・九八〇参照 ……442
　　2　天正八・五・二三　北条氏邦禁制写
　　　　（武一六榛）中世2・一〇三四参
　　　　照 ……………………………………442
　31　正明寺〔杉戸町〕……………………442
　　1　総寧寺長鶯書状 ……………………442
　　2　総持寺出世公文 ……………………443
　　　〔*入寺〕

県史誌内容総覧・資料編 1: 近世―関東　　341

新編埼玉県史 資料編18 中世・近世 宗教

```
　　3　霊元天皇綸旨 …………………443
　　　　〔*転衣〕
　　4　永平寺瑞世請状 ………………443
　　5　東山天皇綸旨 …………………443
　　6　永平寺瑞世請状 ………………444
　　7　中御門天皇綸旨 ………………444
　32　正竜寺〔寄居町〕………………444
　　1　国王授戒切紙 …………………444
　　2　（永禄一三）三・一六　北条氏政書状
　　　　中世2 - 六四〇参照 …………445
　　3　寅（天正六）七・一〇　北条氏邦印判
　　　　状　中世2 - 九五九参照 ……445
　　4　天正一八・四　豊臣秀吉禁制　中世2 -
　　　　一五三八参照 …………………445
　　5　年未詳七・二九　北条氏邦書状写　中
　　　　世2 - 一七〇七参照 …………445
　　6　年未詳九・七　北条氏邦書状写　中世
　　　　2 - 一七一二参照 ……………445
　　7　年未詳九・晦　北条氏邦書状写　中世
　　　　2 - 一七一四参照 ……………445
　　8　年未詳八・二三　秀信感状　中世2 -
　　　　付四二参照 ……………………445
　　9　附法状 …………………………445
　　10　徳川家康朱印状 ………………445
　　11　竜天授戒切紙 …………………445
　　12　国王授戒切紙 …………………446
　　13　雪舟筆達磨絵紛失一札 ………446
　　14　馥州禅師月牌料請取状 ………447
　33　昌国寺〔寄居町〕………………447
　　1　慶長四・二・二〇　徳川家康朱印状
　　　　近世8 - 五一六参照 …………447
　　2　（慶長四）二・二二　全阿弥書状　近
　　　　世8 - 五一五参照 ……………447
　　3　慶長九・三・一一　水野長勝寺領寄
　　　　進状　近世8 - 五三七参照 …447
　　4　水野長勝寺領寄進状 …………447
　　5　昌国寺寺領覚 …………………448
　　6　関三箇寺壁書写 ………………448
　　7　忌日覚 …………………………449
　　8　曹洞大事切紙 …………………449
　　9　赤浜村寺領境訴状 ……………449
　　10　寺領林出入返答書 ……………450
　　11　伊藤正次書状 …………………452
　　12　昌国寺山論内済手形 …………452
　　13　主殿・勘太夫詫手形 …………453
　　14　東山天皇綸旨 …………………453
　　15　撞鐘鋳立注文 …………………454
　　16　経堂行事法度 …………………454
　　17　昌国寺口上書控 ………………455
　　18　法臘時代証文 …………………455
　　19　赤浜村百姓昌国寺帰檀一札 …455
　34　昌福寺〔上尾市〕………………457
　　1　新秩父縁起 ……………………457
　35　昌福寺〔深谷市〕………………464
　　1　天正八・林鐘・二八　上杉氏憲寄進
　　　　状写　中世2 - 一〇三九参照 …464
　36　勝音寺〔日高町〕………………464
　　1　建長寺蔵主職状 ………………464
　　2　建長寺後堂首座職状 …………465
　37　勝光寺〔所沢市〕………………465
　　1　妙心寺前後板寮官銭請取状 …465
　　2　妙心寺後板寮官銭請取状 ……465
　　3　鉄炮改手形 ……………………466
　　4　妙心寺後堂首座職状 …………466
　　　　〔*僧階の辞令〕
　　5　妙心寺前堂首座職状 …………466
　　6　妙心寺霊雲院助成金請取状 …467
　　7　了庵座元諡号添状 ……………467
　　8　東山天皇諡号勅book …………467
　　9　入牌祖堂料請取状 ……………468
　　10　朱印郡名書付覚 ………………468
　　11　勝光寺速禅禅師諡号許可願 …468
　　12　妙心寺祖堂料請取状 …………468
　38　浄山寺〔越谷市〕………………469
　　1　徳川家康朱印状 ………………469
　39　浄春院〔春日部市〕……………469
　　1　寺社奉行裁許状 ………………469
　40　常泉寺〔大宮市〕………………470
　　1　寛永二〇・正・二六　切支丹改手形
　　　　近世8 - 四四八参照 …………470
　　2　関三箇寺達書 …………………470
　　3　国昌寺・東光寺詫証文 ………471
　　4　浄泉寺証状 ……………………471
　　5　朱印写差出控 …………………471
　　6　朱印地所付 ……………………471
　41　常徳院〔久喜市〕………………472
　　1　末寺許可状 ……………………472
　42　真浄寺〔蓮田市〕………………472
　　1　戊子（天正一六）九・一七　太田氏房
　　　　制札　中世2 - 一四四六参照 …472
　　2　永平寺瑞世請状 ………………472
　　3　桜町天皇綸旨 …………………473
　43　清河寺〔大宮市〕………………473
　　1　応永二九・閏一〇・七　足利持氏御
　　　　判御教書　中世1 - 七三一参照 …473
　　2　応永二九・一一・二一　足利持氏寄
　　　　進状　中世1 - 七三二参照 …473
　　3　応永二九・一一・二一　足利持氏御
　　　　判御教書　中世1 - 七三三参照 …473
　　4　天文二三・四・八　太田資正書状　中
　　　　世2 - 二一三参照 ……………473
　　5　天文二三・四・八　太田資正書状　中
　　　　世2 - 二一四参照 ……………473
```

342　県史誌内容総覧・資料編1: 近世—関東

新編埼玉県史 資料編18 中世・近世 宗教

  6 永禄七・一二・一九 太田氏資書状写
   （武一二足）中世2‐四二二二参照‐‐‐‐473
  7 永禄九・一一・二三 太田氏資判物
   中世2‐四七七参照‐‐‐‐‐‐‐‐‐‐‐‐‐‐‐‐‐473
  8 天正一五・一〇・一五 太田氏房判
   物 中世2‐一三九八参照‐‐‐‐‐‐‐‐‐‐‐473
  9 正法眼蔵附法状‐‐‐‐‐‐‐‐‐‐‐‐‐‐‐‐‐‐‐‐‐‐473
 44 清泉寺〔吉田町〕‐‐‐‐‐‐‐‐‐‐‐‐‐‐‐‐‐‐‐473
  1 永平寺瑞世請状‐‐‐‐‐‐‐‐‐‐‐‐‐‐‐‐‐‐‐‐‐473
  2 清泉寺願書‐‐‐‐‐‐‐‐‐‐‐‐‐‐‐‐‐‐‐‐‐‐‐‐‐‐‐474
  3 双林寺閣悦書状‐‐‐‐‐‐‐‐‐‐‐‐‐‐‐‐‐‐‐‐‐476
 45 清善寺〔行田市〕‐‐‐‐‐‐‐‐‐‐‐‐‐‐‐‐‐‐‐476
  1 清善寺寺領覚書‐‐‐‐‐‐‐‐‐‐‐‐‐‐‐‐‐‐‐‐‐476
  2 慶長三・五・一六 小笠原吉次寺領
   寄進状 近世8‐五三三参照‐‐‐‐‐‐‐‐‐‐‐476
  3 慶長一〇・一二・二三 永田吉定寺
   領屋立 近世8‐五一九参照‐‐‐‐‐‐‐‐‐‐‐476
  4 東山天皇綸旨‐‐‐‐‐‐‐‐‐‐‐‐‐‐‐‐‐‐‐‐‐‐‐‐‐477
  5 中御門天皇綸旨‐‐‐‐‐‐‐‐‐‐‐‐‐‐‐‐‐‐‐‐‐477
 46 宗心寺〔嵐山町〕‐‐‐‐‐‐‐‐‐‐‐‐‐‐‐‐‐‐‐477
  1 折井次吉寺領寄進状‐‐‐‐‐‐‐‐‐‐‐‐‐‐‐‐‐477
  2 折井正辰等寺領安堵状‐‐‐‐‐‐‐‐‐‐‐‐‐478
  3 折井正容等連署山号額寄進状‐‐‐‐‐‐478
 47 大興寺〔美里村〕‐‐‐‐‐‐‐‐‐‐‐‐‐‐‐‐‐‐‐478
  1 天正八・正・八 武田家禁制 中世2‐
   一〇一三参照
  2 天正九・三・一一 北条氏邦印判状
   中世2‐一〇六一参照‐‐‐‐‐‐‐‐‐‐‐‐‐‐‐‐‐478
  3 酒井重勝書状‐‐‐‐‐‐‐‐‐‐‐‐‐‐‐‐‐‐‐‐‐‐‐‐‐478
 48 大泉院〔浦和市〕‐‐‐‐‐‐‐‐‐‐‐‐‐‐‐‐‐‐‐479
  1 徳川家康朱印状‐‐‐‐‐‐‐‐‐‐‐‐‐‐‐‐‐‐‐‐‐479
 49 大梅寺〔小川町〕‐‐‐‐‐‐‐‐‐‐‐‐‐‐‐‐‐‐‐479
  1 関三箇寺竜穏寺達書‐‐‐‐‐‐‐‐‐‐‐‐‐‐‐‐‐479
 50 長喜院〔川越市〕‐‐‐‐‐‐‐‐‐‐‐‐‐‐‐‐‐‐‐479
  1 山原彦左衛門尉寄進状‐‐‐‐‐‐‐‐‐‐‐‐‐479
  2 長喜院書上‐‐‐‐‐‐‐‐‐‐‐‐‐‐‐‐‐‐‐‐‐‐‐‐‐‐‐480
 51 長泉寺〔荒川村〕
  1 長泉院快善訴状‐‐‐‐‐‐‐‐‐‐‐‐‐‐‐‐‐‐‐‐‐480
  2 長泉院快善訴状‐‐‐‐‐‐‐‐‐‐‐‐‐‐‐‐‐‐‐‐‐481
  3 篠戸観音堂支配取替証文‐‐‐‐‐‐‐‐‐‐‐482
  4 山伏自身引導訴状‐‐‐‐‐‐‐‐‐‐‐‐‐‐‐‐‐‐‐484
  5 竹姫寄進状‐‐‐‐‐‐‐‐‐‐‐‐‐‐‐‐‐‐‐‐‐‐‐‐‐‐‐485
  6 竹姫寄進状‐‐‐‐‐‐‐‐‐‐‐‐‐‐‐‐‐‐‐‐‐‐‐‐‐‐‐485
  7 護持院役者衆開帳請状‐‐‐‐‐‐‐‐‐‐‐‐‐486
  8 長泉院霊仏・霊宝出開帳願書‐‐‐‐‐‐486
  9 真含院常灯明料寄進状‐‐‐‐‐‐‐‐‐‐‐‐‐487
 52 長泉寺〔児玉町〕‐‐‐‐‐‐‐‐‐‐‐‐‐‐‐‐‐‐‐488
  1 永禄一二・一・一九 武田家高札
   中世2‐六〇四参照‐‐‐‐‐‐‐‐‐‐‐‐‐‐‐‐‐‐‐488
  2 午（元亀元）八・一〇 北条氏邦制札
   中世2‐六二二参照‐‐‐‐‐‐‐‐‐‐‐‐‐‐‐‐‐‐‐488

  3 関三箇寺裁許状‐‐‐‐‐‐‐‐‐‐‐‐‐‐‐‐‐‐‐‐‐488
  4 関三箇寺達書‐‐‐‐‐‐‐‐‐‐‐‐‐‐‐‐‐‐‐‐‐‐‐‐‐490
  5 永平寺光紹裁許状‐‐‐‐‐‐‐‐‐‐‐‐‐‐‐‐‐‐‐490
  6 最乗寺住持職内書‐‐‐‐‐‐‐‐‐‐‐‐‐‐‐‐‐‐‐491
  7 入会秣場訴状‐‐‐‐‐‐‐‐‐‐‐‐‐‐‐‐‐‐‐‐‐‐‐‐‐491
  8 最乗寺住持職請状‐‐‐‐‐‐‐‐‐‐‐‐‐‐‐‐‐‐‐491
  9 長泉寺領由緒覚‐‐‐‐‐‐‐‐‐‐‐‐‐‐‐‐‐‐‐‐‐492
 10 最乗寺住持職請状‐‐‐‐‐‐‐‐‐‐‐‐‐‐‐‐‐‐‐493
 11 最乗寺住持職返状‐‐‐‐‐‐‐‐‐‐‐‐‐‐‐‐‐‐‐493
 12 最乗寺住持職内書‐‐‐‐‐‐‐‐‐‐‐‐‐‐‐‐‐‐‐493
 13 最乗寺住持職内書‐‐‐‐‐‐‐‐‐‐‐‐‐‐‐‐‐‐‐493
 14 大慈院輪住職返状‐‐‐‐‐‐‐‐‐‐‐‐‐‐‐‐‐‐‐494
 15 最乗寺住持職請状‐‐‐‐‐‐‐‐‐‐‐‐‐‐‐‐‐‐‐494
 16 最乗寺住持職返状‐‐‐‐‐‐‐‐‐‐‐‐‐‐‐‐‐‐‐494
 17 最乗寺住持職返状‐‐‐‐‐‐‐‐‐‐‐‐‐‐‐‐‐‐‐494
 18 最乗寺由緒書‐‐‐‐‐‐‐‐‐‐‐‐‐‐‐‐‐‐‐‐‐‐‐‐‐494
 19 関三箇寺裁許状‐‐‐‐‐‐‐‐‐‐‐‐‐‐‐‐‐‐‐‐‐496
 20 寺社奉行裁許状‐‐‐‐‐‐‐‐‐‐‐‐‐‐‐‐‐‐‐‐‐496
 21 長泉寺常法幢願書‐‐‐‐‐‐‐‐‐‐‐‐‐‐‐‐‐‐‐498
 22 長泉寺常法幢願連判手形‐‐‐‐‐‐‐‐‐‐‐499
 23 長泉寺常法幢請合証文‐‐‐‐‐‐‐‐‐‐‐‐‐499
 24 長泉寺常法幢一札‐‐‐‐‐‐‐‐‐‐‐‐‐‐‐‐‐‐‐500
 25 関三箇寺壁書‐‐‐‐‐‐‐‐‐‐‐‐‐‐‐‐‐‐‐‐‐‐‐‐‐501
 26 永平寺免牘‐‐‐‐‐‐‐‐‐‐‐‐‐‐‐‐‐‐‐‐‐‐‐‐‐‐‐501
 27 寺社奉行裁許状‐‐‐‐‐‐‐‐‐‐‐‐‐‐‐‐‐‐‐‐‐501
 53 長徳寺〔川口市〕‐‐‐‐‐‐‐‐‐‐‐‐‐‐‐‐‐‐‐502
  1 竜派禅珠訴状案并全阿弥書状‐‐‐‐‐502
  2 徳川家康下知状‐‐‐‐‐‐‐‐‐‐‐‐‐‐‐‐‐‐‐‐‐503
  3 徳川秀忠公帖‐‐‐‐‐‐‐‐‐‐‐‐‐‐‐‐‐‐‐‐‐‐‐‐‐503
  4 竜派禅珠書状案‐‐‐‐‐‐‐‐‐‐‐‐‐‐‐‐‐‐‐‐‐503
  5 建長寺納所寮書状‐‐‐‐‐‐‐‐‐‐‐‐‐‐‐‐‐‐‐503
  6 中村吉繁替地証文‐‐‐‐‐‐‐‐‐‐‐‐‐‐‐‐‐‐‐504
  7 元和九・閏八・一八 中村吉繁寺領
   証文 近世8‐五三九参照‐‐‐‐‐‐‐‐‐‐‐‐‐504
  8 鶴丸八幡宮棟札写‐‐‐‐‐‐‐‐‐‐‐‐‐‐‐‐‐‐‐504
  9 長徳寺住職譲状‐‐‐‐‐‐‐‐‐‐‐‐‐‐‐‐‐‐‐‐‐505
 10 警策‐‐‐‐‐‐‐‐‐‐‐‐‐‐‐‐‐‐‐‐‐‐‐‐‐‐‐‐‐‐‐‐‐‐‐505
 11 長徳寺・三学院檀那出入一札‐‐‐‐506
 12 慈星院詫証文‐‐‐‐‐‐‐‐‐‐‐‐‐‐‐‐‐‐‐‐‐‐‐‐‐506
 13 竜派禅珠偈頌‐‐‐‐‐‐‐‐‐‐‐‐‐‐‐‐‐‐‐‐‐‐‐‐‐507
 14 竜派禅珠書状案‐‐‐‐‐‐‐‐‐‐‐‐‐‐‐‐‐‐‐‐‐507
   ［*法語］
 15 竜派禅珠書状案‐‐‐‐‐‐‐‐‐‐‐‐‐‐‐‐‐‐‐‐‐507
 16 竜派禅珠頂相‐‐‐‐‐‐‐‐‐‐‐‐‐‐‐‐‐‐‐‐‐‐‐‐‐508
 17 竜派禅珠遺偈‐‐‐‐‐‐‐‐‐‐‐‐‐‐‐‐‐‐‐‐‐‐‐‐‐508
 18 竜派禅珠追悼偈并序‐‐‐‐‐‐‐‐‐‐‐‐‐‐‐508
 19 与安法印宗書状‐‐‐‐‐‐‐‐‐‐‐‐‐‐‐‐‐‐‐‐‐508
 20 七右衛門内室書状‐‐‐‐‐‐‐‐‐‐‐‐‐‐‐‐‐‐‐509
 21 最上内道閣書状‐‐‐‐‐‐‐‐‐‐‐‐‐‐‐‐‐‐‐‐‐509
 22 本多正信書状‐‐‐‐‐‐‐‐‐‐‐‐‐‐‐‐‐‐‐‐‐‐‐‐‐509
 23 年笈の心持‐‐‐‐‐‐‐‐‐‐‐‐‐‐‐‐‐‐‐‐‐‐‐‐‐‐‐510

新編埼玉県史 資料編18 中世・近世 宗教

- 24 竜派禅珠書状案 …………… 510
- 25 年箋の心持 ………………… 510
- 26 竜派禅珠書状案 …………… 511
- 27 竜派禅珠書状案 …………… 511
- 28 竜派禅珠書状案 …………… 511
- 29 竜派禅珠書状案 …………… 512
- 30 正吉書状 …………………… 512
- 31 元周書状 …………………… 513
- 32 柳政景書状 ………………… 513
- 33 甲斐弥左衛門書状 ………… 513
- 34 竜派禅珠書状案 …………… 514
- 35 熊沢忠徳書状 ……………… 514
- 36 建長寺竜源軒顕瑜書状 …… 514
- 37 八幡宮別当・神主連署証文 … 515
- 38 承応二・一二・二〇 寺法申渡請書 近世8・五四七参照 ………… 515
- 39 長徳寺扱証文 ……………… 515
- 40 朱印改触書 ………………… 516
- 41 朱印改廻状添書 …………… 516
- 42 貞享元・五・一一 長徳寺納所定証文 近世8・五四八参照 ……… 517
- 43 長徳寺看主祖精口上書案 … 517
- 44 長徳寺朱印由緒書 ………… 517
- 54 長念寺〔飯能市〕 …………… 518
  - 1 天文一二・七・朔 大石道俊判物 中世2・一六一参照 ……… 518
  - 2 丙寅(永禄九)正・一三 北条氏照印判状 中世2・四五三参照 …… 518
  - 3 岡田次左衛門寄進状 ……… 518
  - 4 岡田九兵衛寄進状 ………… 519
  - 5 山出入扱証文 ……………… 519
  - 6 白子村清左衛門寄進状 …… 520
  - 7 博奕法度請書 ……………… 520
  - 8 横手村三郎兵衛等詫書 …… 521
  - 9 平左衛門寄進状 …………… 521
  - 10 関三箇寺首座申渡状 ……… 522
  - 11 永平寺瑞世請疏 …………… 522
  - 12 中御門天皇綸旨 …………… 523
  - 13 関三箇寺首座申渡状 ……… 523
  - 14 永平寺瑞世請状 …………… 523
  - 15 中御門天皇綸旨 …………… 524
  - 16 永平寺請状 ………………… 524
  - 17 永平寺瑞世請状 …………… 524
  - 18 桜町天皇綸旨 ……………… 525
- 55 長徳寺〔川島町〕 …………… 525
  - 1 永禄一〇・二・朔 太田氏判物写(武一四比) 中世2・四八七参照 … 525
  - 2 天正一四・二・二七 太田氏房判物写(武一四比) 中世2・一三二一参照 … 525
- 56 長福寺〔秩父市〕 …………… 525

- 1 総持寺出世公文 …………… 525
- 2 桃園天皇綸旨 ……………… 525
- 57 天徳寺〔吉田町〕 …………… 526
  - 1 丑(永禄八)正・七 北条氏邦印判状 中世2・四二三参照 ……… 526
- 58 東国寺〔寄居町〕 …………… 526
  - 1 天正一八・四 豊臣秀吉禁制 中世2・一五三七参照 …………… 526
  - 2 天正一九・一一 徳川家康朱印状 近世8・五一〇参照 ………… 526
  - 3 天正二〇・三・一〇 日下部定寺領書立 近世8・五一三参照 … 526
- 59 能仁寺〔飯能市〕 …………… 526
  - 1 徳川家康朱印状 …………… 526
  - 2 関三箇寺裁許状 …………… 526
  - 3 寺社奉行裁許状 …………… 527
  - 4 竜穏寺達書并同請書 ……… 527
  - 5 永平寺瑞世請状 …………… 529
  - 6 東山天皇綸旨 ……………… 529
  - 7 竜穏寺印珊警語 …………… 530
  - 8 関三箇寺法度 ……………… 530
  - 9 永平寺免翰 ………………… 530
  - 10 徳川綱吉御成諸事覚書 …… 531
  - 11 曹洞宗嗣法法度 …………… 535
  - 12 永平寺瑞世請状 …………… 536
  - 13 黒田直重寄進状 …………… 536
  - 14 能仁寺泰州中興免翰 ……… 536
  - 15 永平寺瑞世請状 …………… 537
  - 16 無極和尚法事勧化裁許状 … 537
  - 17 黒田直純寄進状 …………… 538
  - 18 黒田直純寄進状 …………… 538
- 60 普門院〔大宮市〕 …………… 539
  - 1 関三箇寺竜穏寺・総寧寺連署条目 ……………………………… 539
  - 2 関三箇寺裁許状 …………… 539
- 61 福厳寺〔岩槻市〕 …………… 541
  - 1 天正八・六・二八 北条家印判状 中世2・一〇三八参照 ……… 541
- 62 平林寺〔新座市〕 …………… 541
  - 1 (天文一三)閏一一・二四 太田全鑑書状 中世2・一六四参照 … 541
  - 2 (天文一三)閏一一・二四 太田全鑑書状 中世2・一六五参照 … 541
  - 3 天文丁未(一六)七・一〇 太田全鑑書状 中世2・一七四参照 … 541
  - 4 年未詳六・二六 太田全鑑書状 中世2・一七六参照 …………… 541
  - 5 永禄一〇・七・一九 太田氏資書状 中世2・四九一参照 ……… 541
  - 6 永禄一〇・七・一九 太田氏資書状 中世2・四九二参照 ……… 541

7 永禄一〇・九・一〇 北条氏政判物 中世2・四九三参照 ……………541
8 丁卯（永禄一〇）九・晦 北条家印判状 中世2・四九八参照 ……………541
9 丁卯（永禄一〇）一〇・二 北条家禁制 中世2・五〇〇参照 ……………541
10 永禄一一・二・二八 北条家検見書出 中世2・五一〇参照 …………541
11 戊辰（永禄一一）三・二七 北条家印判状 中世2・五一五参照 ………541
12 戊辰（永禄一一）六・二三 北条家印判状 中世2・五一六参照 ………541
13 （天正一四）九・二八 太田氏房判物 中世2・一三四四参照 …………541
14 天正一四・九・二八 太田氏房禁制 中世2・一三四五参照 ………541
15 己丑（天正一七）三・一四 太田氏房印判状 中世2・一四五五参照 ……541
16 閑室元佶書状 ………………………541
17 閑室元佶書状 ………………………541
18 閑室元佶書状 ………………………542
19 岩槻藩主青山忠俊証状 ………542
20 松平正綱書状 ………………………542
21 松平正綱書状 ………………………542
22 後水尾天皇綸旨 ……………………543
23 小栗政次書状 ………………………543
63 法華寺〔岩槻市〕 ………………543
1 元弘三・一二・一二 後醍醐天皇綸旨 中世1・二六七参照 ………543
2 建武元・二・六 足利尊氏御判御教書 中世1・二七一参照 ………543
3 永禄九・一一・二三 太田氏資判物 中世2・四七六参照 ………543
4 天正一四・一一・二九 太田氏房印判状 中世2・一三五二参照 ………543
5 天正一五・一〇・一八 太田氏房印判状 中世2・一三九九参照 ………543
6 長徳寺竜派禅珠書状 ………………543
7 慶長六・七・九 高力忠長寄進状 近世8・五三六参照 ………………543
8 円覚寺後堂寮官銭請取状 …………544
9 飯塚村勘右衛門等詫証文 …………544
10 円覚寺香資請取状 ………………545
11 円覚寺掛塔銭請取状 ……………545
64 法性寺〔鳩ケ谷市〕 ……………545
1 天正二・九・一〇 北条家裁許印判状写（武一二足）中世2・八二七参照 ……………………………………545
65 法王寺〔小鹿野町〕 ……………545
1 長享二・五・二 秩父札所番付 中世1・一〇一四参照 ………………545
66 宝持寺〔幸手町〕 ………………545

1 関三箇寺裁許状 ……………………545
2 宝持寺門中常会願 …………………549
67 鳳林寺〔小鹿野町〕 ……………549
1 附法状 ………………………………549
2 関三箇寺戒名掟書 …………………550
68 万年寺〔大宮市〕 ………………550
1 朱印書替覚 …………………………550
69 密厳院〔上尾市〕 ………………551
1 亥・三・二四 大道寺政繁（カ）禁制写（武一二足）中世2・七七七参照 ……………………………………551
2 （天正一三）四・五 北条氏政印判状写（武一二足）中世2・一二九四参照 ……………………………………551
70 妙音寺〔秩父市〕 ………………551
1 斎藤八十郎等寄進状 ………………551
2 秩父札所江戸出開帳願書 …………551
3 秩父札所江戸出開帳願案文 ………551
4 秩父札所江戸出開帳地借用証文 …552
5 附法状 ………………………………552
6 秩父札所江戸出開帳一札 …………553
7 秩父札所江戸出開帳願并添書 ……553
71 陽雲寺〔上里町〕 ………………554
1 年未詳八・一一 足利政氏書状 中世2・一二四参照 ………………554
72 養竹院〔川島町〕 ………………554
1 叔悦頂相 ……………………………554
2 長徳寺竜派禅珠書状 ………………554
3 長徳寺竜派禅珠書状 ………………554
4 伊奈忠次判物 ………………………555
5 太田資宗書状 ………………………555
6 太田資宗書状 ………………………555
73 竜淵寺〔熊谷市〕 ………………556
1 天正一八・四 豊臣秀吉禁制写（武一五埼）中世2・一五三五参照 ……556
74 竜穏寺〔越生町〕 ………………556
1 前田利家禁制（法恩寺所蔵、越生町）……………………………………556
2 徳川家康書状（武一三入） …………556
3 全阿弥書状（武一三入） ……………556
4 竜穏寺聚薬状 ………………………557
75 竜興寺〔騎西町〕 ………………557
1 年未詳七・三 足利政氏判物 中世2・一二三参照 ………………557
2 年未詳二・一〇 足利義氏判物 中世2・一一八三参照 ……………557
3 年未詳八・三 足利義氏判物 中世2・一一九一参照 ………………557
4 間宮忠次書状 ………………………557
5 朱印助力願書 ………………………557
6 竜興寺由緒書上 ……………………558

76 竜門寺〔岩槻市〕………………559
  1　法嗣定書………………………559
77 楞厳寺〔名栗村〕………………559
  1　永平寺末寺定書………………559
  2　楞厳寺詫証文…………………559
  3　永平寺定書……………………560
  4　永平寺直末覚…………………561
78 霊山院〔都幾川村〕……………561
  1　普門寺隠居宝林院扱証文……561
  2　上野執当達書…………………562
  3　上野執当達書…………………562
  4　輪王寺門跡公寛法親王令旨…562
  5　蓮花流阿闍梨位灌頂印信……562
  6　蓮花流瑜祇秘密印信…………563
  7　蓮花流印信……………………563
  8　蓮花流印信附法状……………563
  9　上野執当達書…………………564
  10　輪王寺門跡公遵法親王令旨…564
5　日蓮系………………………………565
 1　行伝寺〔川越市〕………………565
  1　池上本門寺日惺書状…………565
  2　池上本門寺日潤書状…………565
  3　池上本門寺日潤書状…………566
  4　池上本門寺日潤書状…………566
  5　池上本門寺日潤書状…………567
 2　高応寺〔三郷市〕………………567
  1　日遠書状………………………567
 3　浄蓮寺〔東秩父村〕……………568
  1　日蓮自筆断簡附日通日蓮自筆鑑定
    書二通…………………………568
  2　福徳二（延徳三）二・一四 日調本尊
    本尊部1。………………………568
  3　年未詳三・二七 上杉朝興書状 中世
    2・一四二参照………………568
  4　天文一九・一二・晦 上田宗調判物
    中世2・一九二参照……………568
  5　年未詳一〇・六 上田朝直書状 中世
    2・一九四参照…………………568
  6　年未詳一二・一三 上田宗調寄進状
    中世2・一一六八参照…………568
  7　年未詳九・九 北条家制札 中世2・
    一六二七参照…………………568
  8　弘治三・二・八 日現本尊 本尊部2。
    ……………………………………568
  9　慶長二・二・一六 日惺本尊 本尊部
    3。………………………………568
  10　慶長七・八・一一 日尊本尊 本尊
    部4。……………………………568
  11　慶長一三・九・吉 日詔本尊 本尊
    部5。……………………………568
  12　池上本門寺日詔書状…………568

  13　寛永一五・一〇・四 日東本尊 本
    尊部6。…………………………569
  14　寛永一八・一二・一〇 日東本尊
    本尊部7。………………………569
  15　年月日未詳 日耀本尊 本尊部8。
    ……………………………………569
  16　寛文八・卯・二八 日豊本尊 本尊
    部9。……………………………569
  17　浄蓮寺明細書上……………569
  18　竹内安好寄進状……………570
  19　出開帳葵紋使用願書………470
 4　常住寺〔鳩ケ谷市〕……………571
  1　池上本門寺日詔補任状………571
  2　寛文八・六・吉辰 日通本尊 本尊部
    10。……………………………571
 5　旧城立寺〔寄居町〕……………571
  1　戊子（天正一六）八・一八 北条氏邦
    禁制（奥家所蔵）中世2・一四四一参
    照………………………………571
  2　天正一八・四 豊臣秀吉禁制写（武
    一六男）中世2・一五三九参照…571
 6　信立寺〔狭山市〕………………571
  1　池上本門寺日鑑定書…………571
  2　池上本門寺日惺書状…………571
  3　慶長二・二・一六 日惺本尊 本尊部
    11。……………………………572
 7　宗信寺〔川口市〕………………572
  1　寛文八・七・下旬 日通本尊 本尊部
    12。……………………………572
 8　東光寺〔玉川村〕………………572
  1　天正九・七・朔 上田長則寺中法度
    中世2・一〇七五参照…………572
  2　天正一五・一二・二五 上田憲定寺
    内法度 中世2・一四一一参照…572
  3　林道春書状……………………572
  4　寛文元・一〇 日豊本尊 本尊部13。
    ……………………………………572
 9　梅照院〔岩槻市〕………………572
  1　弘安五・七 日蓮本尊 本尊部14。
    ……………………………………572
 10 妙行寺〔与野市〕………………573
  1　朱印書替願書…………………573
  2　衣体覚…………………………573
  3　入講之信………………………574
  4　永世法類住職証文……………574
  5　孝明天皇宣旨…………………574
  6　（孝明天皇）口宣案……………574
  7　口宣案添状……………………575
  8　善正寺後職執行状……………575
 11 妙賢寺〔東松山市〕……………575
  1　天文一九 日現本尊 本尊部15。…575
 12 妙顕寺〔戸田市〕………………575

```
　1　永禄三・一〇・五 日現本尊 本尊部
　　　16。‥‥‥‥‥‥‥‥‥‥‥‥‥‥‥575
　2　慶長五・極・吉辰 日尊本尊 本尊部
　　　17。‥‥‥‥‥‥‥‥‥‥‥‥‥‥‥575
　3　慶長一二 日詔本尊 本尊部18。‥575
　4　寛永一〇・三・四 日遠本尊 本尊部
　　　19。‥‥‥‥‥‥‥‥‥‥‥‥‥‥‥575
　5　身延久遠寺日遠書状‥‥‥‥‥‥575
　6　承応三・六・二七 日耀本尊 本尊部
　　　20。‥‥‥‥‥‥‥‥‥‥‥‥‥‥‥575
　7　身延久遠寺日奠書状‥‥‥‥‥‥576
　8　妙顕寺日念書状‥‥‥‥‥‥‥‥576
　9　妙顕寺日念書状‥‥‥‥‥‥‥‥576
13　妙光寺〔八潮市〕‥‥‥‥‥‥‥‥‥577
　1　福徳三（明応元）六・吉 日正本尊
　　　本尊部21。‥‥‥‥‥‥‥‥‥‥‥577
　2　慶長七・六・一五 日尊本尊 本尊部
　　　22。‥‥‥‥‥‥‥‥‥‥‥‥‥‥‥577
　3　慶長九・五・吉 日詔本尊 本尊部
　　　23。‥‥‥‥‥‥‥‥‥‥‥‥‥‥‥577
14　妙蔵寺〔川口市〕‥‥‥‥‥‥‥‥‥577
　1　弘治三・正 日真本尊 本尊部24。
　　‥‥‥‥‥‥‥‥‥‥‥‥‥‥‥‥‥577
　2　寛文七・卯・吉 日通本尊 本尊部
　　　25。‥‥‥‥‥‥‥‥‥‥‥‥‥‥‥577
　3　孝勝寺日潮書状‥‥‥‥‥‥‥‥577
15　妙福寺〔菖蒲町〕‥‥‥‥‥‥‥‥‥578
　1　曼荼羅裏書‥‥‥‥‥‥‥‥‥‥578
　2　浅草本法寺日逢証状‥‥‥‥‥‥578
　3　妙福寺寺領覚‥‥‥‥‥‥‥‥‥579
　4　妙福寺由緒書‥‥‥‥‥‥‥‥‥579
　5　妙福寺一札‥‥‥‥‥‥‥‥‥‥579
　6　谷中妙法寺添状‥‥‥‥‥‥‥‥580
　7　上田正誠等連署書状‥‥‥‥‥‥580
　8　弁財天建立由来書‥‥‥‥‥‥‥581
　9　妙福寺口上書‥‥‥‥‥‥‥‥‥582
　10　妙福寺・吉祥院口上書‥‥‥‥‥582
　11　妙福寺日顕隠居願書‥‥‥‥‥‥583
　12　妙福寺孝雄履歴書上‥‥‥‥‥‥583
　13　妙福寺後住願書‥‥‥‥‥‥‥‥584
　14　中山法華経寺証牒‥‥‥‥‥‥‥584
　15　妙法院門跡令旨‥‥‥‥‥‥‥‥584
　16　妙法院門跡証状‥‥‥‥‥‥‥‥585
16　蓮昌寺〔浦和市〕‥‥‥‥‥‥‥‥‥585
　1　日蓮宗不受不施派裁許状‥‥‥‥585
　2　蓮昌寺由緒書上‥‥‥‥‥‥‥‥585
　3　蓮昌寺領覚‥‥‥‥‥‥‥‥‥‥586
本尊部‥‥‥‥‥‥‥‥‥‥‥‥‥‥‥‥589
　1　日調本尊〔浄連寺 東秩父村〕‥‥589
　2　日現本尊〔浄蓮寺、東秩父村〕‥‥590
　3　日惺本尊〔浄蓮寺 東秩父村〕‥‥591
　4　日尊本尊〔浄蓮寺 東秩父村〕‥‥591
　5　日詔本尊〔浄蓮寺 東秩父村〕‥‥592
　6　日東本尊〔浄蓮寺 東秩父村〕‥‥593
　7　日東本尊〔浄蓮寺 東秩父村〕‥‥594
　8　日耀本尊〔浄蓮寺 東秩父村〕‥‥594
　9　日豊本尊〔浄蓮寺 東秩父村〕‥‥595
　10　日通本尊〔常住寺 鳩ケ谷市〕‥‥596
　11　日惺本尊〔信立寺 狭山市〕‥‥‥596
　12　日通本尊〔宗信寺 川口市〕‥‥‥597
　13　日豊本尊〔東光寺 玉川村〕‥‥‥598
　14　日蓮本尊〔梅照院 岩槻市〕‥‥‥599
　15　日現本尊〔妙賢寺 東松山市〕‥‥600
　16　日現本尊〔妙顕寺 戸田市〕‥‥‥601
　17　日尊本尊〔妙顕寺 戸田市〕‥‥‥602
　18　日詔本尊〔妙顕寺 戸田市〕‥‥‥602
　19　日遠本尊〔妙顕寺 戸田市〕‥‥‥603
　20　日耀本尊〔妙顕寺 戸田市〕‥‥‥604
　21　日正本尊〔妙光寺 八潮市〕‥‥‥605
　22　日尊本尊〔妙光寺 八潮市〕‥‥‥606
　23　日詔本尊〔妙光寺 八潮市〕‥‥‥607
　24　日真本尊〔妙蔵寺 川口市〕‥‥‥608
　25　日通本尊〔妙蔵寺 川口市〕‥‥‥608
6　修験系‥‥‥‥‥‥‥‥‥‥‥‥‥‥609
　1　旧今宮坊〔塩谷太刀雄家所蔵 秩父
　　市〕‥‥‥‥‥‥‥‥‥‥‥‥‥‥‥609
　　1　役僧止宿届書‥‥‥‥‥‥‥‥609
　　［＊復飾過程］
　　2　判物差出触書‥‥‥‥‥‥‥‥609
　　3　朱印預書‥‥‥‥‥‥‥‥‥‥610
　　4　今宮坊復飾神葬祭願書‥‥‥‥610
　　5　今宮坊復飾神勤届書‥‥‥‥‥610
　2　旧快蔵院〔白根酉之助家所蔵 桶川
　　市〕‥‥‥‥‥‥‥‥‥‥‥‥‥‥‥611
　　1　紫紋白結袈裟免許状‥‥‥‥‥611
　　2　螺緒免許状‥‥‥‥‥‥‥‥‥611
　　3　摺白袴免許状‥‥‥‥‥‥‥‥611
　3　旧覚浄院〔柴崎富平家所蔵 越生
　　町〕‥‥‥‥‥‥‥‥‥‥‥‥‥‥‥611
　　1　三山奉行若王子奉書‥‥‥‥‥611
　　2　三山奉行若王子奉書‥‥‥‥‥612
　　3　三山奉行若王子奉書‥‥‥‥‥612
　　4　三山奉行若王子奉書‥‥‥‥‥612
　　5　三山奉行若王子奉書‥‥‥‥‥612
　　6　三山奉行若王子奉書‥‥‥‥‥613
　　7　三山奉行若王子奉書‥‥‥‥‥613
　　8　三山奉行若王子奉書‥‥‥‥‥613
　　9　聖護院門跡道祐法親王御教書‥613
　4　旧観音堂〔篠井良勝家所蔵 狭山
　　市〕‥‥‥‥‥‥‥‥‥‥‥‥‥‥‥614
　　1　享禄五・五・朔 乗々院大僧正奉書
　　　中世2‐一二九参照‥‥‥‥‥‥‥614
```

2 天文二一・三・二七 聖護院門跡御
　　教書 中世2－一九九参照 ………………614
3 天正七・八・二七 聖護院門跡御教
　　書 中世2－九九八参照 …………………614
4 天正七・八・二七 聖護院門跡御教
　　書 中世2－九九八参照 …………………614
5 天正八・六・七 北条氏照判物 中世
　　2－一〇三六参照 ………………………614
6 天正八・六・七 北条氏照判物 中世
　　2－一〇三七参照 ………………………614
7 天正一二・八・八 聖護院門跡御教
　　書 中世2－一二六六参照 ………………614
8 天正一二・八・八 聖護院門跡御教
　　書 中世2－一二六七参照 ………………614
9 天正一六・正・八 北条氏照判物 中
　　世2－一四二〇参照 ……………………614
10 徳川家康朱印状 …………………………614
11 聖護院坊官書状 …………………………614
12 瑞光寺広海証状 …………………………614
13 山下二郎左衛門等連署証状 ……………615
14 比留間四郎兵衛等連署証状 ……………615
15 金子伝右衛門尉等連署証状 ……………616
16 聖護院門跡興意法親王御教書 …………616
17 聖護院坊官添状 …………………………616
18 高室昌成書状 ……………………………617
5 旧玉泉寺〔高根信夫家所蔵 日高
　　町〕……………………………………………617
1 桃地結裂袈免許状 ………………………617
2 三山奉行若王子奉書 ……………………617
3 三山奉行若王子奉書 ……………………618
4 聖護院門跡道祐法親王御教書 …………618
5 三山奉行若王子奉書 ……………………618
6 旧玉宝院〔武藤保之助家所蔵 所沢
　　市〕……………………………………………618
1 高野山清浄光院補任状 …………………618
2 聖護院門跡興意法親王御教書 …………618
3 聖護院門跡道晃法親王御教書 …………619
4 熊野三山検校宮道晃法親王御教
　　書 …………………………………………619
5 聖護院門跡道祐法親王御教書 …………619
6 三山奉行若王子奉書 ……………………619
7 三山奉行若王子奉書 ……………………619
8 聖護院門跡道承法親王御教書 …………620
9 三山奉行若王子奉書 ……………………620
10 三山奉行若王子奉書 ……………………620
11 三山奉行若王子奉書 ……………………620
12 三山奉行若王子奉書 ……………………620
7 旧玉林院〔浦和市〕………………………621
1 天文二二・五・二一 聖護院門跡御
　　教書写（饗庭家所蔵）中世2－二一〇
　　参照 ………………………………………621

2 丙辰（弘治二）一一・二九 太田資正
　　書状写（武一二足）中世2－二三二参
　　照 …………………………………………621
3 永禄九・一〇・二一 太田氏資状写
　　（武一二足）中世2－四七二参照 ………621
4 天正一六・八 若王子前大僧正奉書
　　写（饗庭家所蔵）中世2－一四四三参
　　照 …………………………………………621
5 年未詳卯・六 若王子僧正書状写（饗
　　庭家所蔵）中世2－付二〇参照 ………621
6 徳川家康朱印状（武一二足） ……………621
7 全阿弥書状（武一二足） …………………621
8 徳川家康朱印状（武一二足） ……………621
9 徳川家康書状（武一二足） ………………621
10 全阿弥書状（武一二足） …………………622
11 中院仙海書状（武一二足） ………………622
12 松浦佐渡守某証状（武一二足） …………622
13 中村吉照書状（武一二足） ………………622
14 某書状（武一二足） ………………………623
8 旧金剛院〔設楽秀夫家所蔵 滑川
　　村〕……………………………………………623
1 金剛寺社領言上 …………………………623
2 聖護院門跡道尊法親王御教書 …………624
3 聖護院坊官添状 …………………………624
4 三山奉行若王子奉書 ……………………625
5 三山奉行若王子奉書 ……………………625
6 金剛院訴状 ………………………………625
9 旧金剛院〔薄平寿徳家所蔵 両神
　　村〕……………………………………………628
1 三山奉行若王子奉書 ……………………628
2 三山奉行若王子奉書 ……………………628
3 三山奉行若王子奉書 ……………………629
4 三山奉行若王子奉書 ……………………629
5 三山奉行若王子奉書 ……………………629
6 三山奉行若王子奉書 ……………………629
7 三山奉行若王子奉書 ……………………630
8 御嶽山開闢記 ……………………………630
　　［＊御嶽講］
9 両神大明神議定証文 ……………………635
10 両神山出入訴状并返答書 ………………637
11 観蔵院・金剛院議定書 …………………640
12 観世音預一札 ……………………………641
13 普寛行者通夜堂建立由来記 ……………641
14 御嶽講中連署証文 ………………………642
15 御嶽講中連署証文（浅見秀夫家所
　　蔵）……………………………………………644
16 金剛院取替議定書 ………………………645
17 金生寺・金剛院取替議定書 ……………646
10 旧金剛院〔関口政光家所蔵 小鹿野
　　町〕……………………………………………647
1 院号許可状 ………………………………647
2 宝蔵寺後住願 ……………………………647

11　旧十玉院〔柳下東三郎家所蔵　富士見市〕……………………………………648
　1　文明一二・七・二七　聖護院門跡御教書写（武一三入）中世1・一〇〇二参照……………………………………648
　2　文明一九・正・二八　聖護院門跡御教書写（武一三入）中世1・一〇〇八参照……………………………………648
　3　天正七・二・三　北条氏照判物写（武一三入）中世2・九七四参照………648
　4　聖護院門跡道澄法親王御教書（武一三入）………………………………648
　5　聖護院門跡御教書（武一三入）…649
　6　法華天台宗恵心流内証相承法門目録………………………………………649
　7　仙波中院僧綱職補任状……………650
　8　熊野三山検校宮道承御教書………650
 12　旧正覚院〔土屋祐昭家所蔵　大宮市〕………………………………………650
　1　不動院頼元免許状…………………650
　2　不動院頼玄免許状…………………650
　3　不動院頼玄免許状…………………651
　4　三山奉行若王子奉書………………651
　5　三山奉行若王子奉書………………651
　6　不動院頼重免許状…………………651
　7　不動院頼重免許状…………………651
　8　聖護院裁許状………………………652
　9　正覚院書上…………………………652
　10　聖護院門跡道尊法親王御教書……653
　11　正覚院訴状…………………………653
　12　熊野三山検校宮道尊法親王御教書………………………………………654
　13　正覚院祐信書状……………………654
　14　三山奉行若王子奉書………………655
　15　玉林院賢隣十八道伝授許可状……655
　16　護摩伝授許可状……………………655
　17　地蔵院等連署訴状…………………656
　18　准年行事昇進願……………………657
　19　玉林院賢隣達書……………………657
　20　年行事正覚院廻状…………………658
　21　小先三光院幸順書状………………658
　22　玉林院賢賛書状……………………659
　23　年行事正覚院廻状…………………659
 13　旧神明寺〔榎本良夫家所蔵　浦和市〕………………………………………660
　1　羽黒山荒沢寺常火免許状…………660
　2　三山奉行若王子奉書………………660
　3　三山奉行若王子奉書………………660
　4　三山奉行若王子奉書………………660
　5　護摩伝授許可状……………………661
　6　玉林院金襴地仮免許状……………661
　7　黄色衣昇進覚………………………661

 14　旧清住院カ〔大島実家所蔵　吹上町〕………………………………………662
　1　当山派修験補任状…………………662
　2　当山派修験補任状…………………662
　3　当山派修験補任状…………………662
　4　三山奉行若王子奉書………………663
　5　当山派修験補任状…………………663
 15　旧大行院〔鴻巣市〕…………………663
　1　永正一一・七・一　尊能証状（武一二足）中世2・七七参照……………663
　2　天文二二・五・二一　聖護院門跡御教書写（武一二足）中世2・二〇九参照……………………………………663
　3　弘治二・三・五　太田資正書状写（武一二足）中世2・二二八参照……663
　4　永禄八・二・二〇　太田氏資書状写（武一二足）中世2・四二八参照…663
　5　元亀三・六・晦　北条氏繁書状写（武一二足）中世2・七三七参照……663
　6　天正七・七・二六　聖護院門跡御教書写（武一二足）中世2・九九三参照……………………………………663
　7　天正七・八・六　北条家印判状写（武一二足）中世2・九九四参照……663
　8　天正一〇・六・一〇　不動院頼長書状写（武一二足）中世2・一一二五参照……………………………………663
　9　年未詳五・二二　直光書状写（武一二足）中世2・一一二六参照………663
　10　年月日未詳　慶忠書状写（武一二足）中世2・一一二七参照……………663
　11　年未詳　七・二七　慶忠・頼長連署書状写（武一二足）中世2・一一二八参照……………………………………663
　12　年未詳　九・一二　慶忠書状写（武一二足）中世2・一一二九参照………663
 16　旧大泉〔吉川町〕……………………664
　1　天正一六・二・三　築田家制札　中世2・一四二二参照……………………664
　2　戊子（天正一六）二・三　築田助縄判物　中世2・一四二三参照…………664
　3　戊子（天正一六）二・三　築田助縄判物　中世2・一四二四参照…………664
　4　戊子（天正一六）二・三　築田助縄判物　中世2・一四二五参照…………664
　5　戊子（天正一六）六・二一　築田助縄判物　中世2・一四三六参照………664
 17　旧大泉〔石森森太家所蔵　皆野町〕………………………………………664
　1　三山奉行若王子奉書………………664
 18　旧大蔵院〔杉山貞夫家所蔵　嵐山町〕………………………………………664

1　三山奉行若王子奉書 …………… 664
　19　旧大德院〔岩崎大元家所蔵　桶川市〕……………………………………… 664
　　　1　三僧祇職補任状 ………………… 664
　20　旧高萩院〔日高町〕………………… 665
　　　1　天正一一・一一・一〇　北条家印判状写（風高八）中世2・一二三八参照 ………………………………… 665
　21　旧長命寺〔篠場喜一家所蔵　江南町〕……………………………………… 665
　　　1　天文二三・二・二三　聖護院門跡御教書写　中世2・二一二参照 ………………………………… 665
　　　2　天正七・八・七　聖護院門跡御教書　中世2・九九六参照 ……… 665
　　　3　天正七・八・一八　聖護院門跡御教書　中世2・九九七参照 …… 665
　　　4　天正八・八・一八　慶忠書状　中世2・一〇四四参照 ……………… 665
　　　5　不動院頼長書状 ………………… 665
　　　6　聖護院門跡興意法親王御教書 … 665
　　　7　聖護院門跡興意法親王御教書 … 666
　　　8　聖護院坊官書状 ………………… 666
　　　9　聖護院門跡興意法親王御教書 … 666
　　　10　聖護院門跡興意法親王御教書 … 666
　　　11　大夫坊等連署書状 ……………… 667
　　　12　聖護院門跡道祐法親王御教書 … 667
　22　旧東学院〔鯰江勇家所蔵　与野市〕… 667
　　　1　三山奉行若王子奉書 …………… 667
　23　旧東陽寺〔御正山博明家所蔵　江南町〕……………………………………… 667
　　　1　聖護院門跡興意法親王御教書 … 667
　　　2　聖護院坊官岩坊澄孝達書 ……… 668
　　　3　聖護院門跡興意法親王御教書 … 668
　　　4　聖護院坊官達書 ………………… 668
　　　5　東陽寺霞村々書立覚 …………… 669
　　　6　三山奉行若王子奉書 …………… 670
　　　7　三山奉行若王子奉書 …………… 670
　24　旧南覚院〔矢島忠男家所蔵　蓮田市〕……………………………………… 670
　　　1　江ケ崎村宮座配図 ……………… 670
　　　2　結縁弟子許可状 ………………… 671
　　　3　施餓鬼座居絵図 ………………… 672
　25　旧南光院〔石川美弥子家所蔵　北川辺町〕……………………………………… 673
　　　1　三山奉行若王子奉書 …………… 673
　　　2　聖護院門跡道承法親王御教書 … 673
　　　3　正一位稲荷大明神勧請許可状 … 673
　　　4　宗源宣旨 ………………………… 673
　26　旧梅岑寺〔片岡正二家所蔵　小川町〕……………………………………… 674
　　　1　高野山月牌料請取状 …………… 674
　　　2　三山奉行若王子奉書 …………… 674

　　　3　聖護院門跡道尊法親王御教書 … 674
　　　4　三山奉行若王子奉書 …………… 674
　　　5　三山奉行若王子奉書 …………… 675
　　　6　三山奉行若王子奉書 …………… 675
　　　7　三山奉行若王子奉書 …………… 675
　　　8　三山奉行若王子奉書 …………… 675
　　　9　聖護院門跡御教書 ……………… 675
　　　10　大行院秀誉法金延納願書 ……… 675
　27　旧不動院〔埼玉県立文書館所蔵〕… 676
　　　1　天正五・七・三　武田家印判状（大聖院所蔵　中世2・九一三参照）…… 676
　　　2　天正八・正・一九　北条氏政判物　中世2・一〇一四参照 ………………… 676
　　　3　申（天正一二）六・晦　北条家伝馬手形写（武五葛）中世2・一二六一参照 ……………………………………… 676
　　　4　聖護院門跡道澄法親王御教書 …… 676
　　　　〔＊年中行事職〕
　　　5　徳川家康安堵状 ………………… 676
　　　6　聖護院坊官書状 ………………… 677
　　　7　聖護院門跡道晃法親王御教書 … 677
　　　8　聖護院坊官達書 ………………… 677
　　　9　聖護院坊官達書 ………………… 677
　　　10　聖護院坊官達書 ………………… 678
　　　11　聖護院坊官達書 ………………… 678
　　　12　若王子晃海書状 ………………… 679
　　　13　若王子晃海書状 ………………… 680
　　　14　寺社奉行連署達書 ……………… 680
　　　15　聖護院坊官衆奉書 ……………… 681
　　　16　高祖行者千年忌香奠達書 ……… 681
　　　17　熊野三山検校宮道尊法親王御教書 ……………………………………… 682
　　　18　聖護院触書 ……………………… 682
　28　旧福寿寺〔榎本修文家所蔵　鳩山町〕……………………………………… 683
　　　1　小用村名主等請合証文 ………… 683
　　　2　山本坊州栄添状 ………………… 683
　　　3　福寿寺惣檀中請合証文控 ……… 684
　　　4　小用村名主等請合証文 ………… 684
　　　5　聖護院門跡道寛法親王御教書 … 684
　　　6　聖護院門跡道祐法親王御教書 … 684
　　　7　聖護院門跡道祐法親王御教書 … 685
　　　8　三山奉行若王子奉書 …………… 685
　　　9　三山奉行若王子奉書 …………… 685
　　　10　聖護院門跡道祐法親王御教書 … 685
　　　11　聖護院法度 ……………………… 686
　　　12　三山奉行若王子奉書 …………… 687
　　　13　三山奉行若王子奉書 …………… 688
　　　14　山本坊達書 ……………………… 688
　　　15　山本坊配下連判状 ……………… 688
　　　16　寺社奉行裁許請書 ……………… 689

	17 福寿寺御免勧化願案 …………691
	18 山本坊配下祝儀金延納願 ……692
	19 山本坊配下連署願書 …………693
	20 触書写 ………………………694
	21 福寿寺書上 …………………694
	22 山本坊大峯修覆銭請取状 ……694
	23 四組一同儀定書 ……………695
	24 山本坊配下頭巾役料御免願 …696
	25 山本坊配下深山堂社修復料延納願 ……………………………697
	26 山本坊配下議定書 …………699
	27 山本坊配下同行惣代連署願書 …701
	28 山本坊配下連判状 …………701
	29 金襴地官位仕切状 …………703
	30 山本坊配下葬送規定書 ……704
	31 山本坊配下後住願書 ………704
29	旧宝積坊〔上田栄治家所蔵 美里村〕…………………………706
	1 永禄二・七・二九 聖護院門跡御教書 中世2・二四八参照 ………706
	2 永禄二・一〇・二 北条家印判状 中世2・二四九参照 …………706
	3 永禄三・一二・二七 北条高広・長尾藤景連署奉書 中世2・二九〇参照 …706
	4 寅(永禄九)八・二九 北条氏邦印判状 中世2・四六三参照 …………706
	5 天正四・八・一一 聖護院門跡御教書写(武一七那)中世2・八八〇参照 ……………………………706
	6 天正七・八・二七 源要知行村名書立 中世2・一〇〇〇参照 ………706
	7 聖護院門跡興意法親王御教書 …706
30	旧宝珠院〔安部広家所蔵 深谷市〕…707
	1 天正七・霜・一六 不動院頼長書状 中世2・一〇〇二参照 ………707
	2 聖護院門跡興意法親王御教書 …707
31	本学院〔桶川市〕…………………707
	1 元和九・三・五 伊奈忠治開発手形 近世8・三七参照 ……………707
	2 三山奉行若王子奉書 …………707
	3 三山奉行若王子奉書 …………707
	4 三山奉行若王子奉書 …………708
	5 本学院中定書 …………………708
	6 本学院書上 …………………708
	7 大行院仮免状 ………………709
	8 大行院金子請取状 ……………709
	9 官位仕切状 …………………710
32	旧万光寺〔黒田匡家所蔵 花園町〕…710
	1 天正一五・卯・朔 某禁制 中世2・一三六六参照 …………………710
	2 万光寺霞郷付書立覚〔武一六榛〕…………………………710

	3 聖護院門跡興意法親王御教書(武一六榛) ……………………………711
	4 聖護院門跡興意法親王御教書 …711
	5 聖護院門跡興意法親王御教書(武一六榛) ……………………………711
	6 万光寺・長楽寺口上書 ………712
	7 万光寺霞下連判訴状 …………712
	8 三山奉行若王子奉書 …………713
	9 万光寺願書 …………………714
33	旧万仁坊〔市川光夫家所蔵 川越市〕…………………………………714
	1 子・一二・二六 大道寺政繁判物 中世2・七八二参照 …………714
	2 東光坊証状 …………………714
	3 川越藩主酒井忠利神領寄進状 …715
34	旧山本坊〔埼玉県立文書館所蔵〕…715
	1 文安元・一二・一三 栄円檀那譲状写 中世1・八〇九参照 …………715
	2 永正一四・五・一四 出雲守直朝・弾正忠尊能連署証状写 中世2・八八参照 ……………………………715
	3 乗々院大僧正奉書 ……………715
	4 天正四・八・一〇 聖護院門跡御教書 中世2・八七九参照 ………715
	5 天正一一・七・二八 慶忠書状 中世2・一二二六参照 ……………715
	6 己丑(天正一七)卯・(六カ) 北条氏邦印判状 中世2・一四五八参照 …715
	7 (年未詳)八・九 慶忠書状 中世2・一二二七参照 …………………715
	8 伊奈忠次・大久保長安連署証状(市川尚幸家所蔵 浦和市) ……………715
	9 聖護院坊官達書 ………………715
	10 聖護院坊官書状 ………………716
	11 聖護院門跡興意法親王御教書 …716
	12 聖護院門跡興意法親王御教書 …716
	13 勝仙院澄存等連署書状 ………716
	14 聖護院門跡道晃法親王御教書(市川尚幸家所蔵 浦和市) ……………717
	15 聖護院門跡道晃法親王御教書 …717
	16 聖護院門跡道晃法親王御教書 …718
	17 聖護院門跡道晃法親王御教書 …718
	18 山本坊州栄言上書 ……………718
	19 天羽景安書状(市川尚幸家所蔵) …718
	20 若王子澄存書状 ………………719
	21 聖護院坊官奉書 ………………719
	22 天羽景安書状 ………………720
	23 天保四・三・二四 天羽景安添証文 近世8・五二三参照 …………720
	24 川田七郎兵衛書状(市川尚幸家所蔵) ……………………………………720
	25 誠護院門跡道晃法親王御教書 ……720

新編埼玉県史 資料編18 中世・近世 宗教

26 高室昌久書状 …………………… 721
27 水戸大光院証状 ………………… 721
28 聖護院坊官達書 ………………… 722
29 聖護院坊官奉書 ………………… 722
30 熊野三山検校宮道尊法親王御教書 …………………………… 723
31 三山奉行若王子奉書 …………… 723
32 山本坊小先役口上書 …………… 723
33 山本坊小先清乗院訴状〔森田洋家所蔵 都幾川村〕……………………… 724
34 左京詫証文〔森田洋家所蔵〕…… 725
35 廻状請取状〔森田家所蔵〕……… 725
36 左京・峯蔵口上書〔森田洋家所蔵〕………………………………… 725
37 山本坊泰栄補任状 ……………… 726
38 聖護院門跡御教書 ……………… 726
39 聖護院門跡御教書 ……………… 727
40 聖護院門跡御教書 ……………… 727
41 山本坊寺領書上〔市川家所蔵〕… 727
35 旧吉田坊〔吉田静隆家所蔵 吉田町〕……………………………… 728
　1 本寺取替証状 ………………… 728
　2 年行事職覚 …………………… 728
36 旧竜正院〔加藤栄三家所蔵 入間市〕……………………………… 729
　1 当山派修験補任状 …………… 729
　2 当山派修験補任状 …………… 729
37 旧竜蔵院〔中義智家所蔵 所沢市〕… 729
　1 玉蔵坊権現免縄除請合証文 … 729
　2 朱印頂戴添状 ………………… 730
　3 玉蔵坊本山派修験請合証文 … 730
　4 愛宕大権現由緒届書 ………… 730
　5 玉蔵坊由緒請合証文 ………… 731
　6 本山修験道先達職法度 ……… 731
　7 聖護院門跡道承法親王御教書 … 731
　8 三山奉行若王子奉書 ………… 732
　9 三山奉行若王子奉書 ………… 732
　10 三山奉行若王子奉書 ………… 732
　11 修験道掟書 …………………… 732
　12 修験道入峯法度 ……………… 734
38 旧蓮花院〔加藤浩家所蔵 桶川市〕… 736
　1 錫杖頭補任状 ………………… 736
　〔＊羽黒修験〕
　2 錫杖頭補任状 ………………… 736
　3 錫杖頭補任状 ………………… 736
　4 錫杖頭補任状 ………………… 737
2 神道 ……………………………… 738
　1 我野神社〔飯能市〕…………… 738
　　1 神道裁許状 ………………… 738
　　2 神道裁許状 ………………… 738
　　3 神道裁許状 ………………… 738

　　4 神道裁許状 ………………… 738
　　5 寺社奉行裁許状 …………… 739
　　6 神道裁許状 ………………… 739
　　7 萠黄色四組掛免許状 ……… 739
　　8 檀那一札 …………………… 740
　　9 播磨薬持出入訴状 ………… 740
　2 阿蘇神社〔富士見市〕………… 740
　　1 宗源宣旨 …………………… 740
　　2 宗源祝詞 …………………… 741
　3 愛宕神社〔入間市〕…………… 741
　　1 神道裁許状 ………………… 741
　　2 竃神祭許状 ………………… 741
　　3 社参神拝許状 ……………… 741
　　4 社参神拝許状 ……………… 742
　4 出雲伊波比神社〔毛呂山町〕… 742
　　1 天正一六・正・五 北条氏照印判状 中世2・一四一六参照 ………………… 742
　　2 毛呂神主訴状 ……………… 742
　　3 代官連署書立 ……………… 742
　　4 八幡・大明神造営見積書 … 743
　　5 八幡・大明神再興願書 …… 743
　　6 宮代檀那寄約定書 ………… 744
　　7 高室昌貞寄進状 …………… 745
　5 出雲祝神社〔入間市〕………… 745
　　1 弘治三・一一・二七 北条家印判状 中世2・二三九参照 ………………… 745
　　2 徳川家康朱印状 …………… 745
　6 磯前神社〔飯能市〕…………… 745
　　1 神道裁許状〔武田正章家所蔵 飯能市〕………………………… 745
　　2 道林寺由緒書上〔武田正章家所蔵〕… 745
　　3 聖護院門跡道祐法親王御教書〔武田正章家所蔵〕…………………… 746
　7 伊奈利神社〔大利町〕………… 746
　　1 稲荷大明神安鎮許可状 …… 746
　8 稲荷神社〔浦和市〕…………… 746
　　1 稲荷大明神安鎮許状〔若谷良作家所蔵 浦和市〕…………………… 746
　　2 稲荷大明神勧遷許状〔若谷良作家所蔵〕………………………… 747
　9 稲荷神社〔川越市〕…………… 747
　　1 稲荷大明神安鎮許状 ……… 747
　10 稲荷神社〔川越市〕…………… 748
　　1 稲荷大明神遷宮許状 ……… 748
　11 稲荷神社〔飯能市〕…………… 748
　　1 稲荷大明神安鎮許可状 …… 748
　12 稲荷神社〔大利根町〕………… 748
　　1 宗源宣旨 …………………… 748
　13 稲荷神社〔大利根町〕………… 748
　　1 稲荷大明神安鎮許可状 …… 748
　　2 稲荷大明神安鎮請書 ……… 749

新編埼玉県史 資料編18 中世・近世 宗教

3 羽倉摂津守書状	749
14 稲荷神社〔川里村〕	749
1 宗源宣旨	749
15 稲荷神社〔川里村〕	750
1 宗源宣旨	750
16 宇賀神社〔両神村〕	750
1 稲荷大明神安鎮許可状	750
2 蚕養院院号許可状	750
17 尾崎神社〔川越市〕	751
1 神道裁許状	751
2 尾崎大明神訴状	751
3 尾崎大明神一札	751
4 神道裁許状	752
5 持笏免許状	752
6 四組木綿手繦・萌黄色四組掛免許状	752
7 神道裁許状	752
8 拝神子法服法度	752
9 衣冠免許状	753
10 衣冠免許状	753
18 大宮神社〔越生町〕	753
1 神道裁許状（森村利基家所蔵 越生町）	753
2 神道裁許状（森村利基家所蔵）	753
3 聖天宮由緒書上（森村利基家所蔵）	754
4 神道裁許状（森村利基家所蔵）	754
5 神道裁許状（森村利基家所蔵）	754
6 神道裁許状（森村利基家所蔵）	754
7 赤色舞衣免許状（森村利基家所蔵）	755
8 鳶色注連免許状（森村利基家所蔵）	755
9 神道裁許状（森村利基家所蔵）	755
10 巫女証状（森村利基家所蔵）	755
11 衣冠免許状（森村利基家所蔵）	755
19 大宮住吉神社〔坂戸市〕	756
1 （後陽成天皇）口宣案	756
2 全阿弥書状	756
3 神道裁許状	756
4 神道裁許状	756
5 北武蔵十二郡社家衆判形改帳	757
6 神道裁許状	759
7 神道裁許状	759
8 神道裁許状	760
20 大家神社〔坂戸市〕	760
1 評定所裁許状	760
21 鎌形八幡神社〔嵐山町〕	761
1 大行院手形	761
2 大行院手形	761
3 聖護院門跡道祐法親王御教書	762
4 三山奉行若王子奉書	762
5 三山奉行若王子奉書	762
6 三山奉行若王子奉書	762

7 大行院口上書	763
8 大行院訴状	764
9 大行院・石橋坊済口証文	765
10 石橋坊請証文	766
11 大行院一札	767
12 大行院一札	767
13 石橋坊一札	767
14 引導祭道出入訴状	767
15 引導祭道裁許請書	769
16 八幡宮宮座口上書	772
17 八幡宮宮座済口証文	774
22 北野天神社〔所沢市〕	776
1 応永四・八・二五 足利氏満寄進状 中世1・六〇七参照	776
2 天文一一・二・一五 大石道俊書状写（武一三入）中世2・一五七参照	776
3 年未詳一一・九 大石道俊判物写（風入三）中世2・付五九参照	776
4 乙卯（天文二四）四・三 北条家禁制 中世2・二二二参照	776
5 永禄壬戌（五）拾・二〇 太田資正書状写（風入三）中世2・三六一参照	776
6 卯（永禄一〇）九・一七 北条氏照印判状 中世2・四九六参照	776
7 永禄一〇・霜・二三 北条氏照判物 中世2・五〇七参照	776
8 天正一七・卯・三 大石秀信判物 中世2・一四五七参照	776
9 天正一八・六 浅野長吉・木村一連署禁制 中世2・一六〇一参照	776
10 寅（天正一八）七・四 木村一書状 中世2・一六〇四参照	776
11 天正一八・七・五 前田利家印判状 中世2・一六〇六参照	776
12 年月日未詳 某寄進状 中世2・付七三参照	776
13 全阿弥書状	776
23 行田八幡神社〔行田市〕	776
1 神道裁許状	776
2 神道裁許状	776
3 神道裁許状	777
24 熊野神社〔所沢市〕	777
1 神道裁許状	777
2 四組木綿手繦・五色千早免許状	777
3 墓目許状	777
4 神道裁許状	778
5 青神千早免許状	778
6 熊野宮神職願書	778
7 氷川明神神主訴状	779
8 神道裁許状	779
9 衣冠免許状	780
10 衣冠免許状	780

県史誌内容総覧・資料編 1:近世―関東　353

新編埼玉県史 資料編18 中世・近世 宗教

25 熊野神社〔入間市〕……………780
　1 神道裁許状………………780
　2 神道裁許状………………780
　3 神道裁許状………………781
　4 神楽再興願書写…………781
　5 宗旨請証文………………782
　6 朱印地願書………………782
　7 神道裁許状………………783
　8 社参次第…………………783
　9 熊野宮神主職安堵状……784
　10 朱印地支配証文…………784
　11 朱印地支配証文…………784
　12 神号証状…………………785
　13 神号証状…………………785
　14 高根明神社頭裁許状……785
　15 氏子連署証文……………785
26 熊野神社〔皆野町〕……………786
　1 神道裁許状………………786
　2 神道裁許状………………786
27 熊野神社〔松伏町〕……………786
　1 徳治二・三・一五 田畠坪付 中世1-
　　一七六参照………………786
　2 正和五・一一・一〇 弘円寄進状 中世
　　1-一九九参照……………786
　3 嘉暦三・八・三 某寄進状写 中世1-
　　二三一参照………………786
　4 建武元・二・一三 僧頼弁・左衛門尉
　　知家寄進状 中世1-二七二参照………786
　5 年未詳一二・一七 前駿河守某寄進状
　　中世1-二七三参照………787
　6 永徳元・一〇・二三 田畠坪付 中世1-
　　五一七参照………………787
　7 永享九・一二・五 太郎五郎寄進状 中
　　世1-七九一参照…………787
28 熊野白烏合殿社〔加須市〕……787
　1 宗源宣旨…………………787
29 高麗神社〔日高町〕……………787
　1 徳川家康朱印状…………787
30 神明神社〔浦和市〕……………787
　1 荒川康隆寄進状（武一二足）……787
　2 熊野忠徳安堵状（武笠嘉一家所蔵 浦和
　　市）………………………787
31 神明神社〔飯能市〕……………788
　1 神道裁許状（松本行雄家所蔵 飯能
　　市）………………………788
　2 神道裁許状（松本行雄家所蔵）……788
　3 神道裁許状（松本行雄家所蔵）……788
32 住吉四所神社〔毛呂山町〕……788
　1 神道裁許状………………788
　2 神道裁許状………………789
　3 神道裁許状………………789

　4 神道裁許状………………789
　5 衣冠免許状………………789
33 諏訪神社〔川越市〕……………789
　1 藤間大明神勧遷許可状…789
34 諏訪神社〔滑川町〕……………790
　1 小林六右衛門等借用手形………790
35 諏訪神社〔羽生市〕……………791
　1 宗源宣旨…………………791
36 高城神社〔熊谷市〕……………791
　1 百手射手祈願書…………791
　2 百手射手…………………791
　3 百手射手…………………792
　4 御幌寄進状………………792
　5 高城神社年中行事………792
　6 高城神社万定之覚………793
　7 百手射手願文……………795
　8 通例祓式許状……………795
　9 奉幣式許状………………796
　10 光明院願書………………796
　11 衣冠免許状………………796
37 高坂神社〔東松山市〕…………797
　1 神道裁許状………………797
　2 神道裁許状………………797
　3 神道裁許状………………797
　4 神道裁許状………………797
　5 神道裁許状………………797
　6 衣冠免許状………………798
38 玉敷神社〔騎西町〕……………798
　1 羽生藩主大久保忠職社領寄進状……798
　2 神号目録…………………798
　3 神道裁許状………………798
　4 騎西町場講中寄進状……798
　5 宗源宣旨…………………799
　6 神楽役烏帽子・狩衣免許状……799
39 秩父神社〔秩父市〕……………800
　1 徳治三・正・二六 山下政所文書目録
　　案 中世1-一八〇参照…800
　2 延慶四・三・三 名主書立案 中世1-
　　一八三参照………………800
　3 正和二・一二・一〇 秩父社造営時之申
　　状具書等次第案 中世1-一九一参照…800
　4 元亨二・三 中村行郷申状案 中世1-
　　二一三参照………………800
　5 元亨四・一〇 秩父社造営木注文案
　　中世1-二二一参照………800
　6 元亨四・一一 中村次郎左衛門尉申状
　　案 中世1-二二二参照…800
　7 伊奈忠治書状……………800
40 常木神社〔羽生市〕……………800
　1 宗源宣旨…………………800
41 中氷川神社〔所沢市〕…………800

1　天正一八・四　豊臣秀吉禁制　中世2‐
　　　一五四一参照 ……………………… 800
　42　中氷川神社〔所沢市〕 ……………… 800
　　1　丙寅(永禄九)霜・一〇　北条氏照制札
　　　　中世2・四七七四参照 ……………… 800
　　2　徳川家康朱印状 …………………… 801
　43　長良神社〔羽生市〕 ………………… 801
　　1　宗源宣旨 …………………………… 801
　44　野々宮神社〔日高町〕 ……………… 801
　　1　天文一六・一一・一九　六所宮祭事ニ
　　　付集覚写　中世2・一七九参照 …… 801
　　2　きつねをはなす二付覚 …………… 801
　　3　神道裁許状 ………………………… 802
　　4　神道裁許状 ………………………… 802
　　5　野々宮村淡路畑指替証文 ………… 802
　　6　巫女法度 …………………………… 803
　45　羽尽神社〔川口市〕 ………………… 803
　　1　徳川家康朱印状 …………………… 803
　　2　氷室明神別当真光寺訴状(須賀保治家
　　　所蔵　川口市) ……………………… 804
　　3　芝村大明神書上(平田喜七家所蔵　川口
　　　市) …………………………………… 805
　　4　真光寺訴状(須賀保治家所蔵) …… 806
　　5　芝村村役人等訴状(須賀保治家所
　　　蔵) …………………………………… 807
　　6　芝村大明神主関口河内返答書(須賀
　　　保治家所蔵) ………………………… 809
　　7　羽尽大明神議定一札(須賀保治家所
　　　蔵) …………………………………… 810
　46　八幡神社〔小鹿野町〕 ……………… 813
　　1　神道裁許状 ………………………… 813
　　2　神道裁許状 ………………………… 813
　　3　神道裁許状 ………………………… 813
　　4　稲荷大明神安鎮許可状 …………… 813
　47　八幡神社〔児玉町〕 ………………… 814
　　1　延徳三・八　夏目定基社領安堵状　中世
　　　2‐一参照 …………………………… 814
　　2　天正一一・九　吉晴社領寄進状　中世2‐
　　　一二三六参照 ………………………… 814
　48　八幡神社〔羽生市〕 ………………… 814
　　1　獅子建立一札 ……………………… 814
　49　八幡浅間神社〔大利根町〕 ………… 814
　　1　宗源宣旨 …………………………… 814
　50　鳩峰八幡神社〔所沢市〕 …………… 814
　　1　天正一九・一一　徳川家康朱印状　近世
　　　8‐五一二参照 ……………………… 814
　51　氷川神社〔大宮市〕 ………………… 815
　　1　応永二〇・五・二〇　足利義持寄進状
　　　(岩井家所蔵)　中世1‐六七九参照 … 815
　　2　応永二二・一〇・二　足利義持御判御
　　　教書(岩井家所蔵)　中世1‐六八七参
　　　照 …………………………………… 815
　　3　応仁二・七・二　某禁制写(風足一九)
　　　中世1‐九五五参照 ………………… 815
　　4　明応元・八・一〇　足利義材御判御教
　　　書(岩井家所蔵)　中世2‐八参照 … 815
　　5　元亀三・卯・朔　北条家掟書写(東角井
　　　家所蔵)　中世2‐七三三参照 ……… 815
　　6　天正二・六・二一　北条家裁許印判状
　　　中世2‐八一五参照 ………………… 815
　　7　戊寅(天正六)九・一〇　北条家禁制写
　　　(岩井家所蔵)　中世2‐九六二参照 … 815
　　8　亥(天正一五)二・七　北条家禁制(岩
　　　井家所蔵)　中世2‐一三六参照 …… 815
　　9　年未詳正・七　北条氏政書状写(風足
　　　一九)　中世2‐一六三〇参照 ……… 815
　　10　年未詳七・一九　北条氏政書状写(風
　　　足一九)　中世2‐一六四三参照 …… 815
　　11　辰(慶長九)九・五　伊奈忠次・全阿
　　　弥連署状(井上家所蔵)　近世8‐五一
　　　七参照 ……………………………… 815
　　12　神道裁許状　西角井正文家所蔵　大宮
　　　市 …………………………………… 815
　　13　寺社奉行裁許状　西角井正文家所
　　　蔵 …………………………………… 815
　　14　寺社奉行裁許状(西角井正文家所
　　　蔵) …………………………………… 816
　　15　氷川明神領配分定(西角井正文家所
　　　蔵) …………………………………… 817
　　16　神道裁許状(西角井正文家所蔵) … 818
　　17　岩本主水訴状(西角井正文家所蔵) … 818
　　18　富突興行願書(西角井正文家所蔵) … 820
　　19　札守等頒布許可状(西角井正文家
　　　蔵) …………………………………… 821
　　20　武笠外記法会執行願書(西角井正文家
　　　所蔵) ………………………………… 822
　52　氷川神社〔川越市〕 ………………… 822
　　1　文禄四・二・二七　酒井忠利寄進状　近
　　　世8‐五三〇参照 …………………… 822
　　2　本多刑部左衛門社領寄進状 ……… 822
　　3　神道裁許状 ………………………… 823
　　4　元禄元・一一　松平信輝老臣連署寄進
　　　覚　近世8‐五四四参照 …………… 823
　　5　神道裁許状 ………………………… 823
　　6　堀江一重書状 ……………………… 823
　　7　元禄七・一二・一〇　柳沢保明寄進状
　　　近世8‐五四六参照 ………………… 824
　　8　氷川神社再興奉加帳序 …………… 824
　　9　荻沢勝久・曽根貞刻連署書状 …… 824
　　10　井上九右衛門等寄進状 …………… 825
　　11　曽根貞刻書状 ……………………… 825
　　12　社領寄進状之覚 …………………… 826
　　13　宗源宣旨 …………………………… 826
　　14　氷川宮修覆奉加寄金覚 …………… 826

新編埼玉県史 資料編18 中世・近世 宗教

15 寺社奉行裁許請書 ……………………827
16 南町太々講中寄進状 …………………830
17 川越藩主秋元涼朝老臣連署安堵
　　状 ……………………………………830
18 川越藩主松平直温老臣連署安堵
　　状 ……………………………………831
53 氷川神社〔吉見町〕………………832
　1 宗源宣旨 ……………………………832
54 氷川女体神社〔浦和市〕…………832
　1 大永四・八・二六 北条氏綱制札 中世
　　2・一〇〇参照 ……………………832
　2 元亀三・一〇・二一 北条家印判状 中
　　世2・一七四九参照 ………………832
　3 徳川家康朱印状 ……………………832
　4 氷川神主宮内・社人刑部連判訴状（武
　　笠耕三家所蔵 浦和市）……………832
　5 寺社奉行裁許状（武笠耕三家所蔵）……833
　6 定（武笠耕三家所蔵） ……………………833
　7 神道裁許状（武笠耕三家所蔵） …………833
　8 東山天皇宣旨（武笠耕三家所蔵）………834
　9 （東山天皇）口宣案（武笠耕三家所
　　蔵） ……………………………………834
　10 （東山天皇）口宣案（武笠耕三家所
　　蔵） ……………………………………834
　11 神道裁許状（武笠耕三家所蔵）…………834
　12 武笠丹波守任官請書（武笠耕三家所
　　蔵） ……………………………………834
　13 武笠宮内祭礼相続願書（武笠耕三家所
　　蔵） ……………………………………835
　14 内田数馬等御祭料一札（武笠耕三家所
　　蔵）……………………………………835
　15 寛保二・八 諸事控（抄）（武笠耕三家
　　所蔵 近世4・一八二参照）…………836
55 久伊豆神社〔岩槻市〕………………836
　1 宗源宣旨 ……………………………836
56 久伊豆神社大雷神社合殿〔行田市〕…836
　1 神道裁許状 …………………………836
57 避来矢神社〔羽生市〕………………836
　1 宗源宣旨 ……………………………836
58 藤宮神社〔川越市〕…………………837
　1 稲荷大明神安鎮許可状 ……………837
59 三峰神社〔大滝村〕…………………837
　1 観音院祐賢譲状 ……………………837
　2 聖護院門跡道祐法親王御教書 ……837
　3 修験道法度 …………………………838
　4 熊野三山検校宮道尊法親王御教書 …839
　5 観音院後住願書 ……………………839
　6 観音院後住願書 ……………………840
　7 観音院等連署願書 …………………840
　8 観音院等連署証文 …………………841
　9 観音院柴灯護摩再興願書 …………843
　10 三峯山起立書 ………………………844

11 三峯山書上 ……………………………844
12 三峯山修験一札 ………………………845
13 観音院願書 ……………………………845
14 聖護院坊官書状 ………………………846
15 聖護院坊官達書 ………………………847
16 観音院日照請証文 ……………………847
17 観音院口上書 …………………………848
60 三芳野神社〔川越市〕………………849
　1 天海喜多院直末許可状 ………………849
　2 三芳野神社什物書上 …………………849
　3 川越藩主柳沢保明社領安堵状………850
61 三輪神社〔入間市〕…………………851
　1 神職号許可状 …………………………851
　2 祠官号許可状 …………………………851
　3 神職号許可状 …………………………851
　4 神道裁許状 ……………………………851
　5 神職号許可状 …………………………851
　6 神道裁許状 ……………………………851
　7 愛宕大権現社地証文 …………………852
　8 三輪明神巫女職補任状 ………………852
　9 三輪明神巫女職補任状 ………………852
　10 祠官号許可状 …………………………853
　11 神拝許状 ………………………………853
　12 神道加持許状 …………………………854
　13 神職号許可状 …………………………854
　14 神拝社参・鎮宅・地鎮許状 …………854
　15 神職通行手形 …………………………854
　16 稲荷大明神安鎮許可状 ………………855
　17 稲荷大明神安鎮許可状 ………………855
　18 稲荷大明神安鎮許可状 ………………855
　19 稲荷大明神安鎮許可状 ………………855
　20 稲荷大明神安鎮許可状 ………………856
　21 葬祭導師依頼状 ………………………856
62 御嶽神社〔横瀬町 守屋憲太郎家所
　　蔵〕……………………………………856
　1 子（天正四）卯・一一 北条氏邦印判状
　　写（風秩九）中世2・八七二参照……856
　2 丑（天正一七）九・二八 北条氏邦印判
　　状写（風秩九）中世2・一四七八参
　　照 ……………………………………856
　3 神道裁許状 ……………………………856
　4 武甲山蔵王大権現神主左京訴状……856
　5 武甲山蔵王大権現神主左京訴状……857
　6 神道裁許状 ……………………………858
　7 浅沓免許状 ……………………………858
　8 紗狩衣・赤色千早免許状 ……………858
　9 神道裁許状 ……………………………858
　10 赤色千早免許状 ………………………859
　11 神道裁許状 ……………………………859
　12 赤色千早免許状 ………………………859

13　武甲山蔵王権現神主守屋越前訴状 ……………………………………859	20　(弘安五)某願文 中世1・一三一参照 ……………………………………870
14　武甲山蔵王権現神主守屋越前願書 ……………………………………862	21　(弘安五)七・二三 源氏書写般若心経 中世1・一三二参照 …………870
15　神楽執行許可状 ………………862	22　弘安五・七・二三 平宗泰書写般若心経 中世1・一三三参照 ………870
16　武甲山蔵王権現神主守屋越前願書 ……………………………………863	65　椋神社〔吉田町〕………………870
17　武甲山蔵王権現神主守屋越前訴状 ……………………………………867	1　神号奉納請状 …………………870
18　吉田家添触 ……………………869	66　雷神社〔騎西町〕………………871
63　御嶽神社〔行田市〕……………869	1　宗源宣旨 ………………………871
1　宗源宣旨 ………………………869	67　鷲神社〔加須市〕………………871
64　峯ケ岡八幡神社僧形八幡坐像胎内文書〔川口市〕……………………870	1　宗源宣旨 ………………………871
1　弘安五・七・二三 清原光兼願文 中世1・一一二参照 ………………870	68　鷲神社〔北川辺町〕……………871
2　弘安五・七・二三 藤原宣盛願文 中世1・一一三参照 ………………870	1　宗源宣旨 ………………………871
2　弘安五・七・二三 藤原重直願文 中世1・一一四参照 ………………870	69　鷲神社〔北川辺町〕……………871
4　弘安五・七・二三 藤原みちなか願文 中世1・一一五参照 …………870	1　宗源宣旨(慈眼寺所蔵 北川辺町) ……871
5　弘安五・七・二三 藤原女願文 中世1・一一六参照 …………………870	2　宗源宣旨 ………………………872
6　弘安五・七・二三 坂上氏願文 中世1・一一七参照 …………………870	70　鷲宮神社〔加須市〕……………872
7　弘安五・七・二三 某願文 中世1・一一八参照 ………………………870	1　宗源宣旨 ………………………872
8　弘安五・七・二三 きやうしん願文 中世1・一一九参照 ……………870	71　鷲宮神社〔鷲宮町〕……………872
9　(弘安五)七・二三 いねつる願文 中世1・一二〇参照 ……………870	1　建武二・二・一〇 某制札 中世1・二八六参照 …………………………872
10　(弘安五)七・二三 しやうくわん願文 中世1・一二一参照 ………870	2　享徳五・二・一〇 足利成氏願文 中世1・八七二参照 ………………872
11　(弘安五・七)二三 坂上せんしん願文 中世1・一二二参照 ………870	3　年未詳二・二六 足利政氏書状 中世2・一一六参照 …………………872
12　(弘安五)七・二三 藤原かうたい願文 中世1・一二三参照 ………870	4　年未詳八・初吉 足利政氏書状 中世2・一二五参照 …………………872
13　(弘安五)七・二三 やさ願文 中世1・一二四参照 …………………870	5　年未詳一一・一七 足利政氏書状 中世2・一二七参照 ………………872
14　(弘安五)たかつのねう願文 中世1・一二五参照 …………………870	6　年未詳七・一九 足利高基書状 中世2・一三四参照 …………………872
15　(弘安五)平王寿願文 中世1・一二六参照 ……………………………870	7　年未詳九・一一 足利高基書状 中世2・一三六参照 …………………872
16　(弘安五)平のふかた願文 中世1・一二七参照 ……………………870	8　天文二三・一二・二三 足利梅千代王丸印判状 中世2・二一九参照 …872
17　(弘安五)藤原女願文 中世1・一二八参照 ……………………………870	9　(弘治三)七・一一 太田資正書状写(豊前氏古文書抄)中世2・二三八参照 ……………………………………872
18　(弘安五)藤原をにやうこ願文 中世1・一二九参照 ………………870	10　年未詳正・一三 足利晴氏書状(平塚忠家所蔵)中世2・二五五参照 ………872
19　(弘安五)某願文 中世1・一三〇参照 ……………………………………870	11　年未詳二・九 足利晴氏書状 中世2・二五七参照 ………………………872
	12　年未詳一〇・二四 足利晴氏書状(平塚忠家所蔵)中世2・二六二参照 …872
	13　年未詳一二・二七 足利晴氏書状(平塚忠家所蔵)中世2・二六五参照 …872
	14　年未詳一二・二七 足利晴氏判物 中世2・二六六参照 ………………872
	15　壬戌(永禄五)四・一四 北条家印判状 中世2・三四二参照 ………872

新編埼玉県史 資料編18 中世・近世 宗教

16 丙寅（永禄九）極・一二 北条家印判状 中世2 - 四八〇参照 ……………………872
17 年未詳五・四 足利藤氏書状 中世2 - 四八四参照 ……………………………872
18 年未詳正・一一 北条氏康書状 中世2 - 六九八参照 ……………………………872
19 年未詳二・七 北条氏康書状（若命又男家所蔵）中世2 - 六九九参照 ………872
20 （元亀三）閏正・一一 足利義氏書状（平塚忠家所蔵）中世2 - 七二四参照 …………………………………………873
21 （天正元）二・一六 北条氏繁書状写（結城寺所蔵）中世2 - 七五六参照 …873
22 天正二・九・二 北条氏政判物写（武一五埼）中世2 - 八二五参照 ………873
23 甲戌（天正二）一二・一二 北条家印判状 中世2 - 八五二参照 …………873
24 年未詳正・一五 足利義氏書状（平塚忠家所蔵）中世2 - 一一八二参照 ……873
25 年未詳八・朔 足利義氏書状 中世2 - 一一八九参照 ………………………873
26 年未詳八・朔 足利義氏書状（平塚忠家所蔵）中世2 - 一一九〇参照 ……873
27 年未詳一〇・二一 足利義氏書状（平塚忠家所蔵）中世2 - 一一九六参照 …873
28 （天正一三）正・一三 北条氏直書状（若命又男家所蔵）中世2 - 一二七六参照 ……………………………………873
29 乙酉（天正一三）八・二〇 北条家印判状（井上義家所蔵）中世2 - 一三〇七参照 ……………………………873
30 天正一七・八・七 太田氏房印判状 中世2 - 一四七二参照 ………………873
31 天正一八・六・五 北条家印判状 中世2 - 一五七七参照 ……………………873
32 年月未詳八 太田氏房判物 中世2 - 一五八七参照 ………………………873
33 年未詳三・五 北条家印判状 中世2 - 一六二一参照 ……………………873
34 年未詳霜・二三 北条家掟書 中世2 - 一六二八参照 ……………………873
35 年未詳三・三 北条氏政書状写（武一五埼）中世2 - 一六三五参照 ………873
36 年未詳正・一五 北条氏直書状（井上義家所蔵）中世2 - 一六七一参照 ……873
37 年未詳正・一九 北条氏直書状 中世2 - 一六七三参照 ……………………873
38 年未詳五・三 鷲宮神領書上（平塚忠家所蔵）中世2 - 付二四参照 ………873
39 年未詳一〇・八 武田信豊書状 中世2 - 付五〇参照 ……………………873
40 天正一九・一一 徳川家康判物 近世8 - 五一一参照 ……………………873

41 中臣祓免許状 ……………………………873
42 神楽役料授与状 …………………………873
43 神楽役掟書 ………………………………874
44 嘉永六・二・吉 社領掟書 近世8 - 五五九参照 …………………………874
72 富士講〔鳩ケ谷市〕………………………874
1 高田藤四郎譲状 …………………………874
2 慶行三向伝書譲状 ………………………874
3 小谷三志書状 ……………………………879
4 三息書状 …………………………………879
5 高田越前介書状 …………………………880
6 慈行三千書状 ……………………………881
7 慈行三千書状 ……………………………883
8 善三郎書状 ………………………………883
9 徳大寺行雅書状 …………………………884
10 三息書状 …………………………………885
11 某書状 ……………………………………885
12 某書状 ……………………………………886

第II編 記録 ……………………………………887

1 仏教 ……………………………………889
1 法恩寺記録〔法恩寺所蔵 越生町越生七〇四〕………………………………………889
  〔*英範の記録〕
2 蓮馨寺日鑑〔蓮馨寺所蔵 川越市連雀町七 - 一〕……………………………………948
  〔*伝法・論議・安居・法要・年中行事；田舎檀林〕
3 迦葉院開発建立雑用日記〔迦葉院所蔵 鷲宮町西大輪二三五四〕……………996
  〔*新寺建立禁止令〕
4 本法院記録〔本法院所蔵 蕨市錦町五 - 一三 - 一一〕…………………………1007

2 神道 ……………………………………1012
1 秩父神社日鑑〔秩父神社所蔵 秩父市番場町一 - 一〕………………………1012

3 キリシタン ……………………………1073
1 寒松関係キリシタン史料〔長徳寺所蔵 川口市芝六三〇三〕……………1073
  1 竜派禅珠書状案 ………………………1073
  2 竜派禅珠書状案 ………………………1073
  3 十月十九日至断獄署 …………………1073
  4 幽居ノ寓懐三首 ………………………1074
  5 薄情人 凡純与久気味似 ……………1074
  6 丙午三首并序 …………………………1074
  7 円通ノ偶題 ……………………………1074
  8 虞延盛吉 ………………………………1074
  9 丙午二首 ………………………………1075
  10 春日憶宋世良二首 ……………………1075
  11 三霜二首 ………………………………1075
  12 正月八日丙午 …………………………1075
  13 惻隠二首 ………………………………1075

14　丙午詩 十三日 …………………… 1075
　　15　三月十七日得書信 ……………… 1075
　2　古切支丹類族調べ〔桜沢芳保家所蔵 神
　　川村渡瀬七五九;大谷重治家所蔵 神川村
　　渡瀬七六一〕……………………………… 1077
　　〔*潜伏信者〕

あとがき（埼玉県県民部参事兼県史編さん
　室長 島田桂一郎）……………………………1097
資料編18「中世・近世 宗教」資料提供者及び
　協力者 …………………………………… 1098
埼玉県史編さん委員会委員 …………… 1104
　井上幸治（津田塾大学教授）
　小野文雄（埼玉大学名誉教授）
　児玉幸多（学習院大学名誉教授）
　長井五郎（埼玉県埋蔵文化財調査事業団理
　　事長）
　韮塚一三郎（埼玉県文化団体連合会会長）
　村本達郎（埼玉大学名誉教授）
　柳田敏司（埼玉県考古学会会長）
　秋元信二（埼玉県青少年団体連絡協議会会長）
　出井治人（埼玉県経済農業協同組合連合会
　　会長）
　大友よふ（埼玉県地域婦人会連合会会長）
　鈴木克己（埼玉県労働者福祉協議会会長）
　長島恭助（埼玉県経営者協会会長）
　高橋一郎（埼玉新聞社社長）
　笠原正三（埼玉県議会議長）
　宮崎守保（埼玉県議会県民環境常任委員会
　　委員長）
　中川直木（埼玉県市長会会長）
　下田養平（埼玉県町村会副会長）
　戸賀崎恵太郎（埼玉県都市教育委員会教育
　　長会会長）
　飯野五郎（埼玉県町村教育委員会教育長会
　　会長）
　関根秋夫（埼玉県副知事;会長）
　荒井修二（埼玉県教育委員会教育長）
　下崎忠一郎（埼玉県県民部長;会長代理）

県史誌内容総覧・資料編 1: 近世―関東　359

千葉県の歴史 資料編 近世2（安房）

```
千葉県の歴史 資料編 近世2
（安房）
財団法人千葉県史料研究財団
編集
平成11年3月25日
```

＜近世の安房地方に関わる史料を収録＞
　＜口絵＞嘉永2年安房国全図［カラー］船橋市西図書館蔵
　＜口絵＞相浜（あいのはま）村・大神宮（だいじんぐう）村と布良（めら）村干場地（ほしばち）畑出入裁許絵図［カラー］館山市相浜漁業協同組合文書
　＜口絵＞金山谷境論裁許絵図写［カラー］鴨川市貝渚（かいすか）区有文書
　＜口絵＞柱木牧（はしらぎまき）絵図［カラー］鴨川市石井家文書
序（千葉県知事 沼田武）
発刊にあたって（千葉県史歴史系代表者 宇野俊一）
第1部　本書を理解するために ……………… 1
　はじめに …………………………………… 4
　　＜表＞旧房総三国と安房国C ………… 5
　　＜写＞鴨川沿岸上空より嶺岡牧を望むC ……… 7
　1　分（わ）け郷（ごう）─分割される村と支配（慶応三〈一八六七〉年 丸山町 安馬谷八幡神社文書） ………………………………… 8
　　＜表＞安馬谷村支配の変遷（「安馬谷領主関係推移一覧」『丸山町史』より作成） …………………………………… 11
　2　領主の交替と村の支配（元禄二〈一六八九〉年 白浜町 砂取区有文書）……… 12
　　＜表＞元禄7年上納のアワビ ………… 15
　3　旗本陣屋と村々（弘化二〈一八四五〉年 鋸南町 富永家文書） ……………… 16
　　＜表＞旗本酒井氏の知行関係（富永家文書「安房国平郡之内郷村高帳 下書」より作成） ……………………………… 18
　　＜写＞勝山陣屋跡にのこる井戸C … 19
　4　有力百姓は里見の旧家臣（文政九〈一八二六〉年 三芳村 高橋家文書） ……… 20
　　＜表＞高橋家系図 ……………………… 23
　　＜表＞里見氏系図 ……………………… 23
　5　海防陣屋と出入り百姓（弘化四〈一八四七〉年 館山市 根岸家文書） ……… 24

　　＜写＞北条鶴ヶ谷陣屋絵図C ………… 27
　6　ビッドルの浦賀来航と村々（弘化三〈一八四六〉年 鋸南町 富永家文書） ……… 28
　　＜表＞ビッドル来航時の下佐久間村からの人足（富永家文書/弘化三年六月「覚」より作成） ……………………………… 31
　7　嶺岡牧の牧士（もくし）たち（宝暦五〈一七五五〉年 富山町 高梨家文書） …… 32
　　＜表＞牧士・牧士見習一覧（「牧士惣仲間由緒書」より） ……………………… 35
　8　江戸の馬は「こしらい」馬（寛文二〈一六六五〉年 鴨川市 石井家文書） ……… 36
　　＜表＞将軍上洛年表（『徳川実紀第二篇』による） ……………………………… 39
　9　牧場の炭が通る道（文久元〈一八六一〉年 鴨川市 永井家文書） ……………… 40
　　＜写＞現在の平郡天神社C …………… 42
　　＜表＞図 炭輸送ルート ……………… 43
　10　年貢江戸廻米と安房の湊（元禄七〈一六九四〉年 鴨川市 永井家文書） ……… 44
　　＜表＞元禄期北風原村関係年貢廻米請負一覧（永井俊作家文書より作成） ……… 45
　　＜写＞安房の湊 ………………………… 47
　11　仁右衛門島と漁業（享保八〈一七二三〉年 鴨川市 平野家文書） ……………… 48
　　＜写＞上空からみた仁右衛門島全景C … 51
　12　仁右衛門島と伏見稲荷（天明三〈一七八三〉年 鴨川市 平野家文書） ………… 52
　　＜写＞正一位福女稲荷大明神の正面入口C … 54
　　＜写＞正一位福女稲荷大明神の奥の院C … 55
　13　元禄大地震と仁右衛門島（元禄十六〈一七〇三〉年 鴨川市 平野家文書） …… 56
　　＜写＞「津波避難丘」の石垣下にあった石仏（鴨川市郷土資料館提供）……… 59
　14　元禄大地震と寺社の再建（享保九〈一七二四〉年 館山市 那古寺文書） …… 60
　　＜写＞那古寺の観音堂C ……………… 63
　15　那古寺の江戸出開帳（でがいちょう）（文政元〈一八一八〉年 館山市 那古寺文書） …… 64
　　＜表＞表1　開帳場の諸施設 ………… 65
　　＜表＞表2　文政2年、那古寺出開帳における奉納物と奉納者 ………………… 66
　　＜写＞図2　奉納された細工の虎 …… 67
　　＜表＞表3　葭簀張仮小屋の内訳 …… 67
　16　神社と村の境界争論（寛永十七〈一六四〇〉年 館山市 那古寺文書） ……… 68
　　＜写＞鶴ヶ八幡宮境内図C（明治4年「八幡村絵図」部分、鶴ヶ谷八幡宮蔵） … 71
　17　鶴ヶ谷八幡宮の造営と職人たち（文久三〈一八六三〉年 館山市 根岸家文書） … 72
　　＜表＞表1　鶴ヶ谷八幡宮拝殿の造営に関わった職人（根岸家文書） ……… 74

360　県史誌内容総覧・資料編1：近世─関東

千葉県の歴史 資料編 近世2（安房）

<表>表2 大工職人数（根岸家文書）……74	[*干鰯場]
<表>図 職人の出身地域……………75	13 延享三年十一月～ 元名村ほか四か村漁場入会出入一件留書（鋸南町岩崎家文書）……113
18 農間鍛冶の江戸奉公（天保十五（一八四四）年 館山市 根岸家文書）……76	14 延享四年四月 元名村ほか四か村漁場入会出入一件留書（鋸南町岩崎家文書）……131
<表>嘉永3年3月八幡村忍藩領分百姓の構成（根岸家文書「嘉永3年3月 宗門人別御改帳 安房郡八幡村」）……79	15 延享五年四月 保田町漁師村限り支配につき請書（鋸南町大胡家文書）…141
19 漁場の争いと裁許絵図（さいきょえず）（延宝元（一六七三）年 白浜町 砂取区有文書）……80	16 文化九年三月 相浜村・伊戸村浦境争論内済証文（館山市相浜漁業協同組合文書）……143
<表>滝口村村内集落位置概略図……83	[*漁場争論]
20 秋場（まぐろさば）と新田開発（文政十三（一八三〇）年 館山市 正木家文書）……84	17 文化十年四月 磯村・貝渚村・浜波太村漁場出入一件覚書（鴨川市貝渚区有文書）……144
<表>問題となった山（上図の←部分）とその周辺C（国土地理院5万分の1の地図より）……87	18 安政四年七月 見物村・波左間村出し網一件内済証文（館山市海老原家文書）……149
第2部 資料編	[*網漁]
凡例	19 万治元年六月 見物村出し網一件内済証文（館山市正木家文書）……151
第1章 安房の人々と支配……………1	2 岡方と浜方の争い……………156
第1節 領主支配を受ける村……………3	20 享保元年八月 久枝村岡・浜争論につき浜方訴状（富山町久枝区有文書）……156
1 元禄二年 砂取浦万覚帳（白浜町砂取区有文書）……3	21 享保元年九月 久枝村岡・浜争論につき岡方返答書（富山町久枝区有文書）……157
[*砂取浜]	
2 文政六年～天保七年 小保田村名主要用抜書（鋸南町川名家文書）……30	22 享保元年十月 久枝村岡・浜争論につき浜方惣百姓請書（富山町久枝区有文書）……160
3 明治元年十月 大名主勤方心得書控（館山市安西家文書）……44	23 享保元年八月 岡波太村・浜波太村漁場争論内済証文（鴨川市鈴木家文書）……161
第2節 旗本酒井氏の知行所支配……47	
4 元文五年正月 御賄仕送りにつき一札（鋸南町富永家文書）……47	24 年未詳 岡波太村・浜波太村漁場争論につき岡波太村訴状（鴨川市鈴木家文書）……162
5 宝暦十年三月 御用金上納引請につき一札（鋸南町富永家文書）……48	25 文化十一年四月 浦御用向支配につき川下浦組頭願書（白浜町砂取区有文書）……164
6 天明八年五月～ 大名主日記帳（鋸南町富永家文書）……49	26 文政六年三月 南無谷村・岡本村・坂之下村山海入会につき申渡（富浦町三浦家文書）……165
7 寛政十三年正月 大名主御用状控（鋸南町富永家文書）……54	
8 文政四年正月 板井ケ谷役所日録（鋸南町富永家文書）……65	27 天保七年七月 船形村岡・浜争論につき岡方返答書（館山市正木家文書）……166
9 弘化二年四月 板井ケ谷陣屋付常使給地上地につき覚書（鋸南町富永家文書）…97	28 天保八年二月 船形村岡・浜争論内済証文（館山市正木家文書）……169
10 年未詳 下佐久間村諸帳面目録（鋸南町富永家文書）……103	3 村の負担と漁場の利用……………171
第2章 漁業と漁民の生活……………107	29 寛延三年二月 房州朝夷郡七か浦魚漁運上金請取覚書（千倉町山口家文書）……171
第1節 漁場の権利と争い……………109	
1 漁場の争い……………109	
11 延宝元年十二月 根本村・砂取村漁場争論裁許絵図（白浜町砂取区有文書）……109	
12 寛保二年九月 相浜村・大神宮村と布良村干場地畑出入裁許絵図（館山市相浜漁業協同組合文書）……111	

県史誌内容総覧・資料編 1: 近世—関東 361

30　宝暦五年二月　坂之下村藻打網取立につき申渡(富浦町三浦家文書) ……171
31　寛政十一年四月　伊豆海士入漁につき平磯村百姓連印一札(千倉町山口家文書) ……172
　　[＊採鮑技術]
32　文化十一年四月　縄船漁制限につき村々議定書(千倉町平舘区有文書)……174
33　文化十四年二月　砂取浦地網船乗組人引戻しにつき願書(白浜町砂取区有文書) ……175
34　天保七年八月　久枝村鰶網仲間議定一札(富山町久枝区有文書) ……177
35　天保九年八月　南無谷村ほか二か村細魚漁漁につき申渡(富浦町三浦家文書) ……177
36　天保十三年八月　坂之下村藻打網・揚繰網漁につき申渡(富浦町三浦家文書) ……178
37　弘化二年九月　平舘村鰶網網方議定書(千倉町平舘区有文書) ……179
38　安政三年十一月　縄船漁制限につき村々再議定書(千倉町平舘区有文書) ……179
39　安政五年六月　平舘村魚漁運上仕来書上(千倉町平舘区有文書)……182
4　水産物の集荷 ……183
40　文化六年八月　干鮑仕立方につき平磯村取り決め一札(千倉町山口家文書) ……183
41　文政八年十月　江戸問屋仕入規定一札(富山町久枝区有文書) ……184
42　文政十三年三月　砂取浦鮑買方出入内済証文(白浜町砂取区有文書) ……185
43　天保七年五月　高崎浦漁獲物一手買いにつき小買商人願書(富山町久枝区有文書) ……187
44　明治二年三月　元名村諸魚荷送り方につき規定書(鋸南町岩崎家文書)…189

第2節　浦請負人のくらし ………191
　　[＊平野家]
1　浦の請負と経営 ………191
45　寛文三年七月　釣溜役金請取証文(鴨川市平野家文書) ………191
46　寛文三年七月　魚漁運上金請取証文(鴨川市平野家文書) ………191
47　寛文八年七月　魚漁運上金請取証文(鴨川市平野家文書) ………192
48　元禄十二年二月　魚漁運上金請取証文(鴨川市平野家文書) ………192
49　享保八年二月　魚漁運上金請取通帳(鴨川市平野家文書) ………193
　　[＊磯廻り役]

50　享保十年九月　磯廻り役下請証文(鴨川市平野家文書) ………196
51　享保十一年五月　魚漁運上金請取証文(鴨川市平野家文書) ………196
52　享保十一年十二月　魚漁運上金請取証文(鴨川市平野家文書) ………196
53　寛延四年十月　浜波太村魚漁運上請負由来書(鴨川市平野家文書) ………197
54　宝暦四年二月　切口入網許可につき一札(鴨川市平野家文書) ………198
55　宝暦十一年十月　大風損害のため拝借願書(鴨川市平野家文書) ………198
56　宝暦十四年五月　浜波太村鮑根請負願書(鴨川市平野家文書) ………199
57　文化十年六月　鰹餌取船入漁につき一札(鴨川市平野家文書) ………199
58　文化十一年十月　不漁につき魚漁運上金半減願書(鴨川市平野家文書) …200
59　慶応四年七月　鰹餌取棒請船運上納入につき一札(鴨川市平野家文書)…201
60　明治元年十一月　西尾隠岐守様へ支配替につき控書(鴨川市平野家文書) ………
61　明治二年正月　浜波太村海面支配継続願書(鴨川市平野家文書) ………207
62　明治二年正月　魚漁運上金上納請負証文(鴨川市平野家文書) ………208
63　明治二年十月　魚漁運上金請取証文(鴨川市平野家文書) ………208
　　[＊浦請負人]
2　浜波太村と仁右衛門島 ………209
64　元禄十三年十月　小八手網入漁につき一札(鴨川市平野家文書) ………209
65　宝暦元年五月　浜波太村年貢・諸運上納方通帳(鴨川市平野家文書)……211
66　宝暦二年七月　浜波太村魚漁運上出入内済証文(鴨川市平野家文書) ……213
67　文化十二年六月　和羅佐網一件覚書(鴨川市平野家文書) ………214
68　明治二年四月　浜波太村漁場出入内済議定書(鴨川市平野家文書) ………216
3　浦請負人の特権と由緒 ………218
69　天明三年九月　正一位稲荷大明神勧請状(鴨川市平野家文書) ………218
70　安政二年正月　年頭御礼日記(鴨川市平野家文書) ………219
71　文久二年三月　蓬島湊請金助成願書(鴨川市平野家文書) ………223
　　[＊頼朝伝説]
72　慶応二年二月　弁財天鳥居修復入用控帳(鴨川市平野家文書) ………224

千葉県の歴史 資料編 近世2（安房）

　　73　十月　御用塩鰹上納につき御用状
　　　　　（鴨川市平野家文書）..................225
　　74　酉十一月　御用塩鰹上納代金請取書
　　　　　（鴨川市平野家文書）..................226
第3章　物と人の流れ..........................227
　第1節　湊と船..............................229
　　1　館山湾の風待ち湊.....................229
　　75　文政十二年二月　柏崎浦高之島湊普
　　　　請につき諸廻船相対勧化心得方書上
　　　　　（館山市沼区有文書）................229
　　76　文政十三年十一月　柏崎浦高之島
　　　　湊石積浪切乱杭目論見帳（館山市沼区有
　　　　文書）................................230
　　77　文政十三年十一月　柏崎浦高之島湊
　　　　海面浪除石積普請目論見帳（館山市沼
　　　　区有文書）............................232
　　78　天保二年二月　柏崎浦高之島湊普請
　　　　助力帳（館山市沼区有文書）............235
　　79　天保三年十二月　柏崎浦高之島湊普
　　　　請につき拝借金証文（館山市沼区有文
　　　　書）..................................240
　　80　安政二年四月　船形村磯崎湊普請仕
　　　　様帳（館山市正木家文書）..............241
　　81　安政二年八月　船形村磯崎湊普請に
　　　　つき歎願書（館山市正木家文書）........242
　　82　安政三年八月　船形村磯崎湊滞船難
　　　　船につき一札（館山市正木家文書）......243
　　　　［＊避難港］
　　2　船の建造と融通.......................244
　　83　正徳六年四月　上総小浜村より船売
　　　　渡証文（鋸南町岩崎家文書）............244
　　84　宝暦七年六月　相模東浦賀より五大
　　　　力船売渡証文（鋸南町岩崎家文書）......244
　　85　文政六年十月　五大力船道具代金滞
　　　　り出入済口証文（館山市沼区有文
　　　　書）..................................244
　　86　嘉永四年十二月　押送船借用証文
　　　　　（白浜町砂取区有文書）................245
　　87　天保十年五月　押送船質物金子借用
　　　　証文（館山市正木家文書）..............246
　　88　天保三年正月　押送船借用証文（館
　　　　山市正木家文書）......................246
　　89　天保三年三月　押送船譲渡証文（館
　　　　山市正木家文書）......................247
　　90　天保三年四月　押送船譲請証文（館
　　　　山市正木家文書）......................247
　　91　享保十年七月　五大力船破損につき
　　　　極印証文（鋸南町岩崎家文書）..........247
　　　　［＊船彼銭］
　　92　享保二十年八月　押送船不用につき
　　　　極印上げ証文（館山市根岸家文書）......248

　　93　延享三年八月　五大力船造り替えに
　　　　つき極印証文（富山町吉野家文書）......248
　　　　［＊船大工］
　　94　嘉永二年四月　御極印持主控帳（館
　　　　山市正木家文書）......................249
　　3　村の船の掌握.........................252
　　95　万延元年十月　坂之下村船組帳（富
　　　　浦町三浦家文書）......................252
　　96　天保十四年十一月　船形村船持名前
　　　　書上帳（館山市正木家文書）............253
　　97　享保六年四月　浦賀番所へ御鑑納め
　　　　につき証文（館山市正木家文書）........258
　　98　寛保四年二月　西浦賀船宿より船切
　　　　手差出覚（鋸南町岩崎家文書）..........258
　　99　安永五年正月　浦賀奉行所印鑑改め
　　　　につき御用留（慶應義塾大学古文書室
　　　　所蔵文書）............................258
　　100　天明二年十一月　浦賀奉行所印鑑
　　　　納替につき証文（館山市海老原家文
　　　　書）..................................262
　　101　安政四年五月　浦賀奉行所木札引
　　　　替の控（館山市正木家文書）............263
　　102　午八月　浦賀奉行所木札引替え入
　　　　用取立帳（館山市正木家文書）..........266
　第2節　年貢米と船宿・穀宿..................269
　　1　廻米と地払い.........................269
　　103　延宝九年四月　金束村ほか十三か
　　　　村年貢米納入諸入用定（鴨川市永井家
　　　　文書）................................269
　　　　［＊上乗宰領］
　　104　天保八年十一月　安馬谷村等廻米
　　　　着船場につき達書（丸山町安馬谷八幡
　　　　神社文書）............................270
　　105　文政十一年三月　安房・朝夷両郡
　　　　村々小菅籾蔵納め廃止願書（丸山町安
　　　　馬谷八幡神社文書）....................270
　　106　慶応三年九月　安馬谷村ほか二か
　　　　村廻米津出し賃銭下げ渡し願書（丸
　　　　山町安馬谷八幡神社文書）..............271
　　107　慶応元年十一月　荒川村年貢米神
　　　　奈川納手形（富山町高梨家文書）........272
　　108　文化二年四月　珠師ケ谷村廻米地
　　　　払い内訳覚（鴨川市永井家文書）........272
　　109　文化五年十二月　安馬谷村田方御
　　　　年貢目録（丸山町安馬谷八幡神社文
　　　　書）..................................273
　　110　天保八年十二月　安馬谷村ほか二
　　　　か村年貢地払い願書（丸山町安
　　　　馬谷八幡神社文書）....................275
　　111　天保十年十月　安馬谷村ほか二
　　　　か村廻米地払い内訳につき達書（丸山町
　　　　安馬谷八幡神社文書）..................275

県史誌内容総覧・資料編 1：近世―関東　　363

112　文久二年正月　珠師ケ谷村御年貢米卸帳（丸山町珠師ケ谷区有文書）……276
113　二月　珠師ケ谷村年貢津出し先につき館山相模屋書状（丸山町珠師ケ谷区有文書）……279
114　九月　長尾藩年貢代納につき滝口村一札（丸山町珠師ケ谷区有文書）……280
2　津出し湊と船宿……280
115　元禄六年正月　余瀬町船宿廻米請負手形（鴨川市永井家文書）……280
116　元禄六年二月　内浦村幾左衛門船道具手形（鴨川市永井家文書）……281
117　元禄七年十二月　西宮善吉船道具手形（鴨川市永井家文書）……281
118　元禄七年十二月　前原由右衛門船道具手形（鴨川市永井家文書）……281
119　元禄七年十二月　余瀬町船宿廻米請負手形（鴨川市永井家文書）……282
120　元禄七年十二月　余瀬町船宿城米請取手形（鴨川市永井家文書）……282
121　元禄十四年十二月　余瀬町船宿廻米請負手形（鴨川市永井家文書）……282
122　延享三年十月　池田村名主等廻米積立手形（鴨川市永井家文書）……283
123　延享三年十一月　池田村名主等廻米積立手形（鴨川市永井家文書）……283
124　宝暦三年十一月　余瀬町三兵衛船廻米請負手形（鴨川市永井家文書）……284
125　宝暦三年十一月　余瀬町三兵衛船廻米運賃請取手形（鴨川市永井家文書）……284
126　寛政二年十一月　余瀬町仁右衛門船廻米請負手形（鴨川市永井家文書）……285
127　文政十年十一月　安馬谷村廻米積立手形（丸山町安馬谷八幡神社文書）……285
128　天保十二年十二月　安馬谷村廻米送状（丸山町安馬谷八幡神社文書）……286
129　天保十二年十二月　安馬谷村廻米送状（丸山町安馬谷八幡神社文書）……286
130　天保十二年十二月　安馬谷村・久保村廻米積立明細書上（丸山町安馬谷八幡神社文書）……286
131　天保十二年十二月　久保村廻米積船浦賀番所通船手形（丸山町安馬谷八幡神社文書）……288
132　享和二年正月　和泉屋太平次廻米請負手形（丸山町珠師ケ谷区有文書）……288
［*船宿］
133　卯十月　年貢廻米につき加藤某書状（丸山町珠師ケ谷区有文書）……289

［*船宿］
134　天保六年十一月　高崎浦直八船廻米請負手形（富山町高梨家文書）……289
135　天保八年十一月　高崎浦直八船廻米請負手形（富山町高梨家文書）……289
136　天保八年十一月　荒川村廻米積船浦賀番所通船手形（富山町高梨家文書）……290
3　奥州諸藩の房州穀宿……290
［*東廻り航路］
137　安永八年十一月　奥州塩釜船難船につき口書証文ならびに浦証文（富浦町三浦家文書）……290
138　宝暦九年十二月　仙台船難船につき口書証文（慶應義塾大学古文書室所蔵文書）……295
139　宝暦十年正月　仙台船難船につき濡米入札代金請取手形（慶應義塾大学古文書室所蔵文書）……297
140　宝暦十年正月　仙台船難船につき濡米代金請取手形（慶應義塾大学古文書室所蔵文書）……297
141　宝暦十年正月　仙台船難船処理入用請取手形（慶應義塾大学古文書室所蔵文書）……298

第3節　商品流通の展開……299
1　水産物流通と安房の船……299
142　宝暦四年九月　生魚押送船下り浦賀番所通船手形（鋸南町岩崎家文書）……299
［*江戸魚問屋］
143　文政三年二月　押送一割船一件済口証文（館山市正木家文書）……299
144　天保二年五月　小買株差入金子借用証文（館山市正木家文書）……301
145　天保十三年　一割運送職等預り証文（館山市正木家文書）……302
146　嘉永四年九月　一割江戸宰領につき取替証文（館山市正木家文書）……302
147　安政六年正月　押送船仲間議定連印帳（館山市正木家文書）……303
148　安永三年八月　天津村干鰯積船破船一件留帳（館山市正木家文書）……305
149　弘化四年二月　干鰯積船難船刎荷につき一札（館山市正木家文書）……309
150　天保六年十一月　船形村干鰯積船金子横領出入返答書（館山市正木家文書）……310
151　天保十四年四月　押送船不正荷買付一件詫状（館山市正木家文書）……311
152　文久二年十二月　生魚印鑑偽名一件訴状（館山市正木家文書）……311

153　天保四年十二月　船形村魚隠売買出入一件済口証文（富山町久枝区有文書）……312
154　天保四年　船形村魚隠売買出入一件覚書（館山市正木家文書）……318
2　問屋の金融とその中継……325
155　文政十三年二月　鰹鮪網株金借用証文（館山市海老原家文書）……325
　　［＊郷中持］
156　嘉永二年三月　江戸干鰯問屋前貸金滞り一件返答書（富山町吉野家文書）……325
157　文久三年十月　生魚他問屋送りにつき詫状（慶應義塾大学古文書室所蔵文書）……326
158　嘉永七年十月　八手網相続金借用証文（館山市正木家文書）……327
159　年未詳　橋本市兵衛貸金掛け合い依頼状（館山市正木家文書）……328
3　薪・炭・木材の流通……328
160　安政三年六月　御材木津出し人足増方につき安馬谷村願書（丸山町安馬谷八幡神社文書）……328
161　九月　薪出しにつき藤原村善兵衛書状（館山市沼区有文書）……329
162　文久元年六月　嶺岡牧松炭天神宮出し請負手形（鴨川市永井家文書）……329
163　文久元年六月　嶺岡牧松炭高崎浦出し請負手形（鴨川市永井家文書）……330
164　文久元年六月　嶺岡牧松炭継立て請負手形（鴨川市永井家文書）……331
165　安政三年八月　薪炭買積船難船につき口書証文（館山市正木家文書）……332
166　子二月　水戸家国産会所宛炭送状（館山市正木家文書）……332
4　多様な流通の世界……333
167　宝暦十年正月　小湊村西宮権兵衛船難船につき浦証文（慶應義塾大学古文書室所蔵文書）……333
168　元治元年八月　内浦村嘉助船難船につき一札（館山市正木家文書）……335
169　弘化四年正月　館山栖原屋よりの現金荷物通帳（館山市海老原家文書）……336
170　弘化三年十一月　正木村文次郎難船一件留帳（抄録）（館山市正木家文書）……344
171　天保四年十二月　渡海船調達金借用証文（館山市加藤家文書）……346
172　年未詳　旅客渡海一件口書（館山市正木家文書）……346
173　年未詳　破船荷物不正買入一件につき口書（館山市海老原家文書）……348

第4章　安房の人々の生業と生活………351
第1節　村の生活……353
1　村の政治……353
174　享保十年三月～　下佐久間村帳簿書上帳（鋸南町富永家文書）……353
175　宝暦三年三月　白浜村筆取役給地相続につき願書（慶應義塾大学古文書室所蔵文書）……356
176　安永十年正月　久枝村惣百姓村掟請書（富山町久枝区有文書）……357
2　由緒……360
177　文政九年四月　里見分限帳書抜覚（三芳村高橋家文書）……360
178　文政十年正月　里見氏紋所提灯使用認可状（三芳村高橋家文書）……360
179　文政十一年正月　麻裃贈与につき書状（三芳村高橋家文書）……360
180　年未詳　小網寺十三騎塚伝書写（三芳村高橋家文書）……361
181　年未詳　里見旧臣田山氏由緒書（三芳村高橋家文書）……361
3　相撲……362
182　天保七年六月　那古寺役院西之坊奉納相撲開催願書（館山市根岸家文書）……362
183　天保七年七月　八幡村奉納相撲興行認可につき請状（館山市根岸家文書）……362
184　天保七年七月　八幡村奉納相撲興行終了につき請状（館山市根岸家文書）……363
185　文久二年四月　本織村相撲興行御尋につき返答書（館山市沼区有文書）……363
4　火葬場……364
186　文化十二年三月　火葬場出入につき下佐久間村百姓訴状（鋸南町富永家文書）……364
187　文化十二年四月　火葬場出入につき持福寺返答書（鋸南町富永家文書）……366
188　文化十四年四月　火葬場出入につき下佐久間村返答書（鋸南町富永家文書）……368
第2節　山・野・水との関わり……371
189　延宝六年八月　金山谷境論裁許絵図写（鴨川市貝渚区有文書）……371
190　延宝六年十二月　金山入会につき貝渚村訴状（鴨川市貝渚区有文書）……373
191　天保十一年九月　金山一件訴状控（鴨川市貝渚区有文書）……374

県史誌内容総覧・資料編1：近世―関東　　365

千葉県の歴史 資料編 近世2（安房）

192 天保十二年十月 金山入会争論につき貝渚村訴状（鴨川市貝渚区有文書）……377
193 天保十三年三月 金山入会争論内済証文（鴨川市貝渚区有文書）……382
194 文化十一年十一月 多田良村・船形村境争論石碑建立につき船形村訴状（館山市正木家文書）……385
195 天保十年二月 多田良村・船形村境争論につき船形村百姓連印一札（館山市正木家文書）……386
196 天保十年二月 多田良村・船形村境争論につき船形村訴状（館山市正木家文書）……387
197 天保十年三月 多田良村・船形村境争論につき船形村訴状（館山市正木家文書）……388
198 天保十年三月 船形村訴状拝見につき多田良村一札（館山市正木家文書）……390
199 文政十三年二月 川名村・金尾谷村秣場争論内済証文（館山市正木家文書）……390
200 享保十七年正月 北風原村鉄砲預り証文（鴨川市永井家文書）……391
201 天明五年十二月 北風原村狼・山犬・猪・鹿打留数届書（鴨川市永井家文書）……393
202 寛延三年十一月 深名村百姓川堰用水堀土上場勝手利用につき船形村訴状（館山市正木家文書）……394
203 宝暦十二年六月 船形村川堰分水の覚記（館山市正木家文書）……397
204 寛政九年六月 川代村川欠所につき内済証文（鴨川市永井家文書）……399
205 寛政九年十二月 長狭川川除普請金請書（鴨川市竹澤家文書）……401
206 安政四年八月 大井村一件引合出府中御用日記録（富山町高梨家文書）……402

第3節 安房の諸職 ……415
1 大工職人 ……415
207 天保六年四月 大匠手鑑目録（写本）（館山市加藤家文書）……415
208 文久元年十二月 鶴谷八幡宮拝殿再建大工作料飯米覚帳（館山市加藤家文書）……422
209 文久三年九月 釿始の大事（館山市加藤家文書）……425
210 文久三年九月 鶴谷八幡宮幣殿上棟入用取調帳（館山市根岸家文書）……429
211 文久三年九月 諸職人作料払方帳（館山市加藤家文書）……440

2 安房の諸職・諸稼ぎ ……442
212 文政十年十一月 船形村農間渡世取調帳（館山市正木家文書）……442
213 天保九年八月 海発村農間商・諸職人書上帳（和田町海発区有文書）……444
214 弘化四年十月 八幡村農間商人取調帳（館山市根岸家文書）……446
215 安政六年九月 船形村質屋稼取調帳（館山市正木家文書）……447
216 享和三年四月 花園村内での酒小売につき一札（和田町花園区有文書）……449
217 文化七年三月 岡本村棒手振船形村へ引越商売につき請人証文（館山市正木家文書）……450
218 天保三年六月 小保田村五右衛門夫婦・子供引取につき一札（鋸南町川名家文書）……450
219 天保三年六月 小保田村五右衛門江戸渡世につき一札（鋸南町川名家文書）……451
220 天保十五年正月 農間鍛冶職江戸奉公につき願書（館山市根岸家文書）……452
221 嘉永元年十月 無届江戸奉公につき宥免願書（館山市根岸家文書）……452
222 嘉永三年十一月 親類地所借受商売につき一札（館山市根岸家文書）……453
223 安政三年十月 本郷村商人仲間議定書（鋸南町高濱家文書）……454
224 慶応三年十二月 薪買入対談違変につき那古村太兵衛訴状（館山市那古寺文書）……455
225 明治二年七月 長尾藩領馬喰渡世向心得書（和田町海発区有文書）……458

第4節 元禄地震 ……461
226 元禄十六年十一月 勝浦藩江戸家老より地震見舞書状（鴨川市平野家文書）……461
227 元禄十六年十一月 勝浦藩江戸家老より地震見舞書状（鴨川市平野家文書）……462
228 元禄十六年十一月 嵯峨屋五兵衛等地震見舞書状（鴨川市平野家文書）……462
229 元禄十六年十二月 勝浦藩江戸家老より地震見舞書状（鴨川市平野家文書）……462
230 年未詳 地震御救米請取一札下書（鴨川市平野家文書）……463
231 宝永元年八月 津波被害につき餌札申請証文（鴨川市平野家文書）……463

千葉県の歴史 資料編 近世2（安房）

232　宝永七年十二月　貝渚村の内余瀬町津波被害書上帳（鴨川市貝渚区有文書）……463

第5章　嶺岡牧……469
第1節　幕府牧の成立と衰退……471
233　寛永二年六月　丈夫な馬所望につき加藤孫兵衛書状（鴨川市石井家文書）……471
234　寛永六年正月　安房国嶺岡牧馬飼料割合帳（鴨川市石井家文書）……472
235　寛永十一年正月　安房国嶺岡牧馬飼料勘定帳（鴨川市石井家文書）……473
[＊御倉書替役]
236　寛永十三年正月　安房国嶺岡牧馬飼料勘定帳（鴨川市石井家文書）……477
237　元禄十年十二月　嶺岡牧由緒覚書（鴨川市石井家文書）……480
第2節　幕府牧の再興と支配……482
238　享保六年十二月　安房国嶺岡山野馬立場見分帳（松戸市綿貫家文書）…482
239　宝暦三年九月　馬預斎藤盛安嶺岡牧御用につき先触（鴨川市永井家文書）……500
240　宝暦四年二月　嶺岡牧払馬留帳（鴨川市永井家文書）……500
241　宝暦五年十一月　嶺岡牧士惣仲間由緒書控（富山町高梨家文書）……503
242　宝暦十三年正月　嶺岡牧士扶持米請取覚（富山町加藤家文書）……511
243　明和三年二月　戌二月払馬代控帳（鴨川市永井家文書）……511
244　明和七年二月　酉二牧寅母馬改帳（鴨川市永井家文書）……514
245　明和七年三月　寅出生帳（鴨川市永井家文書）……523
246　安永二年八月　嶺岡御用覚帳（抄録）（鴨川市永井家文書）……526
247　安永四年二月　嶺岡牧士八丁勤番組合覚（鴨川市永井家文書）……546
248　天明元年十月　嶺岡牧士扶持米渡し方につき下知覚（富山町川名家文書）……547
249　天明三年十二月　嶺岡牧士扶持米渡し方につき下知覚（富山町川名家文書）……547
250　天明四年三月　小納戸金貸付作法書（鴨川市永井家文書）……548
251　文化二年閏八月　御用留ならびに御用中日記（抄録）（鴨川市永井家文書）……548
252　文化三年八月　嶺岡牧馬代金上納未納取調帳（鴨川市永井家文書）……560

253　文化三年十月　嶺岡牧馬代上納調（鴨川市永井家文書）……588
254　文化七年十二月　嶺岡牧士扶持米請取書（富山町川名家文書）……591
255　天保六年五月　嶺岡牧風折木払代金預り覚（富山町川名家文書）……592
256　天保十二年九月　嶺岡牧士扶持米渡し方につき下知覚（富山町川名家文書）……592
257　嘉永三年十二月　嶺岡牧士触頭格扶持米請取書（富山町高梨家文書）…592
258　嘉永三年十二月　嶺岡牧士扶持米請取書（富山町高梨家文書）……593
259　嘉永四年正月　嶺岡牧士扶持米請取書（富山町高梨家文書）……593
260　元治元年十二月　嶺岡牧士扶持米請取書（富山町高梨家文書）……593
261　元治元年十二月　嶺岡牧士扶持米請取書（富山町高梨家文書）……594
262　元治元年十二月　嶺岡牧士扶持米請取書（富山町高梨家文書）……594
263　元治元年十二月　嶺岡牧士触頭格扶持米請取覚（富山町高梨家文書）…594
264　元治元年十二月　嶺岡牧士触頭扶持米請取覚（富山町高梨家文書）……595
265　元治二年正月　嶺岡牧士扶持米請取書（富山町高梨家文書）……595
266　元治二年正月　嶺岡牧改牧士扶持米請取書（富山町高梨家文書）……595
267　慶応元年十一月　嶺岡牧士扶持米渡し方につき取り決め書（富山町高梨家文書）……596
第3節　幕府牧と野付村・野続村……598
268　享保期　嶺岡牧野付野続村々明細書（富山町加藤家文書）……598
269　安永七年八月　嶺岡牧野付村々知行渡しにつき覚（富山町川名家文書）……614
270　天明六年　知行渡し差障り有無につき掛合覚（富山町川名家文書）……614
271　寛政二年八月　呑井土手垣破損繕人足帳（富山町川名家文書）……615
272　慶応二年四月　嶺岡牧人足覚帳（和田町長谷川家文書）……616

第6章　安房の寺院と神社……627
第1節　安房の寺院……629
[＊宝珠院；那古寺]
1　本末関係確立期の諸争論……629
273　寛文九年九月　智恩院住持替一件につき吟味願書（三芳村宝珠院文書）……629

県史誌内容総覧・資料編 1: 近世—関東　367

千葉県の歴史 資料編 近世2（安房）

274　寛文九年十月　智恩院住持替一件につき四箇寺裁許状（三芳村宝珠院文書）……………………630
275　延宝二年正月　密厳院・密蔵院朱印地違乱につき宝珠院末寺門徒訴状（三芳村宝珠院文書）……………630
276　延宝二年十二月　小網寺・円蔵院寺格出入につき宝珠院末寺ほか訴状（三芳村宝珠院文書）……………631
277　延宝三年三月　小網寺寺格出入につき宝珠院門末中返答書（三芳村宝珠院文書）……………………………632
278　延宝三年三月　円蔵院寺格出入につき宝珠院門末中返答書（三芳村宝珠院文書）……………………………634
279　延宝三年三月　小網寺・円蔵院寺格出入につき詫一札（三芳村宝珠院文書）………………………………636
280　延宝三年九月　清澄寺寺格及び宝珠院支配につき覚書（三芳村宝珠院文書）………………………………636
［＊本末改め］
281　延宝三年九月　小網寺・円蔵院寺格出入につき四箇寺申渡覚（三芳村宝珠院文書）……………………637
282　延宝三年十二月　小網寺・円蔵院寺格出入につき真福寺申渡（三芳村宝珠院文書）………………………638
283　延宝八年十一月　密厳院・密蔵院朱印地違乱一件につき宝珠院返答書（三芳村宝珠院文書）……………638
284　延宝九年二月　宝珠院隠居所につき宝珠院願書（館山市那古寺文書）…639
285　延宝九年三月　真野寺堂宇・山林支配につき久保村百姓願書（三芳村宝珠院文書）……………………640
286　延宝九年三月　真野寺堂宇・山林支配につき久保村村役人ほか一札（三芳村宝珠院文書）……………640
2　宝珠院と那古寺の寺格争論…………641
287　天明三年三月　那古寺ほか二か寺住職入札につき宝珠院代請書（三芳村宝珠院文書）……………………641
288　寛政三年二月　那古寺住職定につき宝珠院伺書（三芳村宝珠院文書）…642
289　寛政十一年五月〜　宝珠院後住一件留（抄録）（館山市那古寺文書）……645
290　寛政十二年二月〜　那古寺衆分支配方一件願書留（館山市那古寺文書）……………………………………653
291　延宝三年ほか　那古寺住職選任一件書類留（抄録）（館山市那古寺文書）……………………………………660

292　寛政十一年五月　那古寺衆分宝珠院惣門中連院宥免につき一札（館山市那古寺文書）……………………662
293　寛政十二年十二月　宝珠院正御影供につき那古寺ほか上申書（館山市那古寺文書）………………………663
294　享和三年三月　那古寺衆分支配方出入につき那古寺願書（館山市那古寺文書）……………………………664
295　文化元年六月　那古寺衆分支配方出入につき済口証文（館山市那古寺文書）………………………………666
296　文化二年二月　寛政三年差出一札御返しにつき那古寺請書（館山市那古寺文書）……………………………668
297　文化四年　宝珠院・那古寺寺格一件につき宝珠院代訴状（三芳村宝珠院文書）…………………………668
［＊常楽絵］
298　文化五年七月　宝珠院・那古寺寺格一件につき那古寺願書（館山市那古寺文書）……………………………675
299　文化五年七月　宝珠院・那古寺寺格一件につき衆分伺書（館山市那古寺文書）……………………………678
300　文化六年八月　宝珠院・那古寺寺格一件につき宝珠院願書（三芳村宝珠院文書）……………………………679
301　文化七年十一月　宝珠院・那古寺寺格一件につき宝珠院代願書（三芳村宝珠院文書）……………………684
302　文化九年三月　宝珠院・那古寺寺格一件につき衆分惣代願書（館山市那古寺文書）………………………686
303　文化七年六月　宝珠院・那古寺寺格一件につき宝珠院門徒等願書（三芳村宝珠院文書）…………………689
304　文化九年五月　船形村大福寺朱印状一件につき宝珠院門末等願書（三芳村宝珠院文書）…………………692
305　文化九年八月　宝珠院・那古寺寺格出入一件裁許請書（三芳村宝珠院文書）………………………………697
306　文化九年八月　那古寺朱印状・什物引渡し方につき宝珠院願書（館山市那古寺文書）……………………700
307　文化十年八月　那古寺朱印状・什物引渡し一件吟味下げ願書（館山市那古寺文書）………………………701

3　仏教施設と行事…………………………703
308　宝永元年六月　白浜村法界寺仮引移りにつき届書（三芳村宝珠院文書）……………………………………703

368　県史誌内容総覧・資料編1：近世―関東

千葉県の歴史 資料編 近世2（安房）

309　享保九年七月　那古寺再建につき開帳願書（館山市那古寺文書）………703
310　寛延二年正月　青木村真勝寺観音堂普請につき国中巡回開帳願書（館山市那古寺文書）………704
311　寛延四年九月　北朝夷村円蔵院離旦一件につき詫書（館山市那古寺文書）………704
312　安永八年正月　那古寺より将軍家治世子へ御札献上願書（館山市那古寺文書）………706
313　天明四年四月　宮下村高雲寺旦那離旦許可状（丸山町珠師ヶ谷有文書）………706
314　寛政二年五月　古畑村長徳院妻・下女改宗につき村役人願書（鴨川市竹澤家文書）………707
315　寛政二年六月　古畑村長徳院妻ほか改宗につき願書（鴨川市竹澤家文書）………707
316　寛政九年九月　平塚村長兵衛葬送につき一札（鴨川市竹澤家文書）……708
317　文化三年八月　大日如来・馬頭観音石碑建立につき横尾村村役人書状（鴨川市永井家文書）………709
318　文化八年十一月　小児死去取り置き方につき市井原村役人一札（鋸南町市井原区有文書）………710
319　文政二年閏四月　那古寺本尊久留里正源寺にて開帳につき議定書（館山市那古寺文書）………710
320　天保四年正月　天満宮開帳につき別当寺届書（三芳村宝珠院文書）……712
321　天保七年三月　那古寺普請につき住職請書一札（三芳村宝珠院文書）…712
322　天保七年三月　那古寺普請につき衆分惣代取り決め一札（三芳村宝珠院文書）………713
323　天保十一年五月　大福寺観音堂修復につき境内松木伐採願書（館山市那古寺文書）………714
324　天保十四年六月　那古寺門徒無住寺院取調帳（三芳村宝珠院文書）……715
325　弘化三年二月　那古寺観音堂ほか普請修復につき一札留（館山市根岸家文書）………716
326　弘化三年二月　那古寺普請仕法替につき願書（館山市根岸家文書）……717
327　嘉永五年三月　安馬谷村福性院再建仏供養書（丸山町安馬谷八幡神社文書）………718

328　嘉永五年三月　安馬谷村福性院再建仏供養飴屋踊りなど催しにつき詫書（丸山町安馬谷八幡神社文書）……719
329　安政四年六月　那古寺観世音菩薩巳年開帳届書（館山市那古寺文書）…719

第2節　江戸出開帳 ………………………720
330　宝暦五年三月　江戸出開帳出願につき添簡願書（館山市那古寺文書）…720
331　宝暦五年四月　江戸出開帳につき願書（館山市那古寺文書）……………720
332　宝暦五年五月　江戸開帳宿地願書（館山市那古寺文書）…………………721
333　宝暦五年八月　開帳場仮小屋につき願書（館山市那古寺文書）…………721
334　宝暦六年四月　開帳日延願書（館山市那古寺文書）………………………722
335　文化十五年二月　開帳立札につき願書（館山市那古寺文書）……………722
336　文政元年十二月　江戸出開帳につき廻章（館山市那古寺文書）…………723
337　文政元年十二月　江戸開帳着船場先例につき口上書（館山市那古寺文書）………724
338　文政元年十二月　本尊観世音など行路につき願書（館山市那古寺文書）………724
339　文政元年十二月　開帳場仮小屋につき願書（館山市那古寺文書）………725
340　文政元年十二月　回向院境内開帳場絵図（館山市那古寺文書）…………726
341　文政元年十二月　開帳場仮小屋につき請書（館山市那古寺文書）………726
342　文政二年三月　開帳につき届書（館山市那古寺文書）……………………727
343　文政二年三月　開帳につき届書（館山市那古寺文書）……………………727
344　文政二年三月　開帳場奉納物につき届書（館山市那古寺文書）…………727
345　文政二年三月　開帳場奉納物につき届書（館山市那古寺文書）…………728
346　文政二年三月　開帳場建札・細工物につき届書（館山市那古寺文書）…728
347　文政二年三月　奉納建札につき届書（館山市那古寺文書）………………729
348　文政二年三月　細工物につき願書（館山市那古寺文書）…………………729
349　文政二年三月　開帳場奉納物絵図（館山市那古寺文書）…………………730
350　文政二年三月　絵馬取り立てにつき届書（館山市那古寺文書）…………730
351　文政二年三月　開帳場奉納絵馬図（館山市那古寺文書）…………………731

352　文政二年四月　開帳建札相違につき届書（館山市那古寺文書）……………731
353　文政二年四月　開帳中日回向施餓鬼につき届書（館山市那古寺文書）…731
354　文政二年四月　開帳日延願書（館山市那古寺文書）……………………732
355　文政二年四月　葭簀張水茶屋など見分につき請書（館山市那古寺文書）……………………………732
356　文政二年四月　開帳場見分につき請書（館山市那古寺文書）……733
357　文政二年四月　開帳奉納金引当金借用につき覚（館山市那古寺文書）…734
358　文政二年閏四月　閉帳につき届書（館山市那古寺文書）……………734
359　文政二年閏四月　閉帳につき届書（館山市那古寺文書）……………735
360　文政二年　開帳場仮小屋取り払いにつき届書（館山市那古寺文書）……735
361　文政二年閏四月　千手観世音など帰村につき届書（館山市那古寺文書）……………………………735
362　文政二年閏四月　千手観世音など帰村につき届書（館山市那古寺文書）……………………………735
363　文政二年閏四月　千手観世音など帰村につき届書（館山市那古寺文書）……………………………736
364　文政二年閏四月　千手観世音など帰村につき届書（館山市那古寺文書）……………………………736
365　文政三年四月　金子借用証文（館山市那古寺文書）……………………736
366　文政五年正月　金子借用につき一札（館山市那古寺文書）……………737
367　年未詳　講中廻りなど入用覚（館山市那古寺文書）……………………738
368　年未詳　江戸開帳小屋指図（館山市那古寺文書）……………………740

第3節　安房の神社と祭礼……………741
1　鶴谷八幡宮と神職……………741
369　寛永二年正月　代官熊沢三郎左衛門八幡宮建立につき由緒覚書（館山市那古寺文書）……………………741
370　寛永十七年二月　八幡宮森伐採につき目安条々（館山市那古寺文書）…741
371　正保三年六月　八幡宮松原出入につき北条藩家老書付（館山市那古寺文書）……………………………743
　［＊房州院家］
372　正保三年十一月　八幡宮神主名跡譲りにつき神主等一札（館山市那古寺文書）……………………………743

373　寛文十三年二月　八幡宮社人次郎左衛門由緒につき訴状（館山市那古寺文書）……………………………744
374　寛文十三年三月　追放命令につき神主請書（館山市那古寺文書）……744
375　貞享三年四月　慶長三年印判状請取につき八幡宮神主等一札（館山市那古寺文書）……………………745
376　元禄四年四月　神職相続につき八幡宮神主差上げ一札（館山市那古寺文書）……………………………746
377　享保四年五月　八幡宮禰宜跡役任命につき覚書（館山市那古寺文書）…746
378　宝暦八年九月　命婦継目につき差上げ一札（館山市那古寺文書）………747
379　宝暦八年十一月　祠官許状頂戴につき一札（館山市那古寺文書）……747
380　安永十年四月　命婦家の儀御尋につき八幡宮祠官返答書（館山市那古寺文書）……………………………748
381　天明元年八月　命婦家家格・座順につき願書（館山市那古寺文書）……749
382　天明元年十二月　命婦・禰宜座順出入裁許につき訴答請書（館山市那古寺文書）……………………………752
383　文化九年八月　八幡宮放生会祭礼会勤め方御尋につき一札（館山市那古寺文書）……………………………753
384　嘉永五年八月　八幡宮祭礼神輿渡御につき那古寺届書（館山市那古寺文書）……………………………753
385　安政三年十一月　八幡宮三月御影供・放生会検僧一件留（館山市那古寺文書）……………………………754

2　鶴谷八幡宮と別当寺との争論………756
386　万治三年十月　八幡宮松森伐採につき八幡村名主等詫書（館山市那古寺文書）……………………………756
387　万治三年十月　八幡宮松森伐採につき神主等一札（館山市那古寺文書）……………………………757
388　宝永元年八月　八幡宮森修復用木伐採につき那古寺口上書（館山市那古寺文書）……………………………757
389　宝永元年九月　八幡宮森修復用木伐採につき別当・神主等一札（館山市那古寺文書）……………………759
390　享保十八年八月　八幡宮別当修法檀片付けにつき衆分七か寺口上書（館山市那古寺文書）……………759
391　享保十八年十二月　八幡宮格式争論につき神主・祠官返答書（館山市那古寺文書）………………………760

千葉県の歴史 資料編 近世2（安房）

392　享保十九年三月　八幡宮格式争論につき神主等一札（館山市那古寺文書）……………………………………762
393　寛保二年七月　八幡宮神主所業につき那古寺・社僧訴状（館山市那古寺文書）……………………………………763
394　寛保二年八月　八幡宮神主所業につき裁許請書（館山市那古寺文書）…766
395　延享三年六月　神職帰参願書（館山市那古寺文書）……………………768
396　延享三年八月　山城所持神主許状取扱覚書（館山市那古寺文書）……769
397　明和六年六月　神職帰参一件につき祠官願書（館山市那古寺文書）…769
398　明和六年九月　神職帰参一件につき那古寺訴状（館山市那古寺文書）…771
399　明和六年十一月　神職帰参一件につき那古寺返答書（館山市那古寺文書）……………………………………773
400　明和七年八月　神職帰参一件につき裁許書（館山市那古寺文書）……776
3　諸社の祭礼……………………………777
401　宝暦十三年十一月　北風原村山神森売木につき御詫一札（鴨川市永井家文書）……………………………………777
402　安永五年二月　宮下村山神山林支配につき高雲寺返答書（鴨川市永井家文書）……………………………………778
403　天明二年八月　富山祭礼喧嘩につき不入斗村惣若者中詫書一札（富山町吉野家文書）………………………779
404　文化元年十一月　宮守三郎兵衛天王宮神勤につき安馬谷村役人一札（丸山町安馬谷八幡神社文書）……………781
405　文化十四年六月　古畑村百姓宅牛頭天王祠修復につき願書（鴨川市竹澤家文書）……………………………782
406　文化十四年六月　古畑村百姓宅牛頭天王祠修復一件調べ日延につき請書（鴨川市竹澤家文書）……………783
407　文化十四年七月　古畑村百姓宅牛頭天王新宮引払いにつき一札（鴨川市竹澤家文書）……………………784
408　文政四年九月　竹原村山王祭礼不調法につき詫書一札（館山市正木家文書）……………………………………785
409　文政十年二月　奉社仲間規定書（館山市加藤家文書）……………786
410　天保十五年八月　船形村諏訪明神一件につき村役人願書（館山市正木家文書）……………………………………787

411　弘化三年六月　氏神祭礼幟建て灯明付け一件につき覚書（鋸南町富永家文書）……………………………………788
412　弘化五年正月　居倉村鎮守祭礼・奉社一件内済につき吟味下げ願書（館山市正木家文書）……………789
413　嘉永二年七月　平久里中村天満宮祭礼由来書（富山町加藤家文書）……790
414　安政三年三月　安馬谷村鎮守山神再建につき届書（丸山町安馬谷八幡神社文書）……………………………791
415　慶応元年八月　安馬谷村大六式日人寄せ一件詫書（丸山町安馬谷八幡神社文書）……………………………791

第7章　海防と安房の村々………………793
第1節　領主の交替と村の対応…………795
416　文政九年九月　上知後御普請場継続につき代官伺書（鋸南町川名家文書）…795
417　嘉永七年九月～　石堂村名主諸書留（抄録）（丸山町石堂家文書）……………796
418　慶応三年八月　安馬谷村分郷につき願書（丸山町安馬谷八幡神社文書）………842
第2節　領地や預地支配の実態…………844
419　弘化四年十二月　陣屋出入り商いにつき鑑札下渡し願書（館山市根岸家文書）……………………………………844
420　弘化四年　武蔵忍藩安房北条陣屋絵図（鋸南町富永家文書）……………845
421　嘉永元年三月　八幡村長寿者名訂正願書（富山町加藤家文書）……………846
422　嘉永四年八月　台場普請世話につき苗字帯刀許可申渡（鴨川市平野家文書）……………………………………846
423　嘉永六年二月　竹ケ岡蔵米払い下げにつき市井原村返答書（鋸南町市井原区有文書）……………………………848
424　安政三年正月　陣屋詰中世話につき鞍贈与覚（館山市正木家文書）……848
425　安政三年九月～　風災につき救済拝借金割賦帳（岡山大学附属図書館所蔵文書）……………………………………849
426　安政四年五月　石堂村任役名主奇特につき褒美申渡（丸山町石堂家文書）…854
427　戌四月　異国船渡来の節名主等帯刀・羽織着用につき申渡（館山市海老原家文書）……………………………855
428　五月　和田村名主異国船注進役任命につき覚（和田町庄司家文書）……855
第3節　沿岸防備に伴う農民の負担……856
429　文政十二年八月　竹ケ岡備場近辺花火厳禁につき一札（鋸南町富永家文書）……………………………………856

県史誌内容総覧・資料編 1：近世—関東　371

430　弘化二年二月　下佐久間村人足出勤につき控書（鋸南町富永家文書）………856
431　弘化二年三月　下佐久間村人足扶持米請取書（鋸南町富永家文書）………860
432　弘化二年三月　下佐久間村人足扶持米請取覚（鋸南町富永家文書）………860
433　弘化二年四月　元名村役船差出につき覚（鋸南町岩崎家文書）………861
434　弘化二年八月　元名村役船・役人足差出につき褒美申渡（鋸南町岩崎家文書）………861
435　弘化三年六月　市井原村役人足書上帳（鋸南町市井原区有文書）………862
436　弘化三年七月　平館村用意船・水主・陸人足書上帳（千倉町平館区有文書）………863
437　弘化三年七月　竜島村人足・船差出につき銭・米請取覚（鋸南町富永家文書）………864
438　嘉永元年五月　海防費用等につき郡中平等割願書（丸山町安馬谷八幡神社文書）………865
439　嘉永二年閏四月　船形村役船・役人足・若党人足書上帳（館山市正木家文書）………866
440　嘉永二年十一月　坂田村役船・役人足差出につき褒美申渡（館山市海老原家文書）………869
441　嘉永三年六月　海防巡見につき諸品取揃え覚帳（鴨川市竹澤家文書）………869
442　嘉永三年七月　海防巡見通行につき白浜村ほか休泊入用書上帳（丸山町安馬谷八幡神社文書）………873
443　嘉永三年十一月　八幡村水主足留役悪評につき議定書（館山市根岸家文書）………874
444　嘉永五年四月　船形村役船・役人足・若党人足等書上帳（館山市正木家文書）………875
445　嘉永六年十月　坂田村役船・役人足賃銭取請につき覚（館山市海老原家文書）………879
446　嘉永六年十一月　坂田村役船粮米代銭請取につき覚（館山市海老原家文書）………879
447　嘉永七年七月　忽戸村台場普請につき夫役賃金・諸品書上覚（千倉町忽戸区有文書）………880
448　嘉永七年八月　品川台場普請につき石材運送請負願書（富山町吉野家文書）………880
449　嘉永七年九月　船形村借上船・水主書上帳（館山市正木家文書）………882

450　安政三年三月　本郷村昌竜寺・別願院梵鐘差出猶予願書（鋸南町高濱家文書）………883
451　安政三年十二月　佐久間村下密蔵院梵鐘差出につき請書（鋸南町斉藤家文書）………884
452　安政四年四月　沼村沼蓮寺梵鐘差出につき日延願書（和田町沼区有文書）………884
453　十一月　石堂村役人足差出につき褒美申渡（丸山町石堂家文書）………885

資料解説………887
　はじめに………889
　＜表＞安房国支配別石高（内閣文庫所蔵「正保年間安房国村高帳」（『千葉県古文書目録安房国2』所収）及び『旧高旧領取調帳』により作成）………893
　第1章　安房の人々と支配………895
　　第1節　領主支配を受ける村………896
　　第2節　旗本酒井氏の知行所支配………897
　第2章　漁業と漁民の生活………898
　　第1節　漁場の権利と争い………898
　　第2節　浦請負人のくらし………902
　第3章　物と人の流れ………905
　　第1節　湊と船………905
　　第2節　年貢米と船宿・穀宿………907
　　第3節　商品流通の展開………910
　第4章　安房の人々の生業と生活………915
　　第1節　村の生活………915
　　第2節　山・野・水との関わり………917
　　第3節　安房の諸職………919
　　第4節　元禄地震………920
　第5章　嶺岡牧………921
　　第1節　幕府牧の成立と衰退………921
　　第2節　幕府牧の再興と支配………922
　　第3節　幕府牧と野付村・野続村………924
　第6章　安房の寺院と神社………925
　　第1節　安房の寺院………925
　　第2節　江戸出開帳………930
　　第3節　安房の神社と祭礼………932
　第7章　海防と安房の村々………936
　　第1節　領主の交替と村の対応………936
　　第2節　領地や預地支配の実態………938
　　第3節　沿岸防備に伴う農民の負担………940

市町村史編さん状況一覧（安房国内）………943
安房関係調査地一覧………944～955
『資料編　近世2（安房）』掲載資料所蔵一覧
『資料編　近世2（安房）』掲載資料所在地図
あとがき（近世史部会　久留島浩）
資料提供者ならびに協力者
千葉県史編さん関係者名簿　平成11年1月現在

千葉県県史編さん委員会
　宇野俊一(城西国際大学教授;会長)
　沼田眞(千葉県立中央博物館名誉館長;委員)
　石井進(東京大学名誉教授;委員)
　川村優(千葉県郷土史研究連絡協議会会長;委員)
　渡邉晨((株)エフエムサウンド千葉常勤監査役;委員)
　西垣晴次(目白大学教授;委員)
　大野正男(東洋大学教授;委員)
　松崎泰子(淑徳大学教授;委員)
　土屋秀雄(千葉日報社会長;委員)
　酒井巌(千葉県議会議会史編さん委員会委員長;委員)
　密本俊一(千葉県議会総務企画常任委員会委員長(平成10年6月17日～);委員)
　渡貫博孝(佐倉市長(平成10年12月10日～);委員)
　遠藤一郎(富浦町長;委員)
　高岡完治(国立公文書館長(平成10年7月1日～);委員)
　佐原真(国立歴史民俗博物館長;委員)
　石橋暎壽(千葉県総務部長;委員)
　中村好政(千葉県教育長;委員)
　森永吉(千葉県立中央図書館長;委員)
　小高伸太(千葉県議会総務企画常任委員会委員長(平成9年12月11日～平成10年6月16日);委員)
　庄司厚(館山市長(平成7年6月1日～平成10年12月9日);委員)
　稲橋一正(国立公文書館長(平成5年7月1日～平成10年6月30日);委員)
千葉県県史編さん委員会幹事会
事務局
県史編さん近世史部会
(財)千葉県史料研究財団

千葉県の歴史 資料編 近世3
(上総1)
財団法人千葉県史料研究財団
編集
平成13年3月25日

＜上総国に関わる史料の一部を収録＞
　＜口絵＞上総国全図[カラー]船橋市西図書館蔵
　＜口絵＞佐貫城地普請所絵図[カラー]船橋市西図書館蔵
　＜口絵＞雄蛇ヶ池廻り芝地反別見分絵図[カラー]東金市福俵区有文書
　＜口絵＞雄蛇ヶ池航空写真(2000年1月撮影)[カラー]
　＜口絵＞田植えまつりの図[カラー]大網白里町富塚家文書
序(千葉県知事 沼田武)
発刊にあたって(千葉県史歴史系代表者 宇野俊一)
第1部　本書を理解するために
　はじめに……………………………………………4
　　＜表＞旧房総三国と上総国………………5
　　＜写＞雄蛇ヶ池の現況(第一部10、11参照)C………………………………………6
　　＜表＞藤乗勘録邸宅の図(『千葉県博覧図』、第一部1、7参照)……………7
　1　助け合う「惣百姓(そうびゃくしょう)」(寛文九(一六六九)年 茂原市 藤乗家文書)……8
　　＜写＞「惣百姓」の署名・捺印C…………11
　2　きびしい支配に苦しむ百姓たち(寛文十二(一六七二)年 茂原市 若菜家文書)……………12
　　＜表＞明治4(1871)年の渋谷村屋敷絵図 C(渋谷区有文書)………………………14
　3　年中行事と地代官(じだいかん)の記憶(正徳四(一七一四)年 茂原市 若菜家文書)……16
　　＜表＞若菜家年中行事一覧…………………18
　4　分割される村の共有地(享保十六(一七三一)年 茂原市 森川(薫)家文書)……………20
　　＜写＞正徳5(1715)年神社棟札銘写………23
　5　村の郷士(ごうし)の親類書(寛政九(一七九七)年 東京都 高家文書)……………24
　　＜表＞椎名兵右衛門の親類書………………24
　　＜表＞安永8(1779)年和田村階層構成………27

千葉県の歴史 資料編 近世3（上総1）

6 「壱人百姓（ひとりびゃくしょう）」の村（文化十（一八一三）年 茂原市 長谷川家文書）‥28
　<写>百姓家の長屋門C（茂原市 森川元由家）‥‥‥‥‥‥‥‥‥‥‥‥‥‥‥31
7 文書整理と家の由緒（天保五（一八三四）年 茂原市 藤乗家文書）‥‥‥‥‥‥32
　<写>藤乗家で用いられた文書収納容器（幅18cm×奥行44cm×高さ18cm）C‥‥35
8 「七里法華（しちりほっけ）」と不受不施（ふじゅふせ）信仰（天保八（一八三七）年 大網白里町 富塚家文書）‥‥‥‥‥‥‥36
　<表>富塚家・小倉家関連系図（富塚治郎家文書・『大網白里町史』より作成）‥39
9 村の神社の明治維新（明治二（一八六九）年 茂原市 森川（哲）家文書）‥‥‥40
　<写>米玉大明神（現・豊岡神社）C‥‥43
10 雄蛇ヶ池（おじゃがいけ）と水争い（元禄七（一六九四）年 東京都 高家文書）‥‥44
　<表>地水・番水用水路概念図（国土地理院5万分の1の地図より作成）‥‥‥‥47
11 雄蛇ヶ池（おじゃがいけ）と新田開発反対の運動（寛延四（一七五一）年 東金市 山口区文書）‥‥‥‥‥‥‥‥‥‥‥‥‥48
　<表>大岡越前守忠相配下の代官一覧（享保7～延享2）‥‥‥‥‥‥‥‥‥‥‥51
12 鬼泪山（きなだやま）の利用と山付き村々（元禄五（一六九二）年 富津市 椙山家文書）‥‥52
　<表>「鬼泪山付二四か村」と「鬼泪山最寄り六か村」分布図‥‥‥‥‥‥‥‥54
　<表>「鬼泪山付二四か村」支配変遷表‥54
13 相給（あいきゅう）村落の村役人（弘化四（一八四七）年 東金市 前嶋家文書）‥56
　<表>台方村の四給内訳（『前嶋家文書目録』解題により作成。戸数は概数）‥‥‥58
14 旗本用人と知行所（文久三（一八六三）年 君津市 山口（経）家文書）‥‥‥‥60
　<表>旗本井戸氏知行所分布図‥‥‥‥62
15 知行所村々の御用金上納拒否のたたかい（文久三（一八六三）年 大網白里町 布施家文書）‥‥‥‥‥‥‥‥‥‥‥‥‥‥64
　<表>旗本内藤氏知行所一覧（幕末期）（『旧高旧領取調帳関東編』により作成）‥67
16 山辺郡におかれた町奉行与力給知（よりききゅうち）（天保十二（一八四一）年 東金市 小倉家文書）‥‥‥‥‥‥‥‥‥68
　<表>正徳2（1712）年与力給知一覧（鈴木壽校訂『御家人分限帳』により作成）‥‥70
17 大多喜（おおたき）藩の囲籾（かこいもみ）（文化九（一八一二）年 大多喜町 森家文書）‥‥‥‥‥‥‥‥‥‥‥‥‥‥‥72
　<表>大多喜藩の上総領‥‥‥‥‥‥‥74
18 鶴牧藩の領地替え（天保十四（一八四三）年 茂原市 高橋家文書）‥‥‥‥‥‥76

　<表>鶴牧藩房総領分村々〈弘化2（1845）年12月〉（弘化2年12月「安房・上総・丹波村々石高帳」（高橋家文書）により作成）‥78
19 岩槻藩勝浦役所の再建（嘉永二（一八四九）年 勝浦市 吉野家文書）‥‥‥‥‥80
　<表>宝暦期の岩槻藩房総領分布図‥‥82
20 海防陣屋と台場付村々（安政二（一八五五）年 富津市 織本家文書）‥‥‥‥‥84
　<表>富津台場C（「近海見分之図」神奈川県立歴史博物館蔵）‥‥‥‥‥‥‥‥87

第2部 資料編
凡例
第1章 村の確立と展開‥‥‥‥‥‥‥‥1
第1節 「惣百姓」たちの村―長柄郡本小轡村の史料から―‥‥‥‥3
1 「惣百姓」たちの結びつき‥‥‥‥3
　1 明暦二年二月 年貢立合勘定につき一札（茂原市藤乗家文書）‥‥3
　2 明暦二年三月 惣右衛門百姓取り立てにつき一札（茂原市藤乗家文書）‥4
　3 万治四年三月 出作地預け置きにつき手形（茂原市藤乗家文書）‥‥4
　4 寛文七年六月 竹木他所売買禁止につき手形（茂原市藤乗家文書）‥‥5
　5 寛文七年十二月 困窮百姓の跡賄い方につき手形（茂原市藤乗家文書）‥‥5
　6 寛文七年十二月 惣百姓わがまま者を預るにつき手形（茂原市藤乗家文書）‥‥‥‥‥‥‥‥‥‥‥‥‥‥‥6
　7 寛文八年十二月 惣百姓金子受取証文（茂原市藤乗家文書）‥‥‥‥7
　8 寛文九年十月 長左衛門の跡地を下さるにつき手形（茂原市藤乗家文書）‥7
　9 寛文九年十月 困窮百姓相続方法につき手形（茂原市藤乗家文書）‥‥8
　10 寛文九年十月 権右衛門・七郎右衛門百姓相続方法につき手形（茂原市藤乗家文書）‥‥‥‥‥‥‥‥‥‥‥8
　11 寛文九年十一月 わがまま者の扱いにつき手形（茂原市藤乗家文書）‥9
　12 寛文十年十一月 七郎右衛門所持地を村に差出につき手形（茂原市藤乗家文書）‥‥‥‥‥‥‥‥‥‥‥‥‥10
　13 延宝二年十一月 困窮百姓半右衛門取り続き方につき手形（茂原市藤乗家文書）‥‥‥‥‥‥‥‥‥‥‥‥‥‥10
　14 延宝三年十月 太兵衛百姓取り立てにつき手形（茂原市藤乗家文書）‥11
　15 延宝三年十月 市郎兵衛跡相続方につき一札（茂原市藤乗家文書）‥‥12
　16 延宝四年二月 半左衛門不法につき訴状（茂原市藤乗家文書）‥‥12

17 延宝四年三月 村中と半左衛門親子との出入扱い覚（茂原市藤乗家文書）‥14
18 延宝五年八月 惣百姓立合内検見につき手形（茂原市藤乗家文書）………15
19 延宝五年十二月 村借証文（茂原市藤乗家文書）………………………16
20 延宝七年二月 長左衛門不行跡詫び手形（茂原市藤乗家文書）…………16
21 延宝七年七月 村中相談にて飲酒・酒商売禁止申合せ手形（茂原市藤乗家文書）………………………17
22 延宝七年十二月 惣百姓困窮用金子借用証文（茂原市藤乗家文書）……18
23 延宝八年四月 分割相続につき手形（茂原市藤乗家文書）………………18
24 延宝八年八月 隠居による家産分割につき手形（茂原市藤乗家文書）…19
25 延宝八年十二月 長左衛門出奉公につき手形（茂原市藤乗家文書）……20
26 天和元年十月 年貢算用につき手形（茂原市藤乗家文書）………………21
27 貞享元年十二月 権四郎跡覚兵衛相続につき一札（茂原市藤乗家文書）…21
28 貞享二年正月 長左衛門不法につき村中口上覚（茂原市藤乗家文書）…22
29 貞享二年八月 市郎兵衛跡相続方につき惣百姓手形（茂原市藤乗家文書）‥25
30 貞享三年九月 小轡新田との訴訟につき村中吟味手形（茂原市藤乗家文書）………………………………26
31 貞享五年三月 庄屋の才覚による借金につき手形（茂原市藤乗家文書）…27
32 貞享五年十月 太兵衛失そうにつき惣百姓口上手形（茂原市藤乗家文書）‥28
33 元禄二年十一月 不届き者太兵衛の身柄預りにつき村中口上手形（茂原市藤乗家文書）………………28
34 元禄五年二月 新屋敷割渡しにつき一札（茂原市藤乗家文書）…………30
35 元禄十四年三月 村方書物引渡し・年貢割付方法につき証文（茂原市藤乗家文書）………………………31
2 庄屋と村方騒動………………32
36 延宝五年三月 庄屋の不法につき訴状（茂原市藤乗家文書）……………32
37 延宝六年六月 村騒動につき庄屋加左衛門返答書（茂原市藤乗家文書）…35
38 天和三年二月 庄屋勘左衛門不法につき訴状（茂原市藤乗家文書）……40
39 天和三年三月 村騒動につき庄屋勘左衛門返答書（茂原市藤乗家文書）…44
40 天和三年三月 村方騒動につき十郷等立合扱証文（茂原市藤乗家文書）…48

第2節 地代官と「惣百姓」たち………52
1 旗本松田氏の知行所支配……………52
41 寛文十二年二月 領主非道につき渋谷村惣百姓訴状（茂原市若菜家文書）‥52
42 寛文六年八月 渋谷村年貢割付状写（茂原市若菜家文書）………………54
43 寛文五年正月 渋谷村村役人勤め方につき定（茂原市若菜家文書）……54
44 卯正月 渋谷村長二郎一件処罰につき覚（茂原市若菜家文書）…………55
2 地代官若菜家をめぐる諸相…………56
45 酉正月 知行割り替えにつき地方役人心得覚（茂原市若菜家文書）……56
46 元禄十三年二月 運上金引き継ぎにつき立会手形（茂原市若菜家文書）…57
47 元禄十三年二月 山内村三郎兵衛女房につき女手判願書（茂原市若菜家文書）………………………………58
48 元禄十四年七月 岩川村盗人一件につき口上書（茂原市若菜家文書）…59
49 元禄十四年 岩川村盗人一件につき一札（茂原市若菜家文書）…………59
50 元禄十四年七月 旗本松田氏知行所六か村山林伐採禁止につき一札（茂原市若菜家文書）………………60
51 元禄十四年九月 渋谷村年貢割付状所在につき一札（茂原市若菜家文書）‥60
52 宝永元年五月 渋谷村「御屋敷」取り上げにつき願書（茂原市若菜家文書）………………………………61
53 宝永元年五月 渋谷村「御屋敷」帰属につき願書（茂原市若菜家文書）…62
54 正徳四年 若菜家年中行事（茂原市若菜家文書）………………………63

第3節 享保期の新田開発と入会地分割………………………………67
1 本小轡村の新田開発…………………67
55 享保八年八月 新田開発につき差上げ証文（茂原市藤乗家文書）………67
56 享保九年閏四月 開発割り当て辞退につき口上書（茂原市藤乗家文書）…67
57 享保九年閏四月 新田開発御請証文（茂原市藤乗家文書）………………68
58 享保九年九月 新田検地につき一札（茂原市藤乗家文書）………………69
59 享保十一年十一月 鍬下年季延長願書（茂原市藤乗家文書）……………69
60 享保十五年九月 新田出百姓八幡宮社地借地証文（茂原市藤乗家文書）…70
61 享保十五年十一月 新田出百姓五人組編成につき証文（茂原市藤乗家文書）………………………………71

千葉県の歴史 資料編 近世3（上総1）

  2　野の分割と上層百姓……………72
  62　正徳元年〜享保九年　真鷹谷の起こり（茂原市森川（薫）家文書）………72
  63　享保八年十月　自分野の訳書（茂原市森川（薫）家文書）……………77
  64　享保十二年九月　弓渡村芝地の年貢上納につき願書（茂原市森川（薫）家文書）……………………………78
  65　享保十五年九月　弓渡村村方文書引継目録（茂原市森川（薫）家文書）……79
  66　享保二十年十月　上堰の起こり（茂原市森川（薫）家文書）………80
  67　享保期　弓渡村森川源蔵棟札における格式書上（茂原市森川（薫）家文書）……………………………86
  68　宝暦十年九月　返答改顕記（抄録）（茂原市森川（薫）家文書）……88
  69　宝暦十年十一月　新田の帰属などにつき弓渡村源蔵返答書（茂原市森川（薫）家文書）………………94
  70　元禄四年十二月　宮成村宮役など村内の家格につき一札（長生村大沼家文書）………………………………96
  71　元禄四年十二月　宮成村宮役など村内の家格につき一札（長生村大沼家文書）………………………………97
  72　元禄四年十二月　宮成村大沼内蔵之介一門書（長生村大沼家文書）………97

第2章　村の変容と近代への道…………99
第1節　村方騒動と打ちこわし………101
 1　村運営をめぐる争い―長柄郡北塚村の史料から―……………………101
  73　安政二年七月　名主後見庄作検地帳など預かりたきにつき願書（茂原市矢部家文書）……………………101
  74　万延二年二月　五郎左衛門不法の始末書上（茂原市矢部家文書）………102
  75　文久元年三月　五郎左衛門親子の不法につき歎願書（茂原市矢部家文書）………………………………105
  76　文久元年四月　元名主五郎左衛門自分に不正なきにつき返答書（茂原市矢部家文書）……………………109
  77　文久元年八月　役向書類受取証文（茂原市秋葉家文書）……………115
  78　文久二年九月　五郎左衛門等の村役人退役要求につき願書（茂原市秋葉家文書）……………………………118
  79　文久二年九月　元名主五郎左衛門の村用書類隠匿などにつき願書（茂原市矢部家文書）…………………120
  80　文久三年六月　八幡宮の鍵管理方法につき一札（茂原市矢部家文書）……123

  81　文久三年九月　万吉年貢皆済目録など未提出につき一札（茂原市秋葉家文書）………………………………124
  82　元治元年九月　万吉一件につき済口証文（茂原市秋葉家文書）………125
  83　元治元年十一月　万吉へ村方一同不帰依につき連印議定書（茂原市秋葉家文書）……………………………126
  84　元治元年十一月　万吉へ村方一同不帰依につき連印議定書（茂原市秋葉家文書）……………………………128
  85　元治二年正月　万吉村八分につき歎願書（茂原市秋葉家文書）………130
  86　元治二年正月　五郎左衛門・万吉不正の次第につき願書（茂原市秋葉家文書）………………………………131
  87　元治二年正月　村方一同万吉へ不帰依の理由届書（茂原市秋葉家文書）…134
  88　慶応元年四月　万吉一件につき済口証文（茂原市秋葉家文書）………136
  89　慶応二年三月　役用書類受取帳（茂原市矢部家文書）…………………137
  90　慶応四年九月　北塚村・渋谷村争論につき議定書（茂原市北塚区有文書）………………………………141
 2　村内身分をめぐる争い……………144
  91　明和三年十月　南飯塚村不受不施宗門内信心につき一札（大網白里町富塚家文書）……………………………144
  92　天保八年二月　南飯塚村明鏡（抄録）（大網白里町富塚家文書）……146
  93　文久元年九月　下布田村と三郎祭礼獅子舞の仕方につき願書（山武町並木家文書）……………………………148
  94　文久元年十月　下布田村祭礼一件につき済口証文（山武町並木家文書）…149
  95　元禄十一年八月　小萱場村永小作証文（茂原市長谷川家文書）………151
  96　享保十二年二月　小萱場村定小作証文（茂原市長谷川家文書）………151
  97　寛政九年三月　小萱場村定小作証文（茂原市長谷川家文書）…………152
  98　文化七年十二月　小萱場村定小作証文（茂原市長谷川家文書）………153
  99　文化十年十月　小萱場村抱百姓長屋門移築一件につき訴状（茂原市長谷川家文書）……………………………153
  100　文化十一年五月　小萱場村抱百姓の小作地返還要求につき訴状（茂原市長谷川家文書）…………………155
  101　文化十一年十一月　小萱場村抱百姓八右衛門一件願書控（茂原市長谷川家文書）……………………………156

102　天保十四年十二月　小萱場村質地証文(茂原市長谷川家文書)…………159
103　明治五年八月　小萱場村長谷川新吾旧恩忘却の詫書(茂原市長谷川家文書)………………………………………160
104　明治五年八月　小萱場村長谷川新吾一件につき済口証文(茂原市長谷川家文書)………………………………161
105　明治五年八月　小萱場村長谷川新吾分地につき取り決め書(茂原市長谷川家文書)…………………………162
106　明治五年八月　小萱場村地所貸渡しにつき一札(茂原市長谷川家文書)………………………………………164
3　高札をめぐる集落間対立―長柄郡弓渡村の史料から― ………………165
107　天保四年八月　高札建替えにつき取り替わし一札(茂原市森川(薫)家文書)………………………………………165
108　天保九年二月　高札場所につき議定書(茂原市森川(薫)家文書)……166
109　嘉永七年正月　名主勇蔵高札場所の扱い不当につき伺書(茂原市森川(薫)家文書)………………………………166
110　嘉永七年二月　高札一件につき「御書下ケ」を頂戴したきにつき願書(茂原市森川(薫)家文書)……………167
111　嘉永七年二月　高札を往還中はどへ引戻したきにつき願書(茂原市森川(薫)家文書)…………………168
112　嘉永七年三月　高札一件につき済口証文(茂原市森川(薫)家文書)……169
4　小作・出入作争論 ……………………170
113　嘉永二年十一月　給田村小作人証文差出さざるにつき訴状(茂原市高橋家文書)………………………………170
114　元治元年六月　三ケ谷村出作地の経営妨害につき訴状(茂原市高橋家文書)………………………………172
115　文久三年十一月～　三ケ谷村一件訴状・返答書・済口証文など(抄録)(茂原市高橋家文書) ……………175
116　慶応二年二月　田中村小作出入諸書物控(東金市桜井家文書)………196
5　本村・新田村の格差をめぐる争い……202
117　嘉永五年九月　相給細草村給分間の争いにつき届書(茂原市高橋家文書)………………………………202
118　嘉永六年六月　細草村新田の扱いをめぐる村方騒動の済口証文(茂原市高橋家文書)………………………204

119　嘉永七年二月　鶴牧藩領分名主縫之進の罷免要求につき訴状(茂原市高橋家文書)………………………209
6　長南宿の打ちこわし ……………213
120　慶応四年五月～十一月　長南宿伊兵衛一件願書・訴状・済口証文など控(抄録)(茂原市高橋家文書)……213
第2節　文書管理と家意識 …………223
1　本小轡村藤乗家の文書目録・蔵書目録 …………………………………223
121　天保五年十月　家蔵古証書　巻之一(茂原市藤乗家文書)……………223
122　天保五年　家蔵古証書　巻之二(茂原市藤乗家文書)………………233
123　天保五年　家蔵古証書　巻之三(茂原市藤乗家文書)………………250
124　天保五年　家蔵古証書雑記　巻之一(茂原市藤乗家文書)……………263
125　文政十二年八月　尚聖斎蔵書目録全(茂原市藤乗家文書)……………270
126　天保六年閏七月　尚聖斎蔵書目録二(茂原市藤乗家文書)……………274
2　家意識と村内の動向 ………………276
127　享保九年十月　本小轡村名主勘左衛門分の人足役・地役銭につき覚(茂原市藤乗家文書)……………276
128　文政元年八月　領主頼母子断りにつき一札(茂原市藤乗家文書)………276
129　文政元年八月　上総三カ村領主頼母子免除願書(茂原市藤乗家文書)…278
130　文政九年四月　本小轡村藤乗勘解由分の人足役・地役銭免除願書(茂原市藤乗家文書)…………………279
131　文政九年四月　本小轡村藤乗勘解由分の人足役・地役銭につき達書(茂原市藤乗家文書)…………………279
132　文政十年正月　本小轡村百姓長十郎等村勘当につき請書(茂原市藤乗家文書)………………………………279
133　文政十三年八月　本小轡村藤乗家の由緒につき達覚(茂原市藤乗家文書)………………………………………281
134　文政十三年八月　本小轡村獅子舞諸道具の扱いにつき相談書付(茂原市藤乗家文書)……………………283
135　文政十三年九月　本小轡村藤乗家の人足役・地役銭免除承知につき一札(茂原市藤乗家文書)…………283
136　天保九年十月　本小轡村名主跡役申付書(茂原市藤乗家文書)………284
137　天保十五年五月　本小轡村勘左衛門諸夫銭免除廃止につき下知書(茂原市藤乗家文書)……………………284

千葉県の歴史 資料編 近世3（上総1）

138　年未詳　本小轡村藤乗勘左衛門と
　　の付合い省くにつき謝り一札下書
　　（茂原市藤乗家文書）……………285
139　年未詳　本小轡村藤乗勘左衛門と
　　の付合い省くにつき謝り一札下書
　　（茂原市藤乗家文書）……………286
140　文政四年三月　大谷村磯右衛門失
　　火につき一札（君津市大谷区有文
　　書）……………………………………287
141　文政十年二月　求名村老母と養子
　　の対立一件につき返答書（東金市鵜沢
　　家文書）………………………………287
142　文政十年八月　求名村養子周蔵の
　　悪行につき老母爪印一札（東金市鵜沢
　　家文書）………………………………289
143　文政十年九月　領主から周蔵女房
　　りゑへの申渡書（東金市鵜沢家文
　　書）……………………………………289

第3章　用水・山林の利用と村々………291
第1節　雄蛇ヶ池にみる用水組合………293
144　承応三年七月　雄蛇ケ池水下村々
　　と養安寺村水論につき訴状（東金市山
　　口区有文書）…………………………293
　　［＊重立］
145　承応四年二月　雄蛇ケ池水下村々
　　と養安寺村水論につき訴状（東金市山
　　口区有文書）…………………………295
146　承応四年四月　雄蛇ケ池水下村々
　　と養安寺村水論につき証文（東京都高
　　家文書）………………………………296
147　明暦元年十一月　雄蛇ケ池養安寺
　　村仕出一件につき水下村々訴状（東金
　　市山口区有文書）……………………298
148　寛文二年十二月　雄蛇ケ池養安寺
　　村仕出一件につき返答書（東金市山口
　　区有文書）……………………………299
149　寛保三年閏四年　番水争論覚日記
　　（東京都高家文書）……………………302
150　寛延四年九月　池廻新開難儀につ
　　き願書（東金市山口区有文書）………309
151　宝暦八年十月　雄蛇水仲間村々高
　　控（東金市有原家文書）………………310
152　明和三年六月　雄蛇ケ池水面定証
　　文（東金市山口区有文書）……………311
153　安永四年十一月　川場村・台方村
　　番水一件につき済口証文（東金市福俵
　　区有文書）……………………………312
154　文化八年四月　雄蛇水仲間水面改
　　順番帳（東金市田中区有文書）………314
155　文化十一年五月　大雨満水時田畔
　　切流一件につき詫証文（東京都高家文
　　書）……………………………………316

156　文政六年七月　雄蛇ケ池番水引取
　　一件につき諸書物写（東金市台方区有
　　文書）…………………………………317
157　文政六年九月　早風両損月捨猟入
　　用につき規定証文（東京都高家文
　　書）……………………………………321
158　文政七年七月　雄蛇ケ池番水引取
　　時打擲一件につき証文（東京都高家文
　　書）……………………………………322
159　文政九年十月　用水洩れ取る者赦
　　免につき申渡覚（東金市山口区有文
　　書）……………………………………323
160　天保六年四月　雄蛇ケ池諸用向控
　　帳（東金市田中区有文書）……………324
161　天保十一年八月　雄蛇ケ池水切干
　　しにつき議定証文（東金市前嶋家文
　　書）……………………………………327
162　嘉永五年十月　雄蛇ケ池水門普請
　　につき連判状（東金市前嶋家文書）…328

第2節　分水をめぐる用水争論…………331
1　百樋…………………………………331
163　寛永六年　百樋普請仕法につき覚
　　（東京都高家文書）……………………331
　　［＊地水；番水］
164　寛永八年四月　百樋樋口幅につき
　　覚（東金市山口区有文書）……………332
165　寛永八年四月　百樋樋口幅につき
　　覚（東金市福俵区有文書）……………332
166　寛永十八年四月　百樋伏せ方につ
　　き定（東金市福俵区有文書）…………332
167　寛永十八年四月　百樋伏せ方につ
　　き定（東金市福俵区有文書）…………333
168　元禄三年三月　百樋掛け替えにつ
　　き覚（東金市福俵区有文書）…………334
169　寛延二年五月　井土川樋尻砂揚げ
　　所売渡証文（東金市福俵区有文書）…335
170　寛政二年四月　百樋掛け替えにつ
　　き覚（東金市福俵区有文書）…………335
171　天保六年六月　滝川筋上堰水ため
　　しにつき差出証文（東金市福俵区有文
　　書）……………………………………336
172　天保十二年五月　台方村ほか四か
　　村と福俵用水争論につき議定証文
　　（東金市福俵区有文書）………………336
173　天保十二年五月　百樋定法につき
　　取り替わし証文（東金市有原家文
　　書）……………………………………339
2　鬼ヶ崎樋……………………………340
174　元禄七年七月　鬼ケ崎分水一件に
　　つき訴状（東金市福俵区有文書）……341
175　元禄八年六月　鬼ケ崎分水につき
　　議定証文（東金市福俵区有文書）……342

378　県史誌内容総覧・資料編 1：近世―関東

176　享和三年八月　鬼ケ崎伏せ替えに
　　つき請負証文(東金市福俵区有文
　　書)‥‥‥‥‥‥‥‥‥‥‥‥‥‥343
　177　文化三年十二月　鬼ケ崎樋一件に
　　つき願書(東金市福俵区有文書)‥‥‥‥343
　178　安政四年五月　鬼ケ崎樋など一件
　　につき済口証文(東金市山口区有文
　　書)‥‥‥‥‥‥‥‥‥‥‥‥‥‥344
　［*用水肝要］
　3　花輪前樋‥‥‥‥‥‥‥‥‥‥‥‥349
　179　宝暦五年三月　花輪前樋出入日記
　　(東京都高家文書)‥‥‥‥‥‥‥‥349
　180　宝暦五年四月　花輪前樋出入日記
　　弐(東京都高家文書)‥‥‥‥‥‥‥358
　181　宝暦九年八月　用水争論検使日記
　　(東京都高家文書)‥‥‥‥‥‥‥‥364
　182　宝暦十年八月　御検使日記帳(東京
　　都高家文書)‥‥‥‥‥‥‥‥‥‥367
　183　宝暦十一年十二月　台方村と東金
　　町ほか三か村用水出入裁許写(東金市
　　前嶋家文書)‥‥‥‥‥‥‥‥‥‥370
　4　中手樋‥‥‥‥‥‥‥‥‥‥‥‥‥372
　184　寛政三年五月　中手樋普請につき
　　議定証文(東金市柴家文書)‥‥‥‥373
　185　安政五年七月　中手樋一件諸雑用
　　につき議定書(東金市台方区有文
　　書)‥‥‥‥‥‥‥‥‥‥‥‥‥‥374
　186　安政五年十一月　台方村と東金町
　　ほか三か村用水一件につき仮済口証
　　文(東金市前嶋家文書)‥‥‥‥‥‥375
　5　花手樋‥‥‥‥‥‥‥‥‥‥‥‥‥379
　187　文化四年九月　花手樋一件和融に
　　つき請証文(東金市福俵区有文書)‥‥379
　188　天保十五年二月　花手樋一件につ
　　き申上書(東金市福俵区有文書)‥‥‥380
第3節　くりかえされる用水争論‥‥‥‥382
　189　貞享二年十月　東金町・台方村水
　　論裁許絵図裏書写(東京都高家文
　　書)‥‥‥‥‥‥‥‥‥‥‥‥‥‥382
　190　貞享二年十月　小野村と田中村ほ
　　か二か村水論につき用水場書上覚
　　(東金市山口区有文書)‥‥‥‥‥‥383
　191　貞享二年十一月　小野村水論につ
　　き一札(東金市福俵区有文書)‥‥‥384
　192　貞享三年八月　小野村と山口村ほ
　　か二か村水論につき取扱覚(東金市山
　　口区有文書)‥‥‥‥‥‥‥‥‥‥385
　193　元禄七年十二月　東金町ほか三か
　　村と台方村水論につき裁許絵図裏書
　　写(東京都高家文書)‥‥‥‥‥‥‥388
　194　寛政元年閏六月　押堀村水番人打
　　擲につき議定証文(東金市福俵区有文
　　書)‥‥‥‥‥‥‥‥‥‥‥‥‥‥389

　195　天保十三年九月　山口村・福俵村
　　と田中村用水出入につき訴状(東金市
　　山口区有文書)‥‥‥‥‥‥‥‥‥390
　196　天保十五年七月　用水一件出府中
　　ふつつかにつき詫証文(東金市前嶋家
　　文書)‥‥‥‥‥‥‥‥‥‥‥‥‥393
　197　天保十五年七月　田中村字向田汲
　　水一件につき裁許請書写(東金市前嶋
　　家文書)‥‥‥‥‥‥‥‥‥‥‥‥394
　198　弘化二年二月　田中村字向田耕地
　　用水につき取り替わし議定書(東金市
　　山口区有文書)‥‥‥‥‥‥‥‥‥397
　199　文久二年四月　田中村字向田用水
　　一件につき訴状(東金市前嶋家文
　　書)‥‥‥‥‥‥‥‥‥‥‥‥‥‥400
　200　文久二年五月　田中村字向田用水
　　一件につき仮済口証文(東金市前嶋家
　　文書)‥‥‥‥‥‥‥‥‥‥‥‥‥404
　201　文久二年七月　田中村字向田用水
　　一件議定違変につき訴状(東金市前嶋
　　家文書)‥‥‥‥‥‥‥‥‥‥‥‥410
　202　文久二年八月　田中村字向田用水
　　一件議定違変につき返答書(東金市前
　　嶋家文書)‥‥‥‥‥‥‥‥‥‥‥413
　203　文久二年九月　田中村字向田用水
　　一件議定違変につき済口証文(東金市
　　前嶋家文書)‥‥‥‥‥‥‥‥‥‥417
第4節　山林をめぐる村々‥‥‥‥‥‥‥422
　1　鬼泪山と君津の山‥‥‥‥‥‥‥‥422
　204　元禄五年正月　鬼泪山札金免除に
　　つき訴状(富津市椙山家文書)‥‥‥422
　205　元禄五年十月　十分一運上御尋ね
　　につき望井村口上書(富津市椙山家文
　　書)‥‥‥‥‥‥‥‥‥‥‥‥‥‥422
　206　元禄七年二月　鬼泪山下草仮札返
　　納につき訴状(富津市椙山家文書)‥‥423
　207　元禄十四年二月　山法度遵守につ
　　き嶺下九か村連判手形(富津市椙山家
　　文書)‥‥‥‥‥‥‥‥‥‥‥‥‥424
　208　安永九年三月〜寛政十二年十一
　　月　鬼泪山入会証文留書(抄録)(君津
　　市平野家文書)‥‥‥‥‥‥‥‥‥426
　209　寛政十二年十一月　鬼泪山一件控
　　(君津市史編さん室収蔵鮎川家文書)‥‥431
　210　天保十三年十二月　鬼泪山山年貢
　　負担につき裁許請書(君津市史編さん
　　室収蔵鮎川家文書)‥‥‥‥‥‥‥437
　2　荒木根山と夷隅の山‥‥‥‥‥‥‥439
　211　寛永十六年十一月　大野山入山に
　　つき万喜村百姓一札(夷隅町高師家文
　　書)‥‥‥‥‥‥‥‥‥‥‥‥‥‥439
　　［*入山手;内山］

212 寛永二十一年五月 大野山入山掟につき細尾村百姓請書（夷隅町高師家文書）……440
213 元禄十一年七月 山田村・大野山入山につき取り替わし証文（夷隅町高師家文書）……441
214 宝永元年十一月 大野山論所絵図作成につき書留（夷隅町高師家文書）……441
215 宝永四年四月 大野山入会村々山論証文書留（夷隅町高師家文書）……443
［＊入子］
216 元文三年十二月 荒木根山入会村々書上（夷隅町高師家文書）……447
［＊山子;山中］
217 文久三年五月 奥山御林炭焼き請負願書（勝浦町吉野家文書）……451

第4章 相給付落と知行所村々……453
第1節 台方村にみる領主ごとのまとまり……455
1 台方村三田氏知行分……455
218 宝暦七年四月 三田氏給分名主跡役につき書状下書（東京都高家文書）……455
219 文化元年八月 元名主政次郎諸勘定出入につき訴状（東京都高家文書）……457
220 文化元年九月 元名主政次郎諸勘定出入につき返答書（東京都高家文書）……460
221 文化二年二月 元名主政次郎諸勘定出入につき済口証文（東京都高家文書）……466
222 文化二年二月 名主書類預り証（東京都高家文書）……470
223 文化二年二月 名主書類受取証（東京都高家文書）……471
224 文政六年十二月 郷蔵屋敷・御蔵帰属につき願書（東京都高家文書）……471
225 万延元年六月 駄賃取り立て過ぎにつき一札（東京都高家文書）……474
2 台方村幕府領・清水領知分……475
226 文久四年二月 名主治左衛門年貢取り立て過ぎ一件につき議定書（東金市柴家文書）……475
227 文久四年三月 治左衛門真忠組一件につき始末書（東金市柴家文書）……476
228 元治元年十二月 治左衛門御貸付金不正借入一件につき願書（東金市柴家文書）……477
229 元治二年四月 元名主治左衛門貢取り立て過ぎ一件につき一札（東金市柴家文書）……478

230 明治四年正月 治左衛門悴大三郎帰住につき願書（東金市柴家文書）……479
［＊欠所］
231 明治五年九月 社倉詰穀弁納一件につき始末書（東金市柴家文書）……480
3 台方村松平氏知行分……481
232 嘉永六年十一月 松平氏給分大次郎一件留書（東金市前嶋家文書）……481
233 安政六年十一月 大次郎一件羽黒入地和合につき訴状（東金市有原家文書）……489
234 安政六年十一月 大次郎一件羽黒入地和合につき詫書（東金市有原家文書）……491
235 安政六年十一月 大次郎一件羽黒入地和合につき済口証文（東金市有原家文書）……492

第2節 台方村にみる村全体のまとまり……496
1 村向書物と村役人……496
236 文化六年七月 村法度御請連印帳（東金市台方区有文書）……496
［＊御公用;御屋鋪御用］
237 天保十四年七月 村書物覚帳（東金市台方区有文書）……499
238 弘化四年六月 村向出勤控（抄録）（東金市前嶋家文書）……504
2 出石をめぐる問題……509
239 天明三年六月 出石分村入用銭勘定につき御請一札（東京都高家文書）……509
240 文化七年三月 出石分小作につき願書（東金市有原家文書）……510
［＊村方惣作］
241 文化十二年十二月 出石分小作米滞納につき請書（東金市有原家文書）……511
3 台方村三給・一給引き分け出入……512
242 寛政二年七月 三給・一給引き分け出入につき願書（東京都高家文書）……512
243 寛政二年九月 四給村向役銭割元帳披見につき願書（東金市有原家文書）……515
244 寛政二年十一月 三給・一給引き分け出入につき訴状（東京都高家文書）……515
245 寛政三年正月 三給・一給引き分け出入一件帳（東金市有原家文書）……522
246 寛政三年三月 三給・一給引き分けにつき済口証文（東京都高家文書）……524
［＊村用］

4　台方村砂郷一件……………………526
　　　247　文政五年七月　砂郷村立一件につき訴状（東金市柴家文書）……………526
　　　248　文政五年八月　砂郷村立一件につき返答書（東金市台方区有文書）……528
　　　249　文政五年九月　砂郷村立一件につき済口証文（東金市台方区有文書）……531
　第3節　旗本河野氏知行所村々のまとまり………………………………………535
　　1　知行所村々の諸相…………………535
　　　250　寛政九年三月　椎名兵右衛門親類書（東京都高家文書）……………535
　　　　　［＊郷土］
　　　251　年未詳　河野氏知行所四か村納米目録（東金市小安家文書）………535
　　　252　天明二年十二月　福俵村村方騒動につき訴状（東金市福俵区有文書）…536
　　　253　天明三年　福俵村村方騒動につき返答書（東金市福俵区有文書）………538
　　　254　天明三年九月　福俵村村方騒動につき裁許請書（東金市福俵区有文書）………………………………542
　　　255　安永六年九月　千沢村卯塔場出入につき済口証文案写（茂原市森川（元）家文書）……………………548
　　　256　安永六年九月　千沢村卯塔場出入につき済口証文（茂原市森川（元）家文書）……………………………548
　　　257　安永六年十月　千沢村卯塔場出入関係絵図（茂原市森川（元）家文書）…550
　　　258　慶応四年二月　粟生野村家事・村向明細日記（抄録）（茂原市森川（哲）家文書）……………………………550
　　　259　明治三年五月　粟生野村六給より宮谷県単独へ移行につき覚書（抄録）（茂原市森川（哲）家文書）………559
　　2　地頭賄金・御用金をめぐる諸相……562
　　　260　天保十二年十月　地頭賄金上納につき請書（東金市小安家文書）……562
　　　261　七月　御用金上納につき御用状（東金市小安家文書）………………563
　　　262　嘉永元年四月　旗本河野氏年中暮方仕法帳（茂原市森川（元）家文書）…564
　　　263　嘉永七年二月　地頭賄方仕法替え一件留（東金市前嶋家文書）………570
　　　264　嘉永七年四月　地頭賄方仕法替えにつき申渡（東金市小安家文書）…591
　　　265　嘉永七年四月　地頭賄方仕法替え一件につき願書（東金市前嶋家文書）………………………………………593
　　　266　天保七年十二月　積石宥免につき申渡（東金市小安家文書）…………594
　　　267　嘉永七年十月　積石一件につき達覚（東金市小安家文書）……………595
　　　268　安政二年四月　積金講規定書（東金市小安家文書）……………………595
　　　269　安政三年十月　積金講につき口達覚（東金市小安家文書）……………598
　　　270　文久三年八月〜九月　知行所四か村御用金一件書留（東金市前嶋家文書）………………………………………599
第5章　領主支配と村々―旗本知行所―………………………………………603
　第1節　旗本財政と知行所村々の負担…………………………………………605
　　1　村田氏知行所の場合………………605
　　　271　安永五年五月　賄方不埒につき知行所四か村詫状（茂原市矢部家文書）………………………………………605
　　　272　安永五年六月　賄金・定免につき知行所四か村歎願書（茂原市矢部家文書）………………………………………606
　　　273　天明三年六月　先納金につき知行所四か村歎願書（茂原市矢部家文書）………………………………………607
　　　274　天明七年四月　当年賄方不調法の村役人赦免につき知行所五か村歎願書（茂原市矢部家文書）……………607
　　　275　寛政八年四月　勝手賄未返納分につき北塚村名主差入証文（茂原市矢部家文書）……………………………608
　　　276　安政三年四月　地頭所暮方仕法などにつき北塚村名主歎願書（茂原市矢部家文書）……………………………609
　　　277　文久元年十二月　地頭所財政改革仕法下知書・議定書・惣百姓請書写（茂原市矢部家文書）……………610
　　　278　文久二年十月　地頭所暮方五か年仕法につき議定書（茂原市矢部家文書）………………………………………615
　　　279　文久三年二月　地頭所暮方仕法につき領主の承印要求願書（茂原市矢部家文書）……………………………619
　　　280　文久三年二月　地頭所暮方五か年仕法につき用人あて確認書（茂原市矢部家文書）……………………………621
　　　281　文久三年三月　軍用金上納命令につき知行所村々意見書（茂原市矢部家文書）……………………………………622
　　　282　文久三年四月　軍用金上納につき知行所四か村歎願書（茂原市矢部家文書）……………………………………623
　　　283　十二月　知行所村公金借用につき地頭所あて問い合せ書（茂原市矢部家文書）……………………………………625

2　内藤氏知行所の場合……………625
　　　284　文政十年二月　玉屋清七勝手賄い引き受けにつき地頭所用人申渡（大網白里町布施家文書）………625
　　　285　天保十五年正月　地頭所賄いにつき本家引き受け願（大網白里町布施家文書）………626
　　　286　安政二年四月　用人立て替え金返済につき知行所五か村歎願書（大網白里町布施家文書）………627
　　　287　文久三年八月　御用金上納拒否につき知行所五か村村役人連印議定書（大網白里町布施家文書）………629
　　　288　慶応二年八月　地頭所暮方仕法替えにつき知行所五か村村役人惣代歎願書（大網白里町布施家文書）………631
　　3　本多氏知行所の場合……………632
　　　289　宝暦六年九月　地頭所年中暮方積帳（富津市菱田家文書）………632
　　　　［＊地代官；地方掛り］
　　　290　宝暦十三年四月　上総六か村去午御物成米金惣寄勘定目録（富津市菱田家文書）………637
　　　291　嘉永三年七月　西上総知行所混雑一条につき書取（富津市菱田家文書）………641
　　　292　嘉永四年十二月　練木村小前百姓名主・組頭へ借用金申入一件につき訴状（富津市菱田家文書）………642
　　4　その他の旗本地行所の場合……643
　　　293　文化十四年三月　拝借公金督促厳しきにつき筧氏知行所小林村名主申上書（茂原市髙山家文書）………643
　　　294　文政十一年十二月　旗本渡辺氏勝手向仕法付帳（茂原市藤乗家文書）…644
　　　295　天保四年十月　旗本杉浦氏勝手向賄入用仕訳書控（木更津市三枝家文書）………646
　　　296　天保十一年十一月　旗本阿部氏子暮御切払七か村申渡控（岬町大曽根家文書）………649
　　　297　天保十二年七月　旗本藁科氏月々賄方免除願いにつき一件留書（君津市山口（隆）家文書）………652
　　　　［＊地頭所］
　　　298　万延二年正月　旗本仙石氏貯金仕法書および反対願書留帳（大網白里町十枝家文書）………663
　第2節　旗本地頭所と知行所村々をつなぐ人々……………666
　　1　用人………666

　　　299　文久三年四月　旗本井戸氏用人藤田彦一郎一件につき諸願書写帳（君津市山口（経）家文書）………666
　　　300　八月　今関勘四郎用人役任命書（長南町今関家文書）………675
　　2　定府勝手賄い掛り………675
　　　301　安政三年二月　大木清三郎勝手向賄役任命につき下知書（君津市山口（経）家文書）………675
　　　302　安政三年二月　大木清三郎定府勝手賄役任命につき地頭用人書状（君津市山口（経）家文書）………676
　　　303　安政三年二月　勝手賄役拝命につき大木清三郎書状（君津市山口（経）家文書）………676
　　　304　万延元年六月　宮本清三郎一件取調書控（君津市山口（経）家文書）……678
　　　305　万延元年七月　宮本清三郎一件につき用人藤田彦一郎書状（君津市山口（経）家文書）………685
　　　306　万延元年八月　宮本清三郎一件につき用人藤田彦一郎書状（君津市山口（経）家文書）………686
　　3　在方勝手賄役……………689
　　　307　明和元年十二月　旗本遠山氏勝手賄につき成米引き渡し手形（長南町今関家文書）………689
　　　308　明和六年九月　旗本武田氏知行所本台村郷借りにつき世話引き受け証文（長南町今関家文書）………690
　　　309　明和八年十二月　旗本三枝氏払米相殺分の年貢米引き渡し証文（長南町今関家文書）………691
　　　310　天明五年七月　旗本神尾氏知行所市野々村成米引き渡しにつき一札（長南町今関家文書）………692
　　　311　天明七年四月　旗本有泉氏年中金子受取帳（長南町今関家文書）………692
　　　312　寛政七年三月　旗本神尾氏入用金出金につき知行所市野々村約定証文（長南町今関家文書）………693
　　　313　寛政十一年四月　旗本戸塚氏知行所村々勝手賄金借用につき郷印証文（長南町今関家文書）………694
　　　314　寛政十二年二月　旗本戸塚氏賄方につき知行所村々請書（長南町今関家文書）………695
　　　315　享和二年正月　旗本有泉氏勝手賄につき知行所茂原村名主約定手形（長南町今関家文書）………696
　第3節　旗本支配の特色と事件………697
　　1　屋敷相対替えと知行所村……697

千葉県の歴史 資料編 近世3（上総1）

316　文政九年四月　旗本渡辺氏居宅類焼後の家作普請につき下知書（茂原市藤乗家文書）……697
317　天保十四年四月　旗本村田氏拝領屋敷相対替えにつき取り替わし証文（茂原市矢部家文書）……697
318　天保十五年三月　旗本村田氏拝領屋敷相対替えにつき願書（茂原市矢部家文書）……698
319　文久二年十二月　旗本村田氏拝領屋敷相対替えにつき頼み一札（茂原市矢部家文書）……699
320　文久二年十二月　旗本村田氏拝領屋敷相対替えにつき議定書（茂原市矢部家文書）……700
2　知行所へ移住する旗本家族…………701
321　慶応四年正月　旗本小栗氏家族桂山村居住のため田畑取得につき申渡（大網白里町島田家文書）……701
322　慶応四年正月　旗本小栗氏家族桂山村居住につき心得申渡（大網白里町島田家文書）……701
323　慶応四年二月　旗本小栗氏家族土着の際勤勤につき苗字帯刀許可申渡（大網白里町島田家文書）……702
324　慶応四年三月　旗本小栗氏家族桂山村居住につき諸世話申渡書（大網白里町島田家文書）……702
325　慶応四年九月　旧地頭仙石鉄次郎上京・土着帰府用金割合帳（抄録）（大網白里町十枝家文書）……703

第6章　領主支配と村々―藩領・与力給知………………705
第1節　上総の城付地支配………707
1　佐貫藩…………707
326　享保四年四月　殿様入部御用覚帳（富津市椙山家文書）……707
327　享保五年三月　嶺上領駒口役所下げ渡しにつき一札（富津市椙山家文書）……709
328　享保五年四月　駒口役所下げ渡し先納金受取につき一札（富津市椙山家文書）……709
329　安政二年五月　殿様領中村々巡見触書写（富津市内野家文書）……710
330　安政四年六月　佐貫藩積金講継続につき達書写（富津市内野家文書）……711
331　明治元年十一月　佐貫藩仕法替え取調帳（富津市阿部家文書）……712
2　大多喜藩…………715
332　享和元年正月～十二月　大多喜藩士役日記（抄録）（大多喜町森家文書）……715

333　文化九年十月　伊南領囲籾検分につき勤め方書付（大多喜町森家文書）……722
［＊郡奉行・代官］
3　久留里藩……………724
334　文久四年正月　久留里藩廻状留帳（抄録）（君津市朝生家文書）……724
4　鶴牧藩…………733
335　天保十四年十二月　立木村領主交替取調帳（抄録）（茂原市高橋家文書）……733
［＊大庄屋］
336　弘化二年十二月　鶴牧藩領地村々石高帳（茂原市高橋家文書）……735
337　嘉永三年十二月　領分村役人参会につき申渡書（抄録）（茂原市高橋家文書）……742
338　安政四年八月　上屋敷普請につき献金受取書（茂原市高橋家文書）……743
339　文久元年十一月　中屋敷屋敷替えにつき受取書（茂原市高橋家文書）……744
5　飯野藩…………744
340　明治三年　飯野藩上知代地石高取調書（富津市織本家文書）……744
341　明治三年八月　飯野藩上総国周准郡内村替え代地取調帳（富津市織本家文書）……745
342　明治四年三月　飯野藩藩債取調帳（富津市織本家文書）……749
343　明治四年十一月　明治二年飯野藩歳入歳出取調帳（富津市織本家文書）……760
344　年未詳　飯野藩藩校明進館取調帳（富津市織本家文書）……763
第2節　上総の飛地支配…………765
345　文政十三年八月　岩槻藩房総領惣括勤役帳（勝浦市塩崎家文書）……765
346　文政五年三月　岩槻藩御林守役用記録（大多喜町永島家文書）……780
347　弘化四年八月　岩槻藩御林守由緒記録（大多喜町永島家文書）……796
348　嘉永二年正月～十二月　岩槻藩江戸地方役所諸伺留（勝浦市吉野家文書）……806
第3節　与力・同心給知の支配…………852
1　御先手鉄砲組同心給知………852
349　天明四年正月　御先手鉄砲組同心屋敷への書状控（抄録）（市原市岡田家文書）……852
350　安政五年正月　御先手鉄砲組同心給知村々役用帳（抄録）（市原市岡田家文書）……857

県史誌内容総覧・資料編1：近世―関東　383

千葉県の歴史 資料編 近世3（上総1）

　　　［＊御屋敷様御性名書］
　　2　北町奉行与力給知 ……………………863
　　　351　天保十二年閏正月 北町奉行与力
　　　　　給知村々明細書上帳（東金市小倉家文
　　　　　書）……………………………………863
　　　352　文政八年三月 粟生浦沖異国船渡
　　　　　来始末書日記（抄録）（東金市小倉家文
　　　　　書）……………………………………881
　第4節　海防と上総の村々 ……………899
　　1　領地や預地支配の実態 ……………899
　　　353　文政五年十月 富津村名主諸事出
　　　　　精につき扶持・大庄屋格申渡（富津市
　　　　　織本家文書）…………………………899
　　　［＊波左間陣屋・洲崎台場］
　　　354　文政八年三月 竹ケ岡御備場非常
　　　　　用意のため米受取覚（富津市鈴木家文
　　　　　書）……………………………………899
　　　355　文政八年六月 梨沢村御備場御用
　　　　　につき日光社参御用人馬半高免除請
　　　　　書（富津市鳥海家文書）………………900
　　　356　弘化五年正月 異国船渡来の節心
　　　　　得方につき会津藩申渡（富津市鈴木家
　　　　　文書）…………………………………901
　　　357　嘉永二年十月 会津藩領内遊惰の
　　　　　者取調につき任役名主請書（富津市鈴
　　　　　木家文書）……………………………904
　　　358　嘉永二年十二月 寺社領海岸絵図
　　　　　面差出につき金谷村本覚寺届書（富
　　　　　津市鈴木家文書）……………………904
　　　359　嘉永三年十月 長屋建造貸家につ
　　　　　き富津村名主願書（富津市織家文書）…905
　　　360　嘉永七年五月 鉄砲据置場所御尋
　　　　　ねにつき金谷村書上（富津市鈴木家文
　　　　　書）……………………………………906
　　　［＊富津陣屋・同台場］
　　　361　嘉永七年八月 御用地御尋ねにつ
　　　　　き富津村書上（富津市織本家文書）…907
　　　362　安政二年六月 富津村名主奇特に
　　　　　つき褒美申渡（富津市織本家文書）…908
　　　363　安政五年九月 金谷村熊の免仕寄
　　　　　場用地返却につき請書（富津市織本家
　　　　　文書）…………………………………908
　　　364　万延元年八月 御用地代替地につ
　　　　　き富津村書上（富津市織本家文書）…909
　　　365　慶応三年三月 二本松藩御備場御
　　　　　用解任につき富津村名主願書（富津市
　　　　　織本家文書）…………………………909
　　2　幕府・藩の海防巡見と村 ……………910
　　　366　弘化三年九月 幕府役人海防巡見
　　　　　につき賄方下知書（富津市鈴木家文
　　　　　書）……………………………………910

　　　367　弘化三年十一月 金谷村海防巡見
　　　　　手当受取につき覚（富津市鈴木家文
　　　　　書）……………………………………916
　　　368　嘉永元年四月 海防巡見賄費用に
　　　　　つき三郡割合願（富津市鈴木家文
　　　　　書）……………………………………917
　　　369　嘉永元年十二月 海防巡見賄費用
　　　　　割付につき会津藩申渡（富津市鈴木家
　　　　　文書）…………………………………917
　　　370　嘉永六年六月 幕府役人海防巡見
　　　　　につき富津・竹ケ岡村願書（富津市織
　　　　　本家文書）……………………………918
　　　371　嘉永六年十月 海防巡見につき金
　　　　　谷村止宿・継立人馬代受取帳（富津市
　　　　　鈴木家文書）…………………………919
　　　372　嘉永七年九月 海防巡見につき梨
　　　　　沢村夜具・蒲団書上帳（富津市鳥海家
　　　　　文書）…………………………………921
　　3　台場の建設 ……………………………922
　　　373　文化五年四月 竹ケ岡台場付番屋
　　　　　普請などにつき書状（富津市鈴木家
　　　　　文書）…………………………………922
　　　374　文化五年四月 幕府役人大筒台場
　　　　　地所見分につき先触（富津市鈴木家文
　　　　　書）……………………………………923
　　　375　文化五年四月 竹ケ岡台場付番屋
　　　　　普請につき浦賀奉行達書（富津市鈴木
　　　　　家文書）………………………………924
　　　376　安政二年十二月 金谷村石津浜台
　　　　　場地代米受取書（富津市鈴木家文
　　　　　書）……………………………………924
　　　377　安政三年四月 石津浜台場普請賃
　　　　　銀下げ渡しにつき書状（富津市鈴木家
　　　　　文書）…………………………………925
　　4　沿岸防備にともなう百姓の負担 ……925
　　　378　文政十年七月 富津村名主非常時
　　　　　の麻幕・挑灯預りにつき覚（富津市織
　　　　　本家文書）……………………………925
　　　379　天保十五年十月 忍藩領に領地替
　　　　　えにつき申渡請書（富津市鈴木家文
　　　　　書）……………………………………926
　　　380　弘化二年八月 梨沢村役人足差出
　　　　　につき褒美申渡（富津市鳥海家文
　　　　　書）……………………………………927
　　　381　弘化三年六月 金谷村役人足・諸
　　　　　入用書上帳（富津市鈴木家文書）……928
　　　382　弘化三年七月 金谷村役人足・諸
　　　　　入用書上帳（富津市鈴木家文書）……930
　　　383　嘉永二年閏四月 梨沢村役人足書
　　　　　上帳（富津市鳥海家文書）……………931
　　　384　嘉永二年八月 梨沢村役人足書上
　　　　　帳（富津市鳥海家文書）………………934

385　嘉永二年十二月　金谷村馬飼料干草上納差支えにつき願書（富津市鈴木家文書）……………………………935
386　嘉永二年十二月　富津陣屋あて梨沢村地首炭送状（富津市鳥海家文書）……………………………………935
387　嘉永五年正月　富津村漁業衰微・海防御用助成につき渡海場開設願（富津市織本家文書）……………937
388　嘉永五年二月　金谷村竹類売渡方につき願書（富津市鈴木家文書）…937
389　安政二年九月　富津村ほか三か村海防御用過重につき運上金減免願（富津市織本家文書）……………937
390　安政二年十月　富津村台場付元村につき年貢上納配慮願（富津市織本家文書）………………………………939
391　安政三年二月　金谷村本覚寺梵鐘差出につき請書（富津市鈴木家文書）……………………………………940
392　安政三年二月　金谷村華蔵院梵鐘につき上申書（富津市鈴木家文書）…940
393　安政四年十月　金谷村郷足軽扶持につき願書（富津市鈴木家文書）……941
394　安政六年九月　二本松藩足軽召抱えにつき富津村請証文（富津市織本家文書）……………………………941
395　慶応三年六月　富津村非常時の塩・薪など手当金返納延期願（富津市織本家文書）……………………943
396　慶応三年六月　富津村非常時の塩・薪など手当金返納につき請書（富津市織本家文書）…………………944
397　慶応三年十一月　前橋藩郷足軽三百人召抱えにつき富津村名主上申書（富津市織本家文書）………………944

資料解説………………………………………947
はじめに………………………………………949
第1章　村の確立と展開………………………952
　第1節　「惣百姓（そうびゃくしょう）」たちの村—長柄（ながら）郡本小轡（ほんこぐつわ）村の史料から—……952
　　<表>表1　本小轡村所持石高別階層構成表延宝8年（藤乗家文書L312より作成）……………………………953
　　<表>表2　本小轡村所持石高別階層構成表天保4年（藤乗家文書D170より作成）……………………………953
　第2節　地代官（じだいかん）と「惣百姓」たち……………………………956
　第3節　享保期の新田開発と入会地分割……………………………………958

　　<表>表2　延享3年弓渡村階層構成表（森川（薫）家文書ホII-4より作成）……………………………………959
　　<表>表3　享保10年、寛政5年弓渡村階層構成表（森川（薫）家文書イ-B-31、ロ-8、ロ-9より作成）……959
　　<表>表4　入会地分割をめぐる惣百姓と源蔵の動向……………………960
　　<表>表5　宝暦10〜11年の村方騒動の争点と結果……………………961
第2章　村の変容と近代への道………………963
　第1節　村方騒動と打ちこわし……963
　　<表>表6　小萱場村における戸主名の変遷…………………………………965
　第2節　文書管理と家意識……………967
第3章　用水・山林の利用と村々……………969
　第1節　雄蛇ヶ池（おじゃがいけ）にみる用水組合……………………………969
　第2節　分水をめぐる用水争論………972
　第3節　くりかえされる用水争論……976
　第4節　山林をめぐる村々……………979
第4章　相給村落と知行所村々………………982
　　<表>表7　近世後期の台方村の戸数分布（『東金市台方前嶋家文書目録』1 千葉県総務部文書課、昭和63年）…982
　　<表>表8　幕末期の旗本河野氏知行所一覧（『旧高旧領取調帳 関東編』により作成）…………………………983
　第1節　台方村にみる領主ごとのまとまり……………………………………984
　第2節　台方村にみる村全体のまとまり……………………………………985
　第3節　旗本河野氏知行所村々のまとまり……………………………………988
第5章　領主支配と村々—旗本知行所—…990
　第1節　旗本財政と知行所村々の負担…992
　　<表>表9　旗本村田氏知行所一覧（幕末期）（『旧高旧領取調帳 関東編』より作成）……………………………992
　　<表>表10　旗本本多氏西上総知行所一覧（天明3（1783）年）（天明3年2月「卯年貢御取箇覚」（原村）、同年12月「卯御物成皆済御勘定目録」（練木村）、同「卯御物成皆済目録」（尾車村・法木作村）、同「御物成御勘定皆済目録」（泉村）、同「卯御物成御勘定目録」（畑沢村）より作成）……994
　　<表>表11　本多氏上総領分一覧（幕末期）（『旧高旧領取調帳 関東編』より作成）……………………………995
　第2節　旗本地頭所と知行所村々をつなぐ人々……………………………997

県史誌内容総覧・資料編1: 近世—関東　385

```
            第3節 旗本支配の特色と事件………998
            第6章 領主支配と村々―藩領・与力給知
              ―………………………………………999
              第1節 上総の城付地支配………………999
                <表>阿部家略系図………………1000
              第2節 上総の飛地支配………………1003
              第3節 与力・同心給知の支配………1006
                <表> 表12 御先手鉄砲組同心給知一
                覧(『旧高旧領取調帳 関東編』により
                作成)……………………………1007
                <表> 表13 北町奉行の与力給知一覧
                (新知行村、古知行村、南北両町奉
                行与力給知併存飯高家文書「川々御
                普請国役金両総村々取立帳控」・「町
                奉行与力給知両総村高石高割帳」に
                より作成)………………………1008
              第4節 海防と上総の村々……………1009
あとがき(近世史部会 渡辺尚志)
千葉県史編さん関係者名簿 平成13年1月現在
  千葉県県史編さん委員会
    宇野俊一(城西国際大学教授;会長)
    沼田眞(千葉県立中央博物館名誉館長;委員)
    石井進(東京大学名誉教授;委員)
    川村優(千葉県郷土史研究連絡協議会会長;
      委員)
    渡邉晨(住友信託銀行参与;委員)
    西垣晴次(群馬大学名誉教授;委員)
    大野正男(東洋大学教授;委員)
    松崎泰子(淑徳大学教授;委員)
    梅村恵子(川村学園女子大学教授;委員)
    土屋秀雄(千葉日報社代表取締役会長;委員)
    齋藤美信(千葉県議会議会史編さん委員会
      委員長;委員)
    川名寛章(千葉県議会総務企画常任委員会
      委員長(平成12年7月11日~);委員)
    渡貫博孝(佐倉市長;委員)
    遠藤一郎(富浦町長;委員)
    高岡完治(国立公文書館長;委員)
    佐藤真(国立歴史民俗博物館長;委員)
    白戸章雄(千葉県総務部長;委員)
    中村好成(千葉県教育委員会教育長;委員)
    井上文雄(千葉県立中央図書館長;委員)
    宍倉登(千葉県議会総務企画常任委員会委
      員長(平成11年6月1日~平成12年7月10
      日);委員)
  千葉県県史編さん委員会幹事会
    事務局
  県史編さん近世史部会
    (財)千葉県史料研究財団
```

千葉県の歴史 資料編 近世4
(上総2)
財団法人千葉県史料研究財団
編集
平成14年3月15日

<上総国に関わる史料の一部を収録>
  <口絵>九十九里地引網漁の図[カラー]
    九十九里町立九十九里いわし博物館蔵
  <口絵>一ツ松郷麁絵図[カラー]長生村
    木島家文書
  <口絵>三途台絵図[カラー]長南町長福
    寿寺文書
  <口絵>俳諧一枚刷「浦の栞」[カラー]
    山武町並木(正)家文書
序(千葉県知事 堂本暁子)
発刊にあたって(千葉県史歴史系代表者 宇
  野俊一)
第1部 本書を理解するために
  はじめに………………………………………4
    <表>上総国交通路図……………………4
    <写>九十九里浜C………………………5
    <写>鵜原村およびその周辺C(現在の鵜原
      理想郷、勝浦市)………………………6
    <写>幕末期の長南宿絵図C(長南町郷土資
      料館蔵)…………………………………7
  1 九十九里地引網漁の網水主(あみかこ)(安
    政四(一八五七)年 九十九里町 作田家文書)……8
    <表>岬町鴨根清水寺奉納絵馬C(千葉県立
      安房博物館蔵)…………………………11
  2 網主と網付(あみつき)商人(嘉永七(一八
    五四)年 九十九里町 作田家文書)…………12
    <表>魚油しぼり器C(『房総水産図誌』国文
      学研究資料館史料館蔵)………………14
    <写>作田家旧家屋C(川崎市立日本民家
      園)………………………………………15
  3 干鰯(ほしか)・〆粕(しめかす)の生産と
    販売(天保十二(一八四一)年 九十九里町 飯高
    家文書)………………………………………16
    <表>干鰯・〆粕生産の図C(『房総水産図
      誌』国文学研究資料館史料館蔵)………19
  4 金谷(かなや)村における地方(じかた)・
    浜方争論(天保二(一八三一)年 富津市 鈴木家
    文書)…………………………………………20

千葉県の歴史 資料編 近世4（上総2）

　＜表＞天保9（1838）年金谷村百姓生業内訳
　　（天保9年「諸商売渡世向取調書上帳」『千葉
　　県史料』近世篇上総国下141号史料により
　　作成）……………………………………… 22
　＜表＞地・浜屋敷地分布図……………………… 23
5　一割船（いちわりぶね）による生鮮魚輸送
　　（元治二・一八六五）年 祭魚洞文庫旧蔵水産史料
　　尾形家文書）……………………………… 24
　＜表＞日本橋魚市場の図（『江戸名所図
　　会』）……………………………………… 27
6　江戸城活鯛御用（いきだいごよう）と内湾
　　漁村（文化十・一八一三）年 富津市 織本家文
　　書）………………………………………… 28
　＜表＞桂網漁の様子C（千葉県立安房博物館
　　蔵）………………………………………… 30
　＜表＞「江戸内湾組合」漁村分布図……………… 31
7　房総沿岸での干鮑（ほしあわび）生産（文化
　　十二・一八一五）年 勝浦市 塩崎家文書）…… 32
　＜写＞仕立人免状（塩崎家文書）………………… 35
8　市をめぐる争い（慶応二・一八六六）年 長南
　　町 今関家文書）…………………………… 36
　＜写＞現在の長南町の町並C……………………… 38
9　小糸川舟運の動揺（弘化四・一八四七）年 船
　　橋市西図書館所蔵文書）…………………… 40
　＜表＞上総国の河川交通………………………… 43
10　酒造統制の抜け道（慶応二・一八六六）年 大
　　網白里町 富塚（勝）家文書）……………… 44
　＜表＞関村（白子町）・木崎村（大網白里町）
　　周辺地図（国土地理院5万分の1の地図よ
　　り作成）…………………………………… 46
　＜表＞近世の酒造風景（『日本山海名産図
　　会』）……………………………………… 47
11　上総地域の酒造仲間（天保二・一八三一）年
　　茂原市 高橋家文書）……………………… 48
　＜表＞酒造仲間構成員（文化9・文政11・天
　　保2年は「酒造仲間議定書」高橋喜惣治家
　　文書R-4・5）…………………………… 49
　＜表＞酒造仲間の分布図………………………… 51
12　抱（かかえもと）と武家奉公人（元治元
　　・一八六四）年 長南町 今関家文書）…… 52
　＜表＞熊本新田藩の本所中之郷屋敷……………… 55
13　番組人宿（ひとやど）と抱（かかえも
　　と）（安政四・一八五七）茂原市 高橋家文書）… 56
　＜表＞相手方奉公人の居村一覧（掲載史料
　　754により作成）………………………… 59
14　賀茂大神宮の猿田彦（さるたひこ）役（文
　　久二・一八六一）年 市原市 小幡家文書）… 60
　＜写＞賀茂大神宮（現・高滝神社）C…………… 63
15　村の信仰秩序と百姓神主（安政三・一八五
　　六）年 茂原市 森川（育）家文書）………… 64
　＜表＞米玉大明神と宮三郎家（森川（育）家
　　文書）……………………………………… 66

16　半檀家が解消するとき（文化二・一八〇五）
　　年 東金市 法光寺文書）…………………… 68
　＜表＞法光寺絵図C（東金市・法光寺文
　　書）………………………………………… 71
17　寺領の法令（文政十一・一八二八）年 茂原市
　　藻原寺文書）……………………………… 72
　＜表＞藻原山の図（茂原市・藻原寺文書）…… 74
18　出家しかけた江戸の少年（天保二・一八三
　　一）年 東京都 安養寺文書）……………… 76
　＜表＞訴訟の経過天保2（1831）年………… 79
　＜表＞訴訟関係系図………………………………… 79
19　白井鳥酔（しらいちょうすい）・加舎白雄
　　（かやしらお）の九十九里行脚（あん
　　ぎゃ）（明和三・一七六六）年 横芝町 神保家文
　　書）………………………………………… 80
　＜写＞鳥酔・白雄の懐紙（神保家文書）……… 81
　＜写＞白井鳥酔の墓碑「露柱塚」C（写真中
　　央、長南町・正善寺）…………………… 82
　＜写＞白雄・都船・夜松の短冊C（神保家文
　　書）………………………………………… 83
　＜表＞神保家系図………………………………… 83
20　幕末月並（つきなみ）俳諧の流行（天保十
　　三・一八四二）年 東金市 鵜沢家文書）…… 84
　＜表＞上総地方の芭蕉句碑（井上脩之介「房
　　総の芭蕉句碑」などにより作成）……… 86
　＜写＞芭蕉句碑C（成東町・勝覚寺）………… 86
　＜写＞句集『浜ひさし』の版木C（鵜沢家
　　蔵）………………………………………… 87

第2部　資料編
凡例
第7章　九十九里の村々と漁業……………………… 1
第1節　九十九里旗本領の地代官………………… 3
　398　寛文十三年五月 御塩納升受取に
　　　つき村々連判手形（一宮町飯塚家文
　　　書）………………………………………… 3
　399　延宝三年五月 干鰯俵口銭御免に
　　　つき村々連判手形（一宮町飯塚家文
　　　書）………………………………………… 4
　400　延宝七年九月 浜宿村鯨野剃金村
　　　へ渡すにつき連判手形（一宮町飯塚家
　　　文書）……………………………………… 5
　401　元禄四年十二月 旗本堀氏勝手賄
　　　いにつき証文（一宮町飯塚家文書）…… 6
　402　元禄五年正月 御用金上納につき
　　　地代官あて証文（一宮町飯塚家文書）… 6
　403　元禄七年閏五月 入八手網運上金
　　　上納につき請負人口上書（一宮町飯塚
　　　家文書）…………………………………… 7
　404　元禄七年六月 入八手網運上金上
　　　納につき請負人差出一札（一宮町飯塚
　　　家文書）…………………………………… 8

県史誌内容総覧・資料編 1: 近世—関東　387

千葉県の歴史 資料編 近世4（上総2）

405　元禄七年十二月　東浪見浦家職停止につき詫一札（一宮町飯塚家文書）………9
406　元禄九年正月　塩給分一件につき村々口上書（一宮町飯塚家文書）………10
407　元禄九年正月　塩給分一件につき勘解由子供口上書（一宮町飯塚家文書）………11
408　元禄九年二月　塩給分一件落着につき村々名主手形（一宮町飯塚家文書）………12
409　元禄九年二月　塩給分一件落着につき勘解由子供手形（一宮町飯塚家文書）………12
410　元禄九年八月　浦方肝煎につき大坪五郎八願書（一宮町飯塚家文書）‥13
　　［＊袴摺浦名主］
411　元禄九年八月　浦廻状持ち運び人足につき船頭給村訴状（一宮町飯塚家文書）………13
412　元禄九年十月　入八手網運上金上納につき請負人一札（一宮町飯塚家文書）………15
413　元禄十年二月　地引網十分一金上納につき村々差出証文（一宮町飯塚家文書）………15
414　元禄十年　地引網十分一金上納につき村々訴状（一宮町飯塚家文書）………16
415　年未詳　地引網十分一・入八手網運上金上納請負証文（一宮町飯塚家文書）………17

第2節　塩浜の開発と利用………19
416　貞享四年六月　東浪見村と網田村塩場争論内済証文（一宮町網田区有文書）………19
　　［＊定小作］
417　正徳六年三月　一宮本郷村と東浪見村秣場・塩場浦境争論内済証文（長生村大沼家文書）………20
418　正徳六年五月　一ツ松郷塩場間尋場並帳（長生村井桁家文書）………22
419　年未詳　一ツ松郷麁絵図（長生村木島家文書）………26
420　明和九年五月　塩場付きの場所新開命令につき入山津村願書（筑波大学歴史・人類学系歴史地理学教室保管文書）………28
421　安永五年八月～　芝地新開一件済口文ほか写書（長生村木島家文書）‥28
422　安永八年六月　粟生村塩場再興につき書付（九十九里町飯高家文書）………33
423　安永九年十一月　粟生村ほか三か村塩場再興につき申渡（九十九里町飯高家文書）………35

424　天保十一年五月　一ツ松郷塩場お礼しにつき書上帳写（長生村井桁家文書）………37
　　［＊岩沼高］
425　安政三年十二月　東浪見村塩浜争論内済証文（千葉県立中央図書館所蔵文書）………49
426　明治三年閏十月　網田村と東浪見村塩浜一件書類控（一宮町網田区有文書）………54

第3節　漁業生産と水主の労働………57
1　水主や岡者の雇用………57
427　享保三年十二月　粟生村十兵衛網乗組水主証文（九十九里町飯高家文書）………57
428　寛延二年十二月　粟生村儀兵衛網乗組船方証文（九十九里町飯高家文書）………57
　　［＊船士］
429　寛政六年十二月　粟生村惣兵衛網乗組船方証文（九十九里町飯高家文書）………58
　　［＊網水主］
430　寛政八年七月　作田村倉之助網乗組船方証文（九十九里町作田家文書）‥58
431　文政元年六月　粟生村惣兵衛網乗組水主証文（九十九里町飯高家文書）‥59
432　文政元年六月　粟生村惣兵衛網乗組水主証文（九十九里町飯高家文書）………60
433　文政元年十二月　粟生村惣兵衛乗組水主証文および借金証文（九十九里町飯高家文書）………60
434　文政十三年十一月　作田村弥兵衛船方継続につき一札（九十九里町作田家文書）………61
435　天保十三年二月　作田村倉之助網へ岡働差出につき一札（九十九里町作田家文書）………61
436　天保十三年十一月　作田村倉之助網へ網水主差出につき一札（九十九里町作田家文書）………62
437　天保十四年八月　粟生村俊治郎網へ水主再勤につき一札（九十九里町飯高家文書）………62
438　弘化三年十二月　作田村倉之助網へ岡者差出証文（九十九里町作田家文書）………63
439　嘉永元年九月　作田村倉之助網へ岡者差出証文（九十九里町作田家文書）………63
440　嘉永四年十二月　粟生村保太郎網乗組水主証文（九十九里町飯高家文書）………64

388　県史誌内容総覧・資料編1：近世―関東

千葉県の歴史 資料編 近世4（上総2）

441　安政二年十二月 作田村倉之助網へ岡者差出証文（九十九里町作田家文書）……………………………………… 65
442　安政四年正月 作田村倉之助網乗組水主証文（九十九里町作田家文書）‥ 66
2　水主の生活と労働 ……………………… 67
443　文化二年七月 粟生村惣兵衛網乗組水主議定連印一札（九十九里町飯高家文書）…………………………… 67
444　文化四年七月 作田村倉之助網へ代呂船士差出につき一札（九十九里町作田家文書）…………………… 68
［＊水主奉公］
445　文政五年二月 水主不勤一件につき藤下村請合一札（九十九里町飯高家文書）……………………………… 68
446　文政七年六月 水主前貸金など返済につき片貝村百姓一札（九十九里町飯高家文書）………………… 69
447　文政七年八月 粟生村地引網水主跡式相続につき一札（九十九里町飯高家文書）…………………………… 70
［＊欠落］
448　文政十年二月 水主前貸金返済につき細屋敷村百姓一札（九十九里町飯高家文書）………………………… 70
449　文政十年三月 酒狂のうえ不埒致すにつき作田村網水主詫証文（九十九里町作田家文書）…………………… 71
450　文政十年八月 悪口申すにつき粟生村俊治郎網水主一同詫証文（九十九里町飯高家文書）……………… 71
451　文政十一年九月 水主雇前金・小作米滞り高返済出入内済証文（九十九里町飯高家文書）………………… 72
452　文化十三年十二月 水主雇前金など滞納につき粟生村網主訴状（九十九里町飯高家文書）……………… 73
453　天保二年七月 婿養子の水主奉公につき細屋敷村水主一札（九十九里町飯高家文書）…………………… 75
454　天保五年六月 忰伊之松水主奉公につき粟生村百姓一札（九十九里町飯高家文書）……………………… 75
［＊農間渡世］
455　天保七年七月 九十九里縄船水主取締りにつき願書（九十九里町小川家文書）……………………………… 76
456　天保十一年十二月 宿村地引網水主小屋借り受けにつき一札（九十九里町飯高家文書）……………… 79

457　嘉永四年三月 網方争論にて怪我致すにつき一宮本郷村百姓一札（一宮町田中家文書）……………………… 80
458　嘉永六年四月 小魚船へ乗組につき作田村地引網水主詫一札（九十九里町作田家文書）……………………… 81
459　安政三年六月 水主不勤につき作田村網主訴状（九十九里町作田家文書）……………………………………… 81
460　安政七年二月 網水引き戻しにつき作田村網主一札（九十九里町作田家文書）……………………………… 82
461　文久二年十一月 水主下り金ならびに作徳滞り金返済につき宿村網主一札（九十九里町小川家文書）……… 83
462　文久二年十二月 水主下り金ならびに作徳滞り金受取につき宿村網主一札（九十九里町小川家文書）……… 83
463　文久二年十二月 水主証文紛失につき宿村網主一札（九十九里町小川家文書）……………………………… 84
3　網主の負担と漁業生産 ……………… 84
464　寛政十一年正月 船頭給村職網仕立ならびに諸入稼ぎ方書上帳（東京水産大学附属図書館羽原文庫収蔵文書）………………………………………… 84
465　文政八年十一月 作田村右馬之助地引網支配につき一札（九十九里町作田家文書）……………………… 90
466　文政十三年七月 地引網維持費用借用につき作田村網主議定一札（九十九里町作田家文書）……………… 91
467　天保十五年十二月 一ツ松郷浦方見廻りにつき網主願書（筑波大学歴史・人類学系歴史地理学教室保管文書）…… 92
468　弘化三年正月 水魚代金納入遅滞につき作田村網付商人詫一札（九十九里町作田家文書）…………………… 94
469　嘉永二年十一月 浦方見廻りにつき一宮本郷村・新笈村・東浪見村議定書（筑波大学歴史・人類学系歴史地理学教室保管文書）……………………… 94
470　嘉永三年七月 九十九里地引網主議定書（筑波大学歴史・人類学系歴史地理学教室保管文書）………………… 97
471　嘉永五年二月 網相続金返済につき剃金村百姓願書（白子町酒井家旧蔵文書）……………………………… 98
472　年未詳 網相続金返済につき剃金村網主願書（白子町酒井家旧蔵文書）‥ 99
473　慶応四年十月 地引網仕入金借用につき本須賀村百姓証文（九十九里町作田家文書）……………………… 101

県史誌内容総覧・資料編1：近世—関東　389

千葉県の歴史 資料編 近世4（上総2）

第4節　干鰯・〆粕の生産と販売 …… 102
1　魚肥生産と流通の諸相 ……………… 102
　474　文政七年八月　浜宿村祐吉より粟生村俊治郎への〆粕代金受取証書（九十九里町飯高家文書） ……………… 102
　475　天保十年十一月　蓮沼村三郎右衛門干鰯為替金借用証文（九十九里町飯高家文書） ……………… 102
　476　天保十二年十一月　松ケ谷村武兵衛干鰯書入借用金証文（九十九里町飯高家文書） ……………… 103
　477　天保十二年十一月　松ケ谷村武兵衛干鰯書入借用金証文（九十九里町飯高家文書） ……………… 103
　478　文化十二年二月　北幸谷村四郎兵衛干鰯借請証文（九十九里町飯高家文書） ……………… 104
　　　　［＊苗代肥］
　479　文化十五年三月　台方村百姓干鰯借請証文（九十九里町飯高家文書） …… 104
　480　嘉永三年六月　片貝村小川家へ登戸への〆粕・魚油・干鰯駄送覚帳（九十九里町小川家文書） ……………… 105
　481　天保十三年十一月　寒川河岸より片貝村小川庄兵衛へ〆粕受取高書抜帳（九十九里町小川家文書） ……………… 123
　482　十一月　干鰯仕切金差縺れ一件始末書（九十九里町飯高家文書） ……………… 126
　483　文政七年六月　江戸干鰯問屋より船頭給村網主へ干鰯仕入金差引目録（一宮町田中家文書） ……………… 128
　484　嘉永六年七月　干鰯・〆粕前金・貸金訴訟につき船頭給村百姓返答書（一宮町田中家文書） ……………… 129
　485　子十一月　干鰯直積仕法につき粟生村惣兵衛より尾張藩への書上（九十九里町飯高家文書） ……………… 131
　486　文政八年二月　泉州村々への干鰯売捌き方お尋ねにつき片貝村返答書（九十九里町飯高家文書） ……………… 135
　487　天保七年九月　大坂干鰯問屋仕法書（九十九里町飯高家文書） ……… 137
　488　天保六年四月　干鰯・〆粕取引につき内田弥治馬御用留（東金市内田家旧蔵文書） ……………… 138
2　網主と小買商人 …………………… 158
　489　嘉永四年十二月　網主権三郎網引当金子借用証文（九十九里町小川家文書） ……………… 158
　490　嘉永七年二月　作田村市蔵網付商人証文（九十九里町作田家文書） …… 159

　491　嘉永元年八月　作田村文左衛門より倉之助へ納屋・油道具売揚一札（九十九里町作田家文書） ……………… 159
　492　明治元年十二月　宿新田紋十郎・片貝村万助納屋売渡しにつき一札（九十九里町小川家文書） ……………… 160
　　　　［＊魚屋］
　493　巳十月　片貝村納屋場補理差し支えにつき訴状（九十九里町小川家文書） ……………… 161
　494　慶応二年二月　片貝村鰯盗取一件書類留（九十九里町小川家文書） …… 162

第8章　海付村落と漁業 ……………… 165
第1節　西上総沿岸地域の漁業と村々 167
1　海付村落の様相 …………………… 167
　495　寛永五年十二月　金谷村浜船役金受取証文（祭魚洞文庫旧蔵水産史料尾形家文書） ……………… 167
　496　寛文十二年十二月　江戸町人より金子借用につき富津村惣百姓手形（富津市織本家文書） ……………… 167
　497　延宝二年十一月　金谷村浜方運上金受取証文（祭魚洞文庫旧蔵水産史料尾形家文書） ……………… 168
　498　正徳四年四月　金谷村浦役勘定目録（祭魚洞文庫旧蔵水産史料尾形家文書） ……………… 169
　499　宝暦六年十二月　百首村岡・浜争論につき浜方訴状（祭魚洞文庫旧蔵水産史料鈴木家文書） …………… 169
　500　安永二年十二月　金谷村浜方年貢金皆済目録（祭魚洞文庫旧蔵水産史料尾形家文書） ……………… 171
　501　寛政七年正月　富津村田畑砂埋りにつき年貢用捨願（富津市織本家文書） ……………… 171
　502　天保二年四月　金谷村地・浜争論につき浜方惣百姓取り決め一札（祭魚洞文庫旧蔵水産史料尾形家文書） …… 172
　503　天保二年四月　金谷村地・浜争論につき浜方訴状（祭魚洞文庫旧蔵水産史料尾形家文書） ……………… 173
　504　天保二年四月　金谷村地・浜争論につき地方届書（富津市鈴木家文書） …… 175
　505　天保二年八月　金谷村地・浜争論につき地方願書（富津市鈴木家文書） …… 176
　506　年未詳　金谷村地・浜争論内済証文案（富津市鈴木家文書） …………… 177
　　　　［＊船切］

507　天保二年八月　金谷村地・浜争論
　　内済証文(富津市鈴木家文書)………177
508　天保二年八月　金谷村地・浜争論
　　内済につき村方取締り議定書(祭魚洞
　　文庫旧蔵水産史料尾形家文書)………178
2　漁場の利用と争い………179
509　寛文六年五月　金谷村と保田村漁
　　場争論につき金谷村訴状(祭魚洞文庫
　　旧蔵水産史料尾形家文書)……………179
510　寛文六年六月　漁場争論勝訴につ
　　き金谷村一札(祭魚洞文庫旧蔵水産史
　　料尾形家文書)……………………………180
　　[＊浮漁・沖漁]
511　元禄四年閏八月　金谷・萩生・百
　　首三か村前海沖合桂網につき口上書
　　(富津市織本家文書)……………………180
512　元禄十四年四月　富津村と野島浦
　　漁場争論につき訴状・返答書写(富津
　　市教育委員会所蔵文書)………………181
513　寛政十一年八月　小久保村・本牧
　　村こぎ桂網開始につき訴状(富津市織
　　本家文書)…………………………………186
514　寛政十二年九月　小久保村と富津
　　村こぎ桂網争論内済証文(富津市織本
　　家文書)……………………………………190
515　享和元年六月　本牧村こぎ桂網再
　　開につき訴状(富津市織本家文書)…192
516　文化四年四月　北方村新規網漁開
　　始につき大堀村ほか議定文(富津市
　　織本家文書)………………………………194
517　文政八年五月　江戸内海へ廻り八
　　手網・廻り縄船禁止につき一札(祭魚
　　洞文庫旧蔵水産史料尾形家文書)……195
518　文化十年八月　活鯛御用多数の節
　　小久保村・本牧村桂網再開禁止願
　　(富津市織本家文書)……………………196
519　文化十年八月　活鯛御用多数の節
　　小久保村桂網につき議定書(富津市織
　　本家文書)…………………………………197
520　弘化三年十二月　馬鹿貝取り上げ
　　につき久津間新田差出一札(木更津市
　　小原家文書)………………………………198
521　嘉永三年十月　松ケ島村貝藻草冥
　　加永上納一件書留(成田市永井家文
　　書)…………………………………………200
　　[＊イナ付留漁]
522　嘉永五年十一月　小あぐり網盗漁
　　につき金谷村ほか願書(祭魚洞文庫旧
　　蔵水産史料尾形家文書)………………203
523　嘉永七年十月　青木村海苔麁朶稼
　　ぎ再開許可願書(上総博物館所蔵旧青
　　木村関係文書)……………………………204

524　文久二年八月　青木村海苔麁朶金
　　貸付覚帳(上総博物館所蔵旧青木村関係
　　文書)………………………………………205
525　文久二年八月　久津間村ほか三か
　　村入会地引漁につき一札(木更津市小
　　原家文書)…………………………………207
526　慶応元年四月　竹ケ岡村と湊村漁
　　場争論内済証文(富津市鈴木家文
　　書)…………………………………………209
527　慶応三年十二月　桂網一件示談行
　　届きにつき書類写(富津市鈴木家文
　　書)…………………………………………213
3　漁獲物の集荷と販売…………………217
528　文化十四年九月　金谷村仕入問屋
　　察当につき縄船仲間一札(祭魚洞文庫
　　旧蔵水産史料尾形家文書)……………217
529　文政元年　金谷村漁獲物盗買につ
　　き証文(祭魚洞文庫旧蔵水産史料尾形
　　家文書)……………………………………217
530　文政元年九月　金谷村漁獲物盗買
　　につき仕入問屋差出一札(祭魚洞文庫
　　旧蔵水産史料尾形家文書)……………218
531　文政三年七月　金谷村一割船株借
　　用につき一札(祭魚洞文庫旧蔵水産史
　　料尾形家文書)……………………………219
532　文政五年五月　金谷村小買商人あ
　　て江戸魚問屋無構証文(祭魚洞文庫旧
　　蔵水産史料尾形家文書)………………220
533　文政五年九月　金谷村小買商人あ
　　て江戸魚問屋無構証文(祭魚洞文庫旧
　　蔵水産史料尾形家文書)………………220
534　文政十年二月　富津村諸魚隠売買
　　につき仕入問屋訴状(富津市織本家文
　　書)…………………………………………221
535　天保六年十二月　桑名藩〆粕買入
　　代金拝借願(富津市織本家文書)……222
536　天保八年十二月　金谷村一割船株
　　譲渡証文(祭魚洞文庫旧蔵水産史料尾形
　　家文書)……………………………………222
537　天保十年二月　富津村蛤荷送りに
　　つき地小買問屋・商人一札(富津市
　　本家文書)…………………………………222
538　嘉永四年十一月　富津村地小買株
　　改正取り決めにつき議定書ほか写
　　(富津市織本家文書)……………………223
539　嘉永四年十二月　富津村地小買株
　　改正取り決めにつき一札(富津市織本
　　家文書)……………………………………225
540　安政二年　富津村鰯〆粕敷金につ
　　き取り替わし一札(富津市織本家文
　　書)…………………………………………225

千葉県の歴史 資料編 近世4（上総2）

541　安政二年　富津村地小買商人魚荷送り一件内済証文（富津市織本家文書）……………………………………226
542　安政三年二月　諸魚荷送りにつき金谷村ほか小買商人議定一札（祭魚洞文庫旧蔵水産史料尾形家文書）………229
543　安政六年二月　富津村鰯〆粕・魚油積送り差引残金滞り出入返答書（富津市椙山家文書）……………………230
544　文久四年三月　江戸魚問屋乱妨の所業につき金谷村一割元あて詫証文（祭魚洞文庫旧蔵水産史料尾形家文書）……………………………………231
545　慶応二年二月　江戸魚問屋乱妨の所業につき金谷村一割元あて一札（祭魚洞文庫旧蔵水産史料尾形家文書）…233
546　元治二年三月　金谷村一割船株・小買株譲渡証文（祭魚洞文庫旧蔵水産史料尾形家文書）……………………234
547　慶応四年四月　金谷村一割明中の押送船渡世につき船主一札（祭魚洞文庫旧蔵水産史料尾形家文書）………235
548　年未詳　富津村諸魚売渡しにつき漁師連印議定書（富津市織本家文書）……………………………………236
549　年未詳　築地・深川魚問屋へ荷送りにつき天羽・周准郡村々願書（富津市織本家文書）……………………237

第2節　東上総南岸地域の漁業と村々　239
1　浦の請負と運上金上納 ……………239
550　延宝二年九月　浜行川村魚漁運上金受取証文（勝浦市三葛木家文書）……239
551　延宝六年五月　浜行川村入網運上金受取証文（勝浦市三葛木家文書）……239
552　元禄五年二月　浜行川村旅八手網運上金受取証文（勝浦市三葛木家文書）……………………………………240
553　元禄十二年閏九月　御宿浦入網運上金受取証文（岬町大曽根家文書）…240
554　元禄十四年九月　塩田浦干塩金上納請負証文（岬町大曽根家文書）…240
555　宝永八年二月　旅八手網運上金請負につき浜行川村願書（勝浦市三葛木家文書）……………………………………241
556　享保五年九月　旅海士入漁につき鵜原村口上書（勝浦市塩崎家文書）…241
　　［＊地海士］
557　享保五年十一月　鵜原村肴買運上金上納請負証文（勝浦市塩崎家文書）……………………………………242
558　享保十九年二月　勝浦七浜浦請許可につき一札（勝浦市久我家文書）…243

559　享保二十年七月　鵜原村慶戸湊普請成就につき達書（勝浦市塩崎家文書）……………………………………244
560　元文五年五月　鵜原村慶戸湊利用につき場金取り決め証文（勝浦市塩崎家文書）……………………………………244
561　宝暦六年九月　塩田浦運上金上納につき請負人願書（岬町大曽根家文書）……………………………………245
562　宝暦六年九月　塩田浦運上金上納請負証文（岬町大曽根家文書）…246
563　宝暦九年六月　塩田浦運上金上納目録（岬町大曽根家文書）………246
564　宝暦九年七月　御宿浦運上金上納目録（岬町大曽根家文書）………247
565　宝暦十二年　鵜原村漁職困窮につき拝借金願（勝浦市塩崎家文書）……248
566　明和六年九月　御宿浦上げ浦御請につき一札（御宿町伊藤家文書）…249
567　安永六年十月　塩田浦運上金上納請負証文（岬町大曽根家文書）…250
568　寛政三年九月　塩田浦年季請負につき証文（岬町大曽根家文書）…251
569　寛政十二年六月　御宿浦・塩田浦運上金受取帳（岬町大曽根家文書）…252
570　享和元年六月　御宿浦干鰯口銀勘定目録（岬町大曽根家文書）……253
571　文化六年十月　鵜原村肴買留役など請負争論につき訴状（勝浦市塩崎家文書）……………………………………254
572　文化七年十月　鵜原村肴買留役のうち鯨百分一につき訴状（勝浦市塩崎家文書）……………………………………257
573　文化十二年五月　鵜原村肴買留役など請負争論内済につき一札（勝浦市塩崎家文書）……………………………258
574　安政三年九月　御宿郷魚漁運上金上納請負証文（大原町藍野家文書）…259
575　西五月　塩田浦・御宿浦請負人への申渡書付（岬町大曽根家文書）…259
2　漁場の利用と争い ………………260
576　明和七年十一月　御宿浦八手網三艘張操業につき請書（御宿町伊藤家文書）……………………………………260
577　安永二年正月　御宿浦にて地引網漁開始につき一札（御宿町伊藤家文書）……………………………………261
578　寛政元年十一月　御宿浦入会漁業につき諸書物写（御宿町伊藤家文書）……………………………………262
　　［＊御手浦］

392　県史誌内容総覧・資料編1：近世―関東

579　寛政元年十二月　御宿浦入会漁業につき岩槻藩領村々願書（祭魚洞文庫旧蔵水産史料江沢家文書）…………266
580　寛政元年十二月　御宿浦破網御免願（御宿町伊藤家文書）…………267
581　寛政七年四月　鵜原村地引網争論内済証文（勝浦市塩崎家文書）…………270
582　嘉永元年六月　御宿浦ほか網方議定連印帳（御宿町式田家文書）………272
583　嘉永六年十一月　鼠鮫釣漁禁止につき御宿浦ほか網主議定書（御宿町式田家文書）…………283
584　嘉永七年三月　水主給金勘定につき勝浦村ほか網主議定書（勝浦市久我家文書）…………285
585　嘉永七年四月　鼠鮫釣漁禁止につき安房・上総村々網主議定書（御宿町式田家文書）…………286
586　嘉永七年四月　水主賃金勘定につき御宿浦ほか網主議定書（御宿町式田家文書）…………288
587　慶応三年正月　部原村八手網網方議定書（祭魚洞文庫旧蔵水産史料江沢家文書）…………290
588　慶応四年九月　鵜原村地引網争論につき船本仲間議定書（勝浦市塩崎家文書）…………294
589　明治二年二月　鵜原村地引網争論につき小地引網持詫書（勝浦市塩崎家文書）…………295
590　明治二年五月　沖漁職稼ぎ方につき御宿郷浜村名主差出一札（御宿町式田家文書）…………296
3　漁獲物の加工と販売…………297
591　享保十八年九月　干鰯半分浦賀問屋売りにつき守谷村ほか浦々願書（勝浦市塩崎家文書）…………297
592　寛保二年十一月　鰯水名金借用につき鵜原村買船仲間証文（勝浦市塩崎家文書）…………300
593　嘉永七年閏七月　江戸干鰯問屋より仕入金借用につき浦々差出証文（東京水産大学附属図書館羽原文庫収蔵文書）…………301
594　万延元年十二月　部原村鰶売値段相違につき一札（祭魚洞文庫旧蔵水産史料江沢家文書）…………304
595　万延元年十二月　部原村小買仲間規定書（祭魚洞文庫旧蔵水産史料江沢家文書）…………306
4　干鮑の生産と集荷…………311

596　天明七年六月　鵜原村磯根下請けにつき取り替わし証文（勝浦市塩崎家文書）…………311
597　寛政十一年九月　鵜原村鮑浦請負につき取り替わし証文（勝浦市塩崎家文書）…………311
598　寛政十一年九月　鵜原村鮑浦請負につき取り替わし証文（勝浦市塩崎家文書）…………312
599　文化六年七月　鵜原村鮑漁お尋ねにつき書付（勝浦市塩崎家文書）……313
600　文化六年八月　鵜原村干鮑稼ぎ方御用請負につき一札（勝浦市塩崎家文書）…………314
601　文化九年十二月　御用干鮑仕入金拝借証文（勝浦市塩崎家文書）…………314
602　文化十年十二月　御用干鮑仕入金拝借証文（勝浦市塩崎家文書）…………315
603　文化十一年十二月　江戸俵物会所御用干鮑買上勘定書（勝浦市塩崎家文書）…………315
604　文化十二年四月　御用干鮑仕入人免状（勝浦市塩崎家文書）…………317
605　文化十二年十二月　鵜原村地海士他村での雇用禁止につき廻状（勝浦市塩崎家文書）…………317
606　文化十四年十二月　生貝他売につき鵜原村地海士詫証文（勝浦市塩崎家文書）…………318
607　文化十四年十二月　鵜原・吉尾海士船数取り決め証文（勝浦市塩崎家文書）…………319
608　文政元年十一月　浜勝浦村鮑根買請けにつき取り替わし証文（勝浦市久我家文書）…………320
609　文政元年十二月　浜勝浦村鮑根売渡しにつき取り替わし一札（勝浦市久我家文書）…………320
610　文久元年七月　鮑差出し心得違いにつき鵜原村職海士下請人誤入証文（勝浦市塩崎家文書）…………321
611　申八月　干鮑受取につき江戸俵物問屋差出覚（勝浦市塩崎家文書）……322

第9章　市場と流通…………323
第1節　市の諸相…………325
1　大多喜六斎市…………325
612　寛永五年三月　大多喜町中市日定め証文（大多喜町大久保家文書）……325
［＊余町］
613　元禄八年六月　桜台町市議定違背につき久保町訴状（大多喜町大久保家文書）…………325

614　元禄八年八月　市場出入につき久保町訴状（大多喜町大久保家文書）……326
615　元禄八年八月　久保町市日売買につき申渡（大多喜町大久保家文書）……328
616　明和元年十二月　市につき久保町訴状（大多喜町大久保家文書）………328
617　安政七年　大多喜町および市場由緒書（大多喜町大久保家文書）……330
2　五井の塩と茂原・長南の市場　………333
618　文化十一年二月　茂原・長南市場塩商い出入裁許につき請書（抄録）（成田市永井家文書）……333
[*塩商人宿]
619　文化十二年三月　塩商い一件につき飯沼村ほか三か村議定（船橋市西図書館所蔵文書）………335
620　弘化四年　塩商い出入一件につき済口証文（抄録）（成田市永井家文書）………………341
621　弘化四年八月　北五井村塩商い出入一件につき済口証文（抄録）（成田市永井家文書）………343
[*塩升]
3　矢貫村長南市場の争論………346
622　元治二年三月　市場引直しにつき訴訟方へ申渡（長南町今関家文書）……346
623　元治二年三月　市場引直しにつき相手方へ申渡（長南町今関家文書）……346
624　慶応元年四月　市場出入願につき地頭所役人書状（長南町今関家文書）………347
[*代替り]
625　慶応元年四月　市場一条差縺れにつき書状（長南町今関家文書）……349
626　慶応元年四月　市場取り決めにつき申渡（長南町今関家文書）……349
627　慶応元年六月　市場取扱いにつき口上書（長南町今関家文書）……351
628　慶応元年六月　市場市日外町へ預け願（長南町今関家文書）……353
629　慶応元年六月　市日争論につき中宿・鹿島町願書（長南町今関家文書）………354
630　慶応元年六月　市場定杭につき覚（長南町今関家文書）……355
631　慶応元年七月　市場一件入用につき在役より口上書（長南町今関家文書）……356
632　慶応元年八月　市場一件につき地頭所役人書状（長南町今関家文書）…357
633　慶応二年正月　市場出入三か寺取扱いにつき一札（長南町今関家文書）……360

[*三途台]
634　慶応二年二月　市場一件につき地頭役所より差紙（長南町今関家文書）………361
635　慶応二年二月　市場引直しにつき取扱人一札（長南町今関家文書）……361
636　慶応二年四月　市場一件につき書状（長南町今関家文書）………362
637　慶応二年五月　市場一件などにつき書状（長南町今関家文書）………362
638　慶応二年五月　市場一件につき書状（長南町今関家文書）………363
[*公辺之御進達]
639　慶応二年五月　市場一件内済仮議定につき書状（長南町今関家文書）…364
640　慶応二年五月〜六月　市場一件につき地頭用書（長南町今関家文書）…364
641　慶応二年六月　市場一件につき申渡（長南町今関家文書）………371
642　慶応二年六月　市場一条につき地頭用状（長南町今関家文書）……372
643　慶応二年六月　市場一条ほかにつき用状（長南町今関家文書）……372
644　慶応二年六月　市場一件不取締りにつき申渡（長南町今関家文書）…373

第2節　陸上と水上の交通………374
1　陸上の交通………374
645　延享元年八月　上総往還新道出入につき今津村ほか二か村内済証文（船橋市西図書館所蔵文書）………374
646　元治元年九月　浜方荷物付出し一件につき高津戸村ほか三か村済口証文（船橋市西図書館所蔵文書）………
647　安政三年正月　久留里城下金具屋旅人書上帳（君津市粕谷家文書）……379
2　水上の交通………384
648　宝暦五年十一月　地頭所廻米破船につき福原村ほか八か村取り決め証文（御宿町伊藤家文書）………384
[*年貢米廻送]
649　寛政三年九月　貞元村年貢米運送請負証文（君津市鮎川家文書）……386
650　文政十三年七月　小櫃川用水堰留場通船故障争論につき内済証文（木更津市鳥海家文書）………386
651　天保十二年十二月　小糸川舟運ならびに荷物付出し仕来りにつき御答書（君津市鮎川家文書）……387
652　弘化二年八月　小櫃川堰場通船筏出入済口証文（木更津市平野家文書）………389

394　県史誌内容総覧・資料編1：近世—関東

653　弘化四年四月　小糸川抜荷差留め出入につき返答書(船橋市西図書館所蔵文書)……391
654　嘉永五年八月　久留里市場・堰場筋廻米海船積帳(君津市粕谷家文書)……392
655　嘉永五年十一月　久留里高滝筋廻米海船・川船積帳綴(君津市粕谷家文書)……396
656　万延元年閏三月　大田代村船持炭荷下渡し願書(勝浦市吉野家文書)…398

第3節　醸造業の展開と流通市場……400

1　酒の生産と流通……400

657　天保三年八月　矢貫村勘四郎酒造株貸与願(長南町今関家文書)……400
658　天保十年二月　矢貫村勘四郎酒造元株高申渡(長南町今関家文書)……400
659　天保十三年六月　矢貫村勘四郎あて酒売り代金引当借金証文(長南町今関家文書)……401
660　弘化二年七月　酒造奉公人召抱え方につき矢貫村組合廻状(長南町今関家文書)……401
661　弘化二年八月　酒造稼高交易につき横地村六左衛門議定書(長南町今関家文書)……402
662　弘化二年八月　矢貫村勘四郎酒造稼高交易につき許可願(長南町今関家文書)……403
663　弘化二年八月　知行所百姓酒造稼高交易につき旗本三枝氏届書(長南町今関家文書)……403
664　弘化二年九月　知行所百姓酒造稼高交易につき旗本本多氏届書(長南町今関家文書)……404
665　弘化二年九月　酒造稼高交易許可につき旗本三枝氏申渡(長南町今関家文書)……405
666　弘化二年九月　酒造稼高交易許可につき旗本本多氏申渡(長南町今関家文書)……405
667　弘化二年九月　横地村六左衛門酒造稼高譲渡証文(長南町今関家文書)……406
668　弘化二年九月　矢貫村勘四郎酒造鑑札借用願(長南町今関家文書)……406
669　嘉永三年九月　酒造渡世取締り願(長南町今関家文書)……407
670　嘉永六年四月　矢貫村勘四郎あて酒造杜氏暇取り一札(長南町今関家文書)……409
671　安政三年九月　大津倉村酒売場取り立てにつき矢貫村勘四郎一札(長南町今関家文書)……410
672　安政三年九月　矢貫村勘四郎酒売場支配につき大津倉村新兵衛一札(長南町今関家文書)……410
673　安政六年八月　矢貫村勘四郎酒売場支配につき大津倉村新兵衛一札(長南町今関家文書)……411
674　文久二年八月　酒売場支配につき矢貫村勘四郎一札(長南町今関家文書)……411
675　文久三年　酒造減石令につき大津倉村酒売場廃止一札(長南町今関家文書)……412
676　文久三年九月　酒造三分二減石令につき矢貫村組合酒造人請書(長南町今関家文書)……412

[*関東取締出役]

677　慶応二年十月　酒造株高四分一造令につき矢貫村組合請書(長南町今関家文書)……415
678　慶応四年八月　矢貫村今関鬼十郎酒造鑑札交付願(長南町今関家文書)……417
679　正月　東金宿追堀谷逗留につき酒注文書(長南町今関家文書)……418
680　九月　旗本三枝氏用人竹内誠太酒注文書(長南町今関家文書)……418

[*御用酒]

681　文化九年正月・文政十一年十一月　酒造仲間議定書(茂原市高橋家文書)……419
682　天保二年二月　酒造仲間議定書(茂原市高橋家文書)……423
683　元禄十一年六月　上植野村請売り酒屋証文(勝浦市三葛木家文書)……430
684　元禄十六年八月　浜行川村八郎兵衛弟へ酒名代譲渡につき願書(勝浦市三葛木家文書)……430
685　元文三年十二月　興津村新酒屋出入につき訴状(勝浦市三葛木家文書)……431
686　元文四年六月　貝渚村造酒屋証文(勝浦市三葛木家文書)……432
687　明和七年三月　御宿郷名主ならびに小売酒屋出府につき覚(御宿町伊藤家文書)……433
688　慶応二年四月　酒造手伝いにつき関村文右衛門差出一札(大網白里町富塚(勝)家文書)……439

689　慶応三年十月　酒造諸道具売渡しにつき関村文右衛門差出一札（大網白里町富塚（勝）家文書）……………439
690　明治四年三月　山辺郡濁酒造稼ぎ議定書（東京大学法学部法制史資料室所蔵文書）……………440
2　醤油の生産と流通……………442
691　天保五年九月　佐貫町宮庄七家店開受納帳（富津市宮家文書）……442
692　天保六年正月　佐貫町宮庄七家店卸清書帳（富津市宮家文書）……446
693　明治五年正月　佐貫町宮庄七家醬油店卸帳（富津市宮家文書）……452

第10章　上総抱奉公人と抱元……………455
第1節　江戸藩邸と上総抱奉公人─近江堅田藩「堀田家記録」から─……………457
694　宝暦十四年十一月～明和二年二月　上総直抱えの決定と抱え入れ（東京大学法学部法制史資料室所蔵「堀田家記録」抄録）……………457
〔＊国抱〕
695　明和七年正月～閏六月・安永六年七月　上総抱足軽・中間病気など取り計らい方申付（東京大学法学部法制史資料室所蔵「堀田家記録」抄録）……461
696　寛政四年八月　欠落奉公人給金の弁償につき上総抱元へ申渡（東京大学法学部法制史資料室所蔵「堀田家記録」抄録）……………462
697　寛政六年十一月・同十年十一月　奉公人抱え入れ方につき上総抱元へ申渡（東京大学法学部法制史資料室所蔵「堀田家記録」抄録）……463
698　享和二年三月・十一月　下総抱奉公人関係記事（東京大学法学部法制史資料室所蔵「堀田家記録」抄録）……464
699　明和二年二月～寛政二年十一月　上総奉公人抱え入れにつき役人出張費用（東京大学法学部法制史資料室所蔵「堀田家記録」抄録）……464
〔＊元〆・吟味役;小頭〕

第2節　上総抱元の奉公人請負……468
1　挙母藩内藤家の中間抱元……468
700　嘉永三年十一月　抱元請書（夷隅町吉原家文書）……………468
701　嘉永三年十一月　奉公人給金受取書（夷隅町吉原家文書）……468
702　嘉永三年十一月　抱元改印届書（夷隅町吉原家文書）……………469
703　嘉永三年十一月　中間奉公人請状雛形（夷隅町吉原家文書）……469

704　嘉永三年十一月　家中奉公人召抱えにつき覚（夷隅町吉原家文書）……470
705　嘉永三年十二月　村内の者抱え入れ依頼につき三又村名主書状（夷隅町吉原家文書）……………471
706　嘉永三年十二月　村内の者抱え入れ依頼につき三又村名主書状（夷隅町吉原家文書）……………472
707　嘉永三年十二月　村内の者抱え入れ依頼につき船子村名主書状（夷隅町吉原家文書）……………472
708　嘉永三年十二月　村内の者抱え入れ依頼につき紙敷村百姓書状（夷隅町吉原家文書）……………472
709　嘉永四年二月　奉公人国元出立の覚（夷隅町吉原家文書）……………473
710　嘉永四年二月　下大多喜村奉公人欠落につき抱元届書（夷隅町吉原家文書）……………474
711　嘉永四年二月　紙敷村奉公人不参につき出役への願書（千葉市露崎家文書）……………475
712　嘉永四年二月　紙敷村奉公人不参につき給金返納覚（夷隅町吉原家文書）……………476
713　嘉永四年二月　紙敷村不参奉公人給金受取書（夷隅町吉原家文書）……477
714　嘉永四年二月　中間抱え入れにつき抱元口上覚（千葉市露崎家文書）…477
715　嘉永四年三月　紙敷村奉公人につき宥免願（夷隅町吉原家文書）……478
716　嘉永四年二月～十月　上総部屋諸色手控帳（夷隅町吉原家文書）……479
717　嘉永四年十月　抱え入れ中間の給金・日雇賃銭取調書（夷隅町吉原家文書）……………490
718　嘉永四年十月　抱元扶持米代金受取書（夷隅町吉原家文書）……495
719　嘉永四年十一月　抱元の出府要請につき江戸屋敷役人書状（夷隅町吉原家文書）……………496
720　嘉永四年十二月　奉公人抱え入れにつき江戸屋敷役人書状（夷隅町吉原家文書）……………497
721　嘉永四年十二月　奉公人抱え入れにつき江戸屋敷役人書状（夷隅町吉原家文書）……………498
722　四月　立帰り奉公人につき割場役所役人書状（夷隅町吉原家文書）……499
723　卯十一月　抱元譲渡の件につき書状（夷隅町吉原家文書）……………499
2　姫路藩酒井家の中間抱元……………500

千葉県の歴史 資料編 近世4（上総2）

724　安政四年三月　抱元請書下書（茂原市露崎家文書）……………500
　　［＊中間］
725　安政五年正月　酒井家年始御礼の控（茂原市露崎家文書）……501
726　万延二年正月　酒井家年始帳（茂原市露崎家文書）……………503
727　慶応元年五月　中間不埒につき抱元願書（茂原市露崎家文書）……505
728　慶応元年閏五月　入牢中の中間宥免につき抱元願書（茂原市露崎家文書）……505
729　慶応元年十一月　奉公人給金渡控覚帳（茂原市露崎家文書）……506
　　［＊留覚］
730　慶応二年正月　抱元への扶持方下付につき申渡（茂原市露崎家文書）……510
731　慶応二年二月　扶持方下付につき地頭所への届書（茂原市露崎家文書）……510
732　戌五月　奉公人給金返納につき長柄山村名主書状（茂原市露崎家文書）……511
733　戌六月　奉公人給金返納につき長柄山村名主書状（茂原市露崎家文書）……511
734　三月　奉公人につき長柄山村名主書状（茂原市露崎家文書）……511
735　正月　抱元への出頭申渡（茂原市露崎家文書）……512
　　［＊麻裃］
736　年未詳　紋付高張提灯預り覚（茂原市露崎家文書）……512
3　高瀬藩細川家の足軽・小人抱元……512
737　安政四年四月　部屋頭金子借用証文（長南町今関家文書）……512
　　［＊小人部屋頭］
738　安政六年十二月　抱元の下抱えにつき一札（長南町今関家文書）……513
739　安政期　新組足軽・壱ノ部屋小人請負証文下書（長南町今関家文書）……513
740　文久三年三月　小人給金増額願につき朝倉誠二郎書状（長南町今関家文書）……520
741　文久三年三月　小人給金増額願（長南町今関家文書）……521
742　文久三年四月　給金増額につき小人部屋頭書状（長南町今関家文書）……522
743　文久三年十月　本所中之郷屋敷加判覚（長南町今関家文書）……524
744　文久四年三月　抱元御用譲渡につき願書下書（長南町今関家文書）……524

745　元治元年三月　弐ノ部屋小人請負証文（長南町今関家文書）……………525
746　元治元年十月　小人給金増額願（長南町今関家文書）……………529
747　元治元年十月　細川様御用抱元益積立帳（長南町今関家文書）……529
748　元治元年　長柄の者・上総組足軽請負証文下書（長南町今関家文書）…531
749　慶応二年三月　小人部屋頭請書（長南町今関家文書）……………534
750　慶応四年閏四月　奉公人給金返済猶予につき抱元願書（長南町今関家文書）……535
4　抱元と江戸人宿……………………536
751　享和二年十二月　高槻藩永井家中間奉公に寄子差出につき江戸人宿証文（東金市猪野家文書）……536
752　安政四年十月　久留米藩有馬家小人下抱えにつき請書（抄録）（茂原市高橋家文書）……………536
753　安政四年十一月〜十二月　久留米藩有馬家小人抱え入れ給金請取証・奉公人名前控（抄録）（茂原市高橋家文書）……537
754　文久三年十一月　久留米藩有馬家奉公人前金返済滞りにつき江戸人宿訴状（抄録）（茂原市高橋家文書）……540
5　その他の抱元関係………………556
755　宝暦四年三月　笠間藩牧野家へ奉公につき人請証文（夷隅町高師家文書）……556
756　享和元年十二月　大野村奉公人覚帳（夷隅町高師家文書）……556
757　嘉永二年九月　園部藩小出家中間抱元御免願（大多喜町清水家文書）……558
第3節　上総抱元日記―押日村中村家の史料から―…………559
758　文久三年十月〜十二月　上総抱元中村権左衛門御用日記（抄録）（岬町中村家文書）……559
759　元治元年十月〜十二月　上総抱元中村求馬日記（抄録）（岬町中村家文書）……578
760　元治二年十一月〜十二月　上総抱元中村求馬日記（抄録）（岬町中村家文書）……598
761　慶応二年十二月　宇都宮藩戸田家上総部屋給金止渡覚帳（岬町中村家文書）……615

第11章　上総の神と仏………………621
第1節　神社と祭祀…………………623
　1　神社の創建・由緒と造営・修復…623

県史誌内容総覧・資料編1：近世―関東　397

762　元禄元年十二月　一ツ松郷諏訪・第六天王鞍皆具寄進状(長生村一松神社文書)……………………623
763　寛政二年・文化十一年　岩坂村牛頭天王社銅瓦奉加日懸帳(抄録)(富津市椙山家文書)……………………623
764　文化十四年二月　石塚村蔵王大権現宮修復成就遷宮につき神楽奉納願書(市原市宮原家文書)……………625
765　文化十五年正月　粟生野村鎮守石華表建立覚書(茂原市森川(哲)家文書)……………………………………626
766　文政六年六月　金谷村鎮守建立年お礼しにつき申上書(祭魚洞文庫旧蔵水産史料尾形家文書)…………629
767　文政六年七月　金谷村鎮守本社・拝殿再建願書(祭魚洞文庫旧蔵水産史料尾形家文書)……………………630
768　天保十二年三月　一ツ松郷鎮守御供米寄付につき願書(長生村一松神社文書)……………………………631
769　天保十二年八月　土気郷鎮守本社再建議定帳(大網白里町大野家文書)……………………………………632
770　嘉永三年三月　一ツ松郷鎮守鞍皆具大破につき奉納方願書(長生村一松神社文書)……………………634
2　加茂村賀茂大神宮の神役……………635
771　宝文二年十二月　勧化金ほか滞り出入裁許につき請書写(市原市小幡家文書)……………………………635
772　明和二年八月　競馬役勤め方につき一札(市原市小幡家文書)……………637
773　嘉永元年十月　祭礼流鏑馬役勤め方につき一札(市原市小幡家文書)…637
774　安政四年正月　山小川村熊野神社加行奉仕につき一札(市原市小幡家文書)……………………………638
775　安政四年六月　加茂川渡船一条につき山小川村百姓願書(市原市小幡家文書)……………………………638
776　安政四年十月　祭礼神輿台出し入れおよび菰敷役につき一札(市原市小幡家文書)………………………640
777　安政五年正月　普請人足ならびに境内掃除などにつき請証文(市原市小幡家文書)………………………641
778　安政六年三月　下社家差配につき禰宜願書(市原市小幡家文書)………642
779　安政六年四月　社頭渡船手当田地につき禰宜追願書(市原市小幡家文書)……………………………………643

780　文久元年八月　祭礼猿田彦役勤め方につき一札(市原市小幡家文書)…644
3　粟生野村の信仰秩序……………………645
781　宝永五年十一月　米玉大明神社祭祀座順につき証文(茂原市森川(哲)家文書)……………………………645
782　享保二十年正月　東照神君休所旧跡の小祠再建方願書(茂原市森川(育)家文書)……………………………646
783　享保二十年十二月　東照神君休所旧跡の小祠再建許可沙汰書(茂原市森川(育)家文書)…………………646
784　明和元年八月　東照権現宮日待ほかにつき差上一札(茂原市森川(育)家文書)……………………………647
785　安永二年三月　川添山王宮寄付替地証文(茂原市森川(育)家文書)…647
786　文化十二年二月　山照明神寄付の場所進退につき証文(茂原市森川(育)家文書)……………………………648
787　文化十二年十二月　杵築天王備社御神酒開きにつき一札(茂原市森川(育)家文書)………………………648
788　文化十三年三月　当所大権現宮への改称につき支配人ほか一札(茂原市森川(育)家文書)…………………649
789　文化十三年九月　祇園牛頭天王備社修復免支配につき一札(茂原市森川(育)家文書)……………………649
790　文化十五年正月　石井天満宮備社修復免支配につき一札(茂原市森川(育)家文書)………………………650
791　文政三年三月　西ノ宮大明神備社修復免支配につき差上証文(茂原市森川(育)家文書)…………………650
792　文政四年九月　毘沙門・弁天両社神事につき支配人ほか詫一札(茂原市森川(育)家文書)…………………651
793　天保十年九月　鎮守社内ならびに諸神社取り計らい方につき一札(茂原市森川(哲)家文書)………………651
794　嘉永六年九月　弁財天社地支配につき覚書(茂原市森川(哲)家文書)…652
795　安政二年六月　鎮守・諸末社古例式法改帳(抄録)(茂原市森川(哲)家文書)……………………………………652
796　安政四年六月　村内鎮守ほか諸社記録書留(抄録)(茂原市森川(哲)家文書)……………………………………655
797　文久二年四月　雨乞い祈祷記録帳(抄録)(茂原市森川(哲)家文書)……658
第2節　神職をめぐる諸関係……………659
1　神職の身分と職掌………………………659

798　享保六年八月　蓮沼村朝日家神職勤め方につき一札(蓮沼村朝日家文書)……659
799　享保十二年二月　上横地村牛頭天王神体預りにつき一札(蓮沼村朝日家文書)……659
800　享保十六年八月　蓮沼村五所権現ほか三社の鎰預りにつき一札(蓮沼村朝日家文書)……660
801　享保十九年九月　賀茂大神宮禰宜家支配の氏子村々当毛受取につき覚書(市原市小幡家文書)……660
802　文化元年四月　磯多村へ下付の神主許状召し上げにつき武射郡神職願書(蓮沼村朝日家文書)……662
803　文政五年六月　蓮沼村朝日家奉祠の社書上一札(蓮沼村朝日家文書)……663
804　文政十一年六月　蓮沼村朝日家宮司冥加上京願(蓮沼村朝日家文書)……665
805　天保七年正月　不入村山王権現主号とりなし方願書(市原市小幡家文書)……666
806　天保九年十月　北清水村百姓神文誓紙(蓮沼村朝日家文書)……666
807　天保十年七月　大寺村天満宮神主継目願書(木更津市平野家文書)……667
808　天保十三年八月　蓮沼村五所権現ほか一社神主継目願書(蓮沼村朝日家文書)……667
809　安政五年正月　賀茂大神宮社向修復掛り場所につき取り替わし一札(学習院大学史料館所蔵文書)……668
810　安政五年七月～安政六年三月　八幡郷社家大野宮内相続跡式一件につき願書(抄録)(千葉県立中央図書館所蔵文書)……669
811　明治元年十一月　賀茂大神宮氏子持場につき取り替わし一札(市原市小幡家文書)……673
812　年未詳　賀茂大神宮神主・禰宜吉田家免許年次覚(市原市小幡家文書)……674
813　年未詳　玉前神社中五人組議定書(一宮町南宮神社文書)……675
2　神職をめぐる争論―加茂村賀茂大神宮神主・禰宜一件―……679
814　嘉永四年四月　禰宜所業につき神主訴状(市原市小幡家文書)……679
815　嘉永五年八月　社領支配向につき神主・禰宜議定書(市原市小幡家文書)……681
816　嘉永五年八月　禰宜へ不帰依の氏子村々連印一札(市原市小幡家文書)……683
817　嘉永五年十月　加茂村名主致し方につき禰宜願書(市原市小幡家文書)……685
818　嘉永五年十月　神主社役勤め方につき禰宜願書(市原市小幡家文書)……685
819　嘉永五年十一月　禰宜・加茂村名主吟味下げ願(市原市小幡家文書)……686
820　安政元年十二月　神馬飼料畑年貢につき神主・禰宜請書(市原市小幡家文書)……687
821　安政五年三月　御朱印守護につき神主願書(市原市小幡家文書)……688
822　安政六年三月　祭礼代拝につき神主願書(市原市小幡家文書)……690
823　安政六年十二月　社頭支配向につき禰宜訴状(市原市小幡家文書)……692
3　神職の離檀―加茂村賀茂大神宮禰宜家の場合―……700
824　天保八年七月　禰宜家離檀願書(市原市小幡家文書)……700
［＊神道葬］
825　天保八年十月　吟味下げにつき禰宜・檀那寺請書(市原市小幡家文書)……702
826　天保八年十月　禰宜葬祭につき取り替わし一札(市原市小幡家文書)……703
827　天保十三年八月　禰宜家家内神道葬祭執行につき議定書(市原市小幡家文書)……703
828　天保十三年九月　禰宜家家内神道葬祭執行につき議定書(市原市小幡家文書)……704
829　天保十四年十二月　離檀一件につき禰宜返答書(市原市小幡家文書)……705
4　百姓神主―粟生野村宮三郎一件―……709
830　安政二年六月　粟生野村弁才天支配につき宮三郎ほか詫書(茂原市森川(哲)家文書)……709
831　安政三年十一月　宮三郎心底書案文(茂原市森川(哲)家文書)……709
832　安政四年五月　鎮守ほか諸社勤行方申上書(茂原市森川(哲)家文書)……710
833　安政四年六月　内済議定書案文(茂原市森川(哲)家文書)……713
834　安政四年十月　吟味下げにつき宮三郎ほか願書(茂原市森川(哲)家文書)……716
［＊宮守］

第3節　寺院と僧侶……721

千葉県の歴史 資料編 近世4（上総2）

　1　七里法華の在地寺院 721
　　835　明和九年九月　土気・東金什門流寺院住職定めなどにつき廻状（茂原市藤乗家文書） 721
　　836　享保六年閏七月　本小轡村蓮成寺・御崎明神寺社地書上（茂原市藤乗家文書） 722
　　837　享保十一年九月　本小轡村蓮成寺人別書上（茂原市藤乗家文書） 723
　　838　年未詳　小轡村蓮成寺年中行事帳（茂原市藤乗家文書） 724
　2　半檀家の解消 731
　　839　文化二年九月　半檀家の整理につき東金町西福寺より一札（東金市法光寺文書） 731
　　840　天明八年三月　一家一寺にすべき旨出水村覚翁ほか取り替わし証文（夷隅町妙泉寺文書） 732
　3　日蓮宗の大刹と寺領支配 733
　　841　文政三年　茂原村藻原寺年中行事（茂原市藻原寺文書） 733
　　842　享和二年十一月　茂原村藻原寺塔中泰心院不法につき東光院訴状（茂原市藻原寺文書） 747
　　［＊東見延］
　　843　文政十一年十一月　茂原村藻原寺寺領条目請書（茂原市藻原寺文書）…749
　　844　天保十三年十二月　茂原村藻原寺朱印地など質入につき寺僧百姓詫書（茂原市藻原寺文書） 755
　4　天台宗の大刹と教団組織 757
　　845　文政十三年正月　矢貫村長福寿寺より末寺・門徒へ下知条々（長南町長福寿寺文書） 757
　　［＊組組織］
　　846　年未詳　荻原村行元寺ならびに末寺・門徒の掟（抄録）（夷隅町行元寺文書） 760
　5　上総の寺院と江戸 772
　　847　嘉永七年八月　田中村法光寺朱印改め要用留（東金市法光寺文書）……772
　　848　天保二年正月　芝山村観音寺江戸向諸用留（東京都安養寺文書）………782

第12章　俳諧の流行 797
　第1節　天明期の俳諧 799
　　1　白井鳥酔の両総行脚 799
　　849　明和四年二月　俳諧玩世松蔭五編（木版）（富山県立図書館所蔵志田文庫） 799
　　850　明和三年　白井鳥酔懐紙―北総へ赴くとて―（長南町郷土資料館所蔵文書） 819

　　851　明和三年八月　白井鳥酔懐紙―過同社夜松亭―（横芝町神保家文書）…819
　　852　明和三年　白井鳥酔懐紙―薦神保氏梅石黄耆―（横芝町神保家文書）…820
　　853　明和三年　加舎白雄懐紙―悼梅石翁―（横芝町神保家文書） 820
　2　加舎白雄と飯高灑陵 821
　　854　天明四年閏正月～　用留　一（抄録）（九十九里町飯高家文書）………821
　　855　天明四年七月～　用留　二（抄録）（九十九里町飯高家文書）………821
　　856　天明四年十一月～　用留　三（抄録）（九十九里町飯高家文書）………822
　　857　天明四年七月　亀足集第五十二（成東町大高家文書） 825
　　858　天明六年七月・八月　春秋庵月並句合（一枚刷）（九十九里町飯高家文書） 831
　　859　天明六月九月　春秋庵月並句合（一枚刷）（九十九里町飯高家文書）…832
　　860　年未詳　灑陵集　其堂序文（木版）（九十九里町飯高家文書） …832
　　861　享和四年正月　灑陵集　下（木版）（東京大学総合図書館所蔵酒竹文庫） 833
　3　俳僧故貝と笠森寺 838
　　862　安永七年　蕉門花伝授（木版）（国立国会図書館所蔵） 838
　　863　安永六年十月　笠森寺芭蕉句碑（長南町笠森寺） 851
　　864　天明六年八月　故貝墓碑（長南町笠森寺） 853
　第2節　化政期の俳諧 854
　　1　東上総の俳諧―下之郷村の俳人媒柯― 854
　　865　文化九年　八十とせの賀（木版）（夷隅町半場家文書） 854
　　2　西上総の俳諧―矢那村の俳僧白老― 862
　　866　文政十二年　塩たはら（木版）（夷隅町半場家文書） 862
　第3節　幕末の月並俳諧 870
　　1　芭蕉百五十年忌記念句集『浜ひさし』の出版 870
　　867　天保十三年正月　浜ひさし（木版）（東金市鵜沢家文書） 870
　　868　天保十四年『浜ひさし』集札料・点料書上（東金市鵜沢家文書）……883
　　869　天保十三年十月　松ケ谷村陽居ほか三名より五倉庵あて書状（東金市鵜沢家文書） 888

400　県史誌内容総覧・資料編 1：近世―関東

870 天保十四年正月 小松村楚雲より五倉庵あて書状(東金市鵜沢家文書)………………………………888
871 天保十四年正月 横地村桃営より五倉庵あて書状(東金市鵜沢家文書)………………………………889
872 八月 蓮沼村観向より五倉庵あて書状(東金市鵜沢家文書)……………890
2 五倉庵禹隣の周辺………………890
873 三月 江戸浅草蔵前礼宗より五倉庵あて書状(東金市鵜沢家文書)……890
874 十月 江戸浅草蔵前礼宗より五倉庵あて書状(東金市鵜沢家文書)……891
875 五月 早船村一之・魯石より五倉庵あて書状(東金市鵜沢家文書)……892
876 八月 早船村一之より五倉庵あて書状(東金市鵜沢家文書)……………892
877 四月 横地村桃営より五倉庵あて書状(東金市鵜沢家文書)……………893
878 九月 横地村桃営より五倉庵あて書状(東金市鵜沢家文書)……………893
879 四月 粟生野村蒼原より五倉庵あて書状(東金市鵜沢家文書)…………894
880 閏七月 早船村扇山より五倉庵あて書状(東金市鵜沢家文書)…………895
881 十月 武射田村仙窠より五倉庵あて書状(東金市鵜沢家文書)…………895
882 三月 東金町音人より五倉庵ほか四名あて書状(東金市鵜沢家文書)…896
883 五月 東金町音人より五倉庵あて書状(東金市鵜沢家文書)……………896
884 六月 東金町音人より五倉庵あて書状(東金市鵜沢家文書)……………896
885 十月 東金町音人より五倉庵あて書状(東金市鵜沢家文書)……………897
886 年未詳 東金町音人より五倉庵あて書状(東金市鵜沢家文書)…………897
887 年未詳 東金町音人より五倉庵あて書状(東金市鵜沢家文書)…………898
3 藤乗景文の俳諧活動……………899
888 天保期 起名庵金波新居披露句合案内(木版)(東金市鵜沢家文書)……899
889 安政元年 浦の栞(一枚刷)(山武町並木(正)家文書)………………900
890 安政四年正月 丁巳之日記 一(抄録)(茂原市藤乗家文書)…………901
891 安政四年四月 丁巳之日記 二(抄録)(茂原市藤乗家文書)…………908
892 安政四年閏五月 丁巳之日記 三(抄録)(茂原市藤乗家文書)…………915
893 安政四年八月 丁巳之日記 四(抄録)(茂原市藤乗家文書)…………925
894 安政四年十一月 丁巳之日記 五(抄録)(茂原市藤乗家文書)…………935
895 文久元年三月 抜萃控 三(抄録)(茂原市藤乗家文書)…………938
4 『上総百人一句』の出版………947
896 安政四年 上総百人一句(木版)(船橋市西図書館所蔵文書)………947
897 正月 江戸田所町画工墨海より景文あて書状(茂原市藤乗家文書)……954
898 二月 江戸田所町画工墨海より景文あて書状(茂原市藤乗家文書)……954
899 三月 江戸田所町画工墨海より景文あて書状(茂原市藤乗家文書)……956
900 五月 江戸田所町画工墨海より景文・金波あて書状(茂原市藤乗家文書)………………………………957
901 閏五月 江戸田所町画工墨海より景文あて書状(茂原市藤乗家文書)…959
902 六月 江戸田所町画工墨海より景文あて書状(茂原市藤乗家文書)……959
903 十一月 江戸田所町画工墨海より金波あて書状(茂原市藤乗家文書)…960
5 藤乗景文の周辺―橘金波・景文と地方俳人・江戸俳人―………………961
904 文久二年五月～ 諸家文音録 二(抄録)(茂原市藤乗家文書)…………961
905 嘉永二年閏四月 大多喜新町露柱庵より景文・寒英あて書状(茂原市藤乗家文書)………………………………966
906 文久二年十一月 千町村起名庵金波より景文あて書状(茂原市藤乗家文書)………………………………967
907 文久二年十一月 千町村起名庵金波より景文あて書状(茂原市藤乗家文書)………………………………968
908 正月 千町村起名庵金波より景文あて書状(茂原市藤乗家文書)………968
909 正月 千町村起名庵金波より景文あて書状(茂原市藤乗家文書)………969
910 四月 千町村起名庵金波より景文あて書状(茂原市藤乗家文書)………969
911 九月 千町村起名庵金波より景文あて書状(茂原市藤乗家文書)………970
912 十一月 千町村起名庵金波より景文あて書状(茂原市藤乗家文書)……970
913 年未詳 千町村起名庵金波より景文あて書状(茂原市藤乗家文書)……971
914 文久三年五月 堀上村葵白より景文あて書状(茂原市藤乗家文書)……972
915 文久三年七月 堀上村葵白より景文あて書状(茂原市藤乗家文書)……972
916 文久三年七月 堀上村葵白より景文あて書状(茂原市藤乗家文書)……973

917 文久三年八月 堀上村葵白より景文あて書状(茂原市藤乗家文書) ……973
918 元治元年五月 永田村光昌寺詮量院より景文あて書状(茂原市藤乗家文書) ……974
919 元治元年六月 堀上村葵白より景文あて書状(茂原市藤乗家文書) ……974
920 慶応元年八月 堀上村葵白より景文あて書状(茂原市藤乗家文書) ……975
921 文久三年八月 江戸遅梅より景文あて書状(茂原市藤乗家文書) ……976
922 元治元年八月 江戸弘美より景文あて書状(茂原市藤乗家文書) ……977
923 元治元年九月 江戸中橋桶町為山より景文あて書状(茂原市藤乗家文書) ……977
924 慶応元年九月 江戸中橋桶町為山より景文あて書状(茂原市藤乗家文書) ……978
925 九月 江戸子紹より景文あて書状(茂原市藤乗家文書) ……979
926 元治元年二月 江戸可尊より堀上村葵白あて書状(九十九里町飯高家文書) ……979
927 四月 江戸渓斎より成東村梧雪あて書状(九十九里町飯高家文書) ……979
928 四月 成東村梧雪より堀上村葵白あて書状(九十九里町飯高家文書) ……980

資料解説 ……981
はじめに ……983
第7章 九十九里の村々と漁業 ……987
 第1節 九十九里旗本領の地代官 ……987
 第2節 塩浜の開発と利用 ……989
 第3節 漁業生産と水主の労働 ……991
 第4節 干鰯・〆粕の生産と販売 ……994
第8章 海付村落と漁業 ……997
 第1節 西上総沿岸地域の漁業と村々 ……997
 第2節 東上総南部地域の漁業と村々 ……1002
第9章 市場と流通 ……1006
 第1節 市の諸相 ……1006
 第2節 陸上と水上の交通 ……1010
 第3節 醸造業の展開と流通市場 ……1013
第10章 上総抱奉公人と抱元 ……1017
 第1節 江戸藩邸と上総抱奉公人―近江堅田藩「堀家記録」から― ……1017
 第2節 上総抱元の奉公人請負 ……1019
 第3節 上総抱元日記―押日村中村家の史料から― ……1027
第11章 上総の神と仏 ……1029
 第1節 神社と祭祀 ……1030
 第2節 神職をめぐる諸関係 ……1036

 第3節 寺院と僧侶 ……1042
第12章 俳諧の流行 ……1045
 第1節 天明期の俳諧 ……1045
 <表>飯高灘陵を中心とする血縁的・地縁的関係系図 ……1049
 第2節 化政期の俳諧 ……1050
 第3節 幕末の月並俳諧 ……1052

市町村史編さん状況一覧(上総国内) ……1056～1062
上総関係調査地一覧 ……1063～1103
『資料編 近世3・4(上総1・2)』掲載資料所在地図 ……1104～1105
『資料編 近世3・4(上総1・2)』掲載資料所蔵一覧 ……1106

あとがき(近世史部会 渡辺尚志)
資料提供者ならびに協力者
千葉県史編さん関係者名簿 平成14年1月現在
 千葉県県史編さん委員会
  宇野俊一(城西国際大学教授;会長)
  川村優(千葉県郷土史研究連絡協議会会長;委員)
  渡邉農(元千葉県総務部文書課長;委員)
  西垣晴次(群馬大学名誉教授;委員)
  大野正男(東洋大学教授;委員)
  松崎泰子(淑徳大学教授;委員)
  梅村恵子(川村学園女子大学教授;委員)
  土屋秀雄(千葉日報社代表取締役会長;委員)
  齋藤美信(千葉県議会議会史編さん委員会委員長;委員)
  青木重之(千葉県議会総務企画常任委員会委員長(平成13年7月3日～);委員)
  渡貫博孝(佐倉市長;委員)
  遠藤一郎(富浦町長;委員)
  宮地正人(国立歴史民俗博物館長;委員)
  中野英昭(千葉県総務部長;委員)
  清水新次(千葉県教育委員会教育長;委員)
  井上文雄(千葉県立中央図書館長;委員)
  川名寛享(千葉県議会総務企画常任委員会委員長(平成12年7月11日～平成13年7月2日);委員)
 千葉県県史編さん委員会幹事会
 事務局
 県史編さん近世史部会
 (財)千葉県史料研究財団

```
千葉県の歴史 資料編 近世5
       （下総1）
財団法人千葉県史料研究財団
       編集
    平成16年3月25日
```

<下総国に関わる史料の一部を収録>
　<口絵>下総国図［カラー］独立行政法人国立公文書館蔵
　<口絵>関東水流図［カラー］静嘉堂文庫蔵
　<口絵>千葉県指定有形文化財「釈迦涅槃図」（寛文9〔1669〕年作成）［カラー］銚子市圓福寺文書 銚子市教育委員会提供
序（千葉県知事 堂本暁子）
発刊にあたって（千葉県史歴史系代表者 宇野俊一）
第1部　本書を理解するために
　はじめに ………………………………………4
　　<表>旧房総三国と下総国 ………………5
　　<写>現在の利根川・江戸川分岐点C …6
　　<写>熊野神社の神幸祭C（大原幽学記念館提供） ………………………………7
　1　文化九年の水害と大名手伝普請（文化十〔一八一三〕年 野田市 櫻木神社所蔵文書） ………8
　　<表>杭出しの図（土木工要録 附録）……11
　2　鬼怒川・小貝川の再合流問題と村々（享保二十〔一七三五〕年 茨城県守谷市 椎名家文書）…12
　　<表>享保20年 鬼怒川・小貝川分離地点の絵図（取手市教育委員会所蔵）………15
　3　新規水車の企て騒動（文化六〔一八〇九〕年 銚子市 滑川家文書）……………16
　　<表>内野山野出入裁許絵図（芦崎村・石毛家文書31号）……………………19
　4　利根川に「島」を持つ村々（元禄八〔一六九五〕年 柏市 吉田家文書）…………20
　　<表>利根川の「島」と周辺地域の様子（天和2年頃）……………………………23
　5　村で請け負う流作場の開発（元文四〔一七三九〕年 柏市 後藤家文書）…………24
　　<表>享保改革期における流作場開発政策と村落（大石学『享保改革の地域政策』より作成）……………………………………27
　6　牧士役と名主役（元禄十三〔一七〇〇〕年 山武町 並木家文書）……………………28
　　<表>並木家由緒（享和3年「由諸書」（並木家文書C-29）により作成）…………31

　7　払い下げられた野馬の急死（安政五〔一八五八〕年 富里市 藤崎牧士史料館文書）………32
　　<表>小金牧・佐倉牧（概略）（久留島浩編『シリーズ近世の身分的周縁5 支配をささえる人々』より作成）…………………33
　　<表>文久二年 佐倉牧（四牧方）における御払野馬代金一覧（掲載史料138により作成）……………………………………34
　　<表>野馬捕図（川島亥良氏蔵／千葉県文書館提供）…………………………………35
　8　鎌をとりあげる（寛文十一〔一六六一〕年 東金市 福俵区有文書）………………………36
　　<表>小間子野西半裁許絵図の読みとり図（福俵区有文書C92により作成）………39
　9　江戸での金銭トラブルを取り持つ平山家（宝永五〔一七〇八〕年 干潟町 平山家文書）…40
　　<表>江戸の商人たちの間に入って関係を取り持った平山家 ………………42
　　<写>平山家旧家屋（大正末年～昭和初年撮影）（平山家蔵）…………………43
　10　地主の土地所持と小作人（天保四・九〔一八三三・一八三八〕年 干潟町 平山家文書）…44
　　<写>現在の干潟八万石の田園風景C……47
　11　村を故郷とする大名（宝暦七〔一七五七〕年 八日市場市 江波戸家文書）…………48
　　<表>本多氏と江波戸家の略系図（掲載史料202より作成）………………………50
　　<写>三社権現C ………………………51
　12　臨時の上納に抵抗する百姓たち（明治九〔一八七二〕年 八日市場市 江波戸家文書）…52
　　<表>旗本高力氏の知行所分布図 ………54
　13　流れついたのは鯨の骨（延享四〔一七四七〕年 八日市場市 江波戸家文書）…………56
　　<表>奉納鯨絵馬（寄鯨）（銚子市川口神社蔵／県立安房博物館提供）……………59
　14　旧臣の由諸を求めて（元禄十二〔一六九九〕年 伊能忠敬記念館所蔵伊能家文書）……60
　　<表>明治初年国分氏旧臣由縁家筋の分布……………………………………63
　15　在町上層民の学文志向（享保六〔一七二一〕年 伊能忠敬記念館所蔵伊能家文書）……64
　　<表>表1 「千代古見知」の構成 …………67
　　<表>表2 「続千代古見知」の構成 ………67
　16　家督の心得を託して（寛政五〔一七九三〕年 佐原市 清宮家文書）…………………68
　　<写>伊能忠敬による堅寧の命名書………71
　17　旗本津田氏の財政改革（天保十三〔一八四二〕年 佐原市 清宮家文書）………………72
　　<表>津田氏の借財総額の推移（掲載史料260により作成）………………………75
　　<表>津田氏借財の借入先（天保12年）（掲載史料260により作成）…………………75

千葉県の歴史 資料編 近世5（下総1）

18 「出世」の予感（天保十二（一八四一）年 本埜村 海老原家文書）………… 76
〈写〉「福聚院の三十三番くじ」「成田山の三十三番くじ」（本埜村・海老原家文書）… 79
19 豪農経営と出入商人（文政十二（一八二九）年 本埜村 海老原家文書）………… 80
〈写〉海老原家に伝存する川船鑑札……… 83
20 真言宗の中本寺と周辺地域（慶応二（一八六六）年 酒々井町 東光寺文書）………… 84
〈写〉大般若経の転読（東光寺住職酒井照法氏）……………………………………… 86
21 片葉の葦と筒粥神事（寛政四（一七九二）年 干潟町 熊野神社文書）………… 88
〈写〉字君ケ谷の池の旧地………………… 90
〈写〉現在の休見熊野神社（山田町）…… 91

第2部 資料編
凡例
第1章 利根川と江戸川 …………………… 1
第1節 幕府の治水工事 ………………… 3
1 大名手伝普請 ……………………… 3
　1 安永十年二月 関東川々御普請小屋場日記（国文学研究資料館史料館所蔵常陸国土浦土屋家文書）………… 3
　2 文化十年二月 中野久木村川除堤御普請金請取証文（野田市櫻木神社所蔵文書）………………………… 12
　3 文化十年二月 中野久木村川除堤御普請残金請取証文（野田市櫻木神社所蔵文書）………………………… 13
　4 文化十年三月 中野久木村川除堤御普請金請取証文（野田市櫻木神社所蔵文書）………………………… 13
　5 寛保二年～天保十二年 臨時川々御普請金高書抜（東京大学史料編纂所蔵文書）………………………… 14
2 国役普請 …………………………… 18
　6 天明三年十二月 下利根川通信原村川除国役普請出来形帳（下総町飯嶋治通氏所蔵文書）………………… 18
　7 天保十年十一月 関東筋川々国役普請金請取証文（下総町飯嶋治通氏所蔵文書）………………………… 22
　8 天保十一年十一月 関東筋川々国役普請金上納につき証文（下総町飯嶋治通氏所蔵文書）………………… 23
　9 天保十二年十一月 関東筋川々国役普請金請取証文（下総町飯嶋治通氏所蔵文書）………………………… 24
　10 天保十四年十一月 関東筋川々国役普請金請取証文（下総町飯嶋治通氏所蔵文書）………………………… 25
　11 天保十五年十一月 関東筋川々国役普請金上納につき証文（下総町飯嶋治通氏所蔵文書）………………… 26
　12 天保十五年十一月 関東筋川々国役普請金請取証文（下総町飯嶋治通氏所蔵文書）………………………… 27
　13 弘化二年十一月 関東筋川々国役普請金請取証文（下総町飯嶋治通氏所蔵文書）………………………… 28
　14 嘉永二年十一月 関東筋川々国役普請金請取証文（下総町飯嶋治通氏所蔵文書）………………………… 29
　15 文久元年十一月 関東筋川々国役普請金請取証文（下総町飯嶋治通氏所蔵文書）………………………… 30
第2節 流域の治水問題 ……………… 31
1 水行直し政策 ……………………… 31
　16 天保元年～天保二年 下利根川通・霞ケ浦・北浦水行直し請書写（佐原市清宮家文書）……………… 31
2 小貝川と鬼怒川をめぐる治水 …… 47
　17 享保二十年九月 鬼怒・小貝川再合流につき目吹村ほか十五か村願書（茨城県守谷市椎名家文書）……………… 47
　18 元文元年十一月 鬼怒・小貝川締切場取払につき岡堰用水組合願書（茨城県守谷市椎名家文書）…………… 48
　19 元文二年二月 鬼怒・小貝川締切場取払につき坂手村ほか七か村願書（茨城県守谷市椎名家文書）…………… 49
　20 元文二年三月 鬼怒・小貝川締切場取払につき坂手村ほか七か村願書（茨城県守谷市椎名家文書）…………… 51
　21 元文二年 鬼怒・小貝川締切場取払につき坂手村ほか三か村願書（茨城県守谷市椎名家文書）………………… 52
　22 宝暦三年十二月 鬼怒川通御普請仕来りお尋ねにつき申上書（茨城県守谷市椎名家文書）………………… 55
3 江戸川今上落の新規掘り替え …… 57
　23 寛政四年五月 今上落新規掘り替えにつき中野久木村ほか二か村口書（野田市櫻木神社所蔵文書）…………… 57
　24 寛政四年七月 今上落新規掘り替えにつき中野久木村ほか村願書（野田市櫻木神社所蔵文書）………………… 60
　25 寛政五年十一月 今上落新規掘り替えにつき下花輪村ほか七か村議定書（野田市櫻木神社所蔵文書）………… 65
第3節 流域の用悪水問題 …………… 68
1 関宿用悪水路の普請 ……………… 68

26　安永四年四月　中里村・木間ケ瀬村新規悪水堀一件につき訴状控（野田市岩本家文書）…………………………… 68
27　文政七年八月　中里村新田地内新規悪水堀普請につき木間ケ瀬村願書（野田市岩本家文書）………… 73
28　文政十二年四月　中利根川通木間ケ瀬村堤川除普請出来形帳（野田市岩本家文書）…………………………… 75
29　嘉永三年四月　木間ケ瀬村・中里村悪水堀割仕立入用帳（野田市岩本家文書）……………………………………… 81
2　三門用水の利用と村々 ……………… 83
30　正保二年四月　三門用水番水につき定（銚子市滑川家文書）………… 83
［＊六ケ村用水］
31　明暦二年六月　三門村・芦崎村用水一件につき芦崎村返答書（銚子市石毛家文書）…………………………………… 84
32　延宝五年四月　三門用水一件につき芦崎村ほか五か村訴状（銚子市石毛家文書）……………………………………… 85
33　延宝六年二月　白石鵜沢新田用水一件につき芦崎村ほか二か村訴状（銚子市石毛家文書）……………………… 86
34　元禄十一年四月　芦崎村堰扶持米などにつき願書（銚子市石毛家文書）… 86
35　元禄十一年五月　小船木村ほか三か村川欠場普請につき願書（銚子市石毛家文書）…………………………………… 87
36　宝永七年四月　三門用水丸筒樋直しにつき高田村・野尻村証文（銚子市石毛家文書）……………………………… 88
37　享保六年八月　三門用水堰普請土取場につき一札（銚子市石毛家文書）…… 89
38　享保六年八月　三門用水堰普請土取場につき一札（銚子市石毛家文書）…… 90
39　享保六年八月　三門用水堰普請土取場につき一札（銚子市滑川家文書）…… 90
40　元文三年三月　三門用水堰普請土取場売渡につき一札（銚子市滑川家文書）……………………………………………… 91
41　宝暦五年十一月　三門用水堰普請費一件につき取り替わし一札（銚子市滑川家文書）…………………………… 92
42　宝暦六年正月　三門用水堰普請入用覚（銚子市滑川家文書）………… 93
43　宝暦六年八月　三門用水堰普請金下付につき野尻村願書（銚子市滑川家文書）……………………………………… 96
44　宝暦十四年三月　三門用水堰普請につき三門村請負証文（銚子市滑川家文書）……………………………………… 97

45　宝暦十四年四月　三門用水堰普請金につき三門村請取証文（銚子市滑川家文書）……………………………………… 99
46　宝暦十四年五月　三門用水堰普請金下付先例につき野尻村申上書（銚子市滑川家文書）………………………… 99
47　明和六年八月　三門用水水番給米下付につき野尻村願書（銚子市滑川家文書）…………………………………………101
48　明和七年六月　三門用水番給米下付につき野尻村願書（銚子市滑川家文書）…………………………………………103
49　明和七年七月　三門用水堰普請褒美金請取証文（銚子市滑川家文書）……104
50　明和八年二月　耳きり沢古溜井修復につき野尻村ほか二か村一札（銚子市滑川家文書）…………………………104
51　明和八年六月　芦崎村どぶ払用水につき連判一札（銚子市石毛家文書）…105
52　明和八年十月　芦崎村越石分年貢引方につき辺田村願書（銚子市石毛家文書）…………………………………………108
53　安永八年六月　野尻村ほか二か村用水溜井海老猟一件につき一札（銚子市滑川家文書）…………………………109
54　天明元年六月　三門村・岡野台村境川堰普請につき野尻村願書（銚子市滑川家文書）……………………………110
55　寛政四年八月　三門用水堰普請金下付につき芦崎村願書（銚子市石毛家文書）…………………………………………111
56　寛政十年四月　三門用水堰普請金下付につき野尻村願書（銚子市滑川家文書）…………………………………………111
57　文化五年十二月　三門用水水車取立一件につき芦崎村ほか四か村規定書（銚子市滑川家文書）………………112
58　文化五年十二月　三門用水水車取立一件につき三門村一札（銚子市滑川家文書）……………………………………114
59　文化六年三月　三門用水水車取立一件につき内済証文（銚子市滑川家文書）…………………………………………114
60　文化六年三月　三門用水水車取立一件内済につき議定書（銚子市滑川家文書）…………………………………………116
61　文化六年三月　三門用水水車取立一件内済につき議定書（銚子市滑川家文書）…………………………………………117
62　文化六年三月　三門用水水車代金請取証文（銚子市滑川家文書）………118
63　文化七年三月　三門用水堰普請入用書上帳（銚子市石毛家文書）………118

千葉県の歴史 資料編 近世5（下総1）

　　64　文化十二年八月 三門用水堰普請土
　　　　取場につき取り決め一札（銚子市滑川
　　　　家文書）……………………………120
　　65　文化十三年五月 三門用水堰普請入
　　　　用割合につき野尻村覚書（銚子市滑川
　　　　家文書）……………………………120
　　66　文久二年四月 三門用水堰普請金下
　　　　付につき野尻村願書（銚子市滑川家文
　　　　書）…………………………………122
　　67　文久三年五月 三門用水堰普請金下
　　　　付につき野尻村願書（銚子市滑川家文
　　　　書）…………………………………123
　　68　慶応三年二月 三門用水堰普請金下
　　　　付につき野尻村願書（銚子市滑川家文
　　　　書）…………………………………123
　第4節　流作場の開発……………………125
　1　島境をめぐる争論……………………125
　　69　元禄八年七月 布施村・花野井村島
　　　　境出入につき花野井村訴状（柏市吉田
　　　　家文書）……………………………125
　　　　［＊入会谷地］
　　70　元禄八年七月 布施村・花野井村島
　　　　境出入につき花野井村訴状（柏市吉田
　　　　家文書）……………………………126
　　71　元禄八年八月 布施村・花野井村島
　　　　境出入につき布施村訴状（柏市後藤家
　　　　文書）………………………………127
　　72　元禄八年十二月 布施村・花野井村
　　　　島境出入につき扱い証文（柏市吉田家
　　　　文書）………………………………129
　　73　元禄八年十二月 布施村・花野井村
　　　　島境出入につき扱い証文（柏市後藤家
　　　　文書）………………………………129
　2　谷地の開発をめぐる問題……………130
　　74　明暦二年閏四月 船戸村ほか三か村
　　　　と高野村境論につき裁許絵図裏書写
　　　　（柏市吉田家文書）………………130
　　　　［＊根通谷地］
　　75　宝永二年七月 谷地新田開発半分請
　　　　負につき船戸村ほか三か村願書（柏
　　　　市豊島家文書）……………………131
　　76　宝永六年四月 船戸村ほか三か村御
　　　　立野一件強訴につき名主組頭口書
　　　　（柏市後藤家文書）………………133
　　77　宝永六年四月 船戸村ほか三か村御
　　　　立野一件強訴につき一札（柏市後藤家
　　　　文書）………………………………133
　　78　宝永六年四月 御立野一件強訴不参
　　　　加につき布施村褒状（柏市後藤家文
　　　　書）…………………………………135
　　　　［＊用益権］
　　79　享保三年十二月 谷地開発一件につ
　　　　き大室村願書（柏市後藤家文書）……135

　　80　享保三年十二月 御立野萱場運上金
　　　　につき青山村願書（柏市後藤家文
　　　　書）…………………………………136
　　81　享保三年～享保四年 谷地開発につ
　　　　き布施村諸書付写（柏市後藤家文
　　　　書）…………………………………137
　　82　享保五年九月 前島新田地普請につ
　　　　き布施村請負証文（柏市後藤家文
　　　　書）…………………………………142
　3　享保～元文期の新田開発……………146
　　83　享保十三年十二月 利根川通五か村
　　　　新田開発一件につき入用覚書（柏市後
　　　　藤家文書）…………………………146
　　84　元文三年八月 利根川通流作場村請
　　　　願につき箱訴惣代頼み証文（柏市後藤
　　　　家文書）……………………………149
　　85　元文三年八月 利根川通流作場開発
　　　　一件につき南縁十二か村願書（柏市吉
　　　　田家文書）…………………………150
　　86　元文四年二月 下利根川通流作場開
　　　　発につき布施村ほか三か村願書
　　　　（柏市後藤家文書）………………156
　　87　元文四年六月 下利根川通流作場開
　　　　発につき布施村請証文（柏市後藤家
　　　　文書）………………………………157
　　88　元文五年七月 加ار流作場出入につ
　　　　き済口証文（柏市後藤家文書）……158
　　89　元文五年九月 下利根川通流作場開
　　　　発につき布施村請書（柏市後藤家文
　　　　書）…………………………………160
　　90　元文六年二月 下利根川通流作場開
　　　　発につき布施村願書（柏市後藤家
　　　　文書）………………………………160
　　91　元文六年三月 下利根川通流作場悪
　　　　水落堀打直しにつき布施村願書（柏
　　　　市後藤家文書）……………………161
第2章　佐倉七牧と小金五牧……………163
　第1節　野馬奉行の牧管理………………165
　　92　享保十年正月～二月 野馬奉行御用
　　　　日記留帳（千葉県文書館所蔵綿貫家文
　　　　書）…………………………………165
　　93　安政三年四月 小金五牧野馬捕賄人
　　　　足書上帳（千葉県文書館所蔵綿貫家文
　　　　書）…………………………………167
　　94　天保九年～慶応三年 佐倉四牧御払
　　　　馬代請取通帳（千葉県文書館所蔵綿貫
　　　　家文書）……………………………172
　　　　［＊牧士］
　第2節　佐倉藩預り牧の牧士と牧管
　　　　理……………………………………175
　　95　元禄十二年六月 布田村名主跡役に
　　　　つき願書（山武町並木家文書）……175

406　県史誌内容総覧・資料編1：近世―関東

千葉県の歴史 資料編 近世5（下総1）

96 元禄十三年八月 布田村牧士・名主跡役一件につき訴状（山武町並木家文書）……176
97 享保八年二月 佐倉三牧方野馬捕人足などにつき触書写（山武町並木家文書）……178
98 寛政十二年六月 柳沢牧御用宿賄村につき規定一札（山武町並木家文書）……179
99 慶応元年十月 堀田相模守拝領野馬請取証文（千葉県文書館所蔵綿貫家文書）……181
100 巳七月 並木桃太郎牧士見習につき申達（山武町並木家文書）……182
101 未五月 柳沢牧内にて狼打留につき褒賞金下付状（山武町並木家文書）……182
102 未九月 並木五郎右衛門牧士役出精につき申達（山武町並木家文書）……183

第3節 野馬の払下と村々 ……184
103 文化八年十二月 佐倉御払野馬代金上納日延につき一札（藤崎牧士史料館所蔵文書）……184
104 文化十四年十一月 矢作牧御払野馬請証文（藤崎牧士史料館所蔵文書）……184
105 文政二年四月 野馬捕時期につき矢作牧付村々願書（藤崎牧士史料館所蔵文書）……185
106 文政三年二月 高野牧御払野馬買請証文（藤崎牧士史料館所蔵文書）……185
107 文政三年三月 矢作牧野馬病死につき一札（藤崎牧士史料館所蔵文書）……186
108 文政三年八月 矢作牧野馬追出しにつき請書（藤崎牧士史料館所蔵文書）……186
109 文政四年三月 矢作牧野馬立場雑木伐出しにつき願書（藤崎牧士史料館所蔵文書）……187
110 文政九年九月 小間子牧御払野馬買請証文（藤崎牧士史料館所蔵文書）……187
111 文政九年九月 小間子牧御払野馬買請証文（藤崎牧士史料館所蔵文書）……188
112 文政九年九月 高野牧御払野馬買請証文（藤崎牧士史料館所蔵文書）……189
113 文政九年十一月 佐倉御払野馬代金借用証文（藤崎牧士史料館所蔵文書）……189
114 文政九年十一月 佐倉御払野馬代金借用証文（藤崎牧士史料館所蔵文書）……190

115 文政九年十一月 佐倉御払野馬代金借用証文（藤崎牧士史料館所蔵文書）……190
116 文政十年八月 小間子牧御払野馬買請証文（藤崎牧士史料館所蔵文書）……191
117 文政十年八月 柳沢牧御払野馬買請証文（藤崎牧士史料館所蔵文書）……191
118 文政十年九月 取香牧御払野馬買請証文（藤崎牧士史料館所蔵文書）……192
119 文政十年十二月 佐倉御払野馬代金借用証文（藤崎牧士史料館所蔵文書）……192
120 文政十年 取香牧御払野馬買請証文（藤崎牧士史料館所蔵文書）……193
121 文政十一年八月 矢作牧御払野馬買請証文（藤崎牧士史料館所蔵文書）……193
122 文政十一年八月 小間子牧御払野馬買請証文（藤崎牧士史料館所蔵文書）……194
123 文政十一年八月 柳沢牧御払野馬買請証文（藤崎牧士史料館所蔵文書）……194
124 文政十一年十一月 高野牧御払野馬買請証文（藤崎牧士史料館所蔵文書）……195
125 文政十一年十一月 取香牧御払野馬買請証文（藤崎牧士史料館所蔵文書）……195
126 文政十一年十二月 佐倉御払野馬代金借用証文（藤崎牧士史料館所蔵文書）……196
127 文政十一年 小間子牧御払野馬買請証文（藤崎牧士史料館所蔵文書）……197
128 文政十二年八月 矢作牧御払野馬買請証文（藤崎牧士史料館所蔵文書）……197
129 文政十二年八月 高野牧御払野馬買請証文（藤崎牧士史料館所蔵文書）……198
130 文政十二年九月 柳沢牧御払野馬買請証文（藤崎牧士史料館所蔵文書）……198
131 文政十二年九月 小間子牧御払野馬買請証文（藤崎牧士史料館所蔵文書）……198
132 文政十二年九月 小間子牧御払野馬買請証文（藤崎牧士史料館所蔵文書）……199
133 天保三年七月 油田牧捕馬御用宿賄一件につき訴状（下総町飯嶋治通氏所蔵文書）……200

県史誌内容総覧・資料編 1: 近世—関東 **407**

千葉県の歴史 資料編 近世5（下総1）

134　天保十年九月　油田牧御払野馬買請代金借用証文（藤崎牧士史料館所蔵文書）……………………………202
135　天保十二年七月〜天保十三年三月　大豆谷村馬代金滞り掛合一件控帳（藤崎牧士史料館所蔵文書）……203
136　嘉永三年九月　御林買請炭焼代金不法出入につき木原村百姓訴状（藤崎牧士史料館所蔵文書）…………210
137　安政五年十一月　小間子牧御払野馬病死につき代金御免願（藤崎牧士史料館所蔵文書）………………211
138　文久二年九月　佐倉御払野馬代金控帳（藤崎牧士史料館所蔵文書）……212
139　文久四年二月　矢作牧捕込普請丁場割図（藤崎牧士史料館所蔵文書）……218
140　元治元年九月　佐倉御払野馬代金控帳（藤崎牧士史料館所蔵文書）……219
141　慶応元年十月　佐倉御払野馬代金控帳（藤崎牧士史料館所蔵文書）……225
142　慶応三年十一月　佐倉御払野馬代金控帳（藤崎牧士史料館所蔵文書）…233

第4節　小間子牧と入会権……………………243
143　元禄十六年七月　小間子野秣入会一件につき訴状（東金市鈴木家文書）………………………………243
144　宝永二年三月　小間子野秣場入会一件につき裁許状（東京都荒川区高家文書）……………………………244
145　宝永二年三月　小間子野秣場入会馬数につき東金領村々へ申渡覚書（東金市鈴木家文書）………………245
146　享保七年正月　山田村野馬役などにつき申上覚書（東金市鈴木家文書）………………………………245
147　享保七年正月　上泉村野馬役などにつき申上覚書（東金市福俵区有文書）………………………………246
148　享保八年三月　東金領村々秣場入会につき願書（東京都荒川区高家文書）……………………………248
149　享保八年六月　小間子野争論入用割覚帳（東金市福俵区有文書）…249
150　享保十四年四月　小間子野草札永銭請取証文（東金市田中区有文書）…252
151　享保十七年三月　小間子野草札永銭請取証文（東金市田中区有文書）…252
152　延享三年二月　小間子野秣刈取につき一札（東金市福俵区有文書）……253
153　天明四年四月　小金・佐倉馬払下時押印改につき廻状（東金市田中区有文書）………………………………254

第5節　小間子牧の開発………………255

1　寛文期の開発……………………255
154　亥八月　小間子野論につき福俵村ほか二か村口上書（東金市福俵区有文書）……………………………255
155　寛文十一年八月　小間子野銭徴収・上納につき上・下泉村証文写（東金市福俵区有文書）………………255
156　寛文十一年十月　小間子野争論につき福俵村ほか六か村訴状（東金市福俵区有文書）……………………256
157　寛文十一年十一月　小間子野争論につき中野村訴状写（東金市福俵区有文書）……………………………258
158　寛文十二年正月　小間子野公事万覚帳（東金市福俵区有文書）……259
　　　［*内済絵図］
159　寛文十三年九月　小間子野争論につき福俵村ほか三か村口上書（東金市福俵区有文書）…………………265
2　享保期の開発……………………266
160　享保七年三月　小間子野草札永銭請取証文（東金市福俵区有文書）…266
161　享保八年二月　小間子野開発につき東金町ほか二か村新林請負願書（東金市福俵区有文書）…………266
162　享保八年二月　外小間子野開発につき福俵村ほか六か村新林請負願書（東金市福俵区有文書）……………267
163　享保八年四月　小間子野開発につき福俵村ほか六か村江戸出訴日記（東金市福俵区有文書）…………268
164　享保八年四月　外小間子野開発につき上・下泉村ほか七か村反対願書（東金市福俵区有文書）…………271
165　享保八年四月　外小間子野開発につき上・下泉村詫証文（東金市福俵区有文書）……………………………272
166　享保八年四月　外小間子野開発につき福俵村ほか四か村願書（東金市福俵区有文書）……………………272
167　享保十九年七月　村高内新畑開発につき福俵村願書（東金市福俵区有文書）…………………………274
3　慶応期の開発……………………275
168　慶応二年十二月　牧開発につき牧士ら歎願書（藤崎牧士史料館所蔵文書）………………………………275

第3章　豪農商と地域社会……………277
第1節　鏑木村平山家………………279
1　商業・金融……………………279
169　元禄四年正月　算法に関する覚書（干潟町平山家文書）……………279
　　　［*開平法］

千葉県の歴史 資料編 近世5（下総1）

170　元禄四年十月　岩井村清拾郎酒代金借用証文（干潟町平山家文書）……281
171　元禄六年十一月　桐谷村次兵衛酒代金借用証文（干潟町平山家文書）……282
172　宝永五年二月　さくら屋勘兵衛借金・買掛につき一札（干潟町平山家文書）……282
173　宝永五年二月　さくら屋勘兵衛借金・買掛につき証文（干潟町平山家文書）……283
174　正徳三年十二月　浜方不漁につき平松浜惣重郎ら借金証文（干潟町平山家文書）……283
　　［＊網主］
175　正徳四年十二月　行内村市郎兵衛ほか三名船・諸道具売渡証文（干潟町平山家文書）……284
176　正徳四年十二月　平松浜仁兵衛借金証文（干潟町平山家文書）……284
177　正徳四年十二月　平松村孫兵衛借金証文（干潟町平山家文書）……285
178　十二月　行内村新四郎借金証文（干潟町平山家文書）……285
179　享保十四年五月　東小笹村武兵衛地引網諸道具借用証文（干潟町平山家文書）……286
180　享保十七年　東小笹村武兵衛地引網諸道具借用証文（干潟町平山家文書）……287
181　文政七年正月　土浦町小右衛門酒造代金借用につき一札（干潟町平山家文書）……287
182　文政十二年六月　平山忠兵衛酒代金支払につき定文（干潟町平山家文書）……288
183　天保六年八月　平山忠兵衛土浦出店譲渡証文（干潟町平山家文書）……288
184　天保六年八月　平山忠兵衛土浦出店譲請証文（干潟町平山家文書）……289
185　天保八年十二月　江戸深川平山屋忠兵衛土浦店閉店につき一札（干潟町平山家文書）……291
186　天保十年六月　土浦出店酒代金皆済につき佐原村宮崎五兵衛一札（干潟町平山家文書）……292
187　天保十年六月　土浦平山店酒代金皆済につき佐原村宮崎五兵衛一札（干潟町平山家文書）……292
188　天保十二年閏正月　土浦町江戸崎屋吉五郎酒代金借用証文（干潟町平山家文書）……293
189　天保十五年八月　井野村甚兵衛酒造稼高譲渡証文（干潟町平山家文書）……293
190　亥七月　酒造奉公人請状（干潟町平山家文書）……294
191　四月　伊丹・灘酒造の儀につき杉本新左衛門書状（干潟町平山家文書）……294
2　地主経営……295
192　明和六年十二月　武左衛門分家につき田畑附米・徳米・借用元金等書上（干潟町平山家文書）……295
　　［＊小作米］
193　文政十年正月　平山家所持田畑異動覚書（干潟町平山家文書）……297
194　天保三年十二月　小作料減免につき地主一同議定一札（干潟町平山家文書）……303
　　［＊一割宥捨］
3　消費生活……304
195　明治二年　平山家消費支出記録（抄録）（干潟町平山家文書）……304
4　地主と小作人……332
196　寛政十三年正月　万力村百姓小作米滞りにつき訴状（干潟町平山家文書）……332
197　天保三年十二月　小作地につき地主一同議定書（干潟町平山家文書）……336
198　天保四年二月　連印小作証文（干潟町平山家文書）……336
　　［＊惣地主衆中］
199　天保九年二月　質流地請戻しにつき一札（干潟町平山家文書）……341
200　安政六年八月　万力村土地改め一件吟味下げ願書（干潟町平山家文書）……341
　　［＊相名主］
201　安政七年　万力村平均取一件控（干潟町平山家文書）……342
　　［＊年貢割付体］

第2節　東小笹村江波戸家……362
1　家の由緒と慈眼寺……362
202　年未詳　江波戸家万覚記（八日市場市江波戸家文書）……362
203　宝暦七年十一月　慈眼寺金銭出入帳（八日市場市江波戸家文書）……397
2　旗本高力氏と御助米一件……402
204　明和九年正月　京・江戸月々入用金書上帳（八日市場市江波戸家文書）……402
　　［＊月並入用金］

県史誌内容総覧・資料編1：近世―関東　409

205　明和九年正月　京・江戸家中給金
　　　書上帳（八日市場市江波戸家文書）……406
　　　［＊勝手賄］
206　明和九年十一月　御助米上納につ
　　　き七か村願書（八日市場市江波戸家文
　　　書）……………………………………413
207　安永五年　御助米上納につき一件
　　　留書（八日市場市江波戸家文書）……417
208　安永元年十二月　御助米上納につ
　　　き慈眼寺・門徒詫一札（八日市場市江
　　　波戸家文書）…………………………424
209　安永二年　御助米上納につき訴訟
　　　中日記（八日市場市江波戸家文書）……426
210　安永五年八月　東小笹村方出入
　　　一件留書（八日市場市江波戸家文
　　　書）……………………………………432
211　安永七年二月　東小笹村方出入
　　　一件留書（八日市場市江波戸家文
　　　書）……………………………………438
　3　東小笹村の諸相…………………………440
212　享和二年　東小笹村明細帳（八日市
　　　場市江波戸家文書）…………………440
213　天保九年四月　東小笹村明細帳
　　　（八日市場市江波戸家文書）…………447
214　嘉永五年七月　網株・釜株につき
　　　地頭役所申渡（八日市場市江波戸家文
　　　書）……………………………………451
215　延享三年〜　東小笹村御用留（抄
　　　録）（八日市場市江波戸家文書）……452
　　　［＊捉飼場］
216　享保十年七月　辺田村茶屋町取立
　　　につき議定書（八日市場市江波戸家文
　　　書）……………………………………475
第3節　佐原村伊能家……………………477
　1　家と由緒………………………………477
217　元禄十二年十月　国分旧臣由緒問
　　　い合せにつき依頼状写（伊能忠敬記念
　　　館所蔵伊能家文書）…………………477
　　　［＊苗字帯刀］
218　年未詳　伊能一族合議講掟書写（国
　　　立歴史民俗博物館所蔵伊能家文書）……478
219　文久元年九月　伊能三郎右衛門家
　　　相続につき請書（国立歴史民俗博物館
　　　所蔵伊能家文書）……………………480
　2　経営の動向……………………………481
220　享保二年〜享保三年　造酒勘定目
　　　録（伊能忠敬記念館所蔵伊能家文書）……481
221　享保十一年十二月　酒造仲間取り
　　　替わし証文（伊能忠敬記念館所蔵伊能家
　　　文書）…………………………………482
222　元文三年八月　酒造につき店卸勘
　　　定帳（伊能忠敬記念館所蔵伊能家文
　　　書）……………………………………483

223　延享元年七月　江戸出店店卸帳
　　　（伊能忠敬記念館所蔵伊能家文書）……484
224　享和二年四月　酒造手当米郷蔵預
　　　手形（伊能忠敬記念館所蔵伊能家文
　　　書）……………………………………486
225　文化十三年十一月　新市場村入作
　　　米議定証文（伊能忠敬記念館所蔵伊能家
　　　文書）…………………………………486
226　文化十四年六月　酒造諸道具書上
　　　控（伊能忠敬記念館所蔵伊能家文書）……487
227　文政三年十月　酒蔵ならびに酒造
　　　諸道具一式借用証文（伊能忠敬記念館
　　　所蔵伊能家文書）……………………489
228　天保九年正月　作徳米滞納につき
　　　訴状（伊能忠敬記念館所蔵伊能家文
　　　書）……………………………………490
　3　村役人の力量…………………………492
229　明暦元年八月　新島領入会議定取
　　　り替わし証文（伊能忠敬記念館所蔵伊
　　　能家文書）……………………………492
　　　［＊年寄］
230　万治四年三月　隠田禁止につき佐
　　　原村ほか四か村取り決め証文（伊能忠
　　　敬記念館所蔵伊能家文書）…………492
　　　［＊所払い］
231　天保九年六月　塩商い冥加金徴収
　　　一件留書（佐原市清宮家文書）………493
　4　生活と文化……………………………497
232　天和三年六月　佐原村浜宿天王宮
　　　地寄進状写（佐原市清宮家文書）……497
233　元禄十一年六月　佐原村牛頭天王
　　　社地寄進証文写（佐原市清宮家文
　　　書）……………………………………497
234　元禄十五年　伊能景利日帳（埼玉県
　　　朝霞市伊能家文書）…………………497
235　享保六年八月　伊能家年中定書
　　　（伊能忠敬記念館所蔵伊能家文書）……538
236　享保六年九月　伊能景利随想「病
　　　家寂莫」（伊能忠敬記念館所蔵伊能家文
　　　書）……………………………………546
237　享保九年八月　伊能景利病中なら
　　　びに死去の節定書（伊能忠敬記念館所
　　　蔵伊能家文書）………………………559
第4節　佐原村清宮家……………………564
　1　家と由緒………………………………564
238　宝暦九年七月　清宮庭堅命名所見
　　　書（佐原市清宮家文書）………………564
239　安永六年六月　清宮家始祖系図
　　　（佐原市清宮家文書）…………………564
240　寛政八年六月　伊能忠敬選定清宮
　　　堅寧命名書（佐原市清宮家文書）……565
241　弘化二年十二月　清宮秀堅筆家
　　　譜（佐原市清宮家文書）………………565

410　県史誌内容総覧・資料編 1：近世―関東

千葉県の歴史 資料編 近世5（下総1）

242　万延元年五月　清宮氏関係古文書
　　　写(佐原市清宮家文書)……………587
243　年未詳　親類縁者書上名前帳(佐原
　　　市清宮家文書)…………………590
2　家督相続………………………………592
244　享保六年十二月　跡式後見につき
　　　口上書(佐原市清宮家文書)………592
245　享保八年十二月　後見交代につき
　　　取り決め一札(佐原市清宮家文書)…593
246　寛政五年正月　家督につき遺言書
　　　(佐原市清宮家文書)………………593
3　経営の動向……………………………596
248　元禄三年三月　家屋敷売渡証文
　　　(佐原市清宮家文書)………………596
249　享保五年三月　所持田畑書上覚帳
　　　(佐原市清宮家文書)………………596
250　享保十五年〜宝暦三年　店卸帳
　　　(佐原市清宮家文書)………………598
251　天保十五年正月　大河氏借用金用
　　　立先控帳(佐原市清宮家文書)………626
4　旗本の勝手賄…………………………628
252　天保六年七月　佐原村下宿組名主
　　　役任命書(佐原市清宮家文書)………628
253　天保八年十二月　名主役御免・一
　　　代限り苗字御免達書(佐原市清宮家文
　　　書)………………………………629
254　天保十三年五月　給人格申付達書
　　　(佐原市清宮家文書)………………629
255　天保十三年正月　家中切米・給金
　　　書上帳(佐原市清宮家文書)…………629
　　　［＊御借上げ］
256　天保十二年八月　知行所収納高平
　　　均見積書(佐原市清宮家文書)………641
257　天保十三年　地頭所支出金減額分
　　　取調帳(佐原市清宮家文書)…………642
258　天保十三年　地頭所改革仕法帳
　　　(佐原市清宮家文書)………………646
259　天保十三年正月　地頭所月々入用
　　　金上帳(佐原市清宮家文書)…………648
260　弘化三年十二月　地頭所借財五か
　　　年取調帳(佐原市清宮家文書)………650
261　弘化三年　賄年限切替につき改革
　　　仕法確認書(佐原市清宮家文書)……652
第5節　竜腹寺村海老原家………………654
1　海老原文庫の世界……………………654
262　嘉永元年正月　書物改・貸付改覚
　　　帳(抄録)(本埜村海老原家文書)……654
　　　［＊月番制］
263　七月　書籍目録・代金につき書状
　　　(本埜村海老原家文書)……………663
264　十月　淀藩家中名前帳送付依頼に
　　　つき口上書(本埜村海老原家文書)…664
2　家と経営………………………………665

265　文久二年九月　旧縁取り替わし一
　　　札(本埜村海老原家文書)…………665
266　年未詳　海老原長彦家督明細書・
　　　立身始末書(本埜村海老原家文書)…666
267　天保十二年十二月　海老原長彦身
　　　分吉兆につき末代子孫中へ申送書
　　　(本埜村海老原家文書)……………671
268　明治　海老原右平身分吉兆につき
　　　末代子孫中へ申送書(本埜村海老原家
　　　文書)………………………………672
269　弘化二年二月　縁起遺品につき覚
　　　書(本埜村海老原家文書)…………673
270　未五月　隠居賄料取り決め覚書
　　　(本埜村海老原家文書)……………673
271　弘化四年八月　海老原長彦遺産譲
　　　状(本埜村海老原家文書)…………674
272　安政三年十月　海老原長彦遺産譲
　　　渡日延書(本埜村海老原家文書)……674
273　文政十年四月　田安様定雇船譲受
　　　証文(本埜村海老原家文書)…………675
274　文政十年四月　田安様定雇船一件
　　　取り扱いにつき一札(本埜村海老原家
　　　文書)………………………………676
275　文政十年六月　田安様定雇船一件
　　　取り扱いにつき願書(本埜村海老原家
　　　文書)………………………………676
276　文政十二年十一月　笠神村善左衛
　　　門商売方取り決め覚書(本埜村海老原
　　　家文書)……………………………678
277　天保六年八月　船賃為替国貨奉公
　　　金弁済請書(本埜村海老原家文書)…679
278　八月　親類中へ勘当願につき書状
　　　(本埜村海老原家文書)……………680
279　弘化三年七月　源清田村字田村町
　　　歩出作地一件につき訴状(本埜村海老
　　　原家文書)…………………………682
　　　［＊地守小作;賄小作］
280　年未詳　源清田村字田村町歩出作
　　　地一件内済規定下書(本埜村海老原家
　　　文書)………………………………685
281　天保六年七月　竜腹寺村文左衛門
　　　質地証文ならびに添書(本埜村海老原
　　　家文書)……………………………686
282　天保十三年四月　小林村又兵衛小
　　　作証文(本埜村海老原家文書)………688
283　天保十三年四月　小林村忠兵衛地
　　　守賄証文(本埜村海老原家文書)……688
284　天保十年二月　越石小作賄証文
　　　(本埜村海老原家文書)……………689
285　明治七年三月　地守世話方につき
　　　更正案申合(印西市宮島家文書)……689

県史誌内容総覧・資料編1: 近世—関東　　411

286 明治七年正月 中之口新田地守世話方進退一件につき請書(印西市宮島家文書)················690
287 年未詳 地守世話方職制(印西市宮島家文書)·······················691
3 職務と役職··················692
288 文政九年十二月 竜腹寺村名主並合役威一件につき願書(本埜村海老原家文書)····················692
289 文政十年四月 竜腹寺村名主並合役威一件につき議定書(本埜村海老原家文書)····················693
290 文政十一年十月 竜腹寺村加役元につき伺書(本埜村海老原家文書)·······················695
291 年未詳 竜腹寺村村役人進退一件手続書(本埜村海老原家文書)····696
292 天保十四年二月 竜腹寺村年中名主勤役案内記(本埜村海老原家文書)····················706
[＊加役元]
293 安政元年十一月 大森村郷宿御救金拝借願書·········733
294 年未詳 中根村一件につき願書(本埜村海老原家文書)·······735
295 嘉永元年 荒워村御用捨金一件につき心得書(本埜村海老原家文書)····736
296 嘉永六年九月 荒村御用捨米一件につき請書(本埜村海老原家文書)····················738
297 明治三年正月 淀藩民政変革箇条につき請書(本埜村海老原家文書)·······739
298 四月 村方商いにつき覚書(本埜村海老原家文書)·······740
299 閏三月 鉄砲修復相談につき書状(本埜村海老原家文書)·······740
300 十月 山方人足の儀につき代官書状(本埜村海老原家文書)········741
301 五月 異国船につき武装資金借用依頼状(本埜村海老原家文書)····741
302 二月 関東取締出役乗馬・刀借り上げにつき書状(本埜村海老原家文書)····················742
303 文政十年十二月 御用金につき米引当金借用証文(本埜村海老原家文書)·······743
304 十一月 調達金につき書状(本埜村海老原家文書)··············744
305 安政四年十二月 淀藩勝手方賄仕法につき議定書(本埜村海老原家文書)·······745
306 五月 調達用申立方につき書状(本埜村海老原家文書)········746

307 文政十年正月 竹袋村有合年貢滞り一件議定書(本埜村海老原家文書)····················747
308 八月 調達金相談につき書状(本埜村海老原家文書)·······748
309 年未詳 御用金千両調達につき書状(本埜村海老原家文書)·······749
310 午十二月 御用金千両調達につき口上書下書(本埜村海老原家文書)····750
311 七月 入用米調達につき御用状(本埜村海老原家文書)··············753

第4章 寺社と周辺社会··················755
第1節 酒々井村東光寺···············757
312 明和三年 佐倉五箇寺一件留書(上)(酒々井町東光寺文書)·········757
[＊報恩講]
313 明和三年 佐倉五箇寺一件留書(下)(酒々井町東光寺文書)·········762
314 明和三年十二月 佐倉五箇寺一件につき和談一札(酒々井町東光寺文書)·······767
315 明和四年二月 談林格願につき公津村東勝寺一件(酒々井町東光寺文書)·······768
316 文化五年四月 報恩講不繁盛につき東光寺所化中願書(酒々井町東光寺文書)·······769
317 文政八年正月 東光寺佐倉城本丸にて大般若執行覚(酒々井町東光寺文書)·······770
318 慶応二年正月 東光寺および門末檀中日記帳(酒々井町東光寺文書)····773
319 文政九年八月〜文政十一年八月東光寺公私留(酒々井町東光寺文書)················785
[＊宗門改;高野聖]

第2節 飯沼村円福寺···············793
320 元和二年〜宝暦九年 円福寺本堂建立勧化帳・寄進録ならびに雑記(銚子市円福寺文書)·········793
321 正徳六年正月 笠上新田権現にて神楽執行につき新生村主計一札(銚子市圓福寺文書)·········813
322 元文三年九月 飯沼観音前屋敷返却につき地主後家一札(銚子市圓福寺文書)···813

第3節 柴崎村海上八幡宮···············815
1 神職・寺院の支配··················815
323 延享三年六月 祭礼務め方につき遍照院詫証文(銚子市海上八幡宮文書)·······815

412 県史誌内容総覧・資料編 1: 近世—関東

千葉県の歴史 資料編 近世5（下総1）

　　324　寛延三年七月　遍照院住職就任に
　　　　つき配当帳請取証文（銚子市海上八幡
　　　　宮文書）……………………………815
　　325　寛延四年十月　神道伝授につき東
　　　　庄神職ら誓文（銚子市海上八幡宮文
　　　　書）…………………………………816
　　326　宝暦十年八月　神職帰職につき差
　　　　上一札（銚子市海上八幡宮文書）……816
　　327　明和八年六月　神事務め方不埒に
　　　　つき遍照院留守居詫証文（銚子市海上
　　　　八幡宮文書）………………………817
　　328　文化三年十一月　注連下神職務め
　　　　につき引受一札（銚子市海上八幡宮
　　　　文書）………………………………818
　　329　天保五年二月　阿弥陀堂香番ほか
　　　　勤め方等閑につき六供中詫証文（銚
　　　　子市海上八幡宮文書）……………818
　　330　天保七年二月　漆行諸入用割付に
　　　　つき六供中差上一札（銚子市海上八
　　　　幡宮文書）…………………………818
　　2　民衆の信仰………………………………819
　　331　天明二年正月　永代神楽修行につ
　　　　き奉納金証文（銚子市海上八幡宮文
　　　　書）…………………………………819
　　332　天明五年正月　八幡宮石灯籠油代
　　　　奉納証文（銚子市海上八幡宮文書）…820
　　333　寛政七年三月　神領百姓取立につ
　　　　き引受一札（銚子市海上八幡宮文
　　　　書）…………………………………820
　　334　文化十一年　八幡宮神幸還御道筋
　　　　につき神主代伺書（銚子市海上八幡宮
　　　　文書）………………………………820
　　　　　［＊奉行所］
　　335　天保五年六月　八幡宮神輿力綱掛
　　　　替料寄付につき一札（銚子市海上八幡
　　　　宮文書）……………………………822
　　336　天保九年九月　家内安全・子孫長
　　　　久奉納金願文（銚子市海上八幡宮文
　　　　書）…………………………………823
　　337　嘉永六年二月　心願につき角力奉
　　　　納願文（銚子市海上八幡宮文書）……823
　　338　六月　神幸の節乗馬にて通行につ
　　　　き書状（銚子市海上八幡宮文書）……824
　　3　神仏分離をめぐる諸問題………………824
　　339　慶応四年八月・明治五年八月　海
　　　　上八幡宮由緒書ならびに郷社決定始
　　　　末書（銚子市海上八幡宮文書）………824
　　340　慶応四年九月　社僧列免除願書
　　　　（銚子市海上八幡宮文書）……………827
　　341　明治元年十二月　猿田大神・海上
　　　　八幡宮神主分につき届書（銚子市海
　　　　上八幡宮文書）……………………827

　　342　明治元年十二月　配当田免帳紛失
　　　　につき届書（銚子市海上八幡宮文
　　　　書）…………………………………828
　　343　明治元年十二月　返上配当地分当
　　　　年物成請取書（銚子市海上八幡宮文
　　　　書）…………………………………829
　　344　明治二年三月　鹿島郡内神職取立
　　　　につき伺書（銚子市海上八幡宮文
　　　　書）…………………………………829
　　345　明治二年三月　境内仏堂取払につ
　　　　き届書（銚子市海上八幡宮文書）……830
　　346　明治二年四月　海上郡神職中文武
　　　　講場出願一件始末書（銚子市海上八
　　　　幡宮文書）…………………………830
　　347　明治二年九月　新規神職取立成就
　　　　につき矢田部村役人連印一札（銚子市
　　　　海上八幡宮文書）…………………831
　第4節　松沢村熊野大権現………………833
　　1　神幸祭の様相……………………………833
　　348　享保十九年八月　三川浜へ神幸に
　　　　つき廻状（干潟町熊野神社文書）……833
　　349　文政十三年六月　神幸日記（干潟町
　　　　熊野神社文書）……………………834
　　350　天保二年十月　三川浦神幸供奉順
　　　　番につき氏子村々議定書（干潟町熊野
　　　　神社文書）…………………………840
　　351　慶応三年八月　神幸執行につき届
　　　　書（干潟町熊野神社文書）……………841
　　352　年未詳　神幸行列および調物覚書
　　　　（干潟町熊野神社文書）………………842
　　353　明治四年八月　神幸神輿昇人数ほ
　　　　か改正につき議定書（干潟町熊野神社
　　　　文書）………………………………843
　　2　さまざまな信仰…………………………845
　　354　延享三年三月　宇井・牛袋両家復
　　　　縁につき進達状（干潟町熊野神社文
　　　　書）…………………………………845
　　355　宝暦十二年十一月　熊野権現御供
　　　　免田奉納につき取り替わし一札（干
　　　　潟町熊野神社文書）………………846
　　356　安永七年二月　社殿修補のため御
　　　　府内富突興行願書（干潟町熊野神社文
　　　　書）…………………………………846
　　357　寛政四年十月　休見熊野権現筒粥
　　　　神事由緒につき差上一札（干潟町熊野
　　　　神社文書）…………………………847
　　358　申正月　的張祭事執行につき府馬
　　　　村修徳院書状（干潟町熊野神社文
　　　　書）…………………………………847
　　359　六月　蝗解除・五穀豊饒祈祷修行
　　　　満願につき神主廻状（干潟町熊野神社
　　　　文書）………………………………848

県史誌内容総覧・資料編 1: 近世—関東　413

千葉県の歴史 資料編 近世5（下総1）

　　360　八月　麻疹無事安全祈祷修行につき神主廻状（干潟町熊野神社文書）‥‥848
　　361　年未詳　疱瘡神体勧請願書（干潟町熊野神社文書）‥‥‥‥‥‥‥‥‥‥850
　　362　元禄十三年八月　府馬村雨祈り覚書（干潟町熊野神社文書）‥‥‥‥‥850
　　363　午六月　雨乞祈祷修行満ран につき神主廻状（干潟町熊野神社文書）‥‥‥850
第5節　布施村布施弁天‥‥‥‥‥‥‥852
　1　社の由緒‥‥‥‥‥‥‥‥‥‥‥852
　　364　延宝二年～元禄十六年　布施弁天開基・年代記（柏市後藤家文書）‥‥852
　　365　延宝二年～元禄十六年　布施弁天書物目録（柏市後藤家文書）‥‥‥857
　　366　延宝二年～宝暦二年　布施弁天諸建立絵図面引合帳（柏市後藤家文書）‥‥‥‥‥‥‥‥‥‥‥‥‥‥‥‥858
　　367　正徳元年十月　布施村下鳥草入金寄進につき村役人願書（柏市後藤家文書）‥‥‥‥‥‥‥‥‥‥‥‥‥‥‥860
　　368　文化六年正月　布施弁天信心につき古人・後藤両家取り替わし証文（柏市後藤家文書）‥‥‥‥‥‥‥861
　　369　文化六年七月　布施弁天由緒証文（柏市後藤家文書）‥‥‥‥‥‥‥‥862
　　370　文化十四年　布施弁天修造講覚書（柏市後藤家文書）‥‥‥‥‥‥‥‥863
　　　［＊桜山金］
　　371　文政三年七月　布施弁天書物持ち伝えにつき遺言状（柏市後藤家文書）‥‥‥‥‥‥‥‥‥‥‥‥‥‥‥‥864
　2　巡行開帳と居開帳‥‥‥‥‥‥‥865
　　372　安永三年十二月　常陸・下総巡行開帳記録（抄録）（柏市後藤家文書）‥865
　　373　文化元年～文化二年　布施弁天居開帳記録（抄録）（柏市後藤家文書）‥872

資料解説‥‥‥‥‥‥‥‥‥‥‥‥‥‥885
　はじめに‥‥‥‥‥‥‥‥‥‥‥‥‥887
　　＜表＞表　下総国・村数一覧（『関東甲豆郷帳』、『千葉県の地名』（平凡社）より作成）‥‥‥‥‥‥‥‥‥‥‥‥‥‥888
　第1章　利根川と江戸川‥‥‥‥‥‥892
　　第1節　幕府の治水工事‥‥‥‥‥892
　　第2節　流域の治水問題‥‥‥‥‥895
　　第3節　流域の用悪水問題‥‥‥‥897
　　第4節　流作場の開発‥‥‥‥‥‥899
　第2章　佐倉七牧と小金五牧‥‥‥‥902
　　＜表＞表　牧での生育馬数・捕込所在地（『下総国旧事考』より作成）‥‥‥‥902
　　第1節　有馬奉行の牧管理‥‥‥‥903
　　第2節　佐倉藩預り牧の牧士と牧管理‥‥903
　　第3節　野馬の払下と村々‥‥‥‥904

　　第4節　小間子牧と入会権‥‥‥‥906
　　第5節　小間子牧の開発‥‥‥‥‥907
　第3章　豪農商と地域社会‥‥‥‥‥908
　　第1節　鏑木村平山家‥‥‥‥‥‥908
　　第2節　東小笹村江波戸家‥‥‥‥913
　　　＜表＞表　高力氏知行所一覧（『旧高旧領取調帳　関東編』より作成）‥‥‥917
　　第3節　佐原村伊能家‥‥‥‥‥‥919
　　第4節　佐原村清宮家‥‥‥‥‥‥925
　　第5節　竜腹寺村海老原家‥‥‥‥929
　第4章　寺社と周辺社会‥‥‥‥‥‥933
　　第1節　酒々井村東光寺‥‥‥‥‥933
　　　＜表＞表　元治元年東光寺末寺・門徒表（東光寺文書B1‐98より作成）‥‥934
　　第2節　飯沼村円福寺‥‥‥‥‥‥936
　　　＜写＞掲載史料320‥‥‥‥‥‥937
　　第3節　柴崎村海上八幡宮‥‥‥‥937
　　第4節　松沢村熊野大権現‥‥‥‥939
　　第5節　布施村布施弁天‥‥‥‥‥940

あとがき（近世史部会　後藤雅知）
千葉県史編さん関係者名簿　平成15年12月現在
　千葉県県史編さん委員会
　　宇野俊一（城西国際大学教授；会長）
　　川村優（千葉県郷土史研究連絡協議会会長；委員）
　　渡邉晨（元千葉県総務部文書課長；委員）
　　西垣晴次（群馬大学名誉教授；委員）
　　千原光雄（元千葉県立中央博物館長；委員）
　　大野正男（東洋大学名誉教授；委員）
　　松崎泰子（淑徳大学教授；委員）
　　梅村恵子（川村学園女子大学教授；委員）
　　土屋秀雄（千葉日報社代表取締役会長；委員）
　　小川洋雄（千葉県議会議会史編さん委員会委員長；委員）
　　伊前勲（千葉県議会総合企画総務主任委員会議長；委員）
　　渡貫博孝（佐倉市長；委員）
　　遠藤一郎（富浦町長；委員）
　　宮地正人（国立歴史民俗博物館長；委員）
　　飯田洋（千葉県総務部長；委員）
　　清水新次（千葉県教育委員会教育長；委員）
　　遠藤眞澄（千葉県立中央図書館長；委員）
　千葉県県史編さん委員会幹事会
　事務局
　県史編さん近世史部会
　（財）千葉県史料研究財団

千葉県の歴史 資料編 近世6（下総2）

```
千葉県の歴史 資料編 近世6
         （下総2）
   財団法人千葉県史料研究財団
         編集
     平成17年3月25日
```

＜下総国に関わる史料の一部を収録＞
　＜口絵＞大倉村・丁字村・津宮村地境海境争論裁許絵図（延宝6〔1678〕年）［カラー］国立歴史民俗博物館所蔵伊能家文書
　＜口絵＞野尻村絵図（文久元〔1861〕年）［カラー］銚子市滑川家文書
　＜口絵＞滑川家屋敷図［カラー］銚子市滑川家文書
　＜口絵＞下総国香取郡佐原村分見絵図［カラー］千葉県立大利根博物館蔵

序（千葉県知事 堂本暁子）
発刊にあたって（千葉県史歴史系代表者 宇野俊一）
第1部　本書を理解するために
　はじめに ……………………………………… 4
　　＜表＞下総国交通路図 ……………………… 5
　　＜表＞総州関宿城図（国立国会図書館蔵）… 6
　　＜写＞大正期諏訪神社祭礼での仲宿の山車（佐原市清宮家所蔵/佐原市教育委員会提供） ……………………………………… 7
　1　醤油・粕味噌製品の販売独占（天保五〔一八三四〕年 銚子市 ヤマサ醤油株式会社文書）… 8
　　＜表＞天保5年段階銚子組造醤油屋仲間（掲載史料392より作成） ………………… 11
　2　川伝いに発展する醤油醸造業（慶応二〔一八六六〕年 東庄町 多田家文書） ………… 12
　　＜写＞関東造醤油家番付 文久元（1861）年（三井文庫蔵） ………………………… 15
　3　新規酒造税に対する抵抗（享和三〔一八〇三〕年 流山市 堀切家文書） …………… 16
　　＜表＞流山村酒造人一覧（掲載史料471より作成） ………………………………… 19
　4　天保飢饉時における酒相場情報（天保四〔一八三三〕年 下総町立歴史民俗資料館所蔵青柳家文書） ……………………………… 20
　　＜表＞儀兵衛からもたらされた酒相場情報 ……………………………………… 23
　5　九十九里浜北部の網方組合（安永五〔一七七六〕年 東京海洋大学羽原文庫） ……… 24

　　＜表＞下総国匝瑳郡網方組合村々 ………… 26
　　＜表＞地引網張り廻しの図（「房総水産図誌」国文学研究資料館蔵） ……………… 27
　6　利根川下流域の漁業と村々（享保八〔一七二三〕年 伊能忠敬記念館所蔵 伊能家文書）… 28
　　＜表＞関係する村々の位置（「千葉県管内実測全図」より作成、一部省略した。）…… 31
　7　水鳥の販売規制と商売人（明和八〔一七七一〕年 茨城県守谷市 椎名家文書） ……… 32
　　＜写＞布瀬村香取鳥見神社石碑（沼南町） ……………………………………… 35
　8　水海道に残された一枚の送り状から（年未詳 県立関宿城博物館所蔵 五木田家文書）… 36
　　＜表＞水海道から江戸まで ……………… 38
　　＜写＞江戸瀬戸物町の鰹節問屋「にんべん」（株式会社にんべん提供） ……………… 39
　　＜写＞「江戸買物独案内」より（三井文庫蔵） ……………………………………… 39
　9　関宿城下の町方騒動（寛政元〔一七八九〕年 野田市 横田家文書） ………………… 40
　　＜表＞関宿城下の構造 …………………… 43
　10　台頭する在方茶商人（年未詳 野田市 横田家文書） ………………………………… 44
　　＜表＞沓掛村茶製造図（茨城県猿島町沓掛香取神社所蔵/県立関宿城博物館提供）… 47
　11　東国三社への参詣客をめぐって（文政十三〔一八三〇〕年 柏市 後藤家文書）……… 48
　　＜表＞『利根川図志』に描かれた木下の茶船（本埜村・海老原家文書） …………… 51
　12　布施河岸の荷宿（文化七〔一八一〇〕年 柏市 後藤家文書） ……………………… 52
　　＜表＞天明五〔一七八五〕年布施河岸宿担当荷物（柏市後藤家文書564より作成）… 55
　13　佐原河岸の「河岸問屋」（明和三〔一七六六〕年 伊能忠敬記念館所蔵 伊能家文書）… 56
　　＜表＞寛政五年における江戸～佐原間輸送に従事する船の船主（奈良屋文書2・3・1「寛政五年下り荷物積船控」より作成）… 59
　14　佐原の市場争論（寛保二〔一七四二〕年 伊能忠敬記念館所蔵 伊能家文書） ……… 60
　　＜表＞佐原村概念図 ……………………… 63
　15　利根川舟運がもたらした祭り（享和二〔一八〇二〕年 伊能忠敬記念館所蔵 伊能家文書）… 64
　　＜写＞現在の浜宿の山車。飾り物は鹿島神宮の祭神「武甕槌命」（佐原市教育委員会提供） ……………………………………… 67
　16　利根川下流域からの年貢米輸送（貞享三〔一六八六〕年 銚子市 滑川家文書）……… 68
　　＜表＞野尻河岸より津出ししていた村々（滑川家文書より作成） ………………… 71
　17　流通の結節点としての利根川下流河岸（安政六〔一八五九〕年 旭市 鈴木家文書）… 72
　　＜表＞三河屋の商圏 ……………………… 75

県史誌内容総覧・資料編1: 近世―関東　　415

18　民間学者の研究活動（嘉永元（一八四八）年　静嘉堂文庫所蔵文書）……………… 76
　＜表＞色川三中と清宮秀堅の相互問い合わせの内容（抄録）……………… 79
19　『香取四家集』の出版（年未詳　佐原市　清宮家文書）……………… 80
　＜写＞『香取四家集』（本埜村・海老原家文書）……………… 82
　＜写＞神山魚貫・伊能穎則師弟の短冊（千潟町・平山家文書）……………… 83
20　『成田名所図会』の著者は誰か（安政六（一八五九）年　佐原市　清宮家文書）……… 84
　＜写＞清宮秀堅の校正（佐原市・清宮家文書）……………… 87

第2部　資料編
凡例
第5章　醸造業の展開 ……………… 1
第1節　醤油の生産と流通 ……………… 3
374　宝暦三年～天保元年　銚子造醤油仲間冥加金につき控書留（銚子ヤマサ醤油株式会社文書）……………… 3
375　天明三年四月～天明七年五月　銚子造醤油仲間冥加減免願（銚子市ヤマサ醤油株式会社文書）………9
376　寛政三年七月　醤油小樽高値につき銚子造醤油仲間議定書（銚子市ヤマサ醤油株式会社文書）……… 17
377　寛政五年　江戸明樽値下願書下書（銚子市ヤマサ醤油株式会社文書）…… 18
378　文化四年八月　銚子造醤油仲間新規加入取り決め書（銚子市ヤマサ醤油株式会社文書）……………… 20
379　文化八年～文化十四年　江戸積醤油につき銚子造醤油仲間掛合日記（銚子市ヤマサ醤油株式会社文書）…… 21
　［＊鑑書］
380　文化十三年六月　銚子造醤油仲間冥加金請負方請書（銚子市ヤマサ醤油株式会社文書）……………… 38
381　文政七年三月　江戸積醤油につき江戸地廻造醤油仲間七組掛合方書付（銚子市ヤマサ醤油株式会社文書）……… 40
382　文政七年四月　醤油一割値上につき江戸地廻造醤油仲間八組議定書（銚子市ヤマサ醤油株式会社文書）…… 44
383　文政七年九月　醤油一割値上につき江戸醤油問屋連印議定書（銚子市ヤマサ醤油株式会社文書）……46
384　文政八年十一月　蔵方奉公人給金値上要求につき銚子造醤油仲間申渡（銚子市ヤマサ醤油株式会社文書）……… 49
　［＊杜氏］

385　文政九年　江戸積醤油につき古老よりの聞取記録（銚子市ヤマサ醤油株式会社文書）……………… 50
　［＊仕切り］
386　文政九年　江戸地廻造醤油仲間鹿島講九組発端覚書（銚子市ヤマサ醤油株式会社文書）……………… 57
387　文政十年十月　江戸地廻造醤油仲間鹿島講六組規定書（銚子市ヤマサ醤油株式会社文書）……………… 58
388　文政十年十月　類印荷物の取扱につき江戸醤油問屋議定書（銚子市ヤマサ醤油株式会社文書）……………… 60
389　天保五年正月　荒野村治佐衛門他領醤油荷物引受につき取調願（銚子市ヤマサ醤油株式会社文書）……………… 61
390　天保五年正月　他領醤油荷物引受につき銚子造醤油仲間議定書（銚子市ヤマサ醤油株式会社文書）……………… 62
391　天保五年二月　荒野村治佐衛門他領醤油荷物引受につき取締願（銚子市ヤマサ醤油株式会社文書）……………… 63
392　天保五年二月　醤油・醤油粕荷物引受につき銚子荷問屋議定書（銚子市ヤマサ醤油株式会社文書）……………… 64
393　天保五年二月　荒野村治左衛門他領醤油荷物引受につき詫状（銚子市ヤマサ醤油株式会社文書）…………… 67
394　天保五年二月　荒野村治左衛門他領醤油荷物船積につき詫状（銚子市ヤマサ醤油株式会社文書）…………… 67
395　天保五年五月　銚子造醤油仲間新規加入につき取り決め書（銚子市ヤマサ醤油株式会社文書）……………… 68
396　天保七年七月　醤油荷物家別仕切につき江戸醤油問屋請書（銚子市ヤマサ醤油株式会社文書）……………… 70
　［＊家別］
397　天保七年八月　醤油荷物家別仕切につき銚子造醤油仲間規定書（銚子市ヤマサ醤油株式会社文書）……………… 71
398　天保八年十一月・天保九年正月　冥加金減額につき銚子造醤油仲間願書および請書（銚子市ヤマサ醤油株式会社文書）……………… 73
399　天保十一年十月　醤油荷物家別仕切につき銚子造醤油仲間議定書（銚子市ヤマサ醤油株式会社文書）………… 76
400　天保十一年十一月　醤油荷物家別仕切につき銚子造醤油仲間再議定書（銚子市ヤマサ醤油株式会社文書）…… 79

千葉県の歴史 資料編 近世6（下総2）

401　弘化四年四月 銚子領分内にて他領醤油販売につき一札(銚子市ヤマサ醤油株式会社文書) ……………… 81
402　弘化四年四月 銚子造醤油仲間新規加入につき一札(銚子市ヤマサ醤油株式会社文書) ……………… 81
403　文久元年六月 醤油値段につき江戸地廻醤油問屋願書(銚子市ヤマサ醤油株式会社文書) ……………… 82
404　文久元年六月 江戸地廻醤油元付値段取調書(銚子市ヤマサ醤油株式会社文書) ……………… 83
405　文久三年正月 銚子造醤油屋出入桶賃銀値上につき一札(銚子市ヤマサ醤油株式会社文書) ……………… 91
406　年未詳 銚子造醤油屋蔵働人給金値上願につき申渡(銚子市ヤマサ醤油株式会社文書) ……………… 91
407　年未詳 銚子造醤油屋蔵働人給金値上につき一札(銚子市ヤマサ醤油株式会社文書) ……………… 92
408　寅四月 椎名内村石橋嘉左衛門醤油荷物積送り依頼状(銚子市滑川家文書) ……………… 93
409　寅五月 椎名内村石橋嘉左衛門醤油荷物積送りにつき書状(銚子市滑川家文書) ……………… 94
410　卯三月 網戸村外口与右衛門醤油荷物積送り依頼状(銚子市滑川家文書) ……………… 94
411　戌二月 網戸村外口与右衛門醤油荷物積送り依頼状(銚子市滑川家文書) ……………… 95
412　二月 川口村和泉屋甚右衛門醤油樽津出につき書状(銚子市滑川家文書) ……………… 95
413　三月 川口村和泉屋甚右衛門醤油樽津出につき書状(銚子市滑川家文書) ……………… 96
414　慶応二年九月 醤油積付願ならびに米・大麦相場につき藤丸正之助書状(東庄町多田家文書) ……………… 96
415　慶応二年十月 代金決済・醤油送荷につき藤丸正之助書状(東庄町多田家文書) ……………… 97
416　慶応二年十月 醤油風味ならびに瀉下につき藤丸正之助書状(東庄町多田家文書) ……………… 98
417　慶応二年十一月 醤油相場につき藤丸正之助書状(東庄町多田家文書) …… 98
418　子十二月 広屋吉右衛門金子受取書(東庄町多田家文書) ……………… 99

419　享保十一月正月 伊能茂左衛門家享保十年度店方勘定目録(国立歴史民俗博物館所蔵伊能家文書) ……………… 99
420　享保十一年正月 伊能茂左衛門家享保十年度醤油方勘定目録(国立歴史民俗博物館所蔵伊能家文書) ……………… 100
421　享保十一年正月 伊能茂左衛門家享保十年度内方勘定目録(国立歴史民俗博物館所蔵伊能家文書) ……………… 100
422　文政十二年七月 伊能茂左衛門へ醤油蔵販売渡につき証文(国立歴史民俗博物館所蔵伊能家文書) ……………… 101
423　文久二年 伊能茂左衛門家文久二年度勘定目録(国立歴史民俗博物館所蔵伊能家文書) ……………… 102
424　九月 醤油値段引上につき江戸廻醤油問屋書状(千潟町平山家文書) ……………… 109

第2節　酒と味醂の生産と流通 ………… 116
1　下り酒の移入 ………………………… 116
425　天保四年九月 酒相場などにつき天野儀兵衛書状(下総町立歴史民俗資料館所蔵青柳家文書) ……………… 116
426　天保四年九月 酒払底につき天野儀兵衛書状(下総町立歴史民俗資料館所蔵青柳家文書) ……………… 117
427　天保四年十月 酒相場などにつき天野儀兵衛書状(下総町立歴史民俗資料館所蔵青柳家文書) ……………… 118
428　天保四年十月 酒会所開始日程などにつき天野儀兵衛書状(下総町立歴史民俗資料館所蔵青柳家文書) ……… 118
429　天保四年十月 塚本屋卯兵衛差し遣わしにつき天野儀兵衛書状(下総町立歴史民俗資料館所蔵青柳家文書) ……… 119
430　天保四年十月 滑川村にて酒会所開始につき引札案文(下総町立歴史民俗資料館所蔵青柳家文書) ……… 119
431　天保四年十月 新酒積入などにつき天野儀兵衛書状(下総町立歴史民俗資料館所蔵青柳家文書) ……… 120
432　天保四年十月 酒会所にて酒売方につき天野儀兵衛書状(下総町立歴史民俗資料館所蔵青柳家文書) ……… 120
433　天保四年十月 新酒積入などにつき天野儀兵衛書状(下総町立歴史民俗資料館所蔵青柳家文書) ……… 120
434　天保四年十月 新酒積入などにつき天野儀兵衛書状(下総町立歴史民俗資料館所蔵青柳家文書) ……… 121
435　天保四年十月 酒払底などにつき天野儀兵衛書状(下総町立歴史民俗資料館所蔵青柳家文書) ……… 122

県史誌内容総覧・資料編 1: 近世―関東　417

436　天保四年十月　天野儀兵衛への届金につき受取書（下総町立歴史民俗資料館所蔵青柳家文書）……………123
437　天保四年十一月　天野儀兵衛の荷物につき受取書（下総町立歴史民俗資料館所蔵青柳家文書）……………123
438　天保四年十一月　酒相場高騰につき天野儀兵衛書状（下総町立歴史民俗資料館所蔵青柳家文書）……………123
439　天保四年十一月　酒相場高騰につき天野儀兵衛書状（下総町立歴史民俗資料館所蔵青柳家文書）……………124
440　天保四年十一月　地廻酒購入要請につき天野儀兵衛書状（下総町立歴史民俗資料館所蔵青柳家文書）………125
441　天保四年十一月　飯米積登せ願につき天野儀兵衛書状（下総町立歴史民俗資料館所蔵青柳家文書）……………125
442　天保四年十一月　酒相場高騰につき天野儀兵衛書状（下総町立歴史民俗資料館所蔵青柳家文書）……………126
443　天保四年十一月　酒味醂積下ろしにつき天野儀兵衛積附覚（下総町立歴史民俗資料館所蔵青柳家文書）………127
444　天保四年十一月　酒味醂積下ろしにつき天野儀兵衛積附覚（下総町立歴史民俗資料館所蔵青柳家文書）………127
445　天保四年十一月　広屋左衛門酒注文書（下総町立歴史民俗資料館所蔵青柳家文書）……………………128
446　天保四年十一月　送金催促などにつき天野儀兵衛書状（下総町立歴史民俗資料館所蔵青柳家文書）……………128
447　天保四年十一月　広屋武左衛門への酒送付見合わせにつき天野儀兵衛書状（下総町立歴史民俗資料館所蔵青柳家文書）……………………………129
448　天保四年十一月　酒積ろしにつき天野儀兵衛積附覚（下総町立歴史民俗資料館所蔵青柳家文書）……………130
449　天保四年十一月　酒積下ろしにつき天野儀兵衛積附覚（下総町立歴史民俗資料館所蔵青柳家文書）……………131
450　天保四年十二月　注文品積下ろしなどにつき天野儀兵衛書状（下総町立歴史民俗資料館所蔵青柳家文書）……131
451　天保四年十二月　酒味醂積下ろしにつき天野儀兵衛積附覚（下総町立歴史民俗資料館所蔵青柳家文書）………132
452　天保四年十二月　酒積下ろしにつき天野儀兵衛積附覚（下総町立歴史民俗資料館所蔵青柳家文書）……………133

453　天保四年　酒注文につき広屋武左衛門書状（下総町立歴史民俗資料館所蔵青柳家文書）……………………133
454　天保五年二月　江戸大火につき天野儀兵衛書状（下総町立歴史民俗資料館所蔵青柳家文書）……………134
455　天保五年二月　江戸大火につき天野儀兵衛書状（下総町立歴史民俗資料館所蔵青柳家文書）……………134
456　天保五年二月　入金催促などにつき天野儀兵衛書状（下総町立歴史民俗資料館所蔵青柳家文書）……………135
457　天保五年五月　酒相場高騰につき天野儀兵衛書状（下総町立歴史民俗資料館所蔵青柳家文書）……………136
458　天保五年五月　入金催促につき天野儀兵衛書状（下総町立歴史民俗資料館所蔵青柳家文書）……………137
2　酒造と幕府の統制……………………138
459　元禄八年八月　西足洗村長右衛門酒小売代金借用証文（干潟町平山家文書）……………………………138
460　明和期　鏑木村ほか酒造渡世人新規冥加永上納願（干潟町平山家文書）……………………………138
461　天明六年四月　酒小売商売につき府馬村善兵衛証文（干潟町平山家文書）……………………………139
462　文化十二年八月　穀物商売渡世の者平山家酒造米買請につき一札（干潟町平山家文書）……………140
463　文化十五年正月　上酒売渡につき鏑木村平山武左衛門酒代金請取状（干潟町平山家文書）……………140
464　文化十五年正月　上酒売渡につき鏑木村平山武左衛門酒預り状（干潟町平山家文書）……………………141
465　文政元年七月　鏑木村平山家酒造商売奉公人請状（干潟町平山家文書）……………………………141
466　文政八年三月　鏑木村平山家酒造奉公人心得違につき詫状（干潟町平山家文書）……………………142
467　天保七年十一月　鏑木村平山家造方皆休につき奉公人引取一札（干潟町平山家文書）……………143
468　天保七年十二月　鏑木村平山家酒造方皆休につき奉公人引取一札（干潟町平山家文書）……………143
469　元治元年十月　酒造奉公人酒盗取方お尋ねにつき鏑木村平山家返答書（干潟町平山家文書）……………143

千葉県の歴史 資料編 近世6（下総2）

470 明治元年十一月 鏑木村平山忠兵衛酒造仕込金借用証文（干潟町平山家文書）……145
471 享和三年正月〜十二月 流山村酒造十分一役米賦課一件記録（抄録）（流山市堀切家文書）……145
［＊酒造税］
472 享和三年十月〜文化三年十月 流山村酒造御用留（流山市堀切家文書）……153
473 天保八年七月 酒造四分一造許可につき流山村酒造人願書（流山市堀切家文書）……158
474 天保八年八月 酒造四分一造許可につき流山村酒造人再願書（流山市堀切家文書）……159
475 天保八年 酒造皆休につき流山村酒造人請書（流山市堀切家文書）……160
476 天保九年九月 流山村酒造人味醂仕込高書上（流山市堀切家文書）……162
477 天明七年十月 佐原村酒造元株改書（佐原市清宮家文書）……163
478 寛政六年五月 佐原村酒造仲間新規加入・引株につき返答書（佐原市清宮家文書）……166
479 天保十四年三月 酒造鑑札交付につき佐原村酒造人請書（佐原市清宮家文書）……168
［＊酒造稼］
480 天保十五年二月 無株にて醤油造渡世につき佐原村上宿組喜兵衛詫状（佐原市清宮家文書）……171
481 弘化四年十月 濁酒造込渡世につき佐原村浜宿組忠兵衛ほか四名詫状（佐原市清宮家文書）……172
482 嘉永三年十月 佐原村酒造行司組合帳（佐原市清宮家文書）……173
483 万延元年七月 酒造荷物江戸積付につき佐原村酒造人内済一札（佐原市清宮家文書）……174
484 万延元年十一月 江戸入津酒分量制限につき佐原村酒造人願書（佐原市清宮家文書）……175
485 十月 高田権現神酒株につき地頭所用人申渡（佐原市清宮家文書）……177
486 十一月 高田権現神酒株につき地頭所用人書状（佐原市清宮家文書）……177
487 十二月 高田権現神酒株につき地頭所用人書状（佐原市清宮家文書）……177
488 卯十二月 高田権現神酒株につき地頭所用人申渡（佐原市清宮家文書）……178

第6章 海と川の生業 ……179

第1節 東下総沿岸地域の漁業 ……181
489 寛文八年十月 小笹村船役受取証文（八日市場市江波戸家文書）……181
490 享保十年 飯岡村ほか三か村立網出入裁許請書（銚子市加瀬家文書）……181
491 寛保二年三月 東小笹村船役・塩釜役皆済証文（八日市場市江波戸家文書）……182
492 延享二年三月 行内村太郎兵衛屋敷地借地証文（飯岡町向後家文書）……183
493 宝暦六年四月 足川村岩井家鮫網船役金免除につき達書（旭市岩井家文書）……183
494 宝暦六年七月 足川村地引網・八手網網主・水主取り替わし一札（旭市岩井家文書）……184
495 宝暦七年九月 平松村忠蔵身上につき口上書（飯岡町向後家文書）……185
496 宝暦十年六月 足川村惣持地引網乗組水主取り決め覚書（旭市岩井家文書）……186
497 安永五年九月 地引網漁につき木戸村ほか十か浦役人・網主議定書（東京海洋大学附属図書館羽原文庫収蔵文書）……187
498 安永八年正月 干鰯場運上不納につき紀州漁民差上一札（銚子市加瀬家文書）……190
499 寛政十一年三月 地引網漁につき東小笹村ほか十か浦役人・網主議定書（東京海洋大学附属図書館羽原文庫収蔵文書）……190
500 寛政十二年八月 足川村重兵衛網乗組水主心得違につき一札（旭市岩井家文書）……193
501 文化二年七月 足川村市右衛門網乗組水主手金証文（旭市岩井家文書）……194
502 文化四年 尾垂村干鰯売附目録帳（祭魚洞文庫旧蔵水産史料伊藤家文書）……194
503 文化十一年二月 吉崎村地引網船士証文（東京海洋大学附属図書館羽原文庫収蔵文書）……197
504 文化十三年 足川村市右衛門網二十分一金上納覚帳（旭市岩井家文書）……198
505 文政六年十二月 地引網と八手網争論につき三川村ほか三か村差出一札（旭市岩井家文書）……201
506 天保二年二月 惣領村猪左衛門網頭役御免願書（祭魚洞文庫旧蔵水産史料伊藤家文書）……202

県史誌内容総覧・資料編 1：近世—関東　419

千葉県の歴史 資料編 近世6（下総2）

507　天保三年八月　行内村太郎兵衛納
　　屋借地証文（飯岡町向後家文書）……203
508　天保十年　木戸村・尾垂惣領村網
　　水主争論内済につき願書（祭魚洞文庫
　　旧蔵水産史料伊藤家文書）…………204
509　嘉永四年十月　出稼の水主取り戻
　　しにつき東小笹村網主願書（東京海洋
　　大学附属図書館羽原文庫収蔵文書）…206
510　嘉永五年八月　魚油生産につき東
　　小笹村釜主請書（八日市場市江波戸家
　　文書）………………………………207
511　嘉永五年八月　地引網乗合水主に
　　つき東小笹村水主惣代請書（八日市場
　　市江波戸家文書）…………………208
512　嘉永六年　足川村岩井家新造船諸
　　入用書上帳（旭市岩井家文書）……209
513　安政六年三月　木戸村ほか二か村
　　網水主争論内済につき願書（祭魚洞文
　　庫旧蔵水産史料伊藤家文書）………212
514　文久三年六月　吉崎村地引網方議
　　定書（東京海洋大学附属図書館羽原文庫
　　収蔵文書）…………………………216
515　文久四年四月　東小笹村八郎左衛
　　門へ油釜半株譲渡につき証文（八日市
　　場市江波戸家文書）………………218
516　寅五月　東小笹村地引網休業につ
　　き書付（八日市場市江波戸家文書）…218
第2節　川や沼での漁猟……………………219
1　利根川中・下流域での漁業と鳥猟…219
517　寛永十九年二月　佐原村網代役銭
　　受取証文（伊能忠敬記念館所蔵伊能家文
　　書）…………………………………219
518　正保四年九月　佐原村鳥売買中止
　　につき一札（伊能忠敬記念館所蔵伊能家
　　文書）………………………………219
519　正保四年九月　佐原村鳥売買中止
　　につき一札（伊能忠敬記念館所蔵伊能家
　　文書）………………………………219
520　慶安元年十二月　佐原村網代役銭
　　受取証文（伊能忠敬記念館所蔵伊能家文
　　書）…………………………………220
521　慶安五年三月　利根川境争論につ
　　き船戸村ほか三か村訴状（柏市豊嶋家
　　文書）………………………………220
522　承応元年十二月　佐原村網代役銭
　　受取証文（伊能忠敬記念館所蔵伊能家文
　　書）…………………………………223
523　明暦元年九月　利根川入会漁場争
　　論につき船戸村ほか三か村訴状（柏
　　市豊嶋家文書）……………………223
524　明暦元年十二月　佐原村網代役銭
　　受取証文（伊能忠敬記念館所蔵伊能家文
　　書）…………………………………224

525　万治元年閏十二月　佐原村網代役
　　銭受取証文（伊能忠敬記念館所蔵伊能家
　　文書）………………………………225
526　寛文元年十二月　佐原村網代役銭
　　受取証文（伊能忠敬記念館所蔵伊能家文
　　書）…………………………………225
527　寛文六年十一月　佐原村網代役銭
　　割付状（伊能忠敬記念館所蔵伊能家文
　　書）…………………………………225
528　寛文十年二月　佐原村・篠原村と
　　津宮村新洲入会争論裁許状（国立歴史
　　民俗博物館所蔵伊能家文書）………225
529　延宝六年三月　大倉村・丁子村・
　　津宮村地境海境争論裁許絵図（国立歴
　　史民俗博物館所蔵伊能家文書）………226
530　貞享二年九月　布施村上納鮭受取
　　証文（柏市後藤家文書）……………227
531　貞享二年十月　布施村上納鮭受取
　　証文（柏市後藤家文書）……………227
532　貞享二年十一月　布施村上納鮭受取
　　証文（柏市後藤家文書）……………227
　　＜表＞※掲載番号五二九裁許絵図（国
　　立歴史民俗博物館所蔵伊能家文
　　書）……………………………228〜229
533　元禄七年十月　川猟禁止につき布
　　施村役人連印証文（柏市後藤家文
　　書）…………………………………230
534　元禄八年三月　布施村川猟再開に
　　つき願書（柏市後藤家文書）………230
535　元禄十一年八月　花野井村上納鯉
　　鮭代金引下につき手形（柏市吉田家文
　　書）…………………………………231
536　正徳四年二月　津宮村前漁猟場に
　　つき佐原村・篠原村口書（伊能忠敬記
　　念館所蔵伊能家書）………………231
　　［＊運上川］
537　正徳五年三月　津宮村前漁猟場請
　　負争論につき佐原村・篠原村訴状
　　（伊能忠敬記念館所蔵伊能家文書）……233
538　正徳五年三月　津宮村前漁猟場請
　　負争論につき佐原村・篠原村訴状
　　（伊能忠敬記念館所蔵伊能家文書）……234
539　正徳五年八月　津宮村前漁猟場請
　　負争論につき裁許状（伊能忠敬記念館
　　所蔵伊能家文書）…………………236
540　正徳五年八月　網引場利用につき
　　津宮村ほか二か村取り替わし証文
　　（伊能忠敬記念館所蔵伊能家文書）……237
541　正徳五年八月　網引場利用につき
　　津宮村ほか二か村取り替わし証文
　　（伊能忠敬記念館所蔵伊能家文書）……238

420　県史誌内容総覧・資料編1：近世―関東

542　享保二年五月　御菜肴上納再開につき津宮村ほか二か村願書(伊能忠敬記念館所蔵伊能家文書)·················239
543　享保二年五月　問屋前金・川魚値段につき津宮村ほか二か村覚書(伊能忠敬記念館所蔵伊能家文書)·················240
544　享保二年五月　御菜肴上納再開につき津宮村ほか二か村願書(伊能忠敬記念館所蔵伊能家文書)·················241
545　享保七年七月　津宮村・篠原村・佐原村漁猟場所請負につき願書(伊能忠敬記念館所蔵伊能家文書)·················243
546　享保八年七月　新規地引網漁業につき津宮村ほか二か村願書(伊能忠敬記念館所蔵伊能家文書)·················244
547　享保九年十二月　鳥商売禁止につき布施村惣百姓一札(柏市後藤家文書)···245
548　享保十二年三月　大倉村前地引網漁につき津宮村ほか二か村口上書(伊能忠敬記念館所蔵伊能家文書)····246
549　享保十二年三月　大倉村前地引網漁につき津宮村ほか二か村訴状(伊能忠敬記念館所蔵伊能家文書)········247
550　享保十二年九月　大倉村前地引網漁につき大倉村ほか三か村願書(伊能忠敬記念館所蔵伊能家文書)········248
551　元文四年六月　新利根川付漁場請につき立木村ほか九か村願書(茨城県利根町吉濱家文書)·················250
552　寛延二年十月　扇島村と大倉村海境につき取り替わし証文(祭魚洞文庫旧水産史料香取郡関係文書)············250
553　宝暦十年　佐原村ほか二か村網代役増米永免除願書(伊能忠敬記念館所蔵伊能家文書)···251
554　明和七年九月　大倉村前川漁業につき津宮村ほか二か村願書(伊能忠敬記念館所蔵伊能家文書)·················253
555　明和八年九月　野木崎村水鳥商売開始につき一札(茨城県守谷市椎名家文書)···254
556　天明元年九月　川下新規漁猟場差止につき津宮村ほか二か村願書(伊能忠敬記念館所蔵伊能家文書)····255
557　文化五年八月　野木崎村百姓水鳥往来札受取につき一札(茨城県守谷市椎名家文書)·································256
558　文政三年八月　佐原村網代役米永御免願書ほか写書(伊能忠敬記念館所蔵伊能家文書)·····································257

559　文政六年九月　市和田浦藻草場請負につき一札(祭魚洞文庫旧蔵水産史料香取郡関係文書)·················260
560　文政六年九月　市和田浦藻草場引渡しにつき一札(祭魚洞文庫旧蔵水産史料香取郡関係文書)·················260
561　嘉永二年四月　打網引網藻草場上年季切替につき立木村ほか二か村願書(茨城県利根町吉濱家文書)·········261
2　手賀沼などでの漁業と鳥猟············262
562　元禄十五年・宝永元年・寛保三年　手賀沼漁猟草入会争論裁許状写(我孫子市高田家文書)·················262
563　文政四年正月　手賀沼鳥猟場運上金上納請負証文(我孫子市飯田家文書)···266
564　文政四年正月　中川鱧網代運上金上納請負証文(我孫子市飯田家文書)···267
565　文政四年正月　和田沼魚鳥猟場運上金上納請負証文(我孫子市飯田家文書)·································267
566　文政七年正月　手賀沼鳥猟場運上金上納請負証文(我孫子市飯田家文書)···268
567　文政七年正月　手賀沼鳥猟場運上金上納請負証文(我孫子市飯田家文書)···268
568　文政七年正月　和田沼魚鳥猟場運上金上納請負証文(我孫子市飯田家文書)·································269
569　天保五年九月　手賀沼魚鳥猟船無年貢鑑札受取につき一札(沼南町染谷家文書)···270
570　天保十年十二月　鳥渡し方につき布瀬村百姓議定書(我孫子市石井家文書)···270
571　天保十一年十月　布瀬村猟師網猟具受け戻し金借用証文(沼南町湯浅家文書)···271
572　安政二年九月　手賀沼麁朶巻漁一件につき留書(沼南町染谷家文書)···272
573　安政四年十二月　手賀沼鳥猟場運上金滞りにつき一札(我孫子市石井家文書)···281
574　慶応三年　手賀沼鳥猟場一か所貸し渡しにつき証文(我孫子市石井家文書)···282

第7章　利根川中流域の都市と河岸········283
第1節　水海道村·······························285
1　水海道村の諸相·······························285

千葉県の歴史 資料編 近世6（下総2）

575　享和三年閏正月　水海道村明細鏡（県立関宿城博物館所蔵五木田家文書）……………285
　［＊地行主］
576　天保二年四月　牛頭天王祭礼につき一札（県立関宿城博物館所蔵五木田家文書）……………292
577　安政四年六月　牛頭天王神輿仕立入用記録帳（県立関宿城博物館所蔵五木田家文書）……………295
578　巳三月　牛頭天王神輿につき廻状（県立関宿城博物館所蔵五木田家文書）……………302
2　水海道河岸と問屋……………303
579　年未詳　水海道河岸問屋諸用留（水海道市五木田家文書）……………303
　［＊愛宕大権現］
580　宝暦十年八月　新宿村宇兵衛高瀬船売渡証文（県立関宿城博物館所蔵五木田家文書）……………323
581　寛政四年閏二月　水海道村惣右衛門高瀬船極印証文（県立関宿城博物館所蔵五木田家文書）……………323
582　享和二年三月　水海道村惣右衛門高瀬船極印帳面書き替えにつき証文（県立関宿城博物館所蔵五木田家文書）……………324
583　文化十年三月　水海道村惣右衛門高瀬船極印切抜につき証文（県立関宿城博物館所蔵五木田家文書）……………324
584　文化十二年正月　五木田家川船上下勘定帳（県立関宿城博物館所蔵五木田家文書）……………325
　［＊城米］
585　天保二年　奥川筋船積問屋荷物運賃につき規定書（県立関宿城博物館所蔵五木田家文書）……………333
586　安政二年五月　通船心得方につき台町半左衛門一札（県立関宿城博物館所蔵五木田家文書）……………334
587　安政二年五月　登荷物につき河岸問屋仲間一札（県立関宿城博物館所蔵五木田家文書）……………335
588　巳正月　御用材積入につき新石下村孫兵衛廻状（県立関宿城博物館所蔵五木田家文書）……………335
　［＊船荷］
589　巳正月　御用材積入につき新石下村孫兵衛書状（県立関宿城博物館所蔵五木田家文書）……………337
590　巳正月　運賃蔵鋪につき船問屋仲間定書（県立関宿城博物館所蔵五木田家文書）……………337

591　亥正月　船仲間議定書（県立関宿城博物館所蔵五木田家文書）……………339
592　二月　御用材積入につき五木田宗右衛門廻状（県立関宿城博物館所蔵五木田家文書）……………339
593　閏四月　艀米入狂いにつき旗本小笠原氏家臣書状（県立関宿城博物館所蔵五木田家文書）……………340
594　八月　炭相場につき旗本小笠原氏家臣書状（県立関宿城博物館所蔵五木田家文書）……………340
595　八月　地頭所早米積送りにつき十花村山崎又市書状（県立関宿城博物館所蔵五木田家文書）……………341
596　九月　地頭所早米付出しにつき十花村山崎又市書状（県立関宿城博物館所蔵五木田家文書）……………342
597　子四月　加村河岸問屋水主賃ほか請取書（県立関宿城博物館所蔵五木田家文書）……………342
598　子四月　加村河岸問屋米送状（県立関宿城博物館所蔵五木田家文書）……………343
599　子四月　五木田宗右衛門米送状（県立関宿城博物館所蔵五木田家文書）……………343
600　子五月　伊勢屋源右衛門米請取書（県立関宿城博物館所蔵五木田家文書）……………343
601　辰五月　旗本松平氏家臣米請取書（県立関宿城博物館所蔵五木田家文書）……………344
602　辰十二月　旗本稲生氏家臣餅米請取書（県立関宿城博物館所蔵五木田家文書）……………344
603　四月　旗本朝比奈氏家臣松薪請取書（県立関宿城博物館所蔵五木田家文書）……………344
604　四月　大黒屋市左衛門艀賃請取書（県立関宿城博物館所蔵五木田家文書）……………345
605　五月　大黒屋市左衛門艀賃請取書（県立関宿城博物館所蔵五木田家文書）……………345
606　七月　常陸屋半四郎艀賃請取書（県立関宿城博物館所蔵五木田家文書）……………345
607　七月　常陸屋半四郎艀賃請取書（県立関宿城博物館所蔵五木田家文書）……………346
608　十二月　常陸屋半四郎艀賃請取書（県立関宿城博物館所蔵五木田家文書）……………346
609　十二月　常陸屋半四郎艀賃請取書（県立関宿城博物館所蔵五木田家文書）……………346

千葉県の歴史 資料編 近世6（下総2）

610　年未詳　近江屋甚兵衛送状（県立関宿城博物館所蔵五木田家文書）………347
611　宝暦七年二月　大豆荷物不足につき大木村百姓内済証文（県立関宿城博物館所蔵五木田家文書）………347
612　天明元年十一月～天明二年二月　辺田村伝三郎河岸荷物取扱一件留書（県立関宿城博物館所蔵五木田家文書）………348
613　天保五年六月　河岸問屋下世話につき坂手村百姓一札（県立関宿城博物館所蔵五木田家文書）………355
　［＊河岸運上］
614　天保五年六月　河岸問屋下世話につき横曽根村百姓一札（県立関宿城博物館所蔵五木田家文書）………356
615　天保五年六月　荷物下世話につき水海道村喜右衛門一札（県立関宿城博物館所蔵五木田家文書）………357
616　天保五年六月　積問屋下世話につき横曽根村百姓一札（県立関宿城博物館所蔵五木田家文書）………357
617　天保五年六月　積問屋下世話につき坂手村百姓一札（県立関宿城博物館所蔵五木田家文書）………358
618　年未詳　水海道河岸船積問屋株式につき願書（県立関宿城博物館所蔵五木田家文書）………358
619　嘉永六年正月　鬼怒川通河岸場稼名目につき願書（県立関宿城博物館所蔵五木田家文書）………359

第2節　関宿 ……………………………361
1　城下町関宿の諸相 ………………361
620　安永四年正月　台町年番勘定目録（野田市横田家文書）………361
　［＊諸役・町入用］
621　寛政元年三月　台町勘定引渡帳（野田市横田家文書）………370
622　寛政元年八月　引負一件につき横田所左衛門口上覚（野田市横田家文書）………377
623　寛政二年十二月　横田所左衛門遺誡録（野田市横田家文書）………382
624　寛政三年正月　横田所左衛門家財録（野田市横田家文書）………392
　［＊関東川々水源考］
625　寛政十年十月　関宿藩取締役規定書（野田市横田家文書）………415
626　寛政十年十月　関宿藩取締役につき条々（野田市横田家文書）………415
627　巳七月　境町渡守地敷につき口上覚（野田市横田家文書）………417

628　文政六年正月　境町問屋株貸渡につき証文（千葉県立中央図書館所蔵文書）………418
629　安政三年二月　木間ケ瀬村農間渡世人不法出入につき訴状（野田市岩本家文書）………419
630　安政五年　巡見使尋問につき台町明細書上（野田市横田家文書）………421
2　関宿関所 ………………………426
631　寛政元年十月　御関所万歳帳書抜（野田市横田家文書）………426
　［＊関宿役所御用届］
3　猿島茶の生産 ……………………437
632　延宝五年六月　百戸村新規茶銭割付状（茨城県境町長野家文書）………437
　［＊茶銭上納］
633　貞享元年十月　百戸村年貢割付状（茨城県境町長野家文書）………437
634　貞享二年十月　百戸村年貢割付状（茨城県境町長野家文書）………440
635　元禄十五年九月　茶地永引・茶銭上納につき百戸村へ申渡（茨城県境町長野家文書）………442
636　享保元年十二月　茶年貢納入につき勘右衛門一札（茨城県境町長野家文書）………443
　［＊皆済状］
637　享保二年十一月　茶園など取り替えにつき百戸村百姓証文（茨城県境町長野家文書）………443
638　年未詳　関宿茶問屋存続につき願書（野田市横田家文書）………444
639　年未詳　関宿茶問屋存続につき願書（野田市横田家文書）………446
640　明治四年三月　百戸村茶株請人・冥加金書上（茨城県境町長野家文書）………448
　［＊仲買商人］

第3節　布施河岸 ………………………450
1　渡船場 …………………………450
641　元和二年八月　渡場につき触書（柏市後藤家文書）………450
　［＊定船場］
642　万治四年正月　船渡賃定書（柏市後藤家文書）………451
643　延宝九年九月　川通り高札写（柏市後藤家文書）………451
644　天和二年七月　女人身元改めにつき豊体村組頭証文（柏市後藤家文書）………452
645　貞享三年十一月　布施村渡場仕来りにつき一札（柏市後藤家文書）………452

県史誌内容総覧・資料編1：近世―関東　423

646　貞享三年十一月　布施村渡船につき覚書(柏市後藤家文書)…………453
647　貞享三年十一月　渡船法度につき布施村船越番衆請書(柏市後藤家文書)………………………………454
648　貞享四年正月　女人身元改めにつき船橋村伝兵衛証文(柏市後藤家文書)………………………………455
649　元禄五年七月　渡船極印改めにつき一札雛形(柏市後藤家文書)………455
650　元禄十六年正月　七里ケ渡女人通行手形(柏市後藤家文書)……………456
651　宝永二年閏四月　死人船越につき水海道村佐兵衛証文(柏市後藤家文書)………………………………456
652　享保二年七月　渡船より僧飛込みにつき布施村役人注進状(柏市後藤家文書)………………………………457
653　享保二年七月　渡船より僧飛込みにつき乗合人申上書(柏市後藤家文書)………………………………458
654　享保二年七月　渡船より僧飛込みにつき乗合人申上書(柏市後藤家文書)………………………………458
655　享保二年七月　渡船より僧飛込みにつき布施村馬方申上書(柏市後藤家文書)………………………………459
656　享保二年七月　渡船より僧飛込みにつき船越番申上書(柏市後藤家文書)………………………………460
657　享保二年七月　渡船より僧飛込みにつき浅草慶養寺香林書状(柏市後藤家文書)………………………………461
658　享保二年七月　渡船より僧飛込みにつき浅草天竜寺東林ほか二名一札(柏市後藤家文書)……………462
659　享保二年七月　遺体請取につき浅草天竜寺東林ほか一名一札(柏市後藤家文書)………………………………462
660　享保四年三月　渡船難船につき乗合人申上書(柏市後藤家文書)………463
661　享保四年三月　渡船難船につき船頭・馬方申上書(柏市後藤家文書)……464
662　享保十一年五月　御鹿狩につき布施村勢子人足・船越人足書上(柏市後藤家文書)……………………464
663　享保十三年六月　大名通行下賜金につき布施村名主注進状(柏市後藤家文書)………………………………465
664　享保十四年八月　戸頭村船渡賃につき口上書(柏市後藤家文書)………466
665　明和七年　布施村河岸場由来書上(柏市後藤家文書)…………………467

666　安永二年十二月　渡船新造打立諸入用勘定帳(柏市後藤家文書)………469
667　寛政四年十月　奥州荷物附送りにつき布施村取り決め証文(柏市後藤家文書)………………………………472
［＊荷揚］
668　文政六年三月　荷物附越につき大室村五兵衛ほか五名詫入一札(柏市後藤家文書)……………………478
669　文政十三年閏三月　布施村旅人運送につき内済一札(柏市後藤家文書)………………………………478
670　弘化二年二月　渡船・荷物引請につき大室村百姓詫状(柏市豊嶋家文書)………………………………480
671　嘉永六年五月　渡船につき戸頭村・布施村取り替わし議定書(柏市後藤家文書)……………………481
672　安政三年十一月　荷受・旅人船渡につき詫入一札(柏市後藤家文書)…481
2　新道・新河岸の争論……………482
673　享保六年閏七月　瀬戸村と新河岸争論につき布施村訴状(柏市後藤家文書)………………………………482
674　享保八年十二月　瀬戸村と新道・新河岸争論につき布施村・木野崎村訴状(柏市後藤家文書)…………484
675　貞享四年六月　境通六か宿と河岸出入につき大室村返答書(柏市後藤家文書)………………………………486
［＊荷揚・駄送］
676　享保十八年四月・五月　布施村・瀬戸村新河岸争論につき訴状・返答書(柏市後藤家文書)…………489
677　享保十八年八月・九月　木野崎村と河岸出入につき布施村訴状(柏市後藤家文書)……………………494
678　享保二十年八月・九月　布施村ほか二か村河岸出入につき訴状・返答書(柏市後藤家文書)…………497
679　安永三年十二月〜安永四年正月　河岸出入につき布施村訴状および中峠村返答書(柏市後藤家文書)………502
680　寛政二年九月　木野崎河岸付け越しにつき関宿三河岸ほか請書(柏市後藤家文書)……………………506
［＊艀船］
681　文政十一年五月　水戸藩御用荷物につき三ツ堀村願書(柏市後藤家文書)………………………………508
682　天保十一年十一月　鮮魚荷物につき布佐村・布施村議定証文(柏市後藤家文書)………………………………508

3　布施村と商品流通………………509
　　　683　享保二年十月　河岸場普請につき
　　　　　布施村願書（柏市後藤家文書）………509
　　　684　明和六年四月～六月　河岸出入に
　　　　　つき村方訴状および荷宿返答書（柏
　　　　　市後藤家文書）………………………514
　　　　　［＊馬持］
　　　685　天明五年七月　荷宿出入につき返
　　　　　答書（柏市後藤家文書）………………517
　　　686　寛政五年七月　馬差配につき荷宿
　　　　　訴状（柏市後藤家文書）………………519
　　　687　寛政五年十一月　河岸出入につき
　　　　　布施村百姓裁許請証文（柏市後藤家文
　　　　　書）…………………………………………520
　　　688　寛政五年十二月　河岸出入につき
　　　　　荷宿および村方訴状（柏市後藤家文
　　　　　書）…………………………………………521
　　　　　［＊運上金］
　　　689　寛政六年正月　鱠籹取扱につき荷
　　　　　宿願書（柏市後藤家文書）……………524
　　　690　寛政九年五月　鱠籹出入につき内
　　　　　済証文（柏市後藤家文書）……………527
　　　691　文化四年正月　北浦鱠商人より荷
　　　　　物取扱申入書（柏市後藤家文書）…530
　　　692　文化四年四月・六月　河岸荷物・
　　　　　鱠明籹につき荷宿後家・親類一札写
　　　　　書（柏市後藤家文書）…………………531
　　　693　文化四年五月　荷宿平蔵わがまま
　　　　　につき布施村訴状（柏市後藤家文
　　　　　書）…………………………………………532
　　　694　文化六年十月　荷物取扱方につき
　　　　　水戸藩へ歎願依頼書（柏市後藤家文
　　　　　書）…………………………………………535
　　　695　文化六年十二月　荷物取扱方お尋
　　　　　ねにつき布施村上申書（柏市後藤家文
　　　　　書）…………………………………………537
　　　696　文化七年三月　荷物取扱方につき
　　　　　荷宿一札（柏市後藤家文書）…………539
　　　697　文政十三年四月　荷物輸送差し支
　　　　　えにつき荷宿訴状（柏市後藤家文
　　　　　書）…………………………………………540
　　　698　享和元年六月　荷物売買の口銭に
　　　　　つき取り替わし証文（柏市後藤家文
　　　　　書）…………………………………………542
　　　699　文化十三年五月　荷宿株半譲請に
　　　　　つき一札（柏市後藤家文書）…………542
　　　700　天保十五年二月　河岸場出入につ
　　　　　き布施村穀宿ら願書（柏市後藤家文書）…543
第8章　利根川下流域の都市と河岸……547
　第1節　佐原村………………………………549
　　1　佐原河岸………………………………549

　　　701　宝暦六年十一月　佐原村甚蔵船問
　　　　　屋出願につき佐原村返答書（伊能忠敬
　　　　　記念館所蔵伊能家文書）………………549
　　　702　宝暦九年六月　浜宿組五兵衛船問
　　　　　屋出願につき佐原村返答書（伊能忠敬
　　　　　記念館所蔵伊能家文書）………………551
　　　　　［＊銭］
　　　703　明和三年二月　長椿村内蔵之助運
　　　　　上場取立願書および佐原村返答書
　　　　　（伊能忠敬記念館所蔵伊能家文書）…554
　　　704　明和三年六月・七月　河岸場お尋
　　　　　ねにつき佐原村返答書（伊能忠敬記念
　　　　　館所蔵伊能家文書）……………………560
　　　705　明和七年八月・十月　佐原村権三
　　　　　郎御用船請負願書および下宿組組頭
　　　　　上申書（伊能忠敬記念館所蔵伊能家文
　　　　　書）…………………………………………563
　　　706　文化五年四月　河岸問屋貸株一件
　　　　　内議定破談につき願書（伊能忠敬記念
　　　　　館所蔵伊能家文書）……………………564
　　　707　文化六年　河岸問屋貸株一件につ
　　　　　き内議定書（伊能忠敬記念館所蔵伊能家
　　　　　文書）………………………………………565
　　　708　文化十年十二月　河岸問屋貸株一
　　　　　件につき裁許請証文（伊能忠敬記念館
　　　　　所蔵伊能家文書）………………………567
　　　709　安永四年正月　河岸役銭割付控
　　　　　（県立大利根博物館所蔵奈良屋文書）…570
　　　710　文久三年四月　河岸運上取立帳
　　　　　（県立大利根博物館所蔵奈良屋文書）…573
　　2　領主とのかかわり………………………587
　　　711　文化四年正月　先納金請取につき
　　　　　佐原村名主一札（佐原市清宮家文
　　　　　書）…………………………………………587
　　　712　文化十二年三月　先納金請取につ
　　　　　き佐原村村役人一札（佐原市清宮家文
　　　　　書）…………………………………………588
　　　713　文政三年二月　本谷新左衛門勝手
　　　　　賄引請につき佐原村村役人一札（佐
　　　　　原市澤田家文書）………………………589
　　　714　万延元年十一月～文久元年三月
　　　　　佐原村ほか五か村御年貢米御払平均
　　　　　相場書上帳（佐原市清宮家文書）……590
　　3　佐原村の祭礼…………………………593
　　　715　享和二年五月　牛頭天王祭礼再開
　　　　　につき十一町惣代願書（伊能忠敬記念
　　　　　館所蔵伊能家文書）……………………593
　　　716　享和二年　牛頭天王祭礼諸用控帳
　　　　　（抄録）（伊能忠敬記念館所蔵伊能家文
　　　　　書）…………………………………………596
　　　717　安政四年七月　祭礼角力興行年番
　　　　　につき取り替わし証文案（佐原市澤田
　　　　　家文書）……………………………………600

718　八月　諏訪社記 下(佐原市清宮家文
　　　書)‥‥‥‥‥‥‥‥‥‥‥‥‥‥‥601
4　佐原村の市‥‥‥‥‥‥‥‥‥‥‥‥602
　719　慶安二年十月　市場争論覚書(伊能
　　　忠敬記念館所蔵伊能家文書)‥‥‥‥602
　720　元文五年　市場出入につき下宿・
　　　横宿常店訴状(伊能忠敬記念館所蔵伊
　　　能家文書)‥‥‥‥‥‥‥‥‥‥‥607
　721　寛保二年十月　市場出入裁許につ
　　　き連判証文(伊能忠敬記念館所蔵伊能家
　　　文書)‥‥‥‥‥‥‥‥‥‥‥‥‥610
　722　寛保二年十月　市場出入裁許につ
　　　き請証文(伊能忠敬記念館所蔵伊能家文
　　　書)‥‥‥‥‥‥‥‥‥‥‥‥‥‥613
5　佐原村の商人仲間‥‥‥‥‥‥‥‥615
　723　宝暦七年二月　商人仲間帳(県立大
　　　利根博物館所蔵奈良屋文書)‥‥‥‥615
　　　[＊小間物太物荒物仲間]
　724　文政五年九月　商人仲間行司組合
　　　帳(県立大利根博物館所蔵奈良屋文
　　　書)‥‥‥‥‥‥‥‥‥‥‥‥‥‥618
　725　文政七年十一月　小堀川上高野村
　　　にて伊八船難船につき入用割付帳
　　　(県立大利根博物館所蔵奈良屋文書)‥619
　726　文化十四年十二月　佐原村権次郎
　　　難船につき諸入用帳(県立大利根博物
　　　館所蔵奈良屋文書)‥‥‥‥‥‥‥623
　727　安政二年八月　飛脚取り決めにつ
　　　き荷宰領一札(県立大利根博物館所蔵
　　　奈良屋文書)‥‥‥‥‥‥‥‥‥‥626
　728　享和二年正月　奈良屋店中国所覚
　　　帳(抄録)(県立大利根博物館所蔵奈良
　　　屋文書)‥‥‥‥‥‥‥‥‥‥‥‥627
　　　[＊個別経営]

第2節　野尻河岸と垣根河岸‥‥‥‥‥‥635
1　野尻河岸と川船‥‥‥‥‥‥‥‥‥635
　729　宝永四年二月　新旧問屋出入につ
　　　き野尻村惣村中扱証文(銚子市滑川家
　　　文書)‥‥‥‥‥‥‥‥‥‥‥‥‥635
　730　正徳三年七月　野尻村高瀬船船年
　　　貢書上(銚子市滑川家文書)‥‥‥‥637
　731　享保五年二月　野尻村・小船木村
　　　船改帳(銚子市滑川家文書)‥‥‥‥639
　　　[＊とんふり船]
　732　明和二年十月　野尻村千歳高瀬船
　　　売渡証文(銚子市滑川家文書)‥‥‥642
　733　明和五年五月　野尻村長左衛門房
　　　丁茶船極印帳面書き替えにつき証文
　　　(銚子市滑川家文書)‥‥‥‥‥‥‥643
　734　明和九年二月　野尻村問屋船持惣
　　　代お召しにつき路用免除願(銚子市滑
　　　川家文書)‥‥‥‥‥‥‥‥‥‥‥643

　735　安永三年十二月　高瀬船問屋株運
　　　上金につき野尻河岸ほか九河岸請書
　　　(銚子市滑川家文書)‥‥‥‥‥‥‥644
　736　安永四年十月　二之江新川定浚に
　　　つき覚書(銚子市滑川家文書)‥‥‥646
　737　天明六年七月　利根川定浚につき
　　　関宿三河岸船問屋惣代一札(銚子市滑
　　　川家文書)‥‥‥‥‥‥‥‥‥‥‥646
　738　寛政二年三月　野尻村船問屋株運
　　　上皆済目録(銚子市滑川家文書)‥‥647
　739　寛政二年八月　野尻村網代場につ
　　　き書上(銚子市滑川家文書)‥‥‥‥647
　740　寛政九年　野尻村藤兵衛高瀬船極
　　　印打ち替えにつき証文(銚子市滑川家
　　　文書)‥‥‥‥‥‥‥‥‥‥‥‥‥649
　741　享和元年三月　高田村弥兵衛房丁
　　　船売渡証文(銚子市滑川家文書)‥‥649
　742　文化五年三月　野尻村藤兵衛船船
　　　賃勘定滞りにつき一札(銚子市滑川家
　　　文書)‥‥‥‥‥‥‥‥‥‥‥‥‥650
　743　文化十年七月　野尻村藤兵衛船船
　　　賃勘定滞りにつき一札(銚子市滑川家
　　　文書)‥‥‥‥‥‥‥‥‥‥‥‥‥650
　744　文化十年十二月　野尻村藤兵衛
　　　船賃勘定滞りにつき添証文(銚子市滑
　　　川家文書)‥‥‥‥‥‥‥‥‥‥‥652
　745　文政六年七月　野尻村休船問屋株
　　　取立につき届書(銚子市滑川家文
　　　書)‥‥‥‥‥‥‥‥‥‥‥‥‥‥653
　746　文政十三年五月　野尻村船持名前
　　　訂正につき届書(銚子市滑川家文
　　　書)‥‥‥‥‥‥‥‥‥‥‥‥‥‥654
　　　[＊川船改役]
　747　文政十三年六月　野尻村生魚積稼
　　　船年貢上納につき届書(銚子市滑川家
　　　文書)‥‥‥‥‥‥‥‥‥‥‥‥‥655
　748　文政十三年八月　野尻村船数・船
　　　大工書上(銚子市滑川家文書)‥‥‥655
　749　文政十三年十月　野尻村船数増減
　　　につき届書(銚子市滑川家文書)‥‥656
　750　慶応二年五月　野尻村積問屋株譲
　　　受につき一札(銚子市滑川家文書)‥656
　751　慶応二年十月　高瀬船渡世中の衣
　　　類盗難につき野尻村百姓願書(銚子市
　　　滑川家文書)‥‥‥‥‥‥‥‥‥‥657
　752　年未詳　野尻村諸掛勘定につき定
　　　書(銚子市滑川家文書)‥‥‥‥‥‥658
　　　[＊年貢米津出]
　753　年未詳　中川関所通行につき一札
　　　(銚子市滑川家文書)‥‥‥‥‥‥‥659
　754　年未詳　滑川家屋敷図(銚子市滑川
　　　家文書)‥‥‥‥‥‥‥‥‥‥‥‥660
2　野尻河岸からの荷物輸送‥‥‥‥‥662

755　貞享三年八月　堀川村年貢米運送
　　請負手形(銚子市滑川家文書)………662
756　宝永三年八月　池田帯刀知行所年
　　貢米船積請負手形(銚子市滑川家文
　　書)……………………………………662
757　正徳元年九月　松岸村・船木台村
　　年貢米船積請負につき運賃証文(銚
　　子市滑川家文書)……………………663
758　正徳元年九月　池田大膳知行所年
　　貢米運賃値上につき一札(銚子市滑川
　　家文書)………………………………664
759　正徳二年二月　阿玉川村下にて藤
　　兵衛船難船につき浦証文(銚子市滑川
　　家文書)………………………………664
760　正徳三年四月　浜方荷物船積につ
　　き野尻河岸問屋覚書(銚子市滑川家文
　　書)……………………………………665
761　正徳三年九月　御城米濡荷につき
　　野尻河岸ほか二河岸連判手形(銚子市
　　滑川家文書)…………………………666
762　享保三年六月　奥州福島領年貢米
　　運送請負につき野尻村六兵衛口上書
　　(銚子市滑川家文書)…………………667
763　享保十一年八月　銚子領内年貢米
　　運送請負につき願書(銚子市滑川家文
　　書)……………………………………668
764　享保十二年七月　年貢米中継につ
　　き網戸村問屋・名主証文(銚子市滑川
　　家文書)………………………………669
765　元文元年十一月　池田左門知行所
　　年貢米運送請負証文(銚子市滑川家文
　　書)……………………………………670
766　寛保四年二月　年貢米焼失につき
　　野尻村藤兵衛弁納延期願書(銚子市滑
　　川家文書)……………………………671
　　［＊中継運送］
767　延享四年十月　年貢米中継につき
　　網戸村七右衛門証文(銚子市滑川家文
　　書)……………………………………672
768　宝暦五年二月　飯沼村惣兵衛船難船
　　処理につき詫一札(銚子市滑川家文
　　書)……………………………………672
769　宝暦五年八月　菅沼小膳知行所年
　　貢米運送請負につき願書(銚子市滑川
　　家文書)………………………………673
770　宝暦八年八月　松岸村・船木台村
　　年貢米運送請負につき口上書(銚子市
　　滑川家文書)…………………………674
771　宝暦九年八月　年貢米運送につき
　　野尻村問屋引請一札(銚子市滑川家文
　　書)……………………………………675

772　明和五年五月　米沢藩預所年貢米
　　難船につき廻状(銚子市滑川家文
　　書)……………………………………675
773　明和八年七月　年貢米運送につき
　　野尻村問屋一札(銚子市滑川家文
　　書)……………………………………677
774　明和九年二月　荷物引請につき野
　　尻村ほか二か村問屋取り替わし一札
　　(銚子市滑川家文書)…………………677
　　［＊船賃・庭銭］
775　安永八年八月　焼失米弁納につき
　　野尻村藤兵衛年賦書上(銚子市滑川家
　　文書)…………………………………679
776　天明二年四月　薪百分一差出につ
　　き野尻村名主廻状(銚子市滑川家文
　　書)……………………………………680
777　天明三年六月　蓮沼村年貢米運送
　　につき一札(銚子市滑川家文書)……681
778　寛政二年正月　銚子領内年貢米運
　　送につき船賃値上願書(銚子市滑川家
　　文書)…………………………………682
779　寛政六年九月　船積米濡荷取計に
　　つき野尻河岸藤兵衛一札(銚子市滑川
　　家文書)………………………………684
780　文化十年九月　年貢米運賃値上に
　　つき野尻河岸ほか三河岸問屋願書
　　(銚子市滑川家文書)…………………684
781　文政六年七月　諸荷物運送引請に
　　つき野尻河岸問屋一札(銚子市滑川家
　　文書)…………………………………685
782　文政七年十二月　荷物船積馬付け
　　につき野尻村源右衛門詫一札(銚子市
　　滑川家文書)…………………………686
783　文政九年九月　飯沼村平五郎船難
　　船につき一札(銚子市滑川家文書)…686
784　文政十年九月　年貢米運賃値上に
　　つき野尻河岸ほか二河岸問屋願書
　　(銚子市滑川家文書)…………………687
785　天保三年正月　諸荷物運賃値上に
　　つき船持中願書(銚子市滑川家文
　　書)……………………………………688
786　天保十四年二月　野尻河岸ほか二
　　河岸諸荷物船賃・問屋株運上書上
　　(銚子市滑川家文書)…………………689
787　弘化二年三月　蔵詰の〆粕荷物売
　　り捌き一件につき野尻村藤兵衛返答
　　書(銚子市滑川家文書)………………691
788　弘化三年二月　蔵詰の〆粕荷物売
　　り捌き一件につき内済証文(銚子市滑
　　川家文書)……………………………692
789　嘉永元年五月　白井村・神生村年
　　貢米運送につき小見川河岸問屋証文
　　(銚子市滑川家文書)…………………694

790　嘉永元年五月　白井村・神生村年貢米運送につき河岸問屋議定証文（銚子市滑川家文書）……………694
791　文久三年十月　年貢米運賃値上につき飯沼村ほか二か村船持願書（銚子市滑川家文書）……………695
792　慶応三年十一月　新規荷積問屋渡世につき小見川村ほか五か村願書（銚子市滑川家文書）……………697
793　子正月　野尻河岸ほか二河岸船積荷物運賃蔵敷値上（銚子市滑川家文書）……………………………699
794　未十一月　野尻河岸問屋手船難船につき廻状（銚子市滑川家文書）……700
795　酉九月　今泉村名主ほか一名上乗につき書付（銚子市滑川家文書）……702
796　酉九月　年貢米積替御用につき野尻村藤兵衛請負願書（銚子市滑川家文書）……………………………702
797　戌十一月　年貢米焼失につき野尻村藤兵衛証文（銚子市滑川家文書）…703
798　亥八月　諸荷物運賃値上につき野尻河岸ほか三河岸問屋願書（銚子市滑川家文書）……………………………704
799　亥十月　難船番免除につき銚子湊浦役人廻状（銚子市滑川家文書）…706
800　年未詳　年貢米運賃値上につき野尻河岸ほか三河岸問屋願書（銚子市滑川家文書）……………………………707
801　年未詳　魚粕など直売につき関宿問屋一札（銚子市滑川家文書）……708
802　年未詳　年貢米運賃値上につき野尻河岸ほか三河岸惣代願書（銚子市滑川家文書）……………………………709
803　年未詳　本田氏知行所年貢濡米取扱につき一札（銚子市滑川家文書）…710

3　垣根河岸と魚肥流通……………………710
804　安政五年　穀物など取引関係書簡留（抄録）（旭市鈴木家文書）……716
805　安政六年十一月〜　魚肥・穀物など取引関係書簡留（抄録）（旭市鈴木家文書）……………………………718
806　申正月　魚肥・魚油相場につき垣根村三河屋治助書状（旭市鈴木家文書）…………………………………721
807　正月　干鰯売り捌きにつき垣根村三河屋治助書状（旭市鈴木家文書）…722
808　戌三月　〆粕・干鰯売り捌きにつき垣根村三河屋治助書状（旭市鈴木家文書）……………………………723
809　三月　袋・〆粕小売につき垣根村三河屋治助書状（旭市鈴木家文書）…724

810　五月　〆粕販売につき垣根村三河屋治助書状（旭市鈴木家文書）………726
811　五月　〆粕・魚油相場につき垣根村三河屋治助書状（旭市鈴木家文書）…………………………………726
812　五月　魚油・魚肥取引につき垣根村三河屋治助書状（旭市鈴木家文書）…………………………………727
［＊通売］
813　五月　〆粕相場につき垣根村三河屋治助書状（旭市鈴木家文書）………727
814　六月　金子調達につき垣根村三河屋治助書状（旭市鈴木家文書）………728
815　巳六月　滑川藤兵衛〆粕売仕切状（旭市鈴木家文書）………………729
816　十一月　樽・莚代金ほかにつき垣根村三河屋治助書状（旭市鈴木家文書）…………………………………730
817　戌十一月　〆粕取引につき垣根村三河屋治助書状（旭市鈴木家文書）…730
818　年未詳　魚油・〆粕取引につき垣根村三河屋治助書状（旭市鈴木家文書）…………………………………731
819　年未詳　〆粕・干鰯売り捌きなどにつき垣根村三河屋治助書状（旭市鈴木家文書）……………………………732
820　年未詳　魚肥売り捌きにつき垣根村三河屋治助書状（旭市鈴木家文書）…………………………………732
821　年未詳　田作・魚肥商売などにつき垣根村三河屋治助書状（旭市鈴木家文書）……………………………733
822　年未詳　銚子ほか三か所における穀物相場書上（旭市鈴木家文書）……733

第9章　文人の活動と交流………………735
第1節　清宮秀堅とその周辺……………737
1　清宮秀堅への紹介状…………………737
823　三月　儒者青山延寿紹介につき宮本茶村書状（佐原市清宮家文書）……737
824　九月　儒者楠本端山・新宮行蔵紹介につき宮本千蔵書状（佐原市清宮家文書）……………………………738
825　三月　儒者南摩羽峯紹介につき柳田正斎書状（佐原市清宮家文書）……738
826　九月　友人山崎董詮紹介につき柳田正斎書状（佐原市清宮家文書）……738
827　五月　儒者白井欽斎紹介につき佐藤泰然書状（佐原市清宮家文書）……739
828　嘉永元年五月　色川三中・黒川春村紹介につき伊能頴則書状（佐原市清宮家文書）……………………………739

829　嘉永五年六月　立野良道紹介につき伊能穎則書状(佐原市清宮家文書)……………………………740
830　三月　画工露岳紹介につき伊能穎則書状(佐原市清宮家文書)…………741
831　五月　画工某紹介につき伊能穎則書状(佐原市清宮家文書)…………741
832　六月　宮負定雄紹介につき伊能穎則書状(佐原市清宮家文書)…………741
[＊下総名所図会]
833　安政六年十一月　処士大島立輔への斡旋依頼につき安井息軒書状(佐原市清宮家文書)………………742
834　嘉永二年六月　儒者伺永某への斡旋依頼につき塩谷宕陰書状(佐原市清宮家文書)…………………742
835　嘉永二年六月　儒者玉里某への斡旋依頼につき塩谷宕陰書状(佐原市清宮家文書)……………………743
836　嘉永四年七月　佐倉藩士八木新吾への斡旋依頼につき平野縫殿書状(佐原市清宮家文書)…………743
837　嘉永四年十月　儒者藤森天山紹介につき平野縫殿書状(佐原市清宮家文書)……………………………744
838　年未詳　儒者春田九皐紹介につき大橋訥庵書状(佐原市清宮家文書)…745
839　十月　画工山梨東嶂紹介につき萩原秋巌書状(佐原市清宮家文書)……745
2　漢学者との交流 ……………………745
840　安政六年十一月　詩文集文稿差出・藤森天山居所につき安井息軒書状(佐原市清宮家文書)…………745
841　安政六年十二月　詩文集文稿訂正・藤森天山居所につき安井息軒書状(佐原市清宮家文書)……………746
842　安政六年十二月　詩文集文稿訂正につき安井息軒書状(佐原市清宮家文書)……………………………747
843　安政七年正月　詩文集文稿訂正・藤森天山居所につき安井息軒書状(佐原市清宮家文書)……………747
844　安政七年二月　詩文集文稿訂正・安井氏由緒につき安井息軒書状(佐原市清宮家文書)………………748
845　安政七年二月　詩文集文稿取下につき安井息軒書状(佐原市清宮家文書)……………………………748
846　文久三年三月　吉川詩集審査につき安井息軒書状(佐原市清宮家文書)……………………………749

847　文久三年三月　吉川詩集審査・塩谷宕陰居所につき安井息軒書状(佐原市清宮家文書)………………750
848　二月　管子纂詰校正につき安井息軒書状(佐原市清宮家文書)…………750
849　嘉永二年閏四月　「下総志」返本につき塩谷宕陰書状(佐原市清宮家文書)……………………………751
850　嘉永四年十一月　「大統歌」出版につき塩谷宕陰書状(佐原市清宮家文書)……………………………751
851　安政七年　昌平坂学問所での書籍審査につき塩谷宕陰書状(佐原市清宮家文書)………………………752
852　文久三年九月　吉川氏著書への跋文依頼断につき塩谷宕陰書状(佐原市清宮家文書)…………………752
853　万延元年六月　兄吉川天浦碑文につき吉川松浦書状(佐原市清宮家文書)……………………………753
854　万延元年七月　兄吉川天浦碑文につき吉川松浦書状(佐原市清宮家文書)……………………………753
855　安政四年正月　下総国図・源頼朝没年につき平野縫殿書状(佐原市清宮家文書)………………………754
856　安政四年四月　佐倉藩主和歌・下総国領地絵図につき平野縫殿書状(佐原市清宮家文書)……………755
857　九月　「成田参詣記」叙文につき平野縫殿書状(佐原市清宮家文書)…757
858　九月　自作詩文集呈上につき大槻磐渓書状(佐原市清宮家文書)………757
859　二月　自作詩文集評論依頼につき大槻磐渓書状(佐原市清宮家文書)…758
860　九月　安井息軒著「弁妄」につき並木栗水書状(佐原市清宮家文書)…758
861　九月　大橋訥庵詩作につき並木栗水書状(佐原市清宮家文書)…………759
862　九月　「北総詩集」への投稿につき宮内君浦書状(佐原市清宮家文書)…759
863　十二月　「近古詩抄」批評につき大橋正壽書状(佐原市清宮家文書)…759
3　和学者との交流 ……………………760
864　弘化二年六月　藩譜の筆写・書籍返本・椿氏出立につき伊能穎則書状(佐原市清宮家文書)…………760
865　五月　青柳宗右衛門訪問につき伊能穎則書状(佐原市清宮家文書)……761
866　弘化五年二月　近況および江戸移住先につき伊能穎則書状(佐原市清宮家文書)………………………761

867　嘉永二年七月　書籍貸借・和歌の弟子につき伊能頴則書状（佐原市清宮家文書）……762
868　嘉永三年正月　「四家集」編集につき神山魚貫書状（佐原市清宮家文書）……762
［＊香取四家集］
869　嘉永三年十月　「四家集」編集につき神山魚貫書状（佐原市清宮家文書）……763
870　嘉永三年十月　「四家集」編集につき神山魚貫書状（佐原市清宮家文書）……763
871　嘉永四年八月　「四家集」序文・和歌選定につき伊能頴則書状（佐原市清宮家文書）……764
872　嘉永四年八月　「四家集」小伝・代金見積りにつき伊能頴則書状（佐原市清宮家文書）……764
873　嘉永五年二月　「四家集」序文・楫取翁和歌につき伊能頴則書状（佐原市清宮家文書）……767
874　嘉永五年二月　「四家集」序文・前田夏陰評判につき伊能頴則書状（静嘉堂文庫所蔵文書）……768
875　嘉永五年五月　「四家集」版下代金立て替えにつき伊能頴則書状（佐原市清宮家文書）……769
876　嘉永五年六月　「四家集」編集・筆耕料につき伊能頴則書状（佐原市清宮家文書）……769
877　嘉永五年十月　「四家集」配本につき神山魚貫書状（佐原市清宮家文書）……770
878　嘉永六年二月　「四家集」代金につき神山魚貫書状（佐原市清宮家文書）……771
879　嘉永六年二月　「四家集」配本につき伊能頴則書状（静嘉堂文庫所蔵文書）……771
880　嘉永六年五月　「四家集」集金につき神山魚貫書状（佐原市清宮家文書）……772
881　嘉永六年六月　「四家集」配本につき神山魚貫書状（佐原市清宮家文書）……772
882　嘉永六年六月　「四家集」販売・異国船浦賀来航につき伊能頴則書状（静嘉堂文庫所蔵文書）……773
883　嘉永六年七月　「四家集」販売につき伊能頴則書状（佐原市清宮家文書）……774

884　安政二年六月　日本武尊旧跡・年契評判につき伊能頴則書状（佐原市清宮家文書）……775
885　十一月　和歌解釈につき伊能頴則書状（佐原市清宮家文書）……776
886　嘉永元年七月　書籍貸借につき黒川春村書状（佐原市清宮家文書）……777
887　嘉永六年八月　吾妻鏡中下総荘園八条院につき黒川春村書状（佐原市清宮家文書）……777

第2節　民間学者の活動……779
1　色川三中・清宮秀堅往復書簡……779
888　弘化五年二月　書籍貸借・香取文書目録につき清宮秀堅書状（静嘉堂文庫所蔵文書）……779
889　弘化五年二月　書籍貸借・香取文書目録につき色川三中書状（佐原市清宮家文書）……780
890　弘化五年二月　書籍貸借につき清宮秀堅書状（静嘉堂文庫所蔵文書）……781
891　嘉永元年二月　書籍貸借につき色川三中書状（佐原市清宮家文書）……781
892　嘉永元年三月　書籍貸借・鬼怒川沿革図送付につき清宮秀堅書状（静嘉堂文庫所蔵文書）……782
893　嘉永元年四月　書籍貸借・伊能頴則居所につき清宮秀堅書状（静嘉堂文庫所蔵文書）……782
894　嘉永元年五月　鬼怒川沿革図受取につき色川三中書状（佐原市清宮家文書）……783
895　嘉永元年五月　神武天皇即位の年につき清宮秀堅書状（静嘉堂文庫所蔵文書）……783
896　嘉永元年五月　書籍貸借につき色川三中書状（佐原市清宮家文書）……784
897　嘉永元年六月　黒川春村・山崎武陵訪問につき清宮秀堅書状（静嘉堂文庫所蔵文書）……784
898　嘉永元年六月　黒川春村・山崎武陵訪問につき色川三中書状（佐原市清宮家文書）……785
899　嘉永元年八月　書籍返却・新福寺物忌家文書につき清宮秀堅書状（静嘉堂文庫所蔵文書）……786
900　嘉永元年九月　色川三中訪問日につき清宮秀堅書状（静嘉堂文庫所蔵文書）……786
901　嘉永元年十月　新福寺物忌家文書につき清宮秀堅書状（静嘉堂文庫所蔵文書）……786

902　嘉永元年十月　新福寺物忌家文書につき色川三中書状(佐原市清宮家文書)……787
903　嘉永元年十月　「大系図」新古両版本評価につき清宮秀堅書状(静嘉堂文庫所蔵文書)……787
904　嘉永元年十月　「大系図」・蛇亀嶺小鐘銘写につき色川三中書状(土浦市立博物館所蔵色川文庫)……788
905　嘉永二年正月　書籍貸借・安中郷大塚村石梛につき清宮秀堅書状(静嘉堂文庫所蔵文書)……788
906　嘉永二年正月　安中郷大塚村石梛・三倉村検地帳につき色川三中書状(佐原市清宮家文書)……789
907　嘉永二年正月　安中郷大塚村石梛・古碑写につき清宮秀堅書状(静嘉堂文庫所蔵文書)……792
908　嘉永二年二月　田制曲尺出典明示依頼につき清宮秀堅書状(静嘉堂文庫所蔵文書)……793
909　嘉永二年二月　書籍貸借につき清宮秀堅書状(静嘉堂文庫所蔵文書)……794
910　嘉永二年二月　田制解釈につき色川三中書状(佐原市清宮家文書)……794
911　嘉永二年四月　書籍貸借につき清宮秀堅書状(静嘉堂文庫所蔵文書)……795
912　嘉永二年五月　書籍貸借・黒川春村近況につき清宮秀堅書状(静嘉堂文庫所蔵文書)……795
913　嘉永二年五月　田制解釈・黒川春村近況につき色川三中書状(佐原市清宮家文書)……796
914　嘉永二年六月　書籍貸借・田制解釈につき清宮秀堅書状(静嘉堂文庫所蔵文書)……796
915　嘉永二年六月　黒川春村近況・栗原柳庵訪問につき清宮秀堅書状(静嘉堂文庫所蔵文書)……797
916　嘉永二年六月　古代田制・香取文書目録につき色川三中書状(佐原市清宮家文書)……798
917　嘉永二年六月　香取文書目録につき色川三中書状(佐原市清宮家文書)……801
918　嘉永二年六月　古代田制につき色川三中書状(佐原市清宮家文書)……801
919　嘉永二年六月　書籍貸借・狩谷棭斎「度量考」につき清宮秀堅書状(静嘉堂文庫所蔵文書)……805
920　嘉永二年七月　書籍貸借・田制解釈・元亀文書につき清宮秀堅書状(静嘉堂文庫所蔵文書)……806

921　嘉永二年八月　「律量全編」・香取文書目録につき清宮秀堅書状(静嘉堂文庫所蔵文書)……806
922　嘉永二年八月　書籍貸借・香取文書目録再校につき清宮秀堅書状(静嘉堂文庫所蔵文書)……807
923　嘉永二年十一月　書籍貸借につき清宮秀堅書状(静嘉堂文庫所蔵文書)……807
924　嘉永二年十一月　香取文書目録校正につき色川三中書状(佐原市清宮家文書)……808
925　嘉永三年正月　香取文書目録校正につき色川三中書状(佐原市清宮家文書)……808
926　嘉永三年二月　中山信名遺稿・蔵書引請につき清宮秀堅書状(静嘉堂文庫所蔵文書)……809
927　嘉永三年三月　中山信名遺稿・蔵書引請につき清宮秀堅書状(静嘉堂文庫所蔵文書)……809
928　嘉永三年三月　書籍返却につき色川三中書状(佐原市清宮家文書)……810
929　嘉永三年三月　病気見舞・医者紹介につき清宮秀堅書状(静嘉堂文庫所蔵文書)……810
930　嘉永四年六月　香取文書表装につき色川三中書状(佐原市清宮家文書)……811
931　嘉永四年十一月　応永香取検田帳問い合せにつき色川三中書状(佐原市清宮家文書)……811
932　嘉永五年閏二月　前田夏陰評判・伊能穎則報告につき清宮秀堅書状(静嘉堂文庫所蔵文書)……812
933　嘉永五年三月　書籍返却・三倉村天正検地帳につき色川三中書状(佐原市清宮家文書)……813
934　嘉永五年三月　寛文年中新利根川開削につき清宮秀堅書状(静嘉堂文庫所蔵文書)……814
935　嘉永五年四月　文書返却につき色川三中書状(佐原市清宮家文書)……814
936　嘉永五年四月　平田氏「度制考」・立野村切替氏につき清宮秀堅書状(静嘉堂文庫所蔵文書)……815
937　嘉永五年五月　蛇亀嶺小鐘銘写返却・国分尼寺古器につき清宮秀堅書状(静嘉堂文庫所蔵文書)……815
938　嘉永五年六月　蛇亀嶺小鐘銘写受取・天平古鏡につき色川三中書状(佐原市清宮家文書)……816

939　嘉永六年五月 「四家集」・下総
　　図・大化五年瓶につき清宮秀堅書状
　　(靜嘉堂文庫所蔵文書)……………817
940　嘉永六年六月 下総図校正・大化
　　五年瓶につき色川三中書状(佐原市清
　　宮家文書)………………………817
941　嘉永七年七月 「成田参詣記」添
　　削依頼につき清宮秀堅書状(靜嘉堂文
　　庫所蔵文書)……………………818
942　嘉永七年閏七月 書籍返却・清国
　　情勢につき清宮秀堅書状(靜嘉堂文庫
　　所蔵文書)………………………818
943　嘉永七年七月 八幡鐘銘文・清
　　国情勢につき色川三中書状(佐原市清
　　宮家文書)………………………819
944　嘉永七年八月 文書返却につき清
　　宮秀堅書状(靜嘉堂文庫所蔵文書)……820
2　学文の研鑚・情報交換……………820
945　弘化二年八月 宮本茶村の状況・
　　獄中詩作につき宮本千蔵書状(佐原市
　　清宮家文書)……………………820
946　嘉永二年十二月 色川三中の許に
　　て調査につき宮本茶村書状(佐原市清
　　宮家文書)………………………821
947　年未詳 「下総志」葛飾・海上の巻
　　校正につき宮本茶村書状(佐原市清宮
　　家文書)…………………………823
948　五月 飯篠家系図につき宮本茶村
　　書状(佐原市清宮家文書)……………823
949　六月 「千葉系図」中の縁座につき
　　宮本茶村書状(佐原市清宮家文書)…824
950　六月 青山延寿より下総地理問い
　　合せにつき宮本茶村書状(佐原市清宮
　　家文書)…………………………824
951　六月 諸資料閲覧・返却につき宮
　　本茶村書状(佐原市清宮家文書)……825
952　十月 「下総志」凡例批評につき
　　宮本茶村書状(佐原市清宮家文書)…826
953　嘉永七年十一月 「成田参詣記」
　　への朱書につき宮本茶村書状(佐原市
　　清宮家文書)……………………828
954　嘉永元年十一月 沓掛村古碑文・
　　利根川治水につき船橋随庵書状(佐
　　原市清宮家文書)………………828
955　嘉永二年正月 沓掛村古碑文・利
　　根川治水につき船橋随庵書状(佐原市
　　清宮家文書)……………………829
956　嘉永二年正月 沓掛村古碑文・寺
　　社高由緒につき船橋随庵書状(佐原市
　　清宮家文書)……………………830
957　嘉永二年三月 利根川治水・「兵学
　　小議」につき船橋随庵書状(佐原市清
　　宮家文書)………………………831

958　八月 関宿城沿革・詩作につき船
　　橋随庵書状(佐原市清宮家文書)……832
959　十月 喜多村婦人伝・小金遺事に
　　つき船橋随庵書状(佐原市清宮家文
　　書)………………………………832
960　二月 本土寺過去帳につき並木栗
　　水書状(佐原市清宮家文書)…………833
961　嘉永七年六月 宮本茶村来訪につ
　　き立野良道書状(佐原市清宮家文
　　書)………………………………834
962　文久二年五月 書籍貸借・畿内情
　　勢につき立野良道書状(佐原市清宮家
　　文書)……………………………835
3　書籍の版行……………………………836
963　安政二年五月 「成田参詣記」版
　　行経費につき大河平兵衛書状(佐原市
　　清宮家文書)……………………836
964　安政二年十一月 「成田参詣記」
　　絵図模写につき長谷川雪堤書状(佐
　　原市清宮家文書)………………836
965　十二月 「成田参詣記」版下につき
　　間宮永斎書状(佐原市清宮家文書)…837
966　正月 「成田参詣記」校正につき小
　　中村将曹書状(佐原市清宮家文書)…837
967　安政四年十月 「成田参詣記」版
　　行経費につき大河平左衛門書状(佐
　　原市清宮家文書)………………838
968　安政四年十一月 「成田参詣記」
　　版行経費につき大河平左衛門書状
　　(佐原市清宮家文書)………………839
969　安政五年二月 「成田参詣記」版
　　行促進につき大河平左衛門書状(佐
　　原市清宮家文書)………………839
970　安政六年 「成田参詣記」出版許
　　可願書(佐原市清宮家文書)…………840
971　安政六年六月 「成田参詣記」献
　　本お礼につき色川三郎兵衛書状(佐
　　原市清宮家文書)………………840
972　安政六年七月 「成田参詣記」献
　　本お礼につき新宮将監書状(佐原市清
　　宮家文書)………………………841
973　安政六年八月 開版伺書再提出依
　　頼につき山城屋佐兵衛書状(佐原市清
　　宮家文書)………………………841
974　安政六年七月 開版伺書再提出依
　　頼につき山城屋佐兵衛書状添簡(佐
　　原市清宮家文書)………………842
975　九月 「成田参詣記」彫刻料受取
　　につき山城屋佐兵衛覚書(佐原市清宮
　　家文書)…………………………842
[＊新勝寺]

976 安政六年九月 「成田参詣記」潤筆料受取につき山崎武陵覚書(佐原市清宮家文書)..........843
977 安政六年十一月 「成田参詣記」配本先代金等一覧(佐原市清宮家文書)..........843
978 嘉永七年八月 「新撰年表」開板伺書(佐原市清宮家文書)..........845
979 安政二年五月 「新撰年表」序跋附刻伺書(佐原市清宮家文書)..........845
980 安政三年二月 「新撰年表」注文につき広瀬新五兵衛書状(佐原市清宮家文書)..........846
981 安政三年十一月 「新撰年表」送付につき中安百助書状(佐原市清宮家文書)..........846
982 四月 「新撰年表」配本・摺手間につき中安辰之進書状(佐原市清宮家文書)..........847
983 四月 「新撰年表」摺立につき中安辰之進書状(佐原市清宮家文書)..........847
984 七月 「新撰年表」摺立につき中安辰之進書状(佐原市清宮家文書)..........848
985 六月 「新撰年表」中の真淵年歴につき大畑春国書状(佐原市清宮家文書)..........849
986 嘉永元年二月 版下清書につき間宮永斎書状(佐原市清宮家文書)..........850
987 十月 版下清書につき間宮永斎書状(佐原市清宮家文書)..........850
988 十月 「下総国図」につき並木栗水書状(佐原市清宮家文書)..........851
989 嘉永七年十一月 「下総国図」配付につき宮内君浦書状(佐原市清宮家文書)..........852
990 七月 「北総詩誌」配本につき並木栗水書状(佐原市清宮家文書)..........852
991 十月 「北総詩誌」配本につき並木栗水書状(佐原市清宮家文書)..........853

資料解説..........855
はじめに..........857
第5章 醸造業の展開..........861
 第1節 醤油の生産と流通..........861
 第2節 酒と味醂の生産と流通..........874
第6章 海と川の生業..........878
 第1節 東下総沿岸地域の漁業..........878
 第2節 川や沼での漁猟..........881
第7章 利根川中流域の都市と河岸..........885
 第1節 水海道村..........885
 第2節 関宿..........888
 第3節 布施河岸..........893
第8章 利根川下流域の都市と河岸..........899
 第1節 佐原村..........899
 第2節 野尻河岸と垣根河岸..........904
第9章 文人の活動と交流..........912
 第1節 清宮秀堅とその周辺..........913
 第2節 民間学者の活動..........916
市町村史編さん状況一覧(下総国内)..920〜932
下総関係調査地一覧..........933〜952
『資料編 近世5・6(下総1・2)』掲載資料所蔵一覧..........953
『資料編 近世5・6(下総1・2)』掲載資料所在地図..........954〜955

あとがき(近世史部会 後藤雅知)
資料提供者ならびに協力者
千葉県史編さん関係者名簿 平成16年12月現在
 千葉県県史編さん委員会
  宇野俊一(千葉大学名誉教授;会長)
  川村優(千葉県郷土史研究連絡協議会会長;委員)
  渡邉晨(元千葉県総務部文書課長;委員)
  西垣晴次(群馬大学名誉教授;委員)
  千原光雄(元千葉県立中央博物館長;委員)
  大野正男(東洋大学名誉教授;委員)
  松崎泰子(淑徳大学教授;委員)
  梅村恵子(川村学園女子大学教授;委員)
  土屋秀雄(千葉日報社代表取締役会長;委員)
  小川洋雄(千葉県議会議会史編さん委員会委員長;委員)
  田中宗隆(千葉県議会総務常任委員会委員長;委員)
  渡貫博孝(佐倉市長;委員)
  遠藤一郎(富浦町長;委員)
  宮地正人(国立歴史民俗博物館長;委員)
  植田浩(千葉県総務部長;委員)
  清水新次(千葉県教育委員会教育長;委員)
  遠藤眞澄(千葉県立中央図書館長;委員)
 千葉県県史編さん委員会幹事会
 事務局
 県史編さん近世史部会
 (財)千葉県史料研究財団

神奈川県史 資料編4 近世(1)
神奈川県企画調査部県史編集室
編集
昭和46年2月27日発行

＜大久保氏が天正十八年(一五九〇)に入封した時から、稲葉氏が越後国高田へ転封する貞享三年(一六八六)まで＞
　＜口絵＞小田原藩主 稲葉美濃守正則画像 京都市伏見区 稲葉神社蔵
　＜口絵＞稲葉正則書状 京都市伏見区 田辺陸男氏蔵
　＜口絵＞小田原時代稲葉家3代の花押
　＜口絵＞寛文十二年(一六七二) 小田原城修築伺付図 小田原市本町 岩瀬正直氏蔵
　＜口絵＞稲葉氏 永代日記 慶安4年 (1651)3月29日の条 京都市伏見区 稲葉神社蔵
　＜口絵＞寛文12年(1672)足柄上郡仙石原村明細帳 箱根町仙石原 勝俣栄一氏蔵
　＜口絵＞寛永十七年(一六四〇) 栢山村門筋除き証文 小田原市栢山 小沢秀徳氏蔵
　＜口絵＞正保4年(1647) 足柄上郡仙石原村人別帳 箱根町仙石原 勝俣栄一氏蔵
　＜口絵＞栢山村善栄寺稲葉正則寺領安堵状 小田原市栢山 善栄寺蔵
序(神奈川県知事 津田文吾)
凡例
第1部　近世初期の大名と領地.................1
　＜写＞永代日記 天和3年稲葉正通 旧領振替申渡の記事(京都市伏見区 稲葉神社蔵).......1
　解説......................................2
　1　寛文四年四月 一万石以上領地之御朱印并目録留(抄)(文部省史料館蔵)..............3
第2部　小田原藩............................15
　1　大名と家臣............................15
　　＜写＞稲葉氏初期分限帳(京都市伏見区 稲葉神社蔵)..............................15
　　解説..................................16
　　2　弘化三年 大久保氏系譜(小田原市立図書館蔵)................................17
　　3　阿部氏家伝(東京都文京区 阿部正直氏蔵)..................................82
　　4　稲葉氏系譜(正成・正勝)(新訂寛政重修諸家譜第十)..........................90

　　5　稲葉氏系譜(正則・正通)(京都市伏見区 稲葉神社蔵)..........................96
　　6　稲葉氏初期分限帳(京都市伏見区 田辺陸夫氏蔵)..............................118
　　7　稲葉氏小田原在城時代分限帳(京都市伏見区 田辺陸夫氏蔵)..................121
　　「相州小田原御住城之時分御分限帳」...121
　　8　稲葉氏覚書(京都市伏見区 稲葉神社蔵)..........................127
　　稲葉佐渡守政成覚書.....................127
　　＜表＞寛永九年稲葉正勝 熊本城請取の節の陣図..........................130
　2　政治の推移............................165
　　＜写＞承応3年 稲葉正則郷中条目(大井町金子 間宮健治氏蔵)....................165
　　解説..................................166
　　9　稲葉家引送書(小田原市本町 岩瀬正直氏蔵)..................................167
　　10　稲葉家御引渡記録(抄)(貞享三年小田原御引渡記録集成による)..............196
　　11　寛永六年一月五日 稲葉正勝家中法度(京都市伏見区 田辺陸夫氏蔵).........209
　　12　寛永八年一月十一日 岡野村五人組・人身売買などの取締り請書(開成町岡野 内藤一郎氏蔵)..............................211
　　13　寛永十年八月 根府川村五人組・人売買など取締り請書(小田原市根府川 広井ワカ氏蔵)................................213
　　14　寛永十四年十二月二十二日 土肥村十七人へ鉄砲打村足軽諸役免除申渡(改訂新編相州古文書第一巻)........................214
　　15　寛永十四年 幕府の五人組・盗賊・悪党取締り領内申渡覚書(大井町金子 間宮健治氏蔵)................................214
　　16　寛永二十年十二月二十六日 小田原城普請許可(京都府伏見区 田辺陸夫氏蔵)...216
　　17　慶安元年三月十六日 船手への法度書(永代日記)............................216
　　18　慶安四年七月十九日 馬追殺の件で申渡覚書(永代日記)........................217
　　19　慶安四年七月二十四日 由井正雪の乱のため関所など厳重警戒申渡(永代日記)..217
　　20　慶安四年十二月晦日 箱根関所通行改め覚書(永代日記)........................219
　　21　慶安四年十二月晦日 小田原町と西東道筋村民の松明など所持申渡(永代日記)..220
　　22　承応二年二月二日 箱根・根府川両関所制札(永代日記)........................220
　　付寛永二十一年 矢倉沢関所制札......220
　　23　承応二年二月五日 足軽共召抱覚(永代日記)..............................221
　　24　承応二年五月五日 諸役人勘定仕立様の覚(永代日記)..........................222

434　県史誌内容総覧・資料編1：近世—関東

神奈川県史 資料編4 近世(1)

25 承応二年五月十一日 湯元へ仰せ出しの覚(永代日記)……………………222
26 承応二年六月六日 惣侍中出仕の節城中へ召連供の者覚(永代日記)……223
27 承応二年六月九日 歩行頭者覚(永代日記)……………………………………225
28 承応二年六月十日 城内表門出入の者改覚書(永代日記)……………………225
29 承応二年六月二十六日 狩猟の節勢子大将へ扇子書付相渡の覚(永代日記)………226
30 承応二年閏六月十三日 箱根関所潜(くぐり)の者仕置覚書(永代日記)……227
31 承応二年閏六月十三日 箱根関所警衛の心得覚書(永代日記)………………228
32 承応二年閏六月十五日 根府川関所警衛の心得覚書(永代日記)………………229
33 承応二年七月一日 守随・善四郎秤販売定書(永代日記)……………………230
34 承応二年七月六日 成田村耕作不精者について調査覚書(永代日記抜書)……231
35 承応二年七月二十二日 根府川へ鹿狩につき勢子頭どもへ扇子に書付相渡の覚(永代日記)……231
36 承応二年七月二十四日 三ノ丸御門出入の者改め覚書(永代日記)……………232
37 承応二年七月二十八日 家中勤役等の定書(永代日記)………………………232
38 承応二年七月二十八日 家中風俗の定書(永代日記)………………………234
39 承応二年八月五日 家中の娘縁組に関する覚書(永代日記)……………………234
40 承応二年十月五日 百五十石取馬持免除申渡(永代日記)……………………235
41 承応二年十一月二十五日 小臣の家中夜間外出届出申渡(永代日記)…………235
42 承応二年十二月十八日 諸鳥の不法狩猟禁止申渡(永代日記)………………235
43 承応三年二月十五日 組中支配覚書(永代日記抜書)…………………………235
44 承応三年二月二十日 切支丹改め村々取調覚書(永代日記抜書)……………237
45 承応三年四月十四日 麦その他食物貯蔵申渡覚書(永代日記抜書)……………238
46 承応三年五月十九日 足軽中間人足召抱覚書(永代日記抜書)………………239
47 承応三年六月十二日 岩村あわび運上請負入札(永代日記抜書)……………239
48 承応三年六月十六日 武具・馬具役人の覚書(永代日記抜書)………………239
49 承応三年六月二十四日 侍分諸役人の領民との縁組につき申渡(永代日記抜書)…240
50 承応三年六月晦日 夫食米助成後農業出精報告(永代日記抜書)……………240

51 承応三年七月八日 根府川石密売取調報告(永代日記抜書)…………………240
52 承応三年八月五日 検見役人飲酒心得覚書(永代日記抜書)…………………243
53 承応三年八月二十日 小田原払米江戸廻送申渡(永代日記抜書)……………243
54 承応三年十一月三日 家中願出につき覚書(永代日記抜書)…………………243
55 承応三年十一月二十日 長崎より輸入品到着覚(永代日記抜書)……………243
56 承応三年十二月八日 大雪のため里下り鹿保護申渡(永代日記抜書)…………244
57 承応三年十二月十二日 名主組頭へ郷中御条目など申渡(永代日記抜書)……244
58 承応三年十二月十三日 郷中御条目(大井町金子 間宮健治氏蔵)……………244
59 承応三年十二月二十五日 小田原町大工・木挽城内御用勤規定(永代日記抜書)……246
60 承応三年十二月二十五日 領内小鳥禁猟覚書(永代日記抜書)………………246
61 承応三年十二月二十六日 町内米値段下落防止策検討申上(永代日記抜書)…246
62 明暦元年一月八日 年始祝儀小田原総代参上(永代日記)……………………246
63 明暦元年四月六日 御蔵蓄蔵幕府銭放出(永代日記)…………………………247
64 明暦元年六月二十日 酒匂川船després橋綱用の苧値段(永代日記)……………247
65 明暦元年七月四日 御厨領農民論場山林利用覚書(永代日記)………………247
66 明暦元年九月四日 領内の庄屋・五人組へ風水害などの心得申渡覚(南足柄町矢倉沢 田代克己氏蔵)………248
67 明暦二年一月十一日 土蔵開きの際貸金配分場所指定申渡(書抜御日記)……249
68 明暦二年一月十五日 扶持人の旅籠屋経営禁止申渡(書抜御日記)……………249
69 明暦二年一月二十八日 借銭訴訟の相互決済申渡(書抜御日記)……………249
70 明暦二年二月十一日 大雪のため里下り鹿の保護申渡(書抜御日記)…………249
71 明暦二年閏四月十日 諸鳥禁猟場指定覚書(永代日記)………………………250
72 明暦二年五月一日 矢倉沢・仙石原両関所の勤番心得覚書(永代日記)………250
73 明暦二年六月二日 蔵米値段定(書抜御日記)…………………………………251
74 明暦二年六月二十四日 真岡払納麦値段(書抜御日記)………………………251
75 明暦二年八月二十六日 総検地実施決定申上(書抜御日記)…………………251

県史誌内容総覧・資料編 1: 近世—関東　435

神奈川県史 資料編4 近世(1)

76 明暦二年八月晦日 総検地来年実施(書抜御日記)‥‥‥251
77 明暦二年九月八日 家臣屋敷内柿御用次第召上げ申渡(書抜御日記)‥‥‥251
78 明暦二年十月四日 奉公人・浪人などの心得覚書(永代日記)‥‥‥252
79 明暦二年十一月十日 金子村名主給田検地手形(大井町金子 間宮健治氏蔵)‥‥‥253
80 明暦二年十一月二十日 江戸城本丸普請用石材につき老中覚書(永代日記)‥‥‥253
81 明暦二年十一月二十九日 江戸城本丸奥方普請用石材目録(永代日記)‥‥‥254
82 明暦二年十二月五日 御手船売払と水主小頭扶持米加増申渡(書抜御日記)‥‥‥254
83 明暦二年十二月六日 小田原町人貸米申渡(書抜御日記)‥‥‥254
84 明暦二年十二月十五日 村々髪結改め(書抜御日記)‥‥‥254
85 明暦四年七月十八日 検地につき村民への通達書(開成町岡野 内藤一郎氏蔵)‥‥‥255
86 万治二年七月十七日 山北村検地につき村役人起請文(山北町山北 鈴木隆造氏蔵)‥‥‥255
87 万治三年一月六日 日光御参詣供人数心得申渡(永代日記)‥‥‥256
88 万治三年二月十八日 小田原城付領分の春夫食米貸付高覚(永代日記)‥‥‥256
89 万治三年二月十八日 餅米売払値段(永代日記)‥‥‥257
90 万治三年二月二十四日 江の浦鱈(ぼら)運上額申渡(永代日記)‥‥‥257
91 万治三年二月二十七日 小田原町内夫食米貸付(永代日記)‥‥‥257
92 万治三年二月二十八日 遠見番所見張り心得覚書(永代日記)‥‥‥257
93 万治三年三月二日 家臣の火付道具携帯禁止(永代日記)‥‥‥258
94 万治三年四月一日 駿河御厨領夫食米貸付(永代日記)‥‥‥258
95 万治三年四月二十三日 餅米売払値段(永代日記)‥‥‥258
96 万治三年六月二十三日 関東米売払値段(永代日記)‥‥‥259
97 万治三年六月二十四日 小田原餅米売払値段(永代日記)‥‥‥259
98 寛文元年一月四日 相模国西郡領内各村総代年始御礼参上‥‥‥259
99 寛文元年一月五日 御厨領各村総代年始御礼参上(永代日記)‥‥‥259
100 寛文元年一月六日 小田原町中惣代年始御礼参上(永代日記)‥‥‥259
101 寛文元年二月十三日 小田原城付領内の馬飼料銭貸付(永代日記)‥‥‥260

102 寛文元年二月二十一日 箱根・根府川両関所女手形提出(永代日記)‥‥‥260
103 寛文元年三月十五日 足軽の人柄改め申渡(永代日記)‥‥‥261
104 寛文元年五月四日 家臣借米申渡(永代日記)‥‥‥262
105 寛文元年五月十日 江戸浅草御蔵納入の小田原城米着船(永代日記)‥‥‥262
106 寛文元年五月十八日 小田原城米廻送費用書上(永代日記)‥‥‥263
107 寛文元年五月二十三日 播磨国西脇村の九兵衛船買入(永代日記)‥‥‥265
108 寛文元年五月二十四日 小田原城米江戸浅草御蔵納入手形(永代日記)‥‥‥266
109 寛文元年六月二日 御持筒平足軽の刀・脇指帯刀規定覚書(永代日記)‥‥‥267
110 寛文元年六月七日 旗の者・足軽・長柄者の刀・脇指所持心得(永代日記)‥‥‥267
111 寛文元年六月七日 御手船新規購入(永代日記)‥‥‥267
112 寛文元年六月九日 新規購入御手船命名(永代日記)‥‥‥268
113 寛文元年六月十日 新規御手船通手形(永代日記)‥‥‥268
114 寛文元年七月二十四日 真岡・柿岡領残米江戸運送(永代日記)‥‥‥269
115 寛文元年七月二十八日 小田原城米江戸浅草御蔵納入運賃受取(永代日記)‥‥‥269
116 寛文元年七月晦日 幕府留守居衆より関所所在国々領主への覚書(永代日記)‥‥‥270
117 寛文元年八月二十日 真岡・柿岡領畑方夏成金と春地払麦代金納入内訳(永代日記)‥‥‥272
118 寛文元年閏八月六日 箱根・根府川両関所の女通行手形(永代日記)‥‥‥272
119 寛文元年九月二十一日 蜜柑検見役人出張(永代日記)‥‥‥273
120 寛文元年十月二日 真鶴村民の持船買入(永代日記)‥‥‥273
121 寛文元年十月九日 御手船二艘買入(永代日記)‥‥‥274
122 寛文元年十一月十日 新規購入御手船改名通手形差出(永代日記)‥‥‥274
123 寛文元年十二月二十二日 真岡・柿岡領より当暮納金覚(永代日記)‥‥‥274
124 寛文元年十二月二十四日 城米買納覚書(永代日記)‥‥‥275
125 寛文二年一月九日 当寅年西郡・御厨村々と小田原町中人・牛馬改覚(永代日記)‥‥‥275
126 寛文二年二月六日 家中養子願覚書(永代日記)‥‥‥276

436 県史誌内容総覧・資料編1: 近世―関東

127　寛文二年二月晦日　箱根・根府川両関所女改覚書(永代日記)……………276
128　寛文二年二月晦日　当寅小田原領・御厨領夫食米貸付高目録(永代日記)……276
129　寛文二年三月二日　小田原町同心組減員申渡(永代日記)……………………277
130　寛文二年三月十四日　奥様召仕女小姓召抱覚書(永代日記)…………………277
131　寛文二年三月十四日　魚類江戸密売者処罰覚(永代日記)……………………278
132　寛文二年三月二十八日　小田原餅米払値段(永代日記)………………………279
133　寛文二年五月六日　御厨領村田植米貸付(永代日記)…………………………279
134　寛文二年五月六日　曽比・栢山村夫食種麦貸付(永代日記)…………………279
135　寛文二年五月六日　土肥村田植米貸付(永代日記)……………………………280
136　寛文二年五月二十七日　箱根宿三島・小田原両町境界杭打願い却下申渡(永代日記)……………………………………280
137　寛文二年五月二十七日　小田原浦・真名鶴浦幕府制札など書直し申渡(永代日記)……………………………………280
138　寛文二年六月二十六日　当座渡りの足軽などにつき覚書(永代日記)………280
139　寛文二年七月六日　小田原領・御厨領未進米延借許可(永代日記)…………281
140　寛文二年七月六日　七夕祝儀の刺鯖差上げ覚(永代日記)……………………281
141　寛文二年七月十二日　夜盗死罪申渡(永代日記)………………………………281
142　寛文二年七月二十一日　小田原・真岡・柿岡払米の値段書上(永代日記)…281
143　寛文二年七月二十五日　塔沢洪水被害の貸米返納期限申渡(永代日記)……282
144　寛文二年七月二十七日　船奉行・船頭に水主・船積人足・廻船等の心得覚書(永代日記)……………………………282
145　寛文二年八月十二日　家臣の刀・脇差所持心得覚書(永代日記)……………283
146　寛文二年八月十二日　検見役人領内各筋へ出張申渡(永代日記)……………284
147　寛文二年八月十八日　柿検見役人出張申渡(永代日記)………………………284
148　寛文二年八月二十一日　小田原米払値段書上(永代日記)……………………285
149　寛文二年九月九日　小田原城付領内の柿生産額目録(永代日記)……………285
150　寛文二年十月四日　領内へ鉄砲所持者改めなどの役人派遣申渡(永代日記)…285
151　寛文二年十月九日　小田原米払代金書上(永代日記)…………………………286

152　寛文二年十月九日　不審者入村などの心得につき請書(開成町岡野　内藤一郎氏蔵)………………………………………286
153　寛文二年十月十三日　二の丸裏門出入者改めにつき覚書(永代日記)………287
154　寛文二年十月十三日　小田原領・御厨領検見目録提出(永代日記)…………288
155　寛文二年十一月十四日　小田原米払代金書上(永代日記)……………………288
156　寛文三年八月十五日　勤役・風俗等の条々(永代日記)………………………289
157　寛文三年八月十五日　酒宴などにつき家中覚書(永代日記)…………………290
158　寛文三年八月二十四日　野方領検地申渡(永代日記)…………………………291
159　寛文三年九月二十五日　家中倹約条目(永代日記)……………………………291
160　寛文三年十月五日　小田原古米・餅米払代金書上(永代日記)………………293
161　寛文三年十一月晦日　小田原餅米払代金書上(永代日記)……………………294
162　寛文三年十二月十二日　野方領小樽村名主所払申渡(永代日記)……………294
163　寛文三年十二月二十二日　小田原渡し禄米の江戸廻送代金支払い(永代日記)……………………………………295
164　寛文三年十二月二十六日　餅米払代金(永代日記)……………………………295
165　寛文六年六月十一日　小田原城米蔵建直し(京都市伏見区　田辺陸夫氏蔵)…295
166　寛文六年十月五日　金目村水損地検分報告(永代日記)………………………296
167　寛文六年十月二十一日　中・西郡、伊豆東浦各領村の年貢諸役改め覚書(永代日記)……………………………………296
168　寛文六年十月二十一日　町方・村方の家屋竹木などにつき覚書(永代日記)…297
169　寛文六年十月二十二日　中・西両郡鷹場での鳥猟など覚書(永代日記)……297
170　寛文九年一月七日　領内町方・村方惣代の年始御礼参上(永代日記)………298
171　寛文九年二月二十七日　小田原餅米払代金書上(永代日記)…………………301
172　寛文九年二月二十八日　野方領四カ村拝借金願出(永代日記)………………302
173　寛文九年三月四日　柿岡領拝借米高・家数覚(永代日記)……………………302
174　寛文九年五月四日　小田原米払代金書上(永代日記)…………………………303
175　寛文九年五月二十一日　年忌・法事に関する覚書(永代日記)………………303
176　寛文九年五月二十六日　小田原米払代金書上(永代日記)……………………303

神奈川県史 資料編4 近世(1)

177 寛文九年六月十五日 小田原米払代金書上(永代日記) ……………………304
178 寛文九年六月十六日 お手船日吉丸の売却(永代日記) ……………………304
179 寛文九年六月十七日 小田原餅米払代金書上(永代日記) ……………………304
180 寛文九年十月九日 領民の離縁に関する覚書(山北町皆瀬川 井上良夫氏蔵)……304
181 寛文十年三月十五日 箱根台嶽山林伐採禁止請書(箱根町仙石原 勝俣栄一氏蔵)………………………………305
182 延宝元年二月十三日 連年不作のため秋借米停止申渡(永代日記書抜追加)…305
183 延宝元年三月十五日 馬取中間給金停止申渡(永代日記書抜追加)………305
184 延宝元年三月晦日 江戸詰家臣の倹約覚書(永代日記書抜追加)……………306
185 延宝元年七月二十二日 西郡玄倉山出産銅吹分方糸屋庄市郎へ時服下賜(永代日記)……………………………………306
186 延宝元年八月十一日 幕府の酒造・煙草作付制限申渡(永代日記)………306
187 延宝元年八月十四日 家中秋借米割当(永代日記) ……………………307
188 延宝元年十二月二日 小田原片浦船持十二艘問屋交替申渡(永代日記)…307
189 延宝元年十二月十三日 当年宗門改め目録・酒屋改帳提出(永代日記)…308
190 延宝二年一月七日 領内町村総代年始御礼参上(永代日記) ……………308
191 延宝二年一月十九日 箱根堀貫用件で小俣長右衛門ら奉行取立(永代日記)…310
192 延宝二年四月二日 幕府東海道宿駅へ銭貸付(永代日記) ……………310
193 延宝二年九月二十七日 千石以下家中定紋付着用覚書(永代日記)………312
194 延宝二年十二月十二日 真岡領未進米延借許可(永代日記) ……………312
195 延宝三年二月二日 幕府箱根より小田原・三島間駄賃割増(永代日記)…312
196 延宝三年三月八日 扶持米不足のため城米出穀許可(永代日記)………313
197 延宝三年三月十日 江戸詰二百石取家臣三年間馬持免除申渡(永代日記)……314
198 延宝三年閏四月二十二日 町奉行公事訴訟立合申渡(永代日記)…………314
199 延宝三年閏四月二十二日 侍・足軽・中間旅籠銭増銭覚書(永代日記)…315
200 延宝五年一月二十四日 古伝苗代様の法申渡(永代日記) ……………315
201 延宝五年三月五日 家中衣類など心得覚書(永代日記) ……………316

202 延宝五年六月五日 酒匂村名主処罰申渡(永代日記) ……………………317
203 延宝五年十二月二十七日 家中拝借金返済覚書(永代日記) ……………318
204 延宝六年一月七日 領内総代年始御礼参上(永代日記) ……………………318
205 延宝六年三月十一日 幕府川船改め極印打直し申渡(永代日記)…………319
206 延宝六年四月七日 宗門人別改め覚書(永代日記) …………………………320
207 延宝六年四月九日 供廻りと表小姓の衣類覚書(永代日記) ……………321
208 延宝八年一月二十二日 知行取高増上げ申渡(永代日記) ……………322
209 延宝八年一月二十二日 知行取高増上げなどにつき申渡(永代日記)……322
210 延宝八年二月三日 将軍四十の賀と加増拝領の祝使(永代日記) ………324
211 延宝八年二月八日 家中妻子・足軽の町屋見物などにつき覚書(永代日記)……324
212 延宝八年四月六日 新領伊豆国加茂郡・駿河国駿東郡受取報告(永代日記)…325
213 延宝八年四月六日 新知行地へ仕置の覚書(永代日記) …………………327
214 延宝八年四月十一日 新知行地の内街道筋建造覚書(永代日記)…………328
215 延宝八年五月九日 将軍家綱死去につき小田原へ申渡(永代日記)………329
216 延宝八年五月十日 小田原西筋・中筋代官交替申渡(永代日記)………331
217 延宝八年七月五日 村方・浦方制札(永代日記) ………………………331
218 延宝八年八月二十三日 城附番誓詞前書(永代日記) ………………………334
219 延宝八年八月二十八日 小田原町・箱根伝馬人足役へ出銭見積(永代日記)…337
220 延宝八年八月二十八日 石垣山小玉沢山林売払見積書(永代日記)………338
221 延宝八年九月二十七日 幕府の火事心得覚書申渡(永代日記)……………339
222 延宝八年十月二十一日 小田原城米曲輪登方土手修復など許可奉書(永代日記)……………………………………340
223 延宝八年十一月五日 江戸・小田原知行取米御金支払覚書(永代日記)…340
224 延宝八年十一月二十四日 幕府の酒造制限令配付(永代日記) ……………341
225 延宝八年十二月十四日 家中奉公下人領内の者召抱覚書(永代日記)……341
226 延宝八年十二月十七日 野方領行倒人調査心得覚書(永代日記) ………342
227 延宝八年十二月二十六日 江戸各屋敷出入者心得覚書(永代日記)…………342

438　県史誌内容総覧・資料編 1: 近世—関東

神奈川県史 資料編4 近世(1)

228 天和元年一月七日 領内各総代町村役人年始御礼参上(永代日記)……343
229 天和元年二月六日 疱瘡・麻疹罹病者勤務制限覚書(永代日記)……344
230 天和元年四月二十四日 知行取より切米取迄夜着蒲団の定(永代日記)……344
231 天和元年五月十六日 小田原城内蓄蔵幕府銭江戸廻送申渡(永代日記)……345
232 天和元年五月二十四日 江戸各屋敷門番・辻番所勤番心得覚書(永代日記)……346
233 元和元年五月二十四日 目付の者へ覚書(永代日記)……346
234 天和二年一月九日 領内の総代名主年始御礼参上(永代日記)……347
235 天和二年一月十一日 組頭に登用の者へ覚書(永代日記)……348
236 天和二年一月二十六日 家中拝借米と領内未進米の返済延期申渡(永代日記)……348
237 天和二年一月二十九日 江戸城中勤務家中覚書(永代日記)……349
238 天和二年二月十四日 東海道五十三継問屋へ正通合札配付(永代日記)……350
239 天和二年二月二十九日 家中の者外出などにつき覚書(永代日記)……350
240 天和二年三月二日 三崎村小川久兵衛・真鶴村廻船宿三大夫へ覚書(永代日記)……351
241 天和二年三月十七日 幕府より箱根関所番所と木戸建直し工事申渡(永代日記)……352
242 天和二年四月四日 当秋の年貢納入につき覚書(永代日記)……352
243 天和二年四月七日 真岡・柿岡領米俵納入改正覚書(永代日記)……353
244 天和二年四月十四日 家中の川網猟禁止覚書(永代日記)……353
245 天和二年四月十六日 真岡・柿岡領奉行庄野十兵衛御役召上申渡(永代日記)……354
246 天和三年閏五月廿七日 幕府より正通家督相続許可申渡(永代日記書抜追加)……354
247 天和三年六月十三日 正通旧領振替申渡(永代日記書抜追加)……355
248 天和三年六月二十七日 正通家督相続の際舎弟方へ分知の覚(永代日記書抜追加)……355
249 天和三年十二月十四日 幕府小田原箱根の駄賃増銭人足賃銭引下申渡(永代日記書抜追加)……355
250 貞享元年九月六日 大老堀田正俊刃傷事件報告(京都市伏見区 田辺陸夫氏蔵)……356
251 稲葉正則教戒覚書(京都市伏見区 田辺陸夫氏蔵)……358
252 稲葉正則書状(一)(京都市伏見区 田辺陸夫氏蔵)……359

253 稲葉正則書状(二)(京都市伏見区 田辺陸夫氏蔵)……359
254 稲葉正則書状(三)(京都市伏見区 田辺陸夫氏蔵)……360
255 稲葉正則書状(四)(京都市伏見区 田辺陸夫氏蔵)……360
256 稲葉正則書状(五)(京都市伏見区 田辺陸夫氏蔵)……361
257 稲葉正則書状(六)(京都市伏見区 田辺陸夫氏蔵)……361
258 稲葉正則書状(七)(京都市伏見区 田辺陸夫氏蔵)……362
259 稲葉正則書状(八)(京都市伏見区 田辺陸夫氏蔵)……363
260 稲葉正則書状(九)(京都市伏見区 田辺陸夫氏蔵)……363
261 稲葉正則書状(一〇)(京都市伏見区 田辺陸夫氏蔵)……364
262 稲葉正則書状(一一)(京都市伏見区 田辺陸夫氏蔵)……365
263 稲葉正則書状(一二)(京都市伏見区 田辺陸夫氏蔵)……365
264 稲葉正則書状(一三)(京都市伏見区 田辺陸夫氏蔵)……366
265 稲葉正則書状(一四)(京都市伏見区 田辺陸夫氏蔵)……367
266 稲葉正則書状(一五)(京都市伏見区 田辺陸夫氏蔵)……367
267 稲葉正則書状(一六)(京都市伏見区 田辺陸夫氏蔵)……368
268 稲葉正則書状(一七)(京都市伏見区 田辺陸夫氏蔵)……368
269 稲葉正則書状(一八)(京都市伏見区 田辺陸夫氏蔵)……370

3 藩内の村……373
(1) 村の概観……373
 <写>貞享3年足柄下郡高田村別堀村両村絵図(小田原市鴨宮 湯山恒由氏蔵)……373
 解説……374
270 寛文十一年九月 足柄下郡根府川村明細帳(小田原市根府川 広井ワカ氏蔵)……375
271 寛文十二年九月 足柄下郡小船村明細帳(橘町小船 船津常治氏蔵)……378
272 寛文十二年九月 足柄上郡久所村明細帳(中井町久所 加藤寿雄氏蔵)……383
273 寛文十二年七月 足柄上郡赤田村明細帳(大井町赤田 武松三重作氏蔵)……387
274 寛文十二年七月 足柄上郡篠窪村明細帳(大井町篠窪 小島巖氏蔵)……391
275 寛文十二年閏六月 足柄上郡山田村明細帳(大井町山田 了義寺蔵)……394

県史誌内容総覧・資料編 1: 近世—関東 439

276　寛文十二年八月　足柄上郡萱沼村明
　　細帳(松田町寄 飯田弥十郎氏蔵)……395
277　寛文十二年九月　足柄下郡曽我原村
　　明細帳(小田原市曽我原 中村祐忠氏
　　蔵)…………………………………398
278　寛文十二年七月　足柄下郡永塚村明
　　細帳(小田原市中里 井上務氏蔵)……401
279　寛文十二年七月　足柄下郡小台村明
　　細帳(小田原市小台 市川幸男氏蔵)……405
280　寛文十二年七月　足柄上郡飯沢村明
　　細帳(南足柄町飯沢 梶豪雄氏蔵)……408
281　寛文十二年七月　足柄下郡駒形新宿
　　村明細帳(南足柄町駒形新宿区蔵)……413
282　寛文十二年八月　足柄上郡金井嶋村
　　明細帳(開成町金井島 瀬戸格氏蔵)……415
283　寛文十二年六月　足柄下郡久野村明
　　細帳(小田原市立図書館蔵)……………419
284　寛文十二年七月　足柄下郡板橋村明
　　細帳(小田原市板橋 石塚荒吉氏蔵)……432
285　寛文十二年七月　足柄下郡須雲川村
　　明細帳(箱根町須雲川 加藤ヒロ氏蔵)……443
286　寛文十二年七月　足柄上郡仙石原村
　　明細帳(箱根町仙石原 勝俣栄一氏蔵)……445
287　寛文十二年七月　足柄下郡真鶴村明
　　細帳(真鶴町岩 朝倉敏治氏蔵・松本敬氏
　　蔵)……………………………………450
288　寛文十二年七月　足柄上郡平山村明
　　細帳(山北町平山 古瀬考一氏蔵)……460
289　寛文十三年七月　足柄上郡菖蒲村明
　　細帳(松田町惣領 小倉健八氏蔵)……464
290　延宝四年七月　足柄下郡岩村明細帳
　　(真鶴町岩 半田浩一氏蔵)……………468
(2)　土地と年貢……………………………471
＜写＞天正19年　足柄上郡金手村検地帳
　　(大井町金手 酒井道太郎氏蔵)……471
解説………………………………………472
291　天正十九年一月　足柄上郡井ノ口村
　　検地帳(中井町井の口 近藤九二三氏
　　蔵)……………………………………473
292　天正十九年　足柄下郡小竹村検地帳
　　(橘町小竹 竹見龍雄氏蔵)……………492
293　天正十九年　足柄上郡柳川村検地帳
　　(秦野市柳川 熊沢一郎氏蔵)…………516
294　天正十九年一月　足柄上郡篠窪村検
　　地帳(大井町篠窪 小島巌氏蔵)………534
295　天正十九年閏一月　足柄上郡山田村
　　検地帳(大井町山田 了義寺蔵)………546
296　天正十九年二月　足柄上郡金子村検
　　地帳(大井町金子 間宮健治氏蔵)……556
297　天正十九年二月　足柄上郡金手村検
　　地帳(大井町金手 酒井道太郎氏蔵)……611
298　天正拾九年一月　足柄郡西大友村検
　　地帳(小田原市西大友 松島緑郎氏蔵)……625

299　天正十九年二月　足柄上郡金井嶋村
　　検地帳(開成町金井島 瀬戸格氏蔵)……640
300　天正十九年　足柄下郡曽我谷津村検
　　地帳(小田原市曽我谷津 長谷川実氏)……651
301　天正十九年十一月　足柄上郡赤田村
　　壱人別帳(大井町赤田 武松三重作氏
　　蔵)……………………………………664
302　慶長十七年三月　足柄上郡金井嶋村
　　検地帳(開成町金井島 瀬戸格氏蔵)……677
303　寛永十七年八月　足柄上郡金井嶋村
　　検地帳(開成町金井島 瀬戸格氏蔵)……690
　　寛永拾七年　四冊之内　相州西郡之内金
　　井嶋村地詰之帳………………………690
304　正保二年十一月　足柄上郡篠窪村年
　　貢割付状(大井町篠窪 小島巌氏蔵)……738
305　寛文元年十月　足柄上郡篠窪村年貢
　　割付状(大井町篠窪 小島巌氏蔵)……740
306　正保二年十一月　足柄上郡菖蒲村年
　　貢割付状(秦野市菖蒲 須藤米蔵氏蔵)…741
307　寛永十二年十月　足柄上郡柳川村年
　　貢割付状(秦野市柳川 熊沢一郎氏蔵)…744
308　寛永十九年十一月　足柄上郡柳川村
　　年貢割付状(秦野市柳川 熊沢一郎氏
　　蔵)……………………………………745
309　明暦三年十月　足柄上郡柳川村年貢
　　割付状(秦野市柳川 熊沢一郎氏蔵)…746
310　万治三年十月　足柄上郡柳川村年貢
　　割付状(秦野市柳川 熊沢一郎氏蔵)…747
311　天和元年十月　足柄上郡虫沢村年貢
　　割付状(松田町 虫沢区蔵)……………748
312　寛文元年十月　足柄上郡萱沼村年貢
　　割付状(二宮町二宮 安藤安孝氏蔵)…751
313　正保三年十一月　足柄上郡金子村年
　　貢割付状(大井町金子 間宮健治氏蔵)…752
314　万治三年十月　足柄上郡金子村年貢
　　割付状(大井町金子 間宮健治氏蔵)……754
315　元和三年十月　足柄上郡金井嶋村年
　　貢割付状(開成町金井島 瀬戸格氏蔵)…756
316　天正十九年十一月　足柄上郡金井嶋
　　村年貢割付状(開成町金井島 瀬戸格氏
　　蔵)……………………………………756
317　万治三年十月　足柄上郡金井嶋村年
　　貢割付状(開成町金井島 瀬戸格氏蔵)…758
318　元和五年十一月　足柄上郡岡野村年
　　貢割付状(開成町岡野 内藤一郎氏蔵)…760
319　寛永十年十月　足柄上郡岡野村年貢
　　割付状(開成町岡野 内藤一郎氏蔵)…761
320　寛永十九年十一月　足柄上郡岡野村
　　年貢割付状(開成町岡野 内藤一郎氏
　　蔵)……………………………………762
321　明暦二年十月　足柄上郡岡野村年貢
　　割付状(開成町岡野 内藤一郎氏蔵)…763

322　寛文二年十月　足柄上郡岡野村年貢割付状(開成町岡野　内藤一郎氏蔵)……765
323　寛文十七年十月　足柄上郡皆瀬川村鍛冶屋敷年貢割付状(山北町皆瀬川　井上良夫氏蔵)……766
324　明暦二年十月　足柄上郡皆瀬川村年貢割付状(山北町皆瀬川　井上良夫氏蔵)……770
325　寛文五年十月　足柄上郡皆瀬川村年貢割付状(山北町皆瀬川　井上良夫氏蔵)……776
326　寛文六年十月　足柄上郡皆瀬川村年貢割付状(山北町皆瀬川　井上良夫氏蔵)……777
327　慶安三年十月　足柄上郡炭焼所村年貢割付状(小田原市南町　東海俊美氏蔵)……779
328　寛永七年十二月　足柄上郡蓮正寺村年貢割付状(小田原市本町　小沢俶男氏蔵)……780
329　寛文五年十一月　足柄上郡仙石原村年貢割付状(箱根町仙石原　勝俣栄一氏蔵)……781
330　寛永十五年十月　足柄上郡川村山家年貢割付状(改訂新編相州古文書一)……782

4　住民の生活……………………………………783
(1)　家と家族………………………………783
　＜写＞寛文2年　足柄下郡湯触村人馬改帳（山北町湯触　水野勝弘氏蔵）………783
　解説……………………………………784
331　正保四年一月　足柄上郡仙石原村人別帳(箱根町仙石原　勝俣栄一氏蔵)……785
332　万治三年十月　足柄上郡山田村家並改帳(大井町山田　香川智雄氏蔵)……787
333　寛文二年十月　足柄上郡湯触村人馬改帳(山北町清水谷峨　水野勝弘氏蔵)……793
334　寛文五年四月　足柄上郡千津嶋村宗門改帳(明治大学刑事博物館蔵)……797
335　寛文五年　足柄上郡山北村宗門改帳(山北町山北　鈴木隆造氏蔵)……819
336　寛文十二年七月　足柄上郡赤田村百姓系譜(大井町赤田　武松三重作氏蔵)……820
337　延宝八年八月　足柄上郡千津嶋村宗門改帳(明治大学刑事博物館蔵)……833
338　延宝八年閏八月　足柄上郡千津嶋村下人宗門改帳(明治大学刑事博物館蔵)……864
(2)　自然と生活………………………………883
　＜写＞足柄上郡金井嶋村旧名主屋敷(開成町金井島　瀬戸格氏邸)……883
　解説……………………………………884

339　寛永四年九月　小田原津田藤兵衛紺屋役に関する願書(小田原市板橋　津田泰三氏蔵)……885
340　寛永六年五月　根府川石材受取証文(小田原市根府川　広井ワカ氏蔵)……885
341　寛永七年十月　小田原城天守閣用石材代金前渡証文(小田原市根府川　広井ワカ氏蔵)……886
342　寛永七年十月　小田原城天守閣用石材代金受取証文(小田原市根府川　広井ワカ氏蔵)……886
343　寛永八年四月　千津嶋村門被官百姓新屋敷に家造わび証文(明治大学刑事博物館蔵)……887
344　寛永十二年二月　江の浦の者江戸城天守閣用石材盗売のため弁償証文(小田原市根府川　広井ワカ氏蔵)……888
345　寛永十二年九月　江の浦蓬沢九鬼久隆丁場内の幕府用石材取替証文(小田原市根府川　広井ワカ氏蔵)……888
346　寛永十二年十一月　江の浦立花氏丁場天守閣用石材受取証文(小田原市根府川　広井ワカ氏蔵)……888
347　寛永十二年十二月　江の浦蓬沢にて幕府用石紛失につき切替証文(小田原市根府川　広井ワカ氏蔵)……889
348　寛永十二年十二月　江の浦蓬沢有馬氏丁場の幕府用石盗難につき切替渡証文(小田原市根府川　広井ワカ氏蔵)……890
349　寛永十三年八月　江の浦蓬沢石場天守用石改証文(小田原市根府川　広井ワカ氏蔵)……890
350　寛永十七年八月　金井嶋村五郎左衛門下人婚姻に関する請証文(開成町金井嶋瀬戸格氏蔵)……890
351　寛永十七年十月　栢山村伊右衛門門屋除きにつき請証文(小田原市栢山　小沢秀徳氏蔵)……891
352　寛永十八年七月　風祭村万松院へ名主ら横暴に関する申上状(小田原市風祭　万松院蔵)……892
353　寛永十九年四月　千津嶋村文右衛門門譜代無断で離村によりわび証文(明治大学刑事博物館蔵)……893
354　正保二年十二月　小田原町侍屋敷・寺町など火災報告(永代日記抜書同月一日の条)……894
355　慶安四年三月　江戸などより伊勢参詣者通行改覚(永代日記同月二十九日の条)……894
356　承応二年閏六月　井細田村民市十郎探索の立札案文(日記抜書同月三日の条)……894

神奈川県史 資料編4 近世(1)

357 承応三年三月 雑色村村方騒動経過報告(日記抜書同月五日の条)……895
358 承応三年八月 早川村より網場借用証文(小田原市早川 加藤秀明氏蔵)……895
359 明暦元年七月 駿河御厨領下和田村ほか境論裁許絵図裏書(永代日記同月十一日の条)……895
360 明暦元年八月 小田原領大風雨被害報告(永代日記同月十九日の条)……896
361 明暦元年十月 領内所払の水主門川村にて自殺報告(永代日記同月二十日の条)……897
362 明暦二年八月 小田原領内全町村大風雨被害報告(永代日記同月二十四日の条)……897
363 明暦四年七月 金子村民の最明寺境内立入伐採に関する請証文(大井町金子最明寺蔵)……898
364 万治二年十一月 仏崎網場争論裁許証文(小田原市本町 久保田喜八氏蔵)……899
365 寛文二年二月 板橋村妙安寺追放の住職同村蓮正寺へ再任事情報告(永代日記同月十日の条)……899
366 寛文二年三月 和田河原村名主切支丹嫌疑につき探索申渡(永代日記同月一日の条)……900
367 寛文二年三月 伊勢参詣の箱根関所通行人数報告(永代日記同月二十日の条)……901
368 寛文二年三月 岡野村下女請人の口上書(開成町岡野 内藤一郎氏蔵)……902
369 寛文三年一月 早川村網場抵当借金証文(小田原市早川 加藤秀明氏蔵)……902
370 寛文六年十一月 根府川石материал切出請負証文(小田原市根府川 広井ワカ氏蔵)……903
371 寛文九年一月 小田原町米屋弥左衛門欠落に関する報告(一)(永代日記同月二十三日の条)……904
372 寛文九年一月 小田原町米屋弥左衛門欠落に関する報告(二)(永代日記同月二十八日の条)……905
373 寛文九年二月 小田原新町火災報告(永代日記同月二十一日の条)……905
374 寛文九年二月 小田原山形町火災報告(永代日記同月二十三日の条)……905
375 寛文九年十月 皆瀬川村煙草作付証文(山北町皆瀬川 井上良夫氏蔵)……906
376 寛文十年九月 皆瀬川村馬書上帳(山北町皆瀬川 井上良夫氏蔵)……906
377 寛文十二年三月 千津嶋村文右衛門の門譜代女子婚姻に関する請証文(明治大学刑事博物館蔵)……908

378 寛文十二年六月 留山へ箱根町の者立入のためわび証文(箱根町仙石原 勝俣栄一氏蔵)……909
379 延宝元年八月 小田原城付領内大風雨被災報告(一)(永代日記同月十一日の条)……909
380 延宝元年八月 小田原城付領大風雨被災報告(二)(永代日記同月十三日の条)……910
381 延宝元年八月 風水害被災の小田原西東海道筋町内修復報告申渡(永代日記同月二十七日の条)……910
382 延宝二年一月 前川村塩年貢減免願証文(静岡県熱海市泉 熊沢重一氏蔵)……911
383 延宝二年十一月 小田原万年町商人鉄売掛金未払訴訟裁決(永代日記同月十六日の条)……911
384 延宝三年六月 皆瀬川村百姓茂右衛門姉奉公中死去につき口上書(永代日記同月三日の条)……912
385 延宝四年八月 藩江戸各屋敷と領内持船の大風雨被害報告(永代日記同月十三日の条)……913
386 延宝四年八月 小田原城付領内大風雨被害報告(一)(永代日記同月十四日の条)……917
387 延宝四年八月 小田原城付領内大風雨被害報告(二)(永代日記同月十六日の条)……917
388 延宝四年十二月 小田原町内火災被災者見舞覚(永代日記同月二十二日の条)……918
389 延宝八年一月 御役網仕掛けの漁獲密売に関するわび証文(静岡県熱海市泉 熊沢重一氏蔵)……918
390 延宝八年八月 金目村所左衛門藍売掛金未払訴訟状写(永代日記同月二十四日の条)……919
391 延宝九年二月 栢山村譜代とら女身請証文(小田原市栢山 小沢秀徳氏蔵)……920
392 延宝九年二月 栢山村門屋吉兵衛など身請証文(小田原市栢山 小沢秀徳氏蔵)……921
393 天和二年五月 土肥堀之内村治兵衛買掛金訴訟報告(永代日記同月五日の条)……921
394 天和二年六月 山王原村彦右衛門細物買掛金訴訟報告(永代日記同月一日の条)……922
395 天和二年六月 岩村清兵衛船蝦夷漂着記(永代日記同月十三日の条)……923

5 寺院と神社……927

神奈川県史 資料編4 近世(1)

＜写＞寛文七年九月 箱根神社棟札(箱根町箱根 箱根神社蔵) ……………927
解説 …………………………………928
396 慶長二年六月 金子村最明寺禁制(大井町金子 最明寺蔵) ……………929
397 慶長四年五月 飯泉村聖智院領寄進状(改訂新編相州古文書一) ……929
398 慶長八年六月 酒匂村妙蓮寺領寄進状(改訂新編相州古文書一) ……929
399 慶長十八年一月 曽我谷津村曽我神社祈願状(小田原市曽我谷津 尾崎一雄氏蔵) ……………………………930
400 慶長十九年三月 成田村金阿弥、遊行三十二世上人証状(改訂新編相州古文書一) ……………………………930
401 慶長十九年十月 湯本村地蔵免安堵状(箱根町湯本 正眼寺蔵) ………930
402 元和二年三月 栢山村善栄寺由緒書(小田原市栢山 善栄寺蔵) ……931
403 元和三年九月 曽我谷津村曽我神社領安堵状(小田原市曽我谷津 尾崎一雄氏蔵) ……………………………933
404 元和三年十一月 国府津村宝金剛寺徳川秀忠寺領安堵状(小田原市国府津 宝金剛寺蔵) ……………………………934
405 元和八年四月 関本村最乗寺の内松木伐採申入状(改訂新編相州古文書一) ……934
406 元和九年七月 関本村最乗寺内山林伐採申入状(改訂新編相州古文書一) ……935
407 寛永十三年七月 関本村最乗寺禁制(南足柄町関本 鈴木雄一氏蔵) ……935
408 寛永十四年六月 湯本村地蔵免稲葉氏年寄連署状(箱根町湯本 正眼寺蔵) ……936
409 寛永十四年七月 小田原山角町居神大明神と実相寺境および庭松寺領覚書(改訂新編相州古文書一) ……………936
410 寛永十七年四月 小田原山角町大久寺領内替地稲葉氏年寄連署状(改訂新編相州古文書一) ……………937
411 寛永十九年十一月 箱根町金剛王院、仁和寺御室令旨(改訂新編相州古文書一) ……………………………937
412 正保四年四月 栢山村善栄寺領検分帳状(小田原市栢山 善栄寺蔵) …937
413 慶安元年八月 関本村最乗寺境内山林朱印願の稲葉正則書状(改訂新編相州古文書一) ……………938
414 慶安元年八月 湯本村早雲寺、徳川家光寺領安堵状(箱根町湯本 早雲寺蔵) ……938
415 慶安二年二月 松田惣領延命寺由緒書(松田町惣領 延命寺蔵) ……938

416 慶安二年十月 金子村最明寺朱印に関する稲葉正則書状(大井町金子 最明寺蔵) ……939
417 慶安二年五月 栢山村善栄寺朱印願に関する稲葉正則書状(小田原市栢山 善栄寺蔵) ……939
418 慶安二年十一月 国府津村真楽寺、徳川家光寺領安堵状(小田原市国府津 真楽寺蔵) ……940
419 寛文七年九月 箱根宿箱根神社稲葉正則奉納棟札(箱根町箱根 箱根神社蔵) ……940
420 寛文十二年七月 国府津村宝金剛寺由緒書(小田原市国府津 宝金剛寺蔵) ……941
421 延宝八年六月 岩村滝門寺本末寺領覚上覚(真鶴町岩 滝門寺蔵) ……941
422 天和二年七月 井之口村米倉寺、稲葉正則寺領安堵状(中井町井ノ口 米倉寺蔵) ……942
423 天和二年七月 栢山村善栄寺、稲葉正則寺領安堵状(小田原市栢山 善栄寺蔵) …942
424 天和二年七月 塚原村長泉院、稲葉正則寺領安堵状(南足柄町塚原 長泉院蔵) …943
425 天和二年七月 早川村海蔵寺、稲葉正則寺領安堵状(改訂新編相州古文書一) …943
426 天和二年七月 上大井村三島神社、稲葉正則社領安堵状(大井町上大井 三島神社蔵) ……943
427 天和二年七月 板橋村香林寺、稲葉正則領安堵状(改訂新編相州古文書一) ……944
428 関本村最乗寺立札に関する稲葉正則書状(改訂新編相州古文書一) ……944
429 関本村最乗寺領に関する稲葉氏年寄連署状(改訂新編相州古文書一) ……944
430 小田原山角町大久寺由緒書(小田原市城山 大久寺蔵) ……945
431 金子村最明寺由緒書(大井町金子 最明寺蔵) ……947

小田原藩領編年資料目録(1591―1686) ……………………………1～44
解説 …………………………………1
＜写＞足柄平野 …………………2
総論 …………………………………3
　神奈川県史上の近世 ……………3
　近世資料の存在状況 ……………3
　　＜表＞第1表　近世の相模国と武蔵国3部の各郡村数と石高の変遷
　　　［＊幕領江川代官資料；小田原藩初期稲葉家資料；浦賀奉行所資料］
　近世資料編の編集方針 …………8
　　［＊「地廻り」；『新編相模国風土記稿』；『新編武蔵国風土記稿』］

各説 …………………………………10

県史誌内容総覧・資料編 1: 近世―関東　443

神奈川県史 資料編4 近世(1)

相模国と武蔵国三郡の藩領 …………… 10
藩領の成立とその概観 ……………… 10
　＜表＞第2表　寛文4年(1664)の藩領分
　　布表 ……………………………… 12
　＜表＞第3表　明治元年(1868)の藩領
　　分布 ……………………………… 13
相模国と武蔵国三郡の藩領 …………… 14
　(1)　青山氏 ………………………… 15
　　忠成(ただなり)(播磨守) ………… 15
　　忠俊(ただとし)(伯耆守) ………… 15
　　宗俊(むねとし)(因幡守) ………… 15
　　忠雄(ただお)(和泉守) …………… 16
　　忠重(ただしげ)(下野守) ………… 16
　(2)　阿部氏(一) …………………… 16
　　正次(まさつぐ)(備中守) ………… 16
　(3)　阿部氏(二) …………………… 17
　　忠秋(ただあき)(豊後守) ………… 17
　　正能(まさよし)(播磨守) ………… 17
　　正武(まさたけ)(豊後守) ………… 17
　　正喬(まさたか)(飛騨守) ………… 17
　(4)　井上氏 ………………………… 18
　　正長(まさなが)(遠江守) ………… 18
　(5)　板倉氏 ………………………… 18
　　重矩(しげのり)(内膳正) ………… 18
　(6)　稲葉氏 ………………………… 19
　　正勝(まさかつ)(丹後守) ………… 19
　　正則(まさのり)(美濃守) ………… 19
　　正通(まさみち)(丹後守) ………… 19
　(7)　大岡氏 ………………………… 19
　　忠政(ただまさ)(忠右衛門) ……… 19
　　忠行(ただゆき)(忠四郎) ………… 19
　　忠世(ただよ)(忠右衛門) ………… 19
　　忠真(ただざね)(忠右衛門) ……… 19
　　忠相(ただすけ)(越前守) ………… 19
　(8)　太田氏 ………………………… 20
　(9)　大久保氏(一) ………………… 20
　　忠世(ただよ)(七郎右衛門) ……… 20
　　忠隣(ただちか)(相模守) ………… 20
　　忠職(ただもと)(加賀守) ………… 20
　　忠朝(ただとも)(加賀守) ………… 21
　　忠増(ただます)(加賀守) ………… 21
　　忠方(ただかた)(加賀守) ………… 21
　　忠興(ただおき)(大蔵大輔) ……… 21
　　忠由(ただよし)(加賀守) ………… 22
　　忠顕(ただあき)(加賀守) ………… 22
　　忠真(ただざね)(加賀守) ………… 22
　　忠愨(ただなお)(加賀守) ………… 22
　(10)　大久保氏(二) ……………… 23
　　教寛(のりおき)(長門守) ………… 23
　　教端(のりまさ)(筑後守) ………… 23
　　教起(のりおき)(長門守) ………… 23
　　教倫(のりみち)(長門守) ………… 23
　　教翅(のりのぶ)(長門守) ………… 23
　　教孝(のりたか)(出雲守) ………… 23
　　教義(のりよし)(出雲守) ………… 23
　(11)　大久保氏(三) ……………… 24
　　常春(つねはる)(佐渡守) ………… 24
　　忠胤(ただたね)(山城守) ………… 24
　(12)　加々爪氏 …………………… 25
　　政尚(まさなお)(備後守) ………… 25
　　忠澄(ただずみ)(民部少輔) ……… 25
　　直澄(なおずみ)(甲斐守) ………… 25
　　直清(なおきよ)(土佐守) ………… 25
　(13)　久世氏 ……………………… 25
　　広之(ひろゆき)(大和守) ………… 25
　　重之(しげゆき)(出雲守) ………… 26
　　暉之(てるゆき)(讃岐守) ………… 26
　　広明(ひろあき)(大和守) ………… 26
　　広誉(ひろやす)(隠岐守) ………… 26
　(14)　酒井氏 ……………………… 28
　　忠清(ただきよ)(雅楽頭) ………… 28
　　忠挙(ただたか)(雅楽頭) ………… 28
　　忠相(ただみ)(雅楽頭) …………… 28
　　親愛(ちかよし)(雅楽頭) ………… 28
　　親本(ちかもと)(雅楽頭) ………… 28
　　忠恭(ただずみ)(雅楽頭) ………… 28
　(15)　田沼氏 ……………………… 29
　　意行(もとゆき)(主殿頭) ………… 29
　　意次(おきつぐ)(主殿頭) ………… 29
　　意明(おきあき)(淡路守) ………… 29
　(16)　堀田氏(一) ………………… 30
　　正盛(まさもり)(加賀守) ………… 30
　　正信(まさのぶ)(上野介) ………… 30
　(17)　堀田氏(二) ………………… 30
　　正俊(まさとし)(加賀守) ………… 30
　　正仲(まさなか)(下総守) ………… 30
　　正虎(まさとら)(伊豆守) ………… 30
　　正春(まさはる)(内記) …………… 31
　　正亮(まさすけ)(相模守) ………… 31
　　正順(まさなり)(相模守・大蔵大
　　　輔) ……………………………… 31
　(18)　保科(松平)氏 ……………… 31
　　容衆(かたひろ)(肥後守) ………… 31
　(19)　本多氏 ……………………… 32
　　正信(まさのぶ)(佐渡守) ………… 32
　(20)　牧野氏 ……………………… 32
　　成貞(なりさだ)(備後守) ………… 32
　　成春(なりはる)(備前守) ………… 32
　(21)　松平(大河内)氏(一) ……… 33
　　正綱(まさつな)(右衛門大夫) …… 33
　　正信(まさのぶ)(備前守) ………… 33

444　県史誌内容総覧・資料編1: 近世―関東

　　　　正久(まさひさ)(弾正忠・備前
　　　　　　守) ……………………………… 33
　　　(22)　松平氏(二) ………………… 33
　　　　康福(やすとみ)(周防守) ………… 33
　　　　康定(やすさだ)(周防守) ………… 34
　　　(23)　松平氏(三) ………………… 34
　　　　信綱(のぶつな)(伊豆守) ………… 34
　　　(24)　松平氏(四) ………………… 34
　　　　忠長(ただなが)(大納言) ………… 34
　　　(25)　松平(越智)氏(五) ………… 35
　　　　清武(きよたけ)(下総守) ………… 35
　　　　武雅(たけまさ)(肥前守) ………… 35
　　　　武元(たけちか)(右近将監) ……… 35
　　　(26)　松平氏(六) ………………… 35
　　　　朝矩(とものり)(大和守) ………… 35
　　　(27)　間部氏 ……………………… 36
　　　　詮房(あきふさ)(越前守) ………… 36
　　　(28)　増山氏 ……………………… 36
　　　　正利(まさとし)(弾正少輔) ……… 36
　　　(29)　水野氏 ……………………… 37
　　　　勝成(かつなり)(日向守) ………… 37
　　　　勝俊(かつとし)(美作守) ………… 37
　　　　勝貞(かつさだ)(備前守) ………… 37
　　　　勝種(かつたね)(美作守) ………… 37
　　　(30)　森川氏 ……………………… 37
　　　　重俊(しげとし)(内膳正) ………… 37
　　　　重政(しげまさ)(伊賀守) ………… 37
　　　(31)　柳沢氏 ……………………… 38
　　　　吉保(よしやす)(出羽守・美濃
　　　　　　守) ……………………………… 38
　　　(32)　米倉氏 ……………………… 38
　　　　昌尹(まさただ)(丹後守) ………… 38
　　　　昌明(まさあき)(長門守) ………… 38
　　　　昌照(まさてる)(丹後守) ………… 39
　　　　忠仰(ただすけ)(丹後守) ………… 39
　　藩領編の構成 ………………………… 41
　　本巻の対象地域と編集方針 ………… 42
　　小田原藩政と藩領の変遷 …………… 42
　　　[*「村請制」;寺請制;宗門改め]
　　　<表>第4表　小田原藩領の変遷表‥46
　　　　～53
　　本巻に関する調査と編集 …………… 55
あとがき(神奈川県企画調査部参事兼県史
　編集室長　酒井敬一) ……………1～2
主な関係者名簿 …………………………… 3
　神奈川県史編集懇談会会員　昭和46年2月1日
　　現在 …………………………………… 3
　神奈川県史編集委員会委員　昭和46年2月1日
　　現在 …………………………………… 3
　　　津田文吾(委員長;知事)
　　　森久保虎吉(副委員長;副知事)

神奈川県史　資料編4　近世(1)

　　　竹内理三(副委員長;県史総括監修者)
　　　大久保利謙(委員;県史主任執筆委員兼主任
　　　　調査員)
　　　児玉幸多(委員;県史主任執筆委員兼主任調
　　　　査員)
　　　安藤良雄(委員;県史主任執筆委員兼主任調
　　　　査員)
　　　白根雄偉(委員;県総務部長)
　　　曽山晧(委員;県教育長)
　　　羽毛田潔(委員;県企画調査部長)
　　　斎藤太次郎(委員;県立博物館長)
　　　※増淵晋一(新任)(委員;県立図書館長)
　　　※阿部宗芳(新任)(委員;県立川崎図書館長)
　　　酒井敬一(委員;県企画調査部参事兼県史編
　　　　集室長)
　　　坂本太郎(顧問;東京大学名誉教授)
　神奈川県史調査員兼執筆委員　昭和46年2月1
　　日現在 ………………………………… 4
　人物編集のために協力をお願いしている
　　方々　昭和46年2月1日現在 ……… 4
　神奈川県史編集参与　昭和46年2月1日現在 …… 5

県史誌内容総覧・資料編 1: 近世―関東　　445

神奈川県史 資料編5 近世(2)
神奈川県企画調査部県史編集室 編集
神奈川県監修
昭和47年3月18日発行

<大久保氏が貞享三年(一六八六)に再封された時から、明治四年(一八七一)の廃藩置県まで>
　<口絵>貞享3年(1686) 大久保加賀守様御入部以来御条目 山北町山北 鈴木隆造氏蔵
　<口絵>文政元年(1818) 小田原藩主大久保忠真郷中の者へ申渡箇条 小田原市曽比新屋敷 剱持孝文氏蔵
　<口絵>弘化4年(1847) 竹松村幸内へ脇差許可の免状 南足柄町竹松 河野茂之氏蔵
　<口絵>二宮尊徳書簡 小田原市栢山 善栄寺蔵
　<口絵>元文3年(1738) 相模国足柄郡村々入会山請証文帳 南足柄町竹松区蔵
　<口絵>安永10年(1781) 小田原領内組合村申合府川村民請状 小田原市府川 稲子正治氏蔵
　<口絵>天明3年(1783) 荻野山中藩陣屋敷地絵図 厚木市林 柏木喜重郎氏蔵
　<口絵>文化2年(1805) 荻野山中藩主大久保教孝触出の養蚕要略写 相模原市下溝 座間美都治氏蔵
序(神奈川県知事 津田文吾)
凡例
第3部　近世後期の相模の村々 ………………… 1
　<写>元禄15年 郷帳・国絵図作成に関する調査申渡覚(成田村「御用留」より)(小田原市成田 村山金重氏蔵) ……………………… 1
　解説 ……………………………………………… 2
　1　元禄十五年 相模国郷帳(内閣文庫蔵) ……… 3
　2　元禄十五年 武蔵国橘樹・久良岐・都筑三郡郷帳(内閣文庫蔵) ……………………… 24
　3　天保五年 相模国郷帳(内閣文庫蔵) ……… 32
　4　天保五年 武蔵国橘樹・久良岐・都筑三郡郷帳(内閣文庫蔵 天保五年「武蔵国郷帳上」より抜粋) ……………………………… 53

第4部　近世後期の大名と領地 ………………… 61
　<写>文政11年津久井県十二ケ村小田原藩へ引渡につき幕府代官の諸事申渡請書(明治大学刑事博物館蔵) ……………………… 61
　解説 ……………………………………………… 62
　5　寛延四年三月 小田原藩大久保氏領知目録(小田原市南町 有浦章氏蔵) ……………………… 63
　6　天保十三年 荻野山中藩大久保氏郷村高付覚(静岡県沼津市松永 増山温一氏蔵) ……… 64
　7　元禄九年四月 六浦藩米倉氏領知目録(横浜市金沢区 米倉五郎氏蔵) ……………………… 66
　8　宝暦十一年十月 下総国佐倉藩堀田氏領知目録 ……………………………………………… 67
　　御判物御朱印知行割領知目録写(千葉県佐倉市 財団法人日産厚生会蔵) ……………… 67
　9　安政二年 下野国烏山藩大久保氏領知目録(栃木県那須郡烏山町本町 菊地正夫氏蔵) ……… 71
　10　元禄十二年 下総国生実藩森川氏領知目録(千葉県立中央図書館蔵) ………………… 72

第5部　小田原藩 ………………………………… 75
　1　大名と家臣 ………………………………… 75
　　<写>天明2年 大久保氏分限帳(小田原市立図書館蔵) ……………………………… 75
　　解説 ……………………………………………… 76
　　11　大久保家歴代高調(小田原市立図書館蔵) ……………………………………………… 77
　　12　寛文十年 大久保氏唐津時代順席帳(小田原市扇町 須田金作氏蔵) ……………… 103
　　13　天明二年 大久保氏分限帳(小田原市立図書館蔵) ……………………………… 116
　　14　小田原藩軍役覚書(小田原市本町 岩瀬正直氏蔵) ……………………………… 135
　　15　大久保氏高帳・領内諸書留(小田原市中里 原正氏蔵) ……………………………… 145
　　16　宝暦五年―寛政七年小田原藩収納平均帳(二宮尊徳全集十四) ………………… 216
　　17　寛政八年―天保七年小田原藩収納平均帳(二宮尊徳全集十四) ………………… 234
　2　政治の推移 ………………………………… 251
　　<写>享保3年 町人衣類につき伺指令(小田原市本町 岩瀬正直氏蔵) ……………… 251
　　解説 ……………………………………………… 252
　　18　貞享三年八月 火の用心・年貢上納等郷村取締覚 ………………………………………
　　19　貞享三年十一月 城受取後に郡代廻郷の節の心得方申渡覚(山北町山北 鈴木隆造氏蔵) ……………………………… 253
　　20　貞享三年十二月 火の用心・不審者入村・御林山焼等申渡覚(山北町山北 鈴木隆造氏蔵) ……………………………… 254

446　県史誌内容総覧・資料編1:近世―関東

21　貞享四年一月　幕府の生類憐令の通達覚（山北町山北　鈴木隆造氏蔵）……………255
22　貞享四年三月　生類殺生等取締覚（山北町山北　鈴木隆造氏蔵）……………255
23　貞享四年九月　非法の郡方役人上申請書（山北町山北　鈴木隆造氏蔵）……………256
24　貞享四年十二月　捨馬等取締覚（山北町共和支所蔵）……………257
25　貞享四年十二月　郷中条目（山北町山北　鈴木隆造氏蔵）……………258
26　貞享五年二月　鉄砲所持の浪人書上方申渡（山北町山北　鈴木隆造氏蔵）……………262
27　貞享五年八月　寺社方条目（山北町山北　鈴木隆造氏蔵）……………262
28　貞享五年九月　捨馬取締申渡（山北町山北　鈴木隆造氏蔵）……………262
29　元禄元年十二月　火の元取締覚（山北町山北　鈴木隆造氏蔵）……………263
30　元禄二年一月　類類憐につき申渡（山北町山北　鈴木隆造氏蔵）……………264
31　元禄四年五月　日蓮宗不受不施派禁止覚（山北町山北　鈴木隆造氏蔵）……………266
32　元禄四年十一月　鍬下年季・村方諸役等につき申渡覚（山北町山北　鈴木隆造氏蔵）……………267
33　元禄五年六月　領内にて山神・自然居士・自然石と唱える石取調申渡覚（山北町山北　鈴木隆造氏蔵）……………267
34　元禄七年七月　郷内鞠売商売取締覚（山北町山北　鈴木隆造氏蔵）……………268
35　元禄七年十二月　村内に怪しき者立入につき取締請書（山北町山北　鈴木隆造氏蔵）……………268
36　元禄八年七月　年貢皆済まで諸勧進・諸商売禁止・穀留等申渡覚（山北町山北　鈴木隆造氏蔵）……………269
37　元禄八年七月　当分入用物購入許可覚（山北町山北　鈴木隆造氏蔵）……………270
38　元禄八年七月　年貢納入督促につき申渡覚（山北町山北　鈴木隆造氏蔵）……………271
39　元禄八年十一月　寺社方訴訟受理日覚（小田原市成田　村山金重氏蔵）……………272
40　元禄九年一月　江戸屋敷普請入札および左義長の火元取締等申渡（小田原市成田　村山金重氏蔵）……………272
41　元禄十年十月　酒匂川より駿河国御厨へ川舟願につき故障有無申立方申渡覚（小田原市成田　村山金重氏蔵）……………273
42　元禄十一年八月　酒名代なき者の酒造禁止覚（小田原市成田　村山金重氏蔵）……………274
43　元禄十二年十一月　河村山北衣類法度連判帳（山北町山北　鈴木隆造氏蔵）……………274

44　元禄十四年九月　欠落人防止方通達請書（小田原市成田　村山金重氏蔵）……………275
45　元禄十五年閏八月　幕府の酒造制限令布達覚（小田原市成田　村山金重氏蔵）……………276
46　宝永元年八月　地震による田畑被害状況書上申渡（山北町皆瀬川　井上良夫氏蔵）……………277
47　宝永元年八月　地震にて村々困窮のため検見役人接待・川除普請等につき申渡覚（山北町皆瀬川　井上良夫氏蔵）……………278
48　宝永元年九月　大地震につき請免申渡覚（小田原市成田　村山金重氏蔵）……………279
49　宝永二年二月　中間・奉公人書上申渡覚（山北町皆瀬川　井上良夫氏蔵）……………281
50　宝永四年十月　紙漉御用のため喬麦殻囲申渡覚（山北町皆瀬川　井上良夫氏蔵）……281
51　宝永四年十二月　富士山噴火による被害状況書上方申渡覚（山北町皆瀬川　井上良夫氏蔵）……………281
52　享保三年閏十月　町人衣類につき伺指令（小田原市本町　岩瀬正直氏蔵）……………282
53　享保十七年八月　中里村五人組帳前書（小田原市中里　原正氏蔵）……………283
54　享保十八年三月　寺社方条目（山北町谷峨　武尾毎木氏蔵）……………289
55　宝暦三年十月　小物成代納値段取極覚（山北町皆瀬川　井上良夫氏蔵）……………291
56　宝暦七年五月　武家屋敷に部屋子を置くことの幕府禁令の申渡（開成町金井島　瀬戸格氏蔵）……………292
57　宝暦十年六月　郷中条目（小田原市中里　原正氏蔵）……………293
58　宝暦十三年一月　荒地自力開発につき申渡覚（開成町金井島　瀬戸格氏蔵）……………295
59 ＊宝暦十四年五月　家中の者倹約につき申渡覚（小田原市立図書館蔵）……………296
60　安永二年三月　酒匂川の洪水による地押改に対する堀之内村請書（小田原市堀之内　平塚光之氏蔵）……………298
61　安永二年十月　社倉取立の趣法書（開成町金井島　瀬戸格氏蔵）……………299
62　安永二年十月　貸借金出入につき申渡覚（開成町金井島　瀬戸格氏蔵）……………305
63　天明六年十月　農間商業発達につき取締請書（開成町金井島　瀬戸格氏蔵）……………306
　［＊商人取調べ］
64　天明七年四月　衣類・婚礼・神事・仏事等につき質素倹約申渡覚（小田原市府川　稲子正治氏蔵）……………307
65　寛政元年三月　村民儀礼取締申渡（大井町金子　間宮健治氏蔵）……………309
66　寛政六年三月　村方蕪渋につき定免申渡請書（小田原市中里　原正氏蔵）……………312

県史誌内容総覧・資料編1：近世—関東　447

神奈川県史 資料編5 近世(2)

［＊砂降］
67　享和三年十一月　困窮につき村民の質素倹約等法度書（小田原市府川　稲子正治氏蔵）……………313
68　享和三年十一月　僧侶等の風儀取締申渡（二宮町二宮　安藤安孝氏蔵）……………317
69　文化二年七月　奉公人・旅人止宿に関する村掟に対する小前連印帳（大井町金子　間宮健治氏蔵）……………318
70　文化九年十一月　他領酒売買制限につき申渡（小田原市府川　稲子正治氏蔵）……………320
71　文化十一年二月　村方の質素倹約申渡（箱根町仙石原　勝俣栄一氏蔵）……………321
72　文化元年十一月　忠真京都より帰府の節酒匂川原にて郷中の者へ申渡箇条（津久井町青山　平本次郎氏蔵）……………323
［＊教諭書］
73　文政二年五月　難村助成目論見趣法（小田原市立図書館蔵）……………327
74　文政二年八月　米価下落につき物価および奉公人給金引下申渡（大井町金子　間宮健治氏蔵）……………331
75　文政二年九月　倹約筋取締につき府川村請書（小田原市府川　稲子正治氏蔵）……………332
76　文政二年十一月　職人に焼印札下付につき名前書上方申渡（大井町金子　間宮健治氏蔵）……………335
77　文政三年　二宮尊徳納米升改良上書（二宮尊徳全集第十四巻）……………336
78　文政四年六月　日照につき雨乞祈祷申渡（大井町金子　間宮健治氏蔵）……………338
79　文政七年六月　小田原本町五人組帳条目（小田原市立図書館蔵）……………339
80　文政八年十一月　焼印札なき郷中綿打職人の繰綿仕入禁止申渡（小田原市飯泉　岩本清作氏蔵）……………343
81　文政十一年二月　津久井県十二ヵ村小田原藩へ引渡につき幕府代官の諸事申渡請書（明治大学刑事博物館蔵）……………343
82　文政十一年三月　津久井県十二ヵ村引渡につき小田原藩の諸事申渡請書（明治大学刑事博物館蔵）……………345
83　文政十一年十一月　財政窮乏につき藩主の直書（小田原市中里　原正氏蔵）……………347
85　天保三年四月　在方質屋と町方質屋の熟談取極議定書（開成町金井島　瀬戸格氏蔵）……………351
86　天保四年一月　栢山村名主俊助へ村内取締・開発出精につき扶持米給与申渡（小田原市栢山　小沢秀徳氏蔵）……………353
87　天保四年十一月　藩士金融のため報徳金借用一件書（二宮尊徳全集第十五巻）……………354

88　天保五年一月　矢作村名主宇右衛門へ孝行・農業出精につき苗字等御免の申渡書（小田原市矢作　星崎三郎氏蔵）……………356
89　天保六年　藩政改革遂行につき藩主直書（二宮尊徳全集第十五巻）……………356
90　天保七年三月　二宮尊徳の意見採用に関する上書（二宮尊徳全集第十五巻）……………357
91　天保七年八月　小田原町小前一統心得書請書（小田原市立図書館蔵）……………361
92　天保八年十二月　家中・町方・寺社方条目（小田原市本町　岩瀬正直氏蔵）……………363
93　天保九年二月　田畑買入につき代官より申渡覚（小田原市府川　稲子正治氏蔵）……………369
94　天保九年十一月　福浦村名主浦右衛門へ窮民救済につき脇差等御免の申渡（湯河原町福浦　高橋徳氏蔵）……………370
95　天保九年十一月　小田原領南筋掛の窮村復興計画書（二宮尊徳全集第十五巻）……………370
96　天保十一年七月　天候不順につき貯穀・農作業等につき申渡（小田原市府川　稲子正治氏蔵）……………380
97　天保十一年八月　領内へ無宿の者立戻り徘徊につき取締申渡書（小田原市府川　稲子正治氏蔵）……………382
98　天保十二年十一月　町方困窮につき家業出精倹約等申渡書（小田原市立図書館蔵）……………383
99　天保十三年四月　諸物価引下方申渡書（小田原市立図書館・南足柄町関本区蔵）……387
100　天保十三年五月　株仲間の禁止覚（小田原市立図書館蔵）……………388
101　天保十三年　奢侈の小田原町人ら処罰例（小田原市立図書館蔵）……………389
102　天保十五年八月　農間質物・古着古鉄買商人へ申渡請書（中井町田中区蔵）……391
103　嘉永二年五月　飯田岡村名主権左衛門へ荒地開発につき扶持米給与方申渡書（小田原市飯田岡　高橋謙作氏蔵）……………393
104　嘉永四年三月　板橋村紺屋頭津田藤兵衛へ軍用品染方出精につき帯刀御免等申渡書（小田原市板橋　津田泰三氏蔵）……………394
105　嘉永四年九月　曽比村名主格与右衛門へ村方借財返納出精につき脇差御免申渡書（小田原市曽比新屋敷　劔持武雄氏蔵）……394
106　嘉永四年九月　曽比村名主格広吉へ村方借財返納出精につき脇差御免申渡書（小田原市曽比新屋敷　劔持孝文氏蔵）……394
107　嘉永四年九月　中島村名主久左衛門へ村方借財返納出精につき脇差御免申渡書（小田原市中町　和田治氏蔵）……………395
108　嘉永四年九月　北窪村兼帯名主沼田村為之助へ村方借財返納出精につき脇差御免申渡書（南足柄町沼田　安藤進氏蔵）……395

神奈川県史 資料編5 近世（2）

109　嘉永四年九月 海防のため硝石の他国移出禁止申渡覚（大井町金子 間宮健治氏蔵）……396
110　嘉永七年十一月 上曽我村名主七蔵へ荒地開発につき脇差御免申渡書（小田原市上曽我 加藤晋助氏蔵）……396
111　嘉永七年十一月 池上村名主太次兵衛へ田畑開発等尽力につき袴着用御免申渡書（小田原市池上 宮内義之介氏蔵）……397
112　安政六年八月 酒匂川通堤川除普請等閑につき村方申渡請書（小田原市本町 小沢俶男氏蔵）……397
113　文久元年八月 篠窪村名主治郎左衛門へ村方非常備金等献上につき脇差御免申渡書（大井町篠窪 小島巖氏蔵）……400
114　文久元年八月 菖蒲村名主覚左衛門へ村方非常備金等献上につき脇差御免申渡書（秦野市菖蒲 須藤米蔵氏蔵）……400
115　文久元年八月 鳥屋村名主八郎兵衛へ村方非常備金等献上につき脇差御免申渡書（明治大学刑事博物館蔵）……400
116　文久元年八月 曽我原村名主貞吉へ村方非常備金等献上につき脇差御免申渡書（小田原市曽我原 中村祐忠氏蔵）……401
117　文久元年八月 飯泉村名主半右衛門へ村方非常備金等献上につき脇差御免申渡書（小田原市飯泉 両毛親時氏蔵）……401
118　文久三年十二月 悪党乱入の際村方非常心得申渡書（藤野町牧野 井上駿次氏蔵）……402
119　元治元年七月 浮浪の徒屯集横行につき家中へ非常備の申渡覚（小田原市本町 岩瀬正直氏蔵）……403
120　慶応元年七月 沼田村名主安藤為之助へ助郷肝煎勤役中出精につき苗字御免申渡書（南足柄町沼田 安藤進氏蔵）……406
121　慶応元年十一月 湯本村名主福生九蔵へ雛村復興につき脇差・袴着用・苗字御免申渡書（箱根町湯本 福住修治氏蔵）……407
122　慶応元年十二月 矢倉沢村名主五郎左衛門へ村方立直等尽力につき苗字御免申渡書（南足柄町矢倉沢 田代克己氏蔵）……407
123　慶応三年六月 福村村名主露木浦右衛門へ冥加金差出につき悴一代脇差御免申渡書（湯河原町福浦 高橋徳氏蔵）……408
124　慶応三年六月 柳川村名主熊沢長右衛門へ冥加金等差出につき苗字御免等申渡書（秦野市柳川 熊沢一郎氏蔵）……408
125　慶応三年九月 池上村名主宮内太次兵衛へ勧農方用聞出精につき苗字御免等申渡書（小田原市池上 宮内義之介氏蔵）……409
126　慶応三年九月 栢山村名主小沢弥六郎へ荒地開発につき袴着用・苗字御免等申渡書（小田原市栢山 小沢秀徳氏蔵）……410
127　慶応三年九月 谷峨村名主竹尾梅吉へ田畑開発尽力につき袴着用・苗字御免等申渡書（山北町谷峨 武尾毎木氏蔵）……410
128　慶応三年九月 鬼柳村名主格又五郎へ荒地開発尽力につき名字格と脇差御免申渡書（小田原市鬼柳 市川又一氏蔵）……411
129　慶応三年九月 萱沼村名主安藤源治へ田畑開発尽力につき苗字御免等申渡書（二宮町二宮 安藤安孝氏蔵）……411
130　慶応三年九月 飯田岡村名主高橋権右衛門へ荒地開発尽力につき苗字御免等申渡書（小田原市飯田岡 高橋謙作氏蔵）……412
131　慶応三年十二月 荻野山中藩陣屋焼打の浮浪者徘徊につき厳重取締申渡書（大井町篠窪 小島巖氏蔵）……412
132　慶応四年二月 農兵取立演舌書（大井町金子 間宮健治氏蔵）……413
133　慶応四年一月 戊辰役に小田原の町方防備策申渡書（小田原市本町 清水伊十良氏蔵）……414
134　慶応四年五月 金銀銭通用は太政官布令に従うべき旨の小田原町年寄の演説書（小田原市本町 清水伊十良氏蔵）……416
135　慶応四年五月 箱根戦争記録（小田原市立図書館蔵）……417
136　慶応四年五月 小田原宿役人より官軍参謀方へ大久保氏恭順につき寛大処置歎願書（小田原市本町 清水伊十良氏蔵）……427
137　慶応四年六月 家老岩瀬大江進切腹遺書（小田原市本町 岩瀬正直氏蔵）……428
138　慶応四年六月 小田原宿役人より江川太郎左衛門手付へ藩主宥免願取次方歎願書（小田原市西 小西正通氏蔵）……429
139　慶応四年七月 津藩家老への藩主宥免歎願書（小田原市立図書館蔵）……430
140　明治元年九月 小田原出張の政府監察より郷方へ申渡書（小田原市本町 清水伊十良氏蔵）……433
141　明治二年一月 小田原幸田門外に訴状箱設置達書（小田原市立図書館蔵）……438
142　明治二年十二月 小田原町年寄格小西治郎左衛門の忠勤につき扶持米給与等申渡書（小田原市本町 小西正通氏蔵）……439

3　藩内の町と村……441
〈写〉宝永4年 富士山噴火による領内被災及び救済記録（山北町山北 鈴木隆造氏蔵）……441
解説……442
143　寛文十二年八月 足柄上郡柳川村明細帳（秦野市柳川 熊沢一郎氏蔵）……443

県史誌内容総覧・資料編1：近世―関東　449

神奈川県史 資料編5 近世(2)

144　寛文十二年八月　足柄下郡宮上村明細
　　帳(湯河原町宮上　水谷隆信氏蔵)…………447
145　貞享三年四月　足柄上郡高尾村明細帳
　　(大井町高尾　近藤巖氏蔵)………………451
146　貞享三年四月　足柄上郡金手村明細帳
　　(大井町金手　酒井道太郎氏蔵)…………457
147　貞享三年四月　足柄上郡西大井村明細
　　帳(二宮町二宮　安藤安孝氏蔵)…………464
148　貞享三年四月　足柄上郡千津島村明細
　　帳(明治大学刑事博物館蔵)………………470
149　貞享三年四月　足柄上郡苅野本郷村明
　　細帳(南足柄町狩野区蔵)…………………474
150　貞享三年四月　足柄上郡苅野一色村明
　　細帳(南足柄町苅野　武井重雄氏蔵)……480
151　貞享三年四月　足柄上郡皆瀬川村明細
　　帳(山北町皆瀬川　井上良夫氏蔵)………485
152　貞享三年四月　足柄上郡山北村明細帳
　　(山北町山北　鈴木隆造氏蔵)……………490
153　貞享三年四月　足柄上郡都夫良野村明
　　細帳(山北町都夫良野　岩本正夫氏蔵)……497
154　貞享三年四月　足柄上郡曽我谷津村明
　　細帳(小田原市曽我谷津　長谷川実氏蔵)…500
155　貞享三年四月　足柄上郡高田村明細帳
　　(小田原市高田　内田英雄氏蔵)…………505
156　貞享三年四月　足柄下郡中曽根村明細
　　帳(小田原市立図書館蔵)…………………510
157　貞享三年四月　足柄下郡穴部村明細帳
　　(小田原市府川　稲子正治氏蔵)…………516
158　貞享三年四月　足柄下郡蓮正寺村明細
　　帳(小田原市本町　小沢俶男氏蔵)………521
159　貞享三年四月　足柄下郡堀之内村明細
　　帳(小田原市堀之内　平塚光之氏蔵)……527
160　貞享三年　足柄下郡湯本茶屋村明細帳
　　(箱根町湯本茶屋部落蔵)…………………533
161　貞享三年四月　足柄下郡箱根小田原町
　　明細帳(箱根町箱根　石内直躬氏蔵)……535
162　貞享三年　足柄下郡新井村明細帳(湯河
　　原町福浦　露木重之氏蔵)………………538
163　延宝二年七月　足柄下郡底倉村明細帳
　　(箱根町底倉　沢田秀三郎氏蔵)…………543
164　天明三年四月　足柄上郡神山村明細帳
　　(二宮町二宮　安藤安孝氏蔵)……………547
165　文化十三年三月　足柄下郡湯本村明細
　　帳(箱根町湯本　福住修治氏蔵)…………551
166　文政二年三月　足柄下郡小田原欄干橋
　　町坪帳(小田原市本町　岡田英男氏蔵)……552
167　文政十一年二月　津久井県鳥屋村明細
　　帳(明治大学刑事博物館蔵)………………555
168　天保四年十一月　足柄下郡別堀村明細
　　帳(小田原市高田　内田英雄氏蔵)………561
169　天保五年二月　足柄下郡府川村明細帳
　　(小田原市府川　稲子正治氏蔵)…………563

170　天保五年三月　足柄下郡飯田岡村明細
　　帳(小田原市飯田岡　高橋謙作氏蔵)………568
171　天保五年五月　足柄上郡金子村明細帳
　　(大井町金子　間宮健治氏蔵)……………571
172　天保五年八月　足柄上郡虫沢村明細帳
　　(松田町虫沢区蔵)…………………………576
173　天保九年二月　津久井県牧野村明細帳
　　(藤野町牧野　神原武男氏蔵)……………582
174　慶応四年十月　津久井県下笹竹村明細
　　帳(津久井町長竹　宮城好彦氏蔵)………585
175　貞享三年四月　足柄上郡宮の代村明細
　　帳(開成町宮の台区蔵)……………………592
176　貞享四年五月　谷峨村馬改毛付帳(山北
　　町谷峨　武尾毎氏蔵)……………………600
177　元禄八年五月　虫沢村山入会争論裁許
　　状写(松田町虫沢区蔵)……………………601
178　元禄十六年十一月　大地震による領内
　　被害状況書留(小田原市城山　大久寺蔵)…602
179　宝永四年一月　伊勢へぬけ参の者書上
　　(小田原市成田　村山金重氏蔵)…………607
180　宝永四年十一月　富士山噴火による領
　　内被災并に救済記録(山北町山北　鈴木隆造
　　氏蔵)………………………………………608
181　宝永四年十一月　皆瀬川村他領・自領
　　へ出奉公人書上帳(山北町皆瀬川　井上良夫
　　氏蔵)………………………………………621
182　享保四年四月　根府川村百姓徳左衛門
　　ら不法に新林仕立につき処罰申渡覚(小田
　　原市根府川　広井ワカ氏蔵)………………625
183　享保四年四月　根府川村徳左衛門関所
　　改帳(小田原市根府川　広井ワカ氏蔵)……629
184　享保十五年二月　元箱根宿・仙石原村
　　山論訴訟状(箱根町仙石原　勝俣栄一氏
　　蔵)…………………………………………633
185　享保十六年　宮城野村木賀湯石垣崩壊
　　のため拝借金願書(箱根町仙石原　勝俣栄一
　　氏蔵)………………………………………635
186　元文二年　箱根関所等見分につき芦の
　　湯諸色御用覚(箱根町芦の湯　松坂康氏
　　蔵)…………………………………………637
187　元文三年十月　相模国足柄郡村々入会
　　山請証文帳(南足柄町苅野　武井重雄氏
　　蔵)…………………………………………641
　　［*蓑笠之助;山切り;山札］
188　宝暦二年十二月　矢倉沢村名主、譜代
　　下人暇出につき申渡覚(南足柄町矢倉沢　田
　　代克己氏蔵)………………………………
189　宝暦五年八月　金井島村・内山村入会
　　山にて馬草苅の際妨害を受けるにつき願
　　書(開成町金井島　瀬戸格氏蔵)…………650
190　宝暦五年八月　小市村ほか三ケ村と内
　　山村入会山における馬草苅取妨害につき
　　願書(明治大学刑事博物館蔵)……………651

450　県史誌内容総覧・資料編1:近世―関東

191　宝暦六年三月　金井島村、川除堤通取締規定請書（開成町金井島　瀬戸格氏蔵）…654
192　宝暦六年七月　久野惣名原山入会三十八カ村附覚帳（小田原市本町　小沢俶男氏蔵）…655
193　宝暦九年三月　小田原町諸事覚帳（小田原市立図書館蔵）…657
194　明和三年二月　金井島村商人書上帳（開成町金井島　瀬戸格氏蔵）…678
195　明和八年一月　穴部組合奉公人給金申合覚（小田原市立図書館蔵）…679
196　明和九年四月　皆瀬川村入会山の炭焼に関する内済証文（山北町神縄　山崎徹氏蔵）…680
197　安永二年三月　府川村の作物盗取罰則村掟（小田原市府川　稲子正治氏蔵）…680
198　安永二年七月　富士山噴火のため離散の都夫良野村民立帰の新屋敷地検分願書（山北町都夫良野　岩本正夫氏蔵）…681
199　安永五年十月　皆瀬川村漆浮役上納免除願（山北町山北　鈴木隆造氏蔵）…683
200　安永十年三月　組合村申合につき府川村民請状（小田原市府川　稲子正治氏蔵）…684
201　天明元〜安政三年　皆瀬川村入会山規定書（山北町山北　鈴木隆造氏蔵）…686
202　天明四年閏一月　都夫良野村飢人救済願書（山北町都夫良野　岩本正夫氏蔵）…701
203　天明四年閏一月　奉公人給金等罰中取極連印帳（開成町金井島　瀬戸格氏蔵）…702
204　天明六年十月　和田河原村ほか七カ村商人書上帳（明治大学刑事博物館蔵）…703
［*商人取調べ］
205　天明八年八月　領内酒株持高ならびに造高調書（南足柄町和田河原　日比野勉氏蔵）…708
206　寛政三年八月　酒匂川石倉堤大潰箇所普請仕様帳（明治大学刑事博物館蔵）…712
207　寛政三年九月　金手村内法度趣法村方連判書控（大井町金手　酒井道太郎氏蔵）…717
208　寛政六年八月　狩野村入会山法及び竹松村掟連印帳（南足柄町竹松区蔵）…720
209　享和元年十月　金子村商人銘々書上帳（大井町金子　間宮健治氏蔵）…722
210　享和三年二月　曽我原村喜八無断他所逗留につき詫証文（小田原市立図書館蔵）…725
211　享和四年二月　穴部組合倹約申合箇条書（小田原市府川　稲子正治氏蔵）…726
212　文化八年十二月　府川村民信州種馬購入計画申口（小田原市府川　稲子正治氏蔵）…727
［*融通金］

213　文化八年十二月　新屋村民、殖産のため酒匂川両岸へ毒茬植付方願書（小田原市府川　稲子正治氏蔵）…730
214　文化九年一月　小田原町内米屋、米問屋に取立方願書（小田原市本町　小西正通氏蔵）…731
215　文化九年三月　都夫良野村民の炭焼山争論済口証文（山北町都夫良野　岩本正夫氏蔵）…733
216　文化九年七月　都夫良野村、御貸付金割合ならびに村方倹約定書（山北町都夫良野　岩本正夫氏蔵）…734
217　文化九年九月　根府川村民牛房山に米神村民入会願につき故障連印状（小田原市根府川　広井ワカ氏蔵）…734
218　文化九年十一月　虫沢村漆仕立貸附金質地控帳（松田町虫沢区蔵）…735
219　文化十四年四月　湯触村民、融通金勘定をめぐり不法寄合につき詫証文（山北町都夫良野　岩本正夫氏蔵）…739
220　文化十四年十二月　府川村民、小田原に真木薪納屋・会所設置願証文（小田原市府川　稲子正治氏蔵）…740
221　文政二年六月　湯触村名主入札にて選出につき百姓請証文（山北町都夫良野　岩本正夫氏蔵）…742
222　文政三年二月　府川村ほか三カ村の畑地を御用地に引上につき拝借金請書（小田原市府川　稲子正治氏蔵）…742
223　文政十一年六月　曽屋村ほか組合村申合議定書（大井町篠窪　小島巖氏蔵）…744
224　天保三年九月　高田村・別堀村申合定書（小田原市高田　内田英雄氏蔵）…749
225　天保七年九月　天保四年以来の飢饉録（小田原市中里　原正氏蔵）…750
226　天保八年二月　津久井領下長竹村小前惣連印書上帳（津久井町長竹　宮城好彦氏蔵）…756
227　天保九年二月　矢倉沢村小前勧農方議定書（南足柄町矢倉沢　田代克己氏蔵）…757
228　天保九年三月　関本村勧農料・肥料代拝借願書（南足柄町関本区蔵）…762
229　天保十三年五月　津久井領下長竹村諸色値段書上帳（津久井町長竹　宮城好彦氏蔵）…763
230　天保十三年五月　柳川村小前百姓請書（秦野市柳川　守屋茂氏蔵）…764
231　天保十四年八月　篠窪村、農間渡世商売等につき取締議定連印帳（大井町篠窪　小島巖氏蔵）…766
232　天保十四年十一月　鳥屋村奥野稼山へ不法に立入り椎茸木伐採につき詫証文（明治大学刑事博物館蔵）…767

神奈川県史 資料編5 近世(2)

233 天保十五年四月 高尾村報徳部屋住連判帳(大井町高尾 近藤巖氏蔵)……768
234 弘化五年一月 音曲舞太夫大橋四郎治芝居興行免許願と申渡控(小田原市池上 宮内義之介氏蔵)……771
235 嘉永四年四月 府川村、田畑山林売買請戻規定書(小田原市府川 稲子正治氏蔵)……773
236 嘉永五年七月 曽我岸村ほか三カ村和田堰より水引入につき井掛村との規定取替証文(小田原市高田 内田英雄氏蔵)……775
237 嘉永六年十二月 池上村田地開発のため穴部堰分水と資金調達村方申合(小田原市池上 宮内義之介氏蔵)……778
238 嘉永七年閏七月 仙石原温泉新座敷造立加入連名帳(箱根町仙石原出張所)……780
239 安政二年二月 山田村組合取締筒条請印帳(秦野市柳川 守屋茂氏蔵)……781
240 安政四年六月 穴部組合村々申合規定書(小田原市府川 稲子正治氏蔵)……784
241 安政五年九月 飯田岡村田畑流出荒地配分につき規定書(小田原市飯田岡 高橋謙作氏蔵)……786
242 安政六年八月 金子村、酒匂川・川音川出水及び普請につき出精心得請書(大井町金子 間宮健治氏蔵)……787
243 安政六年九月 府川村民、漆ホイ刈取り国産方にて取調につき歎願書(小田原市府川 稲子正治氏蔵)……788
244 万延元年五月 小田原町内魚問屋困窮につき他浦船より冥加銭徴収方の願証文(小田原市南町 細谷精一郎氏蔵)……791
245 万延元年十一月 諸物価高値のため小田原宿の改革意見書(小田原市本町 小西正通氏蔵)……793
246 文久三年八月 虫沢村倹約規定書(松田町虫沢区蔵)……799
247 文久二年十一月 曽比村小前より名主横暴不法申立書(小田原市栢山 小沢秀徳氏蔵)……801
248 元治元年六月 斑目村ほか十ケ村酒匂川出水の節の規定書(明治大学刑事博物館)……804
249 慶応元年十一月 井細田組合、櫨植附仕立方規定請書連印帳(大井町山田 了義寺蔵)……806
250 慶応元年 田島村の山伊勢講再興に関する巨細書(小田原市田島 石井進氏蔵)……809
251 慶応二年二月 山田村山林取締向連印帳(大井町山田 了義寺蔵)……810
252 慶応二年十一月 篠窪村倹約につき議定連判帳(大井町篠窪 小島巖氏蔵)……811
253 慶応三年六月 蓮正寺村民、田地受戻をめぐる争論にて入牢手鎖につき歎願書(小田原市本町 小沢俶男氏蔵)……813
254 慶応三年十月 関本村民、田地受戻をめぐる騒動につき収拾願書(南足柄町関本区蔵)……818
255 慶応三年十二月 津久井領年貢米相場につき歎願書・追願書(藤野町牧野 井上駿次氏蔵)……820
256 慶応三年 煙草仲買に鑑札下附につき連名帳(秦野市柳川 熊沢一郎氏蔵)……822
257 明治二年三月 津久井領牧野村組頭源右衛門騒動企画につき取調願書(藤野町牧野 神保武男氏蔵)……829
258 明治三年八月 津久井領下長竹村小前一同野荒等につき規定書連印帳(津久井町長竹 宮城好彦氏蔵)……830
259 酒匂川出水記録写書(小田原市立図書館蔵)……832
260 津久井領牧野村八十助産業のため養蚕奨励意見書(藤野町牧野 井上駿次氏蔵)……841

第6部 荻野山中藩……843
＜写＞山中城跡(現原木市荻野)……843
解説……844
261 大久保氏系譜(新訂寛政重修諸家譜第十一)……845
262 大久保氏順席帳(厚木市恩名 松下重治氏蔵)……848
263 享保十五年 大久保氏駿河・伊豆・相模領知村高覚(厚木市恩名 松下重治氏蔵)……849
264 寛政九年 大久保氏相模国領分五カ村明細帳(厚木市文化財報告書第一集)……853
265 安永九年一月 勤番の目付に心得申渡直書写(厚木市恩名 松下重治氏蔵)……869
266 天明四年三月 山中陣屋定書(厚木市恩名 松下重治氏蔵)……870
267 寛政元年八月 木綿高値につき藩士に絹各綿服着用自由申渡(厚木市恩名 松下重治氏蔵)……871
268 寛政二年十二月 駿河・伊豆両国領の風災害につき損毛分書上……872
269 寛政三年二月 藩士の風儀につき申渡……872
270 寛政三年三月 藩士へ武芸稽古につき申渡……873
271 寛政三年六月 藩士へ講釈聴聞につき申渡……873
272 寛政三年八月 領分水害につき藩士倹約申渡……874
273 寛政三年八月 扶持米廻船未定につき家中余米買上申渡……875

452　県史誌内容総覧・資料編1：近世―関東

274　寛政三年十一月　領内へ物価引下等申渡 …………………………………………875
275　寛政七年三月　藩財政倹約につき申渡 ……………………………………………878
276　寛政八年十二月　家中相互の音信贈答倹約方申渡 ………………………………878
277　寛政十年六月　家中女子の盆歌唱禁止申渡 ………………………………………879
278　寛政十一年十一月　家中扶持代金を町相場をもつて支給につき申渡 …………879
279　寛政十二年十一月　家中の風儀華美につき自粛申渡 ……………………………880
280　享和二年二月　財政窮迫のため家臣の上米・上金等申渡 ………………………880
281　文化六年五月　虫送につき申渡(大井町山田 了義寺蔵) ………………………883
282　文化八年三月　百姓風儀取締の触書を山田村民拝見連印帳(大井町山田 了義寺蔵) ……………………………………884
283　文化十年三月　財政窮迫につき家中へ重ねて上米・上金申渡(厚木市恩名 松下重治氏蔵) ……………………………886
284　文政十年六月　伊豆国古奈に陣屋設置訴願の村民処罰につき赦免願(静岡県伊豆長岡町古奈 石橋鉱二氏蔵) ………887
285　天保十三年十一月　分家旗本大久保氏知行所村々御用金減額願(愛川町中津 中村昌治氏蔵) ……………………………887
286　弘化二年四月　下荻野村民ら雹祭と称し芝居・手踊を催し処罰につき寄場組合村赦免願(厚木市妻田 中野芳彦氏蔵) ……888
287　弘化三年一月　大久保氏家中条目(厚木市恩名 松下重治氏蔵) ………………890
288　嘉永三年二月　窮迫のため藩財政緊縮につき家中へ申渡箇条書(厚木市恩名 松下重治氏蔵) ……………………………892
289　嘉永四年四月　先納金納入のため領分諸村が成川検校より借金につき郷印証文(厚木市蔵) ………………………………895
290　嘉永六年二月　藩財政窮迫のため厚木宿和泉屋より借入金につき年貢米抵当申渡(厚木市蔵) ……………………………898
291　安政四年四月　藩の借入金返済につき駿河・伊豆領分に上納金割当の請書(静岡県沼津市松長 増山温一氏蔵) ………899
292　安政四年五月　相模国領分六カ村成川検校より借入金出入一件書上(相模原市下溝 座間美都治氏蔵) ……………901
293　安政四年十月　財政倹約につき家臣へ申渡(厚木市恩名 松下重治氏蔵) ……904
294　安政四年十二月　財政緊縮につき駿河・伊豆領松長役所支配の村役人へ申渡(静岡県沼津市松長 増山温一氏蔵) ……908

295　安政五年四月　領分妻田村民、村役人を相手取り騒動のため処罰申渡(厚木市妻田 中野芳彦氏蔵) ………………910
296　安政五年十二月　藩の無利足借入金に協力の者へ下賜品書上(厚木市荻野 難波武治氏蔵) ………………………………911
297　慶応三年十二月　荻野山中陣屋焼打事件諸書上(厚木市七沢 久崎教生氏蔵) …914
298　慶応四年一月　相模国領分六カ村へ申渡の小田原出陣軍役人足を駿・豆両領分へ振替願(厚木市妻田 永野鏡子氏蔵) …925
299　明治元年十月　駿河・伊豆国領分上知につき相模国愛甲郡へ新領村替申渡(厚木市恩名 松下重治氏蔵) ……………926
300　明治二年十月　両荻野村にて触元名主を継続したき願書(厚木市下荻野 難波武治氏蔵) ………………………………927
301　明治四年十二月　廃藩につき家臣へ申渡直書(厚木市恩名 松下重治氏蔵) ……929

第7部　六浦藩 ………………………………931
<写>天保九年　六浦藩郷村高辻帳(横浜市金沢区 米倉五郎氏蔵) ……………………931
解説 …………………………………………932
302　弘化二年十二月　米倉氏系譜(横浜市金沢区 米倉五郎氏蔵) ……………………933
303　天保九年　六浦藩郷村高辻帳(横浜市金沢区 米倉五郎氏蔵) ……………………956
304　宝暦七年五月　財政窮乏につき領分村々へ五カ年間年貢増納申渡覚(秦野市寺山 武俊次氏蔵) ……………………958
305　明和八年十二月　相模国領分二宮村の村方騒動につき内済証文(二宮町二宮 原利男氏蔵) ………………………………958
306　安永七年二月　財政窮乏につき臨時の御用金調達申渡書(二宮町二宮 原利男氏蔵) …………………………………960
307　天明三年六月　武蔵国領分宿村元名主困窮につき用立の質山返却願(横浜市金沢区 布川隆義氏蔵) ……………………961
308　天明三年九月　相模国領分六カ村異常不作につき検見願(二宮町二宮 原利男氏蔵) …………………………………962
309　天明五年七月　幕府の内川入江新田開発により塩田業不能につき歎願書(横浜市金沢区 布川隆義氏蔵) ……………963
310　天明五年八月　幕府より内川入江新開につき土手普請を命ぜられた村の救助願(横浜市金沢区 布川隆義氏蔵) ……965
311　天明五年十一月　相模国二宮村の漁猟場の紛争につき他領百姓の願書(二宮町二宮 原利男氏蔵) ……………966

神奈川県史 資料編5 近世(2)

312 天明五年十二月 相模国領分村々拝借夫食米返済延納願(二宮町二宮 原利男氏蔵) ……………………………967
313 寛政六年八月 相模国領分二宮村、博奕その他諸勝負禁止につき請書(二宮町二宮 原利男氏蔵) ………………968
314 寛政六年十月 相模国領分根坂間村百姓の内済契約不履行につき内済証文下付願(二宮町二宮 原利男氏蔵) ………969
315 寛政六年十一月 相模国領分五カ村年貢の石代納願(二宮町二宮 原利男氏蔵) …969
316 寛政十年十一月 相模国領分五カ村年貢国元値段下値にて廻米願(二宮町二宮 原利男氏蔵) ……………………970
317 天保十五年十一月 金沢内川入江新田開発のため村方差障につき領分宿村役人意見書(横浜市金沢区 布川隆義氏蔵) ……970
318 慶応二年十一月 武相領分十五カ村役人、堀山下村百姓徒党につき取締願(秦野市寺山 武俊次氏蔵) ……………972

解説 …………………………………… 1
　本巻の対象と編集方針 ………………… 3
　　前巻の内容と本巻との関連 …………… 3
　　藩領関係資料の存在状況 ……………… 6
　　近世中・後期資料の特色と編集の重点 … 9
　小田原藩 ………………………………… 12
　　近世中・後期藩領の変遷 ……………… 12
　　資料の所在状況と編集の重点 ………… 15
　　小田原藩領の住民と藩政の動向 ……… 20
　荻野山中藩 ……………………………… 29
　　藩領の変遷と構造 ……………………… 29
　　資料の存在状況と編集の重点 ………… 31
　六浦藩 …………………………………… 35
　　藩領の変遷と構造 ……………………… 35
　　資料の存在状況と編集の重点 ………… 37
小田原藩関係資料所蔵者一覧 …………… 40
あとがき(神奈川県企画調査部参事兼県史編集室長 大島栄之助)
主な関係者名簿
　神奈川県史編集懇談会会員 昭和47年2月1日現在
　神奈川県史編集委員会委員 昭和47年2月1日現在
　　津田文吾(委員長;知事)
　　森久保虎吉(副委員長;副知事)
　　竹内理三(副委員長;県史総括監修者兼主任執筆委員)
　　大久保利謙(委員;県史主任執筆委員)
　　児玉幸多(委員;県史主任執筆委員)
　　安藤良雄(委員;県史主任執筆委員)
　　曽山晧(委員;県総務部長)
　　武田英治(委員;県教育長)

遠藤保成(委員;県企画調査部長)
羽毛田潔(委員;県立図書館長)
阿部宗芳(委員;県立川崎図書館長)
斎藤太次郎(委員;県立博物館長)
大島栄之助(委員;県企画調査部参事兼県史編集室長)
坂本太郎(顧問;東京大学名誉教授)
神奈川県史執筆委員 昭和47年2月1日現在
人物編の編集に協力をお願いしている方々 昭和47年2月1日現在
神奈川県史編集参与 昭和47年2月1日現在

454　県史誌内容総覧・資料編 1: 近世—関東

```
神奈川県史 資料編6 近世（3）
幕領1
神奈川県企画調査部県史編集室
編集
神奈川県監修
昭和48年3月31日発行
```

＜徳川氏が天正十八年（一五九〇）八月に関東に入封した時から、七代将軍家継が没した正徳六年（一七一六）四月まで＞

＜口絵＞天正20年（1592）大住郡上落合郷検地目録 厚木市上落合 萩原宏氏蔵

＜口絵＞慶長15年（1610）相代官の連署 二宮町中里 高橋ゆき氏蔵（慶長十五年淘綾郡中里村割付状より）

＜口絵＞正保4年（1647）高座郡栗原村 鶴間村野境争論文書 座間市栗原 大矢純一氏蔵

＜口絵＞寛文元年（1661）久良岐郡宮下村年貢割付状と裏書 横浜市港南区日野 日野井三郎氏蔵

＜口絵＞寛文5年（1665）久良岐郡最戸村五人組帳の前書 横浜市港南区最戸 笠原市郎氏蔵

＜口絵＞寛文九年（一六六九）大住郡日向村 富岡村入会争論裁許絵図と裁許状 伊勢原市板戸 守屋良平氏蔵

＜口絵＞貞享元年（1684）橘樹郡御鷹場村書上 横浜市港北区勝田 関恒三郎氏蔵

＜口絵＞宝永5年（1708）津久井県牧野村 神原家掟書 藤野町牧野 神原武男氏蔵

序（神奈川県知事 津田文吾）
凡例

第1部　近世前期の幕領支配 ………………1
1　幕領の村々 ……………………………1
　＜写＞正保4年 成瀬重治支配分三郡内高辻（二宮町中里 高橋ゆき氏蔵）……………1
　解説
　1　正保四年九月 大住・淘綾・愛甲郡内幕領分高覚（二宮町中里 高橋ゆき氏蔵）………3
　2　正保年間 武蔵国久良岐・都筑・橘樹三郡高帳（『東京市史稿 市街編第六 付録』所収の「武蔵田園簿」より抜粋）……………4
　　［＊武蔵田園簿］

3　寛文年間 相模国大住・淘綾・愛甲三郡高帳（秦野市鶴巻 芦川靖朗氏蔵）……………30
　　［＊郷村帳］
4　元禄年間 津久井領諸色覚書（藤野町役場牧野支所蔵）……………66

2　代官支配の確立 ……………………………95
　＜写＞貞享4年 相州愛甲郡津久井領代官山川三左衛門土民仕置状（城山町川尻 山本安司氏蔵）……………95
　解説 ……………96
　5　慶長四年七月 彦坂小刑部元正鎌倉中へ諸事申渡（改訂新編相州古文書 二）………97
　6　慶長八年三月 関東御料・私領百姓に対し関東総奉行定書（徳川禁令考二七七五）…97
　7　寛永十四年十月 関東中御料・私領悪党取締覚（徳川禁令考二七八〇）……………
　8　寛永十五年九月 関東中の野山境論見聞のため検使派遣につき申渡（御触書寛保集成 一三七五）……………99
　9　寛永十六年 村内での鷹師取締と鳥類保護につき鷹匠頭覚書（中井町田中 関野善之氏蔵）……………100
　10　寛永十九年五月 昨年来不作につき畿内・関東巡察（徳川実紀 第三編）……………
　11　寛永十九年五月 武蔵等の代官を召集し農民困窮の状況を尋問（徳川実紀 第三編）……………101
　12　寛永十九年七月 田畑耕作精勤覚書（藤沢市羽鳥 三蔦博氏蔵）……………101
　13　寛永十九年八月 伊奈忠治へ関東代官の監督と堤防修築を命ず（徳川実紀 第三編）……………102
　14　寛永二十年二月 昨年不作につき旗本・関東の代官衆へ申渡（御触書寛保集成一三七九）……………102
　15　寛永二十年二月 不作のため困窮者の譜代の奉公につき代官成瀬重治・坪井良重触書廻状（二宮町中里 高橋ゆき氏蔵）……102
　16　寛永二十年三月 田畑の永代売買禁止等村民生活諸般につき触書（徳川禁令考二七八六）……………103
　17　寛永二十年五月 国廻目付を関東諸国廻しに派遣（徳川実紀 第三編）……………105
　18　寛永二十一年一月 関東・上方代官へ申渡覚書（徳川禁令考二一〇五）……………105
　19　寛永二十一年三月 代官所内人数書上等覚書（徳川禁令考二一〇六）……………106
　20　正保二年 相州愛甲郡津久井領三郷組法度請書（藤野町牧野 神原武男氏蔵）………107
　21　正保三年七月 関東にて黐縄を張り雁・鴨狩猟につき鳥見番巡視申渡（徳川実紀 第三編）……………108

県史誌内容総覧・資料編 1 : 近世—関東　455

神奈川県史 資料編6 近世(3)

22 慶安二年二月 村民生活諸般につき諸国郷村への触書(徳川禁令考 二七八九)……108
23 慶安四年九月 村内での鷹匠取締・鷹場管理につき請書(藤沢市羽鳥 三觜博氏蔵)……113
24 承応元年八月 相州高座郡羽鳥村田作小検見につき起請文前書(藤沢市羽鳥 三觜博氏蔵)……114
25 承応三年二月 切支丹宗門制禁の高札建てられるにつき請書(藤沢市羽鳥 三觜博氏蔵)……114
26 承応四年一月 相州高座郡羽鳥村等五人組取極(藤沢市羽鳥 三觜博氏蔵)……115
27 明暦二年三月 古秤禁止守随秤使用の請書(藤沢市羽鳥 三觜博氏蔵『徳川実紀』第四編 本資料の要約)……117
28 明暦二年一二月 関東中盗賊人横行取締条目(山北町山北 鈴木隆造氏蔵)……118
29 明暦三年九月 江戸城修築の山林材木調査のため武蔵・相模等へ役人派遣(徳川実紀 第四編)……120
30 万治元年四月 武蔵・相模等八ヵ国へ山林巡察派遣(徳川実紀 第四編)……120
31 万治二年八月 相州高座郡羽鳥村切支丹禁制請書手形(藤沢市羽鳥 三觜博氏蔵)……120
32 万治三年八月 近年不作のため酒造制限等の触書につき請書(藤野町沢井 石井達夫氏蔵)……121
33 万治四年三月 盗賊横行につき取締触書(秦野市東田原 大津藤吉蔵)……122
34 寛文二年三月 相州足柄下郡堀之内村五人組定書(小田原市堀之内 平塚光之氏蔵)……123
35 寛文二年一一月 猟師のほか鉄砲所持禁止の触書につき請書(藤野町沢井 石井茂代氏蔵)……125
36 寛文四年三月 相模国等へ野山境取調のため国巡目付派遣(徳川実紀 第四編)……126
37 寛文四年八月 絹・紬・布木綿等寸尺不足のため定法厳守の触書につき請書(藤沢市羽鳥 三觜博氏蔵)……126
38 寛文四年八月 関東諸国へ巡見使派遣につき村々へ触書(御触書寛保集成 一二九三)……127
39 寛文四年八月 関東八カ国巡視者氏名書上(徳川実紀 第四編)……128
40 寛文五年九月 武州久良岐郡最戸村五人組帳定書(横浜市港南区最戸 笠原市郎氏蔵)……128
41 寛文六年四月 諸国幕領代官職務細則規定につき覚書(御触書寛保集成 一三一一)……131

42 寛文六年一一月 関東幕領村々へ勘定所より下知状(御当家令条 二八五)……132
43 寛文十年五月 武蔵・相模等関東八カ国巡視につき代官・領主への覚書(徳川禁令考 一六九八)……136
44 寛文十一年十月 偽薬種ほか商売・職人作料に関する高札(城山町川尻 山本安司氏蔵)……138
45 寛文十一年十一月 歩行杉山一郎右衛門殺し犯人相手配廻状(藤沢市羽鳥 三觜 博氏蔵)……138
46 寛文十三年六月 名主・百姓の分地制限触書(小田原市国府津 長谷川了介氏蔵)……140
47 延宝三年三月 関東中幕領・私領の村々へ鉄砲所持につき触書(御触書寛保集成 二五二二)……140
48 延宝三年三月 朱印地の寺社領田畑等質入制禁につき触書(小田原市国府津 長谷川了介氏蔵)……141
49 延宝三年十二月 相州三浦郡鷹場鳥見につき鷹場定法申渡(横須賀市佐原 竹山一雄氏)……141
50 延宝八年閏八月 諸国幕領代官職務につき申渡条目(御触書寛保集成 一三一二)……142
51 延宝九年九月 鷹匠頭間宮左衛門、村内での鷹匠取扱につき申渡覚書(藤沢市羽鳥 三觜博氏蔵)……142
52 天和二年五月 偽薬種売買・偽金銀所持禁止等につき高札(城山町川尻 山本安司氏蔵)……143
53 天和二年五月 切支丹制禁につき高札(城山町川尻 山本安司氏蔵)……144
54 天和二年五月 忠孝・倹約等生活一般取締につき高札(城山町川尻 山本安司氏蔵)……144
55 天和二年八月 村内での鳥類保護・鷹匠取扱につき請書(藤沢市羽鳥 三觜博氏所蔵)……145
56 天和三年二月 祭礼・町人舞・衣服等につき取締触書(海老名市本郷 橋本尚夫氏蔵)……146
57 天和三年二月 町人男女衣類につき触書(海老名市本郷 橋本尚夫氏蔵)……146
58 天和三年五月 町人の衣服につき触書(海老名市本郷 橋本尚夫氏蔵)……147
59 天和三年九月 御用達商人の御用の文字と手形に上納金等の文字使用禁止触書(小田原市国府津 長谷川了介氏蔵)……147
60 天和三年九月 店借人受入の節慎重取調等につき触書(小田原市国府津 長谷川了介氏蔵)……147

456　県史誌内容総覧・資料編1:近世―関東

61　天和四年一月　武州神奈川領白幡村五人組定書(横浜市神奈川区白幡南町　安藤敬之助氏蔵)‥‥‥‥‥‥‥‥‥‥‥‥‥‥148
62　貞享元年三月　相州愛甲郡津久井領沢井村五人組帳前書(藤野町沢井　石井茂代氏蔵)‥‥‥‥‥‥‥‥‥‥‥‥‥‥‥154
63　貞享二年二月　鉄砲打の者捕縛につき高札(城山町川尻　山本安司氏蔵)‥‥‥‥‥‥155
64　貞享二年四月　江戸の悪党等街道筋および村々へ入り悪事につき厳重取締の請書(二宮町山西　宮戸清氏蔵)‥‥‥‥‥‥‥‥‥155
65　貞享三年八月　相州愛甲郡津久井領小検見起請文ならびに代官交替につき諸事申渡(藤野町沢井　石井茂代氏蔵)‥‥‥‥157
66　貞享四年一月　相州愛甲郡津久井領沢井村五人組帳前書(藤野市沢井　石井茂代氏蔵)‥‥‥‥‥‥‥‥‥‥‥‥‥‥‥158
67　貞享四年一月　相州愛甲郡津久井領沢井村宗門帳前書(藤野町沢井　石井茂代氏蔵)‥‥‥‥‥‥‥‥‥‥‥‥‥‥‥161
68　貞享四年一月　相州愛甲郡津久井領代官山川三左衛門土民仕置状(城山町川尻　山本安司氏蔵)‥‥‥‥‥‥‥‥‥‥‥‥‥‥162
69　貞享四年二月　病馬・犬養い等につき触書(横浜市鶴見区鶴見　佐久間亮一氏蔵)‥‥‥169
70　貞享四年二月　飼犬養い等触書につき請書(横浜市鶴見区鶴見　佐久間亮一氏蔵)‥‥‥170
71　貞享四年四月　質地の年貢上納と田畑永代売買につき触書(小田原市国府津　長谷川了介氏蔵)‥‥‥‥‥‥‥‥‥‥‥‥‥‥171
72　貞享四年十月　武州本牧領五人組定書(横浜市港南区最戸　笠原士郎氏蔵)‥‥‥‥‥‥171
73　貞享四年十一月　牛馬売買禁止につき請書(藤野町沢井　石井茂代氏蔵)‥‥‥‥‥‥175
74　貞享四年十二月　捨馬制禁につき高札(秦野市平沢　柳川清司氏蔵)‥‥‥‥‥‥‥‥‥175
75　元禄元年　武州本牧領村々名主給につき代官西山六郎兵衛申渡(横浜市史第一巻)‥‥‥‥‥‥‥‥‥‥‥‥‥‥‥‥‥‥‥‥‥176
76　元禄元年十一月　生類憐・宿貸・五人組改等触書につき請書(横浜市鶴見区鶴見　佐久間亮一氏蔵)‥‥‥‥‥‥‥‥‥‥‥‥‥177
77　元禄元年十一月　正八水あびせ・左義長制禁につき請書(横浜市鶴見区鶴見　佐久間亮一氏蔵)‥‥‥‥‥‥‥‥‥‥‥‥‥178
78　元禄元年十一月　町内の不良秤使用取締触書につき請書(横浜市鶴見区鶴見　佐久間亮一氏蔵)‥‥‥‥‥‥‥‥‥‥‥‥‥179
79　元禄二年一月　相州愛甲郡津久井領沢井村五人組帳(藤野町沢井　石井茂代氏蔵)‥‥179
80　元禄二年三月　作物荒しの猪追払につき鳥見衆より申渡請書(横浜市鶴見区鶴見　佐久間亮一氏蔵)‥‥‥‥‥‥‥‥‥‥182

81　元禄五年十一月　御林の木伐採制禁につき相州津久井県代官申渡(城山町川尻　山本安司氏蔵)‥‥‥‥‥‥‥‥‥‥‥‥‥‥‥183
82　元禄八年九月　武蔵・相模の御林へ林奉行を派遣(徳川実紀 第六編)‥‥‥‥‥‥‥183
83　元禄八年九月　改鋳金銀通用の触書につき申渡(平塚市真田　上野敬一郎氏蔵)‥‥‥‥183
84　元禄九年三月　相州津久井県下川尻村五人組定書(城山町川尻　山本安司氏蔵)‥‥‥184
85　元禄九年三月　代官平岡三郎右衛門領内村民へ申渡条目(二宮町山西　宮戸清氏蔵)‥‥‥‥‥‥‥‥‥‥‥‥‥‥‥‥‥‥‥‥191
86　元禄十一年　武州本牧領根岸村五人組定書(神奈川県立文化資料館蔵)‥‥‥‥‥‥‥193
87　元禄十一年三月　関東幕領地方直しのため知行割替につき覚書(日本財政経済史料 巻二 財政之部二)‥‥‥‥‥‥‥‥‥‥‥‥‥197
88　元禄十四年二月　寺社・侍屋敷などに鳶・鷹の巣かけにつき触書(横浜市鶴見区鶴見　佐久間亮一氏蔵)‥‥‥‥‥‥‥‥‥‥‥‥‥200
89　宝永三年六月　武州稲毛領下小田中村五人組定書(川崎市中原区下小田中　鹿島庄平氏蔵)‥‥‥‥‥‥‥‥‥‥‥‥‥‥‥‥‥‥‥201
90　宝永四年四月　街道宿・在村での火廻番心得等触書につき請書(神奈川県立文化資料館蔵)‥‥‥‥‥‥‥‥‥‥‥‥‥‥‥‥‥‥‥207
91　宝永五年一月　相模・武蔵・駿河等富士山噴火砂降りにつき救済申渡(御触書寛保集成一三九七)‥‥‥‥‥‥‥‥‥‥‥‥‥‥207
92　宝永五年閏一月　相模・武蔵・駿河の内砂降りのため所務難渋の私領幕領へ支配替覚書(御触書寛保集成一三九八)‥‥‥‥‥208
93　宝永五年閏一月　富士山噴火で被災の小田原領を幕領に組入れ、修復を関東郡代に命ずる(徳川実紀 第六編)‥‥‥‥‥‥‥208
94　宝永五年閏一月　相模・武蔵・駿河等砂降救済のため諸国高役金上納申渡覚書(御触書寛保集成一三九九)‥‥‥‥‥‥‥209
95　宝永五年閏一月　富士山噴火で被災の小田原領を幕領へ組入れにつき申渡覚(山北町谷峨　武尾毎木氏蔵)‥‥‥‥‥‥‥‥‥209
96　宝永五年閏一月　武州本牧領最戸村砂降見分諸事書上(横浜市港南区最戸　笠原士郎氏蔵)‥‥‥‥‥‥‥‥‥‥‥‥‥‥‥‥‥‥‥211
97　宝永五年三月　相模・武蔵・駿河の内私領砂降取除き督促触書(御触書寛保集成一四〇〇)‥‥‥‥‥‥‥‥‥‥‥‥‥‥‥216
98　宝永五年五月　武州久良岐郡村々、富士山噴火の被災救助と河川復旧費支給につき請書(横浜市港南区日野　田野井三郎氏蔵)‥‥‥‥‥‥‥‥‥‥‥‥‥‥‥‥‥‥‥216
99　宝永五年十月　酒造制限の触書につき請書(山北町山北　鈴木隆造氏蔵)‥‥‥‥‥‥218

県史誌内容総覧・資料編 1: 近世―関東　　457

100　宝永五年十月 病馬養育の触書につき
　　請書(山北町山北 鈴木隆造氏蔵)‥‥‥‥220
101　宝永七年四月 諸国へ巡見使派遣の触
　　書と代官より申渡につき請書(川崎市多摩
　　区菅 佐保田和之氏蔵)‥‥‥‥‥‥‥‥221
102　宝永七年四月 小判・壱分判小形に改
　　鋳の触書につき請書(大井町篠窪 小島厳氏
　　蔵)‥‥‥‥‥‥‥‥‥‥‥‥‥‥‥‥223
103　宝永七年五月 相州足柄下郡国府津村
　　五人組定書(小田原市国府津 長谷川了介氏
　　蔵)‥‥‥‥‥‥‥‥‥‥‥‥‥‥‥‥224
104　宝永七年八月 村民生活諸事取締につ
　　き覚書(秦野市鶴巻 関野三寿氏蔵)‥‥‥231
105　正徳元年五月 村民生活諸事取締につ
　　き高札(藤野町名倉 和智周至氏蔵)‥‥‥232
106　正徳元年五月 毒薬・偽薬種売買、偽
　　金銀・新銭使用取締等につき高札(藤野町
　　名倉 和智周至氏蔵)‥‥‥‥‥‥‥‥‥233
107　正徳元年五月 火つけ人・火事の節の
　　処置等につき高札(藤野町名倉 和知周至氏
　　蔵)‥‥‥‥‥‥‥‥‥‥‥‥‥‥‥‥233
108　正徳二年九月 新銭改鋳中止により古
　　銭・元禄銀等円滑通用の触書につき請書
　　(横浜市鶴見区鶴見 佐久間亮一氏蔵)‥‥‥234
109　正徳二年十月 公事訴訟のため出府逗
　　留制限の申渡につき請書(横浜市鶴見区鶴
　　見 佐久間亮一氏蔵)‥‥‥‥‥‥‥‥‥235
110　正徳二年十一月 火の元用心の触書に
　　つき請書(横浜市鶴見区鶴見 佐久間亮一氏
　　蔵)‥‥‥‥‥‥‥‥‥‥‥‥‥‥‥‥235
111　正徳二年十月 六代将軍家宣死去のた
　　め鳴物停止等の触書につき請書(横浜市鶴
　　見区鶴見 佐久間亮一氏蔵)‥‥‥‥‥‥236
112　正徳三年三月 武州神奈川領年貢増上
　　り石代望の者取調につき申渡(横浜市鶴見
　　区鶴見 佐久間亮一氏蔵)‥‥‥‥‥‥‥237
113　正徳三年四月 朱印地の寺社内人別取
　　調申渡につき請書(横浜市鶴見区鶴見 佐久
　　間亮一氏蔵)‥‥‥‥‥‥‥‥‥‥‥‥238
114　正徳三年四月 諸国幕領農民へ申渡条
　　目‥‥‥‥‥‥‥‥‥‥‥‥‥‥‥‥239
　(1)　正徳三年癸巳ノ四月廿三日 諸国御
　　　料諸百姓江被仰渡候御書付之写 御廻状
　　　之写 山西村(二宮町山西 宮戸清氏蔵)‥‥239
　(2)　正徳三癸巳年五月 相州足柄下淘綾
　　　高座郡伊奈半左衛門御代官所五拾六ヶ
　　　村 御料諸百姓江被仰渡候御書付証文帳
　　　　(静岡県熱海市泉 熊沢重一氏蔵)‥‥‥243
115　正徳四年五月 新金銀吹替の触書につ
　　き請書(大井町篠窪 小島厳氏蔵)‥‥‥‥246
116　正徳六年二月 諸国幕領へ巡見使派遣
　　の触書につき請書(山北町皆瀬川 井上良夫
　　氏蔵)‥‥‥‥‥‥‥‥‥‥‥‥‥‥‥250

第2部　貢租と農民生活‥‥‥‥‥‥‥‥‥253
1　相模国淘綾郡‥‥‥‥‥‥‥‥‥‥‥‥253
　＜写＞貞享2年 相州中郡(淘綾・大住・愛甲
　郡)高帳(平塚市北金目 柳川力氏蔵)‥‥‥253
解説‥‥‥‥‥‥‥‥‥‥‥‥‥‥‥‥‥254
　(1)　村の概観‥‥‥‥‥‥‥‥‥‥‥255
　117　寛文四年九月 生沢村田畑・家数・
　　人数差出 生沢村田畑高并家人数之事
　　(大磯町生沢 二宮康氏蔵)‥‥‥‥‥‥255
　118　元禄二年四月 中里村五人組高書上
　　帳(二宮町中里 高橋ゆき氏蔵)‥‥‥‥256
　119　元禄九年三月 山西村明細差出帳
　　(小田原市山西 志沢選民蔵)‥‥‥‥‥257
　120　宝永四年八月 山西村・足柄下郡中
　　村原村・沼城村・小竹村明細差出帳(二
　　宮町山西 宮戸清氏蔵)‥‥‥‥‥‥‥263
　121　宝永五年 寺坂村明細差出帳(大磯町
　　生沢 二宮康氏蔵)‥‥‥‥‥‥‥‥‥268
　(2)　土地と年貢‥‥‥‥‥‥‥‥‥‥271
　土地‥‥‥‥‥‥‥‥‥‥‥‥‥‥‥‥271
　122　慶長八年二月 中里郷検地水帳写
　　(二宮町中里 高橋ゆき氏蔵)‥‥‥‥‥271
　123　寛文四年三月 中里村先高・今高
　　内訳書留(二宮町中里 高橋ゆき氏
　　蔵)‥‥‥‥‥‥‥‥‥‥‥‥‥‥‥293
　124　元禄九年四月 中里村天領内旧知
　　行替地分来歴ならびに免下方口上書
　　(二宮町中里 高橋ゆき氏蔵)‥‥‥‥‥294
　125　元禄十一年五月 山西村より足柄
　　下郡沼城村等三カ村へ入込田地書出
　　帳(二宮町山西 宮戸清氏蔵)‥‥‥‥‥295
　年貢 中里村‥‥‥‥‥‥‥‥‥‥‥‥‥298
　126　慶長六年十月 中里村年貢割付状
　　(二宮町中里 高橋ゆき氏蔵)‥‥‥‥‥298
　127　慶長七年十二月 中里村年貢割付
　　状(二宮町中里 高橋ゆき氏蔵)‥‥‥‥298
　128　慶長九年十月 中里村年貢割付状
　　(二宮町中里 高橋ゆき氏蔵)‥‥‥‥‥299
　129　慶長十年十月 中里村年貢割付状
　　(二宮町中里 高橋ゆき氏蔵)‥‥‥‥‥299
　130　慶長十三年十月 中里村年貢割付
　　状(二宮町中里 高橋ゆき氏蔵)‥‥‥‥299
　131　慶長十五年十二月 中里村年貢割
　　付状(二宮町中里 高橋ゆき氏蔵)‥‥‥300
　132　慶長十六年十一月 中里村年貢割
　　付状(二宮町中里 高橋ゆき氏蔵)‥‥‥301
　133　慶長十七年十一月 中里村年貢割
　　付状(二宮町中里 高橋ゆき氏蔵)‥‥‥302
　134　慶長十八年十月 中里村年貢割付
　　状(二宮町中里 高橋ゆき氏蔵)‥‥‥‥303
　135　元和二年十一月 中里村年貢割付
　　状(二宮町中里 高橋ゆき氏蔵)‥‥‥‥304

神奈川県史 資料編6 近世(3)

136 元和三年十一月 中里村年貢割付状(二宮町中里 高橋ゆき氏蔵)………304
137 元和七年十月 中里村年貢割付状(二宮町中里 高橋ゆき氏蔵)………305
138 寛永元年 中里村年貢割付状(二宮町中里 高橋ゆき氏蔵)………306
139 寛永二年十月 中里村新田分年貢割付状(二宮町中里 高橋ゆき氏蔵)…308
140 寛永四年八月 寛永三年分中里村年貢皆済手形(二宮町中里 高橋ゆき氏蔵)………308
141 寛永九年十二月 中里村新田分年貢割付状(二宮町中里 高橋ゆき氏蔵)………309
142 寛永十五年十二月 設楽主馬上給中里村年貢割付状(二宮町中里 高橋ゆき氏蔵)………310
143 寛永十六年十一月 設楽主馬上給中里村年貢割付状(二宮町中里 高橋ゆき氏蔵)………310
144 寛永十七年十月 中里村年貢割付状(二宮町中里 高橋ゆき氏蔵)………311
145 正保三年十月 設楽主馬上給中里村年貢割付状(二宮町中里 高橋ゆき氏蔵)………312
146 慶安元年十月 設楽主馬上給中里村年貢割付状(二宮町中里 高橋ゆき氏蔵)………313
147 承応元年十月 設楽主馬上給中里村年貢割付状(二宮町中里 高橋ゆき氏蔵)………313
148 明暦元年十月 設楽主馬上給中里村年貢割付状(二宮町中里 高橋ゆき氏蔵)………314
149 万治元年十月 設楽主馬上給中里村年貢割付状(二宮町中里 高橋ゆき氏蔵)………315
150 天和三年十一月 中里村年貢割付状(二宮町中里 高橋ゆき氏蔵)………316
151 元禄五年十一月 中里村年貢割付状(二宮町中里 高橋ゆき氏蔵)………318
年貢 東小磯村………319
152 元禄七年十月 東小磯村年貢割付状(大磯町東小磯 三宅敏郎氏蔵)……319
(3) 住民の生活………321
高分け出入………321
153 元禄十三年十一月 山西村高減少尋方につき返答書(二宮町山西 宮戸清氏蔵)………321
154 元禄十三年十一月 山西村高分けにつき相名主出入訴状ならびに代官より出頭申渡書(二宮町山西 宮戸清氏蔵)………321

155 元禄十四年二月 山西村高分けにつき相名主争論再訴状(二宮町山西 宮戸清氏蔵)………322
156 元禄十四年二月 山西村高分け争論の節相名主廃止方につき訴状(二宮町山西 宮戸清氏蔵)………325
157 元禄十四年二月 山西村高分け争論につき相名主返答書(二宮町山西 宮戸清氏蔵)………326
158 元禄十四年二月 山西村高分けにつき相名主争論一件返答書(二宮町山西 宮戸清氏蔵)………328
159 元禄十四年二月 山西村高分けにつき相名主争論和解済方証文(二宮町山西 宮戸清氏蔵)………332
160 元和六年八月 江戸浅草御蔵作事の節丹沢山より材木搬出難渋につき詫状(二宮町中里 高橋ゆき氏蔵)……335
161 寛文十二年十一月 年貢上納のため無尽金郷借り証文(二宮町中里 高橋ゆき氏蔵)………336

2 相模国大住郡………337
<写>寛文4年 田村・酒井村水論裁許状(厚木市戸田 高瀬福蔵氏蔵)………337
解説………338
(1) 土地と年貢………339
土地………339
162 天正二十年三月 上落合郷検地目録(厚木市上落合 萩原宏氏蔵)………339
163 寛文五年十月 寺田縄郷御縄打水帳(平塚市寺田縄 高橋勇氏蔵)………340
年貢 羽根村………374
164 慶長八年十一月 羽根村年貢割付状(国文学研究資料館内史料館蔵)……374
165 慶長九年十月 羽根村年貢割付状(国文学研究資料館内史料館蔵)………374
166 慶長十年十月 羽根村年貢割付状(国文学研究資料館内史料館蔵)………375
167 慶長十二年十月 羽根村年貢割付状(国文学研究資料館内史料館蔵)……375
168 慶長十三年十月 羽根村年貢割付状(国文学研究資料館内史料館蔵)……375
169 慶長十四年十月 羽根村年貢割付状(国文学研究資料館内史料館蔵)……376
170 慶長十五年十二月 羽根村年貢割付状(国文学研究資料館内史料館蔵)…376
171 慶長十七年一月 慶長十六年分羽根村年貢皆済手形(国文学研究資料館内史料館蔵)………376
172 慶長十八年一月 慶長十七年分羽根村年貢皆済手形(国文学研究資料館内史料館蔵)………377

県史誌内容総覧・資料編1:近世—関東 459

神奈川県史 資料編6 近世(3)

173 元和元年二月 慶長十九年分羽根村年貢皆済手形(国文学研究資料館内史料館蔵)……377
174 元和元年十一月 羽根村年貢割付状(国文学研究資料館内史料館蔵)……378
175 元和元年十二月 羽根村年貢皆済手形(国文学研究資料館内史料館蔵)……379
176 元和二年十二月 羽根村年貢皆済手形(国文学研究資料館内史料館蔵)……379
177 元和四年二月 元和三年分羽根村年貢皆済手形(国文学研究資料館内史料館蔵)……379
178 元和五年二月 元和四年分羽根村年貢皆済手形(国文学研究資料館内史料館蔵)……380
179 元和六年一月 元和五年分羽根村年貢皆済手形(国文学研究資料館内史料館蔵)……380
180 元和九年四月 元和八年分羽根村年貢皆済手形(国文学研究資料館内史料館蔵)……380
181 寛永八年三月 寛永七年分羽根村年貢皆済手形(国文学研究資料館内史料館蔵)……381
182 寛文二年十月 羽根村年貢割付状(国文学研究資料館内史料館蔵)……381
183 寛文五年十一月 羽根村年貢割付状(国文学研究資料館内史料館蔵)……383
184 寛文六年十月 羽根村年貢割付状(国文学研究資料館内史料館蔵)……384
185 延宝二年十一月 羽根村年貢割付状(国文学研究資料館内史料館蔵)……385
186 貞享四年十一月 羽根村年貢割付状(国文学研究資料館内史料館蔵)……386
187 元禄十一年十一月 羽根村年貢割付状(国文学研究資料館内史料館蔵)……388
年貢 真田村……390
188 慶長十五年十二月 真田村年貢割付状(平塚市真田 上野敬一郎氏蔵)……390
189 慶長十六年十一月 真田村年貢割付状(平塚市真田 上野敬一郎氏蔵)……391
190 元和七年十月 真田村年貢割付状(平塚市真田 上野敬一郎氏蔵)……392
191 元和八年 元和七年分真田村年貢皆済手形(平塚市真田 上野敬一郎氏蔵)……393
192 寛永六年四月 寛永五年分真田村年貢皆済手形(平塚市真田 上野敬一郎氏蔵)……394
193 寛永十六年十一月 真田村年貢割付状(平塚市真田 上野敬一郎氏蔵)……394
194 寛永十九年十一月 真田村年貢割付状(平塚市真田 上野敬一郎氏蔵)……395

195 寛永二十年十月 永田直俊上給真田村年貢割付状(平塚市真田 上野敬一郎氏蔵)……396
196 寛永二十一年十月 永田直俊上給真田村年貢割付状(平塚市真田 上野敬一郎氏蔵)……396
197 慶安二年十一月 永田直俊上給真田村年貢割付状(平塚市真田 上野敬一郎氏蔵)……397
198 元禄元年十一月 山本千之助上給分真田村年貢割付状(平塚市真田 上野敬一郎氏蔵)……398
199 元禄三年十一月 山本千之助上給分真田村年貢割付状(平塚市真田 上野敬一郎氏蔵)……400
200 元禄六年二月 元禄四年分山本千之助上給分真田村年貢皆済目録(平塚市真田 上野敬一郎氏蔵)……402
201 元禄九年十一月 真田村年貢割付状(平塚市真田 上野敬一郎氏蔵)……402
年貢 南金目村……405
202 慶長九年十月 南金目村年貢割付状(平塚市南金目 藤間晃氏蔵)……405
203 慶長十二年十月 南金目村年貢割付状(平塚市南金目 藤間晃氏蔵)……405
204 天和三年十一月 南金目村年貢割付状(平塚市南金目 藤間晃氏蔵)……406
205 貞享元年十一月 南金目村年貢割付状(平塚市南金目 藤間晃氏蔵)……407
年貢 上粕屋村……409
206 延宝八年十一月 梶川正俊上給上糟屋村内石倉分年貢割付状(伊勢原市上粕屋 山口一夫氏蔵)……409
年貢 下落幡村……411
207 元禄元年十一月 松平政直上給分下落幡村年貢割付状(秦野市鶴巻 関野三寿氏蔵)……411
(2) 住民の生活……413
丹沢山の山論……413
208 寛永八年十月 愛甲郡煤ヶ谷村の者丹沢山入込みにつき寺山村訴状ならびに代官の差紙(清川村煤ヶ谷 山田明氏蔵)……413
209 延宝三年三月 評定所より丹沢山内御林守方申渡につき横野村等五ヵ村誓紙(秦野市横野 今井士朗氏蔵)……414
210 延宝五年十二月 堀山下村の者丹沢御林荒し山守等へ乱暴につき寺山村等四ヵ村訴状(秦野市横野 今井士朗氏蔵)……415
211 延宝七年十二月 堀山下村と渋沢村等四ヵ村山論につき幕府裁許状(秦野市横野 今井士朗氏蔵)……417

460　県史誌内容総覧・資料編1：近世―関東

神奈川県史 資料編6 近世(3)

212 延宝九年八月 真田村等八ヵ村入会善波村内馬草山尋方につき返答書(平塚市真田 上野敬一郎氏蔵)..........418
213 天和二年六月 丹沢山御林守寺山村諸役赦免願ならびに代官伺・幕府許状(秦野市寺山 武俊次氏蔵)..........420
214 貞享二年七月 羽根村・菩提村草場争論の節山守寺山村口上書(秦野市寺山 武俊次氏蔵)..........421
215 貞享二年七月 菩提村・田原村馬草場争論の節山守寺山村口上書(秦野市寺山 武俊次氏蔵)..........422
216 貞享二年九月 寺山村新運上場設定等山方諸事横暴取計につき菩提村訴状(秦野市寺山 武俊次氏蔵)..........422
217 貞享五年四月 白根村と子易村等五ヵ村入会争論につき幕府裁許状(伊勢原市上粕屋 山口一夫氏蔵)..........424
218 貞享五年六月 寺山村・糞毛村入会妨害につき田原村訴状(秦野市東田原 大津藤吉氏蔵)..........426
219 元禄二年五月 田原村と寺山村入会争論につき幕府裁許状(秦野市横野 今井士朗氏蔵)..........427
田村堀等の水論..........428
220 寛文四年三月 戸田村・酒井村水論につき幕府裁許状(厚木市戸田 高瀬福蔵氏蔵)..........428
221 寛文六年十月 愛甲郡厚木村水門破損につき入用差出方覚(厚木市岡田 細野高治氏蔵)..........429
222 天和三年十二月 戸田村等三ヵ村恩曽川堤樹木伐払等につき酒井村訴状(厚木市岡田 細野高治氏蔵)..........429
223 貞享元年三月 戸田村等四ヵ村恩曽川堤樹木切取争論につき幕府裁許状(厚木市戸田 高瀬福蔵氏蔵)..........430
224 貞享元年四月 小稲葉村等五ヵ村と日向村玉川水論につき幕府裁許状(伊勢原市板戸 守屋良平氏蔵)..........431
225 貞享三年閏三月 田村堀堤へ愛甲郡厚木村柳植立につき岡田村訴状(厚木市岡田 細野高治氏蔵)..........432
226 貞享三年四月 田村堀堤柳一件につき厚木村返答書(厚木市岡田 細野高治氏蔵)..........433
227 宝永四年二月 大神村等四ヵ村に対し田村用水浚方につき田村訴状ならびに評定所差紙(厚木市岡田 細野高治氏蔵)..........434
228 宝永四年三月 田村用水浚方争論和談につき田村等四ヵ村為取替証文(厚木市岡田 細野高治氏蔵)..........437

229 宝永四年三月 田村用水幅広げにつき三ヵ村取極証文(厚木市岡田 細野高治氏蔵)..........439
230 寛文十二年二月 大根川幅広げ取極につき真田村・落幡村連判証文(平塚市真田 上野敬一郎氏蔵)..........439
231 貞享五年九月 金目川諸堤水門大破につき御普請願(平塚市北金目 柳川起久雄氏蔵)..........441
232 寛文元年十二月 年貢上納不能につき男子一人永代売渡証文(秦野市東田原 大津藤吉氏蔵)..........442
233 延宝八年二月 曽屋村内波多野村五兵衛十日市場の六斎市等につき訴状(秦野市 教育委員会蔵)..........443
234 延宝九年三月 小安村弥五兵衛娘養育不能につき永代売渡証文(秦野市寺山 武俊次氏蔵)..........444
235 寺田縄村百姓衆中覚(平塚市寺田縄 高橋勇氏蔵)..........444

3 相模国愛甲郡..........451
<写>正徳4年 下荻野村六斎市再興掟書(厚木市下荻野 難波武治氏蔵)..........451
解説..........452
(1) 土地と年貢..........453
土地..........453
236 天正十九年八月 温水村御縄打水帳(厚木市温水 奥田隆司氏蔵)..........453
[*畝歩制]
年貢..........508
237 寛文四年十一月 中依知村年貢割付状(厚木市中依知 藤野義重氏蔵)....508
[*地頭]
238 延宝二年十一月 大沢忠次郎上給中依知村年貢割付状(厚木市中依知 藤野義重氏蔵)..........509
[*村境論]
239 天和元年十一月 大沢忠次郎上給中依知村年貢割付状(厚木市中依知 藤野義重氏蔵)..........510
240 貞享二年十一月 中依知村年貢割付状(厚木市中依知 藤野義重氏蔵)....512
(2) 住民の生活..........514
丹沢山後外..........514
241 寛永五年三月 川入村と山境争論につき煤ヶ谷村返答書(清川村煤ヶ谷 山田明氏蔵)..........514
242 寛永十八年五月 大住郡菩提・寺山村丹沢御林伐荒につき煤ヶ谷村訴状ならびに対決差紙(清川村煤ヶ谷 山田明氏蔵)..........515

県史誌内容総覧・資料編1: 近世—関東　461

神奈川県史 資料編6 近世(3)

243　正保四年六月　宮ヶ瀬村・大住郡菩提村丹沢山御林伐荒しにつき煤ヶ谷村訴状(清川村煤ヶ谷 山田明氏蔵)‥‥‥‥‥‥‥‥‥‥‥‥‥516
244　明暦二年二月　大住郡寺山村と山境争論の節煤ヶ谷村返答書(清川村煤ヶ谷 山田明氏蔵)‥‥‥‥‥‥‥‥‥‥‥‥519
245　延宝二年九月　丹沢御林荒しにより牢舎中の御林守赦免につき請書(清川村煤ヶ谷 山田明氏蔵)‥‥‥520
246　宝永七年六月　煤ヶ谷村名主諸役割賦三段新法ならびに山稼等につき伺書(清川村煤ヶ谷 山田明氏蔵)‥‥521
247　正徳二年五月　宮ヶ瀬村山境を越し不法炭焼等につき煤ヶ谷村訴状ならびに出頭申渡書(清川村煤ヶ谷 山田明氏蔵)‥‥‥‥‥‥‥‥‥‥‥‥‥‥522
248　正徳三年四月　山境争論和談後宮ヶ瀬村徒党にて論所へ理不尽につき煤ヶ谷村訴状(清川村煤ヶ谷 山田明氏蔵)‥‥‥‥‥‥‥‥‥‥‥‥‥‥524
249　明暦四年五月　宮ヶ瀬村炭・薪木売払方ならびに値段等違約につき詫状(清川村煤ヶ谷 山田明氏蔵)‥‥‥526
250　明暦四年十月　宮ヶ瀬村百姓炭・薪木売払違約につき訴状ならびに代官より出頭申渡書(清川村煤ヶ谷 山田明氏蔵)‥‥‥‥‥‥‥‥‥‥‥‥526
251　明暦四年十一月　宮ヶ瀬村炭・薪木売払一件名主より訴訟につき百姓方返答書(清川村煤ヶ谷 山田明氏蔵)‥‥‥‥‥‥‥‥‥‥‥‥‥‥528
252　寛文元年十二月　煤ヶ谷村より本丸御用炭請取手形(清川村煤ヶ谷 山田明氏蔵)‥‥‥‥‥‥‥‥‥‥‥‥‥‥529
253　貞享三年三月　年貢未進者牢舎赦免につき請書(愛川町田代 大矢孝氏蔵)‥‥‥‥‥‥‥‥‥‥‥‥‥‥529
254　元禄二年八月　宮ヶ瀬村・煤ヶ谷村御林内茸運上等につき伊豆国源左衛門外約定手形(清川村煤ヶ谷 山田明氏蔵)‥‥‥‥‥‥‥‥‥‥‥‥530
255　元禄六年三月　煤ヶ谷村散在立木扱い方二案書上(清川村煤ヶ谷 山田明氏蔵)‥‥‥‥‥‥‥‥‥‥‥‥530
256　元禄六年十一月　煤ヶ谷村村役人と二百軒組百姓諸役争論一件出牢願(清川村煤ヶ谷 山田明氏蔵)‥‥‥531
257　宝永五年一月　富士山噴火後宮ヶ瀬村極困窮につき扶食拝領願(清川村宮ヶ瀬 山本務本氏蔵)‥‥‥‥533

258　宝永六年六月　砂降りのため煤ヶ谷村・宮ヶ瀬村煤菜鮎上納不能につき代永納願(清川村煤ヶ谷 山田明氏蔵)‥‥‥‥‥‥‥‥‥‥‥‥‥‥534
259　宝永七年六月　宮ヶ瀬村中・下百姓諸役負担等につき願書(清川村煤ヶ谷 山田明氏蔵)‥‥‥‥‥‥‥535
260　宝永八年四月　煤ヶ谷村組頭役訴訟の節手錠仰付の者赦免につき請書(清川村煤ヶ谷 山田明氏蔵)‥‥‥‥535
261　正徳三年十月　丹沢御林内御台所用炭焼停止につき煤ヶ谷村前借り金返済方約定証文(清川村煤ヶ谷 山田明氏蔵)‥‥‥‥‥‥‥‥‥‥‥‥‥‥536
262　正徳三年十一月　下荻野村市場再興願(厚木市下荻野 難波武治氏蔵)‥‥537
263　正徳三年十二月　下荻野村市場再興の節三里四方村々書上(厚木市下荻野 難波武治氏蔵)‥‥‥‥‥‥538
264　正徳四年二月　下荻野村市場再興につき代官小林又左衛門法度(厚木市下荻野 難波武治氏蔵)‥‥‥‥538
265　正徳六年三月　御用炭焼停止後煤ヶ谷村困窮につき幕府助成金借用ならびに返済方証文(清川村煤ヶ谷 山田明氏蔵)‥‥‥‥‥‥‥‥‥‥‥‥539

4　相模国高座郡‥‥‥‥‥‥‥‥‥‥541
＜写＞延宝7年　蓼川新田村年貢割付状(大和市大和東 近藤好一氏蔵)‥‥‥‥541
解説‥‥‥‥‥‥‥‥‥‥‥‥‥‥‥‥542
(1)　村の概観‥‥‥‥‥‥‥‥‥‥543
266　寛永十五年十月　羽鳥村切支丹改につき請書(藤沢市羽鳥 三觜博氏蔵)‥‥543
267　正保二年五月　羽鳥村明細書上(藤沢市羽鳥 三觜博氏蔵)‥‥‥‥‥‥543
268　慶安五年二月　羽鳥村五人組法度請書(藤沢市羽鳥 三觜博氏蔵)‥‥‥‥544
269　寛文五年二月　羽鳥村八郎右衛門家等宗旨請手形(藤沢市羽鳥 三觜博氏蔵)‥‥‥‥‥‥‥‥‥‥‥‥‥‥546
270　寛文九年四月　羽鳥村次郎兵衛家宗旨請手形(藤沢市羽鳥 三觜博氏蔵)‥‥547
271　元禄十一年六月　国絵図作成事項申渡ならびに返答書案文(藤沢市羽鳥 三觜博氏蔵)‥‥‥‥‥‥‥‥‥‥‥‥547
272　元禄十一年八月　羽鳥村年貢増徴の儀村方困窮につき救助願書(藤沢市羽鳥 三觜博氏蔵)‥‥‥‥‥‥547
273　宝永四年十二月　富士山噴火による羽鳥村砂降状況書上(藤沢市羽鳥 三觜博氏蔵)‥‥‥‥‥‥‥‥‥‥‥‥‥‥548

462　県史誌内容総覧・資料編1: 近世―関東

神奈川県史 資料編6 近世（3）

274　宝永五年一月 富士山噴火砂降りのため羽鳥村困窮につき救助願(藤沢市羽鳥 三觜博氏蔵)……………549
275　寛永年間 大庭村田畑指出(藤沢市城南 川島誠三郎氏蔵)……………550
276　宝永五年四月 宝永四年砂降りにつき大庭村用水埋場所書上(藤沢市城南 川島誠三郎氏蔵)……………551
277　元禄十四年九月 栗原村村鏡(座間市栗原 大矢純一氏蔵)……………552
278　宝永二年七月 当麻村村鏡(相模原市当麻 萩原隆文氏旧蔵・相模原市史資料室蔵)……………556
(2)　土地と年貢……………560
　土地……………560
　279　寛永十三年一月 羽鳥村田畑指出(藤沢市羽鳥 三觜博氏蔵)……………560
　年貢 羽鳥村……………562
　280　寛永十五年十一月 羽鳥村年貢割付状(藤沢市羽鳥 三觜博氏蔵)………562
　281　寛永二十一年十二月 羽鳥村年貢割付状(藤沢市羽鳥 三觜博氏蔵)……563
　282　正保二年十一月 羽鳥村年貢割付状(藤沢市羽鳥 三觜博氏蔵)…………563
　283　慶安元年十二月 羽鳥村年貢割付状(藤沢市羽鳥 三觜博氏蔵)…………564
　284　承応元年十一月 羽鳥村年貢割付状(藤沢市羽鳥 三觜博氏蔵)…………565
　285　明暦元年十二月 羽鳥村年貢割付状(藤沢市羽鳥 三觜博氏蔵)…………566
　286　明暦二年一月 承応二年分羽鳥村年貢皆済手形(藤沢市羽鳥 三觜博氏蔵)……………567
　287　万治二年一月 羽鳥村年貢割付状(藤沢市羽鳥 三觜博氏蔵)……………568
　288　寛文五年十一月 羽鳥村年貢割付状(藤沢市羽鳥 三觜博氏蔵)…………569
　289　寛文五年十二月 寛文三年分羽鳥村年貢皆済目録(藤沢市羽鳥 三觜博氏蔵)……………570
　年貢 田村……………572
　290　天正十九年五月 田名村検地目録(東京都目黒区自由ヶ丘 陶山清夫氏蔵)……………572
　291　寛永二年十月 田名村五郎左衛門分年貢割付状(東京都目黒区自由ヶ丘 陶山清夫氏蔵)……………573
　292　寛永二年十二月 田名村五郎左衛門分年貢皆済手形(東京都目黒区自由ヶ丘 陶山清夫氏蔵)………574
　年貢 上相原村……………574

293　慶安元年十一月 上相原村五郎左衛門分年貢割付状(相模原市相原 小川忠良氏蔵)……………574
294　慶安三年十一月 上相原村五郎左衛門分年貢割付状(相模原市相原 小川忠良氏蔵)……………575
年貢 矢畑村……………576
　295　延宝七年十一月 小俣吉左衛門上給矢畑村年貢割付状(茅ヶ崎市矢畑 熊沢忠夫氏蔵)……………576
　296　天和二年十一月 小俣吉左衛門上給矢畑村年貢割付状(茅ヶ崎市矢畑 熊沢忠夫氏蔵)……………578
年貢 蓼川村……………579
　297　延宝七年十一月 蓼川新田年貢割付状(大和市大和東 近藤好一氏蔵)…579
(3)　住民の生活……………580
　村境出入……………580
　298　寛永十六年九月 羽鳥村・大庭村送り神につき訴状(藤沢市羽鳥 三觜博氏蔵)……………580
　299　寛永十六年九月 羽鳥村送り神一件につき内済扱証文(藤沢市羽鳥 三觜博氏蔵)……………581
　300　慶安三年二月 羽鳥村・辻堂村村境争論につき辻堂村領主へ注進書(藤沢市羽鳥 三觜博氏蔵)……………581
　301　慶安三年二月 羽鳥村・辻堂村村境争論につき奉行所へ注進書(藤沢市羽鳥 三觜博氏蔵)……………582
　302　慶安三年三月 羽鳥村・辻堂村村境争論につき訴状ならびに評定所より出頭申渡(藤沢市羽鳥 三觜博氏蔵)……………582
　303　慶安三年二月 羽鳥村・辻堂村村境争論につき辻堂村領主へ注進書(藤沢市羽鳥 三觜博氏蔵)……………583
　304　正保四年十月 鶴間村より新萱野仕立・村境等訴訟につき座間村返答書(座間市栗原 大矢純一氏蔵)……584
　305　正保四年九月 座間新萱野仕立等境乱しにつき鶴間村訴状(座間市栗原 大矢純一氏蔵)……………585
名主出入外……………586
　306　寛文八年十二月 羽鳥村新名主悪事たくらみにつき訴状(藤沢市羽鳥 三觜博氏蔵)……………586
　307　寛文九年二月 貸付田地不返済につき訴状(藤沢市羽鳥 三觜博氏蔵)…587
　308　寛文十年三月 質物の喜右衛門を無断売渡につき訴状ならびに代官の差紙(藤沢市羽鳥 三觜博氏蔵)………588

県史誌内容総覧・資料編 1: 近世―関東　　463

神奈川県史 資料編6 近世(3)

309　寛文十年四月 羽鳥村名主訴訟一件証文(藤沢市羽鳥 三觜博氏蔵)……589
310　寛文十年四月 羽鳥村名主訴訟一件返答書(藤沢市羽鳥 三觜博氏蔵)…589
311　寛文十年六月 羽鳥村新名主悪事たくらみにつき再訴訟(藤沢市羽鳥 三觜博氏蔵)……590
312　寛文十一年二月 大庭村名主二郎兵衛運上米等不納につき円入訴状(藤沢市羽鳥 三觜博氏蔵)…………591
用水出入……592
313　貞享三年五月 新戸村・磯部村鳩川用水分水取極証文(相模原市新戸 石川ヨシ氏旧蔵・相模原市史資料室蔵)…592
314　貞享三年五月 新戸村・磯部村鳩川用水分水取極証文(相模原市新戸 石川ヨシ氏旧蔵・相模原市史資料室蔵)…593
315　貞享三年五月 新戸村・磯部村鳩川用水分水取極ならびに代官より申渡書(相模原市新戸 石川ヨシ氏旧蔵・相模原市史資料室蔵)………593
316　貞享四年十一月 新戸村・磯部村鳩川分水取極取為替証文(相模原市新戸 石川ヨシ氏旧蔵・相模原市史資料室蔵)………594
317　元禄十二年三月 新戸村・磯部村、座間村・入谷村秣場争論裁許状(相模原市磯部 荒井通時氏蔵)……595
318　寛文二年三月 柏ヶ谷村用水路新設につき取為替証文(座間市栗原 大矢純一氏蔵)………596
319　寛永十二年四月 羽鳥村庄右衛門女房離縁につき父親言上書(藤沢市羽鳥 三觜博氏蔵)……………596
320　寛永十五年一月 羽鳥村郷中改の節女子貰請証文(藤沢市羽鳥 三觜博氏蔵)………597
321　寛永十七年一月 羽鳥村四郎兵衛遺言にて下人配分の節異論一件返答書(藤沢市羽鳥 三觜博氏蔵)………597
322　寛永十七年一月 羽鳥村四郎兵衛下人配分の節異論につき注進状(藤沢市羽鳥 三觜博氏蔵)…………598
323　明暦三年三月 羽鳥村居住牢人村外へ立退き方命令願(藤沢市羽鳥 三觜博氏蔵)…………598
324　万治二年五月 行方不明の下女発見につき報告書(藤沢市羽鳥 三觜博氏蔵)………………599
325　万治四年二月 羽鳥村橋際凍死人持物預りにつき報告書(藤沢市羽鳥 三觜博氏蔵)…………599

326　寛文元年八月 羽鳥村・大庭村の内折戸境逆川橋かけにつき訴状(藤沢市羽鳥 三觜博氏蔵)……………600
327　寛文三年二月 羽鳥村・大庭村の内折戸境逆川橋かけにつき訴状(藤沢市羽鳥 三觜博氏蔵)……………601
328　寛文三年六月 羽鳥村・大庭村の内折戸境逆川橋かけにつき訴状(藤沢市羽鳥 三觜博氏蔵)……………602
329　元禄八年六月 羽鳥村藤右衛門家内状況書上覚(藤沢市羽鳥 三觜博氏蔵)……………602

5　相模国鎌倉郡…………605
<写>寛文9年 台村・小袋谷村水論済方扱手形(鎌倉市小袋谷 平井恒太郎氏蔵)…605
解説……606
330　十二所村等鎌倉中幕領・寺社領相給村総高帳(鎌倉市極楽寺 岩澤玄次氏蔵)…607
[*村別反銭;棟別銭;山手銭]
331　慶長九年九月 戸塚郷検地目録(横浜市戸塚区戸塚 沢辺馨氏蔵)……………614
332　慶長九年九月 戸塚郷年貢免定(横浜市戸塚区戸塚 沢辺馨氏蔵)……………615
333　寛永十七年十二月 小袋谷村年貢割付状(鎌倉市小袋谷 平井恒太郎氏蔵)……615
334　正保二年十一月 小袋谷村年貢割付状(鎌倉市小袋谷 平井恒太郎氏蔵)……616
335　寛文二年十月 小袋谷村年貢割付状(鎌倉市小袋谷 平井恒太郎氏蔵)……617
336　延宝六年十一月 小袋谷村年貢割付状(鎌倉市小袋谷 平井恒太郎氏蔵)……618
337　天和元年十一月 小袋谷村年貢割付状(鎌倉市小袋谷 平井恒太郎氏蔵)……619
338　天和三年十月 小袋谷村年貢割付状(鎌倉市小袋谷 平井恒太郎氏蔵)……620
339　貞享元年十月 小袋谷村年貢割付状(鎌倉市小袋谷 平井恒太郎氏蔵)……622
340　貞享四年十一月 小袋谷村年貢割付状(鎌倉市小袋谷 平井恒太郎氏蔵)……623
341　元禄元年十一月 小袋谷村年貢割付状(鎌倉市小袋谷 平井恒太郎氏蔵)……624
342　元禄五年十一月 小袋谷村年貢割付状(鎌倉市小袋谷 平井恒太郎氏蔵)……625
343　元禄九年十一月 小袋谷村年貢割付状(鎌倉市小袋谷 平井恒太郎氏蔵)……627
344　寛文九年七月 台村・小袋谷村用水論済方扱につき為取替手形(鎌倉市小袋谷 平井恒太郎氏蔵)……628
345　正徳四年六月 下倉田村明細帳(横浜市戸塚区下倉田 吉原三郎氏蔵)………629

6　相模国三浦郡…………635

神奈川県史 資料編6 近世（3）

 〈写〉元禄11年 衣笠村高反別諸色村鑑（横須賀市衣笠 大塚昭生氏蔵）……………635
 解説 ………………………………………636
 （1）　村の概観 ……………………………637
 346　文禄元―正徳五年 浦賀奉行・走水御番所等代役人名ならびに大矢部村領主・取箇等書留（横須賀市大矢部 島崎五郎兵衛氏蔵）……………………………637
  ［*反当年貢;走水番所］
 347　延宝四年 下平作村寛文二年家別人数・高反別・牛馬数書上帳（横須賀市阿部倉 世安武雄氏蔵）……………………652
 348　延宝四年八月 佐原村寛文八年家別人数・高反別・牛馬数書上帳（横須賀市佐原 竹山一雄氏）………………………656
 349　元禄十一年九月 衣笠村諸色村鑑（横須賀市衣笠 大塚昭生氏蔵）………663
 （2）　年貢 ……………………………………667
  年貢 浦賀村 ………………………………667
 350　寛永十九年十二月 浦賀村年貢割付状（横須賀市資料室蔵）………………667
 351　正保四年十二月 浦賀村年貢割付状（横須賀市資料室蔵）………………669
  年貢 菊名村 ………………………………671
 352　貞享二年十一月 菊名村年貢割付状（三浦市菊名 石井師士氏蔵）………671
 353　元禄元年十一月 菊名村年貢割付状（三浦市菊名 石井師士氏蔵）………673
 354　元禄十年十月 菊名村年貢割付状（三浦市菊名 石井師士氏蔵）………675
  年貢 長井村 ………………………………677
 355　貞享四年十一月 長井村年貢割付状（横須賀市長井 鈴木博明氏蔵）……677
 356　元禄二年十一月 長井村年貢割付状（横須賀市長井 鈴木博明氏蔵）……680
  年貢 松輪村 ………………………………684
 357　正徳三年十一月 松輪村年貢割付状（三浦市松輪 藤平正一氏蔵）………684

7　相模国津久井県 ……………………………687
 〈写〉正徳4年 青根山山の神祭定之事（藤野町牧野 神原武男氏蔵）………………687
 解説 ………………………………………688
 （1）　村の概観 ……………………………689
 358　正保二年五月 与瀬村明細差出（相模湖町与瀬 坂本是成氏蔵）……………689
 359　正保二年十月 与瀬村明細差出（相模湖町与瀬 坂本是成氏蔵）……………689
 360　正保二年九月 下川尻村明細差出（城山町川尻 山本安司氏蔵）……………690
 361　元禄十二年 下川尻村差出帳（城山町川尻 山本安司氏蔵）………………691

 362　明暦三年一月 沢井村五人組法度請書（藤野町沢井 石井茂代氏蔵）………696
 363　寛文二年九月 沢井村宗門人別上覚（藤野町沢井 石井茂代氏蔵）………699
 364　貞享三年三月 沢井村源左衛門組人別改帳（藤野町沢井 石井茂代氏蔵）……701
 365　貞享三年三月 沢井村源左衛門組五人組改帳（藤野町沢井 石井茂代氏蔵）…708
 366　元禄十五年十二月 津久井県内名主給米定書（藤野町沢井 石井達夫氏蔵）…710
 367　宝永七年三月 宝永六年分沢井村入用夫銭帳（藤野町沢井 石井達夫氏蔵）…711
 368　元禄十二年七月 牧野村書上帳（藤野町牧野 神原武男氏蔵）………………713
 369　宝永四年九月 佐野川村村鏡（城山町川尻 山本安司氏蔵）………………717
 （2）　土地と年貢 …………………………722
  土地 ………………………………………722
 370　慶長九年五月 佐野川村地詰帳（津久井町根小屋 島崎丈之助氏蔵）……722
 371　慶長十九年 与瀬村高辻書（相模湖町与瀬 坂本是成氏蔵）………………735
  年貢 青根村 ………………………………736
 372　慶長九年十一月 青根村年貢割付状（津久井町青根 井上正氏蔵）………736
 373　元和四年十一月 青根村年貢割付状（津久井町青根 井上正氏蔵）………736
 374　寛永十年十月 青根村年貢割付状（津久井町青根 井上正氏蔵）………737
 375　慶安四年十一月 青根村年貢割付状（津久井町青根 井上正氏蔵）………738
 376　承応二年十一月 青根村年貢割付状（津久井町青根 井上正氏蔵）………739
 377　万治元年十一月 青根村年貢割付状（津久井町青根 井上正氏蔵）………740
 378　寛文元年十月 青根村年貢割付状（津久井町青根 井上正氏蔵）………741
  年貢 寸沢嵐村 ……………………………742
 379　寛永三年十月 寸沢嵐村年貢割付状（県立文化資料館蔵）………………742
 380　寛永七年十月 貴志正盛上給寸沢嵐村年貢割付状（県立文化資料館蔵）………………………………………743
 381　寛永十年十月 貴志正盛上給寸沢嵐村年貢割付状（県立文化資料館蔵）………………………………………744
  年貢 与瀬村 ………………………………745
 382　寛永九年十月 与瀬村年貢割付状（相模湖町与瀬 坂本是成氏蔵）………745
 383　寛永十年十月 与瀬村年貢割付状（相模湖町与瀬 坂本是成氏蔵）………747
 384　寛永十一年十月 与瀬村年貢割付状（相模湖町与瀬 坂本是成氏蔵）……747

県史誌内容総覧・資料編 1: 近世―関東 465

神奈川県史 資料編6 近世(3)

385 寛永十二年十月 与瀬村年貢割付状（相模湖町与瀬 坂本是成氏蔵）……748
386 寛永十七年十月 与瀬村年貢割付状（相模湖町与瀬 坂本是成氏蔵）……749
387 寛永十八年十月 与瀬村年貢割付状（相模湖町与瀬 坂本是成氏蔵）……750
388 慶安三年十一月 与瀬村年貢割付状（相模湖町与瀬 坂本是成氏蔵）……752
389 万治元年十一月 与瀬村年貢割付状（相模湖町与瀬 坂本是成氏蔵）……753
390 貞享元年十月 与瀬村年貢割付状（相模湖町与瀬 坂本是成氏蔵）……754
391 貞享三年十一月 与瀬村年貢割付状（相模湖町与瀬 坂本是成氏蔵）……756
392 貞享五年二月 貞享三年分与瀬村年貢皆済目録（相模湖町与瀬 坂本是成氏蔵）……758
393 元禄三年 元禄元年分与瀬村年貢皆済目録（相模湖町与瀬 坂本是成氏蔵）……759
394 元禄四年十二月 元禄三年分与瀬村年貢皆済目録（相模湖町与瀬 坂本是成氏蔵）……761
395 元禄五年十一月 与瀬村年貢割付状（相模湖町与瀬 坂本是成氏蔵）……762
396 元禄九年十一月 与瀬村年貢割付状（相模湖町与瀬 坂本是成氏蔵）……763
397 元禄十三年十一月 与瀬村年貢割付状（相模湖町与瀬 坂本是成氏蔵）……766
398 元禄十四年六月 元禄十三年分与瀬村年貢皆済目録（相模湖町与瀬 坂本是成氏蔵）……768
399 宝永五年十一月 与瀬村年貢割付状（相模湖町与瀬 坂本是成氏蔵）……769
年貢 沢井村 ……771
400 寛永八年十月 井出源蔵上給沢井村年貢割付状（藤野町沢井 石井達夫氏蔵）……771
401 寛永九年十月 沢井村年貢割付状（藤野町沢井 石井茂代氏蔵）……772
402 寛永十年十月 井出源蔵上給沢井村年貢割付状（藤野町沢井 石井茂代氏蔵）……773
403 寛永十五年十月 沢井村年貢割付状（藤野町沢井 石井茂代氏蔵）……773
404 寛永十八年十二月 沢井村兵部分年貢算用帳（藤野町沢井 石井達夫氏蔵）……774
405 寛文三年十月 沢井村高辻書上（藤野町沢井 石井達夫氏蔵）……776
年貢 佐野川村 ……777

406 元和七年十月 佐野川村豊後分年貢割付状（藤野町佐野川 佐藤信熙氏蔵）……777
407 寛文三年十月 佐野川村豊後分年貢割付状（藤野町佐野川 佐藤信熙氏蔵）……777
年貢 川尻村 ……778
408 寛永十年十月 川尻村理兵衛分年貢割付状（城山町川尻 山本安司氏蔵）……778
409 承応三年十一月 下川尻村年貢割付状（城山町川尻 山本安司氏蔵）……779
410 貞享元年十一月 下川尻村年貢割付状（城山町川尻 山本安司氏蔵）……781
(3) 住民の生活 ……783
青根山の山論 ……783
411 正保五年一月 青根村山入妨げにつき牧野村名主訴状（藤野町牧野 神原武男氏蔵）……783
412 正保五年三月 青根山内炭焼釜数書上（藤野町役場牧野支所蔵）……784
413 慶安元年十一月 青根村材木伐出につき牧野村注進書（藤野町牧野 神原武男氏蔵）……785
414 慶安元年十二月 牧野村・青根村山論済方扱証文（藤野町牧野 神原武男氏蔵）……786
415 慶安元年十二月 青根山内炭焼釜運上金につき牧野村注進状（藤野町牧野 神原武男氏蔵）……786
416 慶安三年三月 青根村山稼妨げにつき牧野村訴状（藤野町役場牧野支所蔵）……787
417 慶安三年四月 牧野村訴訟につき青根村へ差紙（藤野町牧野 神原武男氏蔵）……787
418 慶安三年十一月 牧野村・青根村山論済方扱証文（藤野町役場牧野支所蔵）……788
419 元禄二年八月 牧野村牧目組・篠原組高寄ならびに触役交替願（藤野町牧野 神原武男氏蔵）……789
420 元禄二年十二月 牧野村触口山詮議につき牧目組返答書（藤野町牧野 神原武男氏蔵）……790
421 正徳四年十一月 牧野村山稼入会等妨げ一件につき青根村詫状（藤野町牧野 神原武男氏蔵）……791
422 正徳四年十一月 牧野村・青根村山論落着につき山の神祭定証文（藤野町牧野 神原武男氏蔵）……792
鳥屋村の山論 ……793

神奈川県史 資料編6 近世（3）

423 慶安二年六月 津久井領鳥屋村・愛甲郡宮ヶ瀬村山論済口証文（明治大学刑事博物館蔵）……793
424 慶安四年八月 鳥屋村山稼の内不法増釜につき詫状（明治大学刑事博物館蔵）……793
425 承応三年二月 鳥屋村長兵衛前地証文（明治大学刑事博物館蔵）……794
426 寛文二年五月 鳥屋村上郷散在地入会妨げにつき下郷訴状（明治大学刑事博物館蔵）……794
427 寛文二年五月 鳥屋村入会争論一件上郷返答書（明治大学刑事博物館蔵）……796
428 元禄二年四月 鳥屋村彦右衛門鎌留違犯詫状（明治大学刑事博物館蔵）……799
429 元禄二年四月 鳥屋村弥兵衛鎌留違犯詫状（明治大学刑事博物館蔵）……799
沢井村の山論……800
430 貞享二年六月 沢井村御林御法度請書（藤野町沢井 石井茂代氏蔵）……800
431 元禄九年六月 沢井村内御林・百姓持林内木伐取禁止請書（藤野町沢井 石井茂代氏蔵）……801
432 元禄十一年四月 小淵村・沢井村山論の節沢井村返答書（藤野町沢井 石井茂代氏蔵）……802
433 元禄十一年六月 沢井村・小淵村秣場争論につき一札（藤野町吉野 吉野甫氏蔵）……803
434 宝永五年九月 沢井村・小淵村秣場争論一件済方扱証文（藤野町沢井 石井茂代氏蔵）……804
与瀬村の川境論……805
435 寛永十一年八月 勝瀬河原材木流請負場につき与瀬村訴状（相模湖町与瀬 坂本是成氏蔵）……805
436 寛永十一年 勝瀬河原材木流請負場につき与瀬村訴状（相模湖町与瀬 坂本是成氏蔵）……806
437 寛永十一年九月 勝瀬河原請負場につき与瀬村訴状（相模湖町与瀬 坂本是成氏蔵）……807
438 寛永十六年十月 与瀬村・日連村川境争論済方扱証文（相模湖町与瀬 坂本是成氏蔵）……808
名主出入……809
439 慶安四年 与瀬村名主遺跡につき若柳村弥次右衛門訴状（相模湖町与瀬 坂本是成氏蔵）……809

440 承応二年十月 与瀬村内蔵助遺跡相続につき五兵衛訴状（相模湖町与瀬 坂本是成氏蔵）……810
441 寛文二年六月 鳥屋村名主・百姓争論一件裁許状（明治大学刑事博物館蔵）……812
442 寛文二年六月 鳥屋村清左衛門不正に付百姓訴状（明治大学刑事博物館蔵）……815
443 元禄五年一月 沢井村名主・百姓田地出入訴状（藤野町沢井 石井茂代氏蔵）……816
444 元禄五年一月 沢井村与右衛門等年貢未進につき名主訴状（藤野町沢井 石井達夫氏蔵）……818
445 元禄五年三月 沢井村相名主争論一件返答書（藤野町沢井 石井達夫氏蔵）……818
446 元禄五年七月 沢井村相名主争論内済扱証文（藤野町沢井 石井達夫氏蔵）……823
447 元禄六年十二月 沢井村名主・小作人出入につき名主返答書（藤野町沢井 石井達夫氏蔵）……823
448 元禄九年五月 沢井村名主・小作人争論裁許申渡状（藤野町沢井 石井達夫氏蔵）……825
449 寛永十一年二月 長竹村小右衛門名子抜証文（明治大学刑事博物館蔵）……826
450 寛永十三年 上川尻村・下川尻村六斎市出入訴状（城山町川尻 山本安司氏蔵）……827
451 貞享元年五月 上川尻村・下川尻村鎮守八幡宮につき願書（城山町川尻 山本安司氏蔵）……829
452 元禄三年四月 牧野村内川上の若者大久和の柴山入方古来の定めを破るにつき詫状（藤野町牧野 神原武男氏蔵）……831
453 元禄五年二月 牧野村伏馬田組上納鮎人足多分の為難渋につき人足減方願書（藤野町牧野 神原武男氏蔵）……831
454 宝永五年十一月 牧野村神原家代々掟書（藤野町牧野 神原武男氏蔵）……832

8 武蔵国橘樹郡……835
〈写〉寛永10年 神奈川領御割付渡留（横浜市港北区北綱島 飯田助丸氏蔵）……835
解説……836
（1）年貢……837

県史誌内容総覧・資料編 1：近世—関東　467

神奈川県史 資料編6 近世(3)

455 寛永十年十一月 橘樹郡・都筑郡内神奈川領六十二ヵ村年貢米永割付渡留帳(横浜市港北区北綱島 飯田助丸氏蔵)……837
年貢 六角橋村……845
456 元和四年十二月 六角橋村年貢割付状(横浜市神奈川区六角橋 山室健作氏蔵)……845
457 寛永十二年十一月 六角橋村年貢割付状(横浜市神奈川区六角橋 山室健作氏蔵)……845
458 寛永二十年十月 六角橋村年貢割付状(横浜市神奈川区六角橋 山室健作氏蔵)……846
459 寛永二十年十二月 六角橋村年貢皆済手形(横浜市神奈川区六角橋 山室健作氏蔵)……848
460 正保二年十月 六角橋村年貢割付状(横浜市神奈川区六角橋 山室健作氏蔵)……848
461 正保二年十二月 六角橋村年貢皆済手形(横浜市神奈川区六角橋 山室健作氏蔵)……849
462 慶安二年十月 六角橋村年貢割付状(横浜市神奈川区六角橋 山室健作氏蔵)……849
463 慶安三年十二月 六角橋村年貢皆済手形(横浜市神奈川区六角橋 山室健作氏蔵)……851
464 承応元年十一月 六角橋村年貢割付状(横浜市神奈川区六角橋 山室健作氏蔵)……851
465 承応元年十二月 六角橋村年貢皆済手形(横浜市神奈川区六角橋 山室健作氏蔵)……852
466 明暦元年十一月 六角橋村年貢割付状(横浜市神奈川区六角橋 山室健作氏蔵)……852
467 明暦元年十二月 六角橋村年貢皆済手形(横浜市神奈川区六角橋 山室健作氏蔵)……853
468 万治元年十一月 六角橋村年貢割付状(横浜市神奈川区六角橋 山室健作氏蔵)……854
469 万治元年十二月 六角橋村年貢皆済手形(横浜市神奈川区六角橋 山室健作氏蔵)……855
470 寛文元年十月 六角橋村年貢割付状(横浜市神奈川区六角橋 山室健作氏蔵)……855
471 寛文元年十一月 六角橋村年貢皆済手形(横浜市神奈川区六角橋 山室健作氏蔵)……856

472 延宝二年十一月 六角橋村年貢割付状(横浜市神奈川区六角橋 山室健作氏蔵)……856
473 延宝二年十二月 六角橋村年貢皆済手形(横浜市神奈川区六角橋 山室健作氏蔵)……858
474 天和元年十一月 六角橋村年貢割付状(横浜市神奈川区六角橋 山室健作氏蔵)……858
475 天和二年十一月 六角橋村年貢割付状(横浜市神奈川区六角橋 山室健作氏蔵)……859
476 貞享元年十一月 六角橋村年貢割付状(横浜市神奈川区六角橋 山室健作氏蔵)……860
477 元禄二年六月 貞享四年分六角橋村年貢皆済手形(横浜市神奈川区六角橋 山室健作氏蔵)……862
478 元禄二年十一月 六角橋村年貢割付状(横浜市神奈川区六角橋 山室健作氏蔵)……863
479 宝永元年十一月 六角橋村年貢割付状(横浜市神奈川区六角橋 山室健作氏蔵)……864
480 正徳元年十一月 六角橋村年貢割付状(横浜市神奈川区六角橋 山室健作氏蔵)……866
年貢 白幡村……868
481 寛永十一年十一月 白幡村年貢割付状(横浜市神奈川区白幡南 安藤敬之助氏蔵)……868
482 寛永十二年十一月 白幡村年貢割付状(横浜市神奈川区白幡南 安藤敬之助氏蔵)……869
年貢 小杉村……870
483 寛永二十年十月 小杉村年貢割付状(川崎市中原区小杉陣屋 安藤平作氏蔵)……870
484 寛文七年十一月 小杉村年貢割付状(川崎市中原区小杉陣屋 安藤平作氏蔵)……871
485 宝永四年十一月 小杉村年貢割付状(川崎市中原区小杉陣屋 安藤平作氏蔵)……872
年貢 菅村……874
486 元禄四年十一月 中根正冬上給菅村年貢割付状(川崎市多摩区菅 佐保田和之氏蔵)……874
487 元禄十一年十一月 菅村年貢割付状(川崎市多摩区菅 佐保田和之氏蔵)……876
年貢 鶴見村……878

468　県史誌内容総覧・資料編1: 近世―関東

神奈川県史 資料編6 近世（3）

488　宝永四年十一月　鶴見村年貢割付状（横浜市鶴見区鶴見　佐久間亮一氏蔵）……………………………878
（2）　住民の生活………………880
489　慶長十二年八月　都筑郡折本村　下女不返につきたくみ女房訴状ならびに老中等対決申渡状（横浜市神奈川区六角橋　山室健作氏蔵）………………880
490　万治二年七月　神奈川町八左衛門等宗旨請形（横浜市神奈川区六角橋　山室健氏蔵）………………881
491　寛文十二年五月　白幡村等六ヵ村秣場江戸町人開発差止願（横浜市神奈川区六角橋　山室健作氏蔵）……882
492　延宝四年五月　神大寺村・六角橋村秣場使用につき約定証文（横浜市神奈川区六角橋　山室健作氏蔵）……882
493　延宝六年十一月　高田村・綱島村高田堰水論につき幕府裁許状（横浜市港北区南綱島　池谷陸朗氏蔵）……883
494　貞享五年六月　中原小杉御殿沿革書上（川崎市中原区小杉陣屋　安藤平作氏蔵）……………………………884
495　宝永三年五月　北加瀬村差出帳（川崎市幸区北加瀬　高橋茂氏蔵）………884

9　武蔵国久良岐郡………………891
＜写＞寛文13年　日野村等十一ヵ村付古林・散在開発禁止訴状（横浜市港南区日野　田野井三郎氏蔵）……891
解説…………………………………892
（1）　年貢………………………893
年貢　日野宮下村……………………893
496　明暦元年十月　宮下村年貢割付状　総百姓一人別割賦裏書（横浜市港南区日野　田野井三郎氏蔵）………893
497　明暦三年十一月　宮下村年貢割付状　総百姓一人別割賦裏書（横浜市港南区日野　田野井三郎氏蔵）……896
498　万治元年十一月　宮下村年貢割付状（横浜市港南区日野　田野井三郎氏蔵）……………………………899
499　寛文元年十一月　宮下村年貢割付状　惣百姓一人別割賦裏書（横浜市港南区日野　田野井三郎氏蔵）……901
500　延宝元年十月　宮下村年貢割付状（横浜市港南区日野　田野井三郎氏蔵）……………………………904
501　延宝元年十一月　宮下村野高年貢割付状（横浜市港南区日野　田野井三郎氏蔵）……………………906
502　延宝四年十月　宮下村年貢割付状（横浜市港南区日野　田野井三郎氏蔵）……………………………906

503　延宝五年五月　宮下村増年貢割付状（横浜市港南区日野　田野井三郎氏蔵）……………………………908
504　延宝五年十月　宮下村年貢割付状（横浜市港南区日野　田野井三郎氏蔵）……………………………908
505　延宝五年十月　宮下村野高年貢割付状（横浜市港南区日野　田野井三郎氏蔵）……………………910
506　延宝六年十一月　宮下村年貢割付状（横浜市港南区日野　田野井三郎氏蔵）……………………………911
507　延宝九年五月　宮下村増年貢割付状（横浜市港南区日野　田野井三郎氏蔵）……………………………913
508　天和元年十一月　宮下村年貢割付状（横浜市港南区日野　田野井三郎氏蔵）……………………………913
509　天和二年十一月　宮下村年貢割付状（横浜市港南区日野　田野井三郎氏蔵）……………………………915
510　天和三年十月　宮下村年貢割付状（横浜市港南区日野　田野井三郎氏蔵）……………………………917
511　貞享元年十月　宮下村年貢割付状（横浜市港南区日野　田野井三郎氏蔵）……………………………918
512　元禄三年十二月　宮下村増年貢割付状（横浜市港南区日野　田野井三郎氏蔵）……………………920
513　元禄四年十月　宮下村年貢割付状（横浜市港南区日野　田野井三郎氏蔵）……………………………920

年貢　上大岡村………………………922
514　正保四年十二月　上大岡村年貢割付状（横浜市港南区上大岡　山野井寛氏蔵）……………………………922
515　慶安四年十一月　上大岡村年貢割付状（横浜市港南区上大岡　山野井寛氏蔵）……………………………924
516　承応元年十月　上大岡村年貢割付状（横浜市港南区上大岡　山野井寛氏蔵）……………………………926
517　明暦二年十一月　上大岡村年貢割付状（横浜市港南区上大岡　山野井寛氏蔵）……………………………928
518　寛文元年十一月　上大岡村年貢割付状（横浜市港南区上大岡　山野井寛氏蔵）……………………………930
519　寛文五年十月　上大岡村年貢割付状（横浜市港南区上大岡　山野井寛氏蔵）……………………………933

神奈川県史 資料編6 近世(3)

　　520　元禄七・八年十月 上大岡村年貢
　　　　割付状(横浜市港南区上大岡 山野井寛
　　　　氏蔵)……………………………………935
　　521　元禄十年十月 上大岡村年貢割付
　　　　状(横浜市港南区上大岡 山野井寛氏
　　　　蔵)………………………………………936
　年貢 最戸村…………………………………938
　　522　承応二年十一月 最戸村年貢割付
　　　　状(横浜市港南区最戸 笠原市郎氏
　　　　蔵)………………………………………938
　　523　承応三年十二月 最戸村畑方年貢
　　　　請取手形(横浜市港南区最戸 笠原市郎
　　　　氏蔵)……………………………………939
　　524　明暦元年十一月 最戸村年貢割付
　　　　状(横浜市港南区最戸 笠原市郎氏
　　　　蔵)………………………………………939
　　525　明暦三年十二月 最戸村畑方年貢
　　　　請取手形(横浜市港南区最戸 笠原市郎
　　　　氏蔵)……………………………………940
　　526　万治元年十一月 最戸村年貢割付
　　　　状(横浜市港南区最戸 笠原市郎氏
　　　　蔵)………………………………………941
　　527　万治二年七月 万治元年分最戸村
　　　　田方年貢請取手形(横浜市港南区最戸
　　　　笠原市郎氏蔵)…………………………942
　　528　寛文三年十一月 最戸村年貢割付
　　　　状(横浜市港南区最戸 笠原市郎氏
　　　　蔵)………………………………………942
　　529　延宝元年十一月 最戸村等六ヵ村
　　　　野高年貢割付状(横浜市港南区最戸 笠
　　　　原市郎氏蔵)……………………………943
　　530　延宝二年十月 最戸村年貢割付状
　　　　(横浜市港南区最戸 笠原市郎氏蔵)……944
　　531　延宝五年五月 延宝四年分最戸村
　　　　年貢増割付状(横浜市港南区最戸 笠原
　　　　市郎氏蔵)………………………………946
　年貢 滝頭村…………………………………946
　　532　明暦三年十一月 滝頭村年貢割付
　　　　状(横浜市磯子区中浜 安室忠治氏
　　　　蔵)………………………………………946
　　533　寛文十一年十一月 滝頭村年貢割
　　　　付状(横浜市磯子区中浜 安室忠治氏
　　　　蔵)………………………………………947
　　534　延宝元年十一月 滝頭村年貢割付
　　　　状(横浜市磯子区中浜 安室忠治氏
　　　　蔵)………………………………………949
　　535　貞享三年十一月 滝頭村年貢割付
　　　　状(横浜市磯子区中浜 安室忠治氏
　　　　蔵)………………………………………949
　(2)　住民の生活…………………………951

　　536　延宝四年 最戸村明暦三年・延宝
　　　　三年別人数・高反別・牛馬数書上
　　　　帳(横浜市港南区最戸 笠原市郎氏
　　　　蔵)………………………………………951
　　537　寛文十三年八月 金沢領日野・篠
　　　　下十一ヵ村運上山ならびに地付山江
　　　　戸商人開発禁止願(横浜市港南区日野
　　　　田野井三郎氏蔵)………………………955
　　538　元禄二年四月 最戸村馬改書上帳
　　　　(横浜市港南区最戸 笠原市郎氏蔵)……956
　　539　元禄十三年二月 吉田新田の耕作
　　　　に関する申合……………………………958
　　540　元禄十三年二月 吉田新田小作年
　　　　貢上納につき取極………………………959

10　武蔵国都筑郡………………………………961
　<写>元禄15年 寺家村・鴨志田村野境論裁
　　許状(横浜市緑区寺家 大曽根俊雄氏
　　蔵)…………………………………………961
　解説……………………………………………962
　　541　天正十九年十月 岡上村御縄打水帳
　　　　(川崎市多摩区岡上 梶璟三氏蔵)………963
　　542　元和六年十月 鉄中村年貢割付状(横浜
　　　　市緑区鉄 村田武氏蔵)…………………976
　　543　寛永元年十二月 鉄中村年貢割付状
　　　　(横浜市緑区鉄 村田武氏蔵)……………977
　　544　寛永二年十月 鉄中村本新田畑差出
　　　　(横浜市緑区鉄 村田武氏蔵)……………978
　　545　寛永二年十一月 鉄中村年貢割付状
　　　　(横浜市緑区鉄 村田武氏蔵)……………979
　　546　寛永三年十二月 鉄中村年貢割付状
　　　　(横浜市緑区鉄 村田武氏蔵)……………980
　　547　寛永四年十二月 中鉄村年貢割付状
　　　　(横浜市緑区鉄 村田武氏蔵)……………981
　　548　寛永五年十月 中鉄村本新田畑差出
　　　　(横浜市緑区鉄 村田武氏蔵)……………981
　　549　寛永五年十月 下鉄村本新田畑差出
　　　　(横浜市緑区鉄 村田武氏蔵)……………982
　　550　寛永六年十一月 鉄村年貢割付状(横浜
　　　　市緑区鉄 村田武氏蔵)…………………983
　　551　寛永七年十二月 鉄村年貢割付状(横浜
　　　　市緑区鉄 村田武氏蔵)…………………984
　　552　寛永七年十一月 中鉄村年貢割付状
　　　　(横浜市緑区鉄 村田武氏蔵)……………985
　　553　元禄十五年二月 寺家村・鴨志田村野
　　　　論につき幕府裁許状(横浜市緑区寺家 大曽
　　　　根俊雄氏蔵)……………………………986

解説………………………………………………1
　はじめに………………………………………2
　　幕領編(1)の編集方針………………………2
　　所在資料の概要……………………………4
　相模国と武蔵国三郡の幕領…………………6
　　県内幕領の構成とその支配………………6

470　県史誌内容総覧・資料編1: 近世—関東

<表>付図1 相模国所領変遷 ……………7
淘綾郡 ……………………………………8
大住郡 ……………………………………9
愛甲郡 …………………………………10
　<表>付図2　相模国内郡別所領変遷 …… 10
高座郡 …………………………………11
鎌倉郡 …………………………………11
三浦郡 …………………………………12
津久井郡 ………………………………12
武蔵国三郡 ……………………………13
　<表>付図3　正保元年 武蔵国3郡所領内
　　　訳 …………………………………14
近世前期幕領関係資料所蔵者一覧 ………20
あとがき(神奈川県企画調査部県史編集室長)
主な関係者名簿
　神奈川県史編集懇談会会員 昭和48年2月1日現在
　神奈川県史編集委員会委員(順不同)昭和48年
　　2月1日現在
　　津田文吾(委員長;知事)
　　森久保虎吉(副委員長;副知事)
　　竹内理三(副委員長;県史総括監修者兼主任
　　　執筆委員)
　　大久保利謙(委員;県史主任執筆委員)
　　児玉幸多(委員;県史主任執筆委員)
　　安藤良雄(委員;県史主任執筆委員)
　　曽山皓(委員;県総務部長)
　　武田英治(委員;県教育長)
　　遠藤保成(委員;県企画調査部長)
　　羽毛田潔(委員;県立図書館長)
　　阿部宗芳(委員;県立川崎図書館長)
　　土屋武人(委員;県立博物館長)
　　大胡満寿男(委員;県企画調査部参事兼県史
　　　編集室長)
　　坂本太郎(顧問;東京大学名誉教授)
　神奈川県史執筆委員 昭和48年2月1日現在
　人物編の編集に協力をお願いしている方々 昭
　　和48年2月1日現在
　神奈川県史編集参与(順不同)昭和48年2月1
　　日現在

神奈川県史 資料編7 近世(4)
幕領2
神奈川県企画調査部県史編集室
編集
神奈川県監修
昭和50年7月1日発行

<八代将軍吉宗が就職した享保元年(一七一六)から、日米和親条約が調印された嘉永七年(一八五四)まで>
<口絵>延享元年(一七四四)武州橘樹郡南綱島村総百姓傘連判状 横浜市港北区綱島東 池谷陸朗氏蔵
<口絵>享保5年(一七二〇)相州酒匂川本川通普請願絵図 明治大学刑事博物館蔵(普請計画図)
<口絵>延享三年(一七四六)武州橘樹郡池上新田開発諸用留 川崎市立中原図書館蔵
<口絵>津久井県土平治騒動記 相模湖町与瀬 坂本重宣氏蔵
<口絵>文政十年(一八二七)文政改革の取締申渡請書連印帳 伊勢原市三ノ宮 石井誠一氏蔵
<口絵>天保十二年(一八四一)天保改革につき申渡 財団法人 江川文庫蔵
<口絵>天保十四年(一八四三)武州橘樹郡東子安村外二ヵ村農間商渡世人名前書上帳 横浜市港北区北綱島 飯田助丸氏蔵

序(神奈川県知事 津田文吾)
凡例
第3部　近世後期の幕領と代官 ……………1
1　江川代官所の支配地と機構 ……………1
　　<写>豆州韮山 旧江川代官所(静岡県田方
　　　郡韮山町韮山 財団法人 江川文庫) ………1
　　解説 ………………………………………2
　　1　明和八年八月 代官江川太郎左衛門英征
　　　支配国郡村名高帳(財団法人 江川文庫蔵)…3
　　2　享和三年一月 代官江川太郎左衛門英毅
　　　支配国郡村名高帳(財団法人 江川文庫蔵)…7
　　3　天保九年一月 代官江川太郎左衛門英龍
　　　支配国郡村名高帳(財団法人 江川文庫
　　　蔵) ………………………………………11

県史誌内容総覧・資料編 1: 近世—関東　471

神奈川県史 資料編7 近世(4)

　　4　文化九年十二月　幕府代官支配地替申渡
　　　書(財団法人 江川文庫蔵)‥‥‥‥‥‥‥ 16
　　5　文政六年九月　幕府代官支配地替申渡書
　　　(財団法人 江川文庫蔵)‥‥‥‥‥‥‥‥ 20
　　6　安永七年一月　代官江川太郎左衛門英征
　　　手代書役姓名帳(財団法人 江川文庫蔵)‥‥ 25
　　7　享和三年　代官江川太郎左衛門英毅手代
　　　書役姓名帳(財団法人 江川文庫蔵)‥‥‥‥ 27
　　8　天保九年十月　代官江川太郎左衛門英龍
　　　手代書役姓名帳(財団法人 江川文庫蔵)‥‥ 30
　　9　文政元年十二月　相模・伊豆・駿河三国
　　　江川代官領年貢御取箇目録(財団法人 江川
　　　文庫蔵)‥‥‥‥‥‥‥‥‥‥‥‥‥‥ 34
　　10　天保四年　相模国八郡江川代官領年貢御
　　　取箇目録(財団法人 江川文庫蔵)‥‥‥‥ 41
　2　田中丘隅‥‥‥‥‥‥‥‥‥‥‥‥‥‥ 89
　　<写>田中丘隅画像(玉川三登鯉伝)‥‥‥‥ 89
　　解説‥‥‥‥‥‥‥‥‥‥‥‥‥‥‥‥ 90
　　11　享保四年　走庭記(川崎市川崎区本町 平川
　　　ツヤ氏蔵)‥‥‥‥‥‥‥‥‥‥‥‥‥ 91
　　12　享保八年　続夢評(川崎市川崎区本町 平川
　　　ツヤ氏蔵)‥‥‥‥‥‥‥‥‥‥‥‥‥112
　　13　享保七年六月　年貢定免に関して尋問に
　　　つき意見書(川崎市川崎区本町 平川ツヤ氏
　　　蔵)‥‥‥‥‥‥‥‥‥‥‥‥‥‥‥‥119

第4部　政治の推移‥‥‥‥‥‥‥‥‥‥‥‥127
　1　享保改革期‥‥‥‥‥‥‥‥‥‥‥‥‥127
　　<写>田中丘隅著「民間省要」酒匂川改修
　　について意見を述べた部分(川崎市川崎
　　区本町 平川ツヤ氏蔵)‥‥‥‥‥‥‥‥127
　　解説‥‥‥‥‥‥‥‥‥‥‥‥‥‥‥‥128
　　14　享保元年九月　鷹狩のため鳥獣狩猟禁止
　　　の留場設置申渡請書(横浜市港北区北綱島
　　　飯田助丸氏蔵)‥‥‥‥‥‥‥‥‥‥‥129
　　［*鷹場復活］
　　15　享保三年八月　年貢関係諸帳簿を総百姓
　　　へ公開の申渡請書(藤沢市羽鳥 三膳博氏
　　　蔵)‥‥‥‥‥‥‥‥‥‥‥‥‥‥‥‥130
　　16　享保三年八月　質地請返しの訴訟につき
　　　出訴期限制限の覚書(相模原市上溝 小山栄
　　　一氏蔵)‥‥‥‥‥‥‥‥‥‥‥‥‥‥131
　　17　享保四年三月　武蔵国内村々へ鷹場につ
　　　き申渡(横浜市港北区北綱島 飯田助丸氏
　　　蔵)‥‥‥‥‥‥‥‥‥‥‥‥‥‥‥‥132
　　18　享保四年九月　諸奉公人欠落等につき定
　　　書(開成町金井島 瀬戸格氏蔵)‥‥‥‥‥137
　　19　享保四年十一月　借金銀買掛り等は相対
　　　済につき触書(座間市栗原 大矢純一氏
　　　蔵)‥‥‥‥‥‥‥‥‥‥‥‥‥‥‥‥139
　　20　享保五年五月　川除・旱損所普請等につ
　　　き触書(座間市栗原 大矢純一氏蔵)‥‥‥140

　　21　享保六年一月　関八州内にて鉄砲鳥商売
　　　禁止につき触書(座間市栗原 大矢純一氏
　　　蔵)‥‥‥‥‥‥‥‥‥‥‥‥‥‥‥‥140
　　22　享保六年四月　五月節句飾物等につき触
　　　書(座間市栗原 大矢純一氏蔵)‥‥‥‥‥141
　　23　享保六年四月　田畑荒しの猪・鹿・狼
　　　出没の節鉄砲使用につき触書(座間市栗原
　　　大矢純一氏蔵)‥‥‥‥‥‥‥‥‥‥‥141
　　24　享保六年閏七月　農民の子息ら侍奉公以
　　　後も帯刀禁止等風俗取締触書請書(藤野町
　　　牧野 神原武男氏蔵)‥‥‥‥‥‥‥‥‥142
　　25　享保六年十二月　質田地一切流地禁止の
　　　触書(相模原市上溝 小山栄一氏蔵)‥‥‥143
　　26　享保七年八月　先年酒匂川洪水にて幕領
　　　へ収公の村々小田原へ引替につき申渡
　　　(徳川禁令考 四〇二五)‥‥‥‥‥‥‥‥144
　　27　享保七年十二月　先年水没のため幕領へ
　　　収公の足柄上郡村々へ荒地開発につき申
　　　渡覚(山北町谷峨 武尾每木氏蔵)‥‥‥‥144
　　28　享保八年八月　質地流れ勝手次第につき
　　　触書(川崎市多摩区菅 佐保田和之氏蔵)‥‥147
　　29　享保九年二月　米価下落の折諸物価高騰
　　　につき値下の触書(県立文化資料館複写資
　　　料)‥‥‥‥‥‥‥‥‥‥‥‥‥‥‥‥147
　　30　享保九年十一月　神奈川領村々定免採用
　　　相談につき廻状(横浜市鶴見区鶴見 佐久間
　　　亮一氏蔵)‥‥‥‥‥‥‥‥‥‥‥‥‥149
　　31　享保十一年十一月　代官荻原源八郎支配
　　　所村々へ隠鉄砲取調につき申渡覚(相模原
　　　市相原 角田昌保氏蔵)‥‥‥‥‥‥‥‥150
　　32　享保十二年　検見の節村方案内等につき
　　　申渡(横浜市鶴見区鶴見 佐久間亮一氏
　　　蔵)‥‥‥‥‥‥‥‥‥‥‥‥‥‥‥‥152
　　33　享保十四年二月　用水・郡境・村境等を
　　　めぐる訴訟につき触書(藤野町牧野 神原武
　　　男氏蔵)‥‥‥‥‥‥‥‥‥‥‥‥‥‥153
　　34　享保十四年八月　関東在々にて菜種作付
　　　奨励の触書(御触書寛保集成 一三二五)‥‥154
　　35　享保十六年三月　代官荻原源八郎支配所
　　　内津久井県四カ村の年貢不納農民江戸へ
　　　召連申渡(津久井郡郷土資料館蔵)‥‥‥‥154
　　36　享保十七年十二月　代官蓑笠之助西国蝗
　　　害のため夫食不足につき村方融通等申渡
　　　覚(山北町皆瀬川 井上良夫氏蔵)‥‥‥‥155
　　37　享保十八年四月　代官蓑笠之助凶作に備
　　　え村ごと雑穀貯えにつき申渡覚(山北町皆
　　　瀬川 井上良夫氏蔵)‥‥‥‥‥‥‥‥‥156
　　38　享保十八年六月　鎌倉郡十一カ村夫食用
　　　稗について種々御尋につき返答書(鎌倉市
　　　極楽寺 岩澤玄次氏蔵)‥‥‥‥‥‥‥‥157
　　39　享保十九年四月　代官蓑笠之助支配所
　　　村々へ薑苨仁蒔付量取調の廻状(大井町金
　　　手 酒井道太郎氏蔵)‥‥‥‥‥‥‥‥‥159

40　享保十九年七月　代官蓑笠之助自著農家貫行を支配所村々へ配布し農民へ読聞かせ申渡(大井町金手 酒井道太郎氏蔵)……159
41　享保二十年一月　さつまいも効能書神奈川領村々へ相渡につき廻状(横浜市鶴見区鶴見 佐久間亮一氏蔵)……160
42　享保二十年二月　代官田中休蔵支配所村々へ大庄屋取立につき廻状(横浜市鶴見区鶴見 佐久間亮一氏蔵)……161
43　享保二十年二月　代官蓑笠之助支配所村々へ大庄屋取立の是非につき廻状(山北町皆瀬川 井上良夫氏蔵)……161
44　享保二十年六月　風水害被災状況報告命令につき橘樹郡菅村被災報告書(川崎市多摩区菅 佐保田和之氏蔵)……162
45　享保二十年八月　植村左平次薬用御用のため廻村につき人足調達等申渡廻状(横浜市鶴見区鶴見 佐久間亮一氏蔵)……163
46　享保二十年十月　米値段下落により諸人困窮のため売買につき触書(横浜市港南区上大岡 小林鉄之助氏蔵)……164
47　享保二十年十一月　米値段下落のため売買値段公定につき触書(座間市栗原 大矢純一氏蔵)……166
48　享保二十年十一月　武士払米および在方商人共旧来の指定米屋以外に売払禁止の触書(横浜市鶴見区鶴見 佐久間亮一氏蔵)……167
49　元文二年二月　質地証文および質地期限等につき触書(座間市栗原 大矢純一氏蔵)……168
50　元文二年四月　橘樹郡菅村農民出訴の奉公人出入につき大岡越前守裁決(川崎市多摩区菅 佐保田和之氏蔵)……169
51　元文二年五月　代官田中休蔵橘樹郡菅村農民新田開発願につき申渡(川崎市多摩区菅 佐保田和之氏蔵)……171
52　元文二年五月　文字金銀通用の触書請書(横浜市鶴見区下末吉 横山四朗氏蔵)……171
53　元文五年六月　年貢米納入の節俵拵等につき申渡覚(川崎市多摩区菅 佐保田和之氏蔵)……172
54　元文五年八月　伊奈半左衛門支配所村々近年年貢その他一般事務弛緩のため取締一札(川崎市多摩区菅 佐保田和之氏蔵)……173
55　元文五年十一月　武蔵野新田開発助成金元利返済につき申渡(川崎市多摩区菅 佐保田和之氏蔵)……174
56　寛保二年三月　川辺通御林伐採禁止につき触書請書(川崎市多摩区菅 佐保田和之氏蔵)……174

57　寛保二年五月　大雨にて出水の節報告提出の申渡覚(川崎市多摩区菅 佐保田和之氏蔵)……175
58　寛保二年六月　勘定所より御用金貸付につき申渡覚(川崎市多摩区菅 佐保田和之氏蔵)……176
59　寛保二年六月　魚・鳥・野菜等売出時節定につき触書(横浜市鶴見区生麦 池谷健治氏旧蔵/県立文化資料館蔵)……177
60　寛保二年八月　新代官上坂安左衛門支配所村々多摩川洪水につき被災書上申渡(川崎市多摩区菅 佐保田和之氏蔵)……178
61　寛保三年二月　近年不作の菜種および絞油廻送につき触書(横浜市港南区上大岡 小林鉄之助氏蔵)……179
62　寛保四年二月　神奈川領海辺通防潮堤等御普請場所書上(横浜市鶴見区鶴見 佐久間亮一氏蔵)……180
63　延享元年六月　三日正月の是非につき意見上申の申渡(横浜市鶴見区鶴見 佐久間亮一氏蔵)……181
64　延享元年七月　村にて生産の菜種江戸大和屋買上の公定値段申渡(横浜市鶴見区鶴見 佐久間亮一氏蔵)……181
65　延享元年八月　勘定奉行神尾若狭守等廻村につき諸触書申渡(横浜市鶴見区鶴見 佐久間亮一氏蔵)……182
66　延享元年八月　定免年季中のところ特別豊年により冥加米追加につき神奈川領村々請書(横浜市鶴見区鶴見 佐久間亮一氏蔵)……182
67　延享元年八月　今年大豊作年貢増米のところ免除につき定免期間中の減免中止申渡請書(横浜市鶴見区鶴見 佐久間亮一氏蔵)……183
68　延享元年十一月　勘定奉行神尾若狭守京都出立帰府につき廻状(横浜市鶴見区鶴見 佐久間亮一氏蔵)……183
69　延享二年八月　普請・荒地開発等につき村々へ心得申渡請書(横浜市旭区白根 斎藤可一氏蔵)……185
70　延享三年一月　代官蓑笠之助支配所村々へ用水・道普請等につき申渡覚(山北町皆瀬川 井上良夫氏蔵)……188
71　延享三年三月　借金銀・売掛代金訴訟受理期限につき申渡(横浜市港南区上大岡 小林鉄之助氏蔵)……189
72　延享三年五月　酒匂川普請関係井沢弥惣兵衛に交替のため吉田嶋役所引払いにつき申渡(山北町皆瀬川 井上良夫氏蔵)……189
73　延享三年十一月　代官蓑笠之助支配所足柄上郡吉田嶋役所閉鎖後の農民生活教諭覚書(山北町皆瀬川 井上良夫氏蔵)……190

74 寛延三年三月 強訴・徒党・逃散等禁止の触書(大井町篠窪 小島巖氏蔵)............192

2 宝暦・天明期...........................195
<写>天明4年 関東一統大困窮につき飢食松皮製法書(藤沢市羽鳥 三觜博氏蔵)...195
解説...196
75 宝暦九年 代官江川太郎左衛門再度津久井県村々管轄につき村民取締申渡請書(津久井町三ケ木 田倉五左衛門氏蔵)......197
76 宝暦十年七月 村々へ合力強制の浪人取締触書(横浜市港南区上大岡 山野井寛氏蔵)......................................198
77 明和二年十二月 年貢米蔵納の際の諸入用増大のため農民難儀につき入用帳提出等申渡(中井町田中区蔵)......199
78 明和三年一月 五人組前書条目解題(横浜市旭区下川井 桜井栄一郎氏蔵)......200
79 明和三年三月 一国切絞油棉禁止の触書(中井町田中区蔵)......................210
80 明和三年十月 代官江川太郎左衛門支配所検見廻村につき申渡(中井町田中区蔵)...................................211
81 明和四年三月 関東筋風俗紊乱につき取締触書(御触書天明集成 二四六一)......212
82 明和四年三月 関東筋の綿実買問屋等指定につき触書(御触書天明集成 二九六二)......................................213
83 明和四年九月 凶年のための貯穀およびジヤワ菜種作付奨励申渡(鎌倉市極楽寺 岩澤玄次氏蔵)...........................213
84 明和五年三月 橘樹郡大師河原村池上太郎左衛門和製砂糖製法伝授につき触書(川崎市立中原図書館蔵 池上文書)...215
85 明和六年十二月 勘定所より支配所内年貢量増減取調につき江川太郎左衛門上申書(財団法人 江川文庫蔵)...........217
86 明和七年四月 百姓徒党禁止の高札(横浜市鶴見区下末吉 横山四朗氏蔵)......219
87 明和七年八月 旱損につき倹約等村々へ申渡(横浜市鶴見区下末吉 横山四朗氏蔵)......................................219
88 明和八年一月 奉公人給金等高騰のため田畑耕作困難につき給金引下議定証文(横浜市港南区上大岡 山野井寛氏蔵)......220
89 明和八年四月 津久井県村々へ普請費用等諸般入用金五年間倹約申渡請書(藤野町沢井 石井茂代氏蔵)...............222
90 明和八年六月 領主屋敷等の門前に押しかける強訴等多発につき禁止の触書請書(横浜市保土ケ谷区 保土ケ谷本陣軽部家資料)...223
91 明和九年四月 新田開発につき以後村請願方不用の申渡(中井町田中区蔵)......225

92 安永三年八月 代官江川太郎左衛門支配所内再開発地等年貢増大可能地取調につき申渡(明治大学刑事博物館蔵)......225
93 安永四年六月 日光社参につき道中入用品高値禁止の触書(明治大学刑事博物館蔵)...................................226
94 安永四年七月 関東筋に綿実仲買の者定につき触書(明治大学刑事博物館蔵)......227
95 安永五年一月 武蔵等六ヵ国仲間外の蚕種売買人運上金収納の請書提出申渡(明治大学刑事博物館蔵)...............228
96 安永六年五月 田畑荒廃につき奉公körperzeit制限の触書(横須賀市長井 鈴木博明氏蔵)....229
97 安永六年七月 漆木植付奨励の触書(財団法人 江川文庫蔵)......................229
98 安永六年八月 江川代官支配所内村々にて酒造等稼人取調申渡(明治大学刑事博物館蔵)......................................230
99 安永六年八月 近年貢減収につき検見の節出精の申渡(財団法人 江川文庫蔵)...231
100 安永六年九月 強訴・徒党・逃散禁止の触書(明治大学刑事博物館蔵)......232
101 安永六年九月 新田開発の権限につき触書(横須賀市長井 鈴木博明氏蔵)......233
102 安永七年四月 近頃無宿人村々多数徘徊につき取締触書(明治大学刑事博物館蔵)......................................233
103 安永七年十月 田草のうち蛭藻除去法申渡(牧民金鑑 一一)...................234
104 安永七年十二月 伊奈半左衛門支配所村々へ早損場へ陸稲作付奨励の触書請書(横浜市鶴見区下末吉 横山四朗氏蔵)...234
105 安永八年九月 江川代官支配所村々へ新屋敷地造成の心得申渡請書(津久井町長竹 宮城好彦氏蔵)...........................235
106 安永九年九月 近頃奉公様等にて年貢弁納の者増大につき勧農等代官へ申渡(財団法人 江川文庫蔵)...............236
107 安永九年十一月 御用油絞の菜種買入れの買次人へ申渡請書(相模原市下溝 福田武夫氏蔵)...........................237
108 安永九年十二月 御用油絞の菜種買入れのため買次人村々へ出張につき申渡(明治大学刑事博物館蔵)...............241
109 天明元年六月 諸国幕領不熟米安石代納増大のため廻米減少につき各代官へ申渡(財団法人 江川文庫蔵)...............241
110 天明元年七月 武州・上州村々より産出の絹織物等貫目改所設置につき触書(明治大学刑事博物館蔵)...............245
111 天明元年八月 反物等貫目改所廃止につき触書(財団法人 江川文庫蔵)......246

474　県史誌内容総覧・資料編 1: 近世―関東

112　天明元年八月　農民の徒党禁止につき触書（御触書天明集成　三〇六六）..........246
113　天明二年二月　盗賊等捕縛人取扱の指示を町奉行所より支配役所へ切替につき申渡（明治大学刑事博物館蔵）..........247
114　天明二年九月　村内にて捕縛の悪人等江戸送り等の費用幕府負担につき触書（明治大学刑事博物館蔵）..........247
115　天明三年十一月　伊奈半左衛門支配所村々田畑不作のため小作米不納の者へ督促申渡（東京教育大学文学部日本史学研究室蔵）..........248
116　天明三年十一月　上州・信州辺にて農民騒動につき徒党禁止の触書（財団法人 江川文庫蔵）..........248
117　天明三年　関東筋凶作につき藁餅製法伝授の触書（明治大学刑事博物館蔵）..........251
118　天明四年一月　津久井県中総代等代官所へ夫食願のため出頭につき申渡（明治大学刑事博物館蔵）..........252
119　天明四年閏一月　武州・上州・信州等へ浅間山噴出の泥石取除の触書（財団法人 江川文庫蔵）..........252
120　天明四年閏一月　関東一統大困窮につき飢食松皮製法書（藤沢市羽鳥 三觜博氏蔵）..........253
121　天明四年閏一月　米穀高値につき買占め・売惜み等禁止の触書（明治大学刑事博物館蔵）..........256
122　天明四年四月　関東八ヵ国菜種買問屋の者申付につき触書請書（横浜市鶴見区下末吉 横山四朗氏蔵）..........257
123　天明四年五月　時疫流行につき特効薬使用の触書（横浜市鶴見区下末吉 横山四朗氏蔵）..........258
124　天明四年五月　近頃諸国米穀高値につき触書（横浜市鶴見区下末吉 横山四朗氏蔵）..........260
125　天明四年六月　検見役人出張の節破免実現のため賄賂等禁止の申渡請書（横浜市鶴見区下末吉 横山四朗氏蔵）..........260
126　天明四年六月　困窮人へ米・金銭等助成の奇特者姓名書上提出の申渡（明治大学刑事博物館蔵）..........262
127　天明四年八月　田畑に結実の穀物盗取り禁止につき申渡請書（藤沢市本町 堀内国夫氏蔵）..........263
128　天明四年十一月　各代官へ石代納の増加のため蔵米不足につき米納催促の申渡（財団法人 江川文庫蔵）..........264
129　天明五年一月　諸国飢饉のため救荒用作物生産奨励の触書（財団法人 江川文庫蔵）..........265

130　天明五年五月　関東筋外幕領村々の農民私領より招かれ欠落の増大につき禁止の申渡（財団法人 江川文庫蔵）..........267
131　天明六年三月　江川代官支配所津久井県中村々近年不取締につき申請書（藤野町沢井 石井茂代氏蔵）..........268
132　天明六年八月　関東筋水害のため夫食欠乏の村々へ他国商人米雑穀商売奨励の触書（財団法人 江川文庫蔵）..........270
133　天明六年九月　米穀高値につき酒造量半減等の触書（財団法人 江川文庫蔵）..........271
134　天明六年十月　各代官へ米納廻米量増加の申渡（財団法人 江川文庫蔵）..........272
135　天明六年十二月　出水により関東筋等の大河川堤等破損甚大のため御普請につき申渡（財団法人 江川文庫蔵）..........273
136　天明七年六月　米穀払底のため人々困窮、町方騒然につき米隠匿禁止の触書（財団法人 江川文庫蔵）..........274
137　天明七年六月　米穀払底のため江戸町人飢渇につき伊奈半左衛門家来廻村買米の申渡（明治大学刑事博物館蔵）..........275
138　天明七年六月　本年米穀高値につき酒造量三分の一に減産の触書（明治大学刑事博物館蔵）..........276

3　寛政改革期..........277
＜写＞寛政5年　間引禁令教諭請書（鎌倉市山ノ内 円覚寺蔵）..........277
解説..........278
139　天明七年七月　各代官へ検見入念の申渡および老中松平定信改革政綱等の聞書（川崎市立中原図書館蔵 池上文書）..........279
140　天明七年七月　江戸宿よりの偽差紙を持参し飛脚賃銭詐取の者横行につき触書（財団法人 江川文庫蔵）..........281
141　天明八年一月　米穀買占め・酒密造等禁止の触書（明治大学刑事博物館蔵）..........282
142　天明八年一月　博奕等村内取締につき触書（川崎市立中原図書館蔵 池上文書）..........283
143　天明八年三月　川崎領村々にて貝類肥料使用法につき申渡（川崎市立中原図書館蔵 池上文書）..........284
144　天明八年五月　各代官へ年貢収納および勧農等につき申渡（財団法人 江川文庫蔵）..........285
145　天明八年五月　年貢収納減少等につき代官心得の申渡（財団法人 江川文庫蔵）..........287
146　天明八年七月　田螺拾い奨励の申渡（明治大学刑事博物館蔵）..........288
147　天明八年七月　江川代官支配所村々へ田方虫害防除法の申渡（明治大学刑事博物館蔵）..........289

148　天明八年八月　代官手代不正につき取締申渡(財団法人　江川文庫蔵)……………289
149　天明八年十月　これまで申渡の村内取締等寄集め再度触書請書(相模原市相原　角田昌保氏蔵)……………290
150　天明八年十二月　陸奥・常陸・下野国幕領その他人口減少につき出奉公人等改の触書(財団法人　江川文庫蔵)……………292
151　天明八年十二月　近年灯油高値につき菜種の外油絞になるもの増産の触書請書(津久井町長竹　宮城好彦氏蔵)……………293
152　寛政元年一月　夫食貯蔵のため村々へ郷蔵建設の触書(財団法人　江川文庫蔵)…294
153　寛政元年一月　田螺・唐茄子等貯蔵や油絞の草木等植立の奨励につき申渡(横浜市旭区今宿東　新川正一氏蔵)……………296
154　寛政元年八月　米価下落につき山稼に出精し薪炭江戸廻送奨励の触書(明治大学刑事博物館蔵)……………296
155　寛政元年十一月　唐茄子・切干等貯穀奨励の申渡(明治大学刑事博物館蔵)……297
156　寛政元年十一月　各代官へ災害等にて急夫食貸付等の目安のため村況調査の申渡(財団法人　江川文庫蔵)……………297
157　寛政元年十二月　橘樹郡稲毛領村々近年下肥高値のため農業困難につき競合禁止の申渡(東京教育大学文学部日本史学研究室蔵)……………298
158　寛政元年十二月　連年災害のため夫食種代等の拝借金三十ヵ年賦延納の申渡(横浜市旭区今宿東　新川正一氏蔵)……………299
159　寛政二年二月　近年諸商品高値につき米価に準じ引下の触書(明治大学刑事博物館蔵)……………300
160　寛政二年六月　種代等拝借金三十ヵ年賦返納のところ残高僅少の村々全額皆済の申渡(東京教育大学文学部日本史学研究室蔵)……………301
161　寛政二年八月　村入用帳の入念作成と提出の手続きにつき申渡(財団法人　江川文庫蔵)……………302
162　寛政二年十月　郷蔵建設および修復等村況に応じ推進の旨申渡(財団法人　江川文庫蔵)……………303
163　寛政二年十一月　相模原開発につき代官江川太郎左衛門調査報告書(財団法人　江川文庫蔵)……………304
164　寛政三年三月　荒地再開発後の年貢率回復につき各代官へ出精申渡(財団法人　江川文庫蔵)……………306
165　寛政三年四月　再度の諸物価引下令につき津久井県太井村内商人の請書(相模原市相原　角田昌保氏蔵)……………307

166　寛政三年六月　下肥値段江戸町家主と対談にて決定につき橘樹郡稲毛領村々へ申渡(東京教育大学文学部日本史学研究室蔵)……………308
167　寛政三年八月　江戸にて米を買入れ、在方にて販売の者増加につき取締申渡(明治大学刑事博物館蔵)……………310
168　寛政三年九月　関東筋河川改修につき触書(財団法人　江川文庫蔵)……………310
169　寛政三年九月　荒地等に米雑穀等増産と酒密造禁止の触書(横須賀市長井　鈴木博明氏蔵)……………312
170　寛政四年二月　幕領農民欠落にて帳はずれの者探索につき代官へ申渡(静岡県田方郡韮山町山木　柏木俊孝氏蔵)……312
171　寛政四年六月　勘定奉行久世阿後守広民関東郡代兼帯につき支配所村民心得申渡請書(横浜市鶴見区下末吉　横山四朗氏蔵)……………313
172　寛政四年六月　代官大貫次右衛門津久井県村々支配につき村民へ申渡請書(相模原市相原　角田昌保氏蔵)……………315
173　寛政四年七月　村内にて売女を抱え置き渡世の者の取扱いにつき申渡(財団法人　江川文庫蔵)……………318
174　寛政四年七月　年貢収納量増加のため検見等につき代官所・預所役人へ申渡(財団法人　江川文庫蔵)……………318
175　寛政五年五月　和製砂糖製造のため甘蔗植付奨励の申渡(明治大学刑事博物館蔵)……………320
176　寛政五年七月　老中松平定信代官職の心得方申渡(財団法人　江川文庫蔵)……321
177　寛政五年八月　伊豆・相模両国へ伊勢暦流布のため三島暦不振につき利用申渡(明治大学刑事博物館蔵)……………325
178　寛政五年八月　田方検見の節歩苅および春法正路に実施につき触書(横浜市旭区今宿東　新川正一氏蔵)……………327
179　寛政六年一月　荒地再開発調査のため派遣の役人金沢瀬兵衛より各村へ申渡請書(東京教育大学文学部日本史学研究室蔵)……………328
180　寛政六年四月　村内へ上方等より出店の商人取調につき申渡(東京教育大学文学部日本史学研究室蔵)……………330
181　寛政六年六月　用水修覆につき申渡請書(相模原市相原　角田昌保氏蔵)……………330
182　寛政七年一月　江戸市中馬飼料高値につき芝草等囲置禁止につき申渡(東京教育大学文学部日本史学研究室蔵)……………332

183　寛政七年九月　日蓮宗不受不施派伝法および帰依禁止につき触書（横須賀市長井　鈴木博明氏蔵）……………………332
184　寛政八年一月　東海道各宿へ旅籠屋客引・浄瑠璃会開催禁止の申請書（藤沢市藤沢　平野雅道氏蔵）……………333
185　寛政九年四月　水油高値のため油種物販売につき触書（明治大学刑事博物館蔵）……………………………………336
186　寛政十年一月　関東郡代中川飛騨守巡見のため廻村につき村柄取調の申渡（東京教育大学文学部日本史学研究室蔵）………336
187　寛政十年四月　関東村々にて通り者と唱え風俗紊乱の者横行につき取締の触書（横須賀市長井　鈴木博明氏蔵）……339
188　寛政十年六月　関東村々にて通り者と唱え風俗紊乱の者横行のため取締触書につき請書（横須賀市秋谷　若命又男氏蔵；横浜市港北区綱島　飯田助丸氏蔵）……………340
189　寛政十年九月　近頃珍しき鉢植高値に売買につき取締申渡（横浜市港北区綱島東池谷陸朗氏蔵）…………………342
190　寛政十年十一月　橘樹郡稲毛領村々風俗弛緩につき取締のため議定につき申渡（東京教育大学文学部日本史学研究室蔵）…342
191　寛政十一年六月　村々にて神事祭礼等の芝居等禁止の触書（明治大学刑事博物館蔵）……………………………344
192　寛政十一年六月　花会と称し座敷浄瑠璃等開催の外博奕等賭勝負厳禁の触書請書（相模原市相原　角田昌保氏蔵）…345
193　寛政十二年五月　諸国川通の寄洲新開および葭・真菰等植出禁止の触書（静岡県田方郡韮山町山木　柏木俊孝氏蔵）…346
194　寛政十二年七月　農業休日の節江戸町神事祭礼等に出張し囃等引受禁止の申渡請書（東京教育大学文学部日本史学研究室蔵）………………………………………346
195　寛政十二年十月　村々鎮守祭礼行事取調につき申渡（東京大学法学部法制史資料室蔵）………………………347
196　寛政十二年十月　村々にて違法の芝居興業の節は座元等を召捕べしとの申渡（静岡県田方郡韮山町山木　柏木俊孝氏蔵）…348
197　寛政十二年十一月　盗賊侵入の外村々鐘・太鼓打禁止等につき村方廻状（東京教育大学文学部日本史学研究室蔵）……349
198　享和元年三月　橘樹・都筑両郡村々農業休日取調につき村方廻状（東京教育大学文学部日本史学研究室蔵）…………349
199　享和三年二月　橘樹郡二十一ヵ村へ米・銭・雑穀を取集め備蓄の申渡（東京教育大学文学部日本史学研究室蔵）……350

200　享和三年十月　橘樹郡村々の仏事取締につき申渡（東京教育大学文学部日本史学研究室蔵）…………………………351

4　文化・文政期 ……………………………353
　＜写＞天保8年　関東地方へ流布した大塩平八郎の檄文（伊勢原市三ノ宮　石井誠一氏蔵）………………………………353
解説 ……………………………………………354
201　文化二年四月　小荷駄馬吹流華美のもの禁止につき申渡（東京教育大学文学部日本史学研究室蔵）……………………355
202　文化二年五月　村々にて浪人の武芸稽古および江戸火消模倣等につき触書（明治大学刑事博物館蔵）……………355
203　文化三年九月　米価下落のため作徳米買上納屋へ貯蔵につき勘定所役人廻村の申渡（明治大学刑事博物館蔵）……356
204　文化三年十二月　近頃江戸の問屋以外商人へ白米廻送のため値段下落につき禁止の触書（明治大学刑事博物館蔵）…357
205　文化四年十月　宿村等において空米相場による売買禁止につき申渡（東京大学法学部法制史資料室蔵）……………357
206　文化七年九月　米価引上のため作徳米を買上納屋詰につき御用達商人廻村の申渡（川崎市多摩区生田　井田裕進氏蔵）……358
207　文化九年一月　公事出入および納物等のため出府の節宿泊の百姓、宿自由につき申渡（明治大学刑事博物館蔵）………359
208　文化九年五月　藩領と相給の村民代官等に対し不作法につき取締申渡（東京教育大学文学部日本史学研究室蔵）……359
209　文化九年六月　蝋製法御用のため津久井県辺へ最上徳内等出張につき申渡（明治大学刑事博物館蔵）……………360
210　文化九年十月　津久井県へ漆木実より蝋製法伝授のため八王子横山宿名主手先派遣申渡（明治大学刑事博物館蔵）……361
211　文化十年三月　代官江川太郎左衛門津久井県村々支配につき村民へ申渡（明治大学刑事博物館蔵）…………………362
212　文化十年十二月　忍藩領煙草運送制限のため商売に手詰り農民騒立につき取締申渡（東京教育大学文学部日本史学研究室蔵）………………………………………363
213　文化十二年八月　幕府天文方伊能忠敬測量のため廻村につき道順等申渡（横浜市緑区千ада台　吉浜俊彦氏蔵）…………364
214　文化十三年十月　米穀不足にて石代納分買納にても正米納入申渡（財団法人江川文庫蔵）…………………………367

215 文政元年八月 村々にて芝居・狂言等興行禁止につき関東取締出役より厳重取締申渡(東京教育大学文学部日本史学研究室蔵)……368
216 文政元年十二月 甘蔗作付の田畑状況取調につき反別書上申渡(財団法人 江川文庫蔵)……369
217 文政元年十二月 本田畑へ甘蔗作付禁止につき触書(横浜市鶴見区鶴見 佐久間亮一氏蔵)……370
218 文政二年六月 定免切替の節年貢増米推進につき各代官へ申渡(財団法人 江川文庫蔵)……370
219 文政二年十月 米価に対し諸物価高騰のため値下の触書につき久良岐郡上大岡村議定(横浜市港南区上大岡 北見千太郎氏蔵)……372
220 文政二年十二月 武蔵・下総両国村々江戸下肥値段高値のため買入方につき規定書(東京教育大学文学部日本史学研究室蔵)……374
221 文政三年八月 花火打上取締につき触書(明治大学刑事博物館蔵)……376
222 文政五年一月 公事馴れの者を代理人として出訴禁止につき触書(横浜市鶴見区鶴見 佐久間亮一氏蔵)……376
223 文政五年七月 水油値段高値にて諸人難儀のため絞油大坂油問屋廻送の触書(横浜市鶴見区鶴見 佐久間亮一氏蔵)……377
224 文政六年二月 江戸へ水鳥密売の者横行のため取締につき申渡(横浜市鶴見区鶴見 佐久間亮一氏蔵)……378
225 文政六年五月 勘定所出役最上徳内試み植付の漆木掻取につき申渡(明治大学刑事博物館蔵)……379
226 文政七年二月 近頃津久井県中へ長脇差帯刀の者徘徊につき取締の申渡(明治大学刑事博物館蔵)……379
227 文政八年八月 場所により田畑虫付きにつき防除法申渡(横浜市鶴見区鶴見 佐久間亮一氏蔵)……380
228 文政九年九月 長脇差帯刀ならびに鑓・鉄砲等所持歩行の者厳重取締につき触書(明治大学刑事博物館蔵)……381
229 文政十年九月 関東八ヵ国文政度改革取締条目ならびに組合村々議定連印帳(横浜市鶴見区下末吉 横山四朗氏蔵)……382
230 文政十一年二月 津久井県下長竹村外十三ヵ村小田原領に代知につき申渡請書(津久井町長竹 宮城好彦氏蔵)……391
231 文政十二年四月 関東八ヵ国村々若者仲間取締の触書請書(横浜市港北区中川 渡辺省吾氏蔵)……394

232 天保二年二月 派手な衣類着用禁止につき申渡(東京教育大学文学部日本史学研究室蔵)……395
233 天保二年三月 関東取締出役より諸職人手間賃取締の申渡につき組合申合の廻状(東京教育大学文学部日本史学研究室蔵)……396
234 天保三年十一月 津久井県内にて日待等にかこつけ博奕渡世人横行につき取締申渡(藤野町沢井 石井達夫氏蔵)……397
235 天保四年九月 江戸にて有米払底につき勝手次第売込み許可につき触書(財団法人 江川文庫蔵)……397
236 天保四年九月 米価高値につき村々の白米江戸へ融通のため売払申渡(横浜市旭区下川井 桜井栄一郎氏蔵)……398
237 天保四年十月 米価高騰のため一揆企ての風聞につき内密取締申渡と藤沢宿内状況報告(藤沢市藤沢 平野雅道氏蔵)……399
238 天保四年十一月 米の自由売許可のところ自村窮民をかまわず売込の者横行につき取締(横浜市神奈川区六角橋 山室健作氏蔵)……402
239 天保四年十二月 米価高騰し打こわし等激発につき米の買占禁止・村内取締等申渡請書(川崎市立中原図書館蔵 山根文書)……404
240 天保五年一月 奥羽凶作にて江戸廻米皆無につき窮民救助、穀商等買占禁止の触書(財団法人 江川文庫蔵)……406
241 天保五年二月 関東取締出役より村々へ保有米調査・窮民救助等につき申渡(秦野市堀西 大森元行氏蔵)……407
242 天保五年七月 年貢収納の節石代納を減じ廻米量増方を各代官へ申渡(財団法人 江川文庫蔵)……409
243 天保五年十月 廻米増方申渡のところ江川代官支配所内にて石代納入の取計願の伺書(財団法人 江川文庫蔵)……410
244 天保五年十二月 関八州幕領村々へ御用菜種入用のため作付奨励の触書(東京教育大学文学部日本史学研究室蔵)……412
245 天保六年四月 醤油粕絞請負人指定につき申渡請書(東京都世田谷区成城 神奈川本陣石井家資料)……413
246 天保七年五月 関東一円不穏のため村々取締につき申渡請書(伊勢原市三ノ宮 石井誠一氏蔵)……414
247 天保七年六月 国絵図改正のため橘樹郡等廻村取調につき申渡(東京教育大学文学部日本史学研究室蔵)……415

248 天保七年八月 凶作のため人気不穏につき米穀買占禁止等厳重申渡請書(秦野市堀西 大森元行氏蔵)・・・・・・416
249 天保七年九月 田畑大凶作のため田方小作の検見引方につき申渡(川崎市立中原図書館蔵 山根文書)・・・・・・418
250 天保七年九月 米価高騰し一揆・打こわし続発につき米買占人等告発奨励の触書請書(藤野町沢井 石井達夫氏蔵)・・・・・・418
251 天保七年十月 貸付金拝借の村々へ不納分元利共返済の督促を各代官へ申渡(財団法人 江川文庫蔵)・・・・・・420
252 天保七年十二月 米価高騰のため社寺境内等に農民集合徒党の風聞につき禁止の申渡請書(藤野町沢井 石井達夫氏蔵)・・・421
253 天保七年十二月 窮民救済のため幕府銭買上により相場引上につき申渡(東京教育大学文学部日本史学研究室蔵)・・・・・・422
254 天保八年一月 村々米価高値につき飢人へ助力の申渡(東京教育大学文学部日本史学研究室蔵)・・・・・・423
255 天保八年一月 米価高騰し関東一円一揆・打こわし等激発につき厳重取締の申渡請書(相模原市相原 角田昌保氏蔵)・・・・・・423
256 天保八年二月 村方商人へ諸物価値下申渡請書(寒川町一之宮 入沢章氏蔵)・・・・・・424
257 天保八年三月 村々にて飢渇の者江戸市中徘徊につき村内飢人取調の申渡(横浜市西区浅間 三村金次郎氏蔵)・・・・・・426
258 天保八年三月 村々の飢人江戸市中に入り袖乞等につき引戻し助勢の申渡(横浜市西区浅間 三村金次郎氏蔵)・・・・・・426
259 天保八年三月 橘樹郡溝口寄場組合米価高騰のため穀留の申合につき廻状(東京教育大学文学部日本史学研究室蔵)・・・・・・427
260 天保八年三月 大塩平八郎大坂市中にて騒動後逃亡につき人相書ならびに探索の申渡(横浜市西区浅間 三村金次郎氏蔵)・・・・・・428
261 天保八年三月 大塩平八郎等逃亡につき大坂町奉行所より取締の申渡(横浜市西区浅間 三村金次郎氏蔵)・・・・・・429
262 天保八年三月 代官江川太郎左衛門支配所内村々の状況につき上申書(財団法人 江川文庫蔵)・・・・・・430
263 天保八年七月 相模国絵図改正につき勘定所へ提出の上申書(財団法人 江川文庫蔵)・・・・・・431
264 天保八年十月 高座郡一之宮村外二十七ヵ村藤沢宿寄場組合より独立につき規定書極(寒川町一之宮 入沢章氏蔵)・・・・・・432

265 天保八年十一月 各代官へ年々違作のため村々貯穀減少につき不足分補充の申渡(財団法人 江川文庫蔵)・・・・・・435

5 天保改革期・・・・・・437
<写>天保14年 老中水野忠邦に対する落書(茅ヶ崎市柳島 藤間雄蔵氏蔵)・・・・・・437
解説・・・・・・438
266 天保九年閏四月 江戸人口増大につき帰農促進のための意見上申を各代官へ申渡(財団法人 江川文庫蔵)・・・・・・439
267 天保九年閏四月 町在にて菓子類等無益の食物商売人制限の申渡(東京教育大学文学部日本史学研究室蔵)・・・・・・439
268 天保九年五月 橘樹郡菅村外五十五ヵ村干鰯・〆粕売買訴訟につき直買禁止申渡請書(東京教育大学文学部日本史学研究室蔵)・・・・・・440
269 天保十年八月 農民の武芸稽古禁止と道具召上につき申渡請書(横浜市港北区綱島東 池谷陸朗氏蔵)・・・・・・442
270 天保十年九月 年貢減免願等の節村難渋の説明のため過大の粉飾取締につき申渡(財団法人 江川文庫蔵)・・・・・・443
271 天保十年九月 各代官へ年貢減免・石代値段引下等歎願の村々を教諭すべきの申渡(財団法人 江川文庫蔵)・・・・・・444
272 天保十年十一月 神事祭礼等にて芝居・手踊等催しにつき禁止の申渡(横浜市神奈川区六角橋 山室健作氏蔵)・・・・・・445
273 天保十一年四月 孝行和讃を子供の手習として使用奨励につき申渡(横浜市神奈川区六角橋 山室健作氏蔵)
274 天保十一年七月 関東取締出役心学教諭村々へ配布につき申渡(東京教育大学文学部日本史学研究室蔵)・・・・・・448
275 天保十一年七月 五人組帳前書順守のため村寄合にて熟読等のほか手習手本に使用の申渡(川崎市立産業文化会館蔵 森家文書)・・・・・・449
276 天保十一年九月 高札文言教諭(横浜市緑区三保 岩澤幸男氏蔵)・・・・・・450
277 天保十一年九月 寄場組合取締不行届につき申渡請書(秦野市堀西 平賀次郎氏蔵)・・・・・・452
278 天保十二年三月 流行踊および太子講等にて賃上要求申合禁止の申渡(横浜市港北区綱島東 池谷陸朗氏蔵)・・・・・・454
279 天保十二年五月 幕政改革につき申渡(財団法人 江川文庫蔵)・・・・・・454
280 天保十二年五月 江戸近在村方の風儀弛緩につき取締申渡(川崎市立産業文化会館蔵 森家文書)・・・・・・456

県史誌内容総覧・資料編1: 近世—関東 479

神奈川県史 資料編7 近世(4)

281　天保十二年六月　村内に長屋を建て由緒なき地借・店借人等増大につき取締申渡（川崎市立産業文化会館蔵 森家文書）……457
282　天保十二年九月　津久井県幕領へ幕政改革による農民取締の趣旨申渡請書（相模原市相原 角田昌保氏蔵）……………457
283　天保十二年十一月　農民取締につき代官心得方申渡（財団法人 江川文庫蔵）……459
284　天保十二年十二月　菱垣廻船積問屋等問屋仲間を廃止し素人直買奨励の触書（東京大学法学部法制史資料室蔵）………461
285　天保十三年二月　奢侈禁止等農民取締の触書（財団法人 江川文庫蔵）……463
286　天保十三年四月　季節外れの野菜栽培および販売等禁止につき申渡（東京教育大学文学部日本史学研究室蔵）………464
287　天保十三年四月　幕政改革につき取締向寄場組合議定（横浜市港北区北綱島 飯田助丸氏蔵）………………………465
288　天保十三年四月　質素倹約等在方・道中筋・町方取締の申渡請書（横浜市緑区三保 岩澤幸男氏蔵／相模原市相原 角田昌保氏蔵）………………………………468
289　天保十三年五月　諸物価引下令につき鎌倉郡品濃村議定帳（横浜市戸塚区品濃 長谷川昭一氏蔵）………………470
290　天保十三年六月　米穀販売・諸職人賃銀等取締につき申渡（横浜市港北区綱島東 池谷陸朗氏蔵）………………475
291　天保十三年六月　偽金銀出回りにつき取締の触書（相模原市上溝 小山栄一氏蔵）………………………………476
292　天保十三年七月　江戸市内取締厳重のため女髪結等村々へ立回りにつき取締申渡（川崎市多摩区片平 安藤資次氏蔵）477
293　天保十三年七月　村々の諸商売仲間等も禁止につき申渡請書（藤野町沢井 石井達夫氏蔵）…………………………477
294　天保十三年七月　諸物価高直のため問屋・株仲間等禁止につき触書（東京大学法学部法制史資料室蔵）……………479
295　天保十三年七月　富士・大山等参詣の旅人利用の馬・駕籠賃銭等値段引下への申渡請書（伊勢原市三ノ宮 石井誠一氏蔵）…480
296　天保十三年九月　金銀貸借利足引下等につき取締の触書請書（相模原市相原 角田昌保氏蔵）………………………482
297　天保十三年十一月　代官江川太郎左衛門米価下落のため農民作徳米買上の取計方につき伺書（財団法人 江川文庫蔵）……483
298　天保十四年三月　農民奢侈禁止および奉公稼等取締の触書請書（相模原市相原 角田昌保氏蔵）………………………486

299　天保十四年五月　村々人口減少のため江戸へ移住者等旧里帰農奨励の触書（横浜市神奈川区六角橋 山室健作氏蔵）…………488
300　天保十四年八月　関東八ヵ国村々の穀屋菜種買占めのため御買上用不足につき取締の触書（横浜市神奈川区六角橋 山室健作氏蔵）………………………………491
301　天保十四年八月　幕領年貢収納方改正のため勘定方廻村につき関係書類提出の申渡（横浜市神奈川区六角橋 山室健作氏蔵）………………………………492
302　天保十四年八月　代官関保右衛門支配所廻村のところ農民奢侈華麗につき取締の申渡（横浜市緑区三保 岩澤幸男氏蔵）…494
303　天保十四年八月　幕領年貢収納方改正のため勘定方廻村につき触書（藤野町沢井 石井達夫氏蔵）……………………495
304　天保十四年九月　老中水野忠邦罷免のため年貢収納方改正中止につき申渡（川崎市立中原図書館蔵 山根文書）……………497
305　天保十五年二月　神奈川宿にて酒食商い禁止の節営業につき取締申渡請書（横浜市港北区北綱島 飯田助丸氏蔵）………498
306　天保十五年八月　村々質屋・古着・古鉄渡世商人取締の申渡請書（横浜市西区浅間 三村金次郎氏蔵）………………499
307　弘化二年八月　米価高騰のため米の買占め等取締申渡請書（相模原市下溝 座間美都治氏蔵）……………………………503
308　弘化三年九月　関東八ヵ国御用菜種納入当分の間中止につき申渡（横浜市神奈川区六角橋 山室健作氏蔵）……………504
309　嘉永二年一月　諸職人手間賃引上の動きに対し取締申渡（横浜市港北区綱島東 池谷陸朗氏蔵）………………………505
310　嘉永二年九月　富士講禁止の触書（横浜市鶴見区下末吉 横山四朗氏蔵）…506
311　嘉永二年十月　無宿人長脇差を帯し党を結び狼藉横行のため取締等申渡につき申合（川崎市高津区下野毛 原千興氏蔵）……507
312　嘉永三年十一月　穀物高値につき遠国への売出し等禁止を農間渡世人に申渡請書（寒川町一之宮 入沢章氏蔵）…………509
313　嘉永四年一月　村々にて書画会等開催禁止につき申渡（横浜市港北区綱島東 池谷陸朗氏蔵）………………………510
314　嘉永五年一月　株仲間再興につき村々へ申渡（横浜市港北区綱島東 池谷陸朗氏蔵）………………………………511
315　嘉永五年八月　米早搗薬と唱え村々に伝授販売の者横行につき取締申渡（津久井町三ケ木 岸本英雄氏蔵）……………512

神奈川県史 資料編7 近世(4)

316 嘉永六年一月 子供ら往来人より銭ねだり取るにつき取締申渡(津久井町三井 高城治平氏蔵)……513
317 嘉永六年二月 近頃反毛鶏飼い持寄り賭勝負開催につき取締申渡(横浜市港北区綱島東 池谷陸朗氏蔵)……514
318 嘉永六年十一月 江川代官支配所本年日照につき田方年貢収納量概況報告(財団法人 江川文庫蔵)……515

第5部 幕領の村と町……517
1 村と町の概観……517
<写>元文元年 養笠之助豊昌著「絵入農家貫行」より稲作図(県立文化資料館蔵)……517
解説……518
村明細帳……519
319 享保十年六月 橘樹郡五反田村明細帳(川崎市多摩区生田 井田裕進氏蔵)……519
320 享保十四年九月 都筑郡今宿村新田共明細帳(横浜市旭区今宿東 新川正一氏蔵)……524
321 享保十九年六月 津久井県太井村明細帳(相模原市相原 角田昌保氏蔵)……528
322 延享元年十月 三浦郡小坪村明細帳(逗子市小坪 牛尾重郎氏蔵)……533
323 延享元年十二月 愛甲郡煤ヶ谷村明細帳(清川村煤ヶ谷 山田明氏蔵)……539
324 延享三年一月 橘樹郡菅村明細帳(川崎市多摩区菅 佐田和之氏蔵)……543
325 天明八年 津久井県三井村明細帳(津久井町三井 高城治平氏蔵)……554
326 寛政十年一月 津久井県青山村明細帳(津久井町青山 平本次郎氏蔵)……558
327 寛政十年二月 津久井県若柳村明細帳(津久井郡郷土資料館蔵)……567
328 文政四年五月 橘樹郡長尾村明細帳(川崎市高津区長尾 井田太郎氏蔵)……574
329 文政十年六月 橘樹郡市場村明細帳(横浜市鶴見区市場上 添田茂樹氏蔵)……579
330 文政十年六月 橘樹郡下末吉村明細帳(横浜市鶴見区下末吉 横山四朗氏蔵)……590
331 文政十年六月 橘樹郡生麦村明細帳(横浜市鶴見区生麦 池谷健治氏旧蔵/県立文化資料館蔵)……595
332 天保八年九月 橘樹郡六角橋村明細帳(横浜市神奈川区六角橋 山室健作氏蔵)……601
商人書上……606
333 文政八年八月 津久井県下長竹村質屋・酒商売稼ぎ書上帳(津久井町長竹 宮城好彦氏蔵)……606

334 文政八年八月 津久井県青山村諸商人書上帳(津久井町青山 平本次郎氏蔵)……607
335 文政八年九月 橘樹郡南綱嶋村諸商人書上帳(横浜市港北区綱島東 池谷陸朗氏蔵)……613
336 天保九年八月 大住郡堀斎藤村諸渡世取調書上帳(秦野市堀西 平賀次郎氏蔵)……614
337 天保九年八月 津久井県太井村諸渡世取調書上帳(相模原市相原 角田昌保氏蔵)……617
338 天保九年八月 橘樹郡芝生村諸商人取調書上帳(横浜市西区浅間 三村金次郎氏蔵)……621
339 天保十四年五月 橘樹郡東海道通東子安村外二ヵ村農間商渡世名前書上帳(横浜市港北区北綱島 飯田助丸氏蔵)……627
340 天保十四年六月 橘樹郡々農間商渡世取調書上帳(横浜市港北区北綱島 飯田助丸氏蔵)……629
341 天保十四年六月 橘樹・都筑両郡村々出商人取調帳(横浜市港北区北綱島 飯田助丸氏蔵)……636

2 住民の生活……643
<写>元文元年 養笠之助豊昌著「絵入農家貫行」より川普請図(県立文化資料館蔵)……643
解説……644
342 享保二年七月 愛甲郡煤ヶ谷村名主理不尽騒動内済証文(清川村煤ヶ谷 山田明氏蔵)……645
343 享保二年九月 代官手代の津久井県三井村内検見下見につき不正なき旨の一札(津久井町三井 高城治平氏蔵)……646
344 享保六年十二月 愛甲郡煤ヶ谷村名主と組下百姓との出入につき代官申渡請書(清川村煤ヶ谷 山田明氏蔵)……647
345 享保七年十月 津久井県二十六ヵ村田畑検見取による増税につき反取復旧願(藤野町牧野 井上駿次氏蔵)……654
346 享保七年十二月二日 津久井県二十六ヵ村代官添役小林平六弾劾状(相模原市相原 角田昌保氏蔵)……657
347 享保八年 津久井県三ヶ村免状一本に復旧願(津久井町三ヶ木 田倉五左衛門氏蔵)……661
348 享保十年三月 足柄下郡三ヵ村定免願書(二宮町山西 宮戸清氏蔵)……661
349 享保十年十二月 愛甲郡煤ヶ谷村享保六年村方騒動の節頭取の者不正につき取調願(清川村煤ヶ谷 山田明氏蔵)……664

県史誌内容総覧・資料編 1: 近世—関東 481

350 享保十一年八月 津久井県太井村年貢割付組別交付願（相模原市相原 角田昌保氏蔵）……666
351 享保十一年十月 津久井県太井村年貢三ヵ年定免につき請書（相模原市相原 角田昌保氏蔵）……667
352 享保十三年二月 鎌倉郡十一ヵ村日光社参御用人馬免除願（鎌倉市極楽寺 岩澤玄次氏蔵）……668
353 享保十三年四月 津久井県村々試作用唐胡麻種受取覚（津久井町三井 高城治平氏蔵）……670
354 享保十三年八月 橘樹郡菅村定免請証文（川崎市多摩区菅 佐保田和之氏蔵）……671
355 享保十四年九月 橘樹郡生麦村試作唐櫨の報告書（横浜市鶴見区生麦 池谷健治氏旧蔵/県立文化資料館蔵）……671
356 享保十四年九月 橘樹郡生麦村芝地開発願（横浜市鶴見区生麦 池谷健治氏旧蔵/県立文化資料館蔵）……672
357 享保十四年九月 三浦郡二十一ヵ村御鷹捉飼場入替につき御赦免願（横須賀市秋谷 若命又男氏蔵）……673
358 享保十五年一月 神奈川領三ヵ村代官中丘隅死去後の支配につき願（横浜市鶴見区生麦 池谷健治氏旧蔵/県立文化資料館蔵）……674
359 享保十六年八月 橘樹郡生麦村暴風被害届（横浜市鶴見区生麦 池谷健治氏旧蔵/県立文化資料館蔵）……674
360 享保十六年十一月 橘樹郡生麦村源蔵鰯油絞争論の返答書（横浜市鶴見区生麦 池谷健治氏旧蔵）……675
361 享保十七年五月 鎌倉郡極楽寺村夫食拝借願（鎌倉市極楽寺 岩澤玄次氏蔵）……676
362 享保十八年八月 橘樹郡生麦村大風雨による薏苡仁・家屋被害届（横浜市鶴見区生麦 池谷健治氏旧蔵/県立文化資料館蔵）……676
363 享保十九年九月 鎌倉郡渡内村総百姓困窮助成願（藤沢市辻堂新町 石井茂氏蔵）……677
364 享保十九年 津久井県太井村御林管理の村定（相模原市相原 角田昌保氏蔵）……678
365 享保二十年一月 津久井県皆瀬川村さつまいも仕用帳受取書（山北町皆瀬川 井上良夫氏蔵）……679
366 元文三年七月 橘樹郡四ヵ村定免額据置願（横浜市鶴見区生麦 池谷健治氏旧蔵/県立文化資料館蔵）……680

367 元文六年二月 津久井県牧野村村定（藤野町牧野 佐々木久三氏蔵）……680
368 寛保三年十二月 橘樹郡生麦村野荒し科料定（横浜市鶴見区生麦 池谷健治氏旧蔵/県立文化資料館蔵）……681
369 延享元年六月 橘樹郡南綱嶋村名主排斥の傘連判状（横浜市港北区綱島東 池谷陸朗氏蔵）……682
370 延享四年二月 橘樹郡生麦村小作人田に具類肥を使用し土地取上につき詫証文（横浜市鶴見区生麦 池谷健治氏旧蔵/県立文化資料館蔵）……683
371 寛延元年八月 橘樹郡神奈川領村々定免一割半増請負連判帳（横浜市鶴見区鶴見 佐久間亮一氏蔵）……683
372 宝暦五年十二月 高座郡今宿村等三ヵ村質地争論につき金主方訴状（茅ヶ崎市南湖 加藤信太郎氏蔵）……685
373 宝暦十一年七月 愛甲郡煤ヶ谷村村法（清川村煤ヶ谷 山田明氏蔵）……686
374 明和三年六月 津久井県青根村名主役争論内済証文（津久井町青根 井上正氏蔵）……688
375 明和八年十月 橘樹郡生麦村米・銭相場書上（横浜市鶴見区生麦 池谷健治氏旧蔵/県立文化資料館蔵）……690
376 明和九年六月 都筑郡白根村芝地小物成場開発申渡に対し村方困窮につき中止願（横浜市旭区上白根 高橋基氏蔵）……691
377 天明元年十一月 橘樹郡下末吉村竹木・雑木・米穀値段書上帳（横浜市鶴見区下末吉 横山四朗氏蔵）……692
378 天明二年二月 橘樹郡鶴見村村役につき名主宛願書（横浜市鶴見区鶴見 佐久間亮一氏蔵）……692
379 天明二年三月 津久井県牧野村篠組と名主の争論内済証文（藤野町牧野 佐藤景夫氏蔵）……693
380 天明三年十月 津久井県牧野村篠組土平治借金証文（藤野町牧野 佐藤景夫氏蔵）……695
381 天明四年閏一月 津久井県牧野村篠原組小前百姓借金証文（藤野町牧野 佐藤景夫氏蔵）……696
382 天明四年閏一月 津久井県太井村御救拝借金願（相模原市相原 角田昌保氏蔵）……696
383 天明四年九月 津久井県牧野村篠原組千歳日連村の者と争論につき内済証文（藤野町牧野 佐藤景夫氏蔵）……698

384　天明四年十一月　津久井県牧野村千蔵不埒につき詫証文（藤野町牧野　佐藤景夫氏蔵）……………………………699
385　天明五年十二月　神奈川宿と助郷村の盗賊逮捕の際の取極議定証文（横浜市鶴見区下末吉　横山四朗氏蔵）………700
386　天明七年一月　津久井県下郷村々総代凶作にて困窮のため夫食拝借願（藤野町沢井　石井達夫氏蔵）………………701
387　天明七年三月　津久井県下長竹村夫食拝借小前割合帳（津久井町長竹　宮城好彦氏蔵）……………………………703
388　天明七年　天明記（横浜市港南区最戸　笠原市郎氏蔵）……………………………707
389　寛政三年三月　津久井県上郷九ヵ村根小屋村村民の新規酒造稼申請につき停止願（藤野町沢井　石井達夫氏蔵）……709
390　寛政三年五月　津久井県村々相模原新開計画により迷惑につき願状（相模原市相原　角田昌保氏蔵）………………710
391　寛政五年三月　橘樹郡神奈川宿紺屋総代新規紺屋差止届書（横浜市鶴見区鶴見　佐久間亮一氏蔵）……………………710
392　寛政五年六月　津久井県青山村の百姓桑木植立による畑日陰争論内済証文（明治大学刑事博物館蔵）………………711
393　寛政五年十一月　津久井県太井村の者筏家業のため村役不順につき取極（相模原市相原　角田昌保氏蔵）……………712
394　寛政五年十一月　津久井県牧野村名主借用の貸付金元利返済延納願（藤野町牧野　佐藤景夫氏蔵）……………………713
395　寛政六年四月　津久井県上長竹村の紺屋出店の染高等書上（明治大学刑事博物館蔵）…………………………………715
396　寛政六年四月　古着屋大仲間内紛一件記録（中央大学図書館蔵）…………716
397　寛政八年二月　津久井県下長竹村枝郷百姓水車仕立の支障有無の返答書（明治大学刑事博物館蔵）…………………721
398　寛政十年三月　橘樹郡南綱嶋村村方取締規定連印帳（横浜市港北区綱島東　池谷陸朗氏蔵）…………………………721
399　寛政十二年十月　津久井県太井村田畑山林荒しの者を村八分の議定書（相模原市相原　角田昌保氏蔵）……………723
400　享和元年三月　橘樹郡梶ヶ谷村年中休日書上帳（東京教育大学文学部日本史学研究室蔵）……………………………724
401　享和元年七月　都筑・橘樹両郡百姓神社仏参の道中目印笠許可願（横浜市港北区北綱島　飯田助丸氏蔵）……………726

402　文化元年六月　橘樹郡生麦村の者酒狂騒動吟味の取下願（横浜市鶴見区鶴見　佐久間亮一氏蔵）……………………726
403　文化元年十月　津久井県青根村小百姓屋敷新築等華美につき長百姓議定証文（津久井町青根　井上正氏蔵）…………729
404　文化四年二月　橘樹郡十ヵ村多摩川砂利掘取壱捌ならびに運上につき砂利屋と議定証文（川崎市中原区小杉陣屋　安藤平作氏蔵）……………………………730
405　文化九年九月　高座郡藤沢宿郷蔵修覆願（藤沢市本町　堀内国夫氏蔵）……732
406　文化十五年四月　津久井県青山村名主出入につき破印願ならびに出入済口証文（津久井町青山　鮑子満康氏蔵）……734
407　文政二年十月　神奈川領中諸物価高騰のため節倹申合（横浜市鶴見区下末吉　横山四朗氏蔵）……………………737
408　文政十年十一月　橘樹郡下末吉村内諸職人賃銀引下議定請印帳（横浜市鶴見区下末吉　横山四朗氏蔵）……………738
409　文政十年　取締向改革により設置の神奈川宿大組合村々申合議定証文（横浜市鶴見区下末吉　横山四朗氏蔵）………739
410　文政十一年二月　津久井県太井村分郷のため諸役勤め方対談（相模原市相原　角田昌保氏蔵）……………………740
411　文政十一年二月　橘樹郡菅村百姓等和唐紙漉渡世のため新規冥加永上納につき願（川崎市多摩区菅　佐保田和之氏蔵）……………………………………742
412　文政十一年五月　橘樹郡神奈川宿荒宿町髪結住居十番町地内へ仮床仕立につき願（東京都世田谷区成城　神奈川本陣石井家資料）……………………………743
413　文政十一年八月　橘樹郡神奈川宿東光寺門前古鉄商人研師渡世鑑札請につき上申書（東京都世田谷区成城　神奈川本陣石井家資料）………………………743
414　文政十二年三月　淘綾郡大磯宿の者丹沢山より大山への牛馬通行路新設推進願（大磯町東小磯　三宅敏郎氏蔵）……744
415　文政十二年四月　津久井県下長竹村に道路新設にて桑木等伐採につき議定証文（明治大学刑事博物館蔵）……………745
416　文政十三年三月　橘樹郡神奈川宿本陣伊勢参宮記事（東京都世田谷区成城　神奈川本陣石井家資料）………………746
417　天保二年十月　都筑・橘樹両郡鶴見川沿岸村々川浚手当金貸付帳（横浜市鶴見区鶴見　佐久間亮一氏蔵）……………747

県史誌内容総覧・資料編 1: 近世―関東　　483

418　天保三年　都筑郡十三ヵ村商人仲間議定書(横浜市旭区西川島　嶋崎迪夫氏蔵)……748
419　天保四年八月　橘樹郡神奈川宿風水害書上(東京都世田谷区成城　神奈川本陣石井家資料)……750
420　天保四年九月　橘樹郡下末吉村野荒し等につき村中議定帳(横浜市鶴見区下末吉　横山四朗氏蔵)……751
421　天保四年十一月　橘樹郡神奈川宿春米仲間議定帳(東京都世田谷区成城　神奈川本陣石井家資料)……752
422　天保四年十一月　久良岐郡井土ヶ谷村米穀高値につき田麦作付願(横浜市磯子区久木　堤芳正氏蔵)……755
423　天保五年三月　津久井県下囲米皆無の報告書(相模原市相原　角田昌保氏蔵)……756
424　天保五年六月　橘樹郡神奈川宿青木町聟穀命令につき返答書(東京都世田谷区成城　神奈川本陣石井家資料)……757
425　天保五年七月　橘樹郡神奈川宿百姓等江戸市内の米穀買請につき処罰請書(東京都世田谷区成城　神奈川本陣石井家資料)……758
426　天保五年　橘樹・多摩両郡村々干鰯等浜辺より直買願(東京教育大学文学部日本史学研究室蔵)……759
427　天保六年七月　津久井県村々菜種植付指令に対する免除願(相模原市相原　角田昌保氏蔵)……761
428　天保七年十月　愛甲・大住両郡穀屋仲間議定連印帳(清川村煤ヶ谷　山田明氏蔵)……763
429　天保七年十一月　橘樹郡芝生村穀物商人保土ヶ谷宿議定仲間へ加入願(横浜市西区浅間　三村金次郎氏蔵)……766
430　天保八年四月　橘樹郡川崎領市場村外六ヵ村飢人数書上帳(横浜市鶴見区市場村　添田茂樹氏蔵)……768
431　天保八年五月　橘樹郡六角橋村飢人夫食拝借願(横浜市神奈川区六角橋　山室健作氏蔵)……770
432　天保九年五月　津久井県村々貯穀用作付免除ならびに漆買上免除願(相模原市相原　角田昌保氏蔵)……777
433　天保十一年三月　橘樹郡神奈川宿鎮守域内にて相撲興行許可願(東京都世田谷区成城　神奈川本陣石井家資料)……779
434　天保十二年十一月　津久井県千木良村の娘の着物華美につき取上の上村預けにつき一札(明治大学刑事博物館蔵)……780

435　天保十二年十一月　橘樹・都筑両郡村々菜種作付奨励に対し免除願(横浜市港北区綱島東　池谷陸朗氏蔵)……781
436　天保十二年十一月　橘樹郡下末吉村近年困窮のため屋根葺替講議定帳(横浜市鶴見区下末吉　横山四朗氏蔵)……783
437　天保十三年七月　橘樹郡菅村の者村内往還場に新規居酒屋開業のところ取調につき詫証文(川崎市多摩区菅　佐保田和之氏蔵)……786
438　天保十三年八月　橘樹郡川崎宿役人川崎大師参詣の脇道繁栄のため困窮につき取締願(川崎市立産業文化会館蔵　森家文書)……787
439　天保十四年一月　津久井県村々惣代日光社参の節助郷免除願(相模原市相原　角田昌保氏蔵)……789
440　天保十四年四月　橘樹郡長尾村喜十郎倖日光社参見物につき様子書留(川崎市立中原図書館蔵　山根文書)……791
441　天保十四年七月　津久井県太井村改革により取締の風俗営業を船着場につき公認願(相模原市相原　角田昌保氏蔵)……792
442　天保十四年九月　橘樹郡芝生村役人改革により田地取調廻村の節不行届につき詫状(横浜市西区浅間　三村金次郎氏蔵)……792
443　天保十四年十一月　武蔵・下総両国二百八十三ヵ村惣代江戸市中下糞値段引下規定連印帳(横浜市港北区北綱島　飯田助丸氏蔵)……793
444　嘉永二年五月　津久井県道志川付村々役人請負人横暴のため訴訟のところ内済証文(相模原市相原　角田昌保氏蔵)……799
445　嘉永二年十一月　津久井県村々水油高値調査のところ江戸仕入のためと判明につき上申(相模原市相原　角田昌保氏蔵)……802
446　嘉永七年閏七月　東海道戸塚宿紺屋組合仲間規定連印帳(横浜市戸塚区矢部　金子六郎氏蔵)……803

3　山と水……805
〈写〉享保11年 酒匂川文命東堤碑(南足柄市怒田)……805
解説……806
(1)　入会争論……807
447　延享三年—寛延四年　津久井県沢井・吉野両村境入会紛争に関する訴状および裁許状……807
(1)　乍恐書付ヲ以御訴訟申上候(藤野町吉野　吉野甫氏蔵)……807

(2) 乍恐返答書ヲ以奉願上候(藤野町 吉野 吉野甫氏蔵)……………808
(3) 差上申一札之事(藤野町沢井 石井達夫氏蔵)……………811
448 安永五―八年 津久井県青野原・鳥屋村入会奥野稼山紛争一件記録(明治大学刑事博物館蔵)……………814
449 宝暦二―五年 愛甲郡煤ヶ谷村・七沢村入会唐沢山境争論一件訴状および内済証文(清川村煤ヶ谷 山田明氏蔵)…821
450 元文四年三月 津久井県日連村の内勝瀬と与瀬村の川原利用争論に関する両村訴状(相模湖町与瀬 坂本是成氏蔵)……………828
451 明和四年閏九月 愛甲郡中依知村より高座郡新田宿村へかかる相模川通秣場一件訴状(厚木市中依知 藤野義重氏蔵)……………832
452 天明三年十二月 多摩郡大丸村玉川通河原入会是政村との争論のところ内済につき済口請書(川崎市多摩区菅 佐保田和之氏蔵)……………836

(2) 水利……………839
酒匂川大口堤……………839
453 享保三年四月 足柄上郡水損六ヵ村大口堤復旧田地開発願(明治大学刑事博物館蔵)……………839
454 享保五年九月 足柄上郡水損六ヵ村外十五ヵ村総百姓困窮のため大口堤復旧願(明治大学刑事博物館蔵)…841
455 享保十三年一月 酒匂川大川通堤持出水防定書(明治大学刑事博物館蔵)……………844
酒匂川酒匂堰用水……………846
456 享保十六年 足柄下郡小田原藩領金手・西大井村酒匂川東堤改修のため幕府へ助成願(大井町金手 酒井道太郎氏蔵)……………846
457 享保十九年五月 金手・大井村酒匂川へ新堰建設として小田原領村方より訴訟の返答書(大井町金手 酒井道太郎氏蔵)……………849
458 享保十九年五月 小田原藩領分酒匂堰井掛り村々金手・西大井両村新堰建設につき中止願(大井町金手 酒井道太郎氏蔵)……………851
鶴見川……………852
459 安永十年三月 橘樹郡綱嶋村鶴見川水除堤普請等で吉田村より訴訟につき返答書(横浜市港北区北綱島 飯田助丸氏蔵)……………852

460 享和三年九月 都筑・橘樹両郡三十三ヵ村鶴見川浚普請願につき心得および見積帳(横浜市港北区綱島東 池谷陸朗氏蔵)……………855
461 天保三年一九年 橘樹・都筑両郡村々鶴見川通苅払等心得帳(横浜市港北区綱島東 池谷陸朗氏蔵)……………865
462 天保十三年十月 橘樹郡市場村外十八ヵ村と鶴見村との鶴見川水除堤争論内済証文(横浜市鶴見区鶴見 佐久間亮一氏蔵)……………870
玉川……………874
463 延享三年七月 玉川通見分につき用水組合九ヵ村より利用概況報告(川崎市多摩区菅 佐保田和之氏蔵)…874
464 宝暦三年一月 橘樹・多摩両郡九ヵ村玉川用水組合議定証文(川崎市多摩区菅 佐保田和之氏蔵)……………879
465 宝暦三年四月 橘樹・多摩両郡九ヵ村玉川用水勤高石分け引口間尺規定証文(川崎市多摩区菅 佐保田和之氏蔵)……………882
溜池……………884
466 享保十四年九月 橘樹郡生麦村地内溜井普請願(横浜市鶴見区生麦 池谷健氏旧蔵/県立文化資料館蔵)……………884
467 寛政六年二月 橘樹郡鶴見村地内溜池埋りにつき浚普請援助願(横浜市鶴見区鶴見 佐久間亮一氏蔵)……………885
468 文政九年十一月 橘樹郡鶴見村困窮のため溜池浚普請費用拝借願(横浜市鶴見区鶴見 佐久間亮一氏蔵)……………886

4 新田開発……………889
<写>宝暦3年 池上新田地所割渡絵図(川崎市立中原図書館蔵 池上文書)……………889
解説……………890
池上新田……………891
469 延享三年八月 橘樹郡川崎領大師河原村太郎左衛門新田開発許可願(川崎市立中原図書館蔵 池上文書)……………891
470 寛延四年十月 見分役人等より開発目論見等諮問につき太郎左衛門返答書(川崎市立中原図書館蔵 池上文書)……………894
471 宝暦三年十一月 大師河原村海辺十五町歩新田開発許可につき請書(川崎市立中原図書館蔵 池上文書)……………898
472 宝暦六年十二月 大師河原村義田開発の発起ならびに子孫へ申伝の事(川崎市立中原図書館蔵 池上文書)……………901
473 宝暦九年六月 太郎左衛門請負海辺新田開発成就につき届書(川崎市立中原図書館蔵 池上文書)……………904

神奈川県史 資料編7 近世(4)

474 宝暦十年六月 海辺新田開発普請諸入用高書上(川崎市立中原図書館蔵 池上文書)……905
475 宝暦十一年四月 大師河原村総百姓、太郎左衛門見捨地十分一給与願聞届につき請書(川崎市立中原図書館蔵 池上文書)……906
476 宝暦十一年十月 池上新田検地帳名請人記載方法につき太郎左衛門願書(川崎市立中原図書館蔵 池上文書)……907
477 宝暦十二年三月 新田検地実施及び新田村を池上新田と命名につき申渡(川崎市立中原図書館蔵 池上文書)……909
478 宝暦十二年四月 池上新田年貢高につき覚書(川崎市立中原図書館蔵 池上文書)……910
479 宝暦十二年十二月 新規新田開発意図につき太郎左衛門村々へ説明書(川崎市立中原図書館蔵 池上文書)……911
480 明和二年五月 橘樹郡池上新田明細帳(川崎市立中原図書館蔵 池上文書)……914

5 一揆と打こわし……917
〈写〉津久井県騒動の指導者土平治の生家(藤野町牧野 佐藤景夫氏邸)……917
解説……918
土平治騒動……919
481 天明七年十二月 津久井県百姓一揆一件記録(津久井町三井 高城治平氏蔵)……919
482 天明七年十二月 津久井県の者酒造屋打こわし参加者取調につき請書(津久井町長竹 宮城好彦氏蔵)……923
483 天明八年一月 津久井県酒造一乱記(相模原市相原 角田昌保氏蔵)……924
484 天明八年一月 津久井県内酒造稼の動向取調につき返答書(相模原市相原 角田昌保氏蔵)……927
485 天明八年八月 津久井県一揆参加者判決申渡につき請書(藤野町沢井 石井達夫氏蔵)……929
川崎領水騒動……931
486 文政四年七月 橘樹郡溝ノ口村七右衛門水騒にて打こわしを受けるにつき上申書(石井光太郎編「溝ノ口村用水騒動録」『経済と貿易』七三一(4))……931
487 文政四年九月 橘樹郡川崎領百姓水騒のため取調につき返答書(川崎市立産業文化会館蔵 森家文書)……933
488 文政五年十月 橘樹郡川崎領百姓等水騒の節打こわしにつき判決請書(川崎市産業文化会館蔵 森家文書)……944
神奈川宿……949

489 天保四年七月—十一月 橘樹郡神奈川宿騒動相談一件関係記事(東京都世田谷区成城 神奈川本陣石井家資料)……949
490 天保四年九月 橘樹郡神奈川宿困窮のため騒動の者取調につき詫証文(東京都世田谷区成城 神奈川本陣石井家資料)……953
大磯宿打こわし……954
491 天保七年七月 東海道大磯宿打こわし一件(二宮尊徳全集 巻二十)……954
492 天保七年八月 淘綾郡大磯宿打こわし被害書上(財団法人 江川文庫蔵)……957
493 天保八年五月 淘綾郡大磯宿打こわしにつき判決申渡(財団法人 江川文庫蔵)……964
494 天保九年十二月 淘綾郡大磯宿打こわし等で困窮のため孫右衛門より借金につき許可願(伊勢原市伊勢原 加藤宗兵衛氏蔵)……968
橘樹郡芝生村……970
495 天保七年十一月 橘樹郡芝生村村民米価高騰により一揆企て露顕につき詫証文(横浜市西区浅間 三村金次郎氏蔵)……970
鵠沼村外三ヵ村……977
496 天保八年一月 高座郡鵠沼村外三ヵ村の者米価高騰のため騒動相談につき詫証文(財団法人 江川文庫蔵)……977

解説……1
本巻の対象と編集方針……3
前巻と本巻の関連について……3
本巻の対象地域……5
〈表〉第1表 享保末年の相模国の幕領……8
〈表〉第2表 宝暦期武蔵三郡の幕領……10
〈表〉第3表 弘化元年(1844)相模・武蔵三郡の幕領(代官支配分)……10
淘綾郡……11
大住郡……11
愛甲郡……13
〈表〉第4表 弘化元年(1844)大住郡の幕領……14
〈表〉第5表 弘化元年(1844)愛甲郡の幕領……14
高座郡……15
〈表〉第6表 弘化元年(1844)高座郡の幕領……16
鎌倉郡……16
〈表〉第7表 弘化元年(1844)鎌倉郡の幕領……17
三浦郡……18
足柄上郡……18
足柄下郡……19

<表>第8表　弘化元年(1844)津久井県の幕領 …… 20
津久井県 …… 20
橘樹郡 …… 21
<表>第9表　弘化元年(1844)橘樹郡の幕領 …… 22〜24
久良岐郡 …… 24
<表>第10表　弘化元年(1844)久良岐郡の幕領 …… 25
都筑郡 …… 25
<表>第11表　弘化元年(1844)都筑郡の幕領 …… 26
旧幕領村落の資料所在状況 …… 27
近世後期幕領関係資料の特色と編集の重点 …… 32
本巻を利用する人びとのために …… 37
相模・武蔵三郡幕領を支配した代官たち … 37
<表>第12表　享保以降の幕府代官数 …… 39
(1)　伊奈半左衛門 …… 40
　　忠逵(ただみち) …… 40
　　忠辰(ただとき) …… 40
　　忠宥(ただおき) …… 40
　　忠敬(ただひろ) …… 40
　　忠尊(ただたか)(摂津守) …… 40
<表>第13表　享保以降　関東郡代伊奈氏の支配所 …… 41
(2)　江川太郎左衛門 …… 42
　　英勝(ひでかつ) …… 42
　　英彰(ひであきら) …… 42
　　英征(ひでまさ) …… 42
　　英毅(ひでたけ) …… 42
　　英龍(ひでたつ) …… 42
<表>第14表　江川代官支配地の変遷 …… 43
(3)　河原清兵衛 …… 44
　　正真(まさざね) …… 44
(4)　日野小左衛門 …… 44
　　正晴(まさはる) …… 44
(5)　岩手藤左衛門 …… 45
　　信猶(のぶなお) …… 45
(6)　荻原源八郎 …… 45
　　乗秀(のりひで) …… 45
(7)　斎藤喜六郎 …… 46
　　直房(なおふさ) …… 46
(8)　田中休偶(愚)・休蔵 …… 47
　　喜古(よしひさ)　休愚右衛門 …… 47
　　喜乗(よしのり)　休蔵 …… 47
(9)　上坂安左衛門 …… 48
　　政形(まさかた) …… 48
(10)　辻六郎左衛門 …… 48

　　富守(としもり) …… 48
(11)　柴村藤右衛門 …… 48
　　盛香(もりか) …… 48
(12)　蓑笠之助 …… 49
　　正高(まさたか) …… 49
(13)　小川新右衛門 …… 49
　　盈長(みつなが) …… 49
(14)　山本平八郎 …… 50
　　親行(ちかつら) …… 50
(15)　川崎平右衛門 …… 50
　　定孝(さだたか) …… 50
(16)　船橋安右衛門 …… 51
　　茂伴(しげとも) …… 51
(17)　大草太郎左衛門 …… 51
　　政美(まさみ) …… 51
(18)　辻源五郎 …… 51
　　盛陰(もりかげ) …… 51
(19)　岩手(出)伊右衛門 …… 52
　　信之(のぶゆき) …… 52
(20)　久保田十左衛門 …… 52
　　政邦(まさくに) …… 52
(21)　池田喜八郎 …… 53
　　季庸(すえもち) …… 53
(22)　飯塚伊兵衛と常之丞 …… 53
　　英長(ふさなが) …… 53
　　政長(まさなが) …… 53
(23)　布施弥一郎 …… 53
　　胤将(たねまさ) …… 53
(24)　志村多宮 …… 54
　　師智(もととも) …… 54
(25)　大貫次右衛門 …… 54
　　光豊(みつとよ) …… 54
(26)　小笠原仁右衛門 …… 55
　　則普(のりひろ) …… 55
(27)　野田文蔵 …… 55
　　元清(もときよ) …… 55
(28)　菅沼安十郎 …… 56
　　定昌(さだまさ) …… 56
(29)　伊奈友之助 …… 56
　　忠富(ただとみ) …… 56
(30)　小野田三郎右衛門 …… 56
　　信利(のぶとし) …… 56
(31)　中村八大夫 …… 57
　　知剛(ともかた) …… 57
(32)　関保右衛門 …… 58
(33)　築山茂左衛門 …… 58
関東取締出役と寄場組合 …… 58
<表>第15表　関東取締出役一覧 …… 61
<表>第16表　相州組合村編成一覧(綾瀬町深谷　比留川昭彦氏蔵資料より作製) …… 62〜63

<表>第17表　武州組合村編成一覧(「武蔵国御改革組合限地頭姓名幷村名郡付帳」・「武蔵国御改革組合限石高家数村名帳」(埼玉県入間郡名栗村 町田雅男氏蔵)より作製した)……………… 63～64
近世後期幕領関係資料所蔵者一覧 ………… 66
あとがき(神奈川県企画調査部県史編集室長)
主な関係者名簿
　神奈川県史編集懇談会会員　昭和50年2月1日現在
　神奈川県史編集委員会委員　昭和50年2月1日現在
　　津田文吾(委員長;知事)
　　森久保虎吉(副委員長;副知事)
　　竹内理三(副委員長;県史総括監修者兼主任執筆委員)
　　大久保利謙(委員;県史主任執筆委員)
　　児玉幸多(委員;県史主任執筆委員)
　　安藤良雄(委員;県史主任執筆委員)
　　遠藤保成(委員;県総務部長)
　　八木敏行(委員;県教育長)
　　下田泰助(委員;県企画調査部長)
　　羽毛田潔(委員;県立図書館長)
　　阿部宗芳(委員;県立川崎図書館長)
　　高橋繁蔵(委員;県立博物館長)
　　戸栗栄次(委員;県企画調査部参事兼県史編集室長)
　　坂本太郎(顧問;東京大学名誉教授)
　神奈川県史執筆委員　昭和50年2月1日現在
　人物編の編集に協力をお願いしている方々　昭和50年2月1日現在
　神奈川県史編集参与　昭和50年2月1日現在

神奈川県史 資料編8 近世(5上)旗本領・寺社領1
神奈川県企画調査部県史編集室編集
神奈川県監修
昭和51年9月1日発行

<徳川氏が天正十八年(一五九〇)八月関東に入封した時から、旗本領が府・県の管掌になる明治元年(一八六八)五月まで>

　<口絵>天正19年(一五九一)山岡影長への知行宛行状　東京都目黒区下目黒　山岡知博氏蔵
　<口絵>寛永2年(一六二五)遠藤重次への知行宛行状　藤沢市高倉　遠藤憲雄氏蔵
　<口絵>寛文10年(一六七〇)愛甲郡温水村地頭土屋之直法度請書　厚木市温水　山口忠一氏蔵
　<口絵>延宝5年(一六七七)大住郡西富岡村総百姓起請文　伊勢原市板戸　堀江政邦氏蔵
　<口絵>元禄十一年(一六九八)相模国高座郡座間上溝村指出張　相模原市上溝　小山栄一氏蔵
　<口絵>宝永2年(一七〇五)大住郡白根村地頭小笠原貞晃法度17箇条　伊勢原市白根　山本孝義氏蔵
　<口絵>宝永三年(一七〇六)高座郡新戸村分郷百姓高反別之帳　相模原市新戸　石川寿美恵氏旧蔵/相模原市図書館蔵
　<口絵>天保14年(一八四三)天保の上知令　横浜市戸塚区品濃　長谷川昭一氏蔵
　<口絵>天保14年(一八四三)上知令中止地頭村方達書　横浜市戸塚区品濃　長谷川昭一氏蔵
　<口絵>慶応二年(一八六六)愛甲郡川入村地頭長沢氏勝手方御賄月納勘定帳　厚木市下川入/佐野博正氏蔵

序(神奈川県知事　長洲一二)
凡例
第1部　近世前期の旗本領……………………1
　1　相模国 ……………………………………1

神奈川県史 資料編8 近世(5上)

<写>天正19年 新見正勝への知行宛行状
　（栃木県黒磯市豊浦 新見正敏氏蔵）……… 1
解説 ……………………………………………… 2
（1）　大住郡 ……………………………………… 3
　1　天正十九年 岡部長綱への知行宛行状
　　（中村孝也『徳川家康文書の研究』中巻）…… 3
　2　天正二十年二月 由比光勝への知行宛
　　行状(国立公文書館蔵) ……………………… 3
　3　慶長九年三月 山上弥四郎某への知行
　　宛行状(中村孝也『徳川家康文書の研究』
　　下巻之一) …………………………………… 3
　4　寛永二年七月 小栗信友への知行宛行
　　状(国立公文書館蔵) ………………………… 3
　5　寛永二年七月 永見重成への知行宛行
　　状(国立公文書館蔵) ………………………… 4
　6　寛永二年七月 速水吉忠への知行宛行
　　状(国立公文書館蔵) ………………………… 4
　7　寛永二年九月 伊沢政信への知行宛行
　　状(国立公文書館蔵) ………………………… 4
　8　寛永二年九月 筧次への知行宛行状
　　(国立公文書館蔵) …………………………… 5
　9　寛永二年九月 戸田由利への知行宛行
　　状(国立公文書館蔵) ………………………… 5
　10　寛永二年十月 鵜殿長堯への知行宛行
　　状(国立公文書館蔵) ………………………… 5
　11　寛永二年十月 服部康信への知行宛行
　　状(国立公文書館蔵) ………………………… 6
（2）　愛甲郡 ……………………………………… 6
　12　寛永二年七月 石谷貞清への知行宛行
　　状(国立公文書館蔵) ………………………… 6
　13　寛永二年七月 興津重直への知行宛行
　　状(国立公文書館蔵) ………………………… 7
　14　寛永二年九月 大久保康村への知行宛
　　行状(国立公文書館蔵) ……………………… 7
　15　寛永二年九月 加藤則勝への知行宛行
　　状(国立公文書館蔵) ………………………… 7
　16　寛永二年十月 若林直則への知行宛行
　　状(国立公文書館蔵) ………………………… 8
　17　寛永二年十二月 尾崎信重への知行宛
　　行状(国立公文書館蔵) ……………………… 8
　18　寛永二年十二月 木村勝元への知行宛
　　行状(国立公文書館蔵) ……………………… 8
　19　寛永二年十二月 松田直長への知行宛
　　行状(国立公文書館蔵) ……………………… 9
　20　寛永二年十二月 興津宗能への知行宛
　　行状(国立公文書館蔵) ……………………… 9
（3）　高座郡 ……………………………………… 9
　21　天正十九年五月 大岡義勝への知行宛
　　行状(国立公文書館蔵) ……………………… 9
　22　天正十九年五月 石川永正への知行宛
　　行状(国立公文書館蔵) …………………… 10
　23　天正十九年五月 興津正忠への知行宛
　　行状(国立公文書館蔵) …………………… 10
　24　天正十九年五月 長田忠person への知行宛
　　行状(国立公文書館蔵) …………………… 10
　25　天正十九年五月 木村吉清への知行宛
　　行状(国立公文書館蔵) …………………… 11
　26　天正十九年五月 駒井勝正への知行宛
　　行状(国立公文書館蔵) …………………… 11
　27　天正十九年五月 和田光明への知行宛
　　行状(国立公文書館蔵) …………………… 11
　28　天正十九年五月 寺田市之丞某への知
　　行宛行状(国立公文書館蔵) ……………… 11
　29　天正十九年九月 遠山安吉への知行宛
　　行状(中村孝也『徳川家康文書の研究』中
　　巻) …………………………………………… 12
　30　天正十九年五月 山岡景長への知行宛
　　行状(東京都目黒区下目黒 山岡知博氏
　　蔵) …………………………………………… 12
　31　寛永二年十月 山岡景信への知行宛行
　　状(東京都目黒区下目黒 山岡知博氏蔵)… 12
　32　天正十九年五月 松平比政への知行宛
　　行状(国立公文書館蔵) …………………… 12
　33　元和三年五月 松平忠政への知行宛行
　　状(国立公文書館蔵) ……………………… 13
　34　天正十九年五月 岡部昌綱への知行宛
　　行状(国立公文書館蔵) …………………… 13
　35　寛永二年七月 岡部昌綱への知行宛行
　　状(国立公文書館蔵) ……………………… 13
　36　天正十九年 筒井忠重への知行・蔵米
　　宛行状(国立公文書館蔵) ………………… 13
　37　寛永二年七月 筒井忠重への知行宛行
　　状(国立公文書館蔵) ……………………… 14
　38　天正十九年五月 坂本貞次への知行宛
　　行状(国立公文書館蔵) …………………… 14
　39　寛永二年九月 坂本重安への知行宛行
　　状(国立公文書館蔵) ……………………… 14
　40　天正十九年五月 本間政直への知行宛
　　行状(国立公文書館蔵) …………………… 14
　41　寛永二年十月 本間忠直への知行宛行
　　状(国立公文書館蔵) ……………………… 14
　42　天正十九年五月 江原金全への知行宛
　　行状(国立公文書館蔵) …………………… 15
　43　寛永二年十二月 江原金全への知行宛
　　行状(国立公文書館蔵) …………………… 15
　44　天正十九年五月 石川春久への知行宛
　　行状(国立公文書館蔵) …………………… 15
　45　寛永二年十二月 石川春吉への知行宛
　　行状(国立公文書館蔵) …………………… 15
　46　天正十九年五月 川井久吉への知行宛
　　行状(国立公文書館蔵) …………………… 16
　47　寛永二年十二月 川井久義への知行宛
　　行状(国立公文書館蔵) …………………… 16
　48　天正十九年五月 戸田勝則への知行宛
　　行状(国立公文書館蔵) …………………… 16

県史誌内容総覧・資料編 1: 近世—関東　　489

神奈川県史 資料編8 近世(5上)

　49　天正十九年十二月 戸田勝則への知行
　　　替状(国立公文書館蔵)‥‥‥‥‥‥ 16
　50　寛永二年十月 戸田貞吉への知行宛行
　　　状(国立公文書館蔵)‥‥‥‥‥‥‥ 17
　51　寛永十五年十一月 戸田貞吉への知行
　　　宛行状(国立公文書館蔵)‥‥‥‥‥ 17
　52　天正二十年一月 加々爪政尚への知行
　　　宛行状(国立公文書館蔵)‥‥‥‥‥ 18
　53　寛永二年七月 加々爪忠澄への知行宛
　　　行状(国立公文書館蔵)‥‥‥‥‥‥ 18
　54　慶長十九年四月 遠藤重次への知行宛
　　　行状(藤沢市高倉 遠藤憲雄氏蔵)‥‥‥ 18
　55　寛永二年七月 遠藤重次への知行宛行
　　　状(藤沢市高倉 遠藤憲雄氏蔵)‥‥‥‥ 18
　56　寛永二年七月 諏訪部定吉への知行宛
　　　行状(国立公文書館蔵)‥‥‥‥‥‥ 19
　57　寛永二年七月 辻久昌への知行宛行状
　　　(国立公文書館蔵)‥‥‥‥‥‥‥‥ 19
　58　寛永二年九月 今村正信への知行宛行
　　　状(国立公文書館蔵)‥‥‥‥‥‥‥ 19
　59　寛永二年九月 高木清本への知行宛行
　　　状(国立公文書館蔵)‥‥‥‥‥‥‥ 20
　60　寛永二年九月 土屋利清への知行宛行
　　　状(国立公文書館蔵)‥‥‥‥‥‥‥ 20
　61　寛永二年十月 天方通直への知行宛行
　　　状(国立公文書館蔵)‥‥‥‥‥‥‥ 20
　62　寛永二年十月 伊丹之信への知行宛行
　　　状(国立公文書館蔵)‥‥‥‥‥‥‥ 21
　63　寛永二年十二月 飯河盛政への知行宛
　　　行状(国立公文書館蔵)‥‥‥‥‥‥ 21
　64　寛永二年十二月 大岡忠勝への知行宛
　　　行状(国立公文書館蔵)‥‥‥‥‥‥ 21
　65　寛永二年十二月 竹尾清正への知行宛
　　　行状(国立公文書館蔵)‥‥‥‥‥‥ 22
　66　寛永二年十二月 長谷川正成への知行
　　　宛行状(国立公文書館蔵)‥‥‥‥‥ 22
　67　寛永二年十二月 本間季重への知行宛
　　　行状(国立公文書館蔵)‥‥‥‥‥‥ 22
(4)　鎌倉郡‥‥‥‥‥‥‥‥‥‥‥‥‥ 23
　68　天正十九年五月 朝比奈真直への知行
　　　宛行状(国立公文書館蔵)‥‥‥‥‥ 23
　69　天正十九年五月 富士信重への知行宛
　　　行状(国立公文書館蔵)‥‥‥‥‥‥ 23
　70　天正十九年五月 新見正勝への知行宛
　　　行状(栃木県黒磯市豊浦 新見正敏氏蔵)‥ 23
　71　寛永二年七月 新見正勝への知行宛行
　　　状(栃木県黒磯市豊浦 新見正敏氏蔵)‥‥ 24
　72　天正十九年五月 安藤定次への知行宛
　　　行状(国立公文書館蔵)‥‥‥‥‥‥ 24
　73　寛永二年七月 安藤正珍への知行宛行
　　　状(国立公文書館蔵)‥‥‥‥‥‥‥ 24
　74　天正十九年五月 牟礼勝成への知行宛
　　　行状(国立公文書館蔵)‥‥‥‥‥‥ 25

　75　寛永二年九月 牟礼勝成への知行宛行
　　　状(国立公文書館蔵)‥‥‥‥‥‥‥ 25
　76　天正十九年五月 本多正重への知行宛
　　　行状(国立公文書館蔵)‥‥‥‥‥‥ 25
　77　寛永二年十二月 本多正重への知行宛
　　　行状(国立公文書館蔵)‥‥‥‥‥‥ 25
　78　天正二十年二月 石川重政への知行宛
　　　行状(中村孝也『徳川家康文書の研究』中
　　　巻)‥‥‥‥‥‥‥‥‥‥‥‥‥‥ 26
　79　文禄元年一月 石巻康敬への知行所務
　　　状(国立公文書館蔵)‥‥‥‥‥‥‥ 26
　80　元和三年五月 後藤吉勝への知行宛行
　　　状(国立公文書館蔵)‥‥‥‥‥‥‥ 26
　81　寛永二年七月 長田白政への知行宛行
　　　状(国立公文書館蔵)‥‥‥‥‥‥‥ 27
　82　寛永二年七月 内藤政綱への知行宛行
　　　状(国立公文書館蔵)‥‥‥‥‥‥‥ 27
　83　寛永二年七月 加藤良勝への知行宛行
　　　状(国立公文書館蔵)‥‥‥‥‥‥‥ 27
　84　寛永二年九月 佐橋吉次への知行宛行
　　　状(国立公文書館蔵)‥‥‥‥‥‥‥ 28
　85　寛永二年九月 新見正信への知行宛行
　　　状(国立公文書館蔵)‥‥‥‥‥‥‥ 28
　86　寛永二年十二月 植村正相への知行宛
　　　行状(国立公文書館蔵)‥‥‥‥‥‥ 28
　87　寛永二年十二月 彦坂重定への知行宛
　　　行状(国立公文書館蔵)‥‥‥‥‥‥ 28
　88　寛永二年十二月 松平昌吉への知行宛
　　　行状(兵庫県伊丹市行基町 村井慶三氏
　　　蔵)‥‥‥‥‥‥‥‥‥‥‥‥‥‥ 29
(5)　三浦郡‥‥‥‥‥‥‥‥‥‥‥‥‥ 29
　89　寛永二年七月 向井忠勝への知行宛行
　　　状(国立公文書館蔵)‥‥‥‥‥‥‥ 29
　90　天正十九年 土屋忠直への知行宛行状
　　　(中村孝也『徳川家康文書の研究』中巻)‥ 29
2　武蔵国三郡‥‥‥‥‥‥‥‥‥‥‥‥ 31
＜写＞元和7年 久志本常範神葬墓碑(横浜市
　港北区勝田 最乗寺)‥‥‥‥‥‥‥‥ 31
解説‥‥‥‥‥‥‥‥‥‥‥‥‥‥‥‥ 32
(1)　橘樹郡‥‥‥‥‥‥‥‥‥‥‥‥‥ 33
　91　天正十九年 中川重清への知行宛行状
　　　(国立公文書館蔵)‥‥‥‥‥‥‥‥ 33
　92　寛永二年九月 中川重清への知行宛行
　　　状(国立公文書館蔵)‥‥‥‥‥‥‥ 33
　93　慶長二年九月 小田切光猶への知行宛
　　　行状(国立公文書館蔵)‥‥‥‥‥‥ 33
　94　寛永二年十二月 小田切須猶への知行
　　　宛行状(国立公文書館蔵)‥‥‥‥‥ 33
　95　慶長十九年四月 山下周勝への知行宛
　　　行状(国立公文書館蔵)‥‥‥‥‥‥ 34
　96　寛永二年七月 山下周勝への知行宛行
　　　状(国立公文書館蔵)‥‥‥‥‥‥‥ 34

490　県史誌内容総覧・資料編1: 近世―関東

神奈川県史 資料編8 近世(5上)

97　寛永二年十月　大河内政憲への知行宛
　　行状(国立公文書館蔵) ………………… 34
98　寛永四年十一月　大河内政憲への知行
　　宛行状(国立公文書館蔵) ……………… 35
99　寛永二年十月　榊原職直への知行宛行
　　状(国立公文書館蔵) …………………… 35
100　寛永二年十二月　大河内正勝への知
　　　行宛行状(国立公文書館蔵) ………… 35
101　寛永二年十二月　加賀美正吉への知
　　　行宛行状(国立公文書館蔵) ………… 36
102　寛永二年十二月　河野通利への知行
　　　宛行状(国立公文書館蔵) …………… 36
103　寛永二年十二月　小幡正次への知行
　　　宛行状(国立公文書館蔵) …………… 36
104　寛永二年十二月　八木守直への知行
　　　宛行状(国立公文書館蔵) …………… 37
105　寛永六年八月　森川長次への知行
　　　行状(国立公文書館蔵) ……………… 37
(2)　久良岐郡 ……………………………… 37
106　慶長十年一月　間宮信繁への知行宛
　　　行状(国立公文書館蔵) ……………… 37
(3)　都筑郡 ………………………………… 38
107　天正十八年　渡辺への知行宛行状
　　　(中村孝也『徳川家康文書の研究』中巻) ‥ 38
108　寛永二年七月　渡辺富次への知行宛
　　　行状(国立公文書館蔵) ……………… 38
109　天正十九年　有田吉貞への知行宛行
　　　状(中村孝也『徳川家康文書の研究』中
　　　巻) ……………………………………… 39
110　寛永二年九月　有田吉久への知行宛
　　　行状(国立公文書館蔵) ……………… 39
111　慶長三年二月　野々山頼兼への知行
　　　宛行状(中村孝也『徳川家康文書の研究』
　　　中巻) …………………………………… 39
112　寛永二年七月　野々山兼綱への知行
　　　宛行状(国立公文書館蔵) …………… 39
113　慶長四年三月　久志本常範への知行
　　　書立状(東京都渋谷区東　久志本欣也氏
　　　蔵) ……………………………………… 40
114　寛永二年七月　稲富重次への知行宛
　　　行状(国立公文書館蔵) ……………… 40
115　寛永二年七月　大久保長重への知行
　　　宛行状(国立公文書館蔵) …………… 40
116　寛永二年七月　庄直重への知行宛行
　　　状(国立公文書館蔵) ………………… 41
117　寛永二年七月　久保正俊への知行宛
　　　行状(国立公文書館蔵) ……………… 41
118　寛永二年九月　荒川重勝への知行宛
　　　行状(国立公文書館蔵) ……………… 41
119　寛永二年九月　石丸定政への知行宛
　　　行状(国立公文書館蔵) ……………… 42
120　寛永二年九月　加藤景正への知行宛
　　　行状(国立公文書館蔵) ……………… 42

121　寛永二年十月　梶川忠助への知行宛
　　　行状(国立公文書館蔵) ……………… 43
122　寛永二年十二月　萩原昌泰への知行
　　　宛行状(国立公文書館蔵) …………… 43
123　寛永二年十二月　窪田正道への知行
　　　宛行状(国立公文書館蔵) …………… 43
124　寛永二年十二月　宅間忠次への知行
　　　宛行状(国立公文書館蔵) …………… 43
125　寛永二年十二月　三浦義武への知行
　　　宛行状(国立公文書館蔵) …………… 44
126　寛永二年十二月　門奈直勝への知行
　　　宛行状(国立公文書館蔵) …………… 44
127　寛永六年八月　藤川重勝への知行
　　　行状(国立公文書館蔵) ……………… 44
128　寛永八年三月　窪田正明への知行宛
　　　行状(国立公文書館蔵) ……………… 45
129　寛永八年三月　河野通次への知行宛
　　　行状(国立公文書館蔵) ……………… 45
130　寛永八年三月　志村貞昌への知行宛
　　　行状(国立公文書館蔵) ……………… 45
131　寛永八年三月　松波勝安への知行宛
　　　行状(国立公文書館蔵) ……………… 46

第2部　相模国の旗本領支配 ……………… 47
1　淘綾郡 …………………………………… 47
＜写＞正保3年　生沢村村越領へ幕府代官年
　貢割付状(大磯町生沢　後藤一夫氏蔵) …… 47
解説 …………………………………………… 48
(1)　村越氏 ………………………………… 49
　知行地と住民 …………………………… 49
　132　天保五年九月　寺坂村明細帳(大磯
　　　町寺坂　杉崎武氏蔵) ………………… 49
　133　寛永十年十二月　生沢村村越領高
　　　書上(大磯町生沢　後藤一夫氏蔵) …… 53
　134　宝永五年一月　生沢村砂降救助金
　　　請取(大磯町生沢　後藤一夫氏蔵) …… 54
　135　天明六年十月　知行所二ヵ村荒地
　　　起返申渡請書(大磯町生沢　後藤一夫氏
　　　蔵) ……………………………………… 54
　136　文政三年九月　疫病神詫状(大磯町
　　　生沢　後藤一夫氏蔵) ………………… 55
　年貢 ……………………………………… 55
　137　正保三年十一月　生沢村村越領幕
　　　府代官年貢割付状(大磯町生沢　後藤一
　　　夫氏蔵) ………………………………… 55
　138　慶安元年十二月　生沢村村越領幕
　　　府代官年貢割付状(大磯町生沢　後藤一
　　　夫氏蔵) ………………………………… 56
　139　承応三年十二月　生沢村年貢割付
　　　状(大磯町生沢　後藤一夫氏蔵) ……… 57
　140　寛文二年十二月　生沢村年貢割付
　　　状(大磯町生沢　後藤一夫氏蔵) ……… 57

県史誌内容総覧・資料編1：近世―関東　　491

141　宝永四年九月　生沢村年貢割付状
　　　（大磯町生沢　後藤一夫氏蔵）………… 58
　　142　文化二年　地頭駿府目付就任につ
　　　き夫金上納請書（大磯町生沢　後藤一夫
　　　氏蔵）……………………………………… 59
　　143　文化十四年一月　文化十三年分生
　　　沢村年貢皆済目録（大磯町生沢　後藤一
　　　夫氏蔵）…………………………………… 59
　　144　元治元年十二月　寺坂村年貢皆済
　　　目録（大磯町寺坂　杉崎武氏蔵）……… 61
　（2）　伏見氏 …………………………………… 63
　　145　延享三年七月　黒岩村明細帳（大磯町
　　　黒岩　守屋松三郎氏蔵）………………… 63
　　146　天保五年九月　中里村明細帳（二宮町
　　　二宮　五島千代氏蔵）…………………… 66
　　147　元禄六年十二月　黒岩村年貢割付覚
　　　（大磯町黒岩　守屋松三郎氏蔵）……… 72
　　148　元禄十二年三月　黒岩村両給分無地
　　　高諸役勤難渋方訴状（二宮町二宮　五島千
　　　代氏蔵）…………………………………… 72
　　149　宝永六年十一月　黒岩村年貢割付状
　　　（大磯町黒岩　守屋松三郎氏蔵）……… 73
　　150　宝暦六年十月　黒岩村年貢割付状
　　　（大磯町黒岩　守屋松三郎氏蔵）……… 74
　　151　安政七年一月　地頭屋敷普請につき
　　　半金百両知行所請負状（大磯町黒岩　守屋
　　　松三郎氏蔵）……………………………… 76
　　152　慶応四年一月　慶応三年分黒岩村年
　　　貢皆済目録（大磯町黒岩　守屋松三郎氏
　　　蔵）………………………………………… 77
　（3）　皆川氏 …………………………………… 77
　　153　元文二年十一月　生沢村明細帳（大磯
　　　町生沢　二宮康氏蔵）…………………… 78
　　154　宝永五年三月　生沢村砂降救助金割
　　　請取帳（大磯町生沢　二宮康氏蔵）…… 83
　　155　寛政三年一月　生沢村名主苗字帯刀
　　　免状（大磯町生沢　竹内寛氏蔵）……… 85
　2　大住郡 …………………………………………… 87
　　＜写＞享保2年　戸田政英山林寄進状（伊勢原
　　　市板戸　堀江政邦氏蔵）………………… 87
　解説
　（1）　戸田氏 …………………………………… 89
　　地頭達書 …………………………………… 89
　　156　寛文六年三月　西富岡村名主任命
　　　書（伊勢原市板戸　堀江政邦氏蔵）…… 89
　　157　寛文八年九月　博奕禁止等申渡に
　　　つき総百姓請書（伊勢原市板戸　堀江政
　　　邦氏蔵）…………………………………… 90
　　158　寛文十年二月　五節句進物禁止等
　　　申渡覚（伊勢原市板戸　堀江政邦氏蔵）‥ 90

　　159　寛文十年五月　新酒・濁酒造方禁
　　　止申渡につき請書（伊勢原市板戸　堀江
　　　政邦氏蔵）………………………………… 91
　　160　天和四年二月　組頭仁左衛門へ一
　　　人扶持宛行状（伊勢原市板戸　堀江政邦
　　　氏蔵）……………………………………… 91
　　161　享保二年五月　西富岡村無量院へ
　　　山林寄進状（伊勢原市板戸　堀江政邦氏
　　　蔵）………………………………………… 92
　　162　宝暦三年　西富岡村仁左衛門へ地
　　　頭一代限り米宛行状（伊勢原市板戸　堀
　　　江政邦氏蔵）……………………………… 92
　　163　文化六年二月　西富岡村名主任命
　　　書（伊勢原市板戸　堀江政邦氏蔵）…… 92
　　164　文化六年二月　西富岡村公用取扱
　　　ならびに村役人給米定書（伊勢原市板
　　　戸　堀江政邦氏蔵）……………………… 92
　　165　文化七年五月　堀江仁左衛門一代
　　　限り苗字免許（伊勢原市板戸　堀江政邦
　　　氏蔵）……………………………………… 93
　　166　天保八年三月　西富岡村困窮人救
　　　助銭差下覚（伊勢原市板戸　堀江政邦氏
　　　蔵）………………………………………… 93
　　167　天保十二年十二月　西富岡村へ勝
　　　手ならびに表向賄申付下知書（伊勢原
　　　市板戸　堀江政邦氏蔵）………………… 94
　　168　天保十五年　西富岡村堀江仁兵衛
　　　非常の節帯刀御免給人格申付状（伊
　　　勢原市板戸　堀江政邦氏蔵）…………… 95
　　169　慶応元年二月　西富岡村名主堀江
　　　仁兵衛知行所取締申付下知書（伊勢原
　　　市板戸　堀江政邦氏蔵）………………… 95
　　知行地と住民 ……………………………… 95
　　170　天保六年　西富岡村明細帳（伊勢原
　　　市板戸　堀江政邦氏蔵）………………… 95
　　171　慶安五年三月　西富岡村秣場入会
　　　につき総百姓連印手形（伊勢原市板戸
　　　堀江政邦氏蔵）……………………………100
　　172　延宝五年六月　西富岡村秣場入会
　　　につき総百姓起請文（伊勢原市板戸　堀
　　　江政邦氏蔵）………………………………100
　　173　宝永五年閏一月　西富岡村等富士
　　　山噴火砂降検分書上帳（伊勢原市板戸
　　　堀江政邦氏蔵）……………………………101
　　174　宝永五年二月　名主交替につき勤
　　　方定書（伊勢原市板戸　堀江政邦氏
　　　蔵）…………………………………………106
　　175　宝永八年三月　百姓帰村許容願書
　　　（伊勢原市板戸　堀江政邦氏蔵）………107
　　176　天保十二年十二月　地頭企て頼母
　　　子講金につき総百姓連印証文（伊勢原
　　　市板戸　堀江政邦氏蔵）…………………108

177　天保十三年二月　職人手間代値上風聞につき職人請書（伊勢原市板戸　堀江政邦氏蔵）……………………………109
百姓欠所一件……………………………109
178　宝永五年十一月　砂降り後開発の節平兵衛等鍬止め始末上申書（伊勢原市板戸　堀江政邦氏蔵）……………………109
179　宝永六年九月　平兵衛等知行十里四方追放のうえ欠所下知書（伊勢原市板戸　堀江政邦氏蔵）……………110
180　宝永六年九月　平兵衛等欠所の節家財等書上（伊勢原市板戸　堀江政邦氏蔵）……………………………………111
181　宝永六年十月　平兵衛等手作地耕書上（伊勢原市板戸　堀江政邦氏蔵）……113
182　宝永六年十二月　上糟屋村源兵衛欠所地買収請取書（伊勢原市板戸　堀江政邦氏蔵）……………………………114
183　宝永六年十二月　欠所地家財代金等請取書（伊勢原市板戸　堀江政邦氏蔵）……………………………………115
184　正徳五年三月　欠所地無量院へ寄進状（伊勢原市板戸　堀江政邦氏蔵）……116
185　享保元年十月　欠所追放人永代赦免無きにつき地頭達書（伊勢原市板戸　堀江政邦氏蔵）……………………………116
186　享保八年九月　欠所田地買尽不能方上申書（伊勢原市板戸　堀江政邦氏蔵）……………………………………117
187　享保十二年十二月　欠所田地につき追放人親類訴状ならびに評定方より出頭申渡（伊勢原市板戸　堀江政邦氏蔵）……………………………………119
188　享保十三年一月　欠所地訴訟一件につき総百姓連判証文（伊勢原市板戸　堀江政邦氏蔵）……………………………121
年貢と財政……………………………121
189　寛永二十一年十月　西富岡村年貢割付状（伊勢原市板戸　堀江政邦氏蔵）……………………………………121
190　承応元年十一月　西富岡村年貢割付状（伊勢原市板戸　堀江政邦氏蔵）……122
191　寛文六年六月　西富岡村三ヵ年定免割付状（伊勢原市板戸　堀江政邦氏蔵）……………………………………122
192　宝永五年十一月　砂降りにつき西富岡村年貢位下げ申渡覚（伊勢原市板戸　堀江政邦氏蔵）……………………123
193　享保四年十二月　西富岡村・板戸村年貢払目録（伊勢原市板戸　堀江政邦氏蔵）……………………………………123

194　天保十三年十二月　西富岡村年貢皆済勘定目録（伊勢原市板戸　堀江政邦氏蔵）……………………………………125
195　天保十四年九月　先納金上納申渡請書（伊勢原市板戸　堀江政邦氏蔵）……128
196　天保十五年三月　地頭暮方仕法替につき月割金上納下知書（伊勢原市板戸　堀江政邦氏蔵）……………………129
197　弘化三年四月　西富岡村小前重立者上納金請取書（伊勢原市板戸　堀江政邦氏蔵）……………………………………130
198　安政六年五月　地頭暮方仕法替上申届けにつき村方議定書（伊勢原市板戸　堀江政邦氏蔵）……………………130
199　文久二年二月　縁談入用金上納下知書（伊勢原市板戸　堀江政邦氏蔵）……131
200　慶応三年十二月　地頭勝手向仕法替につき村方議定（伊勢原市板戸　堀江政邦氏蔵）……………………………131
201　明治二年十一月　旧地頭借財返済につき議定書（伊勢原市板戸　堀江政邦氏蔵）……………………………………133
（2）　小笠原氏………………………………136
地頭達書……………………………………136
202　貞享二年二月　寛永十年走り百姓田地につき地頭達書（伊勢原市白根　山本孝義氏蔵）……………………………136
203　宝永二年一月　地頭小笠原貞晃法度十七箇条（伊勢原市白根　山本孝義氏蔵）……………………………………136
知行地と住民………………………………139
204　延享元年四月　相模国大住郡内郷村高帳（伊勢原市白根　山本孝義氏蔵）……………………………………139
205　延享元年十二月　白根村明細帳（伊勢原市白根　山本孝義氏蔵）……141
206　貞享元年十二月　白根村年貢未進百姓仕置につき地頭より奉行所へ窺書（伊勢原市白根　山本孝義氏蔵）……144
207　貞享二年三月　白根村未進年貢・夫金上納取極書（伊勢原市白根　山本孝義氏蔵）……………………………147
208　安政六年八月　地頭用人不正につき白根村訴状（伊勢原市白根　山本孝義氏蔵）……………………………………148
年貢……………………………………………152
209　宝永二年十二月　白根村・神戸村年貢皆済目録（伊勢原市白根　山本孝義氏蔵）……………………………………152
210　宝永六年十二月　白根村・神戸村年貢皆済目録（伊勢原市白根　山本孝義氏蔵）……………………………………153

211　享保二年十二月　白根村・神戸村年貢皆済目録(伊勢原市白根　山本孝義氏蔵)…153
212　寛保二年十二月　白根村・神戸村年貢皆済目録(伊勢原市白根　山本孝義氏蔵)…154
213　寛保四年二月　白根村年貢減免願(伊勢原市白根　山本孝義氏蔵)…155
(3)　小林氏…156
地頭達書…156
214　文政九年一月　真田村名主彦右衛門へ紋付・上下給与下知書(平塚市真田　陶山正史氏蔵)…156
215　文政九年一月　真田村名主七兵衛へ紋付・上下給与下知書(平塚市真田　上野敬一郎氏蔵)…156
216　巳年二月　真田村名主七兵衛知行所代官任命下知書(平塚市真田　上野敬一郎氏蔵)…157
知行地と住民…157
217　天保六年二月　真田村明細帳(平塚市真田　上野敬一郎氏蔵)…157
218　天明七年一月　真田村五給別惣村高帳(平塚市真田　上野敬一郎氏蔵)…167
219　文政十一年六月　真田村小作米納方定書(平塚市真田　陶山正史氏蔵)…174
220　天保十一年九月　真田村地頭賄方退役願(平塚市真田　陶山正史氏蔵)…175
年貢…176
221　宝永五年十月　真田村年貢割付状(平塚市真田　上野敬一郎氏蔵)…176
222　天保十四年十二月　真田村年貢皆済目録帳(平塚市真田　上野敬一郎氏蔵)…178
(4)　渥美氏…179
知行地と住民…179
223　元禄十二年四月　北金目村宗門人別帳(平塚市北金目　柳川力氏蔵)…179
224　宝永五年閏一月　砂降り後北金目村柄書上(平塚市北金目　柳川力氏蔵)…184
225　文政八年八月　違作につき北金目村議定書(平塚市北金目　柳川力氏蔵)…185
226　嘉永四年四月　北金目村名主任命書(平塚市北金目　柳川力氏蔵)…186
年貢…186
227　元禄十三年十月　北金目村年貢割付状(平塚市北金目　柳川力氏蔵)…186
228　宝永五年一月　宝永四年分北金目村年貢差引目録(平塚市北金目　柳川力氏蔵)…188

229　正徳二年十月　北金目村年貢割付状(平塚市北金目　柳川力氏蔵)…190
230　寛保二年十一月　北金目村年貢皆済目録(平塚市北金目　柳川力氏蔵)…191
231　天明七年十一月　北金目村年貢皆済目録(平塚市北金目　柳川力氏蔵)…193
232　寛政五年十二月　知行所年貢江戸伊勢屋方へ直納下知書(平塚市北金目　柳川力氏蔵)…195
233　文化七年四月　北金目村五ヵ年定免申渡覚(平塚市北金目　柳川力氏蔵)…195
234　文化八年十二月　北金目村先納金請取下知状(平塚市北金目　柳川力氏蔵)…196
235　文化九年十一月　北金目村先納金請取下知状(平塚市北金目　柳川力氏蔵)…196
236　文化十年十二月　北金目村先納金請取下知状(平塚市北金目　柳川力氏蔵)…197
237　文化十一年十月　年貢米酒井村弥十郎へ直納下知書(平塚市北金目　柳川力氏蔵)…197
238　慶応二年十一月　北金目村年貢皆済目録(平塚市北金目　柳川力氏蔵)…197
(5)　三枝氏…198
知行地と住民…199
239　安政二年十一月　北金目村八給高取調帳(平塚市北金目　柳川力氏蔵)…199
240　享保二十年　慶長以来金目川御普請来歴書上(平塚市北金目　柳川起久雄氏蔵)…202
241　宝暦十二年一月　相模国内知行所四カ村金子借用証文(平塚市北金目　柳川起久雄氏蔵)…206
242　文化十一年十二月　北金目村小作人諸願につき定書(平塚市北金目　柳川起久雄氏蔵)…207
243　文政七年四月　南北金目村給々役人議定連印証文(平塚市北金目　柳川起久雄氏蔵)…208
244　慶応元年一月　上京仕度金につき地頭所書簡(平塚市北金目　柳川起久雄氏蔵)…209
245　慶応四年一月　大坂状況・上納金等地頭書簡(平塚市北金目　柳川起久雄氏蔵)…209
年貢…210
246　元禄十二年十月　北金目村年貢割付状(平塚市北金目　柳川起久雄氏蔵)…210

神奈川県史 資料編8 近世(5上)

　　247　宝永六年十月　北金目村年貢割付
　　　　　状（平塚市北金目　柳川起久雄氏蔵）……212
　　248　享保七年九月　北金目村定免割付
　　　　　状（平塚市北金目　柳川起久雄氏蔵）……214
　　249　寛保三年九月　北金目村五ヵ年定
　　　　　免割付状（平塚市北金目　柳川起久雄氏
　　　　　蔵）……………………………………215
　　250　宝暦三年八月　北金目村十ヵ年定
　　　　　免割付状（平塚市北金目　柳川起久雄氏
　　　　　蔵）……………………………………215
　(6)　曾谷氏………………………………216
　　知行地と住民……………………………216
　　251　文政八年五月　日向村明細帳（伊勢
　　　　　原市板戸　守屋良平氏蔵）……………216
　　252　宝永六年四月　日向村田地につき
　　　　　江戸商人訴状（伊勢原市板戸　守屋良平
　　　　　氏蔵）…………………………………220
　　253　天明七年十二月　日向村猪鹿打留
　　　　　数書上（伊勢原市板戸　守屋良平氏
　　　　　蔵）……………………………………222
　　254　慶応二年十二月　日向村借米・救
　　　　　米割渡帳（伊勢原市板戸　守屋良平氏
　　　　　蔵）……………………………………222
　　年貢と財政………………………………223
　　255　元禄十三年十一月　日向村年貢割
　　　　　付状（伊勢原市板戸　守屋良平氏蔵）……224
　　256　寛延元年八月　日向村五ヵ年定免
　　　　　割付状（伊勢原市板戸　守屋良平氏
　　　　　蔵）……………………………………225
　　257　文政五年一月　日向村年貢夫金納
　　　　　方心得書（伊勢原市板戸　守屋良平氏
　　　　　蔵）……………………………………226
　　258　天保十五年一月　大住郡内総知行
　　　　　所借金高米永取調帳（伊勢原市板戸　守
　　　　　屋良平氏蔵）…………………………227
　　259　天保十五年一月　大住郡総知行所
　　　　　賄諸色書上帳（伊勢原市板戸　守屋良平
　　　　　氏蔵）…………………………………229
　　260　嘉永七年一月　嘉永六年分日向村
　　　　　年貢夫金皆済目録（伊勢原市板戸　守屋
　　　　　良平氏蔵）……………………………230
　　261　安政四年十二月　北金目村年貢夫
　　　　　金皆済目録帳（平塚市北金目　柳川起久
　　　　　雄氏蔵）………………………………230
　　262　慶応元年十二月　日向村年貢夫金
　　　　　皆済目録帳（平塚市北金目　守屋良平氏
　　　　　蔵）……………………………………232
　　263　慶応四年一月　慶応三年分北金目
　　　　　村年貢夫金皆済目録（平塚市北金目　柳
　　　　　川起久雄氏蔵）………………………233
　(7)　成瀬氏………………………………234
　　地頭達書…………………………………234

　　264　文政十三年閏三月　落幡村潰百姓
　　　　　跡相続下知状（秦野市鶴巻　芦川靖朗氏
　　　　　蔵）……………………………………234
　　265　天保十二年一月　落幡村新兵衛差
　　　　　出金返済下知書（秦野市鶴巻　芦川靖朗
　　　　　氏蔵）…………………………………234
　　266　弘化二年一月　落幡村組頭任命下
　　　　　知書（秦野市鶴巻　芦川靖朗氏蔵）……235
　　267　万延元年六月　落幡村名主任命下
　　　　　知書（秦野市鶴巻　芦川靖朗氏蔵）……235
　　268　文久四年一月　落幡村過上納金に
　　　　　つき下知書（秦野市鶴巻　芦川靖朗氏
　　　　　蔵）……………………………………236
　　269　文久四年二月　落幡村地処賄金上
　　　　　納下知書（秦野市鶴巻　芦川靖朗氏
　　　　　蔵）……………………………………236
　　270　元治元年八月　武具備金等上納方
　　　　　下知書（秦野市鶴巻　芦川靖朗氏蔵）…236
　　271　元治元年八月　常州知行所混雑に
　　　　　つき雑用金代納下知書（秦野市鶴巻　芦
　　　　　川靖朗氏蔵）…………………………237
　　272　元治元年十一月　臨時入用金上納
　　　　　下知書（秦野市鶴巻　芦川靖朗氏蔵）…238
　　273　元治元年十一月　落幡年貢米地
　　　　　払下知書（秦野市鶴巻　芦川靖朗氏
　　　　　蔵）……………………………………238
　　274　慶応三年二月　銃卒夫金上納下知
　　　　　書（秦野市鶴巻　芦川靖朗氏蔵）………238
　　知行地と住民……………………………239
　　275　天保六年四月　落幡村明細帳（秦
　　　　　野市鶴巻　芦川靖朗氏蔵）……………239
　　276　年月不詳　総知行所救民融通講仕
　　　　　法書（秦野市鶴巻　芦川靖朗氏蔵）……244
　　年貢………………………………………247
　　277　弘化四年三月　調達金上納村方断
　　　　　り状（秦野市鶴巻　芦川靖朗氏蔵）……247
　　278　嘉永六年一月　総知行所年貢米永
　　　　　取調連印帳（秦野市鶴巻　芦川靖朗氏
　　　　　蔵）……………………………………247
　(8)　甲斐庄氏……………………………250
　　地頭甲斐庄氏……………………………250
　　279　慶応四年五月　王政一新本領安堵
　　　　　請書（伊勢原市石田　石井平氏蔵）……250
　　280　慶応四年六月　朝廷より本領安堵
　　　　　につき地頭達書（伊勢原市石田　石井平
　　　　　氏蔵）…………………………………251
　　281　慶応四年九月　王政一新の節知行
　　　　　所伺書ならびに地頭達書（伊勢原市石
　　　　　田　石井平氏蔵）………………………251
　　知行地と住民……………………………253
　　282　天保九年六月　石田村三給高・年
　　　　　貢等書上帳（伊勢原市石田　石井平氏
　　　　　蔵）……………………………………253

県史誌内容総覧・資料編 1: 近世―関東　495

神奈川県史 資料編8 近世(5上)

283 寛政十二年九月 石田村小作人徒党につき地頭下知状(伊勢原市石田 石井平氏蔵)……254
284 天保八年一月 石田村凶作救助米割渡帳(伊勢原市石田 石井平氏蔵)…255
285 慶応二年六月 石田村調練稽古人扶持米請取(伊勢原市石田 石井平氏蔵)……258
286 慶応二年八月 石田村小作人徒党始末書上(伊勢原市石田 石井平氏蔵)……259
287 慶応二年九月 軍役夫代金上納下知書(石井平氏蔵)……260
288 慶応三年一月 米穀高値につき寄場総代より申渡書(伊勢原市石田 石井平氏蔵)……261
(9) 間部氏……262
地頭間部氏……262
289 慶応四年八月 鎮将府達書(伊勢原市上糟屋 山口匡一氏蔵)……262
290 慶応四年十月 鎮将府達書(伊勢原市上糟屋 山口匡一氏蔵)……262
291 明治二年二月 間部式部総髪願書(伊勢原市上糟屋 山口匡一氏蔵)……263
292 明治二年八月 弁官達書(伊勢原市上糟屋 山口匡一氏蔵)……263
知行地と財政……263
293 文政三年 総知行地高役金納証文(伊勢原市上糟屋 山口匡一氏蔵)……263
294 天保十三年十二月 地頭間部氏一ヵ年暮方見積り帳(伊勢原市上糟屋 山口匡一氏蔵)……264
(10) 須田氏……278
295 正保二年十一月 入山瀬村柄書上(平塚市岡崎 田城康基氏蔵)……278
296 正徳五年三月 正徳四年分下入山瀬村田方年貢皆済状(平塚市岡崎 田城康基氏蔵)……279
297 正徳六年閏二月 正徳五年分下入山瀬村畑方年貢皆済状(平塚市岡崎 田城康基氏蔵)……280
298 享保三年十二月 下入山瀬村両給高・役高等書上(平塚市岡崎 田城康基氏蔵)……281
299 嘉永元年八月 地頭須田氏勝手向仕法帳(平塚市岡崎 田城康基氏蔵)……281
300 明治二年三月 下入山瀬村田地開先納金上納証文(平塚市岡崎 田城康基氏蔵)……287
(11) 波多野たばこ仲間議定……289
301 天明六年二月 波多野たばこ商人仲間取極議定書(国文学研究資料館内国立史料館蔵)……289

3 愛甲郡……291
〈写〉金田村地頭小河氏累代墓地(厚木市金田 建徳寺)……291
解説……292
(1) 太田氏……293
地頭達書……293
302 天保十二年三月 借財利分足金につき達書(愛川町田代 大矢ゑい氏蔵)……293
303 天保十四年四月 夏成金繰上げ上納催促状(愛川町田代 大矢ゑい氏蔵)……293
304 天保十四年五月 家中役儀改正につき通達(愛川町田代 大矢ゑい氏蔵)……294
305 天保十四年六月 所領下柚木村上知につき通達(愛川町田代 大矢ゑい氏蔵)……295
306 天保十四年七月 地頭借用金の村方立替配分下知書(愛川町田代 大矢ゑい氏蔵)……295
307 天保十四年閏九月 地頭屋敷破損修復金上納達書(愛川町田代 大矢ゑい氏蔵)……298
308 元治二年四月 地頭方用人更迭等通達書(愛川町田代 大矢ゑい氏蔵)…299
309 慶応元年四月 改元通達書(愛川町田代 大矢ゑい氏蔵)……299
310 慶応元年六月 文久・慶応度軍役夫差出方一件書(愛川町田代 大矢ゑい氏蔵)……300
311 慶応元年七月 下柚木村組頭役交替申渡書(愛川町田代 大矢ゑい氏蔵)……304
312 慶応元年七月 軍役夫代人の儀につき村役人出頭命令書(愛川町田代 大矢ゑい氏蔵)……304
313 慶応三年九月 幕府組合銃隊廃役につき御役御免通達(愛川町田代 大矢ゑい氏蔵)……305
314 慶応三年十月 田代村名主苗字帯刀御免の上六ヵ村取締役任命(愛川町田代 大矢ゑい氏蔵)……305
315 慶応三年十一月 年貢金上納方通達(愛川町田代 大矢ゑい氏蔵)……305
316 慶応四年三月 地頭一家の江戸立退準備の指示書(愛川町田代 大矢ゑい氏蔵)……306
317 慶応四年三月 地頭夫人の田代村へ引越通達書(愛川町田代 大矢ゑい氏蔵)……307

496 県史誌内容総覧・資料編 1: 近世―関東

318 明治元年十月 旗本上知村の年貢上納につき布達(愛川町田代 大矢ゑい氏蔵)……308
319 明治元年十一月 旧地頭三千石本領安堵につき達書(愛川町田代 大矢ゑい氏蔵)……308
知行地と住民……309
320 慶応三年八月 武蔵国・相模国・遠江国郷村高帳(愛川町田代 大矢ゑい氏蔵)……309
321 慶応四年九月 田代村明細帳(愛川町田代 大矢ゑい氏蔵)……316
322 天保五年三月 田代村売米・麦・雑穀・囲穀高書上帳(愛川町田代 大矢ゑい氏蔵)……318
323 天保五年三月 田代村窮民救助米金貸付高書上帳(愛川町田代 大矢ゑい氏蔵)……319
324 天保六年十月―同七年八月 田代村諸願書控(愛川町田代 大矢ゑい氏蔵)……321
325 天保六年三月 田代村より他村出奉公人書(愛川町田代 大矢ゑい氏蔵)……324
326 天保九年七月 田代村諸商人書上帳(愛川町田代 大矢ゑい氏蔵)……324
327 天保十四年六月 田代村農間諸渡世人書上帳(愛川町田代 大矢ゑい氏蔵)……326
328 安政四年三月 田代村より他村出奉公人書(愛川町田代 大矢ゑい氏蔵)……329
329 安政六年十二月 地頭賄方仕法替実施につき総知行所願書(愛川町田代 大矢ゑい氏蔵)……329
330 慶応三年二月 田代村困民救助主法書上帳(愛川町田代 大矢ゑい氏蔵)……330
年貢と財政……332
331 享和二年十二月 田代村年貢皆済目録(愛川町田代 大矢ゑい氏蔵)……332
332 天保八年三月 地頭浦賀奉行在勤要用金借用書(愛川町田代 大矢ゑい氏蔵)……333
333 天保十四年十一月 田代村年貢済目録(愛川町田代 大矢ゑい氏蔵)……334
334 天保十五年十月 地頭山田奉行就任につき用金割付帳(愛川町田代 大矢ゑい氏蔵)……335
335 嘉永元年十月 借用金元利返済休年期延引申渡書(愛川町田代 大矢ゑい氏蔵)……336

336 安政三年十二月 文政元年より先納金調帳(愛川町田代 大矢ゑい氏蔵)……337
337 嘉永四年十二月 田代村年貢皆済目録(愛川町田代 大矢ゑい氏蔵)……338
338 明治元年十月 田代村安政四年より十ヵ年平均年貢高書上帳(愛川町田代 大矢ゑい氏蔵)……340
(2) 長沢氏……342
地頭達書……342
339 文久三年三月 異国船渡来の節地頭家族等川入村へ退去用意一件書(厚木市下川入 佐野博正氏蔵)……342
340 元治元年三月 年号改元につき地頭廻状(厚木市下川入 佐野博正氏蔵)……346
341 元治元年五月 浮浪取締方老中より達につき地頭廻状(厚木市下川入 佐野博正氏蔵)……347
342 慶応三年十二月 川入村名主屋敷田畑年貢免除申渡書(厚木市下川入 佐野博正氏蔵)……348
343 慶応四年 追討軍より尋ねの節返答方心得書(厚木市下川入 佐野博正氏蔵)……349
344 慶応四年 飯山村相給地頭前田氏消息(厚木市下川入 佐野博正氏蔵)……349
知行地と住民……349
345 慶応三年九月 武蔵国多摩郡・相模国愛甲郡郷村高帳(厚木市下川入 佐野博正氏蔵)……349
346 慶応四年九月 川入村高・家数・人数書上帳(厚木市下川入 佐野博正氏蔵)……359
347 天明三年三月 川入村名主苗字帯刀免許状(厚木市下川入 佐野博正氏蔵)……359
348 天明四年一月 相模知行地管掌方委任申渡状(厚木市下川入 佐野博正氏蔵)……360
349 文政十一年七月 中津川普請につき川入村総百姓議定書(厚木市下川入 佐野博正氏蔵)……360
350 天保九年七月 川入村神事・祭礼等倹約方総百姓議定書(厚木市下川入 佐野博正氏蔵)……362
351 万延元年八月 地頭違約につき名主退役願(厚木市下川入 佐野博正氏蔵)……363
352 万延元年八月 近江屋吉娘屋敷奉公給金請取書(厚木市下川入 佐野博正氏蔵)……364

神奈川県史 資料編8 近世（5上）

353 文久元年五月 中津川普請金処分方下知状（厚木市下川入 佐野博正氏蔵）……365
354 慶応三年十二月 荻野山中藩陣屋襲撃注進書（厚木市下川入 佐野博正氏蔵）……365
年貢と財政 ……368
355 安永七年三月 借財済まし方につき地頭礼状（厚木市下川入 佐野博正氏蔵）……368
356 天保十二年十二月 川入村年貢皆済目録（厚木市下川入 佐野博正氏蔵）……369
357 天保十五年九月 先納金仕法につき総知行所請書写（厚木市下川入 佐野博正氏蔵）……370
358 弘化二年十二月 川入村年貢皆済目録（厚木市下川入 佐野博正氏蔵）……376
359 嘉永二年一月 地頭暮方省略仕法定書（厚木市下川入 佐野博正氏蔵）……377
360 嘉永六年六月 異国船渡来につき非常道具書上帳（厚木市下川入 佐野博正氏蔵）……378
361 嘉永六年八月 異国船渡来臨時用金上納下知書（厚木市下川入 佐野博正氏蔵）……380
362 慶応二年十二月 地頭長沢氏勝手賄勘定帳（厚木市下川入 佐野博正氏蔵）……381
363 明治元年十二月 総知行所七ヵ村年貢納目録（厚木市下川入 佐野博正氏蔵）……393

(3) 興津氏 ……395
知行地と住民 ……395
364 文化七年 相模国等総知行所人数帳（茨城県石下町 新井清氏蔵）……395
365 天保十四年十月 相模国愛甲郡等郷村高帳（茨城県石下町 新井清氏蔵）……398
366 文政八年三月 地頭賄方につき総知行所議定書（茨城県石下町 新井清氏蔵）……405
367 天明八年六月 戸室村明細帳（厚木市戸室 霜島三郎氏蔵）……408
368 寛文十二年十一月 戸室村子権現社修理料寄進状（厚木市戸室 霜島三郎氏蔵）……410
369 天保三年五月 屋敷・添地年貢免除につき請書（茨城県石下町 新井清氏蔵）……410
370 安政三年三月 金田村名主等給人次席取立外申渡書（茨城県石下町 新井清氏蔵）……411

年貢と財政 ……411
371 慶安元年九月 戸室村年貢免定（厚木市戸室 霜島三郎氏蔵）……411
372 承応三年十月 戸室村年貢免定（厚木市戸室 霜島三郎氏蔵）……411
373 明暦元年九月 戸室村年貢免定（厚木市戸室 霜島三郎氏蔵）……411
374 万治元年十月 戸室村年貢免定（厚木市戸室 霜島三郎氏蔵）……412
375 寛文三年十月 戸室村年貢取付状写（厚木市戸室 霜島三郎氏蔵）……412
376 寛文十一年十月 戸室村年貢取付状（厚木市戸室 霜島三郎氏蔵）……412
377 延宝六年十月 戸室村年貢取付状（厚木市戸室 霜島三郎氏蔵）……412
378 貞享四年九月 戸室村年貢割付状（厚木市戸室 霜島三郎氏蔵）……413
379 元禄六年二月 元禄五年分戸室村年貢皆済覚（厚木市戸室 霜島三郎氏蔵）……414
380 天保五年八月 地頭家政改革申渡（茨城県石下町 新井清氏蔵）……414
381 天保五年九月 家政改革のため女中減らし方等省略申渡（茨城県石下町 新井清氏蔵）……414
382 天保六年八月 家政改革の節新古過納・先納金書上（茨城県石下町 新井清氏蔵）……415
383 天保八年二月 地頭借財村々請負証文（茨城県石下町 新井清氏蔵）……417
384 安政三年十二月 縁談入用金借入につき下知書（茨城県石下町 新井清氏蔵）……418
385 安政三年十一月 相州知行所年貢米相場申渡書（厚木市戸室 霜島三郎氏蔵）……419
386 安政五年十一月 永世武備非常備金仕法立総知行所請書（茨城県石下町 新井清氏蔵）……420
387 慶応三年三月 総知行所五ヵ年定免請書（茨城県石下町 新井清氏蔵）……423
388 慶応四年六月 知行地上知につき地頭暮方困窮の節賄方等村々議定書（茨城県石下町 新井清氏蔵）……426

(4) 大久保氏 ……429
地頭達書 ……429
389 慶応三年十二月―四年七月 諸賄金上納ならびに地頭家族知行所へ退去等につき達書（厚木市山際 梅沢道二郎氏蔵）……429
知行地と住民 ……436
390 天保三年一月 山際村村高取調書上帳（厚木市山際 梅沢道二郎氏蔵）……436

498　県史誌内容総覧・資料編 1: 近世―関東

神奈川県史 資料編8 近世(5上)

391　享保二年四月 山際村利右衛門分
　　散帳(厚木市山際 梅沢道二郎氏蔵)……436
392　慶応四年五月 要用金調達不能に
　　つき断り状(厚木市山際 梅沢道二郎氏
　　蔵)………………………………………439
393　慶応四年七月 維新変革につき地
　　頭へ見舞金・五ヵ年見届金等約定割
　　合帳(厚木市山際 梅沢道二郎氏蔵)……441
年貢と財政……………………………………444
394　天明五年三月 山際村年貢割付状
　　(厚木市山際 梅沢道二郎氏蔵)……444
395　慶応三年三月 地頭大久保氏暮方
　　月割仕様帳(厚木市山際 梅沢道二郎氏
　　蔵)………………………………………446
396　慶応三年十一月 総知行所年貢勘
　　定帳(厚木市山際 梅沢道二郎氏蔵)……452
(5)　土屋氏………………………………465
地頭達書………………………………………466
397　寛文十年九月 地頭土屋之直法度
　　二十二箇条請書(厚木市温水 山口忠一
　　氏蔵)……………………………………466
知行地と住民…………………………………468
398　正保二年八月 温水村五給高書上
　　(厚木市温水 山口忠一氏蔵)…………468
399　慶応三年五月 相模・上野・上総・
　　下総国郷村高帳(厚木市温水 山口忠一
　　氏蔵)……………………………………469
400　寛永十六年十月 牛馬草飼野につ
　　き浅間山・高坪村訴状(厚木市温水 山
　　口忠一氏蔵)……………………………478
401　宝永六年六月 温水村砂降り困窮
　　につき救助願(厚木市温水 山口忠一氏
　　蔵)………………………………………479
年貢と財政……………………………………481
402　寛永九年八月 温水村内浅間山村
　　元和八年―寛永八年年貢上納高書上
　　(厚木市温水 山口忠一氏蔵)…………481
403　寛永十四年十一月 温水村浅間山
　　年貢皆済状(厚木市温水 山口忠一氏
　　蔵)………………………………………482
404　正保二年十月 温水村浅間山年貢
　　割付状(厚木市温水 山口忠一氏蔵)……483
405　慶安元年十一月 温水村浅間山年
　　貢割付状(厚木市温水 山口忠一氏
　　蔵)………………………………………484
406　慶安二年六月 慶安元年分温水村
　　浅間山年貢皆済目録(厚木市温水 山口
　　忠一氏蔵)………………………………484
407　万治二年九月 万治元年分温水村
　　浅間山年貢皆済目録(厚木市温水 山口
　　忠一氏蔵)………………………………486

408　元禄十一年三月 温水村浅間山
　　五ヵ年定免割付状(厚木市温水 山口忠
　　一氏蔵)…………………………………487
409　宝永五年十月 温水村浅間山年貢
　　割付状(厚木市温水 山口忠一氏蔵)……487
410　宝暦五年三月 温水村浅間山五ヵ
　　年定免割付状(厚木市温水 山口忠一氏
　　蔵)………………………………………488
411　寛政六年三月 温水村浅間山年貢
　　割付状(厚木市温水 山口忠一氏蔵)……489
412　文政十年間六月 土屋氏勝手向改
　　方につき地頭方議定書(厚木市温水 山
　　口忠一氏蔵)……………………………490
413　天保四年二月 地頭勝手向改めに
　　つき総知行所願書(厚木市温水 山口忠
　　一氏蔵)…………………………………491
414　天保四年十二月 江戸若狭屋より
　　月割金借用につき下知書(厚木市温水
　　山口忠一氏蔵)…………………………492
415　天保六年三月 温水村浅間山五ヵ
　　年定免割付状(厚木市温水 山口忠一氏
　　蔵)………………………………………494
416　慶応二年三月 慶応元年分温水村
　　浅間山年貢皆済状(厚木市温水 山口忠
　　一氏蔵)…………………………………494
(6)　渡辺氏………………………………495
地頭達書………………………………………495
417　貞享四年十二月 地頭より生類憐
　　み達につき請書(厚木市温水 奥田隆司
　　氏蔵)……………………………………495
418　元禄九年九月 地頭より酒造・大
　　酒禁止達につき請書(厚木市温水 奥田
　　隆司氏蔵)………………………………496
419　元禄十五年十二月 地頭より博奕
　　禁止達につき総百姓連判請書(厚木市
　　温水 奥田隆司氏蔵)…………………496
420　文政三年十二月 温水村伊兵衛へ
　　坪屋敷給与下知書(厚木市温水 吉岡一
　　治氏蔵)…………………………………497
421　文政九年十二月 五ヵ年間作り取
　　下知書(厚木市温水 吉岡一治氏蔵)…497
422　文政十一年二月 村内不取締りに
　　つき庄左衛門へ過料下知書(厚木市温
　　水 吉岡一治氏蔵)……………………497
423　文政十二年十一月 温水村伊平治
　　へ一人扶持給与下知書(厚木市温水 吉
　　岡一治氏蔵)……………………………498
知行地と住民…………………………………498
424　宝永五年閏一月 温水村高反別家
　　数書上帳(厚木市温水 奥田隆司氏
　　蔵)………………………………………498

県史誌内容総覧・資料編 1: 近世―関東　　499

神奈川県史 資料編8 近世(5上)

425 元禄十年二月 温水村地頭三浦氏分の百姓が地頭渡辺氏分へ引越につき口書(厚木市温水 奥田隆司氏蔵)…503
年貢と財政 …504
426 寛文二年十一月 温水村年貢割付状(厚木市温水 奥田隆司氏蔵)………504
427 天和三年十一月 温水村五ヵ年定免割付状(厚木市温水 奥田隆司氏蔵)……504
428 元禄十年二月 温水村年貢請合書(厚木市温水 奥田隆司氏蔵)……505
429 天明八年三月 天明六・七年分温水村年貢皆済目録(厚木市温水 奥田隆司氏蔵)………505
(7) 木村氏 …509
430 天保十一年三月 大住郡須賀村次郎右衛門船難船書上(厚木市温水 長田長利氏蔵)………510
431 嘉永二年閏四月 地頭勝手賄方達書(厚木市温水 長田長利氏蔵)…511
432 嘉永七年十月 嘉永六年分高坪村年貢皆済目録(厚木市温水 長田長利氏蔵)………514
433 明治五年八月 嘉永五年より二十ヵ年温水村年貢書上帳(厚木市温水 長田長利氏蔵)……516
(8) 小河氏 …518
地頭小河氏 …519
434 文化五年 小河惣左衛門益利遺言状(厚木市金田 小河孝雄氏蔵)……519
地頭達書 …520
435 万延二年一月 万延二年一月より元治元年十一月まで達書・知行所願書(厚木市金田 小河孝雄氏蔵)………520
知行地と住民 …528
436 享和元年 愛甲郡・大住郡郷村高帳(厚木市金田 小河孝雄氏蔵)……528
437 嘉永五年 愛甲郡・大住郡総知行所人数帳(厚木市金田 小河孝雄氏蔵)………529
438 安永五年二月 金田村御菜鮎献上赦免願(厚木市金田 小河孝雄氏蔵)…530
439 文政十年五月 金田村より江戸奉公人書上(厚木市金田 小河孝雄氏蔵)………531
年貢と財政 …532
440 天保十四年十二月 馬喰町貸付会所金借用証(厚木市金田 小河孝雄氏蔵)………532
441 弘化三年十月 総知行所物成凡見積勘定帳(厚木市金田 小河孝雄氏蔵)………533

442 安政六年十一月 水損につき総知行地年貢差引申渡請書(厚木市金田 小河孝雄氏蔵)……536
443 慶応二年八月 総知行所夫役金上納書(厚木市金田 小河孝雄氏蔵)…537
444 慶応二年十一月 総知行所年貢米相場申渡請書(厚木市金田 小河孝雄氏蔵)………537
445 慶応二年十一月 先納金差下請書(厚木市金田 小河孝雄氏蔵)………538
446 慶応三年十一月 総知行所年貢米相場申渡請書(厚木市金田 小河孝雄氏蔵)………538
447 慶応三年十二月 年貢米相場下値難渋につき金子拝領請書(厚木市金田 小河孝雄氏蔵)………539
(9) 妻木氏 …539
地頭妻木氏 …539
448 文久二年十二月 地頭妻木氏家政改革箇条書(厚木市小野 小瀬村正夫氏蔵)………539
449 慶応四年三月 妻木氏本領安堵奏聞につき東山道総督府達書(厚木市小野 小瀬村正夫氏蔵)……541
450 慶応四年三月 妻木氏美濃国移住につき達書(厚木市小野 小瀬村正夫氏蔵)………541
知行地と住民 …542
451 元禄七年四月 小野村猪狼田畑荒につき鉄砲拝借証文(厚木市小野 小瀬村正夫氏蔵)……542
452 元禄十六年一月 小野村たばこ作り改帳(厚木市小野 小瀬村正夫氏蔵)………542
453 宝永七年十二月 砂降り後小野村百姓困窮につき救助願(厚木市小野 小瀬村正夫氏蔵)………545
454 正徳三年三月 小野村年貢不納・隠田一件証文(厚木市小野 小瀬村正夫氏蔵)………546
455 宝暦十二年三月 江戸商人と争論の節小野村返答書(厚木市小野 小瀬村正夫氏蔵)………548
年貢と財政 …549
456 天和二年十月 小野村年貢免定(厚木市小野 小瀬村正夫氏蔵)………549
457 元禄十四年八月 元禄十三年分小野村年貢皆済目録(厚木市小野 小瀬村正夫氏蔵)………550
458 宝永五年十月 小野村年貢免定(厚木市小野 小瀬村正夫氏蔵)………554

500　県史誌内容総覧・資料編 1: 近世—関東

459　元治元年三月　総知行所物成代金
　　　　見積上納取調帳(厚木市小野　小瀬村正
　　　　夫氏蔵)……………………………556
　(10)　長坂氏 …………………………557
　知行地と住民 ……………………………558
　　460　宝暦十一年七月　恩名村長坂分明
　　　　細帳(厚木市恩名　和田傳氏蔵)……558
　　461　明和三年　恩名村新古役高書上
　　　　(厚木市恩名　和田傳氏蔵)……………560
　　462　寛文七年閏二月　大山初穂米不納
　　　　一件請書(厚木市恩名　和田傳氏蔵)…561
　　463　宝永五年五月　恩名村降り砂取除
　　　　改帳(厚木市恩名　和田傳氏蔵)………562
　　464　明和三年　恩名村長坂領分掟書
　　　　(厚木市恩名　和田傳氏蔵)……………567
　　465　文化六年二月　恩名村総百姓取極
　　　　連印帳(厚木市恩名　和田傳氏蔵)……569
　年貢 ………………………………………570
　　466　寛文七年閏二月　恩名村大山初穂
　　　　米割付覚(厚木市恩名　和田傳氏蔵)…570
　　467　寛文八年七月　寛文七年分恩名村
　　　　年貢請取状(厚木市恩名　和田傳氏
　　　　蔵)………………………………………570
　　468　寛文九年十月　竹三千本上納達書
　　　　(厚木市恩名　和田傳氏蔵)……………571
　　469　貞享二年二月　延宝二年より五ヵ
　　　　年分恩名村年貢請取状(厚木市恩名　和
　　　　田傳氏蔵)………………………………571
　　470　享保十九年九月　恩名村五ヵ年定
　　　　免申渡状(厚木市恩名　和田傳氏蔵)…572
　　471　宝暦三年四月　恩名村先納金請
　　　　状(厚木市恩名　和田傳氏蔵)…………572
　　472　明和八年十月　恩名村田畑位下げ
　　　　申渡状(厚木市恩名　和田傳氏蔵)……573
　　473　文化九年十二月　恩名村困窮につ
　　　　き十ヵ年納方取極連印状(厚木市恩名
　　　　和田傳氏蔵)……………………………573

4　高座郡 …………………………………575
　<写>寛永5年　羽鳥村総百姓訴状(藤沢市羽
　鳥　三觜勝彦氏蔵)………………………575
　解説 ………………………………………576
　(1)　松平氏 …………………………577
　地頭達書 …………………………………577
　　474　慶応二年七月　一之宮村入沢新太
　　　　郎近習格申付(寒川町一之宮　入沢章氏
　　　　蔵)………………………………………577
　　475　元禄十一年八月　地頭法度申渡に
　　　　つき大住郡落幡村請書(秦野市鶴巻　関
　　　　野三寿氏蔵)……………………………577
　　476　文化元年三月　苗字帯刀御免の節
　　　　冥加金上納につき地頭家臣書状(秦
　　　　野市鶴巻　関野三寿氏蔵)……………578

　知行地と住民 ……………………………578
　　477　享保十二年十月　一之宮村入沢氏
　　　　跡式請取証文(寒川町一之宮　入沢章氏
　　　　蔵)………………………………………578
　　478　寛延元年七月　郡役等請負銭請取
　　　　覚(寒川町一之宮　入沢章氏蔵)………580
　　479　文政八年一天保八年　諸物価書上
　　　　(寒川町一之宮　入沢章氏蔵)…………580
　　480　天保十四年六月　高座郡一之宮組
　　　　合二十七ヵ村農間商人名前書上帳
　　　　(寒川町一之宮　入沢章氏蔵)…………588
　　481　元禄十一年七月　大住郡落幡村分
　　　　郷につき請書(秦野市鶴巻　関野三寿氏
　　　　蔵)………………………………………603
　　482　元禄十二年　地頭要用金賄方一件
　　　　書(秦野市鶴巻　関野三寿氏蔵)………604
　　483　享和三年九月　落幡村年貢直納出
　　　　入一件書(秦野市鶴巻　関野三寿氏
　　　　蔵)………………………………………605
　　484　慶応元年五月　落幡村困窮村柄注
　　　　進書(秦野市鶴巻　関野三寿氏蔵)……608
　(2)　石川氏 …………………………609
　知行地と住民 ……………………………609
　　485　宝永三年一七年　石川盛行知行地
　　　　拝領控書(大和市大和東　近藤好一氏
　　　　蔵)………………………………………609
　　486　慶応元年十一月　新蓼川村高家数
　　　　人別書上帳(大和市大和東　近藤好一氏
　　　　蔵)………………………………………613
　　487　慶応三年二月　蓼川村倹約議定連
　　　　印証文(大和市大和東　近藤好一氏
　　　　蔵)………………………………………614
　　488　慶応三年三月　蓼川村米・雑穀持
　　　　高書上帳(大和市大和東　近藤好一氏
　　　　蔵)………………………………………615
　　489　文久二年十月　鎌倉郡上飯田村
　　　　高・家数・人別書上帳(横浜市戸塚区
　　　　上飯田　飯島二郎氏蔵)………………619
　　490　享保十五年一月　買地・金銀貸借
　　　　令につき村方騒動一件書(座間市栗原
　　　　大矢純一氏蔵)…………………………620
　年貢と財政 ………………………………621
　　491　正徳五年　蓼川村年貢割付状(大和
　　　　市大和東　近藤好一氏蔵)……………621
　　492　宝暦三年十月　蓼川村年貢割付状
　　　　(大和市大和東　近藤好一氏蔵)………622
　　493　慶応三年六月　総知行所五ヵ村
　　　　十ヵ年貢収納取調帳(大和市大和東
　　　　近藤好一氏蔵)…………………………623
　　494　慶応三年　地頭賄方年内勘定帳
　　　　(大和市大和東　近藤好一氏蔵)………628
　(3)　山田氏 …………………………630
　知行地と住民 ……………………………631

神奈川県史 資料編8 近世(5上)

495 文化十三年三月 栗原村明細帳（座間市栗原 大矢純一氏蔵）………631
496 宝永四年十二月 栗原村三給分郷につき請書（座間市栗原 大矢純一氏蔵）………632
497 正徳三年六月 田地付き野林出入一件書（座間市栗原 大矢純一氏蔵）…633
498 享保三年四月 伝兵衛閉門赦免につき請状（座間市栗原 大矢純一氏蔵）………636
499 享保十九年三月 栗原村善八家財田畑麦作帳（座間市栗原 大矢純一氏蔵）………636
500 明和四年二月 栗原村困窮につき扶食拝領願（座間市栗原 大矢純一氏蔵）………642
501 文化十五年四月 栗原村三給合同議定書（座間市栗原 大矢純一氏蔵）…645
502 文政九年十月 水車騒音につき喧嘩示談書（座間市栗原 大矢純一氏蔵）………646
503 明治二年十一月 寄合除外につき相給組頭詫書（座間市栗原 大矢純一氏蔵）………646
504 宝暦十一年十月 愛甲郡飯山村寄役任命請書（座間市栗原 大矢純一氏蔵）………647
年貢と財政………648
505 正徳四年十二月 検見と相違の割付につき総百姓の訴訟により用捨一件書（座間市栗原 大矢純一氏蔵）……648
506 享保五年二月 享保四年分栗原村年貢皆済目録（座間市栗原 大矢純一氏蔵）………649
507 享保十二年二月 栗原村年貢米売払証文（座間市栗原 大矢純一氏蔵）…649
508 延享二年九月 定免切替期に一割増税要求に対する減免請願書（座間市栗原 大矢純一氏蔵）………650
509 宝暦十年十二月 知行所三ヵ村年貢米仕切相場下知書（座間市栗原 大矢純一氏蔵）………651
510 宝暦十一年八月 定免切替期に畑年貢五分増申渡の節栗原村請書（座間市栗原 大矢純一氏蔵）………651
511 享保十二年十二月 愛甲郡飯山村年貢皆済証文（座間市栗原 大矢純一氏蔵）………653
512 天保十四年十一月 飯山村年貢米仕切相場下知書（厚木市飯山 川田彦次氏蔵）………654

513 弘化元年十二月 地頭窮乏につき用金百両上納依頼下知書（厚木市飯山 川田彦次氏蔵）………654
514 弘化二年二月 地頭勝手向世話方実家近藤氏へ依頼につき下知書（厚木市飯山 川田彦次氏蔵）………655
515 弘化二年十月 飯山村年貢米仕切相場下知書（厚木市飯山 川田彦次氏蔵）………656
516 弘化三年二月 飯山村年貢栗原村弥市へ直納下知書（厚木市飯山 川田彦次氏蔵）………656
(4) 秋元氏………657
地頭達書………657
517 文化十四年十一月 地頭秋元氏申渡七箇条（海老名市中新田 今福祥氏蔵）………657
518 辰二月 中新田村今福武兵衛給人格申付書（海老名市中新田 今福祥氏蔵）………658
知行地と住民………658
519 天明八年六月 上郷村明細帳（海老名市上郷 鍵渡嘉正氏蔵）………658
520 文政十年十二月 中新田村農間渡世名前取調帳（海老名市中新田 今福祥氏蔵）………661
521 天保七年 中新田村困窮人書上帳（海老名市中新田 今福祥氏蔵）………663
522 嘉永五年十月 上郷村助郷免除願（海老名市上郷 鍵渡嘉正氏蔵）………668
年貢と財政………669
523 天保七年 中新田村十ヵ年定免割付状（海老名市中新田 今福祥氏蔵）…669
524 天保十三年八月 中新田村等の村民ら五街道宿駅助郷救助金上納請書（海老名市中新田 今福祥氏蔵）………672
525 安政三年二月 安政二年分中新田村年貢勘定帳（海老名市中新田 今福祥氏蔵）………674
526 安政四年十一月 地頭秋元氏家政改革につき仕法書（海老名市中新田 今福祥氏蔵）………676
(5) 半井氏………681
地頭達書………681
527 文政十一年三月 地頭半井氏四十九箇条定書（海老名市本郷 橋本尚夫氏蔵）………681
知行地と住民………686
528 寛永九年より 恩馬村役人代々取調帳（海老名市本郷 橋本尚夫氏蔵）…686
529 慶応三年九月 大仏殿修理貸付金借用証文（綾瀬町深谷 比留川昭彦氏蔵）………690

年貢と財政 ……………………………691
　530　寛永九年十二月 恩馬村年貢割付
　　状(海老名市本郷 橋本尚夫氏蔵)……691
　531　宝永六年十月 恩馬村年貢割付状
　　(海老名市本郷 橋本尚夫氏蔵)………691
　532　文政七年五月 地頭へ用立金取調
　　書(海老名市本郷 橋本尚夫氏蔵)……693
　533　天明七年十一月 恩馬村年貢割付
　　状(海老名市本郷 橋本尚夫氏蔵)……694
(6) 中根氏 ………………………………696
　知行地と住民 ………………………………697
　534　文政七年九月 福田村明細帳(大和
　　市福田 関水正夫氏蔵)………………697
　535　宝暦四年二月 福田村役人古役覚
　　帳(大和市福田 関水正夫氏蔵)………701
　536　天保六年四月 大住郡上糟屋村明
　　細帳(伊勢原市上糟屋 山口一夫氏
　　蔵)…………………………………………702
　537　慶応元年十一月 上糟屋村小作議
　　定書(伊勢原市上糟屋 山口一夫氏
　　蔵)…………………………………………711
　538　卯二月 上糟屋村役人交替下知書
　　(伊勢原市上糟屋 山口一夫氏蔵)……712
　年貢と財政 ……………………………………712
　539　宝永三年九月 宝永二年分福田村
　　年貢皆済目録(大和市福田 関水正夫氏
　　蔵)…………………………………………712
　540　享保三年九月 相模国内知行所物
　　成上納諸色御用覚帳(大和市福田 関水
　　正夫氏蔵)………………………………713
　541　文化十年十二月 福田村年貢皆済
　　目録(大和市福田 関水正夫氏蔵)……716
　542　文政十一年七月 年貢納方日限議
　　定連印帳(大和市福田 山下盛一氏
　　蔵)…………………………………………717
　543　明治二年一月 慶応三年福田村収
　　納その外仕訳書(大和市福田 関水正夫
　　氏蔵)………………………………………718
　544　明治二年五月 戸塚組合の内十
　　三ヵ村畑年貢石代納願書(大和市福田
　　関水正夫氏蔵)…………………………719
　545　宝永六年十月 宝永五年分大住郡
　　上糟屋村年貢皆済目録(伊勢原市上糟
　　谷 山口一夫氏蔵)………………………721
　546　天保十三年十二月 上糟屋村年貢
　　皆済目録(伊勢原市上糟屋 山口一夫氏蔵)……722
　547　慶応三年十二月 上糟屋村年貢皆
　　済目録(伊勢原市上糟屋 山口一夫氏
　　蔵)…………………………………………723
(7) 坂本氏 ………………………………724
　坂本本家 ………………………………………724
　548　元禄六年九月 元禄五年分深見村
　　年貢皆済目録(大和市深見 冨沢晴雄氏
　　蔵)…………………………………………724
　549　万延二年一月 地頭坂本氏暮方入
　　用覚(大和市深見 冨沢晴雄氏蔵)……725
　550　文久二年十月 深見村高・家数・
　　人別書上帳(大和市深見 冨沢晴雄氏
　　蔵)…………………………………………729
　551　元治元年二月・七月 諸調達金村
　　割(大和市深見 冨沢晴雄氏蔵)………730
　552　元治元年一月より 年始祝儀献
　　上・諸調達金上納等覚書(大和市深見
　　冨沢晴雄氏蔵)…………………………731
　553　明治二年一月 慶応三年分深見村
　　年貢仕訳書(大和市深見 冨沢晴雄氏
　　蔵)…………………………………………734
　554　慶応四年 村方ならびに地頭消息
　　等書留(大和市深見 冨沢晴雄氏蔵)…735
　坂本分家 ………………………………………739
　555　天和三年十月 深見村・草柳村年
　　貢割付状(大和市深見 小林博昭氏
　　蔵)…………………………………………739
　556　文政三年七月 地頭用人給金引当
　　として金子借用状(大和市深見 中丸要
　　氏蔵)………………………………………739
　557　天保十二年一月 地頭坂本氏月割
　　先納暮方賄帳(大和市深見 中丸要氏
　　蔵)…………………………………………740
　558　文久三年十二月 深見村年貢皆済
　　勘定目録(大和市深見 青木克喜氏
　　蔵)…………………………………………742
(8) 藤沢氏 ………………………………745
　知行地と住民 ………………………………746
　559　宝永六年九月 上相原村高反別差
　　出帳(相模原市相原 小川忠良氏蔵)…746
　560　天保十四年六月 津久井県上・下
　　川尻村農間渡世名前書上帳(城山町上
　　川尻 八木喜枝子氏蔵)…………………747
　561　天保三年三月より 地頭用人弾劾
　　一件書(相模原市相原 小星利治氏
　　蔵)…………………………………………749
　562　嘉永六年八月 上相原村忠右衛門
　　代官割元就任につき献上祝儀覚(相
　　模原市相原 小川忠良氏蔵)……………753
　563　元治元年十一月 津久井県上川尻
　　村非常の節手筈覚(城山町上川尻 八木
　　喜枝子氏蔵)……………………………754
　564　慶応三年一月 総知行所違作につ
　　き救助願(相模原市相原 小川忠良氏
　　蔵)…………………………………………760
　年貢と財政 ……………………………………761

県史誌内容総覧・資料編 1: 近世—関東　503

565　正徳四年九月　正徳三年分上相原村年貢皆済目録（相模原市相原　吉川総一郎氏蔵）……761
566　文政七年十月　上相原村年貢割付状（相模原市相原　小川忠良氏蔵）……762
567　嘉永七年三月　知行地名主上申の地頭暮向省略仕法採用につき申渡（相模原市相原　小川忠良氏蔵）……763
568　安政三年一月　地頭死去につき葬式入用等上納申渡（相模原市相原　小川忠良氏蔵）……764
569　安政四年一月　地頭暮方省略仕法覚帳（相模原市相原　小川忠良氏蔵）……764
570　慶応元年十二月　上相原村年貢皆済目録（相模原市相原　小川忠良氏蔵）……769
（9）　石井氏……771
知行地と住民……771
571　元禄十一年八月　上溝村明細帳（相模原市上溝　小山栄一氏蔵）……771
572　元禄十一年八月　上溝村分郷百姓高反別帳（相模原市上溝　小山栄一氏蔵）……774
573　嘉永六年十一月　異国船渡来の節地頭家族橋本村へ退去等につき申渡（相模原市上溝　小山栄一氏蔵）……775
年貢と財政……776
574　文政十年一月　先納金無利足年賦申渡（相模原市上溝　小山栄一氏蔵）……776
575　天保八年七月　地頭大坂目付代就任につき要用金借用証（相模原市上溝　小山栄一氏蔵）……776
576　天保十三年十一月　上溝村七ヵ年定免割付状（相模原市上溝　小山栄一氏蔵）……777
577　天保十四年十二月　上溝村年貢米の地払申渡（相模原市上溝　小山栄一氏蔵）……778
578　安政五年三月　地頭代替につき高割金上納下知書（相模原市上溝　小山栄一氏蔵）……778
579　安政六年一月　地頭仕法替につき用金上納下知書（相模原市上溝　小山栄一氏蔵）……779
580　慶応元年五月　将軍進発供奉につき用金上納下知書（相模原市上溝　小山栄一氏蔵）……779
581　慶応三年一月　軍役夫人代金上納申渡（相模原市上溝　小山栄一氏蔵）……780
582　慶応三年十二月　上溝村年貢皆済目録（相模原市上溝　小山栄一氏蔵）……780
583　慶応四年一月　軍役金上納下知書（相模原市上溝　小山栄一氏蔵）……782

（10）　佐野氏……782
地頭達書……783
584　慶応四年五月　太政官布達につき地頭達書（相模原市上溝　佐藤條次氏蔵）……783
585　慶応四年六月　朝廷より本領安堵申渡につき知行地へ下知書（相模原市上溝　佐藤條次氏蔵）……783
586　慶応元年六月　佐野氏朝臣として上京につき村役人出府下知書（相模原市上溝　佐藤條次氏蔵）……783
587　慶応四年七月　佐野氏本領安堵後上京要用金上納下知書（相模原市上溝　佐藤條次氏蔵）……784
588　慶応四年　本領安堵祝儀酒代知行地へ渡方下知書（相模原市上溝　佐藤條次氏蔵）……785
知行地と住民……785
589　寛政元年十二月　丹波・相模・下総・常陸国内郷村高帳（茨城県石下町　新井清氏蔵）……785
590　安政二年三月　総知行所より地頭家政改革要求願（相模原市上溝　佐藤條次氏蔵）……788
591　文久元年六月　上溝村組頭入牢家財没収達書（相模原市上溝　佐藤條次氏蔵）……789
年貢……790
592　嘉永六年十二月　上溝村年貢皆済目録（相模原市上溝　佐藤條次氏蔵）……790
593　文久三年十月　上溝村年貢割付状（相模原市上溝　佐藤條次氏蔵）……791
594　慶応元年七月　越中島調練入用金等上納下知書（相模原市上溝　佐藤條次氏蔵）……793
595　慶応二年十一月　軍役金上納下知書（相模原市上溝　佐藤條次氏蔵）……793
（11）　戸川氏……794
知行地と住民……794
596　文政七年九月　柳島村明細帳（茅ヶ崎市柳島　藤間雄蔵氏蔵）……794
597　天保九年一月　柳島村穀仲間議定証文帳（茅ヶ崎市柳島　藤間雄蔵氏蔵）……800
598　慶応三年一月　柳島村倹約方申合につき小前連印帳（茅ヶ崎市柳島　藤間雄蔵氏蔵）……801
財政……803
599　文政八年三月　地頭暮方倹約仕法議定書（茅ヶ崎市柳島　藤間雄蔵氏蔵）……803

神奈川県史 資料編8 近世(5上)

　600　文政八年四月 倹約年限中関東知行地へ上納金割付（茅ケ崎市柳島 藤間雄蔵氏蔵）……………804
（12）八屋氏 ……………………………806
　知行地と住民 ……………………………806
　601　元和八年五月 にいの原草刈場につき羽鳥村訴状（藤沢市羽鳥 三觜博氏蔵）……………………………………806
　602　寛永五年十一月 羽鳥村総百姓年貢減免等訴状（藤沢市羽鳥 三觜博氏蔵）……………………………………807
　603　寛永十二年四月 羽鳥村名主・小前田地出入訴状（藤沢市羽鳥 三觜博氏蔵）……………………………………808
　604　寛永十二年四月 羽鳥村田地出入につき名主返答書（藤沢市羽鳥 三觜博氏蔵）……………………………………809
　年貢 ………………………………………809
　605　元和四年三月 元和三年分羽鳥村年貢皆済手形（藤沢市羽鳥 三觜博氏蔵）……………………………………809
　606　元和七年二月 元和六年分香川村年貢皆済手形（藤沢市羽鳥 三觜博氏蔵）……………………………………810
　607　寛永元年四月 元和九年分羽鳥村年貢皆済手形（藤沢市羽鳥 三觜博氏蔵）……………………………………810
　608　寛永四年三月 寛永三年分羽鳥村年貢皆済手形（藤沢市羽鳥 三觜博氏蔵）……………………………………810
（13）小笠原氏 ……………………………811
　知行地と住民 ……………………………811
　609　文政七年九月 羽鳥村明細帳（藤沢市羽鳥 三觜博氏蔵）…………811
　610　文政十三年八月 大庭村名主狼藉につき羽鳥村名主訴状（藤沢市羽鳥 三觜博氏蔵）……………813
　611　安政四年十二月 羽鳥村名主・小前出入一件（藤沢市羽鳥 三觜博氏蔵）……………………………………815
　612　丑一月 名主三觜氏中小姓格任命状（藤沢市羽鳥 三觜博氏蔵）……816
　年貢 ………………………………………816
　613　文化八年十二月 羽鳥村・大庭村石代納願書（藤沢市羽鳥 三觜博氏蔵）……………………………………816
　614　文化八年十二月 羽鳥村年貢皆済目録（藤沢市羽鳥 三觜博氏蔵）…817
　615　文化九年十二月 羽鳥村年貢皆済目録（藤沢市羽鳥 三觜博氏蔵）…818
　616　文政元年十月 羽鳥村七ヵ年定免割付状（藤沢市羽鳥 三觜博氏蔵）…819

　617　文政二年一月 先納金上納につき総百姓依頼証文（藤沢市羽鳥 三觜博氏蔵）……………………………………821
　618　文久三年一月 地頭へ年始祝儀等献上につき総知行所入用割合帳（藤沢市羽鳥 三觜博氏蔵）………821
（14）山岡氏 ………………………………824
　619　享保七年三月 佐渡奉行就任の節三百両拝借証（東京都目黒区下目黒 山岡知博氏蔵）………………………………824
　620　嘉永六年 相模・下総・常陸国郷村高帳（東京都目黒区下目黒 山岡知博氏蔵）………………………………825
　621　明治元年十一月 弁官達書（東京都目黒区下目黒 山岡知博氏蔵）…826
　622　明治二年十月 元知行所五ヵ年平均収納取調帳（東京都目黒区下目黒 山岡知博氏蔵）………………826
　623　明治三年九月 旧臣岡田鼎高座郡中島村へ帰農届（東京都目黒区下目黒 山岡知博氏蔵）………………827
　624　明治三年十月 旧臣平野郡東京上野へ帰商届（東京都目黒区下目黒 山岡知博氏蔵）……………………828
（15）その外 ………………………………828
　625　元禄十六年 高座郡御用役高帳（海老名市下今泉 塩脇治善氏蔵）……828
　626　安政三年二月 新田宿村波多野新作道中日記（座間市新田宿 波多野脩氏蔵）……………………………………832

5　鎌倉郡 ……………………………………837
＜写＞手広村旧名主内海家長屋門（鎌倉市手広 内海賢弌邸）………………………837
解説 …………………………………………839
（1）新見氏 ………………………………839
　地頭達書 …………………………………839
　627　天保九年十月 品濃村・前山田村兼帯名主任命状（横浜市戸塚区品濃 長谷川昭一氏蔵）………………839
　628　天保十二年十一月 名主長次郎給米加増苗字帯刀免許申渡（横浜市戸塚区品濃 長谷川昭一氏蔵）……839
　629　弘化三年五月 七郎右衛門へ生涯手当扶持申渡（横浜市戸塚区品濃 長谷川昭一氏蔵）…………………840
　630　元治元年六月 地頭上洛中江戸屋敷詰の者へ酒料差下（横浜市戸塚区品濃 長谷川昭一氏蔵）……………840
　上知令 ……………………………………841
　631　天保十四年六月 新見正路鎌倉郡知行所上知の老中申渡書（横浜市戸塚区品濃 長谷川昭一氏蔵）……841

県史誌内容総覧・資料編1：近世―関東　505

632　天保十四年六月 品濃村上知につき地頭用人通達状(横浜市戸塚区品濃 長谷川昭一氏蔵)…841
633　天保十四年六月 品濃村上知につき地頭申渡書(横浜市戸塚区品濃 長谷川昭一氏蔵)…842
634　天保十四年九月 上知中止につき地頭達書(横浜市戸塚区品濃 長谷川昭一氏蔵)…842
635　天保十四年九月 上知中止につき地頭より祝儀下賜申渡書(横浜市戸塚区品濃 長谷川昭一氏蔵)…843
地行地と住民…843
636　天保八年十二月 地頭所普請金借用証(横浜市戸塚区品濃 長谷川昭一氏蔵)…843
637　天保十三年九月 品濃村商人書上(横浜市戸塚区品濃 長谷川昭一氏蔵)…844
638　嘉永三年三月 地頭および村方救難等のため桐の木植付につき議定(横浜市戸塚区品濃 長谷川昭一氏蔵)…845
年貢と財政…848
639　寛文十年十一月 総知行所年貢割付(横浜市戸塚区品濃 長谷川昭一氏蔵)…848
640　天保十三年三月 天保十二年分品濃村年貢皆済目録(横浜市戸塚区品濃 長谷川昭一氏蔵)…851
641　天保十三年三月 天保十二年分前山田村年貢皆済目録(横浜市戸塚区品濃 長谷川昭一氏蔵)…854
642　天保十四年十二月 地頭勝手向仕法替につき申渡書(横浜市戸塚区品濃 長谷川昭一氏蔵)…855
643　弘化元年十二月 品濃村より上納の松薪受納書(横浜市戸塚区品濃 長谷川昭一氏蔵)…856
644　弘化三年六月 品濃村名主より増年貢上納につき受納書(横浜市戸塚区品濃 長谷川昭一氏蔵)…857
645　嘉永五年十二月 品濃村年貢皆済目録(横浜市戸塚区品濃 長谷川昭一氏蔵)…857
646　嘉永五年十二月 前山田村年貢皆済目録(横浜市戸塚区品濃 長谷川昭一氏蔵)…858
(2)　大岡氏…859
知行地と住民…859
647　天保十四年八月 手広村明細帳(鎌倉市手広 内海賢弐氏蔵)…859
648　天保十四年八月 手広村上知につき申送り書(鎌倉市手広 内海賢弐氏蔵)…862
649　正保二年十月 手広村田畑差出(鎌倉市手広 内海賢弐氏蔵)…865
650　延宝六年二月 手広村家別人数高反別牛馬数書上帳(鎌倉市手広 内海賢弐氏蔵)…866
651　延宝六年十一月 手広村検地日記覚(鎌倉市手広 内海賢弐氏蔵)…879
652　元禄八年九月 威鉄砲拝借証文(鎌倉市手広 内海賢弐氏蔵)…880
653　延享四年二月 名主・組頭役儀不正につき百姓代訴状(鎌倉市手広 内海賢弐氏蔵)…881
654　文化元年五月 長命奇特者表彰(鎌倉市手広 内海賢弐氏蔵)…882
年貢…882
655　寛永元年十月 元和九年分手広村年貢皆済状(藤沢市羽鳥 三觜博氏蔵)…882
656　寛文九年十月 手広村年貢割付状(鎌倉市手広 内海賢弐氏蔵)…883
657　寛文十二年十月 手広村年貢割付状(鎌倉市手広 内海賢弐氏蔵)…883
(3)　長田氏…884
知行地と住民…884
658　天保十四年九月 瀬谷村郷村高帳(横浜市瀬谷区上瀬谷 岩崎肇氏蔵)…884
659　文久三年八月 瀬谷村分給高・家数・人別・質地値段等書上帳(横浜市瀬谷区上瀬谷 岩崎肇氏蔵)…886
年貢と財政…888
660　文化四年十月 瀬谷村年貢割付状(横浜市瀬谷区上瀬谷 岩崎肇氏蔵)…888
661　天保七年 地頭暮方月割金上納調帳(横浜市瀬谷区上瀬谷 岩崎肇氏蔵)…890
662　天保十五年三月 地頭家政改革につき村方総代頼議定書(横浜市瀬谷区上瀬谷 岩崎肇氏蔵)…896
663　天保十五年十二月 馬喰町貸付会所貸付金地頭借用証(横浜市瀬谷区上瀬谷 岩崎肇氏蔵)…896
664　弘化二年二月 馬喰町貸付金借用の節地頭より申渡覚(横浜市瀬谷区上瀬谷 岩崎肇氏蔵)…898
665　弘化二年十月 高座郡葛原村へ七ヵ年倹約申渡(横浜市瀬谷区上瀬谷 岩崎肇氏蔵)…899
666　弘化三年三月 地頭賦課物の用捨願につき村方規定書(横浜市瀬谷区上瀬谷 岩崎肇氏蔵)…901

神奈川県史 資料編8 近世(5上)

　　667　安政五年一月　瀬谷村・高座郡葛
　　　　原村先納金割付(横浜市瀬谷区上瀬谷
　　　　岩崎肇氏蔵)……………………………902
　　668　文久三年十二月　瀬谷村年貢勘定
　　　　目録帳(横浜市瀬谷区上瀬谷　岩崎肇氏
　　　　蔵)………………………………………904
　(4)　松前氏 ……………………………………906
　　知行地と住民 ………………………………906
　　669　享保十七年六月　小袋谷村・台村
　　　　用水出入済口証文(鎌倉市小袋谷　平井
　　　　恒太郎氏蔵)……………………………907
　　670　文政十一年九月　地頭所用向取扱
　　　　等につき申渡(鎌倉市小袋谷　平井恒太
　　　　郎氏蔵)…………………………………908
　　671　天保三年九月　地頭家臣相続講に
　　　　つき申渡(鎌倉市小袋谷　平井恒太郎氏
　　　　蔵)………………………………………909
　　672　天保八年九月　小袋谷村名主仙右
　　　　衛門分散帳(鎌倉市小袋谷　平井恒太郎
　　　　氏蔵)……………………………………910
　　年貢と財政 …………………………………912
　　673　元禄十三年十月　小袋谷村年貢割
　　　　付状(鎌倉市小袋谷　平井恒太郎氏
　　　　蔵)………………………………………912
　　674　享保七年十月　小袋谷村年貢割付
　　　　状(鎌倉市小袋谷　平井恒太郎氏蔵)…914
　　675　宝暦元年十一月　小袋谷村年貢割
　　　　付状(鎌倉市小袋谷　平井恒太郎氏
　　　　蔵)………………………………………915
　　676　文化五年閏六月　年貢納方改正に
　　　　つき村方上申書(鎌倉市小袋谷　平井恒
　　　　太郎氏蔵)………………………………916
　　677　文政十年六月　相州知行所四ヵ村
　　　　名主年貢滞納につき下知書(鎌倉市小
　　　　袋谷　平井恒太郎氏蔵)………………916
　　678　文政十一年九月　家政改革につき
　　　　知行所より賄金取立等申渡書(鎌倉市
　　　　小袋谷　平井恒太郎氏蔵)……………917
　　679　文政十一年十一月　地頭暮方要用
　　　　金高書上(鎌倉市小袋谷　平井恒太郎氏
　　　　蔵)………………………………………918
　　680　文政十二年二月　相州知行四ヵ村
　　　　年貢皆済目録(鎌倉市小袋谷　平井恒太
　　　　郎氏蔵)…………………………………919
　　681　文政十二年二月　地頭暮向賄金月
　　　　割帳(鎌倉市小袋谷　平井恒太郎氏
　　　　蔵)………………………………………921
　　682　天保二年二月　月割金先納下知書
　　　　(鎌倉市小袋谷　平井恒太郎氏蔵)……925
　(5)　本多氏 ……………………………………926
　　知行地と住民 ………………………………926
　　683　元和六年十一月　柏尾村彦三訴状
　　　　(横浜市戸塚区名瀬　西蓮寺蔵)………926

　　684　寛永四年六月　名瀬村百姓他給百
　　　　姓と入会騒擾につき訴状(横浜市戸塚
　　　　区名瀬　西蓮寺蔵)……………………927
　　685　寛永十一年二月　秋葉村田地出入
　　　　につき三四郎返答書(横浜市戸塚区名
　　　　瀬　西蓮寺蔵)…………………………928
　　686　寛永十一年三月　秋葉村次右衛門
　　　　田地訴訟済口手形(横浜市戸塚区名瀬
　　　　西蓮寺蔵)………………………………928
　　687　寛永十一年三月　秋葉村次右衛門
　　　　田地訴訟済口手形(横浜市戸塚区名瀬
　　　　西蓮寺蔵)………………………………929
　　688　寛永七年三月　酒造半減法度請書
　　　　(横浜市戸塚区名瀬　西蓮寺蔵)………929
　　689　延宝四年一月　秋葉村村役等七箇
　　　　条申渡(横浜市戸塚区名瀬　西蓮寺
　　　　蔵)………………………………………929
　　690　貞享四年五月　生類憐み・田畑永
　　　　代売等法度請書(横浜市戸塚区名瀬　西
　　　　蓮寺蔵)…………………………………930
　　年貢 …………………………………………930
　　691　寛永十七年七月　柏尾村・秋葉村
　　　　年貢皆済手形(横浜市戸塚区名瀬　西蓮
　　　　寺蔵)……………………………………930
　　692　万治三年三月　万治元年分柏尾
　　　　村・秋葉村年貢皆済手形(横浜市戸塚
　　　　区名瀬　西蓮寺蔵)……………………931
　　693　元禄十一年九月　柏尾村年貢割付
　　　　状(横浜市戸塚区名瀬　西蓮寺蔵)……931
　(6)　松平氏 ……………………………………932
　　694　安永七年二月　松平氏同姓八家申合
　　　　書(兵庫県伊丹市行基町　村井慶三氏
　　　　蔵)………………………………………932
　　695　天保十三年二月　高座郡下鶴間村知
　　　　行上知申渡(兵庫県伊丹市行基町　村井慶
　　　　三氏蔵)…………………………………933
　　696　天保十四年　総知行地郷村高帳(兵庫
　　　　県伊丹市行基町　村井慶三氏蔵)………934
　　697　安政五年十一月　安政四年分和泉村年
　　　　貢勘定帳(兵庫県伊丹市行基町　村井慶三
　　　　氏蔵)……………………………………939
　　698　明治元年　松平氏用人等扶持書上
　　　　(兵庫県伊丹市行基町　村井慶三氏蔵)……942
　　699　明治二年三月　東海道等外国人通行
　　　　につき神奈川裁判所達書(兵庫県伊丹市
　　　　行基町　村井慶三氏蔵)………………942
　(7)　安藤氏 ……………………………………943
　　700　寛保三年一月　阿久和村総百姓駕籠
　　　　訴状(横浜市瀬谷区阿久和　相沢一夫氏
　　　　蔵)………………………………………943
　　701　天明元年十二月　阿久和村年貢勘定
　　　　目録帳(横浜市瀬谷区阿久和　相沢一夫氏
　　　　蔵)………………………………………946

県史誌内容総覧・資料編1: 近世―関東　　507

神奈川県史 資料編8 近世(5下)

解説 …………………………………… 1
　はじめに ………………………………… 3
　　本巻の構成と編集方針 ………………… 3
　相模国の旗本領 ………………………… 5
　　旗本と旗本領 …………………………… 5
　　相模国の旗本領設定 …………………… 7
　　国内諸郡の旗本領と旗本 ……………… 9
　　足柄上郡・下郡 ……………………… 10
　　淘綾郡 ………………………………… 10
　　大住郡 ………………………………… 11
　　愛甲郡 ………………………………… 11
　　高座郡 ………………………………… 12
　　鎌倉郡 ………………………………… 12
　　三浦郡 ………………………………… 12
　　津久井県 ……………………………… 13
　　　<表>相模国7か郡村別領主変遷表‥13～45
　　　<表>神奈川県内旗本一覧表………46～76
　　　<表>宛行状による旗本知行地の分布(相
　　　　　州分)…………………………… 77

旗本領関係資料所蔵者一覧 …………78～94
あとがき(神奈川県企画調査部県史編集室長)
主な関係者名簿
　神奈川県史編集懇談会員 昭和51年2月1日現在
　神奈川県史編集委員会員 昭和51年2月1日現在
　　長洲一二(委員長;知事)
　　白根雄偉(副委員長;副知事)
　　竹内理三(副委員長;県史総括監修者兼主任
　　　執筆委員)
　　大久保利謙(委員;県史主任執筆委員)
　　児玉幸多(委員;県史主任執筆委員)
　　安藤良雄(委員;県史主任執筆委員)
　　陌間輝(委員;県総務部長)
　　鹿山静(委員;県企画調査部長)
　　八木敏行(委員;県教育長)
　　稲垣直太(委員;県立図書館長)
   鈴木冨士夫(委員;県立川崎図書館長(事務
　　　取扱))
　　高橋繁蔵(委員;県立博物館長)
　　戸栗栄次(委員;県企画調査部参事兼県史編
　　　集室長)
　　坂本太郎(顧問;東京大学名誉教授)
　神奈川県史執筆委員 昭和51年2月1日現在
　人物編の編集に協力をお願いしている方々 昭
　　和51年2月1日現在
　神奈川県史編集参与 昭和51年2月1日現在

神奈川県史 資料編8 近世(5
下) 旗本領・寺社領2
神奈川県県民部県史編集室編集
神奈川県監修
昭和54年8月1日発行

<天正十八年(一五九〇)から、明治五年(一八七二)まで>

<口絵>延宝三年(一六七五)都筑郡勝田村五人組書上覚 横浜市港北区勝田 関恒三郎氏蔵

<口絵>文化二年(一八〇五)都筑郡岡上村御用金赦免願につき総百姓連判状 川崎市多摩区岡上 梶璟三氏蔵

<口絵>文化一四年(一八一七)都筑郡中鉄村・寺家村地頭筧政房苛政につき総百姓傘血判状 横浜市緑区鉄 村田武氏蔵 地頭筧氏は中鉄村・寺家村で150石を知行する小身の旗本である

<口絵>天正一八年(一五九〇)豊臣秀吉円覚寺領安堵状 鎌倉市山ノ内 円覚寺蔵 後北条氏を打倒した直後円覚寺あてに豊臣秀吉が出した朱印状

<口絵>慶長一四年(一六〇九)大住郡大山寺坊中結界につき徳川家康定書 伊勢原市大山 阿夫利神社蔵 資料二九七参照

<口絵>延宝五年(一六七七)鎌倉郡小町村本覚寺末寺支配条目 鎌倉市小町 本覚寺蔵 本覚寺は甲斐国巨摩郡身延山久遠寺の直末でありみずからも十一の末寺と二十九触下寺院(延宝四年「身延山直末帳」)をもつ関東における日蓮宗の名刹である

<口絵>元文五年(一七四〇)寺法離縁済口証文 鎌倉市山ノ内 東慶寺蔵

<口絵>駈込寺法離縁につき夫等召喚状 鎌倉市山ノ内 東慶寺蔵 東慶寺に残る駈入り(駈込み・縁切り)関係文書は530通をこえておりそのすべてが江戸中期以降のものである

神奈川県史 資料編8 近世（5下）

＜口絵＞延享二年（一七四五）大住郡三之宮村三之宮明神祭礼掟書 伊勢原市三ノ宮 比々多神社蔵 三之宮明神の祭礼はその神輿巡行によって相模国中に鳴り響いていた

序（神奈川県知事 長洲一二）
凡例
旗本領編（武蔵国）
第3部　武蔵国三郡の旗本領支配 1
　1　橘樹郡 1
　　＜写＞寛永18年 上作延村年貢割付状（川崎市高津区上作延 三田理氏蔵）........1
　　解説 2
　　（1）松波氏 3
　　　702　天保十四年八月 末長村明細帳（川崎市高津区末長 中山清氏蔵）［＊上知令;天保改革］
　　　703　元禄八年十一月 末長村年貢割付状（川崎市高津区末長 中山清氏蔵）......6
　　　704　嘉永六年十二月 末長村年貢皆済目録（川崎市高津区末長 中山清氏蔵）....7
　　　705　安政二年七月 持高取調名前帳（川崎市高津区末長 中山清氏蔵）........8
　　　706　安政三年一月 地頭屋敷修復につき知行所二カ村へ金百両御用金上納申渡（川崎市高津区末長 中山清氏蔵）..10
　　　707　安政三年十二月 末長村年貢皆済目録（川崎市高津区末長 中山清氏蔵）....11
　　　708　安政五年一月 末長村五人組帳（川崎市高津区末長 中山清氏蔵）........11
　　　709　安政五年十二月 名主役任命下知書（川崎市高津区末長 中山清氏蔵）....12
　　　710　慶応二年十二月 末長村年貢皆済目録（川崎市高津区末長 中山清氏蔵）..13
　　（2）森川氏 13
　　　711　天保十四年八月 木月村明細帳（慶応義塾大学三田情報センター古文書室蔵）..........................14
　　　712　文政十一年十二月 木月村年貢済目録（慶応義塾大学三田情報センター古文書室蔵）....................16
　　　713　文政十三年二月 地頭用人苛政につき名主駈込訴状（慶応義塾大学三田情報センター古文書室蔵）........19
　　　714　天保九年一月 地頭用人・前名主等横暴につき名主女房・弟等駈込訴状（慶応義塾大学三田情報センター古文書室蔵）......................22
　　　715　嘉永三年七月 天王社再建につき地頭下知ならびに村方議定書（慶応義塾大学三田情報センター古文書室蔵）...26
　　（3）その外 28

　　　716　天保三年十二月 南加瀬村百姓五十一人悪米就願地頭へ門訴につき吟味一件書（川崎市幸区南加瀬 深瀬哲夫氏蔵）................................28
　　　717　寛永十六年十月 上作延村年貢請負手形（川崎市高津区上作延 三田理氏蔵）....................................34
　　　718　寛永十八年十一月 上作延村年貢割付状（川崎市高津区上作延 三田理氏蔵）....................................35
　2　久良岐郡 37
　　＜写＞安政4年 名主献金につき地頭久世氏感状（横浜市港南区日野 田野井三郎氏蔵）..................................37
　　解説 38
　　（1）倉橋氏 39
　　　地頭達書 39
　　　719　正徳五年二月 知行地改の節十七箇条申渡につき上大岡村総百姓連判請書（横浜市港南区上大岡東 北見千太郎氏蔵）..........39
　　　720　安政元年十一月 上大岡村名主へ総知行地代官等任命申渡（横浜市港南区上大岡東 北見千太郎氏蔵）....................................41
　　　721　万延元年二月 上大岡村名主へ居宅門ならびに鎗所持等免許申渡状（横浜市港南区上大岡東 北見千太郎氏蔵）..................41
　　　知行地と住民 41
　　　722　天保十四年三月 武蔵国久良岐郡内郷村高帳（横浜市港南区上大岡東 北見千太郎氏蔵）................41
　　　723　安政二年三月 上大岡村地頭姓名村高家数人数書上帳（横浜市港南区上大岡東 北見千太郎氏蔵）........46
　　　724　元禄十三年二月 上大岡村二給分郷後鹿島社祭礼執行定書（横浜市港南区上大岡東 北見千太郎氏蔵）....47
　　　725　文化二年八月 富士講誓願文（横浜市港南区上大岡東 北見千太郎氏蔵）..48
　　　726　文化七年三月 上大岡村等十三カ村大岡川普請等議定書（横浜市港南区上大岡東 北見千太郎氏蔵）...48
　　　727　文政十年九月 上大岡村諸商人職人等書上帳（横浜市港南区上大岡東 北見千太郎氏蔵）....................52
　　　728　天保五年十一月 地頭用人の後役につき領民の願書（横浜市港南区上大岡東 北見千太郎氏蔵）............55
　　　729　慶応三年三月 地頭屋敷修復連熟講加入者連名帳（横浜市金沢区谷津 小泉文治氏蔵）................56

県史誌内容総覧・資料編 1: 近世—関東　509

神奈川県史 資料編8 近世(5下)

　　年貢と財政 ………………………………… 58
　　　730　元禄十六年十月　上大岡村年貢
　　　　　割付状(横浜市港南区上大岡東　北見
　　　　　千太郎氏蔵) ……………………………… 58
　　　731　文化五年二月　上大岡村十ヵ年
　　　　　定免割付状(横浜市港南区上大岡東
　　　　　北見千太郎氏蔵) ………………………… 60
　　　732　文政元年八月　上大岡村十ヵ年
　　　　　定免割付状(横浜市港南区上大岡東
　　　　　北見千太郎氏蔵) ………………………… 63
　　　733　文政九年六月　知行地へ過納金
　　　　　返済両三年休につき地頭約定書
　　　　　(横浜市港南区上大岡東　北見千太郎氏
　　　　　蔵) ………………………………………… 67
　　　734　天保十四年十一月　上大岡村年
　　　　　貢皆済目録帳(横浜市港南区上大岡
　　　　　東　北見千太郎氏蔵) …………………… 67
　　　735　弘化二年四月　地頭暮方年間入
　　　　　用見積帳(横浜市港南区上大岡東　北
　　　　　見千太郎氏蔵) …………………………… 70
　　　736　嘉永三年二月　三ヵ年間家別日
　　　　　掛等申付下知書(横浜市港南区上大
　　　　　岡東　北見千太郎氏蔵) ………………… 76
　　　　　［＊御用金;賦課］
　　　737　嘉永四年十一月　離門等所持百
　　　　　姓へ冥加金申付下知書(横浜市港南
　　　　　区上大岡東　北見千太郎氏蔵) ……… 76
　　　　　［＊御用金;賦課］
　　　738　嘉永五年　上大岡村十ヵ年定免
　　　　　割付状(横浜市港南区上大岡東　北見
　　　　　千太郎氏蔵) ……………………………… 77
　　　739　安政二年二月　先納金に差支総
　　　　　知行地郷借証文(横浜市港南区上大
　　　　　岡東　北見千太郎氏蔵) ………………… 79
　　　740　安政三年一月　地頭財政賄方総
　　　　　知行地請負書(横浜市港南区上大岡
　　　　　東　北見千太郎氏蔵) …………………… 80
　　　741　文久二年閏八月　先納・過納多
　　　　　分につき御用金赦免願書(横浜市港
　　　　　南区上大岡東　北見千太郎氏蔵) …… 83
　　　742　元治二年　先納金三千両余四ヵ
　　　　　年無利息居申付下知書(横浜市港
　　　　　南区上大岡東　北見千太郎氏蔵) …… 84
　　　743　明治元年十二月　旧地頭への年
　　　　　内先納金高書上帳(横浜市港南区上
　　　　　大岡東　北見千太郎氏蔵) ……………… 84
　(2)　久世氏 ………………………………… 85
　　地頭達書 …………………………………… 85
　　　744　寛政八年九月　村方取締申渡に
　　　　　つき総百姓請書(横浜市港南区日野
　　　　　田野井三郎氏蔵) ………………………… 85

　　　745　享和二年　郷目付等につき地頭
　　　　　所触書(横浜市港南区日野　田野井三
　　　　　郎氏蔵) …………………………………… 87
　　　746　文政十二年一月―天保四年二
　　　　　月　久良岐郡知行所不作等につき知
　　　　　行所触書(横浜市港南区日野　田野井
　　　　　三郎氏蔵) ………………………………… 89
　　　747　天保六年閏七月―八月　地頭長
　　　　　崎奉行帰任等につき地頭所触書(横
　　　　　浜市港南区日野　田野井三郎氏蔵) …… 91
　　　748　天保十三年四月　久良岐郡知行
　　　　　地へ寛政三年改革趣意教諭達書(横
　　　　　浜市港南区日野　田野井三郎氏蔵) …… 94
　　　749　安政四年一月　名主藤兵衛献金
　　　　　につき地頭感状(横浜市港南区日野
　　　　　田野井三郎氏蔵) ………………………… 98
　　知行地と住民 ……………………………… 99
　　　750　享保十八年十二月　宮下村村柄
　　　　　書上帳(横浜市港南区日野　田野井三
　　　　　郎氏蔵) …………………………………… 99
　　　751　文久二年十月　久良岐郡内総知
　　　　　行地村高・家数・人数書上帳(横浜
　　　　　市港南区日野　田野井三郎氏蔵) ……101
　　　752　正徳二年二月　磯子村等保土ヶ
　　　　　谷宿大助役赦免願ならびに勘定奉
　　　　　行等差紙(横浜市港南区日野　田野井
　　　　　三郎氏蔵) ………………………………103
　　　753　文政十年十一月　宮下村五人組
　　　　　組替連名帳(横浜市港南区日野　田野
　　　　　井三郎氏蔵) ……………………………105
　　　754　嘉永三年九月　宮下村・岡村困
　　　　　窮につき助郷休役願(横浜市港南区
　　　　　日野　田野井三郎氏蔵) ………………106
　　年貢と財政 ………………………………108
　　　755　元禄十一年九月　宮下村年貢割
　　　　　付状(横浜市港南区日野　田野井三郎
　　　　　氏蔵) ……………………………………108
　　　756　元禄十六年九月　宮下村年貢割
　　　　　付状(横浜市港南区日野　田野井三郎
　　　　　氏蔵) ……………………………………110
　　　757　宝永五年九月　宮下村年貢割付
　　　　　ならびに皆済奥書(横浜市港南区日
　　　　　野　田野井三郎氏蔵) …………………112
　　　758　文化二年十一月　宮下村五ヵ年
　　　　　定免割付状(横浜市港南区日野　田野
　　　　　井三郎氏蔵) ……………………………115
　　　759　天保六年十二月　宮下村年貢皆
　　　　　済目録(横浜市港南区日野　田野井三
　　　　　郎氏蔵) …………………………………119
　　　760　慶応元年十一月　宮下村五ヵ年
　　　　　定免割付状(横浜市港南区日野　田野
　　　　　井三郎氏蔵) ……………………………120
　(3)　稲葉氏 ………………………………123

510　県史誌内容総覧・資料編1: 近世―関東

地頭達書 ……………………………124
　761　嘉永二年二月　富岡村名主へ取
　　　締役任命申渡状(横浜市金沢区富岡
　　　鹿島市太郎氏蔵)…………………124
　762　嘉永二年四月　富岡村名主宅に
　　　て知行地所務執行方申渡状(横浜市
　　　金沢区富岡 鹿島市太郎氏蔵)………124
　763　嘉永二年四月　地頭稲葉氏五十
　　　一箇条定書(横浜市金沢区富岡 鹿島
　　　市太郎氏蔵)………………………124
　　　[*地頭法令]
　764　万延元年二月　富岡村名主へ給
　　　人格申渡(横浜市金沢区富岡 鹿島市
　　　太郎氏蔵)…………………………129
　　知行地と住民 ………………………129
　765　天保十四年六月　富岡村明細帳
　　　(横浜市金沢区富岡 大胡吉太郎氏
　　　蔵)…………………………………129
　766　嘉永二年一月　山利用ならびに
　　　立木等につき村議定連印帳(横浜市
　　　金沢区富岡 鹿島市太郎氏蔵)………137
　767　嘉永四年二月　富岡村等三ヵ村
　　　漁師頭議定書(横浜市金沢区富岡 鹿
　　　島市太郎氏蔵)……………………138
　768　慶応四年八月　地頭家宝の太刀
　　　古備前正恒一腰永代預り証文(横
　　　浜市金沢区富岡 鹿島市太郎氏蔵)…138
　　年貢と財政 …………………………139
　769　天保九年十二月　富岡村年貢皆
　　　済目録(横浜市金沢区富岡 鹿島市太
　　　郎氏蔵)……………………………139
　770　天保十四年六月　天保八年より
　　　六ヵ年年貢高等書上帳(横浜市金沢
　　　区富岡 大胡吉太郎氏蔵)……………140
　771　嘉永三年二月　地頭・財政賄方
　　　請負につき地頭約定書(横浜市金沢
　　　区富岡 鹿島市太郎氏蔵)……………144
　772　嘉永三年三月　武備金献上につ
　　　き地頭感状(横浜市金沢区富岡 鹿島
　　　市太郎氏蔵)………………………144
　773　嘉永六年十二月　冥加金二百両
　　　上納申渡書(横浜市金沢区富岡 鹿島
　　　市太郎氏蔵)………………………145
　774　安政二年五月　倹約中地頭財政
　　　年間見積帳(横浜市金沢区富岡 鹿島
　　　市太郎氏蔵)………………………145
(4)　星合氏 ………………………………151
　　知行地と住民 ………………………151
　775　享保七年八月　磯子村船改書上
　　　帳(横浜市磯子区久木 堤芳正氏
　　　蔵)…………………………………151

　776　享保九年四月　海船極印請方に
　　　つき申渡覚(横浜市磯子区久木 堤芳
　　　正氏蔵)……………………………152
　777　明和三年十二月　地頭用役鈴木
　　　作兵衛不正につき磯子村磯右衛門
　　　駈込訴状(横浜市磯子区久木 堤芳正
　　　氏蔵)………………………………153
　778　享和二年八月　風俗取締等六箇
　　　条議定証文(横浜市磯子区久木 堤芳
　　　正氏蔵)……………………………160
　779　弘化三年八月　若者仲間議定書
　　　(横浜市磯子区久木 堤芳正氏蔵)…161
　780　嘉永六年十二月　魚仕入前金不
　　　返済訴訟一件文書(横浜市磯子区久
　　　木 堤芳正氏蔵)……………………162
　　年貢と財政 …………………………168
　781　宝暦十二年四月　磯子村田畑年
　　　貢高書上覚(横浜市磯子区久木 堤芳
　　　正氏蔵)……………………………168
　782　享和三年十二月　磯子村年貢皆
　　　済目録(横浜市磯子区久木 堤芳正氏
　　　蔵)…………………………………169
　783　天保八年一月　総知行地月割米
　　　永富岡村鹿島氏立替上納につき名
　　　主連印証文(横浜市金沢区富岡 鹿島
　　　市太郎氏蔵)………………………172
　784　天保十四年一月　富岡村名主地
　　　頭賄請負につき武蔵国六ヵ村名主
　　　連印証文(横浜市金沢区富岡 鹿島市
　　　太郎氏蔵)…………………………173
　785　天保十四年三月　地頭借金証文
　　　(横浜市金沢区富岡 鹿島市太郎氏
　　　蔵)…………………………………174
　786　嘉永六年四月　御用金上納下知
　　　書(横浜市磯子区久木 堤芳正氏
　　　蔵)…………………………………174
　787　安政三年九月　武蔵国知行地大
　　　風雨難渋につき減免願(横浜市磯子
　　　区久木 堤芳正氏蔵)………………175
(5)　その外 ………………………………178
　788　天保十二年十二月　横浜村名主・
　　　小前魚渡世訴訟内済につき吟味下願
　　　(横浜市港南区上大岡東 山野井寛氏
　　　蔵)…………………………………178
　789　天保十三年四月　上大岡村郷
　　　法・郷例ならびに諸駄賃等村議定
　　　帳(横浜市港南区上大岡東 山野井寛
　　　氏蔵)………………………………180

3　都筑郡 ……………………………………183
　<写>勝田村旧名主関家長屋門(横浜市港
　　　北区勝田 関恒三郎氏邸)……………183
　解説 ……………………………………184
　(1)　久志本氏 …………………………185

県史誌内容総覧・資料編1: 近世—関東　511

神奈川県史 資料編8 近世(5下)

地頭達書 ……………………………185
790 貞享四年六月 切支丹類族等改
にっき申渡(横浜市港北区勝田 関恒
三郎氏蔵) ……………………………185
791 元禄四年五月 悲田宗制禁申渡
(横浜市港北区勝田 関恒三郎氏
蔵) ……………………………………186
792 元禄四年五月 非田宗制禁申渡
請書(横浜市港北区勝田 関恒三郎氏
蔵) ……………………………………187
793 天保十二年閏一月 鈴木定右衛
門等へ一代限扶持・苗字帯刀免許
状(横浜市港北区勝田 関恒三郎氏
蔵) ……………………………………187
794 天保十四年六月 都筑郡内久志
本領上知令(横浜市港北区勝田 関恒
三郎氏蔵) ……………………………187
795 弘化二年一月 冥加金上納につ
き一代限扶持給与申渡(横浜市港北
区勝田 関恒三郎氏蔵) ……………188
796 弘化三年三月 地頭屋敷類焼に
つき普請金上納達書(横浜市港北区
勝田 関恒三郎氏蔵) ………………188
797 弘化三年七月 普請金上納につ
き一代限扶持給与覚(横浜市港北区
勝田 関恒三郎氏蔵) ………………189
798 嘉永二年一月 名主再勤につき
苗字・帯刀免許継続申渡(横浜市港
北区勝田 関恒三郎氏蔵) …………189
799 安政六年三月 組頭役仰付申渡
(横浜市港北区勝田 関恒三郎氏
蔵) ……………………………………189
800 安政六年三月 普請金差出につ
き一代限扶持給与申渡(横浜市港北
区勝田 関恒三郎氏蔵) ……………189
801 万延元年十月 勝田村清光寺へ
玄米給与申渡につき請書(横浜市港
北区勝田 関恒三郎氏蔵) …………190
802 文久元年十月 組頭役申付苗字
永代免許申渡(横浜市港北区勝田 関
恒三郎氏蔵) …………………………190
803 慶応四年六月 久志本氏伊勢へ
帰国につき村方へ当分家族逗留頼
書(横浜市港北区勝田 関恒三郎氏
蔵) ……………………………………191
知行地と住民 ……………………191
804 宝永五年一月 勝田村高反別家
数人数書上帳(横浜市港北区勝田 関
恒三郎氏蔵) …………………………191
805 天保十三年九月 村高家数人別
書上帳(横浜市港北区勝田 関恒三郎
氏蔵) …………………………………192

806 元和八年十一月 勝田村・牛久
保村百姓高辻帳(横浜市港北区勝田
関恒三郎氏蔵) ………………………193
807 慶安二年八月 牛久保村相給高
書上(横浜市港北区勝田 関恒三郎氏
蔵 本村は慶長三年(一五九八)久志本
氏、寛文四年(一六七二)安藤氏に分
割。両氏分給高を「畑方」としている
が田高をも含んでいる。) …………195
808 寛文三年十一月 勝田村総百姓
持高覚(横浜市港北区勝田 関恒三郎
氏蔵) …………………………………195
809 寛文十二年二月 牛久保村総検
地の節両地頭申渡につき総百姓請
書(横浜市港北区勝田 関恒三郎氏
蔵) ……………………………………196
810 寛文十二年三月 勝田村屋敷検
地帳(横浜市港北区勝田 関恒三郎氏
蔵) ……………………………………197
811 寛文十二年三月 勝田村総百姓
持高書(横浜市港北区勝田 関恒三郎
氏蔵) …………………………………198
812 寛文十三年四月 山荒し取締総
百姓連印手形(横浜市港北区勝田 関
恒三郎氏蔵) …………………………200
813 延宝三年二月 勝田村五人組書
上覚(横浜市港北区勝田 関恒三郎氏
蔵) ……………………………………200
814 貞享元年十月 山法度改定につ
き総百姓連印手形(横浜市港北区勝
田 関恒三郎氏蔵) …………………201
815 宝永五年五月 幕府よりの砂降
救助金請取証文(横浜市港北区勝田
関恒三郎氏蔵) ………………………202
816 宝永七年二月 勝田村文禄三
年・寛文十二年検地高等書上(横浜
市港北区勝田 関恒三郎氏蔵) ……203
817 享保二年二月 十石以下田地一
代限分地につき手形(横浜市港北区
勝田 関恒三郎氏蔵) ………………203
818 享保五年二月 山荒し取締総百
姓連判証文(横浜市港北区勝田 関恒
三郎氏蔵) ……………………………204
819 明和八年五月 麦作亀損につき
家別救助銀請取書(横浜市港北区勝
田 関恒三郎氏蔵) …………………205
820 安永二年一月 盗賊等詮議につ
き家持・若者請印証文(横浜市港北
区勝田 関恒三郎氏蔵) ……………206
821 寛政六年十一月 勝田村百姓老
中松平信明へ駕籠訴状(横浜市港北
区勝田 関恒三郎氏蔵) ……………207

512 県史誌内容総覧・資料編1: 近世―関東

822 寛政七年二月 勝田村百姓老中へ駕籠訴につき総百姓相談連印証文（横浜市港北区勝田 関恒三郎氏蔵）……………………………208
823 寛政九年九月 身持不埒者処罰申渡（横浜市港北区勝田 関恒三郎氏蔵）……………………………210
824 文政三年一月 橘樹郡上丸子村多摩川渡船場につき橘樹郡・都筑郡十三ヵ村議定書（横浜市港北区勝田 関恒三郎氏蔵）……………211
825 天保十五年八月 農間質屋等取締申渡ならびに勝田村組合六ヵ村渡世人請印帳（横浜市港北区勝田 関恒三郎氏蔵）……………215
826 安政二年三月 地頭差紙拒否取極議定証文（横浜市港北区勝田 関恒三郎氏蔵）……………218
827 安政二年四月 年貢減免・用人追放等三箇条上申書（横浜市港北区勝田 関恒三郎氏蔵）……………219
828 安政二年六月 地頭分家久志本左京へ吟味下とりなし歎願書（横浜市港北区勝田 関恒三郎氏蔵）……219

年貢と財政 ……………………………221

829 貞享二年九月 総百姓古未進分用捨につき請書（横浜市港北区勝田 関恒三郎氏蔵）……………221
830 貞享二年十月 勝田村年貢割付状（横浜市港北区勝田 関恒三郎氏蔵）……………………………221
831 元禄十五年九月 年貢減免等村方慮外諸願につき詫状（横浜市港北区勝田 関恒三郎氏蔵）…………222
832 宝永七年九月 宝永六年分年貢皆済目録（横浜市港北区勝田 関恒三郎氏蔵）……………223
833 享保十七年四月 勝田村享保十六年分年貢皆済目録（横浜市港北区勝田 関恒三郎氏蔵）…………224
834 寛保元年七月 十ヵ年定免請負手形（横浜市港北区勝田 関恒三郎氏蔵）……………………225
835 寛延元年十月 勝田村延享四年分年貢皆済目録（横浜市港北区勝田 関恒三郎氏蔵）……………226
836 寛政元年七月 地頭伊勢遷宮に登の節歩金請取（横浜市港北区勝田 関恒三郎氏蔵）……………228
837 文化二年三月 畑米石代納にて上納方申渡（横浜市港北区勝田 関恒三郎氏蔵）……………228

838 文化二年十二月 地頭賄金上納差支につき郷借証文（横浜市港北区勝田 関恒三郎氏蔵）……………228
839 文化七年一月 勝手賄方山田村伊右衛門等へ依頼につき申渡（横浜市港北区勝田 関恒三郎氏蔵）……229
840 文化七年十月 畑方石代納十ヵ年継続申渡（横浜市港北区勝田 関恒三郎氏蔵）……………230
841 天保二年六月 地頭当主交代の節年貢改正申渡（横浜市港北区勝田 関恒三郎氏蔵）……………230
842 天保八年三月 勝田村名主へ年貢免除申渡（横浜市港北区勝田 関恒三郎氏蔵）……………231
843 弘化三年十月 御用金賦課中止願につき総百姓連印証文（横浜市港北区勝田 関恒三郎氏蔵）……231
844 嘉永二年八月 権太池敷永代村持冥加金上納請取書（横浜市港北区勝田 関恒三郎氏蔵）……………232
845 嘉永六年十二月 畑石代金十ヵ年定相場にて上納申渡（横浜市港北区勝田 関恒三郎氏蔵）……………232
846 安政二年四月 地頭用人罷免のうえ年貢増徴中止願案（横浜市港北区勝田 関恒三郎氏蔵）……………233
847 文久三年八月 経済向改正の節先納金請取（横浜市港北区勝田 関恒三郎氏蔵）……………234
848 元治二年十一月 畑方石代納十ヵ年継続申渡（横浜市港北区勝田 関恒三郎氏蔵）……………234
849 明治元年十月 勝田村慶応三年旧地頭分年貢皆済目録（横浜市港北区勝田 関恒三郎氏蔵）……………235

(2) 筧氏 ……………………………236
知行地と住民 ……………………………236

850 元禄九年六月 譜代下人出奔につき口上書（横浜市緑区鉄 村田武氏蔵）……………………………236
851 元禄十四年二月 寺家村百姓遺跡証文（横浜市緑区鉄 村田武氏蔵）……………………………237
852 宝永元年八月 田畑改願書提出申渡方不承知につき総百姓口上書（横浜市緑区鉄 村田武氏蔵）……238
853 宝永二年 元譜代百姓名請地につき名主訴状（横浜市緑区鉄 村田武氏蔵）……………………………238
854 宝永三年十二月 検地名請地争論裁決につき甚兵衛村役人請書（横浜市緑区鉄 村田武氏蔵）………239

神奈川県史 資料編8 近世(5下)

855 宝永五年三月 富士山噴火砂降救助金割渡請書(横浜市緑区鉄 村田武氏蔵)……………………240
856 宝永五年十二月 前地百姓小作地書上(横浜市緑区鉄 村田武氏蔵)………………………241
857 享保九年六月 寺家村座配ならびに子孫覚(横浜市緑区寺家 大曽根俊雄氏蔵)……………………242
858 延享元年十一月 前地百姓年貢上納拒否等不埒詫状(横浜市緑区村田武氏蔵)………………………244
859 延享二年二月 前地百姓養家相続につき請書(横浜市緑区鉄 村田武氏蔵)……………………………244
860 文化十年七月 御用金赦免願門訴につき中鉄村・寺家村百姓詫状(横浜市緑区鉄 村田武氏蔵)…245
861 文化十四年二月 地頭筧政房苛政につき中鉄村・寺家村総百姓血判のうえ傘連判状(横浜市緑区村田武氏蔵)……………………246
862 文政十年九月 鉄三ヵ村高・家数・農間諸商人・職人書上帳(横浜市緑区鉄 村田武氏蔵)………247
863 天保七年三月 鉄三ヵ村境雑木仕立につき議定証文(横浜市緑区村田武氏蔵)…………………249
864 文久二年二月 寺家村名主永代苗字免許下知状(横浜市緑区寺家 大曽根俊雄氏蔵)………………251
年貢と財政…………………………251
865 天和三年十二月 中鉄村年貢皆済勘定目録(横浜市緑区鉄 村田武氏蔵)………………………251
866 宝永二年十二月 中鉄村年貢割付状(横浜市緑区鉄 村田武氏蔵)…252
867 宝永四年七月 宝永三年年貢勘定帳(横浜市緑区鉄 村田武氏蔵)…253
868 宝永六年十一月 定免年貢請負総百姓連印証文(横浜市緑区鉄 村田武氏蔵)……………………260
869 正徳二年十一月 中鉄村年貢割付状(横浜市緑区鉄 村田武氏蔵)…261
870 宝暦三年十月 中鉄村年貢割付状(横浜市緑区鉄 村田武氏蔵)……261
871 寛政二年二月 畑年貢石代納申渡状(横浜市緑区鉄 村田武氏蔵)…263
872 寛政二年十一月 田方年貢永代定免下知書(横浜市緑区鉄 村田武氏蔵)……………………………264

873 寛政三年十二月 寺家村永定免年貢割付状(横浜市緑区寺尾 大曽根善一氏蔵)……………………264
874 嘉永元年十二月 中鉄村年貢勘定目録帳(横浜市緑区鉄 村田武氏蔵)………………………………266
875 嘉永七年三月 中鉄村・寺家村月割金先納申渡覚(横浜市緑区鉄 村田武氏蔵)……………………267
(3) 大久保氏………………………269
知行地と住民………………………269
876 明治元年十月 岡上村明細帳(川崎市多摩区岡上 梶璟三氏蔵)…269
877 宝暦五年八月 入会芝野売渡法度につき総百姓連印証文(川崎市多摩区岡上 梶璟三氏蔵)………271
878 天保十一年四月 村方衰微につき寺社奉行より二十ヵ年救米差下申渡(川崎市多摩区岡上 梶璟三氏蔵)…………………………………272
879 万延元年 大久保氏総知行地村高・込高書上(川崎市多摩区岡上 梶璟三氏蔵)…………………272
880 慶応三年九月 岡上村等八ヵ村秣場減少につき新開赦免願(川崎市多摩区岡上 梶璟三氏蔵)……273
881 村方倹約八箇条議定書(川崎市多摩区岡上 梶璟三氏蔵)………275
年貢と財政…………………………277
882 元禄十一年十月 岡上村年貢割付状(川崎市多摩区岡上 梶璟三氏蔵)………………………………277
883 元禄十二年十月 岡上村年貢割付状(川崎市多摩区岡上 梶璟三氏蔵)………………………………280
884 宝暦元年十二月 岡上村等四ヵ村先納金上納済口証文(川崎市多摩区岡上 梶璟三氏蔵)…………283
885 宝暦六年閏十一月 地頭賄方省略のため用役一名減人願(川崎市多摩区岡上 梶璟三氏蔵)………284
886 宝暦八年十二月 岡上村年貢勘定目録(川崎市多摩区岡上 梶璟三氏蔵)……………………………285
887 文化二年二月 御用金赦免願につき総百姓連判状(川崎市多摩区岡上 梶璟三氏蔵)………………286
888 文化二年三月 御用金赦免門訴詫状(川崎市多摩区岡上 梶璟三氏蔵)………………………………287
889 文化十年五月 御用金拒否につき総知行地議定証文(川崎市多摩区岡上 梶璟三氏蔵)……………288

神奈川県史 資料編8 近世（5下）

　890　文化十三年十二月 岡上村年貢
　　　皆済目録（川崎市多摩区岡上 梶環三
　　　氏蔵）…………………………………289
　891　天保三年三月 地頭非常頼母子
　　　講出金割当請書（川崎市多摩区岡上
　　　梶環三氏蔵）…………………………290
　892　弘化四年十一月 岡上村年貢皆
　　　済目録（川崎市多摩区岡上 梶環三氏
　　　蔵）………………………………………290
　893　慶応三年十一月 御用金上納者
　　　名前書上帳（川崎市多摩区岡上 梶環
　　　三氏蔵）…………………………………292
　894　明治元年十一月 旧大久保氏総
　　　知行地先納金高書上（川崎市多摩区
　　　岡上 梶環三氏蔵）……………………293
（4）岡野氏………………………………………295
　895　慶応四年 岡野氏総知行地郷村高
　　　帳（横浜市緑区長津田 井上レン氏
　　　蔵）………………………………………296
　896　寛永十七年一月 伊勢屋佐左衛門
　　　商い議定書（横浜市緑区いぶき野 河原
　　　玄三郎氏蔵）……………………………296
　897　寛文元年三月 長津田村内用水堀
　　　議定証文（横浜市緑区いぶき野 河原玄
　　　三郎氏蔵）………………………………297
　898　享保元年十一月 用水堀・村境木
　　　争論裁許につき八ヵ村議定取替証文
　　　（横浜市緑区いぶき野 河原玄三郎氏
　　　蔵）………………………………………297
　899　享保四年八月 地頭林払下証文（横
　　　浜市緑区いぶき野 河原玄三郎氏蔵）…299
　900　文政四年 長津田村五ヵ年定免割
　　　付状（横浜市緑区いぶき野 河原玄三郎
　　　氏蔵）……………………………………300
　901　文政五年三月 長津田村文政四年
　　　分年貢皆済勘定目録（横浜市緑区いぶ
　　　き野 河原玄三郎氏蔵）………………302
　902　文政四年一月より 早魃の節諸事
　　　留書（横浜市緑区いぶき野 河原玄三郎
　　　氏蔵）……………………………………304
　903　文政六年一月より 長津田村村用
　　　留書（横浜市緑区いぶき野 河原玄三郎
　　　氏蔵）……………………………………307
　904　天保七年十二月 地頭申渡八箇条
　　　請書（横浜市緑区いぶき野 河原玄三郎
　　　氏蔵）……………………………………309
　905　慶応二年十一月 名主役任命申渡
　　　状（横浜市緑区いぶき野 河原玄三郎氏
　　　蔵）………………………………………311
　906　慶応二年十二月 地頭政事向十八
　　　箇条申渡請書（横浜市緑区いぶき野 河
　　　原玄三郎氏蔵）…………………………311

　907　慶応四年二月 尊王真偽訊問につ
　　　き返答書（横浜市緑区長津田 井上レン
　　　氏蔵）……………………………………313
（5）その外………………………………………314
　908　元文五年六月 久保村名主苅谷氏
　　　遺言書（横浜市緑区三保 苅谷定吉氏
　　　蔵）………………………………………314
　909　元治元年十一月 養蚕種国々村数
　　　取調書上帳（横浜市緑区千草台 吉浜俊
　　　彦氏蔵）…………………………………324
　910　慶応三年十二月 相州半縄村百姓
　　　荻野山中藩陣屋焼打一件糺明書（横
　　　浜市旭区上白根 高橋基兵衛蔵）………327

寺社領編
第1部　寺社領の寄進………………………………329
　1　相模国…………………………………………329
　　［＊朱印状］
　　＜写＞浄智寺山門（鎌倉市山ノ内 浄智
　　　寺）………………………………………329
　　解説…………………………………………330
　（1）足柄上郡…………………………………331
　　1　寛文五年七月 関本村最乗寺への諸
　　　役免許朱印状（国文学研究資料館内国
　　　立史料館蔵）……………………………331
　（2）足柄下郡…………………………………331
　　2　寛文五年七月 湯本村早雲寺への諸
　　　役免許朱印状（国文学研究資料館内国
　　　立史料館蔵）……………………………331
　　3　寛文五年七月 元箱根箱根権現社へ
　　　の寄進ならびに諸役免許朱印状（国
　　　文学研究資料館内国立史料館蔵）………331
　　4　寛文五年七月 国府津村真楽寺への
　　　寄進ならびに諸役免許朱印状（国文学
　　　研究資料館内国立史料館蔵）…………331
　　5　寛文五年七月 国府津村宝金剛寺護
　　　摩堂への寄進状（国文学研究資料館内
　　　国立史料館蔵）…………………………332
　（3）淘綾郡……………………………………332
　　6　寛文五年七月 二ノ宮村大応寺への
　　　寄進状（国文学研究資料館内国立史料
　　　館蔵）……………………………………332
　　7　寛文五年七月 山西村川勾神社二宮
　　　大明神社への寄進状（国文学研究資料
　　　館内国立史料館蔵）……………………332
　　8　寛文五年七月 国府新宿六所明神社
　　　への寄進ならびに諸役免許朱印状
　　　（国文学研究資料館内国立史料館蔵）…333
　　9　寛文五年七月 生沢村観音寺内高取
　　　浅間社への寄進ならびに諸役免許朱
　　　印状（国文学研究資料館内国立史料館
　　　蔵）………………………………………333

県史誌内容総覧・資料編1: 近世―関東　　515

10 寛文五年七月 高麗寺村高麗寺への寄進ならびに諸役免許朱印状(国文学研究資料館内国立史料館蔵)…………333
11 寛文五年七月 出繩村粟津明神社への寄進ならびに別当等覚院内諸役免許朱印状(国文学研究資料館内国立史料館蔵)………334
(4) 大住郡………334
12 寛文五年七月 田村妙楽寺への寄進状(国文学研究資料館内国立史料館蔵)………334
13 寛文五年七月 四ノ宮村四ノ宮神社への寄進状(国文学研究資料館内国立史料館蔵)………334
14 寛文五年七月 大神村真芳寺への寄進状(国文学研究資料館内国立史料館蔵)………335
15 寛文五年七月 豊田本郷村清雲寺への寄進状(国文学研究資料館内国立史料館蔵)………335
16 寛文五年七月 宮下村八幡宮への寄進状(国文学研究資料館内国立史料館蔵)………335
17 寛文五年七月 宮下村大智寺への寄進状(国文学研究資料館内国立史料館蔵)………335
18 寛文五年七月 下糟屋村富士浅間社への寄進ならびに別当大慈寺内諸役免許朱印状(国文学研究資料館内国立史料館蔵)………336
19 寛文五年七月 東富岡村龍散寺への寄進ならびに諸役免許朱印状(国文学研究資料館内国立史料館蔵)………336
20 寛文五年七月 東富岡村八幡宮への寄進ならびに諸役免許朱印状(国文学研究資料館内国立史料館蔵)………336
21 寛文五年七月 石田村子安明神社への寄進状(国文学研究資料館内国立史料館蔵)………336
22 寛文五年七月 城所村浄心寺への寄進状(国文学研究資料館内国立史料館蔵)………337
23 寛文五年七月 沼目村大蔵院内天王社への寄進ならびに諸役免許朱印状(国文学研究資料館内国立史料館蔵)…337
24 寛文五年七月 大畑村金剛頂寺への寄進状(国文学研究資料館内国立史料館蔵)………337
25 寛文五年七月 寺田繩村東善寺山王権現社への寄進ならびに諸役免許朱印状(国文学研究資料館内国立史料館蔵)………338

26 寛文五年七月 平塚宿阿弥陀寺への寄進ならびに諸役免許朱印状(国文学研究資料館内国立史料館蔵)………338
27 寛文五年七月 平塚新宿八幡宮への寄進ならびに別当等覚院内諸役免許朱印状(国文学研究資料館内国立史料館蔵)………338
28 寛文五年七月 公所村安楽寺内熊野権現社・八剣明神社への寄進ならびに諸役免許朱印状(国文学研究資料館内国立史料館蔵)………338
29 寛文五年七月 上吉沢村宝積院内八剣明神社への寄進ならびに諸役免許朱印状(国文学研究資料館内国立史料館蔵)………339
30 寛文五年七月 下吉沢村松岩寺への寄進ならびに諸役免許朱印状(国文学研究資料館内国立史料館蔵)………339
31 寛文五年七月 土屋村福王寺内熊野権現社への寄進ならびに諸役免許朱印状(国文学研究資料館内国立史料館蔵)………339
32 寛文五年七月 土屋村大聖院への寄進ならびに諸役免許朱印状(国文学研究資料館内国立史料館蔵)………340
33 寛文五年七月 上大槻村天神社への寄進状(国文学研究資料館内国立史料館蔵)………340
34 寛文五年七月 南矢名村長福寺内八幡宮への寄進ならびに諸役免許朱印状(国文学研究資料館内国立史料館蔵)………340
35 寛文五年七月 北金目村熊野権現社・不動院への寄進ならびに諸役免許朱印状(国文学研究資料館内国立史料館蔵)………341
36 寛文五年七月 落幡村八剣明神社への寄進ならびに諸役免許朱印状(国文学研究資料館内国立史料館蔵)………341
37 寛文五年七月 三之宮村三宮神社への寄進状(国文学研究資料館内国立史料館蔵)………341
38 寛文五年七月 大山寺・八大坊への寄進ならびに諸役免許朱印状(国文学研究資料館内国立史料館蔵)………341
39 寛文五年七月 日向村白鬚大明神社・熊野権現社への寄進状(国文学研究資料館内国立史料館蔵)………342
40 寛文五年七月 日向村薬師堂への寄進状(国文学研究資料館内国立史料館蔵)………342
41 寛文五年七月 日向村石雲寺への寄進ならびに諸役免許朱印状(国文学研究資料館内国立史料館蔵)………342

42　寛文五年七月　曽屋村金蔵院への寄進ならびに諸役免許朱印状（国文学研究資料館内国立史料館蔵）……………343
43　寛文五年七月　落合村八幡宮への寄進ならびに諸役免許朱印状（国文学研究資料館内国立史料館蔵）……………343
44　寛文五年七月　東田原村金剛寺への寄進ならびに諸役免許朱印状（国文学研究資料館内国立史料館蔵）…………343
45　寛文五年七月　西田原村香雲寺への寄進状（国文学研究資料館内国立史料館蔵）…………………………………344
46　寛文五年七月　堀山下村八幡宮への寄進ならびに諸役免許朱印状（国文学研究資料館内国立史料館蔵）………344
47　寛文五年七月　千村白山権現社・別当泉蔵寺への寄進ならびに諸役免許朱印状（国文学研究資料館内国立史料館蔵）………………………………………344
48　寛文五年七月　今泉村光明寺内観音堂への寄進ならびに諸役免許朱印状（国文学研究資料館内国立史料館蔵）‥344
（5）　愛甲郡 ………………………………345
49　寛文五年七月　厚木村知音寺への寄進状（国文学研究資料館内国立史料館蔵）……………………………………345
50　寛文五年七月　岡津古久村子易明神社への寄進状（国文学研究資料館内国立史料館蔵）…………………………345
51　寛文五年七月　小野村閑香明神社への寄進状（国文学研究資料館内国立史料館蔵）……………………………345
52　寛文五年七月　小野村龍鳳寺への寄進ならびに諸役免許朱印状（国文学研究資料館内国立史料館蔵）…………346
53　寛文五年七月　林村鹿島三島住吉社への寄進状（国文学研究資料館内国立史料館蔵）…………………………346
54　寛文五年七月　妻田村柳大明神社への寄進状（国文学研究資料館内国立史料館蔵）……………………………346
55　寛文五年七月　妻田村薬師堂への寄進状（国文学研究資料館内国立史料館蔵）……………………………………346
56　寛文五年七月　及川村八幡宮への寄進状（国文学研究資料館内国立史料館蔵）……………………………………347
57　寛文五年七月　中依智村浅間社への寄進ならびに諸役免許朱印状（国文学研究資料館内国立史料館蔵）………347
58　寛文五年十二月　金田村妙純寺への寄進ならびに諸役免許朱印状（国文学研究資料館内国立史料館蔵）………347

59　寛文五年七月　三田村清源院への寄進状（国文学研究資料館内国立史料館蔵）……………………………………348
60　寛文五年七月　上荻野村明神社への寄進状（国文学研究資料館内国立史料館蔵）…………………………………348
61　寛文五年七月　上荻野村松石寺への寄進状（国文学研究資料館内国立史料館蔵）…………………………………348
62　寛文五年七月　下荻野村妙見社への寄進状（国文学研究資料館内国立史料館蔵）…………………………………348
63　寛文五年七月　飯山村龍蔵権現社への寄進状（国文学研究資料館内国立史料館蔵）……………………………349
64　寛文五年七月　飯山村観音堂への寄進状（国文学研究資料館内国立史料館蔵）……………………………………349
65　寛文五年七月　飯山村金剛寺への寄進状（国文学研究資料館内国立史料館蔵）……………………………………349
66　寛文五年七月　八菅村八菅山七社権現社への寄進状（国文学研究資料館内国立史料館蔵）……………………349
67　寛文五年七月　田代村勝楽寺への寄進状（国文学研究資料館内国立史料館蔵）……………………………………350
68　寛文五年七月　七沢村広沢寺への寄進ならびに諸役免許朱印状（国文学研究資料館内国立史料館蔵）…………350
（6）　高座郡 ………………………………350
69　寛文五年七月　遠藤村宝泉寺への寄進状（国文学研究資料館内国立史料館蔵）……………………………………350
70　寛文五年七月　宮山村一宮神社への寄進状（国文学研究資料館内国立史料館蔵）…………………………………351
71　寛文五年七月　国分村国分寺薬師堂への寄進状（国文学研究資料館内国立史料館蔵）…………………………351
72　寛文五年七月　河原口村惣持院への寄進状（国文学研究資料館内国立史料館蔵）…………………………………351
73　寛文五年七月　座間入谷村星谷寺への寄進状（国文学研究資料館内国立史料館蔵）……………………………351
74　寛文五年七月　当麻村当麻道場への寄進状（国文学研究資料館内国立史料館蔵）…………………………………352
（7）　鎌倉郡 ………………………………352
75　寛文五年七月　鶴岡八幡宮への寄進状（国文学研究資料館内国立史料館蔵）…………………………………352

76 寛文五年七月 山之内村建長寺への寄進状（国文学研究資料館内国立史料館蔵）……352
77 寛文五年七月 山之内村円覚寺への寄進状（国文学研究資料館内国立史料館蔵）……353
78 寛文五年七月 山之内村浄智寺への寄進状（国文学研究資料館内国立史料館蔵）……353
79 寛文五年七月 山之内村東慶寺への寄進状（国文学研究資料館内国立史料館蔵）……353
80 寛文五年七月 大町村祇園天王社への寄進状（国文学研究資料館内国立史料館蔵）……353
81 寛文五年七月 大町村妙本寺・武州本門寺への寄進状（国文学研究資料館内国立史料館蔵）……354
82 寛文五年七月 大町村本興寺への寄進状（国文学研究資料館内国立史料館蔵）……354
83 寛文五年七月 大町村長勝寺への寄進状（国文学研究資料館内国立史料館蔵）……354
84 寛文五年七月 大町村安養院への寄進状（国文学研究資料館内国立史料館蔵）……354
85 寛文五年七月 大町村別願寺への寄進状（国文学研究資料館内国立史料館蔵）……355
86 寛文五年七月 小町村本覚寺への寄進状（国文学研究資料館内国立史料館蔵）……355
87 寛文五年七月 小町村宝戒寺への寄進状（国文学研究資料館内国立史料館蔵）……355
88 寛文五年七月 小町村大行寺への寄進状（国文学研究資料館内国立史料館蔵）……355
89 寛文五年七月 扇ヶ谷村荒神社への寄進状（国文学研究資料館内国立史料館蔵）……356
90 寛文五年七月 扇ヶ谷村寿福寺への寄進状（国文学研究資料館内国立史料館蔵）……356
91 寛文五年七月 扇ヶ谷村英勝寺への寄進ならびに諸役免許朱印状（国文学研究資料館内国立史料館蔵）……356
92 寛文五年七月 扇ヶ谷村浄光明寺への寄進状（国文学研究資料館内国立史料館蔵）……357

93 寛文五年七月 二階堂村荏柄天神社への寄進状（国文学研究資料館内国立史料館蔵）……357
94 寛文五年七月 二階堂村覚園寺への寄進状（国文学研究資料館内国立史料館蔵）……357
95 寛文五年七月 浄妙寺村浄妙寺への寄進状（国文学研究資料館内国立史料館蔵）……357
96 寛文五年七月 浄妙寺村報国寺への寄進ならびに諸役免許朱印状（国文学研究資料館内国立史料館蔵）……358
97 寛文五年七月 材木座村光明寺への寄進状（国文学研究資料館内国立史料館蔵）……358
98 寛文五年七月 長谷村長谷観音への寄進状（国文学研究資料館内国立史料館蔵）……358
99 寛文五年七月 極楽寺村極楽寺への寄進状（国文学研究資料館内国立史料館蔵）……358
100 寛文五年七月 岩瀬村大長寺への寄進状（国文学研究資料館内国立史料館蔵）……359
101 寛文五年七月 西村遊行寺への寄進状（国文学研究資料館内国立史料館蔵）……359
102 寛文五年七月 城廻村久成寺への寄進状（国文学研究資料館内国立史料館蔵）……359
103 寛文五年七月 渡内村天嶽院への寄進状（国文学研究資料館内国立史料館蔵）……359
104 寛文五年七月 手広村青蓮寺への寄進状（国文学研究資料館内国立史料館蔵）……360
（8）三浦郡……360
105 寛文五年七月 堀内村森戸明神社への寄進状（国文学研究資料館内国立史料館蔵）……360
106 寛文五年七月 堀内村相福寺への寄進状（国文学研究資料館内国立史料館蔵）……360
107 寛文五年七月 一色村森山明神社への寄進状（国文学研究資料館内国立史料館蔵）……360
108 寛文五年七月 長柄村権現社への寄進状（国文学研究資料館内国立史料館蔵）……361
109 寛文五年七月 沼間村海宝院への寄進状（国文学研究資料館内国立史料館蔵）……361

110　寛文五年七月 沼間村神武寺薬師堂への寄進状(国文学研究資料館内国立史料館蔵)‥‥‥‥‥‥‥‥361
111　寛文五年七月 逗子村延命寺への寄進状(国文学研究資料館内国立史料館蔵)‥‥‥‥‥‥‥‥‥‥361
112　寛文五年七月 久野谷村観音堂への寄進状(国文学研究資料館内国立史料館蔵)‥‥‥‥‥‥‥‥‥‥362
113　寛文五年七月 池子村東昌寺への寄進状(国文学研究資料館内国立史料館蔵)‥‥‥‥‥‥‥‥‥‥362
114　寛文五年七月 浦ノ郷村雷神社への寄進状(国文学研究資料館内国立史料館蔵)‥‥‥‥‥‥‥‥‥‥362
115　寛文五年七月 浦ノ郷村良心寺への寄進状(国文学研究資料館内国立史料館蔵)‥‥‥‥‥‥‥‥‥‥362
116　寛文五年七月 浦ノ郷村能永寺への寄進状(国文学研究資料館内国立史料館蔵)‥‥‥‥‥‥‥‥‥‥363
117　寛文五年七月 上山口村新善光寺への寄進状(国文学研究資料館内国立史料館蔵)‥‥‥‥‥‥‥‥363
118　寛文五年七月 上山口村大昌寺への寄進状(国文学研究資料館内国立史料館蔵)‥‥‥‥‥‥‥‥‥‥363
119　寛文五年七月 蘆名村十二天明神社への寄進ならびに諸役免許朱印状(国文学研究資料館内国立史料館蔵)‥‥363
120　寛文五年七月 蘆名村浄楽寺への寄進状(国文学研究資料館内国立史料館蔵)‥‥‥‥‥‥‥‥‥‥364
121　寛文五年七月 佐島村天神社への寄進状(国文学研究資料館内国立史料館蔵)‥‥‥‥‥‥‥‥‥‥364
122　寛文五年七月 上宮田村不動堂への寄進ならびに諸役免許朱印状(国文学研究資料館内国立史料館蔵)‥‥364
123　寛文五年七月 三崎町海南大明神社への寄進状(国文学研究資料館内国立史料館蔵)‥‥‥‥‥‥‥‥365
124　寛文五年七月 武村東漸寺への寄進状(国文学研究資料館内国立史料館蔵)‥‥‥‥‥‥‥‥‥‥365
125　寛文五年七月 衣笠村不動堂への寄進状(国文学研究資料館内国立史料館蔵)‥‥‥‥‥‥‥‥‥‥365
126　寛文五年七月 大矢部村満昌寺への寄進状(国文学研究資料館内国立史料館蔵)‥‥‥‥‥‥‥‥‥‥365
127　寛文五年七月 大矢部村清雲寺への寄進状(国文学研究資料館内国立史料館蔵)‥‥‥‥‥‥‥‥‥‥366
128　寛文五年七月 久里浜村八幡宮への寄進状(国文学研究資料館内国立史料館蔵)‥‥‥‥‥‥‥‥‥‥366
129　寛文五年七月 西浦賀東福寺への寄進状(国文学研究資料館内国立史料館蔵)‥‥‥‥‥‥‥‥‥‥366
130　寛文五年七月 公郷村曹源寺薬師堂への寄進状(国文学研究資料館内国立史料館蔵)‥‥‥‥‥‥‥‥366
131　寛文五年七月 金谷村大明寺への寄進状(国文学研究資料館内国立史料館蔵)‥‥‥‥‥‥‥‥‥‥367
132　寛文五年七月 池上村妙蔵寺への寄進状(国文学研究資料館内国立史料館蔵)‥‥‥‥‥‥‥‥‥‥367
133　寛文五年七月 木古庭村本円寺への寄進状(国文学研究資料館内国立史料館蔵)‥‥‥‥‥‥‥‥‥‥367
134　寛文五年七月 走水村大泉寺への寄進状(国文学研究資料館内国立史料館蔵)‥‥‥‥‥‥‥‥‥‥367
135　寛文五年七月 鴨居村仏崎観音堂への寄進状(国文学研究資料館内国立史料館蔵)‥‥‥‥‥‥‥‥‥‥368
136　寛文五年七月 鴨居村薬師寺への寄進状(国文学研究資料館内国立史料館蔵)‥‥‥‥‥‥‥‥‥‥368
(9)　津久井県‥‥‥‥‥‥‥‥‥‥‥‥368
137　寛文五年七月 根小屋村功運寺への寄進ならびに諸役免許朱印状(国文学研究資料館内国立史料館蔵)‥‥‥‥368

2　武蔵国三郡‥‥‥‥‥‥‥‥‥‥‥‥369
＜写＞雲松院山門(横浜市港北区小机 雲松院)
解説‥‥‥‥‥‥‥‥‥‥‥‥‥‥‥‥370
(1)　橘樹郡‥‥‥‥‥‥‥‥‥‥‥‥‥371
138　寛文五年七月 上丸子村山王社への寄進状(国文学研究資料館内国立史料館蔵)‥‥‥‥‥‥‥‥‥‥371
139　寛文五年七月 鳥山村三会寺への寄進状(国文学研究資料館内国立史料館蔵)‥‥‥‥‥‥‥‥‥‥371
140　寛文五年七月 小机村雲松院への寄進状(国文学研究資料館内国立史料館蔵)‥‥‥‥‥‥‥‥‥‥371
141　寛文五年七月 神奈川宿成仏寺への寄進状(国文学研究資料館内国立史料館蔵)‥‥‥‥‥‥‥‥‥‥371

神奈川県史 資料編8 近世(5下)

142　寛文五年七月　神奈川宿慶運寺へ
　　の寄進ならびに諸役免許朱印状（国
　　文学研究資料館内国立史料館蔵）……372
143　寛文五年七月　神奈川宿金蔵院へ
　　の寄進状（国文学研究資料館内国立史料
　　館蔵）……………………………………372
144　寛文五年七月　神奈川宿妙仙寺へ
　　の寄進状（国文学研究資料館内国立史料
　　館蔵）……………………………………372
145　寛文五年七月　不動堂へ高畠村の
　　内三十石寄進状（国文学研究資料館内
　　国立史料館蔵）…………………………372
146　寛文五年七月　大泉寺への寄進状
　　（国文学研究資料館内国立史料館蔵）…373
147　寛文五年七月　永林寺への寄進な
　　らびに諸役免許朱印状（国文学研究資
　　料館内国立史料館蔵）…………………373
（2）　久良岐郡 ……………………………373
148　寛文五年七月　社家分村瀬戸大明
　　神社への寄進状（国文学研究資料館内
　　国立史料館蔵）…………………………373
149　寛文五年七月　洲崎村龍源寺への
　　寄進状（国文学研究資料館内国立史料館
　　蔵）………………………………………374
150　寛文五年七月　寺前村称名寺への
　　寄進状（国文学研究資料館内国立史料館
　　蔵）………………………………………374
151　寛文五年七月　坂本村一村紅葉山
　　東照宮別当知楽院への寄進ならびに
　　諸役免許朱印状（国文学研究資料館内
　　国立史料館蔵）…………………………374
152　寛文五年七月　本郷村本牧十二天
　　への寄進状（国文学研究資料館内国立史
　　料館蔵）…………………………………375
153　寛文五年七月　北方村妙香寺への
　　寄進状（国文学研究資料館内国立史料館
　　蔵）………………………………………375
154　寛文五年七月　堀之内村法住寺へ
　　の寄進状（国文学研究資料館内国立史料
　　館蔵）……………………………………375
155　寛文五年七月　太田村東福寺への
　　寄進状（国文学研究資料館内国立史料館
　　蔵）………………………………………375
（3）　都筑郡 ……………………………376
156　寛文五年七月　大熊村熊野権現社
　　への寄進ならびに諸役免許朱印状
　　（国文学研究資料館内国立史料館蔵）…376
157　寛文五年八月　増上寺への寄進状
　　（国文学研究資料館内国立史料館蔵）…376
158　寛文五年八月　増上寺領目録（国文
　　学研究資料館内国立史料館蔵）………376

第2部　由緒と行事 …………………………379
　1　縁起・由緒 ……………………………379

［*宗教活動］
＜写＞文禄3年　江島縁起（藤沢市江の島
　　江島神社）………………………………379
解説 ……………………………………………380
（1）　相模国 ……………………………381
　足柄上郡 …………………………………381
159　上大井村大井之宮縁起（大井町
　　上大井 三島神社蔵）…………………381
160　塚原村長泉院由緒書（正徳元年
　　五月）（南足柄市塚原 長泉院蔵）……382
161　関本村最乗寺開闢ならびに九
　　人老人の機縁（慶安元年）（南足柄
　　市大雄 最乗寺蔵）……………………385
162　谷ケ村白籏大明神由緒書（元禄
　　三年九月）（山北町谷峨 武尾毎木氏
　　蔵）………………………………………386
　足柄下郡 …………………………………387
163　小田原宿山角町伝肇寺記略（天
　　和三年八月）（小田原市城山 伝肇寺
　　蔵）………………………………………387
164　小田原宿大工町蓮上院華之木
　　由緒之記（元禄三年十一月）（小田
　　原市浜町 蓮上院蔵）…………………388
165　元箱根相州箱根山略縁起（文化
　　年中）（県立文化資料館蔵）…………390
166　塔之沢阿弥陀寺略縁起（慶応義
　　塾図書館蔵）……………………………394
167　石橋村佐奈田社略縁起（嘉永二
　　年四月）（慶応義塾図書館蔵）………397
168　真鶴村貴宮大明神縁起（文和元
　　年）（真鶴町真鶴 五味源太郎氏
　　蔵）………………………………………399
169　真鶴村発心寺由来記（天正十八
　　年三月）（真鶴町真鶴 発心寺蔵）……401
170　堀之内村若宮八幡三社大菩薩
　　之略縁起（小田原市堀之内 平塚光之
　　氏蔵）……………………………………402
171　西大友村盛泰寺伝記（寛政十一
　　年四月）（小田原市西大友 盛泰寺
　　蔵）………………………………………404
172　国府津村真楽寺御旧跡略縁緒
　　（小田原市国府津 真楽寺蔵）…………404
　淘綾郡 ……………………………………405
173　山西村川勾神社二宮明神社縁
　　起書（寛永十九年九月）（二宮町山
　　西 川勾神社蔵）………………………405
174　山西村吾妻社縁起（寛永八年六
　　月）（二宮町二宮 内海龍彦氏蔵）……406
175　山西村吾妻社別当寺縁起（文禄
　　二年五月）（二宮町二宮 内海龍彦氏
　　蔵）………………………………………408

神奈川県史 資料編8 近世(5下)

176　大磯宿延台寺鎮守鬼子母神・虎池弁財天・虎御石略縁起(嘉永五年九月)(県立金沢文庫蔵)………409
177　西小磯村真楽寺縁起(文治二年一月)(平塚市城所 川口妙香氏蔵)……………………………411
178　高根村荘厳寺地蔵尊ならびに虎女之縁起(慶長十一年七月)(平塚市城所 川口妙香氏蔵)…………412
大住郡……………………………………414
179　平塚新宿八幡宮之記(寛永十四年四月)(平塚市浅間 平塚八幡宮蔵)……………………………414
180　南矢名村東光寺縁起(万治二年二月)(平塚市城所 川口妙香氏蔵)……………………………416
181　南金目村光明寺観世音金像縁起(宝永七年春)(平塚市南金目 光明寺蔵)…………………………419
182　大山大山寺縁起絵巻(伊勢原市大山 大山寺蔵)…………………421
183　日向村薬師堂縁起(寛文四年三月)(伊勢原市日向 日向薬師宝城坊蔵)………………………………428
184　日向村浄発願寺縁起絵巻(伊勢原市日向 浄発願寺蔵)……………434
185　日向村石雲寺縁起(平塚市城所 川口妙香氏蔵)……………………446
愛甲郡……………………………………447
186　戸室村神大権現略縁起(元文四年)(厚木市戸室 子神社蔵)…447
187　長谷村堰明神社縁起(天和元年六月)(厚木市長谷 堰神社蔵)…448
188　妻田村薬師堂本尊大縁起(明暦二年九月)(厚木市妻田 遍照院蔵)……………………………………449
189　上依智村妙伝寺略縁起ならびに勧募帳(寛延元年二月)(県立文化資料館蔵)…………………………455
190　金田村妙純寺星下降縁起(天保十一年二月)(県立文化資料館蔵)……………………………457
191　上荻野村松石寺由緒書上(享保三年四月)(厚木市三田 清源院蔵)……………………………………459
192　中荻野村養徳寺金毘羅子世羅天由来記(慶安三年十月)(厚木市中荻野 養徳寺蔵)……………460
193　下荻野村法界寺安身代り地蔵菩薩・朝日如来略縁起(安永四年)(慶応義塾図書館蔵)…………461
194　飯山村金剛寺記録(延享二年七月)(厚木市飯山 金剛寺蔵)………462

195　八菅村光勝寺略縁起(愛川町中津 龍福寺蔵)……………………463
196　半原村清瀧院不動院縁起(寛文五年五月)(愛川町半原 染矢太郎氏蔵)……………………………………465
高座郡……………………………………467
197　藤沢宿妙善寺正宗稲荷縁起(安永七年十月)(国立公文書館 内閣文庫蔵)……………………………467
198　鵠沼村万福寺縁起ならびに聖徳太子略縁起(藤沢市鵠沼神明 万福寺蔵)………………………………469
199　小和田村上正寺略縁起(元禄十五年四月)(茅ヶ崎市小和田 上正寺蔵)……………………………………474
200　柳島村善福寺弘法大師尊像之記(元禄十六年五月)(県立文化資料館蔵)……………………………475
201　浜之郷村鶴嶺八幡社・佐塚明神社縁起(慶安三年三月)(二宮町川勾 山口金次氏蔵)……………476
202　円蔵村輪光寺縁起(宝永七年九月)(茅ヶ崎市高田 水越梅二氏蔵)……………………………………477
203　座間村円教寺略縁起(県立金沢文庫蔵)………………………479
204　座間入谷村星谷寺観音堂縁起并堂記(寛保三年一月)(座間市入谷 野島正氏蔵)………………481
205　当麻村無量光寺縁起(茅ヶ崎市高田 水越梅二氏蔵)………………482
鎌倉郡……………………………………484
206　鶴岡八幡宮八幡廻御影縁起(応永六年七月)(鎌倉市雪ノ下 鶴岡八幡宮蔵)……………………………484
207　山之内村建長寺草建入仏記(鎌倉市山ノ内 建長寺蔵)……485
208　山之内村円覚寺仏牙舎利縁起(鎌倉市山ノ内 円覚寺蔵)…488
209　山之内村東慶寺由緒書(鎌倉市山ノ内 東慶寺蔵)……………490
210　大町村妙本寺誌(県立文化資料館蔵)…………………………492
211　大町村安国寺由来書(元禄二年九月)(県立文化資料館蔵)……496
212　大町村長勝寺来由記(鎌倉市大町 長勝寺蔵)…………………500
213　大町村安養院起立之訳(鎌倉市大町 安養院蔵)……………………510
214　小町村本覚寺縁起(慶長年中改)(鎌倉市小町 本覚寺蔵)……510
215　扇ケ谷村寿福寺略記(鎌倉市扇ガ谷 寿福寺蔵)…………………511

県史誌内容総覧・資料編 1: 近世—関東　521

神奈川県史 資料編8 近世(5下)

216 扇ケ谷村英勝寺記(寛永十五年二月)(鎌倉市扇ガ谷 英勝寺蔵)‥‥512
217 扇ケ谷村薬王寺釈迦如来縁起(鎌倉市扇ガ谷 薬王寺蔵)‥‥‥‥515
218 二階堂村覚園寺縁起(鎌倉市二階堂 覚園寺蔵)‥‥‥‥‥‥‥517
219 二階堂村杉本寺本尊縁起(永禄三年三月)(鎌倉市二階堂 杉本寺蔵)‥‥‥‥‥‥‥‥‥‥‥‥‥518
220 十二所村明王院縁起(鎌倉市十二所 明王院蔵)‥‥‥‥‥‥‥520
221 十二所村光触寺頰焼阿弥陀縁起絵巻(文和四年九月)(鎌倉市十二所 光触寺蔵)‥‥‥‥‥‥‥527
222 浄妙寺村浄妙寺鎌埋稲荷明神縁起(鎌倉市浄妙寺 浄妙寺蔵)‥532
223 材木座村光明寺善導大師影像縁起(延宝三年三月)(鎌倉市材木座 光明寺蔵)‥‥‥‥‥‥‥‥‥533
224 乱橋村九品寺本尊開基由緒(延文三年三月)(鎌倉市材木座 九品寺蔵)‥‥‥‥‥‥‥‥‥‥‥‥‥535
225 長谷村長谷寺縁起(弘治三年一月)(鎌倉市長谷 長谷寺蔵)‥536
226 長谷村大仏高徳院略記(文化四年十一月)(鎌倉市長谷 高徳院蔵)‥‥‥‥‥‥‥‥‥‥‥‥‥‥‥542
227 極楽寺村極楽寺釈迦牟尼仏縁起(明和五年七月)(鎌倉市極楽寺 極楽寺蔵)‥‥‥‥‥‥‥‥‥546
228 下倉田村永勝寺略縁起(元文五年八月)(横浜市戸塚区下倉田 永勝寺蔵)‥‥‥‥‥‥‥‥‥‥‥‥547
229 上之村光明寺略縁起(横浜市戸塚区上郷 光明寺蔵)‥‥‥‥‥550
230 小菅ケ谷村長光寺縁起(寛永十七年五月)(横浜市戸塚区小菅ケ谷 長光寺蔵)‥‥‥‥‥‥‥‥‥551
231 金井村玉泉寺縁起(建武元年八月)(横浜市戸塚区金井 玉泉寺蔵)‥‥‥‥‥‥‥‥‥‥‥‥‥‥‥552
232 藤沢宿遊行寺略縁起(県立文化資料館蔵)‥‥‥‥‥‥‥‥‥553
233 藤沢宿遊行寺院長照院小栗堂略縁起(県立文化資料館蔵)‥‥554
234 江嶋縁起(享禄四年七月)(藤沢市江の島 江島神社蔵)‥‥‥556
三浦郡‥‥‥‥‥‥‥‥‥‥‥562
235 沼間村神武寺縁起(文禄三年一月)(逗子市沼間 神武寺蔵)‥562
236 沼間村法勝寺縁起(延享二年九月)(逗子市沼間 法勝寺蔵)‥564

237 久野谷村岩殿寺観音縁起(寛文六年六月)(逗子市久木 岩殿寺蔵)‥‥‥‥‥‥‥‥‥‥‥‥‥‥‥566
238 長井村長馨院縁起(延宝二年十月)(横須賀市長井 鈴木博明氏蔵)‥‥‥‥‥‥‥‥‥‥‥‥‥‥‥567
239 高円坊村五劫寺略縁起(延享三年)(三浦市初声町高円坊 和田悌五郎氏蔵)‥‥‥‥‥‥‥‥‥‥‥568
240 三戸村光照寺正観世音菩薩略縁起(三浦市初声町三戸 前田浩氏蔵)‥‥‥‥‥‥‥‥‥‥‥‥‥‥‥569
241 三崎町最福寺縁起(安政三年)(三浦市白石 最福寺蔵)‥‥‥571
242 二町谷村円照寺縁起(文明九年十一月)(三浦市三崎 円照寺蔵)‥571
243 菊名村法昌寺縁起(慶応四年四月)(三浦市南下浦町菊名 法昌寺蔵)‥‥‥‥‥‥‥‥‥‥‥‥‥‥‥572
244 衣笠村大善寺不動尊略縁起(慶応義塾図書館蔵)‥‥‥‥‥‥574
245 大矢部村満昌寺縁起(天保十三年一月)(横須賀市大矢部 万昌寺蔵)‥‥‥‥‥‥‥‥‥‥‥‥‥‥‥574
246 西浦賀村東福寺観音菩薩縁起(横須賀市西浦賀 東福寺蔵)‥576
247 公郷村春日大明神縁起(文政十二年十一月)(横須賀市衣笠栄町 大明寺蔵)‥‥‥‥‥‥‥‥‥‥‥577
248 池上村妙蔵寺開基譜(享保十一年九月)(横須賀市池上 妙蔵寺蔵)‥‥‥‥‥‥‥‥‥‥‥‥‥‥‥‥578
249 野比村貴船明神縁起(延宝八年一月)(横須賀市野比 菱沼重蔵氏蔵)‥‥‥‥‥‥‥‥‥‥‥‥‥‥‥579
250 野比村最宝寺地蔵菩薩縁起(横須賀市野比 最宝寺蔵)‥‥‥580
津久井県‥‥‥‥‥‥‥‥‥‥‥581
251 佐野川村海円堂略縁起(安永八年七月)(藤野町佐野川 清水昭代氏蔵)‥‥‥‥‥‥‥‥‥‥‥‥‥‥581
252 小淵村唐土大明神由来書(宝暦五年十月)(藤野町小淵 栗原穀氏蔵)‥‥‥‥‥‥‥‥‥‥‥‥‥‥‥582
253 中野村祥泉寺由緒(慶応四年月)(津久井町中野 祥泉寺蔵)‥‥‥‥‥‥‥‥‥‥‥‥‥‥‥‥‥‥583
254 青山村仙洞寺由緒書(天保六年)(松田町松田惣領 小宮健八氏蔵)‥‥‥‥‥‥‥‥‥‥‥‥‥‥‥584
(2) 武蔵国三郡‥‥‥‥‥‥‥‥585
橘樹郡‥‥‥‥‥‥‥‥‥‥‥585
256 長尾村等覚院不動尊略縁起(八月)(川崎市立中原図書館蔵)‥‥‥‥‥585

522 県史誌内容総覧・資料編 1: 近世―関東

257　末長村八幡宮由来記(寛延元年六月)(川崎市高津区末長　中山清氏蔵) ………………………587
258　下野川村影向寺縁起(宝永七年四月)(県立文化資料館蔵) ………588
259　上丸子村丸子山王権現縁起(正治二年五月)(川崎市中原区上丸子山王町　日枝神社蔵) …………591
260　古師岡村熊野権現縁起(宝暦十二年)(横浜市港北区綱島東　池谷光朗氏蔵) …………………………592
261　小机村雲松院起立記(天和二年三月)(横浜市港北区小机　雲松院蔵) …………………………………596
262　神奈川宿青木町三宝寺鎮守白蛇弁財天縁起(延宝五年五月)(『横浜市史稿』神社編) ………………596
263　神奈川宿神奈川町浦島塚縁起(東京都公文書館蔵) ……………597
264　川中島村平間寺(弘法大師堂)略縁起(川崎市立中原図書館蔵) ……598

久良岐郡 ………………………………599
265　洲崎村龍源寺略縁起(元禄十四年・春)(横浜市金沢区洲崎　龍華寺蔵) …………………………………599
266　富岡村八幡社縁起(寛永三年三月)(横浜市金沢区富岡　八幡宮蔵) ……………………………………601
267　富岡村慶珊寺縁起(寛永三年三月)(横浜市金沢区富岡　慶珊寺蔵) ……………………………………604
268　坂本村宇賀山王社略縁起(天保五年九月)(県立金沢文庫蔵) ……605
269　横浜村杉山弁天略縁起(横浜市南区堀ノ内　石井光太郎氏蔵) ……607
270　堀之内村宝生寺観音略縁起ならびに勧誘記(安政五年四月)(横浜市南区堀ノ内　宝生寺蔵) …………608
271　根岸村八幡社縁起(明和三年)(『横浜市史稿』神社編) ………611
272　森中原村熊野社縁起(正応二年三月)(『横浜市史稿』神社編) …612

都筑郡 …………………………………613
273　茅ケ崎村寿福寺伝記(文和元年)(県立金沢文庫蔵) ……………613
274　王禅寺村王禅寺聖観世音菩薩略縁起(慶安三年十一月)(川崎市多摩区王禅寺　志村文雄氏蔵) ……614

2　祭礼・年中行事 ………………………617
<写>文化12年　遊行寺開山忌につき諸商人へ廻状(藤沢市西富　青木四郎氏蔵) …………………………617
解説 ……………………………………618

(1)　祭礼 ………………………………619
275　慶長五年・元和九年　愛甲郡八菅神社祭祀座位書(愛川町中津　熊坂一郎蔵) ………………………619
276　正保四年四月　淘綾郡国府新宿六所明神社への禁制(二宮町山西　川勾神社蔵) …………………………620
277　延享二年四月　大住郡三之宮村三之宮明神祭礼掟書(伊勢原市三ノ宮　比々多神社蔵) ………………620
278　宝暦十一年九月　淘綾郡二ノ宮村天王祭の節神輿持込み商売物打散一件済口証文(二宮町山西　川勾神社蔵) ……………………………………621
279　安永五年十一月　淘綾郡川勾神社祭礼式(二宮町山西　川勾神社蔵) …622
280　寛政二年九月　足柄下郡小船村白髭神社祭礼につき五ケ村若者連書(小田原市小船　白髭神社蔵) …626
281　寛政七年四月　大住郡三之宮村三之宮明神祭礼神輿渡御妨げの村方取締願書(伊勢原市三ノ宮　比々多神社蔵) ……………………………628
282　寛政七年五月　大住郡三之宮村三之宮明神祭礼神輿渡御妨げ争論につき代官所申渡請書(伊勢原市白根　山本孝義氏蔵) ………………………………630
283　寛政七年五月　大住郡三之宮村三之宮明神祭礼神輿渡御妨げ争論につき申渡請書(伊勢原市三ノ宮　比々多神社蔵) ……………………………635
284　寛政十二年十二月　三浦郡秋谷村鎮守神明天王祭礼書上帳(横須賀市秋谷　若命又男氏蔵) ……………637
285　文化十二年八月　鎌倉郡藤沢宿遊行寺開山忌につき諸商人へ廻状(藤沢市西富　青木四郎氏蔵) ……638
286　文化十四年五月　淘綾郡国府本郷村六所大明神祭礼の節氏子同士争論につき取替証文(二宮町山西　川勾神社蔵) ……………………………………639
287　文政六年七月　神事・祭礼につき鎌倉郡藤沢宿遊行寺触書(藤沢市西富　青木四郎氏蔵) ……………640
288　文政七年二月　淘綾郡山西村二宮明神等と同郡国府本郷村真勝寺との争論済口証文(寒川町宮山　寒川神社蔵) ……………………………………641
289　文政十二年八月　大住郡堀斎藤村蔵王社祭礼につき講中議定連印帳(秦野市堀西　大森元行氏蔵) ………644

県史誌内容総覧・資料編 1：近世―関東　523

神奈川県史 資料編8 近世(5下)

290　嘉永五年四月　大住郡三之宮村三之宮明神祭礼神輿渡御につき巡行村々請書(横浜市緑区千草台 吉浜俊彦氏蔵)……645
291　嘉永七年六月　津久井県三ケ木村天王宮祭礼につき議定改書(藤沢市鵠沼神明 万福寺蔵)……648
292　万延元年五月　三浦郡長井村外四カ村牛頭天王社例祭神輿渡御につき届書(横須賀市秋谷 若命又男氏蔵)…649
293　慶応四年　高座郡一ノ宮村寒川神社社僧復飾後祭祀・席順不承引につき指示願書(寒川町宮山 寒川神社蔵)……650
(2)　年中行事……652
294　文政四年一月　鎌倉郡藤沢宿遊行寺領分年中ならびに非事行事(藤沢市西富 青木四郎氏蔵)……652
295　鎌倉郡小町村本覚寺年中行事(鎌倉市小町 本覚寺蔵)……655
296　明治五年二月　高座郡茅ケ崎村円蔵寺門末年中行事(茅ケ崎市十間坂 円蔵寺蔵)……660
3　法度と本末関係……669
〈写〉寛永20年　高麗寺雲上院への天海大僧正条目(大磯町高麗 高来神社蔵)…669
解説……670
(1)　掟書……671
297　慶長十四年八月　大住郡大山寺別当八大坊寺中結界につき定書(伊勢原市大山 阿夫利神社蔵)……671
298　慶長十四年八月　関東真言宗古義諸寺法度書(鎌倉市手広 青蓮寺蔵)…671
299　慶長十四年八月　関東中本寺法論議所化衆掟書(鎌倉市手広 青蓮寺蔵)……672
300　寛永二十年一月　淘綾郡高麗寺村高麗寺雲上院への天海大僧正条目(大磯町高麗 高来神社蔵)……674
301　万治四年二月　江湖修業精励につき曹洞宗関東僧録司達(秦野市西田原 香雲寺蔵)……674
302　寛文五年一月　愛甲郡八菅山坊中諸法度書(愛川町中津 足立原美枝子氏蔵)……675
303　寛文八年二月　江湖僧侶酒食につき曹洞宗関東僧録司達(秦野市西田原 香雲寺蔵)……675
304　延宝五年十月　鎌倉郡小町村本覚寺末寺支配条目(鎌倉市小町 本覚寺蔵)……676

305　天和三年五月　大住郡日向村浄発願寺掟書(伊勢原市日向 浄発願寺蔵)……677
306　天和三年十月　大住郡日向村浄発願寺持戒捨身念仏掟書(伊勢原市日向 浄発願寺蔵)……677
307　貞享二年二月　鎌倉郡小町村本覚寺末寺支配条目(鎌倉市小町 本覚寺蔵)……679
308　貞享二年十月　修験道諸法度につき申達(藤野町小淵 栗原毅氏蔵)……679
309　元禄八年十一月　新義真言宗寺院中条目(明治大学刑事博物館蔵)……680
310　元禄十三年五月　鎌倉郡山之内村円覚寺末寺入院中住職規式につき覚(鎌倉市山ノ内 円覚寺蔵)……681
311　享保四年五月　円覚寺派出世贈答等諸事質素慎み方につき壁書(鎌倉市山ノ内 円覚寺蔵)……681
312　享保十六年五月　円覚寺派末寺僧衆参禅精励につき申達(鎌倉市山ノ内 円覚寺蔵)……683
313　延享二年七月　寺院本末争論取捌方につき触(鎌倉市山ノ内 円覚寺蔵)……683
314　宝暦六年五月　愛甲郡八菅山坊中掟書(愛川町八菅山宮村 八菅神社蔵)……684
315　宝暦十一年　修学につき総寧寺定規(逗子市久木 岩殿寺蔵)……685
316　明和八年九月　鎌倉郡長谷村長谷観音堂別当慈照院条目請書(鎌倉市材木座 光明寺蔵)……685
317　寛政五年八月　子返しの達につき常州水戸増井正宗寺代請書(鎌倉市山ノ内 円覚寺蔵)……687
318　文政十年七月　三浦郡野比村最宝寺座配につき定書(横須賀市野比 最宝寺蔵)……688
319　天保十五年四月　高座郡羽鳥村竹内三大夫相州触頭役申付につき西宮蛭児社達(藤沢市城南 竹内のたま代氏蔵)……689
(2)　本末争論……689
320　明暦四年二月　足柄上郡栢山村善栄寺と塚原村天王院との争論につき申渡(小田原市栢山 善栄寺蔵)……689
321　明暦四年四月　橘樹郡大曽根村大乗寺と愛甲郡三田村青源院との本末争論につき定(厚木市三田 清源院蔵)……690

524　県史誌内容総覧・資料編1: 近世—関東

322 明暦四年七月 足柄上郡栢山村善栄寺本末式例につき大住郡日向村石雲寺返答書(小田原市栢山 善栄寺蔵)……690
323 寛文十年十二月 鎌倉郡山之内村建長寺と久良岐郡杉田村東漸寺との出入記(横浜市磯子区杉田 東漸寺蔵)……691
324 延宝四年二月 江の島下之坊岩本院支配に違背につき一札(鎌倉市手広 青蓮寺蔵)……692
325 天和元年十二月 曹洞宗天巽派輪番につき寺社奉行申渡(厚木市三田 清源院蔵)……693
326 元禄四年三月 上州沼田村龍華院役儀ならびに愛甲郡三田村清源院塔頭輪番につき一札(厚木市三田 清源院蔵)……693
327 元禄七年十月 愛甲郡八菅山本坊・脇坊座位争論につき内済覚(愛川町八菅山宮村 八菅神社蔵)……694
328 元禄十年五月 足柄上郡関本村最乗寺脇院大慈院輪住につき大住郡日向村石雲寺訴状(伊勢原市日向 石雲寺蔵)……695
329 元禄十年九月 大住郡日向村石雲寺と津久井県功雲寺との最乗寺塔頭輪住争論裁許状(津久井郡根小屋 功雲寺蔵)……696
330 享保五年 愛甲郡三田村清源院五派門首ならびに最乗寺塔頭輪番争論につき吟味願(厚木市三田 清源院蔵)……698
331 享保九年閏四月 愛甲郡三田村清源院と上州沼田村龍華院との最乗寺塔頭輪住争論裁許状(厚木市三田 清源院蔵)……700
332 享保十四年一月 愛甲郡八菅山山本院と円大院・瀧野院等との座位争論裁許につき請書(愛川町八菅山宮村 八菅神社蔵)……703
333 延享三年二月 大住郡西富岡村一祥寺と栗原村法泉寺檀中との争論につき取替証文(伊勢原市西富岡宝地堀 江政邦氏蔵)……704
334 宝暦三年十月 三浦郡野比村最宝寺廻状触方違法につき和談取替証文(横須賀市野比 最宝寺蔵)……706

第3部 領民支配と経営……709
1 鎌倉郡の寺社……709
〈写〉天和3年 鶴岡八幡宮社家給地書上(鎌倉市雪ノ下 鶴岡八幡宮蔵/多家資料)……709

解説……710
(1) 寺社領の村々……711
335 慶長四年二月 鎌倉寺社領農民困窮につき反銭・棟別銭免除願(鎌倉市山ノ内 円覚寺蔵)……711
336 慶長四年十二月 鶴岡八幡宮等寺社領農民困窮につき年貢減免等取計願書(鎌倉市山ノ内 円覚寺蔵)……711
337 慶長四年十二月 寺社領百姓訴状差出につき代官頭彦坂元正返答書(鎌倉市山ノ内 円覚寺蔵)……712
338 延宝元年十二月 山之内村明細帳(鎌倉市山ノ内 円覚寺蔵)……713
339 延享二年八月 建長寺・円覚寺・東慶寺諸役免除の由緒書上(鎌倉市山ノ内 建長寺蔵)……716
340 宝暦十年五月 鎌倉郡村柄書上帳(鎌倉市極楽寺 岩澤玄次氏蔵)……718
341 明和七年四月 建長寺・円覚寺・東慶寺国役金御免の由緒届(鎌倉市山ノ内 円覚寺蔵)……719
342 文政七年四月 扇ケ谷村地誌調書上帳(鎌倉市扇ガ谷 加納襄二氏蔵)……720
343 安政二年八月 朱印寺社高反別・除地寺院書上(鎌倉市十二所 大木力雄氏蔵)……722
344 明治三年十一月 十二所村明細帳(鎌倉市十二所 大木力雄氏蔵)……734
(2) 鶴岡八幡宮……740
345 天和三年九月 鶴岡八幡宮社家給地書(鎌倉市雪ノ下 鶴岡八幡宮蔵/多家資料)……740
346 延享三年十月 鶴岡八幡宮社家往来人馬銭争論裁許につき請書(鎌倉市山ノ内 円覚寺蔵)……743
347 文政八年十月 鶴岡八幡宮社領人別・年貢等差配御尋につき返答書(東京大学法学部法制史資料室蔵)……745
348 嘉永七年七月 我覚院無尽積立につき議定書(鎌倉市雪ノ下 鶴岡八幡宮蔵/多家資料)……746
349 安政五年三月 鶴岡八幡宮社家宗門人別改帳(鎌倉市雪ノ下 鶴岡八幡宮蔵/多家資料)……748
350 元治元年十一月 扇ケ谷村年貢割付状(鎌倉市扇ガ谷 加納襄二氏蔵)……751
351 慶応三年六月 雪下村年貢割付状(鎌倉市雪ノ下 岡本新弌氏蔵)……753
352 明治四年十月 上地御免願につき境内取調書(鎌倉市雪ノ下 鶴岡八幡宮蔵)……754
(3) 建長寺……757

353　天正十九年七月 建長寺塔頭寺領高書上ならびに延宝五年三月門前屋敷地替につき届(鎌倉市山ノ内 建長寺蔵)……………………………757
354　慶長五年 建長寺領検地帳(鎌倉市山ノ内 建長寺蔵)………………758
355　元禄十五年十一月 晩達僧の相続ならびに門前屋敷年貢免除につき達(鎌倉市山ノ内 建長寺蔵)………767
356　宝永六年八月 末寺大住郡六カ寺公家衆通行助郷役差出は無調法につき本寺申達請書(鎌倉市山ノ内 建長寺蔵)……………………………767
357　享保六年十月 建長寺領永高・人別書上(鎌倉市山ノ内 建長寺蔵)……769
358　元文四年四月 飢饉につき門前総百姓金子借用証文(鎌倉市山ノ内 建長寺蔵)……………………………769
359　安永二年閏三月 千龍庵支配門前店空屋譲渡のため同店祠堂金取計方につき願書(鎌倉市山ノ内 建長寺蔵)……………………………770
360　寛政三年五月 門前宗門人別帳納方の願書取下げ申達につき請書(鎌倉市山ノ内 円覚寺蔵)……………770
361　文化十二年―文政九年 建長寺大年忌につき脇詰諸役勤方日記(鎌倉市十二所 小丸俊雄氏蔵)……771
362　慶応元年三月 建長寺和合講取扱人議定書(鎌倉市山ノ内 建長寺蔵)…775
363　関八州末寺朱印地高書上(鎌倉市山ノ内 建長寺蔵)………………776
364　建長寺貸付金議定書(鎌倉市山ノ内 建長寺蔵)………………779
(4)　円覚寺……………………………781
寺領…………………………………781
365　元和九年五月 円覚寺門前屋敷棟別・反銭等知行替通達状(鎌倉市山ノ内 帰源院蔵)…………781
366　延宝七年九月 円覚寺領ならびに諸塔頭支配目録(鎌倉市山ノ内 円覚寺蔵)…………………………781
367　明和七年十一月 旱魃につき年貢引方円覚寺塔頭へ申渡(鎌倉市山ノ内 円覚寺蔵)………………782
368　明和七年十一月 円覚寺領畑方年貢引方一件経過ならびに申渡(鎌倉市山ノ内 円覚寺蔵)……………783
369　天明七年五月 凶作につき年貢引方円覚寺諸塔頭へ申渡(鎌倉市山ノ内 円覚寺蔵)………………788
寺領農民……………………………789

370　寛文十年十一月 円覚寺領紺屋藍瓶役につき訴状(鎌倉市山ノ内 円覚寺蔵)……………………………789
371　寛文十一年五月 門前百姓牢死につき子の一札(鎌倉市山ノ内 円覚寺蔵)……………………………789
372　寛文十一年五月―七月 円覚寺子院抱地出入につき山之内村名主追放一件書(鎌倉市山ノ内 円覚寺蔵)……………………………789
373　元禄二年十月 献上台・献上箱等につき円覚寺法度連判帳(鎌倉市山ノ内 円覚寺蔵)………………794
374　正徳五年八月 監門役義に奉公請状(鎌倉市山ノ内 円覚寺蔵)……795
375　元文三年一月 盗賊・博奕等取締申渡につき門前百姓請書(鎌倉市山ノ内 円覚寺蔵)………………795
376　元文五年九月 年貢・諸役・村入用等の帳に総百姓の印形をとるべき公儀の触書請書(鎌倉市山ノ内 円覚寺蔵)……………………………796
377　延享二年六月 年貢減免につき皆済方請書(鎌倉市山ノ内 円覚寺蔵)……………………………797
378　宝暦六年四月 山之内下町屋敷地争論済口証文(鎌倉市山ノ内 円覚寺蔵)……………………………797
379　明和五年十二月 村方俳徊の浪人共取締願書(鎌倉市山ノ内 円覚寺蔵)……………………………798
380　明和六年七月 畑方・屋敷年貢延納許可につき一札(鎌倉市山ノ内 円覚寺蔵)……………………………799
381　明和七年十一月 年貢減免願書および取下げ請書(鎌倉市山ノ内 円覚寺蔵)……………………………799
382　安永四年十月 不如意につき名主退役願書(鎌倉市山ノ内 円覚寺蔵)……………………………800
383　天明三年十一月 凶作につき年貢用捨願書(鎌倉市山ノ内 円覚寺蔵)……………………………801
384　天明四年閏一月 凶作につき夫食下付願書(鎌倉市山ノ内 円覚寺蔵)……………………………801
385　天明七年五月 凶作につき麦作年貢減免願書(鎌倉市山ノ内 円覚寺蔵)……………………………802
386　天明八年六月 奢侈禁止令につき門前総百姓請書(鎌倉市山ノ内 円覚寺蔵)……………………………802

387　寛政七年八月　難渋につき小商売免許願書(鎌倉市山ノ内　円覚寺蔵)……………………………804
388　文化八年五月　作物荒されにつき届書(鎌倉市山ノ内　円覚寺蔵)…804
389　文化十年七月　紺屋惣右衛門召使重右衛門身上につき代官所へ書上(鎌倉市山ノ内　円覚寺蔵)………805
390　文政六年十月　風損につき年貢減免願書ならびに年貢引方請書(鎌倉市山ノ内　円覚寺蔵)…………806
391　文政七年十月　祠堂金抵当の家・屋敷返済許容につき請書(鎌倉市山ノ内　円覚寺蔵)……………807
392　文政十二年十一月　困窮につき名主退役願書(鎌倉市山ノ内　円覚寺蔵)……………………………808
393　文政十二年十二月　名主跡役指命方願書(鎌倉市山ノ内　円覚寺蔵)……………………………808
394　天保六年六月　不作につき夏成年貢買納願書(鎌倉市山ノ内　円覚寺蔵)……………………………809
395　天保六年十一月　不作につき秋成年貢正米・買米半納願(鎌倉市山ノ内　円覚寺蔵)…………………810
396　天保十三年六月　年貢買納相場引下げ願書(鎌倉市山ノ内　円覚寺蔵)……………………………811
397　天保十五年十一月　秋成年貢引方につき請書(鎌倉市山ノ内　円覚寺蔵)……………………………811
398　嘉永六年三月　寺内取締議定書(鎌倉市山ノ内　円覚寺蔵)…………812
399　安政二年七月　円覚寺・浄智寺・東慶寺門前百姓家数・人数・馬数書上(鎌倉市山ノ内　円覚寺蔵)…813
400　万延元年十二月　門前窮民へ救米・貸金配分帳(鎌倉市山ノ内　円覚寺蔵)……………………………814
401　万延元年十二月　家業出精・風俗取締につき申渡請書(鎌倉市山ノ内　円覚寺蔵)……………………816
402　慶応二年七月　窮民救助金・貸付金控帳(鎌倉市山ノ内　円覚寺蔵)……………………………817
403　慶応三年八月　諸色高値につき職人賃銭増願書(鎌倉市山ノ内　円覚寺蔵)……………………………820
404　慶応三年十一月　門前百姓幕領へ支配替につき国役・諸役等寺並み免除願書(鎌倉市山ノ内　円覚寺蔵)……………………………821

寺院経済………………………………822
405　延宝三年十一月　円覚寺常住官銭取帳(鎌倉市山ノ内　円覚寺蔵)…822
406　享保十五年十月　大地震・洪水の被害復旧のため仏舎利の江戸開帳衆議(鎌倉市山ノ内　円覚寺蔵)…823
407　宝暦元年十一月　円覚寺領夏・秋年貢納下帳(鎌倉市山ノ内　円覚寺蔵)……………………………824
408　明和元年十一月　常住金借用返済方につき取極(鎌倉市山ノ内　円覚寺蔵)……………………………828
409　明和九年八月　山門講・金地院祠堂金等につき衆議(鎌倉市山ノ内　円覚寺蔵)……………………………832
410　安永三年六月　江の島上・下両坊円覚寺祠堂金借用証文(鎌倉市山ノ内　円覚寺蔵)……………………833
411　天明二年六月　山門建立につき請負証文(鎌倉市山ノ内　円覚寺蔵)……………………………834
412　文政四年四月　祠堂講規定ならびに講金預り証文(鎌倉市山ノ内　円覚寺蔵)……………………………834
413　文政七年九月　祠堂金借用抵当の家相続につき願書(鎌倉市山ノ内　円覚寺蔵)……………………………839

(5)　東慶寺………………………………839
414　宝永六年一月　本百姓座位争論につき議定書(鎌倉市十二所　大木力雄氏蔵)……………………………839
415　天保三年十月　東慶寺領年貢高書上(鎌倉市十二所　大木力雄氏蔵)……840
416　天保十年十一月　東慶寺賄方につき議定書(鎌倉市山ノ内　円覚寺蔵)…842
417　明治二年十一月　東慶寺領山之内村年貢皆済目録(鎌倉市十二所　大木力雄氏蔵)……………………………843
418　延享二年十月　縁切寺法尋につき書上(鎌倉市山ノ内　東慶寺蔵)……844
419　安政三年七月　高座郡遠藤村百姓の妻駈込離縁願につき呼出請書(鎌倉市十二所　小丸俊雄氏蔵)……845
420　安政三年七月　高座郡遠藤村百姓の妻内済離縁につき東慶寺より引取請証文(鎌倉市十二所　小丸俊雄氏蔵)……………………………846
421　安政三年七月　高座郡遠藤村百姓の妻離縁状(鎌倉市十二所　小丸俊雄氏蔵)……………………………846
422　慶応元年九月　高座郡橋本村百姓の妻駈込離縁願につき当人兄召出申渡(鎌倉市山ノ内　東慶寺蔵)…………846

神奈川県史 資料編8 近世(5下)

423 慶応元年九月 高座郡橋本村百姓の妻駆込離縁願につき呼出請書(鎌倉市山ノ内 東慶寺蔵)……847
424 慶応元年九月 高座郡橋本村百姓の妻駆込離縁願につき親等呼出請書(鎌倉市山ノ内 東慶寺蔵)……847
425 慶応元年九月 高座郡橋本村百姓の妻離縁状差出につき日延願(鎌倉市山ノ内 東慶寺蔵)……848
426 慶応元年十月 高座郡橋本村百姓の妻内済離縁につき済口証文(鎌倉市山ノ内 東慶寺蔵)……848
427 慶応元年十月 高座郡橋本村百姓の妻内済離縁につき東慶寺より引取請証文(鎌倉市山ノ内 東慶寺蔵)……849
428 慶応元年九月 高座郡橋本村百姓の妻離縁状(鎌倉市山ノ内 東慶寺蔵)……850
429 縁切駈込につき寺法遵守請証文(鎌倉市山ノ内 東慶寺蔵)……850
(6) 遊行寺……851
430 天和二年一月 寺領百姓名請地売買禁止につき覚(藤沢市西富 遊行寺蔵)……851
431 天和三年十二月 寺領百姓未進米赦免につき請書(藤沢市西富 遊行寺蔵)……852
432 元文元年七月 名主・年寄式日出頭作法改正につき定(藤沢市西富 青木四郎氏蔵)……854
433 文政七年八月 西村地法調書上帳写(藤沢市西富 青木四郎氏蔵)……855
434 天保五年三月 領分百姓・地借・店借人数名前帳(藤沢市西富 遊行寺蔵)……856
435 天保十一年一月 西村年貢皆済目録(藤沢市西富 遊行寺蔵)……857
436 弘化四年八月 開山忌法事中境内において諸商人取締方につき議定書(藤沢市西富 遊行寺蔵)……859
437 嘉永二年十月 西村田畑年貢・反別・石高書上(藤沢市西富 遊行寺蔵)……862
438 嘉永四年十二月 名主・年寄・百姓式日・平日出頭作法につき定(藤沢市西富 青木四郎氏蔵)……863
439 慶応三年十二月 当山代官役退役願の内窺につき登山許可願(藤沢市西富 青木四郎氏蔵)……863
(7) 江の島……864

440 慶安三年八月 江の島門前の旅籠渡世禁止ならびに札配り渡世の者弁才天へ奉公申付願(藤沢市江の島 岩本亮一郎氏蔵)……864
441 慶安三年九月 江の島門前旅籠渡世および弁才天札配り渡世の者につき裁許覚書(藤沢市江の島 岩本亮一郎氏蔵)……865
442 天和三年八月 江の島門前渡船の差配争論につき岩本院・下之坊返答書(藤沢市江の島 岩本亮一郎氏蔵)……865
443 宝永三年十月 岩本院へ扶持方仕渡につき勘定組頭連署(藤沢市江の島 岩本亮一郎氏蔵)……867
444 宝永四年四月 江の門前の者札配り禁止ならびに負越賃銭につき町方連判請書(藤沢市江の島 岩本亮一郎氏蔵)……867
445 宝永五年五月 下之坊住持入寂のため総別当岩本院達につき町方名主等請書(藤沢市江の島 岩本亮一郎氏蔵)……868
446 正徳二年七月 下之坊仕置方のため総別当岩本院達につき住持ならびに家来請書(藤沢市江の島 岩本亮一郎氏蔵)……869
(8) 諸寺……871
447 慶安二年八月 上之村光明寺領検地帳(横浜市戸塚区上郷 光明寺蔵)……871
448 延宝三年十二月 材木座村光明寺永拾貫文帳(鎌倉市材木座 光明寺蔵)……873
449 延宝六年―天和三年 材木座村光明寺領三浦郡柏原村年貢割付状(鎌倉市材木座 光明寺蔵)……875
450 享保十八年九月 極楽寺村御料・寺社領ならびに永別高等尋につき返答書(鎌倉市極楽寺 岩澤玄次氏蔵)……877
451 寛保二年二月 二階堂村瑞泉寺領田畑起返許可につき請証文(鎌倉市極楽寺 岩澤玄次氏蔵)……881
452 延享二年十二月 十二所村光触寺寺録(鎌倉市十二所 光触寺蔵)……881
453 寛延四年八月 極楽寺村極楽寺領小作地争論内済取替証文(鎌倉市極楽寺 岩澤玄次氏蔵)……883
454 寛政十二年八月 手広村青蓮寺什金利倍貸付願書ならびに門中規定連判帳(鎌倉市手広 青蓮寺蔵)……885
455 享和四年一月 瀬谷村寺院除地高・本尊等書上(横浜市瀬谷区瀬谷 守屋貞雄氏蔵)……889

528　県史誌内容総覧・資料編1:近世―関東

456　文化十二年七月　極楽寺村瑞泉寺領夏成年貢勘定帳（鎌倉市極楽寺　岩澤玄次氏蔵）……………………891
457　文化十三年十二月　極楽寺村極楽寺領年貢ならびに檀代・貸金等覚帳（鎌倉市極楽寺　岩澤玄次氏蔵）…893
458　文政七年十月　長谷院什金借財返納方につき規約（鎌倉市長谷　高徳院蔵）……………………895
459　天保三年七月　扇ケ谷村寿福寺領高帳（鎌倉市扇ガ谷　寿福寺蔵）………897
460　天保三年十月　山之内村浄智寺領高帳（鎌倉市山ノ内　円覚寺蔵）…898
461　嘉永五年十二月　極楽寺村極楽寺領年貢皆済目録（鎌倉市極楽寺　極楽寺蔵）……………………899
462　文久元年六月　扇ケ谷村寿福寺領家数・人数改帳（鎌倉市扇ガ谷　寿福寺蔵）……………………899
463　元治元年八月　小町村本覚寺紀州家祠堂金貸付につき免状ならびに取極書（鎌倉市小町　本覚寺蔵）…900
464　慶応元年十二月　十二所村光触寺祠堂金貸付規定書（鎌倉市十二所　光触寺蔵）……………………902
465　慶応三年四月　三浦郡柏原村宗門人別改帳（鎌倉市材木座　光明寺蔵）…903
466　明治四年　扇ケ谷村英勝寺・東昌寺取調帳（鎌倉市扇ガ谷　英勝寺蔵）……………………906
467　辰二月　二階堂村瑞泉寺領百姓救金拝借願につき申渡（鎌倉市極楽寺　岩澤玄次氏蔵）………………907
2　諸郡の寺社 ……………………909
〈写〉宝永5年　寒川神社神룎書上（寒川町宮山　寒川神社蔵）……………909
解説 ……………………910
（1）　川匂神社 ……………………911
468　明和四年七月　社頭修復につき拝借金願（二宮町山西　川匂神社蔵）…911
469　天明八年二月　社領借地につき再確認書（二宮町山西　川匂神社蔵）……912
470　享和三年　手洗神水にて湯屋稼中心得違につき詫証文（二宮町山西　川匂神社蔵）……………………913
471　安政四年十二月　水車稼にて水門口堰砂流込み田地へ差障につき詫証文（二宮町山西　川匂神社蔵）……915
472　慶応元年七月　小川付替ならびに社領へ新規溝開口につき取極一札（二宮町山西　川匂神社蔵）………915
473　明治二年四月　川匂神社領租税録（二宮町山西　川匂神社蔵）………916

474　明治二年七月　川匂神社領地高ならびに年貢高帳（二宮町山西　川匂神社蔵）……………………917
（2）　八菅神社 ……………………918
475　寛延三年十月　八菅山新田年貢割付状（愛川町八菅山宮村　八菅神社蔵）……………………918
476　宝暦十三年六月　八菅山新田年貢減免額（愛川町八菅山宮村　八菅神社蔵）……………………919
477　寛政十二年十月　八菅山と熊坂村との地境争論裁許請書（愛川町八菅山宮村　八菅神社蔵）………920
478　文化十三年八月　八菅山新田につき書上（愛川町八菅山宮村　八菅神社蔵）……………………921
479　文政二年四月　朱印地開発につき定書（愛川町八菅山宮村　八菅神社蔵）……………………922
480　明治元年十月　維新につき先規のとおり八菅山支配願（愛川町八菅山宮村　八菅神社蔵）………922
（3）　増上寺 ……………………923
481　貞享五年三月　寺領検地宥免願（川崎市多摩区王禅寺　志村文雄氏蔵）……923
482　正徳三年十一月　寺領村方への申渡定（川崎市多摩区王禅寺　志村文雄氏蔵）……………………925
483　寛保三年　霊屋料村々石高配分控帳（横浜市緑区川和　信服康治氏蔵）…927
484　寛政四年六月　都筑郡王禅寺村年貢勘定・諸入用割合等につき議定書（川崎市多摩区王禅寺　志村文雄氏蔵）……………………933
485　文化十一年　都筑郡川和村・王禅寺村方仕来り郷法控（川崎市多摩区王禅寺　志村文雄氏蔵）………934
486　天保十四年六月　府内外十里四方上知につき達ならびに都筑郡王禅寺村書上覚（川崎市多摩区王禅寺　志村文雄氏蔵）……………………945
487　弘化二年六月　寄場組合村々無宿者取締につき橘樹郡上末吉村小前百姓連印定証書（横浜市鶴見区梶山　小林幸雄氏蔵）……………………951
488　嘉永六年九月　霊屋料寄場組合取締改革につき橘樹郡村々諸商人法度請書（川崎市中原区上小田中　原全三氏蔵）……………………954
489　安政四年八月　霊屋料寄場組合小総代兼橘樹郡小杉村名主横柄につき役儀退役願（川崎市多摩区王禅寺　志村文雄氏蔵）……………………957

神奈川県史 資料編8 近世(5下)

490 文久二年 都筑郡王禅寺村御用向年中行事留書(川崎市多摩区王禅寺 志村文雄氏所蔵)……………958
(4) 諸寺社………………………………963
491 天正二十年六月 淘綾郡高麗寺村高麗寺領につき彦坂元正手形(大磯町教育委員会蔵)………………963
492 文禄三年九月 三浦郡沼間村海宝院朱印地田畑改帳(逗子市沼間 海宝院蔵)……………………………964
493 慶長十九年二月 足柄上郡関本村最乗寺境内竹木伐採禁止の高札(南足柄市大雄 最乗寺蔵)…………965
494 元和八―九年 幕府老中・松平忠長付家老より最乗寺境内杉木入用につき連署状(南足柄市大雄 最乗寺蔵)……………………………………966
495 寛永十二年十月 高座郡遠藤村宝泉寺先住職の譜代下人支配につき訴状(藤沢市遠藤 宝泉寺蔵)………967
496 寛永十六年七月 橘樹郡小机郷切支丹宗旨改めにつき差出証文(横浜市港北区小机 雲松院蔵)…………968
497 寛永―慶安 小田原藩主稲葉正則・同家臣より足柄上郡関本村最乗寺への書状(南足柄市大雄 最乗寺蔵)……969
498 慶安三年六月 津久井県沢井村福王寺領改帳(藤野町沢井 石井達夫氏蔵)……………………………………969
499 万治二年十月 足柄下郡国府津村宝金剛寺護摩堂領検地帳(小田原市国府津 宝金剛寺蔵)……………972
500 寛文四年九月 津久井県青山村光明寺領検地帳(津久井町青山 平本次郎氏蔵)……………………………973
501 寛文六年五月 津久井県根小屋村功雲寺領石高帳(津久井町根小屋 功雲寺蔵)……………………………977
502 元禄七年 津久井県根小屋村功雲寺領年貢目録(津久井町根小屋 功雲寺蔵)……………………………982
503 宝永五年一月 高座郡宮山村寒川神社領書上(寒川町宮山 寒川神社蔵)……………………………………983
504 享保六年閏七月 大住郡大神村真芳寺朱印地反別書上(平塚市大神 真芳寺蔵)…………………………983
505 享保十四年八月 淘綾郡高麗寺村高麗寺百姓年貢過納につき割返訴訟吟味請証文(大磯町教育委員会蔵)……………………………………984

506 明和五年一月 津久井県根小屋村功雲寺門前追放の百姓帰住につき差出証文(津久井町根小屋 功雲寺蔵)…986
507 安永三年十一月 足柄上郡関本村最乗寺へ対し百姓不法・過言等いたすにつき内済証文(南足柄市大雄 最乗寺蔵)……………………………………987
508 安永九年一月 高座郡宮山村寒川神社領石高帳(寒川町宮山 寒川神社蔵)……………………………………988
509 文化十二年二月 久良岐郡最戸村千手院勘定帳(横浜市港南区最戸 笠原靖司氏蔵)……………………989
510 天保三年十一月 淘綾郡高麗寺村高麗社領百姓へ村役家筋につき申渡(大磯町高麗 曽根田重和氏蔵)……991
511 天保十三年一月 足柄上郡関本村最乗寺領百姓へ達書請書(南足柄市大雄 最乗寺蔵)……………………992
512 天保十四年一月 久良岐郡聖堂領村々増米なく定免願(横浜市港南区最戸 笠原靖司氏蔵)……………994
513 天保期 久良岐郡杉田村村高・領主ならびに東漸寺除地書上(横浜市磯子区杉田 東漸寺蔵)……………999
514 嘉永元年九月 橘樹郡塚越村東明寺田畑寄進ならびに諸道具寄付帳(川崎市幸区塚越 東明寺蔵)………1002
515 嘉永元年十一月 西宮蛭児社神道定書(藤沢市城南 竹内たま代氏蔵)…1002
516 嘉永三年一月 足柄下郡国府津村真楽寺祠堂金貸付帳(小田原市国府津 真楽寺蔵)……………………1003
517 文久二年二月 大住郡日向村浄発願寺大奥向寄付の常念仏料・修理料貸付申渡(伊勢原市日向 浄発願寺蔵)…………………………………1005
518 慶応二年二月 大住郡三之宮村比々多神社朱印地畑小作取立帳(伊勢原市三ノ宮 比々多神社蔵)……1005
519 慶応三年十月 西宮蛭児社の偽札配りの者取締願につき相州触頭配下議定書(藤沢市城南 竹内たま代氏蔵)……………………………………1006
520 慶応四年八月 大住郡日向村浄発願寺名目貸付金由緒ならびに仕法書(伊勢原市日向 浄発願寺蔵)………1007
521 西宮蛭児社神職免許状改めにつき継目安堵願(藤沢市城南 竹内たま代氏蔵)……………………………1008

解説……………………………………………1
はじめに………………………………………3
旗本領編と寺社領編の編集方針………………3

神奈川県史 資料編8 近世(5下)

旗本領編 ……………………………………… 4
　武蔵国三郡資料の編集について …………… 4
　　上巻と本編の関係 ………………………… 4
　　本編の編集について ……………………… 4
　武蔵国三郡の旗本領と旗本 ………………… 5
　　武蔵国三郡の概要 ………………………… 5
　　　＜表＞第1図　武蔵国三か郡所領数
　　　　変遷 ………………………………………6
　　　＜表＞第2図　慶安2年 武蔵国3か郡幕
　　　　領・旗本領内訳 …………………………7
　　　橘樹郡 ………………………………………8
　　　久良岐郡 …………………………………11
　　　都筑郡 ……………………………………15

寺社領編 ……………………………………… 21
　寺社領の編集方針と構成 ………………… 21
　　寺社領編をたてた理由 ………………… 21
　　五十石以上の寺社領 …………………… 21
　　本巻の構成 第一部 第二部 第三部 …… 21
　寺社領研究の意義 ………………………… 22
　　寺社領研究の遅れ ……………………… 22
　　寺社信仰と寺社領 ……………………… 22
　　寺社領農民 ……………………………… 23
　県内寺社領の成立と概観 ………………… 23
　　寺社領の寄進 …………………………… 23
　　寺社領の分類 …………………………… 24
　　県内寺社領の成立 ……………………… 24
　　　＜表＞第1表　寛文5年7月以前朱印交
　　　　付年月表 ……………………………… 25
　　寛文五年七月十一日 …………………… 26
　　寺社領の廃止 …………………………… 26
　　朱印地 …………………………………… 26
　　　＜表＞第2表　県内朱印寺社数・石高
　　　　等 ……………………………………… 27
　　黒印地除地 ……………………………… 27
　　寺社領の総数 …………………………… 27
　　　＜表＞第3表　朱印・黒印・除地別寺社
　　　　領(安藤宣保『寺社領私考』により作
　　　　成) ……………………………………… 28
　　　＜表＞第4表　相模国における寺社領・
　　　　除地の石高別ランク(『旧高旧領取調
　　　　帳』による) ………………………… 29
　　一応の結論 ……………………………… 29
　寺社統制と寺社組織 ……………………… 30
　　寺院法度 ………………………………… 30
　　寛文五年七月十一日の「定」 …………… 31
　　神社・神官法度 ………………………… 32
　　修験法度 ………………………………… 33
　　本末統制 ………………………………… 33
　　寺請制度と檀家制度 …………………… 35
　縁起・由緒について ……………………… 36
　　寺社信仰と縁起・由緒 ………………… 36

　　縁起・由緒の見方 ……………………… 37
　寺社の領民支配と経営 …………………… 38
　　鎌倉の寺社 ……………………………… 38
　　「永」について …………………………… 38
　　円覚寺文書の性格 ……………………… 40
　　円覚寺と他者との関係 ………………… 40
　　寺領検地帳 ……………………………… 41
　　「役者」集団 ……………………………… 41
　　独自の規制 ……………………………… 42
　　祠堂金 …………………………………… 42
　　東慶寺・遊行寺その外 ………………… 42
　　　＜表＞第5表　増上寺領村別石高変遷表
　　　　(増上寺文書「寺領目録」「御当家令
　　　　条」『旧高旧領収調帳』による) …… 43
　　諸郡の寺社 ……………………………… 44
　　増上寺領 ………………………………… 44
　　川勾神社・八菅神社・聖堂領 ………… 44
　　　＜表＞武蔵国3か郡村別領主変遷表 ‥ 46
　　　　～55

旗本領・寺社領関係資料所蔵者一覧 … 56～86
あとがき(神奈川県県民部県史編集室長) ‥ 87
主な関係者名簿 ……………………………… 88
　神奈川県史編集懇談会会員 昭和54年2月1日
　　現在 ……………………………………… 88
　神奈川県史編集委員会委員 昭和54年2月1日
　　現在 ……………………………………… 88
　　長洲一二(委員長;知事)
　　湯澤信治(副委員長;副知事)
　　竹内理三(副委員長;県史総括監修者兼主任
　　　執筆委員)
　　大久保利謙(委員;県史主任執筆委員)
　　児玉幸多(委員;県史主任執筆委員)
　　安藤良雄(委員;県史主任執筆委員)
　　原正義(委員;県総務部長)
　　佐藤弘(委員;県県民部長)
　　八木敏行(委員;県教育長)
　　武田英治(委員;県立図書館長)
　　湯川喜一(委員;県立川崎図書館長)
　　田中宏(委員;県立博物館長)
　　福本信一(委員;県県民部参事兼県史編集室
　　　長)
　　坂本太郎(顧問;東京大学名誉教授)
　神奈川県史執筆委員 昭和54年2月1日現在 …… 89
　神奈川県史編集参与 昭和54年2月1日現在 …… 90

県史誌内容総覧・資料編 1: 近世—関東　531

```
神奈川県史 資料編9 近世(6)
交通・産業
神奈川県企画調査部県史編集室
編集
昭和49年3月20日発行
```

<徳川氏が天正十八年(一五九〇)八月に関東に入封した時から、明治維新まで>

　<口絵>天正一八年(一五九〇) 伝馬定書 東京都文京区 阿部正道氏蔵
　<口絵>慶長六年(一六〇一) 伝馬朱印状 保土ケ谷区 保土ケ谷本陣軽部家資料
　<口絵>箱根関所絵図 小田原市立図書館蔵
　<口絵>元禄五年(一六九二) 与瀬宿絵図 神奈川県立博物館寄託/相模湖町与瀬 坂本是成氏蔵
　<口絵>元禄二年(一六八九) 愛甲郡津久井領太井村川船書上帳 相模原市相原 角田昌保氏蔵
　<口絵>安政五年(一八五八) 浦賀湊廻船小宿規定書 横須賀市博物館蔵
　<口絵>元禄八年(一六九五) 足柄下郡前川村漁師人数目録 熱海市泉 熊沢重一氏蔵
　<口絵>元禄八年(一六九五) 三浦郡浦郷村塩場帳 横須賀市資料室蔵
　<口絵>寛文一〇年(一六七〇) 津久井領沢井村御林山守定方覚え 藤野町沢井 石井茂代氏蔵

序(神奈川県知事 津田文吾)
凡例
交通編
　第1部　陸上交通 ………………………… 1
　　1　総説 …………………………………… 1
　　　<写>広重 東海道五拾三次の内 川崎 六郷渡舟(神奈川県立博物館蔵) ……… 1
　　　解説 …………………………………… 2
　　1　元和二年四月 浅野氏各宿へ下賜品覚 (東京都港区南麻布町 浅野長愛氏蔵) ……… 3
　　2　寛永十年五月 伝馬・人身売買等につき定(横浜市戸塚区戸塚町 沢辺馨氏蔵) ……… 3
　　3　明暦二年四月 伝馬遣い方につき定(横浜市戸塚区戸塚町 沢辺馨氏蔵) ……… 4

　　4　万治三年十一月 宿方助成金受領請書 (横浜市保土ケ谷区 保土ケ谷本陣軽部家資料) ………… 5
　　5　延宝二年三月 宿々申渡口上覚(横浜市戸塚区戸塚町 沢辺馨氏蔵) ………… 5
　　6　延宝三年一月 木賃之覚(箱根町箱根 石内貞躬氏蔵) …………………………… 6
　　7　貞享二年十一月 宿方取締覚定書(横浜市保土ケ谷区 保土ケ谷本陣軽部家資料) …… 6
　　8　貞享三年十二月 道中奉行取締通達に対し請書(横浜市保土ケ谷区 保土ケ谷本陣軽部家資料) ……………… 8
　　9　元禄元年十月 行路病者など取扱いにつき請書(横浜市保土ケ谷区 保土ケ谷本陣軽部家資料) ……………… 10
　10　元禄十年六月 道中いたずら者取締につき請書(二宮町山西 宮戸清氏蔵) …… 11
　11　正徳二年 道中取締諸法令(御触書寛保集成二十二 道中筋之部) …………… 12
　12　正徳二年二月 幕府派遣の宿役人廃止通達書(横浜市戸塚区戸塚町 沢辺馨氏蔵) ………………………… 19
　13　正徳四年九月 人馬継立等につき宿々申合せ書(東京都世田谷区成城 神奈川本陣石井家資料) ……………… 19
　14　享保三年十月 旅籠屋の食売女・家作につき取締り通達(横浜市戸塚区戸塚町 沢辺馨氏蔵) ……………… 20
　15　享保十七年十一月 助郷制度改革につき請書(川崎市立産業文化会館蔵) ……… 21
　16　宝暦十年 五街道筋悪党狼藉取締り触書(横浜市保土ケ谷区 保土ケ谷本陣軽部家資料) …………………… 21
　17　安永二年四月 馬士・駕籠かきの不法取締りの請書(横浜市鶴見区生麦町 池谷健元氏旧蔵/県史編集室蔵) …… 22
　18　寛政元年四月 馬士・人足宿家取締り請判帳(横浜市保土ケ谷区保土ケ谷町 軽部フク氏蔵) ………………… 23
　19　寛政元年四月 宿立人馬を整備すべき通達につき請書(横浜市保土ケ谷区 保土ケ谷本陣軽部家資料) ……… 25
　20　文久三年二月 徳川家茂上洛日次記(続徳川実紀 第四篇) …………………… 28
　21　文久三年七月 将軍上洛等につき当分助郷人馬勤め方申合書(小田原市立図書館蔵) ……………………… 31
　22　慶応元年四月 長州征伐に将軍進発のため宿状書上(川崎市立産業文化会館蔵) …… 32
　23　明治二年一月 諸国関所廃止令(法令全書) ………………………………… 35

神奈川県史 資料編9 近世(6)

　　24　明治五年一月 東海道伝馬所廃止の布
　　　　告(法令全書) ………………………… 35
　　25　明治五年七月 諸街道伝馬所・助郷廃
　　　　止の布告(法令全書) ………………… 36
2　東海道 …………………………………… 37
　＜写＞広重 東海道五拾三次の内 戸塚 元
　　町別道(神奈川県立博物館蔵) ………… 37
　解説 ……………………………………… 38
　(1)　川崎宿 ……………………………… 39
　　宿の概況 …………………………… 39
　　26　川崎年代記録(川崎市立産業文化
　　　　会館蔵) ………………………… 39
　　27　文久三年九月 川崎宿書上帳(川
　　　　崎市立産業文化会館蔵) ……… 46
　　宿の機能 …………………………… 50
　　28　安永十年二月 川崎宿勘定帳(川
　　　　崎市立産業文化会館蔵) ……… 50
　　29　天保九年六月 飯売旅籠屋取締
　　　　請書(川崎市立産業文化会館蔵) … 51
　　30　元治元年三月 旅籠屋食売下女
　　　　人別書上帳(川崎市立産業文化会館
　　　　蔵) ……………………………… 54
　　助郷 ………………………………… 56
　　31　享保十年十一月 川崎宿助郷帳
　　　　(川崎市立産業文化会館蔵) …… 56
　　32　天保十四年一月 宿助郷議定帳
　　　　(川崎市立産業文化会館蔵) …… 58
　　渡船 ………………………………… 59
　　33　文化九年 六郷川渡船につき書
　　　　上帳(川崎市立産業文化会館蔵) … 59
　　34　天保十一年 六郷川渡船場日入
　　　　金銭勘定書上帳(川崎市立産業文化
　　　　会館蔵) ………………………… 61
　(2)　神奈川宿 …………………………… 62
　　宿の概況 …………………………… 62
　　35　享和三年十二月 神奈川宿明細
　　　　書控(東京都世田谷区成城 神奈川本
　　　　陣石井家資料) ………………… 62
　　宿の機能 …………………………… 67
　　36　元文二年十月 道路上置普請入
　　　　札書(横浜市鶴見区生麦町 池谷健治
　　　　氏旧蔵/県史編集室蔵) ………… 67
　　37　元文二年十月 道路上置普請入
　　　　札覚(横浜市鶴見区生麦町 池谷健治
　　　　氏旧蔵/県史編集室蔵) ………… 67
　　38　宝暦四年十二月 歩行役・馬役割
　　　　合不同出入(東京都世田谷区成城 神
　　　　奈川本陣石井家資料) ………… 67
　　39　宝暦八年 本陣休泊帳(東京都世
　　　　田谷区成城 神奈川本陣石井家資料) … 69
　　40　寛政九年二月 紀州家の七里飛
　　　　脚引継伺覚(東京都世田谷区成城 神
　　　　奈川本陣石井家資料) ………… 71

　　41　天保八年十月 御用宿賄金不足
　　　　の節取計方議定書(東京都世田谷区
　　　　成城 神奈川本陣石井家資料) ……… 72
　　42　嘉永四年十一月 食売女年季奉
　　　　公の請状(東京都世田谷区成城 神奈
　　　　川本陣石井家資料) ……………… 73
　　43　安政二年十一月 地震被害状況
　　　　書上帳(東京都世田谷区成城 神奈川
　　　　本陣石井家資料) ………………… 74
　　助郷 ………………………………… 80
　　44　享保十年十一月 神奈川宿助郷
　　　　帳(県史編集室蔵) ……………… 80
　　45　享保二年十二月 神奈川宿定助
　　　　郷代役村覚(県史編集室蔵) …… 81
　　46　明和元年閏十二月 助郷かき役
　　　　金受取覚(横浜市鶴見区生麦町 池谷
　　　　健治氏旧蔵/県史編集室蔵) …… 82
　　47　明和四年閏九月 助郷かき役金
　　　　請取覚(横浜市鶴見区生麦町 池谷健
　　　　治氏旧蔵/県史編集室蔵) …… 82
　　48　文化四年八月 琉球人の人馬継
　　　　立につき願書(横浜市鶴見区鶴見町
　　　　佐久間亮一氏蔵) ……………… 83
　　49　文化四年九月 琉球人の人馬継
　　　　立につき助郷村の議定書(横浜市鶴
　　　　見区鶴見町 佐久間亮一氏蔵) … 84
　　並木 ………………………………… 85
　　50　天保十五年三月 並木植付育方
　　　　請書(横浜市鶴見区鶴見町 佐久間亮
　　　　一氏蔵) ………………………… 85
　(3)　保土ケ谷宿 ………………………… 86
　　宿の概況 …………………………… 86
　　51　享和三年十二月 保土ケ谷宿明
　　　　細書上帳(横浜市保土ケ谷区 保土ケ
　　　　谷本陣軽部家資料) …………… 86
　　宿の機能 …………………………… 92
　　52　慶長六年正月 伝馬朱印状(横浜
　　　　市保土ケ谷区 保土ケ谷本陣軽部家資
　　　　料) ……………………………… 93
　　53　慶長六年正月 伝馬の定書(横浜
　　　　市保土ケ谷区 保土ケ谷本陣軽部家資
　　　　料) ……………………………… 93
　　54　慶長七年六月 駄賃の定書(横浜
　　　　市保土ケ谷区 保土ケ谷本陣軽部家資
　　　　料) ……………………………… 93
　　55　寛永十年三月 継飛脚給米下付
　　　　通達書(横浜市保土ケ谷区 保土ケ谷
　　　　本陣軽部家資料) ……………… 94
　　56　寛永十七年十一月 伝馬屋敷地
　　　　子免許状(横浜市保土ケ谷区 保土ケ
　　　　谷本陣軽部家資料) …………… 94

県史誌内容総覧・資料編 1: 近世─関東　　533

神奈川県史 資料編9 近世(6)

57 元禄十年七月 馬買取手形(横浜市保土ケ谷区 保土ケ谷本陣軽部家資料)……………………………………94
58 享保十一年四月 馬役・歩行役の勤め方につき規定連判帳(横浜市保土ケ谷区 保土ケ谷本陣軽部家資料)…95
59 安永六年十月 御三家の七里飛脚につき書上(横浜市保土ケ谷区 保土ケ谷本陣軽部家資料)………………97
60 文化元年 人馬継立高書上帳(横浜市保土ケ谷区保土ケ谷町 軽部フク氏蔵)………………………………98
61 文化元年 宿人別帳(横浜市保土ケ谷区 保土ケ谷本陣軽部家資料)…99
62 文化元年 宿入用勘定帳(横浜市保土ケ谷区 保土ケ谷本陣軽部家資料)……………………………………101
63 文化五年二月 宿役人勤方帳(横浜市保土ケ谷区 保土ケ谷本陣軽部家資料)……………………………………104
64 天保元年十二月 東海道十宿本陣の救済願書(横浜市保土ケ谷区 保土ケ谷本陣軽部家資料)………………105
65 天保五年六月 宿助成金の運用につき議定連印帳(横浜市保土ケ谷区 保土ケ谷本陣軽部家資料)………106
66 天保十年六月 旅籠屋仲間議定連印帳(横浜市保土ケ谷区 保土ケ谷本陣軽部家資料)……………………………………108
67 嘉永元年十一月 山駕籠・宿駕籠につき取極議定書(横浜市保土ケ谷区 保土ケ谷本陣軽部家資料)………108
68 安政三年九月 御茶壷通行の節入用書上帳(横浜市保土ケ谷区 保土ケ谷本陣軽部家資料)………………109
助郷………………………………………110
69 元禄二年四月 保土ケ谷宿助郷村高・道程覚書(横浜市保土ケ谷区 保土ケ谷本陣軽部家資料)…………110
70 享保十年十一月 保土ケ谷宿助郷帳(横浜市保土ケ谷区 保土ケ谷本陣軽部家資料)………………………113
71 安永八年四月 宿助郷の勤人馬仕分け書上(横浜市保土ケ谷区 保土ケ谷本陣軽部家資料)……………115
72 嘉永三年六月 定助郷の勤人馬書上帳(横浜市保土ケ谷区 保土ケ谷本陣軽部家資料)……………………116
73 安政四年四月 伝馬役永久半役免除願(横浜市保土ケ谷区 保土ケ谷本陣軽部家資料)……………………117
(4) 戸塚宿………………………………118
宿の概況………………………………118

74 天保十四年 戸塚宿宿村大概帳(通信博物館蔵)………………118
宿の機能………………………………124
75 慶長八年十一月 戸塚宿人馬継立禁止につき彦坂元成の通達書(横浜市戸塚区戸塚町 沢辺馨氏蔵)……124
76 慶長九年二月 戸塚宿の成立に異議なき旨の保土ケ谷宿問屋の請書(横浜市戸塚区戸塚町 沢辺馨氏蔵)………………………………………125
77 慶長九年二月 戸塚宿の人馬継立免許願(横浜市戸塚区戸塚町 沢辺馨氏蔵)…………………125
78 慶長九年四月 戸塚宿成立につき老中等通達書(横浜市戸塚区戸塚町 沢辺馨氏蔵)………………126
79 慶長九年五月 戸塚宿成立につき老中等書状(横浜市戸塚区戸塚町 沢辺馨氏蔵)………………126
80 元和二年十一月 伝馬荷物目方・駄賃銭等につき定書(横浜市戸塚区戸塚町 沢辺馨氏蔵)………………126
81 寛永十年三月 継飛脚給米下付通達書(横浜市戸塚区戸塚町 沢辺馨氏蔵)…………………………127
82 寛永二十年二月 戸塚宿よりの駄賃値上の通達(横浜市戸塚区戸塚町 沢辺馨氏蔵)………………127
83 万治三年十一月 宿駅助成金受領の請書(横浜市戸塚区戸塚町 沢辺馨氏蔵)…………………128
84 寛文五年十月 問屋給米下付通達書(横浜市戸塚区戸塚町 沢辺馨氏蔵)……………………………128
85 寛文五年十二月 問屋給米配分の通達書(横浜市戸塚区戸塚町 沢辺馨氏蔵)…………………………129
86 天和三年八月 伝馬役高割につき願書(横浜市戸塚区戸塚町 沢辺馨氏蔵)…………………………130
87 元禄五年十月 問屋処罰赦免につき請書一札(横浜市戸塚区戸塚町 沢辺馨氏蔵)………………131
88 明和四年閏九月 問屋処罰達書(横浜市戸塚区戸塚町 沢辺馨氏蔵)……………………………………131
89 明和五年五月 茶屋へ旅人宿泊禁止済口証文(横浜市戸塚区戸塚町 朝倉敬次氏蔵)………………131
90 寛政元年六月 紛争中の宿民の内済連印書(横浜市戸塚区戸塚町 朝倉敬次氏蔵)…………………132

534　県史誌内容総覧・資料編1: 近世―関東

91　寛政二年十一月　琉球人参府の
　　　　節人馬賃銭議定書(横浜市戸塚区戸
　　　　塚町　朝倉敬次氏蔵)……………133
　　92　寛政五年八月　新規旅籠屋停止
　　　　願の訴状(横浜市戸塚区戸塚町　朝倉
　　　　敬次氏蔵)………………………134
　　93　寛政六年三月　宿駅助成拝借金
　　　　下付願(横浜市戸塚区戸塚町　朝倉敬
　　　　次氏蔵)…………………………136
　　94　寛政七年四月　宿内伝馬勤方に
　　　　つき宿役人願書(横浜市戸塚区戸塚
　　　　町　沢辺馨氏蔵)…………………137
　　95　享和三年閏一月　宿方勘定出入
　　　　につき問屋返答書(横浜市戸塚区戸
　　　　塚町　朝倉敬次氏蔵)……………138
　　96　享和三年二月　宿方勘定出入り
　　　　の済口証文(横浜市戸塚区戸塚町　朝
　　　　倉敬次氏蔵)……………………141
　　97　享和三年十一月　刎銭引継の請
　　　　取書(横浜市戸塚区戸塚町　朝倉敬次
　　　　氏蔵)……………………………142
　　助郷……………………………………142
　　98　元禄七年　戸塚宿助郷覚書(横浜
　　　　市戸塚区戸塚町　沢辺馨氏蔵)………143
　(5)　藤沢宿……………………………144
　　宿の概況………………………………144
　　99　文政三年二月　藤沢宿書上帳(藤
　　　　沢市藤沢　平野雅道氏蔵)……………144
　　宿の機能………………………………152
　　100　文化十三年六月　間(あい)の村
　　　　宿泊禁止につき請書(藤沢市羽鳥　三
　　　　觜博氏蔵)………………………153
　　助郷……………………………………153
　　101　元禄七年三月　藤沢宿助郷帳
　　　　(藤沢市渡内　福原新一氏蔵)………153
　　102　明和二年三月　宿助郷人馬勤方
　　　　につき議定書(藤沢市羽鳥　三觜博氏
　　　　蔵)………………………………155
　　103　寛政元年七月　宿助郷人馬出方
　　　　などにつき議定書(藤沢市羽鳥　三觜
　　　　博氏蔵)…………………………156
　　104　嘉永三年二月　藤沢宿定助郷議
　　　　定連印証文帳(藤沢市小塚　彦坂増蔵
　　　　氏蔵)……………………………157
　　105　安政六年八月　助郷村と宿場の
　　　　出入りにつき内済議定書(藤沢市小
　　　　塚　彦坂増蔵氏蔵)………………159
　　渡船……………………………………161
　　106　天保十三年九月　馬入川助郷
　　　　村々諸入用書上帳(厚木市元町　中村
　　　　五雄氏蔵)………………………162
　　107　安政二年三月　馬入川船賃割増
　　　　延期願(財団法人　江川文庫蔵)……164

　　108　文久二年十月　将軍上洛につき
　　　　馬入川船数人数書上帳(茅ケ崎市柳
　　　　島　藤間雄蔵氏蔵)………………165
　(6)　平塚宿……………………………168
　　宿の概況………………………………168
　　109　天保十四年　平塚宿宿村大概帳
　　　　(通信博物館蔵)…………………168
　　助郷……………………………………174
　　110　元禄十一年五月　大磯・平塚両
　　　　宿助郷役平均願(二宮町二宮　五島千
　　　　代氏蔵)…………………………174
　　111　享保三年四月　大磯・平塚両宿
　　　　助郷村困窮につき増村願(二宮町二
　　　　宮　五島千代氏蔵)………………175
　　112　享保三年閏十月　平塚宿助郷帳
　　　　(厚木市林　柏木喜重郎氏蔵)………176
　　113　享保七年四月　平塚大助郷恩名
　　　　村勤高免除(厚木市温水　山口忠一氏
　　　　蔵)………………………………178
　　114　宝暦十年八月　平塚宿助郷免除
　　　　願(厚木市温水　山口忠一氏蔵)……180
　　115　天保十二年八月　加助郷人馬正
　　　　勤につき議定(厚木市林　柏木喜重郎
　　　　氏蔵)……………………………181
　(7)　大磯宿……………………………183
　　宿の概況………………………………183
　　116　享和三年　宿方絵図面書上控(大
　　　　磯町教育委員会蔵　小島本陣資料)…183
　　宿の機能………………………………193
　　117　元禄十一年二月　伝馬役屋敷譲
　　　　渡証文(大磯町東小磯　三宅敏郎氏
　　　　蔵)………………………………193
　　118　天明七年五月　大磯宿等の宿役
　　　　人褒賞につき請証文(大磯町大磯　片
　　　　野直三氏蔵)……………………194
　　119　文化三年　人馬継立数書上(日本
　　　　国有鉄道中央鉄道学院図書館蔵)……195
　　120　文化五年　宿入用勘定帳(日本国
　　　　有鉄道中央鉄道学院図書館蔵)………196
　　121　安政五年一月　梅沢茶屋旅人宿
　　　　泊禁止願(横浜市保土ケ谷区　保土ケ
　　　　谷本陣軽部家資料)………………199
　　122　万延元年八月　飯盛女雇用につ
　　　　き町内議定書(大磯町東小磯　三宅敏
　　　　郎氏蔵)…………………………200
　　助郷……………………………………200
　　123　延宝八年十月　助郷村困窮につ
　　　　き救済願(二宮町山西　宮戸清氏
　　　　蔵)………………………………200
　　124　元禄七年二月　大磯宿助郷村高
　　　　覚(二宮町二宮　高橋ゆき氏蔵)……201

神奈川県史 資料編9 近世(6)

125　元禄十一年六月　大助郷諸村困窮理由書上(平塚市北金目　柳川起久雄氏蔵)……………………203
126　延享四年五月　宿助郷人馬勤方につき取替証文(平塚市北金目　柳川起久雄氏蔵)……………204
127　嘉永七年六月　定助郷村議定連印帳(平塚市下吉沢　若林昌治氏蔵)……………………………206
川越………………………………………208
128　正徳元年五月　酒匂川御条目(小田原市立図書館蔵)…………208
129　延享四年八月　朝鮮人来朝の節船橋架設につき書上(山北町谷峨　武尾毎木氏蔵)……………208
130　文化八年一月　酒匂川出水の節茶屋宿泊につき一札(二宮町山西　和田栄一氏蔵)……………209
(8)　小田原宿……………………………210
宿の概況…………………………………210
131　貞享三年四月　小田原町明細書上(小田原市本町　久保田喜八氏蔵)……………………………210
宿の機能…………………………………215
132　天正十八年　伝馬定書(東京都文京区西方　阿部正道氏蔵)…………215
133　慶長十六年十一月　伝馬朱印状(小田原市板橋　青木信康氏蔵)……215
134　宝永四年六月　駄賃銭書上(小田原市立図書館蔵)…………………215
135　文化五年二月　宿役人勤め方の事(小田原市立図書館蔵)…………216
136　天保十一年六月　飯盛女遊興法度請書(小田原市府川　稲子正治氏蔵)……………………………219
137　天保十三年五月　小田原藩申渡につき宿民の請書(小田原市立図書館蔵)………………………220
138　天保十三年五月　小田原藩申渡につき宿役人の請書(小田原市立図書館蔵)……………………221
139　天保十三年五月　小田原藩申渡につき泊帳付の請書(小田原市立図書館蔵)……………………223
140　安政四年十月　ハリス参府につき小田原宿宿泊記録(小田原市立図書館蔵)……………………224
助郷………………………………………224
141　元禄七年二月　小田原宿助郷帳(大井町金手　酒井道太郎氏蔵)……224
142　享保十三年八月　助郷村定法請書(大井町金手　酒井道太郎氏蔵)……228

143　宝暦九年四月　助郷人馬出方につき宿助郷の済口証文(小田原市国府津　長谷川了介氏蔵)………230
144　天保十一年八月　人馬立辻につき宿助郷内済取替証文(小田原市府川　稲子正治氏蔵)…………233
(9)　箱根宿……………………………234
宿の概況…………………………………234
145　享和三年十一月　箱根宿明細書上帳(箱根町箱根　石内直躬氏蔵)…234
宿の機能…………………………………244
146　寛永十年三月　継飛脚給米下付通達書(箱根町箱根　安藤武氏蔵)…244
147　元禄四年五月　箱根宿拝借金返済につき代官覚書(箱根町箱根　安藤武氏蔵)……………………244
148　宝永四年七月　人馬賃銭割増の奉行通達書(箱根町箱根　安藤武氏蔵)……………………………244
149　文政七年十月　本陣起立由緒書(箱根町芦の湯　駒実氏蔵)…………245
150　天保十年　類焼につき相続拝借金割賦帳(箱根町芦ノ湯　駒実氏蔵)……………………………247
151　嘉永三年七月　馬・御用物人足継立高書上(箱根町芦ノ湯　駒実氏蔵)……………………………248
152　嘉永三年七月　公用者諸家宿泊の節の人足につき書上(箱根町芦の湯　駒実氏蔵)……………249
153　嘉永三年七月　本陣由緒書上(箱根町芦の湯　駒実氏蔵)…………250
154　嘉永六年三月　本陣養子縁組につき佐賀藩主鍋嶋家へ報告(箱根町箱根　石内直躬氏蔵)………251
155　嘉永六年　佐賀藩主鍋嶋家へ本陣拝借金願(箱根町箱根　石内直躬氏蔵)……………………252
156　安政六年十二月　宿勘定帳(箱根町箱根　安藤武氏蔵)…………253
石道………………………………………255
157　延宝八年　箱根石道造成入用金(箱根町箱根　安藤武氏蔵)………255
158　文久二年十二月　須雲川村地内石道出来形帳(箱根町須雲川　加藤ヒロ氏蔵)……………………256
3　甲州道中……………………………259
<写>津久井郡相模湖町小原　甲州道中旧小原本陣(相模湖町小原　清水寿氏邸)……………………………………259
解説………………………………………260
宿の概要…………………………………261

536　県史誌内容総覧・資料編1：近世―関東

159　弘化元年 小原宿宿村大概帳(通信博物館蔵)……………………261
160　弘化元年 与瀬宿村大概帳(通信博物館蔵)……………………264
161　弘化元年 吉野宿宿村大概帳(通信博物館蔵)……………………267
162　文政四年六月 関野宿明細書上帳(津久井町教育委員会蔵)………270
宿の機能………………………………274
163　慶長十一年二月 伝馬請取手形(相模湖町与瀬 坂本是成氏蔵)……274
164　天明六年一月 小原宿人馬勤高書上帳(横浜市港北区高田町 小林宏中氏蔵)……………………275
165　寛政六年五月 小原宿入用帳(横浜市港北区高田町 小林宏中氏蔵)……276
166　嘉永元年十二月 与瀬宿継立人馬書上帳(明治大学刑事博物館蔵)…276
167　嘉永四年四月 与瀬人馬継立高書上帳(明治大学刑事博物館蔵)…278
168　嘉永四年四月 小原宿継立囲小役継人馬書上帳(明治大学刑事博物館蔵)…………………………280
169　慶応元年十二月 飯売女雇用許可につき請書(藤野町吉野 吉野甫氏蔵)…………………………282
助郷………………………………283
170　明和二年五月 四宿助郷高書上(相模湖町与瀬 坂本是成氏蔵)……283
171　安永六年五月 定助郷村人馬差出方につき与瀬・小原宿歎願(相模湖町与瀬 坂本是成氏蔵)………283
172　文化十年十月 助郷人馬勤方書上(相模湖町与瀬 坂本是成氏蔵)…285
173　文化十年十二月 助郷人馬触当済口証文(相模湖町与瀬 坂本是成氏蔵)…………………………286
174　文化十一年二月 歎願惣代人人用につき議定(相模湖町与瀬 坂本是成氏蔵)……………………287
175　文政元年九月 助郷人馬差出方につき一札(相模湖町与瀬 坂本是成氏蔵)……………………287
176　文政二年三月 人馬触当につき宿助郷議定(津久井町青山 鮑子満康氏蔵)……………………288
177　文政二年六月 人馬継立につき書上(相模湖町与瀬 坂本是成氏蔵)…290
178　文政四年六月 与瀬宿助郷村人馬継方一札(相模湖町与瀬 坂本是成氏蔵)……………………291
179　文政七年七月 宿助郷出入につき宿・村柄見分書上(明治大学刑事博物館蔵)……………………292
180　文政七年十一月 吉野宿助郷帳(藤野町吉野 吉野甫氏蔵)………295
181　文政十一年八月 人馬触当などにつき宿助郷議定(明治大学刑事博物館蔵)……………………296
182　天保元年 四カ宿助郷村高覚(相模湖町与瀬 坂本重宣氏蔵)……298
183　嘉永四年四月 助郷勤日書上帳(明治大学刑事博物館蔵)………301
184　安政五年四月 助郷人馬触当高書上帳(相模湖町与瀬 坂本是成氏蔵)…302
185　万延元年十一月 助郷役金納につき議定(藤野町沢井 石井達夫氏蔵)…304
4　脇往還・関所…………………………305
<写>北渓 諸国名所 相州箱根関(神奈川県立博物館蔵)……………305
解説…………………………………306
(1)　脇往還……………………………307
矢倉沢往還…………………………307
186　天保九年 相州青山往還宿々控帳(川崎市中原区小杉陣屋町 安藤平作氏蔵)……………………307
187　宝永六年 諸役高割につき村役人返答書(南足柄市関本 関本自治会蔵)……………………310
188　正徳三年七月 運輸諸公事書上(南足柄市関本 関本自治会蔵)……311
189　正徳四年六月 関本村よりの人馬賃銭覚(南足柄市関本 関本自治会蔵)……………………312
190　享保十四年十月 武蔵・相模両鶴間村御伝馬出入(東京都町田市鶴間 井上敬三氏蔵)……………312
191　元文二年 通行取締令(松田町神山 北村真佐雄氏蔵)…………316
192　安永八年十月 富士・大山参詣道者駄賃につき取替証文(松田町神山 北村真佐雄氏蔵)……………317
193　文化十四年十二月 矢倉沢村継場役につき内済一札(南足柄市矢倉沢 田代克己氏蔵)……………318
194　天保五年五月 神山村内諸往還書上(松田町神山 北村真佐雄氏蔵)……………………319
195　天保十四年八月 諸商売停止につき村民歎願書(南足柄市関本 関本自治会蔵)……………………320
196　嘉永五年九月 作間道通行始末書上(南足柄市関本 関本自治会蔵)……………………321

197　嘉永七年七月　旅籠屋の富士道
　　者迎につき一札（南足柄市関本　関本
　　自治会蔵）……………………………322
198　文久元年八月　旅人休泊減少に
　　つき神山村歎願（松田町神山　田中正
　　志氏蔵）…………………………………322
199　文久三年六月　神山町屋通り人
　　馬継立など取噯一札（松田町神山　北
　　村真佐雄氏蔵）…………………………323
200　文久三年八月　東海道付替申達
　　　（世田谷区立郷土資料館蔵）………324
中原往還 …………………………………325
201　寛文十一年十二月　佐江戸村・
　　中山村人馬継立裁許状（川崎市中原
　　区小杉陣屋町　安藤平作氏蔵）………325
202　明和二年十二月　玉川渡船賃米
　　銭につき議定（川崎市中原区小杉陣
　　屋町　安藤平作氏蔵）…………………326
203　明和三年三月　渡船相対場諸村
　　議定一札（川崎市中原区小杉陣屋町
　　安藤平作氏蔵）…………………………327
204　文政三年三月　玉川渡船賃出入
　　（川崎市中原区小杉陣屋町　安藤平作氏
　　蔵）………………………………………328
205　天保八年四月　渡船場法令請書
　　（川崎市中原区小杉陣屋町　安藤平作氏
　　蔵）………………………………………331
206　天保十四年九月　川岸場荷物運
　　送につき一札（川崎市中原区小杉陣
　　屋町　安藤平作氏蔵）…………………332
207　天保十四年　改革につき継立村
　　四カ村議定（川崎市中原区小杉陣屋
　　町　安藤平作氏蔵）……………………332
鎌倉・三浦の脇往還 ……………………333
208　慶安三年八月　江の島町旅籠屋
　　営業停止願（藤沢市江の島　岩本亮一
　　郎氏蔵）…………………………………333
209　慶安三年九月　江の島町旅籠屋
　　営業裁許覚書（藤沢市江の島　岩本亮
　　一郎氏蔵）………………………………334
210　元禄八年十一月　女通行につき
　　伺（横浜市金沢区州崎　山口正司氏
　　蔵）………………………………………335
211　宝暦十二年二月　助郷惣百姓連
　　判帳（横須賀市秋谷　若命又男氏
　　蔵）………………………………………335
212　安永五年正月　人馬勤方・馬継
　　場書上（葉山町木古庭　伊東敏三郎氏
　　蔵）………………………………………336
213　文化二年九月　助郷人馬割宛済
　　口証文（横須賀市秋谷　若命又男氏
　　蔵）………………………………………339

214　文政七年七月　上総国梨沢村の
　　大山参詣人につき便宜取計らい願
　　い（横浜市金沢区州崎　山口正司氏
　　蔵）………………………………………341
215　文政九年三月　浦賀奉行通行に
　　つき先触（逗子市新宿　高橋磐氏
　　蔵）………………………………………341
216　文政九年九月　大津村より旅人
　　乗船禁止願（横浜市保土ケ谷区　保土
　　ケ谷本陣軽部家資料）…………………342
217　文政十年四月　雪ノ下村助郷人
　　足勤方議定（横須賀市秋谷　若命又男
　　氏蔵）……………………………………343
218　天保七年十一月　金沢・浦賀道
　　書上（横浜市保土ケ谷区　保土ケ谷本
　　陣軽部家資料）…………………………343
219　弘化四年三月　金沢・浦賀・三
　　崎道順書上（横浜市保土ケ谷区　保土
　　ケ谷本陣軽部家資料）…………………345
220　嘉永元年四月　駄賃・道法書上
　　（横須賀市秋谷　若命又男氏蔵）……347
221　嘉永七年五月　三浦郡諸村助郷
　　組替願（逗子市新宿　高橋磐氏蔵）…350
222　嘉永七年二月　人馬軽減歎願に
　　つき議定（横須賀市秋谷　若命又男氏
　　蔵）………………………………………353
223　慶応二年四月　人馬継立一日分
　　書上帳（逗子市新宿　高橋磐氏蔵）…354
(2)　関所 ……………………………………354
関所の概観 ………………………………355
224　小田原領内関所書上（箱根関所
　　資料館蔵）………………………………355
225　延享三年八月　諸関所覚（国立公
　　文書館蔵）………………………………357
226　明和九年　箱根関所覚書（国立公
　　文書館蔵）………………………………358
227　明和九年　根府川関所覚書（国立
　　公文書館蔵）……………………………359
関所の法令 ………………………………359
228　寛永二年八月　関所通行定（国立
　　公文書館蔵）……………………………359
229　寛永八年九月　手負・女・欠落
　　人通行覚（国立公文書館蔵）…………360
230　寛永八年九月　箒坂・青野原関
　　所通行覚（藤野町牧野　神原武男氏
　　蔵）………………………………………360
231　寛永十五年　夜中通行などにつ
　　き定（国立公文書館蔵）………………361
232　慶安四年十二月　夜中通行禁止
　　覚（国立公文書館蔵）…………………361
233　万治二年六月　女手形申請の覚
　　（御触書寛保集成　六三）……………362

神奈川県史 資料編9 近世(6)

234　貞享三年七月 女手形書式覚
　　（武家厳制録 四一七）……………362
235　元禄九年四月 関所へ配符の諸
　　奉行印鑑覚（国立公文書館蔵）……363
236　元禄十四年十月 女手形改方覚
　　（国立公文書館蔵）………………363
237　正徳元年五月 箱根・根府川・
　　矢倉沢関所定（御触書寛保集成七
　　一）…………………………………364
238　正徳五年九月 戻手形請取証文
　　（国立公文書館蔵）………………364
239　享保六年閏七月 町方女手形発
　　行につき申渡覚（御触書寛保集成七
　　四）…………………………………366
240　寛政三年 御目見以下関所通行
　　達（御触書天保集成四六二七）……366
241　寛政八年二月 女手形につき勘
　　定奉行へ通達（御触書天保集成四六
　　三一）………………………………366
242　享和元年四月 女十人以上通行
　　の節の手形につき伺（国立公文書館
　　蔵）…………………………………367
243　文化五年十月 鉄砲大筒運搬問
　　合せ（国立公文書館蔵）…………367
244　文化十二年一月 囚人護送につ
　　き関所手形交付願（国立公文書館
　　蔵）…………………………………368
関所の通行 ………………………………368
245　寛永八年十二月 甑坂関所通行
　　願（藤野町牧野 神原武男氏蔵）……368
246　元禄六年二月 矢倉沢関所謦女
　　通行につき書上（南足柄市矢倉沢 田
　　代克己氏蔵）………………………369
247　元禄九年二月 川村関所十分一
　　請負一札（山北町山北 鈴木隆造氏
　　蔵）…………………………………369
248　正徳五年四月 甑坂関所抜け書
　　上（藤野町牧野 神原武男氏蔵）……370
249　享保元年四月 関所通行女手形
　　（箱根町箱根 石内直躬氏蔵）………371
250　享保五年九月 山北関所へ上納
　　の十分一銭覚（山北町都夫良野 岩本
　　正夫氏蔵）…………………………371
251　寛政二年十二月 都夫良野村民
　　の川村関所通行についての証文
　　（山北町都夫良野 岩本正夫氏蔵）…372
252　寛政四年三月 往来添証文（大井
　　町篠窪 小島巌氏蔵）………………372
253　寛政十二年六月 関所通行手形
　　（逗子市桜山 石渡満子氏蔵）………372
254　文政元年九月 関所通行手形
　　（逗子市桜山 石渡満子氏蔵）………373

255　天保七年七月 関所通行手形
　　（箱根町箱根 安藤武氏蔵）…………373
256　嘉永六年一月 関所通行手形
　　（平塚市北金目 柳川起久雄氏蔵）…374
257　安政二年九月 関所通行手形
　　（小田原市板橋 青木信康氏蔵）……374
258　慶応二年二月 馬士の矢倉沢関
　　所通行につき関本村役人一札（南
　　足柄市関本 関本自治会蔵）………374
259　慶応二年四月 関所通行手形
　　（小田原市本町 清水伊十良氏蔵）…375
260　酉年十一月七日 関所通行手形
　　（鶴坂栄太郎編 神奈川郷土資料写真
　　集）…………………………………375
関所の普請 ………………………………375
261　正徳三年五月 川村関所の村方
　　負担割合元帳（山北町山北 鈴木隆造
　　氏蔵）………………………………375
262　正徳三年五月 内夫人足につき
　　根府川村歎願書（小田原市根府川 広
　　井ワカ氏蔵）………………………379
263　享保十五年六月 関所普請人足
　　請負連判状（山北町都夫良野 岩本正
　　夫氏蔵）……………………………380
264　安永二年六月 谷ケ村関所普請
　　につき古例書上（開成町金井島 瀬戸
　　格氏蔵）……………………………380
265　安永二年十二月 仙石原関所普
　　請人足宿泊につき争論内済取替証
　　文（箱根町仙石原 勝俣栄一氏蔵）…381
266　安永五年四月 谷ケ村関所普請
　　につき村方願書（開成町金井島 瀬戸
　　格氏蔵）……………………………382
267　天保十四年五月 関所付村々の
　　日光社参寄人馬免除願（松田町虫沢
　　虫沢自治会蔵）……………………383
268　吉野宿内関門普請出来形帳（藤
　　野町吉野 吉野甫氏蔵）……………388
要害山 ……………………………………390
269　享保十五年三月 仙石原関所要
　　害山につき仙石原村役人願書（箱
　　根町仙石原 勝俣栄一氏蔵）………390
270　元文四年八月 箱根関所要害山
　　取締り規定書（箱根町箱根 石内直躬
　　氏蔵）………………………………391
271　天保十一年三月 矢倉沢関所要
　　害山立入りにつき入会村詫状（開
　　成町金井島 瀬戸格氏蔵）…………394
272　天保十一年五月 仙石原御関所
　　山越一件（箱根町仙石原出張所
　　蔵）…………………………………394

第2部　河川交通 …………………………399

県史誌内容総覧・資料編 1: 近世―関東　539

神奈川県史 資料編9 近世(6)

〈写〉相模川の高瀬舟(城山町久保沢 八木蔦雨氏蔵)……………………399
解説……………………………………400
(1) 川船と年貢…………………………401
273 元禄二年四月 愛甲郡津久井領太井村川船書上帳(相模原市相原 角田昌保氏蔵)……………………………………401
274 天明五年十一月 津久井県太井村外五カ村船改役人廻村中止願(相模原市相原 角田昌保氏蔵)……………402
275 天明五年十一月 津久井県太井村高瀬船改帳(相模原市相原 角田昌保氏蔵)……………………………………403
276 天明六年四月 三ケ木村外三カ村潰れ高瀬船書上帳(相模原市相原 角田昌保氏蔵)……………………………404
277 文化二年三月 橘樹郡鶴見村助右衛門船買証文(横浜市鶴見区鶴見町 佐久間亮一氏蔵)……………………405
278 文化四年十月 津久井県太井村高瀬船数書上帳(相模原市相原 角田昌保氏蔵)……………………………………405
279 文化八年二月 橘樹郡鶴見村助右衛門売船証文(横浜市鶴見区鶴見町 佐久間亮一氏蔵)……………………406
280 文政十一年十月 津久井県太井村高瀬船書上帳(相模原市相原 角田昌保氏蔵)……………………………………407
281 文政十三年八月 津久井県太井村高瀬船書上帳(相模原市相原 角田昌保氏蔵)……………………………………408
282 安政三年十月 津久井県太井村高瀬船書上帳(相模原市相原 角田昌保氏蔵)……………………………………409
(2) 筏と荷物輸送………………………410
283 宝永五年二月 道志川材木流しの節橋破損につき江戸商人等詫金差出し一札(藤野町牧野 神原武男氏蔵)……410
284 享保九年六月 津久井県小倉山御用薪河岸揚げにつき高座郡柳島村吟味帳(茅ケ崎市柳島 藤間雄蔵氏蔵)……411
285 享保九年十一月 高座郡柳島浦筏揚げ賃につき連判帳(茅ケ崎市柳島 藤間雄蔵氏蔵)……………………411
286 寛政三年十月 甲州御用材相模川川流しにつき触状ならびに高座郡柳島村請書(茅ケ崎市柳島 藤間雄蔵氏蔵)……412
287 明和六年十二月 津久井県上川尻村等新川岸設立争論裁許書(相模原市相原 角田昌保氏蔵)……………414

288 天明二年十一月 大住郡須賀浦川下げ荷扱方議定破談につき津久井県太井村等再訴状(相模原市相原 角田昌保氏蔵)……………………………………415
289 天明三年七月 相模川下り荷につき荷主・船主等争論内済議定書(相模原市相原 角田昌保氏蔵)……………416
290 寛政元年三月 甲州御用材相模川川流しにつき村触ならびに高座郡柳島村請印帳(茅ケ崎市柳島 藤間雄蔵氏蔵)……420
291 寛政三年六月 津久井県太井村荒川船筏乗り諸事取極連印書(相模原市相原 角田昌保氏蔵)……………421
292 天保十四年八月 橘樹郡・都筑郡鶴見川通四カ村川岸場諸商人請印帳(横浜市港北区北綱島町 飯田助九氏蔵)……424
293 弘化二年二月 御本丸普請用材川下げにつき津久井県太井村請証文(相模原市相原 角田昌保氏蔵)……………426
294 安政四年三月 津久井県太井村荒川組船筏乗り議定書(相模原市相原 角田昌保氏蔵)……………………428
295 安政四年三月 津久井県太井村筏乗り月々出金積立控(相模原市相原 角田昌保氏蔵)……………………430
296 文久三年二月 津久井県青山村より江戸石川島造船所まで御用材川下げにつき浦触(横浜市磯子区久木 堤芳正氏蔵)……………………………………433
297 三浦郡田越川堀抜き新通船路開鑿計画につき沼間村反対願書(逗子市沼間 桐ケ谷政次氏蔵)……………435
(3) 荒川番所……………………………436
298 寛保元年五月 津久井県荒川番所下役人扶持増しにつき代官羮正高伺書(相模原市相原 角田昌保氏蔵)……………436
299 延享四年八月 津久井県荒川番所勤方申上書付(相模原市相原 角田昌保氏蔵)……………………………………437
300 天明六年十一月 津久井県太井村利兵衛川稼ぎ差止め難渋につき赦免願(相模原市相原 角田昌保氏蔵)……441
301 文化二年八月 御用炭川下げ申渡しにつき津久井県太井村船持主請書(相模原市相原 角田昌保氏蔵)……………441
302 文政七年七月 荒川番所付津久井県太井村困窮につき書上帳(相模原市相原 角田昌保氏蔵)……………443
303 天保十四年一月 津久井県より出荷物荒川番所にて五分一運上改方につき請書(相模原市相原 角田昌保氏蔵)……444

540 県史誌内容総覧・資料編 1: 近世―関東

304 万延元年五月 荒川番所詰代官手代不正につき訴状(相模原市相原 角田昌保氏蔵)……446
305 文久元年九月 津久井県太井村荒川組難渋につき村内私領二組番所付へ支配替内意書(財団法人 江川文庫蔵)……449
306 文久四年二月 荒川番所入用米金につき代官江川英武伺書(財団法人 江川文庫蔵)……451
307 元治元年七月 荒川番所普請入用県中割合取計方につき代官伺書(財団法人 江川文庫蔵)……452

第3部 海上交通……455
<写>嘉永二年 五百石船 不動丸絵図(茅ヶ崎市柳島 藤間雄蔵氏蔵)……455
解説……456
(1) 湊と船……457
湊争論……457
308 慶安二年四月 高座郡柳島村・南湖村浜境論裁許状(茅ヶ崎市南湖 加藤信太郎氏蔵)……457
309 元禄三年六月 高座郡柳島村・南湖村浜境論訴状(茅ヶ崎市南湖 加藤信太郎氏蔵)……457
310 元禄四年二月 高座郡柳島村・大住郡須賀村湊論訴状(茅ヶ崎市柳島 藤間雄蔵氏蔵)……458
311 元禄四年五月 高座郡柳島村・大住郡須賀村湊論につき幕府裁許状(茅ヶ崎市柳島 藤間雄蔵氏蔵)……459
312 元禄十五年十二月 高座郡南湖村の者柳島村へ入船一件訴状ならびに幕府差紙(茅ヶ崎市南湖 加藤信太郎氏蔵)……460
313 元禄十六年 高座郡柳島村・須賀村湊論につき南湖村名主・百姓申上書(茅ヶ崎市南湖 加藤信太郎氏蔵)……462
314 元禄十六年一月 高座郡柳島村・南湖村湊論につき南湖村返答書(茅ヶ崎市柳島 藤間雄蔵氏蔵)……464
315 元禄十六年六月 高座郡柳島村・南湖村湊論につき幕府裁許状(茅ヶ崎市南湖 加藤信太郎氏蔵)……466
湊浚……467
316 天保五年五月 浦賀湊浚方ならびに干潟築立仕法につき浦賀町人清兵衛伺書(横須賀市博物館蔵)……467
317 天保五年五月 浦賀湊浚方仕法につき東西諸商人・廻船問屋一同請書(横須賀市博物館蔵)……469

318 天保十二年五月 浦賀湊州浚・干潟埋立て目論見仕様書(横須賀市浦賀 住友重機械工業株式会社浦賀造船所蔵)……470
319 天保十二年七月 浦賀湊浚の節冥加金差出につき褒美下賜状(横須賀市浦賀 住友重機械工業株式会社浦賀造船所蔵)……472
320 天保十二年十一月 浦賀湊州潟浚につき達書(逗子市逗子 臼井靖晃氏蔵)……472
321 天保十三年六月 浦賀湊浚につき町方一同より助人足差出一件(横須賀市博物館蔵)……473
湊と施設……478
322 天保九年八月 浦賀湊石垣修覆・湊内漁業につき申渡書(横須賀市浦賀 長島信次氏蔵)……478
323 享保七年五月 相州城ヶ島等籌入用として石銭取立につき高札(御触書寛保集成 二四二六)……479
324 享保七年五月 浦賀湊にて籌入用石銭取立につき高札(横須賀市岩戸 山崎正一氏蔵)……480
325 天明四年
326 寛政五年
327 文政九年六月 浦賀湊口燈明堂修覆につき願書(逗子市逗子 臼井靖晃氏蔵)……481
船と船役……482
328 享保八年四月 久良岐郡磯子村船数書上帳(横浜市磯子区久木 堤芳正氏蔵)……482
329 嘉永五年七月 三浦郡八幡久里浜村船数書上帳(横須賀市浦賀 鈴木三四郎氏蔵)……483
330 元禄二年十二月 足柄下郡前川村船役割付状(熱海市泉 熊沢重一氏蔵)……484
331 元禄十二年十一月 足柄下郡国府津村船役割付状(小田原市国府津 長谷川了介氏蔵)……484
332 寛政三年十二月 足柄下郡国府津村船役割付状(小田原市国府津 長谷川了介氏蔵)……485
333 天保十年十二月 足柄下郡国府津村船役割付状(小田原市国府津 長谷川了介氏蔵)……486
334 慶応三年十二月 足柄下郡早川村船役割付状(小田原市本町 久保田喜八氏蔵)……487
335 元文四年十二月 足柄下郡岩村船役割付状(真鶴町岩 松本敬氏蔵)……488

336　寛政五年十二月　足柄下郡岩村船
　　役割付状(真鶴町岩　松本敬氏蔵)……489
337　寛政十年十二月　足柄下郡岩村船
　　役割付状(真鶴町岩　松本敬氏蔵)……489
338　文化二年十二月　足柄下郡岩村船
　　役割付状(真鶴町岩　松本敬氏蔵)……490
339　文化八年十二月　足柄下郡岩村船
　　役割付状(真鶴町岩　松本敬氏蔵)……491
340　文政元年十二月　足柄下郡岩村船
　　役割付状(真鶴町岩　松本敬氏蔵)……491
341　天保八年十二月　足柄下郡岩村船
　　役割付状(真鶴町岩　松本敬氏蔵)……492
342　天保十一年十二月　足柄下郡岩村
　　船役割付状(真鶴町岩　松本敬氏蔵)…493
343　弘化元年十二月　足柄下郡岩村船
　　役割付状(真鶴町岩　松本敬氏蔵)……493
344　安政五年十二月　足柄下郡岩村船
　　役割付状(真鶴町岩　松本敬氏蔵)……494
345　元治元年十二月　足柄下郡岩村船
　　役割付状(真鶴町岩　松本敬氏蔵)……495
346　慶応二年十二月　足柄下郡岩村船
　　役割付状(真鶴町岩　松本敬氏蔵)……495
347　慶応三年十二月　足柄下郡岩村船
　　役割付状(真鶴町岩　松本敬氏蔵)……496
348　文化三年八月　三浦郡向ケ崎村源
　　七押送船休株につき船役永用捨願書
　　(三浦市海外　石渡トヨ氏蔵)…………497
幕府川船役所の統制……………………497
349　明和三年九月　久良岐郡滝頭村清
　　三郎船極印打替願書(横浜市磯子区滝
　　頭　安室忠治氏蔵)………………………497
350　明和六年～天明七年　三浦郡長井
　　村船数改・極印打替等願書(横須賀市
　　長井　鈴木博明氏蔵)……………………498
351　文化八年～文政三年　三浦郡三戸
　　村等江戸内川通り切手書替・新造・
　　潰船・極印打替等願書(三浦市三戸　前
　　田浩氏蔵)…………………………………499
352　文政五年五月　三浦郡浦郷村川船
　　極印名前帳(横須賀市公郷　永島重义氏
　　蔵)…………………………………………504
353　文政十三年六月　三浦郡菊名村九
　　郎右衛門新造船極印願書(三浦市菊名
　　石井師士氏蔵)………………………507
354　安政六年二月　三浦郡松輪村太郎
　　兵衛船極印打替願書(三浦市松輪　藤平
　　正一氏蔵)…………………………………507
(2)　輸送と海難………………………508
浦賀廻船宿………………………………508
355　安政四年八月　浦賀湊尾洲廻船取
　　締会所新設につき大和屋兵衛願書
　　(横須賀市博物館蔵)……………………508

356　安政四年十一月　浦賀湊尾洲廻船
　　取締会所新設反対歎願書(横須賀市博
　　物館蔵)……………………………………512
357　安政五年二月　浦賀湊尾洲廻船取
　　締会所新設反対再歎願書(横須賀市博
　　物館蔵)……………………………………514
358　安政五年四月　浦賀湊廻船小宿規
　　定書(横須賀市博物館蔵)………………515
359　安政六年四月　浦賀湊尾洲廻船取
　　締会所取立難渋につき廻船宿冥加上
　　納願書(横須賀市博物館蔵)……………517
360　安政六年四月　浦賀湊尾洲廻船取
　　締会所新設一件につき廻船宿より水
　　揚仲間へ差入一札(横須賀市博物館
　　蔵)…………………………………………519
361　安政六年四月　浦賀湊尾洲廻船取
　　締会所新設一件につき水揚仲間より
　　廻船宿へ差入一札(横須賀市博物館
　　蔵)…………………………………………520
362　安政七年一月　能登川島与三吉
　　船水揚諸入用不出につき浦賀干鰯問
　　屋惣代願書(横須賀市博物館蔵)………522
須賀・柳島湊・千度小路浦
363　天保九年一月　高座郡柳島湊穀仲
　　間議定証文帳(茅ケ崎市柳島　藤間雄蔵
　　氏蔵)………………………………………523
364　弘化三年十一月　高座郡柳島湊出
　　帆廻船航海留書(茅ケ崎市柳島　藤間雄
　　蔵氏蔵)……………………………………524
365　嘉永二年一月　高座郡小和田村荷
　　主より柳島浦へ小麦等荷物津出依頼
　　書(茅ケ崎市柳島　藤間雄蔵氏蔵)……527
366　元治元年六月　須賀・柳島湊より
　　江戸廻し炭海上運賃書上(茅ケ崎市柳
　　島　藤間雄蔵氏蔵)………………………528
367　明和元年十一月　小田原城下千度
　　小路浦廻船小揚船持難渋につき願書
　　(小田原市本町　久保田喜八氏蔵)……529
渡海船……………………………………530
368　嘉永五年二月　久良岐郡野島浦安
　　房・上総渡海船につき聞書(富津市富
　　津　織本哲郎氏蔵)………………………530
369　嘉永五年二月　久良岐郡野嶋浦・
　　上総国富津湊間定渡海船新設につき
　　口上書覚(富津市富津　織本哲郎氏
　　蔵)…………………………………………536
370　万延二年二月　上総国富津湊・久
　　良岐郡野島浦間渡海船につき願書
　　(富津市富津　織本哲郎氏蔵)…………536
371　慶応三年三月　上総国富津湊より
　　久良岐郡野島浦・横浜・浦賀湊渡海
　　船賃銀その他書上(富津市富津　織本哲
　　郎氏蔵)……………………………………537

神奈川県史 資料編9 近世（6）

新航路 ……………………………539
372　嘉永七年一月 三浦郡長浦村地内
　　山切開き新船路開通諸願向控帳（横
　　須賀市公郷 永島重美氏所蔵）………539
海難浦高札 ………………………547
373　寛文七年閏二月 難船救助等につ
　　き浦高札（二宮町山西 宮戸清氏蔵）…547
374　正徳元年五月 難船救助等につき
　　浦高札（横須賀市岩戸 山崎正一氏
　　蔵）………………………………547
375　正徳二年八月 浦々添高札（横須賀
　　市岩戸 山崎正一氏蔵）………………548
376　寛政七年三月 三浦郡秋谷村方
　　取極連判帳（横須賀市秋谷 若命又男氏
　　蔵）………………………………549
難船 ………………………………550
377　元禄七年七月 三浦郡田越浦にて
　　駿州次郎兵衛船破船につき浦手形
　　（逗子市新宿 髙橋雄二氏蔵）………550
378　元禄八年九月 大住郡須賀浦難船
　　荷物始末につき一札（茅ヶ崎市南湖 加
　　藤信太郎氏蔵）…………………551
379　元禄十年十一月 淘綾郡浦梅沢浦に
　　て三浦郡浦賀村七兵衛船破船につき
　　浦手形（二宮町山西 宮戸清氏蔵）……552
380　享保十七年八月 大住郡須賀村船
　　難破につき浦手形（茅ヶ崎市柳島 藤間
　　雄蔵氏蔵）………………………553
381　享保十八年三月 高座郡柳島浦難
　　船荷物弁済につき取扱い手形（茅ヶ崎
　　市柳島 藤間雄蔵氏蔵）………………554
382　寛政六年閏十一月 三浦郡三戸村
　　磯にて大住郡須賀村幸左衛門船難船
　　一件書上控（三浦市三戸 前田浩氏
　　蔵）………………………………555
383　文政十一年十月 三浦郡松輪村に
　　て豆州彦三郎船破船につき浦証文
　　（三浦市松輪 藤平正一氏蔵）………560
384　天保十四年九月 小田原城下茶畠
　　町吉兵衛船高座郡辻堂村漂着につき
　　一札（藤沢市渡内 石井茂氏蔵）………564
385　弘化二年二月 高知藩主手船三浦
　　郡鴨居沖にて難船につき浜改一札
　　（横須賀市鴨居 青木訓氏蔵）………565
386　嘉永三年七月 江戸喜右衛門船三
　　浦郡松輪村沖にて難破一件諸事控
　　（三浦市松輪 藤平正一氏蔵）………568
387　慶応二年七月 伊豆国佐兵衛船三
　　浦郡松輪村剣崎にて難船一件書留
　　（三浦市松輪 藤平正一氏蔵）………571
（3）　浦賀奉行所 ……………………573
浦賀番所設置廃止法令 …………573

388　享保五年十二月 浦賀番所設置に
　　つき触書（御触書寛保集成 二四二
　　二）………………………………573
389　享保五年十二月 浦賀番所設置に
　　つき問屋共へ申渡書（横須賀市浦賀 住
　　友重機械工業株式会社浦賀造船所
　　蔵）………………………………574
390　享保六年一月 浦賀湊廻船改につ
　　き触書（横須賀市岩戸 山崎正一氏
　　蔵）………………………………574
391　享保六年一月 浦賀湊荷物等改方
　　触書（横須賀市岩戸 山崎正一氏蔵）…575
392　享保六年一月 浦賀廻船改方触
　　書（二宮町山西 宮戸清氏蔵）………576
393　享保六年一月 浦賀湊廻船改方に
　　つき浦賀奉行宛幕府下知書（逗子市逗
　　子 臼井靖晃氏蔵）……………………576
394　享保六年一月 浦賀湊船改につき
　　浦賀奉行宛幕府条目（横須賀市浦賀 住
　　友重機械工業株式会社浦賀造船所
　　蔵）………………………………577
395　享保六年二月 浦賀湊廻船宿等に
　　つき浦賀奉行触書（横須賀市岩戸 山崎
　　正一氏蔵）………………………582
396　延享四年二月 浦賀番所通船荷物
　　につき幕府達書（日本財政経済史料 第
　　四巻下）…………………………583
397　延享四年三月 浦賀番所通船荷物
　　につき幕府達書（日本財政経済史料 第
　　九巻下）…………………………583
398　文化七年～安政二年 浦賀番所船
　　改方達書等書留（逗子市逗子 臼井靖晃
　　氏蔵）……………………………583
399　天保十二年七月 浦賀番所廻船改
　　方等につき達書（逗子市逗子 臼井靖
　　氏蔵）……………………………593
400　明治五年三月 浦賀港通船改廃止
　　布告（法規分類大全第一輯 運輸門十 船
　　舶 廻漕及出入一）………………595
奉行補任 …………………………598
401　享保五年～ 浦賀奉行所歴代奉行
　　補任書上（日本財政経済史料 第四巻
　　下）………………………………598
領知 ………………………………603
402　享保六年～元治元年 浦賀奉行預
　　所・役知郷村請取渡達書等書留（逗子
　　市逗子 臼井靖晃氏蔵）………………603
廻船問屋 …………………………617
403　宝暦七年九月 東西浦賀廻船問屋
　　連判証文（横須賀市浦賀 住友重機械工
　　業株式会社浦賀造船所蔵）…………617

県史誌内容総覧・資料編 1: 近世—関東　**543**

404　慶応元年　浦賀湊荷物入津高および廻船問屋商人等につき書留(逗子市逗子　臼井靖晃氏蔵)……………620
荷物改方……………………………………624
405　享保八年十月〜　掌中要用録(横須賀市浦賀　住友重機械工業株式会社浦賀造船所蔵)……………………624
406　寛政四年三月　下り酒荷浦賀番所改方達書(日本財政経済史料　第九巻下)…………………………………628
407　文化七年十一月　浦賀番所沖直通生魚船につき達書(日本財政経済史料第四巻下)………………………628
408　天保四年六月　諸廻船・生魚船等便船人乗船につき触書請書(三浦市海外　石渡トヨ氏蔵)………………629
409　安政六年十月　浦賀番所沖直通生魚船取締につき浦賀奉行触(三浦市松輪　藤平正一氏蔵)………………629
番所通船手形……………………………631
410　天明六年四月　伊豆国賀茂郡見高村伝七船通船手形(横須賀市馬堀　貞昌寺蔵)…………………………631
411　天明六年四月　伊豆国下田長兵衛船通船手形(横須賀市馬堀　貞昌寺蔵)……………………………………632
412　天明六年四月　安房国白浜村門左衛門船通船手形(横須賀市馬堀　貞昌寺蔵)…………………………………633
413　天明七年六月　阿波国答島善兵衛船通船手形(横須賀市馬堀　貞昌寺蔵)……………………………………633
414　寛政四年四月　江戸小網町喜八船通船手形(三浦市三戸　前田浩氏蔵)…633
415　寛政七年十一月　伊豆国新島勘兵衛船通船手形(横須賀市久里浜　長安寺蔵)…………………………………634
416　寛政七年十月　遠州一橋領廻米船通船手形(横須賀市馬堀　貞昌寺蔵)……………………………………634
417　寛政十二年閏四月　伊豆国賀茂郡入間村弥八船通船手形(横須賀市馬堀　貞昌寺蔵)……………………635
418　寛政十二年十月　摂津国大石新五郎船通船手形(横須賀市馬堀　貞昌寺蔵)…………………………………635
419　寛政十二年十月　大坂大津屋仲右衛門船通船手形(横須賀市馬堀　貞昌寺蔵)…………………………………636
420　寛政十二年十二月　足柄下郡門川村孫左衛門船通船手形(横須賀市馬堀　貞昌寺蔵)……………………636

421　文化十二年三月　武蔵国荏原郡柴村伝左衛門船通船手形(横須賀市久里浜　長安寺蔵)……………………637
422　文政七年七月　三河国高浜徳兵衛船通船手形(横須賀市池上　妙蔵寺蔵)……………………………………637
423　弘化三年五月　三浦郡横須賀平吉船通船手形(横須賀市秋谷　若命又男氏蔵)……………………………638
424　嘉永六年四月　安房国小浦新次郎船通船手形(横浜市中区本牧元町　佐藤信次氏蔵)………………………638
425　元治元年六月　橘樹郡稲荷新田平左衛門船通船手形(横須賀市西浦賀　西叶神社蔵)………………………639
426　慶応二年五月　駿河国清水与兵衛船通船手形(横須賀市西浦賀　西叶神社蔵)……………………………639
427　慶応二年五月　安房国江見村伝七船通船手形(横須賀市西浦賀　西叶神社蔵)……………………………640
走水・三崎番所………………………………640
428　寛永十八年〜　走水番所由来等書上(横須賀市走水　山崎良氏蔵)………640
429　慶安元年

産業編
　第1部　漁業………………………………643
　　〈写〉相模国片浦筋魚漁網釣具(神奈川県立図書館蔵)……………………………643
　　解説………………………………………644
　　(1)　漁業と年貢………………………645
　　漁村…………………………………………645
　　1　寛政四年十二月　足柄下郡福浦村浦々改書上帳(湯河原町福浦　露木重之氏蔵)………………………………645
　　2　文久三年十一月　三浦郡松輪村明細帳(三浦市松輪　藤平正一氏蔵)……646
　　3　正徳五年十月　足柄下郡岩村難渋につき漁業渡世許可願(真鶴町岩　半田浩一氏蔵)………………………648
　　4　元治元年九月　小田原万町困窮につき漁船新造漁業渡世許可願(小田原市本町　細谷喜代子氏蔵)…………649
　　漁師…………………………………………651
　　5　元禄八年十一月　足柄下郡前川村漁師人数目録(熱海市泉　熊沢重一氏蔵)……………………………………651
　　6　元文八年　足柄下郡岩村漁師目録(真鶴町岩　半田浩一氏蔵)……………652
　　7　元禄九年六月　淘綾郡二宮村庄五郎子供舟譜代赦免につき一札(二宮町二宮　原利男氏蔵)………………652

8　元禄九年六月　淘綾郡二宮村庄五郎
　　　　等子供舟譜代赦免につき一札（二宮町
　　　　二宮　原利男氏蔵）……………………653
　舟役諸運上 ………………………………………653
　　9　元禄十二年二月　淘綾郡山西村等
　　　　鰹・鮪十分一運上につき口書（二宮町
　　　　山西　宮戸清氏蔵）……………………653
　　10　享保十七年十一月　淘綾郡山西村等
　　　　四カ村肴十分一運上につき願書（二
　　　　宮町山西　宮戸清氏蔵）………………654
　　11　寛政五年十月　小田原茶畑町善兵衛
　　　　肴拾分一等請負証文（小田原市本町　細
　　　　谷喜代子氏蔵）…………………………655
　　12　嘉永三年十二月　三浦・鎌倉郡村々
　　　　船役・新船運上永年々増減取立御料
　　　　並伺書（財団法人　江川文庫蔵）………657
　　13　安政二年五月　三浦郡秋谷村他四カ
　　　　村船役運上等上納証書（横須賀市秋谷
　　　　若命又男氏蔵）…………………………661
　　14　安政二年九月　三浦郡堀内村浜諸運
　　　　上書上帳（葉山町堀内　高梨栄氏蔵）…663
　　15　安政三年八月　三浦郡松輪村寛文九
　　　　年より漁業年貢取調書（三浦市松輪　藤
　　　　平正一氏蔵）……………………………664
　　16　元治元年八月　堀田相模守預所三浦
　　　　郡津久井村等諸運上冥加永引分引渡
　　　　し伺書（財団法人　江川文庫蔵）………669
　　17　元治二年四月　三浦郡浦郷村肴運送
　　　　冥加永年季切替え伺書（財団法人　江川
　　　　文庫蔵）…………………………………670
　蛸運上 ……………………………………………671
　　18　元禄七年九月　三浦郡長井村蛸運上
　　　　請負につき一札（逗子市新宿　髙橋雄二
　　　　氏蔵）……………………………………671
　　19　享保十三年一月　三浦郡一色村蛸運
　　　　上等につき書上覚（国文学研究資料館
　　　　史料館蔵）………………………………671
　　20　寛延四年三月　三浦郡松輪村磯蛸運
　　　　上につき三崎町菱突漁師よりの願書
　　　　（国文学研究資料館　史料館蔵）………672
　　21　明和七年七月　三浦郡松輪村悪潮入
　　　　込み蛸・小魚等被害につき運上赦免
　　　　願（国文学研究資料館　史料館蔵）……673
　　22　文化十年十一月　三浦郡秋谷村・小
　　　　坪村蛸運上下請等につき争論済口証
　　　　文（横須賀市秋谷　若命又男氏蔵）……675
　（2）　漁業権の争い ……………………………677
　　23　慶安四年十一月　淘綾郡大磯村・高座
　　　　郡腰越村・三浦郡小坪村猟場争論裁許
　　　　請書（国文学研究資料館内　史料館蔵）…677
　　24　寛文四年六月　高座郡小和田村・茅ケ
　　　　崎村猟場争論裁許状（茅ケ崎市小和田　水
　　　　島伊一氏蔵）……………………………677

　　25　延宝五年五月　三浦郡大田和村と長井
　　　　村・佐島村猟場争論裁許状（横須賀市長
　　　　井　鈴木博明氏蔵）……………………678
　　26　元禄五年九月　大住郡平塚村・淘綾郡
　　　　大磯村浦境争論裁許状（国文学研究資料
　　　　館　史料館蔵）…………………………678
　　27　正徳六年六月　三浦郡二町谷村いなだ
　　　　網争論につき口上書（三浦市海外　石渡ト
　　　　ヨ氏蔵）…………………………………679
　　28　享保十四年三月　三浦郡浦郷村等四カ
　　　　村・紀伊国等五カ国漁師猟場争論裁許
　　　　状（横浜市磯子区滝頭　安宅忠治氏蔵）…680
　　29　寛政三年十二月　橘樹郡生麦村岡浜争
　　　　論につき訴状（横浜市鶴見区生麦町　池谷
　　　　健治氏蔵）………………………………681
　　30　寛保四年一月　橘樹郡生麦村岡浜争論
　　　　につき返答書（横浜市鶴見区生麦町　池谷
　　　　健治氏蔵／県史編集室蔵）……………682
　　31　延宝二年六月　三浦郡大津村・公郷村
　　　　漁猟境争論裁許状（横須賀市公郷　永島重
　　　　美氏蔵）…………………………………684
　　32　延享三年六月　久良岐郡滝頭村・磯子
　　　　村地引網争論一件訴状（横須賀市磯子区
　　　　久木　堤芳正氏蔵）……………………686
　　33　延享五年六月　三浦郡三崎町等と安房
　　　　国小浦・吉浜村鰹猟争論一件済口証文
　　　　（国文学研究資料館　史料館蔵）………688
　　34　宝暦十二年四月　三浦郡八幡村・西浦
　　　　賀村魚猟争論裁許請書（横須賀市久比里
　　　　多紀保彦氏蔵）…………………………690
　　35　明和七年十二月　橘樹郡神奈川宿猟師
　　　　町・久良岐郡小柴村等魚猟争論裁許請
　　　　書（横須賀市磯子区久木　堤芳正氏蔵）…693
　　36　安永二年五月　鎌倉郡腰越村・津村・
　　　　片瀬村魚猟場争論裁許状（神奈川県立博
　　　　物館蔵）…………………………………699
　　37　天明八年五月～十月　鎌倉郡片瀬村・
　　　　江の島村新規魚漁争論一件証文（国文学
　　　　研究資料館　史料館蔵）………………702
　　38　寛政九年二月　三浦郡三カ浦・鎌倉郡
　　　　腰越村漁場争論一件書付（国文学研究資
　　　　料館　史料館蔵）………………………710
　　39　文化三年二月　淘綾郡大磯宿・足柄下
　　　　郡前川村等漁場争論済口証文（小田原市
　　　　国府津　長谷川了介氏蔵）……………716
　　40　文化四年四月　久良岐・橘樹・三浦郡
　　　　二十五カ村・上総国六カ村新規漁業に
　　　　つき儀定証文（富津市富津　織本哲郎氏
　　　　蔵）………………………………………718
　　41　文化六年七月　三浦郡三崎町等七カ村
　　　　松輪村等二カ村鰹鮪漁争論一件訴状
　　　　（横須賀市秋谷　若命又男氏蔵）………720

神奈川県史 資料編9 近世(6)

42　文化七年六月 三浦郡三崎町等鮪鰹漁争論一件裁許請書(横須賀市秋谷 若命又男氏蔵)……723
43　文化十年九月 三浦郡堀内村岡浜争論内済規定書(葉山町堀内 高梨栄氏蔵)…725
44　文化十一年一月 三浦郡海鹿島漁猟一件返答書(三浦市三崎 松浦豊氏蔵)……728
45　文化十三年六月 相模国七カ村・武蔵国二十一カ村・上総国十五カ村内海漁猟議定書(横須賀市磯子区久木 堤芳正氏蔵)……730
46　文政五年六月〜十二月 橘樹郡潮田村・生麦村黒こ引網争論一件書留(国文学研究資料館 史料館蔵)……733
47　文政六年二月 三浦郡西浦賀村久比里・久里浜村海鹿島漁場争論済口証文(三浦市菊名 石井師土氏蔵)……741
48　文政十年四月 相模・武蔵・上総国三十六カ村と豊島郡金杉町等漁場争論済口証文(横須賀市公郷 永島重美氏蔵)…744
49　嘉永五年十二月 三浦郡三カ浦漁業につき内済規定証文(逗子市新宿 高橋雄二氏蔵)……749
50　安政五年七月 鎌倉郡江の島岩本院・猟師町鹿尾藻(ひじき)刈荒争論済口証文(東京水産大学附属図書館蔵)……750
51　文久二年三月 相模・武蔵・上総国内海四十四カ浦浦方議定書(横浜市中区本牧元町 佐藤信次氏蔵)……753
(3)　生産と流通……754
網漁業……754
52　天和二年十二月 三浦郡野比村地引網あど場につき請書(堀越仲左衛門氏旧蔵/横須賀市立図書館蔵)……754
53　元禄八年七月 小田原千度小路浦うずわ網場敷金預り証文(小田原市本町 久保田喜八氏蔵)……755
54　元文二年 足柄下郡岩村網数書上(真鶴町岩 半田浩一氏蔵)……756
55　宝暦九年二月 三浦郡浦郷村忠左衛門秋谷浦にて鰯大網稼ぎ一件願書(逗子市新宿 高橋雄二氏蔵)……756
56　安永九年七月 三浦郡三戸村権右衛門等網仕入金借用証文(三浦市三戸 前田浩氏蔵)……758
57　享和二年四月 足柄下郡二宮村浜地引網証文(二宮町二宮 原利男氏蔵)…759
58　文化十二年八月 淘綾郡山西村大網番取極め議定書(二宮町山西 松本彦義氏蔵)……759
59　文政元年八月 淘綾郡塩海村地引網漁業につき議定書(二宮町二宮 原利男氏蔵)……761

60　宝暦九年三月 三浦郡三カ浦より長井村まで鰯大網相廻りにつき覚(逗子市新宿 高橋雄二氏蔵)……762
61　天保十二年八月 高座郡辻堂村鰹・鮪漁業につき議定証文(藤沢市辻堂 石井茂氏蔵)……763
62　弘化三年四月 淘綾郡国府新宿村新規懸割網につき議定証文(二宮町二宮 原利男氏蔵)……764
63　嘉永五年六月 久良岐郡本牧本郷村水揚覚帳(横浜市中区本牧元町 佐藤信次氏蔵)……765
64　安政四年三月 足柄下郡石橋村等大網張立につき願書(小田原市江之浦 八木下貞雄氏蔵)……768
65　慶応四年八月 三浦郡三戸村新規村網仕立につき金子借用証文(三浦市三戸 前田浩氏蔵)……769
釣漁業……770
66　文化九年三月 三浦郡小坪村等長縄漁業につき約定取替せ証文(横須賀市秋谷 若命又男氏蔵)……770
67　慶応元年九月 足柄下郡真鶴村長縄漁師金子借用願(小田原市栄町 高野肇氏蔵)……772
68　明治三年十一月 足柄下郡真鶴村与七郎長縄漁業につき由来書上(小田原市栄町 高野肇氏蔵)……773
干鰯・俵物生産……775
69　享保十三年七月 干鰯作り等につき約定証文(横浜市鶴見区生麦町 池谷健治氏旧蔵/神奈川県史編集室蔵)……775
70　明和元年十二月 煎海鼠・干鮑等俵物取増しにつき橘樹郡新宿村・生麦村請書(横浜市鶴見区生麦町 池谷健治氏旧蔵/神奈川県史編集室蔵)……775
71　天明二年九月 淘綾郡二宮村煎海鼠取増し方につき請書(二宮町二宮 原利男氏蔵)……776
72　文化六年八月 三浦郡秋谷村煎海鼠取増し方につき請書(横須賀市秋谷 若命又男氏蔵)……777
新肴場……778
73　延宝二年十二月 三浦郡鴨居村新肴場拝借金名前帳ならびに貞享三年同村船数焼印改帳(横須賀市浦賀 住友重機械工業株式会社浦賀造船所蔵)……778
74　元禄七年五月 相模・武蔵国内三十一カ村新肴場へ魚類附送り触書請書(国文学研究資料館 史料館蔵)……779
75　延享四年九月 江戸新肴場魚荷附送り方につき触書(二宮町山西 宮戸清氏蔵)……784

546　県史誌内容総覧・資料編1: 近世—関東

神奈川県史 資料編9 近世(6)

76　嘉永四年三月 高座郡鵠沼村新肴場附浦村法等尋方につき返答書(横浜市緑区千草台 吉浜俊彦氏蔵)…………785
魚商人・魚座……………………………786
77　享保八年四月 三浦郡一色村浦方仕入金借用証文(東京水産大学附属図書館蔵)……………………………786
78　享保九年十月 淘綾郡山西村生魚小田原送りにつき願書(二宮町山西 宮戸清氏蔵)……………………786
79　宝暦六年四月 三浦郡走水村喜四郎新規魚小買職出入につき訴状(横須賀市走水 山崎良氏蔵)…………787
80　明和九年二月 三浦郡三戸村内仕入浦譲渡証文(三浦市三戸 前田浩氏蔵)………………………………789
81　文化十二年七月 三浦郡逗子村等三カ村魚荷物駄賃増しにつき小坪村等取扱書(横須賀市秋谷 若命又男氏蔵)…………………………………789
82　文政十二年十月 高座郡南湖村甚三郎他抜買につき詫状(茅ヶ崎市菱沼 清水五郎氏蔵)……………………791
83　嘉永四年二月 足柄下郡福浦村諸漁一件につき小田原魚座取り極め一礼(小田原市本町 細谷喜代子氏蔵)………792
84　安政二年九月 棒手商人抜買禁止につき三浦郡二町谷五十集商人差入一札(三浦市海外 石渡トヨ氏蔵)……793
85　元治二年四月 三浦郡浦々魚荷物江戸問屋へ差送りにつき申合せ一札(三浦市菊名 石井師士氏蔵)…………794
(4)　淡水漁業……………………………795
86　貞享三年〜明和三年 道志川上納鮎取扱方控(藤野町牧野 井上駿治氏蔵)…795
87　貞享四年三月 津久井野村又野村殺生人帳(津久井町三井 高城治平氏蔵)……803
88　貞享四年十一月 愛甲郡金田村塩鮎請取手形(厚木市金田 小河孝雄氏蔵)……804
89　文化四年四月 愛甲郡飯山村等小鮎川水車建立て鮎猟妨害につき煤ケ谷村訴状(清川村煤ケ谷 山田明氏蔵)…804
90　文化四年十一月 愛甲郡飯山村・煤ヶ谷村鮎猟妨害訴訟一件済口証文(清川村煤ケ谷 山田明氏蔵)……………808
91　文化五年十一月 津久井県青山村藤右衛門鮎運上金上納赦免願(津久井町青山 鮑子満康氏蔵)………………808
92　弘化四年七月 荒川番所より新規鮎猟取締り申渡しにつき太井村小前請印帳(相模原市相原 角田昌保氏蔵)………811

93　嘉永七年十一月 津久井県太井村より下川筋村々川稼ぎ冥加運上取立帳(相模原市 角田昌保氏蔵)…………812
94　慶応四年九月 相模川上納鮎につき津久井県下三カ村願書(藤野町牧野 井上駿治氏蔵)……………………816

第2部　林業と石材………………………817
<写>慶長元年 徳川氏奉行衆連署伝馬手形(小田原市板橋 青木信康氏蔵)………817
解説………………………………………818
(1)　林業………………………………819
御林…………………………………819
95　寛文四年 津久井領牧野村内新規御林仕立につき請書(藤野町牧野 神原武男氏蔵)………………………819
96　寛文四年五月 津久井領岩殿山等御林管理につき沢井村名主他請書(藤野町沢井 石井茂代氏蔵)……………819
97　寛文九年十二月 津久井領沢井村御林管理につき請書(藤野町沢井 石井茂代氏蔵)……………………820
98　寛文十年三月 津久井領沢井村御林山森定方(藤野町沢井 石井茂代氏蔵)………………………………820
99　延享六年九月 津久井領青根付きのこ山御林の覚(藤野町牧野 神原武男氏蔵)………………………………821
100　貞享五年三月 愛甲郡津久井領沢井村栃谷・岩原山御林改帳(藤野町沢井 石井達夫氏蔵)………………821
101　宝永六年六月 丹沢山御林運上愛甲郡二カ村・大住郡二カ村にて請負願(秦野市寺山 武俊夫氏蔵)………823
102　享保元年十一月 丹沢山御林山守愛甲郡二カ村・大住郡一カ村にて致度儀に付願書(清川村煤ケ谷 山田明氏蔵)………………………………824
103　享保二年十二月 津久井県牧野村御林木運上沢井村源兵衛・江戸商人等請負願(藤野町沢井 石井茂代氏蔵)……………………………825
104　寛延二年六月 丹沢山御林運上野の儀尋方につき大住郡寺山村名主返答書(秦野市寺山 武俊次氏蔵)………826
105　明和二年七月 足柄上郡山田村御林二カ所木数・反歩書上帳(大井町山田 了義寺蔵)………………………828
106　天明二年四月 丹沢山御運上山内売木一件につき大住郡寺山村山守願書(秦野市寺山 武俊次氏蔵)………831
107　弘化三年十一月 御林取締向につき津久井県太井村荒川組請書(相模原市相原 角田昌保氏蔵)…………833

県史誌内容総覧・資料編1: 近世一関東　547

神奈川県史 資料編9 近世(6)

108 弘化四年十一月 津久井県太井村荒川組御林取締り方請書(相模原市相原 角田昌保氏蔵)‥‥‥‥‥834
運材‥‥‥‥‥‥‥‥‥‥‥‥‥‥‥835
109 安永二年 足柄上郡都夫良野村材木川下げ人足扶持米拝領願(山北町都夫良野 岩本正夫氏蔵)‥‥‥‥‥835
110 嘉永元年十月 津久井県太井村御林薪江戸廻し運賃等取調書上帳(相模原市相原 角田昌保氏蔵)‥‥‥‥836
111 嘉永七年十月 津久井県太井村御用材伐出し入用積り書(相模原市相原 角田昌保氏蔵)‥‥‥‥‥‥‥838
112 文久四年二月 津久井県村々御林損木薪江戸廻しにつき代官江川英武伺書(財団法人 江川文庫蔵)‥‥‥‥839
稼山‥‥‥‥‥‥‥‥‥‥‥‥‥‥‥840
113 寛文三年十二月 御林・百姓山とも自由伐木等禁止につき津久井領沢井村請書(藤野町沢井 石井達夫氏蔵)‥‥‥‥‥‥‥‥‥‥‥‥‥‥‥840
114 寛文十三年四月 三浦郡桜山村運上山荒しにつき上山口村詫状(逗子市桜山 石渡満子氏蔵)‥‥‥‥‥840
115 明和九年三月 津久井県沢井村柏皮運上引下げ願(藤野町沢井 石井達夫氏蔵)‥‥‥‥‥‥‥‥‥‥‥‥‥841
116 天明三年七月 大住郡十六カ村入会運上野より材木切出請負約定証文(秦野市寺山 武俊次氏蔵)‥‥‥842
117 寛政五年七月・八月 津久井県鳥屋村奥野山にて江戸豊田屋安右衛門椎茸作りにつき約定証文(明治大学刑事博物館蔵)‥‥‥‥‥‥‥‥‥843
118 文政三年 津久井県鳥屋村奥野山より栂伐出しにつき約定証文(明治大学刑事博物館蔵)‥‥‥‥‥‥‥844
119 慶応二年二月 山林伐出し禁止等につき都筑郡北綱島村議定連印帳(横浜市港北区綱島 飯田助丸氏蔵)‥‥‥845
炭‥‥‥‥‥‥‥‥‥‥‥‥‥‥‥‥846
120 延享四年六月 津久井県村々生産炭・木材等荒川番所五分一運上定値段定書(相模原市相原 角田昌保氏蔵)‥‥‥‥‥‥‥‥‥‥‥‥‥‥‥‥‥‥846
121 寛延元年八月 足柄上郡谷峨村炭焼運上等赦免につき請書(山北町谷峨 武尾毎木氏蔵)‥‥‥‥‥‥‥852
122 天明四年十二月 足柄下郡米神村炭焼願につき根府川村故障無き届書(小田原市根府川 広井ワカ氏蔵)‥‥‥853

123 寛政二年二月 津久井県鳥屋村奥野山稼出し炭・木材等書上(明治大学刑事博物館蔵)‥‥‥‥‥‥‥853
124 文化四年三月 津久井県牧野村運上炭焼出し赦免願(藤野町牧野 神尾武男氏蔵)‥‥‥‥‥‥‥‥‥855
125 天保五年八月 愛甲郡下荻野村炭山由緒村方先規仕来書上帳(厚木市下荻野 難波武治氏蔵)‥‥‥‥‥856
126 弘化二年十一月 足柄上郡仙石原村困窮につき炭焼願(箱根町仙石原出張所蔵)‥‥‥‥‥‥‥‥‥860
127 安政六年八月 足柄上郡皆瀬川村・川村山北困窮につき平僧山にて炭焼願(山北町共和 井上良夫氏蔵)‥‥861
128 万延二年二月 駄賃付馬士不法につき足柄上郡内二十四カ村農間炭買主願書(山北町共和 井上良夫氏蔵)‥‥862
129 文久二年十月 津久井県与瀬村新規炭焼請書(相模湖町与瀬 坂本是成氏蔵)‥‥‥‥‥‥‥‥‥‥‥‥‥865
(2) 石材‥‥‥‥‥‥‥‥‥‥‥‥‥‥866
130 慶長元年十月 徳川氏奉行衆連署伝馬手形‥‥‥‥‥‥‥‥‥‥‥‥‥‥866
131 元和三年二月 切石入用等につき幕府老中連署書状(小田原市板橋 青木信康氏蔵)‥‥‥‥‥‥‥‥‥‥‥‥‥866
132 元和六年六月 江戸城普請のため石切人入用につき幕府老中連署書状(小田原市板橋 青木信康氏蔵)‥‥866
133 元和九年八月 石切人召集につき青山忠俊書状(小田原市板橋 青木信康氏蔵)‥‥‥‥‥‥‥‥‥‥‥‥867
134 元禄四年九月 足柄下郡岩村産出堅石につき上申書(真鶴町岩 半田浩一氏蔵)‥‥‥‥‥‥‥‥‥‥‥‥‥867
135 元禄八年二月 足柄下郡風祭村法泉寺石丁場争論につき返答書(小田原市板橋 青木信康氏蔵)‥‥‥‥868
136 元禄九年四月 足柄下郡風祭村宝泉寺石丁場争論裁許請書(小田原市板橋 青木信康氏蔵)‥‥‥‥‥871
137 元禄十年八月 足柄下郡岩村尾張藩用石預り物(真鶴町教育委員会蔵)‥872
138 宝永八年四月 足柄下郡岩村・吉浜村岩沢山石丁場争論につき門川村名主等扱証文(真鶴町教育委員会蔵)‥873
139 正徳五年四月 足柄下郡岩村他五カ村御用築石値段等見積書(真鶴町岩 半田浩一氏蔵)‥‥‥‥‥‥‥‥‥874
140 享保元年十月 岩沢山石丁場につき足柄下郡岩村口上書(真鶴町教育委員会蔵)‥‥‥‥‥‥‥‥‥‥‥‥‥876

548　県史誌内容総覧・資料編 1：近世—関東

神奈川県史 資料編9 近世(6)

141　享保五年十一月　小田原石屋善左衛門扶持渡方手形(小田原市板橋　青木信康氏蔵)‥‥‥‥‥‥‥‥‥‥‥‥877
142　享保十年五月　足柄下郡根府川村他五カ村伊豆国字佐美村石切出しにつき禁止方願書(真鶴町岩　半田浩一氏蔵)‥‥878
143　寛延二年五月　吉浜村・鍛冶屋村・岩村石丁場争論裁許状(真鶴町教育委員会蔵)‥‥‥‥‥‥‥‥‥‥‥‥‥880
144　宝暦十年二月　小田原石屋善左衛門扶持渡方手形(小田原市板橋　青木信康氏蔵)‥‥‥‥‥‥‥‥‥‥‥‥‥884
145　宝暦十二年六月　久野村内野山石切出売買につき石屋善左衛門宛依頼証文(小田原市板橋　青木信康氏蔵)‥‥‥‥‥884
146　享和三年十月　小田原石切棟梁由緒書(小田原市板橋　青木信康氏蔵)‥‥‥885
147　文政五年一月　足柄下郡江之浦村石切前金借用証文(小田原市根府川　広井ワカ氏蔵)‥‥‥‥‥‥‥‥‥‥‥‥890
148　天保三年九月　星ケ山石切につき足柄下郡岩村・吉浜村争論内済証文(真鶴町教育委員会蔵)‥‥‥‥‥‥‥‥891
149　天保三年十月　献上御用根府川石取扱始末帳(小田原市根府川　広井ワカ氏蔵)‥‥‥‥‥‥‥‥‥‥‥‥‥892
150　天保四年二月　江戸廻御用根府川石値段帳(小田原市根府川　広井ワカ氏蔵)‥‥‥‥‥‥‥‥‥‥‥‥‥899
151　天保九年一月　足柄下郡根府川村石切新堀丁場借用証文(小田原市根府川　広井ワカ氏蔵)‥‥‥‥‥‥‥‥‥901
152　嘉永六年～七年　足柄下郡江之浦村石類代銀書上(小田原市江之浦　八木下貞雄氏蔵)‥‥‥‥‥‥‥‥‥‥‥‥902
153　嘉永七年五月　足柄下郡橘village石屋等御台場用石引請代値段書上帳(小田原市板橋　青木信康氏蔵)‥‥‥‥‥905
154　嘉永七年十二月　三浦郡長浦村御用石置場作徳金請取一札(横須賀市上町　永島重美氏蔵)‥‥‥‥‥‥‥‥‥906
155　安政二年三月　小田原城普請用石代銀頂戴帳(真鶴町教育委員会蔵)‥‥906
156　万延元年五月　足柄下郡早川村新規石丁場開始につき石方六カ村惣代岩村名主答弁書(真鶴町岩　半田浩一氏蔵)‥908
157　三月　石切人につき板倉勝重書状(小田原市板橋　青木信康氏蔵)‥‥‥‥909
158　五月　小田原石公儀御用のため差出につき代官宛書状(小田原市板橋　青木信康氏蔵)‥‥‥‥‥‥‥‥‥‥‥909
159　八月　石切の者召集につき大久保忠次書状(小田原市板橋　青木信康氏蔵)‥‥910

160　十月　江戸城普請入用切石につき代官屋左太夫石善左衛門宛書状(小田原市板橋　青木信康氏蔵)‥‥‥‥‥‥‥‥910
161　十二月　石切人に下さる屋敷坪数書上(小田原市板橋　青木信康氏蔵)‥‥‥‥911

第3部　その他の産業‥‥‥‥‥‥‥‥913
＜写＞安政二年　津久井県太井村水車絵図(相模原市相原　角田昌保氏蔵)‥‥‥‥913
解説‥‥‥‥‥‥‥‥‥‥‥‥‥‥‥‥914
（1）　概括‥‥‥‥‥‥‥‥‥‥‥‥‥915
162　寛政十年　相州および武州橘樹・久良岐郡内諸運上物取立書上(東京都保谷市新町　児玉幸多氏蔵)‥‥‥‥‥915
（2）　製塩‥‥‥‥‥‥‥‥‥‥‥‥‥922
163　元禄八年四月　三浦郡浦郷村塩場帳(横須賀市資料室蔵)‥‥‥‥‥‥922
164　弘化三年七月　三浦郡長坂村斉田浜塩場普請騒動一件書留(国文学研究資料館 史料館)‥‥‥‥‥‥‥‥‥‥926
（3）　製糖‥‥‥‥‥‥‥‥‥‥‥‥‥940
165　明和三年八月　武州橘樹郡々植付甘蔗ようす書上帳(川崎市中原図書館蔵 池上文書)‥‥‥‥‥‥‥‥‥‥‥940
166　寛政九年八月　武州橘樹郡池上新田池上太郎左衛門砂糖製法につき上申書(川崎市中原図書館 池上文書)‥‥‥942
167　安政二年一月　武州橘樹郡池上新田池上太郎左衛門和製砂糖一件由緒書(川崎市中原図書館 池上文書)‥‥‥‥943
168　武州橘樹郡大師河原辺にて砂糖製方入用積立覚帳(川崎市中原図書館 池上文書)‥‥‥‥‥‥‥‥‥‥‥‥953
（4）　水車‥‥‥‥‥‥‥‥‥‥‥‥‥958
169　安永六年四月　津久井県牧野村水車改書上帳(藤野町牧野　神socio武男氏蔵)‥958
170　天保五年十一月　津久井県鳥屋村百姓水車預り証文(清川村煤ケ谷　山田明氏蔵)‥‥‥‥‥‥‥‥‥‥‥‥‥959
171　弘化三年三月　足柄下郡府川村百姓三名水車取立願書(小田原市立図書館蔵)‥‥‥‥‥‥‥‥‥‥‥‥‥‥960
172　安政二年七月　津久井県太井村荒川組名主新規水車取立につき見分書(相模原市相原　角田昌保氏蔵)‥‥‥‥960
（5）　漆‥‥‥‥‥‥‥‥‥‥‥‥‥‥961
173　文化八年十二月　足柄上郡松田惣領村他二カ村百姓漆中買問屋引受につき願書(松田町萱沼　安藤安孝氏蔵)‥‥961
174　文化九年一月　足柄上郡萱沼村他六カ村漆売方につき歎願書(松田町萱沼　安藤安孝氏蔵)‥‥‥‥‥‥‥‥‥963

県史誌内容総覧・資料編 1: 近世—関東　549

神奈川県史 資料編9 近世(6)

175 文化九年六月 足柄上郡萱沼村組合九カ村漆取の者問屋替の儀につき歎願書(松田町萱沼 安藤安孝氏蔵)………964
176 文政三年五月 津久井県村々漆搔方等御触につき請書(相模原市相原 角田昌保氏蔵)………965
177 慶応元年十二月 博覧会行漆値段書(津久井郡郷土資料館蔵)………966
178 慶応二年八月 博覧会出品生漆製漆等代金仕出帳(津久井郡郷土資料館蔵)………967
179 津久井県村々正漆納・代永納仕訳控帳(藤野町名倉 和智周至氏蔵)………970
(6) 紬………975
180 天保八年十月 津久井県下郷村々出産の品書上帳(相模原市相原 角田昌保氏蔵)………975
181 安政四年四月 津久井県太井村産物取調書上帳(相模原市相原 角田昌保氏蔵)………977

解説………1
　はじめに………3
　交通・産業編の編集方針………3
　交通編………4
　　陸上………4
　　　資料の概要………5
　　　宿駅制度………6
　　　　<表>嘉永4年宿場組合表(品川町史 上巻)………8
　　　宿場町………
　　　　<表>小田原宿の機構(小田原市立図書館 片岡文書2)………10
　　　　<表>保土ケ谷宿収支一覧(保土ケ谷区郷土史 上巻)………12
　　　助郷………13
　　　脇往還………14
　　　関所………15
　　河川………15
　　　所在資料の状況………15
　　　資料の概要………16
　　　　<表>太井村高瀬船数返還表(高瀬船書上帳 角田昌保家所蔵資料より)………18
　　　荒川番所………19
　　海上………20
　　　所在資料の状況………20
　　　資料の概要………21
　　　　<表>近世湊一覧………22
　　　　<表>三崎奉行一覧………25
　　　　<表>走水奉行一覧………25
　　　　<表>浦賀奉行一覧………27
　産業編………28
　　漁業………28
　　　所在資料の状況………28
　　　資料の概要………29
　　林業・石材………35
　　　所在資料の状況………35
　　　　林業………35
　　　　石材業………35
　　　資料の概要………35
　　　　林業………35
　　　　石材生産………37
　　その他の産業………37
　　　所在資料の状況………37
　　　　製塩………37
　　　　水車………38
　　　　製糖………38
　　　　漆………38
　　　　紬………38
　　　資料の概要………38
　　　　<表>相模・武蔵(三郡)産物表(新編相模国風土記稿・新編武蔵風土記稿による)………39〜40
　　　　<表>明治9年全国および相模国農産額(特有農産のみ)(山本弘文氏「神奈川県経済の発展と地域的特色」(神奈川県史研究18)より作成)………41

交通・産業編関係資料所蔵者一覧………43
あとがき(神奈川県企画調査部県史編集室長)
主な関係者名簿
　神奈川県史編集懇談会会員 昭和49年2月1日現在
　神奈川県史編集委員会委員 昭和49年2月1日現在
　　津田文吾(委員長;知事)
　　森久保虎吉(副委員長;副知事)
　　竹内理三(副委員長;県史総括監修者兼主任執筆委員)
　　大久保利謙(委員;県史主任執筆委員)
　　児玉幸多(委員;県史主任執筆委員)
　　安藤良雄(委員;県史主任執筆委員)
　　遠藤保成(委員;県総務部長)
　　武田英治(委員;県教育長)
　　下田泰助(委員;県企画調査部長)
　　羽毛田潔(委員;県立図書館長)
　　阿部宗芳(委員;県立川崎図書館長)
　　土屋武人(委員;県立博物館長)
　　大胡満寿男(委員;県企画調査部参事兼県史編集室長)
　　坂本太郎(顧問;東京大学名誉教授)
　神奈川県史執筆委員 昭和49年2月1日現在
　人物編の編集に協力をお願いしている方々 昭和49年2月1日現在
　神奈川県史編集参与 昭和49年2月1日現在

> 神奈川県史 資料編10 近世(7)
> 海防・開国
> 神奈川県県民部県史編集室編集
> 昭和53年3月20日発行

<幕府の海防政策が開始される寛政四年(一七九二)から、神奈川府の成立にいたる明治元年(一八六八)まで>

<口絵>嘉永六年(一八五三) 久里浜警固の絵図 『大日本古文書 幕末外国関係文書之一』

<口絵>第2回ペリー来航の際アメリカの進物を横浜にて手交する風景 『ペルリ提督日本遠征記』下巻 弘文荘

<口絵>安政六年(一八五九) 横浜開港場絵図 横浜市西区御所山 亀田威夫氏蔵

<口絵>横浜町での外国人たち 横浜市西区御所山 亀田威夫氏蔵

<口絵>慶応四年(一八六八) 大総督東下の図 藤沢市本町 堀内国夫氏蔵

<口絵>明治元年(一八六八) 神奈川在留外国人遊歩規定図 国立公文書館 内閣文庫蔵

序(神奈川県知事 長洲一二)
凡例

第1部 沿岸防備と相武農村 …………………… 1
1 海防策の推移 …………………… 1
<写>「近海見分之図」より観音崎陣営(東京都文京区西片 阿部正道氏蔵) …………… 1
解説 …………………… 2
1 寛政四年十二月 漂流異国船警備につき口達(御触書天保集成 六五二七) …………… 3
2 寛政五年一月 異国船漂着の節浜付村々取扱方廻状(慶應義塾大学情報センター古文書室蔵) …………… 3
3 寛政七年三月 松平定信一行巡見につき人足差出方(横浜市磯子区上中里 萩原喜代松氏蔵) …………… 3
4 文化三年一月 異国船渡来の節取計方触書(御触書天保集成 六五三五) …………… 4
5 文化七年二月 三浦郡浦賀辺警衛に会津藩主松平容衆任命達書(柳営日次записi) …………… 5
6 文政八年十二月 松平容衆相州海防を解任、浦賀奉行と交替(通航一覧 付録巻十一) …………… 5

7 文政三年十二月 川越藩主松平斉典・小田原藩主大久保忠実相州海防任命(通航一覧 付録巻十一) …………… 5
8 文政八年二月 廻船・漁船異国船と出会の節心得方高札 …………… 6
9 文政八年二月 異国船無二念打払触書(逗子市新宿 高橋磐氏蔵) …………… 6
10 天保十年一月 鳥居耀蔵・江川英龍相州台場巡見(通航一覧続輯 付録巻十七) …………… 7
11 天保十三年七月 異国船無二念打払令撤回触書(徳川禁令考前集六 四六九七) …………… 8
12 天保十三年八月 川越藩主松平斉護相州警備任命(前橋市立図書館蔵) …………… 8
13 天保十四年八月 漂流海民受取拒否申渡触書(徳川禁令考前集 六 四〇八五) …………… 9
14 弘化二年七月 幕府海防掛設置の達(通航一覧続輯 付録巻一) …………… 9
15 弘化三年八月 孝明天皇海防勅書(大日本維新史料 第一編ノ二) …………… 10
16 弘化三年八月 松平近昭相州浦賀警備場巡見(通航一覧続輯 付録巻十九) …………… 10
17 弘化四年二月 川越・彦根両藩相州警備任命(前橋市立図書館蔵) …………… 10
18 弘化四年二月 彦根藩主井伊直亮相州警備任命(前橋市立図書館蔵) …………… 11
19 嘉永二年閏四月 異国船発見次第注進の触書(茅ヶ崎柳島 藤間雄蔵氏蔵) …………… 11
20 嘉永二年九月 海付村々海深調査につき達(茅ヶ崎柳島 藤間雄蔵氏蔵) …………… 12
21 嘉永二年十二月 異国船打払厳重につき沿岸警備触書(慶応義塾大学情報センター古文書室蔵) …………… 12
22 嘉永三年二月 井上左太夫等内海備場巡見(通航一覧続輯 付録巻九十) …………… 14
23 嘉永三年五月 海岸警衛につき異説・雑説禁止触書(慶應義塾大学情報センター古文書室蔵) …………… 15
24 嘉永三年九月 海防用洋書翻訳取調触書(慶應義塾大学情報センター古文書室蔵) …………… 16
25 嘉永六年九月 大船建造禁止解除(徳川禁令考前集一 一六九) …………… 16

2 前期の警衛と相武農村 …………………… 17
<写>天保13年「彦根外三藩相州警衛事情」より会津藩船じるし(彦根市立図書館蔵) …………… 17
解説 …………………… 18
(1) 会津藩 …………………… 19
26 文化八年三月 相州警備につき三崎郡村々領知替(三浦古尋録) …………… 19
27 文化八年 三浦郡観音崎養正館・三浦集義館間取り図(会津若松市立会津図書館蔵) …………… 19

県史誌内容総覧・資料編 1: 近世―関東 551

28　文化九年六月　異国船漂着の節心得方申渡書（横須賀市秋谷　若命又男氏蔵）…… 20
29　文化十年閏十一月　軍船水主役難渋につき願書（横須賀市鴨居　青木訓氏蔵）…… 27
30　文化元年　英国船浦賀渡来につき書上（浦賀同心由緒書）…………………… 28
31　文化元年五月　英国船野比沖渡来につき届書（沿海異聞）…………………… 28
32　文政三年十二月　松平容衆相州警衛解任の達（前橋市立図書館蔵）………… 30
33　文政三年十二月　松平容衆相州警衛骨折につき時服拝領申渡書（柳営日次記）………………………………………… 31
34　文政四年一月　会津藩相州郷村取扱方取調申付（前橋市立図書館蔵）……… 31
35　文政四年一月　会津藩相州郷村取扱方取調報告（前橋市立図書館蔵）……… 32
36　文化七年一月〜文政四年三月　会津藩外史抜書（会津若松市立会津図書館蔵）… 37
（2）　川越藩・小田原藩・浦賀奉行 ……… 38
37　文政三年十二月　三浦郡浦賀辺人数差出につき領地替達（前橋市立会津図書館蔵）………………………………………… 38
38　文政四年二月　相州警備差出人数書上（前橋市立図書館蔵）………………… 39
39　文政四年四月　川越藩相州御条目（前橋市立図書館蔵）……………………… 40
40　文政四年五月　川越藩相州領知替達（前橋市立図書館蔵）………………… 41
41　文政四年五月　川越藩御用状江戸送につき伺（前橋市立図書館蔵）……… 41
42　文政四年八月　相州陣屋付召抱人扶持渡方達（前橋市立図書館蔵）……… 42
43　文政四年十一月　川越藩相州郷中御条目（横須賀市秋谷　若命又男氏蔵）… 43
44　文政五年四月　房州洲崎沖異国船発見の注進（前橋市図書館蔵）………… 47
45　文政五年五月　川越藩相州表人数差出（前橋市立図書館蔵）……………… 48
46　文政五年五月　川越藩人数浦賀表差出届（前橋市立図書館蔵）…………… 49
47　文政五年五月　川越藩相州警固差出人数書上（前橋市立図書館蔵）……… 49
48　文政五年五月　小田原藩浦賀警固差出人数書上（前橋市立図書館蔵）…… 51
49　文政五年五月　異国船渡来の節風聞等取調報告（前橋市立図書館蔵）…… 52
50　文政五年五月　異国船出帆につき警固人数引取（前橋市立図書館蔵）…… 53
51　文政五年六月　相州表出兵の節精勤村役人等へ褒賞下付案（前橋市立図書館蔵）…………………………………………… 55

52　文政五年九月　相州出兵の節取計方伺および指図（前橋市立図書館蔵）……… 63
53　文政五年十二月　異国船渡来の節取計方達（前橋市立図書館蔵）…………… 66
54　文政六年一月　浦賀表出兵の節用船等につき達（前橋市立図書館蔵）……… 70
55　文政六年六月　大筒試打の節村役人等出精につき褒美下付（前橋市立図書館蔵）……………………………………………… 72
56　文政十一年六月　異国船漂流の節人馬・水主割付帳（横須賀市阿部倉　世安誠一氏蔵）…………………………………… 74
57　天保三年十一月　日掛縄積金上納主意（前橋市立図書館蔵）………………… 76
58　天保十年一月　モリソン号渡来の節勤方取調帳（財団法人　江川文庫蔵）… 77

3　後期の警衛と相武農村 ……………… 85
〈写〉弘化元年「過去帳第拾四号」より彦根藩士過去帳（三浦市上宮田　来福寺蔵）… 85
解説 ……………………………………… 86
（1）　川越藩 …………………………… 87
59　天保十四年二月　相州備場差出人数につき伺および達書（前橋市立図書館蔵）… 87
60　天保十四年二月　相州在勤者心得方達（前橋市立図書館蔵）………………… 88
61　天保十四年三月　三浦郡走水村旗山台場取立につき伺（前橋市立図書館蔵）… 89
62　天保十四年四月　水主差配役等申付書（前橋市立図書館蔵）………………… 90
63　天保十四年五月　相州陣屋居付足軽等下付金につき歎願（前橋市立図書館蔵）… 92
64　天保十四年九月　異国船渡来の節警備取計方条々（前橋市立図書館蔵）…… 94
65　天保十四年閏九月　水主差配役地廻役任命（前橋市立図書館蔵）…………… 101
66　天保十四年十月　三崎陣屋心得方条々（前橋市立図書館蔵）………………… 101
67　天保十四年十二月　三浦郡城ヶ島篝屋人足遣方等につき書付（前橋市立図書館蔵）…………………………………………… 103
68　弘化二年二月　房州白子沖異国船渡来につき注進（前橋市立図書館蔵）…… 105
［*マンハタン号］
69　弘化二年二月　漂流漁民異国船様子申上書（前橋市立図書館蔵）…………… 106
70　弘化二年三月　漂流民受取異国船出帆につき届書（前橋市立図書館蔵）…… 108
71　弘化二年三月　異国船渡来人夫・諸雑用割帳（横須賀市須軽谷　鈴木明氏蔵）… 109
72　弘化三年閏五月　豆州大島沖異国船発見につき注進（前橋市立図書館蔵）…… 110

73　弘化三年閏五月　異国船様子心得書（前橋市立図書館蔵）……………111
　［＊米国東インド艦隊］
74　弘化三年六月　異国船渡来の節取計方浦賀奉行達書（前橋市立図書館蔵）……111
75　弘化三年六月　米国船浦賀沖渡来一件（横須賀市浦賀　住友重機械工業株式会社浦賀造船所蔵）……………113
76　弘化三年六月　異国船渡来時の差出人数申上書（前橋市立図書館蔵）……116
77　弘化三年六月　異国船相州鎌倉沖渡来につき注進（前橋市立図書館蔵）……120
78　弘化三年六月　異国船乗留につき注進書（前橋市立図書館蔵）……………121
79　弘化三年七月　異国船帰帆につき届書（前橋市立図書館蔵）………………122
80　弘化三年七月　異国船渡来につき船・水主・夫人足差出数書上（前橋市立図書館蔵）……………123
81　弘化三年七月　異国船渡来につき勤水主・船書上帳（横須賀市秋谷　若命又男氏蔵）…………………126
82　弘化三年九月　相州備場人数武器書上（前橋市立図書館蔵）………………128
83　弘化四年三月　備場引請につき既拝借金下賜（前橋市立図書館蔵）………135
84　弘化四年三月　相州備場彦根藩相持につき藩主直書（前橋市立図書館蔵）…135
85　弘化四年三月　相州備場彦根藩相持につき村替の幕府達（前橋市立図書館蔵）……………136
86　弘化四年六月　相州備場割替につき腰越陣屋新設届（前橋市立図書館蔵）…136
87　弘化四年七月　小坪村名主の押送船預り継続願（前橋市立図書館蔵）……137
88　弘化四年八月　鎌倉郡腰越村八王子遠見番所・三浦郡城ヶ島安房崎台場引渡届（前橋市立図書館蔵）……137
89　弘化四年十二月　三浦郡公郷村外八ヵ村水主へ酒代下賜（前橋市立図書館蔵）……………137
90　嘉永元年六月　領分十四ヵ村助郷免除願（前橋市立図書館蔵）……………138
91　嘉永元年九月　三浦郡千代崎台場等名称達書（前橋市立図書館蔵）………140
92　嘉永元年九月　領分三ヵ村助郷免除願（逗子市桜山　石渡篤子氏蔵）……141
93　嘉永二年閏四月　異国船房州布良沖発見につき注進（前橋市立図書館蔵）…145
94　嘉永二年閏四月　渡来の異国船様子書上（前橋市立図書館蔵）……………145
95　嘉永二年閏四月　異国船取扱模様届書（前橋市立図書館蔵）………………146

96　嘉永二年閏四月　異国船退帆につき取扱方（前橋市立図書館蔵）…………146
97　嘉永二年閏四月　異国船近海にて発見の様子届書（前橋市立図書館蔵）…148
　［＊マリナー号］
98　嘉永二年閏四月　異国船帰帆につき人数引払届（前橋市立図書館蔵）……148
99　嘉永二年十一月　異国船渡来の節骨折につき褒美等下賜（前橋市立図書館蔵）……………149
100　嘉永三年四月　相州糧蓄米用蔵屋敷・会所新設願（前橋市立図書館蔵）…158
101　嘉永三年五月　筒井政憲等近海備場巡見につき達（前橋市立図書館蔵）…159
102　嘉永三年十二月　三浦郡観音崎台場移築につき達書（前橋市立図書館蔵）…161
103　嘉永四年四月　三浦郡観音崎台場移築につき仕様帳（前橋市立図書館蔵）…161
104　嘉永四年六月　三浦郡観音崎台場普請請負一件（横浜市港北区綱島台　飯田助丸氏蔵）……………164
105　嘉永四年十一月　助郷免除につき冥加木上納願（前橋市立図書館蔵）……168
106　嘉永四年十二月　日掛縄代上納継続願（前橋市立図書館蔵）………………169
107　嘉永四年十二月　三浦郡観音崎台場等普請請負議定一札（横浜市港北区綱島台　飯田助丸氏蔵）……170
108　嘉永五年一月　相州観音崎台場等三ヵ所普請請負方一札（横須賀市鴨居　青木訓氏蔵）…………171
109　嘉永五年二月　三浦郡鳥ヶ崎・亀ヶ崎台場普請下請願（横須賀市鴨居　青木訓氏蔵）…………172
110　嘉永五年閏二月　三浦郡観音崎台場普請開始につき願書（前橋市立図書館蔵）……………172
111　嘉永五年四月　三浦郡鳥ヶ崎等三台場普請箇所目録（前橋市立図書館蔵）…173
112　嘉永五年四月　新規三浦郡観音崎台場等呼称につき伺および達（前橋市立図書館蔵）……………176
113　嘉永五年五月　水主人足不足につき海付村々引替願（前橋市立図書館蔵）…177
114　嘉永五年九月　質屋・穀屋仲間行事頭取、代々組頭申付につき伺（前橋市立図書館蔵）……………182
115　嘉永六年五月　異国船渡来時の村々取計方達書（逗子市桜山　石渡篤子氏蔵）……………183
（2）彦根藩………………………………185
116　弘化四年二月　相州備場引請につき一万両下付達（前橋市立図書館蔵）…185

県史誌内容総覧・資料編 1: 近世―関東　553

神奈川県史 資料編10 近世(7)

117　弘化四年二月　海防御用引請につき井伊直弼書状(大日本維新史料 井伊家史料一 一三五)……………………185
118　弘化四年三月　相州備場引請につき村替達(前橋市立図書館蔵)………………185
119　弘化四年四月　浦賀奉行より異国船取扱心得通達(彦根市立図書館蔵)……186
120　弘化四年十月　異国船渡来の節乗留用意の心得(彦根市立図書館蔵)………187
121　弘化四年十月　水主差配肝煎役任命申渡書(横須賀市芦名 吉田十郎氏蔵)……188
122　弘化四年十月　船手組差添役任命申渡書(横須賀市芦名 辻井晴雄氏蔵)……188
123　弘化四年十月　船手組任命申渡書(三浦市天神 松崎庄七氏蔵)………………189
124　弘化五年一月　村々駆付人馬控帳(横須賀市太田和 浅葉宏氏蔵)……………190
125　弘化五年二月　異国船渡来の節取扱方申上書(彦根市立図書館蔵)…………191
126　弘化五年二月　相州備場武器人数書付(彦根市立図書館蔵)……………………192
127　嘉永元年八月　異国船渡来時武器廻漕方につき浦賀番所回答(彦根市立図書館蔵)……………………………………197
128　嘉永元年十月　異国船発見時出船目印雛形差出(彦根市立図書館蔵)………198
129　嘉永二年十一月　三浦郡松輪村民御褒美頂戴請書控(三浦市松輪 藤平正一氏蔵)…………………………………………198
130　嘉永三年二月　異国船渡来の節人足勤方改帳(三浦市松輪 藤平正一氏蔵)…199
131　嘉永四年八月　預所村々条目写(横須賀市秋谷 若命又男氏蔵)………………200
132　嘉永五年五月　相州備場持場増加達(前橋市立図書館蔵)………………………201
133　嘉永五年五月　持場増加につき心得方達(前橋市立図書館蔵)………………202
134　嘉永五年六月　三浦郡松輪村兵糧渡し覚帳(三浦市松輪 藤平正一氏蔵)……202
135　嘉永五年七月　増預所につき政事向心心得方申渡(前橋市立図書館蔵)……204

第2部　開国……………………………………205
1　黒船渡来と条約締結………………………205
　＜写＞嘉永7年 日米和親条約……………205
　解説…………………………………………206
136　嘉永六年六月　米国船渡来につき浦賀奉行与力聞書(大日本古文書 幕末外国文書之一 十六)………………………207
137　嘉永六年六月　三浦郡久里浜にて米国使節ペリーとの応接経過覚書(大日本古文書 幕末外国関係文書之一 一二一)………219

138　嘉永六年六月　米国船退帆につき浦賀奉行より老中へ届書(大日本古文書 幕末外国関係文書之一 一九七)……………222
139　嘉永七年一月　米国船再び渡来につき浦賀奉行より老中へ届書(大日本古文書 幕末外国関係文書之四 八三)…………223
140　嘉永七年一月　久良岐郡小柴沖停泊の米国船の動静につき浦賀奉行より老中へ届書(大日本古文書 幕末外国関係文書之四 九四)………………………………223
141　嘉永七年一月　久良岐郡小柴沖停泊の米国船名書上(幕末維新外交史料集成第三巻修好門)……………………………………224
142　嘉永七年一月　江戸周辺沿岸警衛の大名書上(大日本古文書 幕末外国関係文書之四 一三一)…………………………225
143　嘉永七年一月　関東取締出役より米国船の動静につき書簡(大日本古文書 幕末外国関係文書之四 二七八)……………227
144　嘉永七年一月―三月　米国使節来航条約取替一件始末書上(大日本古文書 幕末外国関係文書之四 三九六)……………228
145　嘉永七年二月　久良岐郡横浜辺にて米国使節応接につき諸大名へ申渡(大日本古文書 幕末外国関係文書之五 四)……233
146　嘉永七年二月　浦賀奉行支配黒川嘉兵衛米国使節ペリーと横浜村にて応接の対話書(大日本古文書 幕末外国関係文書之五 六八)……………………………………233
147　嘉永七年三月　日米和親条約(神奈川条約)(大日本古文書 幕末外国関係文書之五 二四三)……………………………234
148　嘉永七年三月　米国船退帆につき使節応接掛より老中へ上申書(大日本古文書 幕末外国関係文書之五 二九七)……237
149　安政二年一月　日米和親条約批准書交換証書(大日本古文書 幕末外国関係文書之九 一四)……………………………238
150　安政五年六月　日米修好通商条約・貿易章程(大日本古文書 幕末外国関係文書之二 十一 九四)……………………239

2　開港前夜の相武の人びと………………251
　＜写＞海陸御固御役人村(川崎市立産業文化会館蔵)………………………………251
　解説…………………………………………252
　(1)　幕府・諸藩の取締り…………………253
151　嘉永六年十二月　小田原藩異国船渡来につき国力増強のため諸事倹約等申渡(明治大学刑事博物館蔵)………………253
152　嘉永七年一月　幕府、関東に領地ある領主へ村方治安のため過重な人馬徴発禁止の申渡(東京都八王子市小比企 磯沼洋三氏蔵)…………………………254

153　嘉永七年一月　異国船渡来につき取締出役より村方取締の申渡(茅ヶ崎市柳島　藤間雄蔵氏蔵)……………254
154　嘉永七年一月　幕府代官異国船渡来につき厳重取締の申渡(横浜市旭区上川井　中野忠氏蔵)……………256
155　嘉永七年二月　幕府、江戸湾内停泊の米国船見物禁止の申渡(川崎市多摩区登戸　長念寺蔵)……………257
156　嘉永七年二月　米国使節応接の食料品調達につき差送り品目書上(大日本維新史料 第二編ノ五)……………258
157　嘉永七年四月　米国船退帆以後も厳重取締の申渡(東京都八王子市小比企　磯沼洋三氏蔵)……………260
158　安政二年三月　沿岸防衛のため諸国寺院の梵鐘鋳換につき申渡(津久井町長竹　宮城好彦氏蔵)……………261
159　安政二年十月　地震および出火にて家屋被害甚大につき諸職人賃銭等引上禁止の申渡(県立文化資料館蔵　神奈川本陣石井家資料)……………262
160　安政三年三月　諸国寺院の梵鐘鋳換の触書再応につき申渡(逗子市桜山　石渡篤子氏蔵)……………262
161　安政三年六月　漁船を利用し大山へ参詣の者あるにつき禁止の申渡(県立文化資料館蔵　神奈川本陣石井家資料)……………264
162　安政三年八月　風災のため家屋破損甚大につき米価その他引上禁止の申渡(横浜市神奈川区六角橋　山室健作氏蔵)……265
163　安政三年九月　江戸表大風につき家根板・杉皮等津出し申渡(県立文化資料館蔵　神奈川本陣石井家資料)……………265
164　安政三年十月　久良岐郡横浜村百姓へ瀝青製造方申付につき松根株買上の申渡(県立文化資料館蔵　神奈川県本陣石井家資料)……………266
165　安政三年十二月　米穀を除く産物類取調につき生産額等書上の申渡(東京都東大和市蔵敷　内野悌二氏蔵)……………267
166　安政四年九月　米国総領事ハリス出府につき東海道宿々へ諸事申渡(藤沢市西富　青木四郎氏蔵)……………268
167　安政五年一月　蝋・漆・茶等オランダ等へ輸出につき植付奨励の申渡(横浜市立大学図書館蔵)……………272
168　安政五年二月　当節江戸表米価高値につき江戸廻送奨励の申渡(東京都八王子市小比企　磯沼洋三氏蔵)……………273

169　安政五年三月　三浦・鎌倉両郡村々の安全・五穀豊作・漁業繁栄祈願を執行につき申渡(横浜市立大学図書館蔵)……………274
170　安政五年四月　異国船渡来穏便のこと故人夫等差出不用につき通達(横浜市立大学図書館蔵)……………275
171　安政五年八月　当節流行のコレラ予防・治療法申渡(横浜市旭区本村　内田寛孝氏蔵)……………275
172　安政五年八月　三浦・鎌倉郡内にてコレラ流行のため祈祷執行の申渡(藤沢市村岡東　彦坂増房氏蔵)……………276
173　安政五年九月　備場付村々へ無用の他所者立入禁止につき熊本藩申渡(東京都東大和市蔵敷　内野悌二氏蔵)……………277
174　安政六年一月　神奈川・長崎・箱館三港開港につき出稼・移住・商売等自由の申渡(津久井町長竹　宮城好彦氏蔵)……278
(2)　黒船渡来と民衆
175　嘉永六年六月―九月　三浦郡三戸村民異国船渡来様子書上(三浦市産声町三戸　前田浩氏蔵)……………279
176　嘉永六年六月　橘樹郡生麦村民異国船渡来につき村内様子書上(横浜市鶴見区生麦　池谷健治氏旧蔵　横浜市史編集室蔵)……………280
177　嘉永六年六月　都筑郡上川井村等異国船渡来につき人馬差出増大のため当分助郷免除願(横浜市旭区上川井　中野忠氏蔵)……………281
178　嘉永七年一月　橘樹郡生麦村民異国船見物等様子書上(横浜市鶴見区生麦　池谷健治氏旧蔵/横浜市史編集室蔵)……………283
179　嘉永七年三月　停泊中の外国人しばしば上陸につき様子届書(横浜市保土ヶ谷区　保土ヶ谷本陣軽部家資料)………285
180　嘉永七年　高座郡柳島村異国船警備状況見聞記(茅ヶ崎市柳島　藤間雄蔵氏蔵)……………286
181　安政二年六月　津久井県太井村民異国船見物につき書状(相模原市二本松　角田昌保氏蔵)……………289
182　安政二年十月　大地震風聞書上(茅ヶ崎市柳島　藤間雄蔵氏蔵)……………290
183　安政三年一月　海防のため寺院梵鐘取調につき津久井県蓮乗院梵鐘銘鑑書上(藤野町牧野　井上勝夫氏蔵)…………292
184　安政三年四月　大地震のため神奈川宿本陣等大破につき修復費拝借願(県立文化資料館蔵　神奈川本陣石井家資料)…294

185　安政三年八月　大風災につき橘樹郡市場村潰家数取調書上（横浜市鶴見区市場上 添田茂樹氏蔵）……………295
186　安政三年十月　震災・風災のため因窮につき神奈川寄場組合外五組大工手間賃等取極（横浜市鶴見区下末吉 横山四朗氏蔵）……………299
187　安政三年十一月　品川宿より箱根宿まで異国船渡来等にて困窮につき人馬賃銭七割増願（横浜市保土ヶ谷区 保土ヶ谷本陣軽部家資料）……………302
188　安政四年九月　神奈川宿異国船渡来、応接所取建等のため疲弊につき救済金拝借証文（県立文化資料館蔵 神奈川本陣石井家資料）……………304
189　安政五年八月　コレラ流行風聞書上（茅ヶ崎市柳島 藤間雄蔵氏蔵）……………305
190　安政五年九月　高座郡一之宮村外二十七ヵ村コレラにて死失人書上（寒川町一之宮 入沢章氏蔵）……………307

第3部　黒船渡来と沿岸警備……………313
1　ペリー来航と沿岸警備……………313
＜写＞米国使節乗船の絵図（大日本古文書 幕末外国関係文書之十九）……………313
解説……………314
191　嘉永六年六月　相州三浦郡浦賀へ異国船渡来一件（新潟県 新発田市立図書館蔵）……………315
192　嘉永六年六月　異国船渡来一件につき彦根藩士宇津木六之丞書翰（彦根市立図書館蔵）……………325
193　嘉永六年六月　異国船渡来につき村々兵糧賄方帳（三浦市松輪 藤平正一氏蔵）…332
194　嘉永六年六月―七月　異国船渡来につき萩藩出兵一件（山口県文書館蔵）………333
195　嘉永六年六月　異国船渡来につき武州多摩郡小野路村領主旗本山口氏軍役申渡（東京都町田市小野路 小島資料館蔵）………336
196　嘉永六年六月　異国船渡来につき船・水主・郷夫取調書上帳（横須賀市秋谷 若名又男氏蔵）……………337
197　嘉永六年六月　異国船渡来につき郷船・水主・郷夫取調書上帳（三浦市松輪 藤平正一氏蔵）……………338
198　嘉永六年八月　異国船渡来につき愛甲郡飯山村名主等御徒格任命申渡（東京都八王子市小比企 磯沼洋三氏蔵）……………341
199　嘉永六年八月　異国船渡来用意入用につき願書（県立文化資料館蔵）……………341
200　嘉永六年九月　窮民救米下賜請書（横須賀市秋谷 若命又男氏蔵）……………345

201　嘉永六年九月　三浦郡秋谷村郷夫・水主取調書上（横須賀市秋谷 若命又男氏蔵）……………345
202　嘉永六年十二月　異国船渡来につき臨時御祈祷触書（相模原市上溝 小山栄一氏蔵）……………346
203　嘉永七年一月　異国船退帆につき大筒方引払届書（前橋市立図書館蔵）………347
204　嘉永七年一月　異国船再渡来の節心得方覚書（財団法人 永青文庫蔵）………347
205　嘉永七年一月　異国船発見につき届書（前橋市立図書館蔵）……………348
206　嘉永七年一月　渡来の異国船様子届書（前橋市立図書館蔵）……………349
207　嘉永七年一月　異国船七艘久良岐郡小柴沖滞船につき届書（前橋市立図書館蔵）……………350
208　嘉永七年一月　米国船渡来につき様子届書（財団法人 永青文庫蔵）……………350
209　嘉永七年一月　川越藩二番手人数出兵届書（前橋市立図書館蔵）……………351
210　嘉永七年一月　異国船渡来につき高輪陣屋様子申上（前橋市立図書館蔵）……351
211　嘉永七年一月　異国船渡来につき村々取締廻状請書（横浜市旭区本村 内田寛孝氏蔵）……………352
212　嘉永七年一月　米国使節応接番につき届書（前橋市立図書館蔵）……………353
213　嘉永七年一月　米国使節応接済みにつき番船引払届書（前橋市立図書館蔵）……354
214　嘉永七年一月　異国船武州荏原郡羽田沖船につき届書（前橋市立図書館蔵）……354
215　嘉永七年二月　川越藩三番手人数出兵届書（前橋市立図書館蔵）……………354
216　嘉永七年二月　異国船七艘橘樹郡神奈川沖滞船につき届書（前橋市立図書館蔵）……………354
217　嘉永七年二月　米国船見物禁止達書（財団法人 永青文庫蔵）……………355
218　嘉永七年二月　異国船一艘久良岐郡本牧沖乗入につき届書（前橋市立図書館蔵）……………355
219　嘉永七年二月　米国船渡来につき心得方達書（財団法人 永青文庫蔵）………355
220　嘉永七年二月　米国人応接後図船引払届書（前橋市立図書館蔵）……………356
221　嘉永七年二月　異国船一艘三浦郡猿島沖滞船につき届書（前橋市立図書館蔵）…357
222　嘉永七年二月　三浦郡猿島沖停泊異国船様子届書（前橋市立図書館蔵）………357
223　嘉永七年二月　川越藩相州在陣番士菓子下賜（前橋市立図書館蔵）……………358

224　嘉永七年三月　異国船久良岐郡本牧沖出帆につき届書(前橋市立図書館蔵)……359
225　嘉永七年三月　異国船退帆につき人数引取方伺書(前橋市立図書館蔵)………359
226　嘉永七年三月　米国船退帆につき届書(財団法人　永青文庫蔵)………………359
227　嘉永七年三月　米国船退帆につき人数引払方届書(前橋市立図書館蔵)………360
228　嘉永七年三月　異国船渡来につき三浦郡秋谷村船・水主書上帳(横須賀市秋谷　若命又男氏蔵)………………………360
229　嘉永七年三月　川越藩内海警衛心得方伺書および答書(前橋市立図書館蔵)…361
230　嘉永七年五月　異国船渡来中勤人足賃銀下付請書(横須賀市秋谷　若命又男氏蔵)……………………………………364
231　嘉永七年五月　三浦郡松輪村異国船諸入用割合帳(三浦市松輪　藤平正一氏蔵)…364

2　萩藩の警衛と分領農村 …………………367
　〈写〉萩藩三崎陣屋図(山口県文書館蔵)………………………………………367
　解説 ……………………………………368
232　嘉永六年十一月　萩藩他諸藩警備交替沙汰書(財団法人　永青文庫蔵)………369
233　嘉永六年十一月　萩藩主毛利慶親相州警衛任命達書(山口県文書館蔵)………370
234　嘉永七年三月　相州備場出張面々諸法度(山口県文書館蔵)…………………370
235　嘉永七年三月　彦根藩預所郷村引渡につき取扱方申送書(山口県文書館蔵)……372
236　嘉永七年四月　鎌倉郡腰越村八王子遠見番所等請取届書(山口県文書館蔵)……378
237　嘉永七年四月　預所村々貢納方・拝借鉄砲等につき願書(横浜市戸塚区下倉田　吉原三郎氏蔵)……………………………379
238　嘉永七年七月　預所村々貢米代納につき伺書(山口県文書館蔵)………………381
239　安政二年四月　預所村々高掛り物取立方等伺書(山口県文庫館蔵)……………382
240　安政二年四月　種痘接種につき預所領内へ申渡(藤沢市村岡東　彦坂増蔵氏蔵)…385
241　安政二年六月　預所村々教諭請書(三浦市松輪　藤平正一氏蔵)…………………386
242　安政二年九月　預所三浦郡秋谷村有船数書上(横須賀市秋谷　若命又男氏蔵)…388
243　安政二年十一月　近年諸国不作につき領内囲穀申渡(藤沢市村岡東　彦坂増蔵氏蔵)……………………………………388
244　安政二年十二月　預所内風儀悪化につき心得方達(藤沢市村岡東　彦坂増蔵氏蔵)……………………………………389

245　安政三年一月　預所内水車冥加取立方伺書(山口県文書館蔵)…………………390
246　安政三年二月　三浦郡新仲買冥加・鍛冶役永免除伺書(山口県文書館蔵)………391
247　安政三年八月　鎌倉郡極楽寺村内へ大砲属具置場取立届書(山口県文書館蔵)…393
248　安政三年十二月　預所内年貢輸送につき駄賃払帳(横須賀市秋谷　若命又男氏蔵)……………………………………393
249　安政三年　三浦郡三戸村福泉寺梵鐘鋳直し取止め歎願(三浦市初声町三戸　前田浩氏蔵)……………………………………395
250　安政四年一月　預所内風損につき御恵米伺書(山口県文書館蔵)………………396
251　安政四年閏五月　三浦郡中狼藉人等取締願書(横須賀市秋谷　若命又男氏蔵)…397
252　安政四年閏五月　預所村々質屋鑑札下付願(藤沢市村岡東　彦坂増蔵氏蔵)……399
253　安政四年八月　相州預所物成皆済目録(山口県文書館蔵)……………………400
254　安政五年一月　預所内兎狩猟につき伺書(山口県文書館蔵)…………………404
255　安政五年六月　萩藩警備持場変更達書(続徳川実紀　第三編)…………………404
256　安政五年八月　萩藩支配継続歎願一件(山口県文書館蔵)……………………405
257　安政六年一月　台場建物器具等引渡目録(山口県文書館蔵)…………………407

3　熊本藩の警衛と分領農村 ………………417
　〈写〉しん板此浦ぶね評判くとき(横浜市図書館蔵)……………………………417
　解説 ……………………………………418
258　嘉永六年十一月　熊本藩主細川斉護相州警衛任命達書(財団法人　永青文庫蔵)…419
259　嘉永六年十二月　預所高および海防掛名前書上(財団法人　永青文庫蔵)………419
260　嘉永六年十二月　異国船渡来の節心得方書付(財団法人　永青文庫蔵)…………420
261　嘉永七年三月　相州備場請取方書取(財団法人　永青文庫蔵)………………421
262　嘉永七年三月　相州備場軍令(財団法人　永青文庫蔵)………………………422
263　嘉永七年四月　相州備場等請取済届書(財団法人　永青文庫蔵)………………422
264　嘉永七年四月　相州備場詰藩士心得書(財団法人　永青文庫蔵)………………423
265　嘉永七年七月　相州備場配置人数書上および村方役職任命(財団法人　永青文庫蔵)……………………………………425
266　嘉永七年閏七月　相州預所増村加村願(財団法人　永青文庫蔵)………………434

県史誌内容総覧・資料編 1: 近世―関東　　557

神奈川県史 資料編10 近世(7)

267　嘉永七年十一月　相州備場等につき川越藩へ問合控(財団法人 永青文庫蔵)……436
268　嘉永七年十一月　相州備場仕法替につき繰出人数等見込(財団法人 永青文庫蔵)………………………………438
269　安政元年十二月　相州預所増村達書(財団法人 永青文庫蔵)………441
270　安政二年二月　相州備場詰人等書付(財団法人 永青文庫蔵)………441
271　安政二年十一月　河野松之助騒動吟味口上書(横須賀市安浦 永島重美氏蔵)……444
272　安政二年十二月　預所村々取調書上帳(横浜市保土ヶ谷区 保土ヶ谷本陣軽部家資料)……………………………448
273　安政三年五月　預所内諸寺院梵鐘鋳換につき伺書(財団法人 永青文庫蔵)……450
274　安政三年八月　異国船渡来時大津・鴨井陣屋出張人数人足賦調帳(財団法人 永青文庫蔵)………………………450
275　安政三年八月　異国船警備につき御備向諸船ならびに水主・夫人足村割帳(財団法人 永青文庫蔵)………455
276　安政三年八月　大津・鴨井陣屋夫人足出方取調帳(財団法人 永青文庫蔵)……457
277　安政三年八月　御手船・浦船水主取調帳(財団法人 永青文庫蔵)……459
278　安政三年八月　熊本新田藩異国船備手人足割賦帳(財団法人 永青文庫蔵)……461
279　安政三年八月　宇土藩異国船備手人足割賦帳(財団法人 永青文庫蔵)……462
280　安政三年八月　宇土藩船水主・夫人足取調帳(財団法人 永青文庫蔵)……464
281　安政三年八月　熊本新田藩船水主・人足取調帳(財団法人 永青文庫蔵)……464
282　安政三年八月　異国船渡来に備え三浦郡村々賄備帳(財団法人 永青文庫蔵)……465
283　安政三年八月　三浦郡村々賄方名前帳(財団法人 永青文庫蔵)………466
284　安政三年十月　預所村々諸運上取立方伺書(江川文庫蔵)……………466
285　安政四年七月　武州預所増村達書(財団法人 永青文庫蔵)……………467
286　安政四年十二月　武州預所村替達書(財団法人 永青文庫蔵)…………468
287　安政五年五月　預所年貢米石代上納伺書(財団法人 永青文庫蔵)…468
288　安政五年五月　相州備場徴発夫役人足名前取調廻状(東京都東大和市蔵敷 内野彼二氏蔵)………………………469
289　安政五年六月　諸藩備場持場替につき達書(財団法人 永青文庫蔵)…469
290　安政五年八月　預所村替残分につき再村替願(財団法人 永青文庫蔵)……470

291　万延元年七月　久良岐郡横浜付近海岸見廻につき村々請書(横浜市磯子区久木 堤芳正氏蔵)………………………472
292　文久元年七月　熊本藩支藩江戸永代橋等警備免除願(財団法人 永青文庫蔵)……475
293　安政二年二月　三浦郡公郷村永島氏台場付勤役志願案文(横須賀市安浦 永島重美氏蔵)……………………………476
294　文久三年三月　熊本藩京都警衛拝命につき相州警衛免除願および免除達書(財団法人 永青文庫蔵)………………478
295　文久三年五月　熊本藩主細川慶順相州警衛免除、佐倉藩主堀田正倫任命(財団法人 永青文庫蔵)………………479
296　文久三年六月　預所相州村々質屋稼冥加永増上納伺書(財団法人 江川文庫蔵)…480

4　佐倉藩と諸藩の警衛………………481
〈写〉「近海見分之図」より東海道神奈川望本牧図(東京都文京区西片 阿部正道氏蔵)…………………………………481
解説……………………………………482
(1)　佐倉藩……………………………483
297　文久二年五月　久良岐郡横浜居留地警衛人数につき触達(財団法人 日産厚生会佐倉厚生園蔵)………………483
298　文久三年三月　橘樹郡神奈川表英国船渡来につき触書(財団法人 日産厚生会佐倉厚生園蔵)………………483
299　文久三年五月　久良岐郡横浜表厳重警衛につき触書(財団法人 日産厚生会佐倉厚生園蔵)………………484
300　文久三年五月　佐倉藩主堀田正倫橘樹郡神奈川警衛解任、相州備場警衛任命(財団法人 日産厚生会佐倉厚生園蔵)……………………………………484
301　文久三年六月　相州備場警衛につき武州預所村々請取(財団法人 日産厚生会佐倉厚生園蔵)………………484
302　文久三年八月　海岸掛代官今川要作手代巡見につき口上覚(財団法人 日産厚生会佐倉厚生園蔵)………………485
303　元治元年四月　相州備場番所勤番割申渡(財団法人 日産厚生会佐倉厚生園蔵)……………………………………486
304　元治元年四月　相州陣屋勤番者心得方申渡(財団法人 日産厚生会佐倉厚生園蔵)……………………………………487
305　元治元年四月　大砲調練につき勤番藩士へ申渡(財団法人 日産厚生会佐倉厚生園蔵)………………………488
306　元治元年四月　相州勤番大筒方部屋割につき申渡(財団法人 日産厚生会佐倉厚生園蔵渡)……………………488

558　県史誌内容総覧・資料編1：近世—関東

神奈川県史 資料編10 近世(7)

307 元治元年四月 相州備場大砲調練に
つき書付（財団法人 日産厚生会佐倉厚生
園蔵）……………………………………489
308 慶応三年三月 佐倉藩主堀田正倫相
州警衛解任（財団法人 日産厚生会佐倉厚
生園蔵）…………………………………489
309 慶応三年十一月 三浦郡横須賀製鉄
所取建につき用地地代等勘定伺書（財団
法人 江戸文庫蔵）………………………490
（2） 諸藩…………………………………490
310 嘉永六年十一月 鳥取藩主池田慶徳
久良岐郡本牧警衛任命（続徳川実紀 第三
編）………………………………………490
311 嘉永七年十一月 鳥取藩主池田慶徳
久良岐郡本牧警衛解任、松江藩主松平
定安交替（続徳川実紀 第三編）………490
312 安政四年四月 松山藩主久松勝善橘
樹郡神奈川辺警衛任命、松平定安久良
岐郡本牧警衛解任（続徳川実紀 第三
編）………………………………………491
313 安政四年六月 神奈川陣屋砲台地御
尋書上帳（横浜市保土ヶ谷区 保土ヶ谷本
陣軽部家資料）…………………………491
314 安政五年六月 福井藩主松平慶永橘
樹郡神奈川・久良岐郡横浜辺警衛任命
（続徳川実紀 第三編）…………………494
315 文久元年十月 福井藩主松平茂昭警
衛解任、姫路藩主酒井忠績・松代藩主
真田幸教交替（続徳川実紀 第三編）…494
316 元治元年五月 松代藩主真田幸教橘
樹郡神奈川辺警衛解任（続徳川実紀 第三
編）………………………………………495
317 慶応三年三月 佐倉藩主堀田正倫・
松本藩主戸田光則相州備場・三浦郡浦
賀表警衛解任（東京都公文書館蔵）……495
318 慶応三年七月 代官江川太郎左衛門
相州台場警衛につき入用品等伺書（財団
法人 江川文庫蔵）………………………495
319 慶応三年 代官江川太郎左衛門相州
台場警衛につき賄代・入用伺書（財団法
人江川文庫蔵）…………………………497

第4部 横浜開港………………………………499
1 横浜開港場の建設と神奈川奉行……499
＜写＞安政6年 神奈川開港場地割図（財団法
人 三井文庫蔵）…………………………499
解説…………………………………………500
（1） 横浜開港場の建設……………………501
320 安政六年三月 神奈川開港場商人
引移場所につき老中へ外国奉行上申書
（大日本古文書 幕末外国関係文書之二十二
三三六）…………………………………501

321 安政六年三月 外国人遊歩境界等取
調につき老中へ外国奉行上申書（横浜市
史編集室蔵）……………………………501
322 安政六年三月 神奈川開港場へ移住
町人拝借地代につき外国立会人へ外国
奉行相談書（大日本古文書 幕末外国関係
文書之二十二 三四〇）…………………502
323 安政六年三月 横浜村余地なき程に
割渡しにつき戸部村地内等新町建設の
外国奉行触書（横浜市史編集室蔵）……502
324 安政六年四月 神奈川開港場荷車使
用につき老中へ外国奉行伺書（大日本古
文書 幕末外国関係文書之二十三 三七）…503
325 安政六年四月 横浜開港場運上会所・
奉行所役宅等の普請入札済の分・未済
の分書上（東京大学史料編纂所蔵）……503
326 安政六年四月 横浜村太田屋新田地
内等不取締のため町方取締につき外国
奉行上申書（横浜市史編集室蔵）………505
327 安政六年四月 交易禁制の品々につ
き外国奉行触書案伺書（横浜市史編集室
蔵）………………………………………506
328 安政六年五月 開港場の地所貸借・
町名等につき老中へ外国奉行伺書（横浜
市史編集室蔵）…………………………507
329 安政六年五月 神奈川表支配方外国
奉行伺書（横浜市史編集室蔵）…………508
330 安政六年五月 神奈川表普請所でき
ばえ見分につき老中へ外国奉行上申書
（大日本古文書 幕末外国関係文書之二十三
一二九）…………………………………509
331 安政六年五月 横浜表風俗取締につ
き触書（横浜市史編集室蔵）……………509
332 安政六年五月 外国商売の心得方に
つき神奈川奉行へ神奈川在住町人請書
（大日本古文書 幕末外国関係文書之二十三
一五〇）…………………………………510
333 安政六年六月 銅・真鍮・唐銅等の
交易禁制品につき請書（神奈川県立博物
館蔵）……………………………………510
334 安政六年六月 神奈川一港に限り荷
馬車使用許可につき神奈川奉行伺書
（横浜市史編集室蔵）……………………511
335 安政六年六月 外国人居留地へ立寄
禁止の触書（神奈川県立博物館蔵）……511
336 安政六年六月 横浜町町人借地代・
町名呼称につき外国奉行伺書（横浜市史
編集室蔵）………………………………512
337 安政六年六月 洋金銀通用方につき
市中へ触書（大日本古文書 幕末外国関係
文書之二十四 一〇三）…………………512

県史誌内容総覧・資料編 1: 近世―関東 559

338　安政六年六月　英国船搬入の外国米買付勝手次第の町方会所触書（大日本古文書　幕末外国関係文書之二十四　一二六）……………………………………513
339　安政六年六月　外国人へ代金支払方につき市中へ触書（大日本古文書　幕末外国関係文書之二十四　一二九）……………………………………513
340　安政六年六月　外国人多数居住のため神奈川宿食売女抱禁止につき外国奉行伺書（横浜市史編集室蔵）………513
341　安政六年六月　交易開始につき横浜五ヵ町在住商人議定書（大日本古文書　幕末外国関係文書之二十四　一四二）……………………………………514
342　安政六年六月　神奈川表御役所建設予備金につき勘定奉行へ神奈川奉行申請書（横浜市史編集室蔵）………515
343　安政六年七月　銅器類相対売渡禁制につき神奈川在住商人請書（大日本古文書　幕末外国関係文書之二十五　四〇）……515
344　安政六年七月　外国人へ金銀取り混ぜ代金支払の申渡につき請書（神奈川県立博物館蔵）……………………516
345　安政六年七月　横浜町会所新規建設普請金・町入用等の割合覚（神奈川県立博物館蔵）……………………516
346　安政六年十月　運上所休日指定と事務取引休業につき町会所触書（神奈川県立博物館蔵）……………………517
347　安政六年十月　フランスコンシュル召仕人へ疵負逃亡につき触書（神奈川県立博物館蔵）……………………517
348　安政六年十月　火の用心・戸締厳重等につき町年寄申渡（神奈川県立博物館蔵）………………………………518
349　安政六年十月　夜間交易禁止の申渡につき請書（神奈川県立博物館蔵）……519
350　安政六年十一月　市中車馬にて荷物運搬方につき町会所達書（神奈川県立博物館蔵）……………………………519
351　安政六年十一月　禁制品を除き外国人への売渡伺不要につき町会所触書（神奈川県立博物館蔵）……………520
352　安政六年十一月　神奈川表御普請御修復所完成につき検分報告書（東京大学史料編纂所蔵）…………………520
353　安政六年十二月　刀剣・鎗等外国人へ売渡自由につき町会所触書（神奈川県立博物館蔵）……………………521
354　安政六年十二月　銅器類外国人へ売渡自由につき町会所触書（神奈川県立博物館蔵）……………………………521

355　安政六年十二月　横浜・青木・戸部三町の下掃除稼方につき町会所触書（神奈川県立博物館蔵）……………522
356　安政六年十二月　外国人とトルラル売買禁止につき町会所触書（神奈川県立博物館蔵）……………………522
357　安政六年十二月　開港場移住の町人拝借地代一年分免除につき移住町人請書（神奈川県立博物館蔵）………522
358　安政六年十二月　外国銀へ極印打ちにつき触書（神奈川県立博物館蔵）……523
359　安政六年十二月　横浜港崎町名主拝命につき請証文（横浜市史編集室蔵）…523
360　安政六年　開港場へ歌舞伎芝居取立につき外国奉行伺書（横浜市史編集室蔵）……………………………………524
361　安政七年一月　外国人に往来にて出会いの節心得方触書（県立文化資料館蔵　神奈川本陣石井家資料）………524
362　安政七年一月―四月　横浜近隣堀割・埋立等につき神奈川奉行伺書（東京大学史料編纂所蔵）…………………525
363　安政七年二月　小判・銅類売渡禁止ならびに外国人の殺傷者届出等につき触書（神奈川県立博物館蔵）………529
364　安政七年二月　異変の時・出火の時等半鐘打方心得（神奈川県立博物館蔵）……………………………………530
365　安政七年二月　夜中無提燈歩行者を外国人即時鉄砲にて打殺につき心得方申渡（神奈川県立博物館蔵）………530
366　安政七年二月　横浜町仮取締向規制につき老中へ神奈川奉行・神奈川在勤目付上申書（東京大学史料編纂所蔵）…530
367　安政七年二月―三月　神奈川表にて外国人殺害事件頻発につき取締令の書留（東京大学史料編纂所蔵）………531
368　安政七年三月　交易の目的なく市中立入禁止につき触書（神奈川県立博物館蔵）……………………………533
369　万延元年閏三月　五品神奈川表へ在々より直送禁止の触書（神奈川県立博物館蔵）……………………………533
370　万延元年閏三月　外国人に対し掛売等致し、訴訟頻発につき町会所触書（神奈川県立博物館蔵）……………534
371　万延元年閏三月　店先にて外国人へ酒売禁止につき町会所触書（神奈川県立博物館蔵）……………………534
372　万延元年閏三月　波止場人足腰札なく立入禁止につき町会所触書（神奈川県立博物館蔵）……………………535

373　万延元年四月　乗馬通行の外国人に対し子どもの投石等禁止につき教諭の名主請書（神奈川県立博物館蔵）……535
374　万延元年四月　夜廻りの手当につき神奈川奉行伺書（東京大学史料編纂所蔵）……535
375　万延元年五月　五品取締につき横浜商人請書（神奈川県立博物館蔵）……536
376　万延元年六月　繭の売出し禁止につき請書（神奈川県立博物館蔵）……538
377　万延元年六月　過重生糸荷物商館へ持込禁止につき月行事廻状（神奈川県立博物館蔵）……538
378　万延元年六月　神奈川表開港場への新道往還・堤普請につき神奈川奉行伺書（東京大学史料編纂所蔵）……539
379　万延元年十二月　横浜町地内弁才天社領御朱印地潰地作徳につき神奈川奉行伺書（東京大学史料編纂所蔵）……540
(2)　神奈川奉行……541
380　安政五年十月　開港につき外国奉行神奈川奉行兼帯ならびに幕府諸役出精申渡（大日本古文書　幕末外国関係文書付録之六）……541
381　安政五年十二月　神奈川開港掛下役任命につき老中へ外国・下田両奉行伺書（大日本古文書　幕末外国関係文書之二十一　三八九）……542
382　安政六年一月　横浜村等数カ村上知につき老中より神奈川奉行へ申渡（大日本古文書　幕末外国関係文書付録之六）……543
383　安政六年二月　外国奉行・同諸役人へ神奈川奉行・同諸役兼帯につき老中申渡（大日本古文書　幕末外国関係文書付録之六）……544
384　安政六年六月　支配向・同席順宛行・奉行預所の件につき神奈川奉行へ老中申渡（大日本古文書　幕末外国関係文書之二十三　二二七）……544
385　安政六年七月　神奈川表奉行所付下番増人につき老中へ神奈川奉行上申書（大日本古文書　幕末外国関係文書之二十五　五七）……545
386　安政六年十二月　神奈川表入用の取計方につき外国奉行老中へ伺書（大日本古文書　幕末外国関係文書之三十三　八八）……546
387　安政七年二月　支配同心上番・下番の増人につき老中へ神奈川奉行上申書（大日本古文書　幕末外国関係文書之三十六　三〇）……547

388　万延元年十二月　神奈川奉行所職員録（横浜市港南区上大岡東　北見千太郎氏蔵）……550
389　慶応三年　神奈川奉行支配預所村高帳（金沢文庫蔵　依田家文書）……565
(3)　横浜町の様相……568
390　安政六年一月　神奈川開港場地割図（財団法人　三井文庫蔵）……568
391　安政六年二月　神奈川表御普請一式請負入札許可につき請書（横浜市保土ヶ谷区　保土ヶ谷本陣軽部家資料）……570
392　安政六年二月―三月　津久井県上川尻村組頭源兵衛神奈川表交易願から出店までの願書・請書（城山町久保沢　八木鳶崎氏蔵）……570
393　安政六年三月　遊女街建設のため新旧営業者用地埋立費用等につき議定書（横浜市史編集室蔵）……573
394　安政六年三月　神奈川開港場新遊女街設計につき新旧営業者埋立費用・遊女取等議定書（横浜市史編集室蔵）……574
395　安政六年三月　遊女屋稼業願の者屋の規模・遊女人数等書上（横浜市史編集室蔵）……575
396　安政六年五月　交易希望の品目につき願書（神奈川県立博物館蔵）……577
397　安政六年五月　外国人へ直売願済品のうちこの度禁制の海産物につき請書（神奈川県立博物館蔵）……579
398　安政六年六月　絹製品・雑貨仕入высшег町会所へ報告（神奈川県立博物館蔵）……579
399　安政六年六月　横浜開港情況につき風聞書（国立国会図書館蔵）……581
401　万延元年四月　横浜町四丁目の生糸商二十六人総代依頼につき一札……583
400　安政六年六月　横浜町町割図（横浜市史　第二巻　神奈川県立博物館蔵）……584
402　万延元年四月―二年一月　五品江戸回送令につき横浜商人願書・申上書（神奈川県立博物館蔵）……586
403　万延元年六月　横浜洲乾弁天祭礼の様子書上（国立国会図書館蔵）……597
404　万延元年十月　横浜五カ町交易売込商人等取引につき議定連判帳（神奈川県立博物館蔵）……602
405　万延元年十月　横浜五カ町売込商人荷渡所建設願書（神奈川県立文化資料館蔵）……607
406　万延元年十月　外国人と懇意になりし横浜町人外国人の日本観につき訴状（神奈川県立文化資料館蔵）……608

県史誌内容総覧・資料編 1: 近世―関東　561

神奈川県史 資料編10 近世(7)

407 万延元年十二月―文久三年四月 津久井県若柳村組頭神奈川表へ出店につき願書・請書(神奈川県立博物館蔵)……610
408 万延二年一月 五品江戸廻送令につき江戸糸問屋と横浜生糸売込商との議定書(神奈川県立博物館蔵)……613
409 文久元年三月 外国人商館へ免許の諸品売込増額につき野毛町百姓・町人等願書(横浜市旭区上川井 阿部富士太郎氏蔵)……615
410 文久元年 野毛橋下筋へ荷物陸揚河岸建設につき野毛町総百姓願書(横浜市戸塚区汲沢 手塚順一郎氏蔵)……616
411 文久二年 横浜開港につき横浜町魚問屋総代地所拝借願(県立文化資料館蔵 神奈川本陣石井家資料)……617
412 安政六年七月―七年六月 横浜開港場見聞記(東京都品川区北品川 荏原神社蔵)……620

2 開港と農村支配……643
＜写＞安政7年 怪しい者取押方の図(大磯町西小磯 柳田繁男氏蔵)……643
解説……644
413 安政六年五月 交易開始につき金銀流通・売買禁止品目等の触書(相模原市相原 吉川総一郎氏蔵)……645
414 安政六年五月 神奈川奉行支配下番役就役希望の者有無取調申渡廻状(横浜市港南区日野 田野井三郎氏蔵)……647
415 安政六年六月 交易場開設以来御用役荷物繁多のため助郷村々歎願につき名主出頭廻状(横浜市港南区日野 田野井三郎氏蔵)……649
416 安政六年六月 神奈川開港場十里内の村方、外国人遊歩の心得につき神奈川奉行触書(横浜市旭区下川井 桜井栄一郎氏蔵)……649
417 安政六年六月 神奈川開港場十里内外国人歩行につき触書(横浜市戸塚区名瀬 門倉保茂氏蔵)……652
418 安政六年六月 外国人の書状・品物受取禁止触書(横浜市旭区本村 内田寛孝氏蔵)……653
419 安政六年六月 英国船停泊中外国人上陸遊行につき宿内取締請書(県立文化資料館蔵 神奈川本陣石井家資料)……653
420 安政六年七月 切支丹宗門厳重禁止の触書(藤沢市村岡東 彦坂増蔵氏蔵)……654
421 安政六年七月 外国人通行に備え六郷川渡船場番所の掟につき外国奉行伺書(横浜市史編集室蔵)……654

422 安政六年七月 神奈川奉行支配下番役二十名採用につき宿村へ取調申渡の廻状(横浜市旭区本村 内田寛孝氏蔵)……656
423 安政六年七月 西洋書籍外国人より直買禁止の触書(愛川町田代 大矢ゑい氏蔵)……656
424 安政六年八月 国内通用金銀と洋銀の交換差止めならびに宿村遊歩中の直買につき触書(横浜市旭区下川井 桜井栄一郎氏蔵)……657
425 安政六年八月 外国人宿所へみだりに訪問禁止の触書(愛川町田代 大矢ゑい氏蔵)……658
426 安政六年九月 市中遊歩中の外国人へ投石禁止の触書(愛川町田代 大矢ゑい氏蔵)……658
427 安政六年九月 銅・唐銅・真鍮をもつて新規製品製造禁止の触書(明治大学刑事博物館蔵)……659
428 安政六年九月 神奈川領鵜捕飼場に遊歩の外国人諸鳥打留につき処置伺書(横浜市港区本網島 飯田助丸氏蔵)……660
429 安政六年十月 奸商どもの穀類羅買禁止の触書(国文学研究資料館内国立史料館蔵)……661
430 安政六年十二月 後朱印持参者の道中にて外国人下馬・下座不要につき触書(横須賀市資料室蔵)……662
431 安政七年一月 外国人向御用にかかわる諸取につき武州小野路組合議定(東京都町田市小野路 小島資料館蔵)……662
432 安政七年一月 交易につき貨幣釣合額の触書(県立文化資料館蔵 神奈川本陣石井家資料)……664
433 安政七年二月 外国人組合村々立廻り休泊等あれば横浜町会所へ届出につき触書(横浜市港南区日野 田野井三郎氏蔵)……664
434 安政七年二月 外国人殺害事件につき村々横行の社人・浪人厳重警戒令請書(相模原市淵野辺 鈴木敏道氏蔵)……665
435 安政七年二月 洋銀極印釣渡につき触書(県立文化資料館蔵 神奈川本陣石井家資料)……666
436 安政七年二月 開港場諸藩家中見物中外国人(横須賀市立図書館蔵)……666
437 安政七年三月 東海道生麦にて松平隠岐守飛脚誑めの浪人ども厳重手配廻状(厚木市小野 小瀬村正夫氏蔵)……667
438 安政七年三月 横浜別段取締につき近隣村々諸事取締請書(東京都町田市小野路 小島資料館蔵)……667

562 県史誌内容総覧・資料編1: 近世—関東

神奈川県史 資料編10 近世(7)

439　安政七年三月 見張番小屋詰方・異変取締方・怪しき者取押方等につき定書申渡(大磯町西小磯 柳田繁男氏蔵)…………669
440　万延元年閏三月 横浜別段御取締につき相州寄場村々議定連印帳(相模原市淵野辺 鈴木敏道氏蔵)…………672
441　万延元年閏三月 横浜御取締向村方議定連印帳(横浜市港北区北山田 大嶋正三郎氏蔵)…………677
442　万延元年閏三月 江戸市中諸商品払底につき五品江戸廻送の触書(横浜市旭区本村 内田寛孝氏蔵)…………681
443　万延元年三月 浦賀・鎌倉往還六浦字川之橋見張所へ差出人足につき組合村取調書上(横浜市金沢区谷津 小泉文治氏蔵)…………682
444　万延元年四月 外国銀銭7銀相場をもって交換すべき触書(東京都東大和市蔵敷 内野悌二氏蔵)…………683
445　万延元年六月 開港にて鎌倉郡下の作場道にて駄賃稼につき保土ヶ谷宿役人取締の廻状(横浜市港南区日野 田野井三郎氏蔵)…………684
446　万延元年七月 横浜表下肥村々勝手取引願の相談につき村役人出頭廻状(横浜市港南区日野 田野井三郎氏蔵)…………684
447　万延元年十月 米価高騰につき組合村内せり買人等取調等申渡(厚木市小野 小瀬村正夫氏蔵)…………685
448　万延元年十一月 米麦粉類外国人へ売渡禁止の触書(横浜市旭区本村 内田寛孝氏蔵)…………686
449　万延元年十一月 外国人遊歩中御鷹捉飼場にて諸鳥打留禁止につき村方心得方触書(国文学研究資料館内国立史料館蔵)…686

第5部　幕末の内乱と相武の人びと………689
1　開港後の政治の推移……………689
　<写>将軍家茂長防行軍の図(藤沢市本町 堀内国夫氏蔵)……………689
　解説…………………690
450　万延二年二月 浪人・無宿人取締触書(横浜市旭区本村 内田寛孝氏蔵)…………691
451　文久元年三月 茶屋に華美な給仕女を置くことの禁令ならびに請書(横浜市旭区下川井 桜井栄一郎氏蔵)…………692
452　文久元年四月 江戸町人桑皮で綿を製造につき養蚕場へ桑皮売渡の触書(津久井町三ケ木 田倉五左衛門氏蔵)…………693
453　文久元年五月 見張番所詰人数減らし方につき触書(藤沢市村岡東 彦坂増蔵氏蔵)…………694

454　文久元年六月 百姓・町人大船所持・外国商船買請許可と乗組員貸与につき触書(厚木市蔵)…………694
455　文久元年七月 米価高騰につき米穀渡世の者へ米価引下げ申渡(国文学研究資料館内国立史料館蔵)…………695
456　文久元年七月 神奈川より長崎・箱館への海路英国軍艦測量につき不都合なきよう触書(三浦市松輪 藤平正一氏蔵)……695
457　文久元年十月 和宮下向につき村々取締向申渡(横浜市神奈川区六角橋 山室健作氏蔵)…………696
458　文久元年十月 代官江川太郎左衛門農兵取立上申書(東京大学史料編纂所蔵)…697
459　文久元年十一月 見張番所詰人数ならびに取締向請書(愛川町田代 大矢ゑい氏蔵)…………703
460　文久二年一月 横浜居留地フランス天主堂へ立入り天主教法談聴聞の者逮捕につき触書(横浜市西区浅間 三村金次郎氏蔵)…………703
461　文久二年一月 江川代官支配所より横浜への廻米高上申書(財団法人 江川文庫蔵)…………704
462　文久二年二月 諸色高値につき諸職人手間賃三分増廻状(大和市深見 青木克喜氏蔵)…………705
463　文久二年六月 蒸気機関取建場見分につき触書(三浦市松輪 藤平正一氏蔵)…705
464　文久二年八月 神奈川奉行より生麦事件報告書(東京大学史料編纂所蔵)……707
465　文久二年閏八月 外国人遊歩の節不法なきよう取締触書(国文学研究資料館内国立史料館蔵)…………708
466　文久二年十月 浦賀・神奈川・藤沢米穀払底につき三浦郡預所村々年貢半高正米取立申渡(横須賀市立図書館蔵)…709
467　文久二年十一月 上洛の節宿村取計方申渡(横浜市旭区上川井 中野忠氏蔵)……709
468　文久二年十二月 旗本衆へ兵賦代金納につき申渡(厚木市金田 小河孝雄氏蔵)…710
469　文久二年十二月 将軍軍艦にて上洛のこと大名・旗本へ申渡(厚木市金田 小河孝雄氏蔵)…………712
470　文久二年 赤坂御門より平塚宿まで新街道普請(東京大学史料編纂所蔵)…………712
471　文久三年二月 兵賦差出方につき地頭所より申渡(相模原市淵野辺 鈴木敏道氏蔵)…………713
472　文久三年二月 上洛の節宿村取計方申渡(横浜市旭区上川井 中野忠氏蔵)………715

県史誌内容総覧・資料編1: 近世—関東　563

473　文久三年二月　将軍軍艦にて上洛差留
　　 につき村々人馬差出方不都合なく取計申
　　 渡(横浜市旭区本村 内田寛孝氏蔵)………716
474　文久三年二月　関八州のうち石炭生産
　　 の場所役人見分廻村につき触書(横浜市旭
　　 区本村 内田寛孝氏蔵)………………716
475　文久三年二月　上洛留守中関東村々取
　　 締向申渡請書(厚木市山際 梅沢道二郎氏
　　 蔵)……………………………………716
476　文久三年三月　神奈川表へ英国軍艦渡
　　 来につき動揺なきよう触書(横浜市旭区上
　　 川井 中野忠氏蔵)………………………718
477　文久三年三月　横浜表へ外国船停泊に
　　 つき市中の婦女子立退自由につき触書
　　 (津久井町三ケ木 岸本英雄氏蔵)………718
478　文久三年七月　宿村取締改革請書(横浜
　　 市港南区日野 田野井三郎氏蔵)………719
479　文久三年七月　新徴組印鑑改のこと申
　　 渡(横浜市港南区上大岡東 山野井寛氏蔵)…721
480　文久三年九月　三浦郡公郷村御台場築
　　 立につき御船製造御用材伐出方につき
　　 請書(横須賀市安浦 永島重美氏蔵)………722
481　文久三年九月　横浜鎮港談判による動
　　 揺・引払等禁止の申渡請書(県立文化資料
　　 館蔵 神奈川本陣石井家資料)……………724
482　文久三年九月　外国貿易につき国内使
　　 用生糸不足なきよう取締触書(東京大学史
　　 料編纂所蔵)……………………………724
483　文久三年九月　横浜表へ浪人乱入の風
　　 聞につき取締請書(大和市福田 山下盛一氏
　　 蔵)……………………………………725
484　文久三年十一月　幕領村々農兵取立に
　　 つき江川代官手代宿村へ口達覚書(藤野町
　　 名倉 和智周至氏蔵)……………………727
485　文久三年十二月　浪士ら水戸浪人・新
　　 徴組等と唱え攘夷を口実に無心致すにつ
　　 き取締の触書(城山町川尻 斎藤錦氏蔵)…728
486　文久三年十二月　上洛留守中江戸出口
　　 宿々番所取締につき通行印札改め通行の
　　 申渡請書(横浜市鶴見区下末吉 横山四朗氏
　　 蔵)……………………………………730
487　文久三年十二月　将軍上洛中寺社等に
　　 て大勢人集め説法禁止の触書(明治大学刑
　　 事博物館蔵)……………………………731
488　文久三年十二月　硝石製造ならびに売
　　 買取締のため硝石会所設置につき触書
　　 (横浜市緑区川和 信田康治氏蔵)………731
489　元治元年四月　御船材その他御用材津
　　 久井御林より搬出につき相模川筋村々
　　 へ申渡(津久井町三井 高城治平氏蔵)……733
490　元治元年四月　江戸市中薪炭・灯油払
　　 底につき江戸への融通申渡(相模原市上九
　　 沢 笹野ハル氏蔵)………………………734

491　元治元年四月　田方へ桑植付禁止の申
　　 渡(相模原市上九沢 笹野ハル氏蔵)………734
492　元治元年五月　物価引下げ方の触書
　　 (藤沢市柄沢 小池八郎氏蔵)……………735
493　元治元年五月　水戸藩家臣ら筑波山に
　　 挙兵のため村々取締につき関東取締出役
　　 より申渡(相模原市上九沢 笹野ハル氏
　　 蔵)……………………………………735
494　元治元年六月　神奈川開港以後諸商品
　　 高騰につき厳重取締の申渡(県立文化資料
　　 館蔵 神奈川本陣石井家資料)……………737
495　元治元年七月　禁門の変にて敗走の萩
　　 藩士東海道筋等へ潜入につき厳重捜索の
　　 申渡(津久井町三井 高城治平氏蔵)………738
496　元治元年八月　長州出兵のため将軍出
　　 発に際し諸物価値上禁止申渡(県立文化資
　　 料館蔵 神奈川本陣石井家資料)…………738
497　元治元年九月　長州出兵のため街道筋
　　 整備・米穀確保等につき申渡(横須賀市立
　　 図書館蔵)………………………………739
498　元治元年十月　長州出兵につき宿場役
　　 人より馬の沓・草鞋等家別割当供出の申
　　 渡(大和市深見 青木克喜氏蔵)…………740
499　元治元年十一月　江戸・関東筋の大豆
　　 値段暴騰のため密買者横行につき厳重取
　　 締の申渡(津久井町三井 高城治平氏蔵)…741
500　元治元年十一月　天狗党の乱脱走の浪
　　 士ら捕縛につき心得方伺書(財団法人 江川
　　 文庫蔵)…………………………………741
501　元治元年十二月　天狗党の乱脱走の浪
　　 士ら横浜へ侵入との風聞につき取締触書
　　 (県立文化資料館蔵 神奈川本陣石井家資
　　 料)……………………………………743
502　元治元年十二月　外国人取締のため金
　　 沢・鎌倉番所取建につき神奈川奉行より
　　 見分申渡(藤沢市村岡東 彦坂増蔵氏蔵)……744
503　元治元年十二月　薪炭値段暴騰につき
　　 関東筋等百姓持山買上げ・生産奨励の触
　　 書(慶応義塾大学情報センター古文書宝
　　 蔵)……………………………………744
504　慶応元年五月　進発にて府内手薄につ
　　 き兵賦人足徴集の申渡(横浜市旭区本村 内
　　 田寛氏蔵)………………………………745
505　慶応元年五月　進発につき諸寺社へ上
　　 納金申渡(慶応義塾大学情報センター古文書
　　 宝蔵)…………………………………745
506　慶応元年五月　将軍留守中の関八州
　　 村々訴訟扱方につき触書(相模原市上九沢
　　 笹野ハル氏蔵)…………………………748
507　慶応元年閏五月　銅値段高値にて諸国
　　 銭払底につき真鍮銭等歩増の触書(津久井
　　 町長竹 宮城好彦氏蔵)…………………749

508　慶応元年閏五月　進発隊休泊所農兵にて守衛につき江川代官手付・手代出立帰着届書（財団法人 江川文庫蔵）…………749
509　慶応元年六月　米穀融通のため在々所持米穀の江戸積送り奨励の申渡（横浜市旭区本村 内田寛氏蔵）……………750
510　慶応元年八月　横須賀表製鉄所取建のため寄場人足使用につき逃亡人足取押え方触書（横浜市旭区本村 内田寛氏蔵）……751
511　慶応元年十一月　江川代官松本藩預所三浦郡村々難渋につき兵賦免除伺書（財団法人 江川文庫蔵）……………751
512　慶応元年十二月　関東郡代任命につき村々取締の申渡（県立文化資料館蔵 神奈川本陣石井家資料）……………753
513　慶応元年十二月　生糸改方につき触書（藤野町牧野 神原武男氏蔵）………754
514　慶応元年十二月　質素節倹御趣意ならびに組合村々非常備人足手配方触書請書（大和市中央 田辺裕民氏蔵）………755
515　慶応二年一月　江川代官支配所村々兵賦取立免除願（静岡県田方郡韮山町山木 柏木俊孝氏蔵）………………757
516　慶応二年四月　甲州辺無宿・悪党結集につき津久井県村々取締方請書（明治大学刑事博物館蔵）……………761
517　慶応二年四月　海外留学・渡航解禁ならびに仏国博覧会出品物産取調触書（明治大学刑事博物館蔵）……………762
518　慶応二年五月　江川代官等生糸改方伺書（東京大学史料編纂所蔵）………763
519　慶応二年五月　米穀・諸物価高騰人心不穏につき村々厳重取締触書（藤野町牧野 佐々木久三氏蔵）…………763
520　慶応二年五月　長州出兵留守中関八州村々取締触書（慶應義塾大学情報センター古文書室蔵）……………764
521　慶応二年六月　橘樹郡溝ノ口組合久本村打こわしにつき取締廻状（横浜市神奈川区六角橋 山室健作氏蔵）……765
522　慶応二年六月　生糸・蚕種改所保土ケ谷宿へ取建につき廻状（厚木市下萩野 難波武治氏蔵）……………766
523　慶応二年六月　（米価高値世情不穏につき）江川代官支配所農兵大坂行免除伺書 財団法人 江川文庫蔵）………767
524　慶応二年六月　武州一揆につき江川代官支配所農兵大坂行免除伺書（財団法人 江川文庫蔵）……………768
525　慶応二年十月　米価高騰につき外国米買入解禁触書（川崎市多摩区王禅寺 志村文雄氏蔵）……………770
526　慶応二年十二月　関八州外六カ国硝石自製場指定につき製造希望の者出願の触書（相模原市上九沢 笹野ハル氏蔵）………771
527　慶応二年十二月　松村忠四郎・今川要作支配所農兵取立につき申渡（東京大学史料編纂所蔵）……………772
528　慶応三年二月　外国人往来通行の節悪口雑言等致す者あるにつき町役人にて取締申渡（川崎市多摩区王禅寺 志村文雄氏蔵）……………773
529　慶応三月二月　米価暴騰のため関東取締出役窮民救済の申渡につき愛甲郡田代村請書（愛川町田代 大矢ゑい氏蔵）……773
530　慶応三年三月　濁酒製造・米雑穀売買・鉄砲使用等取締につき関東取締出役申渡（横浜市鶴見区下末吉 横山四朗民蔵）………775
531　慶応三年四月　浪人等留置きと村々百姓武芸修業等の風聞あるにつき取締触書（津久井町長竹 宮城好彦氏蔵）……………778
532　慶応三年四月　港崎町遊郭吉田町埋立地へ移転につき請書（横浜市史編集室蔵）………………779
533　慶応三年四月　御料所兵賦金納申渡（東京大学史料編纂所蔵）…………781
534　慶応三年五月　六十日分貯穀以外の米・雑穀売買自由につき関東取締出役申渡（川崎市多摩区王禅寺 志村文雄氏蔵）……782
535　慶応三年五月　米価高騰のため窮民騒動の風聞につき買占め売惜み禁止の申渡（川崎市多摩区王禅寺 志村文雄氏蔵）………783
536　慶応三年五月　外国人江戸近郊遊歩の節芝居小屋等立入許可につき触書（横浜市緑区川和 信田康治氏蔵）……………785
537　慶応三年八月　関八州村々生糸巻紙色分け改方廃止につき触書（津久井町長竹 宮城好彦氏蔵）……………786
538　慶応三年八月　関東筋村々に近頃刀鋼拵屋増加につき取締申渡（川崎市多摩区王禅寺 志村文雄氏蔵）……………787
539　慶応三年八月　江戸下肥値段高騰のため水増等不正取締につき橘樹郡綱島村組合請書（横浜市旭区白根 高橋基氏蔵）………788
540　慶応三年八月　相州備場の手付頭取人選につき代官江川太郎左衛門へ申渡（財団法人 江川文庫蔵）…………791
541　慶応三年九月　蒸気船運行仕法・仮運賃につき触書（横浜市緑区千草台 吉浜俊彦氏蔵）………………792
542　慶応三年十一月　幕府大政を奉還につき参与役所より触書（平塚市土屋 箕島武夫氏蔵）……………793

543 慶応三年十一月 外国人遊歩取締見張番引払後寄場組合にて取締につき神奈川奉行申渡（川崎市中原区上小田中 原全三氏蔵）……793
544 慶応三年十一月 神仏御札降りにつき取締触書（『横浜の伝説と口碑』横浜叢書第三編上）……795
545 慶応三年十二月 関八州村々にて醤油・味噌製造の者へ鑑札配付につき触書（東京大学史料編纂所蔵）……795
546 慶応三年十二月 鹿児島藩邸内の浪士相州大山へ潜伏につき追討の届書（財団法人 江川文庫蔵）……796
547 慶応三年十二月 代官江川太郎左衛門相州備場詰農兵増員につき伺書（財団法人 江川文庫蔵）……796
548 慶応四年一月 島津氏家臣幕府を侮蔑し陰謀を企て所々にて乱暴につき捕縛の申渡（愛川町田代 大矢ゑい氏蔵）……797
549 慶応四年一月 京都表にて戦争のため関東川筋渡船場・作場渡等通行差留厳重取締申渡（国文学研究資料館内国立史料館蔵）……798
550 慶応四年二月 代官江川太郎左衛門勤王の心得につき上申書（東京大学史料編纂所蔵）……798
551 慶応四年三月 東海道筋へ先鋒出発の官軍に対し妄動等謹慎の触書（藤野町牧野 佐々木久三氏蔵）……800
552 慶応四年三月 総督府東海道宿々へ人馬継立・兵食等の御用申渡につき請書（東京教育大学文学部日本史学研究室蔵）……801
553 慶応四年三月 東久世通禧横浜裁判所総督任命（東京都港区白金台 東久世昌枝氏蔵）……803
554 慶応四年三月 王政一新につき太政官高札の布達（横浜市磯子区久木 堤芳正氏蔵）……803
555 慶応四年四月 東海道先鋒総督府参謀方強盗取締を関東取締出役に命令につき申渡（茅ヶ崎市柳島 藤間雄蔵氏蔵）……805
556 慶応四年四月 裁判所門外へ目安箱設置につき触書（東京大学史料編纂所蔵）……806
557 慶応四年四月 横浜裁判所・運上所の定休日につき触書（東京大学史料編纂所蔵）……806
558 慶応四年四月 津久井県組合村へ神仏分離令等の通達（藤野町牧野 佐々木久三氏蔵）……807
559 慶応四年閏四月 上総・安房に屯集の残兵浦賀・伊豆へ渡海の風聞につき六浦藩へ取締申渡（東京大学史料編纂所蔵）……808

560 慶応四年閏四月 金札発行通用につき心得方触書（東京都東大和市蔵敷 内野悌二氏蔵）……809
561 慶応四年閏四月 吉田橋その外番所掟（東京大学史料編纂所蔵）……810
562 慶応四年五月 横浜関内諸藩の止宿人へ申渡（東京大学史料編纂所蔵）……811
563 慶応四年五月 禁制の諸品交易禁止の町触（東京大学史料編纂所蔵）……811
564 慶応四年七月 元評定所を民政裁判所と改称につき触書（横浜市港北区綱島東 池谷陸朗氏蔵）……812
565 慶応四年七月 徳川家達駿府へ引移りにつき東海道品川宿より蒲原宿まで助郷申渡（大和市福田 山下盛一氏蔵）……812
566 慶応四年七月 小田原軍監局より寄場役人へ村々取締につき達書（二宮町山西 川匂神社蔵）……812
567 慶応四年七月 前代官松村忠四郎武蔵知県事に就任郷村受取につき請書提出の申渡（横浜市港北区綱島東 池谷睦朗氏蔵）……814
568 慶応四年七月 横浜薬湯渡世の者へ申渡（東京大学史料編纂所蔵）……814
569 慶応四年八月 神奈川府管轄範囲の警衛につき裁判所より触書（愛川町田代 大矢ゑい氏蔵）……814
570 慶応四年八月 不帰順の旧幕府旗本知行村々夏成年貢金相模国知県事への上納触書（大和市福田 山下盛一氏蔵）……815
571 慶応四年八月 日雇人足等裸体禁止の町触（東京大学史料編纂所蔵）……816
572 慶応四年八月 横浜・横須賀間往復の蒸気船便船許可につき乗船の節諸入用支払の触書（横須賀市資料室蔵）……816
573 慶応四年八月 古賀一平武蔵知県事に就任につき管轄郷村へ請書提出の申渡（横浜市港北区綱島東 池谷睦朗氏蔵）……817
574 慶応四年八月 江戸を東京と改称するにつき詔書（津久井町青野原 井上義夫氏蔵）……817
575 慶応四年八月 江戸を東京と改称、江戸城に鎮将府設置につき達書（横須賀市資料室蔵）……819
576 慶応四年八月 旧来通用貨幣の内銅鉄銭融通につき達書（横須賀市資料室蔵）……819
577 慶応四年八月 横浜湯屋渡世の者へ申渡（東京大学史料編纂所蔵）……820
578 慶応四年八月 神奈川十里四方神奈川府にて支配すべき旨鎮将府達書（東京大学史料編纂所蔵）……820

579　慶応四年八月　賊徒の内官軍に似せ強盗等押入のため厳重取締の内渡につき組合村請書(川崎市中原区上小田中　原全三氏蔵)……………………………………820
580　慶応四年八月　天皇東京へ行幸につき東海道宿々へ種々触書(箱根町箱根　石内直躬氏蔵)………………………………822
581　慶応四年九月　神奈川十里四方神奈川府管轄となるにつき村々へ触書(横須賀市資料室蔵)…………………………………825
582　明治元年九月　改元を一代一号とし今般明治元年と年号を改めるにつき達書(藤沢市村岡東　彦坂増蔵氏蔵)………………825
583　明治元年九月　神仏混淆禁止の布告後みだりに復飾還俗することを制する触書(横浜市神奈川区六角橋　山室健作氏蔵)……826
584　明治元年九月　小田原出張監察宿民生活につき触書(平塚市土屋　水島豊氏蔵)…826
585　明治元年十月　小田原城を大久保氏へ引渡、豆相監察引払につき触書(津久井町長中　宮城好彦氏蔵)……………………829
586　明治元年十月　江戸城を皇居と定め東京城と改称につき触書(平塚市土屋　養島武夫氏蔵)…………………………………830
587　明治元年十月　横須賀製鉄所横須賀に人足寄場を取建て無宿人等収容につき触書(横須賀市資料室蔵)……………………830
588　明治元年十二月　神奈川県十里内の村々警衛巡見につき村々心得の触書(神奈川県史編集室蔵　森公田村資料)……………831
589　明治元年十二月　神奈川県十里内宿村の内韮山県管轄村神奈川県へ引渡につき触書(相模原市上九沢　笹野ハル氏蔵)……832
590　明治元年十二月　横浜その外居留地外国人へ牛馬売買取締のため鑑札渡しにつき触書(川崎市中原区上小田中　原全三氏蔵)…………………………………………833
591　明治元年十二月　神奈川県職制順序大略(横須賀市浦賀　住友重機械工業株式会社浦賀造船所蔵)………………………………833
592　明治元年十二月　韮山県知県事江川太郎左衛門神奈川県へ申送書(財団法人　江川文庫蔵)…………………………………834
593　明治元年　横浜関内家数人別取調書(東京大学史料編纂所蔵)………………841

2　農民と町民の動向…………………………843
＜写＞「横浜みやげ」より横浜風景(横浜市西区御所山　亀田威夫氏蔵)………………843
解説……………………………………………844
594　安政七年二月　橘樹郡綱島村が寄場に成るにつき議定連印帳(横浜市港北区綱島東　池谷陸朗氏蔵)……………………845

595　万延二年二月　津久井県内産物神奈川・横浜直売り出願につき費用負担の一札(津久井町三井　高城治平氏蔵)………848
596　文久元年三月　物価騰貴と宿場役増大による疲弊につき神奈川宿役人の歎願書(県立文化資料館蔵　神奈川本陣石井家資料)…………………………………………848
597　文久元年四月　品川より藤沢まで定助郷村々困窮につき助郷増加願(藤沢市村岡東　彦坂増蔵氏蔵)……………………850
598　文久元年七月　助郷村々伝馬勤方弛緩につき取極議定書(横浜市旭区本村　内田寛孝氏蔵)………………………………851
599　文久元年十一月　和宮下向につき定助郷・当分助郷村々申合議定書案文(横浜市旭区今宿　新川正一氏蔵)……………852
600　文久二年十月　将軍上洛につき新規船造立願書(東京都世田ケ谷区松原　中村昌治氏蔵)……………………………………854
601　文久三年一月　保土ケ谷宿当分助郷村々議定連印帳(横浜市旭区上川井　中野忠氏蔵)……………………………………855
602　文久三年三月　徳島藩産塩売捌き方につき神奈川宿青木町問屋仲買議定書(神奈川県史編集室蔵)………………………857
603　文久三年三月　助郷負担過重につき村々助郷勤方議定連印帳(横浜市鶴見区下末吉　横山四朗氏蔵)…………………858
604　文久三年五月　横浜表茶相場・茶荷物の動き等につき伊勢原町加藤為蔵書状(伊勢原市伊勢原　加藤宗兵衛氏蔵)………859
605　文久三年五月　一ノ宮等六社異人退散の祈祷御札献上につき書留(二宮町山西　川勾神社蔵)……………………………860
606　文久三年八月　津久井県名倉村御林山跡開発につき再願書(藤野町名倉　和智周至氏蔵)……………………………………861
607　文久三年九月　宿問屋不正助郷負担過重につき品川宿外三カ宿当分助郷村々追願書(川崎市高津区末長　中山清八氏蔵)……862
608　文久三年十月　橘樹郡上丸子村渡船場御用繁多につき六艘渡しへ廻船御免願(川崎市幸区小杉陣屋　安藤十四秋氏蔵)……867
609　文久三年十月　横浜交易商店・糸会所へ大勢浪人乱妨におよび即死・怪我人数等報告(東京大学史料編纂所蔵)…………868
610　文久三年十一月　橘樹郡川崎宿飯売旅籠屋仲間取極議定書(川崎市立産業文化会館蔵　森家資料)………………………868
611　元治元年二月　高座郡蓼川村名主不正訴訟遅延につき小前百姓より取調願(大和市大和東　近藤好一氏蔵)………………869

612 元治元年三月 橘樹郡芝生村に繰綿会所設立願(横浜市港北区綱島台 飯田助丸氏蔵)..................871
613 元治元年七月 横浜生糸売込仲間議定書(山梨県立図書館蔵)..................872
614 元治元年八月 禁門の変ならびに天狗党の乱風聞書(二宮町山西 川勾神社蔵)...876
615 元治元年八月 東海道筋品川宿より大津宿まで宿々助郷成願(川崎市立産業文化会館蔵 森家資料)..................876
616 元治元年八月 甲州街道吉野宿へ新規関所取立のため人馬差出につき宿問屋廻状(津久井町長竹 宮城好彦氏蔵)..................878
617 元治元年九月 津久井県村々にて蚕種輸出反対につき集会開催廻状(津久井町長竹 宮城好彦氏蔵)..................879
618 元治元年九月 津久井県生産の生糸横浜出し許可願(津久井町青山 平本一知氏蔵)..................880
619 元治元年九月 将軍家茂進発につき定加助郷村々難渋のため増加助郷願(川崎市高津区末長 中山清氏蔵)..................882
620 元治元年九月 御台場築造用石類の御下金増額願(横須賀市安浦 永島重美氏蔵)..................885
621 元治元年十二月 橘樹郡川崎宿伝馬負担百姓困窮につき飯売旅籠より出金願下書(川崎市立産業文化会館蔵 森家資料)..................886
622 元治二年三月 出稼ぎにて農業差支えにつき奉公人勤方議定連印帳(横浜市鶴見区下末吉 横山四朗氏蔵)..................890
623 慶応元年閏五月 津久井県村々大磯宿助郷勤め難渋につき軽減願(藤野町牧野 井上勝夫氏蔵)..................891
624 慶応元年閏五月 津久井県上郷村々備向手控につき兵賦人雇方願(藤野町名倉 和智周至氏蔵)..................894
625 慶応元年六月 橘樹郡保土ヶ谷宿組合進発上納金書上(横浜市保土ヶ谷区 保土ヶ谷本陣軽部家資料)..................895
626 慶応元年十月 米価騰貴につき高座郡磯部村大総代名主勢建白書(東京都町田市小野路 小島資料館蔵)..................897
627 慶応元年十月 愛甲郡山際村田畑違作につき助郷高割免除願(厚木市山際 梅沢道二郎氏蔵)..................900
628 慶応元年十一月 稲毛領山付村々年貢米買納願書(東京教育大学文学部日本史学研究室蔵)..................901
629 慶応元年十二月 津久井県下郷村々兵賦人増強御免願(藤野町名倉 和智周至氏蔵)..................905

630 慶応元年十二月 吉野宿関門設置にて多出費につき津久井県下郷村々にて勤役の願(藤野町名倉 和智周至氏蔵)..........906
631 慶応二年二月 戸塚宿寄場組合米穀渡世仲間議定連印帳(横浜市瀬谷区瀬谷 守屋貞雄氏蔵)..................907
632 慶応二年四月 製鉄所取建てにて三浦郡村々人馬継立難渋につき人馬継立高届書(逗子市新宿 高橋磐氏蔵)..................911
633 慶応二年五月 川崎宿打ちこわし一件記録(東京都西多摩郡五日市町伊奈 大福本久氏蔵)..................912
634 慶応二年五月 東海道品川宿より蒲原宿まで十四ヵ宿助郷御伝馬免除願(横浜市緑区千草台 吉浜俊彦氏蔵)..................915
635 慶応二年六月 武州一揆多摩川筋襲来につき日野宿組合総代と綱島村名主との書簡(国文学研究資料館内国立史料館蔵)..920
636 慶応二年六月—七月 津久井県村々兵賦人欠落のため代人差出方日延願(藤野町名倉 和智周至氏蔵)..................921
637 慶応二年七月 橘樹郡綱島村組合農兵取立願(横浜市港北区綱島台 飯田助丸氏蔵)..................923
638 慶応二年八月 六郷川渡船留の節計方願(川崎市立産業文化会館蔵 森家資料)..................927
639 慶応二年九月 橘樹・荏原郡五十三ヵ村組合農兵取立願(横浜市鶴見区市場上 添田茂樹氏蔵)..................
640 慶応二年十月 橘樹郡生麦村久成空地へ外国人休息場取建免除願(横浜市鶴見区生麦 池谷健治氏旧蔵/県立文化資料館蔵)..938
641 慶応二年十月 三浦郡浦賀郷兵取立につき(逗子市逗子 臼井靖晃氏蔵)..........939
642 慶応二年十一月 諸色高値につき村議定書(川崎市高津区長尾 井田太郎氏蔵)..941
643 慶応二年十二月 藤沢宿打こわしにつき江川代官吟味伺書(財団法人 江川文庫蔵)..................942
644 慶応三年六月 横浜関門内下掃除留料受取村名取調帳(横浜市旭区上白根 高橋基氏蔵)..................949
645 慶応三年七月 横浜関門内の下肥・糠の搬出方法につき請書(横浜市港北区綱島台 飯田助丸氏蔵)..................954
646 慶応三年七月 横浜における英国兵の横行、外国人との通婚等風聞書(東京都公文書館蔵)..................955
647 慶応三年七月 横須賀製鉄所御用材伐出請負免除願(津久井町青山 平本一知氏蔵)..................956

神奈川県史 資料編10 近世(7)

648 慶応三年十一月 東海道大津宿より箱根宿辺まで御札降りの景況(明治大学刑事博物館蔵)……957
649 慶応三年十一月 小田原・藤沢辺御札降り景況の書留(東京大学史料編纂所蔵)……961
650 慶応三年十一月 藤沢宿御札降り景況の書留(藤沢市本町 堀内国夫氏蔵)……962
651 慶応三年十一月 薬師堂前賽銭箱に金銀に光る石降臨景況の書留(二宮町山西 川勾神社蔵)……963
652 慶応三年十一月 高座郡柳島村日光山開運大黒天御影札降り景況の書留(茅ヶ崎市柳島 藤間雄蔵氏蔵)……964
653 慶応三年十一月 大住郡馬入村天照大神宮御札降りの景況の書留(平塚市八重咲 杉山久吉氏蔵)……965
654 慶応三年十一月 横浜町へ御札降り景況の書留(東京都公文書館蔵)……966
655 慶応三年十一月 川崎宿・神奈川宿・保土ヶ谷宿御札降り景況の書留(東京都公文書館蔵)……966
656 慶応三年十一月 津久井県千木良村外二ヵ村水戸様貸付金拝借願(明治大学刑事博物館蔵)……967
657 慶応三年十二月 荻野山中陣屋焼討事件聞書(横浜市緑区鉄 村田武氏蔵)……967
658 慶応三年十二月 荻野山中藩陣屋焼討に関する農民よりの報告書(厚木市下荻野 難波武治氏蔵)……969
659 慶応四年一月 小田原付近戦争にて混乱につき書留(二宮町山西 川勾神社蔵)……971
660 慶応四年三月 横浜表御賄御用達につき伊勢屋伝次郎一手引受願(横浜市港北区綱島台 飯田助丸氏蔵)……971
661 慶応四年四月 相州寄場組合村々総督府上参方へ中取締向願(厚木市下川入 佐野博正氏蔵)……972
662 慶応四年閏四月 東海道品川宿より神奈川宿当分・新規助郷村々疲弊につき免除願(横浜市港北区綱島台 飯田助丸氏蔵)……976
663 慶応四年閏四月 報恩隊士橘樹郡溝ノ口村へ参り焚出し強要一件書上(川崎市高津区溝口 上田安左衛門氏蔵)……977
664 慶応四年八月 知県事古賀一平巡見の節年貢減免・助郷軽減・村方助成等につき歎願書(横浜市鶴見区市場上 添田茂樹氏蔵)……979
665 明治元年十一月 都筑郡片平村農業出精・孝行人等書上(川崎市多摩区片平 安藤資次氏蔵)……983
666 明治元年十二月 厚木町組合蚕種紙・生糸商人鑑札願のため出府につき願人取調廻状(慶応義塾大学情報センター古文書室蔵)……986
667 明治元年十二月 愛甲郡二十七ヵ村荻野山中藩への引渡免除願(厚木市温水 山口忠一氏蔵)……986
668 明治元年十二月 鎌倉郡飯田村利兵衛ら借財棄捐等強要一件取締願(藤沢市西富 青木四郎氏蔵)……991
669 明治元年 大住郡白根村小組・大組出入一件願書(伊勢原市白根 山本孝義氏蔵)……995
670 明治元年 横浜町・太田町・入船町・駒形町往還掃除人足勤方につき取極(横浜市保土ヶ谷区 保土ヶ谷本陣軽部家資料)……999

解説……1
　本巻の対象と構成……3
　　近世資料編における本巻の位置……3
　　本巻の構成……7
　海防関係収録資料について……11
　三浦・鎌倉郡村むら支配変遷について……13
　　<表>相模国三浦・鎌倉郡海防関係村別領主変遷表……14〜21
　相模国と武蔵国三郡の幕末・維新期関係資料……22
　県内の幕末・維新期研究の発展のために……22
海防・開国関係資料所蔵者一覧……24
　<表>現行市町村別江戸時代旧村一覧(『新編相模国風土記稿』『新編武蔵風土記稿』『旧高旧領取調帳』により作成)……71〜74

あとがき(神奈川県県民部県史編集室長)
主な関係者名簿
　神奈川県史編集懇談会会員 昭和53年2月1日現在
　神奈川県史編集委員会委員 昭和53年2月1日現在
　　長洲一二(委員長;知事)
　　湯澤信治(副委員長;副知事)
　　竹内理三(副委員長;県史総括監修者兼主任執筆委員)
　　大久保利謙(委員;県史主任執筆委員)
　　児玉幸多(委員;県史主任執筆委員)
　　安藤良雄(委員;県史主任執筆委員)
　　原正義(委員;県総務部長)
　　佐藤弘(委員;県県民部長)
　　八木敏行(委員;県教育長)
　　武田英治(委員;県立図書館長)
　　湯川喜一(委員;県立川崎図書館長)
　　北林一光(委員;県立博物館長)

県史誌内容総覧・資料編 1: 近世―関東　569

神奈川県史 資料編10 近世(7)

戸栗栄次(委員;県県民部参事兼県史編集室長)
坂本太郎(顧問;東京大学名誉教授)
神奈川県史執筆委員 昭和53年2月1日現在
人物編の編集に協力をお願いしている方々 昭和53年2月1日現在
神奈川県史編集参与 昭和53年2月1日現在

県史誌内容総覧・資料編
1：近世―関東

2009年8月25日 第1刷発行

発 行 者／大高利夫
編集・発行／日外アソシエーツ株式会社
　　　　　〒143-8550 東京都大田区大森北1-23-8 第3下川ビル
　　　　　電話(03)3763-5241(代表)　FAX(03)3764-0845
　　　　　URL http://www.nichigai.co.jp/
発 売 元／株式会社紀伊國屋書店
　　　　　〒163-8636 東京都新宿区新宿3-17-7
　　　　　電話(03)3354-0131(代表)
　　　　　ホールセール部(営業)　電話(03)6910-0519

電算漢字処理／日外アソシエーツ株式会社
印刷・製本／株式会社平河工業社

不許複製・禁無断転載　　　〈中性紙H-三菱書籍用紙イエロー使用〉
〈落丁・乱丁本はお取り替えいたします〉
ISBN978-4-8169-2199-5　　*Printed in Japan,2009*

本書はディジタルデータでご利用いただくことができます。詳細はお問い合わせください。

県史誌内容総覧・資料編

1 近世―関東　　　　A5・580頁　定価14,700円(本体14,000円)　2009.8刊
2 近世―近畿・東海　A5・450頁　定価12,600円(本体12,000円)　2009.8刊
3 近現代―関東　　　A5・850頁　予価18,900円(本体18,000円)　2009.9刊
4 近現代―近畿・東海　A5・850頁　予価18,900円(本体18,000円)　2009.9刊

県史誌「資料編」に収録された、資料名、口絵、図表をはじめとする全ての収録内容と各資料の収載先を総覧できる内容細目集。地域別・時代別に複数の県史を通覧できるので、効率的な調査が可能。

全国地方史誌総目録　〈明治大学図書館 協力〉

北海道・東北・関東・北陸・甲信越
　A5・610頁　定価19,600円(本体18,667円)　2007.6刊

東海・近畿・中国・四国・九州・沖縄
　A5・630頁　定価19,600円(本体18,667円)　2007.7刊

明治時代～現代までに刊行された、全国の各自治体が編纂・発行した地方史誌延べ2万冊を都道府県・市区町村ごとに一覧できる目録。各史誌には書誌事項のほか、原本調査により、それぞれの収録内容・範囲を記載。

CD- 県史誌

1 関東―近世(通史／資料)編
　法人版価格56,700円(本体54,000円)　2006.10発売
2 関東―近現代(通史／資料)編
　法人版価格56,700円(本体54,000円)　2006.12発売
3 近畿・東海―近世(通史／資料)編
　法人版価格49,350円(本体47,000円)　2007.9発売
4 近畿・東海―近現代(通史／資料)編
　法人版価格49,350円(本体47,000円)　2008.3発売

郷土史、地方史、地域研究の典拠となる「都道府県史誌」の内容細目集。各県史誌の詳細な目次と、本文中の資料名、写真や図版の典拠などを索引化。CD-ROMならではの検索性で、目的の内容を瞬時に探せる。Windows対応。

データベースカンパニー
日外アソシエーツ　〒143-8550　東京都大田区大森北1-23-8
TEL.(03)3763-5241　FAX.(03)3764-0845　http://www.nichigai.co.jp/